ISBN 978-0-266-23143-1
PIBN 11032935

1886 [illegible] 15

JOURNAL

DES

TRIBUNAUX

REVUE DE JURISPRUDENCE

JOURNAL

DES

RIBUNAUX

REVUE DE JURISPRUDENCE

34me année. — 1886.

LAUSANNE
Imprimerie CORBAZ et Comp.

1886

XXXIVe ANNÉE. No 1. SAMEDI 2 JANVIER 1886

JOURNAL DES TRIBUNAUX

REVUE DE JURISPRUDENCE

Paraissant à Lausanne une fois par semaine, le Samedi.

Prix d'abonnement : 12 fr. par an, 7 fr. pour six mois. Chaque numéro, 50 cent. On s'abonne à l'imprimerie CORBAZ et Cie et aux bureaux de poste. — ANNONCES : 20 centimes la ligne ou son espace.

Les rapports de l'Eglise et de l'Etat au Tessin.

Quand parviendra-t-on à régler d'une façon satisfaisante les rapports de l'Eglise, soit des Eglises et de l'Etat? L'*Eglise libre dans l'Etat libre*, a dit jadis un grand homme, mais cet idéal n'a été réalisé nulle part en Europe. Dernièrement, le gouvernement du Tessin a étudié à son tour le problème et il a présenté un projet de loi. Ce projet sera discuté prochainement par le Grand Conseil. Il est intéressant non pas seulement parce qu'il est formulé par un des gouvernements suisses, mais surtout parce qu'il a été délibéré avec le concours de la curie romaine. Il nous donne la mesure de ses prétentions. Nous en indiquerons ici les principales lignes sans ouvrir, bien entendu, une discussion.

Avant d'entrer dans les détails, il est bon de noter qu'en 1855 le parti radical, alors au pouvoir, avait édicté non-seulement une loi dite *ecclésiastique,* mais toute une législation qui assujettissait absolument l'Eglise catholique à l'Etat. La conséquence d'une telle législation se devine. Les autorités supérieures catholiques cessèrent tous rapports avec le gouvernement; la situation devint embarrassante parce qu'il y avait beaucoup de questions à régler.

La papauté n'a consenti à traiter à nouveau avec le Tessin et à constituer un vicariat propre (administration apostolique) que parce que le Conseil d'Etat s'est engagé à faire rapporter les lois de 1855.

Le titre du projet présenté est significatif, il porte : *Loi sur la liberté de l'Eglise catholique et sur l'administration des biens ecclésiastiques.* A teneur de l'exposé des motifs, ce n'est autre chose que la mise en pratique du précepte : « Rendez à César ce qui appartient à César et à Dieu ce qui appartient à Dieu. »

Cette loi accorde à l'Eglise catholique la plus entière liberté, la dite Eglise se mouvra comme elle l'entendra; selon la rédaction du projet, elle n'obtiendra pas ce droit à titre de privilège, elle sera seulement au bénéfice du droit commun, l'Eglise protestante (en tant qu'il existe des Eglises protestantes) se régissant librement sans aucune immixtion de la part de l'Etat.

En vertu de cette loi, l'Etat renonce au droit de *placet (placet* proprement dit en ce qui concerne la nomination des curés et *exequatur* en ce qui concerne les brefs, les lettres pastorales, etc).

Le Tessin, qui appartenait autrefois canoniquement aux diocèses de Milan et de Côme, est placé sous l'administration d'un ordinaire propre. Cet ordinaire exerce sa juridiction spirituelle sur tout le territoire du canton. Il règlera les cérémonies du culte, les funérailles catholiques et autres cérémonies religieuses, avec la plus entière liberté.

L'ordinaire administrera également comme il l'entendra le séminaire. A lui seul incombera la surveillance du clergé. Aucun ecclésiastique ne pourra être recherché par l'autorité civile à propos de l'exercice de ses fonctions. Les articles spéciaux édictés à cet égard dans le Code pénal sont abrogés.

Si un ecclésiastique est poursuivi pour délit commun, avis en sera donné à l'ordinaire.

La loi de 1855 avait accordé à toutes les paroisses du canton le droit d'élire leurs curés. La nouvelle loi ne change pas radicalement ce régime-là, comme on l'avait cru d'abord, elle se borne à revenir à l'ancien droit. C'est-à-dire que dans les paroisses qui avant 1855 possédaient le droit de patronat, les curés seront élus par l'assemblée des catholiques romains ayant droit de vote. Dans les autres paroisses, cette nomination aura lieu par l'évêque. Le gouvernement n'interviendra ni dans l'un ni dans l'autre cas. En fait, le changement, s'il est admis, ne sera pas considérable, par la raison que sur 250 paroisses dont se compose le Tessin, 25 seulement ne possèdent pas le droit de patronat. Ce droit résulte soit d'une ancienne concession, soit de la coutume.

L'ordinaire pourvoira provisoirement aux bénéfices vacants.

La loi nouvelle reconnaît ensuite à l'Eglise le droit de propriété absolue, l'Eglise pourra donc acquérir librement par quelque titre légitime que ce soit, soit par achat, donation, héritage, etc. Ses biens seront inviolables.

L'ordinaire aura en général le droit de fonder librement des bénéfices.

L'Eglise administrera ses biens sans le concours de l'Etat, ne sera en aucune façon sous sa tutelle.

Chaque paroisse aura son conseil propre qui administrera ses biens.

Ce conseil sera nommé par l'asse[illegible] des fidèles; il remplacera à son égard le conseil municipal; le curé en sera membre de droit. L'autorité de l'ordinaire remplacera l'autorité de l'Etat. Aucune décision importante, quant aux biens de la paroisse, ne pourra être prise sans sa ratification. Dans la paroisse où la commune fournit une subvention, la municipalité pourra nommer un membre du conseil de paroisse.

Les confréries reconnues administreront leurs biens sous la surveillance de l'ordinaire.

Nous terminerons en disant que par cette loi l'Etat renonce à toute intervention dans les affaires de l'Eglise, il n'aura que le droit de trancher les contestations qui pourraient s'élever au sujet des élections des assemblées paroissiales.

Nous ajouterons qu'au Tessin les traitements des curés ne sont pas à la charge de l'Etat, mais des municipalités; en outre, il y a des fondations particulières.

F. NESSI, avocat.

TRIBUNAL FÉDÉRAL

Séance du 27 novembre 1885.

Expropriation. — Recours contre la décision de la commission fédérale d'estimation. — Moyen préjudiciel. — Art. 11, 12 et 14 de la loi fédérale du 1er mai 1850 sur l'expropriation.

Recours Colliard.

Un recours contre la décision de la commission fédérale d'estimation n'est pas admissible lorsque l'exproprié a négligé de faire parvenir par écrit au Conseil communal, conformément à l'art. 12 de la loi fédérale, un état exact et complet des droits cédés et de ses réclamations. L'exproprié doit, dans ce cas, se soumettre sans recours à la décision de la commission.

Elie Colliard, négociant à Moillesulaz, possède dans la commune de Thonex une parcelle de terrain portant le n° 1087, feuille 12 du cadastre; cette parcelle est de 49,451.30 mètres carrés: l'emprise du chemin de fer Vollandes-Annemasse, qui la traverse et la coupe en deux parties inégales, est de 2637.80 mètres carrés.

Les plans d'expropriation ont été déposés à la mairie de [illegible], le [illegible] au nom du Conseil d'Etat, et y sont restés jusqu'au [illegible] 1885. Il résulte d'une déclaration du 18 novembre 188[illegible], du maire de Thonex, que pendant la durée du dépôt des plans, le sieur Elie Colliard n'a fait aucune déclaration relative à la parcelle dont il s'agit.

Le 12 septembre 1885, la commission fédérale d'estimation, après avoir entendu le sieur Colliard, a statué qu'il serait payé à ce propriétaire un franc par mètre carré pour le terrain exproprié, plus, à titre de dépréciation de l'immeuble, une somme de six cents francs.

C'est contre cette décision que E. Colliard a recouru au Tribunal fédéral, concluant à ce qu'il lui plaise lui allouer les sommes par lui réclamées devant la commission d'estimation, à savoir 2 fr. 50 par mètre carré exproprié, et 1500 fr. pour dépréciation.

Le Tribunal fédéral a écarté le recours comme irrecevable.

Motifs :

1. L'art. 12 al. 2 de la loi fédérale sur l'expropriation dispose que dans le délai de 30 jours prévu à l'art. 11 ibidem, « les pro-

» priétaires qui, d'après le plan des travaux, se trouvent dans » le cas de céder ou de concéder des droits, ou de former des » réclamations (art. 6 et 7), devront faire parvenir par écrit au » Conseil communal un état exact et complet de ces droits et » réclamations, soit qu'ils contestent ou non le droit d'expro- » priation. »

L'art 14 al. 1 et 2 de la même loi statue que si ces droits ne sont pas déclarés dans le délai de l'art. 11, ils deviennent, à l'expiration de ce délai, la propriété de l'entrepreneur; que toutefois, durant les six mois suivants, une demande d'indemnité pourra être présentée par le propriétaire dépossédé, qui devra sans autre se soumettre, quant au montant de l'indemnité, à la décision de la commission d'estimation.

Or, la jurisprudence constante des autorités fédérales et du Tribunal fédéral a interprété ces dispositions dans ce sens qu'un recours contre le jugement de la commission d'estimation n'était pas admissible lorsque les expropriés ne s'étaient pas conformés aux prescriptions si claires de l'art. 12 en matière de réclamations, le législateur ayant prescrit ces formalités dans l'intérêt de l'ordre public, et non dans celui des expropriés seulement. Conformément à la même jurisprudence, les dispositions susrappelées n'obligent l'exproprié qu'à déposer, dans le délai de trente jours, une liste exacte et complète de ses réclamations, mais nullement à fixer, alors déjà, le montant de l'indemnité réclamée, ce chiffre pouvant être formulé plus tard devant la commission d'estimation. (V. Ullmer, I, 423, 425, 426, 427, 432; II, 957 consid. 1, 981. Recueil officiel des arrêts du Trib. féd., I, pages 465, 466; II, 126, 127; IV, 67; VI, 119, 120.)

Le recourant ayant, — ce qu'il ne conteste d'ailleurs pas, — omis de faire la déclaration prévue à l'art. 12 susvisé, il tombe sous le coup de la déchéance prononcée à l'art. 14; il doit se soumettre à la décision de la commission d'estimation et son recours contre cette décision est dès lors irrecevable.

2. C'est en vain que le recourant prétend que l'Etat de Genève ayant fait, postérieurement au dépôt du plan, une dernière offre aux expropriés, il a renoncé par là même à se prévaloir de la déchéance de l'art. 14. C'était là, en effet, une négociation amiable ouverte dans le but d'éviter un procès et il est évident que ces offres, après avoir été repoussées, ne sauraient être invoquées plus tard en procédure comme liant la partie qui les

avait faites. (V. Arrêts du Trib. féd. du 11 déc. 1854, Gerwig c. N.-E.; du 22 déc. 1854, Sommerau c. Central. Ullmer, I, 435.)

Genève. — TRIBUNAL CIVIL.

Audience du 20 novembre 1885.

Séduction. — Promesse de mariage. — Demande d'indemnité. — Admission.

Demoiselle X contre Y.

Une jeune fille séduite, puis abandonnée, est fondée à réclamer à son séducteur une indemnité, s'il résulte des circonstances que la promesse de mariage qui lui a été faite a été la cause déterminante des relations intimes.

Il résulte, en fait, de la correspondance des parties, notamment d'une série de lettres adressées par Y à demoiselle X et aux père et mère de celle-ci, lettres dont le défendeur n'a pas contesté être l'auteur, qu'en 1882, à Zurich, où les deux parties faisaient un séjour, il s'est établi entre elles des relations intimes.

Ensuite de ces relations, la demanderesse est devenue enceinte et elle est accouchée, le 9 mars 1883, d'une fille dont le défendeur s'est à plusieurs reprises officieusement reconnu le père.

Il résulte encore de cette correspondance que, dès son origine, qui remonte au mois d'août 1882, jusqu'à la terminaison en juin 1884, le défendeur a constamment promis à la demanderesse de l'épouser et de ne pas négliger ses devoirs envers l'enfant né de ses œuvres.

Le défendeur ayant, en définitive, refusé de tenir ses promesses, demoiselle X l'a cité devant le Tribunal pour le faire condamner à lui payer à titre de dommages-intérêts : 1° une somme de10,000 fr. pour le préjudice causé à elle-même ; 2° une pension de 60 fr. par mois pour subvenir aux frais d'entretien de l'enfant, dès le 1er janvier 1885 à l'époque de sa majorité.

La demanderesse affirme, à l'appui de sa demande, que les promesses de mariage qui lui auraient été faites par le défendeur ont été la cause déterminante de son consentement à l'établissement entre eux des relations d'où est né l'enfant auquel elle a donné le jour.

Attendu qu'il n'y a pas lieu de s'arrêter aux dénégations du défendeur au point de vue du fait des dites relations et de la naissance de l'enfant qui en est issu, car ces dénégations sont contredites par toutes les lettres qui émanent de lui;

Qu'il y a lieu seulement d'examiner en droit si, étant établi le fait que la demanderesse a eu, en 1882, à Zurich, des relations intimes avec le défendeur, relations dont est née une fille, la demande formée par la demoiselle X est recevable.

Attendu que Y, se prévalant du fait que les parties se trouvaient à Zurich au moment où s'est passé l'événement qui est l'origine de la demande, invoque les dispositions de la loi zuricoise, aux termes de laquelle la recherche de la paternité ne serait admise que pendant un délai de 6 semaines après l'accouchement;

Attendu que la jurisprudence a toujours soigneusement distingué entre une demande telle que celle que forme Dlle X. et une recherche de paternité (Demolombe, *Mariage,* I, n° 29).

Que la demande ne constituerait une recherche de paternité que si la Dlle X. concluait à ce que l'enfant dont elle est accouchée le 9 mars 1883 soit judiciairement attribué au défendeur et inscrit sous le nom de ce dernier à l'état civil.

Attendu que tel n'est pas le cas, et que la demande ne constitue qu'une demande en indemnité fondée sur ce principe général que celui qui cause, par sa faute, un dommage à autrui est tenu de le réparer, principe posé aussi bien dans le Code civil français en vigueur à Genève en 1882 (art. 1382) que dans le Code fédéral des obligations (art. 50 et 55) et que dans le Code civil zuricois (art. 1832 et 1834).

Qu'il est, dès lors, sans intérêt de rechercher laquelle de ces trois législations doit être appliquée.

Attendu qu'il est admis par la jurisprudence qu'une jeune fille séduite et abandonnée ensuite est fondée à réclamer à son séducteur une indemnité pour elle, et une pension pour son enfant, s'il résulte des circonstances de l'espèce que la promesse de mariage qui lui a été faite a été la cause déterminante des relations intimes auxquelles elle a consenti.

Attendu que, bien que la correspondance du défendeur ne commence qu'au mois d'août 1882, c'est-à-dire un mois environ après l'époque probable de la conception de l'enfant, né le 9 mars suivant, il en résulte cependant pour le Tribunal la certitude qu'une promesse formelle de mariage avait dû être échangée entre les parties au moment où des relations intimes se sont établies entre elles.

Qu'en effet, dès la première de ses lettres (8 août 1882), le défendeur parle de son mariage avec la demanderesse comme d'une chose déjà décidée entre eux, et non pas seulement comme d'une réparation qu'il lui promet, et cela bien antérieurement aux premières manifestations de la grossesse de la Dlle X., qui ne datent, d'après la même correspondance, que du mois d'octobre suivant.

Que, le 17 août encore, après un séjour fait auprès de celle-ci et dans sa famille, il écrit à ses parents une lettre dans laquelle il en parle comme de sa future femme tendrement aimée.

Attendu que le défendeur n'établit et n'articule même aucun fait qui puisse justifier son refus de tenir les promesses solennelles qu'il avait faites, et si souvent renouvelées, à la demanderesse.

Attendu encore que, dans un grand nombre de ses lettres, le défendeur prend l'engagement, et le renouvelle, de faire le nécessaire pour que la demanderesse et son enfant soient heureux et ne manquent de rien.

Que, par suite, l'obligation contractée par Y. envers Dlle X. a sa source aussi bien dans le quasi-contrat, résultant de la rupture de sa promesse de mariage, que dans l'engagement pris par lui de réparer le tort qu'il lui causait et d'assurer son existence et celle de son enfant.

Attendu, étant donné la situation réciproque des parties, qu'il convient d'allouer à la demanderesse une indemnité de 2000 fr. et une pension de 300 fr. par an, dès le 1er janvier 1885 jusqu'à la majorité de l'enfant...

Thurgovie. — Tribunal supérieur

Traduction d'un arrêt du 30 novembre 1885.

Opposition à mariage pour cause d'imbécillité de l'un des époux. — Vocation pour former opposition. — Art. 28 § 3, 34 et 51 de la loi fédérale sur l'état civil et le mariage.

Wyler contre autorité tutélaire de Frauenfeld.

Le droit de former opposition à un mariage appartient à quiconque a in-

térêt à ce que le mariage ne se fasse pas. Ce droit appartient notamment aux autorités communales de la commune d'origine ou de celle du domicile.

Anna-Barbara Wyler, à Neuhausen (Thurgovie), interdite pour cause d'imbécillité, a passé le 14 mars 1885 une promesse de mariage avec Jean-Baptiste Wyler, à Trüttlikon, devant l'officier de l'état civil d'Uesslingen. Le 13 avril, soit postérieurement à l'expiration du délai de dix jours fixé par l'art. 34 de la loi fédérale sur l'état civil et le mariage, l'autorité tutélaire de Frauenfeld a formé opposition au mariage en se fondant sur l'art. 28 § 3 de la dite loi. Jean-Baptiste Wyler a conclu à libération des fins de l'opposition, soit au fond, soit exceptionnellement, vu la tardiveté de l'opposition et le défaut de vocation de l'opposante.

En confirmation du jugement de première instance, le Tribunal supérieur de Thurgovie a admis l'opposition.

Motifs:

Le recourant soulève en première ligne contre l'opposition formée par l'autorité tutélaire de Frauenfeld à son mariage projeté avec Anna-Barbara Wyler, de Neuhausen, interdite pour cause de démence ou d'imbécillité, un moyen consistant à dire que cette autorité n'a pas vocation pour agir; il soutient en effet que, seuls, le Conseil d'Etat ou le Ministère public auraient qualité pour former opposition. Ce moyen n'est toutefois pas fondé. En effet, le Tribunal fédéral s'est prononcé comme suit sur cette question (voir *Rec. off.*, V, p. 259; *Guide pour les officiers de l'état civil de la Suisse*, n° 133) :

« C'est indubitablement dans l'intérêt public que la loi a interdit le mariage aux personnes atteintes de démence ou d'imbécillité. Cela résulte notamment de l'art. 51 de la loi sur l'état civil qui ordonne de poursuivre d'office la nullité des mariages conclus contrairement à la disposition de l'art. 28. Il en ressort que les autorités auxquelles il incombe de veiller à l'intérêt public doivent être en première ligne autorisées à faire opposition au mariage d'une personne frappée d'imbécillité, et obligées de le faire. Mais, comme la loi ne limite le droit d'opposition, ni aux autorités, ni à un nombre restreint de personnes, et qu'elle est muette à cet égard, on doit considérer comme pouvant légitimement faire opposition à un mariage, pour cause d'imbécillité d'un des fiancés, quiconque a un intérêt à ce que le mariage ne se fasse pas. Tout intérêt légal ou basé sur la parenté est suffisant comme tel. »

Sous n° 157 du *Guide pour les officiers de l'état civil*, il est prévu expressément que, dans les cas de démence ou d'imbécillité de l'un des fiancés, le droit d'opposition appartient aussi aux autorités communales de la commune d'origine ou de celle du domicile. En l'espèce, le Conseil d'Etat thurgovien a été informé des faits et il a donné ordre, en date du 16 mai 1885, de surseoir à la célébration du mariage de Barbara Wyler jusqu'à ce que les tribunaux eussent prononcé sur l'opposition; s'il n'a pas cru devoir intervenir de son chef, c'est donc parce que l'office des orphelins, qui a, en première ligne, le droit et le devoir de veiller aux intérêts des personnes placées sous tutelle, avait déjà pris des mesures de son côté.

Quant au fond, le recourant conteste que Barbara Wyler soit atteinte de démence ou d'imbécillité et qu'ainsi l'opposition soit fondée. Ainsi que cela a été prononcé par le Tribunal fédéral (*Rec. off.*, V, p. 260), notre loi fait du libre consentement des époux une condition de la validité du mariage; il suit de là qu'en tout cas un degré d'imbécillité excluant, chez l'un des fiancés, la compréhension de la nature du mariage et la liberté de sa volonté, le rend incapable de contracter mariage. Chez les personnes atteintes de démence ou d'imbécillité, l'empêchement au mariage résulte du défaut d'une volonté libre. Or, en l'espèce, Barbara Wyler a été interdite pour cause de maladie mentale. D'après le rapport médico-légal de l'expert, elle est atteinte d'imbécillité congénitale de degré moyen. Sa physionomie et la conformation de la tête indiquent des facultés intellectuelles très minimes; sa manière d'être a quelque chose d'insuffisamment développé et d'enfantin; il en est de même de son intelligence et de sa faculté de jugement. Les facultés intellectuelles ne la mettent pas en mesure de diriger un ménage et le médecin estime qu'un mariage serait un malheur pour elle et pour les descendants qu'elle pourrait avoir. Dans ces conditions le motif d'opposition fondé sur l'imbécillité de la recourante existe indubitablement en l'espèce, d'où suit que l'opposition doit être admise dans l'intérêt public.

Pour traduction, C. S.

Vaud. — TRIBUNAL CANTONAL.

Dans sa séance du 30 décembre 1885, le Tribunal cantonal s'est constitué comme suit pour les quatre premiers mois de l'année 1886, soit jusqu'à son renouvellement intégral :

Président, M. Rogier.

Vice-président, M. Guisan.

Tribunal d'accusation: MM. Lecoultre, président; Monod et Guex.

Cour de modération: MM. Rogier, Chausson et Soldan.

Juge rapporteur, M. Masson.

Inspecteur de salle et bibliothécaire, M. Guex.

Le Tribunal cantonal au civil sera composé de MM. Rogier, Guisan, Chausson, Soldan, Correvon, Monod et Guex; et la Cour de cassation pénale de MM. Rogier, Guisan, Chausson, Soldan et Correvon, les trois premiers fonctionnant pour les affaires de police.

Le Tribunal cantonal a, en outre, confirmé en qualité de suppléants MM. *Bippert,* ancien juge cantonal; *Bory-Hollard* et *Dumartheray,* ancien juge, à Lausanne.

COUR DE CASSATION PÉNALE.

Séance du 12 novembre 1885.

Violation de domicile et dommages à la propriété. — Heure de la commission du délit. — Art. 7, 257 et 326 § *a* Cp.

Recours Rochat.

En l'absence d'une constatation absolument précise de l'heure de la commission du délit, il y a lieu de choisir l'hypothèse la plus favorable au condamné, par exemple, d'admettre, s'il s'agit de violation de domicile, qu'elle a eu lieu de jour et non de nuit.

Le fait envisagé comme une violation de domicile ne peut être considéré comme constituant en outre un second délit distinct du premier, tel que celui de dommages à la propriété.

E.-H. Rochat, aux Charbonnières, a recouru en nullité et subsidiairement en réforme contre le jugement rendu le 19 octobre 1885 par le Tribunal de police de La Vallée, qui l'a condamné à trente jours d'emprisonnement, aux frais de la cause et à payer 8 fr. 50 de dommages-intérêts au plaignant Ch.-L.

Rochat, au Mont-du-Lac, comme coupable d'avoir, le 30 août 1885, entre 7 ½ heures et 8 heures du soir, porté atteinte à la sûreté et à la paix du domicile de C.-L. Rochat et endommagé sa propriété, avec intention de lui nuire, en lançant une pierre contre sa fenêtre, le dommage qui en est résulté étant évalué à 1 fr. 50 (Cp. 257 et 326 § *a*).

M. le Procureur général a préavisé.

La Cour de cassation pénale a écarté le recours en nullité et admis le recours en réforme.

Motifs.

Sur la nullité : Considérant que les faits admis par le Tribunal de police paraissent complets.

Que le moyen invoqué par le recourant ne rentre dans aucun des cas prévus par l'art. 490 Cpp.

Sur le moyen subsidiaire de réforme, consistant à dire qu'il n'est pas établi que le délit ait eu lieu de nuit :

Considérant qu'il est établi en fait que le délit d'atteinte à la paix et à la sûreté du domicile a eu lieu le 30 août 1885, entre 7 ½ et 8 h. du soir.

Considérant qu'à 7 ½ heures, une heure ne s'était point écoulée dès le coucher du soleil.

Qu'ainsi le délit peut n'avoir point été commis *de nuit* au sens pénal du mot (Cp. art. 7).

Qu'il y a lieu, en l'absence de constatation absolument précise de l'heure de la commission du délit, de choisir l'hypothèse la plus favorable au condamné.

Que, dès lors, le délit tombe sous le coup de l'art. 257 1er alinéa du Cp.

Considérant, d'autre part, que, les faits relevés à la charge de Rochat constituant le délit visé par l'art. 257 Cp., ces mêmes faits ne sauraient être envisagés comme constituant un second délit distinct du premier (dommage à la propriété).

Attendu, dès lors, que le jugement dont est recours est sorti des limites tracées à l'art. 257 1er alinéa Cp.

Ch. Boven, notaire, rédacteur.

Lausanne. — Imp. CORBAZ & Comp.

man!—

XXXIVe ANNÉE. No 2. SAMEDI 9 JANVIER 1886

JOURNAL DES TRIBUNAUX

REVUE DE JURISPRUDENCE

Paraissant à Lausanne une fois par semaine, le Samedi.

Prix d'abonnement : 12 fr. par an, 7 fr. pour six mois. Chaque numéro, 50 cent. On s'abonne à l'imprimerie CORBAZ et Cie et aux bureaux de poste. — ANNONCES : 20 centimes la ligne ou son espace.

Loi fédérale sur la poursuite pour dettes et la faillite.

Dans sa séance du 30 décembre, le Conseil fédéral a terminé l'examen du projet de loi sur la poursuite pour dettes et la faillite. La rédaction des divers amendements introduits sera revue par le Département de justice et police, et le projet lui-même soumis à la fin du mois de janvier à la commission du Conseil des Etats.

On assure cependant que cet objet ne viendra en discussion qu'au cours de la session de décembre 1886, en sorte qu'un temps assez long s'écoulera encore avant l'entrée en vigueur de la loi. D'après les calculs qui ont été faits au palais fédéral, ce ne pourrait guère être avant le 1er janvier 1890.

TRIBUNAL FÉDÉRAL

Traduction d'un arrêt du 21 novembre 1885.

Outrage envers les institutions de l'Etat. — Prétendue violation de la garantie de la liberté de la presse. — Art. 55 de la constitution fédérale.

Recours Stadlin.

Les cantons sont compétents pour punir comme un outrage les critiques dirigées sous une forme injurieuse contre les institutions de l'Etat. La répression de telles critiques ne peut être envisagée comme contraire au principe de la liberté de la presse, garanti par la constitution fédérale.

En février 1885, le journal le *Volksfreund d'Uri* a publié une correspondance relative à un projet de loi sur la landsgemeinde. L'auteur de l'article cherchait à démontrer que cette institution fausse la volonté populaire en privilégiant les habitants de la partie du canton où la landsgemeinde s'assemble; il parlait en outre de cette institution en termes fort peu respectueux, disant qu'il en souhaitait la mort et la comparant à une « vieille dame hystérique » qu'on voudrait affubler d'un costume à la mode.

Emu de cet article, le gouvernement du canton d'Uri a porté plainte contre l'éditeur du *Volksfreund d'Uri*, Edouard Stadlin, lequel a été condamné, le 6 juillet 1885, par le Tribunal du district d'Altorf, à une amende de 87 fr. 91 (50 florins) pour outrages et injures envers l'autorité suprême du canton.

Stadlin a recouru au Tribunal fédéral contre ce jugement, qu'il estime violer la garantie de la liberté de la presse inscrite à l'art. 55 de la constitution fédérale.

Le Tribunal fédéral a écarté le recours.

Motifs.

1. Le premier grief du recours consiste à dire que la coutume d'Uri *(Landbuch)*, dont il a été fait application en l'espèce, n'a pas reçu l'approbation du Conseil fédéral. Mais ce moyen ne saurait être admis, ainsi que le Tribunal fédéral l'a développé dans son arrêt Stadlin contre Arnold, du 7 novembre 1885. Quant au second grief du recourant, par lequel il conteste au gouvernement du canton d'Uri la vocation pour porter une plainte en diffamation au nom de la landsgemeinde, soit pour faire porter plainte par le Ministère public, ce moyen échappe

à la connaissance du Tribunal fédéral, puisqu'il s'agit exclusivement à cet égard de l'application de la procédure cantonale et qu'il ne saurait évidemment pas être question, à ce point de vue, d'une violation de la constitution.

2. Quant à la question de savoir si le jugement dont est recours viole le principe de la liberté de la presse garanti par la constitution fédérale, il faut considérer ce qui suit. Le jugement incriminé n'a pas fait application d'une disposition légale visant spécialement les délits de presse, mais a appliqué le droit pénal commun du canton d'Uri. Or la législation en matière pénale appartient aux cantons; pour autant que des garanties fédérales ne s'opposent pas à ce qu'un fait soit réprimé pénalement, les cantons sont donc compétents pour étendre ou pour restreindre le cercle des actes envisagés comme délictueux. Notamment, le droit fédéral ne saurait les empêcher de réprimer non pas seulement, ce qui va de soi, l'outrage envers un fonctionnaire relativement à l'exercice de ses fonctions ou l'outrage envers une autorité constituée, mais encore, d'une manière générale, les outrages et injures envers l'Etat, ses institutions et ses décisions. Une disposition pénale de ce genre, destinée à réprimer d'une manière égale tous les outrages de cette nature, qu'ils aient lieu verbalement, par écrit ou par le moyen de la presse, ne peut être envisagée comme contraire au principe de la liberté de la presse; en effet, cette liberté ne constitue pas un privilège de la presse, dans ce sens qu'elle assurerait l'impunité, à titre exceptionnel et parce qu'ils seraient commis par la voie de la presse, à des actes réprimés par le droit pénal commun. Il résulte de ces principes que le recours doit être écarté. Il est vrai que l'article de journal pour la publication duquel le recourant a été condamné ne peut guère être considéré comme constituant un outrage envers une autorité; en effet, il ne critique point l'activité de la landsgemeinde pendant certaines années déterminées, mais est dirigée contre l'institution même de la landsgemeinde, contre son utilité et sa justice au point de vue du droit public. Mais le juge uranien est précisément parti de l'idée que le droit pénal du canton d'Uri punit de telles critiques contre les institutions publiques, pour autant qu'elles sont conçues en termes injurieux; or c'est là une interprétation dont la justesse ne peut, d'après des principes connus, être contrôlée par le Tribunal fédéral, et qui ne saurait d'ailleurs être considérée

comme arbitraire en présence des termes généraux de l'art. 204 du *Landbuch* uranien. A la vérité, la plupart des lois pénales cantonales ne renferment pas de dispositions réprimant les outrages dirigés contre la forme républicaine ou démocratique du gouvernement, contre le referendum ou contre d'autres institutions organiques de l'Etat; la nécessité et l'opportunité législatives de pareilles dispositions peuvent d'ailleurs être révoquées en doute, mais on ne saurait dire que celles-ci soient contraires au droit fédéral. Sans doute, ainsi que le Tribunal fédéral l'a déjà prononcé à plusieurs reprises, le recours de droit public pour violation de l'art. 55 de la constitution fédérale serait fondé, si un tribunal, faisant application de dispositions légales telles que celles dont il vient d'être question, venait à prononcer une condamnation contre une publication restant manifestement dans les limites d'une critique permise. Mais tel n'est pas le cas en l'espèce, car ce n'est évidemment pas sans fondement et sans de justes raisons que le juge uranien a admis que l'article de journal incriminé dépasse les bornes d'une critique permise et objective et constitue, envers l'institution de la landsgemeinde, un outrage punissable, destiné à rendre cette institution méprisable et de nature à la faire mépriser.

Pour traduction, C. S.

Dans sa séance de lundi dernier, le Tribunal fédéral s'est réparti comme suit les différentes sections pour 1886:

I. *Chambre criminelle:* MM. les Juges fédéraux Dr Roguin, Dr Morel, Olgiati. — Suppléants: MM. Dr Honegger, Pictet, Olgiati.

II. *Chambre d'accusation:* MM. les Juges fédéraux Kopp, Broye, Blæsi. — Suppléants: MM. Häberlin, Dr Winkler, Clausen.

III. *Tribunal de cassation:* MM. les Juges fédéraux Olgiati, Dr Hafner, Stamm, Broye, Weber. — Suppléants: MM. Hermann, Arnold, Burckhardt.

Bâle-Ville. — Tribunal civil et Tribunal d'appel

Traduction d'un jugement du 16 octobre et d'un arrêt des 19/28 novembre 1885.

Bail. — Droit d'action du preneur contre le tiers qui le trouble dans sa jouissance. — Art. 280 CO.

Veuve Knellwolf c. Brunschwig.

Le preneur qui est troublé par un tiers dans la possession ou dans la jouissance de la chose louée a un droit d'action direct contre ce tiers. Il n'est point nécessaire qu'il s'adresse préalablement au bailleur, pour l'inviter à prendre fait et cause pour lui, conformément à l'art. 280 CO.

Veuve Knellwolf-Schwarzenbach et S. Brunschwig sont l'une et l'autre locataires dans une maison de la rue Franche, à Bâle, appartenant à l'imprimeur K.-J. Wyss, à Berne. Veuve Knellwolf occupe au rez-de-chaussée le magasin à gauche de l'entrée, tandis que Brunschwig est locataire du premier étage, où se trouvent ses bureaux. La demanderesse, veuve Knellwolf, se plaint de ce que Brunschwig a, sans autorisation, posé une enseigne au-dessus de la devanture à gauche de l'entrée, fait qui l'empêche de placer elle-même une enseigne au-dessus de son magasin et lui porte encore préjudice par les confusions qui peuvent en résulter. En conséquence, elle réclame du défendeur l'enlèvement de son enseigne, plus une indemnité de 110 fr. pour le dommage déjà subi, et de 30 fr. par jour dès la demande juridique pour le préjudice actuel.

Brunschwig a conclu à libération, en se fondant, entre autres, sur ce que le propriétaire de la maison aurait autorisé la pose de l'enseigne, ensorte que c'est à ce dernier que la demanderesse devrait s'adresser.

Le Tribunal civil a débouté la demanderesse par les motifs suivants :

« Le défendeur estimant avoir eu le droit de poser l'enseigne litigieuse et invoquant à cet égard l'autorisation du bailleur commun des deux parties, la demanderesse aurait dû actionner son propriétaire aux fins de l'obliger à lui procurer l'usage de la chose louée dans la mesure qu'elle réclame. Ce n'est qu'un litige entre la demanderesse et son bailleur qui pourrait établir si la première est fondée ou non à revendiquer l'usage exclusif de la façade de la maison. Suivant le cas, le bailleur aurait alors l'obligation, conformément à l'art. 280 CO., de prendre fait et cause pour la demanderesse contre le défendeur.

» Même si l'on admettait que c'est sans autorisation aucune que le défendeur a posé son enseigne à côté de l'entrée de la maison, la demanderesse n'en serait pas moins sans vocation pour agir, tant qu'elle n'aurait pas établi que le bail lui confère l'usage exclusif de la partie de la façade où se trouve cette enseigne. Or, cette preuve n'ayant point été faite par elle, ses conclusions doivent être repoussées. »

Ensuite de recours, le Tribunal d'appel a réformé ce jugement et condamné le défendeur à enlever l'enseigne litigieuse, ainsi qu'à payer à la demanderesse une indemnité de 50 fr., plus 10 fr. par jour dès la communication du jugement jusqu'à l'enlèvement de l'enseigne.

Motifs :

Il est incontestable que le preneur qui est troublé par un tiers dans la possession ou dans la jouissance de la chose louée a un droit d'action direct contre ce tiers. Or, en l'espèce, c'est avec raison que la demanderesse prétend que la devanture du magasin loué par elle fait partie de celui-ci et que nul autre qu'elle n'a le droit de s'en servir pour y poser une enseigne ou quoi que ce soit d'analogue. En effet, il résulte des circonstances de fait que la devanture litigieuse fait partie intégrante du magasin et qu'ainsi la jouissance n'en peut raisonnablement appartenir qu'au locataire du magasin lui-même. Peu importe, à cet égard, comme le prétend le défendeur, que son enseigne ait été posée sur la devanture en question avec l'autorisation ou même sur l'ordre du propriétaire. En effet, une fois le magasin loué sans réserve à la demanderesse, le propriétaire n'avait plus le droit d'accorder une autorisation ou de donner un ordre de ce genre. Le fait par le défendeur d'avoir posé l'enseigne litigieuse constitue dès lors une atteinte portée sans droit à la jouissance de la demanderesse, et il doit être tenu, en conséquence, d'enlever cette enseigne de la devanture.

Quant au dommage allégué par la demanderesse, il y a lieu d'admettre, ensuite des dépositions testimoniales intervenues en première instance, que l'établissement de l'enseigne litigieuse a effectivement causé un certain préjudice à la demanderesse. Une détermination rigoureusement exacte du chiffre de ce dommage n'étant pas possible, vu les circonstances du cas, le Tribunal l'arbitre librement, après avoir tenu compte de tous les éléments de la cause, à la somme de 50 fr., plus 10 fr. par jour de retard dès la communication du jugement.

Pour traduction, C. S.

Vaud. — Tribunal cantonal.

Séance du 24 novembre 1885.

Droit de rétention du bailleur. — Transport des objets affectés à la garantie dans le local des ventes. — Prétendue extinction du droit de rétention. — Art. 294 CO.; art. 1624 Co. et article 701 Cpc.

Briggen contre Spühler.

Le droit de rétention du bailleur n'est pas éteint par le fait que les objets affectés à la garantie du loyer sont transportés dans le local des ventes destiné à la réalisation des objets saisis et à leur conservation. Le transport dans ce local ne saurait exercer en principe aucune influence sur les droits respectifs des intéressés.

Chauvet, locataire de Spühler et devant un trimestre de loyer du 24 juin au 24 septembre 1884, a cédé sa location à Heitzmann, le 12 août 1884.

Heitzmann n'a rien payé et s'est fait actionner par Chauvet.

Spühler, pour parvenir au payement de son trimestre de loyer par 150 fr., a pratiqué un séquestre, le 23 septembre 1884, sur tout ce qui pourrait garnir les lieux loués, tant sur les biens de Chauvet que sur ceux de Heitzmann (294 CO.).

La vente des objets séquestrés a eu lieu le 6 janvier 1885 et a produit 160 fr.

Le 23 août 1884, Briggen avait pratiqué un séquestre portant sur les mêmes objets que celui de Spühler et ce pour parvenir au paiement de 500 fr. et accessoires.

Ce séquestre portait sur divers objets mobiliers taxés 213 fr.

L'huissier exploitant a fait déplacer et porter au local des ventes, le 23 août 1884, les objets n°s 1 à et y compris 6; les n°s 7 à 9 ont été laissés en possession du débiteur.

Procédant à la répartition, le Juge de paix l'a fait de la manière suivante :

Produit de la vente du 6 janvier 1885 . . . . . Fr. 160.—
A déduire les frais . . . . » 19.15

Reste à répartir . . . Fr. 140.85

I. Spühler, créancier privilégié. Il lui est dû pour loyer 150 francs, plus 40 fr. pour des réparations, plus des frais, soit au total . . . . Fr. 291.70

Dont à déduire :
Un acompte de. . . . . Fr. 11.45
Produit d'une vente opérée c. Chauvet » 45.— » 56.45

Reste dû . . . Fr. 235.25

Spühler reçoit la valeur nette à répartir par . . . . Fr. 140.85
Il reste à découvert pour . . . . . . » 94.40

Total égal . . . Fr. 235.25

II. Briggen, créancier chirographaire, ne reçoit rien.

III. Chauvet, se trouvant libéré vis-à-vis de Spühler ensuite de la saisie pratiquée par ce dernier contre Heitzmann, ne réçoit rien non plus.

Briggen a recouru contre ce tableau de répartition dont il demande la réforme sur les bases suivantes : 1. Spühler n'aura aucun privilège ou droit de rétention pour les 40 fr. de réparation qui lui sont dus, le droit de rétention n'étant admis par le Code des obligations que pour le loyer. 2. Spühler n'aura aucun privilège ou droit de rétention sur les objets n°s 1 à 6 du procès-verbal de séquestre de Briggen, ces objets ayant été déplacés le 23 août 1884. 3. Le prix de ces objets, soit les trois quarts de la taxe, sera réparti à Briggen, premier saisissant. 4. Les frais de vente et de répartition seront prélevés et Briggen en supportera une part proportionnelle.

Le Tribunal cantonal a écarté le recours.

Motifs :

Attendu que, par son séquestre du 23 août 1884, Briggen n'a point fait évanouir le droit de rétention au bénéfice duquel Spühler se trouve placé en sa qualité de bailleur des lieux loués au débiteur Heitzmann.

Que, d'une part, en effet, le déplacement des objets en question n'a point eu pour conséquence de les soumettre à un autre droit de préférence qui puisse être opposé à celui du bailleur Spühler.

Que le local des ventes est destiné, entre autres, à la réalisation des objets saisis et à leur conservation.

Que c'est précisément dans ce but et sans préjuger les droits auxquels ils pouvaient être soumis que les meubles litigieux y ont été transportés par main de justice.

Que le transport dans ce local ne saurait en principe exercer aucune influence sur les droits respectifs des intéressés.

Que la nature de ces droits doit être appréciée d'après les dispositions légales qui leur sont propres.

Attendu, d'autre part, que les meubles n°s 1 à 6 ont été l'objet d'un séquestre pratiqué à l'instance du bailleur Spühler le 24 septembre 1884.

Que ce nouveau séquestre a été pratiqué avant que le séquestre précédent eût été perfectionné.

Qu'il résulte de cette circonstance que les créanciers Briggen et Spühler se trouvaient en concours pour la répartition du produit de la vente des meubles séquestrés.

Que cette répartition devait s'opérer non point eu égard à la priorité des séquestres pratiqués (art. 701 Cpc.), mais d'après le principe posé à l'art. 1624 Cc., vu la qualité des titres des créanciers en concours.

Que Spühler, ainsi qu'il a été dit ci-dessus, n'a point perdu le droit à lui conféré par l'art. 294 CO.

Qu'en cette qualité il doit être colloqué sur le produit net de la vente (140 fr. 85) pour les 150 fr. de loyer qui lui sont dus.

Que, dès lors, la vente n'ayant produit qu'une somme inférieure au prix du loyer, il n'y a pas lieu d'examiner les autres griefs soulevés par le recourant.

Séance du 24 novembre 1885.

Lettre de change. — Acceptation refusée. — Art. 736 et suiv. CO.

Dame Guillermet contre Bandlé.

L'acceptation d'une lettre de change a pour but essentiel de garantir le porteur contre le tireur ou contre les endosseurs. Sauf convention spé-

ciale, le tiré n'est pas obligé d'accepter, alors même qu'il reconnaît être tenu de payer à l'échéance la traite présentée à son acceptation.

Par exploit du 11 juillet 1885, Bandlé a ouvert action à Claudine Guillermet en paiement de 134 fr. 10.

Claudine Guillermet a pris les conclusions suivantes : « Tout » en reconnaissant devoir à F. Bandlé 128 fr., valeur échue le » 31 juillet 1885, exigible et portant intérêt légal dès cette date, » dame Guillermet-Mouchet conclut à libération avec dépens » des conclusions prématurées du demandeur. »

Il a été constaté, entre autres, les faits suivants :

Claudine Guillermet a pris livraison de 10 lits en fer, qui lui ont été fournis par Bandlé, pour le prix de 128 fr. payables en une traite du 10 mai 1885.

Claudine Guillermet n'a pas payé cette traite à l'échéance.

Bandlé, sur demande de Claudine Guillermet, a consenti à faire une nouvelle traite au 31 juillet 1885.

Le 15 juin 1885, un employé du procureur-juré Dupuis, agissant au nom de Bandlé, a présenté à l'acceptation de Claudine Guillermet la traite au 31 juillet 1885.

Cette dernière a refusé de signer cette traite pour acceptation.

Protêt faute d'acceptation a été dressé le 16 juin 1885 par Gustave Michel, notaire à Vevey.

Ensuite de ce refus d'accepter, Dupuis a réclamé à Claudine Guillermet le payement de la facture Bandlé, par lettre d'avis du 20 juin 1885.

Sur le vu de cette lettre, Claudine Guillermet a confirmé son refus d'accepter en déclarant qu'elle payerait la traite au 31 juillet 1885, soit au jour d'échéance convenu.

Le demandeur, estimant que ce refus d'acceptation équivalait à un refus de payement à l'échéance, a ouvert action à la défenderesse en lui réclamant, outre les 128 fr. en cause, 6 fr. 10 pour frais de protêt et accessoires, soit en tout 134 fr. 10.

A la première audience du Juge de paix (5 août 1885), Claudine Guillermet a fait dépôt en mains du juge de la somme de 128 fr., déclarant que si ce dépôt n'avait pas été fait le 31 juillet 1885 c'est parce qu'elle était assignée seulement pour le 5 août.

Vu ces faits, le Juge de paix de Vevey a prononcé comme suit : « Le Juge de paix admet les conclusions du demandeur en donnant acte à femme Guillermet de son dépôt de 128 fr. »

Ce jugement repose sur des motifs ainsi résumés :

A teneur de l'art. 736 CO. et étant donné que Claudine Guillermet refusait d'accepter une traite qu'elle devait, Bandlé était fondé à ouvrir immédiatement action.

Claudine Guillermet a recouru en réforme contre cette sentence, disant, entre autres, dans son mémoire au Tribunal cantonal, qu'à teneur du CO., le *tiré* n'est point obligé d'*accepter* et que le porteur d'un protêt faute d'acceptation a droit de recours seulement contre ceux qui ont émis la lettre de change, mais non pas contre celui sur lequel elle est tirée.

Le Tribunal cantonal a admis le recours.

Motifs :

Considérant qu'il avait été convenu entre parties que Claudine Guillermet paierait à Bandlé 128 fr. en une traite au 31 juillet 1885.

Que Bandlé a fait, le 15 juin 1885, présenter cette traite à l'acceptation de Claudine Guillermet, laquelle a refusé d'accepter cet effet.

Que, sur une réclamation écrite du mandataire de Bandlé, Claudine Guillermet a maintenu ce refus, tout en déclarant qu'elle paierait la traite en cause le 31 juillet 1885.

Considérant qu'il résulte de l'ensemble des dispositions légales sur l'acceptation, que celle-ci a pour but essentiel de garantir le porteur contre le tireur ou contre les endosseurs.

Qu'aucune disposition légale n'oblige le tiré à accepter.

Que, dès lors, sauf convention spéciale, le tiré n'est point tenu d'accepter, alors même qu'il reconnaît être tenu de payer à l'échéance la traite présentée à son acceptation.

Attendu qu'en l'espèce il n'est ni établi ni même allégué que Claudine Guillermet eût pris l'engagement d'accepter la traite en cause.

Attendu qu'elle a déclaré vouloir payer à l'échéance la traite en cause et qu'ensuite de l'action qui lui fut ouverte le 11 juillet 1885, elle a consigné en mains du juge, à sa première audience, la somme de 128 fr.

Considérant, dès lors, que l'action de Bandlé était prématurée et que c'est avec raison que Claudine Guillermet y a résisté.

Vu ces faits et les art. 736 et suiv. CO.

Résumés d'arrêts.

Code fédéral des obligations. — La disposition de l'art. 168 CO., d'après laquelle le débiteur solidaire qui jouit d'un recours est subrogé à tous les droits du créancier jusqu'à concurrence de ce qu'il lui a payé, est applicable même à des obligations nées antérieurement au 1er janvier 1883, pourvu que le paiement effectué par le débiteur solidaire soit postérieur à cette date (CO. 882 § 3).

Si, en ce qui concerne la subrogation établie en faveur du débiteur solidaire qui paie, le droit cantonal ne renferme pas de dispositions spécialement applicables aux prêts hypothécaires, conformément à la réserve contenue à l'art. 337 CO., c'est le droit fédéral des obligations qui, à titre de droit commun suisse, doit faire règle à cet égard.

Trib. civil de Bâle, 23 octobre 1885. Schaadt c. veuve Reichenbach et Société immobilière de l'Allemagne du Sud.

Divorce. — La séparation de corps prévue à l'art. 47 de la loi fédérale sur l'état civil et le mariage constitue un état provisoire, un temps d'épreuve, destiné à conduire nécessairement soit à la restauration, soit à la dissolution complète du lien conjugal. Elle apparaît comme une *dernière* tentative de réconciliation entre les époux et sa prolongation pendant une nouvelle période irait directement à l'encontre de l'intention manifeste du législateur, lequel, mu par des considérations d'ordre public, a voulu exclure la possibilité de lui donner une durée indéfinie et l'abolir en tant qu'institution à temps illimité.

TF., 21 novembre 1885. Epoux Vorlet.

Dépens. — Le motif consistant à dire que l'une des parties succombe à la rigueur du droit n'est pas de nature à justifier une compensation de dépens.

(Juge de paix de Vuarrens ; jugement réformé quant aux frais.)

TC., 1er décembre 1885. Hofer c. Gonet.

Louage d'ouvrage. — Après la livraison de l'ouvrage, le maître doit en vérifier l'état, dans le délai usuel, et en signaler les défauts à l'entrepreneur, s'il y a lieu (CO. 357). Les termes « dans le délai usuel » doivent s'interpréter dans ce sens que, si les défauts de l'objet livré ne se manifestent que plus tard, ils doivent être signalés à l'entrepreneur tôt après qu'ils deviennent apparents, à défaut de quoi la chose est tenue pour acceptée, même quant à ces défauts-là.

La loi ne prévoit pas nécessairement une expertise et ne précise pas, si elle est requise, le moment où elle doit se faire.

Cour de cassation de Neuchâtel, 18 novembre 1885. Heiniger c. Berg et Hänggi.

Recours. — Aucune disposition de la procédure n'autorise le recours en réforme contre un jugement par défaut.

TC., 8 décembre 1885. Rossier c. Huser.

Sceau. — Le juge doit refuser son sceau à une opposition qui ne fait que reproduire une opposition antérieure déjà écartée par jugement (Cpc. 411).

Il doit aussi refuser son sceau à l'opposition aux opérations de la saisie qui ne porte pas sur des irrégularités concernant la saisie réelle ou les opérations relatives à la vente (Cpc. 415).

(Juge de paix de Payerne; sceau révoqué.)

TC., 1er décembre 1885. Banque cantonale c. Mayor.

Vente. — Le vendeur qui ne s'est engagé que conditionnellement a le droit de refuser la livraison tant que la condition sous laquelle il s'est obligé n'est pas accomplie.

(Juge de paix du Pont; jugement réformé.)

TC., 1er décembre 1885. Frères Reymond c. Rochat.

Bibliographie.

General-Register zu Band I-IX der Amtlichen Sammlung der Entscheidungen des Schweiz. Bundesgerichtes. I. Heft. Gesetzes-Register.

On s'est passionné, à Lausanne, au sujet de la décoration de la grande salle du Palais de justice fédéral, qui doit servir uniquement aux débats criminels. Or, depuis trente-six ans que le Tribunal fédéral existe, sa cour criminelle n'a jamais siégé en notre ville et l'on peut espérer qu'elle n'y siègera pas de longtemps. Il est possible même que la génération actuelle ne voie pas s'ouvrir le petit temple de Janus que l'on va décorer.

On ne s'intéresse pas aussi généralement à l'activité du Tribunal fédéral qu'au cadre dans lequel elle se déploiera, cependant elle est singulièrement méritoire. Il a lui-même érigé un monument, nous voulons parler de la collection de ses arrêts qui comprend dix forts volumes complets et trois livraisons du onzième.

L'accroissement de cette collection en avait rendu l'utilisation assez difficile; c'était un travail long et pénible. Chaque volume a ses répertoires fort bien faits, mais en allemand seulement, et pour la moindre recherche il fallait tenir, souvent inutilement, les dix volumes et lire des jugements dont on ignorait à l'avance le contenu et qui parfois étaient plus longs qu'intéressants.

Le Tribunal fédéral a voulu faciliter l'étude et la consultation de ses arrêts en publiant, dans les trois langues nationales, un répertoire général des tomes I à IX. La première partie, intitulée: « Répertoire des lois », vient de paraître en allemand et en italien; l'édition française suivra dans quelques jours. Un second cahier renfermant le registre alphabétique, paraîtra au plus tard à Pâques.

Sous le titre de: « Répertoire des lois », le Tribunal donne un résumé méthodique de toutes les questions juridiques qui l'ont occupé, en les rapportant aux divers articles de la Constitution fédérale, des traités, des concordats, des lois fédérales et des Constitutions cantonales. Nous voudrions indiquer comment on peut s'en servir. Prenons un exemple : M. le juge fédéral Hafner vient d'écrire un article dans lequel il soutient, contre M. le professeur E. Roguin, que le Code des obligations devient une pure loi cantonale lorsque ses dispositions sont adoptées par un canton pour régir une matière réservée à la législation cantonale. Nous désirons savoir s'il s'est peut-être présenté des cas analogues à celui qui est en discussion, et nous cherchons immédiatement dans le Répertoire l'art. 3 de la Constitution fédérale qui garantit la souveraineté des cantons. Nous y voyons que dans un arrêt, donné à page 336 du tome V, le Tribunal fédéral s'est occupé de la question de savoir quel est le rapport des articles de la Constitution fédérale avec les articles identiques reproduits dans les Constitutions cantonales, et, en consultant l'arrêt en question, nous trouvons que l'article reproduit dans une Constitution cantonale n'a aucune valeur propre. — La question débattue n'est pas tranchée par là; au contraire, le Tribunal l'a décidée en sens inverse, mais l'analogie milite dans une certaine mesure en faveur de la thèse soutenue par M. Roguin. Le Répertoire permet à chacun des recherches semblables dans les cas les plus variés.

Nous remercions donc le Tribunal fédéral du service qu'il a rendu au public. Peut-être ce service aurait-il pu être plus complet. Pourquoi clore le Répertoire au tome IX quand il en a paru dix ? Nous avons entendu dire que l'on n'a pas voulu empiéter sur le droit des obligations ; c'est à tort, car beaucoup de lecteurs auraient surtout désiré pouvoir facilement trouver les décisions que le Tribunal fédéral a prises en cette matière ; chacun n'a pas la patience d'attendre neuf ans jusqu'à ce que paraisse un nouveau Répertoire général.

Nous croyons aussi que le Tribunal fédéral s'est trop défié du public en n'annonçant pas la publication du Répertoire. C'est par hasard et grâce à un exemplaire italien, que nous en avons eu connaissance. A cette occasion, nous nous permettons de témoigner notre reconnaissance à M. Colombi, secrétaire du Tribunal fédéral. Ses excellentes publications maintiennent les Suisses italiens en contact juridique constant avec leurs Confédérés. Sans doute le chemin de fer du Gothard et les fortifications qui vont le couvrir assurent l'union matérielle du Tessin avec le reste de la Suisse, mais cette union ne sera efficace que si elle se réalise aussi dans le domaine des idées; une culture juridique identique y contribuera pour beaucoup.

H. C.

Variété.

Il est acquis en principe chez les gens qui n'en ont pas, que si un passant ramasse à terre un objet perdu, en présence d'un deuxième passant témoin de la trouvaille, celui-ci a le droit d'exiger part à deux; s'il est accompagné d'un ami, alors c'est part à trois; il n'y a que le commissaire de police dont il n'est jamais question en pareille occurence, bien qu'aux termes de la loi c'est à lui que doive être remis l'objet trouvé; à moins qu'il ne s'agisse d'une bonne fortune, comme celle dont la chance a favorisé un nommé L., traduit en police correctionnelle pour filouterie et tentative d'escroquerie, auquel cas ce qui ne vaut pas la peine d'être porté chez le commissaire de police, est assez bon pour le marchand de vins.

Voilà comment la part à trois a été liquidée en liquide, fromage et petits verres, car les trois ayants-droit à la trouvaille avaient leur pain.

On a déjà deviné que cette trouvaille, en la supposant vraie, était une fausse pièce de monnaie, mais l'allégation paraît bien être de la même nature que la pièce.

Pourquoi L. tout seul devant le Tribunal (se demandera-t-on) puisqu'il y avait trois consommateurs? C'est bien simple, parce que les deux autres, eux malins, sachant à quoi s'en tenir sur la valeur de la pièce, ont filé avec aisance et facilité, laissant au troisième le soin de se tirer d'affaire.

M. le président. — Vous êtes entré chez une marchande de vins, la femme C.; vous y avez fait une consommation, sachant que vous étiez sans argent.

Le prévenu. — Mais, faites excuse, mon président, je croyais que la pièce que j'avais valait 25 francs.

M. le président. — Qu'est-ce que c'est qu'une pièce de 25 francs?

Le prévenu. — Il y avait dessus le portrait de la reine d'Angleterre. Je l'avais trouvée sur la route de C.

M. le président. — Quels sont les deux individus qui sont allés boire et manger avec vous?

Le prévenu. — Mais je ne les connais pas du tout; c'est deux hommes qui venaient à P. comme moi et qui se trouvaient là quand j'ai ramassé la pièce anglaise.

M. le président. — La médaille.

Le prévenu. — Oui, mais je ne l'ai su qu'après; vu que m'ayant crié: « Part à trois! » et moi leur ayant montré la pièce, ils n'ont dit : « C'est un louis anglais de 25 francs ; il est très bon, c'est de l'or. »

M. le président. — Oui, il est très bon, c'est de l'or, et pour le partage à trois qui eût donné 8 fr. 33 cent., à chacun, vos deux compagnons se sont contentés de la part à trois de deux litres et d'un morceau de fromage, après quoi ils ont disparu.

Le prévenu. — Parce que c'étaient deux filous qui m'ont dit que c'était une bonne, pour se faire régaler, et qu'ils savaient que c'était une simple médaille, tandis que moi, n'ayant jamais vu de pièce anglaise, j'ai cru ce qu'ils me disaient, alors ils m'ont dit : « Ecoutez, payez à boire et vous garderez la pièce pour vous tout seul. » Voilà comme c'est arrivé.

M. le président. — Non content d'avoir consommé, vous jetez votre pièce avec aplomb sur le comptoir, en disant : « Rendez-moi la monnaie ! »

Le prévenu. — Mon aplomb ! c'est que je croyais que c'était 25 francs ; même que j'ai offert à la marchande de vins de lui laisser ma blouse ; dont ça n'est pas elle qui m'a fait arrêter, c'est un individu qui l'a coupée en deux. (Rires.)

M. le président. — Qui a coupé quoi, en deux ? Pas la marchande de vins ?

Le prévenu. — Non, la pièce qu'elle lui avait montrée et qu'étant fausse il l'a coupée, et je vous jure, mon président, que les deux filous m'ont dit : « Dans le commerce ça se prend pour 20 francs, mais ça vaut 25 francs à la banque. »

La marchande de vins est entendue. Elle confirme les faits rappelés plus haut et ajoute : « Quand j'ai dit à cet individu que sa pièce ne valait rien, il m'a répondu qu'il l'avait reçue de son patron dans sa paie de 35 francs. »

M. le président (au prévenu). — Vous entendez, vous n'avez pas dit que vous l'aviez trouvée.

Le prévenu. — Madame a confondu.

La marchande de vins. — Du tout, du tout, vous avez avalé deux litres, du saucisson, du fromage, du rhum, sachant bien que votre pièce anglaise était une médaille.

M. le président. — Il prétend qu'il vous a laissé sa blouse en paiement.

La marchande de vins. — Oui, mais quand j'ai voulu la prendre, il m'a dit qu'en dessous il était sale comme un cochon et qu'il ne pouvait pas aller demander de l'ouvrage comme ça.

Le Tribunal a condamné le prévenu à quinze jours de prison, c'est comme cela seulement qu'il n'y a pas eu part à trois.

Ch. Boven, notaire, rédacteur.

Lausanne. — Imp. CORBAZ & Comp.

XXXIVe ANNÉE. No 3. SAMEDI 16 JANVIER 1886

JOURNAL DES TRIBUNAUX

REVUE DE JURISPRUDENCE

Paraissant à Lausanne une fois par semaine, le Samedi.

Prix d'abonnement : 12 fr. par an, 7 fr. pour six mois. Chaque numéro, 50 cent. On s'abonne à l'imprimerie CORBAZ et Cie et aux bureaux de poste. — ANNONCES : 20 centimes la ligne ou son espace.

Argovie. — TRIBUNAL SUPÉRIEUR.

Traduction d'un arrêt du 25 septembre 1885.

Louage d'ouvrage. — Responsabilité du teinturier relativement à l'action chimique des matières colorantes qu'il emploie. — Art. 350 et 358 CO.

W. et Cie contre B. et Cie.

L'entrepreneur est tenu d'exécuter l'ouvrage de telle manière qu'il puisse servir à l'usage auquel il est destiné. Dès lors, le teinturier est responsable du dommage qui peut résulter de ce qu'il a fait emploi d'une matière colorante exerçant une action destructive sur les produits à la fabrication desquels les matières teintes sont destinées à servir.

Depuis une série d'années, les demandeurs étaient chargés par les défendeurs de teindre en rose du fil de coton employé par ces derniers à la fabrication d'élastiques. Les défendeurs ayant refusé de payer le travail fait de ce chef pendant le dernier trimestre de 1883, les demandeurs leur ont ouvert action en paiement de 1470 fr. 60 et intérêts dès le 1er janvier 1884.

Le refus de paiement des défendeurs est fondé sur ce que les demandeurs se sont servis pour la teinture d'une substance qui exerce une action destructive sur le caoutchouc employé dans la fabrication des élastiques. Il est résulté de là qu'au bout de peu de temps la marchandise a perdu son élasticité, que les défendeurs ont reçu de nombreuses réclamations de leurs clients, qu'ils ont dû reprendre les marchandises qu'ils avaient déjà vendues, et que celles encore en magasin sont de même invendables. Le total du dommage éprouvé de ce chef par les défendeurs s'élève à 1869 fr. 90, c'est-à-dire à une somme supérieure à celle réclamée par les demandeurs.

Le Tribunal de district a admis les défendeurs à prouver que les défauts des élastiques fabriqués par eux proviennent des procédés de teinture employés par les demandeurs et que ceux-ci leur ont ainsi causé un préjudice du montant indiqué ci-dessus.

Le Tribunal supérieur a confirmé ce prononcé.

Motifs.

Les rapports juridiques existant entre parties doivent évidemment être envisagés comme constituant un contrat de louage d'ouvrage (CO. 350). Les demandeurs ont reçu des défendeurs du fil de coton pour le teindre en rose, moyennant paiement du prix usuel; ils se sont donc engagés à exécuter un ouvrage, savoir la transformation du coton écru en coton teint en rose. Les demandeurs savaient que ce fil devait servir à la fabrication d'élastiques, et ils avaient dès lors l'obligation de le teindre en rose d'une manière telle qu'il fût approprié au but indiqué et qu'il pût être utilisé sans inconvénient. En effet, à teneur de l'art. 358 CO., l'entrepreneur répond de ce que l'ouvrage à exécuter est approprié au but fixé. La responsabilité résultant de ce que la couleur employée doit n'exercer aucune action nuisible sur l'étoffe teinte ou sur les objets mis en contact avec celle-ci incombe donc, d'après les principes généraux du droit, consacrés aussi par le Code des obligations, au teinturier et non point à celui qui utilise le fil teint pour en fabriquer d'autres produits, tels que des étoffes, des élastiques, etc. Celui qui exerce un métier ou une industrie est responsable de la possession des connaissances nécessaires à cet effet. Le teinturier doit, dès lors, connaître l'action des couleurs qu'il emploie sur les diverses espèces d'étoffes, et, si, pour teindre du coton, il emploie une couleur qui le détériore et le rend impropre à l'usage, il est incontestablement responsable du dommage qui est résulté de ce fait. La même responsabilité doit aussi être admise lorsque les produits rendus impropres à l'usage sont non pas le coton lui-même, mais les objets mis en contact avec lui, à supposer naturellement que le teinturier sache que le coton teint par lui sera mis en contact avec ces objets. Il résulte de là que les demandeurs avaient l'obligation d'examiner d'une manière précise et approfondie si la matière colorante employée par eux exerçait une action nuisible et destructive sur le caoutchouc. Le fait qu'ils auraient, sans examen ultérieur, employé un procédé tinctorial de nature à agir d'une manière destructive sur les élastiques et à les rendre impropres à l'usage constituerait à leur charge une faute.

Les demandeurs soutiennent, il est vrai, que les défendeurs auraient dû faire les expériences nécessaires pour établir l'action de la matière colorante sur le caoutchouc et leur donner les indications nécessaires à cet égard, en sorte que, ayant négligé de le faire, ils auraient causé par leur propre faute le dommage dont ils se plaignent. Mais cette manière de voir n'est pas fondée, et le fait que les défendeurs ont fait faire spontanément des études de ce genre n'a nullement pu dispenser les demandeurs de l'obligation qu'ils avaient de se renseigner sur ce point.

A supposer même que l'importante question de la responsabilité relative à l'action de la couleur employée soit résolue en principe en faveur des demandeurs, ces derniers n'en devraient pas moins, en l'espèce, être considérés comme responsables du préjudice éprouvé. En effet, les demandeurs ont déjà, depuis de longues années, teint en rose des cotons pour les défendeurs, sans qu'il en soit résulté le moindre inconvénient pour les élastiques à la fabrication desquels ces cotons ont servi. Les défendeurs étaient dès lors en droit d'admettre que les demandeurs se serviraient des mêmes procédés pour teindre le coton litigieux. Or, si la preuve que les défendeurs veulent entreprendre est réellement faite, il en résulterait que les demandeurs se sont départis de leur chef de leurs anciens procédés ; si donc ce fait a causé un dommage, ils seraient tenus de le réparer.

Pour traduction, C. S.

Thurgovie. — Tribunal supérieur.

Traduction d'un arrêt du 25 août 1885.

Prétendu droit de rétention. — Défaut de connexité entre la créance et la chose retenue. — Art. 224 CO.

J. Wüger contre J. Schiegg.

Le créancier ne jouit d'un droit de rétention que s'il y a connexité entre la créance et la chose retenue.

La fille de l'intimé était fiancée avec le recourant, et, à cette occasion, divers meubles faisant partie du trousseau furent transportés au domicile de ce dernier. Les fiançailles ayant été rompues, le père de la fiancée obtint du président une ordonnance condamnant le recourant à restituer les objets transportés chez lui. Le recourant s'est pourvu contre cette décision en invoquant, entre autres, un droit de rétention sur les meubles, pour garantie de créances qu'il prétend avoir contre sa fiancée et contre le père de celle-ci.

Le Tribunal supérieur a écarté le recours.

Motifs.

Le recourant soulève une exception tirée d'un prétendu droit de rétention; il estime, en effet, être créancier de l'intimé pour des travaux faits pendant le temps des fiançailles, et de sa fille en raison de la rupture des promesses de mariage. A teneur de l'art. 224 CO., le créancier ne jouit d'un droit de rétention que s'il y a connexité entre la créance et la chose retenue. Or, tel n'est point le cas en l'espèce en ce qui concerne l'intimé, puisque la créance que le recourant prétend avoir contre lui est relative à des travaux de campagne qui n'ont aucun rapport avec le trousseau. Un droit de rétention existerait au contraire si, par exemple, le recourant avait fait des travaux aux meubles litigieux et avait acquis une créance de ce chef. Quant à la créance qu'il prétend avoir contre la fille ensuite de la rupture des promesses de mariage, elle ne pourrait justifier l'exercice d'un droit de rétention que contre la fille, mais non contre le père (que le tribunal a reconnu être seul propriétaire des meubles, objet du litige).

Pour traduction, C. S.

Vaud. — TRIBUNAL CANTONAL.

Séance du 1er décembre 1885.

Subhastation. — Droit du créancier hypothécaire à la récolte du fonds saisi. — Art. 627, 629, 703 et 719 Cpc.

Glauser contre Margot.

Le créancier qui saisit par voie de subhastation, en vertu d'un titre hypothécaire, a droit à la récolte dont le fonds est invêtu au moment de la saisie, à moins qu'elle n'ait été légalement vendue.

Les droits des créanciers saisissants doivent être déterminés d'après la nature de leurs créances.

Margot-Ducret a pratiqué une saisie spéciale portant sur la récolte en foin de divers immeubles appartenant à Gruet, en vertu d'un billet à ordre de 150 fr.

Glauser a subhasté les mêmes immeubles, en vertu d'un titre hypothécaire, pour parvenir au paiement d'un intérêt de *175 fr.*

La vente des récoltes saisies a eu lieu le 8 août 1885 et a produit 121 fr. 50, dont à déduire *22 fr. 65* pour frais de vente et de répartition. Reste à répartir *98 fr. 85.*

Suivant tableau de répartition du 10 octobre 1885, le juge a attribué cette valeur intégralement au créancier préférable Glauser, sous la réserve expresse que cette somme de 98 fr. 85 ne lui sera définitivement acquise que lorsque la saisie-subhastation aura été légalement perfectionnée, dans le délai voulu par la loi, et que jusqu'à ce moment le créancier Margot conserve tous les droits découlant de sa saisie et de la vente.

Glauser a recouru contre ce tableau en concluant avec dépens au retranchement de la réserve faite par le juge. Il se fonde sur les art. 629 et 627 Cpc. et estime que le juge a fait une fausse application de l'art. 703 Cpc.

Le Tribunal cantonal a admis le recours.

Motifs.

Considérant qu'à teneur des art. 629 et 627 Cpc., celui qui saisit par voie de subhastation, en vertu d'un titre hypothécaire, a droit à la récolte dont le fonds est invêtu au moment de la saisie, à moins qu'elle n'ait été légalement vendue.

Attendu qu'en l'espèce Glauser a saisi par voie de subhastation, en vertu d'un titre hypothécaire, et qu'au jour où il a procédé la récolte du fonds subhasté n'avait point été légalement vendue.

Attendu que, par contre, Margot-Ducret a saisi la même récolte en qualité de simple créancier chirographaire.

Qu'ainsi les droits des créanciers saisissants doivent être déterminés d'après la nature de leurs créances.

Qu'à cet égard Glauser doit être préféré à Margot-Ducret, vu la qualité du titre en vertu duquel il a saisi.

Séance du 8 décembre 1885.

Action en paiement d'acomptes mensuels ensuite d'une ordonnance de subrogation. — Incompétence du Juge de paix. — Art. 16 Cpc.

Dame Besseaud c. Cosandey.

Excède la compétence du Juge de paix l'action par laquelle le demandeur, pour obtenir paiement d'une somme supérieure à 150 fr., réclame au défendeur des versements mensuels de 20 fr., alors que ces versements sont réclamés à titre de salaire dû par le défendeur à son employé, contre lequel le demandeur a obtenu une ordonnance de subrogation.

Cosandey a ouvert action à Marie Besseaud pour faire prononcer: Que, comme subrogé aux droits de son mari Louis Besseaud, elle lui doit, à titre de salaire, 20 fr. par mois, à partir du 1er juin 1885, valeur qui sera appliquée à tant moins de ce qu'il doit à l'instant jusqu'à concurrence de 395 fr. 25. — Cosandey a allégué, en substance, les faits que voici :

L. Besseaud, mari de la défenderesse, doit à Cosandey :

a) En vertu d'acte de défaut de biens du 9 octobre 1882	Fr.	383 10
b) Pour frais réglés d'une saisie-arrêt . . .	»	12 15
	Fr.	395 25

Ensuite d'une saisie-arrêt faite en mains de la défenderesse, sur le salaire auquel peut prétendre son mari, cette dernière a déclaré ne rien lui devoir.

Cependant son mari travaille pour son compte, à elle défenderesse, et a droit à un salaire d'au moins *20 fr.* par mois.

A l'audience du Juge de paix du cercle d'Yverdon, du 29 octobre 1885, Marie Besseaud a déposé, avant tout procédé, une pièce écrite en laquelle elle conclut exceptionnellement à ce que le déclinatoire soit admis avec dépens et la cause renvoyée devant le Tribunal compétent, basant ses conclusions sur la circonstance qu'elle est attaquée en paiement de *395 fr. 25* par échéances mensuelles de *20 fr.*, et qu'ainsi, et vu l'art. 16 Cpc., la réclamation excède la compétence du Juge de paix. — Cosandey a conclu avec dépens à libération de ces conclusions exceptionnelles.

Le Juge de paix, disant faire application des art. 16, 90, 318, 320 Cpc., a écarté les conclusions exceptionnelles de Marie Besseaud et admis celles de Cosandey, se déclarant ainsi compétent pour connaître de la cause.

Ce jugement repose sur des motifs ainsi résumés :

« Le capital dû à Cosandey par L. Besseaud n'est pas litigieux » et l'action ouverte à Marie Besseaud n'a pas pour objet ce capital; elle tend uniquement à faire attribuer à L. Besseaud un » salaire mensuel de 20 fr. au maximum. Le litige porte donc » sur un chiffre inférieur à 150 fr. »

Marie Besseaud a recouru en réforme contre ce jugement, disant en substance, dans son mémoire au Tribunal de céans, que si les conclusions de Cosandey lui sont allouées, Marie Besseaud devra payer 395 fr. 25, plus les intérêts et frais, payables par échéances mensuelles de 20 fr., et que ce mode de versement n'a pas de valeur lorsqu'il s'agit de fixer la compétence, puisqu'il est hors de doute que toute conclusion portant sur plus de 150 fr. dépasse la compétence du Juge de paix.

Le Tribunal cantonal a admis le recours.

Motifs.

Considérant que, s'il est vrai que Cosandey a un titre exécutoire contre L. Besseaud, il y a cependant une question litigieuse entre le même Cosandey et Marie Besseaud.

Qu'en effet, Cosandey prétend que Marie Besseaud doit quelque chose à L. Besseaud à titre de salaire, lequel salaire devrait être remis à lui Cosandey, en extinction de la créance qu'il a contre le prénommé Besseaud.

Que Marie Besseaud dit ne rien devoir à son mari et que Cosandey veut établir qu'elle est la débitrice de L. Besseaud, ce afin d'obtenir par versements successifs paiement de son titre de *395 fr. 25*.

Que, dès lors, le litige porte bien sur une somme supérieure à *150 fr.*

Qu'en effet, la circonstance que cette somme se paierait, cas échéant, par versements périodiques inférieurs à 150 fr. est sans importance ici, puisque dans les questions de compétence il faut tenir compte du capital pour lequel le jugement à rendre devrait faire titre.

Zurich. — COUR D'APPEL ET DE CASSATION.

Traduction d'un arrêt du 3 février, confirmé le 1er juin 1885.

Bail. — Portée de la clause qui fixe un jour pour l'entrée en jouissance. — Demeure du bailleur; résiliation non justifiée. — Art. 123 et 224 CO.

Keller contre Weibel.

Le simple fait de fixer dans un bail un jour pour l'entrée en jouissance ne prouve pas, à lui seul, que les parties aient entendu faire dépendre le maintien ou la résiliation du contrat de la stricte observation de l'époque fixée. Pour que l'art. 123 CO. soit applicable, il faut qu'il résulte clairement du contrat que le moindre retard autorise les parties à se départir de la convention.

Un preneur, dont le bail fixait le 30 avril 1884 comme date de l'entrée en jouissance, s'est refusé à prendre possession des lieux loués et a informé, le 5 mai, le bailleur qu'il se désistait du contrat. Ensuite de ces faits, le bailleur a ouvert une action en dommages et intérêts au locataire, mais celui-ci a résisté en disant qu'il avait été prêt à entrer dans les lieux loués le 30 avril, mais que le demandeur n'avait pas été en mesure de les lui remettre à cette date, les ayant occupés lui-même encore 5 jours après l'époque fixée. Le défendeur estimait en conséquence qu'à teneur de l'art. 123 CO., il était en droit de se départir du contrat sans autre formalité.

La Cour d'appel n'a pas admis cette argumentation et la Cour de cassation s'est prononcée dans le même sens.

Motifs.

Le fait de fixer dans un bail un jour pour l'entrée en jouissance ne prouve pas, à lui seul, que les parties aient entendu faire dépendre le maintien ou la résiliation du contrat de l'observation stricte et rigoureuse de l'époque fixée pour l'exécution de la convention, pas plus que, pour d'autres contrats, une pareille preuve ne résulterait de ce qu'il a été fixé, en termes généraux, un jour pour cette exécution. Il faut, au contraire, qu'il résulte des termes exprès du contrat que l'indication d'un jour a eu une telle portée; ce serait le cas, par exemple, s'il était dit que l'appartement loué devra être libre pour le 30 avril *au plus tard*, ou que l'entrée en jouissance aura lieu ce jour et *pas à une autre date*. L'art. 123 CO. vise les opérations à date fixe *(Fixgeschäfte)*; or une convention ne peut être envisagée comme rentrant dans cette catégorie que s'il résulte d'une manière *parfaitement claire* du contrat que les parties attachent une importance si grande et des conséquences si graves à l'époque fixée pour l'exécution, que même le moindre retard les autorise à se départir du contrat. Ce n'est qu'en adoptant l'interprétation qui précède qu'on s'explique pourquoi, en matière de commerce, le législateur a prescrit expressément que, lorsque la convention fixe un terme pour la livraison, les parties sont présumées avoir attaché à cette fixation des conséquences aussi graves (art. 234 CO.); car, si une telle présomption résultait déjà de l'art. 123 pour toutes les obligations quelconques, il n'y aurait eu aucun motif de l'établir encore expressément en matière de commerce.

Pour traduction, C. S.

Résumés d'arrêts.

Faillites. — Les concordats des 15 juin 1806 et 7 juin 1810 ne consacrent le principe de l'unité de la faillite qu'en ce qui concerne les biens mobiliers du débiteur, mais non quant à ses immeubles. Il résulte de là que le canton de la situation des immeubles a le droit, si le débiteur est domicilié dans un autre canton, de les soumettre à une faillite séparée. Toutefois, si cette faillite séparée venait à produire un excédent, celui-ci devrait être remis à la masse principale.

TF., 17 octobre 1885. Kropfli.

For. — Le principe de l'art. 59 de la Constitution fédérale, d'après lequel le débiteur doit être recherché au lieu de son domicile, est applicable même au cas où plusieurs coobligés domiciliés dans des cantons différents sont poursuivis pour la même dette. Les dispositions des lois cantonales qui, dans un pareil cas, laissent au créancier le choix du for de la poursuite ne peuvent recevoir leur application que si les différents coobligés sont domiciliés dans le même canton; s'ils le sont dans des cantons différents, ces dispositions ne sauraient prévaloir contre l'art. 59 de la Constitution.

TF., 14 novembre 1885. Sandi.

France. — L'art. 4 de la convention franco-suisse du 15 juin 1869, d'après lequel, en matière réelle ou immobilière, l'action doit être suivie devant le tribunal du lieu de la situation des immeubles, ne vise que les actions concernant spécialement des immeubles, et non point celles qui ont trait aux droits successoraux sur des immeubles, c'est-à-dire qui concernent des immeubles en tant que faisant partie d'une succession. Les actions de cette nature tombent sous le coup de l'art. 5 de la convention, lequel prescrit l'application de la loi du pays d'origine du défunt.

TF., 25 septembre 1885. Giacometti.

France. — Si, à teneur de l'art. 5 de la convention franco-suisse du 15 juin 1869, toute action relative à la liquidation et au partage d'une succession est soumise à la juridiction et à la législation du pays d'origine du défunt, cette disposition ne saurait toutefois être appliquée à l'action de l'époux survivant en reprise de ses biens, conformément au droit matrimonial régissant les conjoints.

TF., 10 juillet 1885. Diggelmann.

Marques de fabrique. — A teneur de l'art. 5 de la loi fédérale du 19 décembre 1879, l'usage d'une marque figurée ne peut être revendiqué en justice qu'à la double condition que la marque ait été régulièrement déposée, et, en outre, que l'enregistrement ait été publié dans la *Feuille officielle*. D'après le règlement d'exécution du 2 octobre 1880, cette publication n'est régulière que si elle contient, entre autres, la reproduction de la marque.

Depuis l'entrée en vigueur de la convention franco-suisse du 23 février 1882 pour la garantie réciproque des marques de fabrique et de commerce, les marques françaises enregistrées antérieurement en Suisse (soit sous l'empire de la convention du 30 juin 1864) ne continuent à avoir droit à la protection que si elles ont été publiées et reproduites dans la *Feuille officielle*. En effet, la convention du 23 février 1882 se borne à stipuler réciproquement le traitement à l'égal des nationaux.

TF., 9 octobre 1885. Menier.

Tribunal fédéral. — Le jugement par lequel un tribunal de l'ordre pénal acquitte un accusé et décide, pour ce motif, de ne pas entrer en matière sur les conclusions de la partie civile, ne peut être envisagé comme un jugement au fond susceptible d'être porté devant le Tribunal fédéral par la voie d'un recours de droit civil, conformément à l'art. 29 de la loi sur l'organisation judiciaire fédérale.

TF., 20 novembre 1885. Tanner c. Jost.

Lettres sur le Congrès pénitentiaire international de Rome en 1885.

I

Monsieur le rédacteur,

Vous m'avez demandé de vous donner quelques détails sur le congrès pénitentiaire international qui s'est réuni à Rome au mois de novembre dernier et dont vous avez déjà entretenu vos lecteurs dans le numéro de votre journal du 3 octobre 1885.

Ainsi que je vous l'ai déjà dit, ce n'est pas sans hésitation que j'accède à votre désir. J'éprouvais certaine répugnance à me mettre en scène à cette occasion, èn entretenant le public d'un voyage et de faits qui n'intéresseront peut-être qu'une petite partie de vos lecteurs. Mais vous insistez. Soit; je m'exécute. Je compte donc vous adresser deux ou trois lettres, dans lesquelles je résumerai le plus succinctement possible les travaux de cette éminente et illustre assemblée, ainsi que les orateurs du congrès l'appelaient volontiers. Je terminerai, si vous le voulez bien, en résumant les impressions que j'ai rapportées de mon court séjour dans la ville éternelle.

A dire vrai, ce n'est pas une tâche dépourvue de charmes pour un Suisse que celle de parler de ces congrès pénitentiaires internationaux et d'en rappeler l'origine, car, dans ce domaine encore, notre pays a joué le rôle qui lui paraît destiné à notre époque, celui de provoquer ou de contribuer à resserrer les relations internationales. Après le Dr Wines, citoyen américain éminent, aujourd'hui décédé, c'est en effet à l'un de nos compatriotes, M. le Dr Guillaume, directeur du Pénitencier de Neuchâtel, qu'est due en grande partie l'initiative de ces congrès. Grâce à leurs efforts et à l'appui qu'ils trouvèrent dans différents pays, le premier congrès pénitentiaire international se réunit à Londres en 1872. Ce congrès eut un certain retentissement, car les questions pénitentiaires commençaient à préoccuper l'opinion publique de plusieurs grandes nations. Il eut surtout pour résultat de faire connaître d'une manière plus approfondie à l'Europe le système pénitentiaire connu sous le nom de système anglo-irlandais ou système Crofton, basé sur la classification progressive des détenus. C'est ce système qui a été adopté peu d'années après dans plusieurs cantons suisses, entre autres dans le nôtre par la loi du 17 mai 1875 sur les établissements de détention.

La réussite de ce premier congrès devait naturellement engager les hommes qui en avaient pris l'initiative à en réunir un second, qui eut lieu à Stockholm en 1878. Ce congrès provoqua de nouvelles études approfondies sur un certain nombre de questions pénitentiaires et de droit pénal, et les discussions y furent des plus intéressantes. En outre, dès cette époque, l'organisation internationale prit un corps par l'adoption d'un règlement pour la commission pénitentiaire internationale.

D'après ce règlement, la commission internationale a pour mission de recueillir les documents et renseignements relatifs à la prévention et à la répression des crimes, ainsi qu'au régime pénitentiaire, à l'effet d'éclairer les gouvernements sur les mesures générales à prendre pour prévenir les infractions à la loi pénale et assurer leur répression, tout en amendant les coupables. La commission est composée des délégués des divers gouvernements qui veulent concourir à cette œuvre ; elle se réunit ordinairement une fois tous les deux ans. Elle publie en langue française, dans son Bulletin, les documents de chaque pays pouvant offrir un intérêt général et organise la statistique pénitentiaire internationale. Elle entre en relations avec les sociétés des prisons des différents pays et avec les personnes qui, en raison de leurs connaissances spéciales et de leur expérience, peuvent rendre service à son œuvre. Après entente avec les gouvernements, elle fixe la date et le lieu des congrès pénitentiaires internationaux, mais il doit y avoir un intervalle de cinq ans au moins entre chaque congrès. Pour subvenir aux frais, les Etats paient une contribution, à raison de 25 francs au minimum et 50 francs au maximum par million d'habitants. — La commission nomme un bureau composé d'un président, d'un vice-président et d'un secrétaire. M. le Dr Guillaume revêt cette dernière fonction depuis plusieurs années.

C'est cette commission internationale qui, d'accord avec le gouvernement italien, fixa le troisième congrès pénitentiaire qui devait avoir lieu à Rome déjà en 1884. Mais comme le choléra sévissait en Italie à cette époque, il fut renvoyé en 1885. D'après le règlement arrêté par la commission internationale, étaient seuls admis à y prendre part : les délégués officiels envoyés par les gouvernements, les hauts fonctionnaires de l'administration des prisons, les professeurs enseignant le droit criminel dans les universités, les délégués des sociétés pénitentiaires et les personnes invitées à cette fin par la commission internationale, notamment celles qui se sont fait connaître par leurs travaux sur la science pénitentiaire, les fonctionnaires des prisons et des écoles de réforme, les présidents des sociétés de patronage, etc.

Ensuite de ces décisions, le congrès se réunissait au palais de l'Exposition des beaux-arts, construction élégante de date récente, sur la Via Nazionale, l'une des grandes artères de la Rome nouvelle. Ce palais, orné sobrement, mais avec beaucoup de goût, avait été mis complètement à la disposition du congrès, soit pour ses séances et celles des sections, soit pour l'exposition carcéraire et le congrès criminel anthropologique, dont je vous dirai quelques mots plus tard. Quant au congrès international, il se composait de 86 délégués officiels ou représentants des sociétés des prisons, etc. Tous les pays de l'Europe étaient représentés, sauf la Turquie, la Serbie et la Roumanie, qui avaient d'autres préoccupations dans ce moment. Les Etats-Unis d'Amérique avaient deux représentants et le Mexique et l'Uruguay chacun un. La France avait la délégation la plus nombreuse, puisqu'elle comptait trente représentants, dont trois dames, adjointes à la délégation officielle. Quant aux autres membres, invités à prendre part au congrès, ils étaient au nombre de 159, dont quatre dames. Les Italiens étaient naturellement les plus nombreux; on en comptait une centaine. La Suisse était représentée par M. le Dr Guillaume, délégué officiel, par M. le Dr Chicherio, directeur du pénitencier de Lugano, et par celui qui a l'honneur de vous écrire ces lignes. C'était donc un total de 245 membres.

Commencé le 16 (la commission internationale siégeait depuis le 13), le congrès fut clôturé le mardi 24 novembre, après avoir eu six assemblées générales. En outre, les membres du congrès étant répartis en trois sections pour les travaux préparatoires, il y eut cinq séances dans la première section et six dans les deux autres. Les discussions avaient lieu en français, langue officielle du congrès; les rares discours anglais ou italiens étaient immédiatement traduits en français. Sans m'étendre sur les cérémonies extérieures, présentation au président du conseil des ministres, arrivée du roi au congrès, échanges de discours et de courtoisies diplomatiques, etc., je passe aux questions traitées dans les sections, que je ne puis naturellement qu'indiquer à grands traits. Mais cela fera l'objet de ma prochaine lettre.

Agréez, Monsieur le Rédacteur, l'assurance de ma considération distinguée.

G. C.

Bibliographie.

Louis Amiable, docteur en droit. — *De la preuve de la paternité hors mariage*. 1 vol. in-8°. Paris, Chevalier Marescq, éditeur.

De tous les problèmes de législation la recherche de la paternité est peut-être le plus difficile à résoudre, parce que le fait destiné à servir de base à une sentence judiciaire sera toujours enveloppé d'un voile impénétrable.

C'est pour cela que sur cette question capitale, dont les jurisconsultes, les moralistes et les hommes d'Etat ont à s'occuper, les législations présentent la plus grande diversité, et se montrent impuissantes à extirper le mal, malgré l'intérêt tout à la fois juridique, politique et moral qu'il y aurait à mettre un terme à ses funestes conséquences.

L'abandon d'un enfant par celui qui l'a procréé est un acte coupable qui cause un incalculable préjudice à celui qui en est victime. La morale le réprouve; la loi civile voudrait réparer le tort causé en rendant à l'enfant son état social; et le droit public cherche le moyen de clore à jamais ces statistiques officielles qui prouvent que l'arme du crime est surtout alimentée par la bâtardise.

Mais l'application des mesures, proposées jusqu'ici, se heurte à des obstacles presque insurmontables.

En France, avant la Révolution, la recherche de la paternité était admise sans conditions. Ce droit, accordé à la mère et à l'enfant, avait donné lieu à de tels abus, à de tels scandales, qu'une réaction était inévitable. C'est d'elle qu'est né l'art. 340 du Code civil, qui l'interdit absolument, sauf dans un cas spécial, où même sa disposition n'est pas impérative, mais laisse au contraire au juge la faculté de repousser ou d'admettre la demande. Aujourd'hui, en droit français, la filiation d'un enfant naturel ne peut être établie que par une déclaration du père dans l'acte de naissance, par une reconnaissance authentique ou par légitimation. Toute autre déclaration verbale ou écrite, la possession d'état elle-même, sont impuissantes à rattacher légalement un enfant à celui qui prétend être l'auteur de ses jours.

Dans d'autres pays, les modes de reconnaissance sont conçus dans un esprit plus large; et même la recherche de la paternité est permise, mais avec des restrictions, au moyen desquelles, tout en accordant à l'enfant ou à la mère le droit de produire des présomptions de filiation, on a voulu empêcher l'exploitation qui pourrait en être faite. La possession d'état est considérée comme une présomption des plus graves. Ainsi on accorde le droit d'intenter l'action, lorsqu'il y a des écrits émanés du père, un aveu confirmé par des lettres; lorsqu'il y a eu non-seulement enlèvement ou viol, mais même simple promesse de mariage ou séduction, pourvu qu'on produise un commencement de preuve par écrit de la séduction ou de la promesse; lorsqu'il y a eu cohabitation de la mère et du prétendu père, depuis l'époque de la conception jusqu'à un moment rapproché de l'accouchement.

Le livre de M. Louis Amiable est une remarquable étude de cet important sujet. Dans un préambule, il démontre la nécessité de modifier les dispositions trop sévères de l'art. 340, en laissant au moins la porte ouverte à une action en déclaration de paternité; puis, dans une succession de chapitres, il passe en revue l'ancien droit français, le droit de la période révolutionnaire, les dispositions du Code civil actuel, les tentatives déjà faites pour amener une réforme, les motifs qui militent en sa faveur. Il compare ensuite les différentes législations. Enfin, il conclut en formulant un projet de loi, suivi d'extraits de la discussion qui eut lieu au Tribunat lors des travaux préparatoires du Code civil, et en reproduisant un avant-propos rédigé par M. le professeur Laurent, sur la demande du ministre de la justice belge.

On voit que ce livre renferme un traité complet de la matière au triple point de vue philosophique, historique et juridique.

Mais ce qui appellera sur lui l'attention des jurisconsultes de la Suisse, c'est la large part qu'il fait aux législations de notre pays et aux opinions de ses juristes, dans le chapitre consacré à la législation comparée. Là sont exposées dans un ordre méthodique les dispositions prises à ce sujet par les cantons de Neuchâtel, Fribourg, Vaud, le Valais, le Tessin, les Grisons, Bâle, Berne, Glaris. C'est un tableau complet qui permet d'apprécier quel est chez nous l'état du droit sur cette question.

M. Louis Amiable, qui se révèle dans ce livre jurisconsulte éminent, obéit aussi, comme M. de Pressensé, sur l'autorité de qui il s'appuie, aux tendances d'un esprit généreux que l'injustice révolte, et qui ne peut voir sans une profonde émotion la flétrissure imméritée infligée aux bâtards et les malheurs auxquels ils sont réduits par la faute d'un père. Il voudrait une réforme, mais il ne s'en dissimule pas les difficultés. Hélas! Les faits sur lequels s'appuierait l'action, si elle était permise, ne constitueraient jamais que des présomptions. Il a intitulé son livre : *De la* PREUVE *de la paternité hors mariage.* Peut-il être ici question de PREUVE ? Le mystère de la génération peut-il être pénétré ? M. Amiable lui-même n'autorise-t-il pas les doutes que j'exprime, en disant dans l'art. 9 de son projet de loi : *Le juge ne doit déclarer la paternité qu'autant que de toutes les circonstances de la cause résulte pour lui la conviction complète que l'homme dont il s'agit est réellement le père de l'enfant.*

Et puis, lorsque la justice aura déclaré que l'homme dont il s'agit est le père de l'enfant, quelle sera, quant aux biens, la situation de celui-ci dans la famille dans laquelle il aura été incorporé malgré son chef? Sans doute il ne sera pas assimilé à ses frères légitimes, puisqu'il n'est pas issu d'un mariage légal. Le considérera-t-on comme enfant naturel reconnu et à ce titre prendra-t il la part qui lui est assignée par les art. 797 et suiv. du Code civil? On peut faire à cette solution une objection sérieuse :

Que des enfants légitimes soient contraints de subir le concours d'enfants naturels de leur père, lorsque telle a été la volonté de celui-ci, volonté manifestée par une reconnaissance volontaire;

rien de plus juste. Mais qu'ils soient privés d'une portion de l'hérédité paternelle attribuée à un étranger, parce qu'un jugement lui aura donné une filiation, contre laquelle leur père n'a cessé de protester après comme avant la sentence, n'y a-t-il pas là une atteinte profonde portée à leurs droits? Contrairement aux principes de notre droit public, doivent-ils être punis de la faute de leur père, ou même d'une faute que leur père n'a peut-être pas commise? Si un jugement doit être considéré comme mérité vis-à-vis de celui contre lequel il a été rendu, est-il donc une vérité contre les tiers? et les enfants légitimes ne sont-ils pas ici des tiers?

On voit par ces simples réflexions combien le problème est délicat. Il n'en offre que plus d'intérêt; aussi les tentatives comme celles de M. Louis Amiable ne sauraient être trop encouragées.

LOUIS JOUSSERANDOT,
professeur à l'Université de Genève.

RECTIFICATION. — A page 30 du journal, nous avons dit occasionnellement, dans un article bibliographique, que le Tribunal fédéral, conformément à l'opinion de M. le juge Hafner, avait décidé que le Code des obligations devient une pure loi cantonale lorsque ses dispositions sont adoptées par un canton pour régir une matière réservée à la législation cantonale. Nous avions été mal renseigné, le Tribunal fédéral n'a pas encore eu l'occasion de se prononcer sur cette importante question. Elle n'en a que plus d'intérêt, et ne saurait être trop instruite. H. C.

La Cour de cassation militaire a été composée comme suit : Président, M. le colonel *Borel*, à Berne ; vice-président, M. le colonel *Zürcher*, à Berne ; membres : MM. le colonel *Müller*, à Berne ; lieutenant-colonel *Cornaz*, à Neuchâtel ; major *Weber*, à Lausanne.

Suppléants : MM. le major Edouard *Secretan*, à Lausanne, et lieutenant-colonel *Kurz*, à Aarau.

GENÈVE. — Le Grand Conseil a nommé Procureur général M. Alfred *Burgy*, actuellement juge à la Cour de justice. L'élu remplace M. Benjamin Dufernex, décédé.

Ch. BOVEN, notaire, rédacteur.

Lausanne. — Imp. CORBAZ & Comp.

XXXIVe Année. No 4. Samedi 23 Janvier 1886

JOURNAL DES TRIBUNAUX

REVUE DE JURISPRUDENCE

Paraissant à Lausanne une fois par semaine, le Samedi.

Prix d'abonnement : 12 fr. par an, 7 fr. pour six mois. Chaque numéro, 50 cent. On s'abonne à l'imprimerie Corbaz et Cie et aux bureaux de poste. — Annonces : 20 centimes la ligne ou son espace.

TRIBUNAL FÉDÉRAL

Séance du 11 décembre 1885.

Droit de rétention du voiturier. — For du séquestre. — Art. 461 et 463 CO., et art. 59 de la Constitution fédérale.

Dame Potte-Guyard contre Favre.

Les actions qui ont pour but l'exercice d'un droit de rétention ou de gage ne peuvent être considérées comme des réclamations purement personnelles au sens de l'art. 59 de la Constitution fédérale. Dès lors, le séquestre opéré par un voiturier, en vertu de son droit de rétention, sur les marchandises par lui transportées, n'implique point une violation de cette disposition constitutionnelle.

Par exploit des 9-11 septembre 1885, et sous le sceau du juge de la commune de Martigny-Ville, Etienne Favre, à Sembrancher (Valais), a notifié à Octavie née Guyard, femme de Louis-Victor Potte, Français, domicilié à Lausanne, un séquestre sur des ardoises déposées en gare, à Martigny-Ville, dont il a fait le transport, depuis Sembrancher, pour le compte de la prédite dame Potte. Ce séquestre, basé sur l'art. 406 du Cpc. du Valais, a été opéré pour assurer le paiement de la somme de 1020 fr. pour frais de transport.

Dame Potte a recouru contre le dit séquestre, en alléguant ce qui suit :

La recourante est domiciliée à Lausanne, depuis le 4 mars 1868 jusqu'à ce jour, sans interruption, et au bénéfice d'un permis d'établissement; elle n'est point insolvable et aucun acte de défaut de biens n'a été délivré contre elle.

Etant solvable, elle ne peut pas être recherchée à raison de réclamations personnelles ailleurs qu'à son domicile, et aucun séquestre ne peut être pratiqué à son préjudice dans un autre canton, aussi longtemps qu'un jugement n'a pas été obtenu devant le juge de son domicile. Ce domicile étant Lausanne et la réclamation du sieur Favre étant personnelle, un séquestre ne pouvait être dirigé contre elle à Martigny, du chef de cette réclamation ; le dit séquestre viole donc l'art. 59 Const. féd. et doit être annulé.

Le juge de Martigny, sans contester les faits articulés par la dame Potte, conclut au rejet du recours, attendu qu'il ne s'agit pas, en l'espèce, d'une réclamation purement personnelle, rentrant dans la catégorie de celles visées à l'art. 59 précité.

Le Tribunal fédéral a écarté le recours.

Motifs.

1. La pratique constante des autorités fédérales et du Tribunal fédéral a reconnu que, lorsqu'une action a pour but l'exercice de droits de rétention ou de gage créés par la loi sur une chose, une telle réclamation n'apparaît pas comme purement personnelle dans le sens de l'art. 59 Const. féd., et que les mesures juridiques prises en vue de protéger un pareil droit ne constituent point une saisie contraire à cette disposition constitutionnelle.

2. Dans l'espèce, le séquestre dont est recours a été imposé sur la marchandise de dame Potte en vertu d'un droit de gage ou de rétention invoqué par le voiturier et consacré aussi bien par les législations civiles des cantons du Valais (art. 1858 n° 6) et de Vaud (art. 1578 n° 6), que par le Code fédéral des obligations (art. 461 et 463). Le séquestre accordé en vertu de

ces dispositions légales, et conformément à l'art. 406 du Code de procédure civile du Valais, réglant les formes dans lesquelles ce droit peut être exercé, n'implique dès lors aucune violation de l'art. 59 visé par la recourante, et cela d'autant moins que la réclamation proprement dite et personnelle du sieur Favre contre dame Potte a été portée, par le dit créancier, devant le juge compétent du domicile de la débitrice dans le canton de Vaud.

Vaud. — TRIBUNAL CANTONAL.

Séance du 9 décembre 1885.

Billet à ordre. — Faillite du souscripteur. — Non intervention du porteur. — Réhabilitation du discutant. — Action en dommages et intérêts d'un créancier. — Art. 1677 Cc.; art. 69 et 803 CO.; art. 897 Cpc., et art. 92 de la loi du 4 juin 1829 sur les lettres de change.

Cosandey contre Banque cantonale vaudoise.

Le porteur d'un billet souscrit par une personne tombée en faillite a l'obligation, vis-à-vis des endosseurs du dit billet, d'intervenir dans la discussion pour sauvegarder leurs droits éventuels.

La loi n'exige pas que l'instant à la réhabilitation établisse qu'il a payé intégralement tous les créanciers intervenus dans la discussion; mais elle se borne à exiger de lui la preuve de l'extinction des dettes admises. L'extinction des obligations peut résulter non-seulement du paiement, mais encore d'autres causes, notamment de la remise de la dette.

Avocats des parties :

MM. Fauquez, pour J. Cosandey, à Payerne, demandeur et recourant.
Carrard, pour Banque cantonale vaudoise, défenderesse et intimée.

Le 20 avril 1875, J. Lindenmeyer a souscrit à l'ordre de Mercier-Sunier un billet à ordre de 700 fr., au 20 août suivant, billet qui a été endossé par Mercier à Cosandey et par celui-ci à la Banque.

Mercier-Sunier étant décédé, sa succession a été soumise à bénéfice d'inventaire, puis discutée. Briod, procureur-juré, intervint au nom de la Banque et toucha un dividende de 136 fr. 05.

J. Lindenmeyer fit cession de ses biens à ses créanciers; le Tribunal de Payerne ordonna la discussion des dits biens le 16 septembre 1875.

La Banque n'est pas intervenue dans cette discussion en vertu du billet du 20 avril 1875.

La clôture de la discussion Lindenmeyer a été prononcée le 12 avril 1876 et les créanciers non privilégiés intervenus pour une somme de 16,723 fr. 87 ont eu à se répartir un actif de 577 fr. 85.

Le 27 avril 1877, J. Cosandey a payé en mains de Briod, pour capital et intérêts du billet en cause, 783 fr. 10.

Par jugement du Tribunal de Payerne, en date du 30 août 1884, J. Lindenmeyer a obtenu sa réhabilitation. Ce jugement renferme le passage ci-après : « .... les quittances produites » constatent que le discutant Lindenmeyer s'est libéré auprès » de tous ses créanciers admis dans sa faillite, ces quittances » portant sur les sommes entières dues. »

Au dossier du procès figure la pièce suivante : « Le soussigné César Dupuis, procureur-juré à Vevey, déclare qu'en juillet, août et septembre 1884, il a traité l'arrangement conclu entre J. Lindenmeyer, entrepreneur, précédemment à Payerne, et ses créanciers ; que, par cet arrangement, tous les créanciers ont donné quittance moyennant paiement du 20 % de la somme capitale qui leur était due ; le Crédit du Léman à Vevey, pour des raisons particulières, a reçu le 25 %.

» Les valeurs nécessaires à cet arrangement et toutes les tractations relatives à cette affaire ont été faites par M. Emile Lindenmeyer, frère de Jules Lindenmeyer.

» Vevey, le 3 septembre 1885. (Signé) C. Dupuis, proc.-juré. »

Cosandey se fonde sur le défaut d'intervention de la Banque dans la faillite Lindenmeyer pour réclamer à cet établissement le paiement de la somme qu'il a dû débourser en vertu du billet du 20 avril 1875 et dont il n'a pas pu se récupérer lors de la réhabilitation.

A cette réclamation la Banque cantonale oppose deux moyens exceptionnels consistant à dire :

Le 1er. Que l'action est frappée de péremption à teneur des art. 1677 Cc. et 69 CO.

Le 2e. Que l'action est aussi périmée à teneur de l'art. 92 de la loi cantonale du 4 juin 1829 sur les lettres de change et les billets à ordre et de l'art. 803 CO.

Le Tribunal de Lausanne a rendu le jugement dont suit le résumé :

Sur la 1re exception. Elle est écartée, attendu que le dommage dont se plaint Cosandey résulterait du fait que, lors de la réhabilitation de Lindenmeyer, il n'a pas pu se faire payer par ce dernier, vu le défaut d'intervention de la Banque dans sa faillite. Dès lors, il n'a connu le dommage que lors de la réhabilitation de Lindenmeyer.

Sur la 2e exception. Elle est admise, par le motif qu'il y a lieu d'interpréter les dispositions de l'art. 92 de la loi du 4 juin 1829 comme s'appliquant à toute action quelconque relative aux lettres de change et billets à ordre.

Sur le fond. Le dommage qu'éprouve Cosandey par le fait du défaut d'intervention est en tout cas limité au 25 °/₀ de sa créance, sauf à y ajouter le dividende (3.35 °/₀) réparti dans la discussion Lindenmeyer.

A supposer que les exceptions de la Banque eussent été écartées, il y aurait lieu d'accorder à Cosandey ses conclusions, mais seulement dans les limites ci-dessus.

Le dispositif du jugement est de la teneur suivante :

« Le Tribunal, à la majorité des voix, admettant le second moyen exceptionnel, repousse les conclusions prises par le demandeur et accorde à la défenderesse ses conclusions libératoires. »

Cosandey a recouru en réforme contre ce jugement, disant en substance ce qui suit :

« Ce n'est pas l'art. 92 de la loi cantonale sur les lettres de change qui est applicable à l'action actuelle, laquelle consiste dans la répétition de l'indû.

» Ce n'est pas non plus l'art. 803 CO.

» La prescription qui serait applicable est celle statuée par l'art. 146 CO.

» Or, ni cette prescription, ni celle prévue à l'art. 69 CO. ne sont encourues.

» Quant à la déclaration de Dupuis, elle est sans valeur comme contraire au texte précis du jugement de réhabilitation de Payerne qui constate le paiement intégral des titres produits dans la faillite Lindenmeyer. »

Le Tribunal cantonal a admis le recours.

Motifs :

Sur la première exception, consistant à dire que l'action est prescrite à teneur des art. 1677 Cc. v. et 69 CO. :

Attendu que, pour juger du mérite de ce moyen exceptionnel, il y a lieu d'examiner tout d'abord quelle est la nature juridique de l'action actuelle.

Considérant qu'à l'origine, les rapports de droit qui existaient entre Cosandey et la Banque dérivaient incontestablement du billet à ordre au 20 août 1875 souscrit par Lindenmeyer à l'ordre de Mercier, endossé par Mercier à Cosandey et par ce dernier à la Banque.

Que, dès lors, la situation respective des parties était régie par la loi du 4 juin 1829 sur les « lettres de change et les billets à ordre. »

Que c'est conformément aux dispositions de cette loi que Cosandey a payé le montant du dit billet à la Banque.

Mais attendu, d'autre part, que le litige actuel ne porte point sur une question relative au droit de change.

Qu'en effet, Cosandey, qui a payé le billet en cause, allègue que, par une faute de la Banque, il n'a pu se récupérer de ce paiement.

Que cette prétendue faute ne relève point du droit de change, mais consisterait, au dire de Cosandey, en une omission d'intervention dans une faillite, omission ayant pour conséquence la péremption d'un droit.

Attendu, en effet, que le dommage allégué par Cosandey consisterait en ceci que, lors de la réhabilitation de Lindenmeyer, il n'a pu exiger le remboursement du billet en cause.

Considérant que Lindenmeyer a été réhabilité par jugement du Tribunal de Payerne du 30 août 1884.

Que c'est à ce jour seulement que Cosandey a pu connaître le dommage allégué.

Attendu que l'exploit introductif de l'instance actuelle date du 1er mai 1885.

Que, dès lors, il ne s'est pas écoulé une année dès la connaissance du prétendu dommage à l'ouverture d'action,

Le Tribunal cantonal repousse le premier moyen exceptionnel.

Sur le 2e moyen exceptionnel, consistant à dire que l'action est périmée à teneur de l'art. 92 de la loi du 4 juin 1829 et de l'art. 803 CO. :

Attendu qu'ainsi qu'il a été dit ci-haut, il s'agit en l'espèce d'une action en dommages-intérêts.

Qu'en effet, Cosandey allègue à l'appui de ses conclusions que la Banque a commis une faute par omission d'une formalité de procédure.

Que Cosandey n'a pu connaître cette omission que lors de la réhabilitation de Lindenmeyer.

Que c'est cette réhabilitation qui permet à Cosandey de dire qu'il lui a été causé un dommage.

Que, dès lors, l'action actuelle ne relève point du droit de change,

Le Tribunal cantonal repousse ce second moyen exceptionnel.

Sur le fond : Considérant que Cosandey a payé à la Banque le montant du billet en cause qu'il avait endossé.

Qu'il réclame aujourd'hui ce montant (et accessoires)

par	Fr. 783.10
dont il déduit	» 136.05
Soit . . .	Fr. 647.05

Que cette réclamation repose sur la circonstance que la Banque n'est point intervenue dans la faillite Lindenmeyer et d'autre part sur ce que ce dernier a été réhabilité sans que Cosandey pût se faire payer, comme c'eût été le cas si la Banque n'avait pas omis d'intervenir.

Considérant, à ce sujet, que, porteur du billet souscrit par Lindenmeyer, la Banque avait, au moment où ce dernier a été mis en faillite, l'obligation vis-à-vis des endosseurs du dit billet d'intervenir dans la discussion pour sauvegarder leurs droits éventuels.

Que, ayant négligé d'intervenir, la Banque a ainsi commis une faute dont Cosandey peut lui demander la réparation.

Mais considérant que la Banque n'est tenue que dans les limites du dommage réellement causé à Cosandey.

Que ce dommage est égal à la somme que Cosandey aurait perçue de Lindenmeyer lors de sa réhabilitation.

Attendu que le jugement de réhabilitation de Lindenmeyer constate seulement que ce dernier s'est *libéré* « auprès de tous ses créanciers admis dans sa faillite. »

Que, dès lors, la Cour de céans ignore comment il s'est libéré et notamment si cette libération est la suite d'un paiement intégral ou si les créanciers se sont déclarés satisfaits moyennant un paiement partiel.

Qu'en effet, l'art. 897 Cpc. n'exige pas que l'instant à la réhabilitation établisse qu'il a *payé* intégralement tous les créanciers intervenus, mais se borne à exiger de lui la preuve de l'*extinction* des dettes admises dans la discussion.

Considérant que l'extinction des obligations peut résulter non-seulement du paiement, mais encore d'autres causes, notamment de la remise volontaire de la dette (Cc. v. 920 et CO. titre III, section III).

Que, dès lors, Cosandey devait établir la quotité du dommage qu'il dit avoir subi et qu'ainsi il lui incombait de prouver dans quelle mesure Lindenmeyer a payé ses créanciers lors de sa réhabilitation.

Qu'il n'a apporté aucune preuve à cet égard.

Mais attendu, d'autre part, que la Banque a produit au dossier une déclaration signée Dupuis, de laquelle il résulterait que les créanciers de Lindenmeyer ont reçu au moins le 20 %.

Qu'en outre, la Banque a allégué, sous n°s 12 et 13, ce qui suit :

« 12. Les créanciers chirographaires de Lindenmeyer ont obtenu dans la discussion de ce dernier un dividende de 3 fr. 35 %.

» 13. Pour obtenir sa réhabilitation, Lindenmeyer a obtenu quittance des valeurs qu'il restait devoir ensuite de sa faillite moyennant rabais de 80 %. »

Considérant que Dupuis n'avait point qualité pour délivrer la déclaration ci-dessus rappelée, laquelle est dès lors sans valeur aucune.

Mais attendu qu'en produisant cette déclaration et en alléguant son fait n° 13, la Banque doit être envisagée comme reconnaissant que les créanciers de Lindenmeyer ont reçu, lors de sa réhabilitation, le 20 % de ce qui leur restait dû.

Que, d'autre part, la Banque reconnaît également que les créanciers chirographaires de Lindenmeyer ont reçu lors de la faillite un dividende de 3 fr. 35 %.

Que c'est dans la mesure sus-indiquée que Cosandey a subi un dommage et doit être indemnisé,

Le Tribunal cantonal admet partiellement le recours de Cosandey; réforme le jugement du 3 novembre 1885, mais en ce sens seulement qu'il dit que la Banque payera à Cosandey :

a) Le	3.35 %
b) Le	20.— %
Soit le . .	23.35 %

de 647 fr. 05, ce qui fait *151 fr. 08,* avec intérêt au 5 % l'an, sur cette somme de 151 fr. 08, dès le 1er mai 1885 ;

Condamne la Banque à tous les dépens.

Zurich. — Cour d'appel.

Traduction d'un arrêt du 26 août 1885.

Dispositions transitoires du Code des obligations en matière de prescription. — Art. 883 § 1 CO.

Honegger contre Bachmann.

Dans les cas où le Code des obligations introduit un délai de prescription de cinq ans ou davantage, la prescription commencée avant le 1er janvier 1883 n'est considérée comme accomplie qu'après l'expiration de deux ans dès cette date. Ce délai supplémentaire de deux ans est accordé alors même que, d'après l'ancienne loi, la prescription eût été accomplie avant l'expiration de ce délai.

L'art. 883 CO. statue, à son premier alinéa, que dans les cas où le présent code introduit un délai de prescription de cinq ans ou davantage, on tient compte du temps écoulé pour les prescriptions qui ont commencé avant le 1er janvier 1883; mais, dans cette hypothèse, *la prescription ne sera considérée comme accomplie qu'après l'expiration de deux ans au moins à partir du 1er janvier 1883.*

La disposition qui précède a donné lieu à des interprétations divergentes. En particulier, dans son édition annotée du Code des obligations, M. le juge fédéral Hafner a émis l'opinion que le second membre de phrase de l'alinéa ci-dessus n'est applicable qu'au cas où, malgré l'adjonction des deux ans, l'application de la nouvelle prescription aboutit *en fait* à abréger le délai de prescription fixé par l'ancienne loi. A l'appui de sa manière de voir, M. Hafner cite l'exemple d'une prescription qui était de 30 ans sous l'ancienne loi, mais que le nouveau code a réduite à 10 ans. Supposons que le 1er janvier 1883 il se soit écoulé juste 8 ans ou moins de 28 ans; dans ce cas, la prescription sera accomplie le 31 décembre 1884 et, en fait, le délai de prescription aura été de 30 ans au maximum et, au minimum, de 10 ans. Supposons au contraire qu'au 1er janvier 1883 il se soit écoulé déjà 29 ans : l'art. 883 § 1 cité plus haut doit-il avoir cette signification qu'il faudrait néanmoins attendre jusqu'au 31 décembre 1884, c'est-à-dire que la prescription ne serait acquise en fait qu'au bout de *31* ans? M. Hafner rejette cette interprétation par le motif, dit-il, que le législateur n'a certainement pas entendu admettre qu'un délai de prescription pût être prolongé en fait, alors que l'intention de la loi a précisément été d'abréger les délais.

La question indiquée ci-dessus a été soumise dernièrement aux tribunaux zuricois dans l'espèce suivante:

Par demande du 17 décembre 1884, un agriculteur a réclamé à son voisin le paiement de diverses petites fournitures de vin qu'il lui avait faites en 1873 et 1874, et en 1877 et 1878. Fondé sur l'art. 147 CO. qui, à son chiffre 2, établit une prescription de cinq ans pour les actions pour fournitures de vivres, le défendeur a conclu à libération pour le total de la réclamation.

Le Tribunal de première instance a admis le moyen de la prescription en ce qui concerne les fournitures faites en 1873 et 1874, mais non pour celles faites en 1877 et 1878. Il s'est fondé à cet égard sur le § 1064 du Code civil zuricois qui, en pareille matière, statuait une prescription de dix ans, et a invoqué, à l'appui de son jugement, les considérations ci-dessus reproduites de M. Hafner.

La Cour d'appel a réformé ce jugement en ce sens qu'elle a aussi rejeté l'exception de prescription en ce qui concerne les fournitures faites en 1873 et 1874.

Motifs :

La Cour d'appel ne peut partager la manière de voir développée dans le commentaire de M. Hafner; en effet, d'après les termes précis de l'art. 883 CO., il y a lieu, en cas de conflit par rapport au temps entre l'ancien et le nouveau droit, de tenir compte de tout le temps qui s'est écoulé avant le 1er janvier 1883, et, en outre, il faut ajouter deux ans au moins à partir de l'entrée en vigueur du Code fédéral des obligations *dans tous les cas* où, à teneur des délais de prescription établis par l'ancien droit cantonal, celle-ci n'aurait été accomplie que postérieurement au 1er janvier 1883. La disposition de l'art. 883 a été adoptée par le législateur dans l'intérêt de la sécurité du droit, pour remédier aux inconvénients résultant de l'introduction de nouveaux délais, soit de la transformation des délais précédemment en vigueur, et le dit article ne restreint nullement cette disposition au cas où une prescription commencée sous l'ancien droit aurait encore besoin, pour être accomplie d'après ce dernier, d'un laps de temps de deux ans au-delà du 1er janvier 1883; la loi ne pourrait d'ailleurs être interprétée dans ce sens sans qu'il lui fût fait violence (comp. aussi à ce sujet les développements renfermés dans le commentaire de Schneider, 2e édition, et dans le manuel de Haberstich). Il est possible, comme l'admettent les partisans de la manière de voir opposée, qu'en consacrant, à titre exceptionnel, le principe dont il s'agit, le législateur soit allé plus loin que ne l'aurait exigé la nécessité de prendre en considération les délais de prescription établis par les anciennes lois, et il est exact que la disposition dont il s'agit peut aboutir en fait à ce qu'une prescription soit prolongée au-delà du terme fixé par la loi sous l'empire de laquelle elle a commencé à courir; mais ces considérations n'autorisent pas le juge à substituer à l'intention de la loi, telle qu'elle résulte d'une manière claire et précise du texte même de celle-ci, une autre intention, peut-être plus rationnelle. *Pour traduction,* C. S.

Lettres sur le Congrès pénitentiaire international de Rome en 1885.

II

Monsieur le rédacteur,

J'ai maintenant à vous parler des travaux du congrès; mais, ainsi que je le disais en terminant ma première lettre, je ne puis les indiquer que très brièvement. Ces travaux sont, en effet, considérables. Les questions soumises aux discussions avaient fait l'objet de rapports demandés aux personnes connues par leur compétence dans les deux continents. Ces rapports, imprimés à l'avance, formaient un volume de près de neuf cents pages, et il résultera des discussions de Rome un volume presque aussi considérable, de sorte que l'on voit combien le congrès a enrichi la littérature juridique contemporaine.

La première section s'occupait de questions relevant exclusivement du droit pénal. En donnant au droit pénal la place d'honneur, les organisateurs du congrès ont sans doute voulu prouver l'importance qu'ils attachent à la réforme de ce droit et justifier ainsi l'appréciation qu'a porté le vétéran des criminalistes contemporains, Ch. Lucas, dans la lettre qu'il a adressée au congrès en le remerciant de l'invitation qui lui avait été adressée. Tout en déclarant qu'il ne pouvait se rendre à Rome, vu son âge, Lucas disait que le but principal de ce congrès devait être d'apporter des transformations au droit pénal actuel, les nouveaux systèmes pénitentiaires devant entraîner comme conséquence un droit pénal nouveau.

L'on comprend donc de quel intérêt ont été les discussions parfois vives de cette première section, composée non-seulement de professeurs de droit criminel, mais encore d'un certain nombre de rédacteurs soit de codes récents, soit de projets actuellement soumis aux parlements de divers pays, ce qui était surtout le cas des représentants de l'Italie et de l'Espagne. Ces projets renferment certainement des innovations très intéressantes.

La principale question était celle de savoir quelle latitude la loi doit laisser au juge quant à la détermination de la peine. L'on sait qu'il existe à cet égard, dans les codes pénaux actuels, trois systèmes. Le premier consiste à fixer pour chaque délit un maximum et un minimum, entre lesquels le juge prononce la peine ; le second permet au juge de prononcer une peine inférieure au minimum en cas d'admission des circonstances atténuantes ; le troisième abolit complètement le minimum tout en fixant un maximum pour chaque délit.

Le premier système est suivi partiellement par le code pénal de l'empire allemand, qui renferme cependant un grand nombre de dispositions ne prévoyant aucun minimum, et il est admis en plein par le code qui régit actuellement le canton de Vaud. Ce système n'a été soutenu par aucun orateur, tous les membres du congrès ayant exprimé l'idée qu'il avait fait son temps et qu'il était nécessaire que le juge eût une latitude plus considérable pour tenir compte d'une manière plus complète des circonstances particulières de chaque délit et de chaque délinquant. A la votation dans la section, deux ou trois voix se sont cependant prononcées dans le sens de ce premier système et cinq dans le congrès. Mais l'on voit par l'énorme majorité qui s'est prononcée contre que, pour le moment du moins, le système qui nous régit est formellement condamné par les spécialistes.

Le troisième système a été brillamment défendu par l'un des auteurs du Code régissant depuis deux ans les Pays-Bas. Ce Code a complètement aboli tout minimum, ainsi que le fait également le projet de code pénal présenté par le Conseil d'Etat à notre Grand Conseil en 1882. Les idées développées par l'orateur hollandais qui présidait la section ont été écoutées avec la plus grande sympathie et elles auraient certainement, me paraît-il, obtenu l'approbation de la majorité si la question avait été complètement intacte. Mais l'on comprend que plus d'un membre ait vu des inconvénients à condamner le système suivi dans son pays, alors surtout que, par l'admission des circonstances atténuantes, comme le fait le code pénal français, ou par la distinction en plusieurs degrés pour chaque délit établie par les projets de code pénal italien, il est accordé au juge une latitude très considérable. Aussi les partisans des deux derniers systèmes ont-ils pu tomber d'accord pour voter une résolution disant en substance que si la loi doit fixer un minimum, il doit pouvoir être franchi par le juge lorsque le délit est accompagné de circonstances atténuantes qui n'ont pas été prévues par la loi. En outre, cette résolution porte qu'il est à désirer que le juge puisse, dans certains cas, substituer une espèce de peine à l'autre lorsqu'il constate dans le délit pris *in abstracto* par la loi avec l'espèce plus sévère une impulsion non déshonorante.

Le même esprit a dirigé le congrès dans la solution à donner à la question de savoir quels sont les pouvoirs à attribuer au juge relativement au renvoi des jeunes délinquants dans les maisons d'éducation publique ou de réforme, soit dans le cas où ils doivent être absous comme ayant agi sans discernement, soit dans le cas où ils doivent être condamnés à quelque peine privative de la liberté.

L'unanimité du congrès a admis les principes suivants. Le juge doit avoir la plus grande compétence pour ordonner qu'un jeune délinquant acquitté pour avoir agi sans discernement soit placé dans un établissement d'éducation ou dans une école de réforme, le juge devant toujours avoir le droit de faire cesser ce séjour quand les circonstances qui ont motivé l'envoi n'existent plus. La libération conditionnelle doit également s'appliquer à ces jeunes délinquants. L'exécution de la peine prononcée contre un jeune délinquant ne doit pouvoir avoir lieu que dans une institution publique. Il y a lieu de respecter intégralement l'autorité sans bornes du chef de la famille honnête et libre de toute sujétion contraire aux enfants. La correction paternelle doit toujours être d'un caractère privé, familier et secret, sans qu'elle entraîne aucun antécédent criminel et sans qu'elle puisse avoir aucune conséquence pénale ou pénitentiaire.

Il est à observer que le projet de code pénal vaudois consacre les principes que nous venons d'énoncer, de sorte que la lecture de ce projet sur ces points-là a été entendue, me paraît-il, avec un intérêt évident par les membres de la section. Il est vrai que ce projet va plus loin encore, puisqu'il supprime la question de discernement ou de non-discernement. Mais si le congrès n'a pas été appelé à se prononcer sur cette question, je dois relever que, dans des rapports très remarquables qui lui ont été présentés, cette distinction a été très vivement critiquée et qu'ainsi cette idée est soutenue par les hommes les plus compétents de divers pays.

Une autre question en relation avec la précédente figurait également au programme tracé par la commission internationale. C'était celle de savoir jusqu'à quelle limite doit s'étendre la responsabilité légale des parents, pour les délits commis par leurs enfants ou celle des préposés à l'éducation ou la garde d'enfants, pour les délits de ces enfants. Les législations positives renferment des dispositions bien diverses sur cette matière et en général les Codes suisses ne prévoyent pas de délits de ce genre. Dans la discussion sur cette question, ce sont les Français qui ont remporté la palme. Bien préparés à la discuter par des travaux récents faits dans leur pays à l'occasion d'un projet de loi sur la matière actuellement soumis au Corps législatif, plusieurs de leurs orateurs ont parlé remarquablement. — En définitive, le congrès a été unanime pour adopter, après une longue discussion, la résolution suivante présentée par les membres français de la section[1] : « Le congrès estime qu'il est d'intérêt social que des mesures législatives soient prises pour parer aux conséquences déplorables d'une éducation immorale donnée par les parents à leurs enfants mineurs. Il pense qu'un des moyens à recommander est de permettre aux tribunaux d'enlever aux parents pour un temps déterminé tout ou partie des droits dérivant de la puissance paternelle, lorsque les faits suffisamment constatés justifient d'une responsabilité de leur part. »

Une autre question qui a fait également naître une intéressante discussion est celle de savoir si l'interdiction à temps de certains droits civils et politiques est compatible avec un système pénitentiaire réformateur. — Ainsi que je l'avais déjà constaté précédemment par la lecture des Codes pénaux des pays étrangers, les idées sont, dans la plupart de ces pays, différentes sur ce point qu'en Suisse et surtout dans la Suisse romande, en ce sens que l'on est généralement moins sévère que nos Codes en ce qui concerne les peines accessoires et surtout la privation des droits politiques. C'est ainsi que le représentant de la Hollande a relevé que d'après le Code de son pays, à part le cas de la réclusion perpétuelle, l'on ne pouvait prononcer la privation des droits politiques pour une durée de plus de cinq ans, et cette déclaration ne me paraît nullement avoir fait une fâcheuse impression sur l'assemblée. — Je me serais, certes, gardé de faire une communication analogue au sujet des dispositions de notre Code pénal sur cette matière et même de celles de notre projet de 1882. Comme dans la commission de revision du Code de 1843, je m'étais élevé à diverses reprises contre cette extrême sévérité, j'ai pu voter sans répugnance, avec la grande

[1] Nous croyons savoir que cette rédaction est due essentiellement à notre honorable correspondant. *(Réd.)*

majorité du congrès, la résolution présentée disant que la peine de l'interdiction est compatible avec un système pénitentiaire réformateur à condition qu'elle ne soit appliquée que lorsque le fait spécial qui entraîne la condamnation justifie la crainte d'un abus du droit, au préjudice soit d'intérêts publics, soit d'intérêts privés légitimes et ne soit infligée que pour un temps déterminé hors le cas où la peine principale est perpétuelle.

La dernière question discutée était celle de savoir si l'on ne pourrait pas utilement remplacer, pour certains délits, les peines d'emprisonnement ou de détention par quelque autre peine restrictive de la liberté, telle que le travail dans quelque établissement public sans détention, ou l'interdiction à temps d'un lieu déterminé, ou bien, en cas d'une faute légère, par une admonition. La discussion a prouvé que les orateurs étaient généralement d'avis qu'il serait vivement à désirer que l'on ne prononçât pas la peine de détention pour des petits délits, cette peine aboutissant le plus souvent à des résultats déplorables, surtout dans l'état actuel des prisons destinées aux condamnés à une détention de courte durée dans la presque totalité des pays. Mais sur la question de savoir par quelles peines il convenait de remplacer la prison, les membres du congrès furent loin d'être d'accord. Tandis que les uns demandaient une application plus fréquente de la peine de l'amende, d'autres proposaient de remplacer l'emprisonnement par des travaux en liberté pour le compte soit de l'Etat soit des communes. En définitive, en présence de la divergence des idées et de la difficulté de la matière, il a été décidé de renvoyer cette question au prochain congrès, en vue de provoquer de nouvelles études.

Le programme du congrès prévoyait enfin une dernière question concernant les peines à appliquer aux recéleurs et à ceux qui exploitent les délits commis par autrui. Mais la section a préféré ne pas les porter devant le congrès ; elle avait été du reste introduite par un rapport proposant des mesures d'une originalité incontestable, mais bien difficiles à admettre. Il était donc préférable de ne pas entrer en matière sur un sujet ainsi présenté.

Je me suis un peu étendu sur les travaux de la première section, d'abord parce que c'est la seule dont j'ai suivi les discussions, et ensuite parce qu'il m'a paru de quelque intérêt de constater jusqu'à quel point le projet du Code pénal vaudois, dont j'ai déjà parlé, est conforme aux idées admises par les hommes connus par leur compétence en ces matières. Je peux dire que la plupart des innovations qu'il consacre correspondent aux idées émises soit dans les rapports préparatoires au congrès, soit dans les discussions de celui-ci et qu'ainsi ce projet paraît bien répondre aux besoins de notre époque et de la pratique. C'est donc pour moi une raison de plus de regretter qu'il n'ait pas été donné suite jusqu'à maintenant à ce projet présenté au Grand Conseil par le Conseil d'Etat il y a quatre ans.

Mais je vois que j'ai parlé des travaux du congrès plus longuement que je ne le comptais d'abord. Je suis donc obligé de renvoyer à un numéro suivant ce qui concerne les deuxième et troisième sections.

Agréez, Monsieur le rédacteur, l'assurance de ma considération distinguée.

G. C.

Réforme judiciaire dans le Canton de Vaud.

Le projet de loi sur la réorganisation judiciaire a été définitivement adopté par le Conseil d'Etat. Le Grand Conseil est convoqué pour le 15 février prochain, afin d'en délibérer.

La commission législative a été composée de MM. les députés *Bory*, à Coppet; *Paschoud*, avocat; *Ruchet*, avocat; *Ceresole*, avocat; *Correvon*, avocat, à Lausanne; *Chausson-Loup*, notaire, à Rennaz, et *Déglon*, conseiller national, à Courtilles.

La principale innovation du projet, au point de vue du personnel, est la composition des tribunaux de district; ceux-ci sont formés des présidents du for et des deux districts voisins, les trois districts formant un arrondissement. — Il est fait exception pour le Tribunal de Lausanne, lequel est particulièrement chargé de besogne et a été composé d'un président et de deux juges avec deux suppléants.

Il y a, en outre, dans chaque district, un Tribunal de police composé du président, de deux juges de police et de deux suppléants.

M. *Favey*, Substitut du Procureur général à Lausanne, a donné sa démission pour se livrer à l'exercice du barreau. Cette détermination sera certainement très regrettée par toutes les personnes qui ont vu M. Favey à l'œuvre et ont pu apprécier l'impartialité et la distinction avec lesquelles il remplissait ses hautes fonctions.

Le Conseil d'Etat a accepté la démission dans les termes les plus flatteurs et ouvert un concours jusqu'au 15 février pour le remplacement.

Ch. Boven, notaire, rédacteur.

Lausanne. — Imp. CORBAZ & Comp.

XXXIVe ANNÉE. N° 5. SAMEDI 30 JANVIER 1886

JOURNAL DES TRIBUNAUX

REVUE DE JURISPRUDENCE

Paraissant à Lausanne une fois par semaine, le Samedi.

Prix d'abonnement : 12 fr. par an, 7 fr. pour six mois. Chaque numéro, 50 cent. On s'abonne à l'imprimerie CORBAZ et Cie et aux bureaux de poste. — ANNONCES : 20 centimes la ligne ou son espace.

Loi fédérale sur la poursuite pour dettes.

La Commission appelée par le Chef du Département fédéral de justice et police à revoir le projet de loi sur la poursuite pour dettes et la faillite a siégé toute la semaine passée, à Berne, sous la présidence de M. le conseiller fédéral L. Ruchonnet.

Le projet a été complété et modifié sur plusieurs points. D'après le *Bund*, il est possible que la Commission du Conseil des Etats ne puisse en être nantie aussitôt qu'elle l'aurait désiré, mais on se consolera facilement de ce petit retard si le projet arrive devant elle sous sa forme la plus parfaite, après avoir utilisé les observations critiques qu'il a suggérées aux juristes auxquels il a été communiqué. La discussion en sera singulièrement facilitée.

La Commission s'est ajournée au lundi 1er février.

Vaud. — TRIBUNAL CANTONAL.

Séances des 10 et 17 décembre 1885.

Convention entre communes au sujet de contributions publiques. — Résiliation de la convention comme incompatible avec le droit public moderne. — Question d'indemnité. — Abolition des droits féodaux.

Commune de Bex contre Commune et Abbaye de St-Maurice.

En abolissant les droits féodaux, l'intention du législateur a été essentiellement de mettre fin à un système de droits reposant sur les privilèges et sur des distinctions de nature personnelle surtout, communs à l'ancien régime.

On ne saurait envisager comme constituant des droits féodaux une convention conclue entre deux communes au sujet d'une contribution publique étrangère au suzerain, non décidée et non perçue par lui.

Si une telle convention de droit public, conclue à titre onéreux et conformément aux lois de l'époque, vient à être résiliée comme incompatible avec le droit public moderne, il y a lieu de replacer les parties dans la situation qu'elles avaient avant de contracter. En conséquence, celle des parties qui a payé un prix à l'autre pour jouir d'un avantage dont la résiliation de la convention ne permet plus la jouissance, doit obtenir la restitution de ce qu'elle a payé.

Avocats des parties :

MM. Berdez, pour Commune de Bex, défenderesse et recourante.
Dupraz, pour Commune et Abbaye de St-Maurice, demanderesses et intimées.

Le 13 janvier 1877, les Commune et Abbaye de St-Maurice ont conclu à ce que la Commune de Bex soit condamnée à leur payer : 1° 40,000 fr., à titre de compensation soit d'indemnité, pour le dommage résultant de la non-exécution par la dite Commune de Bex d'une transaction du 24 avril 1787; 2° subsidiairement, 20,869 fr. 56, sans réserve ni déduction quelconque, à titre de restitution de la somme payée à cette date.

La Commune de Bex a conclu à libération.

Dès lors les parties ont requis plusieurs expertises et le 10 juin 1885 elles se sont présentées à l'audience du Tribunal civil du district d'Aigle, audience dans laquelle les demanderesses ont conclu très subsidiairement à être reconnues créancières de 11,135 fr., somme représentant les 36,000 florins, moins 4050 florins remis à la Commune de Lavey, et la part des immeubles de la Vieille Maxe vendue à des non-Valaisans.

Le Tribunal civil d'Aigle a admis les faits suivants :

Le 24 avril 1787, il est intervenu entre la Commune et l'Abbaye de St-Maurice, d'une part, et les Communes de Bex et Lavey, d'autre part, une transaction ayant pour but de mettre fin aux difficultés qui existaient depuis des temps très anciens entre les parties, au sujet de la Maxe et taille de la bourgeoisie de St-Maurice d'Agaune, sur des pièces de terre situées rière les Communes de Bex et de Lavey, possédées par des Valaisans.

Cette transaction porte ce qui suit à ses articles 2, 3 et 4 :

« 2. Les pièces de terre dites de la Vieille Maxe (suivant plan dressé) resteront et seront à perpétuité franches et exemptes de par dites Communes et de par qui que ce soit d'autres, sauf de par la Maxe et bourgeoisie de St-Maurice, sçavoir de toutes sortes d'impôts, tailles, frais de paroisse et de guerre et gîtes et bâties, soit frais de communauté et de public, en un mot de toutes contributions ordinaires et extraordinaires, ici réservées les droitures des fiefs de Leurs Excellences de Berne et vassaux.

» 3. Toutes les prédites pièces de terre contenues dans les dits plan et cottet, soit livre de Maxe, resteront et seront de la Maxe et taille de bourgeoisie de St-Maurice et seront à perpétuité imposées par dite bourgeoisie et contribueront chaqu'an et à perpétuité, sans la moindre difficulté, aux frais et besoins publics du dit St-Maurice et ressort suivant l'égance, taxe et répartition que dite bourgeoisie en fera et qui en appliquera les revenus annuels comme elle jugera à propos.

» 4. Tous et chaque Valaisan ou qui que ce soit d'autres qui vendront aux Bernois et personnes non valaisannes et étrangères hors du Valais, une ou plusieurs des dites pièces de terre contenues dans les prédits plan et cottet, payeront pour chaque vente de chacune des dites pièces de terre, pour indemnité à la bourgeoisie de St-Maurice, le 30 °/₀ des justes prix auxquels elles auront été vendues, et tel acquéreur ne pourra payer son vendeur qu'en lui retenant au préalable sur son prix d'acquis le 30 °/₀ de la somme convenue; cet objet pris sur le vendeur étant l'indemnité que se réserve la noble bourgeoisie de Saint-Maurice sur ces fonds qui par telles ventes sortiront de la Maxe et ne contribueront plus chez elle. »

En vertu de cette transaction, la bourgeoisie et l'Abbaye de St-Maurice ont payé aux Communes de Bex et de Lavey une somme de 900 louis d'or, soit 36,000 florins, faisant en monnaie actuelle 20,869 fr. 56.

Cette transaction, qui a été conclue à perpétuité et déclarée irrévocable, est devenue exécutoire ensuite de l'approbation de Leurs Excellences de Berne du 23 mai 1787.

Par décret du Grand Conseil du canton de Vaud du 18 mai 1868, la Commune de Bex a été autorisée à percevoir une contribution extraordinaire sur les fonds de son territoire.

La dite Commune a fait porter cette contribution sur les biens-fonds de la Vieille Maxe appartenant à des Valaisans.

Dans les 36,000 florins payés en 1787 sont compris, du moins dans une certaine mesure, les arrérages de contributions pour les fonds de la Vieille Maxe jusqu'à cette date.

La Commune de Lavey a reçu, pour sa part aux 36,000 florins, la somme de 4050 florins.

En 1787, les fonds de la Vieille Maxe, compris dans la transaction, avaient une contenance de 12,295 ares 12 mètres, ceux situés rière Bex figurant dans ce chiffre pour 11,273 ares 4 mèt.

Dès 1787 à 1868, une partie de ces fonds, d'une contenance de 5121 ares 24 mètres, a été vendue à des non-Valaisans, ceux situés rière Bex figurant dans ce chiffre pour 4490 ares 69 mèt.

En 1868, les fonds de la Vieille Maxe soumis à la transaction avaient une contenance de 7174 ares 61 mètres, ceux de Bex figurant dans ce chiffre pour 6782 ares 35 mètres.

Par jugement du 11 juin 1885, le Tribunal d'Aigle a écarté les conclusions des Abbaye et Commune de St-Maurice et leur a accordé la conclusion subsidiaire prise à l'audience du 10 juin 1885, en la réduisant à 9000 fr., somme portant intérêt à 5 °/₀ dès l'ouverture de l'action.

Le Tribunal a enfin écarté la conclusion libératoire de la Commune de Bex et dit, quant aux frais, qu'il en sera fait masse, que les demanderesses en supporteront les $^3/_7$ et la défenderesse le solde, soit $^4/_7$.

La Commune de Bex a recouru contre ce jugement, dont elle demande la réforme en ce sens que ses conclusions libératoires lui soient accordées et que, pour le cas où cette conclusion serait repoussée, l'indemnité réclamée par la Commune et l'Abbaye de St-Maurice soit fixée dans le sens des calculs établis dans son pourvoi.

De leur côté, les Commune et Abbaye de St-Maurice ont formé un *recours éventuel* concluant à l'adjudication de leurs conclusions principales, et surtout et subsidiairement à ce qu'il leur soit alloué la somme de 11,143 fr. 47 en capital, sans déduction.

Le Tribunal cantonal, reprenant la cause en son entier, a rendu l'arrêt qui suit :

Considérant que la Commune de Bex excipe, pour se refuser au paiement de la valeur qui lui est réclamée, ensuite de l'inexécution de l'acte du 24 avril 1787, de deux moyens principaux, l'un consistant à dire que le dit acte est relatif à des droits féodaux qui ont été abolis sans indemnité par les lois de la République helvétique et par celles des premières années de l'indépendance du canton de Vaud, l'autre qu'il s'agit d'un acte contraire aux principes du droit public moderne et qui, dès lors, doit être frappé de nullité sans que cette circonstance puisse donner lieu à aucune réclamation quelconque.

Considérant, quant au premier moyen, que par les lois et décrets du 10 novembre 1798, 22 septembre 1802 et 28 mai 1805, il a été décidé que tous les droits féodaux incompatibles avec le nouveau régime étaient abolis.

Que les uns, les censes et les dîmes, ont été déclarés rachetables et que les autres ont été abolis sans indemnité.

Que toute réclamation relative aux droits féodaux est prescrite dès l'expiration du délai fixé par la loi du 28 mai 1805.

Considérant qu'il résulte de l'esprit des dispositions insérées dans les prédites lois que l'intention du législateur a été essentiellement de mettre fin à un système de droits reposant sur les priviléges et sur des distinctions de nature personnelle surtout, communs à l'ancien régime.

Qu'en particulier le législateur a voulu substituer au régime fiscal basé sur la seule volonté du suzerain un système reposant sur le principe de l'égalité et tendant à ce que les contributions publiques fussent décrétées par les contribuables eux-mêmes et appliquées dans leur intérêt commun.

Considérant que la transaction du 24 avril 1787 a eu pour objet de mettre fin aux difficultés séculaires qui existaient au sujet des biens-fonds possédés par des Valaisans sur les territoires de Bex et de Lavey.

Que ces difficultés, relatives au début au refus opposé par les Valaisans de contribuer à certaines charges publiques (gîtes, frais de guerre, de paroisse, etc.), ont pris dans la suite plus de consistance encore lorsqu'il s'est agi de procéder à la perception de l'impôt dit des bâties.

Que cet impôt avait pour but de subvenir aux dépenses nécessitées pour l'endiguement du Rhône et d'autres torrents dont les eaux étaient une cause continuelle de dommage pour les propriétaires bordiers.

Que les Communes de Bex et de Lavey estimaient que ces dépenses étaient faites aussi bien dans l'intérêt des propriétés valaisannes que dans celui des autres propriétés bernoises et qu'elles devaient ainsi être réparties entre tous les propriétaires et au prorata de l'importance de leurs propriétés.

Que les Valaisans ont de tout temps objecté qu'ils n'étaient astreints qu'au paiement de certaines contributions qu'ils indiquaient, mais qu'ils n'étaient point tenus de s'acquitter envers les Communes de Bex et de Lavey des impôts susmentionnés et spécialement de celui des bâties.

Que ces difficultés ont fait l'objet de diverses sentences rendues notamment en 1488 et 1776 par le gouvernement de Berne et à teneur desquelles l'opposition des Valaisans fut déclarée non fondée.

Que, malgré ces arrêts, les Valaisans ont persisté dans leur refus de s'exécuter et en fait n'ont point obtempéré aux décisions judiciaires ci-dessus et n'ont pas payé les contributions réclamées.

Que, dès 1776, les gouvernements de Berne et du Valais se sont interposés pour mettre fin aux discussions de leurs ressortissants réciproques.

Qu'après de nombreux pourparlers, les Communes de Bex et de Lavey d'une part, la bourgeoisie et l'Abbaye de St-Maurice d'autre part, ont terminé toutes les contestations qui s'étaient élevées jusque-là entre elles par la transaction du 24 avril 1787.

Considérant que de l'ensemble des faits ci-dessus il appert que les parties contractantes ont transigé sur une difficulté qui n'a nullement trait au droit féodal puisqu'elle se rapportait à une contribution étrangère au suzerain, non décidée et non perçue par lui.

Qu'au contraire, cette contribution a été décrétée par les communes elles-mêmes pour être appliquée dans l'intérêt exclusif des propriétés menacées.

Que les parties ont ainsi contracté sur un objet qui relevait de leurs attributions propres sans toucher aux droits et privilèges des seigneurs ou du souverain.

Qu'en effet les droits de ceux-ci ont expressément été réservés dans la susdite transaction.

Qu'ainsi les Valaisans, en consentant, d'une part, au paiement de la somme de 36,000 florins, et les Communes de Bex et de Lavey, en agréant, d'autre part, cette somme, moyennant laquelle les premiers étaient libérés à perpétuité de toute charge, ont en définitive délibéré sur des intérêts communs de nature essentiellement pécuniaire et par conséquent de droit privé.

Qu'au surplus, il ressort des documents versés au procès que c'est bien dans ce sens que la transaction incriminée a été interprétée soit par le gouvernement de Berne, soit postérieurement par le pouvoir exécutif du canton de Vaud.

Quant au second moyen de la Commune de Bex, tiré du fait que l'acte en question serait contraire au droit public moderne :

Attendu que le Conseil d'Etat de Vaud, nanti de la question sous forme de conflit de compétence, a définitivement écarté la première conclusion prise par les demanderesses et estimé, dès lors, que l'acte de 1787 ne pouvait déployer aucun effet dans le sens précisé par la dite conclusion.

Qu'il ne s'agit plus, aujourd'hui, que de rechercher si, par ce prononcé, les Communes demanderesses sont dénuées de tout droit à une indemnité pour inexécution de l'acte sus-indiqué.

Considérant que les dispositions de nos lois s'appliquant au cas donné sont muettes sur la question de savoir s'il y a lieu, en pareil cas, d'allouer ou non une indemnité.

Que, dès lors, la solution de cette question doit être recherchée d'après les principes généraux combinés avec les exigences du droit public actuel.

Considérant, à ce sujet, qu'au moment où la transaction incriminée est intervenue, l'objet en était incontestablement licite de par les lois de l'époque et que la capacité des parties contractantes n'a pas été critiquée.

Qu'en effet, cette transaction a fait d'abord l'objet de nombreuses discussions de la part des délégués des Communes en cause, dûment autorisés.

Qu'une fois que les clauses en ont été définitivement débattues, l'acte lui-même a été présenté aux gouvernements respectifs de l'époque.

Que le gouvernement de Berne a, le 23 mai 1787, « approuvé » et ratifié dans tous ses points la dite transaction, de sorte » qu'elle devra à l'avenir déployer son effet et servir de règle » aux dites Communes. »

Considérant, d'autre part, que l'exemption d'impôts stipulée en faveur des demanderesses n'a point été une concession gracieuse ou à titre de privilège de la part des Communes de Bex et de Lavey.

Qu'au contraire, cette exemption n'a été consentie qu'à titre onéreux et en retour d'une prestation de 36,000 florins.

Que cette valeur a été payée par les demanderesses et que quittance leur en a été donnée par les représentants de Bex et de Lavey, le 14 juin 1787.

Considérant qu'en principe, la résiliation d'une convention doit replacer les parties dans la même situation qu'elles avaient avant de contracter.

Considérant qu'étant établis la légalité de la convention au début et le paiement qui en a été la condition, aucun principe de droit public moderne ne s'oppose à ce qu'il en soit ainsi dans l'espèce.

Que, pour atteindre ce but, les demanderesses ont précisé en cours de procès des conclusions subsidiaires en restitution de la valeur payée.

Que, dans ces conditions, le principe de leur action ne saurait être repoussé.

Qu'il n'y a aucune raison, en effet, la personnalité juridique des Communes en cause n'ayant point été altérée par les modifications successives du droit public, d'autoriser la Commune de Bex à conserver par devers elle une somme dont elle a exclusivement profité, en retour de la concession accordée aux demanderesses au bénéfice de laquelle elle ne peut plus les mettre aujourd'hui.

Que pareille restitution ne saurait être envisagée comme prohibée soit par l'ordre soit par le droit public moderne.

Qu'au contraire, elle est conforme dans ces conditions aux principes généraux du droit sur la matière,

Le Tribunal cantonal écarte le recours de la Commune de Bex.

Sur la quotité de l'indemnité :

Considérant que, par la transaction de 1787, la bourgeoisie et l'Abbaye de St-Maurice ont payé aux Communes de Bex et de Lavey une somme de 36,000 florins.

Que, pour fixer le chiffre de la valeur que doit restituer la Commune de Bex aujourd'hui, il y a donc lieu à déduire en première ligne la part perçue par Lavey, qui n'est pas au procès.

Considérant que les parties en cause ne sont pas d'accord sur ce point, Bex estimant que la part de Lavey est de 4550 florins et les demanderesses prétendant que cette part ne s'élève qu'à 4050 florins.

Considérant, à ce sujet, qu'il résulte du rapport de l'expert Paquier que la Commune de Lavey a reçu, à teneur du procès-verbal Fayod, du 25 juillet 1787, une somme de 4050 florins pour sa part de la transaction.

Considérant que l'on doit dès lors s'arrêter à cette somme, la Commune de Bex n'ayant pas établi d'une manière suffisante au procès que la part de Lavey ait été de 4550 florins, ainsi qu'elle l'avait allégué.

Considérant qu'il reste ainsi une somme de 31,950 florins pour la part de Bex.

Que de cette valeur il faut encore déduire une part proportionnelle à la quantité des terrains de la Vieille Maxe qui en sont sortis par suite de revente à des non-Valaisans.

Considérant que cette part a été fixée par l'expertise Paquier à 12,727 florins, soit aux 39.84 °/ₒ des terrains de la Vieille Maxe.

Que, tenant compte de ces deux déductions, le solde redû par la Commune de Bex aux Commune et Abbaye de St-Maurice s'élève à 19,222 ½ florins, soit à 11,143 fr. 47 c.

Considérant que la Commune de Bex réclame encore une déduction, soit pour les frais de procès faits par Bex et Lavey et dus par les Valaisans, soit pour les arrérages des contributions jusqu'à 1787.

Que le jugement dont est recours a repoussé la déduction pour frais de procès, mais qu'il en a accordé une de 2143 fr. 75 comme représentant le prix, dans une certaine mesure, des contributions arriérées au 24 avril 1787.

Considérant que si, dans les pourparlers qui ont précédé la transaction, il a été très vraisemblablement question des frais et des arrérages, il ne paraît cependant point que ceux-ci aient servi à déterminer le chiffre de 36,000 florins.

Qu'en effet, le total des frais de procès et des arrérages était, au moment de la signature de la convention, supérieur à la somme ci-dessus.

Que celle-ci doit dès lors être envisagée comme représentant uniquement le prix de l'exemption, soit la somme dont le revenu était considéré comme équivalant, dans une certaine mesure tout au moins, à l'impôt dont la défenderesse s'interdisait la perception.

Que cette interprétation paraît en outre justifiée par les directions données par le gouvernement de Berne aux Communes de Bex et de Lavey, au sujet de l'emploi de la valeur des 36,000 fl.

Qu'au surplus, la Commune de Bex n'a point suffisamment établi le bien-fondé de ses prétentions à cet égard.

Que c'est dès lors à tort que le jugement dont est recours a déduit pour arrérages une somme de 2143 fr. 47 sur la valeur que Bex doit restituer à St-Maurice.

Considérant qu'il résulte de ce qui précède que les demanderesses sont créancières de la défenderesse de la somme de 11,143 fr. 47, et non de celle de 9000 fr. allouée par le Tribunal d'Aigle.

Le Tribunal cantonal écarte le recours de la Commune de Bex, admet partiellement celui des Commune et Abbaye de St-Maurice; réforme le jugement du 11 juin 1885, en ce sens que la Commune de Bex doit payer, à titre de restitution aux Commune et Abbaye de St-Maurice, une somme de 11,143 fr. 47, portant intérêt au 5 °/₀ l'an, dès le 9 octobre 1873.

Quant aux dépens du jugement ainsi réformé:

Vu les décisions qui précèdent;

Attendu que St-Maurice a obtenu dans une plus forte proportion que devant les premiers Juges l'adjudication de ses conclusions;

Qu'il y a lieu par conséquent à revoir le prononcé quant aux dépens, dans un sens plus favorable aux demanderesses,

Le Tribunal cantonal dit qu'il sera fait une masse de tous les frais, que la Commune de Bex en supportera les $^5/_7$ et les Commune et Abbaye de St-Maurice $^2/_7$, — alloue aux demanderesses les dépens du Tribunal cantonal.

Résumés d'arrêts.

Exécution des jugements. — Pour qu'un jugement civil rendu dans un canton soit *définitif* et que, dès lors, il soit exécutoire dans toute la Suisse, conformément à l'art. 61 de la Constitution fédérale, il faut que les parties aient été dûment citées. Les cantons peuvent donc refuser l'exéquatur d'un jugement rendu dans un autre canton sans que les parties aient été dûment citées et légalement représentées ou défaillantes.

TC., 12 décembre 1885. Dame Terribilini.

Pouvoirs pour agir. — La partie qui veut critiquer la vocation de celui qui agit contre elle peut ou citer à bref délai ou élever un incident à l'audience (Cpc. 74) ; mais elle est à tard pour soulever ce moyen dans son mémoire adressé au Tribunal cantonal ensuite de recours.

(Juge de paix de Lausanne; jugement maintenu.)

TC., 15 décembre 1885. Givel c. Banque cantonale.

Contrôle des charges immobilières.

On veut bien nous donner les renseignements statistiques suivants sur le mouvement des dettes hypothécaires pour le district de Lausanne en 1885 :

a) Par communes.	Inscriptions.		Radiations.	
Lausanne	Fr.	6,459,132	Fr.	6,968,274
Pully	»	297,200	»	301,607
Belmont	»	23,260	»	24,084
Epalinges	»	43,500	»	41,649
Paudex	»	36,030		14,514
Romanel	»	42,972	»	56,733
Cheseaux	»	63,300	»	53,146
Crissier	»	20,450	»	18,541
Jouxtens-Mézery . . .	»	10,200	»	31,104
Le Mont	»	160,300	»	220,966
Prilly	»	11,000	»	11,200
Renens	»	136,700	»	97,468
Totaux . . .	Fr.	7,304,044	Fr.	7,839,286

b) Par genre de titres.

Lettres de rentes . . .	Fr.	—	Fr.	730,729
Obligations hypothécaires	»	5,865,065	»	4,569,612
Actes de revers	»	363,366	»	1,361,837
Assignats	»	276,533	»	201,359
Rentes viagères	»	16,340	»	1,093
Gardances de dams . .	»	782,740	»	974,656
Totaux . . .	Fr.	7,304,044	Fr.	7,839,286

Lettres sur le Congrès pénitentiaire international de Rome en 1885.

III

Monsieur le Rédacteur,

La seconde section du congrès s'occupait plus spécialement de questions pénitentiaires proprement dites, soit de l'organisation et de l'administration des établissements de détention. Elle était donc composée essentiellement de fonctionnaires supérieurs des prisons et de directeurs de pénitenciers. Son programme renfermait huit questions, mais cinq seulement ont été présentées par elle au congrès, la première ayant pris un temps considérable. Bien que les sujets traités présentent certainement beaucoup d'importance et aient fait l'objet de discussions approfondies, ils sont, me paraît-il, un peu spéciaux pour que j'en entretienne longtemps vos lecteurs. Les personnes que ces sujets intéressent particulièrement pourront, du reste, lire les discussions et les résolutions prises dans le compte-rendu des travaux du congrès qui sera publié dans le courant de l'année. Je me bornerai à mentionner les questions en indiquant les solutions données par le congrès.

La première portait sur les changements à introduire dans la construction des prisons cellulaires afin de la rendre plus simple et moins coûteuse. La section a émis comme conclusion une série de directions propres à atteindre le but, conclusions qui ont été adoptées par le congrès.

La seconde question avait trait à la meilleure organisation pour les prisons locales destinées à la détention préventive ou à l'exécution des peines de courte durée. Le congrès a admis que ces prisons doivent être établies d'après le système de la séparation individuelle. Le régime des prévenus doit être exempt de tout ce qui pourrait revêtir le caractère d'une peine.

Les condamnés à des peines de courte durée doivent être soumis à un emprisonnement simplement répressif.

A la troisième question demandant s'il ne faut pas organiser des peines privatives de la liberté qui, mieux que les systèmes suivis jusqu'à présent, conviendraient aux pays agricoles ou pour les populations agricoles étrangères aux travaux industriels, il a été répondu que l'établissement de travaux publics, à l'air libre, pour les condamnés à des peines de quelque durée, peut être conseillée dans certains pays et dans certains milieux. Ces travaux ne doivent pas être considérés comme inconciliables avec les systèmes pénitentiaires actuellement appliqués dans les différents pays.

La quatrième question concernait l'utilité des commissions de surveillance ou d'institutions analogues, leur organisation et les pouvoirs que la loi doit leur attribuer. Le congrès a reconnu que cette utilité est incontestable et il indique quelle organisation il y a lieu de leur donner pour qu'elles atteignent le mieux leur but.

Enfin la dernière question portait sur quels principes devrait être basée l'alimentation des détenus au point de vue hygiénique et pénitentiaire. La résolution du congrès indique quels sont les principes qui doivent servir de base à cette alimentation hygiénique et pénitentiaire, soit au point de vue philosophique, soit au point de vue scientifique.

M. Payot, directeur de notre pénitencier, m'avait confié un intéressant mémoire sur cette question, ainsi que sur une autre du programme, mémoire que j'ai remis au secrétaire général qui le publiera sans doute dans les actes du congrès.

La troisième section avait à étudier sept questions de diverses natures, et toutes ont été soumises au congrès qui a pris, à leur sujet, les résolutions suivantes :

1. Le congrès émet le vœu qu'un système uniforme de casiers judiciaires soit adopté dans le plus grand nombre de pays possible; il estime que, pour atteindre ce but, il y aurait lieu de réunir une conférence diplomatique. Jusqu'à ce que cette uniformité soit établie, l'échange de bulletins de condamnation concernant les nationaux respectifs pourrait se faire entre les divers gouvernements par traités ou par simples conventions.

2. L'échange des condamnés pour subir dans leur pays d'origine les peines privatives de la liberté prononcées par un juge étranger, n'est pas praticable; dans tous les cas, il ne serait pas désirable. Toutefois, dans le cas où l'éducation pénitentiaire serait rendue plus difficile, il est à désirer que les Etats ayant des institutions pénales et carcéraires analogues, s'accordent réciproquement la faculté de confier au pays d'origine l'exécution de la peine, sauf, bien entendu, examen ultérieur et remboursement des frais.

3. Le congrès émet le vœu :

a) Que l'assistance publique soit réglée de telle manière que chaque personne indigente soit sûre de trouver des moyens de subsistance, mais seulement en récompense d'un travail adapté à ses facultés corporelles.

b) Que l'indigent qui, malgré cette assistance ainsi réglée, se livre au vagabondage et tombe par conséquent sous le coup de la loi, soit puni sévèrement par des travaux obligatoires dans des maisons de travail.

Les travaux sur cette question pourront être utiles pour l'élaboration de notre loi cantonale sur l'assistance publique, prévue par la constitution du 1er mars 1885. Je me permets d'attirer sur ce point l'attention des personnes que cela concerne.

4. Les visites aux détenus, faites par des membres de sociétés de patronage, ou, à leur défaut, d'associations de bienfaisance, mais étrangères à l'administration, doivent être autorisées et encouragées, sous réserve de l'observation du règlement et de façon à éviter toute dualité d'influence ou d'autorité. L'entrevue du visiteur avec le détenu doit être, autant que possible, libre, sans la présence d'un gardien.

5. Le congrès estime que dans tous les pénitenciers des deux sexes, il doit exister une école dans laquelle on enseignera au moins la lecture, l'écriture, les éléments du calcul, les leçons de choses, et, s'il est possible, les éléments du dessin. L'on doit en outre donner aux détenus des deux sexes une instruction professionnelle consistant dans l'apprentissage des arts et métiers, au moyen desquels ils pourront gagner leur vie après leur libération.

6. Le congrès émet le vœu que chaque détenu des deux sexes, le dimanche et les jours fériés, soit libre de choisir l'occupation qui lui convient entre celles qui sont mises à sa disposition. Les occupations devront être, suivant les pays, la lecture, la musique, le dessin, la sculpture en bois, la participation des bonnes œuvres, l'assistance aux conférences sur les éléments de la morale, du droit et d'autres sciences, selon les circonstances spéciales du lieu.

7. Des propositions faites en vue de la création de refuges pour les détenus libérés n'ont pas trouvé grâce devant le congrès qui, en majorité, a estimé qu'il n'y avait pas lieu à recommander de pareilles institutions.

Au sujet des rapports de cette troisième section, je relèverai un incident qui ne manque pas d'intérêt. L'un des rapporteurs au congrès était une demoiselle qui vient de subir avec succès ses examens d'avocat. Le tribunal de Turin, auprès duquel elle avait fonctionné comme stagiaire, l'avait autorisée à pratiquer le barreau. Mais, sur recours du procureur général, cette décision avait été annulée par la Cour d'appel. Lorsque mademoiselle la doctoresse (puisque c'est le terme consacré par l'usage, paraît-il, l'Académie française n'ayant pas encore délibéré à ce sujet) prit sa place à la table des rapporteurs, elle fut accueillie par de vifs applaudissements, et un membre italien du congrès, tout en félicitant la demoiselle en question, éleva une protestation énergique contre la décision de la Cour d'appel de Turin, en émettant le vœu que bientôt la femme joue dans la société le rôle que notre civilisation moderne doit lui accorder. Ces paroles de protestation contre la décision d'une Cour d'appel en plein congrès international, de la part d'un sénateur du royaume, avocat général militaire près du Tribunal suprême de la guerre et de la marine, ont provoqué dans les journaux italiens une polémique passablement vive.

Enfin, pour terminer ce qui concerne les travaux du congrès, je tiens à faire ressortir que si les discussions ont été parfois animées, elles ont toujours été empreintes d'une très grande courtoisie soit dans les sections, soit dans les assemblées générales, ce qui a certainement contribué pour beaucoup à la réussite de ses importantes délibérations.

J'ai parlé dans ma première lettre de l'exposition carcéraire. Permettez-moi d'y revenir en quelques mots.

Donnant suite à une idée émise à Stockholm, le comité exécutif du congrès avait organisé une exposition dans les salles spacieuses du palais où siégeait cette assemblée. Cette exposition comprenait d'abord les plans et les modèles des établissements carcéraires les plus connus avec notices historiques à l'appui; puis, rangés par nationalité et par groupe, les spécimens des travaux faits dans les établissements de détention des diverses nations. Cette exposition était très intéressante à parcourir et elle a été visitée par un nombreux public. J'ai été, pour ma part, frappé de la grande diversité des travaux faits dans les prisons, depuis les meubles les plus riches et les plus luxueux jusqu'aux objets les plus simples à très bon compte. L'examen de ces différentes salles a dû être des plus utiles aux nombreux directeurs de pénitenciers et fonctionnaires des prisons venus à Rome pour le congrès.

Il est clair qu'au milieu des grandes nations qui avaient exposé, notre Suisse occupait une place bien modeste, d'autant plus que quatre pénitenciers seulement avaient envoyé leurs produits, soit Zurich, Lenzbourg, Neuchâtel et Lausanne. Il me paraît néanmoins, pour autant que j'ose me prononcer dans ces questions peu de ma compétence, que la section suisse ne se présentait pas mal et que nos produits avaient un caractère essentiellement pratique qui a dû frapper. Zurich et Lenzbourg avaient cependant exposé de fort beaux meubles; ainsi Zurich une table à écrire taxée 440 fr., Lenzbourg un buffet et des fauteuils très beaux, Neuchâtel une belle corniche sculptée de 250 fr. Quant à Lausanne, ses tissus, couvertures, vêtements, etc., pouvaient, m'a-t-il paru, soutenir facilement la comparaison avec les produits similaires des autres nations. J'ai lu dans un ou deux journaux italiens une appréciation flatteuse de notre modeste exposition, ce que je suis heureux de pouvoir rappeler ici.

Outre cette exposition, le comité italien avait eu l'ingénieuse idée de faire construire, dans une annexe du palais de l'exposition, une reproduction de grandeur réelle des cellules des établissements pénitentiaires les plus connus. Des mannequins très bien faits, revêtus du costume de prisonniers et d'employés des prisons, complétaient l'illusion. Pour la Suisse, le modèle choisi était une cellule du pénitencier de Lenzbourg. En outre, on avait également reproduit deux cellules anciennes. L'une de la prison destinée aux condamnés par le fameux Conseil des Dix dans le palais des Doges à Venise; l'autre de la prison de St-Michel à Rome, construite en 1703. On avait eu soin de reproduire aussi les inscriptions faites par les prisonniers sur les murs de ces prisons qui ont dû renfermer tant de souffrances. Quelques-unes présentaient un réel intérêt; je regrette d'avoir égaré la feuille sur laquelle je les avais relevées.

Enfin je mentionnerai qu'à l'ouverture du congrès, il a été remis au président d'honneur, M. Depretis, président du conseil des ministres, un album renfermant, outre les photographies, les autographes, précédés de pensées originales, des personnes qui se sont distinguées dans les divers pays de l'Amérique et de l'Europe, dans l'étude du droit pénal et des questions pénitentiaires, ainsi que celles qui ont consacré leur vie aux prisonniers. La lecture de cet album offre, il est inutile de le dire, un grand intérêt.

Il résultera, je l'espère, des renseignements que je viens de vous donner, l'impression que ce troisième congrès pénitentiaire international a très bien réussi et qu'il fait honneur aux hommes éminents et dévoués qui ont eu la difficile tâche de l'organiser. Autant que je le sais, car je puis en oublier des plus méritants, ce sont MM. Mancini, ancien président du conseil des ministres; Beltrani-Scalia, conseiller d'Etat; Pessina, professeur de droit, sénateur; Canonico, sénateur; Torlonia, syndic de Rome, et De Renzis.

Puissent les organisateurs du prochain congrès, qui aura lieu à St-Pétersbourg, obtenir le même succès et la même récompense de leurs efforts!

Dans une prochaine lettre, je vous entretiendrai du congrès international d'anthropologie criminelle.

Agréez, Monsieur le Rédacteur, l'assurance de ma considération distinguée.

G. C.

Ch. Boven, notaire, rédacteur.

Lausanne. — Imp. CORBAZ & Comp.

XXXIVe ANNÉE. No 6. SAMEDI 6 FÉVRIER 1886

JOURNAL DES TRIBUNAUX

REVUE DE JURISPRUDENCE

Paraissant à Lausanne une fois par semaine, le Samedi.

Prix d'abonnement : 12 fr. par an, 7 fr. pour six mois. Chaque numéro, 50 cent. On s'abonne à l'imprimerie CORBAZ et Cie et aux bureaux de poste. — ANNONCES : 20 centimes la ligne ou son espace.

TRIBUNAL FÉDÉRAL

Séance du 18 décembre 1885.

Lois genevoises des 4 octobre 1882 et 3 octobre 1883 sur les conseils de prud'hommes. — Inadmissibilité d'une clause arbitrale soustrayant un litige aux prud'hommes. — Prétendue violation de l'égalité devant la loi.

Compagnie générale des tramways suisses contre Arnaud.

Le législateur peut, pour des motifs d'ordre public et en dérogation à l'égalité absolue devant la loi, instituer une magistrature spéciale obligatoire

destinée à assurer à toute une classe de personnes le bienfait d'une justice essentiellement prompte et à bon marché, réclamée par les circonstances économiques et sociales particulières dans lesquelles ces personnes sont appelées à se mouvoir.

Si le législateur, faisant usage de ce droit, institue des conseils de prud'hommes appelés à prononcer sur les contestations entre patrons et ouvriers, on ne saurait voir une violation de l'égalité devant la loi dans le prononcé admettant qu'il n'est point licite aux intéressés de renoncer éventuellement et d'avance, par une clause arbitrale stipulée au commencement de leurs relations, à la juridiction des prud'hommes.

Sous date du 4 octobre 1882, le Grand Conseil de Genève a adopté une loi constitutionnelle instituant des conseils de prud'hommes, appelés à juger des contestations qui s'élèvent entre les patrons, fabricants ou marchands et leurs ouvriers, employés ou apprentis, relativement au louage de services, en matière industrielle et commerciale. Cette loi contenant une dérogation à l'art. 99 de la Constitution genevoise, relatif à la nomination des magistrats de l'ordre judiciaire, fut sanctionnée par le peuple le 29 octobre 1882.

En exécution de cette loi, le Grand Conseil a promulgué, le 3 octobre 1883, une loi organique sur les conseils de prud'hommes, répartissant en divers groupes les patrons et ouvriers, suivant leurs industries et professions, et instituant des tribunaux et une chambre d'appel, pour statuer sur les causes qui n'ont pu se résoudre par la conciliation.

Le 15 novembre 1884, il a été passé entre la Compagnie générale des tramways suisses à Genève et le sieur Albert Arnaud, à Carouge, un contrat de louage de services, suivant un formulaire imprimé; Arnaud devait exercer les fonctions de conducteur. L'art. 6 de ce contrat d'engagement porte qu'en cas de contestation entre l'employé et la compagnie, le désaccord sera tranché, sans appel, par trois arbitres, désignés l'un par la compagnie, l'autre par l'employé et le troisième par le président du Tribunal civil de Genève.

Arnaud resta au service de la compagnie jusque vers le milieu de 1885; un litige s'étant élevé alors entre les parties, Arnaud a cité la compagnie devant le tribunal de prud'hommes, groupe IX, en paiement de 103 fr. pour salaire et renvoi abrupt.

A l'audience du 27 dit, la Compagnie des tramways a excipé de l'incompétence du tribunal des prud'hommes, en se fondant sur l'art. 6, précité, du contrat du 15 novembre 1884.

Le Tribunal s'est déclaré incompétent, et, jugeant au fond en premier ressort, a condamné la compagnie à rembourser à Arnaud la somme de 56 fr. 25 pour retenues indûment faites.

Sur recours, la Chambre d'appel des prud'hommes a confirmé la sentence des premiers juges.

La compagnie a recouru contre cet arrêt au Tribunal fédéral, concluant à ce qu'il lui plaise l'annuler comme impliquant une violation de l'art. 4 Const. féd.

Le Tribunal fédéral a écarté le recours.

Motifs.

1° Il est incontestable que le législateur, par des motifs d'ordre public et en dérogation à l'égalité absolue devant la loi, peut introduire une magistrature spéciale obligatoire, destinée à assurer à toute une classe de personnes le bienfait d'une justice essentiellement prompte et à bon marché, réclamée par les circonstances économiques et sociales particulières dans lesquelles ces personnes sont appelées à se mouvoir.

C'est ainsi que, dans le but évident de trancher équitablement et à peu de frais les contestations si fréquentes qui surgissent entre patrons et ouvriers relativement au louage de services, la loi constitutionnelle du 4 octobre 1882 et la loi organique de 1883 ont statué que ces litiges devaient être jugés par des tribunaux de prud'hommes.

2° En se déclarant compétente pour prononcer sur la contestation entre Arnaud et la Compagnie des tramways, qui reste sans contredit dans sa juridiction spéciale, la Chambre d'appel a donné à la loi constitutionnelle susvisée une portée impérative, et admis qu'il n'était point licite aux intéressés de renoncer éventuellement, et d'avance, au commencement de leurs relations, à la juridiction des prud'hommes.

Cette interprétation ne saurait être reconnue comme arbitraire. D'abord, le texte constitutionnel ne l'exclut point, car il statue que « les contestations qui s'élèvent entre les patrons, fa- » bricants ou marchands et leurs ouvriers, employés et appren- » tis, relativement au louage de services, *sont jugées par les Tri-* » *bunaux de prud'hommes.* »

Quant à l'intention du législateur, les recourants n'ont pas même indiqué un fait ou une circonstance d'où elle pourrait être inférée dans leur sens, et, d'autre part, il appert avec évidence des débats du Grand Conseil, en automne 1882, que l'unanimité des orateurs reconnaissait que l'arbitrage forcé, organisé en matière de contestations relatives au louage d'ouvrage par la loi du 21 octobre 1874, n'avait pas eu d'heureux résultats; il n'y avait entre eux divergence qu'en ce qui concernait la nécessité d'organiser l'institution des prud'hommes par voie constitutionnelle, ou par voie législative, soit de modifier l'organisation de l'arbitrage forcé en prescrivant un nouveau mode de nomination pour les arbitres. On reconnaissait de tous les côtés de l'assemblée que les litiges suscités par le louage de services exigeaient le plus souvent des connaissances techniques spéciales, demandaient promptitude et équité dans leur solution, économie dans les procédés et les frais.

Le Grand Conseil a décidé que l'institution des tribunaux de prud'hommes serait constitutionnelle et qu'ils jugeraient toute la catégorie spéciale des litiges dérivant du louage de services, en matière industrielle et commerciale.

Cette création d'une magistrature de prud'hommes a donc été reconnue à Genève comme devant donner une satisfaction légitime à des intérêts sociaux importants et remplacer le système de l'arbitrage, dont les défauts d'organisation s'étaient manifestés et aggravés dans la pratique.

En appliquant ces prémisses à l'espèce, la Chambre d'appel ne paraît pas avoir fait une application extensive et non justifiée du texte constitutionnel, qui a voulu imposer des juges-prud'hommes permanents, dans l'intérêt de l'ordre public, à la juridiction entre patrons, fabricants, et ouvriers ou employés.

Genève. — TRIBUNAL CIVIL

Jugement du 1er septembre 1885.

Demande en divorce d'époux français domiciliés en Suisse. — Irrecevabilité. — Art. 56 de la loi fédérale sur l'état civil et le mariage, et art. 5, 10 et 11 de la convention franco-suisse du 15 juin 1869.

Epoux Chazelas.

Les Tribunaux suisses ne sont pas compétents pour prononcer le divorce d'époux français domiciliés en Suisse.

Considérant que, quant aux mariages entre étrangers, aucune action en divorce ou en nullité ne peut être admise par les Tribunaux suisses, s'il n'est établi que l'Etat dont les époux sont ressortissants reconnaîtra le jugement qui sera prononcé.

La convention entre la Suisse et la France sur la compétence judiciaire, des 3 juillet et 2 août 1869, dispense-t-elle les Français de cette preuve, comme le prétend la lettre susvisée de M. le consul de France à Genève?

En cas de réponse négative, est-il établi, dans le cas particulier, que la France reconnaîtrait la sentence prononçant le divorce qui pourrait être rendue par le Tribunal de céans entre les époux Chazelas?

Considérant qu'en Suisse comme en France, il est de principe que les lois concernant l'état et la capacité des personnes régissent les nationaux, même résidant en pays étranger.

Considérant que la convention franco-suisse de 1869, bien loin de déroger à ce principe, le confirme dans ses art. 5 et 10, en réglant en conformité deux espèces soumises par leur nature au statut personnel.

Que ce qui est prescrit pour ces deux cas n'est qu'un rappel de la règle générale.

Considérant que l'art. 11 du dit traité dispose que le Tribunal suisse ou français devant lequel serait portée une demande qui, d'après ces articles, ne serait pas de sa compétence, devra d'office, et même en l'absence du défendeur, renvoyer les parties devant les juges qui en doivent connaître.

Considérant que cet article consacre à nouveau l'accord indiscutable des deux pays, de faire trancher les questions relatives au statut personnel de leurs sujets à l'étranger par leurs lois respectives en la matière; considérant que laisser l'application de ces lois personnelles à un juge étranger pouvait être la source de graves erreurs, qu'il était de l'intérêt des nationaux qu'elles fussent appliquées par les Tribunaux de leur pays, la Suisse et la France décidèrent sagement que le juge étranger saisi d'une question de statut personnel renverrait d'office les parties devant le juge du pays dont elles sont ressortissantes.

Considérant que la demande en divorce de Chazelas tend à faire prononcer le Tribunal civil de Genève sur un des divers états qu'un citoyen français peut occuper dans sa nation; qu'il appartient aux lois personnelles de régler ces divers états; qu'en conséquence, les juges de céans doivent renvoyer sieur et dame Chazelas par devant les juges français.

Considérant que l'art. 56 de la loi fédérale concernant le mariage, du 24 décembre 1874, vient à l'appui de cette interprétation.

Qu'en mettant en demeure des époux étrangers, demandeurs en divorce, de fournir la preuve que leur pays reconnaîtra le jugement suisse prononçant entre eux le divorce, d'après la loi suisse, le législateur ne leur réclame pas autre chose que d'établir que leur Etat renonce à se prévaloir de la règle généralement admise que « les lois concernant l'état des personnes régissent les nationaux, même résidant en pays étranger. »

Considérant que l'art. 56 renferme une mesure destinée à prévenir des perturbations dans les domaines de la famille, de la paternité, de la filiation et des successions.

Il ne veut pas qu'un jugement suisse, prononçant le divorce entre étrangers, venant à être méconnu par l'Etat dont ils sont ressortissants, ceux-ci soient divorcés en Suisse et mariés chez eux, puissent reconvoler chez nous et être bigames dans leur pays, donner le jour à des enfants ici légitimes, adultérins là-bas, et cette situation susciter, quant à leur régime matrimonial et lors de l'ouverture de leur hérédité, des conflits d'autant plus préjudiciables qu'ils seraient des plus ardus à éteindre.

Ce n'est donc pas l'impossible que la loi fédérale de 1874 impose par son art. 56; elle ne vise qu'au maintien de l'ordre public et moral : elle ne doit pas être l'objet d'une critique aveugle; elle a droit, au contraire, aux éloges et à la reconnaissance de la société, à laquelle elle épargne chagrins et scandales.

Attendu que le certificat de coutume de M. le garde des sceaux, ministre de la justice et des cultes français — attestant que le texte annexé des art. 229 à 311 inclus du Code civil, intitulé *du Divorce*, est exact et que ces articles sont actuellement en vigueur en France — ne constitue pas la preuve requise par la loi fédérale de 1874 concernant le mariage.

Que le Tribunal aurait considéré cette preuve comme acquise si, sur un exposé détaillé des faits par Chazelas, sur lesquels il base sa demande, faits qui sont de nature à causer le divorce en Suisse, le garde des sceaux, ministre de la justice et des cultes, avait déclaré qu'en France de pareils faits étaient également une des causes de divorce prévues par la loi du 27 juillet 1884 et qu'une fois établis, ils entraîneraient le prononcé du divorce par les tribunaux français.

Attendu qu'il est toujours loisible aux époux français domiciliés en Suisse de former leur demande en divorce par devant les tribunaux de leur pays.

Qu'aucune considération de domicile, dans cette question d'état, ne saurait empêcher les Tribunaux français de juger leurs nationaux.

Par ces motifs, le Tribunal déclare inadmissible la demande introductive d'instance de Chazelas et le renvoie à mieux agir, dépens à sa charge.

Genève. — Tribunal de commerce

Jugement du 28 mai 1885.

Mandat. — Insolvabilité du sous-mandataire. — Responsabilité du mandataire principal. — Art. 397, 398 et 405 CO.

Lejeune contre Guillaumet.

Le mandataire répond du soin avec lequel il a choisi le sous-mandataire. S'il a mal choisi la personne qu'il a chargée d'exécuter le mandat à lui donné, il est absolument responsable des faits et gestes de celle-ci dans l'accomplissement de sa mission. (CO. 397.)

Attendu, en fait, qu'en janvier 1883, Lejeune, étant créancier d'un sieur Rossi, bijoutier, à Naples, d'une somme de 4868 fr. 10 c., une procuration en brevet fut passée devant notaire; cette procuration donnait, au nom de Lejeune, plein pouvoir au mandataire pour agir au mieux des intérêts du mandant.

Attendu que cette procuration fut remise au défendeur, qui l'accepta et l'envoya à Naples; qu'en dépit de toutes les subtilités dont il essaie de se faire une défense, il est certain que Guillaumet a été, dans l'espèce, le sachant et le voulant, le mandataire du demandeur; qu'ayant reçu de lui le pouvoir de se substituer quelqu'un dans l'accomplissement du mandat, il a choisi, de son plein gré, le sieur Nocera.

Attendu que le débiteur Rossi obtint un concordat, aux termes duquel il promit de payer à ses créanciers le 10 °/₀ de ce qui leur était dû; que le 10 °/₀ revenant à Lejeune, soit 486 fr. 80, a été payé au sieur Nocera susdésigné, et ce il y a bientôt deux ans.

Attendu que le dit sieur Nocera étant devenu insolvable, Guillaumet soutient que ce personnage était non un sous-mandataire, mais le mandataire direct du demandeur, et que lui-même ne saurait en rien être responsable de ses agissements.

Vu les art. 397, 398 et 405 CO.

Attendu que le mandataire répond du soin avec lequel il a choisi le sous-mandataire; qu'en outre, il est tenu de rendre compte de sa gestion au mandant; que, même au cas où le rôle de Guillaumet n'aurait été que de s'entremettre entre Lejeune et Nocera, il serait soumis aux règles du mandat et qu'à plus forte raison ces règles lui sont-elles applicables, lorsque des explications données il résulte qu'il a été, en fait, au moins oralement, si ce n'est par écrit, choisi comme son mandataire par le demandeur, ainsi qu'il est dit plus haut, et payé pour l'exécution de ce mandat, ce que prouve l'une des pièces versées aux dossiers.

Attendu qu'ayant mal choisi la personne qu'il a chargée d'exécuter le mandat à lui donné, le défendeur est absolument responsable des faits et gestes de celle-ci dans l'accomplissement de sa mission; qu'une somme ayant été touchée par Nocera, Guillaumet doit, étant appelé à rendre compte de sa gestion, être condamné à la payer au demandeur, quitte à lui d'agir au mieux de ses intérêts vis-à-vis de celui qui détient indûment cet argent.

Attendu, en effet, que c'est en vain que le défendeur articule que sa note de frais ayant été payée par Lejeune, ce dernier est forclos dans ses droits; que le paiement d'une note due à un mandataire ne saurait point constituer décharge du mandat qui, souvent même, est appelé à durer encore.

Vaud. — Tribunal cantonal.

Séance du 8 décembre 1885.

Preuve par serment. — Compétence du président. — Commission rogatoire. — Art. 110, 112, 223 et 225 Cpc.

Schudel contre dame Hasser.

Le jugement des incidents relatifs à une preuve par serment appartient au président du Tribunal du district.

Le serment déféré ne saurait être prêté par commission rogatoire, mais entraine nécessairement la comparution devant le tribunal compétent de la partie à laquelle il est déféré.

Veuve Hasser a conclu à ce qu'il soit prononcé que Schudel est son débiteur de 2351 fr. 25 pour solde d'un compte de fournitures de briqueterie.

J. Schudel a offert de payer 971 fr. 25.

A l'audience présidentielle du 1er octobre 1885, Schudel a déféré le serment à la demanderesse sur son allégué numéro 11, ainsi conçu : « N° 11. Au commencement de l'année 1882, Schudel se rendit à Soufflenheim dans le but de faire sa visite à Mme Hasser, à laquelle il remit dans cette course la somme de 1500 fr. de la main à la main. »

Le 10 octobre, veuve Hasser a déposé une déclaration acceptant le serment, mais demandant de le prêter par commission rogatoire devant un juge en Alsace, son domicile, et elle a cité Schudel devant le président pour faire prononcer qu'elle est autorisée à prêter par commission rogatoire le serment qu'elle a accepté.

A l'audience du 4 novembre, Schudel a conclu à libération en vertu des motifs suivants :

1° Il excipe de l'incompétence de l'office du président, à teneur des art. 110 et 225 Cpc.

2° Le Tribunal n'est pas compétent, la commission rogatoire étant une délégation qui ne peut émaner que de l'autorité judiciaire supérieure du canton.

3° La comparaison des art. 220 à 226 Cpc., avec les dispositions de l'art. 234, fait voir que la délation du serment entraîne la comparution devant le tribunal compétent de la partie à laquelle le serment est déféré, laquelle a d'ailleurs le droit de le référer.

Le Président du Tribunal de Lavaux s'est déclaré compétent, vu l'art. 112 Cpc., et a admis, quant au fond, les conclusions incidentelles de la demanderesse.

Schudel a déclaré recourir au Tribunal cantonal.

Le recours a été admis.

Motifs.

Sur l'exception d'incompétence :

Considérant qu'il s'agit dans l'espèce d'un incident relatif à une preuve par serment.

Considérant que le jugement d'une telle difficulté appartient au président du Tribunal de district, conformément aux dispositions du Cpc. (Chapitres III et IV.)

Le Tribunal cantonal écarte cette exception.

Sur le fond : Considérant qu'aux termes de l'art. 225 Cpc., la preuve par serment déféré s'opère à l'audience du Tribunal, à moins que les parties ne conviennent de l'opérer à l'audience du président.

Que l'art. 223 statue que la partie peut faire adresser des questions complémentaires et que les deux parties peuvent proposer le retranchement de questions non pertinentes ou contraires aux dispositions des art. 1012 et 1013 Cc.

Considérant qu'il résulte de ces dispositions légales que le serment ne saurait être prêté par commission rogatoire, mais qu'il entraîne nécessairement la comparution devant le Tribunal compétent de la partie à laquelle il est déféré.

Considérant qu'en présence du texte précis de la loi, la circulaire du département de justice et police du 30 octobre 1871 ne saurait faire règle quant à la prestation du serment par commission rogatoire.

Vaud. — COUR DE CASSATION PÉNALE

Séance du 12 janvier 1886.

Récidive. — Constatation des condamnations antérieures. — Art. 69 lettre *b* Cp.; art. 496 et 578 Cpp.

Ministère public contre Nicollier.

Lorsque le Tribunal de jugement a constaté en fait que le condamné est en état de seconde récidive, la Cour de cassation ne peut pas se fonder uniquement sur les tableaux de condamnation pour aggraver la peine et admettre que le condamné était en état de troisième récidive.

Le Procureur-général ne peut, après l'expiration des délais légaux, recourir en cassation que dans l'intérêt du condamné. (Cpp. 496.)

Le Procureur de la république pour le IIIe arrondissement a recouru contre le jugement rendu par le Tribunal de police d'Orbe, le 22 décembre 1885, qui condamne Abram-F. Nicollier à dix mois de réclusion et à la privation générale des droits civiques pendant cinq ans, comme coupable de seconde récidive de vol, — disant, en substance. que l'art. 30 Cpp. a toujours été interprété en ce sens que le Tribunal de police peut, en cas de récidive, condamner à la moitié en sus du maximum de *sa compétence*, ou au double de ce maximum, selon que l'accusé est en état de première ou de seconde récidive, et que, dans le cas particulier, l'accusé ne pouvait être condamné à plus de 200 jours.

Dans son préavis, le Procureur général a déclaré qu'il résultait du tableau des condamnations que Nicollier était en état non de *seconde* mais de *troisième* récidive de vol, qu'ainsi il ne pouvait être condamné à moins d'*un an* de réclusion et a conclu au rejet du recours formulé par le Procureur de la république et à la réforme du jugement, en ce sens que Nicollier serait condamné à un an de réclusion.

La Cour de cassation a écarté les conclusions du Procureur-général, admis le recours du Procureur de la république et réformé le jugement du Tribunal d'Orbe, en ce sens que F. Nicollier est condamné à 200 jours de réclusion.

Motifs.

Attendu que Nicollier a été traduit devant le Tribunal de police, sous prévention de vol, par ordonnance du Juge de paix de Romainmôtier, du 4 décembre 1885.

Que cette ordonnance ne fait point mention que Nicollier soit en état de récidive.

Que le Procureur de la république n'a point recouru contre cette ordonnance.

Attendu que le Tribunal de police a constaté, en fait, que Nicollier est en état de seconde récidive de vol.

Que, dans le cas particulier, la Cour de cassation n'a pas les éléments voulus pour revoir cette constatation de fait.

Que la Cour de cassation ne peut pas se fonder uniquement sur les tableaux de condamnation pour aggraver la peine d'un condamné et admettre qu'il est en état de troisième récidive, contrairement à la constatation faite par le Tribunal de jugement, après débats contradictoires.

Attendu, au surplus, que le Procureur général ne peut recourir en cassation après l'expiration des délais légaux que dans l'intérêt du condamné. (496 Cpp.)

Statuant sur le pourvoi du Procureur de la république: Considérant que le Tribunal de police a été nanti de la cause en vertu de l'art. 578 Cpp.

Que l'accusé étant en état de seconde récidive de vol, le dit Tribunal ne pouvait, à teneur de l'art. 69, lettre *b*, Cp., le condamner à une peine excédant le double de sa compétence, soit à 200 jours de réclusion au maximum.

Résumés d'arrêts.

Dépens. — Si les conclusions du demandeur sont admises en entier, les dépens doivent lui être alloués intégralement, à moins qu'il n'ait abusivement prolongé ou compliqué le procès, ou qu'il n'existe des motifs d'équité pour compenser les dépens (Cpc. 286).

(Juge de paix de Granges; jugement réformé quant aux dépens.)

TC., 22 décembre 1885. Moreteau & Cie c. Compagnie S.-O.-S.

Parties. — L'audition de parties au procès ne peut être assimilée à une déposition testimoniale.

(Juge de paix de Payerne; jugement incident maintenu.)

TC., 22 décembre 1885. Buache c. Bertholini et Rappa.

Lettres sur le Congrès pénitentiaire international de Rome en 1885.

IV

Monsieur le Rédacteur,

A côté du congrès pénitentiaire international siégeait, dans le palais de l'Exposition des beaux-arts, un autre congrès aussi international, celui d'anthropologie criminelle.

La plupart de vos lecteurs se demanderont sans doute ce que signifie cette expression, et pourquoi ces deux congrès. Je vais essayer de leur répondre.

Je dirai d'emblée que jusqu'alors je n'avais que peu lu les travaux de cette nouvelle école. J'ajoute que je n'ai assisté à aucune séance de son congrès, de sorte que je ne pourrais vous en entretenir si je n'avais sous les yeux la collection, que je crois passablement complète, des articles des journaux romains qui ont paru sur les travaux de ce congrès, pendant qu'il siégeait dans la capitale de l'Italie. De ces journaux, l'un (l'organe du parti clérical) est tout à fait hostile à messieurs les anthropologues; deux autres, sans leur être aussi hostiles, ne leur sont cependant pas favorables; enfin les autres sont complètement dans leurs eaux. Ces derniers journaux ont donc accepté des communications dans lesquelles on épuise pour les travaux du congrès anthropologique les termes d'admiration de la langue italienne, qui n'est pas précisément pauvre à cet égard. Tous les orateurs n'ont ouvert la bouche que pour parler splendidement, admirablement, avec une rare perfection, etc. C'est d'après ces derniers journaux qui reflètent directement, ce n'est pas douteux, la pensée des chefs de l'école, que je vous rends compte du mouvement anthropologique et des idées principales développées dans les discussions de son premier congrès.

Voici donc leurs opinions brièvement résumées :

Les classiques, il s'agit des membres de l'autre congrès international, ne comprennent absolument rien au droit pénal et aux questions pénitentiaires, et il serait à regretter que les gouvernements des différentes nations suivissent leurs conseils. Ils étudient classiquement, c'est-à-dire métaphysiquement, les délits dont ils font des distinctions arbitraires et doctrinaires sans importance. Ce n'est pas le délit *in abstracto* qu'il faut étudier, mais le délinquant. Et cette étude doit être faite, non pas classiquement, c'est-à-dire métaphysiquement, mais suivant la méthode an-thro-po-lo-go-po-si-ti-vis-te, seule admissible dans notre siècle de science.

Si l'on applique cette méthode, l'on ne tarde pas à se convaincre que le libre arbitre n'existe pas chez l'homme et qu'ainsi l'on ne doit pas admettre une responsabilité pénale du délinquant, puisque sa volonté n'est pas en jeu et qu'il n'agit que sous l'empire de circonstances extérieures. De ces circonstances, les principales sont: l'air ambiant, soit le milieu dans lequel il vit et s'élève, l'hérédité et l'atavisme, mais surtout les conditions physiologiques de son être. Le but de l'anthropologie criminelle sera donc avant tout d'observer l'homme et en l'étudiant anatomiquement et naturellement, d'établir les véritables caractères des délinquants. Ce sera par l'étude physiologique de son corps, surtout de son crâne et de son cerveau, que l'on arrivera à établir les conditions psychiques du sujet et sa criminalité, ainsi que les caractères qui distinguent le crime de l'épilepsie et de la folie morale. Il y a donc utilité à faire admettre dans les établissements pénitentiaires les jeunes gens qui s'adonnent aux études de droit pénal et de fonder en Italie un musée d'anthropologie criminelle. En attendant la fondation de ce musée, messieurs les anthropologues ont fait, à l'occasion de leur congrès, une exposition au sujet de laquelle les organes de l'école expriment leur admiration profonde, cette exposition constituant, à leurs yeux, un événement des plus importants, presque le plus important du XIXe siècle.

Quant aux conséquences immédiates du système, en ce qui concerne la législation pénale, il n'y a pas lieu à adopter l'un ou l'autre des projets du Code pénal actuellement soumis au Parlement italien, puisqu'ils sont rédigés sous l'influence de l'école classique. Mais comme il est utile pour l'Italie qu'elle ait un Code unique, l'école anthropologique recommande d'étendre provisoirement à tout le royaume le Code sarde de 1859, en attendant qu'elle puisse faire adopter le sien.

En ce qui concerne les systèmes pénitentiaires, l'exposition classique prouve deux choses : d'abord que les condamnés sont trop bien logés, dans des cellules qui peuvent faire envie au pauvre ouvrier, et en second lieu que le travail des pénitenciers fait une trop grande concurrence au travail libre. Donc il y a lieu de construire des prisons plus dures et d'occuper les prisonniers aux travaux les plus rudes, surtout à dessécher les marais.

En soutenant ces idées, messieurs les anthropologues savent parfaitement qu'ils s'exposent à l'impopularité ainsi qu'au dédain et aux attaques de la part des classiques. Mais il faut savoir affronter des obstacles et des dangers pour faire réaliser le progrès. Beccaria lui-même n'a-t-il pas été persécuté et la lecture de son ouvrage ne fut-elle pas interdite en Italie lorsqu'il parut? Cela ne doit pas effrayer la jeune école qui sait qu'elle emportera en définitive la victoire. Donc viva l'anthropologie criminelle! *Anthropologia lebe for ever!* Lambroso, Ferri, Sergi, Lacassagne, Garofolo, Motet, Rieger sont les seuls criminalistes et Moleschott est leur prophète!

Le résumé que je viens de faire est un peu coloré, je le reconnais, mais l'enthousiasme est contagieux, et je viens de relire les journaux de l'école. D'un autre côté le fond de la doctrine est exposé exactement telle qu'elle a été annoncée par les maîtres *urbi* et *orbi* à l'occasion du congrès, ce que je pourrais facilement prouver, s'il en était besoin, par les extraits des journaux dont j'ai parlé.

Il y aurait certainement beaucoup à dire sur ces idées, mais je ne puis entrer dans une longue discussion, puisque je dois rester dans le cadre que je me suis tracé pour ces modestes lettres. Cependant vous voudrez bien me permettre, sans doute, quelques réflexions.

La première est que ces idées ne sont pas nouvelles, car elles ne font en somme que reproduire, en les développant, celles de Gall, le fondateur de la phrénologie à la fin du siècle dernier, idées défendues plus tard par Friedreich et Mittermayer. La phrénologie a eu ses moments de gloire. Elle a eu aussi ses détracteurs et elle a, plus d'une fois, excité la verve des hommes d'esprit, car qui ne connaît le type de *Craniôse,* de l'un des albums comiques de l'inimitable Töpffer, le romancier et caricaturiste genevois? Mais en reprenant l'idée fondamentale, les anthropologues l'ont adaptée au moment actuel. L'étude a été agrandie; elle ne se borne plus au crâne et à ses bosses, mais elle embrasse le corps dans son ensemble, ainsi que certaines particularités des criminels, les tatouages par exemple. Les anthropologues donnent à cette science un nouveau nom, employent des expressions à la hauteur du siècle et ils la font connaître par des moyens qui prouvent de leur part beaucoup d'habileté. Cette fameuse exposition, par exemple, où il y avait certainement des choses intéressantes, était admirablement disposée pour frapper vivement l'imagination et pour faire impression sur les personnes nerveuses. Je ne suis même pas éloigné de croire que plus d'une dame romaine aient encore aujourd'hui parfois des cauchemars pendant la nuit et la chair de poule pendant le jour, suite de leur visite à l'exposition anthropologique.

Mais si cette mise en scène de la nouvelle école et ses réclames m'ont déplu comme indignes d'hommes de science et de mérite réel, car elle compte des hommes dont les travaux sont très appréciés dans le monde scientifique, je ne fais aucune difficulté d'admettre que ce mouvement se justifie à certains égards et peut avoir de la valeur et d'heureuses conséquences au point de vue scientifique et pratique. J'ai été souvent frappé, dans l'exercice des fonctions de substitut du procureur général, combien l'étude de certaines questions de médecine légale, spécialement celles relatives à la responsabilité morale des criminels, est encore peu avancée et à quels résultats peu satisfaisants l'on arrive trop souvent. Si donc l'école anthropologique contribue à provoquer des études plus fortes dans les universités sur cette branche importante des études médicales et juridiques et si elle parvient à procurer ainsi à l'avenir des médecins et des juristes plus aptes à juger des cas difficiles qui se présentent quelquefois devant les tribunaux, alors ils auront fait une œuvre utile et humaine.

Mais pouvons-nous accepter toutes les déductions que l'école anthropologique tire de sa théorie? C'est là un point fort douteux. Ainsi que l'a fait observer avec beaucoup de bon sens, dans une des séances de son congrès, M. le député Righi, on ne fonde pas tout un système pénal sur des exceptions. Si des aliénés se trouvent souvent à la barre de nos tribunaux, l'immense majorité des délinquants est responsable de ses actions et il est nécessaire que des codes pénaux répriment leurs actes. Insister là-dessus serait faire injure à nos lecteurs et à la conscience publique.

J'adresse à messieurs les anthropologues une autre critique. Voilà plusieurs années que les hommes les plus distingués de l'Italie travaillent à préparer un code pénal pour leur pays. Comme c'est donc aimable de la part de ces messieurs d'apprécier ainsi ces importants travaux et de leur préférer, avec un superbe dédain, un code datant de trente ans, rédigé avant le mouvement pénitentiaire qui a provoqué dans divers pays des études nombreuses et approfondies! Mais voilà, il y a la gloire de la nouvelle école à défendre, et elle le fait par des moyens dont il n'est pas difficile de saisir les petites habiletés. Lorsque M. Enrico Ferri, dans sa splendide conférence, vient proposer de construire des prisons et des cellules moins spacieuses et moins coûteuses et d'employer les détenus aux travaux les plus rudes, il sait parfaitement qu'il attire ainsi à son école les sympathies d'une classe de la population, plus nombreuse qu'on ne le croit, qui ne demanderait pas mieux que de revenir aux prisons du moyen-âge et de détruire l'œuvre de ces dernières années dans le domaine pénitentiaire. En excitant ce sentiment, l'école anthropologique est non-seulement peu humaine, mais elle n'est pas mal illogique. Que les classiques soutiennent la sévérité des peines, eux qui croient à la responsabilité des hommes, soit; mais que des anthropologues qui nient le libre arbitre et paraissent considérer les délinquants comme des malades, demandent les peines les plus dures, et au lieu d'hôpitaux, les sombres cachots des temps passés, alors je n'y suis plus et je dois croire qu'ils agissent sous l'influence de motifs que je ne connais pas, que je ne tiens pas à connaître, mais qui ne me paraissent avoir rien de commun avec l'humanité, la science et la logique.

En terminant je voudrais, M. le rédacteur, vous rassurer sur les persécutions dont messieurs les anthropologues seraient les objets, à en croire du moins certains discours prononcés à leur congrès. Je puis vous affirmer que s'ils sont persécutés, ces persécutions n'ont qu'un rapport très lointain avec celles des chrétiens sous Domitien et Néron.

Leur congrès s'est tenu dans le palais de l'Exposition des beaux-arts que le comité d'organisation italien avait mis aussi à leur disposition, et ils ont pu exprimer là en toute liberté tout le dédain et les sentiments qu'ils éprouvent pour l'école classique. Les hommes les plus estimés de cette dernière école ont assisté à leurs délibérations et ont même été nommés vice-présidents de leurs séances, affaire de confraternité italienne et internationale entre savants. Leurs conversations agréables et leurs charmantes familles, nous serons tous d'accord sur ce point, ont contribué à l'agrément des soirées offertes aux membres des deux congrès. Je puis donc hautement affirmer, heureusement pour l'esprit de tolérance qui caractérise notre époque, que si messieurs les anthropologues ne rédigeront peut-être pas le Code pénal qui sera en définitive adopté par les Chambres italiennes, ils n'auront en tout cas pas, pour leurs opinions anthropologiques, à monter sur le bûcher de Savonarole.

Agréez, M. le Rédacteur, l'assurance de ma considération distinguée.

G. C.

Ch. Boven, notaire, rédacteur.

Lausanne. — Imp. CORBAZ & Comp.

XXXIVe Année. No 7. Samedi 13 Février 1886

JOURNAL DES TRIBUNAUX

REVUE DE JURISPRUDENCE

Paraissant à Lausanne une fois par semaine, le Samedi.

Prix d'abonnement : 12 fr. par an, 7 fr. pour six mois. Chaque numéro, 50 cent. On s'abonne à l'imprimerie Corbaz et Cie et aux bureaux de poste. — Annonces : 20 centimes la ligne ou son espace.

A nos lecteurs.

La nécessité pour le *Journal des Tribunaux* de paraître toutes les semaines et de tenir ses lecteurs au courant des décisions les plus récentes rendues par nos tribunaux ne lui permet que difficilement d'ouvrir ses colonnes à des articles de fond de quelque étendue, à moins de les couper en plusieurs parties et de les répartir sur plusieurs numéros, ce qui présente certains inconvénients.

Désireuse cependant de ne point négliger cette partie-là de sa tâche et d'offrir de temps en temps à ses abonnés des travaux plus étendus, la rédaction s'efforcera, comme par le passé, de concilier les intérêts de ses lecteurs avec les difficultés matérielles auxquelles elle se heurte, en publiant, lorsque l'occasion s'en présentera, des suppléments consacrés en entier à un article de fond d'une certaine longueur.

C'est ainsi qu'en 1884 déjà le *Journal des Tribunaux* a distribué à ses abonnés un intéressant travail de M. le juge cantonal Correvon sur le délit d'usure.

Actuellement, la rédaction est en mesure de joindre au numéro de ce jour une étude de M. le juge cantonal Ch. Soldan sur le *recours de droit public au Tribunal fédéral.*

Ce travail, qui est extrait de la *Zeitschrift für schweizerisches Recht* et qui est publié en outre comme premier fascicule du bulletin de la Société suisse des juristes, laquelle a mis la question du recours de droit public à l'ordre du jour de sa prochaine réunion annuelle, renferme, outre une partie générale et historique, un résumé des principaux arrêts rendus à cet égard par le Tribunal fédéral dès 1875, classés par ordre de matières. L'étude de M. Soldan pourra donc rendre des services et faciliter les recherches à tous ceux qui désirent se rendre compte de la compétence du Tribunal fédéral en matière de recours de droit public et des conditions sous lesquelles des recours de cette nature peuvent lui être soumis. *La Rédaction.*

NB. — Nous prions nos abonnés de réserver bon accueil au remboursement que nous allons émettre pour abonnement de l'année 1886.

Occupés de l'impression des adresses, il nous serait agréable de connaître au plus tôt les changements qui doivent être apportés aux bandes.

TRIBUNAL FÉDÉRAL

Séance du 16 janvier 1886.

Recours de droit public. — Délai expirant un jour férié. — Tardiveté. — Art. 59 de la loi sur l'organisation judiciaire fédérale et art. 73 de la procédure civile fédérale.

Mottaz contre Python.

L'art. 73 de la procédure civile fédérale, d'après lequel il peut être encore valablement procédé le jour suivant, si le délai expire un dimanche ou un jour férié, n'est point applicable en matière de contestations de droit public.

Jules Mottaz, procureur-juré, à Moudon, a recouru au Tribunal fédéral, pour déni de justice, contre un jugement rendu le 27 mai 1885, par la Cour d'appel de Fribourg, en matière de revision, dans une cause pendante entre le recourant et Jean-Joseph Python, à Rueyres.

Le recours a été déposé le 27 juillet 1885, soit le 61me jour. Le 60me jour du délai était un jour férié.

Le Tribunal fédéral, estimant le recours tardif, n'est pas entré en matière.

Motifs.

L'art. 59 de la loi sur l'organisation judiciaire fédérale n'attribue au Tribunal fédéral la connaissance des recours de droit public présentés par des particuliers contre des décisions d'autorités cantonales, que lorsqu'ils ont été déposés dans les 60 jours dès leur communication aux intéressés.

Or le présent recours, dirigé contre un arrêt rendu par la Cour d'appel de Fribourg, le 27 mai 1885, et immédiatement communiqué aux parties, est daté du 27 juillet suivant et n'a été adressé au greffe fédéral qu'à la même date, soit le 61me jour après la susdite communication.

Il en résulte que le recours du sieur Mottaz est tardif, et que le Tribunal de céans ne saurait l'examiner au fond vu la non observation, par le dit recourant, du délai péremptoire fixé par la loi.

La circonstance que le soixantième jour du délai tombait sur un jour férié ne saurait infirmer ce qui précède; en effet, le délai de l'art. 59 est de soixante jours pleins seulement, et la disposition de l'art. 73 de la procédure civile fédérale, d'après laquelle, en pareil cas, il pourra être encore valablement procédé le jour suivant, si le délai expire un dimanche ou un jour férié, n'est point applicable en matière de contestation de droit public.

ASSISES FÉDÉRALES

Audiences des 8 et 9 février 1886.

Présidence de M. Roguin, juge fédéral.

Banque de Genève. — Contravention à la loi fédérale du 8

mars 1881 sur l'émission et le remboursement des billets de banque.

Accusés :

MM. *Racine*, Fr., directeur de la Banque de Genève, assisté de M. Célestin Martin, avocat.

Babel, François, caissier, assisté de M. Lachenal, avocat à Genève.

Ministère public :

M. Perrier, avocat à Fribourg, Procureur général.

Lundi dernier, la Banque de Genève, dans la personne de son directeur, M. Racine, et de son caissier, M. Babel, a comparu devant les Assises fédérales, siégeant à Genève, comme accusée d'avoir contrevenu aux prescriptions des art. 10 et 11 de la loi fédérale sur l'émission et le remboursement des billets de banque [1].

La Cour était présidée par M. le Juge fédéral *Roguin*, assisté de MM. les Juges *Morel* et *Honegger*. — M. de Weiss remplissait les fonctions de greffier.

Le jury, composé de 12 membres, avait pris pour chef M. Ch. *Burnand*, lieutenant-colonel, à Lausanne.

L'acte d'accusation constate que la Banque de Genève a, dès l'abord, montré beaucoup de mauvais vouloir dans l'application de la loi fédérale. Des doutes s'étant élevés sur le maintien constant de l'encaisse métallique, M. l'inspecteur fédéral Scherer fit, à la Banque de Genève, une visite qui révéla que, du 1er avril 1884 au 6 octobre 1885, cet établissement n'avait pas maintenu l'encaisse métallique exigée par la loi, le déficit ayant à plusieurs reprises dépassé cent mille francs.

Le représentant du Ministère public a soutenu que les illéga-

[1] *Art. 10.* Quarante pour cent de la circulation effective des billets d'une banque doivent être constamment couverts par une encaisse métallique maintenue distincte et indépendante des autres encaisses de la banque et portée en compte à part. Cette couverture en espèces, destinée exclusivement au remboursement des billets, ne peut être affectée au service des autres opérations de la banque et sert de gage spécial aux porteurs de billets.

Art. 11. Sont admises à faire partie de cette couverture :

a) Les pièces d'or et d'argent ayant cours légal, à l'exclusion des monnaies divisionnaires d'argent;

b) Les pièces d'or ayant cours légal à l'étranger et tarifées pour circuler en Suisse, tant que cette tarification reste en vigueur.

lités reprochées aux accusés n'étaient pas accidentelles, mais au contraire le fruit d'un système froidement conçu et organisé, preuve en soit le fait que sur les 111 jours où l'encaisse était insuffisante, il ne se trouve pas un seul samedi, jour de l'envoi à Berne de la situation hebdomadaire.

M. le Procureur général conclut à la responsabilité du directeur Racine et du caissier Babel, et requiert une amende de 1500 fr. contre le premier et de 350 fr. contre le second.

L'audition des témoins, l'interrogatoire et la défense des accusés ont pris toute la journée de lundi. A 10 heures du soir, le jury a rendu, par 10 voix contre 2, un verdict de culpabilité.

Dans sa séance de mardi, la Cour, délibérant publiquement, a, sur la proposition de M. le juge Morel, condamné Florian-François Racine, directeur de la Banque de Genève, à 350 fr., et François Babel, caissier de la dite Banque, à 50 fr. d'amende et aux frais, plus un émolument de justice de 300 fr., dans la proportion de $^4/_5$ pour le premier et de $^1/_5$ pour le second.

Pendant le cours des débats, le public de la tribune a dû être reppelé plusieurs fois aux convenances. Le verdict du jury a été accueilli par des huées et des sifflets.

Genève. — COUR DE JUSTICE CIVILE
Arrêt du 14 septembre 1885.

Accident. — Faute du défendeur et imprudence du demandeur. — Réduction de l'indemnité. — Art. 51 al. 2 CO.

Tamagni contre Henneberg et Cie.

En matière de responsabilité résultant d'actes illicites, le juge peut, s'il y a également une faute imputable à la partie lésée, réduire proportionnellement les dommages et intérêts. (CO. 51 al. 2.)

Henneberg et Cie sont-ils civilement responsables envers Tamagni des conséquences de l'accident arrivé à celui-ci, et dans quelle mesure?

En fait : le 16 novembre 1883, Tamagni, travaillant avec d'autres ouvriers, pour le compte de Henneberg et Cie, était occupé à établir et à faire éclater des mines. Une de ces mines n'ayant pas éclaté, les ouvriers, après avoir attendu le temps prescrit, c'est-à-dire environ un quart d'heure, s'approchèrent de la mine et se mirent en devoir de la décharger. Pour y arriver, ils tentèrent de pratiquer un trou à l'aide d'un burin et d'une masse. Au cours de cette opération, la mine éclata et Tamagni ainsi qu'un autre ouvrier furent blessés et transportés à l'Hôpital cantonal.

Tamagni resta à l'hôpital jusqu'au 25 janvier 1885, mais après sa sortie et pendant un laps de temps d'environ trois mois à dater du jour de l'accident, il demeura frappé d'une incapacité de travail relative.

Vu les enquêtes auxquelles il a été procédé devant les premiers juges;

Considérant qu'il en résulte qu'au moment où il a été constaté que la mine n'éclatait pas, des ordres contradictoires ont été donnés aux ouvriers par les préposés chargés de les surveiller;

Que le piqueur Pollet, spécialement préposé à la surveillance de la bricole dont faisait partie Tamagni, a, suivant sa propre déposition, choisi ce moment-là pour s'éloigner, sans surveiller l'exécution des ordres qu'il dit avoir donnés, et alors que sa présence auprès de ses hommes était le plus nécessaire;

Considérant que les ouvriers, laissés à leur propre initiative, se sont mis en devoir de décharger la mine, en choisissant le procédé le plus dangereux et en négligeant les précautions indispensables;

Considérant qu'il y a eu faute de part et d'autre, savoir : défaut de précaution et de surveillance de la part des employés de Henneberg et Cie; imprudence de la part de quelques-uns de leurs ouvriers; enfin, imprudence personnelle de la part de Tamagni;

Considérant, en conséquence, que c'est le cas d'appliquer la disposition de l'art. 51 § 2 CO., et de réduire l'indemnité due à Tamagni proportionnellement à la part de responsabilité qui lui incombe;

Par ces motifs, la Cour réforme le jugement du Tribunal civil du 27 janvier 1885 dont est appel et, statuant à nouveau, condamne les intimés à payer à l'appelant, avec intérêt de droit, la somme de 400 fr. à titre d'indemnité pour les causes susénoncées.

Vaud. — Tribunal cantonal.

Séance du 8 décembre 1885.

Saisie de récoltes. — Signification du terme « récoltes pendantes par racines ». — Moyen de nullité. — Art. 325 Co. et art. 436 Cpc.

Gruet contre Cosandey.

Le moyen consistant à dire qu'un jugement n'est pas motivé ne rentre dans aucun des cas de nullité prévus par la loi.

Lorsqu'un exploit de saisie porte sur les récoltes pendantes par racines, *on ne saurait y comprendre toutes les récoltes quelconques investissant le fonds, notamment les fruits des arbres.*

P. Gruet a ouvert action à Cosandey pour faire prononcer : *a)* Que les fruits des arbres existant sur les fonds art. 764 et 690 du cadastre de Gressy ne sont pas compris dans le séquestre pratiqué par Cosandey au préjudice de Gruet, le 31 juillet 1885, par la désignation de *récoltes pendantes par racines. b)* Qu'ainsi ces fruits ne sont pas saisis et que Cosandey n'y a aucun droit. *c)* Que l'avis de vente du 22/25 septembre 1885 est nul et ne peut déployer aucun effet.

Cosandey a conclu à libération.

Les faits suivants ont été constatés :

Par exploit du 31 juillet 1885, Cosandey, créancier chirographaire, a pratiqué un séquestre au préjudice de Gruet.

L'exploit de séquestre renferme le passage ci-après :

« ...... l'instant m'a requis et je lui ai accordé le séquestre des récoltes *pendantes par racines ou bien rentrées en grange,* mais qui existaient sur les fonds, » etc., etc.

Suivant avis du 22 septembre, notifié à Gruet le 25 dit, Cosandey a fait annoncer la vente des fruits des arbres existant sur les fonds prémentionnés.

Gruet a opposé à cette vente en se fondant sur le moyen unique que les fruits des arbres ne sont pas des *récoltes pendantes par racines.*

Par jugement du 12 octobre 1885, le Juge de paix du cercle de Belmont a écarté les conclusions de Gruet. Le jugement repose sur des motifs ainsi résumés :

« L'expression employée par Cosandey dans son exploit de séquestre doit être interprétée en ce sens qu'en disant *récoltes pendantes par racines,* il a entendu placer sous le poids du séquestre toutes récoltes quelconques investissant les fonds de terre en cause. »

Gruet a recouru contre le jugement qui précède, disant : I. Quant à la nullité, la sentence n'est pas motivée et se borne à une affirmation. — II. Quant à la réforme, Cosandey ne peut faire vendre que ce qu'il a saisi. Or il n'a séquestré que les récoltes pendantes par racines; la récolte des arbres est d'une nature différente de la récolte pendante par racines.

Le Tribunal cantonal a admis le moyen de réforme.

Sur la nullité : Considérant que le jugement dont est recours est motivé, le premier juge ayant indiqué comment il estimait qu'il y avait lieu d'interpréter l'exploit cause du litige.

Attendu, au surplus, que le moyen soulevé par Gruet ne rentre dans aucun des cas prévus et limités par l'art. 436 Cpc.,

Le Tribunal cantonal écarte le moyen de nullité.

Sur la réforme : Considérant qu'aux termes de l'exploit du 31 juillet 1885, le séquestre en cause porte sur les « récoltes pendantes par racines ou bien rentrées en grange. »

Que, lorsque le créancier parle dans un exploit « des récoltes pendantes par *racines* », ce serait étendre la portée de l'acte que de comprendre sous cette expression toutes récoltes quelconques investissant le fonds et notamment les fruits des arbres.

Qu'en effet, les fruits des arbres ne sont point attachés au sol par *racines*.

Que le Code civil vaudois (325) a fait la distinction : « entre les récoltes pendantes par les racines et les fruits des arbres non encore recueillis. »

Qu'au surplus, le séquestre étant un procédé rigoureux, on ne peut en étendre la portée au-delà des termes stricts de l'exploit sur lequel il est fondé.

Qu'il incombait, dès lors, à Cosandey de préciser exactement dans son exploit de séquestre les objets sur lesquels il entendait faire porter le dit séquestre et que, s'il ne l'a pas fait, il est en faute et doit en supporter les conséquences.

Séance du 15 décembre 1885.

Bail. — Séquestre sur les meubles garnissant les lieux loués. — Art. 690 § *b* Cpc.; 1578 § 1 Cc. et 294 CO.

Staiger contre Dizerens.

Le bailleur est fondé à agir par voie de séquestre contre le locataire alors

même que les meubles garnissant les lieux loués ont été enlevés. Pour autant qu'il s'agit de relations entre le propriétaire et le locataire, les voies de procédure conservatoire sont régies par la loi cantonale et non par le droit fédéral.

Fondé sur l'art. 690 *b* Cpc., Staiger a pratiqué un séquestre mobilier au préjudice de Dizerens, notamment sur les meubles déposant dans la maison Damond et Hansjacob, pour être payé d'un loyer de 200 fr.

A l'audience du Juge de paix de Morges du 27 octobre 1885, Dizerens a dicté ce qui suit :

« Le défendeur, se déterminant sur les conclusions prises
» dans l'exploit du 8 octobre 1885, déclare se reconnaître débi-
» teur de F. Staiger de la somme de 200 fr. réclamée ; il con-
» clut à libération avec dépens du surplus des conclusions,
» demandant la nullité du séquestre insté contre lui. »

Les faits ci-après résultent de l'instruction de la cause :

Pour parvenir au paiement de la somme de 200 fr. due pour loyer, un séquestre a été pratiqué contre Dizerens le 30 septembre 1885 (690 *b* Cpc.). Au moment de l'exécution du séquestre le mobilier saisi ne garnissait plus les lieux loués.

L. Dizerens a été mis en faillite; des actes de défaut de biens ont été délivrés contre lui.

Le Juge de paix a accordé au défendeur ses conclusions libératoires en disant qu'aux termes de l'art. 294 CO., le bailleur d'un immeuble n'a qu'un droit de rétention sur les meubles qui garnissent les lieux loués.

Staiger a recouru en réforme contre ce jugement, alléguant en substance que comme règle de procédure les art. 690 *b* Cpc. et 1578 § 1 Cc. n'ont point été modifiés par l'art. 294 CO.

Le Tribunal cantonal a admis le recours.

Motifs :

Attendu que Dizerens, pour opposer au séquestre pratiqué contre lui, s'est borné à invoquer les dispositions de l'art. 294 CO.

Considérant, à ce sujet, que ni le liquidateur de la faillite Dizerens, ni les propriétaires des locaux où étaient déposés les meubles saisis par Staiger n'ont opposé au séquestre en cause.

Attendu que Dizerens a reconnu devoir à Staiger 200 fr., à titre de loyer.

Considérant, dès lors, qu'il s'agit en l'espèce de relations entre le propriétaire et le locataire seuls, les droits de tiers n'étant point en cause.

Que l'art. 294 CO. n'est, dès lors, point applicable.

Attendu qu'il ressort des faits de la cause que Dizerens a enlevé sans l'assentiment de Staiger les meubles qui garnissaient les lieux loués par ce dernier et constituaient la garantie du loyer.

Que, dès lors, pour maintenir ses droits, Staiger devait agir suivant les voies de procédure conservatoire prévues par la loi vaudoise.

Qu'ainsi le séquestre était fondé.

Séance du 22 décembre 1885.

Français. — Assurance du droit. — Domicile de la femme mariée. — Art. 30 Cc.; art. 84 Cpc., et art. 13 de la convention franco-suisse du 15 juin 1869.

Dame Guyot contre masse Guyot.

La femme mariée n'a point d'autre domicile que celui de son mari. (Cc. 30.)

Au point de vue du domicile, les Français doivent, dans le canton, être traités aussi favorablement que les Vaudois.

Le 23 octobre 1885, Palmyre Guyot a conclu à l'admission, par le liquidateur, de l'intervention qu'elle a formulée dans la discussion des biens de son mari, Désiré Guyot.

La masse Guyot a conclu à ce que la demanderesse soit tenue de fournir caution ou dépôt, pour sûreté des frais présumés du procès, attendu qu'elle n'avait pas justifié d'un domicile dans le canton de Vaud.

Le Président du Tribunal d'Orbe a prononcé que la demanderesse est tenue de fournir caution ou dépôt pour sûreté des frais présumés du procès et doit déposer 700 fr. (ou un cautionnement reconnu suffisant) dans le délai d'un mois dès ce prononcé.

Palmyre Guyot a recouru contre cette décision au Tribunal cantonal, qui a admis le recours.

Motifs :

Attendu que la déclaration dont suit la teneur figure au dossier : « ... La municipalité de Vallorbes déclare que Palmyre née
» Erouard, femme séparée de biens du dit Guyot, a quitté Val-
» lorbes depuis un certain temps sans qu'il soit connu à la mu-
» nicipalité qu'elle ait laissé un mandataire ou fait élection de
» domicile dans la localité... »

Considérant que cette déclaration est la seule pièce officielle relative au domicile des époux Guyot qui soit annexée au dossier.

Attendu que cette déclaration concerne la femme Guyot, mais en aucune façon son mari.

Considérant qu'aux termes de l'art. 30 Cc., la femme mariée n'a point d'autre domicile que celui de son mari.

Que, dès lors, il y a lieu de rechercher quel est le domicile légal du mari Guyot.

Attendu qu'aux termes du traité franco-suisse de 1869, Guyot doit, à ce point de vue, être traité aussi favorablement qu'un Vaudois.

Considérant que le domicile de tout Vaudois, quant à l'exercice de ses droits civils, est au lieu où il a son principal établissement.

Attendu qu'il résulte du dossier que Guyot s'était établi à Vallorbes comme hôtelier.

Qu'en l'absence de tout élément de preuve quelconque sur le lieu de son domicile, il est incontestablement au bénéfice de la présomption qu'il est domicilié à Vallorbes, puisqu'il y avait son principal établissement.

Qu'il n'est pas établi qu'il ait renoncé à ce domicile ou qu'il ait élu un nouveau domicile ailleurs.

Qu'en effet, la déclaration ci-dessus transcrite de la municipalité de Vallorbes vise Palmyre Guyot, mais ne dit rien quant au mari Guyot.

Que, vu les termes de l'art. 30 Cc., la masse Guyot aurait dû apporter au dossier une preuve relative au domicile du mari Guyot, ce qu'elle n'a point fait.

Vu ces faits et les art. 30 et suivants Ccv.

Les assignats et reconnaissances.

Le Tribunal cantonal a adressé aux Justices de paix du Canton la circulaire suivante, sous date du 1er février courant :

« Le Tribunal cantonal a eu l'occasion de se convaincre à diverses reprises que plusieurs Justices de paix n'exigent pas pour les assignats et les reconnaissances l'accomplissement des formalités prescrites par la loi, spécialement par l'art. 1094 Cc.

Ces inobservations sont de nature à compromettre gravement les droits de la femme mariée ou de leurs ayants-droit et en outre à provoquer des procès compliqués et coûteux.

En effet, ce n'est qu'autant que toutes les formalités ont été rigoureusement observées que ces actes revêtent le caractère d'*authenticité* avec tous les privilèges que la loi y attache. Ainsi lorsqu'une reconnaissance a été régulièrement passée, elle devient un titre authentique et la vérité ne peut plus en être contestée par les genres de preuves prévues au Code de procédure civile, mais seulement par inscription de faux.

Dans ces circonstances, le Tribunal cantonal attire tout particulièrement votre attention sur les points suivants, en vous recommandant d'avoir soin de constater dans les procès-verbaux et expéditions de reconnaissances ou assignats :

1° Que les *autorisations* exigées par la loi ont été *produites avant l'homologation ;*

2° Que le mari a justifié de la *cause et de l'origine* des valeurs qu'il déclare avoir reçues de sa femme ;

3° Que le mari a *affirmé solennellement* qu'il les a reçues depuis 3 mois au plus.

Lorsque, parmi les valeurs reconnues, il y en a qui ont été reçues depuis plus de 3 mois et d'autres depuis moins de 3 mois, il y a lieu d'indiquer soigneusement quelles sont celles qui se trouvent dans cette dernière catégorie, leur nature, leur provenance, etc., et exiger du mari, aussi dans ce cas, l'*affirmation solennelle.* »

Lettres sur le Congrès pénitentiaire international de Rome en 1885.

V

Monsieur le Rédacteur,

Un des excellents résultats de toute réunion internationale est évidemment de créer entre les différents pays des relations et des liens rendus aujourd'hui plus faciles et plus nécessaires par le caractère cosmopolite de notre époque. Des connaissances précieuses se font et les représentants des diverses nations apprennent à s'estimer et à mettre de côté des préventions, pour ne pas employer une expression plus énergique, qui n'existent que trop souvent entre les divers pays de langues et de religions différentes. A ce point de vue encore, il me paraît que le congrès a pleinement réussi et que ceux qui y ont participé ont emporté, de ces jours passés à Rome, les souvenirs les plus agréables.

Pour dire complètement ma pensée, ce ne fut cependant pas d'abord notre impression. Contrairement à ce qui s'était passé lors des congrès précédents, le comité d'organisation n'avait pas cru devoir désigner soit un hôtel, soit un cercle, comme lieu de réunion des membres du congrès pour y passer les soirées, de sorte que les premiers jours plusieurs d'entre nous ont pu se sentir un peu isolés au milieu de la population romaine. Mais nous ne restâmes pas longtemps sous l'empire de ce sentiment.

Le jeudi, les deux congrès suspendirent leurs travaux pour se rendre à Tivoli, ville de 7500 habitants, le Tibur des anciens, située à 29 kilom. de Rome. Ceux des congressistes qui ne se laissent pas arrêter par une pluie torrentielle qui tombe au moment du départ, prennent, à la porte St-Laurent, le tramway à vapeur, système de la ligne Lausanne-Echallens, qui nous conduit à travers la campagne romaine, si nue et si aride, aux bains d'*Acque albule* que nous visitons. La route ne tarde pas à devenir pittoresque en s'élevant sur les premières hauteurs des montagnes de la Sabine. On nous montre bientôt, près de la ligne, la célèbre villa d'Adrien, que le temps restreint dont nous disposons ne nous permit malheureusement pas de visiter, et nous arrivons à la gare de Tivoli où nous attendent les autorités et la population de cette ville si magnifiquement située. La musique de la ville est là en brillant costume, de même que les cadets avec leur coquet uniforme et qui nous font crânement le salut militaire tandis que nous descendons du train. Nous traversons, musique en tête, les rues étroites de la ville pavoisée des drapeaux des nations représentées au congrès (le drapeau suisse n'a pas été oublié et flotte à plus d'une fenêtre) et nous nous rendons au château d'Este, très belle construction du XVIe siècle où est préparée une collation fort bien servie. Comme les salles du château sont bondées, je me réfugie, avec ma tranche de pâté et mon verre de Falerne, sur une petite galerie où je puis jouir en paix du splendide panorama qui se déroule à nos yeux. A gauche le Soracte, dont il est souvent question dans Horace et sur le sommet duquel traînent de petits nuages (la pluie a heureusement cessé); en face les monts Sabins parsemés de villages riants et de coquettes villas entre les bois et les bouquets d'oliviers et de chênes verts; à droite, les ravins où l'Anio précipite ses eaux tumultueuses. Comme je tourne le dos à la campagne romaine, rien ne vient gâter le paysage et le spectacle est ravissant.

Nous visitons ensuite les cascades qui sont de toute beauté et méritent leur réputation, même pour les Suisses et les personnes habituées aux splendeurs de nos Alpes. Là, j'ai l'honneur de faire la connaissance de Mlle la doctoresse P., dont je vous ai parlé dans mon avant-dernière lettre. Apprenant que je suis Suisse et Vaudois, elle tient à m'entretenir du canton de Vaud qu'elle a habité pendant trois ans comme pensionnaire dans une petite ville des bords de notre lac. Nous parlons, au bruit des cascatelles, des Alpes vaudoises et du bleu Léman. Mon interlocutrice me dit qu'elle se rendait du côté du lac en suivant un petit ruisseau dont les ondes limpides glissaient dans la verte prairie. Je lui dis que je connais ce ruisseau qui a fait l'objet d'un procès dont se souviennent bien des juristes de notre canton. Je lui indique la solution donnée au litige et comme elle connaît fort bien les lieux, elle trouve le jugement rendu tout à fait conforme à la doctrine, ce qui me comble de joie comme magistrat vaudois.

De retour à Tivoli, nous visitons minutieusement la *casa di custodia*, intéressant établissement pour les enfants libérés d'accusation pour absence de discernement, les enfants vicieux et, si mes souvenis sont exacts, même pour les enfants moralement abandonnés. Le directeur de la maison nous en fait les honneurs avec une amabilité charmante. Dans une salle je vois un groupe. Ce sont messieurs les anthropologues qui ont réuni une dizaine de ces pauvres malheureux enfants dant les crânes et l'aspect les ont particulièrement frappés. Ils sont en train de les étudier, non classiquement, cela va sans dire, mais suivant la méthode scientifique. Je m'approche. Ces messieurs sont d'accord pour leur prédire un terrible sort. Je m'enfuis attristé, désirant vivement que cette fois-ci du moins, nos collègues de l'autre congrès se trompent et que ces pauvres enfants échappent à leur destinée, comme dans les temps anciens tant d'êtres n'ont sans doute pas vu se réaliser les prédictions de la Sibylle de Tibur, dont nous venons de visiter le temple une heure auparavant.

Je me rends à la gare et arrive au moment où un délégué allemand remercie la population de Tivoli de sa réception cordiale et grandiose. Le syndic de Tivoli prononce ensuite d'excellentes paroles. Les verres circulent. C'est une fraternisation générale jusqu'au moment où, après un dernier morceau de musique et un dernier salut des cadets, le train nous emmène pour Rome où nous arrivons vers les sept heures.

Cette journée me laissera d'excellents et longs souvenirs.

Le lendemain soir ce n'est plus en face de la splendide nature que nous sommes réunis, mais dans le palais de la préfecture de Rome, dont les honneurs sont faits par M. le préfet et sa gracieuse épouse avec une parfaite courtoisie et une cordialité qui mettent tout le monde à l'aise. Nous pouvons donc apprécier d'autant mieux le concert donné par les meilleurs artistes de la ville, concert qui se prolonge fort avant dans la soirée.

Samedi nous passons la soirée à l'Opéra, où est offerte une représentation de gala en l'honneur du congrès. On joue *Carmen* et il est inutile de dire que l'interprétation est brillante.

Dimanche, à huit heures du soir, banquet offert par la commission centrale italienne. Ce banquet a lieu au Capitole, dans la vaste salle dite des *Horaces*, ainsi nommée à cause des fort belles peintures murales représentant le combat des Horaces contre les Curiaces, ce qui fait dire à l'un de mes voisins, que je soupçonne fort d'être Parisien, que, vu l'étiquette qui règne et le menu distingué, ce banquet n'est pas le combat des Voraces contre les Coriaces. Au dessert les toasts officiels sont portés : au roi d'Italie, à la ville de Rome, aux organisateurs du congrès, etc. M. le Dr Guillaume, auquel on impose la parole, compare, en excellents termes, les congrès de Londres, de Stockholm et de Rome et termine en portant la santé de l'instigateur et organisateur principal du congrès, M. Beltrani-Scalia, président de la commission pénitentiaire internationale.

Après le banquet, nous passons à la salle classique du musée du Capitole, renfermant un grand nombre de chefs-d'œuvre de la sculpture ancienne. La vaste salle est éclairée *a giorno* par l'électricité, et le coup d'œil est féerique. Un orchestre, composé de dames et de messieurs, tous artistes distingués, exécute des morceaux des meilleurs auteurs appréciés par une société très nombreuse où le beau sexe est largement représenté.

Lundi a lieu la réception au Quirinal chez le roi, mais seulement pour les délégués officiels. D'après ce qui m'a été dit par des délégués étrangers à la Suisse, M. le Dr Guillaume a été l'objet de l'attention la plus flatteuse de la part de Leurs Gracieuses Majestés le Roi et la Reine d'Italie, pour employer le style de cour.

Mardi nous passons la soirée chez M. et Mme Pierrantoni, sénateur, auxquels je suis spécialement recommandé par une famille de notre ville. Là nous attend également une réception des plus sympathiques et nous avons encore l'occasion d'entendre les premiers artistes de l'Opéra.

Nous ne pouvons mieux terminer la série des fêtes qu'à l'ambassade suisse où nous passons la soirée de jeudi. Notre ministre, M. Bavier, ainsi que sa famille, nous reçoivent avec une générosité et une cordialité qui nous touchent profondément et dont nous conserverons le plus agréable souvenir. Il est inutile d'indiquer sur quel sujet roule essentiellement la conversation. C'est notre lointaine, petite, mais chère et bien-aimée patrie que les splendeurs de la capitale d'un grand Etat ne nous font pas certes oublier. Le seul non suisse de la réunion, M. le professeur Moleschott, porte un toast en termes émus dans lequel il insiste sur la reconnaissance qu'il estime devoir à la Suisse et spécialement à la mémoire de l'ancien conseiller fédéral et ancien juge fédéral Dubs qui l'avait, comme chef de l'instruction publique du canton de Zurich, appelé, dans un moment pénible de sa vie, en qualité de professeur à l'université de ce canton.

J'étais assis près de M. Moleschott et l'ai beaucoup observé pendant qu'il parlait. Permettez-moi à ce sujet de vous faire part de deux idées qui me vinrent alors à l'esprit. La première, c'est que M. le sénateur Moleschott, que j'ai nommé précédemment le prophète de l'anthropologie, est loin d'être un homme aussi terrible que le représente la presse cléricale. La seconde, c'est qu'il m'a paru que c'était de son libre arbitre, de sa pleine volonté que le célèbre professeur s'était levé et avait prononcé ces aimables paroles à l'adresse de notre pays. Cela est peut-être une naïveté de classique. Mais que ce soit sa nature physiologique ou sa nature psychique, ou quelqu'ait été dans cette circonstance l'influence de la première sur la seconde, nous avons été sous le charme des sentiments et des paroles d'nn homme de cœur, car nous savons que les professeurs étrangers appelés à enseigner dans nos universités suisses n'ont pas tous montré une pareille reconnaissance envers notre petit pays.

M. le ministre Bavier lui répond par d'excellentes et éloquentes paroles. Notre ami Guillaume ajoute quelques mots. Puis nous ne tardons pas à quitter cette aimable famille, malheureusement éprouvée par un deuil cruel récent.

L'on comprend qu'après des journées si bien remplies, soit en travaux si intéressants pour nous, soit en récréations et jouissances si élevées, ce n'est pas sans un sentiment de reconnaissance et de regret que nous quittons le lendemain cette ville où nous avons passé tant d'heures agréables ; les uns, comme le Dr Guillaume, pour aller visiter les colonies pénitentiaires de l'île de Sardaigne en profitant du vaisseau mis obligeamment à la disposition des membres du congrès par le gouvernement italien ; les autres, comme le Dr Chicherio, pour aller chercher à Naples le soleil d'Italie qui a été si peu clément pour nous pendant notre séjour à Rome ; d'autres enfin, comme votre correspondant, pour rentrer à toute vapeur dans leur pays, où le devoir les rappelle, puisque je suis venu d'un trait de Rome à Berne en 28 heures. J'ai donc passé en chemin de fer la nuit du 27 novembre si remarquable par cette pluie d'étoiles que j'ai admirée pendant plusieurs heures.

D'après des nouvelles qui m'ont été données récemment, M. le Dr Chichèrio, mon excellent compagnon habituel pendant notre séjour à Rome, n'a pas davantage trouvé à Naples ce beau soleil sur lequel il comptait. Quant à la course en Sardaigne, elle a été faite par seize membres du congrès et elle a laissé chez eux les meilleurs souvenirs.

Je pourrais terminer ici ces lettres. Toutefois, je croirais commettre le crime de lèse-classicisme si je ne vous indiquais pas quelles impressions j'ai ressenties en visitant à la course l'Italie et surtout Rome. Cela fera l'objet de ma prochaine et dernière lettre.

Agréez, Monsieur le Rédacteur, l'assurance de mes sentiments distingués.

G. C.

Ch. Boven, notaire, rédacteur.

Lausanne. — Imp. CORBAZ & Comp.

XXXIVe ANNÉE. N° 8. SAMEDI 20 FÉVRIER 1886

JOURNAL DES TRIBUNAUX

REVUE DE JURISPRUDENCE

Paraissant à Lausanne une fois par semaine, le Samedi.

Prix d'abonnement : 12 fr. par an, 7 fr. pour six mois. Chaque numéro, 50 cent. On s'abonne à l'imprimerie CORBAZ et Cie et aux bureaux de poste. — ANNONCES : 20 centimes la ligne ou son espace.

TRIBUNAL FÉDÉRAL

Traduction d'un arrêt du 15 janvier 1886.

Faux commis par un préposé aux hypothèques dans l'exercice de ses fonctions. — Prétendue responsabilité de l'Etat.

Banque cantonale d'Appenzell Rh.-Ext. contre canton d'Appenzell Rh.-Int.

L'Etat ne saurait être rendu civilement responsable, par les particuliers, du fait que sa législation ne garantirait pas d'une manière suffisante les intérêts et les droits des citoyens.

L'Etat n'est responsable des fautes ou délits commis par ses fonctionnaires dans l'exercice de leurs fonctions que si cette responsabilité est expressément consacrée par le droit positif.

Avocats des parties :

MM. SUTER, à St-Gall, pour Banque cantonale d'Appenzell Rh.-Ext. et consorts, demandeurs.

FEIGENWINTER, à Bâle, pour Etat d'Appenzell Rh.-Int., défendeur.

C. Bänziger, greffier et préposé au bureau des hypothèques du district d'Oberegg (Appenzell Rh.-Int.), a fabriqué en cette qualité un certain nombre de titres hypothécaires faux. Ces titres, créés à l'insu des propriétaires des immeubles hypothéqués et des personnes figurant dans l'acte comme créanciers, ont été revêtus de la signature de la chancellerie cantonale et du landammann, puis donnés en nantissement par Bänziger, qui en prétendait être le légitime porteur, à la Banque cantonale d'Appenzell Rh.-Ext. et à d'autres établissements de crédit, en garantie de valeurs importantes prêtées par ces banques.

Bänziger étant tombé en faillite et les faits délictueux commis par lui ayant été découverts, la Banque cantonale d'Appenzell et les autres établissements victimes de ces délits ont ouvert action, devant le Tribunal fédéral, au fisc du canton d'Appenzell-Intérieur, aux fins de le rendre responsable de la perte subie par eux.

Le canton défendeur a conclu à libération.

Le Tribunal fédéral a écarté les conclusions des établissements demandeurs.

Motifs.

1. Les demandeurs fondent leur action non-seulement sur ce que l'Etat d'Appenzell Rh.-Int. serait responsable du dommage causé par des actes illicites commis par ses fonctionnaires dans l'exercice de leurs fonctions, mais encore et surtout sur ce qu'il aurait apporté une négligence dangereuse pour le public dans l'administration hypothécaire et aurait fait délivrer, par ses organes, des attestations fausses au préjudice des demandeurs. Cette argumentation peut être comprise dans deux sens différents : Ou bien les demandeurs entendent dire que les fonctionnaires en cause ont apporté de la négligence dans l'exercice de leurs fonctions et que, d'après les principes généraux du droit, le fait d'un fonctionnaire doit être considéré comme le fait de l'Etat lui-même, qui en serait ainsi responsable. Ou bien, au contraire, l'argument de la partie demanderesse consisterait à dire que la cause du préjudice éprouvé doit être cherchée dans la législation défectueuse en vigueur dans le canton d'Appenzell Rh.-Int. en matière hypothécaire et que l'Etat est responsable du dommage causé par cet état de choses. Dans la première hypothèse, il s'agirait évidemment, en l'espèce, d'une action en dommages et intérêts contre l'Etat en raison d'actes illicites commis par ses fonctionnaires dans l'exercice de leurs fonctions, laquelle action serait fondée sur ce que le fait de ces fonctionnaires,

c'est-à-dire, dans le cas particulier, des employés de la Chancellerie cantonale et du landammann, devrait être envisagé comme le fait de l'Etat lui-même. Dans la seconde hypothèse, au contraire, l'action ne saurait être fondée sur des arguments valables. En effet, il ne s'agirait point, dans cette supposition, d'une action en dommages et intérêts en raison d'une atteinte portée par l'Etat, dans l'exercice de sa souveraineté, à des droits acquis, atteinte qui obligerait l'Etat à réparer le préjudice causé, d'une manière analogue à ce qui est admis en matière d'expropriation; l'action serait au contraire fondée sur ce que le droit hypothécaire d'Appenzell-Intérieur ne renfermerait pas des garanties suffisantes pour empêcher que le public ne soit lésé par des actes délictueux commis par des tiers. Or, on conçoit qu'au point de vue international, un Etat puisse être rendu responsable de sa législation, si celle-ci est en contradiction avec les principes reconnus du droit des gens; mais des particuliers ne sont assurément pas en droit de réclamer, par une action civile, des dommages et intérêts à un Etat, par le motif que sa législation serait défectueuse et ne garantirait pas d'une manière suffisante les intérêts et les droits des citoyens. C'est ce qui résulte avec évidence des rôles respectifs de la législation et du pouvoir judiciaire en droit public. Les tribunaux n'ont pas à prononcer sur la loi et à rechercher si elle est opportune ou équitable; ils doivent, au contraire, appliquer la loi. Il ne dépend pas du juge de rendre la législation appropriée à son but; cette tâche n'incombe qu'à la libre activité des pouvoirs politiques.

2. Dès lors, la seule question à examiner est celle de savoir si l'Etat défendeur est tenu à des dommages et intérêts en raison de la manière illicite ou négligente dont ses fonctionnaires, spécialement le chancelier et le landammann, se seraient acquittés de leurs fonctions. Avant d'aborder cette question, il faut examiner en première ligne si, d'après le droit d'Appenzell Rh.-Int., l'Etat est responsable de la négligence apportée par ses employés dans l'exercice de leurs fonctions ou si, au contraire, les demandeurs ne peuvent rechercher que les employés fautifs personnellement. Il est hors de contestation qu'il n'existe pas, dans le canton d'Appenzell-Intérieur, de loi positive d'après laquelle l'Etat serait civilement responsable, d'une manière générale, du fait de ses fonctionnaires, ou, du moins, des actes ayant trait à l'administration hypothécaire; il n'a pas non plus été allégué

responsabilité a été consacrée, elle a été considérée comme une innovation législative, justifiée par des motifs spéciaux d'opportunité et d'équité.

3. Il résulte de ce qui précède que la demande doit être écartée en tant qu'elle est dirigée contre l'Etat défendeur, celui-ci ne pouvant être mis en cause par les demandeurs. Il n'y a pas lieu, dès lors, d'examiner le fond de la cause.

Pour traduction, C. S.

Thurgovie. — TRIBUNAL SUPÉRIEUR.

Traduction d'un arrêt du 26 janvier 1886.

Vente conclue par représentant. — Paiement effectué en mains du représentant. — Libération de l'acheteur. — Art. 37, 399 et 442 CO.

A. Häberli fils contre G. et H. Meyerhans.

Lors même que le vendeur agit pour le compte d'un tiers, l'acheteur se libère valablement en ses mains, s'il a ignoré sa qualité de représentant.

Ensuite d'offres qui leur avaient été faites, G. et H. Meyerhans, à Bürglen (Thurgovie), ont commandé, en février 1885, un wagon de maïs à A. Stigeler, à Rorschach. La marchandise, expédiée aux périls et risques du destinataire, arriva le 7 mars à Bürglen; la lettre de voiture indiquait comme expéditeur A. Häberli fils, à Berne. En paiement de cet envoi, les acheteurs acceptèrent une traite à l'ordre de Stigeler et en acquittèrent le montant à l'échéance, le 10 mai 1885.

Antérieurement à l'échéance, mais postérieurement à l'acceptation de la traite, Häberli écrivit à G. et H. Meyerhans que la marchandise avait été fournie par lui-même et que Stigeler n'était que son représentant; il informait, en conséquence, les acheteurs qu'ils auraient à payer en ses mains, et non en celles de Stigeler, lequel, sur ces entrefaites, était tombé en faillite.

La maison Meyerhans ayant répondu à cette sommation qu'elle avait traité avec Stigeler personnellement, Häberli a ouvert action aux acheteurs pour obtenir le paiement de 1492 francs, montant de la facture, ou la restitution en nature du maïs livré par Stigeler.

Les défendeurs ont conclu à libération.

Le Tribunal supérieur a définitivement écarté les conclusions du demandeur, déjà rejetées en première instance.

Motifs :

La réclamation du recourant a pour base une convention conclue au sujet d'une vente de maïs. Les défendeurs opposent à cette réclamation une exception consistant à dire qu'ils n'ont point traité avec le recourant, mais avec un sieur Stigeler, à Rorschach, et qu'ils ont payé le montant du prix d'achat au moyen d'une traite acceptée par eux à l'ordre de Stigeler et acquittée à l'échéance. La question à juger est donc celle de savoir si les intimés ont rempli l'obligation de paiement du prix qui leur incombait comme acheteurs du maïs litigieux. Cette question doit être résolue affirmativement.

Il résulte des pièces que les intimés ont passé le contrat de vente avec Stigeler et non pas avec le recourant. Stigeler a libellé la facture et la traite en son nom, et il a avisé les acheteurs de l'arrivée de la marchandise. Quant à la circonstance que le recourant est indiqué comme expéditeur dans la lettre de voiture, elle est sans importance en la cause ; en effet, l'expéditeur peut être une autre personne que le propriétaire, par exemple un commissionnaire-expéditeur, ou un tiers quelconque agissant comme mandataire du propriétaire ou du vendeur. Les intimés avaient ainsi comme cocontractant Stigeler, et, vis-à-vis d'eux, les rapports existant entre ce dernier et le recourant n'avaient aucune importance. Le recourant lui-même ne saurait soutenir que, antérieurement à la prise de livraison de la marchandise et à l'acceptation de la traite, il ait informé les intimés qu'il était lui-même le vendeur et que le paiement devait s'effectuer en ses mains. Il ne saurait non plus soutenir ou prouver que Stigeler ait fait savoir aux intimés que le maïs était fourni par le recourant et que le paiement devait être fait à ce dernier ; au contraire, il résulte de la correspondance que Stigeler a laissé ignorer aux intimés quelle maison lui avait fourni le maïs. Quant à admettre que, lors de la conclusion du contrat, les intimés eussent dû se rendre compte que Stigeler n'était que le représentant d'un tiers, c'est là une supposition que rien ne justifie ; au contraire, il est établi par les pièces du dossier que les intimés contractèrent déjà le 25 février 1885 avec Stigeler, tandis que ce dernier attendit jusqu'au 2 mars avant de proposer au recourant l'exécution du marché. Dans ces conditions, le recourant ne saurait se prévaloir des dispositions des art. 37, 399 et 442 CO.

Un argument capital résulterait, il est vrai, du fait que les intimés auraient su que la marchandise était livrée par le recourant et que c'est à ce dernier que le paiement devait se faire. Aussi les premiers Juges ont-ils déféré aux intimés le serment sur le point de savoir si, au moment de l'acceptation de la traite de 1451 fr. 60, ils avaient connaissance que le recourant dût remplacer Stigeler pour la livraison de la marchandise. De leur côté, les intimés, en adhérant au recours, demandent que ce prononcé interlocutoire soit annulé et que le jugement intervienne immédiatement sur le fond. Cette réquisition est recevable en procédure, le recourant s'étant pourvu en appel aussi en ce qui concerne la question de preuve. Au fond, cette réquisition doit de même être admise. En effet, il résulte de toutes les circonstances de la cause que les intimés ont ignoré que la marchandise dût être livrée par le recourant au lieu de l'être par celui avec lequel ils avaient contracté. A cela vient s'ajouter la circonstance que le recourant n'est pas d'accord avec les faits admis par la première instance, savoir que le recourant aurait pris la place de Stigeler pour l'exécution du marché, mais prétend que Stigeler a été son représentant dès l'origine. Or, cette allégation n'est appuyée d'aucune preuve; au contraire, elle se trouve infirmée par la correspondance. Il convient, dès lors, de faire abstraction de l'administration de nouvelles preuves et d'écarter dores et déjà les conclusions de la demande.

Pour traduction, C. S.

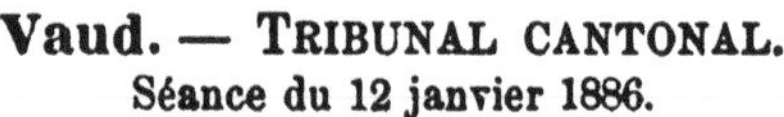

Vaud. — TRIBUNAL CANTONAL.

Séance du 12 janvier 1886.

Reconnaissance irrégulière. — Preuve testimoniale. — Art. 1017 et 1094 Cc., et art. 227 Cpc.

Vallotton contre dame Cruchon.

Lorsque les formalités prescrites par l'art. 1094 Cc. pour la passation des reconnaissances n'ont pas été strictement remplies, les tiers ont le droit d'établir des faits qui n'ont pas reçu cette authenticité contre laquelle la loi n'autorise aucune preuve civile (Cc. 1017).

Même si la pratique d'une justice de paix en matière de passation de reconnaissances était irrégulière, cette circonstance ne saurait donner une valeur à une reconnaissance faite contrairement aux prescriptions légales.

A. Vallotton a conclu à ce qu'il fût prononcé: 1° Que le séquestre-arrêt de dame Cruchon-Grüssel du 3-4 juillet 1885, au préjudice de son mari S. Cruchon-Grüssel, pour autant que ce séquestre s'appuie sur la reconnaissance passée en faveur de dame Cruchon par son mari, en Justice de paix de Lausanne, le 6 février 1883, est nul, le dit séquestre ne restant valable que pour la somme de *1493 fr. 55*. 2° Que la susdite reconnaissance du 6 février 1883 est nulle et ne saurait déployer d'effets, ni comme titre privilégié, ni comme titre chirographaire. 3° Subsidiairement à ces conclusions, que, le privilège réclamé par dame Cruchon en vertu de sa reconnaissance passée en Justice de paix du cercle de Lausanne le 6 février 1883 étant nul vis-à-vis des tiers, ce séquestre ne peut justifier un droit de préférence que pour la créance de *1493 fr. 55*. 4° Subsidiairement à la conclusion sous n° 2, que la reconnaissance du 6 février 1883, pour autant qu'elle devait constituer en faveur de dame Cruchon-Grüssel un titre privilégié donnant un droit de préférence sur les créanciers ordinaires de son mari et spécialement sur la créance de A. Vallotton, est nulle.

Dame Cruchon a conclu à libération.

A l'audience présidentielle du 30 novembre 1885, le demandeur a allégué le fait n° 31 ainsi conçu : « *31*. Le 6 février 1883, il y avait plus de 3 mois que le mari Cruchon avait reçu de sa femme les 3500 fr. provenant de la répartition faite par la faillite Cruchon à dame Cruchon. »

La défenderesse, fondée sur ce que cet allégué va à l'encontre d'une reconnaissance régulièrement passée, acte authentique et solennel qui ne peut être infirmé ni attaqué par les voies ordinaires de la procédure civile, a déclaré s'opposer à *toute preuve quelconque relative à cet allégué*.

La défenderesse a allégué le fait n° 32 ainsi rédigé : « *32*. Voici la pratique constante suivie par la Justice de paix de Lausanne, depuis le décret du 6 février 1877 jusqu'au 6 février 1883 et au-delà, en matière de reconnaissance passée devant cette autorité.

« A. Le mari se présentant pour une reconnaissance était appelé à faire la déclaration solennelle prescrite, cela tant sur la réalité que sur la date des perceptions affirmées.

« B. Le procès-verbal relatait cette déclaration solennelle par ces termes : . . . le mari affirme avoir effectivement reçu . . .

« C. Lorsque la reconnaissance concernait à la fois des valeurs reçues depuis plus de 3 mois et d'autres reçues depuis moins de

3 mois, le mari fournissait sa déclaration solennelle quant à la date de réception de ces dernières valeurs.

« D. Dans le cas précédent, le corps de la reconnaissance donnant, d'après les indications du comparant, l'énumération des valeurs objet de la reconnaissance et distinguant ainsi les valeurs reçues depuis moins de 3 mois de celles reçues auparavant, la mention de la déclaration solennelle se bornait à rappeler le *total* de toutes les valeurs reconnues en bloc et sans plus les distinguer quant à la date de réception. »

Le demandeur a offert la preuve du fait 31 « par le dossier de la faillite Cruchon ».

La défenderesse, tout en s'opposant à cette preuve, a offert la preuve du fait 32 « par témoins ».

Le demandeur s'est opposé à cette preuve testimoniale, le fait qu'il s'agit de prouver étant, dit-il, sans influence sur le fond et sans importance au procès.

Prononçant sur ces deux incidents, le Président a admis la preuve par titre entreprise par Vallotton sur le fait 31 et autorisé la preuve testimoniale offerte par dame Cruchon sur le fait n° 32.

Les deux parties ont déclaré recourir.

Sur la preuve du fait n° 31 :

Considérant que la reconnaissance du 6 février 1883 n'a point été passée conformément aux dispositions de l'art. 1094 Cc.

Que les réquisits exigés par cet article doivent être rigoureusement observés à peine de porter atteinte à la valeur que la loi attribue à de tels actes.

Que notamment l'art. 1017 Cc. ne peut être invoqué que lorsque les formalités voulues par l'art. 1094 ont été strictement remplies.

Que, puisqu'il n'en est point ainsi dans l'espèce, on ne saurait dénier à Vallotton le droit d'établir des faits qui n'ont point reçu cette authenticité légale contre laquelle la loi n'autorise aucune preuve civile.

Qu'au surplus, Vallotton cherche à prouver ses allégués par le dossier de la faillite Cruchon dont l'appréciation est ainsi réservée à l'instance supérieure,

Le Tribunal cantonal écarte le recours de dame Cruchon.

Sur la preuve du fait n° 32 :

Considérant que le fait n° 32 est sans influence sur le fond ou sans importance au procès.

Qu'en effet, même si la pratique de la Justice de paix de Lausanne en matière de passation de reconnaissances était irrégulière, cette circonstance ne saurait donner une valeur à une reconnaissance faite contrairement aux prescriptions légales.

Qu'au surplus, la preuve du fait n° 32 aurait pu être tentée par titre, soit par la production des registres de la Justice de paix.

Vu l'art. 227 2° alinéa Cpc.,

Le Tribunal cantonal admet le recours de Vallotton; réforme en ce qui concerne la preuve du n° 32 le jugement incidentel dont est recours, en ce sens que la preuve testimoniale offerte est repoussée.

Lettres sur le Congrès pénitentiaire international de Rome en 1885.

V

Monsieur le Rédacteur,

Je veux aujourd'hui vous entretenir principalement des impressions que j'ai rapportées de mon voyage à Rome.

C'était la première fois que je voyais l'Italie, ce beau pays, le rendez-vous chaque année de milliers et de milliers de visiteurs accourus de toutes les parties du monde. J'ai donc profité de l'occasion qui m'était offerte pour visiter en allant, malheureusement bien rapidement, les villes de Milan, Gênes, Pise et Florence. Quant à Rome, j'y suis resté douze jours. Mais cette ville renferme tant de curiosités que je ne puis pas dire avoir vu même toutes les principales, d'autant plus que la plus grande partie de nos journées était consacrée aux séances du congrès. C'est donc à la course, entre les séances de cette assemblée ou en profitant des deux ou trois jours complètement libres, que j'ai visité cette ville si intéressante à tant d'égards.

Vous ne vous attendez sans doute pas que je vous parle de tous les musées, églises, palais et places publiques que j'ai vus pendant ces journées. Un volume n'y suffirait pas, et le plus incomplet des guides ferait mieux votre affaire. Je voudrais simplement, et sans aucune prétention quelconque, artistique ou autre, vous communiquer les sentiments qui m'ont saisi à la vue de ces choses remarquables si souvent décrites.

A tout seigneur, tout honneur. Commençons par l'antiquité.

C'est une curieuse impression que celle que l'on ressent lorsqu'on arrive pour la première fois sur l'ancien Forum romain et près des palais des Césars ou du Colysée. Sentiment de déception au premier abord. Notre imagination a été si longtemps bercée par les souvenirs de ces lieux historiques, ces noms ont si souvent retenti à nos oreilles d'élèves au collège et d'étudiants que nous nous représentons volontiers ces débris glorieux du monde ancien autrement qu'ils ne sont. Cela provient, il me semble, de deux causes. D'abord nous ne possédons aucun de ces palais ou de ces places publiques dans leur état primitif. A part les arcs de triomphe de Constantin, de Titus et de Septime Sévère, assez bien conservés, surtout le premier, nous ne pouvons voir qu'en partie les lieux tels qu'ils devaient être dans les beaux temps de la République et de l'empire romain. Ces basiliques, ces temples sont loin d'être complets. Ces colonnes brisées, cette solitude, laissent une impression de tristesse, de vide et de désolation qui vous saisit profondément. Puis, même ce qui est resté debout plus ou moins entier, les thermes de Caracalla, ceux de Titus, certains palais des Césars, etc., n'est que le squelette de ces monuments. Les marbres splendides, les statues, les peintures, les mosaïques qui les décoraient n'existent plus. Les marbres ont été arrachés pour construire les 360 églises et les palais de Rome, les statues ou les mosaïques sont ou encore enfouies dans le sol ou ornent les musées de cette ville, ou d'autres villes du monde. De cette ville de marbre des empereurs, il ne reste que les briques sur lesquelles les marbres étaient fixés.

Et cependant lorsqu'on revient plusieurs fois dans ces lieux désolés, que l'on reconstruit, en imagination, ces palais et ces temples, à l'aide des débris et des statues dispersés dans les musées, les églises et les palais actuels, alors ces monuments incomplets reprennent vie et l'on se représente l'impression profonde que devait faire la Rome d'Auguste et des Césars. Ce sont spécialement les magnifiques statues du Capitole et du Vatican qui aident à se représenter l'extrême perfection atteinte par l'art grec et par l'art romain, statues d'une pureté et d'un idéal dont l'art moderne n'est qu'un pâle reflet. Un seul sentiment peut nous consoler de notre infériorité ; c'est que pour arriver à produire ces chefs-d'œuvre, il a fallu un état social, une civilisation raffinée que nous n'avons pas encore atteints, heureusement pour nous et surtout pour les petits de ce monde.

Il est d'un haut intérêt de rechercher quels ont été l'art, la civilisation et les conditions du monde qui a succédé à la société païenne. A ce point de vue les restes de l'Eglise chrétienne m'auraient vivement intéressé si j'avais pu les étudier plus à fond. Les catacombes, certaines Eglises, St-Clément surtout, la galerie chrétienne de St-Jean de Latran offrent un intérêt tout particulier. Et je comprends fort bien que l'érudition moderne s'attache si vivement à mettre au jour et à étudier ce qui reste de cette époque de la fondation du christianisme à la veille de l'anéantissement et de l'effondrement de l'ancienne société.

Les ténèbres vont en effet couvrir pendant des siècles la ville des empereurs et le centre de la civilisation antique; le nom même de Rome disparaît presque. Mais voici la Renaissance qui fait ressusciter l'Italie de ses cendres. Il est difficile de se représenter, lorsqu'on ne les a pas a vus, les chefs-d'œuvre de cette période. Les Eglises de Florence et de Rome, les peintures et les sculptures des maîtres, de Raphaël, ce puissant génie, celles de Michel-Ange, plus grand encore, Bramante, St-Pierre à Rome, St-Paul hors des murs, tous ces souvenirs me resteront gravés dans l'esprit, ainsi que les autres œuvres de la Renaissance, éternelle gloire dans le domaine des arts et des lettres de ce pays aimé du soleil, de même que la Réforme, cette autre Renaissance, sera l'honneur à jamais des peuples du Nord dans le domaine religieux, philosophique et de la pensée.

Aujourd'hui, Rome n'est plus la ville des papes des XVe et XVIe siècles. C'est le centre de l'Italie nouvelle, la capitale d'un peuple qui en est à la lune de miel de son unité. C'est la cité royale qui s'élève et s'agrandit pour recevoir ce prince de la maison de Savoie arrivé par des circonstances si extraordinaires sur le trône d'une des plus grandes nations de l'Europe. La Rome nouvelle est une cité toute moderne avec ses rues spacieuses, ses boulevards, ses palais qui n'offrent, il me le semble du moins, aucun cachet particulier sur ceux d'autres grandes villes, pas plus que ses nouvelles maisons, dont quelques-unes ont été construites si à la hâte qu'elles ne pourront guère se glorifier de résister autant que les ruines antiques dont j'ai parlé.

C'est un sentiment tout particulier que celui que l'on éprouve après avoir passé la journée à visiter St-Pierre et le Vatican, de revenir sur le Corso, ou à la via Nazionale, ou dans d'autres rues des nouveaux quartiers. L'on sent qu'il y a bien là deux Rome. Celle du passé, ce patrimoine de St-Pierre, si réduit maintenant, mais qui contient encore tant de gloires de la papauté, et la ville nouvelle, où la vie moderne se répand avec exubérance, à longs flots et qui accueille sans doute avec la plus grande indifférence les protestations du successeur actuel de St-Pierre, ce représentant malheureux d'un passé qui ne renaîtra pas sans doute.

Ce dualisme durera-t-il longtemps? Les papes continueront-ils encore de longues années à vivre dans une solitude qui ne manque pas de grandeur, et à refuser de parcourir cette ville dans laquelle ils trouveraient des traces si brillantes du règne de leurs prédécesseurs? Persisteront-ils à se considérer comme prisonniers dans cette magnifique prison du Vatican, dont le congrès pénitentiaire international n'a pas eu heureusement à s'occuper, bien qu'un habitant de Rome, ironiquement sans doute, m'ait soutenu que les plans de ce célèbre palais figuraient à l'exposition carcéraire, section italienne? Ce sont là de bien grosses questions, mais qui nous intéressent moins comme protestants, et dont la solution dépend certes d'autres milieux que celui où j'écris ces lignes, notre petite Suisse.

Et puisque ce nom est venu sous ma plume, permettez-moi de vous faire part d'une impression que j'ai rapportée de mon séjour à Rome et qui est un de mes plus doux souvenirs. J'ai eu l'occasion de voir pendant ces jours des représentants des nations les plus diverses et dont plus d'un doit jouer, il me le paraît, un rôle important dans son pays. Eh bien, j'ai été frappé de voir dans quelle estime on tient notre Suisse. Ces paroles bienveillantes étaient-elles dictées essentiellement par la politesse? Il y a peut-être de cela. Cependant je ne puis me défendre de croire que réellement nous avons actuellement su conquérir de sérieuses sympathies parmi les nations. On apprécie les efforts que nous avons faits pour fonder et maintenir certaines créations internationales. Sans connaître beaucoup et surtout sans bien comprendre nos institutions, elles sont bien compliquées pour un étranger, on est frappé de voir que nous savons les développer dans le sens du progrès, sans cet excès de langage et sans ces mesures inopportunes qui risquent si fort, je le crains du moins, de compromettre ailleurs l'idée républicaine. Cela doit être pour nous un précieux encouragement de continuer à marcher dans cette voie et de contribuer à assurer ainsi l'indépendance et la liberté de notre vieille petite république.

Oh! il y a des congrès et des réunions internationales auxquelles la Suisse ne participe pas et auxquels elle n'aura, je l'espère, jamais à participer. Ce sont ceux qui mettent fin entre les peuples à ces guerres terribles dont nous avons été, il n'y a pas bien longtemps encore, les témoins navrés et impuissants. Mais il est d'autres réunions où les nations peuvent se tendre la main pour faire avancer la civilisation et resserrer les liens de solidarité qui doivent les unir. A ces réunions, la Suisse sera toujours fière de prendre part et de jouer un rôle modeste, mais aussi utile qu'elle le pourra.

Le congrès pénitentiaire était, à ce point de vue, une de ces réunions dans laquelle j'ai été heureux de voir figurer un représentant officiel du Conseil fédéral. Car n'est-ce pas un but profondément humain et élevé que celui qui réunissait dans le Palais de l'exposition des beaux-arts les représentants de tant de nations? Dans quelle intention étaient-ils en effet accourus de si loin, quelques-uns même à travers l'Océan? Sans doute, et avant tout, pour s'occuper de questions ayant en vue la défense sociale, but essentiel de tout système pénitentiaire, pour discuter les graves problèmes que soulèvent partout l'abolition graduelle de la peine de mort, l'impossibilité pour plusieurs nations de continuer à pratiquer la transportation, la rentrée des condamnés dans la société, la récidive, etc., mais aussi, comme conséquence nécessaire pour s'occuper du sort des hommes déchus, des misérables, des méprisés des nations!

Agréez, Monsieur le Rédacteur, l'assurance de ma considération distinguée.
G. C.

En remerciant notre correspondant, nous sommes heureux de relever le rôle honorable que les trois représentants de la Suisse ont joué au congrès qui a fait l'objet de ces intéressantes lettres. M. le docteur Guillaume, délégué officiel, était secrétaire général, soit la cheville ouvrière du congrès, M. le juge cantonal Correvon était l'un des vice-présidents de la première section et M. le Dr juris Chicherio, l'un des secrétaires de la seconde section.

Au sujet de M. Correvon, il nous paraît à propos de rappeler qu'il s'est s'occupé activement de l'élaboration de la loi de 1875 sur les établissements de détention, l'une des premières qui ont appliqué les principes proclamés dans le congrès pénitentiaire de Londres. Depuis, comme secrétaire de la Commission législative [1], il a travaillé plusieurs années à la rédaction de l'avant-projet du Code pénal publié en 1879 par autorisation du Conseil d'Etat. Cet avant-projet est précédé d'un résumé des volumineux procès-verbaux de la Commission législative et d'une notice sur le développement historique du droit pénal dans le canton de Vaud, notice faite à la demande d'un savant italien dont le nom a été indiqué dans les lettres que nous avons publiées, M. Beltrani-Scalia. Disons enfin que le projet de Code pénal soumis en 1882 au Grand Conseil par le Conseil d'Etat renferme des innovations qui ont attiré l'attention des personnes, même en dehors de notre pays, qui s'occupent des questions pénitentiaires et de droit pénal.

[1] La commission législative, nommée déjà en 1874, était composée de MM. Berney, conseiller d'Etat; Verrey, juge cantonal; Dumur, président du Tribunal de Lausanne; André, avocat, et Correvon, substitut du procureur-général.

Dans ces conditions, on comprend l'invitation dont notre concitoyen a été l'objet et le bon accueil fait aux œuvres législatives préparées par des hommes très compétents de notre canton.

Un livre utile.

Nous avons sous les yeux le prospectus d'un *Manuel du droit civil de la Suisse romande*, que M. le Dr Virgile ROSSEL, professeur ordinaire de droit français à l'Université de Berne, se propose de faire paraître en juin ou juillet 1886, si le nombre des souscripteurs atteint le chiffre de 300.

Dans l'intention de l'auteur, cet ouvrage exposerait jusque dans les détails les principes des codes civils et des lois spéciales des cantons de Genève, Fribourg, Neuchâtel, Tessin, Vaud, Valais et Berne (Jura bernois), et serait suivi d'un abrégé portant sur le droit commercial, la procédure civile et la procédure d'exécution. Il pourrait ainsi être consulté avec fruit par les hommes d'affaires, obligés d'aller aux informations et de prendre conseil, dès qu'ils ont à se renseigner sur telle ou telle partie d'une législation autre que celle de leur canton; il permettrait en outre aux jurisconsultes d'embrasser d'un coup d'œil les principes et les particularités de toutes les législations cantonales qui se rattachent au système du Code Napoléon.

Le spécimen qui est joint au prospectus nous prouve que l'ouvrage de M. Rossel sera, tant au point de vue du fond qu'à celui de la forme, un livre véritablement utile et pratique à consulter. Nous lui souhaitons donc plein succès.

On souscrit chez M. H. Georg, libraire-éditeur, à Bâle. Le prix du volume, qui aura environ 550 pages, format in-8°, est fixé à 10 fr. pour les souscripteurs.

SOCIÉTÉ SUISSE DES JURISTES. — Le Comité d'organisation de la prochaine réunion, qui aura lieu à Schaffhouse, se compose de MM. *Ziegler, Frauenfelder, Walter, Müller* et *Bolli*.

Ch. BOVEN, notaire, rédacteur.

Lausanne. — Imp. CORBAZ & Comp.

XXXIVe ANNÉE. N° 9. SAMEDI 27 FÉVRIER 1886

JOURNAL DES TRIBUNAUX

REVUE DE JURISPRUDENCE

Paraissant à Lausanne une fois par semaine, le Samedi.

Prix d'abonnement : 12 fr. par an, 7 fr. pour six mois. Chaque numéro, 50 cent. On s'abonne à l'imprimerie CORBAZ et Cie et aux bureaux de poste. — ANNONCES : 20 centimes la ligne ou son espace.

Vaud. — TRIBUNAL CANTONAL.

Séances des 23 et 30 décembre 1885.

Succession testamentaire. — Substitution à un degré prohibé par la loi. — Art. 49 et 687 Cc.

Emilie Faure contre Pümpin et Schopfer.

Est contraire à la loi, la clause d'un testament qui a pour conséquence de frapper d'indisponibilité les biens délaissés par le défunt, non-seulement dans la succession d'un enfant, mais encore dans celle d'un petit-enfant. En effet, une telle clause renferme une substitution au-delà du premier degré, prohibée par l'art. 687 Cc.

Avocats des parties :

MM. DUBRIT, pour Emilie Faure, demanderesse et recourante.
DE MEURON, pour Schopfer et Pümpin, défendeurs et intimés.

Emilie Faure, née Lacombe, à Lausanne, a ouvert action à : 1° Fanny née Burtin, femme d'Emile Pümpin; 2° Alfrédine

Burtin, femme d'Adrien Schopfer; 3° Emile Pümpin; 4° Adrien Schopfer, tous à Berne; — dans le but de faire prononcer :

I. Que, vu le décès d'Alfred Lacombe, décédé intestat à Colon (Panama), au mois d'octobre 1883, la succession du défunt est déférée par moitié à Emilie Faure, née Lacombe, sa tante paternelle, l'autre moitié advenant aux collatéraux de la ligne maternelle.

II. Qu'est nulle, comme instituant une substitution prohibée, la clause 2° du testament de dame Fanny Burtin, homologué le 22 novembre 1870 : « Dans le cas où mon petit-fils Alfred La- » combe viendrait à mourir sans laisser de descendants légi- » times, la moitié de ce que sa mère, Emma Lacombe, aura hé- » rité de moi, sera reversible à mes petites-filles, Fanny et » Alfrédine Burtin. Mes petites-filles auront ainsi le droit de » veiller par elles-mêmes ou par leurs représentants légaux à la » conservation de la moitié du patrimoine de leur tante Emma » Lacombe et de requérir au besoin des mesures destinées à » assurer le capital qui leur est éventuellement substitué. » — *Subsidiairement,* qu'Alfred Lacombe ayant survécu à sa mère Emma Lacombe et étant l'unique héritier de celle-ci, la disposition précitée du testament de dame Fanny Burtin a été frappée de caducité, que la substitution est éteinte et demeure sans effet en faveur des dames Pümpin et Schopfer.

III. Que vu l'annulation, la caducité ou l'extinction de cette disposition, les défendeurs doivent restituer à la succession d'Alfred Lacombe toutes les valeurs détenues par dames Schopfer et Pümpin en leur qualité d'envoyés en possession provisoire et notamment les valeurs remises à forme du procès-verbal du 18 octobre 1879, s'élevant à *13,864 fr. 03*, les revenus rentrant à la succession pour moitié seulement jusqu'à la notification juridique du 10 octobre 1883 et en totalité à partir de cette notification.

IV. Subsidiairement à la conclusion précédente, que la moitié des biens remis le 18 octobre 1879, représentant la part non grevée de substitution d'Alfred Lacombe dans la succession de sa mère, doit être restituée par les défendeurs pour faire retour à la succession d'Alfred Lacombe.

Fanny Pümpin et consorts ont pris les conclusions ci-après :

Les défenderesses admettent la conclusion n° I.

Elles concluent à libération, tant exceptionnellement qu'au fond, des conclusions nos II et III.

Elles admettent la conclusion n° IV et offrent, en conséquence, la restitution de la moitié de la somme à elles remise le 18 octobre 1879, cela aux conditions suivantes :

1° La somme de *97 fr. 05*, constituant la succession d'Alfred Lacombe, fera retour à la succession de celui-ci ;

2° La somme de *577 fr. 15*, représentant les frais faits pour obtenir la déclaration d'absence d'Alfred Lacombe, sera prélevée sur la succession et remboursée aux défenderesses ;

3° Le droit des défenderesses à la somme par elles rapportée à la succession d'Alfred Lacombe est expressément réservé, cette somme devant se répartir de nouveau entre Emilie Faure née Lacombe pour moitié et les défenderesses pour l'autre moitié.

Sous bénéfice de ces offres, les défenderesses concluent à libération de la conclusion n° IV.

Le Tribunal de Nyon a rendu le jugement dont suit le dispositif :

Le Tribunal accorde à la demanderesse sa conclusion n° I ; — Repousse ses conclusions nos II, III et IV, tant exceptionnelles et de fond que subsidiaires ; — Admet les conclusions libératoires des défenderesses, sauf en ce qui concerne celle n° 4 § 2, en disant que la somme de 577 fr. 15, représentant les frais faits pour obtenir la déclaration d'absence d'Alfred Lacombe, ne sera pas prélevée sur la succession, mais supportée en entier par les dames Schopfer et Pümpin.

Dame Faure-Lacombe supportera les deux tiers des frais et les dames Schopfer et Pümpin l'autre tiers des frais.

Ce jugement repose sur des motifs ainsi résumés :

A la mort d'Alfred Lacombe, décédé intestat, à Colon, le 30 septembre 1883, ses parents collatéraux les plus proches étaient :

I. *Ligne paternelle :* Emilie Faure née Lacombe, sœur de son père, parente au 3e degré du défunt.

II. *Ligne maternelle :* Fanny Pümpin née Burtin, et Alfrédine Schopfer née Burtin, ses cousines germaines, parentes au 4e degré.

En vertu de la loi sur les successions collatérales, toute la fortune laissée par Alfred Lacombe devait se partager en deux parties égales entre les deux branches ci-dessus mentionnées.

La loi interdit toute substitution au-delà du 1er degré, mais nulle part elle n'interdit la substitution éventuelle.

Dans l'espèce, la substitution ne va point au-delà du 1er degré, c'est-à-dire que l'héritière Emma Lacombe a eu en toute propriété le quart de la fortune de sa mère, Mme Burtin née Schüttel (dame Burtin a eu deux enfants : un fils, père de Fanny et Alfrédine Burtin, et une fille, Emma Lacombe).

En outre, dame Burtin laissait à Emma Lacombe un autre quart de la même fortune avec charge de le remettre à sa mort à ses petites-filles si Alfred Lacombe mourait sans enfant.

Cette réserve constitue une substitution éventuelle d'une part ne dépassant pas la quotité disponible de la fortune de dame Burtin.

Il y a donc :

1° Une testatrice, dame Burtin née Schüttel ;

2° Une héritière instituée, dame Lacombe ;

3° Enfin les héritiers substitués, les dames Pümpin et Schopfer nées Burtin, à défaut d'un descendant légitime d'Alfred Lacombe.

Donc il n'y a pas de substitution au 2e degré.

Quant au moyen consistant à dire que la clause de substitution est nulle par le fait qu'Alfred Lacombe a survécu à sa mère, il n'est point fondé, attendu qu'avant sa mort dame Burtin connaissait l'existence d'Alfred Lacombe et que c'est intentionnellement qu'elle a grevé de substitution la part qui ne constituait pas la légitime de sa fille Emma.

Ainsi, les défenderesses ne doivent restituer à la succession d'Alfred Lacombe que la différence entre la portion substituée et la somme qu'elles ont perçue du curateur de l'absent.

La loi prévoit une restitution des revenus en faveur de l'absent seulement, mais non en faveur de ses héritiers ; dès lors, les défenderesses n'ont point à restituer tout ou partie des revenus touchés jusqu'à la notification juridique du 10 octobre 1883.

Mais, par contre, ayant joui de ces revenus, les défenderesses doivent supporter les frais de la déclaration d'absence.

Emilie Faure a recouru en réforme, disant qu'il a été fait une fausse application des art. 685, 686, 687, 694, 696, 49 et 52 du Cc. vaudois.

Le Tribunal cantonal a admis le recours.

Motifs.

Attendu que dame Burtin s'est exprimée de la manière suivante dans son testament, homologué le 22 novembre 1870: « Dans le cas où mon petit-fils Alfred Lacombe viendrait à mourir sans laisser de descendants légitimes, la moitié de ce que sa mère, Emma Lacombe, aura hérité de moi sera reversible à mes petites-filles, Fanny et Alfrédine Burtin; mes petites-filles auront ainsi le droit de veiller par elles-mêmes ou par leurs représentants légaux à la conservation de la moitié du patrimoine de leur tante, Emma Lacombe, et de requérir au besoin des mesures destinées à assurer le capital qui leur est éventuellement substitué. »

Qu'en fait, Alfred Lacombe a survécu à sa mère, E. Lacombe.

Que cette dernière, par disposition à cause de mort, homologuée en Justice de paix de Begnins, le 27 janvier 1873, a institué Alfred Lacombe pour son seul héritier.

Que celui-ci a, par conséquent, recueilli tous les droits et assumé toutes les obligations du chef de sa mère.

Que, d'autre part, la condition mise par la testatrice, dame Burtin, à l'ouverture de la substitution, ne s'était point encore réalisée à la mort d'Emma Lacombe.

Qu'à cette époque, en effet, Alfred Lacombe vivait encore et n'avait pas d'enfants.

Considérant qu'il résulte de ces diverses circonstances que la condition mise par dame Burtin à l'ouverture de la substitution est contraire à la loi.

Qu'en effet, elle aurait pour conséquence de frapper d'indisponibilité les biens par elle délaissés, non-seulement dans la succession de sa fille, Emma Lacombe, mais encore dans celle de son petit-fils, Alfred Lacombe, héritant de cette dernière.

Qu'ainsi dame Burtin se trouve avoir formulé une disposition renfermant une substitution au-delà du 1er degré, interdite par l'art. 687 Cc.

Attendu, d'autre part, qu'aux termes de l'art. 49 Cc., ceux qui ont joui des biens de l'absent sont tenus de lui rendre la moitié des revenus, s'il reparaît avant 15 ans révolus dès le jour de sa disparition.

Attendu que Lacombe n'a point été absent au sens légal du mot pendant 15 ans.

Que son décès a été établi, et que dès lors sa succession doit s'ouvrir du jour de ce décès, en faveur des héritiers les plus proches.

Que ceux qui ont joui de ses biens doivent les restituer à sa succession, sous réserve des fruits acquis par eux, en vertu de l'art. 49 Cc.

Que, dès lors, Fanny et Alfrédine Burtin (dames Pümpin et Schopfer) doivent restituer à la succession la moitié des fruits perçus par elles jusqu'à la signification juridique du 10 octobre 1883 et la totalité des dits dès cette signification,

Le Tribunal cantonal admet le recours; réforme le jugement du 7 novembre 1885, en ce sens qu'il alloue à la demanderesse ses conclusions II et III; repousse les conclusions des défenderesses; condamne ces dernières à tous les dépens.

Séance du 13 janvier 1886.

Opérations de bourse à terme. — Billet souscrit en couverture des différences. — Exception de simulation non opposable au tiers. — Exception de jeu admise. — Art. 16, 512 et 513 CO.

Bolomey contre Union vaudoise du Crédit.

Le moyen consistant à dire qu'un acte est simulé ne peut être opposé au tiers de bonne foi qui possède une reconnaissance écrite de la dette (CO. 16).

Le caractère de dette de jeu (CO. 512) résulte suffisamment du chiffre considérable des capitaux mis en mouvement, de la nature des valeurs sur lesquelles portent les opérations, du fait qu'il s'agit de marchés à terme continuellement et fréquemment reportés, du fait qu'aucun titre n'est levé, enfin de la circonstance que, dans l'esprit des deux parties, les opérations d'achat et de vente de titres ne devaient se résoudre que par des comptes de différences.

Le paiement d'une obligation de change souscrite à titre de couverture par l'auteur du jeu ne peut être poursuivi en justice (CO. 513). A cet égard, la couverture peut tout aussi bien consister en une obligation souscrite pour le montant d'une perte dont le chiffre est connu, qu'en un titre créé pour la quotité éventuelle d'une perte à faire.

Avocats des parties :

MM. Pellis, pour H. Bolomey, demandeur et recourant.
Paschoud, pour Union du Crédit, défenderesse et recourante.

Par exploit du 5 juillet 1884, Bolomey a ouvert action à l'Un on vaudoise du Crédit pour faire prononcer : 1° Que les deux saisies notifiées par l'Union en paiement de 350,000 fr., capital de sept billets de change du 10 mars au 10 mai 1884[1], sont nulles. 2° Que son opposition est maintenue.

En droit, Bolomey fonde son opposition sur les deux moyens suivants :

I. Les sept billets qui fondent la saisie n'ont eu qu'une durée temporaire, du 10 mars au 10 mai 1884. Cela résulte d'un écrit du 11 mars signé L. Curchod[2], portant : « Reçu de M. H. Bolomey-Paschoud, à Lutry, 7 billets au 10 mai 1884 de 50,000 » francs chacun, faisant ensemble 350,000 fr., dont il est crédité » en compte-courant valeur 10 mars 1884. Cette somme de » 350,000 fr. sera reportée au débit de son compte-courant valeur 10 mars 1884, à leur échéance, et les billets lui seront » rendus.

» Lausanne, le 11 mars 1884. L. Curchod. »

Dès le 10 mai, les billets sont éteints et les 350,000 fr. rentrent dans le compte-courant. Il y a donc eu novation (CO. 140, 142, 143 et Cc. 951). Or, on ne peut saisir en vertu d'un compte-courant.

II. Le compte dont le montant est réclamé à Bolomey est un compte de jeu. Bolomey n'était pas en état de payer ; l'opération devait se résoudre par des différences ; il a été fait de nombreux reports ; la plupart des titres n'ont pas été levés. L'Union a opéré, dans certains cas, sans l'autorisation de Bolomey. L'Union a avoué le jeu et le jeu n'a été arrêté que par des circonstances indépendantes de sa volonté. Dès lors, les articles 1449 Cc. et 512 et 513 CO. sont applicables.

L'Union a conclu : 1° A libération. 2° Au maintien des saisies des 9 et 14 juin 1884. 3° Subsidiairement, et pour le cas où les conclusions ci-dessus seraient écartées, à ce que ses saisies soient maintenues pour 51,952 fr. 20 et, plus subsidiairement, pour 36,500 fr.

[1] Ces billets sont ainsi conçus :

« Lausanne le 10 mars 1884. B. P. Fr. 50,000.

» Au 10 mai prochain, je paierai à l'ordre de l'Union vaudoise du Cré-» dit la somme de cinquante mille francs valeur reçue comptant.

» Bon pour cinquante mille francs. H. Bolomey.

» Payable au domicile de l'Union vaudoise du Crédit. »

[2] L. Curchod était alors directeur de l'Union. *(Réd.)*

En droit, l'Union oppose au premier moyen de Bolomey que l'acte du 11 mars 1884 ne peut être considéré que comme une contre-lettre destinée à réduire à néant les billets souscrits. Mais, d'autre part, la preuve de la simulation étant interdite (Cc. 975), les billets doivent demeurer en force comme titres exécutoires.

Quant au deuxième moyen, l'Union dit que l'exception de jeu n'est pas consacrée par le CO. d'une manière aussi absolue que par le Cc.; que, du reste, la saisie est fondée sur les billets souscrits; que ces billets n'étaient pas une garantie pour des opérations à faire, mais le paiement d'opérations faites, paiement valable à teneur de l'art. 514 du CO. Qu'enfin Bolomey a en tout cas touché 36,500 fr. sur les bénéfices réels ou fictifs et qu'il doit restituer cette somme.

Bolomey a conclu à libération de ces conclusions.

Le Tribunal de Lavaux a admis que Bolomey est et reste débiteur de l'Union de 3680 fr. 30; que la somme de 51,952 fr. 20, formant les prélèvements de Bolomey, provient des bénéfices réalisés sur opérations de bourse; que les billets souscrits en couverture de différences résultant d'opérations faites ne peuvent être assimilés à un paiement effectif et constituent une promesse de paiement; que ces billets ne donnent pas lieu à une action en justice, pour autant que leur montant résulte d'opérations de jeu, tout en restant valables cependant pour 3680 fr. 30, solde d'opérations reconnues sérieuses; que le reçu du 11 mars 1884 est simulé, attendu qu'il a été créé de connivence entre Bolomey et Curchod, ce dernier agissant en son nom personnel et sans la participation de l'Union, à qui cet acte ne saurait être opposé; qu'à cet égard, l'Union doit être envisagée comme un tiers de bonne foi; que ce reçu ne peut constituer une novation, puisque l'Union n'y a pas coopéré et l'a ignoré.

Les recours formulés par les parties en cause contre ce jugement tendent :

Celui de l'Union, à obtenir la réforme du jugement dans le sens de l'admission de ses conclusions. En ce qui concerne le premier moyen d'opposition, l'Union dit en substance que le reçu du 11 mars 1884 est un engagement *personnel* de Curchod qui a été créé pour tromper l'Union et qui ne peut être opposé à celle-ci; qu'en conséquence, les billets de change n'ont pas été annulés par le dit reçu et qu'ils conservent leur valeur exécutoire. — Quant au deuxième moyen, la recourante dit que les billets n'ont pas été souscrits à titre de couverture, mais en régularisation d'un compte-courant. La couverture consiste en espèces ou valeurs remises à l'intermédiaire pour le garantir d'opérations à futur ou en cours et non pas d'opérations faites. Il s'agissait donc pour Bolomey, qui souscrivait les 7 billets, d'un paiement fait en application de l'art. 142 § 1 CO.; dès lors, l'art. 514 est applicable. Subsidiairement, le Tribunal aurait dû admettre la validité des billets jusqu'à 51,952 fr. 20, ou plus subsidiairement jusqu'à 36,500 fr., valeur touchée par Bolomey sur son compte-courant.

Celui de Bolomey, à obtenir la réforme du jugement en ce sens que les conclusions prises par lui sont intégralement adjugées.

Le recourant oppose tout d'abord préjudiciellement à l'argument présenté par l'Union, dans son recours au sujet du premier moyen d'opposition et tiré du fait que le reçu du 11 mars 1884 est un acte personnel à Curchod, l'objection que cet argument n'a pas été introduit au procès ni en réponse ni en cours d'instruction et qu'ainsi il ne saurait être pris en considération, ni faire l'objet d'une discussion devant le Tribunal de céans.— Qu'au surplus, les statuts de l'Union attribuent au directeur la signature sociale et n'exigent pas la mention « Le Directeur », mention qui fait défaut sur le reçu du 11 mars.

En ce qui concerne la somme de 3680 fr. 30, chiffre auquel les billets en faveur de l'Union ont été réduits, Bolomey dit que les experts ne l'ont ni entendu, ni appelé à ce sujet ; qu'ainsi et en l'absence de conclusions reconventionnelles prises par elle, l'Union ne pouvait introduire dans le procès la revendication de cette créance qui doit demeurer hors du procès.

Le Tribunal cantonal a écarté les deux pourvois.

Motifs.

I. *Sur le 1er moyen d'opposition :*

Considérant qu'il s'agit de savoir *préalablement* si l'Union peut argumenter aujourd'hui du fait que le reçu du 11 mars est un acte personnel à L. Curchod, acte qui ne saurait être envisagé comme émanant officiellement du directeur de l'Union vaudoise, ou si, au contraire, Bolomey est fondé à faire exclure cet argument du présent débat, ainsi qu'il le prétend dans son recours.

Attendu que l'Union a, par exploit du 20 octobre 1885, formulé le grief ci-dessus, en l'appuyant de faits qu'elle annonçait vouloir prouver par les pièces déjà produites au dossier.

Que Bolomey n'a point formulé de conclusions incidentes au sujet de cet exploit; qu'au surplus le dit exploit introduisait au procès un argument de droit que la partie adverse ne pouvait se refuser à discuter; qu'en conséquence c'est à juste titre que le Tribunal de Lavaux l'a examiné dans son jugement, l'Union ayant ainsi la faculté de le présenter à nouveau dans son recours,

Le Tribunal écarte le moyen préjudiciel.

Considérant, sur le 1er moyen d'opposition en lui-même, qu'il s'agit de savoir si les titres qui fondent la saisie ont été éteints par le reçu du 11 mars et si, comme le prétend Bolomey, l'Union ne pouvait plus faire emploi de ces billets comme titres exécutoires, une novation s'étant opérée par l'effet de l'engagement pris par L. Curchod dans le reçu du 11 mars, à teneur duquel le montant des dits billets devait être reporté au débit du compte-courant de Bolomey.

Attendu que les opérations auxquelles se livrait Bolomey sont attestées par des comptes-courants qui lui ont été ouverts à l'Union par le fait et la volonté seuls de L. Curchod, qui était alors directeur de cet établissement.

Que, pour balancer dans les écritures de l'établissement les pertes résultant de ces opérations, Bolomey a souscrit en faveur de l'Union les 7 billets objet de ce litige.

Que ces 7 billets ont figuré au portefeuille de l'Union et lui appartiennent indubitablement à titre de couverture des avances que Bolomey avait obtenues de l'établissement de par la volonté du directeur.

Qu'au contraire, le reçu du 11 mars, signé L. Curchod, est une opération clandestine et secrète, combinée entre Curchod et Bolomey, à l'insu de toute personne intéressée à la bonne administration de l'Union et notamment des conseils de cet établissement.

Qu'ainsi l'engagement de restituer les billets à Bolomey ne peut être opposé à l'Union, qui doit être considérée comme un tiers à l'égard de l'acte du 11 mars, dans lequel elle n'est pas intervenue régulièrement.

Qu'en conséquence, l'examen de la cause des billets étant réservé, Bolomey ne peut faire état du reçu du 11 mars pour démontrer que les billets souscrits par lui sont simulés, puisqu'il se trouve en présence d'un tiers de bonne foi en possession d'une reconnaissance écrite de la dette (CO. 16).

Qu'au surplus, on ne peut prétendre qu'il y ait simulation en l'espèce, en ce qui concerne la création des billets, puisque, ainsi qu'il vient d'être dit, l'Union, créancière des billets directement souscrits en sa faveur, est étrangère aux manœuvres qui tendaient à en infirmer la valeur.

Que, par ces mêmes motifs, il ne peut être soutenu qu'il y a eu novation, puisque l'Union, créancière des titres, n'a pas consenti à substituer aux billets dont elle est porteur une simple inscription en compte-courant, ce dont Curchod en son nom personnel avait seul pris l'engagement,

Le Tribunal cantonal écarte, sur ce point, le recours de Bolomey.

Sur le IIe moyen d'opposition :

Considérant que ce moyen consiste à prétendre que la dette constatée par les 7 billets a pour cause le jeu et ne peut donner action en justice (CO. 512 et suivants).

Que le Tribunal de Lavaux a admis ce moyen, sauf en ce qui concerne une somme de 3680 fr. 30 dont Bolomey a été reconnu débiteur de l'Union, les saisies de cet établissement étant maintenues jusqu'à concurrence de cette somme et de tous accessoires.

Que l'Union, tout en admettant dans son recours et à cette audience que les opérations auxquelles s'est livré Bolomey doivent être qualifiées opérations de jeu de bourse, se prétend être au bénéfice d'une reconnaissance valable de la dette.

Mais, attendu que le paiement d'une obligation de change souscrite à titre de couverture, par l'auteur du jeu, ne peut être poursuivi en justice (CO. 513).

Que les 7 billets sont indubitablement la reconnaissance, par obligation de change, d'une dette de jeu.

Que ce caractère de la dette résulte du chiffre considérable de la somme des capitaux mis en mouvement par les opérations de Bolomey à l'Union, de la nature des valeurs sur lesquelles portaient les ordres d'achat et de vente attestés par le « compte Bolomey », du fait qu'il s'agissait de marchés à terme continuellement et fréquemment reportés, du fait qu'aucun titre n'a jamais été levé par ordre de Bolomey, qui n'a pris livraison et n'a reçu de l'Union aucune des valeurs sur lesquelles il jouait; enfin du fait que, dans l'esprit des deux parties, les opérations d'achat et de vente de titres ne devaient se résoudre que par des comptes de différences.

Qu'il n'est pas exact de prétendre, ainsi que l'affirme l'Union, que les dits billets ont été souscrits en paiement et en régularisation d'un compte courant et ne constituent pas la couverture prévue par l'art. 513 CO.

Qu'en effet, le mot « couverture » signifie indistinctement, en langage de banque, une garantie donnée pour des opérations à faire et présentant un aléa, ou une reconnaissance d'obligations résultant d'opérations faites.

Que cette double interprétation résulte aussi du texte même de l'article susvisé, qui parle d'une reconnaissance *de dette* souscrite à titre de couverture et se trouve confirmée par le sens exact du texte allemand.

Que, de ces textes, on doit inférer que la couverture peut tout aussi bien consister en une obligation souscrite pour le montant d'une perte dont le chiffre est connu, que pour la quotité éventuelle d'une perte à faire.

Que la véritable cause de l'obligation qui constitue la couverture est dans l'espèce de jeu de bourse.

Qu'ainsi l'art. 513, premier alinéa, est applicable au cas actuel.

Attendu, d'autre part, que l'Union doit être considérée comme un des auteurs du jeu faisant la contre-partie de Bolomey et de Curchod, qui spéculaient ensemble au moyen des deniers de l'Union et par son intermédiaire.

Que, s'il est vrai de dire que la participation de l'Union aux opérations de jeu attestées par les comptes-courants ouverts à Bolomey est due à l'influence de Curchod, alors directeur de l'Union, et aux artifices qu'il a employés pour favoriser ces opérations, il n'en est pas moins vrai que les livres, la correspondance de l'Union, le texte même des billets entraînent la responsabilité de l'établissement et le constituent partie dans les jeux de bourse qui ont eu lieu.

Que cet argument n'est point détruit par le fait, admis ci-dessus, que l'acte du 11 mars est l'œuvre de Curchod en son nom personnel, et qu'à l'égard de cet acte l'Union serait un tiers de bonne foi à qui la simulation des billets ne peut être opposée.

Qu'en effet, si les billets, simulés entre Curchod et Bolomey, demeurent pour l'Union des obligations ayant une existence réelle, il est cependant permis d'examiner quelle est la cause de ces obligations.

Qu'en l'espèce, il a été entrepris des preuves en vue d'établir que la cause véritable des billets était le jeu.

Que ces preuves ont abouti pour la plus grande partie de la somme en litige.

Qu'ainsi, et bien que les billets ne soient ni simulés à l'égard de l'Union, ni détruits par novation, il n'en reste pas moins vrai qu'en raison de la cause même de l'obligation qu'ils constatent, ils ne peuvent donner aucune action en justice à celui en faveur de qui ils ont été souscrits,

Le Tribunal cantonal écarte le recours de l'Union.

Examinant les moyens subsidiaires :

Quant au recours de Bolomey critiquant la sentence des premiers Juges qui le reconnaît débiteur de 3680 fr. 30 :

Attendu qu'en cours de litige, il a été procédé à une expertise qui a porté sur toutes les opérations consignées dans les livres de l'Union, soit au crédit soit au débit de Bolomey.

Qu'il est résulté de cet examen, auquel les parties ont été conviées, que la somme de 3680 fr. 30 résulte d'opérations antérieures aux opérations de jeu, mais est demeurée comprise dans le compte-courant et se confond dans les 7 billets de change, avec le débit considérable que le jeu de bourse a mis à la charge de Bolomey.

Que ce fait n'infirme point la validité de cette partie de la dette et que c'est à bon droit que le Tribunal de Lavaux a laissé subsister les titres en litige pour une valeur de 3680 fr. 30,

Le Tribunal cantonal écarte le recours de Bolomey.

Quant au recours de l'Union, tendant à obtenir subsidiairement d'être reconnue créancière de 51,952 fr. 20, ou, plus subsidiairement encore, de 36,500 fr. :

Considérant que si Bolomey a touché à la caisse de l'Union, en espèces, les valeurs ci-dessus, il est établi, d'autre part, qu'il a fait ces prélèvements ensuite d'opérations de bourse qui soldaient en sa faveur.

Qu'ainsi, il a touché des bénéfices provenant du jeu.

Que l'Union ne peut pas davantage avoir une action en justice pour répéter ce qu'elle a perdu que pour demander ce qu'elle a gagné,

Le Tribunal cantonal écarte aussi le recours de l'Union.

Les dépens ont été compensés.

Le recours interjeté au Tribunal fédéral a été retiré.

Résumés d'arrêts.

Cession. — Le créancier peut céder sa créance à un tiers, même sans le consentement du débiteur. La validité de la cession n'est soumise à aucune condition de forme; toutefois, pour qu'elle soit opposable aux tiers, il faut un acte écrit (CO. 183). En réclamant une preuve écrite dans le cas spécial, la loi n'a pas rendu nécessaires certaines formes sacramentelles, mais a simplement exigé que la volonté du cédant soit constatée d'une façon claire.

Tribunal de commerce de Genève, 21 janvier 1886. Bauer c. Girard frères.

Chemins de fer. — La circonstance que l'expéditeur d'une marchandise la déclare d'une manière inexacte dans la lettre de voiture ne saurait libérer l'entreprise de transport de toute responsabilité pour les avaries survenues pendant celui-ci, mais peut seulement avoir de l'influence soit pour une réclamation supplémentaire de prix de transport, soit sur la quotité de la somme réclamée par l'ayant-droit.

Trib. de commerce de Genève, 11 février 1886. Joly c. Paris-Lyon-Méditerranée.

Faits. — Il y a lieu à nullité du jugement rendu sans que le juge ait donné une décision sur tous les points de fait sur lesquels une preuve par témoins a été entreprise (Cpc. 436 § *b)*.

(Juge de paix de Corsier; jugement annulé.)

TC., 12 janvier 1886. Merlin c. Volet.

Lettre de change. — Le débiteur d'une lettre de change sur lequel une retraite est tirée conformément aux art. 768 et 771 CO. a le droit d'en refuser le paiement si elle est d'un montant supérieur à ce qui est réellement dû; mais il doit offrir le paiement partiel de la somme qu'il doit (CO. 757).

Trib. de commerce de Genève, 4 février 1886. Ghilini c. Datoly.

Livres. — Des livres non tenus conformément aux art. 1019 et 1020 Cc. ne peuvent faire foi de leur contenu, alors surtout que le serment n'a pas été déféré sur la vérité des inscriptions qui y sont renfermées.

(Juge de paix d'Oron ; jugement maintenu.)
TC., 29 décembre 1885. Krieg c. Perrin.

Preuve testimoniale. — Il est permis d'établir par témoins que les parties, en présence de difficultés nées ou sur le point de naître, ont discuté de quelle manière on exécuterait une clause d'un acte passé entre elles. Une telle preuve ne va pas à l'encontre d'un acte valable.

(Vice-présid[t] du Trib. de Lausanne ; jugement incident maintenu.)
TC., 12 janvier 1886. Mercier c. Etat de Vaud.

Preuve testimoniale. — Ne va pas contre la teneur d'un acte valable la preuve testimoniale tendant à établir qu'il a été convenu entre parties que le débiteur d'un état de frais n'aurait à payer, pour éteindre celui-ci, qu'une somme inférieure au chiffre de la modération, le paiement devant d'ailleurs s'effectuer en marchandises (Art. 975 Cc.).

(Président du Tribunal de Nyon ; jugement réformé.)
TC., 15 décembre 1885. Mosetti-Bard c. Bricolens.

Recours. — Il n'y a pas recours au Tribunal cantonal contre le procédé de l'huissier-exploitant qui, le jour de la vente, ne déplacerait pas les objets saisis, contrairement à l'art. 585 Cpc. (Cpc. 505).

TC., 15 décembre 1885. Gaillard c. hoirs Dizerens.

Répétition de l'indû. — Celui qui a volontairement payé une valeur ne peut la répéter qu'à charge de prouver que par erreur il se trouvait débiteur (CO. 72).

(Juge de paix de Lausanne ; jugement maintenu.)
TC., 15 décembre 1885. Givel c. Banque cantonale.

Solidarité. — En matière de prêt à usage, si plusieurs ont conjointement emprunté la même chose, ils en sont solidairement responsables envers le prêteur (CO. 324).

Au contraire, en matière de prêt de consommation, les emprunteurs ne sont solidaires que si la solidarité a été stipulée par la convention.

Trib. civil de Bâle, 23 octobre 1885. Bürgy c. Gnöpff.

Mariage.

La Cour d'appel d'Amiens a rendu, le 30 janvier (Sterlin c. Houpin), un arrêt relatif à la validité du mariage des prêtres catholiques. Sur les conclusions conformes du procureur général, et contrairement au jugement de première instance ainsi qu'à la jurisprudence de la Cour de cassation, elle a décidé que la prêtrise ne constitue ni un empêchement prohibitif, ni un empêchement dirimant au mariage d'un prêtre catholique.

La séparation de corps.

Le Conseil d'Etat français vient d'adopter la rédaction proposée par la section de législation pour le projet de loi portant modification au régime de la séparation de corps, et qui lui avait été renvoyé par le Sénat.

En voici les principales dispositions :

La femme, séparée de corps, cessera d'avoir pour domicile légal le domicile de son mari.

Une addition importante est faite à l'article 311 du code civil : dorénavant, la séparation emportera, pour la femme, le recouvrement plein et entier de sa capacité civile, qui ne sera plus subordonnée, dans son exercice, ni à l'autorisation du mari, ni à celle de la justice.

Le jugement prononçant la séparation, ou même un jugement postérieur (qui pourrait être rendu contre la partie qui l'avait d'abord obtenu), permettra d'interdire à la femme le port du nom de son mari, ou à celui-ci de joindre le nom de sa femme au sien propre, suivant l'usage existant dans certaines régions de la France.

Ces innovations répondent aux préoccupations qui avaient déterminé le Sénat et tendaient à introduire dans la séparation de corps toutes les facultés, mais aussi tous les allègements compatibles avec la survivance du lien conjugal, et à en faire pour ainsi dire ce qu'on appelait le divorce des catholiques.

M. Ferdinand *Virieux*, ancien avocat, actuellement greffier-substitut du Tribunal cantonal, a été nommé Substitut du Procureur-général en remplacement de M. Georges Favey, démissionnaire.

Ch. Boven, notaire, rédacteur.

Lausanne. — Imp. CORBAZ & Comp.

XXXIVe Année. N° 10. Samedi 6 Mars 1886

JOURNAL des TRIBUNAUX

REVUE DE JURISPRUDENCE

Paraissant à Lausanne une fois par semaine, le Samedi.

Prix d'abonnement : 12 fr. par an, 7 fr. pour six mois. Chaque numéro, 50 cent. On s'abonne à l'imprimerie Corbaz et Cie et aux bureaux de poste. — Annonces : 20 centimes la ligne ou son espace.

TRIBUNAL FÉDÉRAL

Séance du 8 janvier 1886.

Participation des communes aux frais des travaux publics exécutés par l'Etat. — Art. 20 et 37 de la loi vaudoise du 23 mai 1864 sur les routes. — Incompétence du Tribunal fédéral. — Art. 27 de la loi sur l'organisation judiciaire fédérale et art. 6, 42 et 48 de la procédure civile fédérale.

Avenches et consorts contre Etat de Vaud.

Le litige né entre l'Etat et une commune au sujet de l'obligation pour cette dernière de participer aux frais de travaux publics exécutés par le premier constitue un différend de droit public qui ne peut être soumis au Tribunal fédéral en vertu de l'art. 27 de la loi sur l'organisation judiciaire fédérale.

Le Tribunal fédéral n'est compétent pour connaître d'une action civile intentée par plusieurs communes à un canton que si le litige atteint, pour chacune d'elles, une valeur en capital de 3000 fr. au moins.

Avocats des parties :

MM. E. Correvon, pour Communes d'Avenches et consorts, demanderesses.
Berdez, pour Etat de Vaud, défendeur.

Ensuite de l'abaissement des Eaux du Jura, l'Etat de Vaud se vit obligé de reconstruire le pont situé près de Sallavaux, et servant au passage sur la Broye de la route de première classe, n° 36, de Cudrefin à Fribourg.

L'Etat de Vaud, en application des art. 20 et 37 de la loi sur les routes du 23 mai 1864, réclama aux Communes demanderesses le paiement d'une part, soit le cinquième des frais de reconstruction du dit pont. Cette réclamation s'élève :

1. Pour la Commune d'Avenches à . .	Fr.	1770	22
2. » de Cudrefin à . .	»	925	99
3. de Montmagny à .	»	297	53
4. de Constantine à .	»	316	41
5. » de Bellerive . .	»	519	53
Formant une somme totale de .	Fr.	3829	68

Les articles précités de la loi vaudoise sur les routes statuent entre autres :

« Art. 20. Les constructions et reconstructions sur les routes de 1re classe sont à la charge de l'Etat et des Communes situées sur toute l'étendue de la route.

» L'Etat supporte quatre cinquièmes de la dépense, les Communes un cinquième, qui est réparti entre elles proportionnellement au sommaire général de l'impôt foncier. »

« Art. 37. Les ponts, ponceaux et aqueducs sont considérés comme des dépendances des routes auxquelles ils appartiennent. Leur entretien et leur construction sont réglés par les dispositions de la présente loi relatives aux routes dont ils dépendent. »

Pour résister à cette réclamation, les Communes d'Avenches et consorts ont déposé au greffe fédéral, le 5 décembre 1884, une demande concluant : 1° A ce qu'il soit prononcé qu'étant créancières de l'Etat de Vaud, à titre de dommages-intérêts, d'une somme égale à leur part contributive aux frais de reconstruction du pont situé près de Sallavaux, les dites Communes ne sont point tenues de payer à l'Etat de Vaud les sommes que celui-ci leur réclame pour la susdite part contributive. 2° Subsidiairement, qu'elles sont créancières de l'Etat de Vaud de la somme de 3829 fr. 68, et que l'Etat de Vaud doit leur faire immédiat paiement de la dite somme, à titre de dommages-intérêts.

Le Tribunal fédéral, s'estimant incompétent, n'est pas entré en matière sur la cause.

Motifs.

1. Le Tribunal fédéral n'a à statuer actuellement que sur sa compétence, déniée par l'Etat défendeur au double point de vue du caractère de droit public du litige et du fait que sa valeur n'atteint pas la somme de 3000 fr. fixée à l'art. 27 chiffre 4° de la loi sur l'organisation judiciaire fédérale.

2. Cette double exception d'incompétence apparaît comme justifiée. En effet :

a) Les conclusions prises par les demanderesses ont l'une et l'autre pour but de s'opposer à l'obligation, imposée aux Communes par la loi de 1864 sur les routes, de contribuer aux constructions et aux reconstructions sur les routes de 1re classe. La tentative de se soustraire au paiement d'une charge publique ne ressortit point au domaine du droit privé, bien que, apparemment pour les besoins de la cause, les dites conclusions aient été revêtues artificiellement du caractère d'une demande en dommages et intérêts et de compensation de la réclamation de l'Etat avec la prétendue créance qui serait née, en faveur des Communes demanderesses, du fait du dommage souffert par elles ensuite de la reconstruction entreprise par l'Etat de Vaud.

Il ne suffit évidemment pas, pour communiquer à ces conclusions le caractère de conclusions civiles, de leur opposer un prétendu dommage qui ne peut consister, pour les Communes non-propriétaires du pont en litige ou de terrains adjacents, que dans l'obligation, toute de droit public, de devoir verser à l'Etat le montant de leur part afférente à une contribution, de tout point assimilable à un impôt, à la réclamation de laquelle elles n'opposent aucun motif de libération de droit privé, comme le serait le paiement, la prescription ou l'existence d'un contrat.

Il s'agit donc ici, en première ligne, de l'application d'une loi dont le caractère de droit public ne peut être révoqué en doute, et, à ce premier point de vue déjà, la demande des Communes d'Avenches et consorts échappe, aux termes de l'art. 27 précité de la loi sur l'organisation judiciaire fédérale, à la compétence du Tribunal de céans.

b) Abstraction faite de ce qui précède, le Tribunal fédéral n'en serait pas moins incompétent aux termes du chiffre 4° de cette même disposition, qui soumet à ce Tribunal les différends de droit civil entre des corporations comme demanderesses et la Confédération ou des cantons, seulement quand le litige atteint une valeur en capital de 3000 fr. au moins.

Ce n'est pas, en effet, en application de l'art. 6 de la procédure civile fédérale que les Communes se sont portées conjointement demanderesses : il ne s'agit point en réalité dans l'espèce d'une prétention commune aux dites demanderesses et résultant d'un même acte juridique, mais bien de cinq conclusions parfaitement distinctes, réunies par des raisons d'économie ou par d'autres motifs, par lesquelles chacune des prédites Communes poursuit la libération, en ce qui la concerne, de sa part contributive à la reconstruction du pont de Sallavaux ; cela est tellement vrai que la Commune de Donatyre, se trouvant dans la même situation que les demanderesses, s'est acquittée volontairement de ses obligations vis-à-vis de l'Etat, sans coopération aucune des dites demanderesses et sans que les rapports juridiques de celles-ci en aient été en quoi que ce soit modifiés.

Si l'action actuelle n'apparaît pas comme un débat collectif prévu par l'art. 6 susvisé, elle se caractérise comme une réunion, soit cumulation de demandes dans le sens de l'art. 43 de la même loi, autorisant plusieurs personnes, lorsqu'elles ne sont pas parties en un seul et même procès, à se porter exceptionnellement ensemble comme demanderesses, si leurs demandes se fondent sur le même fait et que les motifs de droit sont les mêmes.

Or, ainsi que le Tribunal fédéral l'a déjà souvent déclaré, la simple addition, dans une conclusion unique, de réclamations en réalité distinctes, ne saurait modifier les rapports entre les parties, ni leur situation individuelle au regard de la compétence (v. Recueil V, 560 ; communes de Bière et consorts contre Vaud ; — VIII, 900, S. Lamon et consorts contre Berne). Pour le cas où ce Tribunal eût adjugé aux Communes les fins de leur demande, il eût certainement statué sur chacune des prétentions qu'une fusion purement extérieure a réunies dans une conclusion commune.

C'est dire que, pour pouvoir retenir la cause, le Tribunal fédéral doit, conformément à sa pratique constante et par analogie avec l'art. 42 de la procédure civile fédérale, être compétent à l'égard de chacune de ces prétentions prises séparément, c'est-à-dire que chacune d'elles prise séparément devrait, à teneur de l'art. 27 de la loi d'organisation judiciaire, atteindre la somme d'au moins 3000 fr. Tel n'étant le cas pour aucune des Communes demanderesses prise individuellement, il en résulte que le Tribunal fédéral n'a point compétence pour se nantir de leur demande.

Séance du 16 janvier 1886.

Droit de mutation. — For de la poursuite de l'Etat. — Enfant adoptif non assimilé à un descendant de sang. — Prétendue violation de l'égalité devant la loi et prétendu déni de justice. — Art. 4, 5, 59 et 61 de la Constitution fédérale; art. 1583 Co. vaud.; art. 31 de la loi du 25 mai 1824 sur la perception du droit de mutation et loi vaudoise d'impôt pour 1884.

Marie Jaquemot contre Etat de Vaud.

La poursuite pratiquée par l'Etat pour parvenir au paiement d'un droit de mutation reposant sur un fonds ne peut être envisagée comme une réclamation personnelle au sens de l'art. 59 de la Constitution fédérale, alors surtout que ce droit est garanti par un privilège spécial sur l'immeuble.

On ne saurait voir ni une violation des art. 4 et 5, ni une violation de l'art. 61 de la Constitution fédérale, dans le fait qu'un canton, où l'adoption n'est pas admise, refuse d'assimiler un enfant adoptif, reconnu comme tel en vertu d'un jugement rendu dans un autre canton, à un descendant de sang, au point de vue de l'exemption du droit de mutation.

Marie Jaquemot, née Jollet, à Genève, fille adoptive de Jean-François DuPan, a exercé au Tribunal fédéral un recours de droit public contre l'arrêt rendu le 9 septembre 1885 par le Tribunal cantonal du canton de Vaud, dans la cause qui la divise d'avec l'Etat de Vaud et les Communes de Myes, Tannay et Chavannes-des-Bois.

L'arrêt dont est recours ayant été publié à pages 646 et suiv. du *Journal des Tribunaux* de 1885, nous croyons inutile de revenir sur les faits de la cause.

A l'appui de son recours, la recourante fait valoir ce qui suit :

a) L'arrêt dont est recours viole l'art. 59 de la Constitution fédérale. Il s'agit seulement de savoir s'il est dû un droit de mutation par la dame Jaquemot, ou non ; cette question est de droit personnel, et relève du statut personnel, lequel ne peut être régi que par les lois du canton de Genève, dont la recourante est originaire et où elle est domiciliée.

Le droit de mutation est dû non par l'immeuble, mais par le propriétaire, puisque la situation personnelle de l'héritier, c'est-à-dire son degré de parenté, fixe seule le taux du droit de mutation à payer. Le droit de l'Etat consiste seulement à se faire payer par privilège sur l'immeuble, lorsque sa créance contre l'héritier est établie. Or il s'agit justement d'établir que l'Etat est créancier de la dame Jaquemot et cette question dépend de celle de savoir si celle-ci doit être assimilée à un enfant né en légitime mariage ; on se trouve donc en présence d'une action essentiellement personnelle, relevant des Tribunaux genevois.

b) L'arrêt du 9 septembre 1885 constitue un déni de justice, en ce sens qu'il refuse de reconnaître à la dame Jaquemot une possession d'état et un droit qui lui appartiennent manifestement et attendu qu'il ne repose que sur un pur arbitraire.

Les lois concernant l'état et la capacité des personnes régissent les ressortissants d'un pays même à l'étranger : c'est ce que reconnaît l'art. 2 du Cc. vaudois ; la situation juridique de dame Jaquemot, quant à la possession d'état, devait donc être examinée à la lumière de la loi genevoise, qui accorde à l'enfant adoptif, tant au point de vue fiscal qu'au point de vue des rapports de droit civil, en ce qui concerne la succession de l'adoptant, les mêmes droits que ceux qui sont accordés à un enfant né en légitime mariage. Il ne peut y avoir aucune différence entre la position de dame Jaquemot, à Genève, et la position de dame Jaquemot dans le canton de Vaud, sans que par le fait même il soit établi en sa faveur ou contre elle un privilège de lieu, ce qui est en opposition flagrante avec l'art. 4 de la Constitution fédérale. De plus, si la législation d'un canton attribue à une personne, de par l'adoption, le rang d'un enfant né en légitime mariage, c'est là un acte de souveraineté qu'il n'appartient pas aux autorités d'un autre canton de discuter ou de méconnaître : en tentant de le faire, elles se mettent en contradiction avec l'art. 5 de la Constitution fédérale.

En outre, l'arrêt attaqué constitue un déni de justice en ce qu'il repose sur un pur arbitraire ; il admet qu'au point de vue des rapports de droit civil, dame Jaquemot est au bénéfice de la possession d'état qu'elle a acquise dans le canton de Genève mais il lui refuse ce bénéfice en ce qui concerne les droits du fisc vaudois ; tout en reconnaissant la valeur de l'adoption, il refuse d'en admettre toutes les conséquences. En envoyant la dame Jaquemot en possession de la moitié des biens délaissés par son père adoptif, les autorités vaudoises lui ont reconnu la position d'une descendante vis-à-vis d'un ascendant ; le fisc ne saurait contester cette position en se plaçant à un autre point de vue. Il est contraire à la logique et au bon ordre qu'une même personne soit reconnue par l'autorité vaudoise descendante à Coppet, et déclarée par l'autorité vaudoise étrangère à Lausanne.

Il y a d'autant plus lieu à assimiler, dans le canton de Vaud, les enfants adoptifs et les descendants de sang, que la loi fédérale sur l'état civil et le mariage, non-seulement reconnaît l'adoption, mais va, dans son art. 28, jusqu'à interdire le mariage entre parents et enfants par adoption. L'autorité vaudoise ne saurait dénier, sans arbitraire, à la personne appelée à hériter de son père adoptif, les rapports de filiation qui l'unissent à celui-ci.

c) L'arrêt dont est recours méconnaît la disposition de l'article 61 de la Constitution fédérale.

L'adoption de la dame Jaquemot résulte d'un jugement rendu par le Tribunal civil de Genève, confirmé par la Cour de justice civile. Ce jugement a conféré à la dame Jaquemot, vis-à-vis de la succession de son père adoptif, tous les droits d'un descendant vis-à-vis d'un ascendant. Refuser de reconnaître ces droits dans le canton de Vaud, implique une violation de l'art. 61 précité.

Dans sa réponse, l'Etat de Vaud conclut au rejet du recours.

Il s'agit, dans l'espèce, d'une réclamation foncière et non personnelle ; c'est donc à tort que la recourante arguë d'une prétendue violation de l'art. 59 de la Constitution fédérale.

Le droit vaudois ne connaît pas l'adoption ; la loi vaudoise de 1824 n'a donc pas pu comprendre les enfants adoptés parmi les *descendants* qu'elle exempte du droit de mutation. C'est là ce qu'a reconnu avec raison l'arrêt du Tribunal cantonal. L'envoi en possession prononcé par la Justice de paix de Coppet ne comporte aucune reconnaissance de principe, aucune interprétation de la loi vaudoise, et l'on ne saurait, par conséquent, prétendre que le Tribunal cantonal vaudois ait donné à cette loi une autre interprétation que la Justice de paix de Coppet.

L'argument tiré par la recourante du fait que l'adoption est reconnue dans la loi fédérale sur l'état civil est sans aucune portée : l'arrêt du Tribunal cantonal ne conteste nullement à dame Jaquemot sa qualité de fille par adoption, mais se borne à déclarer qu'au point de vue du droit successoral vaudois, cette qualité ne la place pas sur le même pied qu'une fille née en mariage.

Le dit arrêt reconnaissant à la dame Jaquemot sa qualité de fille adoptée, il reconnaît aussi le jugement d'adoption comme régulier et valable ; il conteste seulement que cette adoption puisse déployer certains effets dans le canton de Vaud au regard des lois vaudoises ; il n'a, dès lors, porté aucune atteinte à l'article 61 de la Constitution fédérale.

Le Tribunal fédéral a écarté le recours.

Motifs.

1. La recourante conclut en première ligne à l'annulation de la saisie-otage pratiquée à son préjudice par l'Etat de Vaud, par le motif que ce procédé a eu pour effet de saisir des biens d'un débiteur hors du canton où il est domicilié, ce en opposition directe avec la garantie contenue à l'art. 59 de la Const. féd.

Ce grief n'est toutefois point fondé :

a) Le droit de mutation réclamé repose sur le fonds ; il est perçu de tout propriétaire du fonds, par le fait même de cette qualité, au même titre que l'impôt foncier. A ce point de vue déjà, la réclamation de l'Etat de Vaud n'apparaît pas comme une réclamation personnelle dans le sens de l'art. 59 de la Constitution fédérale et pouvait, dès lors, être poursuivie au for de la situation de l'immeuble (V. arrêt du Trib. féd. en la cause Jenny. *Rec.*, VII, p. 4 et 5, consid. 1 et 2).

b) En outre, la saisie dont il s'agit a été pratiquée en vue de la protection d'un droit réel, existant aux termes de l'art. 1583 du Code civil vaudois, lequel confère à l'Etat un privilège spécial pour les droits de mutation échus dans l'année, et pour l'impôt foncier des deux dernières années, *sur les immeubles* pour lesquels ces droits ou cet impôt sont dus. Or la jurisprudence fédérale a toujours admis que, pour la réalisation d'un pareil droit réel, une saisie peut en tout temps être instée sur les dits immeubles au lieu de leur situation.

c) Il est, à cet égard, indifférent qu'une réclamation de ce genre soit contestée; comme se rapportant à une contribution foncière, elle est en tous cas soumise au *forum rei sitae*, au même titre que l'action que l'Etat de Vaud aurait pu intenter en reconnaissance de son privilège sur les immeubles en question, en vertu duquel la saisie-otage a eu lieu.

2. C'est avec tout aussi peu de raison que la recourante arguë de la violation, à son préjudice, des art. 4 et 5 de la Constitution fédérale.

Ainsi que le Tribunal de céans l'a déjà reconnu (V. arrêt Luti, du 2 juin 1882, VIII, p. 195 et 196, consid. 2), l'art. 5 précité se borne à statuer que la Confédération garantit aux cantons leur territoire, leur souveraineté dans les limites constitutionnelles, leurs constitutions, la liberté et les droits du peuple, les droits constitutionnels des citoyens, ainsi que les droits et les attributions que le peuple a conférés aux autorités. Cet article place ainsi seulement les droits sus-mentionnés sous la garantie de la Confédération, en lui donnant compétence pour intervenir au cas où une atteinte leur serait portée. En revanche, *il est évident* que cette disposition ne saurait être invoquée seule dans un recours, mais qu'il doit être justifié dans chaque cas de la violation d'un droit spécial placé sous la garantie fédérale.

Le moyen tiré de la prétendue violation de l'art. 4 de la même Constitution est tout aussi peu fondé; il consiste à dire que la théorie de l'arrêt attaqué a pour conséquence un traitement différent de la dame Jaquemot, dans les cantons de Vaud et de Genève, au point de vue de la possession d'état.

Ce raisonnement n'aurait de valeur que, si dans le domaine du droit privé, se rapportant à l'état civil des personnes, la dame Jaquemot eût été soumise à un pareil traitement. Mais tel n'est pas le cas dans l'espèce, où il s'agit uniquement de la réclamation d'une contribution fiscale et de l'interprétation de la loi vaudoise de 1824 sur cette matière, ainsi que de la loi annuelle sur l'impôt de mutation pour 1884. Cette interprétation est incontestablement dans les attributions du juge vaudois, aussi longtemps qu'elle ne porte pas atteinte à une garantie constitutionnelle. En admettant qu'aux termes de cette loi, le descendant de sang seul est exempté de la mutation et que le législateur vaudois, lequel ne connaît l'adoption, n'a pu vouloir étendre cette exemption à l'enfant adoptif, les tribunaux cantonaux n'ont commis aucune violation de ce genre. Il n'est point douteux, en effet, que le législateur, même s'il eût admis l'institution de l'adoption, eût été autorisé à restreindre aux seuls descendants de sang l'exemption du droit de mutation, aussi bien qu'il lui était loisible de soumettre à ce droit l'enfant naturel, ou de l'en exempter et de l'assimiler à cet égard à l'enfant légitime, ainsi qu'il l'a fait réellement dans la loi d'impôt pour 1884 (art. 12).

La circonstance qu'à Genève l'enfant adoptif se trouve assimilé entièrement, au point de vue fiscal, au descendant de sang, ne saurait exercer aucune influence sur les dispositions édictées par le canton de Vaud en la même matière.

Les cantons sont, en effet, libres de déterminer l'assiette et les catégories de l'impôt et l'art. 4 de la Constitution fédérale ne saurait être interprété dans ce sens qu'il ait pour but de garantir à tous les citoyens suisses l'égalité des contributions qu'ils sont appelés à payer au fisc de leurs cantons respectifs.

3. La recourante voit, en outre, un déni de justice dans le fait que l'arrêt attaqué lui contesterait la qualité de descendante, alors que cette qualité lui a été reconnue du fait de son envoi en possession par la Justice de paix de Coppet.

Il est inexact de prétendre que cet envoi en possession implique une reconnaissance d'état au point de vue civil. La Justice de paix, par cet acte, n'a point entendu, ni pu trancher une question pouvant donner lieu à litige hors de sa compétence, mais elle s'est bornée à appliquer à la dame Jaquemot, sur le vu des pièces, et entre autres de la délivrance de legs, par elle produites, l'art. 31 de la loi vaudoise de 1824 sur la perception du droit de mutation, disposant que « lorsque dans une succession » ouverte dans l'étranger, il y aura des immeubles situés dans » le canton, l'héritier sera tenu de produire à la Justice de paix » du cercle où les immeubles sont situés, les titres et autres actes en vertu desquels il entre en possession. » Cet envoi en possession, acte de juridiction gracieuse, plutôt de nature administrative, ne saurait être considéré comme impliquant une reconnaissance en ce qui touche les effets civils de l'adoption.

A supposer même, d'ailleurs, qu'il en fût autrement, rien n'empêchait, ainsi qu'il a déjà été dit, le législateur vaudois de traiter l'enfant adoptif autrement que le descendant de sang, en ce qui concerne la perception du droit de mutation.

4. Enfin l'arrêt dont est recours ne se heurte pas davantage contre le prescrit de l'art. 61 de la Constitution fédérale, édictant que les jugements civils définitifs rendus dans un canton sont exécutoires dans toute la Suisse.

Le jugement des Tribunaux genevois prononçant l'adoption de la demoiselle Jollet apparaît effectivement comme un acte de juridiction non contentieuse, et non comme une sentence tranchant un litige de droit civil entre parties, dans le sens de l'article 61 susvisé. L'arrêt du Tribunal cantonal ne conteste, d'ailleurs, nullement l'existence des rapports d'adoption unissant la demoiselle Jollet-DuPan et le défunt Jean-François DuPan, mais il se borne à estimer, avec raison, qu'il n'y a point lieu, au regard des lois vaudoises, à attribuer à cette adoption les mêmes conséquences qu'à Genève, en ce qui concerne la question de l'exemption des droits de mutation; le jugement genevois n'avait point à trancher et n'a effectivement point touché la question, toute de droit public, des conséquences de l'adoption au regard du fisc du canton de Vaud, et l'Etat de Vaud ne saurait être tenu de faire application sur son territoire, en vertu de l'art. 61 invoqué, des dispositions légales en vigueur à cet égard dans le canton de Genève.

Vaud. — TRIBUNAL CANTONAL.

Séance du 14 janvier 1886.

Accident de chemin de fer. — Responsabilité de la Compagnie. — Art. 2 de la loi fédérale du 1er juillet 1875.

Compagnie Suisse Occidentale-Simplon contre Rieben.

En ce qui concerne les accidents de chemins de fer survenus dans l'exploitation, la Compagnie est responsable, à moins qu'elle ne surmonte la présomption de faute qui pèse sur elle, en établissant que l'accident est dû à la faute de la victime elle-même.

Avocats des parties :

MM. Dupraz, pour Compagnie S.-O.-S., défenderesse et recourante.
Paschoud, pour Rieben, demandeur et intimé.

Par exploit du 26 mars 1885, Rieben a ouvert action à la

S.-O.-S., en paiement de 18,000 fr., à titre de dommages-intérêts pour le préjudice que lui cause, à lui et à sa famille, l'accident dont il a été victime au service de dite Compagnie.

La S.-O.-S. a conclu à libération.

L'instruction de la cause et l'inspection locale ont établi les faits ci-après :

Le 25 juillet 1884, Rieben était, vers les 4 $^1/_2$ h. de l'après-midi, occupé avec d'autres cantonniers à réparer la voie du chemin de fer à quelques cents mètres de la gare de Renens, direction Genève, côté du lac. Il a quitté le chantier pour aller chercher un vêtement déposé dans une caisse à outils qui se trouvait à quelque distance de la gare, côté de la montagne.

Après avoir pris cet effet, Rieben s'est dirigé vers son chantier, suivant une direction parallèle à la voie de Neuchâtel (entre la voie de Neuchâtel et la voie Genève-Lausanne).

A ce moment, le train 109 Lausanne-Pontarlier quittait, à l'heure règlementaire, la gare de Renens, après avoir sifflé 4 fois conformément au règlement.

Le mécanicien du train 109, voyant cet homme marcher sur la voie en avant du train, a sifflé aux freins par deux fois. Le chef de train cria trois fois « gare! »

Rieben ne se retourna pas; plus tard, interrogé sur cette circonstance, il a affirmé ne pas avoir entendu ces appels.

Quand le train 109 fut à peu de distance de Rieben, ce dernier croyant l'éviter, se porta sur la voie de Neuchâtel.

Il fut tamponné par la locomotive à environ 300 mètres de la gare de Renens et à quelques pas de l'aiguille ouvrant la voie pour Yverdon. Au point où l'accident est arrivé, il y a trois voies parallèles, savoir :

Celle côté du lac, affectée au service Lausanne-Genève ; celle du milieu, affectée au service Genève-Lausanne ; celle côté de la montagne, se dirigeant sur Bussigny et Pontarlier.

Rieben fut relevé avec les deux jambes mutilées, des côtes cassées et d'autres lésions. Il a subi l'amputation des deux jambes au-dessous du genou. Aujourd'hui il lui est presque impossible de se livrer à un travail utile.

Comme ouvrier de chemin de fer, il gagnait 70 fr. par mois, plus environ 9 fr. comme déplacement. Il était au service de la Compagnie depuis le commencement de 1883.

Il est âgé de 42 ans, marié; sa femme a 32 ans. Il a un enfant âgé de 6 ans, sa femme a elle-même un autre enfant âgé de 8 ans.

Le Tribunal de Lausanne a admis les conclusions du demandeur, mais réduites à 9000 fr.

La Compagnie S.-O.-S. a recouru en réforme contre ce jugement, disant en substance : La faute de Rieben ne réside pas uniquement dans un défaut de perspicacité et de présence d'esprit ; elle résulte des écarts de ce degré de précaution et d'attention que l'on doit présumer chez chacun. Il a attendu trop longtemps, étant sur un chemin où l'on court de grands risques, avant de prendre des mesures de précaution et d'attention que l'on peut exiger de tout le monde.

Rieben était autorisé à circuler sur la voie, mais à ses risques et périls. Tant qu'il s'y trouvait, il devait prendre toutes les mesures de précaution dictées par la prudence la plus élémentaire. Il devait traverser la voie suivant une ligne perpendiculaire dès le coffre à outils, et longer ensuite le sentier d'accotement, côté lac. Il a choisi *volontairement* la direction la plus dangereuse et ne devait dès lors pas cesser un instant de veiller à sa sécurité.

Or il ne s'est pas *retourné* et a changé de direction sans même se retourner.

C'est là une faute qu'on peut qualifier « légère ». Mais elle est suffisante pour entraîner la libération de la Compagnie.[1]

Le Tribunal cantonal a écarté le recours.

Motifs.

Considérant qu'aux termes de l'art. 2 de la loi fédérale du 1er juillet 1875, la Compagnie de la S.-O.-S. est responsable du dommage résultant pour l'intimé de l'accident en cause, à moins qu'elle ne prouve que l'accident a été causé par la faute de Rieben lui-même.

Que, dès lors, il y a lieu de rechercher si la Compagnie recourante a établi cette faute, attendu que Rieben circulait sur la voie pour les besoins de son service.

Qu'aucune prescription règlementaire ne lui interdisait de suivre le chemin qu'il a pris, qui du reste était la voie la plus directe pour rentrer à son chantier.

Que, pour revenir à son chantier, il devait nécessairement traverser les 3 voies de la ligne.

[1] Cet arrêt a été rendu à une majorité de 4 voix contre 3.

Que, d'autre part, travaillant depuis peu de temps à la gare de Renens, il n'est pas constaté qu'il ait connu ou dû connaître le tableau de la marche des nombreux trains circulant dans cette station.

Qu'il n'est pas établi qu'il ait entendu les signaux donnés et les cris d'alarme du chef de train.

Qu'à supposer même qu'il eût entendu ces coups de sifflet, il n'est nullement démontré qu'il eût eu à ce moment le temps de se garer.

Que, même s'il s'était retourné, la circonstance que le train 109 arrive à Renens sur la voie côté du lac, marche ensuite dans un espace de quelques mètres sur la voie du milieu et est enfin aiguillé sur la voie côté de la montagne, eût probablement été de nature à tromper Rieben sur la route que devait suivre le convoi qui l'a atteint.

Que, dès lors, et en l'absence d'une constatation plus précise, on ne peut relever à la charge de Rieben une faute au sens de l'art. 2 de la loi fédérale.

Qu'il ne paraît pas davantage résulter de l'ensemble de ces faits que Rieben ait manqué de la perspicacité et du sang-froid dont la Compagnie estime qu'il aurait dû faire preuve en cette circonstance et qu'ainsi il n'y a à sa charge aucune faute.

Considérant qu'ainsi la Compagnie recourante n'a pas surmonté la présomption de faute qui pèse sur elle aux termes de l'art. 2 de la loi fédérale du 1er juillet 1875.

Il y a recours au Tribunal fédéral.

Vaud. — COUR DE CASSATION PÉNALE.

Séance du 3 février 1886.

Jugement pénal. — Recours en réforme. — Vol et recèlement. — Poursuite d'office. — Art. 306 Cp. et art. 484 Cpp.

Recours Gingins.

Le recours en réforme contre un jugement pénal n'est pas restreint aux cas limités par la loi, ni soumis aux conditions fixées par elle en ce qui concerne le recours en nullité.

Lorsqu'un prévenu est poursuivi pour vol et pour recèlement, sa libé-

ration du chef de recèlement n'a point pour conséquence de le soustraire à la poursuite officielle du chef de vol (Cp. 306).

Défenseur du recourant : M. le licencié en droit Prélaz.
M. le Procureur-général est intervenu.

J.-L. dit François Gingins a recouru contre un jugement rendu par le Tribunal correctionnel du district de Morges, qui l'a condamné à un mois de réclusion pour vol, en disant :

Qu'aucune plainte n'avait été déposée contre lui ni pour l'un, ni pour l'autre des délits dont il était accusé.

Qu'il résulte du verdict du jury qu'il n'est pas coupable de recel. L'enquête instruite sur ce point devait dès lors être considérée comme nulle. Gingins n'étant plus poursuivi que pour le délit de vol, réprimé par les art. 271 lettre *b* et 272 § 1° Cp., la poursuite devait cesser immédiatement contre lui, à teneur de l'article 306 Cp., puisqu'aucune plainte n'avait été déposée par le lésé.

Le Procureur général a opposé au recours un moyen préjudiciel consistant à dire *que le procès-verbal des débats n'établit pas que le recourant ait fait, devant la Cour correctionnelle, une réquisition écrite motivée sur le vice reproché à l'instruction, et que cette réquisition ait été écartée ; qu'en conséquence, le recourant est à tard pour faire valoir ce moyen devant la Cour de cassation pénale, vu l'art. 484 k Cpp.*

Ce moyen préjudiciel a été écarté par les motifs suivants :

Attendu que l'art. 484 Cpp. énumère les cas dans lesquels il peut y avoir recours *en nullité* et fixe les conditions dans lesquelles de tels recours doivent être accueillis.

Que, dès lors, cet article n'est point applicable dans l'espèce actuelle, puisqu'il s'agit d'un pourvoi en réforme, le recourant disant qu'au regard des faits constatés à sa charge, il a été fait une fausse application de la loi pénale.

Que, dès lors, il y a bien lieu d'examiner à ce point de vue le recours de Gingins et de voir si la Cour correctionnelle a fait une saine application de la loi aux faits reconnus constants.

Le recours a également été écarté.

Motifs.

Attendu qu'il résulte de l'arrêt d'accusation que Gingins était poursuivi à la fois pour vol et pour recèlement, délits auxquels paraissaient applicables les art. 269, 270 lettres *a* et *b*, 271 *b*, 272 § 1°, 309, 310, 306 2° alinéa, 299 et 64 Cp.

Que Gingins a été reconnu coupable du délit de vol et non coupable du délit de recèlement.

Que le délit dont Gingins a été reconnu coupable est prévu et réprimé par les art. 271 lettre *b* et 272 § 1° Cp.

Mais, considérant d'autre part que Gingins était *poursuivi* pour un délit autre que celui dont il a été reconnu coupable.

Attendu que si, d'une part, le premier alinéa de l'art. 306 Cp. dispose, entre autres, que dans le cas prévu à l'art. 272 § 1° du même code, la poursuite officielle n'a lieu qu'ensuite d'une plainte, d'autre part, le second alinéa du dit art. 306 apporte une restriction au principe général ainsi posé.

Que cette restriction consiste en ceci, que le délinquant poursuivi pour un autre délit est exclu du bénéfice inscrit à l'article 306 1er alinéa Cp.

Que tel était le cas de Gingins, qui se trouvait poursuivi pour vol, puis pour recèlement.

Qu'en présence de la disposition susmentionnée du 2e alinéa de l'art. 306 Cp., la libération de Gingins du chef de recèlement n'a point pour conséquence de le soustraire à la poursuite officielle du chef de vol.

Zurich. — Cour suprême.

Employé. — Salaire supprimé pendant un service militaire. Condamnation du patron. — CO. 341.

La Cour suprême du canton de Zurich a condamné un patron à payer à l'un de ses employés son salaire pendant les 10 jours de service militaire qu'il avait faits pour un cours de répétition.

L'arrêt est motivé sur l'art. 341 CO. portant que, lorsqu'il s'agit d'un contrat de service conclu à longue échéance, celui qui est obligé à ce service ne perd pas ses droits à son salaire s'il est empêché d'y pourvoir par la maladie, le service militaire ou d'autres motifs ne provenant pas de sa propre faute, pendant un temps relativement court.

En revanche, le Tribunal a débouté le même employé de sa réclamation contre son renvoi par son patron, à l'occasion d'une école de six semaines faite par lui comme capitaine. La Cour ne lui a accordé que la moitié de son salaire pour ces six semaines, en prenant en considération la longueur de ce service militaire et le fait que celui-ci était facultatif et non obligatoire.

Ch. Boven, notaire, rédacteur.

Lausanne. — Imp. CORBAZ & Comp.

XXXIVe ANNÉE. N° 11. SAMEDI 13 MARS 1886

JOURNAL DES TRIBUNAUX

REVUE DE JURISPRUDENCE

Paraissant à Lausanne une fois par semaine, le Samedi.

Prix d'abonnement : 12 fr. par an, 7 fr. pour six mois. Chaque numéro, 50 cent. On s'abonne à l'imprimerie CORBAZ et Cie et aux bureaux de poste. — ANNONCES : 20 centimes la ligne ou son espace.

Poursuite pour dettes et faillite.

Le projet de loi sur la poursuite pour dettes et la faillite vient d'être porté à la connaissance du public. Parmi les articles qui l'intéressent, on peut citer les suivants, qui se rapportent aux différentes espèces de poursuites pour dettes :

La poursuite pour dettes est introduite par la notification au débiteur d'un commandement de payer. Elle est continuée, suivant la qualité du débiteur, par voie de saisie ou par voie de faillite.

La poursuite a lieu par voie de faillite lorsqu'elle est dirigée contre un débiteur inscrit au registre du commerce :

1° Comme chef d'une raison de commerce;

2° Comme associé dans une société en nom collectif;

3° Comme associé indéfiniment responsable dans une société en commandite ou comme commanditaire;
4° Comme gérant d'une société en commandite par actions;
5° Comme société en nom collectif;
6° Comme société en commandite;
7° Comme société anonyme ou en commandite par actions;
8° Comme association;
9° Conformément à l'art. 865, 1er alinéa, CO.

Sont considérés comme s'ils étaient inscrits au registre du commerce :

1° Ceux qui y étaient inscrits au moment où l'obligation fondant la poursuite a pris naissance;

2° Ceux qui par suite d'héritage sont poursuivis pour une dette contractée par une personne qui aurait pu être mise en faillite pour cet engagement.

Dans tous les autres cas la poursuite a lieu par voie de saisie.

La poursuite pour contributions publiques n'est exercée non plus que par voie de saisie, que le débiteur soit ou non inscrit au registre du commerce.

Lorsque la poursuite est opérée en vertu d'une créance garantie par gage, elle doit tendre, en première ligne, à la réalisation du gage, à moins que la créance ne résulte d'une lettre de change ou d'un chèque.

En dehors des cas où la poursuite elle-même tend à la faillite, celle-ci peut être prononcée par le juge contre toute personne :

1° Sur la demande d'un créancier, si le débiteur n'a pas de domicile connu, ou s'il est établi qu'il a pris la fuite dans l'intention de se soustraire à ses engagements, qu'il a commis ou tenté de commettre des actes en fraude des droits de ses créanciers, ou qu'il a célé ses biens dans les poursuites dirigées contre lui par voie de saisie;

2° Sur la demande du débiteur, s'il entend faire abandon de ses biens à ses créanciers.

La faillite peut en outre être prononcée contre les sociétés anonymes et les associations, dans les cas prévus aux art. 657 et 704 CO.

La commission du Conseil des Etats avait décidé de se réunir à partir du 29 mars, à Zurich, pour examiner le projet du Conseil fédéral. Nous apprenons que cette réunion aura lieu seulement dans le courant de l'été, ensorte que cette grosse question ne viendra pas à la session de juin.

Les rapports de l'Eglise et de l'Etat au Tessin.

Dans le premier numéro de l'année, nous avons donné un résumé du projet de loi du gouvernement tessinois *sur la liberté de l'Eglise catholique et sur l'administration des biens ecclésiastiques*. Ce projet a été discuté en janvier par le Grand Conseil et il a passé à l'état de loi dans la séance du 28.

Comme chacun l'a vu, le Conseil d'Etat tessinois en est revenu à peu près au système des concordats, car son travail a été rédigé avec le concours de l'administration apostolique nouvellement installée. Au dehors surtout on lui en a fait un grand grief. Il ne faut pas oublier cependant qu'il n'était pas libre. En effet, ce gouvernement avait été obligé de recourir aux bons offices du St-Siège parce que, ainsi que nous l'avons exposé dans un article précédent, le Tessin faisait auparavant partie des diocèses de Côme et de Milan et qu'à tous égards sa situation était devenue intolérable; en d'autres termes, il importait au plus haut point que le canton fût détaché de tous liens avec l'Italie et érigé en évêché indépendant, soit, en attendant, en administration apostolique spéciale. Or, la curie romaine n'y a consenti qu'à une condition, c'est que la loi imposée en 1855 par le régime radical serait abrogée et remplacée par un droit conforme aux principes canoniques. Le Conseil d'Etat fut obligé de prendre des engagements catégoriques.

Du reste, le St-Siège ne s'est pas montré, dès lors, aussi intransigeant que certains l'auraient cru, car, à l'ouverture de la session du Grand Conseil, le Conseil d'Etat a présenté une missive dans laquelle l'administrateur apostolique déclare faire une concession importante, pourvu que la loi soit votée dans son ensemble. C'est-à-dire que la papauté consent à ce qu'il ne soit pas établi de distinction entre les paroisses qui possédaient avant 1855 un droit de *patronage* et celles qui n'en possédaient pas. Toutes les paroisses pourront élire leurs curés. Il n'y aura d'exceptions que pour les chanoines et pour les bénéfices qui sont des propriétés particulières (appartenant en général à des corporations ou à des familles, *jus patronato)*. Les chanoines seront nommés conformément aux lois et décrets ecclésiastiques et les droits des *patrons* seront maintenus quant à ce qui concerne les bénéfices de patronage privé.

Les curés élus par les paroisses devront, avant d'entrer en fonction, obtenir le consentement de l'Ordinaire. Sous le régime de 1855 les électeurs municipaux avaient, il est vrai, le droit de choisir définitivement leur prêtre; mais, en réalité, celui-ci était bien obligé de solliciter la ratification de l'autorité ecclésiastique; s'il essayait de s'en passer, comme cela eut lieu quelquefois, il en résultait un conflit insoluble.

A teneur de la législation de 1855, les communes avaient, en outre, le droit de révoquer leurs curés, en tout temps, mais ce droit avait été aboli en 1878 par le Grand Conseil conservateur; il va de soi qu'il n'est pas rétabli par la nouvelle loi. La nomination une fois faite est à vie.

Quant à l'ensemble de la loi nous nous en référons à ce que nous avons dit dans notre précédent article, ajoutant ce qui suit:

L'administrateur apostolique, désigné sous le nom d'*ordinaire épiscopal*, choisira comme il l'entendra son vicaire général et le personnel de sa chancellerie. Il sera complètement libre dans tout ce qui concerne la fondation, l'organisation et l'administration du ou des séminaires, il nommera et révoquera les supérieurs et les professeurs de ces établissements comme il le jugera convenable. Il sera également libre d'ordonner des prières publiques, des processions et de régler les funérailles des catholiques. Le choix des livres et des catéchistes pour l'enseignement de la religion lui est abandonné. Le droit de communiquer librement avec le clergé lui est garanti. Les dispositions qui exigeaient le placet pour la publication des bulles, des brefs, lettres pastorales ou pour l'application de mesures disciplinaires sont abolies.

Toutes les églises, oratoires, lieux et biens saints (cimetières) sont placés sous la surveillance de l'Ordinaire. Le consentement de l'autorité ecclésiastique sera nécessaire toutes les fois qu'on voudra faire subir une modification quelconque à de pareils biens s'ils sont destinés à un usage public.

L'Ordinaire peut créer des *bénéfices*, c'est-à-dire des paroisses, conformément aux lois ecclésiastiques.

Il peut diviser ou réunir des bénéfices existants avec le consentement des assemblées paroissiales respectives.

Lorsqu'une école dépendra d'un bénéfice, les intérêts de l'instruction publique devront être sauvegardés.

Un des changements fondamentaux est le suivant: la paroisse est substituée à la commune, le conseil paroissial au conseil municipal.

La loi porte que les paroisses sont déclarées corps moraux; elle garantit en outre la capacité juridique à toutes les institutions d'œuvres pies émanant de l'Eglise catholique.

Elle statue :

Sont biens paroissiaux :

a) Les biens de *congrua* (portions congrues, rentes constituées en faveur des desservants des paroisses) et les églises paroissiales et vice-paroissiales.

b) Les biens des fabriques destinés à la conservation ou au service des églises paroissiales ou vice-paroissiales.

L'*assemblée paroissiale* se compose de tous les citoyens actifs catholiques-romains domiciliés sur le territoire de la paroisse.

Elle élit le curé et les membres du conseil paroissial.

Elle statue : *a)* sur les aliénations d'immeubles; *b)* sur les dettes et emprunts à contracter avec ou sans hypothèque; *c)* sur les procès à plaider; enfin *d)* elle examine chaque année les comptes de la paroisse. En général ses décisions ne sont valables que si elles réunissent les deux tiers des voix des électeurs présents à l'assemblée et il faut encore la ratification de l'Ordinaire.

La loi crée un nouveau rouage, le *conseil paroissial*. Chaque conseil paroissial aura trois membres au moins, sept au plus. Le curé en sera membre de droit. Dans les paroisses où la *congrua* ou les frais de culte sont à la charge de la commune [1] en tout ou en partie, la municipalité a le droit de nommer un membre du conseil paroissial, s'il se compose de trois membres, et deux membres, s'il renferme un nombre supérieur.

Les conseils de paroisse sont en charge pour trois ans.

Ils administrent les biens paroissiaux, les biens destinés à la fabrique, etc.

[1] Au Tessin, l'Etat ne fournit des traitements qu'au clergé supérieur, les curés sont payés en général par les communes; dans beaucoup de localités il y a des fonds spéciaux affectés au culte, à telle ou telle église, *congrua*, etc.

Sur une liste présentée par le curé, le conseil paroissial choisit un ou plusieurs marguilliers et un sacristain. Les marguilliers doivent fournir un cautionnement.

Le droit d'user des cloches est réparti comme suit : l'autorité ecclésiastique règle le service divin, le conseil paroissial règle tout ce qui a trait aux autres besoins de la paroisse et la municipalité tout ce qui regarde la commune.

Nous n'entendons point discuter en détail la loi prémentionnée, nous nous permettrons seulement de formuler quelques observations.

Il est certain que cette loi renferme des innovations excellentes : entre autres il est équitable que les curés soient nommés par les catholiques seuls et non par l'ensemble des électeurs municipaux, sans distinction de religion, comme l'avait statué la loi de 1855 ; il est équitable aussi que l'autorité ecclésiastique puisse s'adresser directement aux fidèles en tout ce qui concerne le culte. Le *placet*, sous quelque forme qu'il s'exerce, est en opposition avec le principe de la liberté de conscience. Mais par contre, à notre avis du moins, la loi tessinoise va trop loin pour tout ce qui concerne les droits accordés à l'Ordinaire sur l'administration des biens ecclésiastiques.

Ainsi que nous l'avons dit ailleurs (*Journal des Tribunaux*, année 1885, p. 513 et 737), les communes, les paroisses, les chambres de charité, en un mot, les corporations se laissent facilement entraîner à faire des dépenses exagérées, à contracter des engagements qu'elles sont ensuite incapables de remplir. Si l'on veut éviter des engagements téméraires, des situations embarrassées, des catastrophes même, il faut que les corporations ne puissent contracter aucune dette extraordinaire sans que le paiement en soit assuré, soit sans que l'Etat ait examiné sérieusement l'affaire et ait accordé son autorisation.

Que l'Ordinaire soit entendu chaque fois, rien de mieux ; mais se dépouiller de tous droits en sa faveur, de la part d'un Etat, est un principe que nous ne saurions admettre. D'abord c'est constituer un Etat dans l'Etat. Puis rien ne garantit qu'une autorité spirituelle comme l'Ordinaire soit bien placée pour remplir un pareil mandat. On nous objectera sans doute que l'Etat au Tessin n'a pas à sa charge les frais du culte. Nous le savons, mais ces frais sont supportés par les communes ; or les communes ne sont autre chose qu'un démembrement de l'Etat. En outre, partout l'Etat est le tuteur naturel des communes.

Dans des problèmes de cette nature, enfin, la théorie, les principes ne doivent pas seuls être pesés. Si l'on veut s'éviter des expériences fâcheuses, il est bon de consulter la pratique et de voir ce qui a été fait ailleurs. En cherchant un peu nous avons constaté que la situation de l'Eglise catholique au Tessin offrait une grande analogie avec ce qui existe au Portugal. Ce royaume, comme le canton du Tessin, est un pays essentiellement catholique. Au Portugal, comme au Tessin, « le haut clergé seul est » rétribué par le gouvernement, le clergé des paroisses n'est » pas doté par l'Etat, il est alimenté par les revenus de l'Eglise, » par le casuel et par une contribution spéciale des communes » appelée *congrua.* » (Le Portugal, *Figueredo*, p. 60.) Au Portugal c'est le comité paroissial qui délibère sur les acquisitions et aliénations d'immeubles, sur les emprunts, etc., mais ses décisions doivent être ratifiées par le gouverneur civil. Pourquoi en serait-il autrement au canton du Tessin? Le gouvernement tessinois s'est bien réservé le droit de statuer toutes les fois qu'il y aurait des contestations en matière d'élections ecclésiastiques, il aurait dû faire de même pour tout ce qui concerne l'administration des biens et les dettes des paroisses.

F. Nessi, avoc.

TRIBUNAL FÉDÉRAL

Séance du 5 mars 1886.

Demande d'extradition. — Prescription de la peine. — Art. 9 du traité d'extradition franco-suisse du 9 juillet 1869.

Ambassade de France contre Vaugon.

A teneur du traité d'extradition franco-suisse de 1869, l'extradition peut être refusée si la prescription de la peine est acquise d'après les lois du pays où le condamné s'est réfugié.

Lorsque la loi fait dépendre la prescription de la peine de la nature de celle-ci, la nature de la peine réellement infligée doit seule être prise en considération, alors même que l'infraction eût pu être punie d'une peine plus sévère.

Par jugement en contumace du 25 novembre 1872, la Cour d'assises du département de la Seine a condamné, en admettant en sa faveur des circonstances atténuantes, le sieur Michel-Pierre Vaugon, né à Lalacelle, arrondissement d'Alençon (Orne), à cinq ans de prison et à cent francs d'amende pour avoir *a)* Corrompu par promesses, offres, dons ou présents, des commis de l'octroi de Paris, agents d'une administration publique, à l'effet d'obtenir d'eux de faire des actes de leurs fonctions, la dite corruption ayant pour objet des faits criminels, ce qui constitue les crimes prévus et punis par les art. 177 et 178 du code pénal. *b)* D'avoir fait sciemment usage d'une pièce fausse, soit d'un passe-debout constatant faussement l'entrée dans Paris de liquides sur consignation des droits ou caution délivré par l'octroi de Paris, ce qui constitue les crimes de faux en écriture authentique et publique, prévus et punis par les art. 147, 148 et 164 du code pénal.

Par note du 24 janvier 1886, l'Ambassade de France en Suisse transmet au Conseil fédéral l'expédition de l'arrêt susvisé et demande l'extradition de l'inculpé Vaugon, qui résiderait dans le canton de Genève.

Sous date du 30 dit, Vaugon a été, en effet, arrêté à Genève.

Dans ses interrogatoires des 30 janvier, 9 et 18 février, Vaugon déclare s'opposer à son extradition et invoquer à cet effet, pour autant que les lois ou traités d'extradition le mettent à ce bénéfice, la prescription de la condamnation qui l'a frappé. Il ajoute avoir habité la Suisse dès avant sa condamnation, avoir reçu en 1876 ou 1877, après son mariage célébré à Morat, un acte d'immatriculation de l'Ambassade française à Berne, et, enfin, avoir toujours porté son vrai nom.

Le Tribunal fédéral n'a pas déféré à la demande d'extradition.

Motifs.

1. L'art. 9 du traité entre la Suisse et la France, du 9 juillet 1869, dispose que l'extradition pourra être refusée si la prescription de la *peine* ou de l'action est acquise, *d'après les lois du pays où le prévenu s'est réfugié,* depuis les faits imputés, ou depuis la poursuite ou la condamnation.

Il en résulte que, dans l'espèce, ce sont les dispositions des lois genevoises sur la matière qui sont décisives au regard de la question de prescription soulevée.

2. A teneur de l'art. 66 du code pénal du canton de Genève, les peines criminelles se prescrivent par vingt années révolues, à compter dès la date des arrêts ou jugements qui les ont pro-

noncées, et aux termes de l'art. 67 ibidem, les peines correctionnelles se prescrivent par cinq années révolues à partir de la même date.

Il ressort de ces dispositions que c'est la nature de la peine appliquée, et non celle du crime ou délit visé, qui est déterminante dans ce canton en matière de supputation du délai d'accomplissement de la prescription.

Or, bien que les actes pour lesquels Vaugon a été condamné se caractérisent comme des crimes, même à teneur du code pénal genevois, la peine appliquée à ces actes par la Cour d'assises de la Seine n'a été, par suite des circonstances atténuantes admises en faveur du dit condamné, que celle de l'emprisonnement, et cette peine correctionnelle aurait été aussi, dans les mêmes circonstances, celle que les tribunaux genevois auraient dû appliquer en conformité de l'art. 360 du code d'instruction pénale.

3. Il suit, de ce qui précède, que la peine prononcée contre Vaugon, le 25 novembre 1872, était prescrite par cinq années, à partir de cette date, d'après les lois de Genève, pays de refuge, et qu'il n'y a, dès lors, pas lieu d'accéder à la demande tendant à son extradition.

Vaud. — TRIBUNAL CANTONAL.

Séance du 20 janvier 1886.

Marchés à terme portant sur des marchandises. — Exception de jeu admise. — Art. 512 CO.

Post et Lappé contre Titzck et Cie.

Constituent du jeu, les opérations d'achat et de vente faites sur des cotons par une personne qui n'en fait pas le commerce, alors qu'il ressort de l'ensemble des circonstances de la cause que l'acheteur n'a jamais eu l'intention de prendre livraison des marchandises qu'il a commandées et que les parties ont clairement manifesté l'intention de ne spéculer que sur des différences.

Avocats des parties :

MM. RUCHET, pour Post et Lappé, défendeurs et recourants.
E. CORREVON, pour Titzck et Cie, demandeurs et intimés.

Titzck et Cie ont conclu à ce qu'il fût prononcé : Que Lappé et

Post sont leurs débiteurs solidaires de 1420 fr.; que Lappé est en outre leur débiteur de 8297 fr. 25.

Post et Lappé ont conclu à libération, tant au fond qu'exceptionnellement, en vertu de l'art. 512 CO [1].

Post a conclu en outre subsidiairement, et pour le cas seulement où les conclusions principales viendraient à n'être pas admises, à la réduction à 420 fr. de la conclusion n° 1 de la demande, déduction devant être faite sur cette conclusion de la somme de 1000 fr. versée à Titzck et Cie, le 29 mars 1884, à titre de « déposit original » pour l'opération à terme du 21 mars 1884.

Le Tribunal de Rolle a accordé aux demandeurs leurs conclusions.

Post et Lappé ont recouru contre ce jugement pour les motifs suivants :

A. *Moyen de fond :*

Titzck et Cie ont commis une série de fautes graves dans leur manière d'agir et causé aux recourants un grave dommage.

1. Ils n'ont jamais avisé Post ni des achats ni des reports qui ont occasionné les différences dont on lui réclame le paiement.

2. Titzck et Cie n'ont pas observé les conditions qu'ils avaient eux-mêmes fixées à leurs clients.

Ils devaient réclamer immédiatement le remboursement de ce qui leur était dû pour ce qu'ils devaient verser au nom de leurs commettants à la caisse de liquidation du Hâvre.

Avant le moment où les différences se sont élevées à la somme consignée ici, il y a eu une époque où les différences étaient peu considérables, mais néanmoins Titzck et Cie devaient effectuer les versements règlementaires à la caisse de liquidation.

S'ils s'en étaient tenus à leurs propres conditions, ils auraient fait immédiatement encaisser ces différences auprès de leurs clients.

Ainsi, elles ne se seraient pas accumulées comme cela a été le cas.

B. ***Moyen exceptionnel (CO. 512) invoqué par Lappé seul :***

[1] *CO., art. 512.* — Le jeu et le pari ne donnent lieu à aucune action en justice.

Il en est de même des avances ou prêts faits sciemment en vue d'un jeu ou d'un pari, et de ceux des marchés à terme sur des marchandises ou valeurs de bourse qui présentent les caractères du jeu ou du pari.

Les sommes dont le paiement est réclamé aux recourants représentent des différences provenant uniquement d'opérations à terme sur des marchandises.

Toute opération destinée à ne se résoudre que par le paiement de différences revêt incontestablement les caractères principaux du jeu et du pari.

Or, les intimés ne pouvaient ignorer que les recourants n'avaient en vue qu'une simple opération de bourse devant se résoudre uniquement par le paiement de différences.

La lettre du 20 mars 1884, adressée à Titzck et Cie par Lappé et Post à l'origine des opérations, montrait clairement cette intention, puisqu'elle faisait mention de différences possibles.

En outre, au commencement de mai, Lappé, à son passage au Hâvre, donnait à Titzck et Cie l'ordre de vendre ou reporter, mais nullement l'ordre de prendre livraison de la marchandise. Durant toute la période des relations entre parties, il n'a jamais été question de prendre livraison effective de la marchandise.

En résumé, la maison Titzck a fait sciemment des avances pour des marchés à terme présentant le caractère du jeu ou du pari.

Moyen subsidiaire de Post pour le cas où celui sous lettre A ne serait pas admis :

Post demande que la conclusion n° 1 de la demande soit réduite de 1420 fr. à 420 fr., déduction devant être faite sur la première somme de celle de 1000 fr. versée à Titzck et Cie, le 29 mars 1884, pour servir de « déposit original », pour l'opération commencée le 21 mars 1884.

Titzck et Cie ont pris deux conclusions distinctes, dont l'une vise les différences provenant de l'opération du 21 mars, tandis que la seconde a trait aux opérations faites par Lappé seul.

Puisque ce versement de 1000 fr. a été fait pour couverture spéciale de l'opération du 21 mars, ce versement doit profiter à Post aussi bien qu'à Lappé.

Le Tribunal cantonal a admis le recours.

Motifs :

I. *Sur le moyen de fond de Post et Lappé :*

Considérant que les circulaires de Titzck et Cie renferment ce passage : « Par principe, nous n'avançons pas d'argent pour les affaires à terme. »

Attendu que, dans l'espèce actuelle, Titzck et Cie n'ont pas exigé une couverture immédiate après chaque opération.

Mais attendu que cette circonstance n'autorise point leurs clients, qui ont accédé à cette dérogation aux conditions posées par les circulaires, à prétendre que Titzck et Cie n'ont pas observé les clauses contractuelles qui les liaient.

Qu'en effet, il y a là une modification réciproquement acceptée de part et d'autre, Titzck et Cie n'ayant fait que renoncer à une condition inscrite en leur faveur dans leurs prospectus.

Considérant, d'autre part, que Lappé n'a point invité Titzck et Cie à correspondre avec Post.

Qu'il ne leur a indiqué aucun représentant autorisé à traiter ou même à recevoir sa correspondance pendant qu'il était en Amérique.

Que Titzck et Cie ont écrit à diverses reprises à Lappé, à Rolle.

Que si leurs lettres n'ont point été transmises à Lappé, ils n'en sont point responsables.

Attendu, enfin, que passant au Hâvre, Lappé a donné à Titzck et Cie ordre discrétionnaire de vendre ou reporter au mieux de ses intérêts.

Que, par lettre du 9 juillet 1884, datée de Tack Saddle, au Texas, Lappé écrivit aux intimés de garder jusqu'au dernier moment les 200 balles et éventuellement de les reporter, comme il avait été convenu entre eux.

Qu'ainsi Lappé n'est aucunement fondé à prétendre que Titzck et Cie n'ont pas exécuté ses ordres,

Le Tribunal cantonal écarte le moyen de fond.

Quant à l'exception de jeu soulevée par Lappé :

Attendu que Lappé n'est pas négociant en cotons et n'avait nul besoin de cette marchandise.

Qu'il ressort de l'ensemble des circonstances de la cause qu'il n'a jamais eu l'intention de prendre livraison des marchandises qu'il commandait.

Qu'ainsi il a toujours fait reporter.

Qu'à son départ pour l'Amérique, il a donné ordre de vendre ou reporter au mieux.

Qu'étant en Amérique et prévoyant une hausse, il a écrit à Titzk et Cie de garder jusqu'au dernier moment et éventuellement de reporter.

Que jamais Lappé n'a parlé de prendre livraison, mais a constamment fait reporter ou a laissé reporter.

Attendu, en outre, que, sous date du 20 mars 1884, Lappé et Post, commandant à Titzck et Cie un achat de 100 balles, disent déjà :

« Pour les différences possibles, nous nous déclarons soli- » daires envers vous. »

Qu'ainsi, dès l'origine de leurs relations avec les intimés, ils ont clairement manifesté l'intention de ne spéculer que sur des différences.

Qu'il résulte ainsi de l'ensemble de ces faits que Titzck et Cie ont su que Lappé et Post voulaient se livrer à un jeu.

Quant à la conclusion subsidiaire de Post :

Considérant que Lappé et Post ont fait une première opération le 21 mars 1884.

Qu'ils ont versé, à titre de couverture et pour cette opération spécialement, la somme de 1000 fr.

Que, dès lors, Lappé a suivi seul aux opérations.

Qu'ainsi l'on doit imputer cette somme de 1000 fr. au compte de cette première opération.

Le Tribunal fédéral statuera samedi prochain 20 mars, à 8 heures du matin, sur le recours interjeté contre cet arrêt.

Vaud. — COUR DE CASSATION PÉNALE

Séance du 17 février 1886.

Vagabondage et mendicité. — Récidive. — Internement dans une colonie agricole ou industrielle. — Art. 64, 69, 141 et 142 modifiés Cp.

Ministère public contre Beausire.

La peine de l'internement dans une colonie agricole ou industrielle, pour vagabondage et mendicité, ne peut excéder trois ans ; il n'y a pas lieu à augmentation de la durée de cette peine en cas de récidive ou de cumulation de délits.

Le Substitut du Procureur général a recouru contre le jugement rendu par le tribunal de police du district d'Yverdon, qui a condamné J.-F. Beausire à quatre ans d'internement dans une colonie agricole et industrielle, comme coupable de s'être livré au vagabondage et à la mendicité. — Le recours estime que c'est à tort que le tribunal de police a fait usage des art. 64 et 69 Cp.

Considérant que les art. 141 et 142 de la loi du 21 janvier 1875, modifiant le Cp., ne prévoient pas un internement de plus de trois ans pour la répression du délit de vagabondage et de mendicité.

Qu'en autorisant exceptionnellement, par une loi spéciale, les tribunaux de police à condamner les vagabonds et les mendiants à un internement de 3 ans au maximum, le législateur n'a pas voulu que, dans ce cas-là, le tribunal de police pût faire usage des art. 64 et 69 Cp. pour les condamner à une peine plus sévère.

Considérant, du reste, que l'art. 142, s'appliquant à la mendicité prévoit le cas de récidive et statue que, dans ce cas, la peine ne peut excéder trois ans.

Considérant que l'art. 141 doit être entendu dans le même sens,

La Cour de cassation pénale admet le recours; réforme le jugement de police du 15 janvier 1886, en ce sens que Beausire est condamné seulement à *trois ans d'internement* au lieu de quatre.

Zurich. — COUR D'APPEL

Traduction d'un arrêt du 15 décembre 1885.

Remise du titre. — Présomption de paiement en résultant. — — Dispositions transitoires du Code fédéral des obligations. — Art. 104 et 904 CO.

Lips contre Meier.

Les dispositions du Code fédéral des obligations sur les effets et les conséquences du paiement d'une obligation sont applicables à tous les paiements effectués à partir du 1er janvier 1883, alors même que l'obligation éteinte par le paiement a pris naissance antérieurement à cette date.

La remise du titre au débiteur fait présumer l'extinction de la dette (CO. 104). C'est au créancier qui prétend que la dette n'est pas éteinte, malgré la remise du titre, qu'il incombe de surmonter la présomption résultant de la loi par la preuve contraire.

Lips a fait à Meier, en 1879, un prêt du montant de 1500 fr. Plus tard, le titre constatant l'obligation a été remis à la femme de Meier. Lips prétend que cette remise n'a eu lieu qu'en vue de mieux conserver le titre et a ouvert action à Meier pour obtenir la restitution de celui-ci ou, à son défaut, le paiement de la somme de 1500 fr. Le défendeur a conclu à libération, disant que la dette a été payée, que c'est à cette occasion que le titre a été restitué et qu'il a été égaré depuis.

Le demandeur a été débouté de son action dans les deux instances.

Motifs :

1. Le demandeur requiert du défendeur la restitution d'une reconnaissance de dette de 1500 fr. ou le paiement de cette valeur, avec intérêt à 4 ½ %, au 1er mai 1885. Il prétend n'avoir confié le titre constatant cette obligation à la femme du défendeur que pour qu'elle le garde. Le défendeur dit au contraire avoir reçu le titre du demandeur lors du paiement de la dette et comme preuve de l'extinction de celle-ci. Comme il n'est pas contesté que le défendeur ait été mis en possession du titre, il y a présomption, à teneur de l'art. 104 CO., que la dette a été éteinte; or, si la dette a été éteinte, le demandeur n'est évidemment plus en droit d'exiger la restitution du titre.

Il n'est pas douteux, d'ailleurs, que le présent litige tombe sous l'application du Code fédéral des obligations et non sous celle du droit cantonal zuricois. La question est, du reste, sans aucun intérêt, puisque, dans des cas analogues, la jurisprudence zuricoise a toujours admis une présomption de paiement. Le Code des obligations doit être envisagé comme applicable en l'espèce, bien que l'obligation ait pris naissance antérieurement à son entrée en vigueur, attendu qu'il s'agit ici d'une cause *générale* d'extinction des obligations et non d'une cause qui ne serait que la conséquence d'une convention, dans quel cas il faudrait, à la vérité, appliquer le droit cantonal sous l'empire duquel l'obligation a pris naissance. Le paiement allégué par le défendeur constitue un fait juridique indépendant, dont la portée et les conséquences doivent être appréciées d'après le nouveau droit, si c'est sous son empire que le paiement a eu lieu. Il résulte de là que les dispositions du Code fédéral des obligations sur les effets et les conséquences du paiement d'une obligation doivent être appliquées à tous les paiements effectués sous l'empire de ce Code, sans qu'il y ait lieu de distinguer suivant que l'obligation éteinte par le paiement a pris naissance sous l'ancienne loi, ou, au contraire, postérieurement au 31 décembre

1882 ; une telle application ne porte atteinte à aucun droit acquis des parties.

2. On peut se demander, en l'espèce, si le paiement a effectivement eu lieu postérieurement au 1er janvier 1883. C'est ce que prétend le défendeur; mais le demandeur dit avoir confié déjà antérieurement le titre à la femme du défendeur. Il y a donc contestation au sujet de l'époque de la remise du titre, mais cette circonstance ne saurait empêcher l'application du Code fédéral des obligations, puisque l'art. 904 CO. dispose que, si le juge est dans le doute sur l'époque à laquelle un acte a été fait, la présomption milite en faveur de l'application de la nouvelle loi.

3. Il a été fait valoir que le fait à la base de l'exception de paiement n'a été ni admis ni prouvé, le demandeur ayant contesté l'allégué du défendeur consistant à dire qu'il aurait reçu le titre ensuite du paiement effectué par lui peu avant la Saint-Martin 1884 ; et le défendeur ne se trouvant pas en possession du titre, condition à laquelle l'art. 104 CO. subordonne expressément la présomption de paiement. Il aurait, dès lors, incombé au défendeur de prouver ses allégués et, ne l'ayant pas fait, il devrait succomber dans son exception de paiement, les conclusions de la demande étant ainsi admises.

La Cour ne saurait partager cette manière de voir, estimant que ce serait interpréter l'art. 104 dans un sens trop étroit. Si l'opinion indiquée ci-dessus était juste, la disposition de l'article 104 deviendrait, en effet, absolument illusoire, puisque, toutes les fois que le créancier a remis le titre au débiteur, le créancier pourrait se soustraire aux conséquences que la loi attribue à cette remise, en prétendant qu'elle n'a eu lieu que pour prendre connaissance du titre, pour en lever copie, etc. Le créancier pourrait ainsi obliger le débiteur à faire la preuve du paiement, bien qu'il soit en possession du titre ou qu'il l'ait été. Or, ce n'est pas là le sens de la loi, qui dit clairement que le fait de la remise du titre au débiteur fait présumer l'extinction de la dette. En l'espèce, il est incontestable que cette remise a eu lieu. — Les considérants qui suivent établissent que le demandeur n'a pas réussi à surmonter la présomption résultant de la loi par la preuve contraire. *Pour traduction,* C. S.

Ch. Boven, notaire, rédacteur.

Lausanne. — Imp. CORBAZ & Comp.

XXXIVe ANNÉE. No 12. SAMEDI 20 MARS 1886

JOURNAL DES TRIBUNAUX

REVUE DE JURISPRUDENCE

Paraissant à Lausanne une fois par semaine, le Samedi.

Prix d'abonnement : 12 fr. par an, 7 fr. pour six mois. Chaque numéro, 50 cent. On s'abonne à l'imprimerie CORBAZ et Cie et aux bureaux de poste. — ANNONCES : 20 centimes la ligne ou son espace.

TRIBUNAL FÉDÉRAL

Séance du 6 février 1886.

Double imposition. — Recours prétendu tardif. — Art. 4 et 46 de la Constitution fédérale; art. 59 de la loi sur l'organisation judiciaire fédérale; art. 2 et 10 de la loi vaudoise du 20 décembre 1877 modifiant celle de 1862 sur l'impôt sur la fortune mobilière.

F. Maurice contre Vaud et Genève.

En droit fédéral, l'impôt mobilier cantonal peut être exigé non-seulement des personnes domiciliées dans le canton, mais aussi de celles qui y séjournent de fait, à moins que ce séjour ne soit fortuit ou passager.

Frédéric Maurice possède à Allaman (Vaud) un domaine avec maison de maître, qu'il a habité jusqu'à fin décembre 1883.

Le 19 décembre 1883, il a déclaré à la municipalité de cette commune, conformément à l'art. 28 du Code civil vaudois, qu'à partir du 31 dit, il transportait son domicile à Genève.

F. Maurice allègue avoir effectivement transféré son domicile dans cette ville à partir de la fin de 1883 et y avoir eu dès lors son principal établissement; c'est là qu'il exerce ses droits politiques, là que sa fortune mobilière est gérée et que se trouvent les établissements d'éducation fréquentés par ses enfants; enfin, il est soumis dans cette ville au paiement de l'impôt sur la fortune mobilière; le recourant aurait conservé à Allaman seulement une maison meublée, dans laquelle il vient habiter pendant une partie de la belle saison.

A la suite de son transfert de domicile à Genève, F. Maurice a réduit sa déclaration de fortune mobilière imposable dans le canton de Vaud à la valeur du mobilier de sa maison d'Allaman, ce qui a été admis sans objection pour 1884, conformément au prescrit de l'art. 2 lettre *d* de la loi vaudoise sur l'impôt mobilier du 20 décembre 1877.

Par lettre du 1er mai 1885, la commission d'impôt sur la fortune mobilière pour le district de Rolle a invité le recourant à déclarer sa fortune mobilière, aux fins de soumettre celle-ci à l'impôt au prorata du temps pendant lequel il habite le canton de Vaud. F. Maurice retourna à la commission la formule de déclaration à lui adressée, en indiquant comme fortune mobilière imposable dans le canton de Vaud la valeur du mobilier garnissant sa maison d'Allaman.

Le 18 mai 1885, il fut donné communication à F. Maurice que la commission du district de Rolle avait taxé sa fortune mobilière à 650,000 fr. et fixé sa cote d'impôt à 520 fr., à raison de 6 mois de résidence dans le canton de Vaud.

En recevant cette communication, F. Maurice constata que s'il pouvait se faire libérer de la moitié de l'impôt à lui réclamé par le fisc genevois, la somme totale qu'il aurait à payer tant au fisc genevois qu'au fisc vaudois resterait sensiblement la même. Il fit des démarches en vue d'obtenir cette libération, mais il lui fut répondu que la loi genevoise n'admettait pas de libération de taxe en faveur des personnes qui font un séjour temporaire hors du canton et qu'il devait la taxe entière. Le recourant a, en conséquence, payé cette taxe complète pour 1885, par 1320 fr., le 24 juin de la dite année.

F. Maurice recourut alors à la commission centrale d'impôt mobilier pour le canton de Vaud contre la taxe de la commission du district de Rolle, sans contester toutefois le montant de cette taxe en lui-même, et, par décision communiquée au recourant le 2 novembre 1885, la commission centrale a rejeté son recours et maintenu la taxe de la commission de district.

C'est contre cette décision que F. Maurice a recouru au Tribunal fédéral pour double imposition, en invoquant les art. 46 alinéa 2, 113 chiffre 3 Const. féd. et 59 lettre *a* de la loi sur l'organisation judiciaire fédérale.

Il conclut à ce qu'il plaise au Tribunal fédéral prononcer:

1. Que la décision de la commission centrale d'impôt mobilier pour le canton de Vaud, communiquée au recourant le 2 novembre 1885, est annulée.

2. Que, dans l'état actuel de la législation vaudoise sur l'impôt mobilier, le recourant ne peut pas être astreint à payer au fisc vaudois, dans une proportion quelconque, l'impôt sur l'ensemble de sa fortune mobilière.

3. Subsidiairement, pour le cas où il serait admis que le recourant doit payer au fisc vaudois l'impôt sur l'ensemble de sa fortune mobilière, au prorata du temps pendant lequel il réside dans le canton de Vaud, que le fisc genevois doit lui restituer sur l'impôt payé pour 1885 une part proportionnelle au temps pendant lequel il est soumis à l'impôt dans le canton de Vaud.

Dans sa réponse, l'Etat de Genève se joint aux conclusions 1 et 2 du recourant et sollicite le rejet des conclusions subsidiaires sous chiffre 3 comme étant irrecevables.

L'Etat de Vaud a conclu au rejet du recours, disant qu'il doit être écarté préjudiciellement par le moyen tiré de l'art. 10 de la loi vaudoise du 20 décembre 1877, statuant que « sous peine de » déchéance du droit de recours contre la décision de la com- » mission de district, toute personne mentionnée à l'art. 2 est » tenue d'indiquer annuellement sa fortune mobilière. » Or F. Maurice s'est absolument refusé à faire sa déclaration.

Au fond, la jurisprudence du Tribunal fédéral a toujours reconnu que lorsqu'un contribuable a résidé dans deux cantons pendant la même année, il peut être frappé par l'impôt par chacun de ces cantons au prorata de la durée effective de son séjour sur leur territoire respectif.

Le Tribunal fédéral a écarté les conclusions principales du recours, mais a admis la conclusion subsidiaire, en ce sens qu'il est réservé au recourant de poursuivre, par devant les autorités compétentes du canton de Genève, la restitution, sur l'impôt payé par lui pour 1885, d'une part proportionnelle au temps pour lequel il est soumis à l'impôt dans le canton de Vaud pour la même année.

Motifs.

1. La fin de non-recevoir opposée au recours par le moyen tiré de l'art. 10 de la loi vaudoise du 20 décembre 1877 sur la fortune mobilière ne saurait être accueillie. Cette disposition astreignant toute personne mentionnée à l'art. 2 de la même loi à indiquer annuellement sa fortune mobilière sous peine de déchéance du droit de recours contre la décision de la commission de district, n'a évidemment trait qu'aux instances administratives cantonales et ne saurait viser le recours de droit public au Tribunal fédéral pour violation d'une garantie constitutionnelle. D'ailleurs la commission centrale paraît être entrée en matière sur la réclamation de F. Maurice, puisque, dans sa décision, elle maintient la taxe de la commission de district et n'écarte pas le recours du prédit Maurice comme irrecevable.

2. L'exception de tardiveté des conclusions subsidiaires du recourant, formulée par l'Etat de Genève, est également dénuée de fondement. A l'époque du paiement par F. Maurice de l'impôt mobilier pour 1885, soit le 24 juin de dite année, il n'existait en effet pas encore de double imposition; celle-ci n'eut lieu qu'ensuite de la décision de la commission centrale vaudoise, en date du 2 novembre suivant : le recours déposé au Tribunal fédéral, le 5 décembre 1885, l'a donc été dans le délai de 60 jours prévu à l'art. 59 de la loi sur l'organisation judiciaire fédérale.

3. Au fond, le dit recours est dirigé en première ligne contre la prétention de l'Etat de Vaud de soumettre à l'impôt mobilier la fortune mobilière de F. Maurice au prorata du temps pendant lequel celui-ci a séjourné sur le territoire de ce canton, quoique le recourant ait son domicile incontesté à Genève, ainsi que cela résulte de toutes les déclarations par lui produites et énumérées dans les faits ci-dessus.

Bien que l'établissement principal du sieur Maurice soit à Genève, ce domicile civil n'est, ainsi que les autorités fédérales et le Tribunal fédéral l'ont souvent reconnu, point décisif en ce qui concerne l'astriction à l'impôt. En droit fédéral, l'impôt mobilier cantonal peut être exigé non-seulement des personnes domiciliées dans le canton, mais aussi de celles qui y séjournent en fait, à moins que ce séjour ne soit fortuit ou passager : il a paru équitable de faire contribuer ces personnes, qui jouissent, pendant une partie notable de l'année, des institutions publiques et de la protection de l'Etat, aux charges fiscales au prorata de leur séjour effectif sur le territoire de ce canton (voir arrêt du Tribunal fédéral en la cause de Meuron, *Rec.* VIII, 168, consid. 3, et les nombreuses décisions et arrêts qui y sont cités). Au point de vue de la jurisprudence fédérale, l'Etat de Vaud était en droit de soumettre le recourant à l'impôt mobilier proportionnellement à la durée effective de son séjour à Allaman.

4. Le recourant objecte toutefois qu'en ce faisant, l'Etat de Vaud s'est mis en contradiction avec les dispositions de sa propre législation (loi du 20 décembre 1877 précitée), statuant entre autres à l'art. 2 :

« L'impôt direct et proportionnel sur la fortune mobilière » est dû :

» *a)* Par toute personne domiciliée dans le canton.

. . . .

» Est envisagée comme domiciliée et en conséquence soumise » à l'impôt, toute personne qui réside ou habite dans le canton, » quelle que soit d'ailleurs la durée de la résidence, pour autant » du moins qu'elle n'a pas son domicile ou son principal établis- » sement hors du canton.

» Celui qui, dans le courant de l'année, prend son domicile » dans le canton ou le quitte, est tenu de payer l'impôt à pro- » rata du temps pendant lequel il a eu son domicile dans le » canton. »

La question de savoir si les dispositions qui précèdent peuvent permettre d'imposer, conformément à la jurisprudence fédérale, les personnes qui font un séjour prolongé dans le canton de Vaud et de n'exempter de l'impôt que celles dont le séjour est fortuit ou passager, — apparaît comme une question d'interprétation d'une loi fiscale cantonale, échappant, au même titre que celle de toute autre loi cantonale, à la compétence du Tribunal de céans, à moins que cette interprétation ne contienne une violation de la constitution fédérale ou cantonale (v. arrêt Aunant contre Vaud, IX, 136, consid. 2).

A supposer donc que l'interprétation donnée à la loi par l'autorité vaudoise fût erronée et incompatible avec les textes susvisés, le Tribunal fédéral ne pourrait intervenir et la soumettre à sa critique que si elle impliquait la violation des garanties constitutionnelles contenues aux art. 4 de la constitution fédérale et 2 de la constitution vaudoise, — dans le cas où l'Etat de Vaud aurait infligé au recourant, par le fait de l'imposition dont il s'agit, un traitement arbitraire ou exceptionnel, ce qui aurait lieu, par exemple, si l'Etat de Vaud n'appliquait pas d'une manière générale le principe de l'imposition au prorata, mais en voulait faire seulement une application exceptionnelle au recourant. Or il n'est point établi, ni même prétendu qu'une telle éventualité se présente dans l'espèce.

5. L'interprétation donnée par l'Etat de Vaud à sa loi fiscale étant définitive et sa prétention étant fondée en droit fédéral, il en résulte un cas de double imposition, F. Maurice ayant déjà payé au fisc de Genève la totalité de son impôt mobilier pour 1885. Dans cette situation, il y a lieu d'accueillir la conclusion subsidiaire du recourant, tendant à être autorisé à répéter, par devant les autorités compétentes genevoises, la part, dès lors indue, de cet impôt, proportionnelle au séjour fait par F. Maurice dans le canton de Vaud pendant le cours de l'année 1885.

Vaud. — TRIBUNAL CANTONAL.

Séance du 30 décembre 1885.

Vocation pour agir. — Concordat sur les faillites du 7 juin 1810. — Droit de rétention du commissionnaire. — Art. 74 et 742 Cpc.; art. 1578, §§ 4 et 6 Cc., et art. 442 CO.

Frères Weiss contre masse Tondury & Cie.

La position respective des parties, au point de vue de leur vocation pour agir, doit être déterminée au début du procès, conformément aux règles de la procédure civile.

D'après le concordat du 7 juin 1810, auquel Vaud a adhéré, tous les effets appartenant à un failli, en quelque lieu qu'ils se trouvent, doivent rentrer dans la masse. Aucune poursuite n'est permise sur les biens de la masse dès l'ordonnance jusqu'à la clôture de la discussion, et les poursuites commencées contre le débiteur sont annulées.

Pour que le commissionnaire puisse exercer son droit de rétention sur les marchandises en commission, il faut qu'il en soit resté détenteur.

Avocats des parties :

MM. KAUPERT, pour frères Weiss, demandeurs et recourants.
DUPRAZ, pour masse Tondury & Cie, défenderesse et intimée.

La maison Weiss frères, à Gênes, a conclu à ce qu'il soit prononcé : 1° Que Tondury & Cie, à Aarau, sont leurs débiteurs de 1745 fr., à forme du compte produit; 2° Que le séquestre opéré le 1er mai 1885 au préjudice du défendeur est valide.

La masse Tondury & Cie s'est déterminée comme suit sur les conclusions de la demande :

« Elle reconnaît que le séquestre opéré par les frères Weiss était régulier à l'époque où il a été insté, mais il est tombé par la faillite de A. Tondury & Cie.

» Elle reconnaît que l'action en reconnaissance de dette contre A. Tondury & Cie a été intentée devant le juge compétent, mais elle ne saurait être continuée et poursuivie contre la faillite Tondury & Cie. Sous le bénéfice de ces déclarations, la masse conclut tant exceptionnellement qu'au fond : 1° A libération des conclusions de la demande, la faillite de la maison Tondury & Cie ayant eu pour effet de reporter aux tribunaux du for de la faillite toute action en reconnaissance de dette, le séquestre lui-même ne pouvant être perfectionné. 2° Reconventionnellement, à ce qu'il soit prononcé, avec dépens, que les vins séquestrés à Rolle par les demandeurs n'étant grevés d'aucun droit de gage ou d'hypothèque, ni affectés d'aucun privilège, doivent rentrer dans la masse à Aarau, sauf aux frères Weiss à y intervenir pour faire reconnaître leurs prétentions. »

Le Tribunal de Rolle a débouté les demandeurs de leurs conclusions et accordé à la masse Tondury toutes les siennes.

Les frères Weiss ont recouru contre ce jugement par les moyens suivants :

Le défendeur a reconnu dans sa réponse que le séquestre des demandeurs et leur action étaient fondés et réguliers; le Tribunal de Rolle a aussi admis la régularité du séquestre et de la réclamation, c'est dès lors à tort qu'il a écarté les conclusions des demandeurs. En outre, les vins séquestrés ne sauraient rentrer dans la masse, à Aarau, ainsi que l'a prononcé le Tribunal de Rolle, attendu : *a)* Que ces vins se trouvent aujourd'hui en la possession des frères Weiss par leur séquestre; *b)* qu'ils ne peuvent pas rentrer dans la masse Tondury, parce qu'ils ne lui appartiennent plus; *c)* que la circonstance que ces vins sont aujourd'hui la propriété du sieur Christoffel ne peut gêner en rien la réalisation de l'action ensuite de séquestre des frères Weiss. Enfin les recourants estiment aussi pouvoir se mettre au bénéfice de l'art. 1578 § 6 du Cc. vaudois et des art. 224, 226 et 442 CO.

Le Tribunal cantonal a écarté le recours.

Motifs.

Considérant qu'à l'audience de ce jour les recourants, par l'organe de leur conseil, ont critiqué la vocation de la masse Tondury à soutenir le procès actuel.

Considérant, à ce sujet, que les frères Weiss ont couvert l'irrégularité qu'ils signalent aujourd'hui en procédant devant le Tribunal de première instance sans soulever l'incident prévu à l'article 74 Cpc.

Considérant, du reste, que la position respective des parties en cause doit être déterminée au début du procès, conformément aux règles tracées à ce sujet dans le Cpc.

Considérant en outre que, vu la nature de l'action et les conclusions prises par les demandeurs eux-mêmes, la masse Tondury avait bien vocation pour prendre place au procès et le continuer,

Le Tribunal cantonal écarte cette exception.

Sur le fond: Considérant que l'art. 1er du concordat du 7 juin 1810, auquel Vaud et Argovie ont adhéré, statue que, dans le cas de faillite, tous les effets appartenant à un failli, en quelque lieu qu'ils se trouvent, doivent rentrer dans la masse.

Considérant que, dans l'espèce, le vin séquestré par les demandeurs appartenait à la maison Tondury et Cie, et que, par suite de la faillite de celle-ci, il doit donc rentrer dans la masse de cette discussion à Aarau.

Considérant que les frères Weiss ne sauraient invoquer en leur faveur le privilège résultant de leur séquestre.

Attendu, en effet, qu'aux termes de l'art. 742 Cpc., aucune poursuite n'est permise sur les biens de la masse dès l'ordonnance jusqu'à la clôture de la discussion, et les poursuites commencées contre le débiteur sont annulées, sauf le droit que peut conférer la demande judiciaire quant aux intérêts.

Considérant que la faillite Tondury a donc eu pour effet de faire tomber le séquestre non encore perfectionné des frères Weiss et de faire rentrer les dits vins dans la masse, à Aarau, qui a seule mission de les réaliser au mieux des intérêts de tous les créanciers.

Considérant que les frères Weiss ne sont pas non plus au bénéfice du privilège spécifié aux §§ 4 et 6 de l'art. 1578 Cc.

Attendu, d'une part, que leur créance résultant du transport des vins séquestrés d'Italie en Suisse ne se rapporte nullement à des frais relatifs à la conservation de la chose, et que, d'autre part, le privilège accordé dans ces deux paragraphes est subordonné au fait de la possession.

Considérant que tel n'est pas le cas dans l'espèce, puisque, au jour du séquestre, les frères Weiss étaient dépossessionnés des vins en dépôt à l'entrepôt de Rolle.

Considérant, enfin, que l'art. 442 CO., invoqué par les demandeurs, n'est pas non plus applicable à la cause.

Attendu, en effet, que, pour que le commissionnaire puisse exercer son droit de rétention sur les marchandises en commission, il faut qu'il soit resté détenteur des dites marchandises.

Que tel n'est pas le cas dans la cause actuelle, ainsi que cela a déjà été dit plus haut.

Considérant que, dans ces circonstances, les conclusions de Weiss frères ne sont pas fondées.

Un recours de droit public a été exercé au Tribunal fédéral contre l'arrêt qui précède.

Zurich. — COUR D'APPEL.

Traduction d'un arrêt du 15 décembre 1885.

Vente commerciale. — Terme fixé pour la livraison. — Livraison prétendue tardive. — Art. 122, 123 et 234 CO.

Ruther et Einenkel contre Diggelmann.

En matière de commerce, lorsque la convention fixe un terme pour la livraison, l'acheteur est présumé avoir le droit de se départir du contrat sans autre formalité (CO. 234). Mais cette présomption peut être détruite par la preuve contraire.

La vérification de la marchandise doit être faite par l'acheteur en temps utile, même si, pour un motif étranger à la qualité de la chose reçue, il refuse d'accepter celle-ci. S'il omet de procéder à la vérification en temps utile, il ne saurait être admis à la faire après coup, alors que son autre motif de refus d'acceptation serait reconnu mal fondé.

La maison Ruther et Einenkel, à Annaberg (Saxe), a ouvert action à Bernard Diggelmann, à Zurich, pour être reconnue créancière de 220 fr. 85, prix d'articles de passementerie fournis au défendeur.

Diggelmann a conclu à libération en se fondant sur divers moyens.

Le Tribunal du district de Zurich a admis les conclusions de la partie demanderesse et la Cour d'appel a confirmé ce jugement.

Motifs.

1. Il est admis par les parties qu'en janvier 1885 le défendeur a commandé à la maison demanderesse divers articles de passementerie, que la marchandise a été facturée le 3 juillet et est parvenue au défendeur le 12 juillet, mais que ce dernier l'a refusée. La demanderesse requiert aujourd'hui le paiement du prix, qui s'élève, suivant facture, à 176 M. 70 Pf., soit 220 fr. 85. Ces conclusions doivent lui être accordées, à moins que le défendeur ne doive être libéré par des moyens exceptionnels.

2. En première ligne, le défendeur soutient que la maison demanderesse a effectué la livraison tardivement, ce qui autoriserait le défendeur à se départir du contrat sans autre formalité. Les parties sont, en effet, d'accord pour admettre que la marchandise devait être livrée *au mois de juin*. Le défendeur estime que la fixation de ce délai de livraison signifiait que le marché serait résilié, si le délai n'était pas rigoureusement observé. A teneur de l'art. 123 CO., une telle intention du contractant ne peut être admise que si elle résulte d'une manière parfaitement claire du contrat; or, l'emploi de l'expression « livrable en juin » n'est pas suffisant à cet égard. Tout contrat de livraison fixant un terme ou un délai pour l'exécution ne constitue pas nécessairement un marché à terme fixe *(Fixgeschäft)*; il faut qu'il résulte de la convention elle-même que l'époque de l'exécution a été considérée comme un élément essentiel du marché, de telle sorte que toute exécution postérieure serait réputée contraire à la convention. La jurisprudence des tribunaux allemands dénie le caractère d'opérations à terme fixe aux marchés stipulant un terme pour l'exécution, sans autre adjonction, spécialement dans les cas où l'on se borne à stipuler que la livraison aura lieu « en avril, en mai, en juin », etc. (Comparer les arrêts du *Reichsoberhandelsgericht* cités par Fuchsberger sur l'art. 357 du code de commerce allemand.)

3. Or, l'art. 234 CO. consacre une exception au principe général établi par l'art. 123, en ce sens que, contrairement au code de commerce allemand, il présume, en matière de commerce, que les parties ont voulu conclure un marché à terme fixe, si un terme a été fixé pour la livraison. Cette disposition

est effectivement applicable en l'espèce, puisqu'il s'agit d'une convention conclue entre commerçants, soit d'un achat pour revendre. Mais la présomption résultant de l'art. 234 peut être détruite par la preuve que les contractants n'ont pas entendu envisager le terme ou le délai fixé pour l'exécution comme un élément essentiel de la convention.

4. Comme les premiers juges l'ont déjà admis, la question de savoir si cette présomption est, dans l'espèce, détruite par la preuve contraire, doit être résolue affirmativement. Le jugement dont est recours démontre d'une manière très juste que l'intention de conclure une opération à terme fixe ne résulte ni de la nature de la marchandise, ni des circonstances de la cause. On ne comprendrait pas pourquoi le défendeur aurait eu besoin, précisément au mois de juin, des articles de passementerie, qui devaient encore être retravaillés, alors que ses concurrents, les frères Diggelmann, dans une lettre jointe au dossier, se plaignent de ce que la même marchandise leur était déjà livrée en juin, au lieu de ne l'être qu'en août ou septembre. A l'audience de ce jour, le représentant du défendeur a, il est vrai, offert de prouver que, n'ayant pas reçu en juin les marchandises commandées, il avait dû en acheter d'autres, et il a invoqué à cet égard les factures concernant ces achats; mais on ne saurait prendre en considération cette offre de preuves, déjà par la raison que ces factures ne peuvent établir que les marchandises achetées l'aient été réellement en remplacement de celles livrées tardivement. Ce qui doit engager la Cour à ne pas admettre qu'il se soit agi d'un marché à terme fixe, c'est notamment la manière dont le défendeur s'est comporté à la réception de la lettre du 23 juin, par laquelle les demandeurs l'informaient qu'ils avaient, par erreur, adressé la marchandise commandée aux *frères* Diggelmann et qu'ils effectueraient un nouvel envoi à l'adresse du défendeur. Il aurait dû, à ce moment, répondre à cette lettre et informer les demandeurs qu'il entendait exiger l'observation rigoureuse du délai de livraison. Son silence prouve clairement qu'il lui importait peu de recevoir la marchandise à l'époque fixée; du reste, dans sa lettre du 21 juin, il s'était borné à déclarer qu'il renonçait à sa commande, non point à cause du retard, mais uniquement parce que la marchandise avait été adressée aux *frères* Diggelmann. Ce n'est que dans sa lettre du 15 juillet qu'il s'est plaint du retard, et

même dans cette lettre il insistait encore sur « l'erreur » commise.

5. Il résulte de ce qui précède que les circonstances de la cause sont contraires à l'admission d'une opération à terme fixe. Dès lors, la présomption établie par l'art. 234 CO. tombe et le litige doit être apprécié d'après les règles ordinaires applicables en matière de retard dans l'exécution de contrats bilatéraux. Or, le défendeur a négligé de faire fixer aux demandeurs un délai pour s'exécuter, conformément à l'art. 122 CO. ; dès lors, il ne saurait être admis à se départir unilatéralement du contrat.

6. Quant aux défauts que le défendeur reproche à la marchandise, il doit être envisagé comme étant à tard pour se prévaloir de ce moyen. Il a déjà été jugé à plusieurs reprises que, lorsque l'acceptation d'une marchandise a été refusée pour d'autres motifs et que la vérification n'en a pas eu lieu en temps utile, cette vérification ne saurait être faite après coup, si le motif du refus d'acceptation est reconnu mal fondé.

Pour traduction, C. S.

Résumés d'arrêts.

Bail. — Le droit de rétention accordé au bailleur par l'art. 294 CO. constitue, jusqu'au moment où le créancier le fait valoir, un simple droit *personnel* et non un droit *réel*. Dès lors, le fait par le locataire de déménager clandestinement ses meubles, pour les soustraire au droit de rétention, ne peut être envisagé comme une distraction d'objets saisis, mais il peut constituer une escroquerie.

Cour d'appel de Zurich, 28 janvier 1886. Höfliger c. Haab.

Billet de change. — Il n'y a point lieu de s'arrêter aux explications plus ou moins vraisemblables que donne le souscripteur d'un billet de change pour faire croire que le dit titre n'est point dû. La promptitude et la sécurité nécessaires à la circulation fiduciaire s'opposent absolument à l'admission de pareils moyens, les signataires de billets sachant à quelles conséquences ils s'exposent en les créant.

Trib. de commerce de Genève, 25 février 1886. Lancelot c. Duchêne.

Billet de change. — L'endossement fait en blanc est absolument légal. Le porteur du billet endossé en blanc est réputé en être le légitime propriétaire et a ainsi le droit d'en réclamer le paiement (CO. 730 et 731).

Trib. de commerce de Genève, 25 février 1886. Schmidt c. Mermier.

Compensation. — Le débiteur est réputé avoir renoncé à la compensation lorsque, sachant qu'il est lui-même créancier, il s'engage à payer comptant (CO. 139). Une telle renonciation doit être admise lorsque le débiteur a souscrit un billet en faveur du créancier, postérieurement au moment à partir duquel il prétend avoir été en droit de se prévaloir de la compensation, et a ainsi pris l'engagement de payer comptant à l'échéance.

Trib. de commerce de Genève, 25 février 1886. Lancelot c. Duchêne.

Déclinatoire. — Le déclinatoire peut être soulevé aussi longtemps que l'instant n'a pas procédé sur le fond de la cause (Cpc. 90).

(Juge de paix de Payerne; jugement incidentel réformé.
TC., 26 janvier 1886. Blanc et Buache c. Assal.

Discussion. — Des dommages et intérêts ne peuvent être réclamés par un créancier intervenant au liquidateur d'une discussion que si, préalablement, la prise à partie de ce dernier a été autorisée (Cpc. 748).

(Président du Tribunal de Payerne; prononcé maintenu.)
TC., 2 février 1886. Caisse hypothécaire c. masse Dudan.

Divorce. — L'adultère n'est pas suffisamment établi par le fait qu'une personne aurait *raconté* au mari avoir vu sa femme sortir du lit d'un tiers, ni par la circonstance que la femme aurait été vue dans une capite de vigne avec un jeune homme.

(Tribunal de Nyon; jugement réformé.)
TC., 17 février 1886. Epoux M.

Exécution forcée. — Sauf en ce qui concerne le délai d'exécution accordé par le juge, la loi ne prévoit nulle part un droit de recours en matière d'exécution forcée.

(Juge de paix de Rougemont; ordonnance maintenue.)
TC., 9 février 1886. Rossier c. Caisse hypothécaire.

Expertise. — Tout intéressé a le droit absolu de faire constater par experts un état de fait (Cpc. 276). Ce droit ne peut être restreint pour quelque cause que ce soit. La désignation des experts appartient toujours au juge de paix, quelle que soit la valeur de la cause (Cpc. 277).

(Juge de paix de Château-d'Œx; prononcé réformé.)
TC., 16 février 1886. Berdoz c. Mathey.

Faits. — Il y a lieu à nullité du jugement rendu sans que le juge ait donné une décision sur tous les points de fait sur lesquels une preuve testimoniale a été entreprise (Cpc. 436, § *c*).

TC., 2 février 1886. Besson c. Delessert.

Faits. — Il n'y a pas lieu pour le juge à rendre une décision de fait sur les allégués sur lesquels une preuve testimoniale n'a pas été administrée, bien qu'elle eût été annoncée.

N'entraîne pas la nullité du jugement, le fait que le juge a rendu une décision sur des allégués prouvés par titres, non plus que la circonstance qu'il aurait introduit dans son jugement des considérants de fait étrangers au procès. En effet, le Tribunal cantonal peut, en examinant le recours au point de vue de la réforme, apprécier à nouveau les faits dont la preuve résulte de titres ou aveux, et faire abstraction des moyens non présentés par les parties.

(Juge de paix de La Sarraz; jugement maintenu.)
TC., 2 février 1886. Reymond c. Delgrande.

For. — A teneur de l'art. 8 de la loi fédérale du 23 décembre 1872 sur l'établissement et l'exploitation des chemins de fer, les compagnies sont tenues d'élire domicile dans chacun des cantons dont leurs entreprises empruntent le territoire, afin qu'elles puissent y être actionnées par les habitants de ce canton. Dès lors, le demandeur a le choix d'actionner la compagnie à son siège principal ou devant les tribunaux du canton où il est domicilié. Il importe peu, à cet égard, que la demande soit fondée sur un fait qui a eu lieu en dehors du canton du domicile, ou même en dehors du territoire de la Confédération.

La compagnie ne saurait d'ailleurs porter atteinte au droit du demandeur de choisir entre les deux fors, en s'abstenant, contrairement à la loi, d'élire domicile dans chacun des cantons dont son entreprise emprunte le territoire.

TF., 19 févrer 1886. Hugoniot-Tissot c. Jura-Berne-Lucerne.

Jugement arbitral. — Le Tribunal cantonal ne peut se nantir d'un recours en réforme contre un jugement arbitral, dans un cas où l'arbitrage n'est pas ordonné par la loi (Cpc. 434).

TC., 11 février 1886. Brunner c. Reymond.

Privation des droits civiques. — Toute condamnation pour escroquerie doit entraîner la privation générale des droits civiques pendant un an au moins, si la peine appliquée excède l'ancienne compétence du Tribunal de police, soit quinze jours de réclusion (Cp. 310).

(Tribunal de police de Vevey; jugement réformé.)
Cp., 2 mars 1886. Ansermet.

Raison de commerce. — L'art. 867 CO. n'exige pas que le nom de famille figurant dans une raison de commerce soit employé au nominatif; il peut être mis au génitif (p. ex. *Hirsch's Waarenhalle, Schläpfers Buchdruckerei,* etc.).

Chambre des recours du Trib. supérieur de Zurich, 31 déc. 1885. Hirsch.

Responsabilité. — Les cantons ne sont responsables des délits ou quasi-délits commis par leurs fonctionnaires ou employés, dans l'exercice de leurs fonctions publiques, que pour autant que cette responsabilité résulte de dispositions expresses du droit cantonal (CO. 62 et 64.)

TF., 13 février 1886. Schindler et Distillerie de Schwyz c. Etat de Schwyz et commune d'Arth.

Saisie. — Le juge de paix ne peut se refuser à établir un tableau de répartition lorsqu'il y a plusieurs créanciers saisissants.

TC., 2 février 1886. Banque cantonale c. Jordan.

Allemagne. — TRIBUNAL RÉGIONAL DE MULHOUSE.

La convention franco-suisse du 15 juin 1869 est-elle encore en vigueur dans l'Alsace-Lorraine? — Exécution des jugements suisses en Allemagne.

Lloyd c. Thesmar et Kestner.

La convention franco-suisse du 15 juin 1869 sur la compétence judiciaire et l'exécution des jugements en matière civile n'est plus en vigueur dans l'Alsace-Lorraine.

L'Allemagne n'accorde l'exécution de jugements suisses que si la réciprocité est garantie. La garantie de la réciprocité ne résulte pas suffisamment d'une loi cantonale autorisant le juge à accorder l'exécution de jugements étrangers, en appréciant librement toutes les circonstances.

Par jugement du 9 janvier 1885, le Tribunal de commerce de Zurich a condamné Frédéric Thesmar et H. Kestner, les deux à Mulhouse (Alsace), à payer, le premier une somme de 6300 fr., le second une somme de 26,250 fr. au *Lloyd*, société suisse de réassurances, en liquidation, à Winterthour. La compétence du Tribunal de commerce de Zurich résultait d'une clause insérée dans les statuts du *Lloyd*.

Les débiteurs refusant de payer, le *Lloyd* a adressé au Tribunal régional *(Landgericht)* de Mulhouse une demande d'exécution du jugement rendu à Zurich. Cette requête est fondée sur le § 661 du Code de procédure civile de l'empire allemand, qui dispose, entre autres, que l'exécution de jugements étrangers doit être refusée *si la réciprocité n'est pas garantie.* Pour démontrer qu'il y avait réciprocité entre l'Allemagne et le canton de Zurich, le *Lloyd* s'est fondé en première ligne sur la convention franco-suisse du 15 juin 1869, qu'il estime être demeurée en vigueur dans l'Alsace-Lorraine, malgré l'annexion, et, en outre, sur le § 752, second alinéa, de la loi zuricoise sur l'organisation judiciaire, disposant ce qui suit :

« Le juge de ce canton est autorisé à accorder l'exécution de jugements rendus dans des pays avec lesquels il n'existe pas de traités, en appréciant librement toutes les circonstances *(nach freier Würdigung aller Verhältnisse).* En tout cas, l'exécution ne peut être accordée que si le jugement est incontestablement définitif et qu'il ait été rendu par un juge compétent et dont la compétence n'est pas exclue par la législation de ce canton. »

Le tribunal de Mulhouse, dans un arrêt très longuement motivé, a refusé l'exécution. En ce qui concerne la convention franco-suisse du 15 juin 1869, il a estimé qu'elle n'est plus en vigueur dans l'Alsace-Lorraine; il a toutefois réservé l'application des décrets français rendus à l'occasion de cette convention, pour autant qu'ils ne sont pas contraires au § 661 du Code de procédure allemand [1]. Quant au § 752 de la loi zuricoise, le tribunal de Mulhouse a été d'avis qu'il ne garantissait pas suffisamment la réciprocité, le texte de cette disposition légale autorisant le juge zuricois à s'écarter de la jurisprudence très large admise jusqu'ici.

Les *Schweizer Blätter für handelsgerichtliche Entscheidungen,* qui publient in-extenso la décision de la Cour de Mulhouse, la critiquent vivement et expriment l'espoir que l'instance supérieure ne consacrera pas une doctrine qui aboutirait, en fait, à un véritable déni de justice. C. S.

[1] Dans une décision précédente, résumée à page 235 du *Journal des Tribunaux* de 1885, le Tribunal de Mulhouse avait au contraire admis que la convention de 1869 était encore applicable en Alsace-Lorraine; il supposait, il est vrai, que la Suisse admettrait la même manière de voir, ce qui n'est pas le cas.

Ch. Boven, notaire, rédacteur.

Lausanne. — Imp. CORBAZ & Comp.

XXXIVe ANNÉE. N° 13. SAMEDI 27 MARS 1886

JOURNAL DES TRIBUNAUX

REVUE DE JURISPRUDENCE

Paraissant à Lausanne une fois par semaine, le Samedi.

Prix d'abonnement : 12 fr. par an, 7 fr. pour six mois. Chaque numéro, 50 cent. On s'abonne à l'imprimerie CORBAZ et Cie et aux bureaux de poste. — ANNONCES : 20 centimes la ligne ou son espace.

Vaud. — RÉFORME JUDICIAIRE.

Le Grand Conseil vient d'adopter définitivement le projet de loi revisant l'organisation judiciaire et les Codes de procédures civile et pénale. La discussion de cette loi a pris un certain nombre de séances, avec un intervalle de huit jours entre le premier et le second débat.

La Commission chargée de rapporter sur cette importante question était composée de MM. les députés A. *Bory*, rapporteur; *Chausson-Loup*, notaire; Ernest *Correvon*, avocat; A. *de Gingins*; L. *Déglon*; *Paschoud* et *Ruchet*, avocats.

Les journaux quotidiens ont suffisamment renseigné le public sur la discussion qui a eu lieu au sein de l'autorité législative pour que nous n'ayons pas besoin d'y revenir, mais nos lecteurs nous sauront gré, sans doute, de leur éviter des recherches en indiquant, d'une manière succincte, les changements apportés à la loi actuelle, qui demeurera encore en vigueur jusqu'au 1er août prochain.

La loi admet, dans son titre premier, que pour les délits de presse autres que les injures, le Tribunal de district devra être assisté d'un jury de jugement.

La loi peut instituer des conseils de prud'hommes chargés de statuer sur les contestations entre les maîtres ou patrons et les ouvriers.

Les attributions du Tribunal cantonal ont été notablement étendues en vertu de la Constitution :

Ce corps est chargé de l'inspection générale des tutelles et prononce sur les cas qui lui sont soumis.

Il surveille l'exécution des poursuites pour dettes, ainsi que la liquidation des faillites.

Il juge définitivement et sans recours sur toute prétention personnelle ou mobilière excédant cinq cents francs, ainsi que toute prétention immobilière, quelle qu'en soit la valeur, lorsque, ensuite de l'instruction devant le Président du Tribunal de district, aucune preuve par témoins n'a été entreprise et que les parties conviennent de soumettre la cause au Tribunal cantonal.

Une section du Tribunal cantonal, composée de trois membres au moins, juge comme *Cour civile*, en première instance, les causes où il s'agit de l'application des lois fédérales dont l'objet est d'une valeur de trois mille francs au minimum.

Les Tribunaux de district conservent leur composition actuelle, mais leur compétence est considérablement diminuée en matière civile.

Les présidents et juges de district ne peuvent s'absenter de leur district pendant plus de quinze jours sans l'autorisation du Tribunal cantonal, ni pendant plus de huit jours sans en aviser ce Tribunal.

Les attributions du Président du Tribunal de district sont augmentées :

C'est ainsi que la loi place dans sa compétence toutes les affaires non contentieuses attribuées jusqu'ici au Tribunal : la déclaration d'absence, l'émancipation, l'homologation des donations entre vifs, le bénéfice d'inventaire, l'acceptation et la répudiation d'une succession après bénéfice d'inventaire, l'ordonnance de discussion de biens et les actes relatifs à celle-ci, la séparation de biens, la radiation des inscriptions hypothécaires prévue aux articles 74 à 79 de la loi sur le contrôle, la nomination de liquidateurs de sociétés en nom collectif (en dehors de la faillite), les mesures conservatoires de l'actif d'une société anonyme en attendant la déclaration de faillite, la révocation des pouvoirs des liquidateurs, la déclaration de faillite, l'interdiction de paiement ensuite de la perte d'une lettre de change et tous les procédés relatifs à cette perte, les prononcés concernant les titres au porteur perdus.

Le président désigne le curateur à la succession soumise à bénéfice d'inventaire.

Il juge toute prétention personnelle ou mobilière dépassant cent francs en capital et n'excédant pas cinq cents francs.

En matière pénale, le président du tribunal prononce sur tout délit et sur toute contravention dont la connaissance lui est spécialement attribuée par la loi, ainsi que sur tout délit et sur toute contravention entraînant au maximum : la réclusion ou l'emprisonnement n'excédant pas dix jours; l'amende n'excédant pas cinq cents francs ; la réprimande.

Il peut allouer des dommages-intérêts dans les limites de sa compétence civile.

Le Tribunal de district remplira les fonctions de Tribunal civil, de Cour criminelle et de Tribunal de police. On le voit, le Tribunal correctionnel est supprimé.

Le Tribunal civil prononce, sous réserve de recours :

a) Sur toute prétention personnelle ou mobilière d'une valeur en capital excédant cinq cents francs et dont la connaissance n'est pas attribuée au Tribunal cantonal;

b) Sur toute prétention immobilière, quelle qu'en soit la valeur ;

c) Sur toute question concernant l'état civil des personnes, notamment sur les questions de divorce.

Dans les causes de divorce, de nullité de mariage ou autres questions d'état civil susceptibles de recours au Tribunal fédéral, le recours au fond s'exerce directement auprès de ce Tribunal.

Toutefois, les prononcés concernant les effets ultérieurs du divorce ou de la séparation de corps quant à la personne des époux, à leurs biens, à l'éducation et l'instruction des enfants et aux indemnités à la charge de la partie coupable, peuvent être portés par voie de recours au Tribunal cantonal.

La composition du Tribunal criminel est modifiée : la Cour criminelle sera désormais composée du président et de deux juges du Tribunal, après récusation d'un juge par le procureur général ou ses substituts et d'un juge par le prévenu.

Le nombre des membres du jury de jugement est réduit à 9, pris dans un arrondissement criminel formé du district du for du délit et de deux districts désignés chaque année dans les quatre districts voisins.

Le Tribunal criminel prononce:

1° Sur les délits qui entraînent la réclusion ou l'emprisonnement de plus d'un an et l'amende de plus de mille francs;

2° Sur les délits politiques et les délits de presse autres que les délits d'injures ;

3° Sur les causes qui lui sont attribuées par une disposition spéciale de la loi.

La Cour criminelle peut allouer des dommages-intérêts dans les limites de la compétence civile du Tribunal de district.

Le Tribunal de police est formé du président du Tribunal de district et de deux juges du même tribunal, désignés à tour de rôle par le Tribunal cantonal. Il prononce :

1° Sur les délits et contraventions entraînant : *a)* La réclusion ou l'emprisonnement excédant la compétence du président et ne dépassant pas un an au maximum. *b)* L'internement dans une colonie agricole ou industrielle. *c)* L'amende excédant la compétence du président et ne dépassant pas mille francs.

2° Sur les causes qui lui sont attribuées par une disposition spéciale de la loi.

Le Tribunal de police peut allouer des dommages-intérêts jusqu'à concurrence de mille francs. (La compétence actuelle est de 290 fr.)

Les dispositions relatives à la nomination des jurés et à la formation du jury restent les mêmes. On a toutefois réservé aux professeurs et instituteurs des écoles publiques la *faculté* de se faire rayer de la liste.

Les justices de paix conservent leur composition actuelle, à l'exception des cercles de Granges, des Ormonts et de Rougemont, dans chacun desquels il y aura neuf assesseurs.

Elles continuent à exercer la police tutélaire et les autres actes que la loi leur attribue.

Le juge de paix prononce définitivement et sans autre recours qu'en nullité pour violation des règles essentielles de la procédure, sur toute prétention personnelle ou mobilière n'excédant pas en capital la somme de cent francs.

Il statue sommairement et définitivement lorsque la valeur n'excède pas sa compétence, sur les contestations qui s'élèvent :

a) Entre maîtres et domestiques et entre patrons et ouvriers relativement au contrat de louage de services.

b) Entre voyageurs et hôteliers ou maîtres de pension relativement aux prétentions de ces derniers, ainsi qu'à la perte ou à l'avarie des objets qui leur ont été confiés.

c) Entre voyageurs et entrepreneurs de transports relativement à la perte ou à l'avarie des bagages.

d) Entre commissionnaires publics, portefaix et voituriers, d'une part, et le public, d'autre part, relativement au salaire des premiers.

Les actes non contentieux attribués jusqu'ici aux justices de paix — homologation de dispositions à cause de mort, acceptation ou répudiation de succession lorsqu'il n'y a pas bénéfice d'inventaire, demande de bénéfice d'inventaire, envoi en possession des successions, mesures conservatoires en cas d'absence, — passent aux juges de paix et présidents de section.

Sont aussi dans les attributions du juge de paix les mesures à prendre en conformité de certaines dispositions du Code des Obligations.

En matière pénale, le juge de paix prononce, sous réserve de recours en cassation, sur le délit d'injures simples, ainsi que sur les délits forestiers entraînant une condamnation de dix francs au maximum et sur les contraventions, prévues par la dite loi, qui n'entraînent pas une amende excédant 20 francs.

Lorsque les contestations entre patrons, employés et ouvriers relativement aux contrats de louage de services excède la compétence des juges de paix, les parties sont renvoyées devant des arbitres conformément aux articles 333 et suivants Cpc. Les arbitres sont nommés par le juge de paix, conformément à l'article 336 du dit Code.

Le Tribunal fédéral ayant jugé que les prononcés arbitraux ne peuvent être portés devant lui par voie de recours et ne sont pas des arrêts rendus par la plus haute instance cantonale, il a été admis que les jugements rendus par arbitres, ensuite de l'arbitrage ordonné par la loi, peuvent être portés au Tribunal cantonal pour en faire prononcer la réforme.

Tout fonctionnaire judiciaire doit être citoyen actif et domicilié dans le ressort où il exerce ses fonctions.

Les présidents, membres et greffiers des tribunaux de district, les juges, assesseurs et greffiers de paix, ainsi que les huissiers, les agents de faillites et de poursuites sont payés par émoluments d'après le tarif établi par le Conseil d'Etat.

Les tarifs actuels seront revus.

A l'expiration de la quatrième année dès l'entrée en vigueur de la loi, le Conseil d'Etat adressera au Grand Conseil un rapport sur son exécution et donnera à cette autorité son préavis sur le paiement des fonctionnaires judiciaires par des traitements fixes.

Les dispositions du Code de procédure civile ont été modifiées en ce qui concerne la procédure devant les juges de paix, la poursuite pour dettes et la discussion de biens. Le cadre de notre journal ne nous permet pas d'indiquer aujourd'hui ces modifications; nous aurons l'occasion d'y revenir.

Le juge est tenu de refuser son sceau à tout acte de poursuite fait à l'instance d'une personne autre qu'un procureur-juré.

Outre les cas énumérés à l'art. 549 du Cpc., la saisie peut aussi avoir lieu en vertu d'un commandement de payer passé en force. Toute personne qui, sans avoir un titre propre à saisir, s'estime créancière d'une valeur échue peut, aux fins d'en obtenir le paiement, faire notifier au débiteur un commandement de payer.

Si le débiteur entend contester tout ou partie de la dette, ou le droit du créancier d'exercer des poursuites, il peut le déclarer à l'huissier verbalement ou par écrit. Dans ce cas, l'huissier donne acte au débiteur de son opposition et en fait mention sur les doubles du commandement de payer.

La surveillance des discussions de biens appartient au Tribunal cantonal.

L'assemblée des créanciers peut décider du mode de liquidation de l'actif mobilier de la masse. Elle peut, en outre, décider que les biens mobiliers seront répartis en nature aux créanciers, mais cette décision ne peut être prise qu'avec le consentement du discutant ou, en son absence, celui du président. Les biens ne peuvent d'ailleurs, en aucun cas, être remis aux créanciers à un prix inférieur à celui auquel ils sont taxés dans l'inventaire.

L'art. 768 du Cpc., relatif à la réserve que le créancier hypothécaire peut insérer dans son intervention, est abrogé.

Le Tribunal cantonal sera renouvelé au commencement de la première session ordinaire de 1886.

Cette autorité procèdera à la nomination des autorités et fonctionnaires judiciaires, qui entreront en fonctions le 1er *août* suivant. Jusqu'à ce moment, les anciens fonctionnaires et corps judiciaires continueront leurs fonctions.

Notariat.

Le Conseil d'Etat du canton de Vaud, ensuite de quelques cas qui lui ont été signalés, vient de prescrire aux notaires que tout acte de libération d'hypothèque, même la plus minime, tout acte de postposition d'hypothèque et tout autre acte quelconque apportant une modification aux droits d'une créance hypothécaire, devront être transcrits (expédiés) sur l'expédition même de la créance à laquelle ils se rapportent. S'il n'y avait pas sur l'expédition de la créance une place suffisante pour recevoir cette transcription, celle-ci devra être faite sur une feuille annexée à la créance et munie du sceau du notaire apposé sur les deux pièces à la fois, pour les lier l'une à l'autre.

Les conservateurs des charges immobilières devront, de leur côté, dans les cas dont il s'agit, mentionner toujours sur l'expédition même de la créance originale, laquelle devra leur être produite aussi bien que l'acte modificatif, toutes les inscriptions qu'ils seront appelés à faire ensuite de ce dernier acte.

Ils auront à dénoncer au Département de justice et police tout acte notarié expédié contrairement à ces prescriptions.

TRIBUNAL FÉDÉRAL

Séance du 27 février 1886.

Droit de mutation sur une succession. — Question de for. — Prétendue violation de l'égalité devant la loi. — Art 4, 46, 58, 59 et 60 de la Constitution fédérale; art. 26, 28 et 29 Cc. vaudois; art. 13 de la loi vaudoise d'impôt pour 1882, du 2 décembre 1881; art. 1er et 4 du traité du 26 décembre 1872 entre la Suisse et la Russie, et art. 2 de la convention du 27 août 1872 entre le canton de Vaud et la Grande-Bretagne.

Musée national polonais c. Etat de Vaud et Commune de Lausanne.

On ne peut envisager comme une réclamation personnelle, au sens de l'art. 59 de la Constitution fédérale, celle de l'Etat tendant au paiement d'un droit de mutation sur une succession. Ce droit de mutation doit être perçu au lieu du dernier domicile du testateur; c'est la succession comme telle et non la personne de l'héritier qui est frappée par une prétention fiscale.

En excluant du bénéfice de l'exemption du droit de mutation les établissements de charité ou d'éducation qui, sis hors du canton, n'y déploient pas leur activité et sont soustraits à tout contrôle de l'Etat, l'article 13 de la loi vaudoise d'impôt ne crée point une inégalité arbitraire et n'assure pas non plus aux ressortissants du canton un avantage au détriment de ressortissants d'Etats confédérés. Dès lors, cette disposition ne porte aucune atteinte aux principes consacrés par les art. 4 et 60 de la Constitution fédérale.

Le Musée national polonais, à Rapperschwyl, représenté par son fondateur et directeur, le comte de Broel-Plater, a exercé au Tribunal fédéral un recours de droit public contre l'arrêt rendu le 8 juillet 1885 par le Tribunal cantonal vaudois dans la cause pendante entre l'établissement recourant, d'une part, l'Etat de Vaud et la Commune de Lausanne, d'autre part.

L'arrêt du Tribunal cantonal ayant été publié à page 602 du *Journal des Tribunaux* de 1885, nous ne revenons pas sur les faits de la cause.

A l'appui du recours, le Musée national polonais a invoqué la violation des art. 46, 58, 60, 4 et 59 de la Const. féd., ainsi que du traité du 26 décembre 1872 entre la Suisse et la Russie, et de la convention du 27 août 1872 entre le canton de Vaud et la Grande-Bretagne. En conséquence, il a conclu à faire prononcer:

1. Que le jugement rendu par le Tribunal cantonal du canton de Vaud le 8 juillet 1885, dans la cause entre le comte Ladislas de Broel-Plater, l'Etat de Vaud et la Commune de Lausanne,

est réformé, en ce sens que la saisie pratiquée par l'Etat de Vaud et la Commune de Lausanne le 1er mars 1883, au préjudice du Musée national polonais à Rapperschwyl, en sa qualité de légataire universel de feu le comte Christian Ostrowski, originaire de la Pologne russe, est nulle, l'Etat de Vaud étant débouté de ses prétentions.

2. Subsidiairement, que cette saisie est entachée de plus-pétition et qu'elle doit être réduite soit pour l'Etat de Vaud, soit pour la Commune de Lausanne, au dix pour cent de la somme de 30,684 fr. 75, montant des valeurs mobilières faisant partie de la succession Ostrowski, qui se trouvaient dans le canton de Vaud au moment du décès du testateur.

De son côté, l'Etat de Vaud a conclu au rejet du recours et à la confirmation de l'arrêt du Tribunal cantonal.

Le Tribunal fédéral, unanime, a écarté le recours.

Motifs.

1. Le recourant estime d'abord que l'arrêt attaqué, prononçant le maintien de la saisie sur le dépôt effectué à la Banque cantonale par le curateur de la succession Ostrowski, implique une violation des art. 59, 46, 58 et 60 de la Constitution fédérale.

En ce qui a trait en premier lieu à ces trois derniers articles, les griefs du recours sont dénués de tout fondement. En effet :

a) La disposition de l'art. 46, édictant que les personnes établies en Suisse sont soumises dans la règle à la juridiction et à la législation du lieu de leur domicile en ce qui concerne les rapports de droit civil, n'est point encore en vigueur, attendu que, comme le Tribunal de céans l'a souvent exprimé, elle n'est appelée, aux termes de l'art. 2 des dispositions transitoires de la Constitution fédérale, à sortir son effet qu'à partir de la promulgation de la loi fédérale que le dit article 46 prévoit ; or cette loi n'a point encore été élaborée.

b) L'art. 58 précité n'a pas davantage été violé par l'arrêt incriminé : les instances cantonales qui ont statué sur le litige n'apparaissent nullement comme des tribunaux extraordinaires, et la cause actuelle fait naître seulement une question de compétence de tribunaux organisés par la loi.

c) Il en est de même de l'art. 60 ibidem, disposant que tous les cantons sont obligés de traiter les citoyens des autres Etats confédérés comme ceux de leur Etat en matière de législation et pour tout ce qui concerne les voies juridiques.

En admettant même que le Musée national polonais, qui a son siège à Rapperschwyl, soit autorisé à invoquer cette disposition vis-à-vis de l'Etat de Vaud, il n'est nullement établi qu'un citoyen vaudois, ou que la succession d'un citoyen décédé dans le canton de Vaud auraient été traités, dans les mêmes circonstances, autrement que l'ont été le Musée national polonais et la succession Ostrowski.

2. C'est sans plus de raison que le recourant arguë d'une prétendue violation de l'art. 59, par le motif que les biens du Musée national polonais, institution solvable, en possession de la personnalité juridique et domiciliée à Rapperschwyl, ne sauraient être saisis hors du canton de St-Gall.

Il ne s'agit en effet nullement dans l'espèce d'une réclamation personnelle dirigée contre le Musée national polonais, légataire universel du comte Ostrowski, et ce n'est point à son préjudice que la saisie en question a été pratiquée dans le canton de Vaud. Cette saisie a été exécutée en vue d'assurer le paiement du droit de mutation sur la succession du comte Ostrowski, décédé à Lausanne; elle n'a donc point eu lieu en vertu d'une réclamation personnelle et n'est point contraire au droit fédéral. Ce n'est pas le domicile de l'héritier qui doit être déterminant au point de vue du for, mais bien celui du testateur au moment de son décès. Conformément au principe que la fortune mobilière doit être imposée au domicile du propriétaire, la jurisprudence fédérale a constamment admis que le droit de mutation sur les biens mobiliers d'une succession doit être perçu au lieu du dernier domicile du testateur; c'est la succession comme telle, et non la personne de l'héritier, qui est frappée par une prétention fiscale. En poursuivant cette prétention par voie de saisie au lieu de l'ouverture de la succession et de la situation des biens, l'Etat de Vaud et la Commune de Lausanne n'ont porté aucune atteinte à la garantie inscrite à l'art. 59 de la constitution fédérale.

3. Le fait du domicile du feu comte Ostrowski, à Lausanne, au moment de son décès, est hors de doute, et c'est en vain que le recourant s'efforce de le contester. Ce fait est établi aussi bien aux termes de la loi vaudoise, que conformément à la pratique fédérale.

A teneur des art. 26, 28 et 29 du code civil vaudois, le domicile est au lieu du principal établissement; la preuve de l'intention de s'établir dans le canton résulte d'une déclaration expresse faite à la municipalité du lieu où l'on aura transféré son domicile, et, à défaut de déclaration expresse, le nouveau domicile sera censé établi par le fait du séjour et le transport du principal établissement depuis une année révolue.

Or il n'est pas contestable que le défunt comte Ostrowski n'ait eu, à partir du 11 juillet 1880 jusqu'à son décès, survenu le 3 juillet 1882, son principal, et même son seul établissement dans le sens légal, à Lausanne ; il y habitait en effet un appartement meublé par lui ; ses papiers étaient déposés en mains de l'autorité municipale, et, sur sa demande, il avait obtenu un permis d'établissement valable jusqu'en juillet 1884. En outre, le syndic de Lausanne a déclaré, par acte du 16 avril 1885, que le testateur était domicilié d'une manière régulière dans cette ville, et l'intention du comte Ostrowski de continuer à y avoir son principal établissement résulte de la circonstance que, sous date du 24 juillet 1881, il fit la demande d'être admis à la bourgeoisie de Lausanne. Aussi est-ce devant la justice de paix de cette ville que le directeur du Musée polonais et exécuteur testamentaire du feu comte Ostrowski a requis et obtenu — sous la seule condition du dépôt de 100,000 fr. à effectuer par le curateur de la succession — l'envoi en possession de la totalité des biens dont celle-ci se compose.

Le testateur doit également être considéré comme ayant eu son domicile à Lausanne, en conformité des principes généraux constamment admis sur cette matière par le Tribunal fédéral. Le recourant n'a d'ailleurs pas même établi, ni même cherché à démontrer qu'au moment de sa mort, le dit testateur ait été domicilié ailleurs qu'à Lausanne.

4. Les autres moyens du recours ne sont pas davantage fondés. C'est entièrement à tort que le recourant veut voir une violation des art. 4 et 60 de la Constitution fédérale dans la circonstance que le fisc vaudois n'a pas étendu au Musée national polonais, ayant son siège à Rapperschwyl, la disposition de l'art. 13 de la loi vaudoise du 2 décembre 1881 sur l'impôt pour 1882, laquelle exempte du droit de mutation les donations, successions ou legs en faveur des institutions de charité ou d'éducation *dans le canton.*

Les art. 4 et 60 précités exigent seulement que les Suisses soient traités à l'égal des ressortissants du canton ; or, l'art. 13

ci-haut reproduit est évidemment aussi bien applicable aux Vaudois qu'aux Suisses d'autres cantons, et le recourant n'a pas même allégué que dans des cas semblables l'Etat de Vaud ait jamais procédé, en cette matière, autrement qu'il l'a fait dans l'espèce. Rien ne permet d'admettre qu'un établissement vaudois ayant son siège à Rapperschwyl eût été autrement traité que le Musée polonais, ou que le bénéfice de l'exonération du droit de mutation eût été refusé par l'Etat de Vaud à ce dernier, s'il eût transporté son siège sur le territoire vaudois, et pour le cas où il aurait dû être considéré comme un des établissements de charité ou d'éducation visés par le prédit art. 13 de la loi vaudoise. En excluant du bénéfice de cette exonération ceux de ces établissements qui, sis hors du canton, n'y déploient pas leur activité charitable et éducative et sont soustraits à tout contrôle de l'Etat, la loi vaudoise n'a point créé d'inégalité arbitraire, ni assuré aux ressortissants du canton un avantage au détriment de ressortissants d'Etats confédérés et n'a, dès lors, porté aucune atteinte aux principes consacrés par les art. 4 et 60 de la Constitution fédérale[1].

5. C'est, enfin, sans droit que le recourant arguë d'une prétendue violation, par l'arrêt dont est recours, du traité du 26 décembre 1873 entre la Suisse et la Russie.

A supposer que le défunt comte Ostrowski doive être considéré comme sujet russe, au bénéfice de la convention internationale précitée, il y a lieu de remarquer d'abord que l'art. 4 du dit traité n'attribue pas aux ressortissants russes plus de droits qu'aux ressortissants suisses; or, comme il a été déjà dit, les ressortissants suisses ne jouissent pas, dans le canton de Vaud, en matière de droit de mutation, de prérogatives plus grandes que ce n'est le cas en ce qui concerne la succession Ostrowski.

L'art. 4 al. 4 du traité en question n'exempte pas davantage cette succession du droit de mutation; il dispose seulement qu'aucun impôt de succession ne sera exigé en Suisse d'un sujet russe y résidant sans y être légalement domicilié, sur des valeurs acquises par droit d'héritage et se trouvant dans son pays

[1] Le Tribunal fédéral a ainsi écarté la théorie qui avait été admise par les Tribunaux de Bâle, dans la cause intentée par l'Etat de Vaud et la Commune du Châtelard aux hoirs de Louise Scherb. (Voir *Journal des Tribunaux* de 1885, p. 745 et 756.) *(Réd.)*

natal; or, cette disposition n'est évidemment pas applicable en l'espèce, puisque, à la réserve des quelques valeurs et meubles existant à Lausanne, du montant de 30,000 fr. environ, la succession dont il s'agit consistait, au moment de la mort du testateur, en valeurs déposées à la banque Rothschild, à Paris.

6. L'art. 1er du même traité garantit aux ressortissants russes le traitement de la nation la plus favorisée, aussi en ce qui concerne le domicile. C'est néanmoins à tort que, se fondant sur cette disposition, le recourant réclame le bénéfice de l'art. 2 *in fine* de la convention du 27 août 1872 entre la Suisse et l'Angleterre, relative à la levée des droits de mutation sur la fortune des citoyens du canton de Vaud et celle des sujets du Royaume-Uni, et statuant que, dans l'éventualité du décès dans le canton de Vaud d'un sujet britannique qui n'y aura pas fait de déclaration expresse de domicile, le gouvernement du canton de Vaud lèvera les droits de succession sur la fortune immobilière ou mobilière que le défunt, à l'époque de son décès, pouvait posséder dans le canton de Vaud seulement.

L'art. 1er du traité entre la Suisse et la Russie garantit uniquement la liberté réciproque d'établissement et de commerce en faveur des ressortissants des deux puissances contractantes, et leur assure, à ce double égard, tous les droits, privilèges ou exemptions accordés aux citoyens de la nation la plus favorisée.

Mais, ainsi que le Tribunal fédéral l'a déjà exprimé dans une espèce analogue (v. *Recueil,* VIII, p. 262, Lehr c. Vaud [1]), la déclaration de 1872 entre Vaud et la Grande-Bretagne ne stipule aucun avantage de la nature de ceux visés ci-dessus, et qui devrait être étendu aux ressortissants russes en vertu de la clause de la nation la plus favorisée.

Il en résulte que le recourant ne peut se baser sur la dite déclaration pour réclamer, éventuellement, la perception du droit de mutation sur les seules valeurs mobilières que le testateur possédait dans le canton de Vaud au moment de son décès. Au contraire, il ressort de tout ce qui précède que, dans les circonstances de la cause et conformément à la règle constamment appliquée par le Tribunal de céans, le fisc de l'Etat où le testateur avait son domicile lors du décès est admis à frapper du droit de mutation l'universalité des biens mobiliers qui composent

[1] Voir cet arrêt à page 444 du *Journal des Tribunaux* de 1882.

la succession, quel que soit d'ailleurs le lieu de leur situation à cette époque.

Vaud. — Tribunal cantonal.

Séance du 19 janvier 1886.

Responsabilité du mari pour les dettes contractées par sa femme. — Art. 116 Cc. et 35 CO.

Schönenweid contre Gabet.

Le mari est responsable des dettes contractées par sa femme, lorsqu'elles ont été faites pour subvenir aux besoins de la famille.

Gabet a ouvert action à Schönenweid en paiement de *40 fr. 65 c.* pour fourniture de savon. — Schönenweid a conclu à libération, en disant qu'il n'a pas autorisé sa femme à faire cet achat, et qu'il a prévenu le public par insertions dans les journaux qu'il ne payerait aucune dette contractée par sa femme.

Le Juge de paix de Montreux a accordé les conclusions du demandeur.

Schönenweid a recouru en réforme contre ce jugement.

Le Tribunal cantonal a écarté le recours.

Motifs.

Attendu qu'il résulte de la solution définitive donnée ensuite de preuves testimoniales, au fait n° 7, que les marchandises dont Gabet réclame le payement ont profité à la famille Schönenweid, en ce sens que l'argent gagné par la femme Schönenweid, dans son métier de blanchisseuse, a servi aux besoins de la famille du défendeur.

Considérant, quant aux avis que Schönenweid dit avoir insérés dans les journaux, que les premiers en date ont été insérés déjà dans la *Feuille des Avis officiels* du canton de Vaud du 9 septembre 1870, et dans la *Feuille d'Avis de Montreux* en date du 30 août 1870.

Que les derniers en date ont paru dans la *Feuille d'Avis de Montreux* des 14 et 19 novembre 1885, soit postérieurement à la fourniture des marchandises faite par Gabet à Marie Schönenweid; que, dès lors, Gabet peut n'avoir point eu connaissance des dits avis.

Que, d'autre part, Schönenweid reconnaît que sa femme exerce le métier de blanchisseuse.

Que, dès lors, elle exerce ce métier avec son autorisation, au moins tacite, si ce n'est expresse.

Résumés d'arrêts.

Extradition. — L'individu dont l'extradition est requise pour un délit de droit commun ne saurait échapper à cette mesure en se bornant à *alléguer* que les faits à raison desquels il est recherché ont été commis par un motif et dans un but politiques. Il lui incombe d'*établir* les faits d'où résulte le caractère politique du délit qui lui est reproché.

D'après l'art. 6 de la convention d'extradition conclue les 17/5 novembre 1873 entre la Suisse et la Russie, l'individu dont l'extradition est accordée ne peut dans aucun cas être poursuivi ou puni pour un délit politique antérieur à l'extradition, ni pour un fait connexe à un semblable délit.

TF., 15 mars 1886. Kompowsky.

Serment. — Lorsqu'une partie déclare sous le poids du serment avoir reçu des valeurs, mais dit vouloir les compenser avec ce qui lui serait dû par l'autre partie, cette restriction au serment ne saurait être admise, s'il résulte d'autres preuves que les valeurs dont la compensation est invoquée ne sont pas dues.

(Tribunal d'Aigle; jugement réformé.)
TC., 3 février 1886. Genet c. Renaud.

La direction de la *Revue pénale*, paraissant à Bologne (Italie), a demandé à M. le Juge cantonal Correvon de l'autoriser à traduire en italien et à faire paraître dans cette Revue les lettres sur le congrès pénitentiaire de Rome que nous avons publiées il y a quelque temps.

M. Correvon a été désigné tout dernièrement comme collaborateur de la *Rivista di Discipline carcerarie*, importante Revue de droit pénal paraissant à Rome.

Bibliographie.

J. HABERSTICH. **Manuel du droit fédéral des obligations**, traduit par CH. GILLIÉRON, avocat, avec une préface du professeur-Dr H. CARRARD. — Tome Ier. — Moudon, J. Marti, éditeur, 1886. Prix : 10 fr.

A l'occasion de la publication du premier volume de l'édition allemande, le *Journal des Tribunaux* a déjà rendu compte du *Handbuch* par lequel M. l'avocat Haberstich, à Aarau, vient enrichir la littérature traitant du Code fédéral des obligations [1]. Cet ouvrage, dont l'édition allemande est près d'être achevée, a trouvé généralement un accueil très favorable auprès des juristes suisses. Etudiant les dispositions du Code à la lumière de la science juridique allemande et les exposant sous une forme systématique, il complète heureusement soit le livre de MM. Schneider et Fick, commentaire plutôt pratique et populaire, soit le manuel de M. Jacottet, écrit au point de vue de la doctrine française.

Qu'on nous permette à ce sujet de regretter très vivement les critiques aussi acerbes que peu courtoises que M. le professeur Schneider a cru devoir formuler contre le second volume du manuel de M. Haberstich, dans la *Zeitschrift für schweizerisches Recht;* nos revues juridiques suisses ne sont pas faites pour servir de tribune à des polémiques personnelles et il est déplorable qu'un homme de la valeur et de la situation de M. Schneider donne l'exemple de procédés qui, s'ils devaient trouver des imitateurs, rendraient absolument impossible toute action commune et sèmeraient des divisions dans un domaine où la Société des juristes cherche à concentrer tous les efforts vers un même but.

Par la méthode adoptée, par la clarté du langage, par la verve de l'exposition, l'ouvrage de M. Haberstich appelait une traduction en français. M. l'avocat Gilliéron, à Moudon, s'est chargé de cet important travail et s'en est acquitté d'une manière fort heureuse. Aussi ne doutons-nous pas que le manuel de M. Haberstich ne rende prochainement, aux juristes de la Suisse romande, autant de services qu'il en rend actuellement déjà à leurs Confédérés des cantons allemands.

Le volume que nous présentons aujourd'hui à nos lecteurs est consacré à la partie générale du droit des obligations (conflit des lois; obligations en général, leurs causes, leurs modalités, leurs effets, leur extinction, etc.; droits réels sur les biens meubles). La partie spéciale fera l'objet de deux autres volumes qui paraîtront plus tard et qui traiteront, l'un, des contrats de droit civil, le dernier, des matières commerciales.

C. S.

[1] Voir *Journal des Tribunaux* de 1884, p. 400.

M. Charles *Gilliéron,* avocat à Moudon, vient d'être nommé Secrétaire du Procureur général, en remplacement de M. Mercanton, élu Greffier-substitut du Tribunal cantonal.

M. Jules *Wullyamoz* est nommé secrétaire-copiste.

Ch. Boven, notaire, rédacteur.

Lausanne. — Imp. CORBAZ & Comp.

XXXIVe ANNÉE. No 14. SAMEDI 3 AVRIL 1886

JOURNAL DES TRIBUNAUX

REVUE DE JURISPRUDENCE

Paraissant à Lausanne une fois par semaine, le Samedi.

Prix d'abonnement : 12 fr. par an, 7 fr. pour six mois. Chaque numéro, 50 cent. On s'abonne à l'imprimerie CORBAZ et Cie et aux bureaux de poste. — ANNONCES : 20 centimes la ligne ou son espace.

TRIBUNAL FÉDÉRAL

Séance du 13 mars 1886.

Accident de chemin de fer. — Responsabilité de la Compagnie. — Art. 2 et 5 de la loi fédérale du 1er juillet 1885.

Rieben contre Compagnie Suisse Occidentale-Simplon.

Les Compagnies de chemins de fer sont responsables des accidents survenus dans l'exploitation, à moins qu'elles n'établissent que ces accidents sont dus à la faute de la victime elle-même.

Henri Rieben, à Echandens, et la Compagnie Suisse Occidentale-Simplon ont recouru l'un et l'autre au Tribunal fédéral contre l'arrêt rendu le 14 janvier 1886 par le Tribunal cantonal et publié à page 155 de ce volume. Les deux parties ont repris leurs conclusions respectives.

Le Tribunal fédéral a écarté les deux recours et confirmé en son entier l'arrêt du Tribunal cantonal vaudois.

Motifs.

1. Il n'est pas contesté que l'accident dont Rieben a été la victime est survenu dans l'exploitation du chemin de fer. La seule question qui se pose dans l'espèce est celle de savoir si l'accident a été causé par la faute du lésé lui-même, auquel cas la Compagnie devrait être libérée de la responsabilité qui lui incombe, à teneur de l'art. 2 de la loi fédérale du 1er juillet 1875 sur la responsabilité des entreprises de chemins de fer, en cas d'accidents entraînant mort d'homme ou lésions corporelles.

2. A cet égard, le Tribunal cantonal a constaté ce qui suit: « Le train 109, se dirigeant de Lausanne sur Pontarlier, a quitté la gare de Renens à l'heure règlementaire, après avoir sifflé quatre fois, conformément au règlement. Le mécanicien, en apercevant Rieben en avant de la machine, a sifflé par deux fois aux freins et le chef de train cria par trois fois « gare! » Rieben ne se retourna pas et a déclaré, après l'accident, ne pas avoir entendu ces appels. Quand le train fut à peu de distance de lui, Rieben, croyant l'éviter, se porta, de l'entrevoie où il marchait, sur la voie de Neuchâtel, où il fut tamponné par la locomotive et mutilé.

Rieben était autorisé à circuler sur la voie; le chemin qu'il a pris était le plus direct pour retourner à son chantier; pour regagner son travail, il devait nécessairement traverser les trois voies qui se trouvent à cet endroit. Il n'est pas constaté qu'il ait connu ou dû connaître le tableau de la marche des nombreux trains circulant dans la gare de Renens. Il n'est pas établi que le lésé ait entendu les signaux donnés et les cris d'alarme du chef de train: à supposer même qu'il ait entendu les coups de sifflet, il n'est nullement démontré qu'il eût eu, à ce moment, le temps de se garer. Même s'il s'était retourné, la circonstance que le train 109, arrivé à Renens sur la voie côté du lac, marche ensuite sur un espace de quelques mètres sur la voie du milieu et est enfin aiguillé sur la voie côté de la montagne, eût probablement été de nature à tromper Rieben sur la route que devait suivre le convoi qui l'a atteint. »

La Compagnie estime, de son côté, qu'en tout cas une faute légère est imputable au demandeur, du fait qu'il a pris le chemin le plus dangereux et qu'il a marché sur la voie sans prendre les précautions que la prudence la plus élémentaire devait dicter à chacun. Rieben était autorisé, il est vrai, à circuler sur la voie, mais à ses risques et périls. Il devait traverser la voie suivant une ligne perpendiculaire, à partir du coffre à outils et longer ensuite le sentier d'accotement côté lac. Il a choisi volontairement la direction la plus dangereuse et ne devait, dès lors, pas cesser un instant de veiller à sa sécurité. Or il ne s'est pas retourné et a changé de direction même sans se retourner.

3. Il n'est pas douteux que le demandeur, s'il eût traversé directement la voie dans une direction transversale et pris ensuite le sentier d'accotement, n'eût pas été atteint. On ne saurait toutefois, dans les circonstances de la cause, lui imputer à faute le fait qu'il n'a pas choisi ce chemin plus sûr, mais la voie elle-même pour rentrer à son chantier.

Il est, avant tout, établi qu'en ce faisant, il n'a enfreint aucune disposition règlementaire, ni contrevenu à des ordres qui lui auraient été intimés verbalement; s'il a pris le chemin le plus direct, c'est apparemment dans l'intérêt de son service, afin de se rendre plus rapidement à l'endroit où il travaillait; comme il faisait plein jour, il croyait pouvoir éviter à temps, le cas échéant, les trains circulant sur la voie. Il n'est point démontré, en outre, que Rieben connût l'horaire, ni, en particulier, le départ, à l'heure de l'accident, d'un train pour Pontarlier; le Tribunal cantonal constate expressément le contraire, en ajoutant qu'il n'est point établi que Rieben eût dû connaître l'horaire en question. Il n'est, enfin, pas constant que le demandeur, qui ne travaillait alors que depuis deux jours à la gare de Renens, ait su que la voie du milieu sert exclusivement au trafic Genève-Lausanne et n'est pas utilisée par des trains partant de cette dernière localité. Il ne peut donc être imputé à faute à Rieben de s'être trompé sur la direction du train ou sur la voie suivie par celui-ci. Une faute devrait être constatée à sa charge, s'il était établi qu'il a entendu les coups de sifflet règlementaires, ainsi que les signaux, sans se retourner et sans s'assurer sur quelle voie le train se mouvait: mais le Tribunal cantonal constate qu'il n'est point prouvé que Rieben ait entendu les signaux du mécanicien, ni les cris d'alarme du chef de train, et cette constatation est définitive pour le Tribunal fédéral, conformément à l'art. 3 alinéa 1 de la loi sur l'organisation judiciaire fédérale.

Il doit, en revanche, être admis que Rieben a entendu le bruit du train s'approchant; cela résulte de sa propre déposition devant le juge de paix de Romanel et du fait qu'il a abandonné à ce moment la voie du milieu pour se rendre sur la voie orientale; Rieben déclare également qu'au moment où il a entendu le train, celui-ci s'avançait sur la voie du milieu. Cette dernière allégation doit être reconnue comme vraie, le Tribunal cantonal ayant constaté que le train, arrivé à Renens par la voie occidentale, a emprunté ensuite pendant quelques instants celle du milieu, pour prendre enfin la voie orientale à quelques pas seulement du théâtre de l'accident. Le train était alors, selon toute probabilité, déjà trop près de Rieben pour que celui-ci, vu la rapidité de la marche, ait eu le temps de la réflexion et pour que son passage sur la voie orientale, dans la pensée que le train continuerait sa route sur la voie du milieu, puisse être assimilé à une faute à lui imputable; à ce moment, le train était sans doute si près que Rieben n'eût pu se retourner sans courir les plus grands dangers; le Tribunal cantonal constate à cet égard que si le lésé avait entendu les signaux et se fût retourné, il n'est nullement certain que l'accident eût pu être évité. Il n'est donc point exact de prétendre que le fait que Rieben ne s'est pas retourné soit dans un rapport de cause à effet avec l'accident survenu.

Il résulte de ce qui précède que, parmi les faits sur lesquels la compagnie s'est fondée pour prouver la faute du demandeur, les uns sont demeurés sans preuve, et les autres, bien qu'établis, ne sont pas constitutifs de faute à sa charge.

4. La compagnie défenderesse n'est par conséquent pas fondée à répudier la responsabilité que lui impose l'art. 2 de la loi fédérale précitée et elle a l'obligation, conformément à l'art. 5 al. 3 de la même loi, d'indemniser le demandeur pour les frais de guérison et le préjudice pécuniaire que les suites de l'accident lui ont causé.

Les frais de guérison n'étant pas litigieux entre parties, il y a lieu, en ce qui concerne les conséquences des lésions survenues, et vu surtout la déclaration du docteur Ceresole, d'admettre que Rieben sera pendant toute sa vie presque entièrement incapable de tout travail et qu'en tout cas son gain ne pourra jamais être supérieur à 150 ou 200 fr. par an. Rieben a donc droit à une indemnité calculée sur son gain à l'époque de l'accident.

5. Les parties sont d'accord pour faire consister cette indemnité dans le paiement d'une somme en capital; or, en prenant en considération tous les éléments de la cause, entre autres l'âge

du demandeur, le montant de son gain annuel précédent, ainsi que la somme qu'il pourra gagner dorénavant, le capital de 9000 fr., alloué à Rieben par le Tribunal cantonal, apparaît comme un équivalent pécuniaire suffisant pour le dommage souffert par la victime, dommage que la compagnie a l'obligation de réparer, conformément au prescrit de l'art. 5 précité de la loi du 1er juillet 1875.

Vaud. — TRIBUNAL CANTONAL.

Séance du 26 janvier 1886.

Cautionnement donné pour garantie d'un bail. — Renonciation du bailleur au droit de rétention. — Libération de la caution. — Art. 294 et 508 CO.

Mangisch contre Gaudin et Niess.

Le bailleur, dont la créance est garantie par un cautionnement, commet une faute envers la caution s'il renonce au droit de rétention que la loi lui accorde, sans en aviser la caution. Il est responsable envers la caution du fait que, en autorisant l'enlèvement des meubles garnissant les lieux loués, il a diminué les sûretés que la caution pouvait légitimement croire afférentes à la dette au moment où le cautionnement a été fourni (CO. 508).

Gaudin et Niess ont pratiqué une saisie générale au préjudice de A. Maillard, peintre, débiteur principal, et Emilien Mangisch, caution solidaire, pour être payés de 581 fr. 60 dus par les prénommés en leurs qualités susénoncées et pour solde de cédule du 16 avril 1884 et d'acte de cautionnement du 23 juin suivant, offre étant faite de déduire 300 fr. reçus à compte.

Mangisch a conclu à la nullité de cette saisie.

Le Juge de paix de Lausanne a débouté le demandeur de ses conclusions et maintenu la saisie.

Ce jugement repose sur des motifs ainsi résumés :

Il est établi au procès que la résiliation du bail en cause était convenue, entre Maillard et les défendeurs, pour le 25 juin 1884; c'est précisément en vue d'éviter la rétention de ses meubles par ses propriétaires que Maillard a fait intervenir le cautionnement de Mangisch. Si ce dernier a ignoré la résiliation du bail intervenu entre Maillard et les défendeurs, ceux-ci ne peuvent être rendus responsables de ce fait, imputable à Maillard seul.

Mangisch a recouru et a conclu à la réforme du jugement, en ce sens que la saisie de Gaudin et Niess doit être réduite en tout cas de la somme de 221 fr., dont le bailleur est responsable.

Ce recours est motivé comme suit :

Le texte de la cédule du 16 avril 1884 rappelle : « Qu'elle ne » constituera pas novation » et que « les créanciers conservent » donc le privilège que la loi leur accorde sur les meubles gar- » nissant les lieux loués. »

Mangisch s'est porté caution de cette cédule, dans les termes où elle est rédigée. Les créanciers de la cédule se trouvaient soumis envers la caution aux obligations de l'art. 508 CO. Or ils ont autorisé leur locataire à emporter ses meubles, qu'il a vendus pour 221 fr.

Mangisch a ignoré les arrangements intervenus entre Maillard et ses propriétaires.

Il a cautionné une dette provenant du prix d'un loyer; il était en droit de compter sur la garantie donnée aux bailleurs par la loi (CO. 294).

Le Tribunal cantonal a admis le recours.

Motifs.

Considérant que la cédule souscrite par Maillard, au 16 avril 1884, dit que ce titre « ne constitue pas novation » et que « les » créanciers conservent le privilège que la loi leur accorde sur » les meubles qui garnissent l'appartement en cause. »

Attendu que, le 23 juin 1884, Mangisch s'est porté caution solidaire de Maillard pour le paiement de la cédule prémentionnée.

Considérant qu'il n'est pas établi que Mangisch ait connu la convention intervenue entre Maillard et ses propriétaires, convention à teneur de laquelle, moyennant ce cautionnement, Maillard pouvait enlever ses meubles de l'appartement loué.

Que les termes mêmes de la cédule dont Mangisch se portait caution étaient de nature à l'induire en erreur, puisque cet acte réservait formellement le privilège du bailleur sur les meubles garnissant les lieux loués.

Qu'en n'avertissant pas Mangisch qu'ils avaient renoncé au droit de rétention que leur conférait aussi bien la loi (294 CO.), que le texte de la cédule du 16 avril 1884, Gaudin et Niess ont commis à son égard une faute qui engage leur responsabilité.

Attendu que les meubles soustraits au privilège du bailleur ont été vendus pour le prix de 221 fr.

Attendu que Gaudin et Niess n'ont pas établi quelle somme Maillard avait retirée pour les meubles insaisissables d'après la loi.

Qu'ainsi, en autorisant l'enlèvement des meubles en cause, Gaudin et Niess ont diminué, au préjudice de Mangisch, les sûretés que ce dernier pouvait légitimement croire afférentes à la dette au moment où le cautionnement a été fourni.

Que le préjudice résultant pour Mangisch de la faute commise à son égard par Gaudin et Niess est de 221 fr., somme que Maillard a retirée des meubles en question.

Vaud. — COUR DE CASSATION PÉNALE

Séances des 3, 10 et 11 mars 1886.

Déclaration d'impôt mobilier insuffisante. — Contravention. — Amende prononcée par la Commission centrale. — Recours au Tribunal de police et à la Cour de cassation pénale. — Droit d'intervention de l'Etat. — Questions de compétence et de procédure. — Art. 3, 5 et 23 de la loi du 27 décembre 1877 modifiant celle du 21 août 1862 sur l'impôt mobilier; art. 46 de la Constitution fédérale; art. 98, 489, 490 et 581 § 4 Cpp., et art. 67 § *b* de la loi du 8 avril 1863 sur l'organisation judiciaire.

Etat contre hoirs X.

La Cour de cassation pénale est compétente pour connaître, ensuite de recours, des décisions rendues par le tribunal de police en matière de déclarations d'impôt mobilier insuffisantes (loi de 1863 sur l'organisation judiciaire, art. 67 § b).

L'Etat a le droit de recourir soit en nullité soit en réforme contre le prononcé du tribunal de police qui libère de l'amende prévue en cas de déclaration d'impôt mobilier insuffisante.

La Commission centrale d'impôt mobilier ne peut être assimilée à un tribunal de première instance, rendant de véritables jugements. Dès lors, les parties recourantes au tribunal de police contre le prononcé de la Commission centrale peuvent produire à ce tribunal toutes les pièces et tous les documents qu'elles estiment utiles à leur cause.

En matière de recours contre le prononcé de la Commission centrale, la Cour de cassation pénale n'est pas liée par les décisions de fait du tribunal de police, mais est autorisée à revoir en son entier l'appréciation des premiers juges.

Le simple fait d'avoir, par une déclaration d'impôt mobilier insuffisante, contrevenu à la loi du 27 décembre 1877 suffit pour entraîner la répression prévue à l'art. 23 de cette loi, sans que l'Etat soit tenu de démontrer l'intention dolosive. Si l'inculpé s'estime au bénéfice d'une circonstance propre à le faire libérer, c'est à lui de l'établir d'une manière certaine, en prouvant, par exemple, que la déclaration fausse n'a pas été faite dans le but de frauder l'Etat, mais est le résultat d'une erreur manifeste.

Conseil de l'Etat, M. l'avocat PASCHOUD.
Défenseur des hoirs X., M. l'avocat MOREL.
M. le PROCUREUR GÉNÉRAL est intervenu.

L'Etat de Vaud a recouru contre le jugement rendu le 8 février par le Tribunal de police du district de Lausanne, qui a libéré les hoirs X. de l'amende prononcée contre eux par la commission centrale d'impôt le 24 octobre 1885.

Les hoirs X. ont déposé les conclusions suivantes :

« Les hoirs X. concluent préjudiciellement au mis de côté » du recours presenté par l'Etat de Vaud, attendu que la partie » civile n'a point le droit de recourir en nullité contre un juge-

» ment rendu par un tribunal de police et attendu que la partie » civile ne peut recourir en réforme que pour fausse application » de la loi civile, et les moyens de réforme présentés par l'Etat » de Vaud n'ayant trait qu'à une prétendue fausse application » des dispositions pénales de la loi fiscale de 1862-1877.

» *Subsidiairement*, les hoirs X. concluent au mis de côté du » recours de l'Etat de Vaud, pour autant que ce recours de- » mande la nullité du jugement rendu par le Tribunal de police » de Lausanne. »

Délibérant à ce sujet et, d'abord, en ce qui concerne la compétence de la Cour :

Considérant qu'aux termes de l'art. 67 § *b* de la loi sur l'organisation judiciaire de 1863, les tribunaux de police prononcent, *sous réserve de recours en cassation*, sur tout délit et contravention dont la connaissance leur est spécialement attribuée par la loi.

Considérant que, dans l'espèce, le Tribunal de police a été nanti en vertu du dernier alinéa de l'art. 23 de la loi du 20 décembre 1877 modifiant et complétant la loi d'impôt sur la fortune mobilière.

Considérant, dès lors, que la Cour de cassation pénale est bien compétente pour s'occuper des recours actuels.

Sur les conclusions préjudicielles des hoirs X. :

Considérant que ceux-ci prétendent qu'aux termes des articles 489 et 490 Cpp., l'Etat de Vaud ne doit être admis à recourir ni en réforme ni en nullité, l'art. 489 n'accordant un recours en *réforme* à la partie civile que pour fausse application de la loi civile, ce qui n'est pas le cas dans l'espèce, et l'art. 490 ne donnant un droit de recours en *nullité* qu'au condamné et au Ministère public.

Considérant, à ce sujet, que l'art. 98 Cpp. statue que celui qui a un intérêt civil au procès peut intervenir en tout état de cause et jusqu'à la clôture des débats en se constituant partie civile.

Considérant que l'on ne saurait ici envisager l'Etat comme une partie civile dans le sens donné à cette expression par l'article 98 ci-dessus.

Attendu, en effet, que l'Etat n'a point un intérêt civil au procès actuel, mais qu'il intervient dans la cause comme administrateur de la fortune publique et comme représentant l'ensemble des citoyens.

Considérant, en outre, qu'il s'agit dans l'espèce d'une contravention réprimée par la voie administrative.

Qu'aux termes de l'art. 581 § 4 Cpp., les répressions par voie administrative sont exceptées des dispositions du dit Code et restent soumises à la procédure spéciale établie dans les lois qui les concernent, aussi longtemps qu'il n'y a pas été dérogé.

Considérant, dès lors, que les art. 489 et 498 Cpp. ne sont point applicables dans le cas particulier et que l'Etat peut ainsi recourir en nullité et en réforme contre le jugement de police en question,

---

La Cour de cassation pénale écarte les conclusions préjudicielles.

L'avocat Paschoud, constatant que le dossier est incomplet, requiert la production de toutes les pièces qui ont été produites devant le Tribunal de police et dont il fournit un bordereau.

Vu cette réquisition, la Cour de cassation pénale ordonne que toutes les pièces qui ont été produites par les hoirs X. seront produites à nouveau à la prochaine audience de la Cour.

Le 24 octobre 1885, la Commission centrale pour l'impôt sur la fortune mobilière a condamné les hoirs X. à une amende de 10 fois le montant de l'impôt mobilier soustrait de 1880 à 1884, soit de 11,200 fr., plus la valeur du dit impôt s'élevant à 1120 fr., soit au total au paiement d'une somme de 12,320 fr.

Cette condamnation, fondée sur l'art. 23 de la loi du 21 août 1862, modifiée par celle du 20 décembre 1877, est motivée sur les faits ci-après : Dans ses déclarations pour les années 1880 à 1884, X. a indiqué le montant de sa fortune imposable comme s'élevant à 80,000 fr.; or il résulte de l'inventaire dressé par l'office de paix qu'il possédait en réalité une fortune mobilière imposable qui, jointe au produit du travail multiplié par dix (art. 4 et 5, § *h* de la loi), se montait à 220,000 fr. au moins.

Les hoirs X. ont recouru contre ce prononcé au Tribunal de police, qui a admis le recours.

Ce jugement est basé sur les motifs suivants :

La société X. et Cie avait son siège principal à Lausanne et aucune disposition de la loi n'autorise une société ou un particulier à défalquer de sa fortune imposable les valeurs qui peuvent exister à l'étranger.

L'art. 46 Const. féd. ne vise que la double imposition intercantonale ; dès lors, il y a lieu de porter à l'avoir de la succession de X. les 140,000 fr. représentant sa part dans l'actif social. D'autre part, il résulte des bilans des dernières années que la société a fait des pertes importantes, les capitaux engagés n'ont rapporté que des intérêts insignifiants et ainsi les sommes touchées par les associés n'ont été que des reprises de capitaux et ne constituent nullement des traitements ou le produit du travail. C'est donc à tort que la Commission centrale a cru devoir tenir compte de ce produit du travail. La fortune mobilière imposable de X. doit donc être fixée comme suit :

a) Valeurs mob^{res} suiv. inventaire.	Fr. 134,984	
b) Mobilier	4,600	Fr. 139,584
moins les valeurs non soumises à l'impôt, y compris les actions Suisse Occidentale-Simplon. . .		» 33,842
Reste . . .		Fr. 105,742
c) La somme attribuée à X. pour sa part aux avoirs sociaux		» 140,000
Total . . .		Fr. 245,742
Dont à déduire :		
I. Dot de D^{me} C.	Fr. 50,000	
II. $^1/_2$ de la déclaration de X. et Cie .	15,000	» 65,000
Somme imposable . . .		Fr. 180,742
Montant de la déclaration de X.		» 80,000
Différence . . .		Fr. 100,742

somme qui n'a pas été frappée de l'impôt.

Mais il ne suffit pas qu'en fait certaines valeurs aient échappé à l'impôt pour que la pénalité prévue à l'art. 23 de la loi soit nécessairement encourue, il faut encore que le contribuable ait fourni une déclaration fausse dans le but de frauder l'Etat ; or, dans l'espèce, il y a lieu de constater qu'alors que X. faisait sa déclaration de fortune mobilière imposable, ses capitaux engagés dans la société étaient presque improductifs d'intérêts et représentaient une valeur essentiellement aléatoire, eu égard à la nature spéciale de la marchandise et au lieu où elle se trouvait. Dans ces circonstances et en présence aussi de l'opinion qu'avait X. sur la portée de l'art. 46 Const. féd., il est établi que le dit X. n'a pas fait une déclaration fausse dans le but de frauder l'Etat.

Le Procureur général a recouru en réforme contre ce jugement par les motifs suivants :

Le produit du travail de X. doit être imposé lors même que la société a fait des pertes et que les associés n'ont fait que des prélèvements sur les capitaux. Il y a lieu à faire figurer une somme à fixer d'après les bilans. En outre, c'est à tort que le Tribunal a estimé que X. n'a pas voulu frauder le fisc ; de ce que certains capitaux sont improductifs, il ne s'ensuit pas que le contribuable soit autorisé à ne pas les faire figurer dans sa fortune, et l'opinion qu'il peut avoir sur la portée d'une disposition légale ne saurait également autoriser à dire qu'il n'a pas agi frauduleusement ; l'ignorance de la loi n'est jamais une excuse pour le contrevenant, aussi bien en matière fiscale qu'en matière de police ; il s'agit, du reste, ici, d'une erreur de *droit* et non d'une erreur de fait dont l'influence sur la question de fraude serait plus facilement discutable.

L'Etat de Vaud a aussi recouru contre le dit jugement.

Nullité. La Commission centrale est chargée d'instruire les cas qui lui sont soumis ; des pièces et documents peuvent être produits par le dénoncé ou ses représentants, et le prononcé de la Commission centrale doit être considéré comme un véritable jugement. Le recours au Tribunal de police doit maintenir la situation intacte et il ne doit pas être loisible au recourant de produire de nouvelles pièces et documents, lesquels n'ont pas été soumis à la Commission centrale. Or, tel n'a pas été le cas dans l'espèce, le Tribunal de police de Lausanne ayant, dans son jugement incident du 18 janvier 1886, autorisé les hoirs X. à produire des pièces tendant à établir l'exactitude des faits allégués dans leur recours.

L'Etat de Vaud demande en conséquence : *a)* La nullité du jugement du 8 février 1886 ; *b)* Subsidiairement, à ce que dans son prononcé sur les recours formulés, la Cour de cassation pénale fasse abstraction des documents produits par les hoirs X. et s'en tienne à l'inventaire officiel produit à la Commission centrale.

Réforme : A. Dans l'évaluation de la fortune mobilière de X., soumise à l'impôt, il y a lieu de tenir compte du ***produit du travail*** par une somme de 7000 fr. au moins par an. En effet, dans leur contrat de société, les associés de la maison X. et Cie s'étaient réservé le droit de faire chacun un prélèvement de

520 fr. par mois et ces prélèvements ont varié pour chaque associé de 7 à 10,000 fr. par an. Dans la comptabilité produite, les dits prélèvements sont passés en écriture sous la rubrique *appointements*, ce qui signifie traitement, soit rémunération du travail des associés; or, ce produit du travail doit payer l'impôt sur la fortune mobilière conformément aux dispositions de la loi sur la matière.

B. Le Tribunal de police justifie son prononcé libérant les hoirs X. de l'amende encourue par deux ordres de considérations :

1° Les capitaux de X. composant sa fortune mobilière engagée dans la société X. et Cie étaient presque improductifs d'intérêts et représentaient une valeur essentiellement aléatoire ;

2° X. avait une opinion particulière sur l'interprétation de l'art. 46 Const. féd.

Ces deux considérants, dont l'exactitude n'est nullement démontrée, sont insuffisants pour motiver une libération de l'amende prononcée ; ils n'établissent pas d'une manière certaine que la déclaration fausse est le résultat d'une erreur manifeste.

Le fait que pendant quelques années les capitaux engagés ont été presque improductifs d'intérêts ne signifie rien, car d'après la loi sur la fortune mobilière, l'impôt est dû sur le montant de la fortune elle-même en faisant abstraction de ce qu'elle produit ou ne produit pas. Dans l'évaluation d'un commerce où il y a des chances à courir, il faut tenir compte de l'aléa, mais cette circonstance n'autorise nullement le contribuable à ne pas déclarer sa fortune. Du reste, dans la détermination de la fortune de X., il a été tenu largement compte des aléas et le chiffre de 140,000 fr., accepté par l'un des héritiers, est celui de la valeur actuelle de la part de X. dans la société X et Cie. On ne saurait critiquer l'évaluation de la Commission centrale quand elle concorde avec le chiffre porté dans l'inventaire officiel, lequel a été donné par les parties intéressées elles-mêmes.

Quant à l'opinion que pouvait avoir X. sur la portée de l'article 46 Const. féd., on ne saurait l'invoquer comme un motif d'excuse. Du reste, l'avis de feu X. n'a pas été établi ; c'est une simple allégation du Tribunal qui n'est même appuyée d'aucune preuve.

De ce qui précède, il résulte que les hoirs X. n'ont pas établi, comme cela leur incombait, que les fausses déclarations de X. étaient le résultat d'une erreur manifeste.

Examinant les pourvois et d'abord sur le *moyen de nullité* soulevé par l'Etat de Vaud :

Considérant qu'aucune disposition de la loi ne permet de prononcer la nullité du jugement rendu par le Tribunal de police, ensuite de recours contre la décision de la Commission centrale, pour le motif que la partie recourante aurait produit devant ce Tribunal des pièces et documents qui n'avaient pas été soumis à la dite Commission.

Que d'ailleurs, à supposer que ces pièces n'eussent pas dû être produites, la Cour de cassation, examinant le pourvoi au point de vue de la réforme, pourrait en faire abstraction.

Qu'ainsi le moyen de nullité n'est pas fondé.

Sur la conclusion subsidiaire du recours de l'Etat tendant à ce que la Cour fasse abstraction des documents produits par les hoirs X. devant le Tribunal de police :

Considérant que les parties recourantes au Tribunal de police contre le prononcé de la Commission centrale doivent pouvoir produire à ce Tribunal toutes les pièces et documents qu'elles estiment utiles à leur cause.

Qu'en effet, la Commission centrale ne saurait être assimilée à un tribunal de première instance rendant de véritables jugements, lesquels devraient, en cas de recours, être portés à l'instance supérieure dans l'état où le dossier a été soumis aux premiers juges.

Considérant, dès lors, que la Cour de cassation ne saurait faire abstraction, ainsi que le demande l'Etat, des pièces et documents produits au Tribunal de police par les hoirs X.

Que, du reste, par son arrêt du 3 mars, la Cour a ordonné la production de ces pièces et cela ensuite de la réquisition présentée par le mandataire de l'Etat lui-même,

La Cour écarte cette conclusion subsidiaire.

Sur la réforme, et, en première ligne, en ce qui concerne la détermination de la fortune imposable de feu X. :

Considérant que le Tribunal de police de Lausanne n'a pas tenu compte du produit du travail de X. par le motif que les capitaux engagés dans la société X. et Cie n'ont rapporté que des intérêts insignifiants pendant les dernières années et qu'ainsi les sommes touchées par les associés n'ont été que des reprises de capitaux et non des traitements.

Considérant, à ce sujet, que l'art. 10 du contrat de société X. et Cie statue que chacun des associés aura droit, pour son entretien particulier, à un prélèvement mensuel de 580 fr. en monnaie suisse ou à l'équivalent en monnaie de B., ces prélèvements étant compris dans les frais généraux.

Qu'il résulte de la comptabilité produite que ces prélèvements ont varié de 7 à 10,000 francs par an et qu'ils ont été passés sous la rubrique *appointements*.

Considérant qu'indépendamment de ces appointements et malgré la crise industrielle, les associés ont encore perçu pendant ces dernières années l'intérêt de leurs capitaux engagés dans la société, bien que celle-ci ait fait des pertes sensibles.

Considérant, dès lors, que les appointements perçus par les associés ne sauraient être envisagés comme des reprises de capitaux, ainsi que le prétend le jugement dont est recours, mais qu'ils doivent être considérés comme le produit du travail des associés et payer l'impôt sur la fortune mobilière, conformément aux dispositions de la loi sur la matière.

Qu'en effet si, par exemple, la société X. et Cie avait été administrée et gérée par des tiers au lieu de l'être par des associés eux-mêmes, les appointements donnés à ces tiers auraient en tout cas été imposables.

Qu'il doit dès lors en être de même des traitements perçus par les associés en rémunération de leur travail.

Que c'est donc à tort que, dans son calcul, le Tribunal de police n'a pas compté comme un élément de fortune mobilière imposable le produit du travail de X. et Cie.

Considérant, quant au montant de la valeur imposable de ce produit du travail, que, d'après le compte établi par le Tribunal de police, la fortune imposable de feu X., abstraction faite de l'élément ci-dessus, s'élève à 180,742 fr.

Qu'entre ce chiffre et celui de 220,000 fr., admis par la Commission centrale, il y a ainsi un écart de 39,258 fr.

Que ce dernier chiffre de 39,258 fr. correspond à un produit annuel du travail de 4725 fr. 80, si l'on tient compte de la valeur de 800 fr. non imposable à teneur de l'art. 5 § *h* de la loi de 1862.

Considérant qu'il résulte de la comptabilité produite que les appointement annuels de X. ont toujours été supérieurs à ce chiffre de 4725 fr. 80, puisqu'ils ont varié entre 7000 et 10,000 fr.

Qu'ainsi l'évaluation faite par la Commission centrale de ce produit du travail n'est aucunement exagérée.

Considérant, d'autre part, que le fait que, pendant quelques années, les capitaux engagés dans la maison X. et Cie auraient été presque improductifs d'intérêts, ne saurait avoir de conséquence en ce qui concerne l'impôt.

Attendu, en effet, que, d'après la loi sur la matière, l'impôt est dû sur le montant de la fortune elle-même, abstraction faite de son produit.

En ce qui concerne l'*amende :*

Considérant que le Tribunal de police a libéré les hoirs X. de l'amende prononcée contre eux, par le motif que X. n'avait pas fait une fausse déclaration de fortune dans le but de frauder l'Etat.

Considérant que les hoirs X. estiment que la Cour supérieure ne peut revoir cette question de fraude, la décision du Tribunal de police à ce sujet étant définitive.

Considérant à cet égard que l'on ne se trouve pas ici en présence des règles établies dans le Code de procédure pénale, mais qu'il s'agit au contraire d'appliquer les principes édictés par une loi spéciale, soit celle du 20 décembre 1877 modifiant celle du 21 août 1862 sur l'impôt mobilier.

Qu'en cette matière, la Cour ne saurait être liée par des décisions de fait du Tribunal de police, mais qu'elle doit être autorisée à revoir en son entier l'appréciation des premiers juges.

Considérant que l'art. 23 de la loi susmentionnée statue que le contribuable qui fait une déclaration fausse, dans le but de frauder l'Etat, est passible d'une amende qui peut ascender à dix fois le montant de l'impôt soustrait, indépendamment du paiement de cet impôt.

Considérant que cette disposition légale ne vise pas un délit, mais qu'elle a trait à une simple contravention.

Que ce caractère de contravention résulte avec évidence du fait que le prononcé de la Commission centrale peut frapper non seulement la personne qui a fait une fausse déclaration mais encore ses héritiers.

Considérant, dès lors, qu'en cette matière le simple fait d'avoir contrevenu à la loi suffit pour entraîner la répression, sans qu'il soit nécessaire de démontrer l'intention dolosive.

Que ce n'est ainsi point à l'Etat de prouver le but frauduleux.

Que si l'inculpé s'estime au bénéfice d'une circonstance propre à le faire libérer, c'est à lui de l'établir d'une manière certaine, en prouvant, par exemple, que la déclaration fausse n'a pas été faite dans le but de frauder l'Etat, mais est le résultat d'une erreur manifeste.

Que les hoirs X. n'ont point fait cette preuve.

Qu'en effet, l'interprétation que le défunt X. peut avoir donnée à l'art. 46 de la Constitution fédérale ne saurait être prise en considération.

Que, si le défunt a eu une opinion erronée sur cette disposition constitutionnelle, fait qui n'a d'ailleurs pas été établi, il doit supporter les conséquences d'une telle erreur de droit.

Considérant que le dit art. 46 ne vise nullement le cas où il s'agit de valeurs situées à l'étranger, mais qu'il a eu pour but d'éviter la double imposition du contribuable en Suisse.

Considérant qu'aux termes de l'art. 3 de la loi du 27 décembre 1877, la fortune mobilière soumise à l'impôt comprend tous les biens meubles par leur nature ou par la détermination de la loi *quel que soit le lieu de leur situation.*

Que, dès lors, X. ne pouvait se croire autorisé à défalquer de sa fortune mobilière imposable les valeurs qu'il possédait en Amérique.

Considérant que les hoirs X. n'ont ainsi pas établi, comme cela leur incombait, que les fausses déclarations de X. aient été le résultat d'une erreur manifeste.

Que, dans ces circonstances, les recours soit de l'Etat de Vaud, soit du Procureur général, sont fondés.

Quant au chiffre de l'amende :

Considérant qu'en prononçant l'amende de 11,200 fr., ainsi qu'elle l'a fait, la Commission centrale n'a pas excédé les limites de la compétence que lui attribue l'art. 23 de la loi de 1877, mais a fait application du maximum de la peine.

Considérant que, vu les circonstances de la cause, il n'y a pas lieu de diminuer de moitié le chiffre de l'amende prononcée, ainsi que l'a demandé le Procureur général dans sa plaidoirie,

La Cour de cassation pénale admet le recours.

Ch. Boven, notaire, rédacteur.

Lausanne. — Imp. CORBAZ & Comp.

XXXIVe ANNÉE. No 15. SAMEDI 10 AVRIL 1886

JOURNAL DES TRIBUNAUX

REVUE DE JURISPRUDENCE

Paraissant à Lausanne une fois par semaine, le Samedi.

Prix d'abonnement : 12 fr. par an, 7 fr. pour six mois. Chaque numéro, 50 cent. On s'abonne à l'imprimerie CORBAZ et Cie et aux bureaux de poste. — ANNONCES : 20 centimes la ligne ou son espace.

Les lois neuchâteloises sur les communes.

Nous avons publié, dans le volume de l'année passée, un extrait du rapport de M. le professeur Meili au sujet des dettes des communes suisses. On ignore quand les Chambres pourront discuter une loi sur la matière.

Il résulte, entre autres, de l'excellent travail de M. Meili que pour remédier efficacement au mal, il faudrait pouvoir empêcher les communes de contracter des dettes trop considérables, mais que la Constitution ne permet pas au pouvoir législatif helvétique de prendre des mesures à cet égard.

En attendant un vote des Chambres, il est utile de se tenir au courant des législations cantonales sur les communes. Nous allons examiner aujourd'hui la législation neuchâteloise.

Les communes neuchâteloises sont règlementées, entre autres, par une loi du 23 décembre 1874.

D'après l'art. 1er de cette loi, « toute commune se compose de » deux administrations distinctes : 1° la commune d'habitants » ou municipalité; 2° la commune des ressortissants ou com» mune proprement dite. »

La commune d'habitants a pour attributions de gérer tous les services publics de la localité: nous ne nous occuperons que de celle-ci.

A Neuchâtel l'autorité supérieure est parfaitement en état d'empêcher les communes de contracter des dettes exagérées, car, à teneur de la dite loi, « le Conseil d'Etat exerce sur l'ad» ministration des communes ou municipalités une surveillance » directe... Il peut suspendre provisoirement une administration » communale ou municipale, après une enquête préalable, et y » pourvoir, sauf à en référer au Grand Conseil.

» Tous les règlements communaux ou municipaux, quels » qu'ils soient, sont soumis à l'approbation du Conseil d'Etat. »

Les communes ou municipalités doivent transmettre leurs budgets au Conseil d'Etat « avant le 31 décembre qui précède » l'exercice auquel ils se rapportent.

» Les communes, municipalités et autres corporations ne » peuvent contracter aucun emprunt ou engagement financier, » ni décider aucune création ou construction dont l'importance » dépasserait le budget ordinaire de l'année, sans l'autorisation » de l'assemblée générale respective et du Conseil d'Etat.

» Elles ne peuvent vendre ou acquérir des immeubles ou des » droits immobiliers ni hypothéquer leurs immeubles sans y » être autorisées de la même manière. »

L'art. 17 de cette loi porte :

« La municipalité pourvoit à ses dépenses :

» *a)* Par les sommes qu'elle reçoit de la ou des communes de » son ressort;

» *b)* Par ses ressources ou revenus;

» *c)* Par les impôts qu'elle prélève sur les contribuables.

» Dans la règle, les contributions sont basées sur le système » des centimes additionnels à l'impôt de l'Etat. Cependant la » municipalité peut recourir à d'autres modes d'impositions. »

En outre, l'art. 19 dit : « Les personnes qui possèdent des » immeubles hors du ressort municipal où elles habitent, doi-

» vent à la municipalité de la situation des immeubles une taxe » sur la valeur ou le revenu de ceux-ci. La valeur des dits im- » meubles sera, pour le contribuable, déduite de la fortune im- » posable à son domicile.

» Il ne pourra être prélevé de taxes sur les contribuables » externes que si elles sont applicables sur un pied de parfaite » égalité aux contribuables internes. »

Mais ces deux articles viennent d'être abrogés par une loi du 29 octobre 1885 qui règlemente d'une manière très détaillée les impositions municipales. En voici les principales dispositions :

« Les municipalités sont autorisées à percevoir un impôt di- » rect et proportionnel à la fortune mobilière et immobilière » et aux ressources appréciables de chaque contribuable. » (Art. 1er.)

« Cet impôt sera perçu sur la base des estimations qui auront » été faites de la fortune et des ressources de chaque contri- » buable pour l'impôt de l'Etat de l'année précédente » (2).

« Les municipalités fixent chaque année, par le budget, le » taux de l'impôt direct. Ce taux ne pourra dépasser le 4 pour » 1000 sur la fortune et le 4 pour 100 sur les ressources et re- » venus. »

En outre « elles pourront simultanément recourir à des taxes » supplémentaires, savoir :

» 1° A une imposition payée par les propriétaires sur le re- » venu brut ou la valeur locative des immeubles, ce revenu » étant déterminé par l'autorité municipale, soit d'après les » constatations des baux, soit d'après le prix moyen de la loca- » tion pour des immeubles de même nature et de même valeur.

» 2° Une imposition payée par les propriétaires qui occupent » ou exploitent eux-mêmes leurs immeubles, ou par les locatai- » res qui les tiennent à bail, pour la valeur du loyer de ces » immeubles » (art. 4).

« Le contingent de ressources qui pourra être demandé aux » impositions prévues à l'article précédent ne devra en aucun » cas dépasser le tiers du produit de l'impôt » (5).

« Les municipalités pourront aussi être autorisées à prélever » sur les successions collatérales et sur les donations entre vifs » et pour cause de mort, un droit qui ne pourra excéder la » moitié de celui perçu au profit de l'Etat.

» Ce prélèvement n'appartient qu'à la municipalité du der» nier domicile du défunt ou à celle du domicile du dona» teur. »

Il est à noter que dans le canton de Neuchâtel les successions en ligne directe ne sont grevées d'aucun droit.

« Sont soumises aux impositions municipales toutes les per» sonnes âgées de 20 ans révolus, domiciliées dans le ressort » municipal, ainsi que les communes, corporations, caisses de » famille et autres personnes morales, ayant dans la municipa» lité leur siège légal ou administratif » (art. 7).

Il est interdit de soumettre le même objet à l'impôt dans deux ou plusieurs municipalités.

L'art. 9 porte que « les personnes qui possèdent des immeu» bles hors du territoire municipal de leur domicile doivent à » la municipalité où ces immeubles sont situés l'impôt sur leur » valeur.

» Cet impôt est dû sans déduction des dettes hypothécaires. »

« Les personnes sous tutelle ou curatelle sont soumises à » l'impôt dans la municipalité où elles ont leur domicile de fait. » Pour celles qui sont placées dans un hospice ou dans une » maison de santé, l'impôt est exigible dans la municipalité où » est domicilié leur tuteur ou curateur » (art. 13).

» Aucune des impositions nouvelles prévues aux art. 4 et 6 » ne pourra être établie dans une municipalité sans une auto» risation du Grand Conseil.

» Le décret autorisant ou refusant une demande d'imposition » nouvelle ne sera rendu qu'au vu d'un rapport du Conseil » d'Etat et après que les contribuables auront été admis à for» muler leurs observations ou oppositions.

» Les municipalités ne peuvent augmenter le taux des impo» sitions existantes que pour le budget soumis à la ratification » du Conseil d'Etat » (18).

F. Nessi, avocat.

TRIBUNAL FÉDÉRAL

Traduction d'un arrêt du 20 février 1886.

Droit de réunion et d'association. — Interdiction des assemblées de l'Armée du Salut par le gouvernement de Zurich. — Recours admis. — Art. 49, 50 et 56 de la Constitution fédérale ;

art. 3 et 63 de la Constitution du canton de Zurich et art. 59 de la loi sur l'organisation judiciaire fédérale.

Schaaf, Ehrismann et consorts contre gouvernement de Zurich.

Le Tribunal fédéral n'est pas compétent pour connaître des recours visant la violation de la liberté de croyance et de culte, alors même que cette garantie, renfermée aux art. 49 et 50 de la Constitution fédérale, serait aussi inscrite dans la Constitution cantonale.

Les Constitutions cantonales peuvent garantir les droits individuels des citoyens dans une mesure plus étendue que ne le fait la Constitution fédérale.

Le fait que des tiers viendraient troubler des réunions publiques et porteraient ainsi atteinte à la paix et à la tranquillité publiques ne saurait justifier l'interdiction de ces réunions.

Le 4 juillet 1885, la préfecture de Zurich (section administrative) a condamné Fritz Schaaf, de Schlagbaum (Prusse), capitaine de l'Armée du Salut, à Aussersihl, à 100 fr. d'amende, pour avoir, contrairement à la loi sur les marchés et le colportage, donné sans autorisation, sous le nom d'exercices religieux, des représentations qui n'offrent aucun intérêt, ni scientifique ni artistique. Elle a, en outre, interdit à Schaaf la continuation des dites représentations.

Ensuite de recours, le Conseil d'Etat de Zurich a maintenu cette interdiction par décision du 8 août 1885. De plus, il a pris, le 12 août, l'arrêté général ci-après :

« 1. Il est interdit d'inviter à assister aux réunions organisées par la soi-disant Armée du Salut, au moyen des feuilles publiques, par des affiches ou par distribution de cartes, par des appels publics ou par invitations faites de maison en maison.

» 2. Les réunions de ce genre ne peuvent être tenues en plein air, ni dans des locaux qui sont publics ou employés ordinairement pour des assemblées publiques.

» Cette défense ne s'étend pas aux réunions privées dans des locaux fermés, qui ont lieu sans détriment pour la décence et sans importunité pour le voisinage.

» 3. Les enfants âgés de moins de 16 ans ne peuvent fréquenter les réunions de l'Armée du Salut, et les parents ou tuteurs sont déclarés responsables à cet égard.

» 4. Tout contrevenant aux dispositions des chiffres 1 à 3

sera puni d'une amende de police pouvant s'élever jusqu'à 200 francs. Les cas graves seront déférés aux tribunaux pour désobéissance à des décisions officielles, édictées par les autorités compétentes. »

Schaaf a recouru au Tribunal fédéral contre la décision du 8 août 1885; Albert Ehrismann, à Hottingen, et d'autres membres de l'Armée du Salut, ont de même recouru contre l'arrêté du 12 août.

Le Tribunal fédéral a admis le recours et annulé les décisions des 8 et 12 août 1885, comme contraires à l'art. 3 de la Constitution zuricoise, garantissant le droit de réunion et d'association.

Motifs.

1. L'arrêté pris le 12 août 1885 par le Conseil d'Etat ayant déterminé d'une manière générale les conditions auxquelles sont soumises les assemblées de l'Armée du Salut, la décision antérieure du 8 août n'a évidemment plus d'importance pratique par elle-même. Le Tribunal fédéral peut, dès lors, en faire abstraction et restreindre son examen à l'arrêté du 12 août 1885.

2. Les griefs invoqués contre cet arrêté sont de diverses natures. D'une part, les recourants estiment que cet arrêté est inconstitutionnel en la forme, le Conseil d'Etat n'étant pas compétent pour le rendre, à teneur des art. 28, 30, 31, 37 et 40 de la Constitution cantonale, puisqu'il s'agissait d'une décision législative généralement obligatoire. D'autre part, les recourants soutiennent que l'arrêté incriminé viole, quant au fond, la garantie du droit de réunion et d'association inscrite dans les articles 3 de la Constitution cantonale et 56 de la Constitution fédérale, ainsi que la liberté de croyance et de culte garantie par les art. 49 et 50 de la Constitution fédérale, et par l'art. 63 al. 1 de la Constitution cantonale. A l'égard de ce dernier grief, le Tribunal fédéral n'est évidemment pas compétent. La garantie de la liberté de croyance et de culte, consacrée par l'art. 63 al. 1 de la Constitution cantonale, ne fait que reproduire les dispositions de la Constitution fédérale qui garantissent ce même droit fondamental (art. 49 et 50); elle n'a, dès lors, pas de valeur par elle-même et indépendamment de la Constitution fédérale, aussi longtemps que celle-ci demeure en vigueur. D'après les principes consacrés plusieurs fois déjà par la jurisprudence du Tribu-

nal fédéral, on ne saurait donc exercer un recours fondé exclusivement sur la violation de la disposition prémentionnée de la Constitution cantonale. Or, à teneur de l'art. 59 de la loi sur l'organisation judiciaire fédérale, ce sont les autorités politiques de la Confédération, et non le Tribunal fédéral, qui sont compétentes pour connaître des recours visant la violation des garanties renfermées aux art. 49 et 50 de la Constitution fédérale. En revanche, le Tribunal fédéral a compétence pour examiner les autres griefs du recours, puisqu'ils ont trait à des droits constitutionnels au maintien desquels le Tribunal fédéral est chargé par la Constitution et par la loi de veiller.

3. Abordant l'examen du recours, il y a tout d'abord lieu de remarquer que le Tribunal fédéral ne peut, vu le défaut de vocation des recourants, entrer en matière sur la partie du recours dirigée contre le chiffre 3 de l'arrêté incriminé du 12 août 1885. En effet, il n'est point établi que les recourants soient parents ou tuteurs d'enfants âgés de moins de 16 ans et qu'ainsi cette disposition de l'arrêté les touche personnellement. Mais, quant au surplus, la vocation des recourants résulte de ce qu'ils sont membres de l'Armée du Salut ou qu'ils prennent part aux réunions organisées par celle-ci.

4. En ce qui concerne le grief consistant à dire que l'arrêté dont est recours serait inconstitutionnel en la forme, il y aurait lieu, si ce point était décisif, de renvoyer les recourants à se pourvoir tout d'abord devant l'autorité suprême du canton, c'est-à-dire devant le Grand Conseil. Mais il résulte de ce qui sera dit plus bas qu'il n'est pas nécessaire de s'arrêter davantage à ce grief.

5. En effet, le principal moyen du recours est évidemment celui tiré de la violation du droit d'association et de réunion. A cet égard, le Tribunal fédéral doit baser exclusivement sa décision sur l'art. 3 de la Constitution cantonale, lequel garantit le droit de réunion et d'association dans une mesure plus étendue que ne le fait l'art. 56 de la Constitution fédérale, ainsi que le Tribunal fédéral l'a déjà établi dans son arrêt du 24 septembre 1881, concernant la cause Obrist et consorts (*Rec. off.*, VII, p. 502 [1]). Comme cela a été dit dans cette décision, l'art. 3 de la Constitution cantonale ne restreint pas le droit de réunion et

[1] Cet arrêt a été traduit à page 673 du *Journal des Tribunaux* de 1881.

d'association aux seuls citoyens, mais le garantit à tous les habitants du canton; le recourant Schaaf peut, dès lors, ce qui n'est pas contesté d'ailleurs, réclamer contre une violation de cet article constitutionnel, malgré sa qualité d'étranger. Conformément à ce que dit encore le même arrêt, l'art. 3 de la Constitution du canton de Zurich ne soumet en lui-même le droit de réunion et d'association à aucunes autres restrictions que celles résultant du droit commun; l'association de plusieurs personnes pour constituer une société ou leur réunion en vue d'une assemblée ne peuvent, dès lors, être interdites ou restreintes que pour autant qu'elles impliqueraient un acte apparaissant comme illicite d'après les principes du droit commun. En revanche, des associations ou des réunions ne sauraient être interdites ou restreintes, par le motif que leur activité serait considérée comme déraisonnable ou comme contraire à la civilisation *(kulturwidrig)* par le gouvernement ou même par le public dans sa majorité. La garantie des droits individuels a précisément cette portée de restreindre la sphère d'action des pouvoirs de l'Etat au profit de la libre activité des individus; elle exclut l'intervention de l'Etat, exercée librement d'après des considérations de simple opportunité, dans certains domaines déterminés, aux fins de réserver ces derniers à la liberté de chacun dans les limites du droit commun existant. Or, l'arrêté attaqué par les recourants a soumis les assemblées de l'Armée du Salut à une restriction sensible, puisqu'il lui a interdit toutes réunions publiques et ne lui a permis que des réunions privées dans des locaux fermés. D'après ce qui a été dit ci-dessus, une telle restriction du droit de réunion ne serait compatible avec l'art. 3 de la Constitution cantonale, que si les réunions publiques de l'Armée du Salut étaient illicites en regard du droit commun du canton, public ou privé; mais il n'en est certainement pas ainsi. On n'a point prétendu que les exercices de prières de l'Armée du Salut fussent immoraux ou qu'ils servissent de prétexte à des actes immoraux; du reste, une pareille affirmation ne pourrait se concilier avec le fait qu'on a autorisé les réunions privées de cette association. On ne saurait non plus soutenir sérieusement que des réunions organisées en vue de prières en commun, comme celles que l'Armée du Salut a coutume de tenir, tombent sous le coup des prescriptions renfermées dans la loi cantonale sur le colportage en ce qui concerne les « représentations » publiques.

Si toutefois — et ce n'est qu'à ce point de vue que le gouvernement de Zurich paraît encore envisager la loi sur le colportage comme applicable — certains membres de l'Armée du Salut se livrent à des occupations telles que le colportage d'écrits, etc., tombant effectivement sous le coup de la dite loi, il va sans dire que les dispositions de cette dernière leur sont applicables comme à tous les autres citoyens; s'ils se rendent coupables de contravention à la loi sur le colportage, ils encourent les peines qui y sont prévues. Mais le fait que certains salutistes contreviendraient à la loi sur le colportage ne justifie évidemment pas l'interdiction pure et simple des assemblées publiques de l'Armée du Salut. Du reste, le gouvernement fonde moins cette interdiction sur ce motif, que sur le fait que les assemblées publiques de l'Armée du Salut entraînent des troubles graves de l'ordre public. Mais on ne soutient pas que ces assemblées troublent par elles-mêmes l'ordre public, c'est-à-dire que les salutistes eux-mêmes se rendraient coupables, lors de leurs assemblées, d'actes portant atteinte à l'ordre public. Au contraire, les désordres sont incontestablement émanés de tierces personnes venant troubler les réunions de l'Armée du Salut. Or, l'exercice d'un droit constitutionnel ne saurait évidemment être restreint ou interdit par le motif que des tiers profiteraient de l'exercice légal de ce droit pour commettre des actes illicites; la liberté de réunion et d'association garantie par la Constitution ne peut être supprimée en raison du fait que des tiers y porteraient atteinte et occasionneraient ainsi des troubles de la paix et de la tranquillité publiques. On peut admettre, à la rigueur, que la police a le droit, en vertu de sa mission qui est de maintenir l'ordre public et de protéger la vie et les biens des citoyens, de dissoudre, par exemple, une assemblée dans un cas donné, alors qu'elle ne serait pas en état, par d'autres moyens, de maintenir l'ordre public et de protéger ceux qui prennent part à cette assemblée. En revanche, il n'est pas admissible que l'autorité s'acquitte de son devoir de protéger l'exercice du droit de réunion et d'association, menacé par des actes illicites de tiers, en se bornant à interdire purement et simplement les réunions ainsi menacées. La garantie constitutionnelle doit déployer ses effets *même* et *précisément* lorsqu'il s'agit d'associations ou d'assemblées qui ne sont pas sympathiques à la majorité du public ou au gouvernement; c'est précisément dans ces cas que la garantie constitutionnelle des droits individuels du citoyen est importante en pratique.

6. Le gouvernement du canton de Zurich invoque l'art. 50 al. 2 de la Constitution fédérale pour justifier les mesures prises par lui. Cette objection ne peut toutefois empêcher le Tribunal fédéral d'examiner le recours au point de vue des dispositions de la Constitution cantonale rentrant dans sa compétence, et de le déclarer fondé, s'il est établi que les décisions dont est recours violent les dites dispositions constitutionnelles. En effet, il se peut fort bien qu'une décision soit compatible avec la Constitution fédérale, mais incompatible avec une Constitution cantonale, et réciproquement. Ainsi que le Tribunal fédéral l'a déjà admis à plusieurs reprises, les Constitutions cantonales peuvent garantir les droits individuels des citoyens dans une mesure plus étendue que ne le fait la Constitution fédérale; les mesures portant atteinte à des droits garantis de cette manière ne sont pas moins inconstitutionnelles et moins nulles que celles qui seraient en contradiction avec la Constitution fédérale. Or, les recours visant une violation de l'art. 3 de la Constitution du canton de Zurich rentrent dans la compétence exclusive du Tribunal fédéral. En revanche, il va sans dire qu'il demeure réservé au Conseil fédéral de décider, de son côté, en ce qui concerne l'application de l'art. 50 al. 2 de la Constitution fédérale, laquelle est de la compétence des autorités politiques. *Pour trad.,* C. S.

Vaud. — TRIBUNAL CANTONAL.

Séance du 4 février 1886.

Règlement de comptes entre curateur et pupille. — Question de preuve. — Décisions de fait définitives.

Favre contre Vincent.

Si une partie admet l'autre à prouver par témoins contre le texte d'un acte notarié, la décision de fait rendue ensuite de cette preuve est définitive et lie le Tribunal cantonal.

Avocats des parties :

MM. Dubrit, pour Alfred Favre, défendeur et recourant.
de Meuron, pour Alfred Vincent, demandeur et intimé.

Vincent a conclu à ce qu'il fût prononcé que Favre doit lui payer les valeurs suivantes, qu'il a payées pour son compte et en son nom alors qu'il était son curateur : 1° 1000 francs payés aux frères Péclard, le 17 août 1880, conformément à la transaction reçue Favre, notaire. 2° 944 fr. 65 payés à l'Union vaudoise du Crédit, le 25 octobre 1882. — Favre a conclu à libération.

Le Tribunal d'Echallens a accordé au demandeur ses conclusions. — Favre a recouru en réforme contre ce jugement, motivant son pourvoi comme suit :

I. Il résulte d'un acte authentique que c'est Emery et non Vincent qui, le 17 août 1880, a payé 1000 francs aux frères Péclard pour le compte du recourant. De plus, il y a présomption que Vincent a été remboursé par Emery du prêt de 1000 francs qu'il lui avait fait le 17 août 1880.

Cette présomption est encore fortifiée par l'inscription du livre de Vincent, portant qu'au 24 janvier 1881 « il a reçu d'Emery son prêt du 17 août 1880. »

C'est donc à tort que le Tribunal d'Echallens a accueilli la réclamation de Vincent.

Le 21 février 1880, Emery, beau-père du recourant, a souscrit à l'Union vaudoise du Crédit un billet à ordre de 4000 francs.

Cet argent a été avancé par Emery au recourant, mais la signature de ce dernier n'a figuré en aucune façon sur le billet de l'Union. Le 25 octobre 1882, Vincent a payé sur ce billet un acompte de 900 fr., plus 44 fr. 65 pour escompte et accessoires.

Dans un compte des opérations entre Emery et Favre, soit son curateur Vincent, celui-ci a porté au débit de Favre et au crédit de D. Emery la somme de 4000 fr., montant du billet souscrit par Emery à l'Union. Ce compte a été corroboré par la Justice de paix d'Echallens. En paiement du solde redu par le recourant à son beau-père Emery, Vincent, lui-même, a souscrit, en qualité de curateur, une cédule en faveur du dit Emery.

La somme totale de 4000 fr., procurée au recourant au moyen du billet en cause, figure au débit de Favre. S'il a plu à Vincent de faire, au 26 octobre 1882, une avance de 944 fr. 65 à Emery, Vincent ne saurait de ce chef élever une réclamation contre Favre.

Sur la 1re conclusion de Vincent :

Attendu que la convention notariée Favre, du 17 août 1880, renferme ce passage « ...... et après le paiement d'une somme » de mille francs effectué ce jour par le comparant D. Emery » en mains du comparant Henri Péclard.... »

Qu'ainsi il ressortirait de cet acte que les 1000 fr. en cause ont été payés non point par Vincent, mais par Emery.

Mais attendu que Favre a admis Vincent à prouver par témoins contre la lettre de l'acte précité;

Qu'il ressort notamment de la solution définitive donnée au fait n° 14 que « les 1000 fr. payés aux frères Péclard le 17 août » 1880 ont été prélevés sur les 1543 fr. 75 constituant le solde » du compte de curatelle, solde remis par l'ancien curateur » Emile Favre au nouveau curateur Alfred Vincent, conformé» ment à l'inscription au livre de caisse à cette date. »

Qu'ainsi, il est acquis définitivement au procès que c'est Vincent qui a fourni la somme aujourd'hui litigieuse, et non point Emery.

Que ce fait est confirmé par la solution donnée à la question n° 15, solution de laquelle il résulte que Vincent avait été primitivement indiqué dans l'acte en cause comme ayant fait ce paiement, mais qu'à la demande de D. Emery ce dernier nom fut substitué à celui de Vincent.

Que, d'autre part, si Emery souscrivit un billet de 1000 fr. en faveur de Favre, ce titre lui fut rendu sans qu'il en fournît la contre-partie.

Qu'ainsi, s'il est bien établi que les 1000 fr. en cause ont été payés par Vincent, Favre n'a point prouvé que cette même somme ait été rendue au dit Vincent, puisqu'il n'a pas fait la preuve que la restitution du billet à Emery ait été opérée contre le montant du titre.

Que, dès lors, si le titre a été ainsi rendu, il y a lieu d'admettre qu'en réalité Favre n'avait aucune créance contre Emery.

Qu'en effet, la preuve du paiement contesté incombait à Favre,

Le Tribunal cantonal écarte, sur ce point, le recours de Favre.

En ce qui concerne la 2e conclusion prise par Vincent :

Considérant que, le 21 février 1880, Emery souscrivit à l'Union vaudoise du Crédit un billet de 4000 fr.

Que ces 4000 fr. furent prêtés par Emery à Favre, la signature de ce dernier ne figurant, du reste, pas sur le billet en cause.

Que Vincent a payé, en date du 25 octobre 1882, pour acompte et accessoires du billet prémentionné 944 fr. 65

Mais attendu que dans le compte des opérations traitées entre Favre et Emery, la somme de 4000 fr. en cause a été portée au débit de Favre, soit au crédit d'Emery.

Que ce compte soldait par 10,473 fr. en faveur d'Emery.

Que Vincent, en sa qualité de curateur de Favre, a payé ce solde en souscrivant, au nom de Favre et en faveur d'Emery, une cédule du montant de 10,473 fr., visée pour date certaine le 20 septembre 1881.

Qu'ainsi le paiement acompte effectué par Vincent le 25 octobre 1882 n'a pu être opéré pour le compte de Favre.

Que, dès lors, la seconde conclusion de Vincent n'est point fondée,

Le Tribunal cantonal admet, sur ce point, le recours de Favre; réforme partiellement le jugement du 17 décembre 1885, en ce sens qu'il alloue à Vincent sa conclusion n° 1 avec intérêts au 5 pour cent l'an dès le 15 décembre 1884, mais écarte la conclusion n° II du dit Vincent, et dit que chaque partie gardera ses frais.

Zurich. — COUR D'APPEL.

Traduction d'un arrêt du 20 août 1885.

Représentation non autorisée d'une œuvre dramatique. — Art. 7 de la loi fédérale du 23 avril 1883 sur la propriété littéraire et artistique.

Affaire Schlegel.

L'auteur d'une œuvre dramatique, musicale ou dramatico-musicale ne peut, si elle est publiée, en faire dépendre la représentation ou l'exécution publiques de son autorisation spéciale. Il a seulement droit à un tantième, qui ne peut excéder 2 °/o du produit brut de la représentation ou exécution.

Un directeur de théâtre ayant, à plusieurs reprises, fait jouer sur sa scène des comédies et vaudevilles, sans y être autorisé par les auteurs ou leurs ayants-droit, a été condamné, ensuite de plainte, pour contravention à la loi fédérale du 23 avril 1883.

Motifs.

La principale objection opposée à la plainte consiste à dire que les pièces en question avaient déjà paru en librairie et que l'accusé avait offert de payer le tantième. L'accusé estime ainsi qu'il y a lieu à appliquer l'art. 7, al. 4, de la loi fédérale du 23 avril 1883, d'après lequel la représentation ou exécution d'une œuvre déjà publiée ne peut être refusée, lorsque le paiement du tantième est assuré. Néanmoins, l'accusé doit être considéré comme ayant contrevenu à la loi sur la propriété littéraire, même s'il était établi que les pièces en question eussent déjà été publiées. Sans doute, on ne saurait admettre, en présence de l'alinéa 4 de l'article 7, que le second alinéa du même article puisse être interprété en ce sens que l'auteur pourrait, lors de la publication d'une œuvre dramatique, en faire dépendre la représentation ou exécution publiques de la « condition spéciale » de son autorisation; en effet, une telle interprétation créerait une contradiction insoluble entre l'alinéa 2 et l'alinéa 4 de l'art. 7. En revanche, le prévenu n'a rien fait en vue « d'assurer » à l'auteur le paiement du tantième maximum auquel il a droit.

Pour traduction, C. S.

Traduction d'un arrêt du 14 novembre 1885.

Droit de rétention du bailleur. — Meubles garnissant les lieux loués, mais appartenant à des tiers. — Art. 294 et 287 CO.

Spahn contre Krauer.

Le bailleur peut exercer son droit de rétention même sur les objets appartenant à des tiers, qui garnissent les lieux loués, s'il n'a pas su ou dû savoir qu'ils n'appartenaient pas au preneur. Toutefois, il ne peut plus exercer son droit de rétention dès le moment où, ayant eu connaissance des droits de propriété des tiers, il pouvait, conformément à la convention ou à la loi, obtenir la résiliation du bail.

Motifs.

Lorsque le propriétaire d'une maison consent un bail, croyant de bonne foi que les meubles possédés par le locataire sont sa propriété et qu'ainsi le bailleur pourra, le cas échéant, exercer sur ces meubles son droit de rétention pour le paiement du loyer, il y a lieu d'admettre que ce droit, que la loi accorde dès le commencement du bail, ne sera pas éteint par le simple fait que, dans la suite et pendant la durée du bail, le locataire transférerait à un tiers la propriété des dits meubles, non plus que par le fait qu'on découvrirait que ces meubles étaient déjà la propriété d'un tiers au commencement du bail. Au contraire, le bailleur doit, conformément à l'art. 294 CO., pouvoir continuer à exercer son droit de rétention, même si l'une ou l'autre des éventualités indiquées ci-dessus vient à se réaliser. En revanche, on doit admettre que la disposition légale précitée n'a entendu autoriser le bailleur à exercer son droit de rétention sur des meubles appartenant à des tiers que pendant le temps pour lequel il est tenu, par la convention, de laisser le preneur jouir de la chose louée et de courir ainsi le risque de ne pas obtenir régulièrement le paiement du loyer. Ce n'est que durant ce temps qu'il peut de bonne foi croire le paiement du loyer légalement garanti par des meubles, même reconnus appartenir à des tiers, qui garnissent les lieux loués. Si donc il renouvelle le bail, sans y être tenu par la convention, spontanément et sachant que les meubles qui garnissent les lieux loués sont la propriété de tiers, il y a lieu d'admettre qu'il l'a fait bien qu'il sût que ces meubles ne garantiraient plus à l'avenir le paiement du loyer. Ce cas se présentera, si, à l'expiration du terme convenu pour la durée du bail, le bailleur renouvelle celui-ci, ou encore s'il omet de donner congé, ainsi que le contrat l'y autorise, ou, enfin, s'il ne fait pas usage du droit, que lui confère la convention ou la loi (art. 287 CO.), de requérir l'expulsion du locataire en raison du retard dans le paiement du loyer.

Pour traduction, C. S.

Résumés d'arrêts.

Action. — Le juge ne peut, en l'absence d'une transaction, d'un passé-expédient ou d'un désistement réguliers, décider qu'il n'y a pas lieu à suivre à un procès civil et que l'audience fixée n'aura pas lieu.

(Juge de paix du Chenit ; recours admis.)

TC., 23 mars 1886. Piguet c. Schaub.

Bail. — A défaut de convention contraire entre le propriétaire et le fermier d'une auberge, la patente due à l'Etat est à la charge du fermier. On ne saurait envisager les patentes d'auberges comme des charges ou impôts grevant la *chose* louée (CO. 282 et 302).

Trib. supérieur de Bâle-Campagne, 29 janvier 1886. Gürtler c. Brändlin.

Exécution forcée. — Le juge doit refuser son sceau à l'exploit de mesures provisionnelles qui tend à faire suspendre l'exécution d'un jugement définitif, sans être fondé sur un titre postérieur à ce jugement (Cpc. 520).

(Président du tribunal de la Vallée ; sceau révoqué.)

TC., 9 mars 1886. Reymond c. Brunner.

Extradition. — A teneur de la loi fédérale du 2 février 1872, lorsque, en matière pénale, les autorités d'un canton sont requises par celles d'un autre canton de procéder à des actes d'instruction, à des citations de témoins, etc., le canton requis ne peut percevoir pour ces actes ni émoluments ni frais du canton requérant. Cette disposition est générale ; elle s'applique à *toutes* les affaires pénales et non pas seulement à celles pour lesquelles l'extradition doit être accordée conformément à la loi fédérale du 24 juillet 1852.

TF., 19 février 1886. Berne c. Schaffhouse.

For. — Lorsqu'une maison s'est fait inscrire au registre du commerce de deux cantons différents, elle peut être actionnée dans chacun de ces cantons.

Tribunal civil de Bâle, 5 février 1886. Commune de Rodersdorf c. Gschwind et Dettwyler.

Preuve. — La question de savoir quelle est la partie qui doit entreprendre des preuves ne peut être tranchée par la voie incidente, mais doit être discutée dans le jugement au fond.

(Juge de paix de Payerne ; jugement incident réformé.)

TC., 11 février 1886. Bollag c. veuve Marro.

Responsabilité. — Le détenteur d'une écurie publique est responsable du dommage causé à un cheval, reçu par ses gens, par suite de coups de pied d'un autre cheval se trouvant dans la même écurie (CO. 486 et 488).

Cour d'appel et de cassation de Berne, 14 juillet 1885. Benoit c. Furrer.

Société anonyme. — L'art. 657 al 3. CO. autorise le jnge, sur la demande des créanciers ou d'un curateur nommé pour pourvoir aux intérêts communs de certaines classes de créanciers, d'ajourner la déclaration de faillite et de prendre *provisoirement* d'autres mesures en vue de la conservation de l'actif. Ces mesures ont uniquement pour but la conservation, la détermination et la garantie de l'actif de la société, mais non une liquidation extrajudiciaire complète. Une fois que l'insolvabilité n'est plus douteuse et qu'il n'y a plus espoir de couvrir le déficit par des recours contre les administrateurs fautifs, etc., la faillite doit définitivement être déclarée.

Trib. supérieur de Zurich, 11 juin 1885. Ullmann et Müller c. commission de liquidation du *Lloyd suisse*.

Ch. Boven, notaire, rédacteur.

Lausanne. — Imp. CORBAZ & Comp.

XXXIVe ANNÉE. No 16. SAMEDI 17 AVRIL 1886

JOURNAL DES TRIBUNAUX

REVUE DE JURISPRUDENCE

Paraissant à Lausanne une fois par semaine, le Samedi.

Prix d'abonnement : 12 fr. par an, 7 fr. pour six mois. Chaque numéro, 50 cent. On s'abonne à l'imprimerie CORBAZ et Cie et aux bureaux de poste. — ANNONCES : 20 centimes la ligne ou son espace.

TRIBUNAL FÉDÉRAL

Séance du 12 mars 1886.

Recours au Tribunal fédéral contre un jugement arbitral. — Incompétence. — Art. 29 al. 3 de la loi sur l'organisation judiciaire fédérale; art. 336 et suiv., 343, 344, 345, 349, 434 et 440 Cpc. vaud.; art. 37 de la loi du 14 décembre 1852 sur les sociétés commerciales.

Alphonse Bory et consorts contre Union vaudoise du Crédit.

Les tribunaux arbitraux, même ceux institués par la loi, ne peuvent être envisagés comme des instances cantonales. Dès lors, leurs jugements ne peuvent être portés au Tribunal fédéral par la voie d'un recours de droit civil exercé directement, en prétéritant la seconde instance cantonale, conformément à l'alinéa 3 de l'art. 29 de la loi sur l'organisation judiciaire fédérale.

Procédant devant un tribunal arbitral constitué en conformité de ses statuts, l'Union vaudoise du Crédit a conclu contre treize sociétaires, démissionnaires en 1883, à ce qu'il soit prononcé :

1° Que ces derniers doivent participer aux pertes consommées et probables de l'Union vaudoise du Crédit, telles qu'elles sont constatées par le bilan à fin 1883, adopté par l'assemblée générale du 15 juillet 1884, chacun proportionnellement au nombre des actions ou parts qu'il aurait souscrites et qu'il possédait au moment de sa retraite, les dites parts représentant le 28,46 °/₀ du montant de chacune de ces parts.

. . . .

Les défendeurs A. Bory et consorts ont conclu à libération et pris des conclusions subsidiaires.

Par jugement daté du 5 décembre 1885, le tribunal arbitral a prononcé comme suit :

« A. Les défendeurs doivent participer aux pertes consommées et probables de l'Union vaudoise du Crédit, telles qu'elles sont constatées par le bilan à fin 1883, adopté par l'assemblée générale du 15 juillet 1884, chacun proportionnellement au nombre des actions ou parts qu'il avait souscrites et qu'il possédait au moment de sa retraite.

» B. En conséquence, chacun des défendeurs est débiteur de l'Union vaudoise et doit lui faire paiement d'une somme représentant sa part de pertes à raison de 31,34 °/₀ de chacune des actions ou parts qu'il avait souscrites, après déduction du 10 °/₀ déjà versé et de sa réserve individuelle.

» Dans ces limites, les conclusions 1, 2 et 3 de l'Union vaudoise, ainsi que la conclusion subsidiaire C des défendeurs, leur sont accordées. Le Tribunal écarte le surplus des conclusions des parties. »

C'est contre ce jugement que A. Bory et consorts ont recouru directement au Tribunal fédéral, en se fondant sur l'art. 29 al. 3 de la loi sur l'organisation judiciaire fédérale.

Le Tribunal fédéral a décidé, pour cause d'incompétence, de ne pas entrer en matière sur le recours.

Motifs.

1. Les parties ayant porté le prononcé du tribunal arbitral directement devant le Tribunal fédéral, en prétéritant le Tribunal cantonal, elles ont dû admettre que ce prononcé se caractérise comme le jugement au fond d'une première instance canto-

nale et que l'art. 29 al. 3 de la loi sur l'organisation judiciaire fédérale peut trouver son application.

Cette appréciation ne saurait toutefois être admise.

2. Il est hors de doute que sous l'appellation de *tribunaux cantonaux*, dont les jugements peuvent, aux termes de la disposition précitée, être portés devant le Tribunal fédéral, il faut comprendre seulement les tribunaux constitutionnels ou ordinaires (Cpc. art. 349) organes de l'Etat; or les tribunaux arbitraux institués par la loi, comme celui dont il s'agit, n'appartiennent point à cette catégorie.

3. Lorsque les arbitres sont nommés par les parties ensuite d'une convention *(compromis arbitral)*, ils apparaissent uniquement comme des personnes privées qui, à teneur de la convention intervenue entre elles et les dites parties, doivent trancher le litige en lieu et place des juges ordinaires.

Il est vrai que, dans l'espèce, les arbitres n'ont pas été désignés ensuite d'un compromis arbitral intervenu entre parties, mais conformément à la loi du 14 décembre 1852 sur les sociétés commerciales, dont l'art. 37 statue ce qui suit : « Toute con- » testation entre associés, à l'occasion de la société, sera jugée » par des arbitres, conformément aux art. 303 à 320 inclusive- » ment du code de procédure civile. Toutefois, le président du » tribunal ne sera appelé à désigner lui-même les arbitres que » dans le cas où les parties ne pourraient pas s'entendre sur les » choix. »

C'est ainsi la loi qui oblige les parties à soumettre leur litige, — au moins en première ligne, et sous réserve de recours au juge ordinaire, ce dont il sera question plus bas, — à un tribunal arbitral. Les tribunaux arbitraux institués à teneur de cette disposition légale n'en sont pas, pour cela, des tribunaux ordinaires de l'Etat ou une autorité judiciaire; à la réserve de la possibilité du recours aux tribunaux ordinaires contre leur prononcé, ils sont, dans tous les points essentiels, identiques aux tribunaux arbitraux nommés ensuite de compromis entre parties.

Il résulte, en effet, de l'art. 37 précité, rapproché des articles 336 et suivants de la procédure civile vaudoise, que dans le cas actuel, comme dans celui où un tribunal arbitral conventionnel est constitué, ce sont les parties qui désignent les arbitres librement et sans qu'aucune contrainte puisse être imposée à ceux-ci en vue de l'acceptation de leurs fonctions, et que, dans un cas comme dans l'autre, les arbitres ne sont désignés par l'autorité judiciaire que lorsque les parties n'ont pu s'entendre sur les choix. Les fonctions d'arbitre légal ne sont point obligatoires et les arbitres sont nommés directement par les parties, et non point seulement par voie d'élimination parmi un certain nombre de personnes désignées par l'autorité ou par la loi. En outre, les tribunaux arbitraux légaux jouissent, en ce qui concerne la procédure, de la même liberté que les tribunaux arbitraux conventionnels; les uns comme les autres ne sont pas liés par les prescriptions de la procédure, mais sont tenus seulement d'en observer les formes essentielles, par exemple en ce qui touche l'audition des parties et la fixation des faits (art. 343, 344 et 434 Cpc.). Les prérogatives de l'arbitre légal, comme celles de l'arbitre conventionnel, sont limitées aux seules parties en cause; ils n'ont aucun droit de coercition à l'égard de témoins ou d'experts; même à l'égard des parties, leurs droits sont limités en ce sens qu'ils ne peuvent prendre vis-à-vis d'elles, lors d'une inspection locale, aucune mesure de contrainte. Aussi le code de procédure civile, en harmonie avec la constitution vaudoise, qui, à son art. 72, mentionne seulement, comme autorités judiciaires, les juges et justices de paix, les tribunaux de district et le Tribunal cantonal, statue-t-il expressément, à l'article 345, que les tribunaux arbitraux, quels qu'ils soient, « ne déploient aucune autorité. » L'art. 349 du même code ne fait qu'*assimiler* les jugements arbitraux aux jugements définitifs rendus par les tribunaux ordinaires, sans les envisager comme tels. Enfin, pour les arbitrages légaux comme pour les arbitrages conventionnels, la fixation des honoraires des arbitres a lieu par ces arbitres eux-mêmes, après ou sans entente avec les parties; de même, les dispositions relatives au délai après lequel la vocation des arbitres doit cesser, comme à la récusation et au remplacement de ceux-ci, sont identiques pour les deux espèces d'arbitrages, à la seule réserve qu'en matière d'arbitrage légal, l'arbitre qui a accepté son mandat ne peut pas être remplacé par le simple consentement des parties. Les arbitres se caractérisent ainsi, dans les deux cas, comme des personnes privées, qui tranchent le litige en lieu et place des tribunaux constitutionnels.

4. Il existe, il est vrai, entre les tribunaux arbitraux con-

ventionnels et les tribunaux arbitraux légaux une différence essentielle, puisqu'un recours en réforme au Tribunal cantonal ne peut avoir lieu que contre les jugements rendus par ces derniers et qu'il ne peut être recouru qu'en nullité contre les premiers. Il n'en résulte toutefois nullement que les tribunaux arbitraux institués par la loi doivent être considérés comme des tribunaux constitutionnels qui, à l'égal des tribunaux de district, fonctionnent comme première instance cantonale.

La seule conséquence admissible, c'est que le législateur, tenant compte des circonstances, a institué contre les jugements rendus par des arbitres en cas d'arbitrage légal, quoiqu'ils ne soient pas des tribunaux ordinaires, un recours en réforme au juge constitutionnel, tandis qu'un semblable recours n'est pas autorisé en cas d'arbitrage conventionnel.

Cette différence s'explique tout naturellement : l'introduction d'un recours en réforme irait à l'encontre de la nature transactionnelle du compromis arbitral, ainsi que de l'intention des parties, lesquelles considèrent le jugement des arbitres comme un arrangement amiable du différend et s'en rapportent à la conviction intime des arbitres, tandis que ce n'est nullement le cas en matière d'arbitrage légal. Bien qu'il soit évident que le législateur, en instituant l'arbitrage légal dans certains cas, avait l'intention de provoquer un arrangement amiable du litige au moyen d'amiables compositeurs agréés par les parties, il n'en est pas moins certain, d'autre part, qu'il ne pouvait pas exclure entièrement les instances ordinaires dans ces procès où ce ne sont pas les parties elles-mêmes qui se soumettent à l'arbitrage de personnes privées.

Il est, à cet égard, indifférent que le recours doive être formé devant la deuxième instance cantonale ordinaire, qui statue également sur les recours interjetés contre les jugements des tribunaux de district, soit de la première instance cantonale. En effet, les recours en nullité contre les arbitrages conventionnels doivent aussi être adressés au Tribunal cantonal, et l'on sait que dans d'autres pays, où l'arbitrage conventionnel seul existe, le recours contre les jugments arbitraux doit être, dans la règle, porté devant la deuxième instance ordinaire (comp. art. 1023 du code de proc. civ. français et 379 de la proc. civ. bernoise).

La question de savoir si l'art. 440 al. 2 Cpc., — statuant que les décisions du tribunal sur les points de fait établis par témoignages sont définitives est applicable aux recours en réforme contre des jugements arbitraux,— est douteuse, par le motif que, comme il a été déjà dit plus haut, les tribunaux arbitraux ne sont, aux termes de l'art. 343 du même code, pas soumis à la procédure ordinaire, mais peuvent fixer eux-mêmes la procédure dans certaines limites. Mais, à supposer même que cette question doive recevoir une solution affirmative et que le Tribunal cantonal soit lié par l'état de fait admis par le tribunal arbitral, pour autant qu'il s'agit de l'appréciation de dépositions testimoniales, et que le jugement arbitral soit définitif à cet égard, cette circonstance serait néanmoins impuissante à imprimer aux tribunaux arbitraux légaux le caractère d'instances cantonales, car la disposition légale précitée a précisément estimé qu'un tribunal qui n'a pas entendu lui-même les témoins n'est pas en situation d'apprécier convenablement leurs dépositions et il n'y aurait aucun inconvénient juridique majeur à attribuer aux arbitres, comme aux tribunaux ordinaires de première instance, l'appréciation définitive des témoignages, plutôt que de provoquer une instruction entièrement nouvelle de l'affaire devant le Tribunal cantonal.

5. Il n'existe donc pas en l'espèce un jugement qui puisse être porté, par voie de recours, au Tribunal fédéral conformément à l'art. 29 de la loi sur l'organisation judiciaire fédérale; le jugement du Tribunal cantonal pourrait seul être considéré comme tel, si le litige avait été soumis à cette autorité en temps utile par les parties.

Séance du 19 mars 1886.

Exécution en Suisse d'un jugement de faillite rendu en France. — Art. 6, 7, 8, 9 et 17 de la convention franco-suisse du 15 juin 1869; art. 519 Cpc. vaud.

Bugnon contre masse Paselli-Cusin.

La disposition de l'art. 6 de la convention franco-suisse du 15 juin 1869 ne vise que les cas où la faillite d'un Suisse est prononcée en France ou celle d'un Français en Suisse, mais non ceux où la faillite est prononcée en France ou en Suisse contre une personne étrangère à ces deux pays.

L'art. 17 de la convention précitée, prévoyant le refus de l'exécution au cas où le jugement étranger a été rendu sans que les parties aient été dûment citées, ou légalement représentées, ou défaillantes, n'a trait qu'aux jugements en matière contentieuse et non à un prononcé qui se borne à déclarer l'état de cessation de paiements d'un commerçant et l'ouverture de sa faillite, comme mesure d'exécution.

Le 13 mars 1885, le Tribunal de l'arrondissement de Thonon a prononcé, sur la demande de créanciers domiciliés en France, la faillite des époux Paselli-Cusin, précédemment à Evian.

Le mari Paselli est décédé à Evian dans le courant de 1884, et, à la fin de décembre de la même année, la dame Paselli-Cusin a traversé le lac, avec son mobilier, pour se rendre à Lausanne.

Le 15 janvier 1885, ce mobilier fut saisi en douane, à Ouchy, par Ami Bugnon, négociant en vins, à Nyon, créancier des époux Paselli pour la somme de 1231 fr. 55; le 25 février suivant, le même créancier imposa également une saisie-arrêt, en mains du chef de gare de Morges, sur 195 balles de farine appartenant à la dame Paselli et déposées en dite gare.

Pour parvenir à la remise, à la masse Paselli-Cusin, à Evian, de ces objets, soit de la valeur de ceux qui avaient été vendus dans l'intervalle, l'avocat Paschoud, à Lausanne, fondé sur les art. 6, 15 et suivants du traité franco-suisse du 15 juin 1869, demanda, sous date du 26 mai 1885, au Conseil d'Etat du canton de Vaud, l'exéquatur du jugement du Tribunal de l'arrondissement de Thonon, du 13 mars précédent, déclarant la faillite des époux Paselli.

Par décisions des 6 juin et 17 novembre 1885, et après que le Tribunal cantonal vaudois se fut déclaré incompétent en la cause, le Conseil d'Etat déclara exécutoire dans le canton de Vaud le prédit jugement, sous les réserves mentionnées aux articles 17 de la convention entre la Suisse et la France du 15 juin 1869, et 519 du Code de procédure civile vaudois.

C'est contre cette décision qu'Ami Bugnon recourt au Tribunal fédéral, concluant à ce que la nullité en soit prononcée.

A l'appui de cette conclusion, le recourant fait valoir en résumé ce qui suit:

1. Il s'agit, dans l'espèce, de l'interprétation à donner aux art. 6, 7, 8 et 9 du traité précité, ainsi que des art. 15 et 17 *ibidem*, relatifs à l'exécution des jugements. Or, l'art. 6 susvisé règle uniquement les rapports entre Suisses et Français, tandis que les époux Paselli sont ressortissants italiens. A teneur de

l'art. 9 du traité, la faillite des dits époux est soumise aux dispositions des art. 7 et 8, et par conséquent les biens meubles sis dans le canton de Vaud ne sauraient faire retour à la masse à Evian.

Les tribunaux français ont jugé à réitérées fois qu'en pareil cas l'art. 6 ne doit pas être appliqué, et il n'existe aucun motif pour accorder à la France des avantages en ce qui concerne l'interprétation du traité de 1869, alors qu'elle les refuse à la Suisse.

2. A teneur de l'art. 17 du traité, le Conseil d'Etat devait refuser l'exéquatur du jugement du 13 mars 1885, puisque la décision du Tribunal de Thonon, dont on demande l'exécution contre A. Bugnon, a été rendue sans que ce dernier ait été dûment cité et légalement représenté; ce jugement, en outre, visait spécialement le créancier Bugnon, lequel seul dans le canton de Vaud avait fait des procédés juridiques antérieurement à la faillite pour se récupérer des valeurs qui lui étaient dues par les époux Paselli. Dans tous les cas, A. Bugnon eût dû être cité devant le Tribunal de Thonon, afin qu'il puisse faire valoir ses moyens d'opposition; il aurait dû recevoir, en outre, personnellement signification du jugement qui lui fait directement grief.

3. A la fin de décembre 1884, la dame Paselli avait quitté Evian pour se fixer définitivement à Lausanne, chez sa sœur; elle habitait donc Lausanne longtemps avant la faillite prononcée le 13 mars 1885; le recourant offre d'apporter la preuve de ces faits. Or, si l'art. 6 du traité devait être appliqué, la faillite aurait dû être prononcée dans le canton de Vaud, puisque cet article du traité dit formellement que la faillite doit être prononcée au lieu de la *résidence* en Suisse ou en France, et non au domicile réel des individus. La dame Paselli ayant contracté, depuis qu'elle a fixé sa résidence à Lausanne, des dettes vis-à-vis de créanciers vaudois, ces derniers, pour le cas où le recours serait écarté, seraient déchus de tout droit de revendication sur la masse en faillite à Thonon, attendu qu'ignorant la faillite et la loi française, ils ne sont pas intervenus dans le délai légal.

Dans sa réponse, la masse Paselli conclut au rejet du recours tout en déclarant que, quel qu'en soit le sort, A. Bugnon a été avisé que, sur sa simple demande, il serait relevé de la forclusion prononcée contre lui et admis comme créancier pour le montant de ses prétentions.

Le Tribunal fédéral a écarté le recours.

Motifs.

1. Il est incontesté que les époux Paselli-Cusin ne sont ni Suisses, ni Français, mais Italiens. Conformément au texte précis de l'art. 6 de la convention entre la Suisse et la France, du 15 juin 1869, cette disposition n'est pas applicable à l'espèce, puisqu'elle ne vise que les cas où la faillite d'un Suisse est prononcée en France, ou celle d'un Français l'est en Suisse.

Le même traité édicte, dans son art. 9, une prescription spéciale pour les cas où la faillite d'un étranger, établi en Suisse ou en France et qui aura des créanciers suisses et français et des biens situés en Suisse ou en France, est déclarée dans l'un des deux pays ; cet article dispose qu'une pareille faillite doit être soumise au prescrit des art. 7 et 8.

Ces deux articles ne statuent point expressément l'universalité ou la force attractive de la faillite, soit à l'égard de la totalité de la fortune du débiteur failli, soit en ce qui touche ses biens mobiliers. L'art. 8 règle les conséquences du concordat et l'art. 7 dispose que les actions qui viendraient à être exercées par la masse contre des créanciers ou des tiers, seront portées devant le Tribunal du domicile du défendeur, à moins que la contestation ne porte sur un immeuble ou sur un droit réel et immobilier.

2. Ces dispositions doivent, toutefois, avoir pour conséquence nécessaire que, dans les cas visés par l'art. 9, des faillites séparées ne sauraient être ouvertes sur les biens du débiteur étranger, situés en Suisse ou en France, et qu'une seule faillite doit être prononcée, et cela dans le pays de son domicile. S'il devait en être autrement, le renvoi aux art. 7 et 8 précités ne s'expliquerait nullement.

En effet, lorsque l'art. 7 statue en particulier que les actions en restitution ou en nullité exercées par la masse contre des créanciers ou des tiers doivent être portées devant le Tribunal du domicile du défendeur, le traité part évidemment de l'idée qu'il n'existe qu'une faillite, puisque la masse d'une faillite ouverte dans un des pays contractants ne pourrait exercer les actions dénommées contre les personnes domiciliées dans l'autre, s'il était loisible d'ouvrir une faillite dans chacun des deux pays, relativement aux biens qui y sont respectivement situés.

3. La circonstance que l'art. 9 du traité ne renvoie pas aussi

à l'art. 6 s'explique par la considération que l'application générale du principe contenu dans ce dernier article pourrait se heurter à des obstacles vis-à-vis du pays d'origine du débiteur, en particulier au regard d'une faillite ouverte dans ce pays.

Dans l'espèce, toutefois, la faillite des époux Paselli a été prononcée uniquement en France et point en Italie. Il n'est donc pas douteux que les biens des dits époux situés en Suisse doivent faire retour à la masse à Evian, à la condition que les Paselli y aient eu réellement leur domicile.

Or, il n'est pas contestable, sur ce dernier point, qu'ils n'aient été domiciliés à Evian : le mari Paselli exploitait un négoce dans cette ville et y est mort; ce n'est que plus tard, peu avant la déclaration de la faillite, que la dame Paselli s'est rendue auprès de sa sœur, à Lausanne. Rien, d'ailleurs, dans la convention de 1869 — et en particulier à son art. 6 — ne vient à l'appui de l'opinion, exprimée par le recourant, que la faillite de la dame Paselli eût dû être ouverte au lieu de sa résidence, et non à celui de son domicile.

4. Le moyen consistant à dire que le Conseil d'Etat eût dû refuser l'exécution du jugement du Tribunal de Thonon, aux termes de l'art. 17 du traité, comme rendu sans que les parties aient été dûment citées et légalement représentées, ou défaillantes, ne peut être accueilli.

Cette disposition n'a évidemment trait qu'aux jugements en matière contentieuse, et non à un prononcé qui se borne à déclarer l'état de cessation de paiements d'un commerçant et l'ouverture de sa faillite comme mesure d'exécution.

5. Le grief tiré par le recourant du fait qu'il se trouverait actuellement, pour cause de forclusion, dans l'impossibilité d'intervenir utilement dans la faillite ouverte à Evian, tombe, — eût-il même de l'importance, — devant la déclaration expresse de la masse, que le sieur A. Bugnon sera relevé de cette forclusion, sur sa simple demande, et admis à faire valoir ses droits à l'égal de tout autre créancier, quelle que soit d'ailleurs l'issue du présent recours.

6. A supposer même, au surplus, que l'art. 9 du traité franco-suisse de 1869 ne doive pas être interprété dans le sens des considérants qui précèdent et que chaque Etat contractant soit autorisé à ouvrir une faillite séparée sur les biens du débiteur étranger situés sur son territoire, il n'en serait pas moins loi-

sible aux cantons de ne pas user de cette faculté et de livrer l'actif situé sur leur territoire à la masse de la faillite ouverte en France. En effet, la convention de 1869 n'oblige, en tout cas, pas à ouvrir une faillite séparée, et il résulte avec certitude des déclarations du Conseil d'Etat que cette autorité a, éventuellement, pris la décision attaquée en se fondant sur la législation cantonale vaudoise.

Genève. — COUR DE JUSTICE CIVILE.

Séance du 23 novembre 1885.

Responsabilité civile des fabricants. — Faute de la victime de l'accident et faute concurrente du fabricant. — Indemnité réduite. — Art. 1er et 5 de la loi fédérale du 25 juin 1881.

Camps & Cie contre Pugin.

Lors même qu'un accident de fabrique est dû, en première ligne, à une négligence ou imprudence de la victime, cependant le fabricant peut être condamné à une indemnité, d'ailleurs réduite, s'il y a aussi une faute à sa charge, par exemple, s'il n'a pas, d'une manière générale, exigé l'emploi de toutes les précautions nécessaires pour empêcher lés accidents.

Camps & Cie sont-ils responsables des conséquences de l'accident survenu à Pugin dans leurs ateliers, le 14 janvier 1885 ?

Pugin, employé comme ouvrier menuisier dans la fabrique de Camps & Cie, à Carouge, fut, le 14 janvier dernier, victime d'un accident qui entraîna pour lui la perte de trois doigts, pendant qu'il travaillait à un outil appelé *toupie*.

Camps & Cie déclinant toute responsabilité, Pugin les assigna en paiement d'une somme de 3500 fr. à titre d'indemnité. Le Tribunal lui ayant accordé une somme de 1500 fr., Camps & Cie ont interjeté appel de ce jugement. Ils prétendent que l'accident survenu à Pugin est exclusivement dû à une négligence de sa part, qu'ils ne sauraient, en conséquence, en être rendus responsables en aucune façon.

Des enquêtes auxquelles il a été procédé devant les premiers juges, il résulte que l'accident serait, en premier lieu, dû à une négligence de Pugin dans la fixation de la doucine dans le pivot, au moyen de la vis de pression; que cette vis, mal placée ou insuffisamment serrée, aurait permis à la doucine un ébattement, première cause de l'accident.

Mais des mêmes enquêtes il résulte, d'autre part, que cet accident, malgré la légère négligence de Pugin, ne se serait pas produit si celui-ci s'était servi d'un presseur pour maintenir la pièce de bois travaillée, au lieu de se servir pour cela de sa main gauche; que les dépositions d'une série de témoins constatent que, soit Pugin, soit les autres ouvriers qui employaient le même outil pour faire le même genre de travail, ne se servaient jamais de presseur; que cette manière de faire était non seulement tolérée, mais même autorisée par Camps & Cie; que ce n'est que postérieurement à l'accident que Camps & Cie, soit leurs contre-maîtres, ont exigé des ouvriers travaillant à la *toupie* qu'ils se servissent de presseurs;

Considérant que le fait par Camps & Cie de n'avoir pas, d'une manière générale, exigé l'emploi de toutes les précautions nécessaires pour empêcher les accidents avec des outils aussi dangereux et d'un maniement aussi délicat que la *toupie* confiée à Pugin, d'avoir toléré, sans mot dire et pendant longtemps, que ces précautions ne fussent pas observées, constitue de leur part une négligence engageant dans une certaine mesure leur responsabilité;

Considérant que, dans ces circonstances et vu les art. 1er et 5 de la loi fédérale du 25 juin 1881 sur la responsabilité civile des fabricants, Camps & Cie doivent à Pugin réparation d'une partie du préjudice que lui a causé l'accident;

Qu'en arbitrant à 1500 fr. la somme due de ce chef à l'intimé, les premiers juges ont fait une juste appréciation des faits de la cause.

Genève. — Tribunal civil.

Séance du 31 mars 1885.

Compensation entre une dette liquide et exigible et une prétention illiquide. — Art. 131 CO.

Julliard contre veuve Violon.

Il appartient aux juges de statuer dans chaque cas, selon les circonstances, sur l'admissibilité de l'exception de compensation.

Le demandeur conclut: 1° à ce que la défenderesse soit condamnée à lui payer la somme de 350 fr., montant de deux trimestres de loyer commencés, l'un le 1er octobre 1884, l'autre le 1er janvier de cette année; 2° à ce que la saisie provisionnelle qu'il a été autorisé à faire pratiquer contre elle soit validée et transformée en saisie-exécution.

Veuve Violon reconnaît devoir les loyers réclamés, mais prétend à 300 fr. de dommages-intérêts pour voies de fait et injures dont Julliard se serait rendu coupable vis-à-vis d'elle, et excipe de compensation jusqu'à concurrence de cette somme. Elle offre la preuve de ces injures et voies de fait contestées par le demandeur.

En droit, vu l'art. 131 CO.;

Considérant que ce Code ne fait que tolérer la compensation entre une dette liquide et exigible et une prétention qui n'a aucun de ces deux caractères; qu'il appartient aux juges de statuer dans chaque cas, selon les circonstances, sur l'admissibilité de cette exception de compensation;

Attendu que les faits sur lesquels veuve Violon étaie sa demande d'indemnité se seraient passés, selon elle, le 22 novembre 1884;

Qu'elle devait un trimestre de loyer déjà le 1er octobre précédent; que, si elle ne l'a pas payé à son échéance, ce n'est pas parce qu'elle estimait que cette dette se compensait avec les dommages et intérêts que pouvait lui devoir Julliard, mais parce qu'elle était dans l'impossibilité de s'acquitter;

Attendu qu'il y a tout lieu de croire, sans cependant rien préjuger, qu'elle s'est trouvée dans la même impossibilité le 1er janvier 1885, et qu'elle a alors songé aux faits de fin novembre 1884, comme de nature à lui fournir le moyen d'atermoyer sa condamnation;

Attendu que, si sa demande en dommages et intérêts est fondée, ses loyers futurs, entre autres celui payable le 1er avril prochain, lui assurent le paiement de l'indemnité qu'elle obtiendra; qu'il n'y a pas de motif, en l'état, pour admettre son exception de compensation, qui paraît n'être qu'une exception dilatoire.

En ce qui concerne la demande reconventionnelle en dommages et intérêts; attendu que veuve Violon offre la preuve des faits justificatifs; que ses conclusions préparatoires doivent lui être adjugées.

Séance du 15 décembre 1885.

Offre, par voie de la presse, de communiquer le texte d'un jugement. — Prétendue atteinte grave à la considération personnelle. — Action en dommages et intérêts. — Art. 55 CO.

Brun contre Rutty.

Ne commet aucun acte illicite, le plaideur qui informe, par la voie de la presse, ses amis et les personnes que cette communication peut intéresser que le texte d'un jugement intervenu entre lui et sa partie adverse est à leur disposition chez lui.

En fait, le défendeur a fait insérer dans la *Tribune de Genève* du 4 juin 1885, et dans la *Feuille d'avis officielle* du canton du samedi 6 juin même année, l'avis suivant : « J'ai l'honneur d'informer mes amis et les personnes que cette communication peut intéresser, que le Tribunal civil a rendu, le 18 avril 1885, son jugement dans le procès intenté par moi à M. Louis Brun, confiseur au Bourg-de-Four, et que le texte du dit jugement, inséré dans la *Semaine judiciaire* du 11 mai dernier, est à leur disposition chez moi. (Signé) Eugène Rutty, Bourg-de-Four, 18. »

Le demandeur prétend que cette insertion est un article perfide destiné à jeter la défaveur sur lui et révèle chez son auteur une persistance malicieuse à vouloir le discréditer; qu'en outre, le Tribunal ayant expressément refusé la publication de son jugement dans la *Feuille des avis officiels*, réclamée par Rutty, celui-ci a fait indirectement ce qui lui avait été directement refusé. Pour ces raisons, il l'a actionné en paiement de la somme de 1000 fr. à titre de dommages-intérêts.

Attendu que l'annonce publique du défendeur que, le 18 avril 1855, le Tribunal avait tranché le différend existant entre lui et le demandeur — ce qui est indiscutablement vrai — ne présente rien de perfide et ne révèle aucune méchante intention de jeter le discrédit sur Brun.

Que Rutty n'a point publié le texte du jugement du 18 avril; qu'il n'a donc pas fait indirectement ce que le Tribunal lui avait directement refusé.

Attendu que si Brun n'avait pas, à tort et sans droit (voir les considérants du jugement du 18 avril), nanti le public, soit par la *Tribune de Genève*, soit par la *Feuille des avis officiels* du canton, d'une lettre à lui confidentiellement envoyée par le défendeur, ce dernier n'aurait pas été amené à répondre par la même voie : 1° que cet acte inqualifiable demandait réparation et qu'il s'était adressé immédiatement aux tribunaux ; 2° que ceux-ci s'étaient prononcés le 18 avril de cette année ;

Attendu que Rutty n'a commis aucun acte illicite en informant ses amis et les personnes que cette communication pouvait intéresser que le texte du dit jugement, inséré dans la *Semaine judiciaire* (ce qui est rigoureusement exact, voir le n° 18 du 11 mai 1885, p. 279 et suiv.), était à leur disposition chez lui.

Qu'en effet, l'art. 109 de la loi de procéd. civ. genev. ordonne aux greffiers de délivrer, moyennant salaire, des copies ou extraits de tous les jugements autres que ceux prononcés à huis clos, à quiconque les réclamera; que la rétribution à payer pour obtenir copie d'un jugement n'a point été fixée pour en restreindre la publicité, mais afin qu'il soit tenu un juste compte aux greffes des frais que leur occasionne la levée des jugements.

Attendu que Brun n'est, en conséquence, pas fondé à se plaindre de ce que les personnes que le jugement du 18 avril 1885 pouvait intéresser en aient pu prendre connaissance chez Rutty par la lecture de la *Semaine judiciaire*, laquelle n'est que la reproduction d'une expédition délivrée par le greffier, puisque ces personnes avaient le droit de réclamer au greffier pareille expédition.

Attendu, en tous cas, que le demandeur ne justifie pas avoir souffert un préjudice matériel ou moral; que non-seulement l'un ou l'autre est loin d'éclater, mais que, même en les recherchant, les juges n'ont pu parvenir à en constater l'existence.

Attendu que le défendeur ne s'est pas rendu coupable d'un acte illicite en publiant l'avis au sujet duquel il est actionné; qu'il n'a porté aucune grave atteinte à la situation personnelle du demandeur; que l'art. 55 CO., invoqué par Brun dans ses conclusions prises à l'audience du 1er courant, n'est pas applicable.

Par ces motifs, le tribunal déboute....

Résumés d'arrêts.

Faits. — La circonstance que le juge a rendu des décisions sur tous les points de fait, même sur ceux prouvés par titres, n'est pas de nature à entraîner la nullité du jugement, le Tribunal cantonal pouvant apprécier à nouveau les décisions prises sur ces faits.

(Juge de paix de La Sarraz ; jugement maintenu.)

TC., 9 mars 1886. Rochat c. Martin et Huguenin.

Indivision. — L'héritier indivis ne peut réclamer pour son compte personnel une dette dont il a hérité conjointement avec son cohéritier.

(Juge de paix de La Sarraz ; jugement maintenu.)

TC., 9 mars 1886. Rochat c. Martin et Huguenin.

Société en nom collectif. — Le liquidateur d'une société en nom collectif ou en commandite est le représentant de la société, et non des associés. Ses pouvoirs *légaux* ne s'étendent donc pas à la représentation d'un associé dans un litige existant entre lui et les autres associés au sujet de leurs droits sur l'actif social. Mais rien n'empêche qu'un tel mandat ne lui soit conféré spécialement par l'associé en question (CO. 582 et 611).

TF., 23 janvier 1886. Guhl c. A. Schmidt & Cie.

Tribunal fédéral. — Le Tribunal fédéral ne peut se nantir d'un litige entre un particulier et un canton, déjà jugé par les tribunaux cantonaux, alors même que la partie qui a obtenu gain de cause devant ceux-ci renoncerait à se prévaloir de l'exception de chose jugée. On doit admettre, en effet, qu'en portant sa demande devant les tribunaux cantonaux, le demandeur a renoncé à son droit de nantir le Tribunal fédéral de la cause, conformément à l'art. 27 § 4 de la loi sur l'organisation judiciaire fédérale.

TF., 26 décembre 1885. Ginella c. Tessin.

Tribunal fédéral. — Le droit d'exercer un recours de droit public au Tribunal fédéral, conformément à l'art. 59 de la loi sur l'organisation judiciaire fédérale, appartient aux étrangers aussi bien qu'aux Suisses.

Le recours de droit public au Tribunal fédéral peut être dirigé même contre de simples citations, lorsque le recourant conteste que le tribunal devant lequel il est assigné soit compétent d'après les principes du droit fédéral.

TF., 19 février 1886. Hugoniot-Tissot c. Jura-Berne-Lucerne.

Vente. — Ce n'est qu'en matière de commerce que, lorsque la convention fixe un terme pour la livraison, l'acheteur est présumé avoir le droit de se départir du contrat, sans autre formalité, dès que le vendeur est en demeure (CO. 234). Pour les ventes non commerciales, l'acheteur ne bénéficie pas de cette présomption.

Trib. civil de Genève, 22 décembre 1885. Vulliez c. Vulliens.

Ch. Boven, notaire, rédacteur.

Lausanne. — Imp. CORBAZ & Comp.

XXXIVe ANNÉE. No 17. SAMEDI 24 AVRIL 1886

JOURNAL DES TRIBUNAUX

REVUE DE JURISPRUDENCE

Paraissant à Lausanne une fois par semaine, le Samedi.

Prix d'abonnement : 12 fr. par an, 7 fr. pour six mois. Chaque numéro, 50 cent. On s'abonne à l'imprimerie CORBAZ et Cie et aux bureaux de poste. — ANNONCES : 20 centimes la ligne ou son espace.

La poursuite pour dettes.

Le projet de loi fédérale sur la poursuite pour dettes et la faillite a été l'objet d'une première discussion dans une réunion de juristes convoquée par la Société des avocats zuricois. Environ quarante professeurs, juges et avocats avaient répondu à l'appel.

C'est M. l'avocat Curti qui a présenté le rapport. Il a d'abord précisé le but de la réunion, qui était de donner aux praticiens zuricois l'occasion de se prononcer sur les principes fondamentaux du projet. Personnellement, le rapporteur approuve celui-ci. Après d'interminables débats théoriques dans le corps des juristes suisses, voici enfin un projet qui opère une heureuse conciliation entre les systèmes opposés et s'appuie sur les dispositions actuellement existantes sans reculer d'ailleurs devant les innovations nécessaires.

Se plaçant au point de vue cantonal, M. Curti considère le projet comme réalisant un progrès marqué sur la législation zuricoise. La nouvelle loi est plus détaillée, mieux rédigée, et contient une série de dispositions qui constituent tout autant de progrès sur la loi en vigueur.

Nous ne suivrons pas le rapporteur dans la discussion de ces points spéciaux. Ce qui est essentiel, c'est de connaître son opinion sur le point capital du projet, le système qui limite l'application de la faillite aux citoyens inscrits dans le registre du commerce. Depuis quinze ans, a dit à ce sujet M. l'avocat Curti, on discute dans les commissions fédérales et dans le sein de la Société des juristes suisses sur la question de savoir si c'est le système de la faillite ou celui de la saisie qui mérite la préférence. Si l'on veut attendre que les juristes se soient entendus, il faut ajourner la promulgation de la loi au 20e siècle. En réalité, les deux systèmes ont leurs avantages et leurs défauts. L'essentiel n'est pas que l'un ou l'autre soit appliqué plus ou moins strictement et exclusivement, c'est de posséder enfin un procédé de poursuite unique et d'une application aisée. Si, comme c'est le cas dans ce projet, il s'opère une conciliation rationnelle et très heureuse entre les deux systèmes, il convient de renoncer à ses préférences personnelles, aux discussions vaines et de travailler en commun à la réussite de l'œuvre.

Ces paroles de M. Curti nous paraissent dictées par le bon sens. On ne peut guère tenir un autre langage quand on désire aboutir, sortir de l'ère des projets et faire une loi qui ne soit pas une violence exercée sur une partie de la nation au nom et au profit des tendances de l'autre.

Les juristes zuricois ont réservé pour des réunions ultérieures les résolutions à prendre sur les points spéciaux du projet. Cependant M. le professeur Treichler, qui présidait la réunion, a tenu à constater qu'aucun des assistants n'était opposé au système mixte placé à la base du projet. L'unanimité des juristes zuricois présents à la réunion a considéré le projet comme acceptable, sous réserve des modifications de détail qu'il y aura lieu d'y apporter.

Cette attitude des juristes zuricois est d'un excellent augure pour le succès de la loi. *(La Revue.)*

Les tutelles.

Par décret en date du 28 mai 1885, rendu en application de l'art. 76 de la Constitution du canton de Vaud, l'inspection générale sur les tutelles a été transférée au Tribunal cantonal.

Dans vingt de ses séances, le Tribunal cantonal s'est occupé de différentes réclamations auxquelles il a répondu. Il a, en outre, donné plusieurs directions aux autorités tutélaires.

Le Conseil d'Etat a renvoyé au Tribunal cantonal l'examen et l'étude de la question des *caisses de tutelle.*

Le Tribunal cantonal a estimé que les dispositions de nos lois civiles sont insuffisantes pour sauvegarder les biens des mineurs et qu'il y aurait lieu de les reviser en vue de mieux garantir les intéressés contre les abus de confiance dont ils peuvent être les victimes de la part des personnes chargées de la gestion de leurs biens.

Il a paru au Tribunal cantonal que cette revision ne devait pas porter uniquement sur ce qui concerne la création d'une caisse de consignation, mais qu'il fallait aussi régler d'une manière précise les formes et les délais à observer pour soumettre au Tribunal cantonal, par voie de recours, les questions relatives aux affaires tutélaires. Le Tribunal en a conclu que, sans attendre la revision totale du Code civil, il y avait lieu d'entreprendre dès maintenant la revision des dispositions qui concernent spécialement la tutelle afin de les mettre en harmonie avec les besoins de notre époque.

Il a été écrit dans ce sens au Conseil d'Etat et cette autorité a fait connaître au Tribunal cantonal qu'elle était d'accord au sujet de cette revision partielle de nos lois.

Il y avait à fin 1885, 8056 tutelles et curatelles, dont 2146 de mineurs sans aucune fortune. Les frais de l'administration tutélaire ont été de 21,937 fr.

Administration de la justice dans le canton de Vaud.

Nous extrayons du rapport du Conseil d'Etat les renseignements suivants pour 1885 :

Il y a eu :	Condamnés.	Au correctionnel.	Au criminel.
En 1880	2343	131	14
» 1881	2403	159	19

En 1882	2534	107	15
» 1883	2203	91	19
» 1884	2151	69	18
» 1885	2233	113	21

En 1885, il y a eu 379 libérés en police.
» » 29 » correctionnel.
» » 14 » criminel.

La moyenne de la durée de la détention préventive pour les causes correctionnelles et criminelles est de 48 jours, soit 23 ½ avant l'arrêt d'accusation et 24 ½ entre l'acte d'accusation et le jugement.

Depuis 1880, cette moyenne flotte entre 44 ½ et 52 jours.

Pour les causes de police, la durée de la détention préventive a été en moyenne de 22 ½ jours.

Le Conseil d'Etat a demandé, en 1885, 35 extraditions, dont 17 au canton de Genève. Il en a accordé 40, dont 11 à Genève et 6 à la France.

Le nombre des détenus, au 31 décembre 1884, était de 158 ; au 31 décembre 1885, il montait à 190, dont 25 femmes : 113 Vaudois, 17 Bernois, 15 Fribourgeois, 7 Valaisans, 3 Neuchâtelois, 2 Genevois, 11 Français, 8 Italiens, 3 Allemands, etc.

D'après leur confession, il y a 143 réformés et 49 catholiques; d'après leur profession, 27 agriculteurs, 16 journaliers, 30 domestiques, 10 charpentiers, 8 cordonniers, etc. Au point de vue des délits, le vol compte pour 93; les faux pour 16, les attentats à la pudeur pour 11, abus de confiance 12, voies de fait 10, escroqueries 11, fraude en discussion 3, fausse monnaie 4, avortements 6, tentative de meurtre 1, etc. Les districts qui donnent le ‰ le plus fort de condamnés sont le Pays-d'Enhaut, Orbe, Vevey, Lausanne, Nyon; le plus faible Avenches et Cossonay.

Dans de précédents rapports, on signalait une diminution notable dans le nombre des détenus, soit hommes, soit femmes. Cette diminution avait pris un caractère prononcé ces trois dernières années, car elle était environ du 25 % du nombre normal des détenus.

L'année 1885 accuse une augmentation assez forte, qui doit être attribuée au plus grand nombre d'étrangers qui viennent se faire condamner dans notre canton. Tandis que le nombre des Vaudois est resté à peu près stationnaire, celui des étrangers s'est élevé de 35 qu'il était en 1884, à 64 en 1885, c'est-à-dire du 28 au 40 %. Cette recrudescence est encore plus accentuée pour les femmes. Nous voyons le nombre des condamnées étrangères qui, en 1884, n'était que de 6, s'élever tout à coup à 15 en 1885, c'est-à-dire dans une proportion de 28 à 47 %.

Parmi ces étrangers au canton, il y a quelques réclusionnaires de profession qui, à peine expulsés du territoire vaudois, y rentrent pour commettre de nouveaux délits. Bien que le régime de la prison soit rendu plus dur pour eux par le fait qu'ils sont récidivistes, cela ne les empêche pas de revenir dans le pays où ils trouvent d'anciens complices. Pour ces individus, comme pour un certain nombre de nos nationaux, il serait chimérique de fonder de grandes espérances sur un système quelconque d'amendement ou de punition pour les relever. Ils retombent toujours sous le coup de la loi quels que soient les soins moraux ou les précautions pris à leur égard. Malheureusement ils doivent pour la plupart être considérés comme incurables; le penchant qui les domine paraît irrésistible et puise de nouvelles forces ou dans un manque absolu d'amour-propre, de respect de soi-même, ou dans l'absence complète de toute énergie pour gagner honorablement leur vie.

Le Tribunal cantonal a prononcé sur 159 recours, soit 52 de moins qu'en 1884.

Les tribunaux de district ont eu 870 causes, soit 50 de plus qu'en 1884, 128 ont eu pour objet des questions d'état civil.

78 divorces ont été prononcés, soit 8 de plus qu'en 1884.

La séparation de biens a été accordée pour 118 couples.

Il y a eu 487 discussions, soit 43 de plus qu'en 1884, et 15,156 poursuites pour dettes, soit 1009 de plus qu'en 1884.

Les justices de paix ont eu à s'occuper en 1885 de 3749 affaires contentieuses portées en conciliation, dont 1072 hors compétence.

TRIBUNAL FÉDÉRAL

Traduction d'un arrêt du 5 mars 1886.

Recours de droit civil au Tribunal fédéral. — Incompétence quant aux conclusions principales; compétence quant aux conclusions reconventionnelles. — Société en nom collectif. — Dissolution avant le terme fixé par le contrat. — Art. 29 de la loi sur l'organisation judiciaire fédérale, et art. 547 CO.

Dürr contre Billeter.

Pour déterminer la valeur de l'objet litigieux, on ne peut ajouter le chiffre de la demande reconventionnelle à celui de la demande principale. Ces deux demandes doivent être envisagées comme des réclamations distinctes au point de vue du recours de droit civil au Tribunal fédéral (art. 29 de la loi sur l'organisation judiciaire fédérale).

Un associé ne saurait invoquer sa propre faute pour demander la dissolution de la société avant le terme fixé par le contrat (art. 547 CO).

Avocats des parties :

MM. Dr Ryf, à Zurich, pour Titus Dürr, demandeur et recourant.
Knusli, à Winterthour, pour R.-G. Billeter, défendeur et recourant.

Titus Dürr fils et Georges-Rodolphe Billeter, à Zurich, ont fondé une société en nom collectif, sous la raison sociale *Titus Dürr et Cie*, pour exploiter un commerce de denrées coloniales. Des difficultés s'étant élevées entre associés, Dürr a actionné Billeter en restitution d'une valeur de 2512 fr. 55 due à la caisse sociale. Billeter a conclu à libération et reconventionnellement à la dissolution immédiate de la société, en vertu de l'art. 547 CO.

Par jugement du 27 novembre 1885, le Tribunal de commerce de Zurich a rejeté les conclusions principales de Dürr et admis les conclusions reconventionnelles de Billeter tendant à la dissolution de la société.

Les deux parties ayant recouru contre ce jugement au Tribunal fédéral, celui-ci s'est déclaré incompétent en ce qui concerne la demande principale, et a admis le recours de Dürr quant aux conclusions reconventionnelles.

L'arrêt est motivé comme suit sur la question de compétence :

«... 2. Examinant en droit le recours du demandeur principal, défendeur aux conclusions reconventionnelles, il y a lieu, tout d'abord, de rechercher si et dans quelle mesure le Tribunal fédéral est compétent pour statuer sur ce pourvoi. La demande principale et la demande reconventionnelle concernent deux réclamations distinctes, indépendantes l'une de l'autre ; pour fonder la compétence du Tribunal fédéral, il est donc nécessaire que *chacun* des objets litigieux porte sur la valeur de 3000 fr. exigée par la loi. En effet, l'art. 29 de la loi sur l'organisation judiciaire fédérale ne permet pas d'ajouter au chiffre de la demande principale celui de la demande reconventionnelle. Il résulte de là que le Tribunal fédéral n'est pas compétent pour connaître du recours du demandeur, pour autant qu'il a trait à ses conclusions principales, puisque celles-ci n'atteignent pas le chiffre de 3000 fr. En revanche, il est compétent pour statuer sur les conclusions reconventionnelles; on doit admettre, en effet, qu'à cet égard le chiffre exigé par la loi est atteint, le défendeur ne soutenant point l'opinion contraire et celle-ci ne s'appuyant pas sur les pièces du dossier. »

Quant à la conclusion tendant à la dissolution de la société, l'arrêt s'énonce de la manière suivante :

« 4. Comme « juste motif » l'autorisant à demander la dissolution immédiate de la société, le défendeur a invoqué l'atteinte profonde *(vollständige Zerrüttung)* qu'ont subie les rapports personnels des associés et qui, selon lui, leur rend impossible à l'avenir toute activité commune. Le demandeur oppose à cette argumentation en disant que c'est le défendeur lui-même qui est l'unique cause de la désunion qui règne effectivement entre les associés, et que nul n'est admis à se fonder sur des actes contraires à la convention pour revendiquer certains droits. Les premiers juges ont admis en fait que c'est essentiellement par la faute du défendeur que la discorde a pris naissance dans les rapports entre associés; en arrivant néanmoins à admettre en principe les conclusions reconventionnelles, le jugement dont est recours est parti de l'idée que, à teneur de l'art. 547 CO., le simple fait d'une désunion profonde entre les associés autorise même l'associé qui a causé cette désunion par sa faute, à requérir juridiquement, en cas d'opposition de l'autre associé, la dissolution de la société. A l'appui de cette interprétation, les premiers juges invoquent les termes généraux de la loi, qui fait dépendre la dissolution de la société de la seule condition de l'existence de « justes motifs » *(wichtige Gründe)*; si l'on considère seulement l'importance des motifs, la cause de l'état de fait qui entraîne la dissolution n'a plus aucune signification et l'on doit admettre que la loi a entendu l'envisager comme indifférente. Cette interprétation, ajoute-t-on, ne manque d'ailleurs aucunement de raisons qui la justifient quant au fond. Le contrat de société suppose évidemment la confiance réciproque des associés et la bonne foi qu'ils doivent apporter dans leurs intentions et dans leurs actes. Si ces conditions viennent à ne plus exister, une activité commune des associés n'est plus possible; le contrat est rompu intérieurement et, dans de telles circonstances, il est à la fois naturel et raisonnable de prévoir la possibilité juridique de la dissolution de la société; la continuation, de par la volonté de la loi, d'une société qui en fait ne peut évidemment plus prospérer paraît d'ailleurs contraire aux intérêts commerciaux. La comparaison de l'art. 547 CO. et de l'art. 1871 du Code civil français vient encore à l'appui de cette interprétation, puisque, d'après la loi française, contrairement au droit fédéral, le fait qu'un des associés manque à ses engagements ne constitue un motif de dissolution qu'en faveur de l'autre associé. Un autre argument peut aussi être tiré de la suppression de l'adjonction qui se trouvait dans les projets primitifs du CO. et qui portait que, s'il y a plus de deux associés, ceux-ci peuvent se borner à requérir l'exclusion de l'associé fautif. Une autre question serait celle de savoir si le fait que l'un des associés manque à ses engagements ne doit pas autoriser l'autre à lui réclamer des dommages et intérêts, de manière à compenser les avantages que le premier peut retirer de la dissolution de la société; mais les premiers juges ont admis que cette question ne se présentait pas en l'espèce.

» 5. La manière de voir adoptée par les premiers juges ne saurait être admise par le Tribunal fédéral. En disposant que la dissolution de la société peut être demandée avant le terme fixé par le contrat, s'il y a de « justes motifs », l'art. 547 CO. laisse, il est vrai, une grande latitude à l'appréciation du juge chargé de décider si le motif de dissolution invoqué est « juste » ou non. Toutefois, il faut admettre qu'un associé ne peut invoquer comme motif de dissolution sa propre faute, soit l'atteinte qui en est résultée aux rapports des associés entre eux; d'après les principes généraux du droit, l'exception de dol peut être opposée à une telle action. Admettre l'opinion contraire équivaudrait à permettre à chaque associé d'amener la dissolution de la société, avant le terme fixé par le contrat, par des actes dépendant de sa simple volonté, à l'époque qui lui plairait, et de causer ainsi, à ses coassociés, suivant le cas, un dommage qui peut-être ne serait pas compensé d'une manière complète par une action en dommages et intérêts éventuelle. Or, un semblable droit de dissoudre arbitrairement la société par des actes dépendant de la simple volonté d'un associé est contraire tant aux principes généraux de la loi sur la force obligatoire des contrats, qu'aux prescriptions spéciales qui régissent le contrat de société. Car il est évident qu'en matière de société, pas plus qu'ailleurs, la loi ne permet aux parties de se départir unilatéralement et arbitrairement de la convention conclue entre elles. La nature particulière du contrat de société, qu'invoquent à cet égard les premiers juges en disant qu'il repose sur la confiance personnelle réciproque des associés, ne saurait infirmer l'argumentation qui précède. Tant que les fautes commises par un associé n'ont pas ébranlé à tel point la confiance des autres associés qu'ils préfèrent, de leur côté, la dissolution de la société à sa continuation, l'associé fautif ne peut être admis à demander lui-même cette dissolution. Aussi est-ce dans ce sens qu'on a toujours interprété l'art. 125 du Code de commerce allemand, qui est d'accord, dans ses dispositions essentielles, avec l'art. 547 CO. (comp. Hahn, *Commentaire*, I, 3me édition, p. 485; Lastig, dans Endemann, *Handbuch des Handelsrechtes*, I, p. 456; Kreissner, *Commentaire*, note 1 sur l'art. 125, p. 115). Quant à l'argument admis par les premiers juges et tiré de ce que l'action en exclusion de l'associé fautif, prévue dans les projets du code des obligations, n'aurait pas été consacrée par la loi lors de sa rédaction définitive, il repose sur une erreur de fait. En effet, la disposition dont il s'agit n'a pas été retranchée, mais a été consacrée par l'art. 576 CO., non pas pour les sociétés simples, il est vrai, mais pour les sociétés en nom collectif; or, c'est d'une société en nom collectif qu'il s'agit en l'espèce. La comparaison de l'art. 547 et de l'art. 1871 du Code civil français ne prouve pas davantage. En fait, il n'existe pas de divergence essentielle entre ces deux lois, puisque l'article 1871 précité autorise en principe la dissolution anticipée de la société toutes les fois que le juge admet l'existence d'un « juste motif »; les causes de dissolutions indiquées le sont à titre d'exemples, et non d'une manière limitative. »

Le considérant suivant établit en fait que c'est le défendeur qui a été la cause de la désunion régnant entre les associés.

Pour traduction, C. S.

Genève. — TRIBUNAL CIVIL

Séance du 28 mars 1885.

Exercice illégal de l'art dentaire. — Faute lourde de l'opérateur. Décès du patient. — Action en dommages et intérêts de sa veuve. — Art. 50, 51 et 52 CO.

Veuve Lädermann contre Stœssel.

Commet une faute lourde, des conséquences de laquelle il est responsable, celui qui, contrairement à la loi, pratique l'art dentaire sans en connaître les procédés.

La demanderesse, par exploit introductif d'instance en date du 1er août 1884, réclame au défendeur une somme de 10,000 fr. à titre de dommages-intérêts, pour le tort qui lui aurait été causé par la mort de son mari, décédé à la suite d'une opération illégalement pratiquée sur lui par le défendeur, en violation de la loi sur l'exercice de l'art de guérir.

Le Tribunal, par ordonnance en date du 29 novembre 1884, a retenu et admis comme pertinents une partie des chefs de l'offre de preuve signifiée par la demanderesse le 19 septembre 1884. Celle-ci a pleinement rapporté la preuve à laquelle elle a été acheminée.

Il a été établi que: 1° Le 31 mai 1884, le défendeur, exerçant illégalement et sans autorisation l'art dentaire, a pratiqué sur Lädermann l'obturation de deux dents; ce fait résulte des dépositions des témoins. Il est, du reste, reconnu formellement par Stœssel, qui n'a jamais songé à le contester, et il ne saurait y avoir le moindre doute sur ce chef-là.

2° Stœssel, pour pratiquer cette opération, n'a point pris les précautions nécessaires, n'a ni nettoyé, ni désinfecté les deux dents et s'est servi d'instruments sales. Les docteurs Gosse, Reverdin, Sylvestre, ont retrouvé dans la dent une substance mollasse qui, de leur avis unanime, n'a pu y pénétrer après l'obturation. Selon cette opinion, qui met à néant le système de la défense sur la présence et l'origine de cette substance, c'est une faute lourde de ne l'avoir pas extirpée, puisque l'opération pratiquée a précisément pour but d'empêcher les substances putrescibles étrangères, alimentaires ou autres, de pénétrer et de séjourner dans la cavité dentaire.

Tous les hommes de l'art entendus par le Tribunal, même ceux cités par la défense, sont d'accord sur ce point que, pour pratiquer l'obturation d'une dent atteinte de périostite, il faut non seulement la nettoyer, mais la désinfecter après un traitement de plusieurs jours.

Il ressort des explications fournies par Stœssel lui-même qu'il n'a pris aucune de ces précautions. Il explique avoir nettoyé la dent au moyen d'un morceau de ouate et de l'instrument excavateur. Il est constant qu'une opération semblable, qui peut à peine servir à essuyer superficiellement la surface intérieure, n'est pas suffisante pour détruire les germes putrescibles adhérents qui se trouvent dans toutes les dents excavées.

Les docteurs Redard, Vautier, Sylvestre fils ont, de plus, constaté que les instruments qui servaient à Stœssel étaient sales, rouillés et mal tenus.

La précaution la plus élémentaire, prescrite à tout chirurgien, est de tenir ses instruments dans la plus grande propreté; un nettoyage à l'eau pure ou un raclage avec un instrument, comme celui que Stœssel prétend avoir pratiqué, n'est pas suffisant. L'état de saleté dans lequel on a retrouvé ses instruments, le prouve surabondamment; on risque, de plus, de laisser adhérer au métal certains germes infinitésimaux, mais très dangereux, qu'il faut détruire au moyen d'un antiseptique puissant, tel que l'acide phénique. L'état de saleté des instruments qui ont servi à l'opération, a pu contribuer aussi à l'introduction dans la dent de nouveaux germes morbides.

3° Cette obturation, faite sans précaution, a occasionné chez Lädermann une septicémie suraiguë infectieuse. L'opinion des docteurs Gosse, Reverdin, Sylvestre, Redard et Vautier est unanime sur ce point : la septicémie suraiguë est un empoisonnement du sang par la résorption d'une matière infectieuse. Tous les témoins ci-dessus sont d'accord sur la manière dont cet empoisonnement a pu se produire par la résorption par le sang d'une substance purulente enfermée dans la cavité dentaire, fait constaté par l'examen des dents de Lädermann, ainsi qu'il a été dit ci-dessus.

4° Il est également acquis au débat que Lädermann a succombé aux conséquences de la maladie survenue à la suite de l'opération. Les insinuations du défendeur, sur les causes qui auraient pu aggraver pour Lädermann les conséquences de la maladie, ne sauraient être prises en considération. Ce serait au défendeur à en rapporter la preuve, la demanderesse ne pouvant être tenue à prouver un fait négatif.

Stœssel n'établit nullement que Lädermann fût alcoolique, syphilitique, diabétique, albuminurique ou atteint de prédispositions quelconques; au contraire, tous les renseignements fournis au procès tendent à établir que c'était un homme sobre et bien portant. Quelles que soient, du reste, les prédispositions de Lädermann, la cause première de la maladie n'en est pas moins la négligence, l'imprudence de Stœssel.

5° Enfin, il est constant que Lädermann a laissé sans ressources une femme et quatre enfants, dont il était l'unique soutien.

Vu l'art. 50 CO.;

Attendu que la responsabilité de Stœssel est complète; que la négligence, l'imprudence ou l'inobservation des règlements suffisent pour engager la responsabilité, sans qu'il y ait besoin d'aucun fait volontaire, d'aucune omission de la part de celui qui s'en rend fautif;

Que la jurisprudence française, conforme à la nôtre sur cette matière, admet que la simple ignorance des procédés de l'art suffit pour faire naître la responsabilité (Dalloz, *Rép.*, v° *Responsabilité*, n° 128);

Que, dans l'espèce, il y a eu plus que faute lourde, ignorance ou imprudence, soit quasi-délit; qu'il y a eu de la part de Stœssel violation consciente de la loi, par conséquent dol, c'est-à-dire délit;

Attendu que le verdict du jury, en date du 31 juillet 1884, a déclaré Stœssel non coupable d'avoir commis un homicide involontaire par imprudence ou négligence, mais n'a pas été appelé à statuer sur la question qui aurait pu lui être posée en vertu de la 2° partie de l'art. 273 du Code pénal, à savoir si Stœssel n'était pas la cause involontaire et, par conséquent, indirecte de la mort de Lädermann, question qu'il eût sans doute résolue affirmativement;

Attendu que ce verdict n'a, du reste, tranché qu'une question : celle de la culpabilité au point de vue pénal, question qui n'a rien à voir dans la cause actuelle;

Attendu que le principe de responsabilité en matière de quasi-délit posé par l'art. 50 CO. est absolument indépendant de toute idée de culpabilité ou de pénalité;

Attendu, d'autre part, que le même jury a reconnu le défendeur coupable d'infraction à la loi sur l'art de guérir; que cette contravention n'est pas la première de ce genre relevée contre lui; qu'il a déjà été condamné pour le même fait le 11 juillet 1883; que les 25 certificats qu'il produit ne sont qu'autant de preuves nouvelles de contraventions;

Attendu que la loi du 12 octobre 1861 sur l'exercice de l'art de guérir n'a d'autre but que de soumettre les médecins à des actes probatoires de leur science et d'exiger d'eux une certaine dose de connaissances constatées par des examens; que celui qui a obtenu ses grades possède une présomption légale de capacité, sans laquelle la pratique de l'art de guérir devient un délit;

Attendu qu'il est surabondamment établi que Stœssel ne possédait aucune des connaissances exigées par la loi; que cependant il a, à diverses reprises, pratiqué l'art dentaire et d'autres branches de l'art de guérir en violation de la loi, dont il connaissait les clauses pénales qui lui ont déjà été appliquées;

Attendu que, dans ces circonstances, Stœssel doit supporter les conséquences de sa faute; qu'il y a lieu de le condamner à payer à la demanderesse une indemnité.

Jugement. I. Vu le jugement préparatoire du 29 novembre 1884 ordonnant des enquêtes;

Vu ces enquêtes qui ont eu lieu aux audiences des 13 décembre 1884 et 10 janvier 1885;

Attendu qu'elles ont établi que la faute, soit la négligence et l'imprudence de Stœssel, ont été la cause déterminante de la mort de Lädermann;

Vu les conclusions du Ministère public, adoptant ces conclusions.

II. Attendu que, d'après les art. 51 et 52 CO., le juge a toute latitude pour fixer, d'après les circonstances de fait, l'indemnité qui doit être accordée à la victime d'un dommage causé par la faute d'autrui;

Qu'en cas de mort d'homme, les dommages et intérêts doivent comprendre les frais faits par la victime ou sa famille, notamment pour l'inhumation;

Que lorsque, par suite de la mort, d'autres personnes sont privées de leur soutien, il y a lieu également à les indemniser de cette perte;

Attendu que Lädermann était ouvrier, qu'il n'avait pas de fortune, qu'il vivait et entretenait sa famille du produit de son travail;

Qu'il a laissé une veuve et 4 enfants en bas âge, dont l'aîné n'a que 6 ou 7 ans;

Attendu que, par la mort de son chef, la famille de Lädermann a ainsi perdu son soutien;

Attendu qu'une indemnité équitable, permettant à la veuve Lädermann de l'aider à élever et à entretenir ses enfants jusqu'au jour où ceux-ci pourront gagner leur vie, doit lui être allouée;

Attendu, d'autre part, que si le Tribunal doit prendre en considération ces éléments d'appréciation, il doit équitablement tenir également compte de la position de fortune du défendeur; qu'en effet, la répression pécuniaire doit être proportionnée à la fortune du coupable;

Attendu que Stœssel a un commerce de coiffeur aide-chirurgien, dont le gain est plutôt limité; que des renseignements fournis par les explications des parties, il résulte que, bien qu'il jouisse d'une aisance relative, Stœssel ne possède pas une fortune bien grande;

Attendu qu'en tenant compte de tous ces faits, le Tribunal a en mains les éléments nécessaires pour fixer à 3500 fr. l'indemnité à allouer à la demanderesse de la part de Stœssel...

TRIBUNAL CIVIL DU DISTRICT D'AIGLE

Séance du 31 mars 1886.

Présidence de M. GREYLOZ, président.

Lésion corporelle causée par un animal. — Responsabilité du propriétaire. — Dommages-intérêts. — CO. 53 et 65; Code rural 159.

Le fait de placer plusieurs têtes de bétail sous la conduite d'un enfant et de les munir de sonnettes, quoique conforme à l'usage, ne constitue pas une précaution suffisante. Dès lors, le propriétaire est passible des dommages résultant d'une lésion corporelle occasionnée par la divagation de son bétail.

Avocats des parties :

MM. PASCHOUD, à Lausanne, pour Isaline-Marie Pittet, demanderesse.
DORET, à Aigle, pour Henri Morerod, défendeur.

Le 22 octobre 1884, Isaline-Marie Pittet, en service chez dame Minod-Steiner, était occupée à laver une lossive à une fontaine du village d'Yvorne. En voulant s'éloigner, elle se trouva prise entre le bassin de la fontaine et deux vaches appartenant au syndic H. Morerod.

Une troisième vache, arrivant à la fontaine, sauta sur l'une des deux premières. Isaline-Marie Pittet fut culbutée, piétinée et reçut de graves lésions à la figure. Elle dut se rendre à l'Asile des aveugles à Lausanne, où elle suivit un traitement qui dura environ sept mois sans aboutir à une guérison complète.

Des démarches amiables ayant été infructueuses, Isaline-Marie Pittet a actionné H. Morerod en paiement d'une somme de 1500 fr. à titre de dommages-intérêts.

Le tribunal a admis les conclusions de la demanderesse, en les réduisant toutefois à 700 fr.

Motifs.

Considérant qu'en cas de dommage causé par un animal, la personne qui le détient en est responsable, à moins qu'elle justifie l'avoir gardé et surveillé avec le soin voulu (CO. 65).

Que pour détruire la présomption de responsabilité qui pèse sur lui, en vertu de cet article, le défendeur n'a pas établi qu'il ait pris des mesures propres à prévenir, du moins dans la mesure du possible, les accidents qui pouvaient résulter de la sortie de son bétail.

Que le fait de placer plusieurs têtes de bétail sous la conduite d'un enfant pour seul gardien et de les munir de sonnettes, quoique conforme à l'usage, ne constitue pas une précaution suffisante et ne présente de garantie ni au point de vue de la sécurité publique, ni même contre la divagation du bétail, interdite par le Code rural.

Qu'ainsi, dans l'espèce, on ne peut pas admettre que le défendeur ait, selon le prescrit de la loi, gardé et surveillé son bétail avec le soin voulu.

Qu'il n'a pas été établi qu'il y ait une faute imputable à la partie lésée.

Qu'en cas de lésion corporelle, la personne lésée a droit au remboursement des frais et aux dommages et intérêts résultant d'une incapacité de travail totale ou partielle, et que si elle a été mutilée ou défigurée d'une manière qui compromette son avenir, le juge peut aussi lui allouer une indemnité pour ce préjudice (CO. 53),

Il lui a, en outre, donné acte de la réserve par elle faite pour le cas où l'accident du 22 octobre 1884 aurait des conséquences dommageables plus graves que celles actuellement existantes.

Il n'y a pas eu de recours contre ce jugement.

Résumés d'arrêts.

Assignation. — Il y a lieu à nullité du jugement par défaut rendu ensuite d'une assignation qui ne renferme pas de commination en cas de défaut (Cpc. 27 et 436 § *f*).

(Juge de paix de Château-d'Œx ; jugement annulé.)

TC., 16 mars 1886. Mathey c. Klingert.

Divorce. — Lorsque, après une séparation de corps prononcée, il n'y a pas eu réconciliation entre les époux, le divorce doit être prononcé définitivement, s'il est constaté que le lien conjugal est profondément atteint (art. 47 de la loi fédérale sur l'état civil et le mariage).

(Tribunal de Payerne ; jugement réformé.)

TC., 24 février 1886. Epoux Groux.

Exécution forcée. — Il y a recours au Tribunal cantonal contre la décision du juge suspendant l'exécution forcée d'un jugement, cette suspension constituant un refus de procéder de l'office (Cpc. 505).

La circonstance qu'un tiers est cessionnaire de titres hypothécaires grevant un immeuble loué ne lui attribue pas la faculté de requérir la suspension de l'exécution forcée tendant au déguerpissement du locataire de cet immeuble (Cpc. 545).

Le jugement définitif est exécutoire nonobstant toute opposition et toute réclamation quelconque (Cpc. 520).

(Juge de paix du Chenit ; recours admis.)

TC., 16 mars 1886. Reymond c. Brunner et Piguet.

Preuve testimoniale. — La notion de faute renferme une appréciation juridique qui ne peut faire l'objet d'une preuve testimoniale.

(Juge de paix de Vevey ; jugement incident réformé.)

TC., 23 mars 1886. *Garantie belge* c. Eggen.

ASSISES FÉDÉRALES. — M. Hafner, Juge fédéral, a été chargé de la revision de la loi sur l'organisation judiciaire fédérale en ce qui concerne l'administration de la justice pénale (assises). On espère qu'un projet de loi pourra être présenté à l'Assemblée fédérale à la fin de l'année ou au printemps prochain.

Ch. Boven, notaire, rédacteur.

Lausanne. — Imp. CORBAZ & Comp.

XXXIVe Année. Nos 18 et 19. Samedi 8 Mai 1886

JOURNAL DES TRIBUNAUX

REVUE DE JURISPRUDENCE

Paraissant à Lausanne une fois par semaine, le Samedi.

Prix d'abonnement : 12 fr. par an, 7 fr. pour six mois. Chaque numéro, 50 cent. On s'abonne à l'imprimerie Corbaz et Cie et aux bureaux de poste. — Annonces : 20 centimes la ligne ou son espace.

Loi fédérale sur la poursuite pour dettes et la faillite.

Actuellement on s'occupe beaucoup à Genève de la loi fédérale sur les poursuites pour dettes. Le Conseil d'Etat a nommé comme ailleurs une commission, composée de magistrats et d'avocats, pour la discuter.

Chacun reconnaît que le nouveau projet est meilleur que les précédents, qu'il heurte moins nos habitudes, et surtout qu'il n'est point draconien vis-à-vis des débiteurs; au contraire.

Il organise le concordat et les sursis concordataires en calquant à peu près les nouvelles lois genevoises; à bien des égards, s'il était adopté, nous ne serions pas trop dépaysés.

J'avouerai cependant qu'au premier moment surtout ce projet n'a pas été accueilli des deux mains par tout le monde. Il n'y a là rien qui doive surprendre : la transition sera toujours brusque. Régis sous le premier empire par le code de procédure napoléonien, les Genevois ont conservé dès lors le système français, après y avoir introduit certaines simplifications. C'est ainsi que les codes genevois font strictement la distinction entre les commerçants et les non-commerçants, les commerçants seuls sont soumis au régime de la faillite. Pour le recouvrement de la moindre créance, même le porteur d'un billet à ordre, d'un titre sous seing privé en bonne forme, est obligé d'assigner pour obtenir jugement. Après avoir obtenu jugement, il doit faire un commandement de payer et saisir. Cette pratique a certains avantages, mais les poursuites reviennent nécessairement cher.

Les partisans du *statu quo*, et il y en a beaucoup ici, allèguent que nous avons énormément de relations avec la France, que lorsqu'il nous faut du crédit c'est en France que nous en demandons. Selon eux, il importe fort que notre organisation soit en principe la même que celle de la France.

Ces raisons ont certes leur valeur, mais, ensuite des réclamations incessantes qui se sont produites dans divers cantons allemands, nous savons que nous ne pouvons songer à faire renvoyer indéfiniment le vote de la loi: dans un an ou deux elle passera. L'intransigeance ne servirait à rien. Ici, comme dans les autres cantons romands nous n'avons qu'une chose à faire: prendre part à l'élaboration du code de manière à ce qu'il soit tenu compte le plus possible de nos principes et de nos besoins. C'est ce que la commission genevoise a compris, aussi elle s'est mise ardemment à l'œuvre. Je ne sais ce qui sortira de ses délibérations; je crois qu'elle proposera diverses modifications, tout en admettant les bases fondamentales de la loi.

Voici une organisation que j'ai entendu préconiser et qui me semblerait fort rationnelle:

Tant qu'il ne se présenterait qu'un seul créancier, ce créancier devrait exercer des poursuites et saisir; mais il y aurait faillite lorsque d'autres créanciers interviendraient. La faillite existerait pour tout le monde, pour les non-commerçants comme pour les commerçants, pour les personnes qui ne sont pas inscrites au registre du commerce comme pour celles qui y figurent.

Ces règles seraient beaucoup plus radicales que le projet, mais du moment qu'on est à faire un changement il vaudrait autant le faire complet qu'à moitié. Au fond, il n'y a pas de raison véritable pour traiter différemment les débiteurs, commerçants et non-commerçants, inscrits au registre ou non inscrits. Le projet de loi présenté prévoit le concordat pour les non-commerçants, soit pour les personnes qui ne figurent pas au registre du commerce; la conséquence nécessaire d'un tel principe c'est qu'elles doivent être aussi soumises à la faillite.

A Genève, il y a un point sur lequel chacun est d'accord. Le monopole des préposés aux poursuites est envisagé avec défiance. Il est évident que de tels fonctionnaires risqueraient de prendre une importance énorme, et il est difficile d'en apprécier toutes les conséquences.

Pourquoi ne laisserait-on pas à chaque canton le soin d'organiser des agents de poursuites comme il l'entendrait ?

Du reste, *cuique suum.* Ces fameux préposés aux poursuites ne constituent point un rouage que les Suisses allemands veulent nous imposer, actuellement il n'en existe dans aucun canton. On m'assure même qu'ils sont une création d'origine genevoise, ce serait feu le conseiller Friederich qui les aurait imaginés dans le but de mettre fin à la plaie des agents d'affaires qui sévit dans tant d'endroits.

Genève, le 27 avril 1886. F. NESSI, av.

La commission du Conseil des Etats chargée de l'examen du projet de loi sur la poursuite et la faillite, a terminé vendredi dernier ses travaux à Neuchâtel. Par 7 voix contre 3, elle a adopté en principe le système de poursuites proposé dans le projet du Conseil fédéral.

La commission se réunira de nouveau dans le milieu du mois de juillet pour discuter le projet par article.

Il n'est pas probable que la loi soit définitivement approuvée et votée avant la fin de l'année 1887 et qu'elle entre en vigueur avant l'année 1888.

Genève. — COUR DE JUSTICE CIVILE.

Séance du 12 mars 1885.

Demande en divorce d'époux français domiciliés en Suisse. — Irrecevabilité. — Art. 56 de la loi fédérale sur l'état civil et le mariage, 5, 10 et 11 de la convention franco-suisse du 15 juin 1869.

Chazelas contre dame Chazelas.

Les tribunaux suisses ne sont pas compétents pour prononcer le divorce d'époux français domiciliés en Suisse.

Le 4 novembre 1869, Joseph Chazelas, de nationalité française, a épousé, par devant l'officier d'état civil de la ville de Genève, Jeannette Tissot, également d'origine française. Les deux époux, qui étaient déjà domiciliés à Genève lors de leur mariage, n'ont pas cessé depuis d'y demeurer.

Le 25 mars 1885, Chazelas a assigné sa femme devant le Tribunal civil, pour entendre prononcer le divorce; il base sa demande sur des faits qui, selon lui, constitueraient une injure grave à son égard. Le 31 mars suivant, la dame Chazelas a déclaré se porter reconventionnellement demanderesse; ses conclusions se basent sur l'adultère de son mari, dont elle offre la preuve. Les deux époux invoquent à l'appui de leur demande, soit la loi française sur le divorce du 24 juin 1884, soit la loi fédérale du 24 décembre 1874.

Par jugement du 1er septembre 1885 [1], le Tribunal civil a écarté la demande de Chazelas comme irrecevable.

Les deux parties ont interjeté appel de ce jugement.

Les faits invoqués par les parties à l'appui de leurs demandes respectives, soit l'adultère du mari, d'une part, l'injure grave de la femme à l'égard du mari, d'autre part, figurent également dans la loi française et dans la loi suisse comme motifs de divorce. Il ne saurait donc s'élever de conflit quant à la loi à appliquer, les articles de loi invoqués étant les mêmes dans les deux pays, sinon dans leur texte, au moins dans leur esprit.

Du fait que la loi à appliquer se trouve la même, il ne résulte cependant pas que les tribunaux genevois soient compétents pour statuer sur la demande des époux Chazelas.

La jurisprudence genevoise a généralement admis que le tribunal du domicile était compétent pour statuer sur les demandes relatives à l'état et à la capacité des étrangers domiciliés à Genève. Cette jurisprudence ne saurait cependant permettre aux tribunaux d'enfreindre les dispositions précises de l'art. 56 de la loi fédérale sur l'état civil et le divorce, qui prescrit qu'aucune action en divorce ne peut être admise, s'il n'est établi que l'Etat, dont les époux sont ressortissants, reconnaîtra le jugement qui l'aura prononcé.

La question à résoudre est donc la suivante:

Est-il établi que la France reconnaîtrait un jugement de divorce prononcé entre les époux Chazelas, alors que ce jugement

[1] Voir ce jugement dans le *Journal des Tribunaux*, 1886, p. 84.

serait basé sur des faits admis par la loi française comme cause de divorce?

Pour faire cette justification, les époux Chazelas produisent : 1° un certificat de coutume délivré par le ministre de la justice en France, certifiant le texte d'un certain nombre d'articles de la loi française sur le divorce; 2° un certificat de l'ambassadeur de France en Suisse constatant que, sous réserve du pouvoir d'appréciation laissé aux tribunaux, le jugement rendu en Suisse et prononçant le divorce entre sujets français, pour l'une des causes énumérées par la loi française, *pourra* être reconnu en France; 3° une lettre du Consulat de France à Genève, transmettant l'opinion du contentieux au ministère des affaires étrangères.

D'après cette autorité, la compétence des tribunaux suisses résulterait de la convention franco-suisse du 15 juin 1869, les tribunaux français restant juges, dans chaque cas, de la compétence.

On ne saurait considérer ces pièces comme établissant que la compétence des tribunaux suisses, pour statuer sur les demandes en divorce formées par des Français domiciliés en Suisse, sera reconnue en France.

L'opinion des auteurs de ces pièces ne saurait lier en aucune façon les tribunaux français; ils le reconnaissent eux-mêmes, les tribunaux restent dans chaque espèce les seuls juges de la compétence des tribunaux suisses, et il est impossible aux auteurs des certificats d'affirmer que cette compétence sera généralement reconnue en France.

On ne saurait non plus se baser sur la convention franco-suisse de 1869 pour prétendre que cette compétence sera reconnue.

En effet, le Tribunal fédéral a décidé, dans l'affaire Surrugues (18 octobre 1878 [1]), que les négociateurs du traité n'ont certainement pas eu l'intention de comprendre les demandes en divorce au nombre des actions rentrant dans la compétence du tribunal du domicile des parties.

Dans son arrêt rendu le 4 août 1879 (aff. Graberg), le Tribunal fédéral a décidé que la justification demandée par l'art. 56 de la loi fédérale sur l'état civil et le divorce ne devait pas néces-

[1] Voir *Journal des Tribunaux*, 1878, p. 733.

sairement résulter de certificats produits par l'autorité étrangère, mais qu'on pouvait considérer cette justification comme faite, s'il résultait de la jurisprudence et de la législation de l'Etat étranger la conséquence que le divorce prononcé par le tribunal du domicile des époux est ou serait reconnu.

La Cour a donc à examiner si, dans l'état actuel de la législation, de la doctrine et de la jurisprudence françaises, on peut considérer comme établi que la compétence des tribunaux suisses serait reconnue par les tribunaux français.

La législation française (C. Napol., art. 3) statue que c'est la loi française qui régit l'état et la capacité des Français en pays étranger, mais aucun texte de loi ne décide que les tribunaux étrangers sont compétents pour statuer sur ces questions d'état entre Français, même en leur appliquant la loi de leur statut personnel ou une loi semblable.

Du fait que l'art. 234 de la loi française décide que la demande en divorce ne pourra être formée qu'au tribunal de l'arrondissement du domicile des époux, on ne saurait inférer que le législateur français a eu l'intention de donner une compétence aux tribunaux étrangers, lorsque les époux seraient domiciliés hors de France.

En l'absence de toute jurisprudence sur la valeur accordée, en France, à des jugements rendus à l'étranger sur des questions d'état relatives à des Français domiciliés hors de leur pays, on doit admettre que les tribunaux français appliqueront à ces cas les mêmes principes qu'ils appliquent aux questions d'état soulevées par devant eux par des étrangers domiciliés en France.

Si l'on recherche quels sont ces principes, on constate que la grande majorité des auteurs sont d'avis que les tribunaux français sont incompétents pour statuer sur les demandes en changement d'état formées devant eux par les étrangers domiciliés en France (Demolombe, IV, p. 432; Aubry et Rau, VI, § 748 *bis*, 3°; Lesenne, *Rev. de droit prat.*, XXIII, p. 516).

Les mêmes principes ont été longtemps la base de la jurisprudence française (Cass. 27 nov. 1822; Paris 23 juin 1836; Paris 25 nov. 1839; Cass. 16 mai 1849; Rennes 16 mars 1842).

On doit cependant constater que cette jurisprudence s'est, depuis quelques années, modifiée dans un sens plus libéral, en ce qui concerne spécialement les demandes en séparation de corps; en effet, une série d'arrêts (Cass. 27 janv. 1857; Lyon 25 fév.

1857; Rouen 12 mai 1874; Paris 23 juin 1859; Amiens 24 août 1880; Alger 24 juillet 1882) ont décidé que les tribunaux français n'étaient pas tenus de se déclarer d'office incompétents sur les demandes en séparation de corps formées par des étrangers domiciliés en France, et qu'ils pouvaient retenir la connaissance de ces contestations lorsque leur compétence n'était pas contestée par le défendeur.

On ne saurait cependant conclure de cette jurisprudence que les tribunaux français se regardent même comme *relativement* compétents pour statuer sur des questions d'état concernant des étrangers; il a été, en effet, généralement admis que les demandes en séparation de corps, sous la législation qui a existé en France de 1816 à 1884, ne soulevaient pas une question d'état (Cass. 8 mai 1828; *Rev. de droit prat.*, XXIII, p. 305; Demangeat, *Journ. de droit intern. privé*, 1878, p. 458). Il ne saurait y avoir aucun doute, par contre, qu'une demande en divorce ne soulève une question d'état.

Considérant, en résumé, qu'on ne saurait, ni de la jurisprudence ou de la doctrine suivies en France, ni de la législation, ni des certificats produits, conclure que les jugements de divorce prononcés en Suisse, même en application des dispositions communes aux lois des deux pays, seront reconnus par les tribunaux français comme compétemment rendus;

Que les demandes formées par les époux Chazelas doivent, en conséquence, être déclarées toutes deux irrecevables.

Par ces motifs, la Cour admet tant l'appel principal que l'appel incident interjetés contre le jugement du tribunal civil du 1er septembre 1885; au fond, confirme le dispositif du dit jugement en tant qu'il déclare irrecevable la demande de Chazelas; le réforme pour le surplus et, statuant à nouveau, déclare également irrecevable la demande de dame Chazelas.

Vaud. — Tribunal cantonal.

Séance du 16 mars 1886.

Vente d'un objet prétendu volé. — Garantie en cas d'éviction. — Art. 235 et 240 CO.

Rayroud contre Bricod.

L'acheteur qui entend agir en garantie contre le vendeur doit prouver l'éviction; il ne suffit pas qu'il allègue, sans l'établir, que la chose vendue avait été volée et qu'elle lui aurait été reprise par son véritable propriétaire. Du reste, l'acheteur ne peut agir en garantie contre le vendeur que s'il l'a averti en temps utile et vraiment invité à prendre fait et cause pour lui (CO. 240).

D. Rayroud a ouvert action à D. Bricod en paiement de 225 fr. pour prix d'une génisse vendue et livrée.

Bricod a conclu à libération.

Le Juge de paix de Château-d'Œx a admis, entr'autres, les faits suivants :

Le 16 janvier dernier, le demandeur a vendu une génisse au défendeur.

Le prix a été fixé à 225 fr.

Le demandeur avait acquis cette génisse lui-même de Louis-Emile Roch.

Le demandeur a pris à sa charge la garantie de la provenance de l'animal et il connaissait la vente par Roch de son bétail.

La génisse en question avait été volée pour Louis-Emile Roch à D. Bertholet-Gronicod, ce que constate une enquête pénale actuellement en cours.

Le défendeur a été évincé de tout droit sur cet animal par son légitime propriétaire qui est venu le reprendre le jour même où le premier l'a acquis.

Le défendeur en a avisé immédiatement le demandeur.

Vu ces faits, et attendu que le vendeur est tenu, suivant l'article 235 CO., de garantir l'acheteur de l'éviction dont il peut souffrir ; que le demandeur ayant garanti au défendeur la provenance de l'animal, devait en rembourser le prix, s'il l'avait payé, — le Juge de paix a débouté le demandeur de ses conclusions.

Rayroud a recouru en réforme contre ce jugement, estimant que le vol n'a nullement été prouvé ; que, d'ailleurs, Bricod devait aviser Rayroud en temps utile et l'inviter à prendre fait et cause pour lui (CO. 240) et que, s'il y a eu vol, Rayroud pouvait se faire rembourser le prix d'achat.

Le Tribunal cantonal a admis le recours.

Motifs.

Considérant que, dans son exploit introductif d'instance, Rayroud a allégué les 3 faits suivants :

N° 1. Le 16 janvier 1886, le demandeur a vendu à Bricod une génisse boucharde rouge, âgée d'environ 2 ans, pour le prix convenu de 225 fr.

N° 2. Le défendeur a pris possession immédiatement de cet

animal, mais n'en a pas payé le prix et cela pour des motifs que l'instant ne peut admettre.

N° 3. Le refus de paiement du défendeur force le demandeur à lui ouvrir action.

Qu'à l'audience du 27 janvier 1886, Bricod s'est déterminé comme suit sur ces faits :

N° 1. Oui, moyennant garantie de la part du vendeur de la provenance de l'animal.

N° 2. Admis.

N° 3. Contesté, attendu que la pièce de bétail avait été volée et a été reprise au défendeur par son propriétaire.

Considérant qu'aucune preuve n'ayant été entreprise, deux faits sont dès lors constants en la cause, ensuite de leur admission par le défendeur, savoir : les allégués n°s 1 et 2.

Que les dits allégués établissent que Rayroud a vendu une génisse pour 225 fr. à Bricod et que celui-ci en a pris possession.

Que, dès lors, Rayroud a bien prouvé au procès l'obligation dont il réclame l'exécution.

Considérant que, de son côté, Bricod n'a nullement établi que l'animal qui lui a été vendu provienne d'un vol ;

Que les faits allégués à ce sujet par le juge dans sa sentence n'ont été l'objet d'aucune preuve et qu'ils ne sauraient dès lors être pris en considération.

Considérant en outre que si, aux termes de l'art. 235 CO., le vendeur est tenu de garantir l'acheteur de l'éviction qu'il souffre dans la totalité ou partie de la chose vendue, Bricod n'a point établi avoir été évincé, mais a simplement allégué, sans le prouver, que la génisse avait été volée et qu'elle lui avait été reprise par son véritable propriétaire ;

Qu'à supposer même que Bricod ait prouvé avoir été évincé, il n'a nullement procédé conformément à l'art. 240 CO., ainsi qu'il aurait dû le faire ;

Que les conclusions libératoires du défendeur ne sont ainsi point fondées.

Séance du 31 mars 1886.

Assurance contre les accidents. — Signification de l'expression « effort ».

Le Secours contre Guenzi.

Lorsque, en matière d'assurance contre les accidents, la police exclut de l'assurance les conséquences des cas d'hernies, effort, tour de reins, etc., il faut entendre par l'expression effort *non le simple fait volontaire de celui qui s'efforce, mais le mal qui en est résulté, c'est-à-dire la douleur éprouvée dans la région lombaire en soulevant un fardeau trop pesant.*

Avocats des parties:

MM. Cossy, licencié en droit, pour compagnie *Le Secours*, défenderesse et recourante.

Ruchet, pour Guenzi, demandeur et intimé.

Guenzi a ouvert action à la compagnie d'assurances contre les accidents « Le Secours », à Paris, en paiement de 725 fr., à titre d'indemnité quotidienne de 10 fr., dès le 12 juillet au 15 septembre 1884 et de 5 fr. dès le 15 septembre 1884 à la fin du dit mois.

La Compagnie défenderesse a conclu à libération.

Ensuite de l'instruction de la cause, il a été établi, entre autres, les faits suivants :

Par contrat du 24 février 1883, le demandeur s'est assuré auprès de la Compagnie défenderesse contre les conséquences des accidents corporels de toute nature provenant de causes violentes, spontanées, extérieures et involontaires.

A teneur de l'art. 1er de ce contrat, la Compagnie ne répond pas des conséquences de certains cas spéciaux, tels que : guerre ou émeute, suicide, rixe ou lutte, hernies, efforts, tours de reins, etc.

A teneur du même contrat, la Compagnie a garanti au demandeur, en cas d'incapacité temporaire de travail d'une durée d'au moins 5 jours, provenant d'accident, une allocation quotidienne de 10 fr.

Le 12 juillet 1884, à 8 ½ heures du matin, Guenzi a été victime d'un accident, alors qu'il était occupé à un déchargement de matériaux de construction, à Veytaux, sur le chantier des frères Chaudet.

En effet, en voulant aider des ouvriers sous ses ordres à décharger d'une voiture un bloc de marbre et au moment où il s'apprêtait à prêter son concours à ce travail, Guenzi a glissé si malheureusement qu'il s'est fait une lésion grave dans la région lombaire.

Aussitôt après cet accident, le demandeur a été conduit chez le Dr Bertholet, à Montreux, médecin attitré de la Société défenderesse.

Ce médecin a immédiatement constaté l'accident survenu au

demandeur et il a spécifié la nature du sinistre en disant que Guenzi était atteint de lombago, suites probables de la rupture de quelques fibres musculaires.

Ensuite de cet accident, le demandeur a été dans l'incapacité complète de travailler, dès le 12 juillet au 15 septembre 1884, soit pendant 65 jours.

Dès le 15 septembre 1884 à la fin du dit mois, le demandeur n'a pu reprendre son travail ordinaire que d'une façon très incomplète.

A teneur de l'art. 2 § 3 des conditions générales de la police d'assurance, l'assuré a droit à une allocation quotidienne de moitié du chiffre convenu dès que l'accident n'entraîne pas une privation complète et absolue du travail ordinaire.

Pendant sa maladie, Guenzi a reçu les soins du Dr Carrard, lequel a constaté et a pu déclarer que Guenzi souffrait des suites d'une lésion du nerf sciatique droit ainsi que des muscles du dos. Ces lésions ont eu pour conséquence une paralysie de la jambe gauche. Ces accidents ont persisté pendant plusieurs semaines, malgré les soins médicaux donnés au demandeur et l'ont retenu au lit jusqu'au 15 août.

La Compagnie défenderesse, appelée à verser au demandeur l'allocation prévue par le contrat, s'est refusée à ce paiement en invoquant la clause de la police d'assurance visant spécialement les cas d'efforts et de tours de reins.

Le Tribunal du district de Vevey a, par jugement du 25 février 1886, admis les conclusions du demandeur, écarté les conclusions libératoires de la défenderesse et condamné cette dernière à tous les dépens du procès.

La Compagnie « Le Secours » a recouru contre ce jugement, dont elle demande la réforme par les considérations résumées comme suit : Il résulte des pièces et des faits de la cause, d'une part, que Guenzi a fait un violent effort qui a été suivi de lumbago traumatique, d'autre part, que la police d'assurance statue, à son art. 1er § 4, que la Compagnie ne répond pas des conséquences des cas d'efforts et de tours de reins. Il y a donc eu effort et effort *volontaire* puisque Guenzi l'a fait *pour soulever une pierre lourde.* Guenzi est, dès lors, exclu de son assurance par les conditions qu'il a lui-même stipulées et signées en toute connaissance de cause. Pour justifier sa prétention Guenzi a produit deux pièces officieuses qui ne sauraient remplacer la déclaration médicale seule officielle faite lors du sinistre et attestée, quant aux faits qu'elle rapporte, par deux témoins de la victime; or le jugement de première instance ne tient compte ni de la déclaration de sinistre, ni du certificat l'accompagnant, qui font preuve en faveur de l'assuré et contre lui de la cause et de la nature de l'accident. Il ne tient pas non plus compte du fait que Guenzi a fait un effort violent et volontaire, point capital au procès, puisque les conséquences d'efforts sont exclues du bénéfice de l'assurance.

La Compagnie invoquait, en outre, l'exception du tour de reins, estimant que ces termes étaient synonymes de lumbago traumatique; l'expertise intervenue à ce sujet admet cette synonymie dans la plupart des cas, mais déclare toutefois que le lumbago traumatique n'est pas *nécessairement* un tour de reins; cette expertise n'étant pas concluante, la Compagnie déclare ne pas insister sur ce moyen.

Le Tribunal cantonal a écarté le recours.

Motifs.

Considérant que la police du 16 février 1883, signée par Guenzi, statue, à son art. 1er § 4, que la Compagnie ne répond pas des conséquences des cas de suicide, alors même qu'il serait dû à un dérangement des facultés mentales, des cas de guerre ou d'émeute, de rixe ou de lutte, d'ivresse, d'hernie, d'ulcères variqueux, d'empoisonnement, d'efforts, de tour de reins, etc.

Considérant que le terme « effort » ne saurait désigner ici le simple fait volontaire de celui qui s'efforce, ainsi que le prétend la recourante, mais qu'il doit s'entendre du mal qui en est résulté, c'est-à-dire de la douleur éprouvée dans la région lombaire en soulevant un fardeau trop pesant.

Considérant que, dans l'espèce, il s'agit d'un mal plus grave que le simple effort prévu à l'article ci-dessus, puisqu'il résulte des déclarations médicales produites au dossier que Guenzi a été atteint d'une affection traumatique de la colonne vertébrale.

Qu'ensuite de cet accident, le demandeur a été dans l'incapacité complète de travailler dès le 12 juillet au 15 septembre 1884, soit pendant 65 jours, et que dès le 15 septembre à la fin du dit mois Guenzi n'a pu reprendre que d'une façon très incomplète son travail ordinaire (solutions testimoniales données aux allégués 4 et 5).

Considérant que, dans ces circonstances, la maladie dont a

été atteint Guenzi ne saurait rentrer dans les cas « d'efforts » prévus au 4e § de l'art. 1er de la police d'assurance.

Qu'elle ne peut pas non plus être assimilée au « tour de reins » cité aussi dans le dit alinéa, puisqu'il ressort de l'expertise Mercanton que le lumbago traumatique dont a souffert le demandeur n'est pas nécessairement un tour de reins.

Considérant, enfin, que le Tribunal de Vevey n'était nullement obligé, ainsi que le prétend la recourante, de ne s'en tenir qu'à la déclaration de sinistre et au certificat qui l'accompagnait, mais qu'il avait le droit d'examiner toutes les pièces que les parties lui avaient produites.

Résumés d'arrêts.

Chose jugée. — Le président ne peut, à l'occasion d'un incident sur preuves, trancher la question de savoir s'il y a chose jugée.

(Président du tribunal de Vevey; jugement incident maintenu.)

TC., 9 mars 1886. Botelli et Maillard c. Schönenweid.

Date certaine. — Le défaut de date certaine d'un acte ne peut être opposé que par un tiers, mais non par les parties en cause (Cc. 985).

(Juge de paix de La Sarraz; jugement maintenu.)

TC., 9 mars 1886. Rochat c. Martin et Huguenin.

Exécution forcée. — En matière d'exécution forcée, la loi ne prévoit pas de recours au Tribunal cantonal, sauf en ce qui concerne le délai d'exécution (Cpc. 505 et 535).

(Juge de paix de Lausanne; ordonnance maintenue.)

TC., 2 mars 1886. Mouton c. Pétrasch.

Expertise. — L'expertise constitue non point une preuve, mais seulement un indice. Il est loisible à toute partie qui y a intérêt de faire apprécier par experts un état de fait (Cpc. 193 et 265).

(Président du tribunal de Vevey; jugement incident maintenu.)

TC., 9 mars 1886. Botelli et Maillard c. Schönenweid.

Instruction. — Lorsque le Tribunal cantonal annule un jugement et renvoie la cause à un autre juge pour être instruite et jugée à nouveau, cette décision ne saurait autoriser l'une des parties à introduire au procès de nouveaux moyens et de nouvelles conclusions.

(Juge de paix de Pully; jugement incident réformé.)

TC., 30 mars 1886. Delessert c. époux Blanc-Besson.

Jugement par défaut. — Le juge n'a pas à rendre un jugement par défaut qui n'est pas requis de lui.

(Juge de paix de Bex ; recours écarté.)

TC., 6 avril 1886. Duthovex c. Adèle Messaz.

Pouvoirs pour agir. — Le défendeur qui a admis la vocation pour agir de sa partie adverse, devant le premier juge, est à tard pour critiquer cette vocation devant le Tribunal cantonal.

(Juge de paix de Corsier ; jugement maintenu.)

TC., 9 mars 1886. Hoirs Perreten c. Ducret.

Pouvoirs pour agir. — La loi n'impose pas au juge de paix l'obligation de s'assurer si la femme mariée qui requiert de lui le sceau d'un exploit est pourvue des autorisations exigées par la loi pour ester en droit. Il suffit que la justification des pouvoirs intervienne avant le jugement (Cpc. 25 et 71).

(Juge de paix de Bex ; sceau maintenu.)

TC., 25 mars 1886. Vielle et Wagner c. dame Bernard.

Preuve testimoniale. — Bien qu'un procès-verbal de séquestre constate que le fils du débiteur, invité par l'huissier à lui montrer les objets appartenant à son père, lui a fait voir certains biens, cette circonstance n'empêche pas ce fils de prouver plus tard, dans une opposition, que les biens saisis sont sa propriété et que son indication était inexacte.

(Juge de paix de Sullens ; jugement incident réformé.)

TC., 25 mars 1886. Bally c. Rochat.

Sceau. — La procédure ne prévoit pas de recours contre le sceau accordé à un exploit de séquestre.

(Juge de paix de Château-d'Œx ; sceau maintenu.)

TC., 6 avril 1886. Mathey c. Isoz.

Serment. — La preuve par serment doit être refusée, si le fait qu'il s'agit de prouver est sans influence sur le fond ou sans importance au procès (Cpc. 220, al. 3).

(Juge de paix de Montreux ; jugement incident maintenu.)

TC., 30 mars 1886. Dame Fray c. comtesse Dzierzbicka.

Responsabilité. — Le maître ou patron est responsable du dommage causé par ses ouvriers ou employés dans l'accomplissement de leur travail (CO. 62). Il importe peu, à cet égard, que les ouvriers ou employés aient commis ou non une faute. La loi présume la faute du maître ou patron, et ce dernier ne peut se libérer de la responsabilité qui pèse sur lui qu'en justifiant avoir pris toutes les précautions nécessaires pour prévenir le dommage.

L'art. 54 CO., qui permet au juge, en cas de lésion corporelle ou de mort d'homme, d'allouer une somme équitable à la victime ou à sa famille, indépendamment de la réparation du dommage constaté, est aussi applicable dans les cas où le maître ou patron est responsable du dommage causé par ses ouvriers ou employés, conformément à l'art. 62.

Comme « circonstances particulières » autorisant le juge à faire application de l'art. 54, il faut envisager non pas seulement la faute plus ou moins lourde de l'auteur du dommage, mais encore la gravité plus ou moins considérable des lésions corporelles éprouvées.

Cour d'appel de Zurich, 23 février 1886. Gutknecht et Steiner c. Kläusli.

Le Grand Conseil a procédé mardi dernier à la nomination des membres du Tribunal cantonal, pour une nouvelle période de quatre ans. Les juges actuellement en fonctions ont été confirmés ; ce sont : MM. *Rogier*, par 110 voix, *Chausson-Fischer* 106, *Soldan* 124, *Correvon* 111, *Monod* 125, *Guex* 138, *Masson* 111, *Guisan* 111, *Le Coultre* 94.

Bibliographie.

De la Démocratie républicaine, par M. L. Jousserandot, professeur de droit à l'Université de Genève. — Paris, Chevalier Maresc, éditeur.

Après avoir publié un ouvrage de haute érudition, l'*Edit perpétuel*, M. Jousserandot vient de faire paraître un opuscule qui s'adresse à tous : *De la démocratie républicaine*. Cet opuscule est fort intéressant, même pour nous, quoiqu'il vise spécialement la France.

M. Jousserandot est un vrai démocrate, un républicain sincère. A deux reprises, il a été préfet dans des départements différents, et depuis nombre d'années il occupe une chaire à l'Université de Genève ; il est ainsi bien placé pour apprécier les défauts du régime français. Il les fait toucher du doigt dans sa préface : « Lorsqu'en 1875 l'Assemblée nationale s'est décidée » à faire de la république le régime normal de la France, elle » n'a pas étudié son organisation, elle a pris les choses dans » l'état où elles étaient, se bornant à régler quelques détails. » Et ailleurs : « Il faut le dire bien haut, la France vit encore » sous l'influence de deux traditions, l'une monarchique, l'autre » jacobine, qui procèdent toutes deux du principe d'autorité. »
M. Jousserandot n'a pas de peine à démontrer qu'il serait dangereux de garder longtemps encore l'organisation actuelle. Le gouvernement parlementaire a réussi en Angleterre, mais il ne s'adapte pas à la république. En Suisse, nous ne le possédons pas. Les Américains, qui sont des Anglo-Saxons, c'est-à-dire le

peuple le plus propre à vivre sous ce régime, se sont bien gardés de l'installer chez eux. En France, le système parlementaire donne lieu à des crises réitérées qui affaiblissent la puissance de l'État.

Aujourd'hui, comme l'auteur l'établit très bien, le système parlementaire est faussé grâce à une centralisation excessive, « les députés ne sont plus les vrais représentants du pays, leur » rôle est rabaissé. La mission du député est de faire les af- » faires de ses clients électoraux. Elle consiste donc à assiéger » les ministères, les bureaux des administrations centrales, pour » faire sortir les demandes de ces mystérieux cartons où elles » sont enfermées...... » M. Jousserandot conclut en ces termes: » Les ministres tremblent devant les députés, qui tremblent de- » vant les meneurs électoraux. » Une telle situation amène immanquablement l'*An-Archie*.

Après avoir exposé le mal, l'écrivain propose des remèdes; il discute les conséquences que pourrait apporter l'introduction de certaines institutions fort préconisées aujourd'hui, la représentation des minorités, le *referendum*, etc.; malheureusement, la place nous manque pour le suivre dans cette partie si instructive de son œuvre.

Le jury en Russie.

Depuis quatre ans, l'institution du jury avait été fortement attaquée dans la presse officieuse. On reprochait au jury russe (reproche assez fondé d'ailleurs) d'acquitter systématiquement les prévenus. Emu de cette situation, le ministre de la justice vient de prendre une décision des plus hardies. Il propose à l'empereur non seulement de maintenir le jury actuel, mais d'étendre considérablement ses attributions et de le rendre à peu près souverain.

Jusqu'ici, le questionnaire soumis aux jurés était rédigé, tout comme en France, par les juges du tribunal. Or le ministre propose de transférer ce droit au jury lui-même, qui désormais sera chargé de formuler les questions auxquelles il devra ensuite répondre. Le questionnnaire rédigé par les juges est d'ordinaire, de l'aveu même du ministre, ou partial, ou fautif ou incomplet. Il en résulte que les jurés, obligés de répondre à une question mal posée, se croient souvent contraints d'acquitter le prévenu, de peur de commettre une énormité ou une injustice.

Ch. Boven, notaire, rédacteur.

Lausanne. — Imp. CORBAZ & Comp.

XXXIVe Année. No 20. Samedi 15 Mai 1886

JOURNAL DES TRIBUNAUX

REVUE DE JURISPRUDENCE

Paraissant à Lausanne une fois par semaine, le Samedi.

Prix d'abonnement : 12 fr. par an, 7 fr. pour six mois. Chaque numéro, 50 cent. On s'abonne à l'imprimerie Corbaz et Cie et aux bureaux de poste. — Annonces : 20 centimes la ligne ou son espace.

TRIBUNAL FÉDÉRAL

Résumé et traduction partielle de deux arrêts du 10 avril 1886.

Etablissement du bilan annuel des compagnies de chemins de fer. — Bénéfice fictif. — Opposition d'un créancier de la Compagnie. — Art. 617, 630, 632, 656, 667, 670, 674, 675 et 898 CO.; art. 2, 4 et 5 de la loi fédérale du 21 décembre 1883 sur la comptabilité des compagnies de chemins de fer.

Société pour la construction d'un chemin de fer sur la rive droite du lac de Zurich contre Nord-Est.

Les art. 630 et 656 CO. ne permettent la répartition d'un dividende aux actionnaires d'une société anonyme, que si le capital social versé subsiste intact et que le bilan annuel, établi conformément à la loi, accuse un bé-

néfice net outre ce capital. Si le capital social a été diminué par des pertes et qu'un exercice subséquent donne un excédent de recettes, cet excédent doit être employé en première ligne à la reconstitution du capital.

Les créanciers d'une société anonyme ont qualité pour s'opposer à une répartition de dividendes portant atteinte à l'intégrité du capital social.

Avocats des parties :

MM. Pfenninger, à Zurich, pour Société de construction, demanderesse.
Goll, à Zurich, pour Compagnie du Nord-Est, défenderesse.

Le 30 juin 1884, l'assemblée des actionnaires de la compagnie des chemins de fer du Nord-Est a décidé de répartir aux porteurs d'actions de priorité un dividende de 6 %, soit une somme de 660,000 fr., sur le bénéfice net de l'exercice *1883*, calculé à 2,288,242 fr. 35 cent.

Pour l'exercice *1884*, l'assemblée des actionnaires du 26 juin 1885 a décidé de même de répartir aux actions de priorité un dividende de 6 %, soit 660,000 fr., sur le bénéfice net évalué à 864,522 fr. 64 cent., y compris le solde de l'exercice 1883.

La *Société pour l'établissement d'un chemin de fer sur la rive droite du lac de Zurich*, envers laquelle la compagnie du Nord-Est s'était engagée à construire le chemin de fer en question, suivant conventions passées en 1873 et en 1878, a opposé à la répartition des dividendes votés par l'assemblée des actionnaires et a conclu à faire prononcer que la compagnie du Nord-Est n'est pas fondée à attribuer à ses actionnaires un dividende quelconque, ni pour l'année 1883, ni pour l'année 1884, attendu que ses bilans auraient été établis contrairement à la loi.

La Cour d'appel du tribunal supérieur du canton de Zurich a admis l'opposition de la Société du chemin de fer de la rive droite pour l'exercice 1883, mais non pour l'exercice 1884.

Ensuite de recours des deux parties, le Tribunal fédéral a maintenu ces prononcés par des considérants dont nous relevons ce qui suit :

En ce qui concerne le dividende de 1883, la compagnie du Nord-Est contestait, en première ligne, la compétence du Tribunal fédéral, en se fondant sur l'art. 898 CO., à teneur duquel, si les statuts d'une société par actions régulièrement constituée avant le 1er janvier 1883 sont en contradiction avec les dispositions du Code fédéral, ils peuvent néanmoins rester en vigueur sans changements jusques et y compris le 31 décembre 1887. Le

Tribunal fédéral n'a cependant pas admis ce moyen. Sans trancher la question de savoir si la disposition transitoire de l'article 898 précité est aussi applicable aux prescriptions des statuts relatives à la manière dont les bilans doivent être établis (article 656 CO.), le Tribunal fédéral s'est borné à constater que les statuts de la compagnie du Nord-Est ne contiennent aucune prescription contraire à ce qui est exigé par l'art. 656 CO.; les dispositions de cet article sont donc applicables en l'espèce, d'autant plus que, sur ce point, le Code fédéral n'a pas innové à proprement parler, mais n'a fait que formuler des principes résultant de la nature même de la société par actions et reconnus déjà auparavant par la doctrine.

Quant au fond, l'arrêt du Tribunal fédéral s'exprime comme suit :

« 3. En ce qui concerne le fond, il est évident qu'à teneur des dispositions du Code fédéral des obligations, une distribution de dividendes aux actionnaires n'est permise que lorsque le capital social versé dans la société anonyme subsiste intact et que le bilan annuel, établi conformément à la loi, accuse un bénéfice net outre ce capital. Tant que le capital-actions est diminué par des pertes, le Code fédéral met obstacle à la répartition d'un dividende, alors même que le dernier exercice, considéré isolément, bouclerait par un excédent des recettes, c'est-à-dire par un bénéfice. Ce principe (que le droit français, par exemple, ne paraît pas considérer comme absolument obligatoire; comp. Lyon-Caën et Renault, *Précis*, I, p. 241) résulte comme une conséquence nécessaire de l'art. 630, al. 1, combiné avec l'art. 656, chiffre 6, CO. L'art. 630, al. 1, prescrivant que les bénéfices ne peuvent être payés que sur le bénéfice net établi par le bilan annuel, et l'art. 656, chiffre 6, disposant de son côté que le capital social, c'est-à-dire le montant intégral du capital-actions versé, doit être inscrit au passif, il en résulte avec évidence que des dividendes ne peuvent être répartis que si le capital social subsiste intact; autrement, en effet, il est impossible que le bilan annuel établisse un bénéfice net. La loi a voulu considérer la répartition d'un dividende, alors que le capital social a été diminué par des pertes, comme constituant une diminution illégale de ce dernier; elle entend que le capital social soit maintenu intact avant tout et que, dès lors, s'il a été diminué par des pertes, les bénéfices réalisés postérieurement soient employés à le reconstituer. Tant qu'il n'en a pas été ainsi, il n'existe pas de bénéfice au sens de la loi et il n'est pas permis de répartir un dividende, puisque celui-ci serait prélevé sur le capital social ou, du moins, sur une valeur destinée par la loi à servir à la reconstitution de ce capital. »

L'arrêt établit ensuite que la somme de 4,260,000 fr., portée à l'actif du bilan de 1883 et représentant le montant de la subvention faite par la compagnie du Nord-Est à la construction de la ligne du Gothard, ne constitue pas effectivement un élément de l'actif et doit être sorti de celui-ci. Puis il résout affirmativement la question de savoir si le créancier d'une société anonyme a qualité pour s'opposer à la distribution d'un dividende fictif, et cela par les motifs suivants :

« 5. Il résulte de ce qui précède que les conclusions de la demande doivent être admises comme fondées, si la demanderesse, en sa qualité de créancière de la compagnie du Nord-Est, a vocation, à teneur du Code fédéral des obligations, pour s'opposer à la répartition d'un bénéfice non valablement acquis et fictif. Cette question doit être résolue affirmativement. Il est vrai que la loi ne dit nulle part, d'une manière expresse, que les créanciers d'une société anonyme soient fondés à ouvrir action à celle-ci pour empêcher la distribution de dividendes fictifs, décidée sur le vu d'un bilan contraire à la loi et inexact; toutefois, ce droit doit leur être reconnu. En effet, la répartition d'un bénéfice fictif, établi sur la base d'un bilan irrégulier et illégal, implique de fait le remboursement aux actionnaires d'une partie du capital social. Or, on ne saurait sérieusement contester que les créanciers d'une société anonyme aient le droit d'agir contre celle-ci aux fins de l'empêcher de rembourser ou de diminuer le capital social, alors que ce remboursement ou cette diminution auraient été décidés en violation des prescriptions légales établies à cet égard (art. 670 et 667 CO.), c'est-à-dire sans le paiement des dettes ou sans la constitution de sûretés destinées à garantir ce paiement. Le capital-actions formant la base du crédit de la société anonyme, le fondement même sur lequel elle repose juridiquement, il suit de là que les créanciers ont le droit d'exiger, conformément à la loi, que ce capital soit maintenu intact et qu'il ne soit ni anéanti ni diminué par des actes arbitraires, tels que son remboursement aux actionnaires. Or ce droit se trouve lésé en fait non pas seulement lorsqu'un tel remboursement est décidé ouvertement, mais encore lorsqu'il vient à s'opérer par l'établissement d'un bilan inexact et illégal, permettant la répartition d'un bénéfice non existant et purement fictif. Dans de pareilles circonstances, refuser aux créanciers sociaux tout droit d'action contre la société et les renvoyer à agir en responsabilité contre l'administration (art. 617, 674 et 675 CO.), ou, plus tard, contre les actionnaires, en restitution de dividendes induement perçus (art. 632), aboutirait évidemment à enlever aux droits des créanciers ce qui en fait pratiquement la valeur essentielle, soit qu'on considère les restrictions auxquelles est soumis l'exercice des actions prémentionnées, soit qu'on envisage les faits tels qu'ils se présentent habituellement. Il est, du reste, évident que, lorsque la loi édicte des prescriptions détaillées et impératives au sujet de l'établissement du bilan des sociétés anonymes, elle le fait essentiellement aussi dans l'intérêt des créanciers de ces sociétés, de telle sorte que, dans l'esprit de la loi, il doit être permis à ces derniers de veiller à ce que les prescriptions légales ne soient pas violées de manière à diminuer ou à menacer leurs droits. Il convient d'admettre, cependant, que *toute* irrégularité du bilan d'une société anonyme n'autorise pas les créanciers à opposer, mais qu'ils ne peuvent se prévaloir que des irrégularités qui sont de nature à entraîner la répartition d'un bénéfice fictif et, partant, une diminution du capital social servant de garantie aux créanciers. En effet, ce n'est que dans ce cas que la fausseté du bilan porte atteinte aux droits des créanciers, et il y a lieu, alors, de leur reconnaître effectivement un droit d'action contre la société, comme il a été dit plus haut. »

Quant au litige relatif au dividende voté pour l'exercice *1884*, la question se présentait différemment, vu l'entrée en vigueur de la loi fédérale du 21 décembre 1883 sur la comptabilité des compagnies de chemins de fer. Cette loi complète les dispositions de l'art. 656 CO., sur l'établissement du bilan, par une série de prescriptions; l'art. 4 prévoit, entre autres, que les postes figurant au compte de premier établissement, contrairement à ce qui est exigé par l'art. 2, doivent être amortis au moyen des excédents annuels des recettes; à cet effet, les compagnies sont tenues de soumettre leur plan d'amortissement au Conseil fédéral, qui arrête le total des sommes à rembourser et fixe le délai de l'amortissement, ainsi que le montant des annuités. D'après l'art. 5, les comptes et bilans annuels sont d'ailleurs soumis, avant l'assemblée générale des actionnaires, au Conseil fédéral, qui examine s'ils répondent aux dispositions de la loi et des statuts de la compagnie; les contestations qui peuvent s'élever à ce sujet entre la compagnie et le Conseil fédéral sont portées devant le Tribunal fédéral, en la forme prescrite pour les différends de droit public.

Ici se présentait tout d'abord la question de savoir si les dispositions de la loi fédérale du 21 décembre 1883 règlent simplement les rapports entre la Confédération et les compagnies de chemins de fer, ou si elles concernent aussi les rapports qui existent entre celles-ci et des tiers. Le Tribunal fédéral n'a pas hésité à se prononcer pour cette seconde alternative; le but de la loi sur la comptabilité des chemins de fer est de modifier et de compléter partiellement les prescriptions du Code des obligations sur l'établissement du bilan des sociétés anonymes; ce sont donc les dispositions de cette loi qui sont décisives sur la question de savoir s'il existe ou non un bénéfice net dont la répartition aux actionnaires soit licite.

En revanche, le Tribunal fédéral n'a pas tranché d'une manière expresse la question de savoir si les créanciers d'une compagnie de chemin de fer ont qualité pour opposer à une répartition de dividendes, en se fondant sur la loi fédérale du 21 décembre 1883, ou si, au contraire, il appartient au Conseil fédéral seul (sauf le recours de la compagnie au Tribunal fédéral) de veiller à l'application de cette loi. En fait, la Société pour l'établissement d'un chemin de fer sur la rive droite du lac de Zurich critiquait le bilan de la compagnie du Nord-Est, approuvé par le Conseil fédéral, sur un seul point; c'est qu'il ne faisait pas figurer au passif l'obligation contractée par la compagnie de construire de nouvelles lignes, conformément à la convention dite *moratorium* de 1877-1878. Or, le Tribunal fédéral a estimé que, si ce poste devait être porté au passif, en revanche il y avait lieu de porter à l'actif les sommes employées pour la construction des nouvelles lignes; en tout cas, il ne pourrait être porté au passif que la perte à prévoir de ce chef, perte sur l'existence et le montant de laquelle aucune preuve n'a été administrée.

C. S.

Divorce d'époux français domiciliés en Suisse.

Nous avons publié dans notre dernier numéro un arrêt par lequel la Cour de justice civile de Genève, adoptant les motifs des premiers juges, s'est déclarée incompétente pour prononcer le divorce d'époux français domiciliés en Suisse.

Cet arrêt se fonde, entre autres, sur ce qu'on ne saurait, ni de la jurisprudence ou de la doctrine suivies en France, ni de la législation, conclure que les jugements de divorce prononcés en Suisse seront reconnus par les tribunaux français comme compétemment rendus.

Nous voyons, dans le rapport de gestion pour 1885, que, consulté à cet égard par le Conseil fédéral, le Tribunal fédéral n'a pas estimé suffisante la déclaration proposée par l'ambassade de France, cela par les motifs suivants :

« La déclaration de l'ambassade de France ne dit nullement, ce que l'art. 56 de la loi sur l'état civil exige sans aucun doute, à savoir que les jugements suisses prononçant le divorce entre ressortissants français seront reconnus comme définitifs et exécutoires, sans examen ultérieur du fond, à la seule condition que le tribunal suisse ait été compétent pour statuer. C'est bien plutôt le contraire qui résulte de la dite déclaration.

» En effet, celle-ci porte seulement que les jugements suisses en divorce pourront être exécutés en France, s'ils se basent sur une cause de divorce reconnue par la loi française. Elle réserve donc évidemment aux tribunaux français le droit de contrôler à cet égard les jugements suisses, aux fins de constater leur harmonie, sur ce point, avec le droit français en matière de divorce. Or une telle déclaration n'est certainement pas conforme à l'art. 56 de la loi sur l'état civil : elle montre clairement que la France n'a pas l'intention de reconnaître les jugements suisses en divorce comme tels, c'est-à-dire en qualité de jugements définitifs non soumis, en ce qui concerne le fond, au contrôle des tribunaux français, et qu'elle ne veut reconnaître ces jugements que s'ils sont conformes à sa propre législation, au dire de ses propres tribunaux.

» Une pareille déclaration ne donne pas une sécurité suffisante et, en tout cas, pas la certitude, exigée par l'art. 56 de la loi sur l'état civil, que les jugements suisses prononçant le divorce entre des ressortissants français seront reconnus et exécutés en France.

» Les causes de divorce de la loi française sont, il est vrai, reconnues aussi en principe par la loi suisse, mais cette dernière connaît, à ses art. 45, 46 *e* et 47, d'autres causes de divorce, non insérées dans la législation française, et, d'ailleurs, pour ce qui concerne les causes de divorce communes aux deux législations, il n'est nullement certain qu'elles soient comprises et appliquées dans le même sens par la pratique des tribunaux des deux pays, cela d'autant moins qu'en ce qui touche plusieurs d'entre elles, une grande latitude est laissée à l'appréciation du juge. C'est ainsi, par exemple, que la notion des sévices et injures graves est susceptible d'une appréciation et d'une extension très variables, et que des définitions, relativement incontestées, celle de l'adultère, par exemple, peuvent toujours être conçues et données autrement.

» Rien donc ne garantit que des jugements suisses seront reconnus par les tribunaux français, même lorsque ces jugements se baseraient sur des causes de divorce existant aussi en droit français, et tout fait, au contraire. prévoir que leur reconnaissance et leur exécution seraient refusées, par le motif qu'ils ne sont pas conformes à la manière dont les tribunaux français comprennent et appliquent le droit français en matière de divorce.

» D'une manière générale et comme nous l'avons dit, une déclaration qui réserve, à quelque égard que ce soit, un droit de contrôle matériel de jugements suisses par les tribunaux français, ne saurait, en principe, être envisagée comme conforme aux exigences de l'art. 56 de la loi sur l'état civil.

» Seule, une nouvelle convention internationale pourrait, à notre avis, sous l'empire de la législation suisse actuelle, créer pour les tribunaux suisses la possibilité de se nantir d'actions en divorce entre ressortissants français ; mais, dans une nouvelle convention, l'application, évidemment réclamée par l'ambassade de France, du droit français à des ressortissants français en Suisse ne pourrait être, à notre avis, autorisée que pour le cas où la France admettrait que la loi de l'origine est décisive, d'une manière générale, en matière de divorce, c'est-à-dire, en d'autres termes, pour le cas seulement où la France, de son côté, consentirait à appliquer sur son territoire le droit suisse à des ressortissants suisses.

» Un autre moyen pour lever les difficultés qui s'opposent à ce que les tribunaux suisses se nantissent des demandes en divorce de Français et d'étrangers, consisterait à abroger l'art. 56 de la loi sur l'état civil, disposition dont l'analogue ne se retrouve, à notre connaissance, dans aucun autre Etat et qui, strictement appliquée, conduit nécessairement, ainsi que l'expérience l'a surabondamment démontré, à rendre impossible en Suisse une demande en divorce entre étrangers. Mais comme la Suisse a aussi intérêt à ne pas refuser la protection juridique aux étrangers vivant sur son territoire, il serait peut-être convenable de soumettre à un examen approfondi la question de l'abrogation ou, tout au moins, de l'atténuation de l'art. 56 de la loi sur l'état civil. »

Vaud. — TRIBUNAL CANTONAL.

Séances des 8 et 13 avril 1886.

Société en nom collectif. — Signature collective des associés exigée pour certaines opérations. — Portée de cette clause vis-à-vis des tiers. — Art. 50 et suiv., 560, 561 et 863 CO.

Parisot et Cie contre Chapon.

Lorsqu'une clause d'un acte de société, inscrite au registre du commerce et publiée dans la Feuille officielle du commerce, porte que la signature collective des deux associés est nécessaire pour les achats, cette clause s'impose aux tiers. Les achats faits par un seul des associés, à l'insu de l'autre, ne sauraient donc lier la société.

Avocats des parties :

MM. Carrard, pour A. Parisot et Cie, demandeurs et recourants.
Pellis, pour P. Chapon, défendeur et intimé.

La société en liquidation Parisot & Cie a conclu à ce qu'il soit prononcé que Chapon est son débiteur de 960 fr. 75.

Chapon a conclu à ce qu'il soit prononcé : I. Qu'il est créancier de la maison demanderesse de la somme de 913 fr. 45. II. Qu'il est autorisé à porter cette somme en diminution de celle de 960 fr. 75 qu'il doit à cette maison. III. Que Chapon est libéré de toute dette envers la maison Parisot & Cie, moyennant que le dit Chapon paie à Parisot & Cie la somme de 47 francs 30 cent.

Le Tribunal civil du district de Lausanne, tout en reconnaissant en principe la réclamation du demandeur fondée, a, par jugement du 13 mars 1886, dit qu'il y a lieu de compenser la somme de 960 fr. 75 avec celle de 913 fr. 45 et qu'ainsi Chapon est débiteur de la différence de 47 fr. 30.

Ce jugement est basé sur des motifs résumés comme suit:

Si Aguet a pris comme associé un homme capable de commettre des fraudes et même des délits, c'est à lui tout d'abord à supporter les conséquences de cette imprudence et non aux tiers de bonne foi qui sont entrés en relations d'affaires avec la société. Aguet devait prendre les mesures nécessaires pour que les lettres adressées à Parisot & Cie ne fussent pas détournées par son associé; le fait que Parisot avait un casier spécial à la poste, ne saurait retomber sur Chapon. Celui-ci a fait avec Parisot seul un premier marché, en mars 1885, de 2 caisses de savon, pour 113 fr., que Aguet ne critique pas; dans ces circonstances, Chapon a pu croire qu'il pouvait faire aussi valablement d'autres opérations. D'ailleurs, Chapon adressait ses lettres non à Parisot personnellement mais à Parisot & Cie; il devait supposer que ces lettres arriveraient aux deux intéressés, et, ne recevant pas de réponse, considérer l'opération comme définitive. En outre, l'un des associés ayant pris livraison en gare de Vevey de 12 caisses de savon, cette prise de livraison équivalait à une délivrance à la société, puisque les deux associés avaient le droit de retirer les marchandises à la gare.

Les actes subséquents d'Aguet ont confirmé les opérations de son associé, car, lorsqu'il a découvert les fraudes de Parisot, il n'a point fait les distinctions qu'il propose aujourd'hui entre les achats de la société et ceux de Parisot personnellement, mais il a fait transporter dans ses magasins les marchandises qui se trouvaient à Evian et au Bouveret, où la maison n'avait ni dépôt, ni succursale, et il a pris possession, à Saxon, de 26 caisses de savon, dont 10 au moins n'auraient pas dû faire partie de l'actif social. En prenant tout l'actif de Parisot, Aguet ne s'est pas préoccupé des créanciers de celui-ci et il a porté atteinte à leurs droits; il a fait siennes les opérations de Parisot; il doit, par conséquent, payer la marchandise due par ce dernier. Il y a donc lieu d'admettre que Chapon a réellement vendu sa marchandise à la société A. Parisot & Cie et d'établir ainsi la compensation demandée par Chapon.

La société A. Parisot et Cie, en liquidation, a recouru contre ce jugement dont elle demande la réforme, estimant en substance :

1° Que Aguet n'ayant pas consenti aux achats faits par Parisot, la société n'était pas engagée.

2° Que Parisot, qui ne pouvait acheter *seul*, ne pouvait prendre seul livraison, au nom de la maison, de marchandises irrégulièrement achetées.

3° Que Aguet n'a pas ratifié les achats irréguliers, parce qu'il ignorait tous ces achats, au moment où la correspondance avec Chapon a commencé, c'est-à-dire le 25 juillet.

4° Que s'il a pris livraison des marchandises d'Evian, Bouveret et Saxon, c'est en vertu d'une vente que Parisot lui en avait faite.

5° Que cette vente ne peut être annulée pour fraude aux créanciers de Parisot.

6° Enfin, que Aguet n'est pas responsable des actes délictueux de Parisot.

Le Tribunal cantonal a admis le recours.

Motifs.

Considérant que, par acte notarié Dupraz, le 11 août 1884, Aguet et Parisot ont formé entre eux, sous la raison A. Parisot & Cie, une société en nom collectif pour l'exploitation d'un commerce de céréales, farines, etc.

Que l'art. 4 du contrat social statue que chacun des associés a la signature sociale, mais pour les achats la signature collective des deux chefs est nécessaire.

Que la société A. Parisot & Cie s'est inscrite au registre du commerce du district de Vevey et que la publication de cette inscription a été faite dans le n° 66 du 17 août 1884 de la *Feuille officielle suisse du Commerce,* avec la mention de l'art. 4 indiqué ci-dessus.

Que le n° 7, du 15 janvier 1885, de la dite Feuille renferme en outre l'inscription suivante :

« 13 janvier. François Aguet et Auguste Parisot, associés » sous la raison A. Parisot & Cie, à Vevey, modifient l'inscrip-

» tion faite au registre du commerce de leur société en nom
» collectif le 11 août 1884, en ce sens que non-seulement pour
» les achats, mais aussi pour tout engagement financier, la si-
» gnature des deux chefs est nécessaire. »

Que la dite société a été dissoute, d'un commun accord, à dater du 13 juillet 1885, ainsi que le constate la *Feuille officielle suisse du Commerce* du 18 juillet 1885, n° 75.

Considérant que l'art. 561 CO. pose en principe que chaque associé, autorisé à représenter la société, a le droit de faire au nom de celle-ci tous les actes juridiques et toutes les affaires que comporte le but de la société, toute clause limitant ses pouvoirs étant nulle et de nul effet à l'égard des tiers de bonne foi.

Que le même article apporte toutefois une exception à ce principe pour le cas où, d'après l'inscription faite sur le registre du commerce, la société ne peut être engagée que par la signature collective de plusieurs des associés.

Considérant qu'il résulte de ce qui a été dit plus haut que, dans l'espèce, la clause limitant les pouvoirs de chaque associé a été inscrite au registre du commerce, conformément aux dispositions de la loi sur la matière.

Que cette clause s'imposait, dès lors, aux tiers et les liait puisqu'elle leur était connue par la publication officielle qui en avait été faite.

Que les tiers, en effet, n'étaient pas fondés à admettre que chaque associé avait le droit d'agir au nom de la société, attendu que le registre du commerce contenait une mention spéciale relativement aux pouvoirs des associés (art. 560 CO.).

Considérant, dès lors, que Chapon, lorsqu'il contractait avec Parisot seul, devait savoir que ce dernier ne pouvait faire aucun achat, ni prendre aucun engagement financier sans la signature de François Aguet, son coassocié.

Qu'ainsi les ventes faites par Chapon à Parisot seul ne sauraient lier la société A. Parisot & Cie, celle-ci pouvant valablement aujourd'hui opposer à Chapon son inscription au registre du commerce, en vertu de l'art. 863 CO.

Considérant que, dans ces circonstances, l'on ne saurait voir en quoi François Aguet aurait commis une faute ou une imprudence desquelles il résulterait que la société A. Parisot & Cie aurait réellement acheté des marchandises de Chapon et qu'elle lui en devrait le prix par 913 fr. 45, ainsi que le dit le jugement dont est recours.

Attendu, en effet, que François Aguet ne peut être rendu responsable des actes délictueux de Parisot, les fautes et les délits étant personnels (art. 50 et suivants CO.).

Que l'on ne peut non plus faire supporter à Aguet les conséquences du fait que Parisot avait un casier spécial à la poste de Vevey et qu'il a ainsi intercepté des lettres adressées à la société A. Parisot & Cie.

Que si, pour se couvrir, Aguet a, par une convention qui n'a d'ailleurs pas été attaquée, repris des marchandises de Parisot, cette circonstance n'implique nullement de sa part une ratification des marchés irréguliers conclus entre Parisot seul et Chapon et dont il n'avait, du reste, pas eu connaissance.

Que le fait que Aguet ne critique pas aujourd'hui la vente de savon de mars 1885 ne signifie pas non plus qu'il ait renoncé au contrat qui le liait avec Parisot, mais indique simplement qu'il y a été dérogé dans un cas particulier.

Que Aguet n'est donc point déchu du droit d'invoquer la clause prémentionnée pour les opérations en litige.

Considérant qu'il résulte de ce qui précède que la société A. Parisot & Cie n'est pas débitrice de Chapon des marchandises que celui-ci a vendues et livrées à Parisot seul, les engagements pris par ce dernier vis-à-vis du défendeur ne liant en aucune façon la demanderesse.

Qu'ainsi Chapon ne peut être admis à compenser la somme de 913 fr. 45 que lui doit Auguste Parisot avec celle de 960 fr. 75 cent. dont il est débiteur envers la société A. Parisot & Cie.

Zurich. — COUR D'APPEL.

Arrêt du 13 mars 1886.

Promesse de payer une valeur en vue d'arrêter des poursuites pénales. — Poursuite pénale continuée d'office. — Prétendue nullité de la promesse de paiement. — Art. 17 et 21 CO.

X. contre L.

On ne peut envisager comme une erreur essentielle, de nature à infirmer le contrat (CO. 21), celle où s'est trouvée l'une des parties relativement à la portée d'un retrait de plainte à laquelle l'autre partie a consenti.

Un épicier s'était aperçu que depuis un certain temps des

denrées lui étaient régulièrement soustraites dans son magasin pendant la nuit. S'étant caché un soir, il réussit à découvrir le coupable en la personne de la femme du propriétaire de la maison. Une arrestation fut aussitôt opérée et une enquête instruite. Dans la suite, le mari de la prévenue s'engagea à payer 500 fr. au lésé, à la condition que celui-ci retirerait sa plainte. La plainte fut effectivement retirée, mais l'instruction pénale n'en suivit pas moins son cours, le délit étant poursuivi d'office. Dame L. fut reconnue coupable de vol pour une valeur n'excédant pas 150 fr. et condamnée à l'amende et à la prison.

Estimant que cette condamnation enlevait toute valeur à l'engagement signé par lui, le mari L. refusa de payer la somme de 500 fr., en paiement de laquelle il était actionné, mais il fut débouté dans les deux instances, par les motifs résumés comme suit :

1. Si la convention du 10 février constituait un contrat *bilatéral*, par lequel le demandeur se serait engagé, moyennant le paiement de la somme de 500 fr. promise, à faire arrêter définitivement l'instruction pénale dirigée contre la femme du défendeur, ce contrat serait nul vu l'impossibilité matérielle de tenir un tel engagement, et la demande, fondée sur ce contrat, devrait ainsi être écartée (CO. 17).

2. Mais, en première ligne, il n'est pas établi que la convention ci-dessus mentionnée revête le caractère d'un contrat bilatéral. Le demandeur soutient, en effet, qu'il ne s'est agi que de fixer par convention le montant des prétentions civiles qu'il avait contre la femme du défendeur en raison du vol. Or, l'inexactitude de cette manière de voir n'a pas été démontrée; en particulier, le fait que l'accusation n'a relevé qu'un vol portant sur une valeur inférieure à 150 fr. n'est pas décisif à cet égard, car il se peut que la femme du défendeur ait commis encore d'autres soustractions que celles dont le juge informateur a eu connaissance. Le demandeur a, dans l'enquête, accusé la prévenue de vols s'élevant à 500 fr. au moins, et on ne saurait envisager cette indication comme invraisemblable, si l'on considère que la précédente locataire du magasin d'épicerie actuellement tenu par le demandeur dit avoir déjà remarqué des soustractions. La circonstance que le retrait de plainte a eu lieu immédiatement après la convention intervenue ne suffit pas non plus à le faire considérer comme une contre-prestation

corrélative de la promesse de paiement; il arrive fréquemment, en effet, qu'une plainte pénale est retirée moyennant la simple réparation du dommage causé.

3. A supposer même qu'on envisage la convention comme constituant un contrat bilatéral, on ne saurait toutefois, en l'absence d'autres éléments de fait, admettre que le demandeur se soit engagé, moyennant le paiement de 500 fr., à faire arrêter définitivement l'instruction pénale. Il ne résulte pas autre chose du dossier que la promesse de retirer la plainte portée au juge informateur; or, cet engagement, possible et licite, a été tenu.

4. Il n'est de même pas établi que le défendeur ait subordonné son engagement à la *condition* que l'enquête pénale serait abandonnée. Si le défendeur a cru que le retrait de plainte du demandeur ferait tomber l'affaire, il n'en résulte point que les parties aient convenu de faire de l'abandon de celle-ci une condition formelle de la promesse de paiement.

5. Enfin, il ne peut non plus être question d'une erreur essentielle annulant la convention. En effet, l'erreur du défendeur n'a eu pour objet que la portée, soit la valeur du retrait de plainte promis par le demandeur. Or, à teneur de l'art. 21 CO., cette erreur n'était pas essentielle. D'ailleurs, le retrait de plainte n'a pas été absolument sans valeur; lors de la détermination de la peine à laquelle la femme du défendeur a été condamnée, il a été pris en considération comme une circonstance atténuante.

Pour traduction, C. S.

Résumés d'arrêts.

Allégué. — On ne peut demander le retranchement d'un allégué qui n'est ni injurieux ni inconvenant.

(Juge de paix d'Ecublens ; jugement incident réformé.)
TC., 27 avril 1886. Cosandey c. Recordon.

Bail. — Le preneur peut exiger une réduction du loyer, lorsqu'il est troublé dans la jouissance des lieux loués par les procédés du bailleur (CO. 277).

Cour d'appel de Zurich, 13 mars 1886. Ehmann c. Heinrich.

Code fédéral des obligations. — Les dispositions des art. 235 et suivants CO., relatifs à la garantie de l'éviction, ne sauraient être appliquées à des ventes immobilières antérieures au 1er janvier 1883 (CO. 882).

Le Code fédéral des obligations n'est pas applicable à des faits dommageables antérieurs au 1er janvier 1883 (CO. 882).

TF., 2 avril 1886. Flood c. Rosset et Etat de Genève.

Indemnité civile. — Aucune disposition de la loi ne donne au président du Tribunal de police la compétence d'accorder des indemnités civiles en matière pénale.

(Président du Tribunal de Vevey; jugement réformé.)

CP., 27 avril 1886. Meneveri c. Mermoud.

Jugement. — En disposant qu'il ne peut être rendu de jugement sans que les parties aient été entendues ou régulièrement appelées, l'art. 5 Cpc. pose un principe d'ordre public. Dès lors, il y a lieu à nullité du jugement si, après la clôture des débats, le juge a procédé à l'audition de l'une des parties sans assigner et entendre contradictoirement l'autre partie.

(Juge de paix de Belmont; jugement annulé.)

TC., 9 mars 1886. Jaccoud c. Besson.

Preuve testimoniale. — On peut prouver par témoins contre la teneur d'une pièce écrite qui ne revêt pas les formes prévues aux art. 977 et suivants Cc.

La question de dommage renferme une appréciation juridique qui doit résulter d'un ensemble d'éléments de fait, lesquels peuvent seuls faire l'objet d'une preuve testimoniale.

(Juge de paix de Rolle; jugement incident partiellement réformé.)

TC., 27 avril 1886. Vatter c. veuve Mottaz.

Tribunal fédéral. — En matière de différends de droit civil entre des cantons d'une part et des corporations ou des particuliers d'autre part, portant sur une valeur de 3000 fr. au moins (art. 27 chiffre 4 de la loi sur l'organisation judiciaire fédérale), le Tribunal fédéral n'est compétent que si le litige est porté *directement* devant lui, d'entrée de cause, et non après que les parties, choisissant la juridiction cantonale, ont procédé en première et seconde instance et requis jugement.

TF., 2 avril 1886. Flood c. Rosset et Etat de Genève.

Le Tribunal cantonal de Vaud procèdera, dans la première quinzaine de juin, au renouvellement des autorités judiciaires.

Ch. Boven, notaire, rédacteur.

Lausanne. — Imp. CORBAZ & Comp.

XXXIVe ANNÉE. N° 21. SAMEDI 22 MAI 1886

JOURNAL DES TRIBUNAUX

REVUE DE JURISPRUDENCE

Paraissant à Lausanne une fois par semaine, le Samedi.

Prix d'abonnement : 12 fr. par an, 7 fr. pour six mois. Chaque numéro, 50 cent. On s'abonne à l'imprimerie CORBAZ et Cie et aux bureaux de poste. — ANNONCES : 20 centimes la ligne ou son espace.

TRIBUNAL FÉDÉRAL

Séance du 26 mars 1886.

Bail. — Contrat conclu par correspondance. — Adhésion à une offre ou offre nouvelle? — Compétence du Tribunal fédéral. — Art. 294 CO. et art. 29 de la loi sur l'organisation judiciaire fédérale.

Zwilchenbart contre hoirie Braillard.

La question de savoir si une déclaration se rapportant à une offre de contracter apparaît comme une adhésion ou comme une nouvelle offre, est une question de droit, pour l'appréciation de laquelle le Tribunal fédéral n'est point lié par la solution que les Tribunaux cantonaux lui ont donnée.

Avocats des parties :

MM. REICHEL, à Berne, pour A. Zwilchenbart, défendeur et recourant.
GUINAND, à Genève, pour hoirie Braillard, demanderesse et intimée.

Dans le courant de décembre 1884, A. Zwilchenbart, agent

principal d'une agence de transport et d'émigration, à Bâle, a donné mandat à L. Gœtz, régisseur, à Genève, de lui procurer la location d'un bureau pour une succursale dans cette ville.

Par lettre du 16 décembre 1884, Gœtz offre à Zwilchenbart de lui louer un local dans la maison de l'hoirie Braillard, sise à Genève, place de l'Entrepôt, moyennant le prix de 2400 fr. par an, pour le terme de deux années.

Par lettre du 21 dit, Zwilchenbart autorise Gœtz à prendre le dit bureau au prix indiqué, pour deux ans, à partir du 1er janvier 1885, et ajoute : « quant aux autres conditions, nous pour» rons bien nous entendre. »

A la suite de cette lettre, Gœtz envoie à Zwilchenbart, le 27 décembre 1884, une dépêche de la teneur suivante : « Accepte » 2400 fr., deux ans du premier février. Loyer courra du jour » de la livraison du local. Lettre suit avec location. »

Par lettre du même jour, Gœtz adresse en effet à Zwilchenbart le dit contrat de location, en priant celui-ci de le lui retourner muni de sa signature.

A l'art. 3, cet acte contenait une disposition portant que le locataire ne pourra sous-louer tout ou partie des dits locaux ni changer la disposition actuelle des lieux sans l'autorisation écrite du propriétaire ou de son représentant.

Par lettre du 28 décembre 1884, Zwilchenbart répond à Gœtz en ces termes :

« J'ai bien reçu votre honorée d'hier avec bail ; avant de le » souscrire, je viens vous faire les remarques suivantes :

» Comme je disais à Genève, je me servirai du dit local comme » bureau, mais il pourrait arriver le cas où le chef de bureau » que j'envoie là-bas n'aurait pas de famille et qu'il désirerait » de dormir dans le local, en arrangeant un petit local où il » pourrait arriver que la moitié du local suffirait pour mes » affaires, alors je veux avoir le droit de profiter de l'autre » moitié comme magasin. Je me charge de ne pas y mettre un » café, etc., et à ne pas y faire un commerce qui pourra causer » des plaintes justifiées aux autres locataires.

» En vous priant de changer le bail en ce sens, recevez, etc. »

Le lendemain, 29 décembre, Gœtz répond comme suit :

« Je m'empresse de répondre à votre lettre du 26 courant que » dans les termes mêmes où elle est formulée, je vous accorde » la demande d'autoriser un employé sans famille à coucher

» dans ce local et à y faire un commerce qui ne pourrait porter » préjudice aux locataires de la maison.

» Je vous retourne donc le bail, cet échange de lettres suffi» sant pour la modification que vous désirez. »

Le 2 janvier 1885, Zwilchenbart écrit à Gœtz :

« Votre honorée du 29 ne pouvait être répondue plus tôt, » puisque le Nouvel-An a mis un peu tout en désordre.

» Quant au bail, je le ferai copier et y mettre mes observa» tions nécessaires pour l'envoyer avec ma signature à votre » adresse. Comme j'ai un grand commerce, 11 bureaux propres, » il faut que tous les contrats soient écrits d'une manière claire » et qu'il ne soit pas possible de donner d'autres interpréta» tions. »

Le 5 janvier, Zwilchenbart adresse à Gœtz le bail, signé et muni de la clause supplémentaire ci-après :

« Si des fois l'affaire d'expédition ne réussirait pas et on trou» verait bon de finir ce commerce, on se réserve le droit de sous» louer la localité ou une partie de la localité. Cependant le lo» cataire s'engage de ne pas la louer ni pour un café, restaurant, » brasserie, ni pour une profession comme celle mentionnée » dans art. 9 ci-dessus. »

Gœtz ne répondit rien à l'envoi du bail ainsi modifié, et le 19 janvier 1885, Zwilchenbart lui écrivit encore que son employé allait arriver le 21 à Genève pour ouvrir le bureau et que s'il y avait quelque empêchement, il veuille le lui faire savoir par télégramme.

Gœtz garda encore le silence et laissa l'employé de Zwilchenbart, un sieur Æschlimann, s'installer dans les locaux objets du bail.

Le 30 janvier, Gœtz accuse réception à Zwilchenbart de sa lettre du 19 et lui envoie sous pli un double du bail, ne portant pas la modification formulée par Zwilchenbart dans sa lettre du 5 dit. Dans cette lettre du 30 janvier, Gœtz déclare « qu'il va » sans dire que si Zwilchenbart présentait un sous-locataire » acceptable, l'autorisation nécessaire (art. 3 du bail) ne lui se» rait pas refusée. »

Par lettre du même jour, 30 janvier, le sieur Æschlimann informe Gœtz qu'il vient de recevoir de Zwilchenbart l'ordre de ne pas s'installer dans les lieux loués, attendu que Gœtz n'a pas daigné répondre au projet de bail que la maison Zwilchenbart lui a adressé à l'adhésion 15 jours auparavant et que, cette maison ne pouvant attendre plus longtemps, elle considère ce silence comme un refus et renonce à toute location de la dite pièce.

Par lettres des 31 janvier et 5 février 1885, Zwilchenbart maintient ce point de vue et estime qu'en présence du refus de Gœtz d'accepter les modifications du bail proposées par le locataire, le dit bail ne saurait déployer d'effet.

C'est alors que l'hoirie Braillard, par exploit introductif d'instance du 21 février 1885, a ouvert action à Zwilchenbart devant le Tribunal civil de Genève, concluant à ce qu'il lui plaise condamner le défendeur à payer aux demandeurs, avec intérêt à 5 %, dès le 11 février 1885, jour de la mise en demeure judiciaire, et avec dépens, la somme de 1200 fr. pour un semestre de loyer commencé le 1er février 1885. Condamner, en outre, le défendeur à ouvrir et tenir ouverts les locaux dont il est preneur, sis au rez-de-chaussée, rue du Mont-Blanc, n° 9, et à les garnir de meubles et objets mobiliers suffisants pour l'exercice du droit de rétention des propriétaires, conformément aux prescriptions du Code fédéral des obligations, sinon et faute par lui de ce faire dans la huitaine du jugement à intervenir, condamner le défendeur à payer aux demandeurs la somme de cinquante francs par chaque jour de retard, et ce pendant un mois, après lequel il sera de nouveau dit droit.

A. Zwilchenbart a conclu à l'incompétence du Tribunal de Genève, par le motif que son principal établissement est à Bâle et que, le bail n'existant pas, le défendeur, — qui possède à Genève une succursale rue de l'Entrepôt, 2, — n'a pas de domicile élu dans cette ville, rue du Mont-Blanc, 9.

Par jugement du 12 juin 1885, le Tribunal civil s'est déclaré compétent et, statuant au fond, a débouté les demandeurs de leurs conclusions.

Par arrêt du 14 septembre suivant, la Cour de justice civile a confirmé le jugement de première instance en ce qui concerne la question de compétence, et, le réformant pour le surplus, a condamné Zwilchenbart à payer aux héritiers Braillard la somme de 1200 fr. pour un semestre de loyer couru dès le 1er février 1885 [1].

C'est contre cet arrêt que la maison A. Zwilchenbart a recouru au Tribunal fédéral.

[1] Voir *Journal des Tribunaux*, volume 1885, p. 777.

Dans sa plaidoirie, le conseil des hoirs Braillard a soulevé une exception d'incompétence du Tribunal fédéral, tirée de ce que la valeur de l'objet en litige devant lui n'atteindrait pas la valeur d'au moins 3000 fr., exigée à l'art. 29 de la loi sur l'organisation judiciaire fédérale.

Le Tribunal fédéral a admis le recours et réformé l'arrêt de la Cour de justice de Genève, en ce sens que les fins de la demande introduite par les hoirs Braillard sont repoussées.

Motifs.

1. En ce qui touche la question de compétence, la première conclusion prise en demande ne tend qu'au paiement du premier semestre du loyer par 1200 fr. — La compétence du Tribunal fédéral ne pourrait donc être affirmée, — à supposer que cette conclusion seule doive être prise en considération, — que si l'arrêt dont est recours devait être envisagé comme ayant force de chose jugée, non-seulement sur la prétention objet de la demande, mais aussi, et en outre, sur l'ensemble du rapport de droit, soit contrat de bail à loyer qui a donné naissance à la dite prétention. Il n'est toutefois point nécessaire de résoudre cette question. En effet, devant les instances cantonales, le demandeur a de plus conclu à ce que le défendeur fût condamné à garnir les locaux loués de meubles et objets mobiliers suffisants pour l'exercice éventuel du droit de rétention des propriétaires. Aux termes de l'art. 29 al. 2 de la loi sur l'organisation judiciaire fédérale, cette conclusion doit être également prise en considération, bien qu'elle n'ait pas été maintenue devant le Tribunal fédéral.

Or, comme le prix annuel de la location devait s'élever à 2400 fr., et qu'à teneur de l'art. 294 al. 1er du Code des obligations le bailleur a un droit de rétention pour garantie du loyer de deux ans, il n'est pas douteux que, dans l'espèce, la valeur du litige n'atteigne la somme de 3000 fr.

2. Au fond, il ne peut d'abord être admis qu'un contrat ait été conclu entre parties par le télégramme du 27 décembre 1884. En effet, cette dépêche ne contenait nullement une acceptation des offres de Zwilchenbart, mais bien une nouvelle offre, puisqu'elle recule au 1er février 1885 le point de départ de la location, alors que Zwilchenbart l'avait fixée au 1er janvier de la même année. Il en résulte que, pour qu'un contrat de location existe entre parties, Zwilchenbart devait avant tout accepter cette nouvelle offre; or, une entente n'est pas intervenue dans la suite sur ce

point. Zwilchenbart n'a pas, à la vérité, fait d'opposition, en ce qui concerne le point de départ de la location, au projet communiqué par la lettre de Gœtz, du 27 décembre, mais il a protesté à un autre point de vue et repoussé le dit projet en faisant de son côté une nouvelle offre par lettre du 28 dit.

Gœtz n'a de nouveau pas accepté cette dernière offre, mais a répondu par une nouvelle proposition formulée par lettre datée du lendemain. Si, dans cette missive, Gœtz se fût borné à dire : « Je m'empresse de répondre à votre lettre du 28 courant que » j'admets votre proposition dans les termes mêmes où elle est » formulée », on pourrait se demander si une entente, soit un contrat, est intervenu entre parties, bien que l'intention de Zwilchenbart ait incontestablement été de modifier le projet de Gœtz et d'y insérer une nouvelle rédaction en lieu et place des passages critiqués.

Toutefois, la suite de la lettre de Gœtz, du 29 décembre 1884, montre qu'il n'était point d'accord avec l'offre de Zwilchenbart, telle qu'elle résultait de sa missive de la veille. Tandis, en effet, que Zwilchenbart prétendait, dans certaines limites, au droit de pouvoir sous-louer, Gœtz ne voulait concéder qu'à Zwilchenbart lui-même le droit d'utiliser les locaux en modification des clauses du projet, et subordonner le droit de sous-location à l'assentiment du propriétaire. En présence de la déclaration de Gœtz en date du 30 janvier 1885, il n'est point douteux que son intention n'ait été telle.

Or, la question de savoir si une déclaration se rapportant à une offre de contracter apparaît comme une adhésion ou comme une nouvelle offre est incontestablement une question de droit ; le Tribunal fédéral n'est, dès lors, point lié par la solution que les Tribunaux cantonaux lui ont donnée. Comme il n'est pas contesté qu'aucune entente n'est intervenue entre parties, postérieurement au 29 décembre 1884, il en résulte qu'aucun contrat n'a été lié entre elles, et qu'il y a lieu, dès lors, de débouter l'hoirie Braillard des fins de sa demande.

Loi sur la poursuite pour dettes et la faillite.

Le rapport de la commission genevoise, dont la lecture est recommandée aux négociants, est divisé en deux parties : l'une générale dans laquelle sont discutés les principes sur lequels repose le projet, l'autre spéciale dans laquelle sont présentées des observations sur divers articles.

Nous avons déjà fait connaître l'opinion de la commission hostile à l'institution du préposé aux poursuites. Voici l'opinion de la commission genevoise sur d'autres points. Elle émet le vœu :

1. Que la saisie puisse être requise, concurremment avec la faillite, contre les personnes inscrites au registre du commerce.

2. Que l'on précise, par voie législative, à quelle catégorie de personnes s'applique le 4e alinéa de l'art. 865 CO. [1].

3. Que le commanditaire ne puisse, quand il n'est pas commerçant, être déclaré en faillite que dans le cas seulement où il n'aurait pas satisfait aux obligations qui lui sont imposées par les dispositions du Code des obligations sur les sociétés en commandite.

4. Que l'héritier d'une personne inscrite sur le registre du commerce ne puisse pas être déclaré en faillite, lorsqu'il est poursuivi en paiement d'une dette grevant la succession, à moins toutefois qu'il ne soit inscrit sur le registre du commerce.

C'est ainsi encore qu'elle voudrait :

1. Que le sursis ne puisse être demandé que par un débiteur inscrit au registre du commerce et que la conséquence forcée d'un sursis non suivi de concordat soit la faillite prononcée d'office contre le débiteur.

2. Qu'il suffise pour obtenir un sursis de présenter l'adhésion écrite de la majorité des créanciers en nombre et en somme, et que par suite le débiteur ne soit pas astreint à déposer, avec la demande de sursis, un concordat approuvé par les créanciers.

[1] Alinéa 4. « Quiconque fait le commerce, exploite une fabrique ou exerce en la forme commerciale une industrie quelconque, est tenu de se faire inscrire sur le registre du commerce du lieu où il a son principal établissement. S'il a une succursale dans un autre lieu, l'inscription doit aussi y être faite. »

3. Que le sursis une fois obtenu, la faillite ne puisse être prononcée à la requête d'un créancier porteur d'un effet de change ou d'un chèque.

Vaud. — TRIBUNAL CANTONAL.

Séance du 2 mars 1886.

Tableau de répartition. — Recours. — Assignat; insuffisance de la garantie hypothécaire; privilège en cinquième classe pour le surplus de la créance. — Art. 1624 § 5 et 1625 Cc.; article 708 Cpc.

Epoux Beyeler contre Genton et consorts.

Le débiteur saisi ne peut recourir contre le tableau de répartition dressé ensuite des poursuites dirigées contre lui.

L'assignat de la femme mariée, qui n'est pas payé en entier sur les biens affectés à la garantie de cette créance, rentre, pour le surplus, dans les créances privilégiées en cinquième classe (Cc. 1624 § 5 et 1625).

J. Beyeler a été poursuivi par divers créanciers savoir :

1, 2, 3, 4, ...

5. Marie Beyeler née Chabloz, femme du débiteur, en vertu d'un assignat du capital de 1100 fr.

Suivant tableau de répartition du 16 novembre 1885, le Juge de paix de Château-d'Œx a attribué en entier le produit des ventes qui ont eu lieu ensuite des saisies, et s'élevant à 317 fr. 85 cent., à Marie Beyeler, en vertu de l'art. 1624 § 5 Cc. et 708 Cpc.

Le Tribunal cantonal a écarté les 3 recours interjetés par les créanciers et le débiteur contre ce tableau de répartition.

Motifs.

Attendu que Marie Beyeler a obtenu sa séparation de biens le 18 avril 1885.

Considérant que Marie Beyeler est créancière de son mari en vertu d'assignat du montant de 1100 fr.

Qu'elle a procédé contre son mari par voie de saisie mobilière, en vertu du dit assignat, en date du 4 juillet 1885.

Que les saisies des recourants sont de date antérieure à la saisie pratiquée par Marie Beyeler.

Mais attendu qu'il résulte des renseignements fournis par l'office de paix de Château-d'Œx que les immeubles grevés par l'assignat en cause ne vaudraient que 22,094 fr.

Que, le 20 mai 1884, l'assignat en cause a été postposé à une obligation hypothécaire de 15,000 fr. et à une gardance de dams de 16,000 fr.

Qu'ainsi l'assignat de Marie Beyeler est sans valeur en tant que titre hypothécaire.

Considérant que l'assignat est une reconnaissance de la dette du mari envers sa femme, dette garantie par une constitution d'hypothèque.

Que, dès lors, Marie Beyeler est au bénéfice d'une créance légalement reconnue contre son mari (Cc. 1624 § 5).

Attendu que Genton et consorts sont créanciers chirographaires de J. Beyeler.

Considérant qu'aux termes de l'art. 1625 Cc., les créances hypothécaires non payées en entier sur les biens qui leur sont affectés rentrent, pour le surplus, dans la classe des chirographaires, à moins que ces créances ne jouissent de la préférence mentionnée à l'art. 1624 § 5 Cc.

Qu'ainsi, dans le cas particulier, Marie Beyeler jouit d'un droit de préférence à l'égard des créanciers chirographaires.

Vu les articles 1624 § 5 et 1625 Cc. et 708 Cpc.

Séance du 30 mars 1886.

Billet de change. — Prétendue contravention à la loi sur le timbre. — Saisie; refus de sceau. — Art. 28 et 29 de la loi sur le timbre du 21 mai 1872.

Banque cantonale vaudoise contre Cordey et Décombaz.

Lorsqu'il y a contestation sur la question de savoir si un billet de change en vertu duquel le porteur entend pratiquer une saisie contre les garants, dans le délai légal, est conforme ou non à la loi sur le timbre, le juge doit accorder le sceau, sauf à dénoncer immédiatement la contravention au magistrat compétent.

Le 5 mars 1886, la Banque cantonale vaudoise a fait présenter au Juge de paix de Lutry un exploit de saisie qu'elle voulait notifier à C. et D., à Savigny, pour être payée de 1000 fr., en vertu de billet de change du 6 août 1885 au 6 février 1886, souscrit par Bost-Merle, à Lempdes (France), à l'ordre de D. Rod, payable au domicile du souscripteur et endossé par C. à D.

Le juge a refusé son sceau à cet exploit, attendu que le billet n'est pas écrit sur papier timbré vaudois et ne satisfait pas aux art. 7, 9, 12, 21, 28, 29 et 30 de la loi du 21 mai 1872.

La Banque cantonale a recouru contre ce refus de sceau et a conclu à ce que le juge soit tenu d'accorder son sceau à l'exploit de saisie du 2 mars. Elle estime que le juge devait dénoncer la contravention, s'il pensait qu'il en existait une dans l'espèce, mais ne pouvait refuser le sceau.

Elle allègue, en outre, que ce n'est point l'art. 28, mais bien l'art. 29 de la loi sur le timbre qui est applicable.

Le Tribunal cantonal a admis le recours.

Motifs.

Considérant que le titre en vertu duquel la Banque a voulu inster la saisie est un billet de change.

Que le porteur d'un pareil acte est tenu d'exercer son recours contre les garants dans un délai déterminé, sous peine de prescription.

Que la Banque estime, vu la nature du billet, n'être pas tenue de faire apposer sur cet acte le visa en lieu de timbre;

Qu'elle conteste ainsi l'existence de la contravention relevée par le juge;

Que, dans ces circonstances, et dans le but de sauvegarder, cas échéant, les droits du porteur du billet, le juge devait accorder le sceau, sauf à dénoncer immédiatement la contravention au magistrat compétent.

Séance du 30 mars 1886.

Simulation. — Preuve testimoniale. — Art. 16 CO. et 974 Cc.

Pittet contre dame Lenoir.

Si la loi permet d'opposer l'exception de simulation entre les parties contractantes (CO. 16), il est cependant nécessaire que cette simulation existe dans l'intention commune des parties.

La preuve testimoniale n'est pas permise contre la teneur d'un acte valable (Cc. 974).

R. Lædermann a reconnu devoir à la Banque cant. vaud. la somme de 20,000 fr., valeur reçue en espèces et remboursable le 4 décembre 1883.

Jenny Lenoir et D. Pittet se sont portés conjointement cautions solidaires de la dite obligation. Le 13 juillet 1885, ils ont confirmé leur cautionnement pour une nouvelle période de 2 ans.

Le 13 novembre 1885, dame Lenoir a acquitté la cédule par 17,892 fr. et a été subrogée aux droits de la Banque cantonale.

Par exploit du 27 novembre 1885, Jenny Lenoir, pour se payer de 8946 fr. que lui doit Pittet pour sa part, soit la moitié de ce qu'elle a payé sur la cédule précitée, a insté une saisie mobilière contre celui-ci.

D. Pittet a opposé à cette saisie et conclu à sa nullité, la cédule du 11 juillet 1883, en vertu de laquelle elle est pratiquée, étant entièrement due par la défenderesse.

A l'audience du Président du Tribunal d'Aigle du 8 mars 1886, le demandeur a allégué les faits nouveaux suivants :

« 11. R. Lædermann n'a point reçu le montant de la cédule » en vertu de laquelle Jenny Lenoir a pratiqué sa saisie. »

« 12. Le montant de cette cédule a été perçu par dame Lenoir et a servi à effectuer les premiers versements sur des actions des mines de Caramia souscrites par cette dernière. »

La défenderesse a contesté ces faits.

Le demandeur a déclaré vouloir prouver ses allégués 11 et 12 par les pièces mentionnées sous les allégués 4 et 6, tant à titre d'indices que de commencement de preuve par écrit et par témoins.

La défenderesse s'est opposée à la preuve testimoniale des allégués 11 et 12, attendu qu'elle va contre la teneur de la cédule du 11 juillet 1883 et qu'elle porte sur une convention supérieure à 800 fr. anciens. Elle conteste, du reste, que les pièces indiquées constituent un commencement de preuve par écrit.

Que le demandeur a maintenu ses preuves, le Code des obligations autorisant la preuve de la simulation.

Statuant sur l'incident, le Président a admis l'opposition à preuve.

Le demandeur a recouru contre ce prononcé ; il estime qu'il s'agit ici de prouver la simulation et que l'art. 16 du Code des obligations permet cette preuve.

Le recours a été écarté.

Considérant que si l'art. 16 CO. permet d'opposer l'exception de simulation entre les parties contractantes, il est nécessaire que cette simulation existe dans l'intention commune des parties.

Que tel n'est pas le cas dans l'espèce, puisque Pittet reconnaît lui-même dans son mémoire qu'il ignorait la simulation.

Qu'ainsi l'acte du 11 juillet 1883 n'est point un acte simulé.

Considérant, d'autre part, que les allégués 11 et 12 précités tendent à détruire la teneur de l'acte du 11 juillet 1883.

Que la preuve testimoniale n'est pas permise contre la teneur d'un acte valable (art. 974 Cc.).

Séance du 13 avril 1886.

Saisie réelle prétendue exagérée. — Recours au juge de paix ou opposition aux opérations de la saisie? — Sceau. — Art. 415 et 568 Cpc.

Duvillard contre Dutruy.

Le débiteur qui estime que l'huissier, en procédant à l'exécution de la saisie, a saisi pour une valeur trop forte, doit s'adresser au Juge de paix pour faire réduire la saisie (Cpc. 568). Il n'a pas à procéder par la voie de l'opposition aux opérations de la saisie.

Le Vice-Président du Tribunal de Rolle ayant accordé son sceau à une opposition aux opérations d'une saisie pratiquée à l'instance de F. Dutruy, Duvillard a recouru au Tribunal cantonal, demandant la révocation de ce sceau par les moyens ci-après : Duvillard a fait opérer au préjudice de Dutruy une saisie mobilière pour être payé de 350 fr. Dutruy a opposé à cette saisie par exploit du 7 janvier 1886, mais il a abandonné son opposition, en sorte qu'il ne peut plus y avoir de contestation sur le montant du capital dû. Ce capital s'élève bien à 350 fr. et la taxe des objets saisis, qui se monte à 540 fr., n'excède, dès lors, point la mesure légale. L'opposition actuelle porte donc sur le fond même de la saisie et non sur les irrégularités de la saisie réelle. Le Vice-Président devait donc refuser son sceau à cette opposition (art. 415 Cpc.).

Le Tribunal cantonal a admis le recours et révoqué le sceau.

Motifs.

Considérant que l'opposition de Dutruy à la saisie réelle est basée sur le fait que l'huissier aurait saisi pour une valeur trois fois supérieure à celle qu'il prétend devoir réellement.

Considérant qu'aux termes de l'art. 568 Cpc., le créancier ne peut saisir que jusqu'à concurrence de ce qui lui est dû en capital, intérêts et frais présumés; que le Juge de paix veille à ce que la saisie n'excède pas cette limite et que l'huissier ne doit comprendre dans l'exécution que ce qui, d'après la taxe, suffit pour désintéresser le saisissant en capital, intérêts et frais et le tiers en sus.

Considérant que si Dutruy estimait que l'huissier avait saisi pour une valeur trop forte, il devait se conformer à la disposition légale susrappelée en s'adressant au Juge de paix.

Qu'il n'avait, dès lors, pas à procéder par la voie de l'opposition aux opérations de la saisie.

Vaud. — COUR DE CASSATION PÉNALE

Séance du 29 avril 1886.

Ordonnance de huis-clos non motivée. — Composition du jury prétendue irrégulière. — Subdivision des questions par le jury. — Recours en nullité. — Art. 294, 295, 332, 348, 389, 390, 393, 394 et 484 Cpp.; loi du 29 novembre 1860 sur l'organisation du jury.

Recours Baldy et Groslimund.

L'informalité résultant de ce que l'ordonnance de huis-clos n'est pas motivée, contrairement à l'art. 348 Cpp., ne rentre dans aucun des cas de nullité prévus à l'art. 484.

La loi ne prévoit pas qu'il y ait lieu de désigner un nouveau juré suppléant, lorsque le suppléant choisi par l'accusé a été dispensé de siéger par la Cour de cassation pénale ou qu'il a été appelé à siéger comme juré effectif.

Le jury a le droit de subdiviser les questions qui lui sont posées (Cpp. 390).

Défenseurs des recourants :

MM. FAUQUEZ, pour Eléonore Groslimund.
SCHNETZLER, pour Fanny Baldy.
M. le PROCUREUR-GÉNÉRAL est intervenu.

Le Tribunal correctionnel du district de Lausanne a, par jugement du 23 mars 1886, condamné: 1° Fanny Baldy à la peine de deux ans de réclusion, 150 fr. d'amende, à la privation à vie des droits de la puissance paternelle et à la privation générale des droits civiques pendant cinq ans. 2° Eléonore Groslimund à la peine de 150 fr. d'amende et six mois de réclusion, en application des art. 197, 198 et 23 du Cp., après avoir constaté qu'il résulte du verdict du jury :

Que Fanny Baldy est coupable d'avoir, à Lausanne, dans le courant des trois dernières années, favorisé la débauche, en facilitant un commerce honteux de sa fille mineure.

Qu'elle est également coupable de s'être livrée à la prostitution depuis moins de six mois.

Que Eléonore Groslimund est coupable d'avoir, à Lausanne, dans le courant des trois dernières années, favorisé la débauche de filles mineures en facilitant un commerce honteux.

Eléonore Groslimund a recouru contre ce jugement, dont elle demande la nullité par les moyens suivants :

Ier *moyen.* L'art. 348 Cpp. a été violé, l'instruction du procès ayant eu lieu à huis-clos sans une ordonnance motivée de la Cour.

IIe *moyen.* Les art. 294 et 295 Cpp. ont été violés, attendu que le juré suppléant désigné par les accusées ayant été dispensé par la Cour de cassation, il y avait lieu à désignation d'un nouveau suppléant.

IIIe *moyen.* Les art. 389 et 390 du même code ont aussi été violés, le jury ayant été en communication avec le dehors, notamment avec les membres de l'office du Tribunal.

IVe *moyen.* Violation plus spéciale de l'art. 390, la subdivision de la seule question posée au jury par le Président étant de nature à amener de la confusion dans le verdict.

La Cour de cassation pénale a écarté le recours.

Motifs.

Sur le Ier *moyen :* Considérant que le procès-verbal du jugement dont est recours constate que l'audience est à huis-clos, sans que cette décision soit motivée, ainsi que l'exige l'article 348 Cpp.

Mais, attendu qu'une telle informalité ne rentre dans aucun des cas de nullité spécifiés à l'art. 484 Cpp.

Que, du reste, Eléonore Groslimund n'a fait devant la Cour correctionnelle aucune réquisition relative à la publicité des débats, ainsi que le lui permettait la loi.

Qu'au surplus, le huis-clos s'imposait dans l'espèce, vu la nature et les circonstances de la cause.

Sur le IIe *moyen :* Considérant que les art. 294 et 295 du Cpp. ont été rapportés par la loi du 25 novembre 1859, laquelle a été remplacée par celle du 29 novembre 1860 sur l'organisation du jury.

Que cette dernière loi, qui traite de la formation et de la composition du jury, ne prévoit nulle part qu'il y ait lieu à désigner un nouveau suppléant lorsque le suppléant choisi par l'accusé a été dispensé de siéger par la Cour de cassation pénale ou lorsqu'il est appelé à fonctionner comme juré effectif.

Considérant, dès lors, que dans l'espèce aucune informalité n'a été commise de ce chef, le jury ayant bien été composé de neuf jurés tirés au sort et choisis conformément à la loi.

Qu'au surplus, lorsque le jury n'est pas au complet, l'art. 332 Cpp. indique la manière de procéder pour le compléter.

Sur le IIIe moyen : Considérant qu'à l'audience du 8 avril 1886 de la Cour de céans, Eléonore Groslimund s'est inscrite en faux contre la déclaration du chef du jury portant « que le jury n'a reçu aucune communication du dehors », la recourante estimant que le jury avait communiqué entre autres avec les membres du Tribunal.

Que la Cour de cassation pénale a admis cette inscription de faux et renvoyé l'affaire au juge d'instruction.

Qu'ensuite de l'enquête instruite par ce magistrat, le Tribunal d'accusation a, par arrêt du 17 avril 1886, écarté l'inscription de faux et dit que les frais suivront le sort de la cause au fond.

Que dans cet arrêt, il a été constaté que le jury était rentré en séance pour demander des explications au sujet d'une question qu'il voulait scinder, mais qu'ensuite il était entré dans la salle de ses délibérations.

Que ce procédé avait été régulièrement fait et conformément à l'art. 393 Cpp.

Qu'en outre l'huissier Blanchoud a porté au chef du jury une feuille de papier non écrit que ce dernier lui avait demandée.

Que le Tribunal d'accusation a estimé que ni l'un ni l'autre de ces faits ne pouvaient être considérés comme constituant des communications que le jury aurait reçues du dehors aux termes de l'art. 394 Cpp.

Considérant qu'en présence de telles constatations, le 3e moyen de nullité de la recourante n'est pas fondé.

Sur le IVe moyen : Considérant qu'en subdivisant la seule question qui lui était posée au sujet du délit dont était accusée Eléonore Groslimund, le jury n'a fait qu'user d'un droit qui lui est conféré d'une manière absolue et positive par l'art. 390 du Cpp.

Que cette disposition légale n'a, dès lors, nullement été violée, ainsi que le prétend la recourante.

Variété.

Police correctionnelle. — *La plaignante.* Un jour, je lis dans un journal l'annonce suivante: « Ceux qui connaîtraient l'adresse de Mme Euphrasie-Héloïse-Félicité Binet, née Voldaez, sont priés de la faire connaître à M. Ondaferoz, notaire à Rio-Janeiro, la dame susnommée étant héritière de deux millions de réaux. » Je sursaute à cette lecture et me dis: « Mais c'est moi l'héritière, il faut que je parte. » Mais je n'avais pas d'argent, je ne fais qu'un bond chez M. Pastourel et aussitôt il m'avance les frais du voyage. Me voilà partie. Tout le temps j'ai souffert le martyre par rapport au mal de mer, mais comme l'héritage était de l'argent trouvé, je me disais que tout doit se gagner ici-bas.

Le président. Enfin, vous arrivez à Rio-Janeiro.

La plaignante. Aussitôt débarquée, je demande l'adresse de ce M. Ondaferoz; on ne connaissait aucun notaire de ce nom. Je présume que le nom a été mal imprimé et je me rends chez tous les notaires de l'endroit en leur montrant l'annonce; tous me répondent qu'ils ne savent pas ce que je veux dire. « Oh! — que je me dis tout à coup — ce serait trop fort! » et je me souviens que M. Pastourel voulait me quitter et que toujours je m'étais cramponnée à lui.

Le président. Et vous revenez à Paris?

La plaignante. Je n'avais plus d'argent, le consul m'a rapatriée. Je tombe chez M. Pastourel et je lui dis: « Ah! brigand, tu es plus roué qu'une femme, tu peux prendre un brevet pour ton invention: mais j'ai vu des Mexicaines, mon voyage me servira à quelque chose, tu vas voir! » Alors...

Le président. Alors vous lui donnez une gifle?

La plaignante. Pas du tout. Il me met à la porte. Je vous demande justice: il y a escroquerie, abus de confiance, fourberie; c'est affreux! (Elle pleure.)

M. Pastourel reconnaît que c'est bien lui qui a fait insérer l'annonce. Le tribunal le renvoie des fins de la plainte.

Médecine légale. — M. *Legrand du Saulle,* célèbre aliéniste, est mort subitement à Paris le 7 courant, de la rupture d'un anévrisme, à l'âge de 60 ans environ. On connaît le rôle fréquent qu'il jouait dans les procès criminels en qualité d'expert. On prétend que, pendant sa carrière, il n'a pas rédigé moins de soixante mille rapports médico-légaux.

Médecin en chef de la Salpêtrière et de l'infirmerie du dépôt, après l'avoir été de Bicêtre, M. Legrand du Saulle habitait Paris sur le quai St-Michel; ses obsèques ont eu lieu à l'église Notre-Dame.

Ch. Boven, notaire, rédacteur.

Lausanne. — Imp. CORBAZ & Comp.

XXXIVe ANNÉE. No 22. SAMEDI 29 MAI 1886

JOURNAL DES TRIBUNAUX

REVUE DE JURISPRUDENCE

Paraissant à Lausanne une fois par semaine, le Samedi.

Prix d'abonnement : 12 fr. par an, 7 fr. pour six mois. Chaque numéro, 50 cent. On s'abonne à l'imprimerie CORBAZ et Cie et aux bureaux de poste. — ANNONCES : 20 centimes la ligne ou son espace.

TRIBUNAL FÉDÉRAL

Séance du 1er mai 1886.

Marchés à terme portant sur des marchandises. — Exception de jeu admise. — Art. 512 CO. ; art. 29 et 30 de la loi sur l'organisation judiciaire fédérale.

Titzck et Cie contre P. et L. [1]

La loi ne prohibe pas d'une manière générale les marchés à terme, mais seulement les opérations qui, déguisées sous les apparences d'un marché à terme, cachent en réalité un jeu (CO. 512). Tel est le cas, lorsque les parties contractantes ont, lors de la conclusion du contrat, manifesté d'une manière indubitable, soit expressément, soit par des actes concluants, qu'elles n'avaient point l'intention d'acheter ni de vendre, mais

[1] Cet arrêt est, sauf erreur, le premier que le Tribunal fédéral ait été appelé à rendre sur l'application de l'art. 512 CO. Il tire de cette circonstance une importance toute particulière. *(Réd.)*

bien d'exclure la livraison de la marchandise et de résoudre le contrat uniquement par le paiement des différences résultant de la variation des cours au profit de l'une ou de l'autre des parties.

En matière d'exception de jeu, le Tribunal de jugement suisse ne saurait faire application du droit étranger. Il est lié par la disposition de l'art. 512 CO., qui est d'ordre public.

La maison C.-F. Titzck et Cie, au Hâvre, a recouru au Tribunal fédéral contre l'arrêt rendu, le 20 janvier 1886, par le Tribunal cantonal vaudois dans la cause pendante entre elle et Th. L. et G.-A. P., à Rolle.

L'arrêt dont est recours ayant été publié à page 169 de ce volume, nous nous dispensons de revenir sur les faits de la cause.

Le recourant a présenté personnellement sa défense.

M. Ruchet, avocat à Lausanne, a combattu le recours au nom de P. Il a déclaré que son client renonçait, ainsi qu'il l'a déjà fait devant le Tribunal cantonal, à opposer l'exception de jeu pour s'en tenir uniquement à sa conclusion subsidiaire.

Le Tribunal fédéral n'est pas entré en matière sur le recours en tant qu'il a trait à la première conclusion de la demande. Quant à la seconde conclusion, il a rejeté le recours.

L'arrêt du Tribunal cantonal a ainsi été maintenu en son entier.

Motifs.

1. Les demandeurs Titzck et Cie formulent deux conclusions distinctes, l'une contre L. et P. solidairement, l'autre contre L. seul. Les conditions exigées par l'art. 29 de la loi sur l'organisation judiciaire fédérale doivent être réalisées, ainsi que le Tribunal de céans l'a souvent exprimé, en cas de cumulation objective de demandes, à l'égard de chacune des conclusions prises individuellement.

Or, la première conclusion de Titzck et Cie, dirigée contre L. et P. et relative à l'opération du 21 mars 1884, ne porte que sur le paiement de 1420 fr. et intérêts dès le 23 décembre de la même année, soit sur une somme évidemment inférieure à 3000 francs. Le Tribunal fédéral est ainsi, aux termes de l'art. 29 précité, incompétent pour en connaître.

Il en est différemment de la deuxième conclusion de Titzck et Cie, en paiement de 8297 fr. 25 et intérêts dès le 27 décembre 1884, qu'ils estiment leur être dus par L., ensuite des opérations relatives à l'achat de coton, du 18 avril précédent, et des reports de l'achat du 21 mars.

Toutes les conditions nécessaires pour asseoir la compétence du Tribunal fédéral en ce qui touche la dite conclusion sont réunies en l'espèce, pour le cas où elle est soumise à l'application du droit fédéral. Or, les deux instances cantonales ont appliqué ce droit, sans objection aucune de la part des parties; il y a donc lieu d'admettre que celles-ci ont voulu soumettre leurs rapports contractuels au droit fédéral. Il ne saurait, d'ailleurs, être fait application du droit étranger à l'exception tirée de l'art. 512 CO.; c'est, en effet, par des considérations de morale que le législateur a privé du droit d'action en justice les marchés à terme qui présentent les caractères du jeu ou du pari, et le Tribunal de jugement est en tout cas lié par une semblable disposition d'ordre public.

Il y a donc lieu d'examiner le mérite du recours quant à la seconde conclusion.

2. Le premier moyen opposé par L. à la demande, — moyen consistant à dire que Titzck et Cie n'auraient pas observé les conditions qu'ils avaient eux-mêmes fixées à leurs clients, — est dénué de fondement.

Ainsi, en effet, que le Tribunal cantonal l'a fait ressortir avec raison, il ne saurait être tiré argument par L. du fait que Titzck et Cie, en se départant en sa faveur du principe de ne faire aucune avance à leurs clients, ont dérogé à une clause insérée dans les prospectus en leur faveur, lorsque cette dérogation a été acceptée de part et d'autre et qu'elle s'est produite ensuite de l'ordre discrétionnaire formel donné à Titzck et Cie par L., soit à son passage au Hâvre, soit par lettre du 9 juillet 1884, de vendre ou de reporter, puis de garder, et éventuellement de reporter au mieux de ses intérêts les 200 balles, objet du procès.

En ce qui concerne l'exception de jeu formulée par L.:

3. L'art. 512 du Code fédéral des obligations dispose que le jeu et le pari ne donnent lieu à aucune action en justice et qu'il en est de même des prêts ou avances faits sciemment en vue d'un jeu ou d'un pari, et de ceux des marchés à terme sur des marchandises ou valeurs de Bourse qui présentent les caractères du jeu ou du pari.

Il faut constater, dès l'abord, que la loi ne prohibe point d'une manière générale les marchés à terme, mais seulement les opérations qui, déguisées sous les apparences d'un marché à terme, cachent toutefois un jeu; c'est le cas lorsque les parties contractantes ont, lors de la conclusion du contrat, manifesté d'une manière indubitable, soit expressément, soit par des actes concluants, qu'elles n'avaient point l'intention d'acheter ni de vendre, mais bien d'exclure la livraison de la marchandise et de résoudre le contrat uniquement par le paiement des différences résultant de la variation des cours au profit de l'une ou de l'autre des parties.

Dans ce cas, la doctrine comme la jurisprudence des pays soumis à l'empire du code civil, — dont l'art. 1965 refuse également toute action au jeu et au pari, — concordent pour comprendre un semblable marché à terme sous la définition du jeu ou du pari et pour lui appliquer l'article de la loi qui prive ceux-ci de toute action en justice. En France, il a constamment été admis que, pour être réels et sérieux, les marchés à terme ne devaient pas exclure la livraison effective de la marchandise et que le législateur a voulu prohiber les opérations destinées, de par la volonté originaire des parties, à se résoudre nécessairement en différences, et constituant dès lors des opérations de jeu. (V. Zachariæ, *Französ. Civilrecht*, publié par Puchelt, 6e édit., p. 582 et suiv. Aubry et Rau, IV, 579. Troplong, *Contrats aléatoires*, II, 287. Laurent, 2e édit., tome XXVII, titre XIII, chap. II. Dalloz, Vo *Jeu et pari*, Nos 15-21.)

De même la doctrine dominante et la pratique allemande admettent que les caractères principaux d'un jeu *(Glücksvertrag)* se trouvent réunis dans les marchés à terme excluant la livraison par l'intention concordante des parties et à la suite desquels la différence seule entre le prix d'achat et le cours à l'expiration du terme peut être exigée *(reines Differenzgeschäft)*, par opposition au marché à terme par lequel les parties conviennent qu'au jour fixé l'acheteur aura l'*alternative* de réclamer, soit la livraison en nature, soit la différence dans le sens ci-dessus. (V. Holtzendorff, *Rechtslexikon*, 3e édit. Vo *Differenzgeschäfte*, t. I, p. 533 et suiv. *Entscheidungen des Reichsoberhandelsgerichts*, VI, 224; XX, 278 et suiv. Puchelt, *Zeitschrift*, V, 482.)

Il y a donc lieu de rechercher si les opérations intervenues entre parties revêtent ce caractère de jeu, et si, en particulier, leur intention d'exclure toute livraison effective résulte des faits et circonstances de la cause.

4. Cette question doit recevoir une solution affirmative. Le Tribunal cantonal constate, en effet, qu'il résulte de l'ensemble des faits par lui admis, que L. n'a jamais eu l'intention de prendre livraison des marchandises qu'il commandait, mais qu'il a, au contraire, manifesté depuis l'origine celle de ne spéculer que sur les différences, et que, dès lors, T. et Cie ont su que L. voulait se livrer à un jeu. La constatation de ces faits lie le Tribunal fédéral, aux termes de l'art. 30 de la loi sur l'organisation judiciaire.

Or, T. et Cie n'ont jamais manifesté une intention différente, et, dans cette situation, leur silence doit être considéré comme une adhésion au jeu pratiqué par leur client : ils admettent eux-mêmes cette conséquence, puisque leur unique moyen de défense consiste précisément à prétendre qu'ils n'auraient pas su, ni dû savoir que L. voulait se livrer à des opérations de jeu. Le fait que toutes ces opérations avaient uniquement en vue des différences, se trouve corroboré, en outre, par la circonstance que T. et Cie n'ont jamais offert de livrer la marchandise achetée et que L. n'a jamais réclamé cette livraison.

Séance du 7 mai 1886.

Ordonnance de déguerpissement. — Recours écarté préjudiciellement par le Tribunal cantonal. — Prétendu déni de justice et prétendue violation de l'art. 5 de la constitution vaudoise. Art. 505, 518, 524 et 535 Cpc. vaud.

Petrasch contre Mouton.

L'art. 5 de la constitution vaudoise du 1er mars 1885 n'a trait qu'aux visites domiciliaires ordonnées en matière pénale et en vue de l'exercice du droit de punir, et non aux actes d'exécution forcée auxquelles le magistrat procède en matière civile, à l'instance de personnes privées.

G. Petrasch, menuisier à Lausanne, était locataire de F. Mouton, à Lausanne, à teneur d'un bail écrit, daté du 1er avril 1884, et contenant, entre autres, une disposition portant que le prix était payable par trimestre et d'avance, et que l'inexécution de cette clause serait un motif péremptoire de résiliation. La location partait du 25 juin 1884.

Etant en retard de deux trimestres qui auraient dû être acquittés les 24 juin et 24 septembre 1885, Petrasch reçut, en date du 19 octobre, une lettre chargée de son propriétaire Mouton, lui signifiant le congé pour le 21 novembre 1885.

Petrasch ayant payé le 4 novembre le montant du premier trimestre en retard, Mouton laissa son locataire dans les lieux loués.

Le 12 décembre, Petrasch paie le deuxième trimestre en retard plus les frais; il reçut néanmoins le 15 dit une sommation d'avoir à déguerpir dans les huit jours.

Petrasch déclare ne pas vouloir obéir, attendu qu'il était en règle avec son loyer, et, sous date du 26 décembre, il voulut payer d'avance le nouveau trimestre qui commençait, mais Mouton se refusa à recevoir ce paiement.

Le 27 janvier, il reçut une nouvelle sommation du Juge de paix, lui intimant l'ordre de déguerpir dans le délai de six jours, à défaut de quoi il serait procédé par exécution forcée. Petrasch n'ayant pas donné suite à cet ordre, le Juge de paix rendit, le 5 février suivant, une ordonnance de déguerpissement fondée sur l'art. 287 CO.

Petrasch recourut au Tribunal cantonal contre cette ordonnance, en faisant valoir que l'abandon d'un immeuble par un locataire ne pouvait être forcé qu'ensuite d'un jugement.

Par arrêt du 2 mars 1886, le Tribunal cantonal écarte le recours, par le motif que le titre II de la partie non contentieuse du Cpc. ne prévoit nulle part un droit de recours quant à l'exécution forcée, à l'exception de celui admis à l'art. 535 de ce Code, lequel n'est pas applicable à l'espèce.

Petrasch a recouru au Tribunal fédéral contre l'arrêt du Tribunal cantonal et contre l'ordonnance d'exécution du Juge de paix. Il conclut à ce que l'un et l'autre soient annulés : le premier, comme constituant un déni de justice, et la seconde pour violation de l'art. 5 de la constitution vaudoise.

Le Tribunal fédéral a écarté le recours.

Motifs.

1. En ce qui touche l'arrêt du Tribunal cantonal, le recourant, tout en reconnaissant que la loi de procédure civile (articles 505 et 535 al. 3) admet un recours contre le refus de procéder de l'office ou contre le prononcé qui fixerait un délai d'exécution trop long, estime qu'un droit de recours doit être également reconnu au cas où le magistrat, loin d'opposer un refus, procède à un acte de son office en contradiction avec les

prescriptions de la loi, et il soutient que l'arrêt du 2 mars constitue de ce chef un déni de justice à son préjudice.

Le dit recourant ne cite toutefois à l'appui de cette allégation aucune disposition légale, ni même une pratique constante, à l'encontre de laquelle le Tribunal cantonal aurait rendu sa décision dans le cas particulier. Le recours n'est donc pas fondé sur ce point, bien qu'il doive paraître étrange que la loi vaudoise n'ait pas étendu le droit de recours aux cas où il est argué, contre une ordonnance d'exécution forcée, de la non-existence d'une des conditions nécessaires de l'exécution elle-même, à savoir d'un jugement exécutoire (Cpc. art. 518), ou d'un acte exécutoire assimilé au jugement définitif (art. 524).

2. En ce qui concerne le grief articulé contre l'ordonnance du Juge de paix, il n'est point exact que celle-ci implique une violation de l'art. 5 de la constitution cantonale. Cette dernière disposition n'a trait, en effet, qu'aux visites domiciliaires ordonnées en matière pénale par les magistrats informateurs et en vue de l'exercice du droit de punir, et non aux actes d'exécution forcée par le magistrat en matière civile, qui ont lieu à l'instance de personnes privées. Cette interprétation s'impose en présence du texte de l'art. 5 précité, en particulier de l'expression « visite domiciliaire », employée aux art. 120 et suivants du Cpp., rapprochée de la prescription portant que « ces cas doivent être aussi rares et aussi précisés que possible ». Cette garantie constitutionnelle a pour but de protéger les citoyens contre les abus possibles du pouvoir de l'Etat dans l'exercice de ses attributions en matière pénale, et ne s'applique point au cas où un déguerpissement doit être effectué ensuite d'un jugement exécutoire en matière de droit privé; une semblable exécution forcée ne peut être assimilée aux « visites domiciliaires » visées par la constitution.

Le recours contre l'ordonnance du Juge de paix portant uniquement sur la violation de l'art. 5 susmentionné, il ne saurait être accueilli, et le Tribunal de céans n'a point à se préoccuper de la question, — que le recourant n'a pas soulevée bien qu'elle eût mérité un sérieux examen, — de savoir si la dite ordonnance ne se caractériserait pas comme un déni de justice au regard des dispositions de la procédure cantonale en matière d'exécution forcée.

Statistique.

En 1885, le Tribunal fédéral a statué, en 86 audiences, sur 181 recours de droit public, 166 de droit civil et 4 de juridiction non contentieuse; total: 351 recours.

Sur les 218 causes de droit public au rôle de 1885, 50 dataient de 1884; 165 ont été terminées par arrêt et 16 par décision; 37 sont reportées à l'exercice suivant. Elles se rapportent: 100 à des violations de la Constitution fédérale, 62 à la violation de constitutions cantonales, 10 à la violation de la Constitution fédérale et de constitutions cantonales, 1 à un conflit de compétence entre la Confédération et un canton, 6 à des conflits entre cantons, 1 à la loi sur l'expropriation, 2 à la loi sur l'état civil et le mariage, 3 à la renonciation à la nationalité suisse, 3 à la capacité civile, 2 aux marques de fabrique et de commerce, 3 au droit des obligations, 1 à la propriété littéraire et artistique, 1 à la loi sur l'exploitation des chemins de fer, 2 à la loi sur la comptabilité des chemins de fer, 1 au concordat sur les vices redhibitoires, 1 à la loi sur les voies de raccordement, 1 à la loi sur l'extradition, 1 au droit d'imposition international, 5 à des concordats (4 faillites, 1 succession), 12 à des traités internationaux.

Sur les 207 causes de droit civil au rôle de 1885, dont 100 datant de 1884, 85 ont été terminées par arrêt, 81 par décision et 41 ont été reportées à l'exercice suivant. Elles se répartissent comme suit: 5 entre la Confédération et des corporations ou particuliers, 1 entre cantons, 29 entre cantons et corporations ou particuliers, 73 en matière d'expropriation, 2 concernant la responsabilité des entreprises de chemins de fer, 1 concernant la loi sur les voies de raccordement, 9 oppositions à l'hypothèque d'un chemin de fer, 1 concernant la loi sur la responsabilité civile des fabricants, 1 sur la capacité civile, 1 relative au for en matière de succession, 21 procès en divorce, 51 concernant le droit des obligations, 4 en matière de marques de fabrique et de commerce, 2 causes dans lesquelles aucune loi fédérale n'était invoquée, 6 cas de *forum prorogatum*.

Sur les 5 demandes d'extradition (Italie 1, Bavière 1, Allemagne 3), 3 ont été accordées, 1 refusée pour cause de prescription et 1 retirée.

Quant à la justice pénale, l'enquête contre les anarchistes, ouverte au commencement de 1885, n'a mis en activité que le juge d'instruction fédéral. En revanche, vers la fin de l'année, l'enquête instruite contre la Banque de Genève, pour contravention à la loi fédérale sur les billets de banque, a abouti à un renvoi devant les assises. Un recours en cassation concernant une violation de la régale des postes est encore pendant.

Le procès entre Vaud et Genève (eaux du Léman), auquel a mis fin une convention, a été pendant devant le Tribunal fédéral l'espace de 7 ans 4 mois et 9 jours. Les 24 recours dirigés contre l'Etat de Berne (dessèchement des marais du Seeland) ont exigé environ 10 mois d'instruction.

Vaud. — TRIBUNAL CANTONAL.

Séance du 28 avril 1886.

Droit de passage constitué par convention. — Servitude réelle ou simple droit d'usage personnel? — Art. 405, 412 et 424 Cc.; art. 65 CR.

Frères Rebeaud contre Courvoisier.

Lorsqu'une vente immobilière porte que l'un des contractants concède à l'autre, « pour lui et les siens », un droit de passage sur un immeuble déterminé, cette clause doit être envisagée comme n'établissant pas une servitude réelle (Cc. 424), mais un simple droit d'usage personnel (CR. 65).

Avocats des parties :

MM. Blanc, pour frères Rebeaud, défendeurs et recourants.
Schnetzler, pour Courvoisier, demandeur et intimé.

J.-J. Courvoisier, à Arrissoules, a ouvert action à J.-F. et Fréd. Rebeaud, à Rovray, pour faire prononcer : 1° Que la propriété des défendeurs J.-F. et F. Rebeaud, propriété sise à Rovray, désignée au cadastre de cette commune sous art. 526, pl. f° 1, n° 126, place de 1 are 47 m², est grevée en faveur du fonds appartenant à J.-J. Courvoisier et désigné au cad. sous art. 550, pl. f° 1, n° 130, à Rovray, jardin de 3 ares 39 m², d'une servitude de passage sur l'art. 526, ce passage devant être de 3 pieds de largeur et partir dès le jardin Courvoisier (art. 550) pour aller à la voie publique passant parallèlement au bâtiment appartenant aux défendeurs (art. 528). 2° Que tous les travaux qui tendraient à porter atteinte au libre exercice de ce droit doivent être immédiatement supprimés. 3° Que, notamment, les défendeurs doivent enlever immédiatement l'obstacle qui intercepte le passage dû à J.-J. Courvoisier. 4° Que, faute par eux de rendre au demandeur le libre exercice de son droit de passage, il sera procédé à leurs frais aux travaux d'enlèvement mentionnés sous conclusions n°s 2 et 3.

J.-F. et F. Rebeaud ont conclu : 1° à libération. 2° Subsidiairement et reconventionnellement, à faire prononcer que le droit de passage concédé au demandeur par l'acte du 6 juillet 1880, sur l'art. 526 du cadastre de Rovray, est éteint, vu l'abus que le demandeur a fait de ce droit. 3° Plus subsidiairement, que l'emplacement de ce passage soit déterminé sur la partie orientale du dit art. 526 du cadastre le long des étables à porcs, remise et bûcher appartenant aux défendeurs.

Par jugement du 24/25 mars 1886, le Tribunal d'Yverdon a écarté les conclusions des défendeurs et admis celles de la demande.

Il a estimé qu'on doit préférer la commune intention des parties au sens littéral d'une convention ; que cette intention a été de créer une servitude réelle ; que cela résulte de l'absence d'une mention telle que « durant la vie de Courvoisier » ; que les contractants ont bien entendu que le passage s'exercerait à l'endroit actuel et non ailleurs, puisque les travaux ont été exécutés sans opposition et sont demeurés sans réclamation pendant 5 ans environ ; que l'art. 6 de l'acte de vente ne vise que des ouvrages d'entretien et d'amélioration ; que lorsqu'on établit une servitude on est censé accorder tout ce qui est nécessaire pour en user (art. 486 Cc.).

Les frères Rebeaud ont recouru contre ce jugement en reprenant leurs conclusions et leurs moyens, le jugement ayant fait une fausse interprétation de l'acte de vente. Ils soulèvent les moyens suivants :

I. *Moyen exceptionnel.*

Le demandeur réclame une servitude, c'est-à-dire une charge imposée sur un fonds pour l'usage et l'utilité d'un fonds appartenant à un autre propriétaire (Cc. art. 424). Or, l'acte de 1880 n'a pas créé une servitude réelle, il ne mentionne pas l'art. 550, qui serait le fonds dominant. Il concède un droit de passage en faveur d'une personne. Il s'agit donc d'un droit d'usage (CR. art. 65). Les conclusions de la demande sont mal prises.

II. Le moyen ci-dessus est repris comme *moyen de fond*. D'ailleurs le droit de passage accordé est à bien plaire. Le but dans lequel la vente a été passée le démontre. Il s'agissait essentiellement d'une servitude de ne pas bâtir. Le passage ne fut accordé qu'à bien plaire, le bâtiment Courvoisier ayant assez d'autres dévestitures. Cela résulte de l'art. 6 de l'acte. Il ne s'agit pas ici de travaux momentanés (sciage, coupage de bois) ou de travaux de réparation ou d'amélioration. Ce sont en tout cas les défendeurs qui sont juges de la nécessité ou de l'utilité des travaux.

III. *Moyens subsidiaires*. A. Le droit d'usage cesse par l'abus (Cc. 412, 405). L'usager ne peut d'ailleurs céder son droit (article 418), or ce n'est pas le demandeur qui use du passage, mais des locataires, soit une famille nombreuse et remuante.

B. Au pis aller, les défendeurs ont le droit d'exiger que le passage s'exerce dans l'endroit le plus court et le moins dommageable, soit sur la partie orientale.

Le Tribunal cantonal a admis le recours.

Motifs.

Considérant que le moyen exceptionnel est reproduit comme 1er moyen de fond et qu'ainsi ils doivent être examinés ensemble.

Que la question à résoudre est celle de savoir si l'acte du six juillet 1880 a concédé à J.-J. Courvoisier une *servitude* de passage sur le fonds des frères Rebeaud, en faveur de son jardin, art. 550 du cad. de Rovray, ou s'il ne possède qu'un droit de passage, soit un simple *droit d'usage* en sa faveur et en faveur de sa famille.

Sur quoi, considérant :

Que le caractère essentiel de la servitude foncière est qu'elle s'exerce sur un fonds pour l'usage et l'utilité d'un fonds appartenant à un autre propriétaire (Cc. 424).

Que l'art. 5 de l'acte de 1880 concède un droit de passage à J.-J. Courvoisier pour lui et les siens et qu'il ne parle pas du fonds dominant en faveur duquel ce droit est concédé.

Qu'en présence de l'ambiguïté des termes de cet article, il y a lieu de rechercher quelle a été la commune intention des parties.

Que c'était à J.-J. Courvoisier, demandeur au procès et qui réclame la servitude de passage, à établir que la commune intention des parties était de créer en faveur de ses immeubles une servitude de passage.

Que les faits reconnus comme constants par le jugement n'établissent pas que telle ait été l'intention commune des parties.

Que de l'ensemble de l'acte de 1880 lui-même, il ne ressort pas non plus que les parties aient convenu que les frères Rebeaud concédaient une servitude de passage sur leur fonds en faveur des fonds appartenant à Courvoisier.

En effet, le dit acte paraît surtout avoir eu pour but l'enlèvement des étables à porcs des frères Rebeaud, qui interceptaient la vue sur la voie publique, au préjudice du bâtiment appartenant à Courvoisier.

La concession de passage ne paraît avoir été que l'accessoire de l'acte; elle revêt le caractère d'une faveur concédée gratuitement à Courvoisier et à sa famille.

Que l'on ne voit pas non plus sur quels faits le jugement du Tribunal d'Yverdon se fonde pour déclarer que la commune intention des parties a été de créer une servitude réelle.

Que cette commune intention ne saurait résulter, comme le dit le jugement, de l'*absence* de telle ou telle mention dans l'acte; qu'il faut, au contraire, pour l'établir, des faits positifs.

Que l'inspection locale du Tribunal cantonal n'a pas non plus démontré que les parties aient voulu créer une servitude de passage, d'autant plus qu'il existe deux sortes de dévestitures à char pour les immeubles Courvoisier et que le passage concédé n'était point nécessaire.

Que la clause renfermée à l'art. 5 de l'acte de 1880 ayant le caractère d'une atteinte, d'une diminution du droit de propriété, doit être interprétée restrictivement dans ce sens que le droit concédé au dit article de la convention du 6 juillet 1880 ne constitue pas une servitude mais un simple droit d'usage (article 65 CR.) en faveur de J.-J. Courvoisier et des siens.

Considérant, d'autre part, que le droit de passage concédé

l'a été purement et simplement et non à bien plaire comme le prétendent les recourants.

Qu'en effet, l'acte précité ne renferme aucune clause de ce genre et l'art. 6 de l'acte ne saurait être entendu dans ce sens que les frères Rebeaud aient le droit de supprimer l'exercice du droit de passage concédé, ou de faire quoi que ce soit qui tende à en restreindre l'usage,

Par ces motifs, le Tribunal cantonal admet le moyen exceptionnel et le 1er moyen de fond des recourants, dans le sens des considérants ci-dessus.

Moyens subsidiaires : Sur le moyen consistant à dire que J.-J. Courvoisier abuse de son droit, en ce sens que ce n'est pas lui qui use du passage, mais des locataires, soit une famille nombreuse et remuante, et que le droit d'usage cesse par l'abus (412, 405 Cc.).

Considérant qu'il résulte de la solution de fait n° 11 que le demandeur est domicilié à Arrissoules et que c'est son fils Constant et sa famille qui occupent les immeubles; que ce sont eux et non des tiers qui pratiquent le passage litigieux.

Considérant que le droit concédé par l'acte de 1880 l'a été en faveur de J.-J. Courvoisier et des siens.

Que, dès lors, c'est à juste titre que son fils Constant et sa famille pratiquent le passage en litige; qu'ils ne font qu'user de leur droit,

Le Tribunal cantonal rejette ce moyen.

Sur le moyen tendant à ce que le passage s'exerce dans l'endroit le plus court et le moins dommageable, soit sur la partie orientale de l'art. 526 du cadastre :

Considérant que l'acte de 1880 dit que le passage partira dès le jardin Courvoisier pour aller à la voie publique, passant parallèlement au bâtiment Rebeaud.

Que Courvoisier a fait des travaux de terrassement, murs, etc., pour établir convenablement le passage (solution 29).

Que ces travaux ont été exécutés sans opposition et sont demeurés sans réclamation de la part des frères Rebeaud pendant 5 ans environ.

Qu'il paraît résulter de ce qui vient d'être dit que l'intention des parties a bien été que le passage s'exercerait à l'endroit actuel et non ailleurs,

Par ces motifs, le Tribunal cantonal écarte ce moyen.

Considérant, en outre, que les conclusions 2 à 4 du demandeur découlent naturellement du droit d'usage qui est reconnu en sa faveur et en faveur de sa famille.

Que ces conclusions sont donc fondées.

Bibliographie.

Essai sur les limites du Code fédéral des obligations, par Antoine Flammer, notaire, ancien président de la Cour de cassation de Genève. Imprimerie centrale genevoise, 1886.

Après les manuels de MM. Hafner et Haberstich, après les rapports de MM. le juge Schneider et le professeur Roguin, après les délibérations de l'assemblée des juristes suisses de 1885, voici un nouvel opuscule sur les compétences, soit sur les limites des deux domaines cantonal et fédéral. Il est évident qu'un tel ouvrage ne peut être que le bienvenu, car le problème à résoudre est un des plus ardus que nous connaissions.

M. Flammer était, du reste, parfaitement qualifié pour l'entreprendre, car, non-seulement il a occupé la plus haute charge judiciaire de son pays, mais il a collaboré à plusieurs lois importantes; il est l'auteur de divers travaux de jurisprudence, son dernier livre « le droit civil de Genève, ses principes et son histoire » fait autorité.

M. Flammer n'admet nullement, avec MM. Hafner, Haberstich et Schneider, l'impossibilité de tracer une ligne de démarcation entre les législations fédérale et cantonale. Comme M. Roguin, il pose en principe la coexistence de deux droits d'obligation et va même plus loin que ce dernier.

M. Flammer a pris pour épigraphe ces mots de saint Jean Chrisostôme : « Demeure dans les bornes qui te conviennent et ne dépasse pas ta mesure ». Après avoir défini les deux domaines, il dit :

« Chacun d'eux doit demeurer entier dans ses propres limi-
» tes; chacun prime et exclut l'autre; ils sont du moins, quant
» à l'exercice du pouvoir, d'essence égale et de même nature.
» Chaque pouvoir existe parallèlement à l'autre; toujours ils

» régissent des objets différents; toujours leur action respective » s'exerce à des points de vue entièrement distincts. Quoiqu'ils » se touchent et se confinent, ils ne peuvent cependant jamais » se confondre, alors même que l'un des pouvoirs consacrerait » volontairement la loi établie par l'autre, ou adopterait une » loi qui y fût en quelque manière opposée. Les deux compé» tences fédérale et cantonale peuvent bien, en tout cas, se su» perposer, mais elles ne peuvent jamais se dominer. L'exercice » de la souveraineté, par cela seul qu'il est légitime, est exclusif » de toute suprématie, comme de toute dépendance; car l'assu» jettir, c'est le nier; reconnaître à l'un des corps politiques » le droit de définir la compétence de l'autre, sur le domaine » de celui-ci, serait lui permettre de l'amoindrir ou de l'an» nuler. »

M. Flammer étudie spécialement l'effet de la clause abrogatoire fédérale sur le droit cantonal et le Code fédéral des obligations. Le Code fédéral des obligations constitue bien, selon lui, « une institution particulière, régie par ses propres princi» pes; mais ceux-ci, sous la seule réserve qui vient d'être rap» pelée, ne s'appliquent qu'aux transactions ou aux faits de » l'ordre mobilier. » Il ajoute : « Le Code fédéral des obliga» tions ne peut donc être que le code des transactions mobiliè» res et du droit commercial; dans cette mesure il est complet » et se suffit à lui-même; il n'emprunte rien aux législations » cantonales; il est assis sur ses propres principes, sur ses pro» pres fondements. Mais en dehors de là, il est incomplet et » dénué de force obligatoire. Ce serait donc une erreur de croire » que le droit cantonal avec ses principes généraux ne subsiste » que dans la mesure stricte des réserves énoncées par le nou» veau code : ces réserves n'ont pas une valeur absolue et exclu» sive; leur valeur est relative; elles servent à marquer, à des » points de vue spéciaux, les limites du Code fédéral. »

Il est intéressant de comparer ces conclusions avec celles de M. Roguin. Voici en quels termes le professeur vaudois a résumé ses thèses :

« 1. Pour tous les cantons qui n'ont pas légiféré, la totalité » de leur droit d'obligation, même de nature générale, est de» meuré en vigueur sur les matières réservées, dans la mesure

» où celles-ci sont définies par le Code fédéral, mais pas au-delà.
» Ainsi la section intitulée *de la capacité requise* pour contracter vaut aussi pour les matières réservées.

» 2. Pour les cantons qui ont législativement maintenu leur » ancienne législation, celle-ci est en vigueur exactement dans » la mesure précédente à l'égard des matières réservées.

» 3. Pour les cantons qui ont déclaré applicable tout ou partie des dispositions du Code fédéral sur le terrain réservé, » ces dispositions sont en vigueur à titre de législation fédérale. »

Dans un chapitre final, M. Flammer étudie comment doit s'opérer « la concordance des deux droits ». Il fait remarquer, entre autres, que les cantons de Vaud et de Neuchâtel, qui ont édicté des lois de concordance, ont posé sur certains points des règles assez différentes ; il en conclut qu'on ne doit pas se presser. « La législature genevoise a été bien inspirée en résistant » au premier entraînement; si le projet de concordance qui lui a » été soumis naguères eût été adopté, l'unité et l'harmonie de » notre droit civil cantonal, quant aux obligations qu'il continue à régir, risqueraient d'être gravement compromises.

» En effet, on ne s'était pas encore rendu un compte exact » de la portée simplement dérogatoire, en matière civile, de la » clause abrogatoire du Code fédéral ». Et plus loin :

« L'enseignement spécial du nouveau droit fédéral, le débat » oral et permanent, la jurisprudence, les travaux désintéressés » de la critique, et le temps qui élabore lentement les institutions durables, feront, d'une manière bien plus sûre, ce que » la législature cantonale ne peut faire encore qu'imparfaitement. »

NEUCHATEL. — Dans sa séance du 26 courant, le Tribunal cantonal a nommé M. Georges *Guillaume* juge cantonal, en remplacement de M. Numa Grether, élu Conseiller d'Etat.

Ch. BOVEN, notaire, rédacteur.

Lausanne. — Imp. CORBAZ & Comp.

XXXIVe ANNÉE. No 23. SAMEDI 5 JUIN 1886

JOURNAL DES TRIBUNAUX

REVUE DE JURISPRUDENCE

Paraissant à Lausanne une fois par semaine, le Samedi.

Prix d'abonnement : 12 fr. par an, 7 fr. pour six mois. Chaque numéro, 50 cent. On s'abonne à l'imprimerie Corbaz et Cie et aux bureaux de poste. — Annonces : 20 centimes la ligne ou son espace.

TRIBUNAL FÉDÉRAL

Séance du 30 avril 1886.

Cession d'une créance à un prix supérieur à sa valeur réelle. — Rescision du contrat pour cause de dol du cédant. — Article 24 CO.

J. P. contre B. B.

Au point de vue civil, le dol peut consister aussi bien dans le fait d'induire volontairement l'autre partie en erreur, que dans celui de profiter intentionnellement de cette ignorance dans un but de lucre. La partie ainsi trompée peut, aux termes de l'art. 24 CO., poursuivre la rescision du contrat surpris par ces manœuvres, alors même que l'erreur où elle s'est trouvée ne serait pas essentielle.

Avocats des parties :

MM. Girod, à Fribourg, pour J. P., défendeur et recourant.
Heimo, » pour B. B., demandeur et intimé.

Par acte sous seing privé du 8 mai 1878, Joseph de Cocatrix, Henri de Cocatrix et dame Adelaïde de Cocatrix, née Gross, sa femme, tous domiciliés à St-Maurice (Valais), ont reconnu devoir solidairement à Etienne P., à S. (Fribourg), la somme de 3370 francs, au taux de 5 %.

Le 11 juin 1880, E. P. a cessionné cette prétention à son fils Joseph P.

La discussion des biens de la dame de Cocatrix ayant été prononcée, Joseph P. est intervenu pour le montant du capital susindiqué et intérêt.

La masse en discussion ayant opposé à cette inscription, au moins pour une partie, le Tribunal du IVe arrondissement pour le district de St-Maurice a, par jugement du 13 août 1880, admis l'inscription de J. P. pour les deux tiers et l'a écartée pour l'autre tiers afférent à H. de Cocatrix; ce jugement était fondé sur le motif qu'en vertu de la loi valaisanne une femme ne peut se constituer codébiteur solidaire de son mari sans avoir reçu préalablement les autorisations nécessaires aux termes de la loi, et que ces autorisations ne sont pas intervenues.

Ce jugement a été confirmé par arrêt de la Cour d'appel et de cassation du Valais, le 4 avril 1881, par les mêmes motifs.

Aux termes de ce jugement, la dame de Cocatrix ne devait plus que 2246 fr. 65, au lieu de 3370 fr. en capital.

Ce jugement a été aussitôt communiqué à J. P., qui, sous date du 1er décembre 1883, a cédé le titre en question à Benjamin B., à M., dans la forme suivante :

« Je soussigné fais cession à M. Benjamin B., négociant à M., » pour en avoir été satisfait, de la présente créance avec accessoires, soit :

» *a)* Fr. 3370 — en capital;
b) » 842 50 pour intérêt;
c) » 105 — pour râte au 15 avril.

» Total Fr. 4317 50.

» Nous disons quatre mille trois cent dix-sept francs cinquante centimes, dont quittance avec pleine subrogation de droits et toutes garanties pour le seul dû de la somme ci-dessus mentionnée. »

Le même jour, B. B. a fourni à J. P. une constitution d'hypothèque pour garantir les valeurs ci-après désignées données en paiement de la créance :

1° Un billet à ordre de 1000 fr. payable à requête Fr. 1000.—
2° 802 fr. payables en fournitures de vin à la signature du créancier et jusqu'à quittance à fournir par lui . . . . 802.—
3° Deux billets de 500 fr. chacun, payables à trois mois de date . . . . 1000.—
4° Deux billets de 500 fr. chacun, payables à quatre mois de date . . . . 1000.—

Fr. 3802.—

Lors de cette cession, J. P. a gardé un silence absolu sur l'existence du jugement de la Cour d'appel du Valais rendu entre lui et les créanciers intervenus dans la discussion de la dame de Cocatrix, née Gross.

Au moment de cette cession, la dame de Cocatrix offrait de nouveau, mais seule, des garanties de solvabilité, tandis que les cosignataires de la cédule se trouvaient dans un état d'insolvabilité notoire.

Fondé sur la cession du 1er décembre 1883, B. B. réclama de la dame de Cocatrix le paiement de la cédule; la dite dame lui opposa le jugement dont il ignorait l'existence et en vertu duquel sa dette se trouvait réduite à 2246 fr. 65 au lieu de 3370 fr. en capital.

En présence de cette opposition, B. B., par lettre chargée, a invité J. P. à rectifier son erreur et les parties ont tenté, quelque temps après, à Vevey, une transaction qui ne put aboutir; lors de ces négociations, P. déclara vouloir consentir à un rabais de 400 fr.

Par citation-demande du 22 novembre 1884, B. a actionné P. en rescision du contrat de cession du 1er décembre 1883. Au cours de l'instruction de la cause, le Tribunal de la Veveyse a entendu plusieurs témoins, entre autres C. S., de M., lequel a déposé que P. avait voulu lui vendre la cédule objet du litige, avant de la cessionner à B., et que P. ne lui avait pas mentionné, à cette occasion, la réduction apportée par le jugement de Sion à la dette de la dame de Cocatrix; le témoin a ajouté que c'est Mme de Cocatrix elle-même qui l'a rendu attentif à cette réduction et qu'ensuite de cette communication il fit savoir à P. qu'il ne négocierait cette créance que moyennant déduction de la réduction dont il s'agit.

Statuant en la cause le 28 novembre 1885, le Tribunal de la Veveyse admit B. dans sa conclusion et débouta P. de la sienne en libération.

P. ayant recouru de ce jugement, la Cour d'appel de Fribourg l'a confirmé par arrêt du 12 février 1886.

C'est contre cet arrêt que J. P. recourt au Tribunal fédéral, qui a maintenu la sentence des premiers juges.

Motifs.

1. L'art. 24 CO. disposant que la partie qui a été amenée à contracter par le dol de l'autre partie n'est pas obligée, même quand son erreur n'est pas essentielle, il y a lieu d'examiner d'abord la question de savoir si l'acte de cession litigieux est entaché de dol, attendu qu'une solution affirmative suffirait pour entraîner la rescision de ce contrat et dispenserait de rechercher si, le cas échéant, l'erreur dans laquelle le cessionnaire s'est trouvé doit être ou non envisagée comme essentielle.

2. Au point de vue civil, le dol peut consister aussi bien dans le fait d'induire volontairement l'autre partie en erreur, que dans celui de profiter intentionnellement de cette ignorance dans un but de lucre, et la partie ainsi trompée peut, aux termes de l'art. 24 précité, poursuivre la rescision du contrat surpris par ces manœuvres.

3. Il y a donc lieu de rechercher :

a) Si le demandeur B. se trouvait, lors de la conclusion du contrat, dans une erreur relativement à l'objet de ce contrat ;

b) Si cette erreur a entraîné, pour le dit demandeur, des effets dommageables ;

c) Si le défendeur P. a volontairement causé cette erreur ou gardé le silence pour en profiter après l'avoir reconnue.

Ad *a)*. En ce qui a trait à ce premier point, le Tribunal cantonal constate que B. n'avait, au moment de la stipulation du contrat, aucune connaissance de l'arrêt de la Cour d'appel de Sion libérant la dame de Cocatrix d'un tiers de son engagement et qu'il croyait celle-ci débitrice du montant entier de la créance, puisqu'il est inadmissible que, sans cette erreur, B. ait pu acheter pour 3802 fr. une prétention dont la valeur n'atteignait pas 3000 francs.

Cette constatation de fait lie le Tribunal fédéral aux termes de l'art. 30 de la loi sur l'organisation judiciaire et il y a lieu d'admettre que B. s'est trouvé dans une erreur au sujet du contrat litigieux.

Ad *b)*. Le Tribunal cantonal, en constatant que sans cette erreur, B. n'eût pas payé la créance de P. à un prix supérieur à sa valeur, établit du même coup que cette erreur a exercé une influence dommageable sur sa détermination, puisque c'est par elle qu'il a été amené à se porter acquéreur du titre à des conditions exorbitantes.

Cette constatation doit être également décisive pour le Tribunal de céans, d'autant plus que P., en offrant un rabais de 400 fr. à son cocontractant, a reconnu lui-même l'exagération du prix d'achat.

Ad *c)*. Le Tribunal cantonal admet bien que P. a gardé le silence, vis-à-vis de B., sur l'existence de l'arrêt de la Cour d'appel de Sion, mais il ne résout pas directement la question de savoir si P. a connu l'erreur dans laquelle se trouvait son cocontractant et l'a entretenue sciemment dans le but d'en profiter; il se borne à déclarer, ensuite de considérations tirées de la loyauté nécessaire dans les transactions, que P. a sciemment induit B. en erreur. Cette appréciation, basée sur des déductions juridiques, doit être soumise au contrôle du Tribunal fédéral.

A cet égard, il y a lieu d'admettre que P., dont le silence sur l'arrêt de Sion avait déjà eu pour effet d'induire en erreur le sieur S. sur la valeur du titre, devait nécessairement supposer que la persistance de ce silence aurait aussi le même effet vis-à-vis de B. En continuant à se taire et en laissant croire à ce nouvel acquéreur que les trois personnes mentionnées dans la cédule étaient engagées chacune solidairement pour le montant total, alors que la dame de Cocatrix n'était plus tenue que des deux tiers de son engagement primitif, P. paraît déjà avoir agi contre la bonne foi qui doit présider aux transactions.

Le caractère dolosif de ses agissements ressort en outre avec certitude du fait d'avoir offert sa créance à un prix de beaucoup supérieur à ce que restait devoir la dame de Cocatrix, alors qu'il savait pertinemment qu'en présence de la complète insolvabilité des deux autres débiteurs, la dite créance ne valait que le montant pour lequel la dame de Cocatrix demeurait recherchable : une offre faite dans ces conditions de prix devait nécessairement contribuer à faire admettre par B., ainsi que cela avait été le cas pour S., que la dame de Cocatrix continuait à être débitrice du montant entier de la cédule, puisqu'il n'avait aucune connaissance de l'arrêt du 4 avril 1881.

L'exagération du prix consenti par B. ne pouvait s'expliquer, aux yeux de P., que par l'erreur dans laquelle se trouvait le cessionnaire et il est dès lors évident que P. devait connaître cette erreur au moment de la conclusion du contrat.

4. C'est enfin en vain que le défendeur cherche à atténuer la force de ces déductions en prétendant que B. aurait acquis la créance litigieuse à un prix supérieur à sa valeur par le motif que des liens de parenté existent entre lui et la dame de Cocatrix.

En effet, P. n'a jamais prétendu avoir offert sa créance à B. parce qu'il pensait que ce dernier pourrait être porté, par ce motif de parenté, à payer ce titre plus qu'il ne valait et il est d'autre part impossible de voir en quoi l'achat, par B., de ce titre à un prix exorbitant, et par conséquent la perte ainsi soufferte par lui, pouvaient être de quelque avantage à la famille de Cocatrix. En tout cas, si P. estimait B. prêt à ce sacrifice, il n'existait aucune raison pour lui taire la vraie situation, c'est-à-dire l'existence de l'arrêt de la Cour d'appel du Valais.

5. Il résulte, de tout ce qui précède, que l'erreur de B., au sujet de la dette de la dame de Cocatrix, était connue de P., lequel savait en outre que cette erreur était le seul motif de l'offre trop élevée faite par le demandeur. Le fait que P. a utilisé sciemment cette erreur implique le dol, et B. n'est, dès lors, aux termes de l'art. 24 précité CO., point obligé par le contrat de cession, lors même que son erreur ne devrait pas être considérée comme essentielle.

Les conclusions de la demande de B. devant lui être accordées à teneur de l'art. 24 CO., il est sans intérêt de rechercher si le cédant est tenu à garantie conformément à l'art. 192 du même code.

Genève. — COUR D'ASSISES.

Séances des 31 mai et 1er juin 1886.

Présidence de M. Bard.

Affaire Lombardi. — Assassinat de quatre enfants par leur mère. — Démence. — Libération.

Défenseur : Me LACHENAL, avocat, à Genève.
Ministère public : M. BURGY, Procureur général, à Genève.

Jeanne-Emilie Deluermoz, femme Lombardi, n'était pas heureuse avec son mari. Buveur, brutal, infidèle, négligent dans ses affaires, il rendait la vie tellement pénible à son épouse que celle-ci menaça plus d'une fois de le débarrasser d'elle et de ses enfants, au nombre de quatre, âgés : l'aîné de 7 ½ ans, le cadet de 3 ½ ans.

Le 1er mai 1885, après une journée particulièrement pénible, elle décida de mettre son triste projet à exécution. Vers 9 ½ h. du soir, son mari l'ayant de nouveau injuriée, elle but un verre d'eau-de-vie pour se donner du courage, prit un flacon sur lequel était écrit « poison » et qui contenait un collyre d'atropine prescrit pour l'un de ses enfants qui souffrait des yeux, en versa le contenu dans un verre avec du curaçao, afin de s'empoisonner elle-même, puis, saisissant un rasoir, elle en frappa successivement au cou ses quatre enfants. Cela fait, elle se lava les mains, prit une lettre, adressée à l'avance à une dame B. pour l'informer de son crime et la charger d'exécuter certaines dispositions de dernières volontés, et la porta à la boîte. Rentrée dans son appartement, elle avala le mélange préparé et se coucha, croyant mourir. Un instant après, le mari Lombardi rentra à son tour et se coucha sans lumière, aux côtés de sa femme. Il s'aperçut bientôt que celle-ci respirait d'une manière anormale; il essaya de la réveiller, mais n'y parvint pas. En même temps, il crut entendre râler. Inquiet, il se leva, fit de la lumière et constata la mort de trois de ses enfants; le cadet respirait encore. Sur l'ordre de MM. les docteurs Porta, Gosse et Prévost, l'enfant fut transporté à l'hôpital, ainsi que la femme Lombardi, qui était restée dans un état commateux dont elle fut tirée à grand'peine. Plus tard, elle fit des aveux complets.

A l'audience du 31 mai, MM. les docteurs Gosse, Chatelain et Long, Badan, de Krafft-Ebing, Vaucher, dans des rapports qu'ils présentèrent sur l'état mental de la malheureuse mère et les causes déterminantes du crime, ont généralement conclu à son irresponsabilité. Au dire de MM. Chatelain et Long, la femme Lombardi a commis l'acte du 1er mai sous l'influence d'un état mental pathologique qui lui enlevait son libre arbitre.

L'audition des témoins n'a rien révélé de particulier, à part la lettre adressée à dame B. dans laquelle la femme Lombardi exprime toute son aversion pour son mari et déclare qu'elle n'est point folle, « mais rassasiée et dans l'impossibilité d'aller plus loin ». Cette lettre se termine par ces mots : « Je vous salue

» tous, je suis heureuse. Emilie Deluermoz, femme du bourreau » Lombardi Joseph. Mettre sur ma tombe : Morte martyre ».

Interrogée par M. le président, l'accusée se lève vivement et répond : « Ce n'était pas par haine pour mon mari, c'était pour ne pas laisser mes enfants derrière moi. Le jour où mon petit cadet me sera donné, je lui en ferai autant et je me suiciderai. Ce n'est pas la haine, c'est un ver rongeur. »

Après un éloquent réquisitoire du Procureur général et une énergique défense de Me Lachenal, le jury est entré en délibération. Deux heures après, il rapportait un verdict négatif sur toutes les questions.

En conséquence, Jeanne-Emilie Lombardi a été acquittée, mais sera conduite aussitôt dans un asile d'aliénés.

Vaud. — TRIBUNAL CANTONAL.

Séance du 27 janvier 1886.

Action en revendication d'objets mobiliers compris dans l'inventaire d'une succession. — Intervention repoussée; action en changement de réponse ouverte tardivement. — Moyen de nullité. — Art. 436 et 815 Cpc.

Lavanchy contre masse Lavanchy.

La circonstance que le Tribunal de jugement a examiné un moyen exceptionnel après avoir prononcé sur le fond est sans importance et ne saurait entraîner la nullité du jugement (Cpc. 436).

Celui qui intervient dans une discussion pour réclamer la propriété d'objets mobiliers inventoriés par l'office doit, si son intervention est repoussée, ouvrir action en changement de réponse dans les trente jours dès l'assemblée des créanciers (Cpc. 815). Les délais fixés en cette matière sont péremptoires.

Avocats des parties :

MM. Fauquez, pour Louis Lavanchy, demandeur et recourant.
Berdez, pour masse Lavanchy, défenderesse et intimée.

Louis Lavanchy a ouvert action à la masse de F.-H. Lavanchy pour faire prononcer : 1° Que c'est sans droit qu'elle a, par des avis publiés de diverses manières, annoncé la vente aux enchères publiques des meubles vendus par F.-H. Lavanchy au demandeur, selon acte notarié Léderrey, du 27 février 1884, rapport soit, quant à la désignation des dits meubles, à l'inventaire annexé à la minute n° 4598 du dit notaire; 2° Qu'il est propriétaire et en possession des meubles compris dans le dit inventaire, lesquels déposent dans la maison lui appartenant, art. 3652 et 3553 du cadastre de Lutry; 3° Que c'est également sans droit que la masse a annoncé la vente d'une action de la Société immobilière de « La Lutryve », n° 50, cédée à l'instant selon acte enregistré du 29 janvier 1885; 4° Qu'elle doit lui restituer immédiatement la dite action qui dépose en mains du liquidateur.

La masse Lavanchy a conclu: 1° à libération; 2° reconventionnellement, à ce qu'il fût prononcé que l'acte de vente mobilière du 22 décembre 1884 et la cession d'une action n° 50 de la Société immobilière « La Lutryve » sont nuls et qu'en conséquence les objets vendus et cédés doivent rentrer dans l'actif de la masse en discussion des biens d'Henri-F. Lavanchy.

Le Tribunal civil de Lavaux a, par jugement du 17 décembre 1885, écarté les conclusions du demandeur et admis celles de la masse défenderesse.

Ce jugement repose sur des motifs ainsi résumés:

L'acte de vente en cause est simulé et fait en fraude des droits des créanciers.

D'autre part, le demandeur Lavanchy, en n'ouvrant pas action en changement de réponse à son intervention n° 28, dans les trente jours dès l'assemblée des créanciers, se trouve déchu de tout droit de revendication des objets mobiliers compris dans la vente.

L. Lavanchy a recouru en nullité et, subsidiairement, en réforme contre le jugement qui précède, disant en substance:

I. *Quant à la nullité:* En la forme, la sentence a prononcé la déchéance présentée par voie exceptionnelle et tirée de l'article 815. Ce point n'est traité qu'épisodiquement, après l'examen du fond, tandis que la logique et la procédure sont d'accord pour faire décider les exceptions *avant* le fond.

De plus, la décision du Tribunal n'est pas motivée: or, un jugement qui admet une déchéance sans aucun motif est absolument nul.

II. *Quant à la réforme:* L'examen des pièces du procès, malgré les solutions, paraissant favorable au liquidateur, suffira pour faire écarter les prétentions de la masse qui n'ont aucun objectif précis.

La masse n'a pas établi : 1° Qu'elle ait, par suite de l'acte de vente, éprouvé un dommage ; 2° Que ce dommage, à supposer qu'il existe, ait été la suite de combinaisons frauduleuses. Dès lors, le jugement doit être réformé.

Sur le moyen de nullité soulevé par le recourant :

Attendu que la sentence statuant sur le moyen exceptionnel tiré de l'art. 815 Cpc. est motivée.

Attendu que le fait que les premiers juges ont examiné ce moyen exceptionnel après avoir prononcé quant au fond, est sans importance aucune.

Attendu, au surplus, que ce moyen de nullité ne rentre dans aucun des cas prévus et limités par l'art. 436 Cpc.,

Le Tribunal cantonal écarte ce moyen de nullité.

Statuant sur la réforme et examinant d'abord le moyen exceptionnel présenté par la masse Lavanchy, et fondé sur l'article 815 Cpc., le Tribunal cantonal a admis ce moyen et écarté le recours.

Motifs.

Attendu que L. Lavanchy, se disant propriétaire de biens meubles inventoriés par l'office comme appartenant à la masse en discussion des biens de F.-H. Lavanchy, est intervenu dans la faillite pour réclamer les dits meubles.

Attendu que, par réponse datée du 13 avril 1885 (confirmée par le commissaire le 9 mai suivant), le liquidateur de la masse Lavanchy a repoussé l'intervention de L. Lavanchy.

Que ce dernier n'a point ouvert action en changement de réponse à son intervention dans les trente jours dès l'assemblée des créanciers.

Considérant que L. Lavanchy a choisi pour faire valoir son prétendu droit la voie de l'intervention dans la discussion.

Que, puisqu'il avait choisi cette voie et n'était point satisfait de la réponse faite par le liquidateur, il devait observer les règles tracées par la procédure en matière de changement de réponse aux interventions. Que les délais prévus en cette matière sont péremptoires, puisque leur inobservation serait de nature à retarder indéfiniment la liquidation de la masse.

Que, dès lors, Lavanchy n'ouvrant pas action dans le délai fixé par l'art. 815 Cpc., a laissé périmer son prétendu droit.

Vaud. — Cour de cassation pénale
Séance du 24 février 1886.

Délit forestier commis par des mineurs. — Condamnation. — Art. 12 et 51 Cp.; art. 524 Cpp., et art. 239, 247, 256, 258 et 272 de la loi du 31 janvier 1873 sur les forêts.

Ministère public contre frères Lecoultre.

Les dispositions du Code pénal sur la responsabilité des mineurs ne sont pas applicables en matière forestière. (Cp. 12 et 51.)

Le Substitut du Procureur général a recouru en nullité contre le jugement rendu le 6 février 1886 par le Président du Tribunal de La Vallée qui a condamné les frères Marius et Georges Lecoultre chacun à 3 fr. d'amende pour délit forestier. Le recours estime que la loi de 1873 distingue entre les contraventions et les délits forestiers; ces derniers supposent l'intention coupable. Dès lors, les principes du Cp. sur la responsabilité des mineurs étaient applicables à l'espèce et le Président aurait dû libérer Gaspard Lecoultre et résoudre la question de discernement pour son frère Marius.

Conformément au préavis du Procureur général, la Cour de cassation pénale a écarté le recours.

Motifs.

Considérant que l'art. 51 du Cp. qui statue que « l'auteur ou » le complice d'un délit n'est passible d'aucune peine si, au » moment de l'exécution du délit, il est âgé de moins de 14 ans », n'est point applicable à la cause.

Que cela résulte, en effet, de l'art. 12 du même Code qui déclare que ces dispositions ne s'appliquent pas aux délits réprimés par la loi sur les forêts.

Qu'en outre, la loi de 1873 sur les forêts a bien prévu le cas des délits commis par des enfants âgés de moins de 16 ans qui ne peuvent être condamnés à l'emprisonnement ou à la réclusion, mais seulement à une amende et être dénoncés par le Préfet au Conseil d'Etat, lequel peut les faire placer dans un établissement de discipline (art. 256 et 258).

Que l'art. 272 de la dite loi statue encore que les maris, pères et mères sont responsables des amendes et autres conséquences pécuniaires résultant des contraventions et des délits commis par leurs femmes et enfants mineurs demeurant avec eux et non mariés, sauf recours de droit.

Considérant qu'il ressort de ces dispositions légales que le législateur n'a pas entendu appliquer les principes du Cp. sur la responsabilité des mineurs aux contraventions et délits forestiers.

Que, dès lors, le jugement dont est recours est complet et qu'il n'y a pas lieu de faire application de l'art. 524 § 2 du Cpp.

Séance du 12 mai 1886.

Reconnaissance de dette écrite sur timbre de dimension. — Contravention. — Art. 7 § *a* et 29 de la loi sur le timbre du 21 mai 1872.

Recours Schwob.

Sont soumises au timbre gradué les reconnaissances de dette, alors même qu'elles renfermeraient une convention par laquelle le créancier renonce à toute autre réclamation contre le débiteur.

Le 9 septembre 1875, Rosalie Schwob, née Picard, a souscrit, sur une feuille de timbre de 15 c., un acte par lequel elle reconnaissait devoir à son beau-frère Marx Schwob, à Bienne, pour son droit à la succession de feu son mari, la somme de 15,000 fr., payable dans un laps de temps qui ne pourra excéder 7 ans, Marx Schwob déclarant renoncer, par l'acceptation de cette somme, à toute autre réclamation.

Le même jour, dame Schwob a souscrit une reconnaissance pareille de 8000 fr. à son beau-frère Jacques, dit Benjamin Schwob, à Landeron.

Benjamin et Henri Schwob, cessionnaires de Jaques Schwob et héritiers de leur père Marx Schwob, sont intervenus en vertu de ces titres dans la discussion de veuve Schwob-Picard, ouverte à Lausanne.

Les commissaires de la masse ayant requis que la question du timbre fût soumise au préfet, ce magistat a, le 3 avril 1886, prononcé une amende de 300 fr. pour le titre de 15,000 fr. et de 160 fr. pour celui de 8000 fr., pour défaut de timbre gradué, en vertu de l'art. 29 de la loi du 21 mai 1872.

Benjamin et Henri Schwob ont recouru contre ce prononcé au

tribunal de police, en se fondant sur ce que l'acte dont il s'agit n'est pas un titre propre à saisir, n'étant ni écrit en entier de la main de veuve Schwob, ni revêtu du « bon pour »; que le timbre gradué n'est imposé qu'aux titres exécutoires et que les autres conventions sont soumises au timbre de dimension.

Le tribunal de police de Lausanne, estimant qu'il s'agit dans l'espèce de véritables titres de créance portant reconnaissance de dette, et non d'une simple convention, a, par jugement du 26 avril 1886, écarté le recours.

Benjamin et Henri Schwob ont recouru contre ce jugement concluant à être libérés de l'amende. Ils se fondent sur ce qu'il ne s'agit pas d'un acte unilatéral, mais bien d'une convention qui ne constitue dès lors pas un titre exécutoire soumis au timbre gradué.

Conformément au préavis du Procureur général, la Cour de cassation a écarté le recours.

Motifs.

Considérant que les actes produits dans la discussion Schwob-Picard sont de véritables titres de créances, portant, de la part de la débitrice, reconnaissance de dette pour les valeurs capitales de 15,000 et de 8000 fr.

Que l'expression de « convention » employée par la débitrice ne saurait nullement changer la nature de ces titres dont le caractère bien déterminé est indépendant de la circonstance que la dite expression de « convention » figure dans l'acte après la reconnaissance de dette.

Que, du reste, les titres en question n'ont été écrits qu'en un seul double remis aux créanciers et qu'ainsi Rosalie Schwob-Picard ne saurait valablement prétendre qu'il n'y a eu entre elle et ses beaux-frères qu'une simple convention.

Qu'une telle interprétation aurait pour but d'éluder la disposition impérative de l'art. 7 § *a* de la loi sur le timbre du 21 mai 1872, qui exige que les titres de créances, obligations ou billets (cédules) portant intérêt ou non, soient écrits sur papier timbré gradué lorsque leur valeur excède 100 fr.

Que c'est, dès lors, avec raison que le préfet a prononcé l'amende contre les recourants et que le tribunal de police l'a maintenue.

Résumés d'arrêts.

Appel en cause. — L'héritier, actionné par son co-héritier en paiement de la part qui lui revient, ne saurait requérir l'appel en cause de tiers, étrangers à la partie demanderesse, par le motif qu'il aurait des comptes d'association à régler avec eux.

(Juge de paix de Cossonay; jugement incident maintenu.)

TC., 4 mai 1886. Frères Magnin c. Magnin.

Assignation irrégulière. — C'est avec raison que le juge refuse de rendre jugement par défaut lorsque l'assignation n'est pas régulière (Cpc. 290 et 330).

(Juge de paix d'Ecublens; jugement maintenu.)

TC. 23 mars 1886. Baron c. Leonfelden.

Bail à ferme. — Le fermier n'a pas le droit de renoncer à exploiter lui-même la chose louée et de charger un gérant, sans le consentement du bailleur, de pourvoir à cette exploitation. En effet, une telle manière de procéder équivaudrait à un sous-affermage pour lequel le consentement du bailleur est nécessaire (CO. 306).

Cour d'appel de Zurich, 6 avril 1886. Kündig c. Stauffacher.

Dol. — Le dol de l'une des parties ne vicie le contrat que si les manœuvres dolosives dont elle a usé ont amené l'autre partie à contracter (CO. 24).

Trib. d'appel de Bâle, 27 mai 1886. Lobenstein c. Schirach.

Erreur. — Ne constitue point une erreur essentielle, de nature à infirmer le contrat, celle où s'est trouvé le fermier d'un hôtel sur la réputation et le revenu habituel de celui-ci (CO. 19).

Trib. d'appel de Bâle, 27 mai 1886. Lobenstein c. Schirach.

Fabricants. — Le fait qu'un ouvrier de fabrique contrevient aux prescriptions du règlement et aux directions qui lui sont données constitue une faute à sa charge. Toutefois, cette faute doit être envisagée comme atténuée s'il est établi qu'en fait de pareilles infractions au règlement étaient tolérées sans observation de la part des surveillants. Dès lors, l'ouvrier qui est victime d'un accident ensuite d'une faute commise par lui dans les circonstances qui viennent d'être indiquées, ne perd pas tout droit à une indemnité ; celle-ci peut seulement être réduite (art. 2 et 5 *b* de la loi fédérale du 25 juin 1881).

Trib. civil de Bâle, 30 avril 1886. Tschudin c. Stöcklin & Cie.

Faits. — Si, aux termes des art. 330 et 283 Cpc., le juge doit donner une solution aux faits prouvés par témoins, on ne saurait admettre qu'il puisse faire suivre cette solution de faits étrangers à la cause et non allégués par les parties.

(Juge de paix de Ste-Croix; jugement maintenu.)

TC., 18 avril 1886. Richon c. Mabille.

Fraude. — Lorsqu'il est établi en fait, ensuite de preuves testimoniales, qu'une convention n'a pas été conclue dans une intention frauduleuse, une telle décision est définitive et lie le Tribunal cantonal.

(Juge de paix de Belmont; jugement maintenu.)

TC., 11 mai 1886. Roulier c. Buenzod.

Intérêts. — L'exploit introductif d'instance constitue une mise en demeure suffisante pour faire courir les intérêts moratoires (CO. 119).

(Juge de paix de Rolle; jugement réformé.)

TC., 11 mai 1886. Compagnie Singer c. Polencent.

Jugement pénal. — Des pièces produites à la Cour de cassation pénale ne peuvent détruire la déclaration de culpabilité renfermée dans un jugement de police.

(Tribunal de police de Grandson; jugement maintenu.)

TC., 12 mai 1886. Chappuis.

Jugement. — Les dispositions des art. 287 et 331 Cpc. relatives à la forme des jugements sont d'ordre public. Dès lors, il y a lieu à nullité du jugement qui les aurait méconnues, par exemple d'un jugement non signé à la date qu'il indique.

TC., 18 mai 1886. Chatelan c. veuve Béchet.

Prêt. — En matière de prêt non commercial, l'intérêt n'est dû, sauf stipulation contraire, que du jour de la mise en demeure (CO. 330).

Trib. civil de Bâle, 9 avril 1886. Schweizer c. Fessl.

Recours tardif. — Le recours contre un jugement pénal doit être déposé dans les trois jours au greffe du tribunal qui a prononcé et cela pendant les heures d'ouverture déterminées par la loi.

(Tribunal correctionnel de Vevey; jugement maintenu.)

CP., 11 mai 1886. Rouge.

Revendication de meubles. — Le tiers opposant qui revendique la propriété d'objets saisis en se fondant sur un acte de vente doit établir l'identité des objets saisis et de ceux vendus.

(Juge de paix de la Tour-de-Peilz; jugement réformé.)

TC., 11 mai 1886. Mermoud c. Hauvert.

Sceau. — Le juge doit accorder son sceau à l'exploit présenté à sa signature par un mandataire muni d'une procuration régulière (Cpc. 25).

(Juge de paix de Château-d'Œx ; sceau maintenu.)

TC., 11 mai 1886. Enfants Jaquillard c. Dumas.

Suspension de cause. — Il y a lieu de suspendre l'instruction d'une cause civile, lorsqu'une enquête pénale doit être instruite sur des faits de nature à exercer de l'influence sur le résultat de la dite cause. Toutefois, le juge doit déterminer la durée de cette suspension (Cpc. 127).

(Tribunal civil du district d'Yverdon; jugement maintenu.)

TC., 2 mars 1886. Schneiter—Gaillard.

Correspondance.

M. le juge fédéral Hafner nous adresse la communication suivante, relativement à l'article bibliographique publié dans notre dernier numéro :

« Dans votre annonce de l'ouvrage de M. Flammer, « Essai sur les limites du Code fédéral des obligations », n° 22 de votre journal, vous dites, entre autres: « M. Flammer n'admet nullement, avec MM. Hafner, Haberstich et Schneider, l'impossibilité de tracer une ligne de démarcation entre les législations fédérale et cantonale. »

» Permettez-moi de vous faire observer que je n'ai jamais prétendu qu'une pareille impossibilité existât; *je trace seulement la ligne de démarcation autrement* que MM. les professeurs Roguin et Schneider, d'une part, MM. Haberstich et le juge cantonal Schneider, d'autre part, et ce par le motif que je considère leurs opinions comme contraires à la volonté du législateur fédéral, telle qu'elle ressort des dispositions du Code des obligations et de la Constitution fédérale. H. HAFNER. »

GENÈVE. — Le 22 mai, le Grand Conseil a procédé à l'élection des présidents de tribunaux: M. de Seigneux a été réélu président de la Cour de cassation, M. Bard président de la Cour de justice, M. Binder président du Tribunal civil et M. Dupont président du Tribunal de commerce.

Ch. BOVEN, notaire, rédacteur.

Lausanne. — Imp. CORBAZ & Comp.

XXXIVe ANNÉE. No 24. SAMEDI 12 JUIN 1886

JOURNAL DES TRIBUNAUX

REVUE DE JURISPRUDENCE

Paraissant à Lausanne une fois par semaine, le Samedi.

Prix d'abonnement : 12 fr. par an, 7 fr. pour six mois. Chaque numéro, 50 cent. On s'abonne à l'imprimerie CORBAZ et Cie et aux bureaux de poste. — ANNONCES : 20 centimes la ligne ou son espace.

TRIBUNAL FÉDÉRAL

Séance du 22 mai 1886.

Divorce d'époux étrangers. — Action déclarée irrecevable. — Recours de droit civil au Tribunal fédéral. — Incompétence. — Art. 56 de la loi fédérale sur l'état civil et le mariage, et art. 29 de la loi sur l'organisation judiciaire fédérale.

Recours Chazelas.

Le recours de droit civil au Tribunal fédéral (art. 29 de la loi sur l'organisation judiciaire fédérale) ne peut être exercé que contre les jugements au fond rendus par les instances cantonales.

Joseph Chazelas, citoyen français, domicilié à Genève, a exercé un recours de droit civil au Tribunal fédéral, contre l'arrêt de la Cour de justice de Genève, du 12 avril 1886, confirmant le jugement rendu par le Tribunal de Genève, le 1er septembre 1885, dans les instances en divorce que le recourant a dirigées contre sa femme, et celle-ci, reconventionnellement, contre son mari [1].

Le Tribunal fédéral n'est pas entré en matière sur le recours, pour cause d'incompétence.

Motifs.

Attendu que l'art. 29 de la loi sur l'organisation judiciaire fédérale statue que dans les causes civiles où il s'agira de l'application des lois fédérales par les Tribunaux cantonaux et lorsque l'objet du litige sera d'une valeur d'au moins 3000 fr., ou non susceptible d'estimation, chaque partie a le droit de recourir au Tribunal fédéral pour obtenir la réforme du jugement au fond rendu par la dernière instance cantonale.

Attendu que la Cour de justice s'est déclarée incompétente pour statuer sur l'action en divorce dont il s'agit, en présence de l'art. 56 de la loi fédérale sur l'état civil et le mariage, qui prescrit « qu'aucune action en divorce ne peut être admise s'il » n'est établi que l'Etat dont les époux sont ressortissants re» connaîtra le jugement qui l'aura prononcé », et que la dite Cour a estimé qu'on ne saurait, ni de la jurisprudence ou de la doctrine suivies en France, ni de la législation, ni des certificats produits par les parties, conclure que les jugements de divorce prononcés en Suisse entre Français, même en application des dispositions communes aux lois des deux pays, seront reconnus par les Tribunaux français comme compétemment rendus, et que les demandes formées par les époux Chazelas doivent en conséquence être déclarées irrecevables.

Attendu que l'arrêt en question ne se caractérise, dès lors, point comme un jugement au fond, statuant matériellement sur le litige ; que, le recours interjeté par le sieur Chazelas étant un recours de droit civil, et non un recours de droit public, aux termes de l'art. 59 de la loi sur l'organisation judiciaire fédérale précitée, le Tribunal de céans ne saurait l'examiner à ce dernier point de vue. (Voir arrêt du 6 novembre 1880, en la cause Kurr. *Recueil* VI, page 543 et suiv.)

[1] Voir ces arrêts à pages 84 et 275 de ce volume.

Vaud. — TRIBUNAL CANTONAL.

Séance du 26 janvier 1886.

Saisie de salaire. — Opposition fondée sur une cession frauduleuse. — Défaut de conclusions reconventionnelles en nullité de la cession.

Aubert contre Vallon.

Lorsqu'une opposition à saisie est fondée sur une cession du salaire saisi, le défendeur qui conclut au maintien de sa saisie et à libération de l'opposition, estimant la cession frauduleuse, n'est pas tenu de conclure reconventionnellement à la nullité de celle-ci.

Vallon a pratiqué une saisie en mains des communes de Lussy et Lully sur ce qu'elles peuvent devoir à M. comme taupier, cela pour être payé de 58 fr. 70 dus par M. au saisissant, en vertu de reconnaissance du 28 décembre 1883.

Par exploit du 24 octobre 1885, Aubert a ouvert action contre Vallon en nullité de la dite saisie.

L'instruction de la cause a établi les faits suivants :

Par acte visé pour date certaine le 8 juin 1885, M. a cédé à son gendre Aubert les salaires que les communes de Tolochenaz, Lussy et Lully lui paient annuellement et s'élevant à 430 francs, cela pour se couvrir de la pension et de l'entretien que M. reçoit chez Aubert.

M. est régent émérite et reçoit une pension annuelle insaisissable de 400 fr. par an.

Dans le courant de 1885, c'est M. et non Aubert qui a encaissé ses salaires auprès des boursiers communaux respectifs; Aubert n'a retiré qu'un acompte, le 25 septembre 1885, soit après la notification de la saisie du 18 septembre 1885.

Pendant l'été seulement, M. reçoit les repas du demandeur.

M. est âgé d'environ 65 ans; il n'a pas d'occupation pendant l'hiver.

L'assesseur vice-président de la Justice de paix de Villars-sous-Yens a écarté les conclusions prises par Aubert dans son opposition.

Aubert a recouru en réforme contre ce jugement, disant qu'il est au bénéfice d'une cession régulière dont on n'a pas demandé la nullité et qu'il ne résulte pas du dossier que cet acte soit frauduleux.

Le Tribunal cantonal a écarté le recours :

Considérant que Vallon a conclu au maintien de la saisie et à libération des fins de l'opposition à dite saisie, opposition fondée sur l'existence de l'acte de cession du 8 juin 1885.

Que, concluant ainsi qu'il l'a fait, il demandait implicitement que la cession en cause fût reconnue comme étant sans valeur.

Que, dès lors, il n'était point tenu à conclure reconventionnellement à ce que dite cession fût déclarée nulle. Qu'en effet, si ses conclusions, en la forme où il les a prises, étaient admises, la conséquence nécessaire était la mise de côté de l'acte de cession incriminé.

Attendu, d'autre part, qu'il résulte des faits définitivement acquis au procès que M. ne reçoit sa pension chez Aubert que pendant l'été et que cette pension ne vaut pas 430 fr. par an.

Qu'en outre, il est établi que c'est M. et non Aubert qui percevait son salaire chez les boursiers communaux jusqu'à la notification de la saisie en cause.

Qu'au surplus, M. retire de l'Etat une pension annuelle insaisissable de 400 fr. Qu'il n'est pas établi, ni même allégué qu'il ait fait cession de cette pension.

Qu'il résulte ainsi de l'ensemble de ces faits que M. a consenti la cession en cause en fraude des droits de ses autres créanciers et notamment des droits de Vallon.

Séance du 28 janvier 1886.

Action en répétition de l'indû. — Moyen de prescription irrecevable. — Prétendue novation. — Art. 951 et 955 Cc.

Panchaud contre Chamot.

Le demandeur en répétition de l'indû ne peut fonder son action sur la circonstance qu'il aurait payé une dette prescrite; une dette volontairement payée, alors qu'elle était prescrite, ne peut être répétée.

Si la novation faite entre le créancier et l'un des débiteurs solidaires libère les codébiteurs (Cc. 955), celle faite à l'endosseur d'un billet ne libère pas le souscripteur de celui-ci.

Avocats des parties :

MM. Carrard, pour J.-L. Panchaud, demandeur et recourant.
Jaquier, pour L. Chamot, défendeur et intimé.

Par exploit du 8 janvier 1885, Panchaud a ouvert action à Chamot pour faire prononcer que 4 billets à ordre, ensemble de

9870 fr., sont éteints contre l'instant antérieurement au 17 janvier 1884, les dits billets étant payés, et sans aucune valeur ni force contre Jean-Louis Panchaud. — 2. Qu'à titre de répétition de l'indû, le défendeur est son débiteur de 2387 fr. 51. — 3. Que le défendeur est son débiteur de 1699 fr. 42, déduction étant offerte des frais de la saisie du 17 janvier 1884, sous due justification.

Chamot a conclu à libération, tant exceptionnellement qu'au fond, sur ces conclusions.

Le Tribunal de Vevey a écarté les conclusions de la demande et admis les conclusions libératoires de la réponse.

Panchaud a recouru en réforme contre ce jugement, disant en résumé :

I. Il faut écarter d'emblée du débat la constatation de fait opérée par le Tribunal de Vevey en dehors des allégués des parties et tendant à établir l'existence d'une prétendue convention du 10 juillet 1875.

Rien, dans l'instruction de la cause, n'autorisait les premiers juges à affirmer ce fait, qui doit dès lors rester sans influence aucune.

II. Le principal moyen de J.-L. Panchaud consistait à dire que les billets en vertu desquels Chamot a pratiqué sa saisie avaient été l'objet d'une novation et étaient de ce chef éteints.

Regamey, endosseur des billets de 1875, codébiteur du montant de ces billets avec Panchaud, a souscrit pour cette même cause un seul billet à ordre de 9770 fr.

Le Tribunal de Vevey appelle ce billet un billet « d'attente ». Or, qu'est-ce en droit qu'un « billet d'attente » ?

La notion de la couverture n'a de même rien à faire dans la cause. On souscrit des billets en couverture d'un compte, mais non pas en couverture d'autres billets.

On ne saurait contester sérieusement que Regamey ne doive plus que le nouveau billet.

Les anciens sont, en effet, échus, tandis que le nouveau billet lui accorde terme pour payer. Il ne peut, du reste, devoir, et en vertu des anciens billets et en vertu du nouveau. Dans les anciens billets, il était endosseur et débiteur solidaire avec J.-L. Panchaud; dans le nouveau, il est souscripteur et seul débiteur. « Le débiteur a donc contracté envers son créancier une nou- » velle dette qui est substituée à l'ancienne, laquelle est éteinte. »

La novation est claire, évidente, et Chamot n'a pu échapper à ses conséquences qu'en invoquant à la dernière heure une prétendue convention qu'on n'a pas pu retrouver ni produire, qui n'est pas au dossier et dont ni l'existence, ni la teneur, ne sont établies par des solutions de fait.

Tous ces motifs imposent la réforme du jugement.

Le Tribunal cantonal a écarté le recours.

Motifs.

Considérant, quant au moyen tiré de la prescription invoquée par Panchaud, que la prescription est une exception qui peut être proposée par le défendeur actionné en paiement.

Que le demandeur en répétition de l'indû ne peut fonder son action sur la circonstance qu'il aurait payé une dette prescrite, puisqu'il est de principe qu'une dette volontairement payée, alors qu'elle était prescrite, ne peut être répétée.

Qu'ainsi Panchaud ne peut être admis à invoquer ce moyen tiré de la prescription.

Considérant, quant à la novation, que, dans son exposé des faits, le Tribunal de Vevey dit qu'il est résulté pour lui de l'audition des témoins qu'à la « date du 10 juillet 1875 Chamot et » Regamey souscrivirent un contrat à teneur duquel le billet » qui venait d'être créé ne resterait que comme couverture en » mains de Chamot, celui-ci conservant les 4 billets souscrits » par Panchaud et tous les droits découlant de ces billets. »

Mais, attendu que ce fait ainsi constaté n'a point été allégué par les parties.

Attendu qu'à supposer qu'il eût été allégué par Chamot, Panchaud eût pu s'opposer, cas échéant, à sa preuve testimoniale, conformément aux art. 997 et suivants Ccv.

Que, dès lors, les premiers juges ne pouvaient constater un fait qui n'avait pas été allégué et n'avait fait l'objet d'aucune preuve consignée au procès-verbal et sur laquelle la partie adverse eût été appelée à se déterminer.

Qu'ainsi il y a lieu d'écarter ce fait du débat comme non constant.

Considérant, d'autre part, que Panchaud était souscripteur des billets en cause, lesquels étaient endossés par Regamey.

Qu'à supposer que Chamot ait libéré Regamey moyennant souscription d'un nouveau billet, Panchaud n'est point fondé à dire que cette circonstance constitue une novation à son égard.

Qu'en effet, Panchaud et Regamey n'étaient pas débiteurs solidaires des billets en cause, mais que Panchaud en était le souscripteur et Regamey l'endosseur.

Que l'endosseur n'est tenu qu'à défaut du souscripteur.

Que, si l'on peut attaquer l'endosseur avant le souscripteur, ce n'est point parce que l'endosseur aurait contracté *solidairement* la même dette que le souscripteur vis-à-vis du créancier, mais bien parce que le porteur tient le billet de l'endosseur et peut s'adresser à ceux qui le précèdent et ont reconnu avoir reçu la valeur dont lui, porteur, demande le paiement.

Qu'ainsi, soit les endosseurs qui précèdent l'endosseur libéré, soit à plus forte raison le souscripteur, ne peuvent se plaindre, puisqu'ils ne pouvaient recourir contre l'endosseur qui les suit.

Considérant que Panchaud n'est pas fondé à argumenter de ce que Regamey aurait été libéré, puisque que cette circonstance ne lui causerait aucun tort quelconque.

Considérant, dès lors, que la novation alléguée par Panchaud n'existe pas.

Attendu que les art. 951 et 955 Cc. ne sont point applicables.

Séance du 9 février 1886.

Engagements particuliers consentis par le discutant en dehors du concordat. — Nullité. — Opposition à saisie; conclusions libératoires du saisissant. — Art. 799 Cpc.

Bruschi contre Cornu.

La nullité des engagements particuliers consentis en dehors du concordat par le discutant est d'ordre public (Cpc. 799). Dès lors, même le débiteur concordataire est admis à se prévaloir de cette nullité.

En 1883, au moment où A. Bruschi a été admis à faire cession de ses biens à ses créanciers, il était, entre autres, débiteur de Cornu.

Ce dernier intervint dans la discussion de Bruschi, fut reconnu créancier et colloqué dans la classe des chirographaires pour la somme de 85 fr. 25.

Pour obtenir de Cornu son adhésion à l'homologation d'un concordat, Bruschi souscrivit en faveur du dit Cornu un billet de change de 85 fr. 50, non daté et sans échéance. Il promit à

Cornu de le lui payer plus tard. Cornu avait la faculté de le dater et d'y inscrire l'échéance.

C'est ce qu'il a fait, et c'est en vertu de ce billet qu'a été pratiquée la saisie dont Bruschi demande la réduction à 17 fr. 50.

Vu ces faits, le juge de paix de Sainte-Croix a accordé à Cornu ses conclusions libératoires et rejeté celles du demandeur.

Bruschi a recouru en réforme contre ce jugement, en disant qu'il est constant que le billet en cause a été souscrit après remise de bilan et avant l'homologation d'un concordat et que, dès lors, il est nul aux termes de l'art. 799 Cpc.

Le Tribunal cantonal a admis le recours.

Motifs.

Attendu qu'il est définitivement acquis au procès, ensuite de preuves testimoniales, que le billet sur lequel repose la saisie en cause a été souscrit entre la remise de bilan de Bruschi et l'homologation de son concordat.

Qu'il résulte de l'ensemble des faits de la cause que Cornu, créancier de Bruschi, a adhéré au concordat moyennant signature de ce billet portant sur l'entier de la somme à lui due.

Que Bruschi a obtenu son concordat moyennant paiement du 20 °/₀ des sommes qu'il devait.

Attendu, d'autre part, que Bruschi a opposé à la saisie pratiquée par Cornu en rappelant les faits ci-dessus constatés.

Qu'il n'était point tenu d'indiquer sur quel article de la loi il se fondait pour conclure ainsi qu'il l'a fait.

Que de l'ensemble des faits allégués par Bruschi, il ressortait qu'il opposait parce qu'il estimait que le billet en cause souscrit dans les circonstances ci-dessus rappelées était nul.

Qu'ainsi il n'est point exact, ainsi que l'affirme l'intimé dans son mémoire, que Bruschi ait fait valoir, pour la première fois, dans son acte de recours, le moyen tiré de l'art. 799 Cpc.

Considérant, d'autre part, que Bruschi, concluant à la réduction partielle de la saisie, demandait par là même que le billet en cause fût reconnu comme étant sans valeur pour une partie de son montant.

Qu'ainsi, il n'avait pas besoin de conclure, *en la forme*, à la nullité du billet, puisque, à supposer que ses conclusions en réduction de saisie fussent admises, ce fait avait pour résultat la réduction partielle de la somme pour laquelle le billet faisait titre contre le souscripteur.

Considérant, enfin, que l'art. 799 Cpc. dispose que « tout engage-» ment particulier consenti en dehors du concordat par le dis-» cutant est nul et de nul effet. »

Qu'il résulte de la généralité des termes de cet article, que non-seulement les tiers lésés peuvent demander la nullité de pareils engagements, mais encore les parties en cause elles-mêmes.

Qu'en effet, le législateur voulant poser le principe que seuls les créanciers frustrés pouvaient recourir à l'action paulienne, l'a dit en termes exprès : « Les créanciers peuvent attaquer les » actes faits par leurs débiteurs en fraude de leurs droits. » (Cc. 866.)

Que, par contre, l'art. 799 Cpc. ne parle pas de tiers lésés, mais dit formellement, et sans faire aucune réserve, que *tout engagement particulier* consenti en dehors du concordat par le discutant est *nul.*

Que la *ratio legis* indique que l'art. 799 Cpc. doit recevoir une interprétation absolument stricte, puisque le but évident du législateur a été d'empêcher qu'un créancier souscrivît à un concordat moyennant certains avantages particuliers à lui et constituant *ipso facto* une lésion des droits des autres créanciers perdants.

Que cette nullité est d'ordre public et qu'ainsi même le débiteur concordataire peut invoquer le bénéfice de l'art. 799, second alinéa, Cpc.

Que, du reste, le créancier auquel on oppose avec succès cet article ne peut se plaindre, puisqu'il n'est créancier qu'ensuite d'une convention constituant une collusion frauduleuse entre son débiteur et lui.

Séance du 10 février 1886.

Recours en nullité. — Défaut de solution de faits. — Moyen exceptionnel admis sans examen du fond. — Saisie opérée en vertu d'un acte non visé en lieu de timbre ; nullité. — Art. 283, 436 et 444 Cpc. ; art. 9 et 28 de la loi du 21 mai 1872 sur le timbre.

Schindler contre Bürgisser.

Lorsqu'une preuve testimoniale, bien que annoncée sur un fait, n'a pas été administrée, le juge n'a pas à résoudre celui-ci (Cpc. 283).

Le grief consistant à dire que le tribunal a admis un moyen exception-

nel, sans examiner le fond, ne rentre dans aucun des cas de nullité prévus et limités par l'art. 436 Cpc.

L'acte qui, devant être muni du visa en lieu de timbre, ne l'est pas, ne saurait revêtir le caractère d'un titre exécutoire (art. 28 de la loi du 21 mai 1872). Le législateur a voulu priver de toute force, au moins temporairement, l'acte qui, soumis, sous une forme ou sous une autre, au droit de timbre, n'aurait pas acquitté cet impôt spécial.

Avocats des parties :

MM. Decollogny, pour B. Schindler, défendeur et recourant.
Blanc, pour R. Bürgisser, demandeur et intimé.

Schindler a pratiqué une saisie mobilière générale au préjudice de Bürgisser pour, en qualité d'héritier de son neveu, être payé de 700 fr. en vertu de reconnaissance du 1er mai 1876.

Bürgisser a opposé et conclu à ce qu'il fût prononcé : 1° Que cette saisie est nulle; 2° subsidiairement, que la dite saisie est entachée de plus-pétition et qu'elle doit être réduite à 500 fr.

Ce jugement repose sur le motif unique que le titre fondant la saisie n'était pas muni, au jour où l'exploit de saisie a été scellé, du visa en lieu de timbre exigé par la loi sur le timbre du 21 mai 1872, art. 9 et 28.

Schindler a recouru contre ce jugement, disant : *Quant à la nullité :* 1° le demandeur a dit vouloir prouver le fait n° 4 par témoins. Or le Tribunal n'a pas rendu sa décision sur ce point (Cpc. 283 et 436). 2° le tribunal de 1re instance a admis une exception, mais n'a pas examiné le fond.

Quant à la réforme : Le tribunal d'Avenches a mal appliqué la loi aux faits reconnus constants.

Sur les conclusions en nullité :

Attendu que, sous n° 4, Bürgisser a allégué ce qui suit : « Plus » tard le demandeur a remboursé à G.-Ad. Schindler, de la » main à la main, en espèces, le solde par 500 fr. du capital de » l'obligation du 1er mars 1879. »

Qu'à l'audience préliminaire du 21 novembre 1885, le demandeur a dit vouloir prouver ce fait n° 4 « par le témoignage de Gottfried Binsegger », ajoutant ce qui suit :

« Le demandeur a fait d'actives recherches pour retrouver ce » témoin actuellement domicilié en Amérique.

» Toutefois, si, dans la quinzaine le demandeur ne peut in» diquer à l'office le domicile du témoin, il ne s'opposera pas à » l'assignation de la cause pour les débats et le jugement. Le » témoin serait entendu par commission rogatoire. »

Qu'à l'audience de jugement du 23 décembre 1885, il a été consigné au procès-verbal ce qui suit :

« Aucune preuve par témoin n'ayant été entreprise, le président donne lecture des conclusions des parties. »

Qu'il résulte ainsi des procès-verbaux de la cause que la preuve testimoniale annoncée sur le fait n° 4 n'a pas été administrée et que le tribunal n'avait pas à résoudre ce fait.

Qu'ainsi il n'y a pas lieu à faire application de l'art. 436 §§ *b* et *c* du Cpc.

Considérant, d'autre part, que le moyen de nullité consistant à dire que le tribunal d'Avenches a admis un moyen exceptionnel sans examiner le fond ne rentre pas au nombre des cas prévus et limités par l'art. 436 Cpc.

Sur le moyen de réforme :

Examinant d'abord le moyen exceptionnel soulevé par le demandeur.

Attendu qu'aux termes de l'art. 9 de la loi du 21 mai 1872 sur le timbre, tout titre de créance souscrit à l'étranger est soumis au visa en lieu de timbre.

Qu'à teneur de l'art. 28 de la même loi, tout acte qui, devant être muni d'un visa, ne le serait pas, ne pourra servir à opérer la preuve littérale au civil aussi longtemps que le porteur n'aura pas fait viser en lieu de timbre cet acte ou cette pièce.

Considérant qu'au jour de la saisie dont est opposition, l'acte à la base de ce procès n'était pas écrit sur papier timbré vaudois, ni visé en lieu de timbre.

Attendu qu'il résulte tant des travaux préparatoires de la loi sur le timbre que des textes mêmes de cette loi que le législateur a voulu priver au moins temporairement de toute force l'acte qui, soumis sous une forme ou une autre au droit de timbre, n'aurait pas acquitté cet impôt spécial.

Qu'un acte, dans de telles conditions, ne peut avoir le caractère de titre exécutoire, puisque le législateur lui dénie même la simple faculté de « servir à opérer la preuve littérale au civil. »

Qu'en effet, la qualité de *titre exécutoire* attachée à un acte est un bénéfice d'un degré bien supérieur au bénéfice consistant à pouvoir opérer la preuve littérale au civil.

Attendu que le seul moyen d'assurer l'exécution stricte de la loi sur le timbre est d'appliquer rigoureusement les principes susénoncés.

Qu'en effet, si l'on admettait dans l'espèce actuelle qu'un visa postérieur à la présentation de l'acte au Juge de paix et la signature par ce magistrat de l'exploit de saisie, couvre son irrégularité au jour de la saisie, on arriverait à cette conséquence que l'impôt sur le timbre pourrait n'être acquitté que dans les cas où il y aurait opposition de la part du débiteur saisi.

Que la seule sanction efficace de la loi sur le timbre réside dans cette circonstance que le créancier saisissant qui n'aura pas fait régulariser son titre avant d'agir risquera une opposition de la part du débiteur saisi.

Le Tribunal cantonal admet ce moyen exceptionnel, écarte le recours et maintient le jugement du 23 décembre 1885.

Séance du 13 mai 1886.

Evocation en garantie. — Clause compromissoire. — Déclinatoire.

J. Chappuis et Cie contre Commune d'Yverdon.

Si, d'une manière générale, l'évocation en garantie laisse subsister le for du procès et ne peut provoquer le déclinatoire de la part de l'évoqué, ce principe souffre cependant exception lorsque l'évoqué est au bénéfice d'une convention déterminant un for spécial ou des juges spéciaux pour le règlement des difficultés qui peuvent surgir entre parties, comme un compromis arbitral.

Avocats des parties :

MM. Berdez, pour J. Chappuis et Cie, évoqués et recourants.
Blanc, pour Commune d'Yverdon, défenderesse et intimée.

La Commune d'Yverdon a adjugé à J. Chappuis et Cie la construction d'un nouveau pont sur la Thièle, en remplacement du pont de bois qui existait pour mettre en communication la ville avec le faubourg de Gleyres.

Les travaux de l'entreprise ont été terminés le 30 septembre 1880 et la réception des travaux a eu lieu le 1er octobre 1880.

L'art. 10 du cahier des charges, signé le 4 mars 1880, statue « que le talus devra être établi d'une certaine façon pour éviter toute dégradation dans le mur voisin de la maison Dubath et que l'entrepreneur est tenu de prendre toutes les précautions nécessaires pour éviter des avaries quelconques à l'immeuble susmentionné, et les mesures qu'exige cette condition ne peuvent faire l'objet d'une rémunération spéciale. Elles seront comprises dans le prix d'unité pour le déblai au-dessus de l'eau. Il est du reste responsable de tout dommage qui pourrait être causé à cet immeuble et à d'autres par le fait de la construction du pont en général. »

A l'art. 45 du cahier des charges, il est dit :

« Toute contestation qui pourrait s'élever entre la municipalité et l'adjudicataire, au sujet de l'exécution de son marché, sera jugée par un tribunal arbitral composé de 3 membres, dont un nommé par chaque partie et le troisième désigné par le président du Tribunal d'Yverdon. »

R. Dubath, boulanger à Yverdon, a ouvert action à la Commune d'Yverdon et à l'entreprise du dessèchement des marais de l'Orbe, pour faire prononcer : 1° Qu'elles sont tenues à réparer le dommage provenant soit de leur fait, soit des personnes dont elles répondent, causé à son bâtiment, art. 1089, f° 10, n° 46 du cadastre d'Yverdon; 2° qu'indépendamment du dommage proprement dit causé à sa maison, qui doit être démolie, elles sont tenues de lui bonifier les frais de tous genres nécessités par les nombreuses opérations qui ont eu lieu à partir du mois de juin de l'année 1878, ainsi que le préjudice apporté à sa clientèle, à l'usage de ses logements, au service de son industrie, *etc.*, etc.; 3° qu'à ces divers titres, les prédites entreprises et commune sont solidairement tenues de lui payer la somme de 22,000 fr. avec intérêt, à dater de la citation en conciliation, modération de justice réservée.

La Commune d'Yverdon a évoqué en garantie personnelle Chappuis et Cie, constructeurs à Nidau.

De son côté, l'entreprise du dessèchement des marais de l'Orbe a évoqué en garantie l'Etat de Vaud et l'entrepreneur Ch. Nivert, à Vallorbes, lequel, de son côté, a aussi évoqué l'Etat.

Procédant sur la réponse de la Commune d'Yverdon, qui a pris des conclusions subsidiaires contre eux, Julien Chappuis et Cie ont déposé une demande exceptionnelle, dans laquelle ils ont conclu à ce que, le déclinatoire étant admis, la Commune d'Yverdon soit renvoyée à mieux agir et la cause reportée devant le Tribunal arbitral compétent.

La Commune d'Yverdon a conclu à libération du déclinatoire soulevé.

Julien Chappuis et Cie ont allégué qu'ils sont domiciliés à Nidau. Ils ont déclaré fonder subsidiairement le déclinatoire sur l'art. 59 Const. féd. et sur leur domicile à Nidau. La Commune d'Yverdon a estimé ce moyen tardif.

Par jugement du 1er avril 1886, le Tribunal d'Yverdon a repoussé la demande en déclinatoire.

Chappuis et Cie ont recouru contre ce jugement.

Le Tribunal cantonal a admis les conclusions en déclinatoire formulées par les recourants.

Motifs.

Considérant que l'évoqué en garantie doit être envisagé vis-à-vis de l'évoquant comme un véritable défendeur.

Qu'il en a ainsi tous les droits.

Considérant que si, d'une manière générale, d'après le Code de procédure en vigueur dans le canton de Vaud, l'évocation en garantie laisse subsister le for du procès et ne peut provoquer le déclinatoire de la part de l'évoqué, ce principe souffre des exceptions; c'est ainsi qu'il n'est pas applicable à l'évoqué qui est au bénéfice d'une convention déterminant un for spécial ou des juges spéciaux pour le règlement des difficultés qui peuvent surgir entre lui et l'évoquant, comme un compromis arbitral.

Que, dans l'espèce, l'art. 45 du cahier des charges détermine un for spécial et renvoie devant des arbitres *toute contestation* qui pourrait s'élever entre la Commune d'Yverdon et Chappuis et Cie au sujet de l'exécution du contrat.

Que le dit article ne fait pas de distinction entre les contestations qui s'élèvent directement entre les parties et celles provenant du fait d'un tiers, puisqu'il dit « toute contestation ».

Que l'art. 10 du cahier des charges, bien loin de déroger aux dispositions de l'art. 45 précité, prévoit précisément des difficultés qui peuvent donner lieu à l'application du dit art. 45.

Que le procès actuellement pendant entre Dubath, la Commune d'Yverdon et divers, et qui a donné lieu à la présente évocation en garantie, rentre justement dans les cas prévus à l'article 10 du cahier des charges.

Qu'ainsi les conclusions prises par la Commune d'Yverdon contre J. Chappuis et Cie dans le procès entre celle-ci et Dubath doivent être soumises à des arbitres, conformément à l'article 45 précité.

Que, dès lors, le déclinatoire soulevé par J. Chappuis et Cie est fondé.

Considérant que, dans ces circonstances, il n'y a pas lieu d'examiner le moyen subsidiaire de J. Chappuis et Cie.

TRIBUNAL DE POLICE DU DISTRICT DE LAUSANNE

Séance du 21 mai 1886.

Présidence de M. Dumur.

Pratique illégale de l'art de guérir. — Amende. — Loi du 13 mars 1886 sur l'organisation sanitaire.

Recourant : F. B., assisté de M. l'avocat Carrard.

Nous croyons intéressant de publier le jugement ci-après, qui est le premier rendu en application de loi vaudoise sur l'organisation sanitaire, promulguée récemment.

Le 6 avril 1886, le bureau de police sanitaire a dénoncé au Préfet du district de Lausanne F. B., cafetier, lequel avait appliqué un pansement pour fracture d'une jambe à un nommé D. et pratiqué ainsi illégalement l'art de guérir.

Ensuite d'enquête à ce sujet, le Préfet a, le 24 avril 1886, prononcé une amende de 100 fr. contre B. pour avoir contrevenu à l'art. 22 de la loi du 13 mars 1886 sur l'organisation sanitaire en pratiquant l'art de guérir sans y être autorisé comme le veut la loi.

B. a recouru contre ce prononcé, en se fondant :

1° Sur ce que la loi qui lui a été appliquée lui était inconnue; l'existence de cette loi nouvelle n'ayant été annoncée dans la *Feuille des avis officiels* que le 23 avril 1886, c'est-à-dire postérieurement à la contravention;

2° Qu'au surplus l'amende devrait être réduite.

Considérant que le recourant B. reconnaît avoir donné des soins chirurgicaux à diverses personnes, en 1885 et 1886, et spécialement que, dès le 2 avril, il a soigné le nommé D. pour une fracture de jambe, qui, dit-il, est en bonne voie de guérison.

Que B. a ainsi pratiqué l'art de guérir sans être porteur d'un diplôme ou d'une autorisation spéciale, et qu'il tombe, de ce chef, sous le coup ou de la loi du 1er février 1850, article 233, ou de la loi du 13 mars 1886, art. 233.

Considérant que cette dernière loi a été donnée sous le grand sceau de l'Etat le 13 mars 1886, pour être exécutoire dès et compris le 1er avril 1886 et que le Conseil d'Etat en a ordonné la promulgation le 22 mars 1886.

Qu'à teneur de la loi du 23 mai 1832 sur la promulgation des lois, décrets et arrêtés, une loi est exécutoire le même jour dans tout le canton en vertu de la promulgation qui est faite par ordre du Conseil d'Etat.

Que l'art. 5 de cette loi énumère les formalités requises pour la promulgation, en indiquant :

a) L'affichage au pilier public;

b) Le dépôt de trois exemplaires à la secrétairerie municipale et, cas échéant,

c) La publication au son de la caisse.

Que, dans l'espèce, rien n'établit que l'une ou l'autre de ces formalités ait fait défaut et que le recourant n'allègue aucune irrégularité à ce sujet.

Que si l'art. 9 de la loi précitée parle de l'annonce, dans la *Feuille des avis officiels*, des lois, avec l'indication du jour où elles deviennent exécutoires, il dit expressément qu'il s'agit des lois promulguées et qu'ainsi l'annonce dans les feuilles publiques n'est pas une des formalités nécessaires à la promulgation.

Que le recourant tombe ainsi sous les dispositions de l'art. 233 de la loi du 13 mars 1886 sur la police sanitaire.

Mais considérant qu'en fait, la Chancellerie du Conseil d'Etat n'a donné l'avis relatif à l'existence de cette nouvelle loi que le 19 avril 1886, et que ce n'est que le 23 du même mois que cet avis a paru dans la *Feuille officielle.*

Qu'il y a lieu de tenir compte de cette circonstance et du fait aussi que rien n'établit que les soins chirurgicaux donnés par B. aient eu de fâcheux résultats,

Le Tribunal maintient en principe le prononcé de M. le Préfet du district de Lausanne en date du 24 avril 1886, mais réduit l'amende prononcée à la somme de vingt-cinq francs.

B. est condamné à tous les dépens.

Ch. Boven, notaire, rédacteur.

Lausanne. — Imp. CORBAZ & Comp.

XXXIVe Année. N° 25. Samedi 19 Juin 1886

JOURNAL DES TRIBUNAUX

REVUE DE JURISPRUDENCE

Paraissant à Lausanne une fois par semaine, le Samedi.

Prix d'abonnement : 12 fr. par an, 7 fr. pour six mois. Chaque numéro, 50 cent. On s'abonne à l'imprimerie Corbaz et Cie et aux bureaux de poste. — Annonces : 20 centimes la ligne ou son espace.

La situation de la presse vis-à-vis du Code des obligations.

Après avoir subi quelques condamnations, basées sur l'art. 55 du Code des obligations, plusieurs journaux ont entamé une campagne contre le dit article, du moins en ce qui concerne son application aux matières de presse. A les entendre, la mission de la presse, déjà si ingrate et si difficile dans notre pays, est devenue impossible grâce à la loi fédérale.

Nous n'entendons nullement prendre part au débat dans un sens ou dans l'autre, nous tenons seulement à faire savoir que tous les intéressés ne sont pas du même avis. Le *Bund*, entre autres, a soutenu, à diverses reprises, les thèses suivantes :

Premièrement: « C'est une grave erreur de prétendre qu'une attaque contre l'honneur ne doit pas être réparée au moyen d'une somme d'argent. »

Deuxièmement; « La liberté de la presse n'est pas atteinte par le fait que la presse est soumise au régime du droit commun. »

De son côté la *Nouvelle Gazette de Zurich* a traité la question dans un article assez étendu, elle arrive aux mêmes conclusions, s'exprimant à peu près comme suit :

I

L'action basée sur l'art. 55 du Code des obligations est uniquement une action en dommages-intérêts, qui existe par elle-même et indépendamment de toute sentence pénale. Cette action est issue d'une norme juridique dont on ne saurait faire abstraction, lors même qu'on abrogerait l'art. 55. En effet, cette norme n'a pas été inventée ni édifiée artificiellement, c'est la conséquence logique et nécessaire du développement de la législation; il n'y aurait pas moyen d'y porter atteinte en raison des principes qui dominent actuellement dans le domaine du droit et de sa formation.

La règle n'existait pas en droit romain. A Rome personne ne pouvait réclamer des dommages-intérêts, à moins d'établir un dommage matériel; les diffamations, les souffrances morales ne donnaient droit à aucune indemnité; même le corps et la santé d'un homme libre ne peuvent pas faire l'objet d'une appréciation en argent, disait un adage romain. Mais dans la seconde moitié du XVIIe siècle, l'action en dommages-intérêts pour douleurs éprouvées, désignée sous le *Schmerzensgeldklage*, naquit dans le droit coutumier allemand, cette action créa un droit que la législation romaine avait refusé ensuite des idées et des mœurs de l'époque. Seulement, cette action allemande n'appartenait qu'à celui qui avait subi des souffrances corporelles, art. 54 du Code des obligations. La jurisprudence française moderne a étendu une telle action aux souffrances morales, au *tort moral*, ainsi que l'exprime l'art. 55. Cette extension est le développement logique et nécessaire d'un principe parfaitement établi. Sur ce point le droit positif est en plein accord avec la morale. En effet, de même qu'il serait illogique qu'un individu qui est tenu à une indemnité en cas de lésions corporelles échappât à toute action en cas de tort moral causé par lui, de même il serait immoral qu'un particulier pût occasionner un dommage quelconque sans être obligé à une réparation aussi complète que possible.

Que l'indemnité, c'est-à-dire une somme d'argent, et la douleur éprouvée soient deux choses de nature absolument différente, cela ne saurait rien changer à la question, car, ainsi que l'a très bien dit un jurisconsulte allemand, dans le domaine du droit il faut souvent chercher un élément d'appréciation, un point de comparaison entre des choses qui diffèrent fort entre elles. Du reste, parfois ne nous est-il pas arrivé de récompenser avec de l'argent des services inappréciables ou de réparer de notre plein gré, également avec de l'argent, certaines vexations ?

Il est des individus qui sont plus sensibles aux attaques des journaux qu'aux douleurs physiques les plus intenses et nous estimons qu'ils agissent conformément au droit et à la morale en recourant à une action en dommages-intérêts, à teneur de l'art. 55, en cas de diffamation. La loi qui leur refuserait tout droit à une indemnité irait bien plus contre le véritable sentiment de l'honneur que celle qui le leur reconnaît.

Cette action-là enfin n'a rien de commun avec la réparation d'honneur organisée par les lois pénales, soit par sentence judiciaire, soit par voie de rétractation forcée de la part du défendeur, et c'est une manière tout à fait fausse de parler que dire : celui qui réclame des dommages-intérêts se fait acheter son honneur.

Si, en sus de l'action civile de l'art. 55, un particulier diffamé veut exercer une poursuite pénale, il en a le droit, mais il peut avoir de bonnes raisons pour s'en abstenir.

Ces raisons seront, par exemple, une prescription inconnue, la crainte des désagréments qu'entraîne une poursuite correctionnelle, soit, cas échéant, un procès devant le jury, ou bien la circonstance qu'une rétractation forcée serait considérée comme sans valeur sérieuse vu la situation du délinquant, ou bien le fait qu'en cas de condamnation la peine serait dérisoire, une mince amende.

En effet, on a vu souvent le diffamé recourir à la voie civile, moins dans le but d'obtenir un avantage pécuniaire que parce qu'il croit mieux atteindre par là son adversaire ; c'est du reste un fait qu'on voit se produire à propos d'autres délits. En pareil cas, l'obligation d'indemniser résultant du délit apparaît plutôt comme une pénalité et les tribunaux ont l'habitude d'en tenir compte dans l'estimation de la somme à payer.

II

La liberté de la presse demande qu'il ne soit pas fait de loi d'exception, elle exige que la presse ne soit point soustraite au droit commun, c'est ce qui arriverait immanquablement au cas où l'on déclarerait que l'art. 55 du Code fédéral n'est pas applicable à la presse.

En réalité, la liberté de la presse n'a rien à voir dans la question, à moins qu'on ne confonde cette liberté avec la licence. En effet, ou bien, pour que la presse puisse remplir son mandat et accomplir son œuvre, il est nécessaire que les attaques contre les personnes demeurent irrecherchables, ou bien l'art. 55 doit déployer ses effets. Poser la question, c'est la résoudre.

Si les procès de presse basés sur l'art. 55 ont augmenté considérablement dans certains endroits ces derniers temps, cela ne prouve nullement que la liberté de la presse a subi une atteinte depuis que le Code fédéral est en vigueur, il en appert seulement qu'on avait beaucoup abusé de cette liberté jusqu'à présent et qu'on en abuse encore à l'heure qu'il est.

Nous admettons que les tribunaux ne devront pas adjuger trop facilement des indemnités en vertu de l'art. 55. Mais il est essentiel, avant tout, que les journaux renoncent d'eux-mêmes aux personnalités blessantes. C'est le seul moyen de mettre un terme à de tels procès. F. NESSI, avocat.

TRIBUNAL FÉDÉRAL

Séance du 28 mai 1886.

Lettre de change. — Recours faute de paiement. — Protêt irrégulier. — Libération du garant. — Art. 762 et 815 CO.

Schlesinger et Cie contre Banque fédérale.

L'officier public qui dresse un protêt doit, lorsqu'il trouve quelqu'un au domicile du tiré, s'enquérir si celui-ci ne se trouve pas à la maison, et, dans le cas de l'affirmative, le faire sommer de paraître; ce n'est qu'après que cette tentative est demeurée sans résultat que l'acte de protêt peut être dressé contre le tiré, comme contre une personne absente (CO. 815 § 3).

Est nul et ne peut fonder un recours, faute de paiement, contre les endosseurs, l'acte de protêt qui ne mentionne pas si le tiré a pu être trouvé à son domicile (CO. 762).

Avocats des parties:

MM. HOFFMANN, à Bienne, pour Schlesinger et Cie, recourants.

BREITMEYER, à la Chaux-de-Fonds, pour Banque fédérale, intimée.

Le 6 août 1885, Paul Walker, fabricant d'horlogerie à Bienne, fit, par première de change à l'ordre de lui-même, traite sur dame veuve Walker-Kopp, au dit lieu, pour une somme de 4500 francs, payable le 5 novembre suivant.

Cette traite fut acceptée le dit 6 août par la veuve Walker, et endossée en blanc à Schlesinger et Cie, à la Chaux-de-Fonds.

Schlesinger et Cie endossèrent, le 7 août 1885, la dite traite à la Banque fédérale, comptoir de la Chaux-de-Fonds.

La Banque fédérale ayant indiqué la Banque populaire de Bienne en qualité d'intervenante au besoin, en cas de non-paiement, endossa, le 15 août 1885, cette traite à la Banque commerciale neuchâteloise, laquelle, par endos régulier du 30 octobre, la remit à la Banque cantonale de Berne.

Cette traite n'ayant pas été payée à son échéance, la Banque cantonale de Berne, comptoir de Bienne, la remit le lendemain à F. Moll, huissier près le Tribunal de première instance au dit lieu, aux fins de la présenter pour paiement au tiré et accepteur, dame veuve Walker, et faute par elle de s'exécuter, de lever protêt conformément à l'art. 815 CO.

L'huissier Moll accepta son mandat et expédia, le 6 novembre 1885, un acte authentique de la teneur suivante :

(Copie de la lettre de change et des endossements.)

Protêt. A la réquisition de la Banque cantonale, succursale de *Bienne*, porteur de l'effet, j'ai présenté ce jour pour paiement l'original de la lettre de change ci-dessus transcrite au domicile de veuve Walker-Kopp, à Bienne, et j'ai obtenu pour réponse, de son fils Albert Walker, qu'il n'était pas d'accord que sa mère payât cette traite. Sur ce, je me suis transporté à la Banque populaire de Bienne, intervenante au besoin, laquelle a déclaré vouloir payer la lettre de change en question, après protêt, pour honneur de la *Banque* fédérale, comptoir de la Chaux-de-Fonds.

Le paiement réclamé n'ayant ainsi pas été obtenu, j'ai dressé *protêt* et rédigé, à cet effet, le présent acte, pour sauvegarder tous les droits, conformément aux art. 814 et 815 du Code fédéral des obligations.

Bienne, le 6 novembre 1885. (Signé) Moll, huissier.

Lorsque la traite ainsi protestée fut présentée en retour à Schlesinger et Cie, cette maison opposa aux poursuites, soit au recours de change que la Banque fédérale dirigea contre elle en paiement du dit effet.

Schlesinger et Cie fondaient leur opposition sur l'allégation que le protêt levé par l'huissier Moll n'est pas conforme aux exigences de l'art. 815 chiffres 3 et 4 CO., et que, dès lors, à teneur de l'art. 762 ibid., aucun recours ne saurait être exercé contre le tireur et les endosseurs.

La Banque fédérale ayant ouvert action à Schlesinger et Cie, le 1er décembre 1885, en paiement du dit effet, les défendeurs maintinrent leur opposition.

Dans sa réponse, la Banque fédérale a conclu au rejet de l'opposition.

Statuant sur la seule question en litige, à savoir celle de la validité du protêt du 6 novembre 1885, le Tribunal cantonal de Neuchâtel a, par arrêt du 4 mars 1886, reconnu la régularité de cet acte et déclaré l'opposition mal fondée.

C'est contre cet arrêt que Schlesinger et Cie recourent au Tribunal fédéral, concluant à ce qu'il lui plaise leur accorder les conclusions de leur opposition, c'est-à-dire :

a) Déclarer bien fondée cette opposition ;

b) Prononcer la radiation du commandement de payer du 1er décembre 1885 ;

c) Condamner la Banque fédérale à tous les frais et dépens.

Le Tribunal fédéral a admis le recours et réformé l'arrêt du Tribunal cantonal de Neuchâtel.

Motifs.

1. Le recours faute de paiement ne peut, à teneur de l'article 762 CO., être exercé contre le tireur et les endosseurs d'une lettre de change, que lorsque la présentation au paiement et le défaut de paiement ont été constatés par un protêt dressé en temps utile, disposition d'où ressort l'importance de cette formalité.

L'art. 815 énumère les conditions que doit réaliser le protêt et lorsque cet acte n'a pas été dressé dans la forme voulue par la loi, il est évident qu'il ne saurait être considéré comme valide.

Il suit de là que le protêt doit nécessairement remplir toutes les conditions légales.

2. L'art. 815 précité contient, en matière d'instrumentation du protêt, des prescriptions spéciales, selon que cet acte doit être dressé en présence ou en l'absence du protesté.

Dans le premier cas, ce document doit contenir la sommation de payer faite à celui contre qui le protêt est dressé, sa réponse ou la mention qu'il n'en a pas donné.

Dans l'espèce, l'acte de protêt ne contient aucune de ces indications, et c'est dès lors avec raison que soit les parties, soit le Tribunal cantonal ont admis que cet acte ne répond pas à ces exigences et qu'un semblable protêt ne doit pas être considéré comme existant en l'espèce.

3. Il reste donc à rechercher si l'acte de protêt remplit les conditions exigées alors que la personne contre laquelle il est dressé est absente. Dans ce cas, le chiffre 3 de l'art. 815 CO. exige que l'acte de protêt contienne l'indication que cette personne n'a *pu* être trouvée, c'est-à-dire que non-seulement elle n'a pas été rencontrée, mais que, malgré sa requête, il n'a pas été possible à l'officier instrumentaire de remplir sa mission à son égard. Cet officier doit, aux termes de cet article, lorsqu'il trouve quelqu'un au domicile de la dite personne, s'enquérir si elle ne se trouve pas à la maison, et, dans le cas de l'affirmative, la faire sommer de paraître; ce n'est qu'après que cette tentative est demeurée sans résultat que l'acte de protêt doit être dressé.

Il doit en tout cas ressortir avec certitude de cet acte que la personne en question n'a pas été trouvée.

Le protêt dressé par l'huissier Moll, en constatant seulement *que* l'officier instrumentaire a présenté l'effet au domicile de la dame Walker-Kopp, et que le fils de celle-ci lui a répondu « qu'*il* n'était pas d'accord que sa mère payât cette traite », n'établit pas d'une manière indubitable et précise que la dame Walker n'était pas présente en ce moment. Même en admettant que cette constatation de l'acte de protêt puisse faire présumer cette absence, elle ne saurait équivaloir à une certitude. La possibilité de la présence de la dame Walker n'est point exclue, et en assimilant la prédite énonciation de protêt à la constatation indispensable exigée par l'art. 815 CO. pour la validité de cet acte, l'arrêt dont est recours s'est livré, par la voie d'une induction ou d'une présomption, à une interprétation que rien n'autorise. (V. Thöl, *Handelsrecht*, I, 31; Schneider et Fick, *Commentaire*, ad art. 815, chiffre 5; Wächter, *Wechsellehre*, page 322; Bédarride, *Commentaire du Code de commerce*, n° 558; Nougnier, *Des lettres de change*, 4e édition, n° 1256, etc.)

Le défaut de constatation d'une circonstance aussi importante que celle de l'absence du tiré ne saurait être suppléé par la voie du raisonnement et d'une simple hypothèse, même vraisemblable.

A ce premier point de vue, le protêt litigieux n'est donc pas conforme aux exigences de la loi et l'opposition au recours de change basé sur cet acte apparaît comme fondée.

4. Mais à supposer même qu'il puisse être admis que le dit protêt constate d'une manière suffisante le fait de l'absence du tiré lors de l'instrumentation de l'acte, ce document n'en serait pas pour cela conforme aux conditions requises par l'art. 815 CO.

Cette disposition exige, en effet, la mention, dans le protêt, non-seulement que le tiré n'a pas été rencontré dans son domicile, mais encore celle du fait qu'il n'a pas *pu* y être trouvé, ce qui suppose nécessairement, de la part du fonctionnaire instrumentaire, tout au moins une information spéciale en vue de cette constatation. Or, le protêt en question garde un silence absolu sur toute investigation de ce genre; il n'en résulte, en particulier, nullement que le tiré n'ait *pu* être atteint dans son domicile, et cette constatation, indispensable pour que les endosseurs puissent se rendre compte de la situation qui leur est faite, est précisément, aux termes de l'art. 815 précité, un des *essentialia*, et, partant, une des conditions de la validité de l'acte.

Il suit de tout ce qui précède que le protêt dressé le 6 novembre 1885 par l'huissier Moll, en ne mentionnant pas, conformément au prescrit impératif de l'art. 815 CO., si le tiré a pu être trouvé à son domicile, est entaché d'un vice essentiel, lequel doit entraîner sa nullité, et que le recours faute de paiement ne peut ainsi, aux termes de l'art. 762 CO., être exercé contre les endosseurs.

Les vacances du Tribunal fédéral ont été fixées du 2 au 28 août.

Résumés d'arrêts.

Consentement. — D'une manière générale, et même en matière commerciale, le simple fait de garder le silence sur une offre ou sur un avis ne peut être envisagé comme une acceptation ou comme une ratification. Le consentement tacite ne peut être admis que s'il existe des circonstances particulières, par exemple si les parties sont en correspondance habituelle et que l'une d'elles ait précédemment chargé l'autre d'agir au mieux de ses intérêts.

TF., 15 mai 1886. Weiller et Picard c. Dukas et Cie.

Double imposition. — Il n'existe une double imposition contraire à la Constitution fédérale que si la même personne se trouve astreinte à l'impôt par deux cantons pour le même objet et pour le même temps. Il n'y a donc pas double imposition, lorsque la même personne est imposée, dans un canton, pour le produit de son travail, et, dans un autre canton, pour sa fortune mobilière.

TF., 15 mai 1886. Torche c. Etat de Vaud.

Frais. — Lorsque, dans l'ordonnance de renvoi devenue définitive, deux affaires pénales ont été envisagées comme connexes et que la même personne a été renvoyée en police à la fois comme plaignant et comme prévenu, elle peut, si la plainte est reconnue abusive, être condamnée à tous les frais, même si elle est libérée des fins de l'accusation dirigée contre elle (Cpp. 444).

(Tribunal de police de Vevey; jugement maintenu.)

CP., 18 mai 1886. Fischer c. Breuer.

Lettre de change. — Par l'endossement d'une lettre de change, l'endosseur perd tous droits à la propriété de celle-ci (CO. 728 et 735).

Le porteur d'une lettre de change qui a endossé celle-ci, transmettant ainsi ses droits à des tiers par les endossements qui figurent sur l'effet, ne peut se prévaloir du simple fait que ce dernier est en sa possession pour justifier de sa propriété. Il importe peu qu'il eût pu, en fait, biffer les endossements postérieurs à celui par lequel il est devenu porteur (CO. 755).

TF., 21 mai 1886. Schrameck c. masse Dreyfuss.

Louage de services. — Le patron ne saurait être rendu responsable des frais occasionnés par le traitement médical de son ouvrier, pour une maladie prolongée que ce dernier a contractée par sa faute (CO. 341).

(Juge de paix de Nyon; jugement réformé.)

TC., 18 mai 1886. Bœsch c. De Miéville.

Opposition. — Lorsqu'une saisie a lieu en vertu d'un jugement exécutoire, le débiteur ne peut opposer sur le fond, à moins que l'opposition ne s'appuie sur un titre postérieur au jugement constatant l'exécution totale ou partielle (Cpc. 412).

(Juge de paix d'Ollon; sceau révoqué.)

TC., 18 mai 1886. Borloz c. Dulex.

Partage. — Le copropriétaire d'un immeuble indivis ne peut s'opposer à la nomination d'un notaire chargé de procéder à la licitation de cet immeuble. S'il entend s'opposer au partage, il doit procéder ultérieurement par la voie de la procédure contentieuse (Cpc. 972, 973, 965, 968, et Cc. 1189.)

(Président du Tribunal de Vevey; jugement maintenu.)

TC., 1er juin 1886. Lappé c. Valentin et Baumann.

Preuve testimoniale. — La compagnie d'assurances qui a délivré une quittance de prime ne peut établir par témoins ou par serment que cette quittance aurait été donnée à une autre date que celle qui y est énoncée, ni que l'assurance n'aurait couru qu'à partir d'un jour postérieur à celui indiqué (Cc. 974).

(Président du Trib. de Lausanne; jugement incident maintenu.)

TC., 18 mai 1886. *La Zurich* c. Kunz et consorts.

Récidive. — En cas de première récidive d'abus de confiance, le Tribunal de police ne peut prononcer une peine supérieure à 150 jours de réclusion et 5 ans de privation des droits civiques (Cp. 69 § *a* et 310 § *c*; Cpp. 24 et 30).

(Tribunal de police de Payerne; jugement réformé.)

CP., 27 mai 1886. Borgeaud.

Recours. — La déclaration de recours contre une sentence municipale, faite au rapport de celle-ci, en séance de la municipalité, équivaut à celle prévue par l'art. 503 Cpp. (déclaration verbale de recours au greffe municipal dans les deux jours) et doit dès lors être envisagée comme valable.

(Municipalité de Bex; sentence maintenue.)

CP., 18 mai 1886. Richard.

Saisie. — L'erreur de plume renfermée dans un exploit de saisie doit être envisagée comme sans importance, si le saisi n'a pu ignorer ni la nature de la dette qui lui est réclamée, ni le nom de la personne qui lui a notifié la dite saisie.

(Juge de paix d'Ollon; sceau révoqué.)

TC., 18 mai 1886. Borloz c. Dulex.

Saisie. — Le juge ne peut se récuser pour accorder son sceau à un exploit de saisie que s'il a avec l'une des parties des relations de nature à compromettre son impartialité, ou qu'il ait un intérêt moral ou matériel à la poursuite dirigée contre le débiteur (Cpc. 484, 94 et 99).

(Juge de paix de Grandcour; recours admis.)

TC., 27 mai 1886. Etat de Vaud c. Rapin.

FRIBOURG — Loi fédérale sur la poursuite et la faillite.

Le Conseil d'Etat a chargé une commission spéciale d'examiner le projet de loi fédérale sur les poursuites et les faillites et de lui présenter un préavis qui serait communiqué aux membres de la députation fribourgeoise aux Chambres fédérales.

Cette commission consultative a été composée de MM. Charles *Weck*, directeur de la justice ; Pierre *Gottrau*, président du Tribunal cantonal ; *Clerc*, doyen de la faculté de droit ; *Wuilleret*, député au Conseil national ; Paul *Æby*, député au Conseil national ; *Perrier*, procureur-général ; *Repond*, professeur de droit ; *Python*, professeur de droit ; *Berset*, président du Tribunal ; *Grivet*, avocat, et *Gendre*, agent de poursuites.

Vaud. — TRIBUNAL CANTONAL.

Séances des 23 mai et 1er juin 1886.

Transport d'objets fragiles par chemins de fer. — Avarie. — Responsabilité de la Compagnie. — Art. 31, 32 § 4, 33 et 36 de la loi fédérale du 20 mars 1875 ; art. 84 § 16, 88, 89 et 124 § *d* du règlement de transport du 9 juin 1876.

Suisse Occidentale-Simplon et Paris-Lyon-Méditerranée c. Baud.

En matière de transports par chemins de fer, toute avarie est présumée avoir eu lieu après la réception de la marchandise par le chemin de fer, si, dans la lettre de voiture, il n'est fait aucune mention que la marchandise était avariée au moment de sa consignation (art. 31 de la loi du 20 mars 1875). La preuve contraire est autorisée (art. 33), mais il ne suffit pas d'établir que les colis ont subi plusieurs transbordements avant leur remise au chemin de fer, pour faire admettre qu'ils étaient avariés lors de leur consignation.

Pour être admises à limiter leur responsabilité pour le transport des objets fragiles, les compagnies doivent insérer dans la lettre de voiture une réserve désignant spécialement les défauts de la marchandise et de l'emballage et les signaler à l'expéditeur (art. 32 de la loi et art. 124 du règlement).

La compagnie en mains de qui la marchandise est parvenue en dernier lieu peut être actionnée pour les avaries qui ont eu lieu dans tout le cours du transport (art. 36 de la loi).

Les tribunaux vaudois ne peuvent faire application de lois étrangères que si elles sont établies au procès.

Avocats des parties :

MM. E. Correvon, pour Suisse Occidentale-Simplon, défenderesse et recourante.

Pellis, pour Paris-Lyon-Méditerranée, évoquée en garantie et recourante.

Dubois, pour Eugène Baud, demandeur et intimé.

E. Baud, antiquaire à Lausanne, a ouvert à la Compagnie S.-O.-S. une action en paiement, à titre d'indemnité pour bris de la principale pièce d'un marbre d'art antique, fontaine, soit lavabo d'église, en marbre d'Istria, les sommes suivantes : *a)* 1200 fr. ; *b)* 40 fr. 05 pour frais d'expertise ; *c)* 72 fr. 70 pour frais de transport acquittés à la S.-O.-S., sous réserve des droits du demandeur ; *d)* 3 fr. 45 pour frais de douane.

La Compagnie S.-O.-S. a évoqué en garantie la Compagnie P.-L.-M., qui a pris place au procès.

La Compagnie P.-L.-M. a dénoncé à son tour l'instance à Cerf fils et L. Siegel, antiquaires à Cannes, mais ceux-ci ont décliné l'évocation en garantie.

La Compagnie S.-O.-S. a conclu : 1° à libération ; 2° subsidiairement, et pour le cas où cette 1re conclusion ne lui serait point accordée, à faire prononcer que la Compagnie P.-L.-M. doit la garantir de toute condamnation qui pourrait être prononcée contre elle en faveur du demandeur Baud.

La Compagnie P.-L.-M. a conclu à libération : *a)* des conclusions formulées par le demandeur Baud contre la Compagnie S.-O.-S. ; *b)* des conclusions subsidiaires formulées par la dite Compagnie.

Elle a conclu, en outre, à ce qu'il lui soit accordé acte des réserves qu'elle fait de recourir contre Cerf et Siegel pour le cas où, contre toute attente, la Compagnie P.-L.-M. serait l'objet d'une condamnation quelconque.

Par jugement du 25/26 mars, le Tribunal civil de Lausanne a admis les conclusions de Baud, en réduisant toutefois la conclusion sous litt. *a* à 1000 fr. ; il a repoussé les conclusions libératoires de la S.-O.-S., mais admis ses conclusions subsidiaires contre le P.-L.-M. ; de plus, il a repoussé les conclusions libératoires du P.-L.-M. mais lui a donné acte de ses réserves. Quant aux dépens, le Tribunal a dit que la S.-O.-S. paiera les frais faits par Baud. mais pourra se récupérer, tant de ces frais que des siens, sur le P.-L.-M. qui est condamné aux dépens.

Le Tribunal a basé sa décision sur les motifs ci-après:

L'art. 31 de la loi de 1875 sur les transports par chemins de fer impose aux compagnies une responsabilité générale dont elles ne peuvent s'exonérer qu'en prouvant que l'avarie était antérieure à la réception de la marchandise.

Les compagnies peuvent limiter leur responsabilité pour les objets fragiles (art. 32 § 4 de la loi précitée et § 124 du règlement de transport des chemins de fer suisses du 19 juin 1876).

Mais, pour être mises au bénéfice de ces dispositions exceptionnelles, les compagnies doivent établir que les objets étaient particulièrement fragiles et même susceptibles de se briser ou de se détériorer par le fait seul d'un transport même normal.

Il faut encore que la Compagnie justifie que l'expéditeur était tenu de payer un prix de transport autre que celui réellement payé.

Elles doivent d'ailleurs insérer une réserve dans la lettre de voiture (art. 124 litt. *h* du règlement précité).

C'est aux compagnies qu'il incombe de prendre leurs précautions; l'expéditeur n'a pas d'autre obligation que celle de protéger la marchandise par un emballage suffisant et d'indiquer que l'objet est fragile (art. 88 et 89 du dit règlement).

Si les tableaux et autres objets d'art peuvent faire pour le transport l'objet d'une entente spéciale (art. 84, chiffre 16 du règlement), ce sont les compagnies qui doivent provoquer et exiger cette entente.

Les bassins n'étaient pas de nature à souffrir par le seul fait du transport, c'est pourquoi l'art. 124 litt. *d* du règlement de transport n'est pas pas applicable à l'espèce; en tous cas, même si cet article était applicable, la compagnie aurait dû insérer une réserve dans la lettre de voiture (art. 124 litt. *h* ci-dessus rappelé).

L'art. 31 § 4 de la loi sur les transports par chemins de fer vise un déficit, mais non une avarie et ne s'applique pas aux transports d'objets fragiles.

Le P.-L.-M. aurait dû vérifier le bon état des marchandises transportées.

Baud, ayant fait toutes réserves de ses droits et ayant acquis les objets litigieux, a le droit de se mettre en lieu et place de l'expéditeur.

La S.-O.-S. et le P.-L.-M. ont recouru contre ce jugement en reprenant leurs conclusions;

La S.-O.-S. fonde son recours sur les motifs suivants :

Les caisses adressées à Baud ont subi 2 transbordements avant d'être remises à la Compagnie P.-L.-M.

Les bassins qu'elle renfermaient ont été déballés et réemballés.

Les deux colis ont séjourné du 13 au 20 décembre 1883 dans le magasin Cerf, soit pendant 7 jours, sans que l'on puisse savoir ce qui s'est passé pendant ce laps de temps et si à ce moment-là ces caisses n'ont pas été renversées ou déplacées sans précautions.

Comme les colis ne portent aucune trace apparente de détérioration, la recourante peut, à bon droit, supposer que leur contenu n'a pas été endommagé par son fait.

Il y a donc lieu d'appliquer à l'espèce le 4e alinéa de l'art. 31 de la loi fédérale précitée.

En outre, la responsabilité des chemins de fer est expressément limitée par le § 124 du règlement de transport du 9 juin 1876, litt. *d* en particulier.

La Compagnie estime que le bris survenu est la conséquence naturelle de la fragilité des marbres transportés et qu'ainsi le § 124 lettre *d* du règlement précité devient applicable à l'espèce.

La Compagnie P.-L.-M. a invoqué, à l'appui de son recours, tous les moyens ci-dessus présentés par la Compagnie S.-O.-S., puis des moyens qui lui sont spéciaux, savoir :

a) La loi du 20 mars 1875 dit expressément à son article 1er qu'elle est destinée aux chemins de fer suisses et le règlement du 9 juin 1876 dispose de même; en conséquence, la loi suisse n'est pas applicable à la Compagnie P.-L.-M., mais bien la loi française, qui ne renferme aucun dispositif créant à la charge des compagnies de chemins de fer la présomption de faute et de responsabilité.

b) Baud a disposé des marbres, objet du litige; dès lors, la Compagnie P.-L.-M. est exonérée de toute responsabilité, puisqu'elle est dans l'impossibilité elle-même d'exercer un recours contre n'importe qui.

Le Tribunal cantonal a confirmé le jugement.

Motifs.

A. *Sur le recours de la Compagnie S.-O.-S.*

Considérant que la lettre de voiture du 20 décembre 1883, en vertu de laquelle les colis en litige ont été transportés de Cannes à Lausanne, ne renferme aucune réserve en faveur de la Compagnie P.-L.-M. ou de la Compagnie S.-O.-S.

Que l'art. 31 de la loi du 20 mars 1875 statue que « toute avarie est présumée avoir eu lieu après la réception de la marchandise par le chemin de fer, si dans la lettre de voiture il n'est fait aucune mention que la marchandise était avariée au moment de sa consignation. »

Que si le dernier alinéa de l'article fait exception au principe posé ci-dessus, lorsque la fermeture et l'emballage du colis sont extérieurement intacts lors de la livraison et qu'en même temps le poids soit trouvé conforme au poids reconnu lors de la consignation, cette disposition ne s'applique pas aux avaries, mais vise seulement le déficit sur le contenu.

Que la loi précitée (art. 33) autorise la preuve contre les présomptions mentionnées à l'art. 31.

Que la Compagnie S.-O.-S. a établi que les deux colis avaient subi divers transbordements avant leur remise au chemin de fer à Cannes, mais une telle constatation n'est pas suffisante pour faire admettre que les colis étaient avariés lors de leur remise au chemin de fer.

Qu'ainsi les colis doivent être considérés comme ayant été intacts au moment de leur consignation en mains de la Compagnie P.-L.-M.

Considérant qu'à teneur de l'art. 32 de la loi sur les transports par chemins de fer, les compagnies peuvent limiter leur responsabilité dans certains cas prévus par la dite loi et les règlements.

Qu'ainsi, pour les objets fragiles, s'il n'a pas été payé un prix de transport supérieur au tarif, la présomption peut être établie que le bris de ces objets qui, dans le cas particulier et en supposant un transport tout à fait normal, pourrait être la suite naturelle de leur fragilité, a eu réellement cette cause (art. 32 § 4 de la loi et § 124 litt. *d* du règlement du 9 juin 1876).

Considérant, d'autre part, que la compagnie qui veut se mettre au bénéfice des dispositions prévues à l'art. 32 § 4 de la loi et § 124 litt. *d* du règlement précités, doit, à teneur du dit règlement, § 124, insérer dans la lettre de voiture une réserve désignant spécialement les défauts de la marchandise et de l'emballage et les signaler à l'expéditeur.

Considérant que, dans l'espèce, la lettre de voiture, comme il a été dit ci-dessus, ne contient aucune réserve de ce genre.

Considérant enfin que, suivant l'art. 36 de la loi sur les transports par chemins de fer, la compagnie en mains de qui la marchandise est parvenue en dernier lieu peut être actionnée pour les avaries qui ont eu lieu dans tout le cours du transport.

Qu'ainsi peu importe que le bris dont s'agit ait été fait avant ou après la remise des marchandises à la S.-O.-S.,

Le Tribunal cantonal rejette le recours de la Compagnie S.-O.-S.

B. *Sur le recours de la Compagnie du Paris-Lyon-Méditerranée :*

1° Sur les moyens qui lui sont communs avec la Compagnie S.-O.-S., considérant que ces moyens ne sauraient être accueillis par les motifs développés ci-dessus.

2° Sur le moyen consistant à dire que la loi suisse, et en particulier la loi du 20 mars 1875 et le règlement du 9 juin 1876, ne sont pas applicables à la Compagnie du P.-L.-M. qui est une compagnie française.

Considérant que la Compagnie P.-L.-M. a admis l'évocation en garantie à elle signifiée par la Compagnie S.-O.-S. et qu'elle a pris place au procès.

Considérant qu'en acceptant la juridiction des tribunaux suisses, bien qu'elle n'y fût pas obligée par la loi et les traités, elle s'est soumise à l'empire de la loi suisse.

Considérant, en outre, que la Compagnie P.-L.-M. n'a pas établi au procès et n'a pas même allégué les dispositions de la loi française qui, cas échéant, seraient applicables à l'espèce et que le Tribunal cantonal les ignore.

Ch. Boven, notaire, rédacteur.

Lausanne. — Imp. CORBAZ & Comp.

XXXIVe Année. N° 26. Samedi 26 Juin 1886

JOURNAL DES TRIBUNAUX

REVUE DE JURISPRUDENCE

Paraissant à Lausanne une fois par semaine, le Samedi.

Prix d'abonnement : 12 fr. par an, 7 fr. pour six mois. Chaque numéro, 50 cent. On s'abonne à l'imprimerie Corbaz et Cie et aux bureaux de poste. — Annonces : 20 centimes la ligne ou son espace.

Limitation des pouvoirs des associés en nom collectif.

L'art. 561 du Code fédéral des obligations est ainsi conçu :

« Chaque associé autorisé à représenter la Société a le droit de faire au nom de celle-ci tous les actes juridiques et toutes les affaires que comporte le but de la Société.

» Toute clause qui limiterait ses pouvoirs est nulle et de nul effet à l'égard des tiers de bonne foi.

» Est excepté le cas où, d'après l'inscription faite sur le registre du commerce, la Société ne peut être engagée que par la signature collective de plusieurs des associés. »

Il y a quelque temps, il a été présenté pour l'inscription dans le registre du commerce un extrait de contrat de société en nom collectif qui renferme le passage suivant :

« Chaque associé aura la signature sociale et pourra agir séparément au nom de la société; *cependant, pour toutes les opérations dépassant la somme de 5000 fr., la signature collective des deux associés sera nécessaire.* »

Le Bureau fédéral du registre du commerce estima que la publication de l'extrait du contrat de société limitant les pouvoirs des associés était contraire aux prescriptions du CO., notamment de l'art. 561 précité; il retourna, en conséquence, au préposé cantonal l'extrait dont il s'agit, en motivant son opinion de la manière suivante :

« Cette question ayant donné lieu à des appréciations divergentes, et l'alinéa 2 de l'art. 561 du CO. étant interprété de diverses manières, nous avons soumis dernièrement ce point à l'examen de M. le professeur Dr P. Speiser, à Bâle, ainsi qu'à celui du Département fédéral de justice.

Ensuite des préavis que nous avons reçus, nous avons dû reconnaître de nouveau « que la limitation des pouvoirs conférés à un associé autorisé à représenter une société en nom collectif, *ne peut* (à l'exception du CO. 561, al. 3) être inscrite au R. C. »

De même que pour le fondé de procuration (CO. 423), l'étendue des pouvoirs de l'associé d'une société en nom collectif, autorisé à représenter la société, est *légalement* déterminée (551); il en est autrement pour les autres pouvoirs conférés (426) et pour les attributions des membres des sociétés simples (543, al. 3), dont la nature et l'étendue découlent du contrat intervenu entre le représentant et le représenté (39, al. 1 en regard de al. 2). Or, dans sa séance du 7 juillet 1883, le Conseil fédéral a décidé qu'il n'y avait pas lieu d'inscrire au R. C. les pouvoirs ainsi limités; comme aussi, dirigé par les mêmes principes, il a également décidé, le 4 avril 1884, que les sociétés simples (524) ne pouvaient être inscrites au R. C.

L'étendue des pouvoirs déterminés par l'art. 561, pour les associés autorisés à représenter une société en nom collectif, ne peut être modifiée par des dispositions particulières; dans le cas contraire, cette institution perdrait la majeure partie de sa valeur, qui consiste précisément dans le fait que le public n'a pas à apprécier, dans chaque cas spécial, si un associé en nom collectif, dûment autorisé à représenter la société, peut contracter valablement ou si l'étendue de ses pouvoirs s'y oppose.

Aussi l'inscription de telles limitations de pouvoirs n'est-elle tolérée dans aucun des pays chez lesquels l'institution du R. C. a été introduite.

Il est, en outre, intéressant de savoir que dans aucun des quatre avant-projets du CO., y compris celui présenté par le Département fédéral de justice et police (571), en juillet 1879, et adopté *in globo* par le Conseil fédéral, ne se trouvent les mots « de bonne foi » qui figurent après « tiers » dans le 2e alinéa de l'art. 561 CO.

L'introduction de ces mots dans le texte définitif, probablement par la commission de rédaction chargée de revoir la loi au point de vue de l'épuration du texte, ne pouvait, ne devait et ne voulait avoir la signification d'un amoindrissement ou même d'une suppression touchant une disposition renfermée dans plusieurs articles de la loi et qui établit que l'étendue légale des pouvoirs ne peut être limitée à l'égard des tiers.

La réserve des tiers « de bonne foi » insérée dans l'art.561, al. 2 (et 423), ne veut donc pas dire que, par le fait de l'inscription au R. C., la limitation des pouvoirs convenue entre des associés puisse également être opposée valablement aux tiers. En effet, si telle était l'idée que l'on eût voulu énoncer, une distinction entre les tiers « de bonne foi » et ceux « de mauvaise foi » n'eût eu aucun sens. Aussi ce que l'on a entendu exprimer par l'adjonction des mots « de bonne foi » c'est simplement (ainsi que l'admet aussi M. le Dr Speiser) que des tiers sachant parfaitement que des associés (ou des fondés de procuration) abusent de la signature sociale en vue d'intérêts personnels, ne pourront invoquer cette disposition. (Comparer aussi avec les *Commentaires* de M. le juge féd. Dr Hafner, art. 423, note 7, et de M. le professeur Schneider, art. 561, note 5.)

Dans le cas particulier, l'inscription demandée ne paraît pas non plus justifiée en présence du texte 561, al. 3. Ce n'est pas par hasard ou involontairement que le texte allemand renferme le mot « uberaupt » (c'est-à-dire « exclusivement », expression qui ne se trouve pas dans le texte français, mais dont l'idée ressort de la phrase elle-même) dans l'alinéa précité. Il en résulte clairement qu'on ne saurait admettre que, dans certains cas, *chaque* associé ou *un* associé déterminé pourrait signer valablement, tandis que, dans d'autres cas, la signature de deux ou de *tous* serait indispensable. »

Il résulte des instructions qui précèdent que toute clause limitative des pouvoirs des associés ne peut être opposée aux tiers et que la signature donnée par l'un, sous la raison sociale, engage valablement la société, quand bien même elle excéderait la limite fixée par le contrat social.

Cette interprétation est conforme à un jugement rendu par le Tribunal civil du district de Lausanne, le 13 mars écoulé (affaire Parisot et Cie contre Chapon). Les sieurs Aguet et Parisot, associés sous la raison A. Parisot et Cie, avaient fait insérer au registre du commerce et dans la *Feuille officielle* que, pour tout achat et pour tout engagement financier, la signature des deux chefs était nécessaire. Un fournisseur réclama à la société le paiement de marchandises vendues à l'un des associés seulement, mais l'autre associé se mit au bénéfice de la clause limitative insérée au registre du commerce.

Le Tribunal de Lausanne estima que la société était engagée et admit les conclusions du demandeur.

Mais le Tribunal cantonal, par arrêt du 13 avril, publié à page 297 du *Journal des Tribunaux*, réforma à l'unanimité le jugement de première instance et décida que les achats faits par un seul des associés, à l'insu de l'autre, ne sauraient lier la Société. La solution eût sans doute été différente après la lettre du Département fédéral publiée ci-dessus.

TRIBUNAL FÉDÉRAL

Séance du 5 juin 1886.

Répétition de l'indu. — Application d'une législation étrangère. — Incompétence du Tribunal fédéral. — Art. 29 de la loi sur l'organisation judiciaire fédérale.

Seitivaux contre Chapalay et Mottier.

Les obligations nées d'un quasi-contrat, par exemple d'un paiement effectué indûment, sont soumises à la loi du lieu de l'acte sur lequel l'obligation se fonde.

Le sieur de Fleury s'est marié avec dame Claire Hélène d'Hautpoul sous le régime dotal, aux termes de leur contrat de mariage passé devant Me Carlier, notaire à Paris, le 29 mars 1843, et tous les biens présents et à venir de Mme de Fleury ont été constitués en dot.

Par acte du 20 décembre 1869, reçu par Me Duval, notaire à St-Germain-en Laye (France), de Fleury a donné à sa femme la procuration la plus étendue aux fins de régir tant les biens communs aux deux époux que ceux personnels à chacun d'eux. Cet acte donne spécialement à dame de Fleury le pouvoir de toucher tous intérêts, loyers, arrérages de rente, tous revenus échus et à échoir, tous capitaux qui pourraient être dus soit au mari, soit à la femme, de vendre, céder et transporter toutes rentes, actions et obligations de quelque nature et sous quelque dénomination que ce soit, de faire tous transports ou cessions quelconques et d'en recevoir le prix.

En vertu de cet acte, dame de Fleury a, par convention verbale des 5 janvier et 27 mars 1878, remis aux sieurs Chapalay et Mottier, banquiers à Genève, six titres de rente française trois pour cent et un titre quatre et demi inscrits en son nom, aux fins de servir de garantie pour les avances qu'ils seraient appelés à faire, et avec pouvoir de toucher eux-mêmes les coupons trimestriels en remboursement de leurs prêts. D'autre part, Chapalay et Mottier sont en possession de plusieurs billets à ordre souscrits par dame de Fleury en 1881 et 1882 et ils restent créanciers de quatorze mille francs environ.

Par jugement du Tribunal de la Seine du 24 juin 1882, la dame de Fleury a été pourvue d'un conseil judiciaire; son mari s'est ensuite adressé au même Tribunal pour demander que sa femme fût tenue de lui restituer des titres de rente qui, pour la plupart, étaient les mêmes que ceux remis à Chapalay et Mottier.

Dame de Fleury s'y est refusée en déclarant qu'elle les avait donnés en nantissement à des tiers pour sûreté d'avances que ceux-ci lui avaient faites. Le mari repoussa ce moyen et, passant sous silence la procuration délivrée par lui à sa femme, il invoqua exclusivement le principe de l'inaliénabilité de la dot et le droit du mari de faire siens les revenus des biens dotaux.

Par jugement du 29 décembre 1882, le Tribunal de la Seine a admis les motifs invoqués par de Fleury, déclaré qu'il n'y avait pas lieu de rechercher quels pouvaient être les droits des tiers, puisque ceux-ci n'étaient pas en cause, et prononcé que, faute par dame de Fleury d'avoir restitué les titres réclamés, son mari était autorisé à se pourvoir auprès du ministre des finances pour obtenir de nouvelles inscriptions portant la même immatricule que les titres non représentés.

Le 22 juillet 1882 déjà, le sieur de Fleury s'était adressé au ministère des finances à Paris, requérant que les mesures nécessaires soient prises pour qu'à l'avenir les arrérages des titres de rente en question soient payés seulement à Paris, en mains du dit de Fleury, et, par office du 17 août suivant, le ministère a avisé le requérant qu'un empêchement administratif avait été mis au transfert et au paiement de ces inscriptions de rente.

Le 19 juin 1883, Chapalay et Mottier ont perçu à la recette

particulière de St-Julien la somme de 12,657 fr. 50, montant des coupons déposés en garantie par la dame de Fleury.

Seitivaux, en qualité de trésorier général du département de la Haute-Savoie, s'est pourvu au Tribunal de commerce de Genève contre Chapalay et Mottier en restitution de la dite somme comme ayant été indûment payée contrairement à un empêchement administratif qui frappait les titres au profit de de Fleury. Chapalay et Motier ont repoussé la demande, en soutenant qu'en vertu de la procuration donnée par le mari à sa femme et des conventions verbales intervenues entre les intimés et celle-ci, ils avaient eu le droit de toucher la somme susdite.

Par jugement du 12 février 1885, le Tribunal de commerce a débouté le demandeur de ses conclusions.

Appel ayant été formé contre cette décision, la Cour de Justice civile a, par arrêt du 5 avril 1886, confirmé la sentence des premiers juges.

C'est contre cet arrêt que E. Seitivaux recourt au Tribunal fédéral, concluant à ce qu'il lui plaise le réformer et le mettre à néant, adjuger au recourant ses conclusions en paiement de la somme de 12,657 fr. 50 avec intérêts dès le 10 août 1883 et condamner Chapalay et Mottier à tous les dépens.

Le Tribunal fédéral a décidé de ne pas entrer en matière sur le recours, pour cause d'incompétence.

Motifs.

Le Tribunal fédéral doit rechercher d'abord et d'office s'il est compétent pour prononcer en la cause, conformément à l'article 29 de la loi sur l'organisation judiciaire fédérale.

La demande se base sur ce que les titres de rente française, dont les coupons ont été présentés à la recette particulière le 19 juin 1883 par les sieurs Chapalay et Mottier et payés par elle à ces derniers, étaient alors des non-valeurs ensuite d'un empêchement administratif dont les autorités françaises avaient frappé le paiement des susdits titres; qu'en conséquence le paiement effectué se caractérise comme un indû, dont le montant est répété à titre d'indû.

Abstraction faite de ce que tous ces faits allégués pour établir l'indû se sont passés antérieurement au 1er janvier 1883 (art. 882 CO.), la question litigieuse au fond tombe en tous cas sous l'empire des lois françaises et non des lois fédérales. En effet, d'après l'opinion presque unanime des auteurs, les obligations nées d'un quasi-contrat sont soumises à la loi du lieu de l'acte sur lequel l'obligation se fonde; c'est en particulier le cas de l'obligation, ensuite de perception de l'indû, qui donne lieu à la *condictio indebiti*, et la loi du lieu où le paiement a été effectué lui est donc applicable (V. Bar., *Internationales Privatrecht*, p. 315; Asser, *Conflit des lois*, n° 40; Fœlix, *Traité de droit international*, I, p. 260).

Or, dans l'espèce, non-seulement le paiement, dont la restitution est réclamée, a eu lieu en France, mais encore, ainsi que cela résulte de l'exposé ci-dessus, tous les faits sur lesquels la demande s'appuie pour établir l'indû, soit l'existence d'un empêchement administratif mettant obstacle au paiement valable des coupons, se sont produits dans le même pays.

Le litige étant ainsi régi par le droit français, il échappe, aux termes de l'art. 29 précité de la loi sur l'organisation judiciaire fédérale, à la compétence du Tribunal de céans.

Vaud. — TRIBUNAL CANTONAL.

Séance du 16 février 1886.

Vente. — Résiliation. — Restitution d'un acompte payé. — Art. 71 CO., et art. 972 Cc.

Schopfer contre veuve Cottier.

Le vendeur qui a reçu un acompte sur le prix de vente est tenu de le restituer si le marché vient à n'être pas exécuté (CO. 71).

La veuve Cottier a ouvert action à Schopfer en paiement de 21 fr. 90.

Le Juge de paix du cercle de Begnins a admis les conclusions de la demanderesse, estimant que le défendeur a reconnu avoir reçu 21 fr. 90 sans avoir aucunement démontré sa libération partielle.

Schopfer a recouru en réforme contre le jugement qui précède, demandant que les conclusions de veuve Cottier fussent réduites à *6 fr. 90*.

Le recours a été écarté.

Attendu que Schopfer a admis que ce paiement constituait un acompte.

Qu'il n'a pas allégué que cette somme lui eût été remise à titre d'*arrhes*.

Qu'il n'a d'autre part nullement établi qu'il eût mis sa partie adverse en demeure d'exécuter le marché.

Qu'il n'a de même pas établi qu'elle lui eût causé un dommage.

Qu'ainsi Schopfer a reçu les 15 fr. en question en vertu d'une cause qui ne s'est pas réalisée et doit les restituer.

Vu les art. 71 CO. et 972 § 2 Cc.

Séance du 23 février 1886.

Pouvoirs pour agir. — Procureur-juré et femme mariée. — Articles 25, 71, 72 et 73 Cpc.

Banque cantonale contre Pauline Petit.

La femme mariée n'a pas besoin d'autorisations pour requérir le sceau d'un exploit d'opposition ; elle peut justifier sa vocation en produisant la demande (Cpc. 74).

La Banque cantonale vaudoise a pratiqué, au préjudice de Pauline Petit, une saisie mobilière générale, pour être payée d'un billet de 970 fr. et accessoires.

Pauline Petit a opposé à cette saisie et conclu à sa nullité, vu le fait que l'instante a endossé sans les autorisations légales le billet souscrit par V. Schenkel, le 15 septembre 1885, et que l'obligation qu'elle a contractée de ce chef est entachée de nullité.

La Banque a recouru en révocation du sceau accordé à l'exploit prémentionné, disant que Pauline Petit n'est munie d'aucune des autorisations exigées soit par la loi française, soit par la loi vaudoise pour pouvoir agir.

Le Tribunal cantonal a écarté le recours.

Motifs.

Attendu qu'au jour où l'agent d'affaires Rey a présenté à la signature de l'assesseur Richard l'exploit d'opposition en cause, il était porteur d'une procuration à lui conférée par Pauline Petit.

Qu'ainsi, les dispositions de l'art. 25 Cpc. ont été observées.

Considérant, d'autre part, qu'à supposer que Pauline Petit ne soit pas munie de toutes les autorisations légales pour plaider, ce moyen ne saurait être invoqué à propos du sceau accordé par le juge, l'art. 25 Cpc. n'imposant point à ce magistrat l'obligation de s'assurer à ce moment-là si la requérante avait pouvoir d'ester en droit.

Qu'ainsi l'art. 71 Cpc. n'est point applicable en l'espèce.

Attendu, au surplus, qu'à teneur de l'art. 74 Cpc., Pauline Petit, demanderesse à l'opposition, peut justifier sa vocation « en produisant sa demande. »

Séance du 4 mai 1886.

Louage de services. — Résiliation du contrat sans avertissement. — Action en dommages et intérêts. — Art. 116, 122, 124 et 343 CO.

Clavel contre Cerlogne et consorts.

Des ouvriers ne sauraient prétendre à des dommages et intérêts contre leur patron, parce que celui-ci entendrait les soumettre à un nouveau tarif, alors qu'il est établi qu'ils ont quitté leur travail de leur propre volonté et sans avertissement, et qu'ils n'ont point mis le patron en demeure d'exécuter le contrat, en leur accordant tout au moins un délai avant de mettre en vigueur le nouveau tarif.

Cerlogne, Herminjard, Testuz et Béboux ont ouvert action à E. Clavel, en paiement de : à Cerlogne 30 fr., à Testuz 30 fr., à Béboux 33 fr. et à Herminjard 33 fr., pour rupture intempestive des contrats de louage de services qui unissaient les parties.

E. Clavel a conclu à libération.

Par jugement du 2/3 avril 1886, le Juge de paix de Vevey a admis les conclusions des demandeurs, en ce sens que Clavel est condamné à leur payer 6 jours de travail, soit 15 fr. à Cerlogne et Testuz, 16 fr. 50 à Béboux et Herminjard. Le juge a admis que Clavel a commis une faute et a exécuté d'une manière imparfaite le contrat en ne donnant pas d'avertissement à temps de son changement de tarif (CO. 343 § 1, art. 116).

Clavel a recouru contre ce jugement.

Le Tribunal cantonal a admis le recours.

Considérant qu'il résulte de la solution de fait n° 6, que les recourants n'ont pas été congédiés par Clavel, qu'ils se sont retirés volontairement, ne voulant pas accepter le nouveau tarif; et de la solution de fait n° 11, que les ouvriers n'ont pas été congédiés ou renvoyés, mais qu'ils ont quitté leur travail de leur propre volonté et sans avertissement.

Que si l'on envisage la présentation par Clavel à ses ouvriers d'un nouveau tarif, sans avertissement préalable, comme une violation du contrat de louage, cela n'autorisait pas les recourants à procéder ainsi qu'ils l'ont fait, mais qu'ils devaient se conformer aux dispositions du Titre II, chap. 2 du CO.

Que, notamment, ils devaient mettre Clavel en demeure d'exécuter le contrat en leur donnant tout au moins un délai avant de mettre à exécution son nouveau tarif (art. 122 CO).

Qu'alors seulement, cas échéant, ils eussent été fondés à quitter leur travail et à réclamer des dommages-intérêts (CO. 124).

Qu'ainsi ce sont les recourants et non Clavel qui ont rompu le contrat.

Que, dans ces circonstances, ils ne sauraient réclamer des dommages-intérêts à ce dernier.

Que c'est à tort que le juge leur a accordé une indemnité.

Séance du 4 mai 1886.

Saisies différentes pratiquées en vertu du même titre. — Opposition à chaque saisie. — Recours contre sceau. — Art. 411 Cpc.

Banque cantonale contre Marguerite Ginier.

S'il n'est pas permis au débiteur de faire plusieurs oppositions successives à une même saisie, rien ne l'empêche d'opposer successivement à deux saisies différentes, faites en vertu du même titre.

La Banque cantonale vaudoise a pratiqué, sous le sceau du Juge de paix d'Ollon, une saisie mobilière contre Marguerite Ginier, pour être payée de 4700 fr. et de 820 fr. dus par elle comme endosseur solidaire de deux billets de change du 9 mai et du 10 avril 1883, souscrits par H. M., et protestés.

Marguerite Ginier a opposé à cette saisie, en se fondant sur ce que les billets auraient été payés, et sur ce que, en tout cas, le recours contre elle est prescrit, aux termes des art. 804 et suivants CO.

La Banque cantonale vaudoise a ensuite imposé saisie-subhastation sur divers immeubles appartenant à Marguerite Ginier pour être payée des mêmes valeurs.

Marguerite Ginier a opposé à cette subhastation par les mêmes moyens que ceux indiqués dans sa précédente opposition, en faisant, d'ailleurs, toutes réserves quant à la saisie mobilière antérieure, pour réclamer à la Banque la répétition de l'indû et des dommages-intérêts.

La Banque cantonale a recouru contre le sceau de cette opposition, dont elle demande la révocation. Elle se fonde sur ce que l'opposition à la saisie mobilière a été abandonnée et que la débitrice ne peut ainsi reproduire aujourd'hui les mêmes moyens d'opposition (411 Cpc.).

Le recours a été écarté :

Considérant que l'art. 411 Cpc. a pour but d'empêcher qu'un débiteur fasse plusieurs oppositions successives à une même saisie.

Que si, dans l'espèce, Marguerite Ginier a notifié à la Banque deux oppositions : l'une en date du 25 novembre 1885, l'autre le 2 avril 1886, il s'agit d'oppositions faites à des saisies différentes, bien qu'elles se rapportent aux mêmes titres et concernent les mêmes personnes.

Qu'en effet, l'une de ces saisies, celle du 26 octobre 1885, est une saisie mobilière, pratiquée sous le sceau du Juge de paix d'Ollon, tandis que l'autre, du 6 mars 1886, est une saisie-subhastation sur divers immeubles, instée sous le sceau du Juge de paix des Ormonts.

Que, dans ces circonstances, l'art. 411 Cpc. n'est pas applicable et que le Juge a eu raison d'accorder le sceau à l'exploit d'opposition du 2 avril 1886.

On nous demande l'insertion du jugement suivant, qui a été réformé par l'arrêt rendu le 13 mai par le Tribunal cantonal, publié dans notre avant-dernier numéro, p. 364.

Nous déférons volontiers à ce désir, la décision des premiers juges nous paraissant bien motivée.

TRIBUNAL CIVIL DU DISTRICT D'YVERDON.

Séance du 1er avril 1886.

Evocation en garantie.— Clause compromissoire.— Déclinatoire.

Avocats des parties :

MM. Berdez, pour J. Chappuis et Cie, à Nidau, demandeurs.
Blanc, pour Commune d'Yverdon, défenderesse.

Conclusions des parties :

J. Chappuis et Cie, à Nidau, ont conclu à ce que, le déclinatoire étant admis, la Commune d'Yverdon soit renvoyée à mieux agir et la cause reportée devant le Tribunal arbitral compétent.

La Commune d'Yverdon a conclu à libération de ces conclusions.

Par demande déposée le 16 juillet 1885, R. Dubath a attaqué la Commune d'Yverdon et l'Entreprise du dessèchement des Marais de l'Orbe pour leur réclamer la somme de fr. 22,000 et accessoires, à titre de dommages-intérêts.

La Commune d'Yverdon a évoqué en garantie J. Chappuis et Cie.

Chappuis et Cie ont avisé la commune qu'ils déclinaient l'évocation en garantie à eux adressée et qu'ils soulèveraient le déclinatoire.

Dans sa réponse au fond, la Commune d'Yverdon conclut contre Chappuis et Cie à ce qu'il soit prononcé que ceux-ci devront rembourser à la Commune d'Yverdon, en capital, intérêts et frais, toutes valeurs que la dite commune aura payées au demandeur Dubath, en vertu du jugement à intervenir.

Cette conclusion est fondée sur l'art. 10 de la convention (soit cahier des charges) conclue entre la Commune d'Yverdon et Chappuis et Cie, au sujet de la reconstruction du pont de Gleyres.

Cet art. 10 porte, entre autres, que l'entrepreneur « reste » responsable du dommage qui pourrait être causé à l'immeuble » Dubath ou à d'autres, par le fait de la construction du pont » en général. »

L'art. 45 de la dite convention statue ce qui suit : « Pen» dant la durée de son entreprise, l'adjudicataire fera élection

» de domicile à Yverdon. Toute contestation qui pourrait s'éle» ver entre la Municipalité et lui au sujet de l'exécution de son » marché sera jugée par un Tribunal arbitral composé de trois » membres, dont un nommé par chaque partie et le troisième, » chargé de les présider, sera désigné par le président du Tri» bunal d'Yverdon ».

Au moment de la convention, 4 mars 1880, J. Chappuis et Cie étaient domiciliés à Nidau; ils y ont encore leur domicile actuellement.

Ils ont fait élection de domicile à Yverdon, en prévision des contestations qui pourraient surgir entre eux et la Commune d'Yverdon au sujet de la reconstruction du pont de Gleyres.

Ils ont te. miné les travaux de l'Entreprise le 30 septembre 1880 et la réception de ces travaux a été faite le 1er octobre même année.

Le décompte des travaux de construction du pont de Gleyres a été réglé entre parties les 2/14 décembre 1880.

Les demandeurs fondent le déclinatoire sur un moyen principal et sur un moyen subsidiaire.

I. *Moyen principal.*

L'art. 45 du marché passé avec la commune stipule que toutes les contestations qui pourraient s'élever entre elle et l'entrepreneur seront jugées par un Tribunal arbitral; or, l'évocation en garantie ne fait pas tomber la clause arbitrale, les articles 153 à 155 Cpc. n'ayant en vue que le cas où tous les garants sont soumis à la juridiction des Tribunaux ordinaires du canton.

II. *Moyen subsidiaire.*

Si l'art. 45 du marché n'est pas applicable, le déclinatoire est fondé sur l'art. 59 de la Constitution fédérale, le domicile des demandeurs étant à Nidau.

Le Tribunal d'Yverdon :

Considérant que la clause compromissoire du marché du 4 mars 1880 n'a eu en vue que les difficultés qui pourraient s'élever *entre la municipalité et l'entrepreneur au sujet de l'exécution du dit marché ;*

Que cette clause étant une dérogation au droit commun, ne doit être interprétée que dans son sens strict, ensorte que, selon cette interprétation, il n'est pas admissible de l'étendre à l'œuvre d'un tiers, indépendante de la volonté des parties contractantes, telle que l'évocation en garantie actuelle;

Que, d'ailleurs, en stipulant l'art. 10 du marché qui rendait l'entrepreneur responsable du dommage qui pourrait être causé à l'immeuble Dubath ou à d'autres, par le fait de la construction du pont en général, les parties dérogeaient expressément et d'avance à l'art. 45 de la convention;

Qu'en effet, en se déclarant responsables des dommages dont l'éventualité était prévue, les demandeurs prenaient, envers la commune, l'engagement ou d'empêcher une condamnation de la frapper, ou bien de la relever de cette condamnation, assumant conséquemment par contrat une obligation qui implique l'acceptation des formes de l'évocation en garantie.

Considérant, en outre, que l'art. 90 Cpc. ne permet qu'au défendeur et au demandeur d'opposer le déclinatoire, ensorte que l'évoqué en garantie doit subir la même instance que l'évoquant;

Qu'indépendamment de ces motifs, la thèse soutenue par Chappuis et Cie aurait pour conséquence de rompre l'unité de la cause en scindant le procès et de donner lieu à plusieurs jugements qui pourraient être contradictoires; qu'une telle situation est inadmissible et serait d'ailleurs en opposition manifeste avec la règle renfermée à l'art. 155 Cpc., statuant qu'ensuite de la garantie il est procédé sur le tout par un seul et même jugement.

En ce qui concerne le moyen subsidiaire:

Considérant, indépendamment de la nature du tribunal, que Chappuis et Cie ont élu domicile à Yverdon en prévision des contestations qui pourraient surgir entre eux et la commune.

Que, même en faisant abstraction de l'art. 45 du marché et en admettant que les demandeurs sont au bénéfice de leur domicile effectif de Nidau, où ils devraient être actionnés, — ils sont à tard pour présenter ce moyen, puisqu'en vertu de l'article 158 Cpc. ils auraient dû présenter cette exception dilatoire avant toute défense au fond, ce qu'ils n'ont pas observé;

Par ces motifs, le Tribunal repousse la demande en déclinatoire présentée par J. Chappuis et Cie et les charge des dépens.

Lausanne, le 21 juin 1886.

Monsieur le Rédacteur du *Journal des Tribunaux*,
Lausanne.

Monsieur le Rédacteur,

La jurisprudence du Tribunal fédéral, dans son arrêt du 28 mai écoulé, cause Schlesinger et Cie contre la Banque fédérale, que publie votre dernier numéro, démontre à quelle responsabilité sont soumis les officiers publics chargés de dresser un protêt et comme ils doivent s'en tenir à la lettre du Code des obligations.

Si le texte de cette jurisprudence a la même valeur que celui du code, l'officier chargé du protêt pourra être dans l'embarras.

Le protêt (art. 818 CO.) doit être fait dans les « bureaux » *(Geschäftslocal)* ou dans la « demeure » *(Wohnung)* de celui contre lequel on doit dresser protêt, or l'arrêt dit et répète que le fonctionnaire doit le rencontrer dans *son domicile.*

Il y a une différence entre « demeure » et « domicile », différence que le Code des obligations paraît reconnaître lui-même lorsqu'il se sert, à l'art. 818, des mots « demeure, Wohnung » et à l'art. 84 de ceux de « domicile, Wohnsitz ».

Comme fondé de pouvoirs d'une maison, je peux être dans l'obligation de déclarer mon domicile juridique dans un lieu qui n'est pas celui de ma demeure habituelle, ni un bureau, et l'indiquer même dans la feuille du commerce. On fait traite sur moi pour des fournitures à ma famille. Fera-t-on le protêt à la demeure ou au domicile? Comme heureusement le cas est rare, il vaudra mieux aller aux deux, quitte à se trouver en désaccord partiel avec le 2e alinéa du 818 CO.

Agréez, etc. L. Fiaux, not.

Bibliographie.

Supplément au Dictionnaire historique, géographique et statistique du canton de Vaud, par le Dr A. Brière, publié, avec des notes nouvelles, par M. G. Favey. — Prix par livraison, 3 fr.

Grâce aux savantes recherches de la Société d'histoire de la Suisse romande et aux actives investigations de ses membres, bien des faits nouveaux et intéressants concernant les villes, bourgs, villages, châteaux et anciens monastères de notre canton, ont été mis au jour, mais ils restaient l'apanage de quelques initiés, toujours peu nombreux, et ils n'étaient que peu connus du grand public. Aussi ne pouvons-nous qu'applaudir à l'idée qu'on a eue de donner au Dictionnaire historique et géographique de MM. Martignier et de Crousaz, un supplément.

On s'est mis courageusement à l'œuvre et déjà nous pouvons annoncer l'apparition de la première livraison, s'étendant d'*Abbaye* à *Constitution.* Nous y avons trouvé quantité de choses intéressantes. Les savants exposés de M. G. Favey ont un charme particulier.

Nous citerons tout spécialement les articles *Communes*, le plus ample résumé que nous connaissions de l'origine et de l'existence des communes à travers les âges; *Aigle, Architecture,* très bien faits, et surtout *Chemins de fer,* qui fait l'histoire de l'établissement de nos voies ferrées; nous avons lu ce chapitre avec un intérêt des plus vifs.

Nous nous arrêtons, car il faudrait tout citer.

Pour les paroisses, sont publiés les noms de tous les pasteurs qui les ont desservies dès l'établissement de la réforme.

Nous attirons sur cette publication l'attention de tous ceux qui s'intéressent au passé et à l'histoire de notre patrie.

NB. — Pour les souscriptions et demandes de livraisons, s'adresser directement à l'imprimerie Corbaz et Cie, éditeurs, à Lausanne.

Allemagne. — Tribunal supérieur de Colmar.

Séance du 2 avril 1886.

Exécution des jugements suisses en Allemagne.

Lloyd contre Thesmar et Kestner.

Ainsi que nous l'avions déjà annoncé, le *Lloyd,* société suisse de réassurances, à Winterthour, s'est pourvu en appel contre le jugement du 31 octobre 1885, par lequel le Tribunal régional de Mulhouse a rejeté sa demande d'exécution d'un jugement rendu par le Tribunal de commerce de Zurich contre F. Thesmar et H. Kestner, à Mulhouse [1].

Par arrêt du 2 avril 1886, le Tribunal supérieur de Colmar a rejeté le pourvoi et confirmé le jugement de première instance. Il a estimé, avec les premiers juges, que la convention franco-suisse du 15 juin 1869 n'est plus en vigueur dans l'Alsace-Lorraine, et que la loi zuricoise ne garantit pas suffisamment la réciprocité en matière d'exécution de jugements étrangers, exigée par la législation allemande.

[1] Voir p. 191 de ce volume.

Notariat. — Dans sa séance de samedi, le Conseil d'Etat a désigné pour faire partie de la Commission des candidats au notariat, MM. *Grenier* et *Favey*, professeurs, *Ruchet*, avocat, à Lausanne, *H. Glardon,* notaire, à Yverdon, *A. Burnier,* notaire, à Nyon, et Charles *Boven,* notaire, à Lausanne.

La session s'ouvrira le 9 juillet prochain et sera présidée par M. le Préfet du district de Lausanne.

Lausanne. — Imp. CORBAZ & Comp.

Ch. Boven, notaire, rédacteur.

XXXIVe ANNÉE. N° 27. SAMEDI 3 JUILLET 1886

JOURNAL DES TRIBUNAUX

REVUE DE JURISPRUDENCE

Paraissant à Lausanne une fois par semaine, le Samedi.

Prix d'abonnement : 12 fr. par an, 7 fr. pour six mois. Chaque numéro, 50 cent. On s'abonne à l'imprimerie CORBAZ et Cie et aux bureaux de poste. — ANNONCES : 20 centimes la ligne ou son espace.

Les rapports de l'Eglise et de l'Etat au Tessin.

Dans les nos 1 et 11 de ce journal nous avons donné un aperçu de la loi tessinoise *sur la liberté de l'Eglise catholique et sur l'administration des biens ecclésiastiques ;* cette loi a subi victorieusement l'épreuve du referendum, mais elle vient d'être l'objet d'un recours de la part du *comité libéral cantonal du Tessin ;* ce recours, signé par MM. L. de Stoppani, Ernesto Bruni, avocats, et A. Simen, a été présenté tout à la fois au Conseil fédéral et au Tribunal fédéral. En voici la substance :

La loi incriminée porte atteinte à l'art. 50 de la constitution fédérale et à l'art. 3 de la convention de Berne, en ce sens qu'elle constitue les paroisses tessinoises en un *diocèse* propre.

L'art. 2 de la dite loi rétablit la *juridiction ecclésiastique* abolie par l'art. 58 de la constitution fédérale ; il ne parle, il est vrai, que de la *juridiction spirituelle,* mais les pouvoirs qui sont accordés à l'évêque (Ordinario) s'étendent bien au-delà de ce qui appartient au domaine *spirituel.* Au moyen de la *juridiction spirituelle* le clergé s'immiscera dans tout : mariage, divorce, éducation, funérailles, travaux du dimanche, vente des livres, débit de viandes dans les jours maigres.

L'art. 2 est d'autant plus dangereux que l'art. 4 accorde au clergé l'impunité pour tous les actes concernant *la légitime liberté dans l'exercice de son ministère sacré.* Sans compter les droits que le clergé se croirait fondé à réclamer en vertu de cette *juridiction spirituelle,* la loi accorde même à l'évêque des droits qui certainement s'étendent bien au-delà de ce qu'on entend généralement par *juridiction spirituelle.* En effet, la loi dit que toute délibération de l'assemblée de paroisse ayant pour objet d'aliéner des immeubles appartenant à la paroisse, de contracter des dettes, etc., est nulle *si elle n'a été consentie par l'Ordinaire.*

Autrefois il existait bien des paroisses, mais les paroisses tessinoises n'avaient pas de droits proprement dits; la loi de 1886 en a fait des corps moraux; en même temps, d'un trait de plume, elle leur a attribué en propriété les églises et les biens ecclésiastiques qui appartiennent aux communes, elle a ainsi consacré une spoliation. Il y a, en outre, dans la loi une violation de l'art. 43 de la constitution fédérale en ce qui concerne les sommes que la plupart des communes paient pour les frais de culte.

Les contestations en matière de vote dans les assemblées de paroisses seront dorénavant jugées en dernière instance par le Conseil d'Etat, la loi a ainsi détruit tout recours au Grand Conseil et aux autorités fédérales, c'est une violation de l'article 49 de la constitution fédérale.

La loi en question a aboli toutes les pénalités qui avaient été édictées pour réprimer certains délits des ministres du culte, entre autres en cas de divulgation du secret de la confession; le législateur tessinois n'en avait point le droit, car, du moment que la confession est obligatoire dans la religion catholique, qu'il y a un privilège, il faut une garantie en compensation, le droit commun ne saurait suffire.

L'art. 9 reconnaît la capacité civile à toutes les institutions et œuvres pies appartenant à la religion catholique, dans les limites et sous les garanties des lois existantes. Nul ne sait où cette disposition nous entraînera, car les institutions créées par l'Eglise catholique sont en nombre infini.

Aux termes de la loi, les paroisses ont soi-disant le droit d'élire leurs curés, mais ce droit n'est qu'apparent, de telles élections ne vaudront qu'à titre de présentations, attendu qu'elles ne seront valables qu'après ratification de l'Ordinaire; en d'autres termes, c'est l'Evêque qui nommera, vu que c'est lui qui sanctionne, qui donne l'institution canonique. En réalité l'Ordinaire est maître absolu, parce que c'est lui seul qui a le droit de pourvoir aux bénéfices vacants, il peut faire durer le provisoire à l'infini. Autrefois les communes possédaient une arme contre lui; lorsqu'il ne voulait pas donner l'institution canonique à leurs élus, elles pouvaient refuser tout subside : il n'en sera plus de même dorénavant. En outre ce soi-disant droit d'élection n'existe pas même dans les localités où il y a des chapitres de *chanoines*, mais ici le mot de chanoine n'est qu'un titre. A Lugano, à Locarno, à Bellinzone de même qu'à Balerno, les curés sont chanoines.

Les citoyens des principales localités sont donc privés du droit qui est reconnu aux autres; c'est là une inégalité de lieu qui est interdite par l'art. 4 de la constitution suisse.

Les recourants concluent à ce que les autorités fédérales refusent leur sanction soit à la loi entière, soit aux dispositions spécialement visées. Ils allèguent que ces hautes autorités sont compétentes et même ont le devoir d'agir ensuite de l'art. 2 de la constitution qui porte que les autorités fédérales ont pour mission « de protéger la liberté et les droits des confédérés et » d'accroître leur prospérité commune. » Ils invoquent, en outre, l'art. 50 qui dit que : « La Confédération peut prendre les » mesures nécessaires pour le maintien de l'ordre public et de » la paix entre les membres des diverses communautés reli- » gieuses, ainsi que contre les empiètements des autorités ecclé- » siastiques sur les droits des citoyens et de l'Etat. »

Vaud. — TRIBUNAL CANTONAL.

Séance du 2 juin 1886.

Vente immobilière. — Garantie des droits vendus. Question d'interprétation.

Etat contre Mercier.

Le vendeur est tenu de garantir à l'acheteur l'existence des droits indiqués dans l'acte de vente.

Avocats des parties :

MM. Paschoud, pour Etat de Vaud, défendeur et recourant.
Dupraz, pour J.-J. Mercier, demandeur et intimé.

J.-J. Mercier a conclu à ce qu'il soit prononcé : 1° qu'ensuite de conventions intervenues entre lui et l'Etat de Vaud, celui-ci doit procurer et amener immédiatement et à ses frais, à la fontaine du château d'Ouchy, la quantité de $^1/_3$ de 8 onces d'eau potable que l'Etat lui a garanti devoir être fournie par la Commune de Lausanne à destination du château d'Ouchy au réservoir de la ville vis-à-vis de la Villa; 2° que, faute par l'Etat de s'exécuter, dans le délai de 15 jours, ou dans tel autre délai qui sera fixé par le jugement à intervenir, l'Etat de Vaud sera reconnu son débiteur à lui, J.-J. Mercier, de la somme de 13,000 francs à titre de dommages-intérêts, cette somme représentant approximativement le coût de l'achat avec accessoires de 2 $^1/_3$ onces d'eau; 3° que l'Etat doit en tout cas lui payer, à titre de clause pénale et pour réparation du préjudice causé par le retard dans l'exécution de ses engagements, l'intérêt à 5 % sur 13,000 fr. dès le 28 avril 1885 au jour où l'Etat aura livré l'eau dans des conditions acceptables ou au jour où un jugement définitif sera intervenu sur la présente contestation.

L'Etat de Vaud a maintenu son offre de faire à ses frais tous les travaux nécessaires pour amener l'eau qui pourrait exister sur le pré du château quand il sera démontré que ces travaux ont une utilité pratique et sous réserve de tous droits contre la Compagnie Lausanne-Ouchy.

L'Etat a conclu : *A*. Exceptionnellement et au fond, à libération. *B*. Subsidiairement et reconventionnellement, à ce que J.-J. Mercier est tenu de donner procuration à l'Etat de Vaud aux fins de faire valoir pour le château d'Ouchy contre la compagnie L.-O. les déclarations de droits et réserves contenues dans l'acte du 13 août 1873, déposé au greffe municipal de Lausanne le 15 août suivant. Que, faute par J.-J. Mercier de donner cette procuration dans le délai de 10 jours dès la réquisition de l'Etat de Vaud — ou le jugement qui interviendra tiendra lieu de cette procuration en faveur de l'Etat — ou l'Etat est libéré des conclusions formulées contre lui par J.-J. Mercier dans le procès actuel. *C*. Egalement subsidiairement à la conclusion, sous lettre *a*, que J.-J. Mercier devra rembourser à l'Etat de Vaud la somme que celui-ci pourrait être appelé à lui payer dans le cas où la Commune de Lausanne, se mettant au bénéfice de la clause 4 de la transaction du 1er mai 1875, amènerait au réservoir de partage de Cour les 8 onces d'eau au tiers desquelles J.-J. Mercier a droit.

J.-J. Mercier a conclu à libération des conclusions subsidiaires sous lettres *b* et *c*; en ce qui concerne la conclusion *c* et pour le cas où l'hypothèse prévue dans cette conclusion viendrait à se réaliser, il y aurait lieu, pour les parties, de s'entendre à ce sujet, Mercier ne pouvant d'ailleurs être tenu de restituer à l'Etat la somme payée sans savoir s'il pourrait tirer parti de l'eau achetée et qui lui serait désormais inutile ou superflue.

Une expertise a eu lieu en cours de procès sur le coût de 2 $^2/_3$ onces d'eau à amener à la fontaine du château et l'expert van Muyden a évalué ce coût à 12,221 fr. 60, soit 12,000 fr. pour achat perpétuel de 2 $^2/_3$ onces d'eau soit 12 litres par minute (l'once = 4 $^1/_2$ litres par minute), 50 fr. pour la prise d'eau, 65 francs pour l'appareil de jauge et 106 fr. 60 pour 26 m. de tuyaux et leur pose.

Ensuite de cette expertise, Mercier a déclaré réduire à 12,221 fr. 60 la somme de 13,000 fr. qu'il a réclamée dans son 2e chef de conclusions.

Il a modifié sa conclusion libératoire sur la conclusion subsidiaire *b* de l'Etat, en ce sens qu'il fournira, dans le délai de 10 jours dès la réquisition de l'Etat, une procuration en faveur de l'Etat pour que celui-ci fasse valoir, s'il le juge à propos, mais à ses risques et périls, à lui Etat, et à son entière décharge, à lui J.-J. Mercier, les déclarations de droits et réserves du 13 août 1873, contre le Lausanne-Ouchy.

Par l'instruction de la cause, il a été établi, entre autres, les faits suivants :

Dans le courant de l'année 1883, le notaire Gaulis, à Lausanne, agissant au nom de J.-J. Mercier, se mit en relation avec l'Etat, soit avec le Département de l'agriculture et du commerce, en vue d'acquérir la propriété du château d'Ouchy appartenant à l'Etat de Vaud.

Lors d'une de ses visites au Département, le notaire Gaulis demanda à voir le dossier concernant la propriété en vente et il lui fut remis les conditions de vente, un extrait de cadastre et un plan.

Dans ces conditions de vente on lit, entre autres, la clause suivante :

« Ensuite de la transaction survenue lors du procès pendant » entre la Commune et les intéressés, l'Etat de Vaud a droit au » $^1/_3$ des 8 onces d'eau que la commune doit fournir au réser- » voir du pré de la ville (vis-à-vis de la Villa). »

Les pourparlers continuèrent, une correspondance fut échangée entre parties, spécialement à l'occasion du poste de gendarmerie, et le 5 décembre 1883 le notaire Gaulis écrivait au chef du Département de l'agriculture et du commerce la lettre suivante :

« Répondant à votre office du 24 novembre écoulé, n° 99/27, » j'ai l'honneur de vous faire connaître que mon mandant ac» cepte le délai de 2 ans pour l'abandon du poste de gendarme» rie ; il accepte de même les autres conditions sous lesquelles » l'Etat de Vaud consent à vendre sa propriété d'Ouchy. Mais » de son côté, il demande que l'Etat fasse couler dans la fon» taine du château d'Ouchy le $^1/_2$ des 8 onces d'eau que la ville » de Lausanne doit à cette propriété ou du moins que l'Etat » prenne l'engagement d'y amener cette eau dès que la vente » sera définitive.

» Si l'Etat admet cette demande, mon mandant passera la » promesse d'achat de la propriété de l'Etat, à Ouchy. »

En réponse à cette lettre, le notaire Gaulis reçut du Département la lettre suivante, datée du 27 décembre 1883 :

« En réponse à votre honorée du 5 courant, nous avons l'a» vantage de vous informer que l'Etat de Vaud prend l'engage» ment d'amener à la fontaine du château d'Ouchy, quand sa » vente sera définitive, sa part de l'eau qui lui est due pour cet » immeuble par la Commune de Lausanne, comme l'indique la » transaction passée par celle-ci avec les ayants-droit en date du » 1er mai 1875. Vous voudrez bien nous faire savoir si vous ac» ceptez cette proposition et si rien ne s'opposera plus dans ce » cas à la passation de la promesse de vente. »

Le 9 janvier 1884, par devant le notaire Gaulis, fut passée une promesse de vente entre l'Etat de Vaud, représenté par le conseiller d'Etat Viquerat, et Emile Curchod, banquier à Lausanne, promettant d'acquérir pour lui ou son nommable les immeubles constituant la propriété dite « château d'Ouchy ».

Cette promesse de vente porte à son art. 3 la clause suivante :

« La vente sera faite sans aucune garantie pour les servitu» des, apparentes ou non, et l'acquéreur recevra ces immeubles » avec tous leurs droits et charges, ainsi qu'ils sont du reste » possédés actuellement par l'Etat de Vaud ; celui-ci prend » l'engagement exprès de faire amener à la fontaine du château, » dès que la vente sera définitive, la part de l'eau qui lui est

» due pour cet immeuble par la Commune de Lausanne, comme » l'indique la transaction intervenue entre elle et les ayants-droit » en date du 1er mai 1875. »

Sous article 8, le même acte dit que l'Etat annonce que les immeubles promis en vente seront soumis aux servitudes actives et passives suivantes : « *a)* Ensuite de transaction survenue lors du procès pendant entre la Commune de Lausanne et divers intéressés, l'Etat de Vaud a droit au tiers des 8 onces d'eau que la commune doit fournir au réservoir du pré de la ville vis-à-vis de la Villa. »

Cette promesse de vente a été suivie d'un procès-verbal de vente aux enchères publiques, dressé par le ministère du notaire Piot, le 28 janvier 1884, duquel il résulte que les immeubles en question n'ont pas trouvé d'amateur.

Ce procès-verbal contient, à l'art. 7 des conditions de mise, la même clause que celle insérée à l'art. 3 des conditions de la promesse de vente notariée Gaulis le 9 janvier 1884, et sous art. 10 § *a* du dit procès-verbal, il est rappelé la même phrase que celle contenue à l'art. 8 § *a* de la promesse de vente.

En date du 3 avril 1884, l'acte définitif de vente des immeubles d'Ouchy a été passé entre l'Etat de Vaud et J.-J. Mercier par devant le notaire Gaulis. L'art. 5 de cet acte est ainsi conçu :

« L'Etat de Vaud vend les susdits immeubles avec les droits et charges suivants :

» *a)* Ensuite de transaction survenue lors du procès pendant entre la Commune de Lausanne et divers intéressés, l'Etat de Vaud a droit au 1/3 des 8 onces d'eau que la commune doit fournir au réservoir du pré de la ville (vis-à-vis de la Villa). L'Etat prend l'engagement exprès de faire amener immédiatement à la fontaine du château la part de l'eau qui lui est due pour cette propriété, comme l'indique la transaction prémentionnée datée du 1er mai 1875. »

L'Etat de Vaud s'est mis immédiatement à l'œuvre pour procurer l'eau due au château d'Ouchy, notamment il a fait rechercher aux archives de l'Etat et à celles de la Commune de Lausanne, dans le courant des mois de juin, juillet et août 1884, les documents nécessaires pour constater les droits du château d'Ouchy sur le pré de la ville (solution testimoniale des allégués 37 et 38).

Ces recherches présentaient des difficultés, vu que l'état des lieux sur le pré du château avait été modifié par la construction du chemin de fer de Lausanne à Ouchy.

En outre, il fut difficile de trouver aux archives de la Commune de Lausanne la déclaration de droits avec réserves faites le 12 août 1873 lors des expropriations pour la construction du chemin de fer L.-O., la dite déclaration ne se trouvant pas dans l'onglet général des pièces déposées, mais dans un petit cahier annexe.

L'Etat a pris l'initiative de pourparlers de transaction pour obtenir que la Commune de Lausanne fournisse immédiatement les 8 onces d'eau prévues à l'art. 4 de la transaction du 1er mai 1875.

Il y eut des pourparlers à ce sujet avec les autorités communales de Lausanne et des propositions furent faites à J.-J. Mercier.

Les représentants de l'Etat discutèrent avec Mercier, peu de temps après la stipulation de l'acte de vente du 2 avril 1884, les voies et moyens pour arriver à mettre à exécution la clause 5 litt. *a* du dit acte.

Les dits représentants firent, avec l'autorisation de la Commune de Lausanne, des travaux de fouille pour rechercher les sources et les canalisations indiquées dans la transaction du 1er mai 1875 et le demandeur fut au courant de ces travaux.

Les recherches aboutirent à la découverte de conduites et canalisations sur la partie du pré du château, à l'orient de la tranchée creusée pour la construction du L.-O.

Par lettres des 19 février et 30 mars 1885, Mercier a fait mettre le Conseil d'Etat en demeure de livrer sans retard l'eau promise.

Par lettre du 9 avril suivant, le Conseil d'Etat a repoussé les prétentions de Mercier, disant, entre autres :

« Il résulte en effet de l'acte du 3 avril 1884, que l'Etat de » Vaud n'a pris d'autres engagements que celui de faire délivrer à M. Mercier la part de l'eau à laquelle le château d'Ouchy a droit en vertu de la transaction avec la Commune de » Lausanne du 1er mai 1875. Comme cette commune n'est pas » encore disposée à affranchir des servitudes qui le grèvent son » fonds du pré du château, M. Mercier a droit à la part de » l'eau existant sur cet immeuble, conformément à la transaction susénoncée. L'Etat de Vaud est du reste disposé à faire

» à ses frais tous les travaux nécessaires pour amener l'eau qui » pourrait exister sur le pré du château, quand il lui sera » démontré que ces travaux ont une utilité pratique et sous » réserve de tous droits contre la Compagnie du chemin de fer » L.-O. dont les travaux ont fait diminuer et tarir les sources » existant précédemment sur le pré du château. »

Par exploit du 18 avril 1885, J.-J. Mercier a sommé l'Etat d'avoir à lui amener, dans un délai de 15 jours, à sa fontaine du château d'Ouchy, une quantité de ¹/₃ de 8 onces d'eau potable.

Par jugement du 17 avril 1886, le Tribunal civil du district de Lausanne a écarté le moyen exceptionnel de l'Etat.

Quant au fond, il a accordé à J.-J. Mercier la totalité de ses conclusions, en fixant à 4 mois, dès que le jugement sera devenu définitif, le délai accordé à l'Etat pour procurer l'eau objet du litige.

Statuant sur la conclusion subsidiaire de l'Etat, sous lettre *c*, le Tribunal a dit que si cette hypothèse se réalisait, l'Etat aura le droit, à ce moment, de disposer de la part afférente au château d'Ouchy sur cette eau, le propriétaire étant tenu d'abandonner cette part.

Sur la conclusion subsidiaire *b*, il a donné acte à l'Etat de l'offre faite par le demandeur de lui conférer procuration pour faire valoir ses droits contre la Compagnie L.-O.

L'Etat de Vaud a recouru contre ce jugement dont il demande la réforme, dans le sens de l'admission des conclusions de sa réponse et cela par les motifs suivants :

C'est à titre de *simple note* et non pas de déclaration de droits complète que l'Etat a annoncé au notaire Gaulis, mandataire de Mercier, qu'ensuite de la transaction survenue lors du procès pendant entre la commune et les intéressés, l'Etat de Vaud a droit au ¹/₃ des 8 onces d'eau que la commune doit fournir au réservoir du pré de la ville. L'Etat, qui était d'ailleurs lié par le décret du Grand Conseil du 5 mars 1884, a ainsi entendu limiter son engagement et, dans son idée, la clause renfermait deux choses : l'engagement de faire des démarches et une indication de droits, mais il n'a rien garanti, ainsi que cela résulte du reste de la clause n° 3 de l'acte de vente qui porte que la vente est faite sans autre garantie pour les servitudes apparentes ou non et que l'acquéreur reçoit ces immeubles avec tous leurs droits et charges, ainsi du reste qu'ils sont possédés par l'Etat de Vaud. L'Etat n'a pas pris l'engagement exprès de faire amener le ¹/₃ des 8 onces que la commune devait fournir, mais seulement la part de l'eau qui lui est due pour cette propriété, et il a eu bien soin d'ajouter : comme l'indique la transaction du 1ᵉʳ mai 1875. Il a compris son engagement dans le sens qu'il était tenu de faire immédiatement les démarches, travaux et frais, pour procurer au château d'Ouchy l'eau due pour cette propriété; c'est ce qu'il a fait. En outre, le notaire Gaulis a changé, dans l'acte définitif, la rédaction admise antérieurement et s'il a commis des fautes et négligences dans l'accomplissement du mandat dont il avait été chargé, l'Etat de Vaud ne saurait en pâtir. Enfin, l'Etat subordonnant son engagement à la transaction, l'acquéreur aurait dû prendre connaissance de cet acte.

Le Tribunal cantonal a écarté le recours.

Motifs.

Considérant que la question à juger dans ce procès est celle de savoir si l'Etat a simplement substitué son acquéreur au droit réel de prise d'eau que possède le château d'Ouchy sur le pré de la ville, ou bien s'il s'est engagé d'une manière définitive et sans réserves à procurer au dit acquéreur et à amener immédiatement à la fontaine du château la quantité de ¹/₃ de 8 onces d'eau.

Que, pour trancher cette question, il y a lieu de voir quelles obligations l'Etat a contractées en ce qui concerne le dit droit d'eau lors de la vente du château d'Ouchy.

Considérant, à ce sujet, que dans les conditions de vente de cette propriété, conditions remises par l'Etat au notaire Gaulis, figure la clause suivante :

« 3°. *Droits.* Ensuite de la transaction survenue lors du pro-
» cès pendant entre la commune et les intéressés, l'Etat de Vaud
» a droit au ¹/₃ de 8 onces d'eau que la commune doit fournir
» au réservoir du pré de la ville. »

Que, par lettre du 27 décembre 1883, le Département de l'agriculture et du commerce écrivait au notaire Gaulis :

« Nous avons l'avantage de vous informer que l'Etat de Vaud
» prend l'engagement d'amener à la fontaine du château d'Ou-
» chy, quand sa vente sera définitive, sa part de l'eau qui lui est
» due pour cet immeuble par la Commune de Lausanne, comme

» l'indique la transaction passée par celle-ci avec les ayants-» droit en date du 1er mai 1875. »

Que la promesse de vente stipulée le 9 janvier 1884 par le ministère du notaire Gaulis renferme, entre autres, ce qui suit :

« Celui-ci (l'Etat) prend l'engagement exprès de faire amener » à la fontaine du château, dès que la vente sera définitive, la » part de l'eau qui lui est due pour cet immeuble par la Commune » de Lausanne, comme l'indique la transaction intervenue entre » elle et les ayants-droit en date du 1er mai 1875. »

Considérant que la même promesse de vente portait, en outre, l'article suivant :

« *Art. 8.* L'Etat annonce que les immeubles promis en vente » seront soumis aux servitudes actives et passives suivantes :

» *A)* Ensuite de transaction survenue lors du procès pendant » entre la Commune de Lausanne et divers intéressés, l'Etat de » Vaud a droit au $^1/_2$ de huit onces d'eau que la commune doit » fournir au réservoir du pré de la ville. »

Que dans l'acte de vente du 3 avril 1884 figure la clause ci-après :

« Ensuite de la transaction survenue lors du procès pendant » entre la Commune de Lausanne et divers intéressés, l'Etat de » Vaud a droit au $^1/_2$ de 8 onces d'eau que la commune doit » fournir au réservoir du pré de la ville, vis-à-vis de La Villa. » L'Etat prend l'engagement exprès de faire amener immédiate-» ment à la fontaine du château la part de l'eau qui lui est due » pour cette propriété, comme l'indique la transaction du 1er mai » 1875. »

Considérant qu'il ressort de ces divers actes que l'Etat a toujours déclaré, soit au notaire Gaulis, soit à J.-J. Mercier lui-même, avoir un droit actuel au $^1/_2$ de 8 onces d'eau pour le château d'Ouchy, la Commune de Lausanne ayant l'obligation d'amener cette quantité d'eau à la fontaine du dit château.

Considérant qu'une pareille déclaration n'était nullement conforme à la transaction du 1er mai 1875, le droit en question n'étant, aux termes de cet acte, qu'éventuel et dépendant du bon vouloir de la Commune de Lausanne.

Qu'en effet, l'art. 4 de la dite transaction stipule ce qui suit :

« 4° Les demandeurs au procès s'engagent dès maintenant à » renoncer au droit qui leur est reconnu par l'art. 1er (droit

» d'eau) dès qu'il conviendra à la commune de leur remettre » dans leur réservoir de partage, ou de toute autre manière » aussi commode pour eux, huit onces d'eau reconnue de bonne » qualité comme eau potable. »

Considérant qu'il n'a pas été établi au procès que, soit le notaire Gaulis, soit l'acquéreur Mercier aient eu connaissance, ni au moment de la stipulation de l'acte de vente ni avant, du texte de la transaction du 1er mai 1875 et du fait que le droit d'eau accordé à l'Etat était soumis à une condition dépendant de la volonté seule de la Commune de Lausanne.

Que, dès lors, en présence des déclarations réitérées de l'Etat, J.-J. Mercier était fondé à admettre que l'Etat lui vendait un droit actuel, utilisable immédiatement et non un simple droit éventuel, ainsi que le lui a donné à entendre plus tard le Conseil d'Etat dans sa lettre du 9 avril 1885.

Que l'Etat, en prenant l'engagement exprès de faire amener à la fontaine du château la part de l'eau due à cette propriété, a ainsi commis une faute dont les conséquences ne sauraient être supportées par J.-J. Mercier qui a ignoré le caractère éventuel du droit en question.

Que, dans ces circonstances, l'on ne saurait dire que l'Etat a simplement entendu substituer l'acquéreur aux droits résultants de la transaction du 1er mai 1875, mais qu'au contraire il a garanti formellement à J.-J. Mercier, comme accessoire de la vente du château d'Ouchy, la quantité de $^1/_2$ de 8 onces d'eau potable.

Que l'Etat est dès lors obligé de procurer à J.-J. Mercier et d'amener à ses frais, à la fontaine du château d'Ouchy, la quantité d'eau qu'il lui a garantie.

Considérant que les transpositions et changements de mots auxquels s'est livré le notaire Gaulis dans l'acte de vente du 3 avril 1884 sont sans importance en présence des constatations ci-dessus et qu'ils ne sauraient exercer aucune influence dans la cause, le dit acte ayant été librement consenti entre parties.

Que c'est, dès lors, avec raison que le Tribunal de Lausanne a admis les conclusions de J.-J. Mercier, ainsi que les conclusions subsidiaires de l'Etat, telles qu'elles sont indiquées dans le jugement dont est recours.

Résumés d'arrêts.

Assignation. — Est irrégulier et ne peut justifier un jugement par défaut, l'appointement verbal qui n'est pas accepté par la partie assignée (Cpc. 436 § *f*).

(Juge de paix de Payerne; jugement annulé.)

TC., 8 juin 1886. Dame Savary-Ney c. Genton.

Faits. — Si l'art. 283 Cpc. dit que le Président pose successivement chaque point de fait sur lequel une preuve par témoins a été entreprise et que le Tribunal discute et délibère successivement sur chacun de ces faits, en un tour consultatif et en un tour délibératif, les dispositions de cet article ne sont applicables aux jugements rendus par les Juges de paix qu'autant qu'elles sont compatibles avec la procédure devant un juge unique (Cpc. 330). Le juge satisfait aux réquisits de la procédure en résolvant chaque point de fait sur lequel une preuve par témoins a été entreprise.

(Assesseur-vice-président de Vevey; jugement maintenu.)

TC., 1er juin 1886. *Garantie belge* c. Eggen.

Pouvoirs pour agir. — La question de savoir si une fondation publique, personne juridique, a été valablement liée par une manifestation de volonté de l'autorité communale appelée à la représenter est régie par le droit cantonal et non par le droit fédéral (CO. 38).

TF., 5 juin 1886. Pharisaz, Gillard et Cie c. Orphelinat de Sâles.

Saisie. — Lorsqu'un tableau de répartition établi ensuite de concours de saisies est basé sur des faits incomplets, il y a lieu de le renvoyer au juge pour qu'il en dresse un nouveau.

(Juge de paix de Villeneuve; recours admis.)

TC., 1er juin 1886. Grillet et consorts c. Grillet.

Vente. — L'acheteur ne peut invoquer les dispositions du CO. sur la garantie des défauts de la chose vendue (art. 243 et suivants), alors qu'il a été convenu entre parties que le vendeur reprendrait la marchandise laissée pour compte et que l'acheteur la lui réexpédierait.

(Juge de paix de Ste-Croix; jugement maintenu.)

TC., 18 mai 1886. Ubertalli c. Gull.

Le Tribunal fédéral a fixé ses vacances du 2 au 28 août.

Celles du Tribunal cantonal de Vaud auront lieu du 6 juillet au 3 août.

La session de la Commission d'examens des candidats au notariat s'ouvrira le lundi 19 juillet prochain, et non le 9 juillet comme nous l'avons indiqué par erreur dans notre dernier numéro.

TRIBUNAL CIVIL DE LA SEINE.

Exercice illégal de la pharmacie.

Le syndicat des pharmaciens de Paris a poursuivi pour exercice illégal de la pharmacie et vente de remèdes secrets M. Dusargues du Colombier, négociant de Bordeaux, et M. Lagasse, pharmacien à Paris, qui débitent diverses substances balsamiques.

Le Tribunal, conformément aux rapports des experts, a déclaré :

1° Que les capsules Lagasse à la gomme de pin maritime renferment uniquement de la térébenthine, substance inscrite au codex ; qu'en conséquence, Lagasse a pu vendre en détail et du Colombier vendre en gros les dites capsules sans contrevenir à la loi ;

2° Que l'hydro-gemmine Lagasse constitue une préparation pharmaceutique analogue à l'eau distillée de bourgeons de sapin, qui figure au codex; qu'on ne peut donc pas considérer cette préparation comme un remède secret, mais comme un médicament dont la vente est permise à Lagasse et interdite à du Colombier ;

3° Que la gemme saponinée constitue un médicament non inscrit au codex et, dès lors, un remède secret.

Le tribunal a donc condamné MM. Lagasse et du Colombier chacun à 100 fr. d'amende pour vente de remède secret, et ce dernier, en outre, à 500 fr. pour exercice illégal de la pharmacie. Il les a, en outre, condamnés à payer à la partie civile 200 fr. à titre de dommages-intérêts.

Ch. Boven, notaire, rédacteur.

VENTE D'IMMEUBLES

Le liquidateur de la masse en discussion des biens de la société RAMUZ FRÈRES, marchands de bois, à Lausanne, Vevey et Aigle, fera vendre aux enchères publiques les immeubles ci-après désignés :

I.

Le vendredi 16 juillet, à 4 heures de l'après-midi, à l'Evêché, à Lausanne.

Art. du Cad.	*Plan. Fol.*	*Nos.*	**Commune de Lausanne. Es Côtes de Montbenon.**	*Surfaces. A.*	*C.*
du 4104	12	du 66.	A l'orient, } hangar et écurie de 3 ares 6 centiares, construit sur le sol appartenant à la Compagnie du chemin de fer Lausanne-Ouchy.	1	81
du 4103	12	du 65.	Au nord, }	1	25

Mise à prix : Fr. 3500.

II.

Le samedi 17 juillet, à 9 heures du matin, à l'hôtel du Pont, à Vevey.

Commune de Corsier.

En Plan-Dessus.

2425 } du 2193	9	du 1.	**Hangar, écurie et fenil** de formant le n° 17 du plan Glappey, du 18 juillet 1877; le sol est porté au chapitre de l'Hôpital de Vevey.	2	47
du 2193	9	du 1.			
du 2436 } du 2193	9	du 1.			
2461 } du 2436 } du 2193	9	du 1.	**Bureau** de formant le n° 16 du dit plan; le sol est porté au chapitre de l'Hôpital.		14
2437 } du 2193	9	du 1.	**Hangar**, au nord, de formant les nos 18 et 19 du dit plan; le sol est porté au chapitre de l'Hôpital.	2	69
du 2436 } du 2193	9	du 1.			
du 2462 } du 1371	9	du 1.			
2642 } du 2462 } du 1371	9	du 2.	**Hangar et machine à vapeur** de formant les nos 20 et 21 du dit plan. Bordereau industriel : Une machine à vapeur et une scierie taxées 4000 fr.; valeur comprise dans la taxe; le sol est porté au chapitre de l'Hôpital.	2	53
du 2463 } du 1371	9	du 2.			
du 1371	9	du 2.			
du 2436 } du 2193	9	du 1.			

2519 du 1371 du 1371	 9 du 2. 9 du 2.	**Forge et habitation** de formant le n° 22 du dit plan ; le sol appartient à la Société du gaz.		47
2712 du 1371 du 2193	 9 du 2. 9 du 1.	**Bureau, écurie et fenil** de formant les n°s 23 et 24 du dit plan; le sol appartient à la Société du gaz et à l'Hôpital de Vevey.	1	10

Mise à prix : Fr. 20,821.

III.

Le lundi 19 juillet, à 2 heures de l'après-midi, au café du Midi, à Aigle.

Commune d'Aigle. — En Novassales.

1er lot.

du 2150 1502	29 des 5. 4.	**Logement** de		74
du 2150	29 du 5.	**Vigne** de Le surplus a été pris pour sol de bâtiment.	10	97

Mise à prix : Fr. 8828.50.

2e lot.

des 1502 2150	29 des 4. 5.	**Hangar servant de magasin à bois et scierie à vapeur**, soit bâtiment de **Bordereau industriel : 11,000 francs** compris dans la taxe.	5	57
du 1502	29 du 4.	**Champ** de Le surplus a été pris pour sol de bâtiment et pour le chemin de fer.	11	09

Mise à prix : Fr. 13,500.

Les conditions de vente sont déposées aux greffes des tribunaux de Lausanne, Vevey et Aigle, et au bureau du liquidateur, rue Haldimand, 5, Lausanne.

Lausanne. — Imp. CORBAZ & Comp.

XXXIVe ANNÉE. Nos 28 et 29. SAMEDI 17 JUILLET 1886

JOURNAL DES TRIBUNAUX

REVUE DE JURISPRUDENCE

Paraissant à Lausanne une fois par semaine, le Samedi.

Prix d'abonnement : 12 fr. par an, 7 fr. pour six mois. Chaque numéro, 50 cent. On s'abonne à l'imprimerie CORBAZ et Cie et aux bureaux de poste. — ANNONCES : 20 centimes la ligne ou son espace.

TRIBUNAL FÉDÉRAL

Séance du 19 juin 1886.

Concordats sur les faillites des 15 juin 1804 et 7 juin 1810. — Recours de droit public. — Défaut de pouvoirs. — Responsabilité du prétendu mandataire. — Art. 62 de la loi sur l'organisation judiciaire fédérale.

A. Béguin c. masse de J. Béguin et Wildbolz.

Est responsable et encourt une condamnation civile le procureur-juré qui signe un recours sans mandat.

En revanche, n'est point responsable l'avocat qui s'est borné à rédiger le recours.

A. Béguin, à Paris, était créancier de son cousin, J. Béguin, d'une obligation hypothécaire de 10,000 fr., grevant en second rang diverses vignes que J. Béguin possédait à Vevey. J. Béguin ayant fait faillite à Berne, le président du tribunal de Berne s'adressa à l'office de paix de Vevey, en date du 28 août 1885, pour demander la liquidation des biens du failli, sis à Vevey.

Le 3 décembre 1885, le tribunal du district de Vevey, nanti par le juge de paix, nomma comme liquidateur *ad hoc* des biens de la masse le notaire Bersier, à Vevey.

Le 9 février 1886, le liquidateur fit vendre aux enchères les immeubles susmentionnés; l'adjudication en fut faite en faveur de R. Wildbolz-Stengel, à Berne, pour le prix de 14,160 fr., cette réalisation laissant un découvert de 5840 fr. sur les créances hypothécaires.

Sous date du 8 dit, le procureur-juré Dupuis, à Vevey, au nom de la masse de J. Béguin, fit assigner A. Béguin à l'audience du juge de paix de Vevey du 17 du même mois, concluant à ce que l'obligation hypothécaire du 15 mai 1885 soit annulée et radiée.

De son côté, le procureur-juré Rapin, à Vevey, au nom d'A. Béguin, et par exploit du 23 mars suivant, fit assigner le notaire Bersier, en sa qualité de liquidateur *ad hoc* de la masse J. Béguin, devant le juge de paix de Vevey, concluant à ce que l'adjudication du 2 février 1886 soit déclarée nulle et non avenue.

Le 1er avril suivant, A. Béguin, représenté par le procureur Rapin, a déposé au Tribunal fédéral un recours de droit public daté du 31 mars précédent, et dirigé contre la masse des biens en discussion de J. Béguin, représentée par son liquidateur *ad hoc*, M. Bersier, notaire à Vevey, et contre R. Wildbolz-Stengel, à Berne. Cette pièce, signée du procureur Rapin et de l'avocat de Meuron, à Lausanne, conclut à ce qu'il plaise au Tribunal fédéral dire que la vente d'immeubles effectuée le 2 février 1886, au nom de la masse Béguin, soit l'adjudication de ces immeubles donnée à R. Wildbolz-Stengel est nulle comme faite en violation des principes posés par les concordats des 15 juin 1804 et 7 juin 1810, confirmés le 8 juillet 1818.

Le 3 avril 1886, le juge délégué communiqua le recours à la masse Béguin et au sieur Wildbolz, avec délai échéant le 18 dit pour produire leur réponse.

Pendant ce temps, il est parvenu au Greffe fédéral la lettre suivante, datée de Paris le 10 avril 1886:

« J'ai l'honneur de vous informer que je suis étranger au recours interjeté en mon nom contre la masse J. Béguin et je vous prie, par conséquent, de ne pas y donner suite.

» BÉGUIN, 27, rue de Choiseul. »

Dans leur réponse, datée du 17 avril, le notaire Bersier, liquidateur de la masse Béguin, et R. Wildbolz-Stengel font observer que A. Béguin a écrit, le 10 dit, au Greffe fédéral pour l'aviser qu'il était étranger au recours et qu'il ne voulait pas qu'il y fût donné suite; ils ajoutent que, le même jour, A. Béguin priait l'avocat de la masse de lui envoyer une transaction par laquelle il reconnaîtrait la nullité du titre fait en sa faveur. Ils concluent en première ligne à ce que le recours soit écarté préjudiciellement et les signataires éconduits d'instance, attendu que l'avocat de Meuron et le procureur Rapin sont sans pouvoir aucun de A. Béguin, et partant sans qualité ni vocation pour agir; en second lieu et subsidiairement, à ce que le Tribunal fédéral se déclare incompétent; plus subsidiairement encore, au rejet du recours au fond, et, enfin, à ce que l'avocat de Meuron et le procureur-juré Rapin soient condamnés, comme signataires du recours, à leur faire paiement d'une somme de 300 fr. à titre d'indemnité et en application de l'art. 62 de la loi sur l'organisation judiciaire fédérale.

Le dit jour, 17 avril, l'avocat Meyer écrit au président du Tribunal fédéral que le bureau de Meuron et Meyer a appris que Béguin a adressé à ce Tribunal une lettre dans laquelle il désavoue le recours formulé en son nom par le procureur Rapin et rédigé par le prédit bureau; qu'ils considèrent dès lors la lettre prémentionnée de Béguin comme un retrait du recours, lequel ne peut plus déployer d'effet.

A cette écriture est jointe la copie d'une lettre de L. Béguin, à Vevey, père d'A. Béguin, annonçant, sous date du 15 avril 1886, à l'avocat Meyer, qu'ensuite d'arrangement, le dit A. Béguin renonce à suivre à l'affaire contre la faillite J. Béguin, et que, par conséquent, le bureau de Meuron et Meyer est prié de retirer les procédés qu'il pourrait avoir faits et retourner les pièces et le titre au procureur-juré Rapin.

Le juge délégué ayant communiqué aux avocats de Meuron et Meyer les conclusions en indemnité prises contre eux, ils ont conclu à libération par les motifs ci-après:

Le recours est retiré et doit être simplement rayé du rôle: il ne saurait plus être question de son admission ou de son rejet. Quant aux frais, soit à l'indemnité réclamée, il n'y a point lieu de faire application en l'espèce de l'art. 62 de la loi sur l'organisation judiciaire; en tout cas, l'avocat de Meuron doit demeurer hors de cause, puisqu'il n'est ni partie au procès, ni mandataire d'A. Béguin et qu'il n'a signé le recours que pour rédaction. De même, le procureur Rapin a agi de bonne foi; il a été nanti par le notaire Mingard, qui s'occupait des intérêts d'A. Béguin. En outre, la partie adverse n'a pas fait de frais; elle s'est bornée à rédiger un mémoire inutile, puisqu'au moment où il a été rédigé elle connaissait le retrait du recours.

Sous date du 1er mai écoulé, l'avocat Gaudard, à Vevey, au nom des opposants au recours, a déposé une transaction intervenue le 17 avril précédent entre L. Béguin, au nom de son fils Auguste, d'une part, l'avocat Gaudard et le notaire Bersier, au nom de la masse Béguin, d'autre part.

Dans cette pièce, A. Béguin reconnaît que l'obligation hypothécaire de 10,000 fr., notariée Mingard, le 15 mai 1885, et stipulée en sa faveur contre J. Béguin, est absolument nulle, sans cause et de nul effet, A. Béguin n'ayant jamais fourni ou dû fournir la contre-valeur de ce titre et ayant signé celui-ci par complaisance et sans réfléchir à la portée de cet acte. A. Béguin déclare, en outre, qu'il est absolument étranger à l'action civile ouverte en son nom à Vevey pour faire prononcer la nullité de l'adjudication des immeubles, et qu'il n'a jamais chargé personne de déposer un recours au Tribunal fédéral relativement à cette affaire. Quant aux frais, la transaction statue que la masse Béguin gardera à sa charge les frais d'action contre A. Béguin, et que ce dernier prend à sa charge ceux qu'il peut avoir faits, ainsi que ceux de la transaction elle-même, du dépôt au greffe du Tribunal et de radiation de l'hypothèque.

Le Tribunal fédéral a rendu l'arrêt suivant :

1. Le procureur-juré Rapin reconnaissant que la lettre datée de Paris le 10 avril 1886, signée Béguin, 27, rue de Choiseul, émane d'A. Béguin, son prétendu mandant lors du recours, aucune suite ne peut être donnée aux deux premières conclusions de la réponse de la masse J. Béguin et du sieur R. Wildbolz.

Sur la troisième conclusion de la dite réponse, tendant à la condamnation de l'avocat de Meuron et du procureur-juré Rapin au paiement d'une indemnité de 300 francs :

2. L'art. 62 de la loi sur l'organisation judiciaire statue que, dans les procès qui portent sur des contestations de droit public, il ne peut, dans la règle, ni être demandé d'émoluments, ni être alloué d'indemnités aux parties ; que le Tribunal peut cependant faire des exceptions dans les cas où elles seraient justifiées par l'origine ou la cause de la contestation, ou par la manière dont le procès a été instruit par les parties.

Un émolument de justice en faveur de la caisse fédérale doit être mis à la charge du procureur-juré Rapin, en présence du fait que le recours a été signé et déposé par lui sans mandat de la part d'A. Béguin, ensuite, paraît-il, de sollicitations et démarches d'un tiers, dont la responsabilité n'est pas à examiner en l'état.

L'avocat de Meuron doit être mis à cet égard hors de cause, attendu que, rédacteur du mémoire ou recours demandé par celui qui gérait comme mandataire d'A. Béguin, il a signé cette pièce non comme mandataire, mais comme avocat, ainsi que l'exige l'art. 12 de la loi cantonale sur le barreau.

Quant à la demande d'une indemnité à titre de dépens, le procureur-juré Rapin et à plus forte raison encore l'avocat de Meuron, par le motif déjà indiqué, doivent être libérés de cette prétention. Il appert, en effet, avec évidence, du mémoire en réponse pour la masse Béguin et R. Wildbolz, qu'au moment de la rédaction de cette pièce, les dits opposants, soit leur avocat, connaissaient le retrait du recours par A. Béguin, et le fait que ce prétendu créancier était prêt à reconnaître la nullité du titre hypothécaire créé en sa faveur, ce qu'il fit d'ailleurs par une transaction du lendemain.

Dans ces circonstances, la production de la dite réponse est un procédé frustratoire et superflu, qui doit rester à la charge de la partie.

Par ces motifs, le Tribunal fédéral prononce :

1. Le recours déposé par Auguste Béguin le 1er avril 1886 est rayé du rôle.

2. Un émolument de justice de 25 fr., ainsi que les frais d'expédition, s'élevant à .. fr. .. cent., sont mis à la charge du procureur-juré Rapin.

3. Il n'est pas entré en matière sur les deux premières conclusions prises en réponse par l'avocat Gaudard, conseil des opposants au recours; la troisième conclusion, tendant à l'allocation d'une indemnité, est écartée.

Genève. — TRIBUNAL DE COMMERCE.

Audience du 27 mai 1886.

Présidence de M. Coulin, juge.

Faillite ouverte en Russie; failli résidant à Genève; poursuites individuelles d'un créancier: 1° jugement déclaratif de faillite; moyen tiré de son défaut de force exécutoire à Genève; rejet; 2° défaut de qualité du créancier; déboutement.

Walkhoff contre Aproxine.

Walkhoff réclame le paiement de la somme de 10,000 fr., tandis qu'Aproxine conclut à ce que la demande soit déclarée non recevable et, en tous cas, mal fondée.

Attendu que des pièces versées aux dossiers il résulte que le défendeur est en état de faillite; que cette faillite a été prononcée en Russie, où demeure sa partie adverse.

Attendu que, se basant sur ce fait, Aproxine soutient que, dessaisi de l'administration de ses biens, il ne saurait être poursuivi par l'un de ses créanciers, ce que conteste le demandeur.

Attendu que l'état de faillite, en Russie comme à Genève, a pour conséquence le dessaisissement du débiteur; que si, comme le prétend Walkhoff, cet état ne saurait produire d'effets que dans les limites du pays où il a été déclaré, l'utilité qui peut en résulter pour la masse est considérablement amoindrie, puisque les créanciers pourraient poursuivre individuellement, et à leur seul profit, le failli sur les biens qu'il peut avoir hors du territoire.

Que ce résultat est contraire au principe de l'égalité entre créanciers et au fait que le législateur, en exigeant la nomination d'un administrateur de la faillite, a précisément voulu empêcher les poursuites individuelles et diverses.

Attendu que, dans l'intérêt des masses comme aussi dans

celui des débiteurs faillis, il importe d'admettre le système d'unité et d'indivisibilité de la faillite qui est préconisé par nombre d'auteurs contemporains; qu'avec ce système, la déclaration émanée du juge compétent pour déclarer la faillite, doit être reconnue partout et ses effets s'étendre à tous les biens, meubles et immeubles, du failli et en quelque pays qu'ils soient situés; que tous ses biens, évidemment, répondent, sans aucune distinction, de toutes ses dettes.

Attendu que ce point de vue est rationnel; qu'en effet, le patrimoine du débiteur est un, et qu'il est absolument illogique de vouloir le subdiviser en autant de petits patrimoines qu'il y a de pays où se trouvent les biens du failli.

Attendu, au surplus, que pas n'est besoin de demander l'exequatur du jugement déclaratif de faillite; que la jurisprudence a admis, à Genève comme ailleurs, que l'exequatur n'est nécessaire que lorsqu'il sagit de mesures d'exécution, mais non lorsque le jugement n'est invoqué, comme dans l'espèce, que pour faire constater un fait.

Attendu, dès lors, qu'Aproxine étant en faillite et le demandeur n'arguant pas qu'il soit arrivé à un moment où les actions individuelles des créanciers peuvent être reprises contre le débiteur — comme c'est le cas à Genève, après concordat, après dissolution de l'union, après clôture pour insuffisance d'actif — il y a lieu, en l'état, de le débouter de ses conclusions.

Que, conformément à la loi russe, c'est au tribunal où s'est ouvert le concours qu'il doit, si son droit n'est point périmé, faire ses réclamations.

Attendu, du reste, que si le demandeur estime que le failli a, à Genève, un actif qui devrait rentrer dans la masse à répartir entre ses créanciers, rien ne l'empêchait, après avoir pratiqué la saisie-arrêt dont il est fait état et dont les frais seraient privilégiés, puisqu'elle aurait ainsi abouti à la conservation d'un actif, d'avertir de cette découverte le syndic de la faillite et de l'inviter à faire le nécessaire pour entrer en possession du dit actif.

Que Walkhoff ne justifie pas avoir fait cet avertissement; que son but était donc d'éluder les règles de la faillite et, en actionnant son débiteur à Genève, d'obtenir un réel privilège sur les autres créanciers, qui le sont au même titre que lui.

Que le Tribunal ne saurait lui donner gain de cause; qu'il y a lieu, pour tous les motifs susrappelés, de le débouter de ses conclusions...

Vaud. — TRIBUNAL CANTONAL.

Séance du 2 juin 1886.

Procès entre une masse en discussion et un créancier. — Demande d'intervention du discutant. — Rejet. — Art. 106, 739, 748, 811 et suiv. Cpc.

Curchod contre Union du Crédit.

La loi ne donne pas au discutant le droit d'intervenir dans les procès pendants entre la masse en discussion de ses biens et les créanciers de celle-ci. (Cpc., 106, 739, 748, 811 et suiv.)

Avocats des parties :

MM. DE MEURON, pour L. Curchod, intervenant et recourant.
BERDEZ, pour Union du Crédit, demanderesse et intimée.

L'Union vaudoise du Crédit a ouvert action à la masse en discussion des biens de l'ex-directeur Curchod, pour faire prononcer : 1° Qu'en changement de la réponse du liquidateur aux interventions de la demanderesse sous n°ˢ 23 à 48, y compris, et 50, les dites interventions sont admises en leur entier; 2° Qu'en conséquence, l'Union vaudoise du Crédit doit être admise dans la discussion des biens de L. Curchod pour la somme totale en capital de 2,294,598 fr. 83, avec intérêt légal dès le 30 juin 1885.

Curchod a conclu à ce qu'il plaise au Tribunal prononcer : 1° qu'il est autorisé à intervenir au procès intenté à sa masse par l'Union du Crédit; 2° qu'ensuite de cette intervention, il devient partie au procès en qualité de défendeur, un délai devant lui être accordé par M. le président pour déposer une réponse.

A l'appui de ses conclusions, Curchod allègue les faits suivants :

Par exploit du 4/5 décembre 1884, l'Union a ouvert action à Curchod en paiement de 145,395 fr. 23.

Le 21 mai 1885, le curateur de Curchod a déposé une demande de cession de biens; ensuite de cette demande, le Tribunal a ordonné la discussion le 22 mai 1885. L'Union du Crédit est intervenue dans cette discussion pour 2,309,052 fr. 18.

Le liquidateur a admis en 6e classe une partie des interventions pour 14,454 fr. 35 et repoussé celles sous nos 23 à 48 et 50, s'élevant à 2,294,598 fr. 83.

L'assemblée des créanciers a eu lieu le 26 septembre 1885. L'Union a ouvert action en changement de réponse.

En droit, Curchod fonde sa demande d'intervention sur l'article 106 Cpc.

A l'audience du Tribunal du 28 avril 1886, l'Union a conclu à libération de la demande d'intervention.

La masse Curchod a déclaré s'en rapporter à la décision du Tribunal.

Vu les art. 748 et 811 et suivants Cpc., le Tribunal du district de Lausanne a, par jugement du 28 avril 1886, repoussé les conclusions prises par Curchod.

Curchod a recouru en réforme contre ce jugement, estimant en substance que, dans l'espèce, il ne s'agit pas seulement des biens de la masse, mais des biens futurs à lui Curchod; que la masse doit conserver les droits du discutant, que le liquidateur n'est pas libre de revenir sans motifs sur sa première décision; que le droit des commissaires est tout à fait négatif, attendu qu'ils ne peuvent imposer au liquidateur l'admission d'une prétention contestée et que la personnalité du discutant ne saurait disparaître complètement.

Le Tribunal cantonal, unanime, a écarté le recours.

Motifs.

Considérant que l'art. 748 Cpc. statue que le liquidateur représente le discutant et la masse des créanciers, administre les biens et est chargé de la liquidation conformément aux dispositions de la procédure.

Que le discutant est ainsi légalement dénanti de l'administration de ses biens, celle-ci étant donnée de plein droit au liquidateur dès l'ordonnance de discussion (739 Cpc).

Considérant que c'est au liquidateur qu'il appartient de répondre aux interventions, après avoir entendu le discutant à titre consultatif et que les art. 811 et suiv. Cpc. déterminent d'une façon précise les personnes qui ont qualité pour demander le changement des réponses.

Que les procès qui peuvent naître au sujet des interventions sont plaidés par le liquidateur avec l'autorisation des commissaires et que nulle part la loi ne donne le droit au discutant d'intervenir dans ces difficultés, les fonctionnaires ci-dessus étant seuls compétents pour transiger ou compromettre au mieux des intérêts de la masse.

Considérant que l'art. 106 Cpc., qui traite de l'intervention d'un tiers dans un procès, ne saurait être appliqué dans l'espèce.

Qu'en effet, le discutant ne peut être envisagé comme un tiers ayant capacité de se présenter en qualité de partie au procès, puisqu'il y est déjà représenté par le liquidateur qui est son mandataire légal.

Séance du 15 juin 1886.

Demandeurs joints en cause. — Avocat unique. — Prétendue division de cause. — Art. 120, 136 et suiv. Cpc.

Humbert contre dames Marquis et Emery.

Si plusieurs demandeurs se sont réunis volontairement pour ouvrir une action commune, dans laquelle leurs conclusions sont identiques, de même que leurs moyens, ils ne peuvent se faire assister que par un seul avocat. (Cpc. 120.)

Le droit d'exiger la division de cause n'est conféré qu'aux défendeurs et non aux demandeurs. (Cpc. 136 et suiv.)

Henriette-Isabelle Marquis, à Paris, et Mathilde-Emma Emery, à Aigle, ont ouvert action à Ernest Pierre-Humbert, pour faire prononcer: 1° En ce qui concerne dame Marquis, que Pierre-Humbert est son débiteur de la somme de 32,000 fr., payables: 2000 fr. le 30 septembre 1885, 2000 fr. le 31 mars 1886 et le solde par annuités semestrielles de 2000 fr., jusques et y compris le 31 mars 1893. Le tout sous réserve des causes légitimes d'extinction de l'obligation du défendeur qui sont prévues dans l'acte de partage du 9 septembre 1880; 2° En ce qui concerne dame Emery, que le défendeur est aussi son débiteur de la somme de 32,000 fr., payables comme ci-dessus et sous la même réserve.

E. Pierre-Humbert a conclu: 1° à libération; 2° subsidiairement, et pour le cas où cette conclusion libératoire ne lui serait pas accordée, à ce que les conclusions de la demande soient réduites à la somme de 12,000 fr. en faveur de chacune des demanderesses, payables 750 fr. le 30 septembre 1885, 750 fr. le 31 mars 1886, et le solde par annuités semestrielles de 750 fr. jusques et y compris le 31 mars 1893.

A l'audience présidentielle du 22 mai 1886, M. l'avocat Berdez a comparu comme mandataire de dame Emery et M. l'avocat Gaulis comme mandataire de dame Marquis.

Le défendeur, pour le cas où les demanderesses entendraient se faire assister de deux avocats, a conclu à faire prononcer que la partie demanderesse ne peut se faire assister que d'un seul avocat.

Les demandeurs ont conclu à libération de l'incident.

Le défendeur a conclu, subsidiairement, à être autorisé à se faire assister d'un second avocat, ce que les demanderesses ont admis.

Statuant, le président du Tribunal de Lausanne a écarté la conclusion incidente de Pierre-Humbert, tout en lui donnant acte de l'adhésion de ses parties adverses à sa conclusion subsidiaire.

Le président s'est fondé sur ce que les demanderesses ont confié chacune leurs pouvoirs séparément à des mandataires différents et que l'on ne saurait contraindre l'un des mandataires à substituer ses pouvoirs à l'autre.

Pierre-Humbert a recouru contre ce jugement en invoquant l'art. 120 Cpc. Il allègue que les demanderesses se sont réunies volontairement, tandis que, dans la division de cause, il y a réunion forcée des défendeurs.

Dame Marquis a conclu au rejet du recours, en expliquant qu'elle avait ouvert une action séparée, qu'elle a abandonnée pour se joindre à sa sœur. Elle allègue, en outre, que le défendeur pouvait demander la division de cause.

Dame Emery a conclu aussi au rejet du recours, en invoquant l'art. 140 Cpc.

Le Tribunal cantonal a admis le recours.

Motifs.

Considérant que la question à résoudre est celle de savoir non pas, comme le dit le jugement, si l'on peut contraindre le mandataire de l'une des demanderesses de substituer ses pouvoirs à l'autre mandataire, mais si les deux personnes qui ont jugé à propos de se joindre en cause pour ouvrir, comme partie demanderesse, une *seule* action en reconnaissance de dette sont autorisées par la procédure à se faire assister par plus d'*un* avocat.

Que dames Emery et Marquis pouvaient ouvrir des actions séparées.

Qu'elles se sont réunies volontairement pour ouvrir une action commune.

Que, du reste, leurs conclusions sont identiques, de même que les moyens invoqués par elles.

Qu'elles forment bien une seule partie demanderesse.

Que l'art. 120 Cpc., statuant que chaque partie peut se faire assister d'un avocat, doit s'entendre dans ce sens que chaque partie n'a droit qu'à l'assistance d'un avocat.

Considérant, en outre, que les art. 136 et suivants du Cpc. ne sont pas applicables à l'espèce.

Qu'en effet, le droit de division de cause n'est conféré qu'aux défendeurs.

Qu'il ne saurait s'appliquer par analogie aux demandeurs.

Que ce droit s'explique pour les défendeurs qui peuvent être joints en cause indûment et malgré eux.

Qu'il n'a pas sa raison d'être vis-à-vis des demandeurs qui se réunissent en vertu de leur libre volonté.

Que Pierre-Humbert n'avait donc pas le droit de demander la division de cause,

Le Tribunal cantonal admet le recours ; réforme le jugement incident du 22 mai 1886, en ce sens que la conclusion incidente de Pierre-Humbert, tendant à ce que la partie demanderesse Emery-Marquis ne puisse se faire assister que d'un seul avocat, est admise, les mandataires de la partie demanderesse restant, d'ailleurs, au procès en cette qualité.

Séance du 22 juin 1886.

Preuve testimoniale. — Admission avec réserves. — Nullité de ces réserves.

Dame Louis contre Clément et Chinet.

La partie qui n'admet pas une preuve doit s'y opposer, mais la loi ne lui donne pas le droit de faire des réserves en pareille matière. On ne saurait admettre qu'après avoir laissé faire des preuves sur certains allégués, une partie puisse ensuite se réserver le droit de discuter si l'entier ou une partie seulement de l'allégué a pu être prouvé.

Félix Clément et Marie Chinet ont conclu à ce qu'il soit prononcé : I. Que c'est sans droit que Annette Louis a ouvert dans la façade à bise du bâtiment qu'elle a élevé sur la place, art. 334, f° 1, n° 133 du cadastre de la commune de Rolle, une porte donnant accès sur les places art. 74, f° 1, n° 136, et art. 260, f° 1, n° 137 du même cadastre. — II. Que cette porte doit être immédiatement cancelée.

Annette Louis a conclu à libération. Reconventionnellement, que le fonds appartenant à la défenderesse, art. 334, f° 1, n° 133 du cadastre, sur lequel existe un bâtiment servant d'écurie, est au bénéfice d'une servitude de passage à pied s'exerçant au moyen d'une porte de 1m05 de largeur par le passage à bise qui conduit à la rue derrière cette servitude, comprenant le droit de sortir le fumier. Reconventionnellement et très subsidiairement, que ce droit de passage est reconnu comme il est dit dans la conclusion n° 2, mais ne comprend pas le droit de transporter le fumier provenant de l'écurie de la défenderesse.

Les demandeurs ont dit vouloir prouver par témoins et par l'inspection locale leur allégué n° 7, ainsi conçu :

« N° 7. La défenderesse a changé la nature de la place, art. 334, f° 1, n° 133, et y a construit un bâtiment servant d'écurie. »

La défenderesse s'est opposée à la preuve de la première partie de cet allégué, comme n'étant pas suffisamment précis et constituant non un fait, mais une appréciation.

De son côté, la défenderesse a demandé à prouver par témoins un certain nombre d'allégués et, entre autres, les suivants :

« N° 39. Pendant plus de trente années consécutives, dans l'intervalle depuis 1812 jusques et y compris 1855, les propriétaires de l'art. 334, pl. f° 1, n° 133 du cadastre de Rolle, place de 1 toise 70 pieds, ont utilisé cette place soit pour place à fumier, soit pour des buatons à porcs, avec tonneaux à lavure. Pendant cette même période, la dévestiture de cette place n° 133 a été constamment pratiquée par le passage à bise de l'immeuble actuellement Louis, au moyen d'une ouverture qui avait été ménagée dans le mur pour donner accès sur le dit passage.

» N° 40. Pendant tout ce laps de temps, les propriétaires de l'art. 334, pl. f° 1, n° 133, ont exercé cette servitude de passage d'une façon continue et non interrompue, paisible, publique, non équivoque et à titre de propriétaire.

» N° 41. Au moment où a été édifié le bâtiment récemment construit par la défenderesse dame Louis, c'est-à-dire en automne 1885, les montants en pierre de taille qui manifestaient l'existence et déterminaient la largeur de l'ancienne ouverture, soit porte non fermée donnant accès sur le passage, existaient encore dans le mur.

» N° 42. Pendant trente ans et plus, avant 1883, les propriétaires de l'art. 334 ont pratiqué le passage litigieux conduisant à la rue derrière, cela d'une façon continue, non interrompue, paisible, publique, non équivoque et à titre de propriétaires. »

Les demandeurs ont admis ces preuves, mais sous la restriction que les solutions qui interviendraient sur les allégués laisseraient intactes les questions de droit que renferment ces allégués.

Annette Louis, estimant que les faits ci-dessus ne contiennent aucune question de droit, a conclu que la réserve des demandeurs soit écartée.

Statuant sur ces deux incidents, le président du Tribunal du district de Rolle a admis la preuve testimoniale de l'allégué 7, ainsi que les réserves des demandeurs relatives aux allégués 39 à 42.

La défenderesse a recouru contre ce jugement incidentel.

Le Tribunal cantonal a admis le recours et retranché les réserves.

Motifs.

Considérant, quant à la preuve de l'allégué 7, que celui-ci constitue un fait concret, mais ne renferme nullement une appréciation juridique.

Qu'en effet, le mot *nature* est employé ici dans le sens matériel du mot pour indiquer un changement dans l'état des lieux, soit la transformation d'une place en écurie.

Que, dès lors, cet allégué doit pouvoir être prouvé par témoins,

Le Tribunal cantonal écarte le recours et maintient le jugement incidentel sur ce point.

Considérant, quant à la question des réserves faites par les demandeurs sur les allégués 39 à 42, qu'il ressort des dispositions du Cpc. que les parties doivent indiquer leurs faits et les preuves de ces faits; que si l'autre partie ne les admet pas, elle doit s'opposer aux preuves, mais que nulle part la loi ne donne le droit de faire de réserves en pareille matière.

Que, du reste, on ne saurait admettre qu'après avoir laissé faire des preuves sur certains allégués, une partie puisse ensuite se réserver de discuter si l'entier ou une partie seulement de l'allégué a pu être prouvé.

Que des réserves dans le sens indiqué sont dès lors sans valeur.

Résumés d'arrêts.

Recours. — Un recours en nullité ne peut être examiné que s'il énonce séparément les divers moyens pouvant entraîner la nullité du jugement (Cpc. 444).

(Juge de paix de Bottens; jugement maintenu.)

TC., 8 juin 1886. Wyssbrod c. Martin.

Recours sur frais. — Les prononcés rendus par le président du Tribunal cantonal, ensuite de recours sur frais, sont définitifs.

(Juge de paix de Payerne; jugement réformé.)

TC., 15 juin 1886. Coucet c. Jaton.

Propriété littéraire.

A peine était-il question d'une exposition universelle à Paris en 1889, qu'un industriel déposait le titre d'un journal, *le Moniteur de l'Exposition de 1889*. Il s'en tint là. Récemment, un autre journal s'est fondé, *le Moniteur de l'Exposition*. De là une plainte pour usurpation de titre que le Tribunal civil de la Seine (aud. du 10 juin 1886) a repoussée par le motif que le dépôt seul d'un nom ou titre de journal, revue ou écrit périodique ne confère pas un droit privatif à celui qui l'a opéré, si ce dépôt n'a été suivi d'une publication courante et effective.

Pendant les vacances, le *Journal des Tribunaux* ne paraîtra que tous les quinze jours.

En revanche, nous publierons, ainsi que nous l'avons fait jusqu'ici, des numéros doubles ou des suppléments chaque fois que le besoin s'en fera sentir.

Ch. Boven, notaire, rédacteur.

Lausanne. — Imp. CORBAZ & Comp.

XXXIVe ANNÉE. Nos 30 et 31. SAMEDI 31 JUILLET 1886

JOURNAL DES TRIBUNAUX

REVUE DE JURISPRUDENCE

Paraissant à Lausanne une fois par semaine, le Samedi.

Prix d'abonnement : 12 fr. par an, 7 fr. pour six mois. Chaque numéro, 50 cent. On s'abonne à l'imprimerie CORBAZ et Cie et aux bureaux de poste. — ANNONCES : 20 centimes la ligne ou son espace.

Loi fédérale sur la poursuite pour dettes et la faillite.

La Commission vaudoise nommée le 1er avril dernier, par le Conseil d'Etat, pour examiner cette loi, vient de présenter son rapport. Elle a tenu huit séances, consacrées d'abord à une discussion sur l'ensemble du projet, puis à l'examen de celui-ci article par article, enfin à l'approbation du rapport dont suit une courte analyse.

Nous relèverons d'abord que, dans ses *Considérations préliminaires*, la Commission soutient l'idée que la loi « n'aura quelque chance d'aboutir que si elle est ce qu'a été la Constitution elle-même dont elle est issue : une œuvre de conciliation, de transaction entre les intérêts des divers cantons, notamment entre la Suisse allemande et la Suisse romande. »

De l'examen des *Principes généraux du projet*, il résulte que, sauf quelques cas tout à fait exceptionnels, le débiteur non inscrit au registre du commerce, donc l'agriculteur en première ligne, ne pourra pas être mis en faillite, à moins qu'il ne fasse volontairement cession de ses biens.

La Commission a été unanime à considérer le *système de poursuite* prévu par le projet comme acceptable en principe pour le canton de Vaud. Elle estime que l'institution d'un fonctionnaire, chargé de la poursuite pour dettes, constituerait un véritable progrès sur le système actuellement pratiqué chez nous, dans lequel trois fonctionnaires interviennent.

En ce qui concerne la *Marche de la poursuite*, le projet admet la possibilité d'agir en vertu d'une simple prétention.

Toute poursuite quelconque commence par un exploit portant *commandement de payer* et accordant au débiteur un délai de dix jours pour opposer. S'il y a opposition, le créancier doit ouvrir action en main-levée de l'opposition; il devient ainsi demandeur, qu'il soit porteur d'un jugement, d'une reconnaissance écrite de la dette ou d'un autre titre probant, ou qu'il n'agisse qu'en vertu d'une simple prétention.

La Commission estime que ce système est vicieux en lui-même et qu'il y aurait lieu de le modifier en ce sens que le débiteur qui fait opposition serait tenu de devenir demandeur au procès toutes les fois que le créancier agit en vertu d'un titre exécutoire.

Le rapport remarque en passant que l'adoption de la loi entraînera la suppression de notre procédure spéciale en matière de poursuite immobilière. En effet, la saisie aboutissant toujours à la vente aux enchères des biens saisis, qu'il s'agisse de meubles ou d'immeubles, la revestiture, la réemption et le retrait devront disparaître de nos lois.

Les dispositions du projet relatives au *Concordat* remplaceront avantageusement celles actuellement en vigueur; celles concernant la *Faillite* ne s'écartent guère de ce qui est généralement admis en pareille matière; cependant le projet accorde plus de droits aux créanciers que ne le fait notre procédure vaudoise. Ainsi, l'assemblée des créanciers peut, sauf ratification par l'autorité de surveillance, décider de confier la liquidation à un syndic spécial, au lieu de la laisser aux soins du préposé, qui vaque en tout cas aux premières opérations.

En ce qui concerne les *Droits de préférence entre créanciers*, le projet supprime le privilège accordé par la loi vaudoise aux frais de funérailles, fournitures pour la subsistance du débiteur et de sa famille, etc. La Commission désirerait le rétablissement de ces privilèges et se range, d'ailleurs, à l'observation présentée par la Commission genevoise, demandant qu'un privilège soit accordé non seulement aux bouchers et boulangers, mais à tous fournisseurs de substances alimentaires au détail, pendant les six derniers mois.

La Commission demande également le rétablissement du privilège général que la loi accorde aux impôts dus à l'Etat (autres que ceux garantis par un privilège spécial) pour les deux dernières années et pour l'année courante.

Comme notre loi, le projet fédéral accorde un droit de préférence à la créance de la femme mariée dans la faillite de son mari, mais ce privilège est restreint à la moitié de la fortune que la femme du failli a apportée à son mari, lors du mariage ou qu'elle a acquise durant le mariage, et qui se trouve sous l'administration du mari. Bien que ces dispositions apportent d'importantes modifications à nos institutions actuelles, la Commission croit pouvoir admettre le système proposé.

Les observations qui précèdent touchent aux grandes lignes du projet. Le rapport de la Commission renferme encore de nombreuses *Observations spéciales*, concernant la rédaction et l'interprétation de la loi, et diverses propositions, développées, tendant à la compléter ou à la modifier, dans un sens plus conforme aux usages de la Suisse romande et aux aspirations humanitaires qui se font de plus en plus jour.

L'observation de la Commission vaudoise, au sujet de la *réalisation des immeubles*, nous semble devoir être citée dans son entier :

« L'art. 141 du projet dispose que les biens immobiliers sont vendus aux enchères publiques trois mois au plus tôt et huit mois au plus tard dès la saisie ou la réception de la réquisition de vente. Pour différer la vente au-delà du délai maximum de 8 mois, le consentement des parties est nécessaire.

» La Commission a été unanime à estimer que ces délais, spécialement le délai minimum de trois mois, sont trop courts. Dans le canton de Vaud, le débiteur exproprié a aujourd'hui un an pour user de son droit de réemption; il peut ainsi profiter d'une bonne récolte pour réparer les conséquences d'un désastre antérieur. Si, au contraire, la vente peut avoir lieu trois mois déjà après la saisie, comme le propose le projet, le débiteur n'a pas le temps nécessaire pour consolider sa situation et désintéresser le créancier poursuivant. La vente de ses immeubles consommera ainsi sa ruine économique, qui eût pu, dans bien des cas, être évitée avec des délais plus longs. Nous pensons qu'un pareil système est dangereux, car il y a un intérêt social considérable à empêcher la création d'un prolétariat agricole. Il faut donc que l'agriculteur ne puisse être dépossédé de son immeuble que s'il est bien constaté qu'il ne pourra pas, de longtemps, se relever de la situation embarrassée où il est tombé.

» A un autre point de vue, la disposition du projet paraît dangereuse. En donnant au préposé le droit de fixer la vente à l'époque qu'il détermine, pourvu que ce soit au plus tôt trois mois après la réquisition de la vente ou après la saisie, et au plus tard huit mois après cette date, la loi accorde à ce fonctionnaire unique une compétence excessive dont il pourrait facilement abuser, car on ne voit pas qu'en cette matière un recours à l'autorité de surveillance soit possible. Un pareil arbitraire doit être évité.

» En conséquence et tout en exprimant le vœu que les délais prévus au premier alinéa de l'art. 141 soient augmentés, nous demandons qu'en tout cas le délai minimum de trois mois soit porté à six mois; subsidiairement, qu'il demeure réservé aux cantons de porter ce délai jusqu'à six mois, le délai maximum de huit mois demeurant obligatoire, sauf convention contraire des parties. »

En résumé, la Commission estime que, dans son ensemble et sous réserve des améliorations proposées, le projet fédéral est acceptable pour le canton de Vaud, à titre de transaction entre le système de la saisie et celui de la faillite forcée.

Voici quelques détails sur la discussion que la Commission du Conseil des Etats, chargée d'examiner le projet de loi, a consacrée à l'importante question du concordat: Disons d'abord qu'il ne s'agit que du concordat amiable, destiné à éviter la faillite. Une partie de la Commission ne voulait pas entendre parler de cette institution, qui existe actuellement à Genève et à Neuchâtel, tandis que d'autres membres la considéraient comme une excellente innovation.

On émit ensuite l'idée que le créancier, qui ne voudrait pas intervenir dans l'arrangement, ne devait pas être tenu de faire remise de sa dette, mais devait pouvoir attendre, pour faire valoir ses droits, le retour de son débiteur à meilleure fortune. Il fut également proposé de réduire le concordat à un simple contrat d'atermoiement, et de ne l'admettre, comme entraînant la remise des dettes, qu'à la condition que les créanciers qui ne voudraient pas faire abandon de leur droit ne perdraient pas leurs créances, mais pourraient les faire valoir sur les biens que le débiteur pourrait acquérir dans l'avenir.

On proposa, en outre, pour le cas où cette idée serait admise, de ne pas faire dépendre le concordat de l'assentiment d'une partie des créanciers, mais de laisser uniquement à l'autorité compétente le soin de l'accorder ou de le refuser, avec droit de recours du débiteur devant la dernière instance cantonale.

La Commission a d'abord décidé de réduire des deux tiers, fraction prévue par le projet du Conseil fédéral, à la moitié, la quotité des créanciers dont l'assentiment est nécessaire pour l'admission de la demande de sursis concordataire, tout en maintenant la nécessité du deux tiers des voix pour le vote définitif du concordat. Puis, malgré une forte opposition, elle a adopté la proposition de ne point rendre le concordat obligatoire pour les créanciers qui ne veulent pas y participer, mais de les laisser libres de poursuivre le recouvrement de leurs créances sur les biens futurs du débiteur. Cette disposition nous paraît bien malheureuse, car elle est de nature à faire échouer tout concordat.

CONSEIL FÉDÉRAL

Raison de commerce. — CO. 867 al. 1er.

Celui qui est à la tête d'une maison ne peut prendre pour raison de commerce que son nom de famille, avec ou sans prénoms.

N'est pas en opposition à cette règle la femme qui demande son inscription au registre du commerce sous le nom de : Veuve de... (nom et prénom du mari). »

La veuve d'un nommé Christian Krüsi, qui a repris le commerce de son défunt mari, a voulu se faire inscrire au registre du commerce sous la raison « Veuve de Chr. Krüsi. » Cette demande a été repoussée par les autorités cantonales compétentes, par le motif que cette désignation constitue une adjonction à la raison de commerce et se trouve en contradiction avec l'art. 867, alinéa 1er, du Code des obligations.

La veuve Krüsi a recouru de cette décision au Conseil fédéral, qui a déclaré le recours fondé en se basant sur les considérants suivants :

L'art. 867 du CO. prescrit ce qui suit :

« Celui qui est seul à la tête d'une maison, sans avoir ni associé en nom collectif, ni commanditaire, ne peut prendre pour raison que son nom de famille, avec ou sans prénoms.

» Il ne peut y ajouter aucune mention faisant présumer l'existence d'une société. Mais il lui est loisible d'y adjoindre d'autres indications de nature à désigner d'une façon plus précise sa personne ou le genre de ses affaires. »

On ne peut contester que la raison « Veuve de Chr. Krüsi », tant que la recourante Mme Krüsi ne se remarie pas, indique le nom de famille de la personne qui est à la tête de la maison. En désignant d'une manière plus précise par « veuve de Christian » qu'il s'agit de la veuve de feu Christian Krüsi, on ne viole pas la loi, puisque cette désignation plus précise de la personne qui est à la tête de la maison constitue une adjonction permise par l'art. 867, alinéa 2, CO., qui est uniquement de nature à ne laisser aucun doute sur la personne de la titulaire.

Taxe militaire. — Recours tardif. — Loi fédérale du 28 juin 1878, art. 2 al. 2. Règlement d'exécution du 1er juillet 1879.

Un citoyen, astreint au paiement de la taxe militaire, s'est aperçu cette année seulement qu'on avait porté en compte, pour un chiffre de moitié trop fort, la fortune imposable des parents pendant 8 ans. Il a demandé à l'autorité cantonale compétente la restitution de ce qu'il avait payé de trop par suite de cette erreur. Sa demande a été écartée parce qu'il avait laissé passer le délai utile.

Le recours interjeté contre cette décision au Conseil fédéral a été écarté comme non fondé, par les motifs suivants :

1. L'art. 2, al. 2, de la loi fédérale du 28 juin 1878 sur la taxe

d'exemption du service militaire prescrit qu'il est institué dans chaque canton une instance chargée de statuer sur les recours contre les décisions de l'autorité qui a établi les rôles.

2. L'article 6 du règlement d'exécution pour cette loi, du 1er juillet 1879, autorise les cantons à édicter les ordonnances d'exécution nécessaires sur le mode de procéder à l'établissement des rôles et à la perception de la taxe; ces dispositions doivent pourvoir à ce que la décision en première instance au sujet de tous les éléments de la taxe soit communiquée à chaque contribuable, sous la forme d'un bordereau de taxe, qui doit renfermer aussi l'indication des instances de recours et des délais de réclamation.

3. Il résulte des actes que l'autorité cantonale compétente a satisfait aux prescriptions ci-dessus.

4. Le fait qu'un contribuable a négligé de faire, dans le délai utile, usage du droit de recours, doit être considéré comme une renonciation à ce droit, de sorte que le chiffre de la taxe, une fois ce délai expiré, est devenu définitif et qu'un recours n'est plus admissible.

5. Le recourant reconnaît lui-même ne pas avoir réclamé, dans le délai utile, contre la taxe qui lui était réclamée pour 1885 et pour les années antérieures.

TRIBUNAL FÉDÉRAL

Traduction d'un arrêt du 11 juin 1886.

Compagnie de bateaux à vapeur. — Ports situés sur le territoire de plusieurs cantons. — Question de double imposition. — Art. 8 de la loi fédérale du 23 décembre 1872 sur l'établissement et l'exploitation des chemins de fer.

Compagnie des bateaux à vapeur du lac des Quatre-Cantons contre Etat de Schwytz.

Le droit d'imposer le capital d'une société anonyme ou son revenu n'appartient qu'aux cantons où elle a son siège principal ou une succursale.

L'art. 8 de la loi fédérale du 23 décembre 1872, portant que les compagnies de chemins de fer doivent élire domicile dans chacun des cantons dont leurs entreprises empruntent le territoire, n'est pas applicable aux compagnies de bateaux à vapeur.

A l'occasion d'une revision générale du rôle des contribuables, le Conseil d'Etat du canton de Schwytz a décidé, en 1885, d'imposer la Compagnie des bateaux à vapeur du lac des Quatre-Cantons pour un capital total de 136,000 fr., soit 26,000 pour valeur de plusieurs débarcadères et d'un hangar aux marchandises sis sur le territoire du canton de Schwytz, et 110,000 fr. pour montant du capital industriel *(Gewerbefond)* de la Compagnie.

La Compagnie a exercé contre cette décision un recours de droit public au Tribunal fédéral. Elle estime qu'il y a double imposition, attendu qu'elle a son siège principal à Lucerne, où elle paie l'impôt, sauf en ce qui concerne la navigation sur le lac de Zoug, pour laquelle elle est imposée dans ce dernier canton.

Le Tribunal fédéral a écarté le recours en ce qui concerne la somme de 26,000 fr., valeur des débarcadères et du hangar sis sur territoire schwytzois, mais l'a admis pour le capital industriel de 110,000 fr.

Motifs.

1. Le recours n'est pas fondé pour autant qu'il a trait à l'imposition des débarcadères situés sur le territoire du canton de Schwytz, ainsi que du hangar aux marchandises existant à Brunnen. Ces débarcadères et ce hangar sont évidemment des constructions attachées au sol d'une manière durable; ils ne pourraient être transportés ailleurs sans que leur substance même soit changée; ils doivent donc être envisagés comme faisant partie intégrante du sol sur lequel ils reposent, et se caractérisent, dès lors, non comme des choses mobilières, mais comme des immeubles, ou comme des portions d'un immeuble. Il résulte de là qu'ils doivent, conformément à un principe connu, être imposés au lieu de leur situation. La circonstance que la recourante n'est pas propriétaire du fond du lac est sans importance à cet égard; à supposer même que le droit qu'elle possède sur ces constructions, tant qu'elles reposent sur le fond du lac, un droit d'usage et non un droit de propriété, il n'en est pas moins admissible que ce droit soit imposé au lieu de la situation de la chose.

2. En revanche, le recours est fondé pour autant qu'il vise l'imposition du fonds industriel de la Compagnie recourante, c'est-à-dire d'une part proportionnelle de son capital d'exploitation mobilier. A teneur de la pratique constante des autorités fédérales, le capital d'exploitation mobilier de la recourante et son revenu industriel ne pourraient être imposés dans le canton de Schwytz que si elle y possédait un établissement commercial

principal ou accessoire. Or, tel n'est point le cas. L'établissement principal de la recourante est incontestablement à Lucerne, soit au lieu choisi statutairement et en fait pour son siège. Il n'existe pas non plus, dans le canton de Schwytz, d'établissement accessoire ou succursale ; la Compagnie n'y a point établi un second centre de ses affaires et elle n'y possède aucun représentant fixe; au contraire, toute l'exploitation est dirigée de Lucerne ou de Zoug, en ce qui concerne la navigation sur le lac de ce nom. Le fait que, lors de l'exploitation de son industrie, la Compagnie touche le territoire schwytzois, y embarque et y débarque des personnes et des marchandises, est sans importance aucune au point de vue juridique. En effet, la jurisprudence fédérale n'a jamais reconnu le droit d'imposer les capitaux mobiliers ou le revenu à tous les cantons touchés par l'exploitation de l'industrie, proportionnellement entre eux, mais ne l'a exclusivement accordé qu'au seul canton où l'industriel est domicilié, ou, s'il existe un établissement commercial distinct du domicile personnel de ce dernier, au canton où se trouve cet établissement. L'art. 8 de la loi fédérale sur l'établissement et l'exploitation des chemins de fer n'est pas directement applicable aux entreprises de bateaux à vapeur et il ne saurait non plus leur être appliqué par analogie. En effet, les situations ne sont nullement identiques. Les compagnies de chemins de fer ont, dans leurs stations, des représentants permanents chargés de conclure et d'exécuter les affaires, tandis qu'il n'en est généralement point ainsi pour les entreprises de bateaux à vapeur, en tout cas pas dans le cas actuel. Quant à savoir si, à teneur de la législation cantonale de Schwytz, la recourante pourrait être tenue de se munir d'un permis d'établissement, c'est là une question qui laisse absolument intacte celle de droit fédéral qui se présente en l'espèce et qui consiste à savoir si le droit d'imposition litigieux appartient au canton de Lucerne ou à celui de Schwytz. Il n'y a donc pas lieu de s'arrêter plus longtemps sur ce sujet.

Pour traduction, C. S.

Genève. — TRIBUNAL DE COMMERCE.

Audience du 10 juin 1886.

Commande. — Exécution imparfaite. — Laissé pour compte.

Peut être refusée la marchandise qui laisse à désirer au point de vue de

sa bonne facture, lorsque l'acheteur a déclaré qu'il ne fixait ni le temps ni le prix pour avoir une marchandise parfaite.

Fauquez contre Hecht.

Le demandeur réclame le paiement de 800 fr., tant pour prix de marchandises que comme dommages-intérêts, tandis que Hecht conclut au déboutement de Fauquez.

Le défendeur a, le 30 septembre 1884, commandé au demandeur 6 finissages, dont il donnait la description, en ajoutant ces mots : « Je désire que ces 6 finissages soient d'un travail de première qualité et tout à fait soigné. Je ne voudrais rien de passable, mais j'aimerais que tout soit très bien fait. Vous remarquerez que je ne vous fixe ni le temps ni le prix. »

Par lettre du 2 octobre suivant, le demandeur commanda à la maison Piguet & frères les 6 finissages dont s'agit, en lui disant notamment ce qui suit : « Ces 6 finissages doivent être de première qualité, très soignés, pour prix convenu de 100 fr. l'un. »

Ces finissages ont été livrés à Hecht; des réparations ont été nécessaires et, en définitive, celui-ci, ne les trouvant pas conformes à sa commande, les a refusés.

En août dernier, la maison Piguet & frères, qui les avait faits pour le compte de Fauquez, assigna celui-ci devant le Tribunal des prud'hommes en paiement de leur prix.

Ce Tribunal eut recours à une expertise et, du rapport déposé, il résulte que la marchandise fournie au demandeur actuel est conforme à sa lettre de commission; en conséquence, le Tribunal des prud'hommes condamna Fauquez au paiement de ces finissages.

Attendu que la question à trancher est toute différente devant le Tribunal de céans; qu'en effet, il n'a point à se préoccuper de la lettre de commande de Fauquez et de ce que les finissages fournis ont bien, paraît-il, la valeur de 100 fr. fixée par le demandeur à Piguet & frères; qu'il a simplement à examiner si, en présence de la lettre de commande de Hecht, Fauquez a bien observé les conditions du marché.

Attendu que, de l'aveu même de Fauquez, ces finissages ne sont point tout à fait soignés, puisqu'il a dû y faire des réparations et qu'il déclare être prêt à en faire encore de nouvelles, si le besoin s'en fait sentir.

Que le défendeur n'ayant fixé ni temps ni prix, pour être sûr d'obtenir une marchandise parfaite, est bien fondé à refuser celle qui lui est remise.

Que cette marchandise, par la faute de Fauquez, qui, en limitant le prix de revient aux constructeurs, a voulu augmenter son bénéfice, ne correspond pas à la commande et que, dès lors, sans avoir recours à une expertise, le Tribunal doit débouter le demandeur de ses conclusions...

Vaud. — TRIBUNAL CANTONAL.

Séance du 15 juin 1886.

Succession. — Acceptation tacite. — Demande de bénéfice d'inventaire. — Tardiveté. — Art. 716 et 747 Cc.; art. 909 et 918 Cpc.

Banque cantonale et Caisse populaire contre Delapraz.

Le descendant en ligne directe qui n'a ni demandé le bénéfice d'inventaire, ni renoncé à la succession dans le délai de 42 jours fixé par l'art. 716 Cc., est réputé héritier.

La demande de bénéfice d'inventaire faite par l'un des cohéritiers ne profite pas aux autres (Cpc. 918).

Le 9 février 1886 est décédé, à Corsier, Ch.-F. ffeu J.-Aimé Delapraz, laissant comme héritiers ses enfants, qui sont :

1. Jules-Etienne Delapraz, à Riez.

2. Elise née Delapraz, femme de G. Treboux, en Plan rière Corsier.

3. Pauline née Delapraz, femme de Fréd.-D.-J.-Elie-L. Ramuz, à Genève.

4. Henri Delapraz, à Corsier, mineur.

Et en outre sa veuve, Aimée-Marianne Delapraz, née Roche.

Cette dernière ayant demandé le bénéfice d'inventaire comme mère-tutrice, le Tribunal l'a accordé par prononcé du 18 février 1886.

Les interventions ont été closes le 19 avril 1886.

Le 19/20 avril, Jules Delapraz-Borgognon a déclaré répudier la succession.

Le 21/27 avril, dame Treboux-Delapraz a fait la même déclaration.

Le 1er mai 1886, le Tribunal leur a donné acte de leur renon-

ciation en rappelant qu'ensuite de la plainte du curateur, il a été procédé à une enquête suivie d'une ordonnance de non-lieu, sans préjuger la question de savoir si les hoirs Delapraz ont fait acte d'héritiers et sans examiner le mérite de la renonciation de Jules Delapraz.

Le 29 avril/4 mai 1886, dame Ramuz-Delapraz a, de son côté, déclaré répudier la succession.

A l'audience du 13 mai 1886, la veuve Delapraz a fait la même déclaration au nom de son fils mineur.

Le Tribunal de Vevey, considérant que tous les héritiers ont déclaré renoncer à la succession et vu les art. 937, 733 et suivants du Cpc., a ordonné la discussion des biens de la succession.

La Banque cantonale vaudoise et la Caisse populaire d'épargne et de crédit ont recouru contre cette ordonnance et conclu : 1° à la réforme du jugement du 13 mai 1886; 2° à la révocation de l'ordonnance de discussion; 3° à l'envoi en possession de la dite succession en faveur de Jules Delapraz, à Riez.

Les recourantes invoquent, à l'appui de leur recours, qu'elles sont l'une et l'autre créancières de ffeu Ch.-F. Delapraz, et que Jules Delapraz n'a ni renoncé à la succession dans les 42 jours, ni demandé le bénéfice d'inventaire, et qu'en conséquence il est réputé avoir acccepté la succession de son père (art. 716 Cc).

Delapraz a conclu au rejet du recours; il observe que la conclusion n° 3 du recours n'est en tout cas pas fondée. Quant au fond, il allègue que sa mère a demandé pour lui à la Justice de paix de Corsier, dans son audience du 17 février, le bénéfice d'inventaire de la succession.

Le Tribunal cantonal a admis le recours.

Motifs.

Considérant qu'il ne résulte point des titres au procès et en particulier du procès-verbal de l'audience de la Justice de paix du cercle de Corsier, du 17 février 1886, que Jules Delapraz ait demandé le bénéfice d'inventaire de la succession de son père, ni que quelqu'un l'ait fait en son nom.

Que si la veuve du défunt, en sa qualité de mère tutrice de son fils mineur H. Delapraz, a demandé et obtenu le bénéfice d'inventaire, en faveur de ce dernier, cette demande ne saurait profiter à Jules Delapraz (918 Cpc.).

Que Jules Delapraz n'a déclaré renoncer à la succession que

le 19/20 avril 1886, soit plus de 42 jours après le décès de Ch.-F. Delapraz.

Qu'ainsi il n'a ni demandé le bénéfice d'inventaire, ni renoncé à la succession dans le délai fixé à l'art. 716 Cc. et que dès lors, en vertu de cet article, il est réputé héritier.

Considérant, d'autre part, que l'envoi en possession n'est prononcé qu'en faveur des héritiers autres que les descendants (art. 747 Cc. et 909 Cpc.).

Vaud. — COUR DE CASSATION PÉNALE

Séance du 16 juin 1886.

Bétail transporté sans certificat de santé. — Contravention. — Art. 206 de la loi vaudoise sur l'organisation sanitaire du 1er février 1850; art. 4 et 36 de la loi fédérale du 8 février 1872 sur les épizooties.

Recours J.

Toute personne qui transporte une pièce de bétail d'une localité dans une autre doit être pourvue d'un certificat de santé.

La demande tardive d'un certificat ne peut avoir pour effet d'effacer une contravention déjà encourue.

Par rapport du 16 mars 1886, l'inspecteur du bétail Rossat, à Granges, a dénoncé au préfet du district de Payerne A. J., pour avoir fait sortir de son arrondissement une vache rouge, brune et blanche, pour laquelle il n'a délivré aucun certificat, ce qui constitue une infraction à l'art. 206 de la loi sanitaire.

Le 25 mars 1886, vu les art. 206 de la loi cantonale du 1er février 1850 et 4 de la loi fédérale du 8 février 1872 sur les épizooties, faisant application de l'art. 36 de la dite loi, le préfet a condamné J. à une amende de 10 fr.

Sur recours interjeté, le Tribunal de police de Payerne a maintenu l'amende prononcée.

J. a recouru contre ce jugement, alléguant, entre autres, qu'il ne saurait être condamné pour un acte qu'il ne pouvait pas éviter de commettre; qu'il n'avait mission de donner aucun ordre à l'inspecteur du bétail.

Sur le préavis conforme du Substitut du Procureur général, le recours a été écarté.

Motifs.

Considérant qu'il résulte des débats et des pièces produites que A. J. a fait conduire de Granges à Payerne, le 11 mars 1886, une pièce de gros bétail, soit une vache saisie au préjudice de X. par la Banque.

Que cette vache n'était accompagnée d'aucun certificat;

Que, comme mandataire de la Banque au nom de laquelle il avait obtenu l'adjudication de la vache, J. ou les personnes qu'il employait avaient l'obligation de se pourvoir d'un certificat de santé pour transporter cette vache d'une localité dans une autre;

Que J. n'a réclamé de certificat à l'inspecteur précité que par lettre du 15 mars, reçue le 16, soit quelques jours après le déplacement de l'animal;

Que la demande tardive d'un certificat ne peut avoir pour effet d'effacer une contravention déjà encourue.

Séance du 16 juin 1886.

Diffamation par la voie de la presse. — Prétendue provocation. — Art. 12 et 58 Cp.; art. 10, 17, 25, 35, 39, 40 et 45 de la loi du 26 décembre 1832 sur la presse.

Recours Rosat et Schümperlin.

Les dispositions du Code pénal en ce qui concerne la provocation (art. 58) ne sont pas applicables en matière de presse (Cp. 12).

On ne saurait condamner plusieurs prévenus solidairement à une amende. La solidarité ne peut être prononcée que quant aux frais.

Isaac Schümperlin, instituteur, et Eloi Rosat, receveur, ont recouru contre le jugement du Tribunal de police du Pays-d'Enhaut, du 29 mai 1886, qui les condamne, en vertu des art. 10, 17, 25, 35, 39, 40 et 45 de la loi du 26 décembre 1832 sur la presse, solidairement à 100 fr. d'amende et aux frais, comme coupables d'avoir, en leur qualité d'éditeurs du journal « Le Progrès », qui se publie à Château-d'Œx, diffamé le plaignant Favrod-Coune en mettant au jour et publiant dans le n° 8 de ce journal, du 20 février 1886, un article commençant par ces mots : « Echos de la presse » et finissant par ceux-ci : « Nous ne sommes pas étonnés que les honnêtes gens soient lassés de servir de paraballes à de tels numéros. » Le recours est fondé sur les moyens suivants:

Nullité. Le Tribunal, dans son jugement, n'a pas procédé sans désemparer et n'a pas été au complet, ni à huis clos.

Réforme. Le Tribunal n'a pas tenu compte de la provocation (art. 58 du Cp.).

Sur le préavis du Procureur général, la Cour de cassation a écarté le recours.

Motifs.

Sur le moyen de nullité:

Considérant que le procès-verbal du jugement constate que le Tribunal a toujours été au complet et qu'il a passé au jugement à huis clos, ce sans désemparer.

Que ces constatations ne peuvent être détruites que par une inscription de faux.

Que les recourants ne s'étant point inscrits en faux contre le procès-verbal, leurs allégués sont sans valeur.

Sur la réforme: Considérant que l'art. 12 du Cp. statue :

« Les dispositions du présent Code ne s'appliquent pas aux » délits réprimés par les lois militaires, par le Code forestier, » par la loi sur la presse ou par d'autres lois spéciales. »

Qu'il en résulte que l'art. 58 du Code pénal, invoqué par les recourants, n'est pas applicable aux délits de presse;

Que le moyen de réforme présenté n'est ainsi pas fondé.

Considérant, d'autre part, que le caractère essentiel de la peine est d'être personnelle;

Que le Tribunal de police ne pouvait en conséquence condamner les recourants solidairement à une amende.

Société des juristes suisses.

La Société suisse des juristes se réunira à Schaffhouse les lundi et mardi 27 et 28 septembre, dans la salle du Grand Conseil. La réception des membres aura lieu le 26 au soir dans le jardin du Casino.

Le 27 la Société entendra un rapport de MM. Schoch et Carrard, avocat, à Lausanne, sur *le recours de droit public d'après le droit fédéral.* Le lendemain, 28, M. Stoss, juge cantonal, à Berne, et B. van Muyden, avocat, à Lausanne, parleront de la *responsabilité civile d'après l'art. 50 CO. dans ses rapports avec le droit pénal, notamment en ce qui concerne les délits de presse.*

ACADÉMIE DE LAUSANNE. — Dans sa séance du 24 juillet, l'Académie de Lausanne a conféré le grade de licencié en droit à MM. Auguste *Durand*, de Vevey, et Léon *Bory*, de Coppet, les deux à Lausanne.

La dissertation de M. Durand portait sur le *Droit de rétention d'après le Code fédéral des Obligations, art. 224 à 228.* Cette question délicate a été traitée très consciencieusement et le travail de M. Durand sera lu avec d'autant plus d'intérêt qu'il a abordé une des parties du Code fédéral sur lesquelles les juristes et les tribunaux ont le plus de peine à se mettre d'accord.

M. Bory, docteur en droit de la faculté de Gœttingen, avait pris pour sujet de sa thèse : *De la transmission de la propriété mobilière en droit romain, en droit français et d'après le Code fédéral des Obligations*, question qu'il a traitée avec érudition et une grande clarté.

Ces deux dissertations, dont l'Académie a autorisé l'impression, auraient trouvé une place dans la bibliothèque de toutes les personnes s'occupant du droit, si le tirage n'avait pas une destination spéciale.

NOTARIAT. — La commission d'examen des aspirants au notariat s'est réunie à Lausanne le lundi 19 et a terminé ses travaux le vendredi 23 juillet.

Sur quatre candidats qui se sont présentés, un seul a été admis au stage : M. Louis-Gabriel-Etienne *Carrard*, de Lausanne et autres lieux.

Les candidats suivants ont reçu leur brevet de notaire : MM. Jean-Pierre-Charles *Berche*, de Penthalaz ; Jean-Félix *Paillard*, de Bex ; Constant *Pochon*, de Chêne et Paquier, et Constant *Rey*, de Forel.

La commission d'examen était composée de MM. le Préfet du district de Lausanne, président ; Grenier et Favey, professeurs ; Duveluz et Payot, instituteurs ; Ruchet, avocat ; Glardon, Burnier et Boven, notaires.

ZURICH. — M. ULLMER, ancien Président du Tribunal cantonal de Zurich, auteur de l'ouvrage bien connu sur le droit public fédéral, est mort.

Ch. BOVEN, notaire, rédacteur.

Lausanne. — Imp. CORBAZ & Comp.

XXXIVe ANNÉE. N°s 32 et 33. SAMEDI 7 AOUT 1886

JOURNAL DES TRIBUNAUX

REVUE DE JURISPRUDENCE

Paraissant à Lausanne une fois par semaine, le Samedi.

Prix d'abonnement : 12 fr. par an, 7 fr. pour six mois. Chaque numéro, 50 cent. On s'abonne à l'imprimerie CORBAZ et Cie et aux bureaux de poste. — ANNONCES : 20 centimes la ligne ou son espace.

L'autorisation de la femme qui s'oblige pour son mari.

Genève a joui de bonne heure des bénéfices d'une législation écrite : les édits civils de 1568. Ces édits constituaient un code fort sommaire; entre autres ils réglaient le régime des biens entre époux, ils admettaient exclusivement le régime dotal et protégeaient les intérêts de la femme vis-à-vis du mari. D'après ces édits, les femmes pouvaient s'obliger en général, seulement cette liberté subissait une restriction lorsque des femmes s'engageaient pour leurs maris; en pareil cas, l'autorisation de deux conseillers, soit de deux proches parents, alliés ou voisins, était nécessaire.

Mais, après l'annexion à la France, le droit des édits fut remplacé par le code Napoléon. Dans le code Napoléon, la femme n'est assujettie, pour les divers engagements qu'elle est appelée

à contracter, qu'à une seule autorisation, celle de son mari, même lorsqu'elle s'oblige dans l'intérêt de ce dernier. Au dire d'un célèbre jurisconsulte, à Genève, une fois en vigueur, cette nouvelle règle produisit de très fâcheux effets : « C'était l'épo-
» que où une usure effrénée désolait notre ville. Les agents, les
» compères de cette usure trouvèrent dans les engagements des
» femmes mariées une nouvelle mine à exploiter. Ils parvinrent
» par là, en peu de temps, à consommer la ruine de nombre
» de familles. Quelque grand qu'ait été le mal, il aurait été bien plus étendu sans le tribunal de commerce. Les juges de ce tribunal, tous Genevois, tous élevés dans les maximes de nos édits, ne purent point se familiariser avec une législation si opposée ; ils ne purent jamais concevoir un système aussi immoral que celui qui admettait la validité d'une autorisation donnée dans son propre intérêt, et qu'un mari pût faire ce que toutes les lois interdisaient aux tuteurs, aux mandataires, aux juges. Ils considéraient le silence du code, sur le cas particulier des engagements de la femme en faveur du mari, comme une lacune qui devait être suppléée par les lois antérieures. Ce tribunal interpréta invariablement la loi dans ce sens et écarta tous les engagements des femmes contractés dans l'intérêt de leurs maris, sous leurs autorisations...
» Tel était l'état des choses au moment de la restauration de
» la République. Dix ans s'étaient écoulés depuis que le Tribu-
» nal de commerce avait ainsi fixé sa jurisprudence, sans que,
» dans un aussi long intervalle, aucun de ses jugements eût été
» porté à la connaissance des tribunaux supérieurs. Le Tribu-
» nal de commerce a continué, depuis 1814, à faire usage de la
» même jurisprudence. Mais un de ses jugements, déféré à la
» Cour suprême, y a été réformé par arrêt du 30 mars 1818. »
(Bellot. Lois de procédure civile, p. 682.)

Alors le législateur résolut de donner à la femme mariée une garantie analogue à celle que lui avaient assurée les édits civils. Le 19 janvier 1819, le Grand Conseil vota une loi qui rétablit l'ancienne règle, avec cette différence, toutefois, que le magistrat interviendrait dans la nomination des conseillers.
« C'est ainsi que le procureur général fut appelé à nommer et à
» assermenter les deux conseillers, parents ou non, pour auto-
» riser la femme, dans chaque cas spécial. On ne fit exception
» que pour les engagements que la femme, si elle est marchande

» publique, est appelée à souscrire pour les affaires de son né» goce, lors même que ces engagements profitent au mari, » comme ils l'obligent lui-même, quand il y a communauté » entre eux. » (Flammer. Droit civil, p. 90.)

Aux termes d'un rapport présenté dernièrement au Grand Conseil, cette loi « avait un double but, d'abord celui de pré» munir la femme contre des engagements trop facilement con» sentis sous l'empire des obsessions possibles de la part du » mari; et en second lieu, de garantir aux tiers contractants » l'exécution pleine et entière des obligations prises envers » eux.

» Cette loi a rendu des services réels sous ce double rapport; » toutefois l'expérience a démontré qu'elle était susceptible » d'amélioration. »

Entre autres, la loi « imposait à toute femme mariée l'obliga» tion d'être autorisée et ne faisait aucune distinction entre la » femme genevoise et la femme étrangère. Il est résulté de cette » disposition que dans la pratique, et pour leur garantie, les » tiers exigeaient dans tous les cas cette autorisation. » On était dans une véritable impasse, c'est-à-dire que certains établissements de crédit l'exigeaient lorsque des femmes mariées sollicitaient des emprunts pour leur compte personnel, mais en pareil cas le procureur général refusait de nommer des conseillers, s'en tenant au texte de la loi qui prescrit l'autorisation seulement quand la femme s'oblige pour son mari.

Bref, à la suite d'une demande de la Caisse hypothécaire, il a été résolu de refondre toute la loi et, à la date du 30 juin 1886, le Grand Conseil a adopté, en premier et second débats, une loi qui doit la remplacer et qui renferme les innovations suivantes :

La nécessité de l'autorisation est restreinte à la femme genevoise.

C'est la femme elle-même qui devra demander la nomination des conseillers.

L'étendue de l'engagement pour lequel l'autorisation est sollicitée, et non plus seulement sa nature, devra être indiquée dans le procès-verbal de cette nomination.

L'obligation imposée au procureur général de choisir les conseillers de préférence parmi les parents de la femme est supprimée.

La loi actuellement en vigueur ne laissait aux conseillers nommés que deux alternatives : accorder ou refuser l'autorisation. A l'avenir, ils pourront, en outre, déclarer que cette autorisation est inutile, lorsque l'engagement pour lequel on la réclamera ne rentrera pas dans la catégorie de ceux pour lesquels elle est exigée par la loi. Grâce à cette innovation, le procureur général pourra désigner des conseillers toutes les fois qu'il en sera requis, laissant à ces derniers le soin de déclarer si leur intervention est nécessaire ou ne l'est pas.

Selon nous, la loi devrait aller encore plus loin, elle devrait édicter une disposition conçue à peu près comme suit : « Lorsque les conseillers nommés par le procureur général ont déclaré qu'une autorisation n'était pas nécessaire, la femme ne pourra pas, plus tard, réclamer l'annulation de son engagement en se fondant sur la circonstance que le prêt a été consenti dans l'intérêt exclusif de son mari. » Autrement, les tiers risqueraient d'être induits en erreur sans qu'il y ait de leur faute en aucune façon. Les conseillers prennent l'avis de la femme avant de prononcer ; si celle-ci leur fournit des indications mensongères, il n'est que juste et équitable qu'elle en subisse les conséquences.

Le projet de loi a un article 8 qui statue pour le cas où les conseillers ne parviennent pas à tomber d'accord, mais la rédaction définitive de cet article ayant été renvoyée au troisième débat, nous attendrons jusqu'alors pour l'examiner.

Le délai de prescription de l'exception de nullité est réduit à cinq ans après la dissolution du mariage, au lieu de dix.

Il est à noter, enfin, qu'à Genève chacun n'est pas d'accord sur le principe même de la loi. C'est ainsi qu'un député, membre de la commission, a proposé, à titre d'amendement, d'abroger purement et simplement la loi de 1819. Selon ce député, l'idée de la minorité de la femme a fait son temps. La nécessité de l'autorisation a rarement constitué pour la femme une protection efficace, car les conseillers, reconnaissant qu'il est bon et moral qu'une femme vienne en aide à son mari pour le sauver de la ruine, la refusent rarement. En revanche, souvent le défaut d'autorisation est invoqué par des débiteurs de mauvaise foi. Plus d'une fois des étrangers ont été dupes d'une loi aussi exceptionnelle, celle-ci ne peut que nuire au crédit de Genève.

Mais, quelque fondée qu'elle soit, à notre avis, cette argumentation n'a pas trouvé d'écho au sein du Grand Conseil.

F. NESSI, av.

Genève, le 1er août 1886.

TRIBUNAL FÉDÉRAL

Séance du 23 juillet 1886.

Déclaration de fortune mobilière insuffisante.— Amende prononcée par la Commission centrale. — Recours; libération par le Tribunal de police et condamnation par la Cour de cassation pénale. — Recours au Tribunal fédéral. — Prétendu déni de justice et prétendue violation du principe de la séparation des pouvoirs. — Art. 23 de la loi sur l'impôt mobilier du 21 août 1862, modifiée par celle du 27 décembre 1877; art. 67 § b de la loi du 8 avril 1863 sur l'organisation judiciaire; art. 483, 487, 488, 489, 490 et 491 Cpp.; art. 30 de la Constitution vaudoise du 1er mars 1885.

Hoirs X. contre Etat de Vaud.

La Cour de cassation pénale ne commet aucun déni de justice ou abus de compétence en recherchant, sans s'estimer liée par la décision du Tribunal de police, si un contribuable à l'impôt mobilier a fait une fausse déclaration dans le but de frauder l'Etat ou non; en effet, c'est là une question de droit qui peut être soumise à la Cour au point de vue de la réforme.

Les hoirs X. ont recouru au Tribunal fédéral, pour déni de justice et violation de l'art. 30 de la Constitution vaudoise, contre l'arrêt de la Cour de cassation pénale du canton de Vaud qui a maintenu l'amende de 11,200 fr. prononcée contre eux par la Commission centrale pour contravention à la loi de 1862 sur l'impôt mobilier.

Cet arrêt ayant été publié *in extenso* à pages 215 et suiv. de ce volume, nous nous dispensons de revenir sur les faits de la cause.

Les recourants ont conclu à ce qu'il plaise au Tribunal fédéral prononcer que les arrêts en question sont mis à néant, tout au moins celui concernant le fond de la cause, et que le jugement rendu par le Tribunal de police du district de Lausanne est maintenu, attendu que ce Tribunal a définitivement statué, tant sur les faits de la cause que sur l'intention dolosive, soit sur le but frauduleux et qu'il a fait, dès lors, une saine application de la loi, en libérant les hoirs X. de l'amende prononcée contre eux, la Cour de cassation n'ayant pu maintenir l'amende qu'en se constituant en Cour d'appel et en prononçant à nouveau sur les faits et sur l'intention coupable, les arrêts se basant d'ailleurs sur une interprétation absolument arbitraire de la loi.

Dans sa réponse, l'Etat de Vaud a conclu au rejet du recours:

La Cour de cassation pénale n'a commis ni déni de justice ni interprétation arbitraire de la loi; elle a sainement résolu les questions qui lui étaient posées. Du moment qu'aucun témoin n'a été entendu par le Tribunal de police, il ne pouvait pas y avoir de solution de fait rendue définitivement par un tribunal prononçant sur un recours en matière fiscale, et en particulier sur l'évidence de l'intention dolosive d'un contribuable, mais il y avait surtout des questions de droit dont le Tribunal supérieur devait pouvoir connaître si un recours en réforme, prévu par la loi, était régulièrement interjeté par le Ministère public ou par l'Etat considéré comme partie intervenante. C'est, dès lors, avec raison que la Cour de cassation a fonctionné en qualité de Cour d'appel. La question de savoir si le recours spécial de l'Etat de Vaud, soit comme partie civile, soit comme partie intervenante, doit être admis ou écarté, est sans intérêt en présence du recours du Procureur général, dont le droit était incontestable dans le cas particulier. Il est inexact de prétendre que la Cour ait, par son arrêt du 11 mars, apporté à la procédure des innovations qui ne pouvaient procéder que de l'autorité législative, et ait violé ainsi le principe de la séparation des pouvoirs inscrit à l'art. 30 de la Constitution vaudoise. Dans des cas analogues, le Tribunal cantonal a procédé de même.

Enfin si, en la forme, la compétence du Tribunal fédéral paraît indiscutable, au fond ce Tribunal devrait se déclarer incompétent puisque, en réalité, le recours des hoirs X. est dirigé contre le prononcé d'autorités cantonales définitivement compétentes en matière pénale et fiscale.

Le Tribunal fédéral a écarté le recours.

Motifs.

1. Le recours visant un prétendu déni de justice, soit une violation de l'art. 4 de la constitution fédérale, ainsi qu'une violation de l'art. 30 de la constitution du canton de Vaud, le

Tribunal fédéral est incontestablement compétent pour examiner si ces griefs sont ou non fondés.

2. A teneur de l'art. 23 de la loi vaudoise d'impôt sur la fortune mobilière, la commission centrale prononce, *sauf recours au Tribunal de police*, sur la question de savoir si un contribuable a fait une déclaration fausse dans le but de frauder l'Etat, ainsi que sur la peine à lui appliquer. Une pareille déclaration n'apparaît pas comme un délit correctionnel ou de police, mais bien plutôt comme une contravention, ce qui ressort, entre autres, du fait que l'action, aux termes du prédit article 23, peut être intentée non seulement contre le contribuable en faute, mais aussi, après sa mort, contre ses héritiers.

Qu'il s'agisse d'ailleurs d'un délit ou d'une contravention, l'art. 67 litt. *b* de la loi vaudoise sur l'organisation judiciaire du 8 avril 1863 prévoit un recours en cassation contre le jugement du Tribunal de police. Aux termes de l'art. 483 du Cpp., ce recours peut tendre à l'annulation du jugement pour violation des règles de la procédure, ou à sa réforme pour fausse application de la loi. Conformément à l'art. 490 du même code, le droit de demander la nullité d'un jugement de police n'appartient qu'au condamné dans les cas prévus au dit article, et au ministère public, mais point à la partie civile.

La réforme d'un jugement de police peut être réclamée, à teneur des art. 491, 487, 488 et 489 ibidem, soit par le ministère public en cas de fausse application de la loi pénale ou lorsque la Cour a, dans l'application de la peine, excédé les limites de sa compétence, soit par la partie civile pour fausse application de la loi civile.

Or, dans le recours en cassation interjeté contre le jugement du Tribunal de police de Lausanne, l'Etat de Vaud n'apparaissait nullement comme représentant de l'intérêt public, au nom duquel le ministère public intervint, mais seulement comme représentant du fisc, soit comme partie civile ; il s'ensuit qu'en cette qualité il n'était point en droit de conclure à la nullité du dit jugement, ni à sa réforme, puisqu'il s'agissait d'une fausse application, non point de la loi civile, mais de la loi pénale.

Cette circonstance est toutefois sans importance dans l'espèce. La Cour de cassation pénale n'a, en effet, pas prononcé la nullité de la sentence du Tribunal de police, et c'est le ministère public, lequel avait incontestablement qualité pour le faire, qui a conclu à la réforme du dit jugement; la dite Cour pouvait donc entrer en matière sur la question de la réforme, sans être contrainte, en ce qui concerne l'application de la peine, de se tenir dans les limites tracées par les conclusions du Procureur-général.

Il ne saurait donc être question, à ce point de vue, d'un déni de justice ou d'un abus de compétence, pas plus que d'une atteinte portée au principe de la séparation des pouvoirs inscrit à l'art. 30 de la constitution vaudoise.

3. Le Tribunal de police a estimé, d'une part, qu'aucune somme représentant la capitalisation du revenu du travail, ne devait être ajoutée au montant de la fortune mobilière proprement dite du défunt, et, d'autre part, que, dans les circonstances du cas, il était établi que les fausses déclarations de A. X. n'avaient pas été faites dans le but de frauder l'Etat, tandis que la Cour de cassation a admis le contraire sur ces deux points. Les recourants soutiennent que l'appréciation du Tribunal de police était définitive et que ces deux questions n'étaient pas soumises au contrôle de la dite Cour.

Il est vrai que l'art. 524 du Cpp. dispose que la Cour de cassation pénale, en cas de recours en réforme contre un jugement de police pour fausse application de la loi, doit prendre pour base de son jugement les faits admis pour constants par le Tribunal de police. La Cour, toutefois, n'est liée que par les solutions données aux questions de fait, et conserve son droit de censure en ce qui concerne les questions de droit.

Or l'une et l'autre des questions susmentionnées apparaissent comme ressortissant à cette dernière catégorie.

En effet, d'un côté, il ne s'agissait pas de rechercher si A. X. avait touché annuellement 7000 à 10,000 fr., à titre d'appointement, de la maison X. et Cie, mais de décider si ces sommes, incontestablement perçues par le défunt, devaient être considérées comme de simples reprises de capitaux, ou comme un traitement tombant sous le coup de la loi sur l'impôt, et d'un autre côté, la question de savoir si A. X. avait fait ses fausses déclarations dans le but, réprimé par l'art. 23 précité, de frauder l'Etat, apparaissait également comme une question de droit, soumise, au point de vue de la réforme, à l'appréciation de la Cour de cassation pénale.

En soumettant ces questions à son contrôle, cette Cour n'a

donc commis ni déni de justice, ni abus de compétence, ni, enfin, d'infraction au principe de la séparation des pouvoirs.

4. Le Tribunal fédéral n'a point à rechercher si la Cour de cassation, dans son arrêt du 11 mars écoulé, a donné une solution exacte aux deux questions qui lui étaient proposées, et si elle a fait une juste application de la peine. Il suffit, pour exclure la compétence du Tribunal de céans à ce double égard, que l'arrêt dont est recours n'implique pas de déni de justice : or rien, dans cette sentence, n'est de nature à justifier un semblable grief. La Cour cantonale a motivé longuement sa sentence, et rien dans ses motifs ne présente le caractère de l'arbitraire.

La collaudation de l'édifice du Tribunal fédéral est fixée au 16 septembre. Le Conseil fédéral a délégué deux de ses membres pour y assister : MM. Ruchonnet et Schenk, et M. Flückiger, adjoint du directeur des travaux publics.

Le Tribunal fédéral se fera représenter par MM. Olgiati, Roguin et Blæsi.

L'inauguration aura lieu le 22 septembre.

Bâle-Ville. — TRIBUNAL D'APPEL.

Traduction d'un arrêt du 24 juin-1er juillet 1886.

Clause pénale. — Droit du juge de mitiger les peines excessives. — Art. 180 et 182 CO.

Christen contre Meisser.

Si, en matière de clauses pénales, l'art. 182 CO. donne au juge le droit de mitiger les peines qu'il trouve excessives, le juge ne doit toutefois faire usage de cette faculté que dans les cas exceptionnels où l'application stricte de la clause pénale aboutirait à un résultat qui ne paraît pas avoir été dans l'intention primitive des parties.

Avocats des parties :

Dr R. Grüninger, à Bâle, pour E. Christen, défendeur et recourant.
Dr Blanchet, à Bâle, pour C. Meisser, demandeur et intimé.

Le 16 mars 1882, E. Christen, à Bâle, a vendu à C. Meisser,

à Davos, pour le prix de 16,000 fr., un commerce de comestibles qu'il avait fondé quelques mois auparavant dans cette dernière localité. La convention conclue entre parties renfermait entre autres la clause suivante :

« Sous peine d'une indemnité conventionnelle de 10,000 fr., M. Christen s'engage envers C. Meisser à ne pas lui faire concurrence pour Davos et ses environs, ni en y établissant un commerce identique ou semblable, ni en faisant des fournitures, de sa maison de Bâle, à des maîtres d'hôtel ou à des particuliers de Davos. »

Malgré cette clause, Christen continua à faire des fournitures de comestibles pour Davos par l'intermédiaire d'un nommé Louis Borgognon, inscrit au registre du commerce de Bâle comme chef d'une maison faisant le commerce des fournitures pour les filatures. Borgognon ne fournissait des comestibles qu'à destination de Davos ; toutes les marchandises expédiées par lui sortaient des magasins de Christen, qui dit lui avoir payé une commission de 5 %; la correspondance se faisait par Christen et ses employés eux-mêmes et Borgognon ne signait ni les lettres ni les factures écrites en son nom.

Ensuite de ces faits, Meisser a ouvert action à Christen en paiement de la somme de 10,000 fr., conformément à la clause pénale convenue entre parties.

Christen a conclu à libération des fins de la demande ; subsidiairement, à ce que l'indemnité réclamée soit réduite.

Le Tribunal civil de Bâle ayant admis en plein les conclusions du demandeur, le Tribunal d'appel a confirmé ce jugement.

Motifs.

1. C'est avec raison que les premiers juges ont admis qu'en l'espèce le défendeur s'est rendu coupable d'une véritable violation de la convention intervenue entre parties. Il importe peu, à cet égard, que le défendeur ait eu recours à une personne interposée sous le nom de laquelle les marchandises étaient expédiées à Davos. En réalité, c'est Christen lui-même qui fournissait directement les marchandises, de son établissement de Bâle, à ses clients de Davos, et il résulte des pièces que ces derniers entendaient incontestablement se fournir auprès de la maison bien connue du défendeur. Celui-ci est allé jusqu'à s'occuper par lui-même ou par un de ses employés de la correspondance,

la personne interposée n'étant pas même appelée à signer les lettres et les factures écrites en son nom. Enfin, le défendeur avait un intérêt direct dans l'affaire, alors même qu'il aurait accordé une commission de 5 °/₀ à Louis Borgognon, comme il le prétend. Tous ces faits constituent à l'évidence une violation de la convention, ensorte que toute ultérieure administration de preuves paraît superflue.

2. En ce qui concerne la quotité des dommages et intérêts, c'est avec raison que le Tribunal civil admet que la clause pénale a précisément pour but que l'ayant-droit soit au bénéfice, le cas échéant, d'un droit de créance liquide quant à sa quotité et que, notamment, il soit dispensé de faire la preuve du dommage et de sa quotité (comp. art. 180 CO.). Si l'art. 182 CO. permet au juge de mitiger les peines qu'il trouverait excessives, le but de cette disposition ne saurait toutefois être de laisser le juge absolument libre de diminuer la peine encourue toutes les fois qu'elle lui paraîtrait trop élevée. On doit admettre plutôt que la loi n'a eu en vue que certains cas exceptionnels dans lesquels la clause pénale aboutit à un résultat tel qu'il ne répond plus ni à l'intention primitive des parties, ni aux circonstances de la cause. Tel est notamment le cas, lorsque l'indemnité conventionnelle augmente graduellement, par exemple lorsque l'une des parties s'est engagée à exécuter une prestation déterminée pour un terme fixe, et que, ayant trop présumé de ses forces, elle finit par ne pas se trouver en mesure d'accomplir son engagement en temps voulu. Dans de pareils cas, il peut arriver que la clause pénale aboutisse à un résultat disproportionné et fantastique, et que le juge, ainsi que toute personne impartiale, soit obligé de se dire : « Assurément, lors de la stipulation, les parties ne se sont pas rendu compte d'un pareil résultat, qui est de nature à ruiner complètement le débiteur. » Aussi convient-il, dans des cas de ce genre, de réduire l'indemnité d'une manière équitable.

Mais en l'espèce la question se présente tout autrement. Il s'agit de protéger le demandeur contre une violation intentionnelle de la convention intervenue entre parties et contre la concurrence déloyale que le défendeur lui fait de cette manière. Les contractants ont prévu cette éventualité ; c'est volontairement et en toute connaissance de cause qu'ils ont fixé l'indemnité éventuelle à 10,000 fr. On ne saurait dire que ce chiffre soit particulièrement élevé, si l'on considère les intérêts qui sont en jeu et le cas que les parties ont eu en vue, savoir celui d'une violation dolosive de la convention. Dans de telles circonstances, le juge n'a aucun motif pour réduire arbitrairement l'indemnité convenue, cela contrairement à la volonté claire et précise des parties, exprimée par elles dans leur convention.

Après ce qui vient d'être dit, il paraît superflu de rechercher si le litige actuel doit être apprécié d'après les principes du droit commun en vigueur au moment de la stipulation de la convention, lequel ne donne pas au juge la faculté de réduire la peine convenue, ou d'après les dispositions du Code fédéral des obligations (art. 178 et suiv.). En effet, quel que soit le droit applicable, le défendeur doit être condamné à la totalité de la peine stipulée. *Pour traduction,* C. S.

Vaud. — TRIBUNAL CANTONAL.

Séance du 16 juin 1886.

Femme mariée étrangère. — Intervention dans la faillite de son mari. — Rejet.

Dame Guyot contre masse Guyot.

La femme mariée qui intervient dans la faillite de son mari doit établir qu'elle est créancière de celui-ci.

Avocats des parties :

MM. Duplan, licencié en droit, pour dame Guyot, demanderesse et recourante.

Decollogny, pour masse Guyot, défenderesse et intimée.

Palmyre Guyot a conclu à ce qu'il soit prononcé :

1° Que l'intervention qu'elle a formulée dans la discussion des biens de son mari étant justifiée, elle doit : A. être admise comme créancière en 5e classe, et, subsidiairement, en 6e classe, pour 15,730 fr., représentant la valeur des objets mobiliers qu'elle a apportés à son mari en se mariant, ainsi que le constate l'art. 9 de son contrat de mariage, notarié Legrain, le 2 février 1860, ceux des objets énumérés dans le dit contrat et qui existent encore aujourd'hui en nature devant être déduits du chiffre de son intervention pour lui être remis; B. que les objets mobiliers énumérés dans son contrat de mariage existant encore aujourd'hui en nature et qui doivent lui être restitués comme étant sa propriété, sont la lingerie, la literie (sauf les bois de lits acquis depuis le mariage), les buffets, tables, fauteuils, chaises et pendules que les époux Guyot ont apportés avec eux à Vallorbes et qui ne font pas partie du mobilier acquis du sieur Chaulmontet; C. que 12 couverts, 18 cuillers à café et 2 louches, le tout en argent, dont elle est propriétaire, doivent lui être restitués en nature.

2° Que la réponse du liquidateur de la masse en discussion des biens de Désiré Guyot, en date du 8 août 1885, à l'intervention de la demanderesse, doit être modifiée conformément aux conclusions ci-dessus.

3° Que la demanderesse doit être admise comme créancière en 5° classe, et, subsidiairement, en 6° classe, dans la masse en discussion des biens de Désiré Guyot, pour la somme de 1000 fr., conformément à l'article 5 du contrat de mariage, notarié Legrain, le 2 février 1860.

La masse Guyot a conclu, tant exceptionnellement qu'au fond, à libération.

Il a été établi, entre autres, les faits suivants :

Par jugement du tribunal d'Orbe, en date du 14 août 1885, Palmyre Guyot est séparée de biens.

Il résulte du contrat de mariage passé entre les époux Guyot-Erouard que l'épouse a apporté à son mari des biens mobiliers estimés 15,730 fr.

Lorsqu'ils sont venus habiter dans le canton de Vaud, les époux Guyot n'ont pas apporté les objets meubles mentionnés dans le contrat de mariage et estimés 15,730 fr.

Tous les effets à l'usage personnel de dame Guyot ont été remis à cette dernière par le liquidateur de la masse défenderesse lors de l'ouverture de la discussion.

La veille de son départ, la demanderesse a annoncé vouloir quitter Vallorbes pour quelques jours, mais elle n'y est pas rentrée et n'a pas fait connaître son nouveau domicile.

En arrivant à Vallorbes, la demanderesse a annoncé qu'elle possédait avec son mari un grand domaine dans le nord de la France et une maison d'habitation à Paris.

Il résulte des procès-verbaux du tribunal d'Avesnes (département du Nord) que tous les biens mobiliers de la femme Guyot ont été vendus juridiquement et le produit appliqué à payer des dettes contractées solidairement par les époux Guyot dès la célébration de leur mariage.

Les biens de Désiré Guyot ont été saisis et vendus en France pour paiement de créances dont la demanderesse était aussi débitrice.

La demanderesse a retiré le fait 6, par lequel elle alléguait avoir reçu depuis le jour de son mariage 12 couverts, 18 cuillers à café et 2 louches, le tout en argent.

Vu ces faits, le Tribunal du district d'Orbe, estimant que dame Guyot n'avait pas prouvé être créancière de son mari, qu'elle avait augmenté ses conclusions en formulant une réclamation qui ne se trouve pas dans la citation en conciliation, a rejeté les conclusions de la demanderesse.

Palmyre Guyot a recouru contre ce jugement, dont elle demande la réforme par les motifs suivants :

I. Le contrat de mariage passé entre les époux Guyot constate que la recourante a reçu de l'un de ses oncles des objets mobiliers estimés 15,730 fr. Les époux se sont mariés sous le régime de la communauté de biens réduite aux acquêts; après le mariage, Désiré Guyot devenait donc propriétaire de ces objets, il avait droit d'en disposer, mais il en est responsable et doit indemniser sa femme à la dissolution du mariage pour les objets qui ne se retrouveraient pas en nature. Il importe peu que les biens mobiliers de la recourante n'aient pas été apportés à Vallorbes par les époux Guyot; le mari avait le droit d'en disposer et la femme celui d'en réclamer la valeur. Les dits objets n'ont pas été vendus en France pour payer des dettes des deux époux, mais pour celles du mari seul; dame Guyot ne pouvait s'opposer à cette vente puisqu'elle n'avait pas le droit de rien réclamer à son mari avant la dissolution du mariage.

Elle n'a pu faire valoir ses droits qu'au moment de la faillite de son mari.

II. La créance de 15,730 fr. de la recourante doit être colloquée en 5e classe (Cc. 1624), et ses apports ont été reconnus légalement en France par l'inventaire qui en a été fait, seule formalité exigée par la loi française. (Art. 1499 Cc. fr.)

Le Tribunal cantonal a écarté le recours.

Motifs.

Considérant qu'il résulte des pièces produites au dossier, notamment des procès-verbaux du tribunal d'Avesnes, des lettres du notaire Gorisse et de l'huissier Merchaud, au Quesnoy, département du Nord, que tous les biens appartenant soit à Désiré Guyot, soit à sa femme, ont été vendus en France pour payer des dettes dues solidairement par les époux Guyot-Erouard.

Que Palmyre Guyot n'a nullement établi au procès être créancière de son mari des valeurs qu'elle réclame aujourd'hui de la discussion des biens de ce dernier.

Que les époux Guyot n'ont pas apporté avec eux les meubles mentionnés dans leur contrat de mariage, puisqu'ils ont été vendus en France avant leur arrivée et leur établissement en Suisse.

Que, dès lors, la demanderesse est mal fondée à réclamer aujourd'hui les dits meubles, ou leur valeur, à la discussion de son mari.

Résumés d'arrêts.

Faits. — Le juge n'a pas à rendre de décisions de fait sur les allégués dont la preuve a été entreprise par serment.

Le fait que le serment n'a pas été prêté ne rentre dans aucun des cas de nullité spécifiés à l'art. 436 Cpc.

(Juge de paix de Bex ; jugement maintenu.)

TC., 29 juin 1886. Favre c. Grept.

Frais. — Si, faisant usage des dispositions de l'art. 444 Cpp., le juge condamne l'auteur d'une plainte abusive aux frais, l'usage qu'il a fait de cette faculté ne peut être revu par la Cour de cassation.

(Président du Tribunal de Nyon ; jugement maintenu.)

TC., 23 juin 1886. Croset.

Mesures provisionnelles. — Le fait que l'action est ouverte plus de dix jours après l'ordonnance de mesures provisionnelles intervenue, n'a pas pour effet de compromettre le fond même du droit, mais fait seulement tomber cette ordonnance (Cpc. 48).

(Juge de paix de Montreux ; jugement réformé.)

TC., 29 juin 1886. Gries-Bach c. Muller.

Pouvoirs pour agir. La partie qui est en état de faillite ne peut intervenir directement et par un fondé de pouvoirs dans un litige.

(Juge de paix de Lausanne; prononcé maintenu.)

TC., 23 juin 1886. Greppin c. Société des mines d'anthracite.

Centralisation du droit.

Dans son assemblée du 16 septembre 1884, à Lausanne, la Société suisse des juristes avait décidé, sur la proposition de M. L. Ruchonnet, comme travail préparatoire à la centralisation plus complète du droit, de provoquer et de subventionner l'élaboration d'un exposé des législations civiles des cantons, avec leurs points de contact et leurs dissemblances. M. Eugène Huber, professeur, à Bâle, qui a été chargé de ce travail, auquel une subvention fédérale a été assurée, vient de publier le premier volume de cet important ouvrage, comprenant le droit des personnes et le droit de famille. Le second volume ne tardera pas à paraître et sera suivi d'un troisième volume.

UNIVERSITÉ DE GENÈVE. — M. Alexandre Martin, professeur de droit commercial, a donné sa démission, qui a été acceptée par le Conseil d'Etat, avec honneur et remerciements pour ses bons et loyaux services.

Notariat.

Aux termes d'un arrêt de la Cour d'appel de Paris (11 mai 1886, X. c. Peltier), les notaires sont responsables de l'erreur sur un point de droit, lorsque cette erreur, portant sur une question qui n'est pas douteuse, est ainsi constitutive d'une faute. Spécialement, le notaire est responsable de la renonciation qu'il a fait donner par un donateur à son action révocatoire, pour inexécution des charges de la donation, en l'assurant que les dites charges étaient garanties par un privilège sur le prix que produirait la vente des immeubles ayant fait l'objet de la donation.

Ch. Boven, notaire, rédacteur.

Lausanne. — Imp. CORBAZ & Comp.

XXXIVe Année. N° 34. Samedi 14 Aout 1886

JOURNAL des TRIBUNAUX

REVUE DE JURISPRUDENCE

Paraissant à Lausanne une fois par semaine, le Samedi.

Prix d'abonnement : 12 fr. par an, 7 fr. pour six mois. Chaque numéro, 50 cent. On s'abonne à l'imprimerie Corbaz et Cie et aux bureaux de poste. — Annonces : 20 centimes la ligne ou son espace.

TRIBUNAL FÉDÉRAL

Séance du 10 juillet 1886.

Créance hypothécaire. — Compensation. — Réserve du droit cantonal. — Recours de droit civil au Tribunal fédéral. — Transmission tardive des pièces par le Tribunal cantonal. — Art. 130 CO.; art. 29 et 30 de la loi sur l'organisation judiciaire fédérale.

Euphrosine Chaney contre Cyprien Gendre et Cie.

La circonstance que le greffier du Tribunal cantonal a laissé écouler le délai de 14 jours prévu à l'art. 30 de la loi sur l'organisation judiciaire fédérale avant de transmettre au Tribunal fédéral le jugement dont est recours, ne saurait entraîner une déchéance au préjudice de la partie recourante qui a fait sa déclaration de recours dans le délai légal.

La compensation opposée par le créancier d'une obligation hypothé-

caire à une créance ordinaire est régie par le droit cantonal et non par le droit fédéral (CO. 130).

Avocats des parties :

MM. Stöcklin, à Fribourg, pour Dlle Chaney, recourante et défenderesse.
Girod, » pour C. Gendre et Cie, intimés et demandeurs.

Sous date du 27 octobre 1879, Stanislas ffeu Henri Chaney, capitaine retraité, d'Estavayer et y domicilié, a souscrit en faveur de demoiselle Marie Oderbolz, fille d'Ulrich, de Wagenhausen (Thurgovie), actuellement dame Parola à Estavayer, une cédule de 10,000 fr., sans intérêt, payable après le décès du débiteur.

Pour garantir le dit montant, le débiteur a déposé, en mains du notaire Bullet, une obligation hypothécaire de pareille somme, créée le 22 septembre 1879 et faisant en sa faveur contre Marie Oderbolz.

Par billet à ordre du 16 novembre 1881, Marie Oderbolz a emprunté à la banque C. Gendre & Cie, à Fribourg, la somme de 3500 fr. et a cessionné aux prêteurs la cédule susmentionnée; ce titre paraît toutefois avoir été remis simplement en nantissement, ainsi qu'il conste de la mention suivante, non datée, figurant au verso du billet :

« Pour plus de sûreté, je remets en nantissement ma cédule » du 27 octobre 1879, de 10,000 fr., contre M. Stanislas Chaney, » d'Estavayer. Bon pour nantissement, Marie Parola, née » Oderbolz » et au-dessous « Parola Giuseppe ». Le billet et l'acte de nantissement furent enregistrés le 7 juin 1883 seulement.

Pour garantie du prédit emprunt de 3500 fr., Stanislas Chaney a, de son côté, remis aux prêteurs l'obligation hypothécaire du 22 septembre 1879.

Par acte notarié du 15 janvier 1883, Marie Parola, née Oderbolz, a vendu à Stanislas Chaney l'immeuble sur lequel celui-ci avait hypothèque.

Stanislas Chaney est décédé dans le courant de l'année 1884, en laissant pour seule héritière sa sœur Euphrosine Chaney, à Rome, actuellement recourante.

Par exploit du 25 octobre même année, C. Gendre & Cie ont notifié à la succession de Stanislas Chaney que pour le cas où la dame Parola, née Oderbolz, ne leur acquitterait pas, dans un délai de quinze jours, le montant du billet à ordre du 16 novembre 1881, avec accessoires, ils demanderaient l'adjudication de la cédule de 10,000 fr. créée contre St. Chaney et à eux remise en nantissement par la dame Parola.

Par exploit du 8 novembre 1884, la D[lle] Euphrosine Chaney a déclaré former opposition à cette adjudication, estimant être en droit de compenser avec la dite cédule l'obligation hypothécaire de 10,000 fr., déduction faite d'un acompte payé le 15 janvier 1883, lors de la vente de l'immeuble par la dame Parola à Stanislas Chaney.

Cyprien Gendre & Cie, auxquels dame Parola s'est jointe en cause, ouvrirent alors action à D[lle] Euphrosine Chaney en main-levée de son opposition.

Le notaire Bullet, entendu à la requête des demandeurs en qualité de témoin, a déposé, entre autres, ce qui suit :

C'est pour faciliter la remise en nantissement de la cédule par lui souscrite que Stanislas Chaney a lui-même consenti à la remise en nantissement de l'obligation hypothécaire créée en sa faveur. Ce titre a tout d'abord servi à garantir un billet du Crédit de la Broye. Plus tard, à l'occasion de l'acquisition par M. Chaney des immeubles hypothéqués, il a été entendu que l'obligation subsisterait en vue de sauvegarder les droits de C. Gendre & Cie; ce qui le prouve, c'est qu'il n'a été fait aucune mention de paiement sur le titre. Le Crédit avait d'abord fourni à D[lle] Oderbolz 3000 fr. Celle-ci ayant besoin d'une somme plus forte et le Crédit refusant de la prêter, le témoin s'est adressé à C. Gendre & Cie, avec le consentement de S. Chaney, qui voulait procurer de l'argent à la dite fille. Les nouveaux prêteurs ont reçu les mêmes garanties que le Crédit, à savoir la cédule et l'obligation.

Déboutée de sa conclusion au fond par jugement du Tribunal de la Broye, du 16 décembre 1885, Euphrosine Chaney en a interjeté appel par exploit du 24 dit.

Par exploit notifié à C. Gendre et Cie, le 6 février 1886, Marie Parola a retiré l'intervention qu'elle avait faite au procès.

Statuant sur l'appel, la Coûr civile de Fribourg, en confirmation de la sentence des premiers juges, a admis C. Gendre & Cie dans les conclusions de leur demande, tendant à ce que D[lle] Chaney soit éconduite de son opposition à la saisie-arrêt ainsi qu'à la demande d'adjudication des instants.

Cet arrêt est fondé en substance sur les motifs ci-après :

L'intention de S. Chaney était d'exclure une compensation : cela ressort entre autres de la remise en nantissement par lui de l'obligation hypothécaire et du défaut de toute mention de paiement sur ce titre après la vente des immeubles grevés d'hypothèque.

Si S. Chaney n'eût pas renoncé d'avance à toute compensation vis-à-vis des prêteurs, il leur aurait remis en garantie un titre sans valeur, en agissant de mauvaise foi, ce qui ne peut être présumé ; son héritière ne peut être admise, pas plus qu'il ne l'aurait été lui-même, à arguer de cette mauvaise foi pour se créer un droit. La vente des immeubles grevés d'hypothèque est un acte passé entre des tierces parties, qui ne pouvaient en tout cas diminuer par là les sûretés par elles fournies aux prêteurs. La date de l'enregistrement du nantissement, le 8 juin 1883, n'est pas seule valable : elle ne peut être invoquée qu'en l'absence d'une autre date ; or, dans l'espèce, la preuve qu'une autre date peut être assignée au nantissement résulte des pièces produites et des témoignages intervenus. La validité du nantissement ressortit au droit cantonal, tandis que ses effets sont régis par le Code des obligations.

Même au point de vue de ce Code, le moyen que l'opposante tire de la compensation doit être écarté. Aux termes de l'article 139 ibidem, le débiteur peut d'avance renoncer à la compensation. Or il est incontestable que toute idée de compensation doit être exclue dans les procédés de S. Chaney, qui n'avait d'autre but que de procurer de l'argent à Marie Oderbolz.

C'est contre cet arrêt que la D[lle] Chaney a déclaré recourir au Tribunal fédéral, concluant à ce qu'il lui plaise admettre sa conclusion libératoire, soit déclarer mal fondée la demande qui fait l'objet du procès.

S'expliquant sur le recours, C. Gendre & Cie ont conclu, en premier lieu, à ce qu'il soit déclaré inadmissible, attendu que, contrairement au prescrit de la loi sur l'organisation judiciaire fédérale, le jugement dont est recours n'accompagnait pas ce dernier. C. Gendre & Cie concluent, en outre, subsidiairement, à ce que le Tribunal fédéral se déclare incompétent, attendu que c'est le droit cantonal fribourgeois qui est applicable dans l'espèce ; et enfin, plus subsidiairement encore, à la confirmation de l'arrêt attaqué, soit à l'adjudication des conclusions par eux prises soit devant le Tribunal de première instance, soit devant le Juge d'appel.

Le Tribunal fédéral a décidé, pour cause d'incompétence, de ne pas entrer en matière sur le recours.

Motifs.

1. Sur la fin de non-recevoir tirée de ce que le jugement de la Cour d'appel, dont est recours, n'aurait pas été transmis par le greffe cantonal à la présidence du Tribunal fédéral dans le délai fixé à l'art. 30 de la loi sur l'organisation judiciaire, il y a lieu de remarquer d'abord que le droit de recours au Tribunal fédéral, aux termes de l'art. 29 ibidem, n'est subordonné, pour la partie qui veut en faire usage, qu'à une seule condition, à savoir la déclaration du dit recours dans un délai péremptoire de vingt jours, au siège du Tribunal cantonal qui a rendu le jugement attaqué.

Or il est établi, par une attestation munie du timbre du greffe du Tribunal cantonal de Fribourg et figurant à la suite de l'expédition de l'arrêt du 1er mars 1886, annexée au dossier, que, sous date du 20 dit, un employé du bureau de l'avocat Stœcklin, mandataire de Dlle Euphrosine Chaney, a déclaré « interjeter recours de droit civil auprès du Tribunal fédéral » contre l'arrêt du Tribunal cantonal du 1er courant, rendu » entre la dite Dlle Chaney et C. Gendre & Cie, à Fribourg. »

Il a donc été satisfait au vœu de la loi, et si, ensuite de circonstances indiquées par le greffier du Tribunal cantonal en date du 7 avril, la copie de l'arrêt susmentionné n'a pas été transmise au Tribunal de céans dans le délai de quatorze jours prévu à l'art. 30 précité, cette irrégularité ne saurait entraîner une déchéance au préjudice de la partie recourante, laquelle s'est, en ce qui la concerne, conformée aux dispositions légales en matière de recours.

La fin de non-recevoir est écartée.

Sur l'exception d'incompétence soulevée par la partie opposante au recours :

2. Cette exception fait surgir la question de savoir si, dans un litige contre un créancier gagiste, nanti de deux titres, ce qui a trait à la compensation opposée à une cédule par le créancier d'un titre hypothécaire ressortit au droit fédéral du Code des obligations, ou si au contraire cette matière est au nombre de celles réservées au droit cantonal et échappe, dès

lors, aux termes de l'art. 29 précité de la loi sur l'organisation judiciaire fédérale, à la compétence du Tribunal de céans.

L'existence d'une créance hypothécaire ne saurait, malgré les objections de la partie recourante, être révoquée en doute, en présence des jugements cantonaux, lesquels qualifient, et cela d'une manière définitive, d'obligation hypothécaire le titre remis en nantissement à C. Gendre & Cie par feu Stanislas Chaney; ce titre a été stipulé d'ailleurs sous cette dénomination d'obligation hypothécaire, par le notaire Léon Bullet, à Estavayer, et Marie Oderbolz a, par cet acte, hypothéqué spécialement l'immeuble qu'elle possédait en dite ville.

3. L'art. 130 CO. statue qu'il n'est point dérogé, par les prescriptions du titre de ce code relatif à l'extinction des obligations, aux dispositions relatives aux créances hypothécaires.

Il est tout d'abord évident que ces dernières dispositions ne peuvent être que celles du droit cantonal, les seules auxquelles le Code fédéral ait pu *déroger*, et il faut rechercher, dès lors, si la réserve de l'art. 130 précité est applicable au litige actuel et s'étend à ce qui concerne la compensation d'une créance hypothécaire avec une créance ordinaire. Cette question doit recevoir une solution affirmative, en présence du texte du dit article qui parle, d'une manière tout à fait générale, des dispositions relatives aux créances hypothécaires; le texte allemand, plus positif encore, réserve sans restriction le droit en matière de créances hypothécaires *(das Recht über grundversicherte Forderungen)* et non point seulement les dispositions spéciales qui pourraient se trouver, sur la dite matière, dans les législations cantonales.

Ces prescriptions spéciales forment, d'ailleurs, dans ces législations, un tout indivisible avec les dispositions générales, et, en dehors même du texte si clair de l'art. 130, il n'y a aucun motif d'admettre que le législateur fédéral ait voulu soumettre simultanément à deux codes différents une même question de compensation.

Une autre interprétation aurait pour conséquence, — ce qui ne peut avoir été l'intention du législateur, — de provoquer, dans l'application du Code des obligations aux différents cantons, des inégalités choquantes, maintenant l'exclusion de la compensation des créances hypothécaires là où elle repose sur une disposition spéciale de la loi cantonale, et supprimant cette même exclusion là où elle résulte du système général de la dite loi.

4. Il suit de tout ce qui précède que l'art. 130 CO. doit être interprété comme comprenant en tout cas, dans la réserve qu'il formule en faveur du droit cantonal, ce qui a trait à la compensation opposée par le créancier d'une obligation hypothécaire, à une prétention du genre de la cédule dont il s'agit. Les dispositions du droit cantonal régissent ainsi seules cette question litigieuse de compensation, et le Tribunal fédéral n'est pas compétent pour soumettre à son contrôle l'application de ces dispositions par les tribunaux cantonaux.

Genève. — TRIBUNAL DE COMMERCE.

Séance du 24 juin 1886.

Marque de fabrique. Contrefaçon. Dommages-intérêts. — Loi de 1879, art. 4 et 30. Convention de 1883 entre la Suisse et la Grande-Bretagne.

Crosse et Blackwell c. Grandjean et Cie.

Pour qu'il y ait imitation, il n'est pas nécessaire que la marque de fabrique soit imitée dans tous ses détails. Il y a imitation toutes les fois que, sous des apparences quelconques, l'acheteur peut être trompé sur la provenance des marchandises qu'il entend acquérir.

Avocats plaidants :

MM^es^ Verdier, à Genève, pour Crosse et Blackwell, demandeurs.
Gentet, à Genève, pour Grandjean et Cie, défendeurs.

Les demandeurs concluent à la condamnation de Grandjean et Cie au paiement de 10,000 fr., à titre de dommages-intérêts, au retrait immédiat de leurs dépôts de toutes les marchandises portant la marque de Crosse et Blackwell, à peine de 20 fr. par jour de retard, et à l'insertion du jugement dans divers journaux. — Les défendeurs ont conclu à libération.

En fait, à la date du 14 décembre 1880, à 4 h. après-midi, Crosse et Blackwell ont déposé à Berne leur marque de fabrique pour les produits de « Pickles » ; elle a été enregistrée sous le titre de « Marques de la Grande-Bretagne » au vol. A, folio 10, sous le n° 28.

Ensuite de divers renseignements à eux parvenus, les demandeurs firent dresser, en septembre dernier, un procès-verbal de constat par huissier, à l'appui de leur affirmation que la maison Grandjean et Cie avait contrefait, falsifié et imité leur marque, et assignèrent celle-ci aux fins susvisées.

Les défendeurs ont soulevé divers moyens pour soutenir que Crosse et Blackwell sont mal fondés dans leurs conclusions; ils ont dit, en effet:

a) Que la marque déposée était imprimée noir sur blanc, tandis que celle des flacons est or sur blanc; *b)* que l'étiquette des demandeurs n'a aucun des éléments protégés par la loi; *c)* que la marque par eux employée n'a pas de ressemblance avec celle des demandeurs; *d)* que leurs flacons diffèrent pour la forme, la couleur du verre, la couleur du contenu, le bouchon, la bande enveloppant le col; *e)* que le mot « Pickles » indique une classe de produits et ne peut être protégé.

Sur la première objection:

Attendu que la déclaration officielle du Bureau fédéral dit que l'original de la marque, tel qu'il a été déposé, est imprimé or sur fond blanc; qu'ainsi ce premier moyen n'est pas fondé.

Sur la deuxième objection:

Attendu que l'étiquette Crosse et Blackwell se compose d'un ensemble de lignes, lettres, mots et ornements qui sont disposés d'une façon caractéristique et spéciale, avec les armoiries de la Grande-Bretagne au centre, pour former une marque de fabrique distincte.

Attendu que sont considérés comme marques de fabrique, d'après la loi de 1879, les raisons de commerce ainsi que les signes placés à côté, ou en remplacement de celles-ci, qui figurent sur les produits ou sur leur enveloppe pour les distinguer.

Attendu que, d'après l'art. 4 de la même loi, les signes placés en remplacement des raisons de commerce ne peuvent être protégés s'ils se composent exclusivement de chiffres, de lettres ou de mots.

Attendu que l'art. 30 de la loi ayant chargé le Conseil fédéral d'édicter les règlements et ordonnances nécessaires pour son exécution, ce pouvoir a décidé, le 4 janvier 1881, que le texte de l'art. 4 susrappelé ne s'applique pas aux chiffres, lettres ou mots qui peuvent facilement se distinguer d'autres signes analogues par leur dessin ou par leur forme particulière.

Attendu, dès lors, qu'en supprimant les armoiries de la Grande-Bretagne, qui ne sauraient par elles-mêmes, d'après la loi suisse, constituer une marque de fabrique, Crosse et Blackwell, par la forme caractéristique de leur étiquette, par l'encadrement qui contient la désignation du produit, par les enjolivures qui entourent les mots, ont bien créé en leur faveur une marque spéciale.

Attendu, en outre, que l'art. 6 de la convention internationale de 1883 pour la protection de la propriété industrielle veut que toute marque de fabrique, régulièrement déposée dans le pays d'origine, soit admise au dépôt et protégée telle quelle dans les autres pays de l'Union.

Attendu que le pays d'origine des demandeurs est l'Angleterre; qu'elle fait, comme la Suisse, partie de cette Union.

Attendu que la loi anglaise sur les brevets, dessins et marques de fabrique de 1883 dit, dans son art. 64, ce qui suit:

« Une marque de fabrique, au sens de la présente loi, doit comprendre les éléments essentiels suivants ou, au moins, un de ces éléments, savoir :

» *a)* Le nom d'une personne ou d'une société commerciale reproduit par l'imprimerie, l'impression ou le tissage, d'une manière particulière et distinctive.

» *b)* Une signature écrite ou en fac-simile de la personne ou de la maison qui demande l'enregistrement de cette signature comme marque de fabrique.

» *c)* Un emblème, une marque, une marque à feu, un en-tête, une étiquette ayant une forme distinctive, ou un ou plusieurs mots de fantaisie n'appartenant pas au langage usuel; à un ou plusieurs de ces éléments, on peut ajouter tous mots, lettres ou chiffres ou toute combinaison de mots, lettres ou chiffres.

» Nonobstant ce qui précède, tout mot ou tous mots, tout chiffre, lettre ou combinaison de chiffres et de lettres ou de lettres et de chiffres ayant une forme distinctive et ayant été employés comme marques de fabrique, avant le treizième jour d'août 1875, peuvent être enregistrés comme marques de fabrique en vertu de cette partie de la présente loi. »

Attendu donc qu'au point de vue de la législation anglaise, la marque de Crosse et Blackwell est bien une marque de fabrique dans toute l'étendue de ce terme, et qu'elle doit être protégée telle quelle en Suisse.

Attendu que, sur ce second point, Grandjean et Cie ne sont ainsi pas fondés dans leurs conclusions.

Sur la troisième objection :

Attendu que, pour qu'il y ait imitation de la marque de fabrique et contrefaçon, il n'est pas nécessaire que cette marque soit imitée dans tous ses points, dans tous ses détails ; il y a imitation toutes les fois que, sous des apparences quelconques, l'acheteur peut être trompé sur la provenance de la marchandise qu'il entend acquérir; l'imitation peut provenir de l'adoption de l'emblème, de la forme et même de la qualité du papier avec lesquels un concurrent fait ses étiquettes; peu importe les différences de détail, si la ressemblance est telle que la confusion soit probable ou certaine pour l'acheteur, et cela alors même qu'il y aurait une différence de noms.

Attendu que, dans l'espèce, les deux marques ne sont pas, il est vrai, absolument identiques, qu'elles ont quelques dissemblances de détail, mais qu'il existe en fait une telle analogie entre elles que les consommateurs peuvent d'autant plus facilement être induits en erreur que Grandjean et Cie ont osé mettre, sur certaines de leurs étiquettes, l'adresse des demandeurs, sans toutefois aller jusqu'à oser y imprimer les noms de ceux-ci.

Attendu que, sur ce troisième point, les défendeurs sont donc également mal fondés.

Sur la quatrième objection :

Attendu qu'elle importe peu au débat; que la poursuite est faite pour contrefaçon de marque de fabrique, et qu'ainsi il n'y a pas lieu de s'arrêter et de procéder à l'examen comparatif des flacons des deux parties.

Sur la cinquième objection :

Attendu que c'est pour les produits de « Pickles » de la maison Crosse et Blackwell que la marque de fabrique a été déposée ; que le mot « Pickles » est un terme générique qui veut dire saler, mariner, conserver au vinaigre; que les produits de « Pickles » sont donc toutes espèces de fruits, légumes, etc., conservés au vinaigre, salés ou marinés; que ce sont tous ces produits, par conséquent, qui sont protégés par la marque Crosse et Blackwell et non pas seulement les « Mixed pickles », les condiments mélangés, comme, avec plus de subtilité que de raison, essaient de le soutenir les défendeurs.

Attendu, dès lors, que sur ce point encore ceux-ci sont mal fondés.

Attendu que, ces questions tranchées, il importe peu que les étiquettes aient ou non été fabriquées avant le dépôt de la marque des demandeurs à Berne, puisqu'en fait Grandjean et Cie s'en sont servis depuis ce dépôt.

Que l'offre de preuve de ces derniers, relative à une erreur qui serait due au lithographe et à une autre erreur qu'aurait commise un de leurs employés, n'est pas davantage pertinente en face de l'usage qu'ont fait les défendeurs de l'étiquette dont s'agit et des flacons préparés par l'employé en question.

Que le maintien de relations commerciales entre les parties adverses est aussi absolument étranger au débat.

Qu'enfin, le fait que Grandjean et Cie pourraient reproduire 930 étiquettes sur 1000 fabriquées en 1878, ne saurait prouver qu'il n'y a pas eu d'autres étiquettes semblables commandées depuis lors, au besoin, à un autre lithographe.

Attendu que comme de tout ce qui précède il résulte que les défendeurs ont contrefait la marque de fabrique de Crosse et Blackwell, ils leur doivent des dommages-intérêts; que cependant, avant de fixer le chiffre de ceux-ci, il importe d'acheminer Grandjean et Cie aux preuves offertes sous les nos 6 et 7 de leurs conclusions, en réservant aux demandeurs la preuve contraire.

Attendu, en particulier, qu'il serait intéressant de savoir dans quelles conditions, sous quelle forme et avec quelles indications les ventes de leurs produits, revêtus de la marque contrefaite, étaient exécutées par les défendeurs.

Attendu qu'il convient aussi de surseoir à statuer soit sur l'insertion demandée dans divers journaux, soit sur les dépens de l'instance en définitive; que, par contre, les autres conclusions des demandeurs doivent leur être adjugées, en modérant un peu le chiffre des dommages-intérêts journaliers requis et en donnant un délai à Grandjean et Cie pour satisfaire au présent jugement.

Par ces motifs, le Tribunal prononce que Grandjean et Cie ont contrefait la marque de fabrique de Crosse et Blackwell; condamne, en conséquence, les défendeurs à retirer de leurs dépôts dans le commerce, et ce dans les huit jours dès la signification de ce jugement, toutes les marchandises portant la marque contrefaite de la maison des demandeurs; faute par eux de ce faire dans le dit délai, les condamne à 15 fr. de dommages-intérêts par chaque jour de retard; ordonne la destruction des dites marchandises, emballages, étiquettes ou enveloppes munis de la marque contrefaite.

Surseoit à statuer sur le surplus des conclusions prises... et jugeant préparatoirement, achemine Grandjean et Cie à prouver, tant par titre que par témoins : 1° que les quelques flacons sur lesquels les étiquettes dont s'agit ont été apposées, n'ont été vendus autrefois qu'à des négociants, la maison Grandjean et Cie ne vendant pas au détail; 2° que les flacons saisis par l'huissier constituent la presque totalité de ceux sur lesquels la dite étiquette a été apposée.

Vaud. — Tribunal cantonal.

Séance du 22 juin 1886.

Bail. — Preuve testimoniale administrée conjointement avec une preuve sermentale. — Prétendue tacite reconduction. — Article 1017 Cc. et art. 291 CO.

Simons contre Ruepp et Keller.

La partie qui a laissé faire une preuve testimoniale ne saurait être admise à en critiquer plus tard le résultat, comme étant en contradiction avec une réponse sermentale intervenue sur le même fait.

On ne peut assimiler à la tacite reconduction prévue à l'art. 291 CO., la convention par laquelle le bailleur autorise le preneur à jouir des immeubles loués pour un temps indéterminé et pour un prix à fixer ultérieurement.

P. Simons a ouvert action à F. Ruepp et à E. Keller, par devant le juge de paix de Morges, en paiement : *a)* de 150 fr. pour un trimestre de loyer; *b)* de 15 fr. pour réparations à la charge des défendeurs; *c)* de frais d'expertise qui feront l'objet d'un état de frais.

Ruepp et Keller ont conclu en tout état de cause à libération, sous offre de 50 fr. déjà offerts par Keller, soit le 25 janvier, soit le 6 février 1886.

Ruepp a conclu, en outre, préliminairement à libération, fondé sur ce qu'il y a eu à son égard une résiliation pour le 25 décembre, offrant toutes réparations dûment justifiées.

A l'audience du 4 mai 1886, Simons a déféré à Keller le serment sur les faits 13, 14 et 15.

Keller ayant accepté le serment, a répondu comme suit à l'audience du 11 mai :

13. Quelques jours avant le 25 décembre 1885, avez-vous demandé à Simons si vous pouviez rester dans l'appartement de Ruepp, et Simons vous a-t-il répondu qu'il y consentait, mais de repasser pour faire une convention ? — *R.* J'ai demandé de rester dans les locaux que j'occupe, mais il n'a pas été question de convention.

D. Simons vous a-t-il dit de repasser pour s'arranger ? — *R.* Il m'a dit qu'on s'arrangerait.

14 et 15. Le 26 décembre 1885, Simons vous a-t-il dit d'écrire à Ruepp pour qu'il vienne reconnaître les lieux et remettre les clefs, et qu'une fois cette reconnaissance faite, il passerait une convention avec vous ? — *R.* Il m'a dit d'écrire à M. Ruepp, sur quoi je lui ai fait observer que c'était à lui de le faire, mais il n'a pas été question de convention. Je ne sais si Simons a écrit, mais je le crois.

L'instruction de la cause a établi les faits suivants :

Par bail du 31 mai 1880, P. Simons a loué à Ruepp divers locaux dans la maison qu'il possède à Morges, bail qui a été continué par le successeur de Ruepp, Emile Keller, sellier, à Morges, jusqu'au 25 décembre 1885.

Le bail préindiqué stipule qu'un avertissement de 3 mois avant l'échéance d'un semestre doit être donné par la partie qui voudra résilier le bail.

Ruepp a signifié congé à Simons par lettre du 22 septembre 1885.

Deux ou trois jours avant le 25 décembre 1885, Keller a demandé à Simons s'il pouvait rester quelques jours de plus dans ses locaux après le 25 décembre, attendu que son nouveau local n'était pas prêt.

Il a ajouté qu'il ne voulait pas faire un nouvel engagement, mais qu'il s'agissait d'une complaisance de la part du propriétaire, complaisance dont lui, Keller, paierait naturellement le prix (solution du fait 5).

Simons a répondu que le local était au service de Keller, puisqu'il n'était pas encore loué.

Keller a usé de cette permission jusqu'au 17 janvier, jour où il a quitté les locaux de Simons.

Par lettres des 25 janvier et 6 février et par exploit du 30 mars 1886, Keller a offert à Simons une somme de 50 fr., représentant l'équivalent d'un mois de loyer.

Simons a écrit à Ruepp de venir reconnaître les locaux.

Celui-ci est venu dans ce but à Morges le 28 décembre, mais la reconnaissance n'a pu avoir lieu.

Sur la demande de Simons, une expertise a eu lieu, le 12 avril 1886, en présence des parties; elle a constaté qu'il y avait des dégradations aux immeubles loués pour une somme de 15 fr.

Le juge de paix a statué comme suit:

1° Il a admis les conclusions libératoires de Ruepp et Keller, ce dernier payant à Simons la somme de 50 fr. déjà offerte;

2° Il a décidé que Ruepp payera une somme de 10 fr. à Simons pour les dommages constatés par l'expertise.

Quant aux dépens, le juge les a mis à la charge de Simons, Ruepp payant toutefois un tiers des frais d'expertise.

Simons a recouru contre ce jugement.

Il invoque les moyens ci-après:

1° Le jugement aurait dû faire abstraction des preuves testimoniales, contraires aux preuves sermentales;

2° Pour l'expertise, le juge devait accorder 15 fr. et non 10 fr.

Le Tribunal cantonal a admis ce second moyen.

Motifs.

A. Sur le moyen consistant à dire que le juge aurait dû faire abstraction des preuves testimoniales:

Considérant que Simons aurait dû s'opposer à la preuve testimoniale entreprise sur des faits qui faisaient l'objet d'une preuve sermentale (art. 1017 Cc.).

Qu'il ne l'a pas fait et a laissé subsister la preuve testimoniale.

Que les faits reconnus constants ensuite des preuves testimoniales entreprises sont donc acquis au procès et peuvent être pris en considération par le juge.

Que, dans l'espèce, il n'y a du reste pas contradiction entre le résultat des preuves sermentales et de celles par témoins.

Considérant, d'autre part:

Que le bail du 21 mai 1880, conclu entre Ruepp et Simons, a été régulièrement résilié au 25 décembre 1885.

Que Ruepp est, dès lors, absolument dégagé du contrat en ce qui concerne le prix de location.

Qu'il a été conclu entre Keller et Simons une convention verbale par laquelle ce dernier a autorisé le premier à jouir des immeubles, faisant l'objet du bail du 21 mai 1880, pour un temps indéterminé et pour un prix à fixer ultérieurement.

Que cette convention ne peut en aucun cas être assimilée à la tacite reconduction prévue à l'art. 291 du CO.

Le Tribunal cantonal rejette ce moyen.

B. Sur le moyen tiré du fait que l'expertise fixe le dommage à 15 fr.

Considérant que l'expert a fixé le dommage causé aux immeubles par le locataire à 10 fr. et les frais de remise en état des lieux à 5 fr. :

Que l'on ne voit pas dans le jugement pourquoi le juge n'alloue de ce chef qu'une somme de 10 fr. à Simons.

Que Ruepp est tenu de rembourser à Simons non-seulement l'indemnité de détérioration, mais aussi les frais de remise en état des lieux,

Le Tribunal cantonal admet ce moyen.

C. Sur les frais d'expertise :

Considérant que Ruepp et Keller ont à diverses reprises sommé Simons de recevoir les clefs des immeubles loués et de les reconnaître.

Qu'il a préféré recourir à une expertise, plutôt que de venir reconnaître les lieux loués, à l'amiable.

Que l'expertise n'était point nécessaire.

Que, dans ces circonstances, il est juste qu'il supporte la plus forte part des frais de la dite expertise,

Le Tribunal cantonal maintient le jugement sur ce point.

Université de Heidelberg.

L'Université de Heidelberg a célébré, la semaine dernière, le cinq centième anniversaire de sa fondation. A cette occasion, elle a décerné le diplôme de docteur en droit *honoris causa* à MM. Rodolphe *de Bennigsen, Dorn,* conseiller de justice à Leipzig; *Kiefer,* président de tribunal à Constance; *Koch,* syndic de la Banque de l'Empire à Berlin, pour ses travaux sur la réforme de la procédure civile; *de Lœper,* directeur des archives à Berlin; *Nokk,* ministre de la justice à Carlsruhe; *Schœll,* professeur à Munich; *Stösser,* président du sénat à Carlsruhe; William *Stubbs* à Oxford; Henri *Taine* à Paris; *Willems,* professeur à Louvain; *Winkelmann,* professeur d'histoire à Heidelberg; *Zeuner,* professeur à Berlin, collaborateur des *Monumenta Germaniæ.*

Variété.

M. T. a pour valet de chambre Etienne C., et pour cuisinière Pauline, tous deux unis en légitime mariage, mais désunis par des causes multiples. Etienne a souffleté sa femme; elle a porté plainte. Le maître redoute les conséquences de l'affaire : un divorce, la séparation, c'est pour lui la privation de services qu'il apprécie. Il s'avance à la barre :

M. T. Je désirerais les réconcilier, M. le président, et si vous voulez bien intervenir....

Le président (au prévenu). Regrettez-vous ce que vous avez fait?

Le prévenu. Regretter! demander pardon! Quand c'est moi qui ai raison.

La plaignante. Je vous le disais : c'est moi qui ai reçu la gifle et c'est lui qui a raison!

M. T. (tirant son portefeuille). Je vais essayer quelque chose. (Il prend dans son portefeuille un billet de banque de 1000 fr., le déchire par le milieu et en donne une moitié au prévenu.) Tenez, Etienne, exprimez des regrets à votre femme.

Le prévenu (regardant la moitié du billet). Qu'est-ce que Monsieur veut que je fasse de ça ?

M. T. (à la plaignante, en lui donnant l'autre moitié). Tenez, Pauline.

Pauline. Ça n'est bon à rien, ça!

M. T. Séparément, non; mais rapprochez, c'est 1000 francs.

Le président (au prévenu). Exprimez-vous des regrets à votre femme ?

Le prévenu (après hésitation). Oui, Monsieur.

Le président (à la plaignante). Retirez-vous votre plainte ?

La plaignante (sans hésitation). Je la retire.

Tout le monde ne peut pas s'offrir le luxe de semblables réconciliations.

Ch. Boven, notaire, rédacteur.

Lausanne. — Imp. CORBAZ & Comp.

XXXIVe ANNÉE. N° 35. SAMEDI 21 AOUT 1886

JOURNAL DES TRIBUNAUX

REVUE DE JURISPRUDENCE

Paraissant à Lausanne une fois par semaine, le Samedi.

Prix d'abonnement : 12 fr. par an, 7 fr. pour six mois. Chaque numéro, 50 cent. On s'abonne à l'imprimerie CORBAZ et Cie et aux bureaux de poste. — ANNONCES : 20 centimes la ligne ou son espace.

GENÈVE. — Quatre jugements.

Propriété artistique. — Usurpation de nom. — Cause contraire aux bonnes mœurs. — L'Union-Suisse pour la sauvegarde des crédits.

Décidément, MM. les littérateurs et artistes français ne badinent pas depuis que leurs droits ont été reconnus et sanctionnés en Suisse; ainsi, chacun sait que les tribunaux ont été plus d'une fois saisis à propos de représentations dramatiques dans les cantons de Genève et de Neuchâtel; mais, aujourd'hui, ces Messieurs vont plus loin encore. Dorénavant, nos musiques devront être très-méticuleuses. En voici un exemple :

Le 17 janvier passé, la Musique de Landwehr de Genève avait donné un concert dans lequel elle avait joué des morceaux de Massenet, de Gounod et autres compositeurs.

Là-dessus, la Société des auteurs et compositeurs de musique a assigné devant le Tribunal de commerce M. Kling, directeur de la Musique de Landwehr, alléguant que les morceaux avaient été exécutés sans le consentement des auteurs, et concluant au paiement de 501 fr. pour chaque œuvre jouée, et à ce qu'il fût fait défense aux défendeurs d'exécuter les partitions des demandeurs sans leur consentement.

Le Tribunal a rejeté ces conclusions.

Les considérants se résument comme suit :

La loi fédérale d'avril 1883 prévoit deux modes de poursuite contre ceux qui auraient exécuté les œuvres artistiques d'autrui sans autorisation : l'un l'action pénale, l'autre l'action civile.

Les demandeurs actuels, tout en faisant des réserves à ce sujet, n'ont pas cru devoir intenter à Kling un procès pénal. Dès lors, Kling ne saurait être recherché à titre de complice, la complicité n'existant pas en droit civil.

« Kling ne saurait être davantage recherché comme auteur » principal du préjudice que les demandeurs prétendent leur » avoir été causé.

» Il est constant, en effet, que le directeur de la Musique de » Landwehr n'a, comme tel, qu'à diriger l'exécution des mor» ceaux que ce corps a décidé de jouer.

» Si une responsabilité a été encourue, ce que le Tribunal n'a » pas à examiner actuellement, cette responsabilité ne saurait » retomber que sur le ou les représentants légaux de la Mu» sique de Landwehr, que celle-ci soit considérée ou comme » personnalité civile, si elle a satisfait à l'art. 716 CO., ou au » point de vue de son existence comme corps militaire.

» Ainsi, en assignant le défendeur, les demandeurs ont mal procédé », etc.

* * *

Mais il y a bien mieux. Les soirs d'été, certains cafés, le café du Nord entre autres, donnent de petits concerts ; l'entrée est libre, de temps en temps on fait une quête. Se fondant sur la circonstance qu'on a joué au café du Nord un de ses morceaux, « la valse *Madame Boniface,* » le compositeur Lacôme a actionné Donque, tenancier du dit café, au paiement de 501 fr. de dommages-intérêts, et à ce qu'il plaise au Tribunal faire défense à Donque d'exécuter, chanter ou jouer publiquement les œuvres du demandeur.

Par jugement du 1er juillet 1886, le Tribunal de commerce a débouté le demandeur. Le principal considérant est conçu comme suit :

« Qu'il est constant qu'aucun prix d'entrée n'a été réclamé » au café Donque les soirs où la musique jouait, que le prix de » consommation y était le même, qu'il y ait ou qu'il n'y ait pas » concert;

» Attendu qu'une telle exécution de musique a lieu évidem- » ment sans qu'il y ait lucre, dans le sens voulu par la loi, c'est- » à-dire sans qu'il y ait bénéfice réalisé par la production de la » musique; que, comme telle, elle ne constitue pas une violation » de la propriété artistique et ne fait point naître le droit au » tantième prévu par la loi pour les droits d'auteur. »

* * *

Weber, ancien gérant de l'*Hôtel National*, tenant actuellement l'*Hôtel de la Paix*, avait fait peindre sur l'un des panneaux de ses voitures, celui qui, à la gare, est tourné du côté des voyageurs, les mots : « F. Weber, ci-devant à l'*Hôtel National.* » Les mots « ci-devant » étaient en caractères relativement petits; par contre, ceux « *l'Hôtel National* » étaient peints d'une façon qui, sans égaler celle du titre de « *Grand Hôtel de la Paix,* » avait été évidemment employée pour attirer les yeux des voyageurs.

A la date du 15 juillet 1886, le Tribunal de commerce, à la demande de Armleder et Georges, tenanciers de l'*Hôtel National,* a ordonné la suppression du nom de cet hôtel sur les enseignes, écriteaux, omnibus, etc., sur lesquels Weber avait pu les faire figurer.

Au cas où le défendeur ne s'exécuterait pas, il aurait à payer 30 fr. par jour de retard.

Le jugement porte que « si, en thèse générale, le fait d'une » énonciation vraie en elle-même, inhérente à la personne qu » se l'attribue, ne peut être reprochable, il n'est pas moins cer- » tain que, lorsque cette énonciation est faite dans un but vi- » sible de concurrence déloyale, avec l'intention de porter pré- » judice à autrui, d'induire le public en erreur à son profit » contre d'autres, elle est répréhensible au plus haut chef. »

* *

Un nommé Gilomen, tenant une maison de prostitution, a actionné X. en paiement de 336 fr. pour dépenses faites par le défendeur dans sa maison. Dans le cours de l'instance, Gilomen a déféré le serment au défendeur. Le défendeur s'est opposé à ce serment comme portant sur une obligation qui aurait une cause illicite et contraire aux bonnes mœurs, et d'ailleurs il s'est déclaré prêt à le prêter au cas où le Tribunal l'admettrait.

Par jugement du 14 mai 1886, le Tribunal civil a rejeté ces conclusions : « Attendu que les tribunaux n'ont pas à connaître » des obligations qui sont contractées dans des maisons de » tolérance, entre ceux qui les exploitent et ceux qui les fré- » quentent, et qui ont, par leur nature même, une cause con- » traire aux bonnes mœurs.

» Que le serment déféré n'est ni admissible, ni pertinent. »

* * *

Le vent est aux syndicats. Au lieu de songer uniquement à se faire la guerre, à s'arracher les clients, comme autrefois, aujourd'hui les fournisseurs s'associent pour sauvegarder leurs intérêts. Plusieurs associations de cette nature ont été créées en Allemagne, en Suisse et à Paris. Il s'en est fondé une à Genève, il y a près de deux ans, sous la dénomination *Union suisse pour la sauvegarde des crédits*. Aux termes des statuts, cette association a pour but :

« 1° De sauvegarder ses membres contre les mauvais crédits, » en leur fournissant des renseignements aussi exacts que pos- » sible.

» 2° De recouvrer leurs créances douteuses ou mauvaises par » la pression morale de la collectivité. »

Elle a comme organe un comité et un gérant.

Lorsqu'un des sociétaires a fait en vain des démarches pour être payé d'un de ses débiteurs, il peut charger le gérant de cette rentrée. L'opération est tentée par l'envoi de deux lettres à quinze jours d'intervalle. Si le débiteur ne s'exécute pas et n'en peut fournir une raison valable, il « est inscrit sur une » liste mensuelle dont il est confidentiellement donné connais- » sance aux sociétaires. Cette liste est dressée par le comité, » avec toute la circonspection désirable » (art 19).

L'art. 15 porte : « Tout sociétaire s'engage formellement à ne » faire usage des renseignements obtenus que pour lui-même et

» pour ses clients de l'étranger seulement, et sous sa propre » responsabilité. »

Conformément aux statuts, une maison de Genève, B. et Cie, marchands-tailleurs, avaient remis un compte de fournitures au gérant de l'association, pour en opérer le recouvrement. Ces tentatives n'ayant produit aucun résultat, X. fut inscrit sur la liste mensuelle prémentionnée, puis B et Cie le firent assigner en paiement de leur compte. Devant le Tribunal civil, le défendeur formula une demande reconventionnelle en dommages-intérêts, alléguant qu'il avait éprouvé un préjudice du fait qu'il avait été porté sur la liste des mauvais payeurs. (Une des listes lui aurait été adressée par erreur.)

Là-dessus, B. et Cie appelèrent en cause l'Union-Suisse.

Par jugement du 17 juillet 1886, le Tribunal a adjugé au défendeur 250 fr. de dommages-intérêts, condamnant solidairement la maison créancière et l'association. Voici les principaux motifs du jugement :

« Attendu qu'en chargeant l'Union, dont ils doivent connaître » les statuts et règlements, puisqu'ils y ont adhéré en se faisant recevoir membres de cette société, de faire payer le défendeur par la pression morale de la collectivité, et en lui » donnant ainsi le mandat tacite, pour le cas où il ne payerait » pas, d'inscrire son nom sur la liste publiée mensuellement, » les demandeurs ont dépassé les limites de leur droit et commis » un quasi-délit dont ils sont responsables.

» Attendu, en effet, qu'ils n'avaient vis-à-vis de leur débiteur » qu'un seul droit, l'assigner devant le Tribunal, obtenir jugement contre lui et en poursuivre l'exécution sur ses biens.

» Que la société l'Union, en acceptant ce mandat et en le » remplissant, a engagé sa responsabilité au même titre que B.

» Attendu que la Société ne peut pas être assimilée à une » agence de renseignements fournissant des indications confidentielles et sous garantie, aux personnes qui leur en réclament.

» Qu'en effet, si elle a pour but, d'une part, de renseigner ses » membres sur la solvabilité des personnes qui leur demandent » du crédit, elle poursuit, d'autre part, et c'est son principal » objet, le recouvrement des créances douteuses ou mauvaises » *par la pression morale de la collectivité*, c'est-à-dire en mettant le débiteur dans l'alternative, ou de payer, ou de voir

» son nom et sa dette divulgués, non-seulement aux quelques » centaines de membres de la Société, mais encore à tous leurs » clients à l'étranger et à toute personne à qui un sociétaire » peu scrupuleux, mais contre lequel il n'existe aucun recours » possible, puisqu'il peut demeurer inconnu, voudra bien le » communiquer, en faisant abstraction de son engagement de » ne faire usage que pour lui-même des renseignements obtenus. » Qu'à cet effet, elle publie des listes mensuelles imprimées, où » elle fait figurer les noms de ceux, qu'en usurpant un droit » qui n'appartient qu'aux tribunaux, elle qualifie de mauvais » payeurs ou d'insolvables.

» Que le fait même que ces listes sont imprimées et viennent » à la connaissance de l'imprimeur et de ses ouvriers, c'est-à- » dire de toute une catégorie de personnes qui ne sont pas so- » ciétaires et n'ont pas pris l'engagement formel de ne faire » usage que pour elles-mêmes des renseignements obtenus, mon- » tre bien qu'il ne s'agit pas là de renseignemeuts donnés confi- » dentiellement et à la personne seule qui les réclame, et qui n'en » peut faire usage que sous sa propre responsabilité.

» Que, s'il est permis, dans une certaine mesure, de fournir » des renseignements, à la condition qu'ils le soient à titre con- » fidentiel et à la personne seule qui les réclame, il n'en est » pas de même lorsqu'ils sont, comme dans l'espèce, fournis à » une grande quantité de personnes qui ne les ont pas de- » mandés. »

TRIBUNAL FÉDÉRAL

Séance du 17 juillet 1886.

Cautionnement antérieur au 1er janvier 1883. — Prétendue novation. — Incompétence du Tribunal fédéral. — Art. 335 et 882 CO.; art. 29 de la loi sur l'organisation judiciaire fédérale.

F. Pittet c. Caisse d'amortissement de Fribourg.

Le cautionnement consenti avant le 1er janvier 1883 demeure régi par le droit cantonal même après cette date, tant en ce qui concerne l'étendue de la responsabilité des cautions que relativement aux obligations du créancier quant à la rentrée des intérêts.

En 1877, la Caisse d'amortissement de la dette publique de

Fribourg a consenti à l'ouverture d'un compte-courant débiteur en faveur de Xavier Jungo, au Crêt, jusqu'à concurrence de la somme de 10,000 fr. Jungo donna en garantie une hypothèque sur ses propriétés, ainsi que le cautionnement de Franç. Pittet, syndic au Crêt, et celui d'Adèle née Grandjean, femme du débiteur, pour la somme susénoncée et ses accessoires légitimes, jusqu'à bout de paiement, aussi sous obligation générale de leurs biens.

X. Jungo a épuisé la somme, soit le maximum du compte-courant en une seule fois et n'a fait en déduction que deux versements s'élevant ensemble au chiffre de 700 fr.

Vu l'accumulation des intérêts, la Caisse d'amortissement a dénoncé le remboursement du compte-courant et actionné le débiteur en reconnaissance du solde dû en capital et intérêt. Cette reconnaissance a été signée par Jungo, au pied du compte, le 10 mai 1884, et le chiffre fixé d'un commun accord à 13,234 francs 90 c., valeur au 30 juin 1883.

La Caisse d'amortissement a actionné les deux cautions. Pittet a repris, à l'audience du Tribunal de la Veveyse du 8 juin 1885, son opposition aux gagements à lui notifiés le 25 septembre 1884. Il a contesté la prétention de la dite Caisse par les motifs suivants :

1. Le compte-courant n'a jamais été ouvert à X. Jungo ; il ne lui a été fait en réalité qu'un prêt hypothécaire déguisé sous la forme de compte-courant.

2. L'opposant n'a cautionné que pour un montant maximum de 10,000 fr., qui ne saurait être dépassé.

3. Le compte-courant comporte un échange réciproque de versements au moins tous les six mois. La Caisse avait l'obligation de veiller à ce que Jungo fasse les versements prévus par le règlement. En ne le faisant pas, elle a porté atteinte à la position de la caution, qui se trouve dès lors libérée de fait, jusqu'à concurrence des sommes que le règlement obligeait la Caisse de faire verser.

4. Le cautionnement prêté n'était pas solidaire.

5. La Caisse devait, ou bien renoncer, avant tout procédé juridique, à son hypothèque en faveur des cautions, ou réaliser l'hypothèque.

6. La Caisse ne possède aucun titre contre l'opposant. La reconnaissance du débiteur ne saurait en tenir lieu.

Pittet ayant requis la nomination de trois experts, aux fins de constater la nature et les conditions d'un compte-courant, ainsi que le fait que le prêt de la Caisse à X. Jungo n'affecte point les allures d'un pareil compte, le Tribunal civil de l'arrondissement de la Veveyse repoussa cette requête par jugement du 20 juillet 1885, confirmé par la Cour d'appel le 27 novembre suivant, se fondant sur ce qu'il s'agit d'une question de droit rentrant dans la compétence exclusive du juge.

Par jugement du 15 février 1886, le même Tribunal a adjugé à la Caisse d'amortissement les conclusions de sa demande et débouté F. Pittet de ses conclusions libératoires.

Par arrêt du 28 avril 1886, la Cour d'appel a confirmé ce jugement.

C'est contre cet arrêt que F. Pittet recourt au Tribunal fédéral, concluant à ce qu'il lui plaise lui accorder les conclusions par lui prises devant les instances cantonales. Le recourant signale spécialement comme erronée la solution donnée par le Tribunal cantonal à la question de savoir si l'arrêté du compte du 30 juin 1883 bouclant par une somme de 13,234 fr. constitue le montant capital de la réclamation de la Caisse d'amortissement, soit du compte-courant tel qu'il a été arrêté au 30 juin 1883.

Le Tribunal fédéral n'est pas entré en matière sur le recours.

Motifs.

1. Il y a lieu d'examiner d'abord si le Tribunal fédéral est compétent pour se nantir du recours, soit au point de vue du droit applicable, soit à celui de la valeur du litige.

2. Sur le premier point, il est constant que la demande se fonde sur un cautionnement consenti le 11 décembre 1877; il s'agit donc, à cet égard, d'un fait juridique antérieur au 1er janvier 1883, fait appelant, à teneur de l'art. 882 CO., l'application du droit cantonal sous l'empire duquel il s'est passé.

De même la dette, garantie par le prédit cautionnement, a été contractée sous le régime du droit cantonal. Le litige actuel se soustrait donc, vu l'art. 882 précité, au domaine du droit fédéral, aussi bien pour ce qui concerne la question de l'étendue de la responsabilité des cautions relativement au capital et aux accessoires, que celles concernant l'obligation de la Caisse à exiger le paiement des intérêts tous les six mois, la nature juridique de la prétention de la Caisse et l'exception du débiteur principal touchant la capitalisation des intérêts chaque semestre.

C'est à tort que le recourant estime que par le fait de l'arrêté de compte au 30 juin et de la reconnaissance du 10 mai 1884, il s'est opéré une novation qui place le litige sous l'empire du CO. Une semblable prétention ne pourrait en tout cas se soutenir qu'en ce qui a trait aux intérêts échus à partir du 1er janvier 1883 et nullement en ce qui touche le capital : l'ancienne dette n'a, en effet, point disparu par le fait des arrêtés de compte successifs, mais elle n'a fait que s'accroître, et la reconnaissance du 5 mai 1884, n'ayant pour but que de déterminer le montant de la créance de la Caisse, ne constitue aucune nouvelle cause d'obligation.

3. Le Code fédéral des obligations ne pourrait donc être invoqué que relativement à la question de l'application éventuelle de l'art. 335, interdisant dans certains cas la capitalisation des intérêts.

Il n'y a toutefois pas lieu d'examiner cette question, puisque le montant de ces intérêts dès le 1er janvier au 1er juin 1883, qui seuls pourraient être soumis au droit fédéral, n'atteint certainement pas la somme de 3000 fr., nécessaire pour asseoir la compétence du Tribunal de céans, aux termes de l'art. 29 de la loi sur l'organisation judiciaire fédérale.

Le Tribunal fédéral est ainsi, à tous les points de vue, incompétent pour se nantir du présent litige.

Vaud. — TRIBUNAL CANTONAL.

Séance du 22 juin 1886.

Location d'un canot. — Avaries survenues pendant un orage. Responsabilité du locataire. — Art. 50 et suiv. CO.

Baudet contre Lespérut.

Le locataire d'un canot est tenu de lui donner les soins nécessaires à sa conservation, et il est responsable du dommage qui peut lui être causé par sa négligence ou son imprudence.

L. Baudet, radeleur, à Clarens, a ouvert action à A. Lespérut en paiement de : 1° 8 fr. pour prix convenu de la location d'un canot, pendant six jours, soit du 1er au 7 septembre 1885; 2° 150 fr., prix du canot qui a été loué au défendeur et que celui-ci a laissé briser par l'orage; 3° 50 fr. pour dommage résultant de la privation de ce bateau, soit le prix de location dès le 7 septembre 1885 jusqu'au jour de l'ouverture de l'action; 4° 15 fr. par mois dès ce jour (soit 50 centimes par jour) jusqu'au jour où le défendeur paiera le prix du bateau, valeur représentant la location que le demandeur pourrait en tirer, et le dommage qu'il éprouve de la privation de ce canot, n'ayant pas le moyen d'en acheter un autre tant que le demandeur ne l'a pas payé.

A l'audience du 9 avril 1886, le défendeur A. Lespérut a offert de payer, comptant, la somme de 100 fr. à Baudet par gain de paix.

Sous bénéfice de cette offre et sous réserve de compenser avec cette somme les dépens qui lui seraient alloués en cas de gain de cause, il a conclu à libération.

De l'instruction de la cause, il résulte, entre autres, les faits suivants :

Par convention verbale du mois d'août 1885, L. Baudet a loué à A. Lespérut un canot.

Le prix de location du dit canot a été fixé, d'un commun accord, à 8 fr. pour six jours.

Baudet a amené le canot, le 1er septembre, dans le port de Lespérut et l'a attaché avec une corde, il n'y avait pas de chaîne. Le bateau n'était pas en mauvais état; il avait subi des réparations. C'était un bateau léger, construit pour la promenade, et à rames seulement.

Il valait 145 fr., prix avoué d'achat en avril 1885. La location d'un bateau de ce genre, dans la bonne saison, est d'environ 30 fr. par mois, mais ne peut rien produire en hiver, devant être mis à l'abri.

Il est d'usage que le preneur attache, amarre et mette en lieu sûr le bateau lorsqu'il l'a reçu.

Deux jours avant l'orage, Baudet s'est transporté chez Lespérut et a trouvé le bateau amarré au port.

C'était un tiers qui avait amarré le bateau (qui s'était échappé), sur l'ordre verbal de Lespérut, et avec la corde appartenant à ce dernier et qui était mauvaise.

Le port paraît construit dans de bonnes conditions. Il est entièrement à l'abri des vents d'ouest et du nord; une grande jetée fait face à la vaudaire et un bateau bien amarré derrière cette jetée paraît être presque sans danger.

Le bateau a été brisé par l'orage du 4 septembre.

Les pièces du bateau brisé valent au moins 25 fr.

Le canot ne peut pas facilement être reconstruit, mais des pièces peuvent encore être utilisées.

Par jugement du 15/17 mai 1886, le Juge de paix du cercle de la Tour-de-Peilz a statué comme suit: Il a fixé le prix du canot à 145 fr., sur quel chiffre Baudet devra supporter pour sa part de responsabilité et de force majeure, 30 fr. Reste 115 fr., plus location réduite à 4 fr. Chiffre fixé pour la privation du canot pendant deux mois, 60 fr., dont à déduire, part de Baudet, 12 fr., reste 48 fr. Total, 167 fr. De plus, Lespérut devra rendre à Baudet les débris du bateau, estimés 25 fr.; il ne payera donc que 142 fr.

Le Juge a admis que Baudet doit supporter une part de responsabilité. Il se fonde sur les considérants ci-après:

Baudet ne trouvant personne lorsqu'il a amené le bateau dans le port, le 1er septembre, aurait dû ramener le bateau ou l'amarrer très fortement et ordonner toutes les mesures nécessaires pour la sécurité du canot.

En outre, la force majeure peut avoir contribué, dans une certaine mesure, à l'accident.

Le Juge a invoqué à l'appui de son jugement les art. 318 § 2, 50 et 51 CO.

Baudet a recouru contre ce jugement en reprenant ses conclusions. Il n'estime n'avoir commis aucune faute. D'ailleurs, dans l'espèce, il ne peut être question de force majeure.

De son côté, Lespérut a formé un recours éventuel dans lequel il réitère ses offres et reprend ses conclusions. Il allègue que Baudet aurait dû fournir une chaîne pour amarrer le bateau.

Le Tribunal cantonal a admis le recours de Baudet.

Motifs.

Considérant que Baudet a amené, le 1er septembre 1885, dans le port de Lespérut, à la Corbassière, conformément à la convention intervenue entre parties, un canot qu'il lui avait loué pour le terme de six jours et pour le prix de 8 fr.

Que le recourant a amarré le canot au moyen d'une corde

appartenant à Lespérut, attendu que celui-ci ne possédait pas de chaîne.

Que ce dernier n'a pas établi qu'il eût été convenu que Baudet amènerait le canot muni d'une chaîne pour l'amarrer.

Qu'il est d'usage que le preneur attache, amarre et mette en lieu sûr le bateau lorsqu'il l'a reçu.

Que les soins pour la conservation du canot loué par lui incombaient ainsi à Lespérut.

Que si le bateau a été brisé lors de l'orage du 4 septembre, cela provient du fait qu'il était mal amarré au moment de l'accident.

Qu'il n'existe pas de faute à la charge de Baudet.

Que celui qui cause sans droit un dommage à autrui par imprudence ou négligence est tenu de le réparer (Art. 50 CO.).

Que le bris du bateau est la conséquence de la négligence ou de l'imprudence de Lespérut.

Que, dans ces circonstances, il ne saurait être question de force majeure.

Par ces motifs et vu l'art. 50 CO.,

Le Tribunal cantonal admet le recours de Baudet; rejette celui de Lespérut; réforme le jugement du 15/17 mai 1886, en ce sens que Lespérut doit payer à Baudet: 1° 145 fr. pour le prix du bateau; 2° 4 fr. pour location du dit pendant trois jours; 3° 60 fr. à titre de dommages-intérêts pour privation du canot pendant deux mois.

Résumés d'arrêts.

Bail à ferme. — Le fermier a le droit de sous-louer, même sans le consentement du bailleur, les locaux isolés qui dépendent de la chose affermée, pourvu qu'il ne résulte de ce fait aucun changement préjudiciable au bailleur (CO. 306). Le fermier d'un domaine rural peut, dès lors, nonobstant l'opposition du bailleur, sous-louer un pré à une société dramatique pour des représentations en plein air.

Chambre des recours de Zurich, 5 avril 1886.

Compensation. — Le Code fédéral des obligations ne renferme aucune disposition sur la manière dont l'exception de compensation doit être présentée au point de vue de la procédure. Il ne met donc point obstacle à ce que la législation cantonale édicte des prescriptions fixant le moment auquel cette exception doit être présentée, sous peine de tardiveté, tant dans la procédure contentieuse que dans la poursuite pour dettes.

TF., 14 mai 1886. Léderrey.

Compensation. — Le fermier ne saurait échapper à la résiliation du bail pour défaut de paiement du fermage (CO. 312), en se bornant à opposer au bailleur la compensation d'une prétention contestée par ce dernier.

Commission de justice de Lucerne, 10 mars 1885. Sch. c. Sch.

Dépens. — Si le juge compense les dépens pour des motifs d'équité, il doit mentionner ceux-ci dans le jugement (Cpc. 286, dernier alinéa).

(Juge de paix de Morges; jugement réformé.)

TC., 30 juin 1886. Musy c. Serex.

Etat de frais. — L'état de frais réglé par le magistrat compétent n'est que la suite et l'accessoire nécessaire du jugement et doit être assimilé à celui-ci. Dès lors, le juge doit refuser son sceau à l'opposition contre une saisie pratiquée en vertu d'un état de frais devenu définitif et exécutoire, à moins qu'elle ne soit appuyée sur un titre postérieur au jugement, constatant l'exécution totale ou partielle (Cpc. 412 et 529).

(Assesseur vice-président de Château-d'Œx; sceau révoqué.)

TC., 30 juin 1886. Gfeller c. Saugy.

Fabricants. — Si l'art. 6 de la loi fédérale du 25 juin 1881 sur la responsabilité civile des fabricants limite le maximum de l'indemnité à accorder à l'ouvrier, le juge n'est cependant pas tenu à ce maximum dans les cas où l'accident a été causé par un acte du fabricant susceptible de faire l'objet d'une action au pénal.

La question de savoir s'il existe un tel acte à la charge du fabricant est de nature exclusivement pénale et est tranchée définitivement par le juge pénal, dont la décision lie le juge civil.

Cour d'appel de Bâle, 10-24 juin 1886. Ballmer c. Stœcklin et Cie.

Faits. — Il y a lieu à nullité du jugement rendu sans que le Tribunal ait posé et résolu tous les allégués sur lesquels des preuves testimoniales ont été entreprises (Cpc. 436 §§ *b* et *c*).

(Tribunal d'Echallens ; jugement annulé.)

TC., 30 juin 1886. Gaudard c. Favre et Thévoz.

Indemnité. — Le juge prononce librement, suivant les circonstances de chaque cas, sur la quotité de « l'indemnité équitable » allouée en vertu de l'art. 55 CO. Une violation de la loi, autorisant le Tribunal fédéral à réformer le jugement cantonal, ne peut être admise que lorsque le juge cantonal a méconnu des éléments de fait qui, dans l'esprit de la loi, doivent être pris en considération pour la fixation de l'indemnité.

TF., 22 mai 1886. Steiner c. Huwyler.

Prescription. — Dans les cas où le Code fédéral des obligations introduit un délai de prescription pour des créances qui précédemment, sous l'empire du droit cantonal, n'étaient pas soumises à prescription, le délai ne commence à courir que du 1er janvier 1883. En effet, l'ancien droit demeure applicable pour déterminer si, pendant le temps qui s'est écoulé antérieurement à cette date, la dette était prescriptible ou non (comp. Hafner, *Obligationenrecht*, art. 883 ; Schneider, *Zeitschrift für schweiz. Rechtspflege*, IV, p. 434 et 436 ; Heuberger, *Zeitliche Grenzen der Wirksamkeit des schweiz. Obligationenrechts*, p. 70 et 72).

Tribunal supérieur de Thurgovie, 30 avril 1886.
Braunschweig c. Bucher.

Preuve testimoniale. — On ne peut prouver par témoins l'existence d'une faute, une telle preuve portant sur une appréciation de droit qu'il appartient à l'instance supérieure de revoir, cas échéant.

Le dommage lui-même constitue non point un fait spécial, mais une appréciation qui doit résulter des divers éléments constitutifs du dommage. Ces éléments peuvent seuls faire l'objet de preuves testimoniales et être définitivement établis par le juge de première instance.

(Juge de paix de Mollondins ; jugement incident réformé.)

TC., 29 juin 1886. Commune d'Yvonand c. époux Richardet.

Saisie. — On ne saurait faire une retenue en faveur des créanciers sur un salaire à peine suffisant pour l'entretien du débiteur et de sa famille (Cpc. 612).

(Juge de paix de Ste-Croix ; ordonnance maintenue.)

TC., 30 juin 1886. Füllmann c. Chuard.

Saisie. — En cas de concours de poursuites, si les objets saisis sont vendus, le prix doit en être remis au juge de paix, qui procède à sa distribution aux créanciers, une fois que le tableau de répartition est devenu définitif (Cpc. 709, 710 et 711).

TC., 30 juin 1886. Beyeler c. Beyeler.

Société anonyme. — Si, faisant application de l'art. 657 § 3 CO., le juge ajourne la déclaration de faillite d'une société anonyme, celle-ci conserve le droit d'agir et de disposer et ce droit n'est restreint que dans la mesure où cela est nécessaire en vue de la conservation de l'actif. Le juge ne saurait donc se mettre en lieu et place des organes sociaux chargés de la liquidation; il ne lui compète qu'un droit de surveillance, en ce sens qu'il peut mettre obstacle aux opérations qui seraient de nature à compromettre la situation financière, au lieu de l'améliorer ou de l'éclaircir. Il ne lui appartient pas de passer des conventions ou des transactions au nom de la société, ni de plaider en son nom.

Tribunal de commerce de Zurich, 11 juin 1886. Actionnaires du *Lloyd suisse* c. *Lloyd suisse.*

Société anonyme. — L'assemblée générale des actionnaires d'une société anonyme ne peut valablement prononcer la révocation des administrateurs et contrôleurs que si cet objet a été expressément indiqué dans la convocation comme figurant à l'ordre du jour de la réunion (CO. 646 et 647).

Tribunal de commerce de Zurich, 11 juin 1886 Actionnaires du *Lloyd suisse* c. *Lloyd suisse.*

Tribunal fédéral. — Les prescriptions qui déterminent le rôle du Tribunal fédéral comme instance supérieure sont d'ordre public. Dès lors, les parties ne peuvent déroger par convention à la disposition de l'art. 30 de la loi sur l'organisation judiciaire fédérale, d'après laquelle le Tribunal fédéral doit baser son jugement sur l'état des faits tel qu'il a été établi par les tribunaux cantonaux.

TF., 5 mars 1886. Dürr c. Billeter.

Variété.

On écrit de Paris à la *Gazette de Lausanne:*

L'humanité devient chauve; c'est un fait constaté depuis longtemps ; mais en attendant le moment où l'homme aura complètement perdu la notion du cheveu et où les enfants apprendront avec stupéfaction dans les livres d'histoire qu'il fut une époque où l'on avait coutume d'en porter sur la tête, il y a des gens qui ne peuvent se résigner à cette transformation lente, mais inévitable de leur chef en bille d'ivoire. De ce nombre est, ou plutôt était il y a quelques jours, M. Duval, le fils du fondateur des bouillons de ce nom.

M. Duval avait le malheur d'être chauve et le malheur plus grand encore de ne pas s'en consoler. C'est pourquoi dernièrement il avait ajouté foi aux promesses mirifiques de Mme veuve Laffitte qui prétendait posséder un secret grâce auquel elle obtient, après deux mois de traitement, une première lueur sur le crâne le plus dégarni; après quatre mois une pousse sérieuse; après sept mois une pousse mérovingienne.

M. Duval se mit complaisamment entre les mains de cette curatrice; mais, après cent cinquante-quatre séances, il constata avec désolation que son crâne ne présentait pas même le plus léger duvet. En conséquence, il refusa énergiquement de rien payer à Mme Laffitte lorsque celle-ci lui présenta sa petite note soldant par 2129 francs 35 centimes. Celle-ci s'adressa naturellement à la justice pour recouvrer ses honoraires; mais le Tribunal civil de la Seine, — après avoir longuement examiné le crâne de M. Duval et dûment constaté que le traitement de Mme Laffitte n'y avait pas fait pousser plus de cheveux que sur un œuf, — a débouté Mme veuve Laffitte de ses prétentions par un jugement très motivé et l'a condamnée aux dépens.

Cette histoire montre, comme dirait le vieil Esope, qu'il faut se garder de donner créance aux pommades philocomes et aux lotions régénératrices affichées à la quatrième page des journaux et que, lorsqu'on a eu le malheur de couper dedans, il n'est plus temps de protester contre les notes de leurs inventeurs, sous peine de voir immédiatement son crâne devenir le sujet de toutes les conversations. Voilà M. Duval bien empêché de porter perruque maintenant que Paris, les départements et l'étranger savent, par la voix de dame Thémis, qu'il est plus dépourvu de chevelure que Cadet Roussel.

Ch. Boven, notaire, rédacteur.

Lausanne. — Imp. CORBAZ & Comp.

XXXIVe ANNÉE. N° 36. SAMEDI 28 AOUT 1886

JOURNAL DES TRIBUNAUX

REVUE DE JURISPRUDENCE

Paraissant à Lausanne une fois par semaine, le Samedi.

Prix d'abonnement : 12 fr. par an, 7 fr. pour six mois. Chaque numéro, 50 cent. On s'abonne à l'imprimerie CORBAZ et Cie et aux bureaux de poste. — ANNONCES : 20 centimes la ligne ou son espace.

L'autorisation de la femme qui s'oblige pour son mari.

Dans sa séance du 8 courant, le Grand Conseil de Genève a voté en troisième débat la loi sur l'autorisation de la femme qui s'oblige pour son mari, loi dont nous avons parlé dans le numéro du 7 août.

Lors des premiers débats, l'art. 8, visant le cas où les conseillers ne parviennent pas à s'entendre, avait été renvoyé à la commission. Voici la disposition qui a été adoptée en définitive: « S'il y a partage entre les conseillers ou si ceux-ci ont refusé » leur autorisation comme inutile, les époux pourront se pour- » voir par requête au Tribunal civil.

» Dans le premier cas, le Tribunal, après avoir entendu par » lui-même ou par l'un de ses membres, les époux, et au besoin » les conseillers, accordera ou refusera en dernier ressort, sur » les conclusions du ministère public, l'autorisation de passer » l'acte, sans être tenu d'énoncer les motifs de sa décision.

» Dans le second cas, le Tribunal statuera sur la question » de savoir si l'autorisation est nécessaire et, s'il la tranche » affirmativement, il ordonnera aux conseillers de remplir leur » mandat. »

Nous ne discuterons pas cette loi dans ses détails, nous nous bornerons à dire que nous ne comprenons pas comment le canton de Genève, un canton si avancé à tant d'autres égards, a pu sanctionner aujourd'hui un principe aussi suranné, une norme qui prête si fort à la mauvaise foi et à la chicane. Si après cela les juristes et les négociants de la Suisse orientale viennent réclamer de nouveau la centralisation du droit, il n'y aura pas lieu de s'étonner. F. NESSI, avocat.

Bâle-Ville. — TRIBUNAL CIVIL.

Traduction d'un jugement du 27 octobre 1885.

Droit de rétention du bailleur. — Défense signifiée au locataire d'enlever les meubles garnissant les lieux loués. — Art. 287 et 294, al. 3, CO.

Schäfer-Oberle contre E. et Th. Buser.

Pour que le bailleur soit fondé à s'adresser à l'autorité compétente pour être protégé dans l'exercice éventuel de son droit de rétention, conformément à l'art. 294, al. 3, CO., il n'est pas nécessaire que le locataire soit déjà sur le point de déménager ou qu'il ait clairement manifesté l'intention d'enlever les meubles. Il suffit que le locataire soit en retard pour le paiement d'un terme et qu'ainsi la résiliation du bail puisse être demandée à teneur de l'art. 287 CO.

E. Buser-Saladin et Th. Buser-Spinnler ont loué de G. Schäfer-Oberle, à Bâle, un appartement et un magasin. Le 1er juillet

1885, ils ne se trouvèrent pas en mesure de payer le loyer pour le second trimestre 1885. Le bailleur leur fit alors défense de sortir leurs meubles des lieux loués aussi longtemps qu'ils n'auraient pas payé le loyer dû dès le second au quatrième trimestre ou donné des garanties pour assurer ce paiement. Les locataires, ayant payé le 5 août le loyer du second trimestre, firent opposition à la défense et Schäfer ouvrit action pour faire valider celle-ci relativement aux troisième et quatrième trimestres. Les défendeurs conclurent à libération, en se fondant sur l'article 294, al. 3, CO., et reconventionnellement à une indemnité de 10 fr. par semaine, pour avoir été privés de la libre disposition des marchandises en magasin.

Le Tribunal a validé la défense, mais seulement pour aussi longtemps que le loyer du troisième trimestre ne serait pas payé; il a, de plus, accordé aux défendeurs une indemnité de 40 francs.

Motifs.

L'art. 294, al. 3, CO. ne peut être entendu en ce sens que le bailleur ne serait fondé à s'adresser à l'autorité compétente, pour être protégé dans l'exercice éventuel de son droit de rétention, que lorsque le locataire serait sur le point de déménager ou qu'il aurait clairement manifesté son intention de déplacer les meubles. Si la loi était interprétée de cette manière, elle demeurerait sans effet pratique dans la plupart des cas, l'autorité compétente ne pouvant généralement intervenir assez à temps. On doit plutôt admettre que le bailleur peut, suivant le cas, interdire au locataire d'enlever ses meubles même avant qu'il ait déménagé, et cela notamment lorsque le locataire est en retard pour le paiement d'un terme échu et qu'ainsi la résiliation du bail peut être demandée conformément à l'article 287 CO.

Le demandeur doit, en conséquence, être envisagé comme ayant été en droit de signifier une défense aussi longtemps que le loyer du second trimestre n'était pas payé; ce droit a de nouveau pris naissance lors de l'échéance du troisième trimestre. Au contraire, durant l'intervalle qui s'est écoulé du 5 août au 1er octobre, la défense n'était plus justifiée, et cela d'autant moins qu'elle portait entre autres sur des objets faisant partie du commerce des défendeurs; quant à étendre dès maintenant la défense au loyer du quatrième trimestre, il n'y a pas non plus de motifs suffisants pour le faire. Dès lors, la défense ne doit être validée qu'en ce qui concerne le loyer du troisième trimestre; pour la période du 5 août au 1er octobre, pendant laquelle l'exercice du droit de rétention était prématuré, le demandeur doit indemniser les défendeurs du préjudice que ses procédés ont causé à leur commerce. Le Tribunal évalue ce dommage à 5 francs par semaine, soit au total à 40 francs, somme que les défendeurs pourront déduire du loyer dû pour le troisième trimestre.

Pour traduction, C. S.

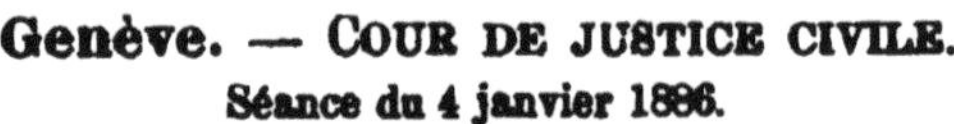

Genève. — Cour de justice civile.

Séance du 4 janvier 1886.

Bail à loyer. — Travaux aux immeubles loués. — Art. 278 CO.

Dame Martheray contre Lacroix.

Le bailleur qui, sans nécessité, entreprend des travaux pendant la durée du bail, est tenu d'indemniser le locataire (CO. 278).

Lacroix a loué à dame Martheray un magasin. Pendant la durée du bail, il a fait faire diverses réparations à l'immeuble et, à cette occasion, un échafaudage a été dressé devant le magasin.

Estimant subir un préjudice de ce chef, dame Martheray a ouvert action à Lacroix en paiement de 500 fr. à titre de dommages et intérêts; elle a demandé, en outre, la cessation immédiate des travaux.

Le Tribunal civil a débouté la demanderesse des fins de son action, vu l'art. 278 CO.; mais la Cour de justice a réformé ce jugement et condamné le défendeur à 200 fr. d'indemnité.

Motifs.

Il est à remarquer que, dès la date du susdit jugement, le bail a pris fin en vertu d'un congé donné dans le mois de juillet.

En conséquence, la seule question que la Cour est appelée à résoudre actuellement est celle de savoir si, dans les circonstances de fait ci-dessus rappelées, la demanderesse a droit à des dommages-intérêts.

Au fond, considérant que, d'après l'art. 278 CO., conforme

du reste au principe de l'art. 1724 C. civ., le preneur n'est tenu de souffrir que les réparations urgentes à faire pour les besoins de la chose louée.

Que tel n'est pas le cas en l'espèce; qu'en effet, les travaux exécutés par Lacroix ne constituent pas des améliorations, mais de véritables transformations; que ces changements n'ont pas été faits dans l'appartement loué à dame Martheray ni dans l'intérêt de celle-ci; qu'il est surtout évident que les trous pratiqués au plafond du 3e étage ne rentrent pas dans la catégorie des réparations utiles au preneur de ce logement, mais constituent plutôt une voie de fait contre la possession paisible qui lui était garantie par le bail.

Que, d'autre part, rien ne justifie que les travaux faits à la façade et que l'échafaudage qui a obstrué l'entrée du magasin pendant plusieurs jours, constituassent une réparation urgente qui ne pouvait être différée jusqu'à la fin du bail; que le contraire résulte au besoin du fait que le congé était donné avant l'exécution des travaux et que le bail devait prendre fin quelque temps après.

Que, dans ces conditions, il n'y a pas lieu à l'application de l'art. 278 CO., mais à celle du principe général qui impose au bailleur l'obligation de procurer au locataire la jouissance paisible et entière des locaux loués, sous peine de dommages-intérêts en cas d'entraves apportées à la possession promise.

Qu'ainsi, d'après les observations qui précèdent, dame Martheray a droit à une indemnité et que la Cour a, dans les faits acquis au procès, les éléments suffisants pour la déterminer.

Genève. — Tribunal civil.

Séance du 23 janvier 1886.

Acceptation d'effets de change en paiement d'une dette. — Prétendue novation. — Privilège du boulanger. — Art. 142 et 143 CO.

Menuz contre dame Grobéty, Séchaud et consorts.

La novation ne résulte pas de l'acceptation, même sans réserves, par le créancier, de lettres de change ou autres effets en paiement de ce qui lui est dû.

Vu la saisie-arrêt pratiquée par dame Grobéty au préjudice de Séchaud, entre les mains de la Compagnie des Tramways...

Quant à l'intervention de Menuz :

Attendu que la saisissante n'a pas contesté le chiffre de sa créance, mais a conclu à la réduction du privilège réclamé par l'intervenant, par le fait qu'en acceptant en paiement d'une partie de son compte une valeur à ordre, il s'est opéré une novation à sa créance.....

Vu les art. 142 et 143 CO. :

Attendu que la novation ne se présume pas; que la volonté de l'opérer doit résulter clairement de l'acte; que tel n'est pas le cas en l'espèce.

Attendu, en effet, que le billet en question est causé « valeur reçue en marchandises. »

Attendu que les marchandises qu'un particulier reçoit généralement d'un boulanger sont des fournitures de pain; que, dès lors, cette mention: « valeur reçue en marchandises » indique bien la volonté des parties de conserver à la dette son origine et son caractère primitifs.

Attendu, au surplus, que l'art. 143 CO. reproduit textuellement l'art. 1273 C. civ. français.

Que la jurisprudence et la doctrine ont admis d'une façon générale que « la novation ne résulte pas de l'acceptation, même sans réserve, par le créancier des lettres de change ou autres effets en paiement de ce qui lui est dû. »

Vu, notamment, le jugement rendu par le Tribunal de céans le 25 janvier 1884, Baron c. Blanck[1].

Attendu, en conséquence, que la demande de Menuz, d'être admis par privilège à la répartition des deniers saisis pour une partie de sa créance, est fondée.

Séance du 25 février 1886.

For des contestations entre deux Français, domiciliés l'un en France, l'autre en Suisse. — Inapplicabilité de la convention franco-suisse. — Art. 1er et 2 de la convention du 15 juin 1869.

Fontaine contre Forest.

La convention franco-suisse du 15 juin 1869 ne règle que le for des con-

[1] Voir *Journal des Tribunaux,* année 1884, p. 330.

testations qui s'élèvent entre Suisses et Français; elle n'est pas applicable aux litiges entre Français seuls.

Le demandeur réclame le paiement de la somme de 890 fr. 50 ainsi que divers objets à lui appartenant, qu'il estime valoir 500 francs, tandis que le défendeur, sans s'expliquer au fond, excipe de l'incompétence du Tribunal de céans.

Quant à cette exception : attendu que Forest est Français ; qu'il affirme et qu'il n'est point contesté que tel soit aussi le cas de Fontaine ; qu'ainsi, il s'agit en l'espèce d'une contestation entre deux Français ; que Fontaine est domicilié à Carouge et le défendeur à St-Etienne.

Attendu que le traité franco-suisse de 1869 ne règle que ce qui concerne les contestations entre Suisses et Français, et non entre Français seuls.

Que, dans son art. 2, il pose, à la vérité, une règle pour les contestations qui peuvent surgir entre Français, mais que, pour que cette règle entre en vigueur, il faut que ceux-ci soient tous domiciliés ou aient un établissement commercial en Suisse ; qu'elle est sans valeur dans l'espèce ; qu'au surplus, elle aboutit à rendre compétent le tribunal du domicile ou du lieu d'établissement en Suisse.

Attendu, dès lors, que c'est en vain que le défendeur invoque le traité dont s'agit, lequel n'est pas applicable au cas actuel ; que le Tribunal doit donc, pour statuer sur l'exception soulevée, se baser sur la loi genevoise seule.

Vu, à cet égard, l'art. 60 de la loi du 15 février 1816, modifiée le 5 décembre 1832.

Attendu que sont justiciables des tribunaux du canton, les étrangers, même non résidants, à raison des obligations qu'ils y auraient contractées envers des individus y domiciliés.

Attendu que l'obligation dont il est fait état vis-à-vis de Forest a été contractée dans le canton de Genève envers le demandeur, qui y est domicilié ; que, conséquemment, le Tribunal doit se déclarer compétent.

TRIBUNAL DES PRUD'HOMMES
Séance du 6 août 1886.

Louage de services. Absence pour maladie. Refus de paiement de salaire. — CO. 341.

Celui qui a engagé ses services au mois, et qui est malade pendant un temps relativement court, ne perd pas ses droits à la rémunération.

Pignat, homme de peine, c. Roussillon et Cie, négociants.

Le demandeur conclut à ce qu'il plaise au Tribunal condamner les défendeurs à lui payer la somme de 25 fr., pour salaire. Le demandeur déclare qu'ayant été malade pendant 10 jours, les défendeurs lui ont retenu 25 francs pour cette absence.

Les défendeurs déclarent que, s'ils se sont refusés à payer ces 25 fr., c'est qu'ils ne se considèrent pas comme tenus de payer leurs employés lorsqu'ils ne travaillent pas, même pour cause de maladie. Ils reconnaissent que le demandeur était engagé au mois et qu'il a été malade.

« Attendu que les défendeurs reconnaissent que le demandeur était engagé au mois.

» Attendu qu'ils reconnaissent également que l'absence du demandeur a été causée par la maladie.

» Vu l'art. 341 CO., qui stipule que celui qui a engagé ses services à long terme ne perd pas ses droits à la rémunération alors qu'il est empêché de s'acquitter de son obligation pendant un temps relativement court et sans sa faute, pour cause de maladie.

» Par ces motifs, le Tribunal, jugeant en dernier ressort, condamne les défendeurs à payer au demandeur la somme de 25 fr., pour salaire. »

Lucerne. — TRIBUNAL SUPÉRIEUR.

Traduction d'un arrêt du 17 mai 1884.

Vente. — Délivrance de la chose vendue avant le paiement. — Demeure de l'acheteur. — Demande de résiliation du marché. Inadmissibilité. — Art. 122 et 264 CO.

W. Stöckli contre dame Zimmermann.

La disposition de l'art. 264 CO., spéciale au contrat de vente, prime la règle générale posée aux art. 122 et suivants du même Code. Lors même que l'acheteur est en demeure de payer, le vendeur ne peut répéter la chose déjà passée entre ses mains que s'il s'en est expressément réservé le droit.

W. Stöckli a acheté de dame Zimmermann un fonds de magasin et il a pris livraison des marchandises achetées, qu'il a déposées à l'entrepôt de Lucerne. Les conditions de paiement n'ayant pas été remplies, dame Zimmermann a signifié à Stöckli une défense juridique de disposer des marchandises. Stöckli a conclu à l'annulation de cette défense, et ses conclusions ont été admises par le Tribunal supérieur.

Motifs.

Il est vrai qu'à teneur de l'art. 122 CO., lorsqu'il s'agit de contrats bilatéraux, il peut être fixé à celui des contractants qui est en demeure un délai convenable pour s'exécuter, avec la commination que le contrat se trouvera résilié à l'expiration de ce délai. En revanche, l'art. 264 dispose que, si la chose vendue est passée entre les mains de l'acheteur avant le paiement du prix, le vendeur ne peut, à raison de la demeure de l'acheteur, se départir du contrat et répéter la chose que s'il s'en est expressément réservé le droit. On ne saurait nier qu'au premier abord ces deux articles ne paraissent être en contradiction l'un avec l'autre. Mais cette contradiction apparente disparaît aussitôt que l'on examine la place où se trouvent insérées ces deux dispositions dans le système du Code des obligations. L'art. 122 constitue une disposition générale et se trouve, en conséquence, dans la partie générale du Code ; l'art. 264, qui est une disposition spéciale, a sa place dans la partie spéciale. Or, d'après les principes généraux applicables en matière d'interprétation des lois, les dispositions spéciales priment les dispositions générales.

L'art. 122 doit donc être entendu en ce sens que, s'il s'agit de contrats bilatéraux *autres que celui de vente*, et que l'un des contractants soit en demeure, l'autre partie a le droit de lui fixer un délai convenable pour s'exécuter, en le prévenant qu'à l'expiration de ce délai le contrat se trouvera résilié. Cette manière de concilier l'art 122 et l'art. 264 est aussi celle admise par les commentateurs du Code fédéral des obligations (comp. Hafner, *Obligationenrecht*, art. 122, note 2; Schneider et Fick, *Commentaire*, art. 122, n° 3). Il convient de remarquer, en outre, que l'art. 264 CO. n'a fait qu'adopter le principe déjà consacré par les art. 1398 et 1399 du Code civil du Valais, lesquels sont conçus de manière à ne permettre aucun doute sur l'intention du législateur. Enfin, les rapports des commissions nommées par les Chambres fédérales démontrent d'une manière indubitable que le but de l'art. 264 a été d'augmenter la sécurité des transactions commerciales. Le législateur a voulu, avec raison, que le vendeur ne pût s'autoriser de tout retard dans le paiement pour se départir du contrat. La partie défenderesse ne saurait donc, comme l'ont admis les premiers juges, obtenir l'adjudication de ses conclusions tendant à la résiliation de la vente. Mais cette décision ne préjuge aucunement le sort de la conclusion en nullité de la défense qui lui a été signifiée; il reste à rechercher si la demeure de l'acheteur, relativement au paiement du prix, autorisait la venderesse à empêcher l'acheteur de disposer des marchandises déjà délivrées, aussi longtemps qu'il ne se serait pas acquitté de ses obligations. Or, le Code fédéral des obligations n'accorde pas un pareil droit au vendeur; il ne peut faire valoir la créance résultant du contrat de vente que de la même manière que toute autre prétention. La défense obtenue par la défenderesse ne saurait donc être maintenue. Bien que les conclusions du demandeur doivent lui être allouées en ce qui concerne la vente, le Tribunal ne croit cependant pas, eu égard aux circonstances de la cause, devoir lui allouer les dommages et intérêts qu'il réclame pour avoir été privé jusqu'ici des marchandises objet de la défense. En revanche, les frais doivent être mis à la charge de la partie qui a requis et obtenu une défense non justifiée.

Pour traduction, C. S.

Vaud. — TRIBUNAL NEUTRE.

Audience du 20 août 1886.

Présidence de M. BORY.

Inventaire de succession. Valeurs non indiquées à l'office. Amende de 20,000 fr. réduite, plus tard à 10,000 fr. par le Conseil d'Etat. — Réclamation de la Commune intéressée. Conflit de compétence entre les autorités administrative et judiciaire.

Appartient à l'autorité judiciaire seule le droit de décider sur la question de savoir si le Conseil d'Etat a le pouvoir de remettre tout ou partie d'une amende prononcée par le Préfet pour contravention à la loi sur le droit de mutation, alors qu'aucun recours n'a été interjeté contre cette décision.

Un sieur X., décédé à Aubonne, avait institué L. comme héritier. Lors de l'inventaire de la succession, certaines valeurs ne furent pas indiquées à l'office, qui n'en connut l'existence que plus tard. L'héritier, dénoncé au Préfet, fut condamné par ce magistrat, en application de la loi de 1824 sur la perception du droit de mutation, à l'amende prévue par cette loi, représentant dans l'espèce une somme de plus de 20,000 fr. Le dénoncé ne fit pas usage du droit que lui accordait une loi de 1857 de recourir au Tribunal de police contre le prononcé du Préfet; il accepta cette sentence, mais il s'adressa au Conseil d'Etat, qui fit remise d'une partie de l'amende, et consentit à l'abaisser à 10,000 fr.

La loi de 1824 prévoit que le montant de l'amende se partage par tiers entre les hôpitaux cantonaux, bourse des pauvres de la Commune où la contravention a été relevée et le dénonciateur; dans l'espèce, le fisc lui-même ayant été dénonciateur, les hospices avaient droit aux deux tiers et la Commune d'Aubonne à un tiers.

L'Etat remit donc à la Commune d'Aubonne le tiers de la somme de 10,000 fr. réellement perçue à titre d'amende, mais la Commune ne se déclara point satisfaite; elle prétendit qu'elle devait recevoir le tiers du montant total de l'amende prononcée par le Préfet, et qu'elle estimait être devenue définitive en l'absence du recours au Tribunal de police; elle contestait ainsi à l'Etat le pouvoir de réduire, en ce qui la concernait, l'amende prononcée.

L'Etat n'ayant pas admis ces prétentions, la Commune

s'adressa aux Tribunaux en alléguant qu'elle avait un droit acquis au tiers de l'amende et que l'Etat lui avait causé par son fait un dommage.

En réponse à cette réclamation, le Conseil d'Etat souleva le conflit de compétence, en déclarant qu'il avait agi dans les limites de son pouvoir administratif, que l'amende prononcée par le Préfet, soit par un de ses agents, avait un caractère administratif, et qu'en conséquence l'Etat pouvait à son gré la remettre en partie.

Le Tribunal cantonal, auquel le cas avait été déféré, conformément à la loi du 26 janvier 1832, se plaça au point de vue opposé, en estimant que la question était de la compétence des Tribunaux et il décida de soutenir le conflit.

C'est dans ces conditions qu'il fallut recourir au Tribunal des conflits, institué par la susdite loi, pour trancher uniquement la question de compétence, sans entrer en matière sur le fond même du litige.

La formation de ce Tribunal, composé de sept membres, est assez compliquée; elle a lieu de la manière suivante :

Le Conseil d'Etat désigne huit personnes (aucune d'elles ne peut appartenir à la classe de ses employés ou agents révocables).

Le Tribunal cantonal désigne, de son côté, huit autres personnes ne faisant pas partie de l'ordre judiciaire.

Le Chancelier, en présence des Présidents du Conseil d'Etat et du Tribunal cantonal, place dans une urne les noms des huit personnes désignées par le Conseil d'Etat. Le Président du Tribunal cantonal tire au sort trois de ces noms.

Le Greffier du Tribunal cantonal place ensuite dans l'urne les noms des huit personnes désignées par le Tribunal cantonal. Le Président du Conseil d'Etat tire au sort trois de ces noms.

Ces deux tirages au sort effectués, tous les noms restant sur les deux listes sont replacés dans l'urne; chacun des Présidents, savoir : celui du Conseil d'Etat pour la première fois, celui du Tribunal cantonal pour la seconde, et ensuite l'un et l'autre alternativement, tire au sort un septième nom. Le Président en tire un de plus pour remplacer ce dernier en cas de refus d'acceptation.

Les deux Présidents conviennent, séance tenante, du jour où le Tribunal se réunira. Il ne peut être plus éloigné de dix jours.

Avis est immédiatement donné aux membres du Tribunal neutre du jour et de l'heure fixés pour la réunion.

Le Tribunal neutre étant assemblé, nomme d'abord son président et son secrétaire, l'un et l'autre pris dans son sein. Formé par le sort, comme nous venons de l'indiquer, il était composé de MM. *Bory*, député, à Coppet, président; *Chausson-Loup*, notaire, à Rennaz, secrétaire; *Bolens*, président du Tribunal de Cossonay; *Bourgeois*, député, à Orbe; *Meylan*, notaire, à Lausanne; *Favey*, avocat, et *Roguin*, professeur de droit.

Le Tribunal neutre a eu une première audience, puis il s'est ajourné pour faire circuler le dossier.

Dans sa seconde séance, qui a eu lieu samedi dernier, il a rendu son arrêt par lequel il repousse le point de vue du Conseil d'Etat et admet la compétence des autorités judiciaires; l'Etat aura donc à se défendre devant le Tribunal déjà nanti; mais, comme nous l'avons fait remarquer, l'arrêt du Tribunal des conflits ne préjuge pas la question, et il est possible qu'en définitive il obtienne gain de cause devant les Tribunaux.

Nous publierons cet arrêt dès que nous aurons pu l'obtenir.

Vaud. — COUR DE CASSATION PÉNALE

Séance du 23 juillet 1886.

Prévenu condamné deux fois pour le même fait. — Nullité du jugement rendu en second lieu. — Art. 2 Cp. et 496 Cpp.

Affaire Baud.

Il y a lieu de mettre à néant la condamnation prononcée contre un prévenu déjà condamné par un autre tribunal pour le même fait (Cp. 2).

Le Procureur général du canton de Vaud a recouru contre le jugement rendu le 22 juin 1886 par le Tribunal de police du district de Cossonay, qui condamne pour délit forestier, en vertu des art. 239 litt. *c*, 246 litt. *a* et *d* de la loi du 31 janvier 1873 sur les forêts, Jules-Eugène Baud, à Apples, à 10 jours de réclusion et aux frais. Il demande la nullité, attendu que Baud a déjà été condamné pour le même fait par le Tribunal d'Aubonne, le 17 juin 1886, à 10 jours de réclusion et à deux ans de privation générale des droits civiques (Cp. art. 2, Cpp. art. 496).

La Cour de cassation pénale a admis le recours.

Motifs.

Considérant qu'il a été effectivement constaté que le 26 du mois de mai 1886, Jules-Eugène Baud s'est rendu coupable d'un délit forestier dans la forêt dite le Purgatoire et dans celle limitrophe dite la Traversey, actes délictueux qui ont donné lieu à deux rapports, à deux renvois en police et à deux jugements, tandis qu'il ne devait y avoir qu'un seul renvoi et un seul jugement.

Que l'art. 2 du Code pénal statue « que nul ne peut être condamné deux fois pour le même fait. »

Que le Tribunal de police de Cossonay a ainsi fait une fausse application de la loi pénale.

Vu l'art. 2 du Code pénal et 496 du Cpp.

Séance du 23 juillet 1886.

Sentence municipale condamnant des enfants à être enfermés. — Recours admis. — Art. 492 Cpp.

Recours C.

Aucune disposition pénale n'autorise une municipalité à infliger à des enfants la peine de l'emprisonnement sous une forme quelconque.

Par rapport du 27 juin 1886, un garde-champêtre a dénoncé divers enfants, entre autres Arthur C., à Grandson, comme les ayant pris en contravention pour maraudage de cerises.

Le 9 juillet, la municipalité de Grandson a condamné chacun des enfants à 1 fr. 20 d'amende et à l'emprisonnement dans les salles d'école les dimanches 11 et 18 juillet, de 1 heure à 8 heures du soir.

Emile C. a recouru contre la sentence prononcée contre son fils. Il demande, en premier lieu, la nullité de la sentence par le motif qu'Arthur C. seul a été cité en municipalité. Il conclut subsidiairement à la réforme, en se fondant sur ce que l'art. 24 § *c* du règlement de police de Grandson ne permet de condamner les enfants à une peine personnelle qu'à défaut des amendes mentionnées au § *a*, mais non cumulativement, encore faut-il que les peines soient prononcées par la commission d'inspection des écoles et non directement par la municipalité.

Le Substitut du Procureur général a préavisé pour le rejet du recours en ce qui concerne la nullité et pour son admission en ce qui concerne le dispositif prononçant que Arthur C. sera enfermé.

La Cour de cassation a admis cette manière de voir.

Motifs.

Sur le moyen de nullité : Considérant qu'il ne rentre dans aucun des cas mentionnés à l'art. 492 du Cpp.

Que, d'ailleurs, Arthur C. a été régulièrement cité devant la municipalité de Grandson,

La Cour rejette ce moyen.

Sur la réforme : Considérant que l'art. 24 du règlement de police de Grandson ne dit pas que la municipalité pourra prononcer que des enfants soient enfermés, mais seulement qu'elle pourra prononcer leur renvoi à la commission des écoles; qu'aucune disposition pénale n'autorise une municipalité à infliger à des enfants un emprisonnement sous une forme quelconque.

Qu'ainsi la sentence municipale a fait une fausse application de la loi.

Vu l'art. 492 Cpp. et l'art. 24 du règlement de police de Grandson,

La Cour de cassation pénale admet le recours, réforme la sentence municipale du 9 juillet 1886, en ce sens que le dispositif prononçant que Arthur C. sera enfermé les dimanches 11 et 18 juillet 1886, de 1 heure à 8 heures du soir, dans les salles de l'école, est mis à néant.

Immeubles par destination.

La Cour de cassation de France, dans son arrêt confirmatif du 2 août 1886 (faillite Soc. des Grands Hôtels français contre faillite Lafourcade), a posé les principes suivants :

I. L'art. 524 Cc. répute immeubles par destination « les objets que le propriétaire d'un fonds y a placés pour le service et l'exploitation de ce fonds », et l'art. 2118 déclare susceptibles d'hypothèque « les biens immeubles qui sont dans le commerce et leurs accessoires réputés immeubles ».

Lors donc qu'il est constaté, en fait, d'une part, que le fonds hypothéqué consiste dans un établissement immobilier spécialement construit pour servir d'hôtellerie et aménagé dans ce but exclusif; d'autre part, que les meubles meublants, objets de litige, sont nécessaires à l'exploitation de l'hôtellerie et y ont été placés par le propriétaire, dans ces circonstances, la Cour d'appel, en considérant les meubles meublants comme immeubles par destination et, à ce titre, comme susceptibles d'hypothèque, déduit les conséquences légales de faits constatés souverainement.

II. Aux termes de l'art. 2133 Cc., l'hypothèque acquise s'étend à toutes les améliorations survenues, sans qu'il y ait lieu de distinguer si ces améliorations constituent elles-mêmes des immeubles par nature ou seulement des immeubles par destination, ni si le propriétaire de qui elles émanent, est le débiteur principal ou bien le tiers détenteur. Celui-ci, aux termes de l'art. 2175, a simplement le droit de répéter ses impenses jusqu'à concurrence de la plus-value. Le rejet de ses conclusions est donc justifié lorsque, d'après les constatations souveraines des juges du fonds, les dépenses prétendues faites ont été « de pur entretien ».

Assises.

Le président de la Cour d'assises est investi par la loi du droit de diriger les débats; en vertu de ce droit, il peut rectifier les erreurs du défenseur, sans pour cela violer les droits de la défense. Il a pu, spécialement, avant la clôture des débats, éclairer le jury sur certaines inexactitudes de la plaidoirie de l'avocat, soit en fait, soit en droit; en donnant ensuite la parole au défenseur, qui l'a eue le dernier, il a pleinement satisfait aux prescriptions de la loi et respecté les droits de la défense (C. de cass. de Fr., 23 juillet 1886, pourvoi Lardeau).

Doctorat. — Notre concitoyen, M. Georges *Wagnière,* de Fey, ancien élève du Collège cantonal et de l'Académie de Lausanne, vient, à la suite de brillants examens, d'obtenir le grade de docteur en droit de l'Université royale de Pise. Nos meilleures félicitations.

Ch. Boven, notaire, rédacteur.

Lausanne. — Imp. CORBAZ & Comp.

XXXIVe ANNÉE. N° 37. SAMEDI 4 SEPTEMBRE 1886

JOURNAL DES TRIBUNAUX

REVUE DE JURISPRUDENCE

Paraissant à Lausanne une fois par semaine, le Samedi.

Prix d'abonnement : 12 fr. par an, 7 fr. pour six mois. Chaque numéro, 50 cent. On s'abonne à l'imprimerie CORBAZ et Cie et aux bureaux de poste. — ANNONCES : 20 centimes la ligne ou son espace.

Genève. — TRIBUNAL CIVIL.

Séance du 18 mars 1886.

Transport de volailles par chemin de fer. — Absence de réserves. — Perte de quelques pièces. — Responsabilité de la Compagnie. — Art. 14 §§ 3 et 31 de la loi fédérale du 20 mars 1875.

Giovanna contre Compagnie Paris-Lyon-Méditerranée.

Les Compagnies de chemins de fer sont responsables de la perte survenue en cours de transport ensuite d'un défaut de l'emballage, si elles ont ac-

cepté la marchandise sans faire aucune réserve et sans signaler ce défaut à l'expéditeur (art. 14 §§ 3 et 31 de la loi du 20 mars 1875).

La demanderesse réclame la somme de 90 fr. pour valeur de six oies mortes en cours de transport et dommages-intérêts, tandis que la défenderesse, estimant ne rien devoir, conclut au déboutement de veuve Giovanna, avec dépens.

En fait, dans le courant du mois de septembre dernier, un des correspondants de la demanderesse lui envoya dix oies vivantes, et à l'arrivée à Genève, sans qu'aucun retard de transport ait eu lieu, six de ces volatiles avaient péri.

Attendu qu'au départ il n'a été fait aucune réserve au sujet de cette marchandise et de la manière dont elle était expédiée; que cependant si, comme l'affirme la défenderesse, les cages étaient trop petites et ne renfermaient pas de nourriture pour les bêtes qui y étaient, ce défaut, au plus haut point reconnaissable extérieurement, aurait dû être signalé à l'expéditeur par le chemin de fer.

Vu les art. 14 §§ 3 et 31 de la loi fédérale de 1875; vu encore la jurisprudence constante du Tribunal de céans.

Attendu, dès lors, qu'en application de l'art. 36 de la loi susrappelée, la défenderesse doit un dédommagement à dame Giovanna pour le préjudice qui lui a été causé; qu'en tenant compte des faits et du prix moyen des oies, qu'exagère un peu la demanderesse, il y a lieu de dire et prononcer que la Compagnie Paris-Lyon-Méditerranée devra, de ce chef, lui payer la somme de 65 fr., tous dépens mis à la charge de celle-ci.

Thurgovie. — TRIBUNAL SUPÉRIEUR.

Traduction d'un arrêt du 22 mars 1886.

Mandat. — Pots-de-vin reçus par le mandataire. — Obligation de les restituer au mandant. — Art. 398 CO.

Bourry contre Weder.

De ce que le mandataire doit faire raison au mandant de tout ce qu'il a reçu en vertu de sa gestion, à quelque titre que ce soit (CO. 398), il résulte qu'il doit aussi lui restituer les pots-de-vin qui ont pu lui être don-

nés. Il importe peu, à cet égard, que, dans l'intention du tiers qui a fait la gratification, celle-ci fût destinée au mandataire personnellement.

J. Weder a été employé, dès 1857 jusqu'en 1884, dans la tuilerie appartenant à G. Bourry, en qualité de maître-tuilier; sauf la comptabilité, il dirigeait toute la marche de cet établissement. Pendant la durée de son emploi, Weder s'est rendu coupable de nombreux abus de confiance, soit en détournant des valeurs rentrées, soit en portant en compte des salaires plus élevés qu'ils ne l'étaient en réalité, soit en recevant des pots-de-vin *(Schmausgelder)*. Ces délits ayant été découverts, Weder avoua d'abord avoir commis des détournements pour 25,000 fr., puis pour 20,000 fr. seulement. Il fut condamné à six ans de réclusion et déclaré en principe civilement responsable envers Bourry. Celui-ci a ouvert action à son ancien employé en paiement de 75,000 fr.

Le défendeur n'a reconnu devoir qu'une somme de 20,000 fr., montant des détournements avoués; il a, notamment, contesté l'obligation de restituer les pots-de-vin reçus.

Le Tribunal de première instance a admis les conclusions du demandeur, en les réduisant toutefois à 40,000 fr. qui se décomposent comme suit : 25,000 fr. pour détournements, 13,000 francs pour pots-de-vin et 2000 fr. pour salaires fictifs portés en compte.

Ensuite de recours des deux parties, le Tribunal supérieur a porté à 50,000 fr. l'indemnité allouée au demandeur.

Motifs.

En première ligne, il y a lieu de rechercher si, en principe, G. Bourry peut exiger de J. Weder la restitution des pots-de-vin reçus par ce dernier. Le Tribunal supérieur estime que cette question doit être résolue affirmativement. Weder était le mandataire de Bourry dans la tuilerie de celui-ci; il avait, dès lors, l'obligation de lui faire raison de tout ce qu'il recevait en vertu de sa gestion, à quelque titre que ce fût. Une exception à ce principe général ne pourrait être admise qu'au cas où il résulterait des circonstances de la cause qu'il aurait été entendu, entre le mandant et le mandataire, que de pareilles libéralités profiteraient à l'employé personnellement et non au mandant. Or tel n'a évidemment pas été le cas en l'espèce, et l'intention du tiers donateur ne peut, dès lors, être prise en considération à cet égard. Le tiers qui paie le pot-de-vin (dans le but d'obtenir un avantage lors de la conclusion du marché) ne saurait porter atteinte à l'obligation de restituer que la loi impose au mandataire, alors même que la libéralité aurait été destinée à ce dernier. Le but de la loi est précisément d'empêcher que des employés ne se laissent corrompre ou, tout au moins, d'empêcher qu'ils ne profitent de la corruption (CO., art. 398. Comp. Schneider et Fick, *Commentaire*, art. 398, n° 1; Haberstich, *Handbuch*, édition allemande, II, p. 207).

Quant à la fixation du chiffre de l'indemnité à laquelle le demandeur a droit, des indications bien précises font défaut, et cela par la faute de J. Weder qui prétend, chose d'ailleurs fort invraisemblable, ne pouvoir fournir de chiffres sur l'état et l'augmentation graduelle de sa fortune, ni ne pouvoir produire de livres ou autres pièces. Cette manière de procéder de J. Weder ne saurait toutefois nuire à G. Bourry, et il y a lieu, dès lors, de fixer l'indemnité en tenant compte des indications résultant des dossiers des procès pénal et civil. Or, il est établi à cet égard, d'une part, que, lors de son arrestation, Weder possédait une fortune d'environ 100,000 fr.; d'autre part que, de 1861 à 1884, il a touché de Bourry, pour salaire, tantièmes et gratifications une somme de 85,358 fr. 89, dont 25,888 fr. 39 encore portés à l'actif de son compte. En admettant même que Weder ait possédé environ 1000 fr. de fortune au début de son emploi, qu'il ait vécu modestement et qu'il n'ait pas fait de dépenses importantes pour ses enfants, on doit pourtant considérer qu'il a eu besoin, pour lui-même et pour sa famille, de sommes assez élevées; que des détournements notables, s'élevant en tout cas à plus de 1000 fr. par an dès 1870 environ, ont pu être établis, de même que des pots-de-vin considérables; enfin que Weder est tenu de restituer ces valeurs à G. Bourry avec les intérêts et avec les intérêts des intérêts. Une indemnité de 50,000 fr. paraît donc n'être pas trop élevée et laisse Weder encore dans une position très favorable, puisqu'il serait ainsi admis qu'il ait pu, en qualité de maître-tuilier, gagner légitimement une fortune d'environ 50,000 francs dans l'espace de 27 ans.

Pour traduction, C. S.

Vaud. — TRIBUNAL CANTONAL.

Séance du 23 juin 1886.

Recours déposé au greffe le dernier jour utile, postérieurement à l'heure fixée pour la fermeture du greffe. — Tardiveté. — Art. 441 et 444 Cpc.; art. 125 de la loi du 8 avril 1863 sur l'organisation judiciaire, et arrêté du 3 avril 1864.

Nobs contre Marrel et Nobs.

Le dépôt du recours doit s'opérer au greffe, pendant les heures d'ouverture déterminées par l'arrêté du 3 avril 1864. Le recours déposé le dernier jour du délai, postérieurement à l'heure fixée pour la fermeture du greffe, doit être envisagé comme tardif.

Avocats des parties :

MM. RUCHET, défenseur d'office, pour David Nobs, demandeur et recourant.

BLANC, pour J. Marrel et L. Nobs, défendeurs et intimés.

L'avocat Blanc a déposé les conclusions préjudicielles suivantes :

« Les intimés, considérant que le recours a été déposé le 25 » mai 1886, soit le dernier jour utile, à 6 heures 15 m. du soir.

» Qu'en application de l'art. 125 de la loi du 8 avril 1863 sur » l'organisation judiciaire, un arrêté du 13 avril 1864 fixe les » jours et heures d'ouverture des greffes.

» Qu'à teneur de cet arrêté, le greffe du Tribunal d'Yverdon » est ouvert tous les jours ouvrables de 9 h. à midi et de 3 h. » à 5 heures.

» Qu'ainsi le recours a été déposé après l'heure légale de la » fermeture du greffe.

» Qu'il ne saurait dépendre du bon plaisir d'un greffier d'ac- » cepter le dépôt de tel recours et de refuser le dépôt de tel » autre, après une telle heure.

» Que le seul moyen d'établir une pratique constante et une » justice égale pour tous, c'est de considérer le dépôt d'un re- » cours effectué après l'heure légale comme effectué le lende- » main.

» Concluant à ce qu'il plaise au Tribunal cantonal écarter » préjudiciellement le recours comme tardif. »

Le Tribunal cantonal a admis ces conclusions.

Motifs.

Considérant qu'il ressort des art. 441 et 444 Cpc., que le dépôt du recours doit s'opérer au greffe dans les dix jours dès la communication du jugement ou de l'acte qui donne lieu au recours et que le recours doit être signé par la partie et visé par le greffier qui atteste la date du dépôt et en expédie une copie à la partie adverse.

Qu'ainsi le recours doit être déposé au greffe du Tribunal dans les heures d'ouverture de ce local telles qu'elles sont fixées par un arrêté du Conseil d'Etat, en application de l'art. 125 de la loi du 8 avril 1863 sur l'organisation judiciaire.

Que cet arrêté, rendu le 13 avril 1864, indique que le greffe du Tribunal d'Yverdon est ouvert tous les jours ouvrables de 9 h. à midi et de 3 h. à 5 h.

Que, dans l'espèce, le recours de Nobs a été déposé au greffe à 6 h. 15 m. du soir et, par conséquent, après l'heure légale de la fermeture du greffe.

Qu'il a ainsi été déposé après le délai spécifié à l'art. 441 Cpc. et qu'il doit, dès lors, être envisagé comme tardif.

Séance du 29 juin 1886.

Interverventlon d'un tiers au procès. — Déclinatoire soulevé sur les conclusions de l'intervenant. — Tardiveté.

Union du Crédit et consorts c. Jaques.

La partie qui a admis une demande d'intervention ne peut soulever plus tard le déclinatoire sur les conclusions prises par la partie intervenante.

L'Union du Crédit; Baup et Cie, à Nyon; G. et A. Mathey, à Reverolles, ont ouvert action à E. Jaques, propriétaire à Prilly, pour faire prononcer: 1. Que la cession faite au défendeur par Alfred Lenoir d'une créance hypothécaire de 8000 fr. et d'une dite de 2700 fr. est annulée et que ces titres doivent être réalisés pour le prix en être réparti entre les créanciers subrogés au prorata de leurs créances. 2. Subsidiairement, que le défendeur est débiteur des demandeurs de la somme de 10,700 fr. sous déduction de ce qui pourrait lui être dû par Alfred Lenoir, suivant règlement de compte à intervenir.

E. Jaques a déclaré être prêt à restituer les titres qui lui ont été cessionnés, moyennant le paiement d'une obligation hypothécaire consentie le 25 septembre 1879, en faveur de Buenzod, par J.-L. Borboën, du capital de 12,000 fr., et cessionnée par Borboën à Jaques. Il a déclaré, de plus, consentir à abandonner à qui de droit le surplus des valeurs qui pourront provenir de la vente des immeubles sur lesquels reposent les garanties qui ont été données en sa faveur, après toutefois paiement intégral du solde de l'obligation hypothécaire et de tous accessoires, ne voulant pas d'ailleurs faire un bénéfice sur les titres qui sont en sa possession. Sous bénéfice de cette offre, le défendeur a conclu à libération.

Par exploit du 17 mars 1886, Jenny Lenoir a demandé à intervenir dans le procès et à y prendre telles conclusions qu'il écherra.

Les demandeurs et le défendeur Jaques ont admis cette intervention, les demandeurs se réservant seulement de contester à Jenny Lenoir le droit qu'elle dit avoir de primer par sa créance et sa saisie la saisie-arrêt des demandeurs.

Jenny Lenoir a conclu : Que, pour le cas seulement où la conclusion principale ou la subsidiaire des demandeurs serait admise, elle a droit, de préférence aux demandeurs, au produit des créances hypothécaires de 8000 fr. et de 2700 fr. cédées à Jaques, soit en entier, soit sous déduction des sommes qui pourraient être dues à Jaques.

A l'audience du Président du Tribunal de Lausanne, Baup et Cie ont déclaré ne pas suivre à l'action, ayant été désintéressés.

Dame Hochstettler née Mathey est aujourd'hui seule propriétaire du titre de 5505 fr. 30 fondant la poursuite.

Les demandeurs ont déclaré opposer le *déclinatoire* sur la conclusion de la réponse de dame Lenoir (Cpc. art. 90) et ont conclu à ce que la cause introduite par cette conclusion soit renvoyée devant le juge compétent (Cpc. art. 710). Subsidiairement, ils ont conclu au retranchement de la dite conclusion, celle-ci ne portant ni sur le principal, ni sur l'accessoire du procès et ayant pour effet de changer la nature de la question (Cpc. art. 166).

L'intervenante a conclu à libération de ces conclusions incidentes. Elle a, en outre, soulevé un moyen exceptionnel consistant à dire que les moyens invoqués par les demandeurs sont tardifs et qu'ils auraient dû être présentés comme moyens d'opposition à la demande d'intervention.

Statuant, le Président du Tribunal de Lausanne a admis le moyen exceptionnel de tardiveté présenté par Jenny Lenoir; repoussé le déclinatoire soulevé par les demandeurs; rejeté également leur conclusion subsidiaire en retranchement.

Les demandeurs ont déclaré recourir contre ce jugement. Ils présentent, à l'appui de leur recours, les considérations suivantes: Ils estiment n'avoir pas à s'occuper des déclarations faites par dame Lenoir dans sa demande d'intervention. Ils se sont réservé le droit de contester les prétentions de dame Lenoir devant le juge compétent. Quant au déclinatoire, le fait que le Juge de paix a mal procédé ne peut rendre le Tribunal compétent. Les demandeurs soutiendront que l'ordonnance de subrogation perfectionne la saisie et qu'ainsi dame Lenoir n'est pas un créancier en concours. Il se peut que Jaques n'ait rien à payer; les demandeurs doivent donc connaître le sort de leur action contre Jaques avant de se déterminer sur les prétentions de dame Lenoir. Enfin, les conclusions prises par celle-ci changent la nature du procès.

Dame Lenoir a conclu au rejet du recours en reprenant son moyen exceptionnel.

Le Tribunal cantonal a écarté le recours.

Motifs.

Sur le *moyen exceptionnel* présenté par dame Lenoir:

Considérant que cette dernière, dans sa demande d'intervention, expose déjà que, si elle demande d'intervenir au procès, c'est qu'elle estime avoir des droits préférables à ceux de l'Union et consorts sur ce que Jaques peut devoir à A. Lenoir et qu'elle veut faire valoir ses droits; qu'elle conclura à ce que le prix des deux titres soit réparti entre les créanciers subrogés, en tout premier lieu à elle, en sa qualité de créancière privilégiée.

Que l'Union et consorts ont été mis en demeure de se déterminer sur cette demande d'intervention.

Qu'ils ont, le 13 avril 1886, admis expressément l'intervention de Jenny Lenoir et ne se sont réservé que la faculté de contester le droit qu'aurait dame Lenoir de primer au moyen de sa créance et de sa saisie la saisie des demandeurs.

Que les conclusions prises par dame Lenoir, dans sa réponse, sont précisément celles qui font l'objet de la demande d'intervention.

Que si les demandeurs estimaient que le Tribunal n'était pas compétent pour prononcer sur ces conclusions, ils auraient dû s'opposer à l'intervention de dame Lenoir.

Que, cela n'étant, et après avoir laissé Jenny Lenoir s'introduire au procès et déposer sa réponse, les demandeurs sont à tard pour soulever le déclinatoire et conclure subsidiairement au retranchement de la conclusion prise par dame Lenoir dans sa réponse.

Séance du 10 août 1886.

Saisie pratiquée en vertu d'un jugement. — Opposition fondée sur la compensation de prétendus dommages et intérêts. — Refus de sceau. — Art. 131 CO.; art. 412 et 529 Cpc.

Botelli contre Schönenweid.

On ne saurait opposer à une saisie pratiquée en vertu d'un jugement définitif et exécutoire en invoquant la compensation de dommages et intérêts qui font encore l'objet d'un procès pendant entre parties.

Botelli a pratiqué une saisie-arrêt en mains de la Banque de Montreux, au préjudice de Jacob Schönenweid, pour être payé de diverses valeurs s'élevant ensemble à 1554 fr. 10.

Schönenweid a opposé à cette saisie, par le motif que la dette réclamée serait éteinte par compensation pour la totalité à déduire de la somme de 8000 fr. que Botelli doit à Schönenweid à titre d'indemnité pour la moins-value résultant des malfaçons, vices de construction et travaux non exécutés par Botelli à son bâtiment, réclamation qui fait l'objet d'un procès actuellement pendant devant le Tribunal de Vevey.

Botelli a recouru contre le sceau accordé par le Juge de paix de Montreux à cette opposition ; il en demande la révocation, fondé sur les art. 412 et 529 Cpc.. attendu que la saisie a eu lieu en vertu d'états de frais réglés ensuite de jugement.

Le Tribunal cantonal a admis le recours.

Motifs.

Considérant que, pour opposer à la saisie de Botelli, Schönenweid se borne à alléguer la compensation qui résulterait d'un procès pendant entre lui, d'une part, et Botelli et Maillard, d'autre part.

Qu'aux termes de l'art. 131 CO., la compensation ne peut s'opérer que lorsque les deux dettes sont échues.

Que tel n'est pas le cas dans l'espèce, la créance de Schönenweid ne constituant actuellement qu'une simple prétention résultant des conclusions qu'il a prises contre Botelli dans le procès en question.

Que, dès lors, le Juge de paix aurait dû refuser son sceau à l'opposition de Schönenweid.

Vaud. — Cour de cassation pénale

Séance du 23 juillet 1886.

Vol. — Récidive. — Compétence du Tribunal de police. — Articles 269, 270 § *b*, 272 § 10, 310, 311 et 69 Cp.; art. 30 et 578 Cpp.

Ministère public contre Buenzod.

Bien que le Tribunal de police puisse, à teneur de l'art. 30 Cpp., appliquer la peine de la récidive lors même qu'elle excède les limites de sa compétence, cette compétence exceptionnelle ne doit cependant pas être étendue au-delà du minimum de la peine applicable, lorsque celle-ci excède la compétence ordinaire du Tribunal et que celui-ci est nanti en vertu de l'art. 578 Cpp.

Le Substitut du Procureur général a recouru contre le jugement rendu le 28 juin par le Tribunal de police du district de Grandson, qui condamne pour vol, en vertu des art. 269, 270 litt. *b*, 272 § 10, 310, 311, 69 Cp., Charles Buenzod, pêcheur à Yverdon, à 15 mois de réclusion et 5 ans de privation générale des droits civiques. Il demande que la peine soit réduite à un an de réclusion (art. 578 Cpp. et 311 Cp.) [1].

La Cour de cassation a admis le recours.

Motifs.

Considérant que le Tribunal de police peut, à teneur de l'article 30 Cpp., appliquer la peine de la récidive lors même qu'elle excède les limites de sa compétence.

Que, toutefois, s'il est nanti en vertu de l'art. 578 Cpp., cette

[1] Le Procureur général a préavisé pour l'admission du recours.

compétence exceptionnelle ne doit pas être étendue au-delà du minimum de la peine applicable, lorsque celle-ci excède sa compétence ordinaire.

Attendu, en l'espèce, que la peine applicable à Buenzod étant, à teneur de l'art. 311 Cp., d'un an de réclusion au minimum, le Tribunal aurait dû prononcer cette peine sans aller au-delà.

TRIBUNAL MILITAIRE CANTONAL, A CULLY.

Audience du 30 août 1886.

Présidence de M. le lieutenant-colonel Pittet.

Délit militaire. Coup de couteau ayant entraîné la mort. Préméditation. Circonstances atténuantes. Trente ans de réclusion. — Loi du 27 août 1851 sur la justice pénale pour les troupes fédérales.

Le Tribunal militaire cantonal, qui ne s'était pas réuni depuis longtemps, s'est occupé lundi d'un crime qui a fait grande sensation, surtout à Chexbres où l'attentat a eu lieu.

Le samedi 7 août 1886, dit l'acte d'accusation, avait lieu à Chexbres une inspection d'armes. Henri Rogivue, âgé de 28 ans, originaire d'Essertes et domicilié à la Buritaz, rière Puidoux, assistait en uniforme à cette inspection, comme carabinier de la 4e compagnie du 1er bataillon d'élite.

Rogivue fut licencié à 2 $^1/_2$ heures, mais ne quitta point Chexbres et se rendit pendant la soirée, toujours en uniforme, à l'auberge du Cœur-d'Or, où il y avait bal donné par le tenancier de l'établissement, Eugène Gilliéron.

Entré dans la salle de bal, Rogivue se fit bientôt remarquer par son attitude inconvenante et provocante; il dansait tenant sur son épaule un morceau de bois de façon à gêner les danseurs et à offrir même du danger pour eux. Ce voyant, et sur la demande de quelques jeunes gens, Gilliéron intervint et invita Rogivue à déposer son morceau de bois, disant : « Ce n'est pas convenable de danser avec un morceau de bois sur l'épaule. Donne-le-moi. » Rogivue refusa. Gilliéron alors saisit Rogivue et, après une courte lutte, parvint à lui enlever son bâton avec lequel il lui donna un ou deux coups sur la tête.

Cette scène terminée, la danse, qui avait été interrompue, recommença et, quelques moments après, soit à une heure moins dix minutes, Gilliéron fut appelé à la cuisine par le garde de police Cherpillod, qui venait l'avertir que l'heure de fermeture de l'établissement approchait.

Arrivé à la cuisine, Gilliéron entra en conversation avec le garde de police, puis il lui offrit un verre de vin. Comme on buvait ensemble, Rogivue, qui était dans le corridor, vint appeler Gilliéron lui disant : « Eugène, viens voir ici. » Gilliéron posa son verre sur la table et se dirigea auprès de Rogivue; aussitôt celui-ci lui porta un coup de couteau à la gorge.

Gilliéron, qui était un homme vigoureux, eut encore la force de terrasser son assassin et de le pousser en bas l'escalier qui conduit du corridor à la salle de danse, puis il expira bientôt après. M. le Dr Dumur, appelé en toute hâte, ne put assister qu'aux derniers soupirs de la victime.

MM. les médecins Bugnion et Gilliéron, chargés de faire l'autopsie du cadavre, ont constaté ce qui suit :

1. La mort a été causée par une blessure profonde faite avec un instrument tranchant dans la partie antérieure et inférieure du cou, à gauche de la ligne médiane.

2. Elle a été causée par l'hémorragie considérable qui est résultée de cette blessure.

3. La section de l'isthme (hypertrophié) du corps thyroïde et des gros vaisseaux contenus dans cette glande suffit à expliquer l'hémorragie et la mort.

4. Les gros vaisseaux du cou n'ayant pas été lesés, la mort ne pouvait pas être immédiate, mais a dû survenir quelques minutes après.

Rogivue nourrissait depuis longtemps des sentiments de haine contre sa victime. Le 2 janvier déjà, à la suite d'une scène relative au paiement d'un écot, Rogivue avait manifesté l'intention de donner la mort à Gilliéron, et voulant mettre son idée à exécution, à cet effet, il avait commis effraction chez le maréchal Carrena et s'était emparé d'un gros poinçon de fer qu'il montrait, disant : « Il faut que je le tue! Il faut que Gilliéron tombe! »

Ce fut grâce à l'intervention de deux jeunes gens de Chexbres que Rogivue ne put pas alors commettre le crime qu'il méditait.

De plus, dans l'après-midi du 7 août, Rogivue a proféré des menaces contre Gilliéron, ajoutant : « J'ai encore une rancune contre lui. »

Il y a donc eu de la part de Rogivue préméditation bien caractérisée; dans tous les cas, le délit a été commis après mûre réflexion, Rogivue l'avoue, du reste: « Après l'affaire du 2 janvier dernier, répondit-il dans l'enquête, j'ai eu quelque temps l'idée de frapper Gilliéron. Cette idée m'avait cependant abandonné. J'avoue qu'elle m'a repris le soir de l'inspection, après avoir été battu. »

Rogivue a déjà été condamné: le 10 avril 1884, pour batterie, à 80 jours de prison; le 27 décembre de la même année, à dix jours, pour voies de fait, et le 28 août 1885, à 15 jours, pour outrage. Il a l'habitude du couteau.

En conséquence, Henri Rogivue, âgé de 28 ans, originaire d'Essertes, soldat à la 4e compagnie du 1er bataillon de carabiniers d'élite, a été *renvoyé devant le Tribunal militaire du canton de Vaud, comme coupable d'avoir, dans la nuit du 7 au 8 août 1886, intentionnellement, avec préméditation et réflexion, donné la mort, au moyen d'un instrument tranchant, à Eugène Gilliéron, aubergiste, à Chexbres,* délit auquel paraissent applicables les art. 99 et 100 de la loi fédérale sur la justice pénale pour les troupes fédérales, du 27 août 1851.

La Cour était composée de M. le lieutenant-colonel Pittet, président, et de MM. les capitaines Dumartheray et Cottier, juges.

M. le capitaine Rosset fonctionnait en qualité de greffier.

M. le capitaine-auditeur Ruchet a soutenu l'accusation.

L'accusé avait pour défenseur M. l'avocat Dubrit, à Lausanne.

M. Busset, capitaine de carabiniers, était président du jury.

L'interrogatoire des témoins n'ayant rien révélé de nouveau, nous nous bornons à reproduire le verdict du jury et le jugement de la Cour.

1° L'accusé Henri Rogivue est-il coupable d'avoir, dans la nuit du 7 au 8 août, intentionnellement, avec préméditation ou réflexion, donné la mort, au moyen d'un instrument tranchant, à Eugène Gilliéron, aubergiste, à Chexbres? — *Réponse :* Oui, à l'unanimité.

2° L'accusé Henri Rogivue est-il coupable d'avoir, sans préméditation, dans l'entraînement de la passion, pris la résolution de tuer Eugène Gilliéron et donné la mort au moyen d'un instrument tranchant au dit Gilliéron ? — Pas lieu de répondre.

3° Pour le cas où la question n° 1 serait résolue affirmativement, l'accusé Rogivue est-il au bénéfice de circonstances atténuantes ? — *Réponse :* Oui, à l'unanimité.

Ensuite de ce verdict, l'auditeur a conclu à ce que Rogivue soit condamné à la peine de la réclusion à perpétuité, à la dégradation, à la privation des droits politiques à vie et aux frais.

Le défenseur a conclu à 30 ans de réclusion.

La Cour a rendu le jugement suivant :

Attendu qu'il résulte du verdict du jury :

Que Rogivue est coupable d'avoir, dans la nuit du 7 au 8 août, intentionnellement, avec préméditation ou réflexion, donné la mort au moyen d'un instrument tranchant à Eugène Gilliéron, aubergiste à Chexbres ;

Que Henri Rogivue se trouve au bénéfice des circonstances atténuantes ;

Que ces faits constituent le délit prévu et réprimé par les articles 99, 100, 4 § 6 et 6 alinéas 2 et 3 de la loi sur la justice pénale pour les troupes fédérales ;

Considérant que la pénalité prévue à l'art. 100 est la décapitation ;

Considérant, d'autre part, que la Constitution fédérale de 1874 et la loi plébiscitaire de 1879 ont eu pour effet d'abolir la peine capitale, sauf en cas de guerre ;

Que, dès lors, la Cour se trouve dans l'obligation d'appliquer la peine moindre prévue dans l'échelle des peines précitées à l'art. 4 ;

La Cour condamne Henri Rogivue à la peine de 30 ans de réclusion, à la dégradation, à la privation des droits politiques à vie, aux frais du procès. La Cour alloue, en outre, à la partie civile, ses conclusions entières, soit une somme de 8000 fr. à la famille de la victime.

La Cour n'a pu prononcer la réclusion à perpétuité, attendu qu'elle n'était pas expressément prévue par l'art. 100, et que l'art. 6 statue que, par exception, la réclusion à perpétuité est applicable dans le cas où la loi la prononce expressément.

La Cour a dû, dès lors, appliquer le § *b* de l'article 4.

Bibliographie.

Manuel du droit civil de la Suisse romande (cantons de Genève, Fribourg, Neuchâtel, Tessin, Vaud, Valais et Jura bernois), suivi d'un abrégé portant sur le droit commercial et la procédure, par le Dr Virgile Rossel, professeur de droit français à l'Université de Berne. — Bâle-Genève-Lyon, H. Georg, libraire-éditeur, 1886.

L'ouvrage dont le titre précède et que le *Journal des Tribunaux* a déjà recommandé, il y a quelques mois, à l'attention de ses lecteurs, vient maintenant de sortir de presse et forme un beau volume de 560 pages.

La multiplication toujours croissante des rapports d'affaires entre personnes appartenant à des cantons différents a fait naître le besoin d'unifier une partie importante du droit civil. Le Code fédéral des obligations a donné satisfaction à ce besoin, mais il restait encore une autre tâche à accomplir : celle de mettre à la portée de tous les hommes d'affaires, dans un livre essentiellement pratique, une étude comparée des différentes législations cantonales dans les matières de droit civil qui sont demeurées du ressort des cantons. C'est ce travail que M. le Dr Rossel a entrepris et mené à bonne fin, en le bornant toutefois aux législations des cantons de langue française, plus le Tessin.

On sait que M. le professeur Huber, de Bâle, poursuit, dans la publication de son *Système et histoire du droit privé suisse*, dont le premier volume vient de paraître, un but offrant une certaine analogie avec celui que s'est proposé M. Rossel. Cependant ces deux ouvrages ne feront pas double emploi dans la bibliothèque du juriste suisse. Embrassant le droit civil de tous les cantons, allemands et romands, sous le double point de vue du droit positif actuel et des transformations successives qu'il a subies dans le cours des siècles, le livre de M. Huber s'adresse essentiellement à ceux qui cultivent la science du droit, ainsi qu'au législateur, auquel il indique la voie que devra se frayer un jour l'unification de nos lois. Dans des proportions plus modestes et s'adressant avant tout au praticien, le *Manuel* de M. Rossel ne sera pas moins utile. Les hommes d'affaires y trouveront comme une photographie du droit civil positif en vigueur dans les cantons romands, et ils pourront, en consultant un volume unique, obtenir facilement des renseignements qu'ils auraient eu beaucoup de mal à se procurer autrement. Ajoutons qu'un court exposé des principales matières de droit commercial et de procédure, qui termine l'ouvrage, sera également le bienvenu et facilitera considérablement les recherches. C. S.

Concurrence déloyale.

Prot & Cie, successeurs de Lubin, parfumeurs, sont propriétaires de l'eau de toilette connue sous le nom d' « Eau de Lubin ». Corbon a créé une maison de parfumerie et mis en vente une eau de toilette qu'il dénomma « Eau de toilette Lubin Corbon », ajoutant à son nom patronymique son prénom de Lubin. En outre, une société a fondé une maison de parfumerie et pris pour associé Lubin Corbon, à seule fin d'utiliser son prénom.

Prot & Cie ont demandé que défense fût faite à Corbon d'employer le nom de Lubin, et la Cour d'appel de Paris, par arrêt du 20 mai 1886, leur a donné gain de cause, attendu que si le nom de famille et les prénoms constituent une propriété dont ceux à qui ils sont attribués légitimement peuvent faire usage dans le commerce, c'est à la condition d'exercer ce droit sans fraude et sans intention déloyale.

Concours.

L'Académie de législation de Toulouse a dressé le programme suivant des concours pour 1887 et 1888 :

1° Etude biographique sur MM. Aubry et Rau, et critique juridique de leur œuvre principale : le *Cours de droit civil français* d'après la méthode de Zachariæ (année 1887).

2° Etude bibliographique et critique sur les ouvrages de droit composés par les maîtres de l'ancienne Université de Toulouse (année 1888).

3° Etude historique et juridique sur l'entreprise du Canal du Midi, exécutée en Languedoc, de 1666 à 1684, par Riquet de Bonrepos et par son fils, où sera exposé, d'après les principes de l'ancien droit français et selon les règles consacrées par la jurisprudence, le régime de l'expropriation moyennant indemnité, pour les terres et héritages nécessaires à un établissement reconnu d'utilité publique (année 1887).

4° Le droit sur les mines et les ouvriers mineurs (année 1888).

Le prix consistera en une médaille d'or qui pourra atteindre la valeur de 500 fr.

L'Académie se réserve de décerner, en outre, une ou plusieurs médailles d'or, d'une valeur de 100 à 500 fr., aux travaux les plus remarquables qui pourront lui être adressés par les auteurs sur un sujet de leur choix et se rattachant de préférence à l'histoire d'une coutume ou d'une institution juridique.

Les mémoires, écrits en français ou en latin, doivent être remis, au plus tard le 30 avril, au secrétaire-archiviste de l'Académie, rue des Renforts, 15, à Toulouse.

Ch. Boven, notaire, rédacteur.

Lausanne. — Imp. CORBAZ & Comp.

XXXIVe ANNÉE. N° 38. SAMEDI 11 SEPTEMBRE 1886

JOURNAL DES TRIBUNAUX

REVUE DE JURISPRUDENCE

Paraissant à Lausanne une fois par semaine, le Samedi.

Prix d'abonnement : 12 fr. par an, 7 fr. pour six mois. Chaque numéro, 50 cent. On s'abonne à l'imprimerie CORBAZ et Cie et aux bureaux de poste. — ANNONCES : 20 centimes la ligne ou son espace.

Droit international sur le mariage et le divorce.

I

Une des questions les plus importantes à l'ordre du jour aujourd'hui dans les Etats civilisés est celle de l'institution d'un droit international sur le mariage et surtout sur le divorce.

Quant au mariage, on sait que la reconnaissance de l'état civil laïque dans la plupart des pays du continent a facilité considérablement les relations à cet égard. Cependant, comme on le sait aussi, de très grands Etats, dans lesquels se coudoient les nations les plus diverses et se pratiquent les religions les plus variées, tels que l'Autriche-Hongrie, l'Espagne, la Russie et la Suède, n'ont pas encore voulu reconnaître cette institution si utile dans les relations internationales et laissent uniquement entre les mains du clergé tout ce qui regarde les trois circonstances les plus importantes de la vie de l'homme, savoir: la naissance, le mariage et le décès. Il est vrai de dire que, même dans les Etats les plus orthodoxes — et nous citerons à cet égard la Russie — on en est arrivé, sur ce point, à une grande tolérance religieuse, et un protestant, un catholique romain, un israélite, etc., etc., peuvent faire régler ces actes de la vie de l'homme selon le rite de la religion à laquelle ils appartiennent, ce qui facilite déjà singulièrement les relations de peuple à peuple.

Mais cela ne suffit pas d'une manière absolue, et, pour qu'il n'y ait aucune entrave à la circulation et à l'établissement des peuples d'un pays dans l'autre, il faudrait créer, dans le monde entier, une institution unique et uniforme partout, à laquelle incomberait, sans distinction de nationalité et de croyance, le soin de tout ce qui concerne ces trois actes de la vie civile: la naissance, le mariage et le décès. C'est déjà ce que règle, d'une manière à peu près complète et satisfaisante, dans tous les pays qui l'ont adopté, l'état civil. Il ne rentre pas dans le cadre de notre travail de faire l'apologie de cette institution; toutefois, nous reconnaîtrons qu'elle a déjà rendu d'immenses services aux administrations civiles et judiciaires par l'ordre, la coordination et l'uniformité apportés à tout ce qui concerne la vie civile et le statut personnel de l'individu.

Si nous n'avons parlé ici ni de l'Angleterre, ni des Etats-Unis d'Amérique, c'est à cause de la différence entre les législations de ces pays et la nôtre en matière de mariage. Il en est absolument de même en ce qui concerne la dissolution du mariage par le divorce.

Quant à celui-ci, on peut dire que cette institution toute nouvelle, à proprement parler, a fait beaucoup de progrès dans le dernier quart de notre siècle et a pris une extension assez considérable.

Cependant il ne faudrait pas croire qu'elle rende tous les services qu'on serait en droit d'en attendre et qu'elle soit appliquée également partout. Pour l'étranger en Suisse surtout, le principe du divorce n'est qu'un leurre, qu'une lettre morte, quoiqu'il soit inscrit en lettres d'or dans la législation de son pays d'origine et dans celle de la Confédération, son pays de domicile, son pays d'adoption. L'Allemagne, depuis quelques années déjà, et la France, depuis un an environ, ont adopté le divorce. Cela n'empêche pas que, jusqu'à ce jour, ni un Allemand, ni un Français à l'étranger, ne peuvent se divorcer, même par les motifs les plus sérieux et les plus plausibles, et en suivant à la lettre les prescriptions législatives, tant de leur pays originaire que de la Suisse. Le juge de l'Etat d'où le citoyen étranger ressortit ne veut pas introduire l'action en divorce, parce que son code le lui interdit, les parties en cause n'ayant pas leur domicile *réel* dans sa juridiction, et le juge suisse refuse aussi la plainte, parce que l'article 56 de la loi fédérale sur l'état civil et le mariage ne lui permet que conditionnellement de prononcer un jugement en cette matière. Cet art. 56 dit textuellement :

« Quant aux mariages entre étrangers, aucune action en di-
» vorce ou en nullité ne peut être admise par les tribunaux, s'il
» n'est pas établi que l'Etat dont les époux sont ressortissants
» reconnaîtra le jugement qui sera prononcé. »

Cet état de choses est extrêmement pénible, et il a déjà causé bien des malheurs et plongé bien des familles dans le chagrin, la misère et la honte.

Nous pourrions citer des exemples nombreux de véritables scandales publics et même d'immoralité, où de malheureux enfants innocents sont obligés de porter la peine d'une pareille anomalie législative. A cet égard, nous citerons deux cas authentiques, qui n'ont pas encore abouti aujourd'hui à une solution et qui montrent bien à quelles difficultés, nous dirons même à quelles impossibilités se heurtent les citoyens dans l'état actuel des choses.

L'un concerne un étranger domicilié en Suisse, l'autre un Suisse à l'étranger, qui tous deux voudraient bien se divorcer, mais ne peuvent y parvenir ou au moins éprouvent des difficultés presque insurmontables pour y arriver.

M. X., ressortissant d'un pays voisin, dans lequel le divorce est reconnu par la législation, est né en Suisse, où il est domicilié depuis sa naissance, où il s'est établi, s'est marié et a fondé une famille. C'est un pauvre ouvrier, sans fortune, qui ne vit que du produit de son travail journalier. Sa femme, brave, honnête, laborieuse, fidèle épouse et bonne mère pendant de longues années, a, probablement ensuite d'affection maladive (hystérie, épilepsie ou autre affection nerveuse du même genre), changé complètement de caractère. Elle s'est adonnée à la boisson, au vice, à l'adultère jusque sous le toit conjugal ; elle y a même amené, de son propre aveu, un produit de ses relations coupables.

Dans ses accès, cette malheureuse devient un danger permanent, non-seulement pour ses enfants, son mari, mais aussi pour les voisins, pour le public, qu'elle menace et frappe inconsciemment de toute arme qui lui tombe sous la main : couteau, poignard, hache, revolver, fer à repasser, etc.

Voilà plusieurs années déjà que M. X. ne peut plus supporter des liens conjugaux de cette espèce. Par tous les moyens possibles, il a cherché à obtenir son divorce, soit dans son pays d'origine, soit en Suisse ; il n'a pas encore pu y parvenir, et il n'y parviendra certainement jamais, car, pour cela, il devrait transporter son domicile *réel* pendant six mois au moins sur le territoire de l'Etat d'où il ressortit, et son gagne-pain ne lui permet pas de se déplacer pour un si long temps aux risques de perdre son travail.

Les tribunaux de son pays ne veulent pas connaître de son action, parce qu'il n'est pas domicilié dans leur ressort, et les tribunaux suisses ne peuvent pas prononcer le divorce, parce que l'art. 56 le leur interdit, vu qu'il n'est pas établi que l'Etat d'origine reconnaîtra leur jugement.

Voilà donc un homme rivé, sa vie durant, à un intérieur de famille placé dans les conditions pénibles dépeintes ci-dessus. N'est-ce pas vraiment misère, honte et immoralité ?

M. Y., citoyen suisse, habite depuis de longues années un pays d'outre-mer dans lequel il n'y a pas de représentant de la Confédération. Il s'est donc mis sous le protectorat d'une puissance amie, dans laquelle le divorce est reconnu par la législation. Marié depuis un certain temps déjà sous ce protectorat, il a découvert, un beau jour, que sa femme le trompait ; elle se livrait même, de son propre aveu, à la prostitution la plus éhontée. M. Y. entame une action en divorce devant le tribunal consulaire dans le ressort duquel il est domicilié. Ce tribunal, assimilant M. Y., comme protégé de sa nation, à un de ses propres nationaux, donne cours à l'action. Mais le demandeur, mieux informé, apprend que le jugement qui sera rendu par le tribunal consulaire ne sera pas reconnu en Suisse, attendu que la loi fédérale sur l'état civil et le mariage prescrit (art. 43) qu'un Suisse doit porter une action en divorce devant le tribunal suisse du domicile de l'époux, ou, si celui-ci demeure à l'étranger, devant celui de son lieu d'origine. Le tribunal consulaire, requis d'abandonner l'affaire pour ce motif, refuse, en alléguant que l'action est bien entamée, dans toutes les formes, et qu'elle doit être poursuivie jusqu'au bout. Conflit !

Il est vrai que le demandeur peut porter son action devant le tribunal compétent de son lieu d'origine, si cette autorité veut en connaître dans l'espèce. Mais alors on se trouvera en présence de deux jugements pour la même cause. *Non bis in idem!* Il n'y aurait pas grand mal si tous deux avaient la même conclusion; mais, s'ils se contredisent, lequel sera le bon? N'est-ce pas là un galimatias à ne plus pouvoir s'en sortir?

Vous voyez donc bien qu'il n'est nullement oiseux de chercher à régler, une fois pour toutes, cette question par une entente internationale.

Mais chaque Etat est jaloux de sa souveraineté et surtout de sa souveraineté en matière judiciaire; c'est précisément pourquoi il est si difficile, pour ne pas dire impossible, d'arriver à conclure une convention internationale en cette matière. Nous ne sachions pas cependant que jusqu'à ce jour notre pouvoir exécutif fédéral ait fait de grands efforts pour y parvenir. Peut-être bien est-ce parce qu'il a l'intuition que ses efforts seraient vains et ne pourraient aboutir. Toutefois, il nous semble que l'on devrait arriver à un résultat pratique heureux si, pour le moment du moins, on essayait de prendre un moyen terme et si, sans précisément le sanctionner maintenant déjà par une convention internationale de toutes pièces, les Etats les plus importants s'entendaient pour créer ou laisser créer, en le soutenant moralement et peut-être aussi, suivant les besoins, financièrement, un bureau international semi-officiel qui serait chargé de tout ce qui concerne le règlement des questions de mariage et de divorce entre les différents pays. Nous donnons cette idée pour ce qu'elle vaut; elle n'est pas neuve; elle a déjà été traitée de main de maître par M. Antoine Garnier, jurisconsulte, ancien officier de l'état civil de Berne, dans son excellent ouvrage du droit international sur le mariage *(Internationales Eheschliessungsrecht)*, sur lequel nous reviendrons plus tard.

Ce serait peut-être le moment, pour nos autorités fédérales, de s'occuper sérieusement et pratiquement de cette question, importante à tous les points de vue. Il y a, du reste, déjà un pas de fait vers une entente possible. En effet, sur les réclamations réitérées et très pressantes d'un grand nombre de citoyens français habitant la Suisse et qui désirent profiter de l'avantage que leur fournit la nouvelle loi sur le divorce en France et en présence du refus catégorique des tribunaux suisses d'introduire l'action en divorce au lieu du domicile, refus basé sur l'art. 56 cité plus haut, le gouvernement français a autorisé son ambassadeur en Suisse à délivrer aux intéressés une déclaration qui devait, à sa pensée, permettre aux tribunaux suisses de se saisir de l'affaire et éviter ainsi au plaignant de prendre domicile réel en France, pendant au moins six mois, pour pouvoir porter son affaire devant un tribunal de son pays. En effet, tant en France qu'en Allemagne, cette question de domicile *réel* et non pas seulement élu ou fictif, est une condition *sine qua non* de la législation pour introduire une action en divorce devant un tribunal, condition bien gênante et même impossible à remplir pour la plupart.

Quant à la déclaration de l'ambassadeur de France, nos tribunaux suisses ne peuvent, en présence de ce fatal article 56, l'accepter dans les termes assez vagues dans lesquels elle est conçue. Il est très intéressant de voir les débats préliminaires qui se sont déroulés, sur cette question, dans les divers rapports de nos autorités fédérales au sujet de la gestion pour 1885. Nous disons préliminaires, parce qu'il est fort probable que cette affaire donnera encore lieu, au sein des Conseils de la nation, à des débats parlementaires qui ne manqueront pas d'avoir un certain retentissement.

Pour le moment, citons les passages y relatifs qu'on trouve dans les rapports tant du Conseil fédéral et du Tribunal fédéral, que de la commission du Conseil national chargée de l'examen de la gestion.

Le Conseil fédéral, ou pour mieux dire son département de justice et police, est très bref, peut-être même trop bref à cet égard ; toutefois, il y a lieu de remarquer qu'il laisse le soin au Tribunal fédéral de développer tout au long son point de vue là-dessus.

Voici ce que dit le Conseil fédéral :

« Avant même que toutes les lois prévues par la constitution de 1874 aient vu le jour, déjà surgit le désir de reviser telle ou telle des premières lois qui sont nées du régime nouveau.

» Voici d'abord celle qui règle *l'état civil, la tenue des registres qui s'y rapportent et le mariage.* Une motion adoptée par le Conseil des Etats le 25 mars 1885, sur l'initiative de MM. les députés Moriaud, de Genève, et Schmid, d'Uri, nous a demandé d'examiner si les articles 45, 46 et 47 de cette loi ne pourraient pas être utilement modifiés en vue d'étendre le nombre des cas où la séparation de corps à temps limité peut être prononcée. Nous ne manquerons pas de vouer à l'examen de cette question toute la sollicitude qu'elle mérite et nous vous présenterons le rapport demandé aussitôt que vos ordres du jour seront moins chargés de travaux législatifs qu'ils ne le sont aujourd'hui. »

Quant au Tribunal fédéral, il estime qu'on ne peut accepter la déclaration de l'Ambassade de France, à moins de supprimer l'art. 56 par une revision de la loi.

Il s'exprime comme suit :

« Par office du 16 octobre 1885, le Conseil fédéral nous a transmis, avec invitation de formuler nos observations, une note par laquelle l'Ambassade de France à Berne demandait si une déclaration qu'elle avait l'intention de délivrer dans les procès en divorce de Français en Suisse, serait considérée comme suffisante, par les tribunaux suisses, pour qu'ils se nantissent et statuent sur de pareilles demandes en divorce.

» La déclaration dont il s'agit a trait à la réintroduction du divorce en France, par la loi du 27 juillet 1884; elle reproduit les causes de divorce énumérées dans cette loi et constate que, sous réserve du droit de décision accordé par l'article 17 de la convention du 15 juin 1869 aux tribunaux français en cas d'une demande d'exécution d'un jugement, le jugement en divorce prononcé en Suisse entre des ressortissants français pourrait être reconnu en France, à condition qu'il se fonde sur une des causes de divorce admises par le droit français.

» Dans sa réponse au Conseil fédéral datée du 14 novembre 1885, le Tribunal fédéral a estimé que le formulaire communiqué par l'Ambassade de France ne satisfaisait pas aux exigences de l'article 56 de la loi sur l'état civil. Tout comme dans le précédent rapport de gestion (comp. 1880, p. 5; 1884, p. 4), nous vous rendions attentifs aux conséquences de la disposition spéciale de l'article 56 précité vis-à-vis de ressortissants de l'empire allemand; nous devons, ici encore, exposer les motifs pour lesquels il ne nous paraît pas possible, en présence de l'article 56, que les tribunaux suisses se nantissent d'actions en divorce entre Français domiciliés en Suisse :

» La déclaration de l'Ambassade de France ne dit nullement ce que l'article 56 de la loi sur l'état civil exige sans aucun doute, à savoir que les jugements suisses prononçant le divorce entre ressortissants français seront reconnus comme définitifs et exécutoires, sans examen ultérieur du fond, à la seule condition que le tribunal suisse ait été compétent pour statuer. C'est bien plutôt le contraire qui résulte de la dite déclaration. En effet, celle-ci porte seulement que les jugements suisses en divorce pourront être exécutés en

France, s'ils se basent sur une cause de divorce reconnue par la loi française. Elle réserve donc évidemment aux tribunaux français le droit de contrôler à cet égard les jugements suisses, aux fins de constater leur harmonie, sur ce point, avec le droit français en matière de divorce. Or une telle déclaration n'est certainement pas conforme à l'article 56 de la loi sur l'état civil : elle montre clairement que la France n'a pas l'intention de reconnaître les jugements suisses en divorce comme tels, c'est-à-dire en qualité de jugements définitifs, non soumis, en ce qui concerne le fond, au contrôle des tribunaux français, et qu'elle ne veut reconnaître ces jugements que s'ils sont conformes à sa propre législation, au dire de ses propres tribunaux. Une pareille déclaration ne donne pas une sécurité suffisante, et en tout cas pas la certitude, exigée par l'article 56 de la loi sur l'état civil, que les jugements suisses, prononçant le divorce entre des ressortissants français, seront reconnus et exécutés en France. Les causes de divorce de la loi française sont, il est vrai, reconnues aussi en principe par la loi suisse ; mais cette dernière connaît, à ses articles 45, 46, litt. *e*, et 47, d'autres causes de divorce, non insérées dans la législation française ; et d'ailleurs, pour ce qui concerne les causes de divorce communes aux deux législations, il n'est nullement certain qu'elles soient comprises et appliquées dans le même sens par la pratique des tribunaux des deux pays, cela d'autant moins qu'en ce qui touche plusieurs d'entre elles, une grande latitude est laissée à l'appréciation du juge. C'est ainsi, par exemple, que la notion des sévices et injures graves est susceptible d'une appréciation et d'une extension très variables, et que des définitions relativement incontestées, comme celle de l'adultère par exemple, peuvent toujours être conçues et données autrement. Rien donc ne garantit que des jugements suisses seront reconnus par les tribunaux français, même lorsque ces jugements se baseraient sur des causes de divorce existant aussi en droit francais, et tout fait au contraire prévoir que leur reconnaissance et leur exécution seraient refusées, par le motif qu'ils ne sont pas conformes à la manière dont les tribunaux français comprennent et appliquent le droit français en matière de divorce. D'une manière générale, et comme nous l'avons dit, une déclaration qui réserve, à quelque égard que ce soit, un droit de contrôle matériel de jugements suisses par les tribunaux français, ne saurait, en principe, être envisagée comme conforme aux exigences de l'article 56 de la loi sur l'état civil. Seule une nouvelle convention internationale pourrait, à notre avis, sous l'empire de la législation suisse actuelle, créer pour les tribunaux suisses la possibilité de se nantir d'actions en divorce entre ressortissants français ; mais, dans une nouvelle convention, l'application, évidemment réclamée par l'Ambassade de

France, du droit français à des ressortissants français en Suisse, ne pourrait être, à notre avis, autorisée que pour le cas où la France admettrait que la loi de l'origine est décisive d'une manière générale en matière de divorce, c'est-à-dire, en d'autres termes, pour le cas seulement où la France, de son côté, consentirait à appliquer sur son territoire, le droit suisse à des ressortissants suisses. Un autre moyen pour lever les difficultés qui s'opposent à ce que les tribunaux suisses se nantissent des demandes en divorce de Français et d'étrangers consisterait à abroger l'article 56 de la loi sur l'état civil, disposition dont l'analogue ne se retrouve, à notre connaissance, dans aucun autre Etat, et qui, strictement appliquée, conduit nécessairement, ainsi que l'expérience l'a surabondamment démontré, à rendre impossible en Suisse une demande en divorce entre étrangers. Mais, comme la Suisse a aussi intérêt à ne pas refuser la protection juridique aux étrangers vivant sur son territoire, il serait peut-être convenable de soumettre à un examen approfondi la question de l'abrogation ou tout au moins de l'atténuation de l'article 56 de la loi sur l'état civil. »

La commission du Conseil national, elle, recommande de prendre la question en mains le plus promptement possible.

« Le Conseil fédéral nous présentera, dit-elle, le rapport demandé par le Conseil des Etats sur la revision de la loi fédérale sur l'état civil, la tenue des registres qui s'y rapportent et le mariage dès que les ordres du jour des conseils seront moins chargés de travaux législatifs qu'ils ne le sont aujourd'hui.

» C'est le bureau de statistique qui, à cause du nombre considérable des divorces et de la pratique par trop large des tribunaux, a aussi attiré l'attention du législateur sur ce point. Dans son rapport de gestion (pages 5 et 6), le Tribunal fédéral présente aussi d'autres observations concernant une revision de cette loi; de même, quelques gouvernements cantonaux ont soulevé des réclamations à cet égard, de telle sorte qu'on devrait voir avec plaisir présenter le rapport en question un peu plus promptement que le Conseil fédéral ne le fait prévoir. »

Il ressort de ces documents que la question n'est nullement enterrée, mais qu'elle reste à l'ordre du jour des Chambres fédérales, qui n'attendent, pour la reprendre et la discuter dans son ensemble, que le rapport du Conseil fédéral sur la motion Moriaud-Schmid. Il est probable aussi que ce rapport ne se bornera pas uniquement à ce point concret, mais qu'il embrassera le problème dans son ensemble, ce qui est vivement à désirer.

Par le postulat suivant, adopté le 29 juin dernier par les Chambres fédérales, à l'occasion de la ratification accordée à la convention avec l'Allemagne pour faciliter les mariages des ressortissants des deux Etats, on voit bien que nos autorités ont l'intention de vouer toute leur attention à cette affaire.

« Le Conseil fédéral est invité à étudier la question du divorce des étrangers domiciliés en Suisse en vue de faire accorder aux tribunaux suisses et par la voie des traités la faculté de prononcer ces divorces avec toutes leurs conséquences juridiques. »

On voit que l'art. 56 de la loi sur l'état civil et le mariage constitue un cercle vicieux absolu. D'une part, les tribunaux suisses ne peuvent rendre de jugements en divorce que s'il n'est pas établi que l'Etat étranger, dont sont ressortissants les époux plaideurs, reconnaîtra et exécutera, par conséquent, ce jugement; d'autre part, l'Etat étranger, jaloux de sa souveraineté, en matière juridique surtout, ne reconnaîtra le jugement que s'il est rendu en conformité de ses propres lois à lui, et cela encore dans l'éventualité la plus favorable, car généralement il ne voudra pas le reconnaître.

Il en résulte que c'est encore, à part l'office international proposé, la suppression de l'art. 56 qui serait la solution la plus pratique et la plus prompte, au moins comparativement aux longueurs interminables des négociations pour arriver à une convention internationale.

Cependant nous croyons savoir que nos autorités hésitent beaucoup à mettre en scène une revision de la loi fédérale sur l'état civil et le mariage, lors même qu'il ne s'agirait que de la suppression de l'art. 56, parce qu'elles n'ignorent pas qu'il y a, dans certains milieux, très influents et même très redoutables, du peuple suisse, une sourde mais vive opposition à cette loi, qui, on s'en souvient, a été rejetée, le 23 mai 1875, par 205,069 citoyens contre 213,199 acceptants, soit donc une majorité de 8130 voix seulement pour l'acceptation. Malgré les bons effets incontestables de la loi, elle n'a jamais été accueillie franchement par une grande partie de cette opposition, qui n'attend qu'un moment favorable pour ouvrir une campagne à outrance contre elle. Aussi, quoiqu'elle ait, sous divers rapports, besoin d'améliorations et de modifications — à preuve l'art. 56 — appréhende-t-on considérablement de la soumettre à une revision, car ce serait justement là l'occasion favorable attendue par les antagonistes de la loi.

Il est vrai que, si la revision de cette dernière pouvait, en toute sécurité, se borner à cette suppression de l'art. 56 et ne s'étendait pas aussi loin que le demande la motion Moriaud-Schmid (Uri), on ne risquerait pas grand'chose à cette revision, et la loi elle-même ne courrait certainement aucun danger.

On sait que cette motion, présentée dans la séance du Conseil des Etats du 19 décembre 1884, était la suivante :

« Le Conseil fédéral est invité à présenter un projet de loi modifiant les articles 43 et suivants de la loi du 24 décembre 1874 sur l'état civil, la tenue des registres qui s'y rapportent et le mariage,

en ce sens :

a) Que la séparation de corps d'une durée illimitée pourra être demandée principalement par les intéréssés et prononcée par les tribunaux ;

b) Que les causes du divorce soient restreintes à celles visées dans l'article 46 de la loi précitée. »

Le 25 mars 1885, le Conseil des Etats l'a prise en considération, en la modifiant quelque peu, dans la forme ci-après :

« Le Conseil fédéral est invité à présenter, après examen, un rapport sur la question de savoir s'il n'y aurait pas lieu de modifier la loi du 24 décembre 1874 sur l'état civil, etc., en ce sens que, dans les cas prévus par les articles 45, 46 et 47, la séparation de corps puisse être prononcée par les tribunaux, de leur propre chef ou à la demande des intéressés, pour une durée limitée, préalablement au divorce. »

Les articles visés ci-dessus ont trait exclusivement au divorce et à la séparation de corps, ainsi qu'à la procédure y relative.

Depuis lors, la question est pendante devant le Conseil fédéral. On voit que celui-ci y met son temps et que nous n'avons pas tous les torts de dire qu'il appréhende de la mettre en scène.

D'autre part, quoique M. le député de Genève soit — si nous sommes bien informés — le père de cette motion, nous ne serions pas éloignés de croire que l'honorable député d'Uri s'est associé avec beaucoup d'empressement à cette œuvre, dans l'espoir que surgirait peut-être, précisément de là, l'occasion favorable, si impatiemment attendue, de battre en brèche cette loi sur l'état civil. La suite nous prouvera si notre supposition est exacte.

Quoi qu'il en soit, il est nécessaire, nous dirons même indispensable de trouver sans retard un remède à l'état absolument anormal dans lequel sont situés les étrangers en Suisse, lorsqu'ils devraient bénéficier de la loi sur le divorce, en vigueur aussi bien dans leur pays d'origine que dans leur pays de domicile. Nous insistons encore tout particulièrement sur ce point que cette anomalie bizarre est cause de bien des chagrins et souvent même de grands malheurs.

Or, si l'on craint de toucher à la loi fédérale sur l'état civil pour en supprimer l'art. 56, qui est le seul obstacle à ce que nos tribunaux connaissent des demandes en divorce présentées par des étrangers habitant la Suisse ; si, d'autre part, on présume devoir échouer dans des tentatives à faire pour la conclusion d'une convention internationale sur cette matière, au moins avec les pays qui nous envoient le plus de leurs ressortissants, il serait alors utile, à notre avis, de créer l'office international dont parle M. Garnier dans l'ouvrage que nous avons mentionné plus haut et qui a été vivement recommandé par d'éminents juristes et par plusieurs journaux de droit en Suisse et à l'étranger.

II

L'ouvrage de M. Antoine Garnier, ancien officier de l'état civil à Berne, intitulé : *Droit international sur le mariage* (en allemand : *Internationales Eheschliessungsrecht* [1]), est un manuel complet et très soigneusement compulsé et écrit de la législation sur le mariage dans les Etats suivants : Allemagne, Autriche, Bavière, Belgique, Brésil, Danemark, Etats-Unis de l'Amérique du nord, France, Grande-Bretagne (Angleterre, Ecosse, Irlande et colonies britanniques), Hongrie, Italie, Norwège, Pays-Bas, Portugal, Roumanie, Russie, Suède et Suisse.

Cet ouvrage renferme et développe les matières ci-après :

I. La législation et la jurisprudence de ces pays, avec une doctrine complémentaire sur la conclusion du mariage d'étrangers dans le pays même et d'indigènes à l'étranger.

II. Un parallèle entre les divers droits en matière de mariage (y compris le droit canon) au point de vue des qualités requises pour pouvoir contracter mariage et des empêchements au mariage, tels que :

[1] Cet ouvrage, fort de 34 feuilles grand in-4° (272 pages), est en vente dans toutes les librairies au prix de 20 fr., broché.

a) La forme de l'acte du mariage, y compris les cas d'exception, comme par exemple, en faisant usage du principe de l'exterritorialité, les mariages célébrés dans les légations et les consulats, en mer, dans une armée en campagne, etc.

b) Le défaut de consentement, les empêchements particuliers et les défenses absolues de contracter mariage.

c) L'application du principe de la monogamie, soit la dissolution du mariage par le divorce, ou la déclaration de décès, prononcées juridiquement.

(Il y a lieu de faire ressortir, à cet égard, que l'ouvrage tient compte et développe la nouvelle loi française sur le divorce.)

III. Les divers modes de régler les conséquences juridiques d'un mariage putatif et de la légitimation par le mariage subséquent des parents.

Une table analytique des matières, renfermant 44 pages, facilite considérablement l'emploi de cet ouvrage, que le fonctionnaire le moins expérimenté peut manier avec la plus grande facilité.

Ce livre est précieux non-seulement pour les officiers de l'état civil, mais aussi pour les gouvernements, les cours de justice, les administrations de l'Etat, les juristes et les jurisconsultes.

Avec la confusion, les divergences et les dédales inextricables que l'on rencontre dans les diverses législations sur le mariage, on a là un fil d'Ariane qui vous permet de vous orienter aisément dans les ténèbres de ce labyrinthe. Cet ouvrage est un véritable recueil des lois, ordonnances, arrêts juridiques, décisions administratives, formulaires légaux, etc., des différents pays susmentionnés, en matière de mariage et de divorce.

Ce sont les difficultés considérables de son ministère en cette matière qui ont donné à l'auteur la première idée de faire ce livre, et c'est en coordonnant ses matériaux qu'il a découvert combien serait utile un *office international pour les mariages et les divorces*. La Suisse, qui a déjà le mérite d'avoir créé plusieurs bureaux internationaux d'une utilité incontestable (postes, télégraphes, mètre, propriété littéraire et artistique, propriété industrielle, etc., et bientôt certaines branches des chemins de fer), serait admirablement bien qualifiée pour prendre l'initiative d'une institution qui rendrait des services immédiats aussi grands.

Vaud. — Tribunal neutre.

Audience du 21 août 1886.

Présidence de M. Bory.

Inventaire de succession. Valeurs non-indiquées à l'office. Amende de 20,000 fr. réduite plus tard, par le Conseil d'Etat, à 10,000 fr. — Réclamation de la commune intéressée. — Conflit de compétence entre les autorités administrative et judiciaire.

Est du ressort de l'autorité judiciaire et non de l'autorité administrative la question de décider si le Conseil d'Etat est compétent pour réduire tout ou partie d'une amende prononcée par le préfet pour contravention à la loi de 1824 sur le droit de mutation.

Dans notre n° 36 du 28 août écoulé, page 507, nous avons rendu compte d'un conflit de compétence soulevé entre les autorités judiciaire et administrative à propos de la réduction, prononcée par le Conseil d'Etat, d'une amende à laquelle les héritiers d'une succession avaient été condamnés pour contravention à une loi fiscale.

Nous ne reviendrons pas sur les faits, qui sont suffisamment connus de nos lecteurs. Nous publions aujourd'hui l'arrêt, intéressant et fort bien motivé, rendu par le Tribunal neutre sur le conflit de compétence.

La question de fond reste, comme nous l'avons dit, absolument intacte.

« Considérant, d'une part, que le procès entre la Commune d'Aubonne et l'Etat de Vaud est né par suite d'un prononcé rendu par le préfet du district d'Aubonne, en application de la loi du 25 mars 1824, sur la perception du droit de mutation.

Qu'en 1824 les questions fiscales et les contraventions aux lois fiscales appartenaient à la compétence soit du Tribunal contentieux de l'administration, soit des tribunaux de district, c'est-à-dire à la compétence de l'autorité judiciaire.

Que si, depuis lors, la loi du 14 février 1857 a placé les prononcés des amendes encourues pour contravention à la perception des impôts, en général, et à la perception du droit de mutation, en particulier, dans les attributions des préfets, fonctionnaires institués par la loi du 9 janvier 1832, le fait que les préfets, agents du Conseil d'Etat dans les districts, sont des fonctionnaires de l'ordre administratif, n'implique pas que tous les actes à eux attribués par les lois soient nécessairement des actes administratifs.

Qu'au contraire, l'intention du législateur paraît avoir été de conserver à tels prononcés un caractère judiciaire.

Que cette intention résulte, entre autres, de l'un des considérants placé en tête de la loi susmentionnée de 1857, qui porte que si la répression des contraventions y prévues a été attribuée aux préfets, cela a eu lieu dans le but d'une diminution de frais.

Que cette intention résulte encore et surtout du fait que le recours contre les prononcés préfectoraux s'exerce non devant l'autorité administrative, mais devant l'autorité judiciaire, savoir devant le Tribunal de police, et, cas échéant, devant la Cour de cassation pénale.

Attendu qu'il ne s'agit pas, dans l'espèce, d'une réclamation portant sur une question d'impôt, bien que ces questions, elles aussi, aient toujours été envisagées comme étant du ressort des tribunaux, du Tribunal contentieux de l'administration, à l'origine de notre existence cantonale, et des tribunaux ordinaires depuis la suppression de cette juridiction exceptionnelle, mais qu'il s'agit d'une réclamation qui tire son origine d'une condamnation à une amende, pour violation d'une loi fiscale.

Attendu, au surplus, que les peines pénales (et l'amende est une peine pénale) ont toujours été envisagées par la doctrine comme appartenant au pouvoir judiciaire et non au pouvoir administratif.

Attendu, d'autre part, que le caractère et la nature d'un procès sont déterminés par les conclusions des parties.

Que la Commune demanderesse étaie essentiellement les prétentions qu'elle formule contre l'Etat sur le fait que celui-ci aurait commis à son égard un acte dommageable, soit un quasi-délit donnant lieu à des dommages-intérêts, à teneur de l'article 1039 du Code civil.

Que l'action en dommages-intérêts est une action civile au premier chef, dont le sort relève de la décision des autorités judiciaires.

Attendu que, de ce qui précède, il résulte, qu'aussi bien au point de vue de la nature du prononcé préfectoral qu'au point de vue de la nature de la réclamation de la commune demanderesse, la cause apparaît comme étant du ressort des tribunaux.

Sans d'ailleurs aborder la question, objet du procès, ni quant au fond, ni quant à la forme, autrement dit sans déclarer si la réclamation de la demanderesse est fondée en droit, oui ou non, et sans décider si l'action est recevable, oui ou non, en la forme en laquelle elle est présentée,

Le Tribunal neutre prononce :

La réclamation faite par la Commune d'Aubonne contre l'Etat de Vaud, en paiement d'une somme de 8606 fr. 95, montant du tiers de l'amende prononcée par le préfet du district d'Aubonne, en date du 21 novembre 1882, contre Edouard L., *est de la compétence des autorités judiciaires.* »

Journal du droit international privé, par M. *Clunet*, avocat à la Cour de Paris ; 1886, nos 5-6 : Addition à la convention internationale de 1883 pour la protection de la propriété industrielle proposée au gouvernement par la conférence de Rome en 1886 (N. Droz). — Réforme judiciaire en Egypte (Martin Sarzeaud). — Condition des sociétés étrangères en Allemagne (Wolf). — Condition des étrangers dans la république Argentine (Dayreaux). — Mariage célébré à l'étranger suivant la législation italienne (Fioré). — Projet de connaissement, modèle uniforme pour les transports maritimes (Ulrich). — Jurisprudence internationale. — *France :* Dictionnaire de la jurisprudence française en matière de droit international. — *Angleterre :* Marques de commerce, navires, puissance paternelle, sauvetage, sociétés, sollicitors, transports. — *Belgique :* Jurisprudence commerciale et maritime (Spee), abordages, affrètements, armateurs, assurances maritimes, capitaine, clause compromissoire, connaissements, contrat par correspondance, coulage, courtiers, débarquement, frêt, prescription en matière d'emprunt à la grosse, sauvetage, surestaries. — *Suède* (Beauchet) : Association de consommation, bail, communauté, divorce, faillite. — Faits et informations. — Belgique et France : Achats, conventions. — *Etats-Unis :* Avis aux commerçants étrangers sur le recouvrement de leurs créances et le caractère des faillites aux Etats-Unis. — *France :* Brevets d'inventions, statistique. — Admission d'étrangers à domicile, changements de noms, naturalisation. — Convention maritime avec l'Italie, cessation, étrangers, taxe de séjour. — Médailles et récompenses industrielles. — Exposition en France et à l'étranger, loi nouvelle. — Naturalisation, émigrants dans les colonies françaises. — *Roumanie :* Médicaments étrangers, législation spéciale. — Bibliographie. — (MM. Marchal et Billard, 27, place Dauphine, à Paris ; un an : 15 fr.)

Ch. Boven, notaire, rédacteur.

Lausanne. — Imp. CORBAZ & Comp.

XXXIVe ANNÉE. N° 39. SAMEDI 18 SEPTEMBRE 1886

JOURNAL DES TRIBUNAUX

REVUE DE JURISPRUDENCE

Paraissant à Lausanne une fois par semaine, le Samedi.

Prix d'abonnement : 12 fr. par an, 7 fr. pour six mois. Chaque numéro, 50 cent. On s'abonne à l'imprimerie CORBAZ et Cie et aux bureaux de poste. — ANNONCES : 20 centimes la ligne ou son espace.

Propriété littéraire et artistique.

Le 9 septembre 1886 a été signée à Berne la convention concernant la création d'une Union internationale pour la protection des œuvres littéraires et artistiques, issue des délibérations des conférences internationales réunies à Berne en 1884 et 1885.

Le texte de la convention est celui du projet adopté l'année dernière et publié à pages 705 et suivantes du *Journal des Tribunaux* de 1885. Il n'a été apporté à ce projet qu'une seule modification, savoir à l'art. 7, dont la rédaction définitive est la suivante :

« Les articles de journaux ou de recueils périodiques publiés dans l'un des pays de l'Union peuvent être reproduits, en original ou en traduction, *dans les autres pays de l'Union*, à moins que les auteurs ou éditeurs ne l'aient expressément interdit... » Les mots en italique ont été ajoutés au texte primitif.

Les pays qui ont adhéré à la convention sont l'Allemagne, la Belgique, l'Espagne, la France, la Grande-Bretagne, Haïti, l'Italie, la République de Libéria, la Suisse et la Tunisie. La France et la Grande-Bretagne ont adhéré pour toutes leurs colonies, ce qui porte à environ 500 millions le chiffre des habitants compris dans le territoire des pays de l'Union.

La Suède et la Norvège ont promis d'adhérer lors de l'échange des ratifications, qui doit avoir lieu dans le délai d'un an.

Le siège du bureau international est définitivement fixé à Berne. La prochaine conférence aura lieu à Paris, dans le délai de 4 à 6 ans dès l'entrée en vigueur de la convention.

Inauguration du Palais de justice fédéral.

Cette inauguration aura lieu mardi 21 septembre. Le cortège du matin comprendra près de cinq cents personnes. Les participants se réuniront à 8 heures, sur la place du Château. La colonne se rendra de là Derrière-Bourg, en passant par la Cité, la rue Mercerie, la rue du Pont et celle de St-François.

Voici l'ordre de marche :

1° Cadets, musique et tambours en tête. — 2° Musique. Bureau du Grand Conseil et députation de Lausanne, avec deux huissiers. — 3° Conseil d'Etat et quatre huissiers. — 4° Tribunal cantonal et ses huissiers. — 5° Parquet et Juge d'instruction. — 6° Préfet et Président du Tribunal. — 7° Tribunal de Lausanne et huissiers. — 8° Justice de paix de Lausanne et huissier. — 9° Président du Conseil communal et Syndic de Lausanne, avec huissier. — 10° Les membres du Conseil communal, avec huissier. — 11° Municipalité de Lausanne, avec huissier. — 12° Un peloton de gendarmerie.

Le cortège du soir, comprenant les délégués officiels et les sociétés lausannoises, partira de la cour de la gare S. O.-S., à 8 heures, avec l'itinéraire suivant :

Avenues de la Gare, de Georgette et de Villamont ; rues d'Etraz, Martheray, Caroline, St-Pierre, de Bourg, St-François, du Pont, place de la Palud, montée St-Laurent, rues : Haldimand, Neuve, de la Tour, de l'Halle, St-Laurent, Grand-St-Jean, place Pépinet, rue Pépinet, place St-François, rue du Grand-Chêne.

Arrivée sur la place de Montbenon à 9 $^1/_4$ heures. — Concert par les sociétés musicales de la ville. — Illumination. — Feu d'artifice.

La commission qui s'est chargée d'organiser l'illumination et la décoration de la ville, vient d'adresser l'appel suivant :

« Chers concitoyens !

» Douze ans se sont écoulés depuis la décision des Chambres fédérales accordant à Lausanne le siège du Tribunal fédéral. — Les autorités communales qui se sont succédé ont tenu à honneur d'exécuter convenablement les engagements pris. Aujourd'hui, elles sont arrivées au terme de leur tâche. Il est désirable que le Palais de justice, maintenant terminé, soit inauguré par une fête simple, mais digne du canton de Vaud et de la ville de Lausanne.

» Nous allons recevoir des confédérés en grand nombre. Pour la première fois, les autorités fédérales, tous les cantons et le corps diplomatique accrédité auprès de la Confédération seront officiellement représentés à une cérémonie nationale célébrée à Lausanne.

» La fête du 21 septembre, par son caractère éminemment patriotique, sera aussi une fête suisse à laquelle s'associeront de cœur tous nos confédérés.

» La commission fait donc un appel pressant à la bonne volonté et au patriotisme de la population lausannoise. Elle engage les citoyens à unir tous leurs efforts pour assurer la réussite de l'ornementation et de l'illumination de la ville, et donner ainsi à la réception de nos confédérés un cachet de gaieté et de cordialité qui sera un heureux complément à l'hospitalité proverbiale des habitants de Lausanne.

» Nous sommes certains que chacun fera son devoir. Nous vous en remercions d'avance. »

Ensuite d'entente entre les représentants du Conseil d'Etat et le Syndic de Lausanne, les autorités cantonales et communales se réuniront mardi matin sur la place du Château et se rendront en cortège, précédées du corps des cadets, sur la promenade de Derrière-Bourg, en passant par les rues de la Cité, la Mercerie, le Pont et St-François. Après s'être joint à la colonne formée par les délégués fédéraux et des cantons, le cortège partira de

Derrière-Bourg pour se rendre à Montbenon par la place du Faucon, St-Pierre, la rue de Bourg et la place de St-François.

Le moment nous semble venu de rappeler les principales dates relatives au Palais de justice fédéral.

Voici dans quels termes l'*Estafette* du 27 juin 1874 annonçait le choix fait, le jour précédent, par les Chambres fédérales, de Lausanne comme siège de l'autorité judiciaire supérieure :

« Ainsi que le canon l'annonçait hier soir et ce matin aux Lausannois, leur ville vient d'être choisie comme *siège du Tribunal fédéral*.

Cette décision est des plus importantes pour notre ville; si elle lui impose des charges nouvelles, elle sera aussi pour elle un nouveau moyen de développement, et donnera à Lausanne une des premières places entre les villes de la Confédération. Comme on le pense bien, la lutte a été vive au sein des Chambres fédérales. Voici le détail du scrutin :

Au Conseil des Etats :

1er tour : Lucerne 16, Lausanne 9, Berne 7, Neuchâtel 4, Soleure 2, Bâle 2, Aarau 2.

2e tour : Lucerne 19, Lausanne 15, Berne 6, Neuchâtel 2.

3e tour : Lucerne 19, Lausanne 17, Berne 6.

4e tour : Lucerne 22, Lausanne 20.

En ce qui concerne le Conseil des Etats, Lucerne a donc d'abord obtenu la majorité.

Cette décision est immédiatement communiquée au Conseil national, qui entre en séance à 5 heures.

1er tour : Lausanne 34, Lucerne 34, Berne 32, Aarau 6, Neuchâtel 3, Soleure 3, Bâle 3. Bâle et Soleure sont éliminés.

2e tour : Berne 39, Lausanne 37, Lucerne 35.

3e tour : Lucerne 44, Berne 41, Lausanne 30.

Sur la proposition de M. Kaiser (Soleure), l'élimination de Berne est prononcée à l'appel nominal par 66 voix contre 48.

4e tour : Lausanne 71, Lucerne 43.

Tous les députés bernois ont voté pour Lausanne.

Cette décision est immédiatement communiquée au Conseil des Etats, qui, étant encore en séance, procède à un nouveau tour de scrutin, dans lequel, par 23 voix contre 18, il adhère à la décision du Conseil national.

Lausanne est donc désignée pour le siège du Tribunal fédéral.

Voici l'arrêté adopté par l'Assemblée fédérale au sujet du siège du Tribunal fédéral :

« L'Assemblée fédérale, en exécution des art. 106 et 107 de la Constitution fédérale, et de l'art. 11 de la loi sur l'organisation judiciaire fédérale, *arrête :*

» 1° La ville de Lausanne est, sous réserve de l'acceptation de la loi judiciaire fédérale, désignée comme siège du Tribunal fédéral ;

» 2° Les autorités compétentes du canton de Vaud, soit de la ville de Lausanne, devront, dans le délai d'un mois à compter du jour où la loi fédérale sur l'organisation judiciaire fédérale sera entrée en vigueur, faire parvenir au Conseil fédéral la preuve qu'elles sont prêtes à remplir les obligations imposées par l'art. 11 de la loi susmentionnée. »

Peu de temps après cette décision, le Tribunal fédéral prenait possession de l'ancien Casino, convenablement transformé et approprié à sa nouvelle destination.

Il quittera prochainement ce local pour siéger dans le nouveau Palais de justice.

Vaud. — TRIBUNAL CANTONAL.

Séance du 29 juin 1886.

Saisie en mains tierces. — Péremption. — Instruction de la question. — Art. 314, 436, 718 § *a* et 724 Cpc.

Ponnaz-Deprez contre Magnenat.

Si, dans la règle, la question de péremption de saisie doit être instruite et jugée sous forme d'opposition (Cpc. 724), les parties peuvent cependant convenir que le juge statuera sans assignation nouvelle sur cette question (Cpc. 314).

La saisie en mains tierces est périmée si l'ordonnance de vente, d'adjudication ou de subrogation n'est pas intervenue dans le délai de cinquante jours dès la notification de l'exploit au débiteur (Cpc. 718 § a).

Pour être payé de 600 fr. dus par H. Magnenat-Duport, en vertu de billet du 24 janvier 1871, plus les frais d'une poursuite infructueuse, F. Ponnaz-Deprez a, par exploit du 27 août 1884, imposé saisie-arrêt en mains de Louis Magnenat, David Magnenat, Gabriel Magnenat et Louise Delacrétaz, notamment sur la part indivise et indéterminée du débiteur aux meubles, créances, etc., provenant de la succession de feu Jean-Gabriel Magnenat, ainsi que sur sa part aux immeubles provenant de la dite succession, sis à Vaulion.

L'audience était fixée au 30 septembre 1884, mais il y eut opposition et la poursuite fut suspendue.

Par mandat du 5, notifié les 6, 7 et 10 mai 1886, Ponnaz a réassigné les tiers et le débiteur à l'audience du 18 mai 1886.

Les tiers ayant comparu ont déclaré qu'ensuite de cession en lieu de partage du 14 septembre 1884, le débiteur H. Magnenat-Duport a cédé à son frère J.-G. Magnenat, à Vaulion, sa part à la succession paternelle, ce pour le prix de 400 fr., acquittés par une obligation instrumentée le même jour en faveur du cédant, laquelle n'est exigible que trois mois après le décès de la mère usufruitière Sophie, Magnenat, et en tout cas pas avant que le cédant ait affranchi sa part d'héritage de la saisie-arrêt pratiquée par Ponnaz.

Les tiers ont déclaré, en outre, que le débiteur n'a aucun droit sur les immeubles n°s 203, 204, 205, 206, 207 et 208 qui ont été légués à Jean-Gabriel et David Magnenat.

Le créancier instant a requis une ordonnance de subrogation, attendu que le partage a eu lieu 8 jours après la saisie.

Le débiteur Henri Magnenat a conclu à ce qu'il soit prononcé que la saisie de Ponnaz est périmée, en vertu des art. 602 et 718 § *a* du Cpc.

Les parties ont convenu de laisser la question de péremption dans la compétence du Juge de paix.

Par jugement du 27/28 mai 1886, le Juge de paix de Vallorbes a admis la péremption et rejeté la demande de subrogation.

Ponnaz-Deprez a recouru contre ce jugement.

Nullité. Il y a eu violation des formes essentielles de tout jugement, puisque le Juge a prononcé sur une autre question que celle qui lui était soumise.

Réforme. Le Juge devait rendre l'ordonnance en vertu de l'art. 604 Cpc.

La question de péremption devait s'instruire sous forme d'opposition; or Magnenat n'a fait aucune opposition.

Le Juge a faussement interprété les art. 602 et 708 § *a* du

Cpc., en ce sens que le délai de 50 jours doit courir dès la signification de l'exploit de réassignation à comparaître. L'ordonnance eût donc bien été rendue en temps utile.

Le Tribunal cantonal a écarté le recours.

Motifs.

Sur la nullité : Considérant qu'il résulte du procès-verbal (du Juge) du 18 mai 1886, que les parties ont demandé au Juge de statuer sur la question de péremption.

Que le Juge a donc bien prononcé sur une question qui lui était soumise. Considérant, d'autre part, que le moyen de nullité invoqué par le recourant ne rentre dans aucun de ceux prévus à l'art. 436 Cpc.

Sur la réforme : Considérant que si, d'après l'art. 724 Cpc., la question de péremption doit, dans la règle, être instruite et jugée sous forme d'opposition, les parties peuvent cependant convenir, comme elles l'ont fait dans l'espèce, que le Juge statuera sans nouvelle assignation sur la question de péremption soulevée (art. 314 Cpc.) par l'une d'elles.

Considérant, d'autre part, que la saisie en mains tierces est périmée si l'ordonnance de vente, d'adjudication ou de subrogation n'est pas intervenue dans le délai de 50 jours dès la notification de l'exploit au débiteur (art. 718 § *a* Cpc.).

Que, dans l'espèce, il s'est écoulé 29 jours dès la signification de la saisie (28 août 1884) à celle de l'opposition à dite saisie faite par Ponnaz (28 septembre 1884). — Que ce dernier n'a pas donné suite à son procès sur opposition. — Que le dernier acte du procès est l'arrêt du Tribunal cantonal du 14 avril 1885.

Qu'ainsi le 14 avril 1886 le procès sur opposition était périmé.

Que, dès le 14 avril 1886 au jour de l'audience il s'est écoulé 34 jours, ce qui fait 63 jours en tout, alors que le délai maximum est de 50 jours.

Que la saisie de Ponnaz est donc bien périmée.

Que, cela étant, le juge a eu raison de rejeter la demande de subrogation.

Séance du 10 août 1886.

Vente. — Marchandise non conforme à la commande. — Refus de prendre livraison. — Art. 260 CO.

Bugnoni contre Buob.

L'acheteur n'est tenu de payer le prix et d'accepter la chose vendue que si elle lui est offerte dans les conditions convenues et qu'elle soit conforme à la commande (CO. 260).

Par exploit du 24 mars 1886, Paul Buob, représenté par le procureur-juré Grec, à Lausanne, a ouvert action à V. Bugnoni en paiement de 31 fr., valeur échue. Il l'a sommé, en outre, de prendre livraison des 30 hectolitres restants, dans le délai de six jours, aux conditions convenues, réservant tous ses droits au cas où le défendeur n'obtempèrerait pas à cette sommation.

A l'audience du 2 avril 1886, le défendeur Bugnoni a offert de payer 11 fr. pour solde de la réclamation qui lui est faite et de prendre livraison du vin restant, moyennant qu'il soit conforme à la commande et que le demandeur lui en remette préalablement un échantillon pour vérification en gare à Lausanne.

A l'audience du 7 mai, Bugnoni a déposé sa réponse, dans laquelle il offre paiement comptant de 11 fr. et conclut, pour le surplus, à libération, expliquant que le vin livré n'était pas le vin commandé.

A l'audience du 27 mai 1886, l'expert Gandolfo a dit que la couleur des étiquettes de Chianti n'est pas uniforme, mais varie suivant les caprices des négociants, et que les étiquettes livrées ne sont pas conformes à la commande.

Par jugement du 4/8 juin 1886, le Juge de paix de Lausanne a admis les conclusions du demandeur, estimant qu'il n'est pas établi que Bugnoni ait commandé des étiquettes de 3 couleurs différentes et que Bugnoni ne peut éprouver un dommage par le fait que les étiquettes portent « Casa Bugnon, Firenze » au lieu de « Bugnon, Firenze ».

Bugnoni a recouru en réforme contre ce jugement. Il allègue : que le mot « Casa » signifie que Bugnoni aurait une maison de commerce à Florence, ce qui n'est pas le cas, et qu'ainsi le contrat n'a pas été exécuté par Buob.

Ce dernier a conclu au rejet du recours, invoquant par analogie l'art. 243 CO.

Le Tribunal cantonal a admis le recours.

Motifs.

Considérant qu'il résulte des pièces au dossier, en particulier de la lettre du 1er mars 1886, les faits ci-après :

Le 12 janvier 1886, Bugnoni a commandé à Buob 30 hectolitres de vin, livraison prompte, et 30 hectol. livrables dans quelques semaines, au prix de 50 fr. les 100 litres, franco en gare de Florence.

Les 30 premiers hectolitres ont été livrés. Le compte de cette expédition s'élève à 1511 fr., sur lesquels Bugnoni a payé par une traite de 1500 fr.; reste 11 fr. pour solde.

Par lettre du 1er mars 1886, Bugnoni a commandé à Buob 3000 étiquettes pour le prix de 20 fr.

Dans cette lettre il demande que les étiquettes portent la mention « Bugnon Firenze ».

Les étiquettes expédiées à Bugnoni portent les mots : « Casa Bugnon Firenze » au lieu de « Bugnon Firenze ».

Le recourant a refusé de prendre livraison des étiquettes ainsi modifiées.

Considérant qu'il est constant que l'étiquette litigieuse n'est pas conforme à la commande du 1er mars.

Que l'acheteur n'est tenu de payer les prix et d'accepter la chose vendue que si elle lui est offerte dans les conditions convenues, ce qui n'est point le cas dans l'espèce.

Qu'il importe peu que l'étiquette soit utilisable dans sa forme actuelle sur la place de Lausanne, qu'il suffit qu'elle ne soit pas conforme à la commande pour que Bugnoni soit autorisé à refuser d'en prendre livraison,

Vu l'art. 260 du CO...

Séance du 11 août 1886.

Jugement arbitral. — Nullité. — Art 434 § c Cpc.

Piguet contre Tardy.

Il y a lieu à nullité du jugement arbitral rendu sans que les arbitres aient statué sur toutes les réclamations des parties, ni établi d'une manière

nette et précise le compte définitif de leurs prétentions. De pareilles lacunes constituent une violation des formes essentielles de tout jugement.

Avocats des parties :

MM. Paul MEYLAN, pour F. Piguet, demandeur et recourant.
FAUQUEZ, pour J. Tardy, défendeur et intimé.

Le procureur-juré Schaub, au Sentier, mandataire de Féréol Piguet soit actuellement de son héritier, a recouru contre le jugement arbitral rendu le 26/27 mai 1886, dans la cause qui le divise d'avec Jules Tardy.

Le recourant demande la nullité de ce jugement en se fondant sur les moyens suivants : les arbitres devaient trancher toutes les difficultés, savoir : 1° résiliation du bail pour cause d'inexécution des conditions par le fermier ; 2° maintien du séquestre ; 3° paiement par le défendeur de 580 fr. pour solde de fermage. — De son côté, le défendeur a demandé le paiement d'un compte de fournitures et une indemnité de 1200 fr. Mais les arbitres ont omis de parler des 580 fr., ils n'ont pas non plus parlé du séquestre. Ils n'ont statué que sur le compte de fournitures de Tardy, sur la résiliation du bail moyennant indemnité et sur les frais.

Ils n'ont pas établi le compte final et n'ont rien dit des frais des parties. Le jugement ne termine donc pas la difficulté ; il y a ainsi lieu à nullité en vertu de l'art. 434 § *c* Cpc.

Le Tribunal cantonal a admis le recours.

Motifs.

Considérant qu'il résulte du jugement dont est recours que les arbitres n'ont pas statué sur toutes les réclamations des parties, ni établi d'une manière nette et précise le compte définitif de leurs prétentions.

Que, notamment, ils ont omis de s'occuper de la réclamation de 580 fr. faite par le demandeur au défendeur pour solde de fermage ; qu'ils n'ont rien dit du sort du séquestre de Piguet, ni des frais faits par les parties à l'occasion du présent litige.

Considérant que de pareilles lacunes constituent une violation des formes essentielles de tout jugement entraînant l'application du § *c* de l'art. 434 Cpc.,

Le Tribunal cantonal admet le recours ; annule le jugement arbitral ; renvoie l'affaire au Tribunal ou au Juge compétent, à moins que les parties ne conviennent de constituer un nouveau tribunal arbitral (art. 489 Cpc.).

Séance du 17 août 1886.

Vente. — Laissé pour compte. — Prétendue acceptation. — Art. 123, 243, 248 et 249 CO.

Schneider et Weihmüller contre Mœcklin.

Le fait que l'acheteur prend provisoirement des mesures pour assurer la conservation de la marchandise ne peut être envisagé comme une acceptation de celle-ci.

Schneider et Weihmüller ont ouvert action à Mœcklin-Rey pour faire prononcer : 1° qu'il doit prendre livraison, à ses frais, périls et risques, du ballot de feutre S. W. n° 571, en dépôt chez J. Perrin et fils. 2° Qu'il est débiteur des instants d'une somme de 175 fr. 50 pour prix de cette marchandise. 3° Qu'il doit payer, en outre, aux demandeurs 9 fr. 30 pour frais de camionnage et de magasinage de cette marchandise chez J. Perrin et fils.

Le défendeur a conclu à libération.

Il a été établi, entre autres, les faits suivants :

Par carte-correspondance du 19 octobre 1885, Mœcklin a demandé à Schneider et Weihmüller de lui envoyer des échantillons de feutre bien épais, ainsi que le prix de cette marchandise.

Ensuite de l'envoi d'échantillons et de prix, Mœcklin a commandé aux demandeurs, le 23 octobre 1885, 50 à 60 livres de feutre, d'après l'échantillon reçu, au prix de 1.80 mark, à expédier par grande vitesse.

Cette commande est parvenue aux demandeurs le 24 octobre.

Le 31 dit, Mœcklin a écrit à Schneider et Weihmüller que, n'ayant pas reçu la marchandise, il annulait sa commande parce qu'il était trop tard.

Par lettre du 2 novembre 1885, les demandeurs ont écrit au défendeur qu'ils ne pouvaient accepter l'annulation de sa commande, la marchandise étant en fabrication, qu'elle serait terminée dans le courant de la semaine suivante et expédiée sans retard, le séchage étant difficile vu la saison.

Le 16 novembre 1885, Schneider et Weihmüller ont adressé à Mœcklin facture de leur envoi de 88 livres de feutre.

Le 20 novembre suivant, ce dernier a informé les demandeurs qu'il persistait dans l'annulation de son ordre qui était exécuté tardivement et qu'il refuserait l'envoi, offrant toutefois ses services pour la vente de cette marchandise en vue d'être agréable aux demandeurs.

Cette marchandise, expédiée en petite vitesse, est arrivée à Lausanne le 25 novembre 1885 et a été refusée le lendemain par le défendeur.

Le 24 novembre, les demandeurs ont écrit au défendeur qu'ils maintenaient leur envoi.

Le 25 novembre, Mœcklin a informé Schneider et Weihmüller qu'il avait pris livraison conditionnellement de leur envoi en leur signalant une erreur dans le prix facturé et le fait que la marchandise était très humide et qu'il était nécessaire de la mettre au grand air.

Le 17 décembre 1885, Mœcklin a écrit aux demandeurs qu'il laissait leur ballot à disposition chez J. Perrin et fils et les invitait à le retirer, cette marchandise ne convenant pas pour l'usage auquel elle était destinée.

Par lettre du 18 décembre, Schneider et Weihmüller ont répondu qu'ils n'acceptaient pas ce laissé pour compte, tout en admettant qu'après séchage de la marchandise, Mœcklin-Rey pourrait retrancher du compte le poids dont elle serait diminuée.

Le 12 mars 1886, les demandeurs ont avisé le défendeur qu'ils avaient chargé J. Perrin et fils de faire sécher la marchandise. Celle-ci a été séchée par les soins de J. Perrin et fils; elle pèse actuellement 39 kilos, faisant, au prix de 1.80 mark la liv., 175 fr. 50.

Les frais de camionnage en gare et de magasinage s'élèvent à 9 fr. 30.

Par jugement du 8/10 juin, le Juge de paix de Lausanne a écarté les conclusions des demandeurs.

Il s'est fondé sur les motifs ci-après:

Les demandeurs ont eu tort, lorsqu'ils ont envoyé des échantillons à Mœcklin, de ne pas l'informer qu'ils n'avaient pas cette marchandise en magasin; Mœcklin devait naturellement supposer que cette marchandise était fabriquée et pourrait lui être livrée à bref délai.

Les demandeurs auraient, en tous cas, dû informer le défendeur que la marchandise devait être fabriquée lors de la réception de son ordre.

Mœcklin était ainsi en droit d'annuler son ordre (CO. 123).

En prenant livraison conditionnellement, Mœklin n'a fait que se conformer à l'art. 248 CO.

D'ailleurs, la marchandise a été livrée en quantité plus considérable qu'elle n'était commandée et dans un état d'humidité qui la rendait inacceptable.

Schneider et Weihmüller ont recouru en réforme contre ce jugement en invoquant les moyens suivants :

Il résulte de leur lettre du 21 octobre 1885 que le feutre devait être préalablement fabriqué. Mœcklin n'avait donc pas droit à un envoi immédiat. S'il le voulait, il devait s'expliquer clairement, en tout cas il devait mettre en demeure. Du reste, Mœcklin a pris livraison le 26 novembre, ensuite de la lettre des recourants du 24 novembre.

Le Tribunal cantonal a écarté le recours.

Motifs.

Considérant que, par sa carte-correspondance du 23 octobre 1885, Mœcklin a demandé aux recourants l'envoi immédiat, soit par grande vitesse, d'une certaine quantité de feutre au prix de 1 marc 80 la liv.

Que cette commande a été faite pour le compte d'un de ses clients qui en avait besoin pressant.

Qu'en recevant cette commande, Schneider et Weihmüller auraient dû aviser Mœcklin qu'ils n'avaient pas la marchandise en magasin, qu'elle devait être fabriquée et qu'elle ne pouvait être livrée à bref délai.

Que la lettre du 21 octobre 1885, invoquée par les recourants, ne mentionne pas que le feutre devait préalablement être fabriqué; qu'elle laisse plutôt supposer que cette marchandise était déjà en magasin.

Que l'obligation qui incombait aux recourants devait être exécutée à bref délai.

Qu'ils ne se sont point acquittés de l'obligation à l'époque convenue.

Que, dans ces circonstances, Mœcklin avait le droit de se départir du contrat sans autre formalité (art. 123 CO.).

Considérant, en outre, que le vendeur est tenu de garantir l'acheteur à raison des défauts qui enlèvent à la chose sa valeur ou son utilité prévue ou qui les diminuent sensiblement (art. 243 CO.).

Que, lorsqu'il y a lieu à garantie à raison des défauts de la chose, l'acheteur a le choix de faire résilier la vente (249 CO.).

Que, dans l'espèce, la marchandise expédiée à Mœcklin était, à son arrivée à Lausanne, dans un état d'humidité qui la rendait inacceptable et inutilisable.

Que Mœcklin en a avisé immédiatement les recourants.

Que ceux-ci ont reconnu l'état défectueux de la marchandise, puisqu'ils ont chargé J. Perrin et fils de la faire sécher.

Que si Mœcklin a pris conditionnellement livraison de la marchandise, en offrant aux demandeurs ses services pour la vente, il l'a fait pour se conformer aux usages commerciaux et à la loi (248 CO.).

Qu'il ne s'en est, du reste, jamais mis en possession.

Que, dans ces circonstances, c'est avec raison que le Juge a repoussé les conclusions des recourants.

Résumés d'arrêts.

Frais. — L'accusé acquitté ne peut être condamné aux frais (Cpp. 408). La condamnation à des dommages-intérêts prévue à l'art. 440 Cpp. est tout à fait indépendante de la question des frais, avec laquelle elle ne saurait être confondue.

(Président du Tribunal d'Avenches ; jugement réformé.)

CP., 19 août 1886. Bessat.

Jugement de police. — La Cour de cassation pénale peut annuler un jugement de police lorsque les faits ne paraissent pas complets (Cpp. 524).

(Tribunal de police du Pays-d'Enhaut ; jugement annulé.)

CP., 24 août 1886. Mathey.

Opposition. — Après une opposition abandonnée, l'opposant n'est pas recevable à en former une nouvelle, et le Juge doit refuser son sceau à l'exploit (Cpc. 411).

(Juge de paix du Chenit ; sceau révoqué.)

TC., 10 août 1886. Payot c. Tardy.

Opposition. — Doit être envisagée comme une opposition aux opérations relatives à la vente, permise au débiteur qui n'a pas opposé sur le fond, celle fondée sur ce que les conditions de vente des immeubles subhastés n'auraient pas été déposées au greffe de paix, comme l'exige l'art. 638 Cpc.

(Juge de paix de Château-d'Œx; sceau maintenu.)

TC., 17 août 1886. Bertholet c. Savary.

Preuve testimoniale. — Il est permis de prouver par témoins que le propriétaire d'un mur a consenti à ce que le voisin y pratiquât des enfoncements pour y placer des poutres. Une telle preuve ne porte nullement sur la question de mitoyenneté elle-même et n'a pas pour but d'établir un droit immobilier.

(Président du Tribunal d'Yverdon; jugem. incidentel réformé.)

TC., 10 août 1886. Buenzod c. Guillet.

Preuve testimoniale. — Ne va pas contre la teneur de l'acte, la preuve testimoniale tendant à établir qu'au moment de signer une déclaration, une partie s'est trouvée en état d'erreur (Cpc. 974).

(Vice-président du Tribunal de Morges; jugement incidentel réformé.)

TC., 10 août 1886. Davoët c. Gétaz.

Récusation. — La récusation du Juge de paix peut être requise en tout état de cause pour un fait survenu après les délais fixés par la loi ou qui n'a pu être connu dans ces délais (Cpc. 100 et 319).

Il y a lieu à récusation du Juge qui, à l'occasion d'une autorisation de plaider accordée par la Justice de paix, a déjà donné son opinion sur le mérite de la cause (Cpc. 94).

TC., 17 août 1886. Dufour c. Lavanchy.

Saisie. — Le créancier qui n'est pas couvert par ses saisies antérieures est fondé à pratiquer une saisie cumulative (Cpc. 713).

(Juge de paix de Lausanne; sceau maintenu.)

TC. 17 août 1886. Michel-Brandt c. Rigole frères.

Le Tribunal cantonal procèdera, dans sa séance de jeudi prochain, à la nomination du Juge d'instruction du Canton de Vaud, en remplacement de M. de Cérenville, démissionnaire.

Banquier.

Aux termes d'un arrêt de la Cour de Paris (12 juin 1886, veuve Rivet c. Brach), le vendeur d'actions mobilières qui prétend opérer pour le compte d'un tiers agit comme commissionnaire commercial. Il doit, dès lors, être considéré comme vendeur direct et être tenu en son propre et privé nom, sauf son recours contre ses commettants, s'il en existe.

Celui qui, pour parvenir à la vente d'actions ou obligations de sociétés, prend le titre de banquier, ouvre des bureaux somptueux et publie un journal financier renfermant des articles faux consacrés à la louange des sociétés dont il cherche à vendre les titres, engage sa responsabilité vis-à-vis des acheteurs, si ceux-ci fournissent la preuve que c'est seulement par suite de ses conseils et de ses manœuvres dolosives qu'ils ont fait des opérations. Ces acheteurs sont, dès lors, en droit de former, contre ce soi-disant banquier, une demande en indemnité du préjudice qu'il leur a causé en leur faisant réaliser ces opérations.

Pêche.

Des annonces de journaux promettaient à tous les pêcheurs une pêche miraculeuse au moyen d'un appât « brésilien », qui avait le don d'attirer les poissons d'une distance de plus de 100 mètres. Cet ingrédient extraordinaire était expédié franco pour la somme de 2 fr. 25. En cas d'insuccès on rendait l'argent. Les demandes arrivèrent en foule à M. le directeur du laboratoire P., à Sens (Yonne) ; plus de 6000 lettres lui furent adressées en un mois. Mais bientôt on découvrit que l'influence de l'appât était plus grande sur les humains que sur la gent aquatique. Après avoir vainement réclamé leurs 2 fr. 25, plusieurs dupes viennent de s'adresser au parquet de Sens. En attendant, la fameuse annonce du « Tombeau des poissons » s'étale encore dans les journaux.

Barreau. — Par arrêté du Conseil d'Etat en date du 7 septembre, M. Charles Magnin, ancien juge au Tribunal de commerce, est admis à exercer la profession d'avocat devant les tribunaux genevois.

Ch. Boven, notaire, rédacteur.

Lausanne. — Imp. CORBAZ & Comp.

XXXIVe Année. N° 40. Samedi 2 Octobre 1886

JOURNAL des TRIBUNAUX

REVUE DE JURISPRUDENCE

Paraissant à Lausanne une fois par semaine, le Samedi.

Prix d'abonnement : 12 fr. par an, 7 fr. pour six mois. Chaque numéro, 50 cent. On s'abonne à l'imprimerie Corbaz et Cie et aux bureaux de poste. — Annonces : 20 centimes la ligne ou son espace.

SOMMAIRE. — *L'inauguration du Palais fédéral de justice. — Commission pénitentiaire internationale.*

L'inauguration du Palais fédéral de justice.

Cette fête a eu lieu à Lausanne les 20 et 21 septembre. Favorisée par un temps splendide, elle a réussi au-delà de toute attente. La population y a pris une très grande part et l'ornementation de la ville n'a rien laissé à désirer.

Le lundi soir, veille de l'inauguration, les invités officiels se sont réunis au Casino-Théâtre, où l'Orchestre de la ville et de Beau-Rivage a donné un concert des mieux composés et où la Municipalité avait préparé un *buffet* excellent, portant des vins des meilleurs crus. Là, de vieux amis se sont retrouvés, après une longue séparation. Ceux qui ne se connaissaient pas encore ont fait ample connaissance, et les poignées de mains, les bons rires, l'entrain et la cordialité la plus franche n'ont cessé de toute la soirée.

Le lendemain a eu lieu la partie officielle proprement dite. Le cortège, composé des autorités cantonale et communale, s'est réuni sur la place du Château à 8 $^1/_2$ heures du matin pour aller se souder à la colonne fédérale déjà organisée sur la promenade de Derrière-Bourg.

Au moment où la colonne s'ébranle, le canon tonne. On circule à travers la ville, dans les rues enguirlandées et enrubannées, ornées de drapeaux aux mille couleurs.

La place de la Palud est particulièrement bien décorée. La fontaine était une merveille et le cordon de lampes chinoises qui courait autour de la place était heureusement entendu.

Plusieurs quatrains méritent d'être cueillis au passage.

Près du café de la Glisse :

La Palud, jadis marécage,
Aujourd'hui forum lausannois,
Voudrait posséder mille voix
Pour vous saluer au passage.

Plus loin, quelques vers satiriques :

Messieurs, si vous avez,
De nos pavés,
Ressenti l'inclémence,
Plaignez les pauvres habitants
Qui, depuis vingt ans,
Vivent d'espérance.

Enfin, surmontant la fontaine :

Depuis quelques cents ans nous avons la Justice
La balance à la main, son bandeau sur les yeux ;
Il est bien temps qu'elle finisse
Par peser un peu moins et par voir un peu mieux.

A 9 heures, la colonne cantonale débouche Derrière-Bourg et rejoint la colonne fédérale, puis on marche sur Montbenon en traversant la rue St-Pierre, la rue de Bourg, la place St-François et la rue du Grand-Chêne, au son des fanfares et des cloches sonnant à toute volée.

Le Conseil fédéral est en tête, à l'exception de MM. Hammer, Hertenstein et Welti, qui ont fait excuser leur absence. Puis le corps diplomatique : M. le baron d'Ottenfels, ministre d'Autriche-Hongrie ; M. de Niethammer, ministre de Bavière ; M. de Hamburger, ministre de Russie ; M. de la Almina, ministre d'Espagne ; M. Delafosse, ministre de Belgique ; Sir F.-O. Adams, ministre de la Grande-Bretagne ; M. Alvarez, ministre-résident de la République argentine ; M. de Bulow, chargé d'affaires de l'empire d'Allemagne ; M. de Beccaria-Jucisa, chargé d'affaires d'Italie ; M. von Ernst, consul général de Portugal.

M. Arago, ambassadeur de France, est malade ; il n'assiste pas à la cérémonie ; M. de Savignies, secrétaire de l'ambassade, le remplace.

Suivent : le secrétaire du département politique fédéral, M. Rodé; MM. Lardy et Frey, ministres de Suisse à Paris et Washington ; M. Rivier, consul général de Suisse à Bruxelles.

Le Tribunal fédéral suit le corps diplomatique ; il est au complet avec la plupart de ses suppléants et le personnel de sa chancellerie.

Les Chambres fédérales sont représentées par leurs bureaux et la députation vaudoise à Berne. Nous remarquons dans ce groupe deux invités : M. Ceresole, ancien président de la Confédération, et M. Vessaz, ancien président du Conseil national.

Puis les gouvernements des cantons et les représentants des tribunaux cantonaux.

Les facultés de droit des Universités ont aussi leurs délégués. Bâle est représentée par MM. les professeurs Heussler et Huber ; Zurich par MM. G. Vogt et Treichler ; Berne par MM. Kœnig et Baron ; Genève par MM. Gentet et Martin. M. Zeerleder, de Berne, représente la Société suisse des juristes.

L'Académie de Lausanne a délégué son recteur, M. Amstein, et sa Faculté de droit au complet, à l'exception de M. Walras, absent.

Parmi les fonctionnaires fédéraux, MM. Trachsler et Weber, du département de justice et police ; M. Fluckiger, du département des travaux publics ; MM. les inspecteurs Paccaud, Delessert et Butticaz.

Puis viennent les cadets, avec leur fanfare et leur batterie de tambours, le bureau du Grand Conseil et les députés du cercle de Lausanne, le Conseil d'Etat, le Tribunal cantonal, le parquet du Procureur-général et du Juge d'instruction, le Préfet et le Tribunal de district, la Justice de paix, le bureau du Conseil communal, la Municipalité et le Conseil communal. Un peloton de gendarmerie ferme la marche.

On arrive sur Montbenon, vers le Palais.

Le cortège débouche sur la terrasse, devant le Palais, et se forme en cercle, le Conseil fédéral, le corps diplomatique, le Tribunal fédéral et les autres autorités fédérales au centre.

M. le syndic *Cuénoud* gravit les degrés du grand escalier et prononce le discours suivant :

« Messieurs les membres des autorités fédérales;

» Messieurs les représentants des gouvernements étrangers;

» Messieurs les membres des autorités politiques et judiciaires de nos cantons et Messieurs les représentants de la science juridique;

» Messieurs les membres des diverses autorités vaudoises et Messieurs les invités,

» La cérémonie qui nous réunit dans ce moment aurait pu être conçue de la manière la plus simple.

» De quoi s'agit-il, en effet?

» En 1874, la ville de Lausanne a pris l'engagement de fournir les locaux nécessaires au fonctionnement du Tribunal fédéral.

» Dans cette même année 1874, elle a pourvu à une installation provisoire du Tribunal.

» Aujourd'hui, elle vient déclarer que l'installation définitive est prête, et elle prie le Conseil fédéral et le Tribunal fédéral d'en prendre possession.

» Au point de vue purement administratif, l'opération pouvait se résumer en un échange de lettres et la remise des clefs de l'édifice.

» Au lieu de ces simples formalités, que voyons-nous? Une imposante manifestation à laquelle prennent part, avec toutes les autorités du pays, les honorables représentants en Suisse des puissances étrangères; nous voyons des confédérés accourus de toutes les parties de la Suisse, sans exception; nous voyons aussi une population en fête, se pressant sur le passage du cortège qui vient de traverser nos rues.

» Pourquoi, Messieurs, cette manifestation? C'est parce qu'en dehors et au-dessus de l'acte purement administratif qui est l'occasion de la réunion, il y a, dis-je, la consécration d'un acte important de notre vie nationale.

» Permettez-moi de rappeler brièvement quelques faits de notre histoire nationale contemporaine.

» A la suite de luttes ardentes, la majorité du peuple suisse avait refusé le projet de Constitution de 1872, comme faisant la part trop grande à la centralisation.

» Des hommes de bonne volonté, appartenant aux deux opinions opposées, cherchèrent le terrain de transaction sur lequel fut fondée la Constitution de 1874.

» La Suisse romande et le canton de Vaud en particulier

avaient pris une part active à cette transaction qui, tout en faisant la part des compétences nouvelles à accorder au pouvoir central, conservait aux cantons leur existence, leur autonomie et une grande part d'activité individuelle.

» Quand vint le moment d'élaborer la loi sur l'organisation judiciaire, qui instituait un Tribunal fédéral permanent, le canton de Vaud intervint à Berne pour obtenir que le siège du Tribunal fédéral fût fixé à Lausanne.

» Il appuyait sa demande sur ces deux ordres d'idées : d'abord qu'il était nécessaire d'affirmer l'indépendance de l'autorité judiciaire, en plaçant celle-ci hors de l'atmosphère politique de la ville fédérale. Et ensuite, qu'il était de l'essence de l'état fédératif de répartir les institutions fédérales sur les diverses parties du pays.

» La commune de Lausanne, de son côté, appuya la démarche faite au nom du Canton en se déclarant prête à supporter les charges qui en résulteraient pour elle.

» Enfin, le 26 juin 1874, les Chambres fédérales désignèrent à une grande majorité la ville de Lausanne comme capitale judiciaire de la Suisse.

» Ce résultat ne fut pas obtenu sans quelque lutte. Les uns voulaient, par principe, placer le Tribunal à Berne, au siège des autorités fédérales ; d'autres, par des motifs d'ordre pratique, auraient préféré une ville plus centrale.

» Nous croyons que les Chambres fédérales ont fait acte de justice et de bonne politique dans leur décision de 1874. Et nous sommes heureux de voir dans ce jour nos autorités fédérales entourées des représentants de tous les cantons, sans exception, et de constater que, malgré les divergences qui se sont produites à l'origine, un généreux souffle patriotique anime tous les cœurs dans cette journée qui est comme la consécration de la décision des Chambres.

» Chers Confédérés, qui avez répondu nombreux à nos appels, je vous dis au nom des autorités de la ville de Lausanne et au nom de la population de Lausanne : Soyez les bienvenus! Lausanne a revêtu ses habits de fête pour vous recevoir et vous prouver, avec sa reconnaissance pour l'honneur que vous lui avez fait, que son cœur bat pour le bonheur de notre patrie suisse!

» Messieurs les membres du Conseil fédéral,

» Au nom de la ville de Lausanne, que j'ai l'honneur de représenter en ce moment, je vous prie de prendre possession de ce bâtiment, construit par l'association des efforts du canton de Vaud et de la ville de Lausanne.

» Vous avez trouvé parfois que nous prenions beaucoup de temps pour fixer notre choix sur l'emplacement du bâtiment. Je n'ai pas besoin de vous apprendre que nos hésitations et nos lenteurs résultaient avant tout de notre désir unanime de placer cette construction dans les conditions les plus dignes de la grandeur et de la majesté de l'institution qu'elle doit recevoir.

» L'édifice a été construit avec soin, sous la direction d'un architecte habile, M. Recordon. Nous espérons qu'il donnera toute satisfaction au Tribunal fédéral.

» Je termine, Messieurs, en exprimant le bonheur que nous ressentons de posséder au milieu de nous, d'une manière permanente, les hommes éminents auxquels la patrie a confié la haute mission d'appliquer la justice.

» Puisse la journée qui nous réunit cimenter les liens qui doivent unir tous les enfants de la Suisse et augmenter dans le cœur de chacun de nous l'affection que nous portons à notre chère patrie suisse. »

M. *Ruchonnet*, conseiller fédéral, a dit ensuite :

« Monsieur le syndic de Lausanne, Messieurs les membres des autorités communales de cette ville.

» Nous sommes chargés, mes collègues et moi, au nom du Conseil fédéral, de prendre possession de ce palais de justice que vous venez de nous remettre, et en même temps de vous exprimer, au nom de la Confédération, la satisfaction bien méritée que le pays entier éprouve en présence de ce résultat de vos efforts, de ce témoignage durable de la manière dont vous avez compris vos obligations. Aucun mandat ne pouvait m'être plus agréable, à moi, enfant de ce pays, à moi qui ai assisté à toutes les phases de ce long débat, que d'assister aujourd'hui à leur dénouement.

» Vous avez fait les choses bien. Nous avons trouvé parfois que cela prenait du temps. Il y a eu de votre part des lenteurs, et de la nôtre des impatiences. Toutefois nous avons compris ces lenteurs; nous avons compris que la population ait hésité à sacrifier, pour la construction de cet édifice, cette belle promenade, seul emplacement digne de lui, mais à laquelle se rattachait des souvenirs joyeux et doux. Nous espérons que ce sacrifice n'est plus regretté par personne aujourd'hui que le palais est terminé. Nous avons compris aussi qu'il fallait du temps pour élever un édifice si bien proportionné, pour choisir et assortir de si beaux matériaux, pour en faire un ensemble solide et durable. Maintenant que l'œuvre est finie, oublions ces années passées dans un provisoire qui n'était pas trop incommode pour nous réjouir dans un sentiment de commune admiration.

» Vous pouvez dire, Messieurs, comme le poète : *Exegi monumentum!* le monument de votre fidélité à la Confédération, le monument qui dira à vos petits-enfants ce que savaient faire les sacrifices de leurs ancêtres.

» Une petite ville qui fait grand vaut mieux qu'une grande ville qui ne sait rien faire. Vous l'avez compris, mais aussi, avouez que le but proposé était digne des plus grands efforts. En vous confiant l'honneur bien envié, bien désiré, d'être le siège des institutions judiciaires fédérales, l'Assemblée de la nation vous a donné la plus grande preuve qu'il lui fût possible de vous donner de sa confiance, de son affection pour cette ville, pour le canton, pour ce beau pays. En effet, ce que la nation a de plus précieux, c'est la justice qui est et sera toujours le fondement de la démocratie. C'est chez vous que sont venus siéger les hommes sages qui sont les gardiens de nos libertés. Il y a plus : en plaçant dans cette ville le siège de la haute cour, l'Assemblée fédérale a affirmé d'une façon durable, et, espérons-le, éternelle, le principe fédératif sur lequel repose notre patrie. A Zurich, le siège de l'instruction; à Berne, le siège du pouvoir politique; à Lausanne, le siège de la justice; afin qu'on puisse dire que le centre de notre pays se trouve partout où il y a une bourgade, partout où réside un citoyen suisse.

» Messieurs les représentants du canton de Vaud! Il y aurait de l'ingratitude à ne pas vous remercier des efforts que l'Etat a faits pour procurer à la ville de Lausanne la faveur du choix de l'Assemblée fédérale. Permettez-moi cependant de vous dire que votre tâche n'est point achevée. Ici vont venir siéger les jurisconsultes les plus éminents de notre pays. Ici, ils viendront interpréter le droit nouveau, le droit futur de la Confédération. Il faudra compléter l'œuvre commencée; il faudra que la jeunesse suisse puisse venir faire dans cette ville l'étude des institutions de la patrie pour en remporter, d'un bout à l'autre du pays, le fruit de ses leçons. A vous de veiller à l'accomplissement de cette tâche en complétant vos établissements universitaires!

» Messieurs les représentants des cantons, des universités, de la Société des juristes! Il y a quelques années, le choix du siège de nos autorités judiciaires fut l'objet d'un véritable tournoi où se présentèrent de nombreux concurrents. Aujourd'hui, en voyant de quelle manière Lausanne a rempli ses obligations, je ne sais si je me trompe, mais il me semble que toute contestation a disparu, et que vous tous, ceux qui briguaient l'honneur d'abriter la justice fédérale, comme ceux qui n'y prétendaient point, s'associent dans un sentiment de satisfaction.

» Et comment en serait-il autrement? Quel cadre plus beau, quel emplacement plus digne pour un palais que celui qui nous entoure? Ici une nature grandiose, ce lac dont un poète immortel a dit dans ses vers magistraux : « Mon lac est le premier! » et au-delà duquel le regard s'étend jusque sur un pays voisin dont les hommes d'Etat suivent avec une attention curieuse et toujours sympathique le développement de nos institutions. Ici la vieille cathédrale du moyen-âge, la perle du Léman, cette vieille église autour de laquelle se forma l'antique civilisation du pays, fondée elle aussi sur le respect de la justice. Devant nous, ces arbres séculaires, qui ont vu passer Davel dans son dernier voyage, et qui nous saluent encore aujourd'hui. Ici enfin, ce temple, le temple du droit, que nous avons le bonheur d'inaugurer dans la paix la plus profonde, alors que partout autour de nous règne l'inquiétude.

» Persévérons dans cette œuvre de paix, consacrons-y tous nos efforts, et puisse notre heureuse patrie durer autant que ce monument qui nous enseigne que nous serons prospères aussi longtemps que nous resterons unis dans le sentiment de la justice. Vous porterez avec moi votre hourrah à la ville de Lausanne, au canton de Vaud et à la Confédération suisse! Vive la ville de Lausanne! Vive le canton de Vaud! Vive la Confédération suisse! »

On entre dans le Palais. La gendarmerie et les sapeurs-pompiers forment la haie et présentent les armes. Le vestibule d'entrée, décoré de palmiers et de fleurs, a tout à fait grand air.

Dans la grande salle d'audience, le Tribunal fédéral prend place à son siège, avec les délégués du Conseil fédéral, le président du Conseil d'Etat de Vaud et le syndic de Lausanne. Devant eux, les membres du corps diplomatique. En face, les autres invités.

M. *Ruchonnet* monte au fauteuil et remet le Palais au Président du Tribunal fédéral : « Vous pouvez, dit-il aux Juges, dire » ici le droit en toute indépendance, au milieu d'une population » paisible, chez laquelle le respect de la loi est de tradition. »

M. *Olgiati*, président du Tribunal fédéral, a pris place alors au fauteuil de la présidence et a prononcé, en allemand, l'intéressant discours que voici :

« Messieurs les conseillers fédéraux et Messieurs,

» En prenant possession des clefs du superbe édifice que la ville de Lausanne a mis à la disposition du Tribunal fédéral, j'exprime au nom de celui-ci aux Conseils de la Confédération, au gouvernement de l'Etat de Vaud et à l'honorable conseil communal de Lausanne les plus chaleureux remerciements de l'installation vraiment brillante qui nous est donnée.

» L'Assemblée fédérale, lorsqu'elle fondait notre nouvelle organisation judiciaire, s'est préoccupée d'assigner au Tribunal fédéral un siège où il pût s'acquitter de sa mission loin du mouvement des partis, à l'abri des passions que soulèvent les luttes politiques.

» Le canton de Vaud et la ville de Lausanne lui ont préparé, il y a douze ans déjà, à l'occasion de sa première installation, un accueil extraordinairement hospitalier et sympathique, et aujourd'hui s'ouvrent les portes de ce magnifique palais, si beau et si grandiose qu'il témoigne hautement des sentiments patriotiques qui animent nos chers Confédérés du canton de Vaud à l'égard des institutions nouvelles de la patrie et prouve qu'en particulier le peuple vaudois honore celles de ces institutions qui sont destinées à garantir et à protéger les droits et les libertés du peuple, l'égalité des citoyens, le libre jeu des lois et la pratique paisible du droit. Que dans ce site splendide, où la vue s'étend au loin sur les monts et les vallées, ce palais soit toujours un temple de la justice, où chacun, faible ou fort, trouvera bon droit, dont le seuil ne sera jamais franchi par l'esprit de partialité et où le droit soit consciencieusement et intelligemment pratiqué.

» L'idée de fortifier nos institutions judiciaires fédérales par la création d'une Cour de justice suisse avait déjà vivement préoccupé les patriotes de la fin du siècle passé. Cette Cour existait dans la tentative éphémère faite alors, spécialement dans la Suisse française, pour doter le pays d'une Constitution fortement centralisée. Mais les cantons, alors encore très jaloux de leurs droits, n'ont pas fait bon accueil à ce projet d'unification des institutions juridiques.

» L'idée fut reprise en 1848 et pratiquement résolue, quoique dans de modestes limites, par la Constitution sous l'égide de laquelle la Confédération rajeunie revit de longues années de prospérité et de progrès rationnel.

» Mais c'est en 1874 seulement que le Tribunal fédéral est devenu une Cour de justice permanente, à siège fixe, avec des compétences étendues pour l'interprétation et l'application du droit public et privé. De cette façon, le libre développement du droit fédéral, indépendamment de toute influence locale, a été rendu possible.

» De toutes les créations nouvelles de notre jeune Constitution, il en est peu que l'opinion publique ait salué avec autant de sympathie et un accord si unanime que le Tribunal fédéral rénové. Il a donné un corps et une forme tangible à la notion naissante d'un droit fédéral unifié, d'un droit commun à tous les Suisses, placé sous la protection d'une Cour centrale. Le peuple suisse a vu dans le Tribunal fédéral une garantie de plus pour le développement paisible de sa vie nationale.

» L'avenir répondra-t-il à toutes ces espérances ? La création d'une jurisprudence fédérale se heurte à de grandes difficultés dans ce pays si profondément divisé par les langues et les différentes conceptions du droit. Mais il est clair que l'existence d'un Tribunal supérieur est tout particulièrement propre à concilier les points de vue en apparence les plus contradictoires, et cela de façon à ce que ce soient les préceptes juridiques les plus rationnels et les mieux appropriés à l'ensemble des besoins qui subsistent et demeurent.

» Il n'est peut-être pas de Cour de justice devant laquelle des doctrines juridiques plus diverses soient professées. Tous les cantons nous apportent leur droit tel qu'il s'est développé chez eux, toutes les divergences dans l'interprétation et tous les points de vue aboutissent à ce prétoire fédéral. Celui-ci est, par conséquent, appelé à ériger une doctrine juridique des préceptes divers indépendamment de leur origine et de leur provenance: allemande, française ou italienne.

» D'autre part, il est incontestable qu'il se produit dans les esprits et dans la vie de tous les jours un mouvement puissant en faveur d'une régularisation uniforme du droit dans notre Etat. Sans aucun doute, et quelles que soient nos habitudes particularistes, quelle que soit notre affection ou notre piété pour des institutions qui ont fait leurs preuves et qui paraissent encore suffisantes à bon nombre d'esprits, cette poussée vers l'unification complète du droit deviendra toujours plus forte et l'emportera sur le reste.

» Nous ne sommes donc encore qu'à l'aube du jour où naîtront de nouvelles institutions de droit civil, mais c'est avec confiance que nous considérons l'avenir. Nous avons la ferme espérance que la Suisse saura se procurer des lois de droit privé qui, bien réfléchies et élaborées sans précipitation, accroissent notre bien-être à l'intérieur et ajoutent à la considération dont l'étranger nous honore.

» La présence en ce lieu des représentants d'Etats étrangers nous montre avec quel intérêt on suit au dehors les étapes successives de notre législation. Nous sommes très reconnaissants à ces hommes de la part sympathique qu'ils prennent à tous les événements de notre vie nationale, de leurs sentiments bienveillants et du soin qu'ils mettent à cultiver avec notre Etat d'aussi excellentes relations. Nous les remercions de leur présence à la solennité de ce jour.

» Le Tribunal fédéral est très heureux aussi de ce qu'il peut compter sur le secours intelligent des autorités des cantons dans l'accomplissement de sa tâche délicate et en forte partie créatrice. La jurisprudence du Tribunal fédéral n'est-elle pas en relations intimes avec celle des Cours cantonales et n'est-ce pas dans un contact intime et un échange d'idées constant qu'est la garantie pour le droit fédéral d'un développement normal et adapté aux besoins des populations? Nous devons travailler en commun, notre but est le même. C'est sans doute dans cette pensée que vous êtes ici, Messieurs, et nous vous en savons le plus grand gré.

» Notre salut le plus cordial aussi aux représentants des facultés de droit, de ces foyers lumineux de culture intellectuelle qui, rayonnant sur tout le territoire, réchauffent nos esprits à la flamme du pur idéal scientifique. L'étude du droit a toujours été en Suisse l'objet d'une sollicitude spéciale et nous sommes fiers lorsque nous pensons à tous les hommes illustres dans ce domaine qui ont porté au loin le bon renom du pays. N'est-ce pas à l'enseignement éminent des professeurs de nos universités, à leurs travaux consciencieux de législation comparée que nous devons de voir le terrain préparé pour des progrès nouveaux et l'opinion publique disposée à procéder à de nouvelles réformes ?

» Laissez-moi, avant de terminer, évoquer ici le souvenir de deux hommes qui se sont spécialement intéressés à la création d'un droit fédéral, trop tôt arrachés à cette cour dont ils étaient l'ornement, Blumer et Dubs, si distingués par la haute culture de leur esprit, par la profondeur de leur science, par la richesse des faits expérimentés qu'ils détenaient, par leur conception si nette des fondements de notre vie nationale et par leur patriotisme si éclairé. La mémoire de ces hommes vivra dans ce lieu.

» Messieurs ! Porté par le sentiment national et l'amour de notre peuple pour le droit et la justice, soutenu par le désir, universel en ce pays, de voir la loi se perfectionner toujours et s'enrichir de préceptes nouveaux, le Tribunal fédéral peut se mettre gaîment à l'œuvre et se consacrer avec confiance à la haute mission que la constitution lui a dévolue.

» Je termine en exprimant le vœu qu'à tout jamais, dans cette splendide demeure, règne l'antique devise fédérale : Un droit égal pour tous. »

M. *Jordan-Martin,* président du Conseil d'Etat vaudois, prend ensuite la parole :

« Messieurs,

» Le Conseil d'Etat du canton de Vaud ne peut laisser s'accomplir cette cérémonie sans s'associer de cœur aux souhaits de bienvenue qui viennent de vous être adressés.

» Votre présence ici, Messieurs, honore le peuple vaudois et le Canton tout entier est heureux et fier de vous recevoir. Elle marque un événement qui comptera dans nos annales, parce qu'il est le couronnement d'une œuvre longtemps désirée et longtemps attendue. Cette œuvre constitue un lien de plus entre la Suisse orientale et la Suisse occidentale; elle sera, nous en sommes certains, le point de départ de nouveaux progrès pour le bien de la Patrie.

» L'installation définitive de la haute Cour de justice dans notre capitale nous remplit de joie. Elle consacre une des plus belles dispositions de la Constitution de 1874 en ce qui concerne la réorganisation judiciaire fédérale, prévue déjà par la Constitution de 1848 comme devant être le complément de la nouvelle organisation politique de notre chère Suisse.

» Soyez-en certains, Messieurs, la haute Cour de justice fédérale que nous installons définitivement continuera à être entourée par le peuple vaudois de toute sa sympathie et de tout son respect. Et aujourd'hui, à cette heure, dans les villes comme dans le plus petit hameau du canton, on fait des vœux sincères pour que le séjour de MM. les juges fédéraux sur les bords du Léman soit pour eux et leurs familles un séjour agréable et béni. »

Les nombreux invités officiels qui ont parcouru le matin le palais de Montbenon en ont beaucoup admiré la distribution intérieure, le bon goût et l'élégance, et ont rendu hommage à la belle œuvre de M. l'architecte Recordon. Le fait est que tout cela est fort bien entendu et d'une exécution qui satisfait à première vue.

Un fait particulièrement intéressant, c'est que l'édifice lui-même, sa décoration et son ameublement sont l'œuvre d'artistes et d'industriels du pays. C'est bien en Suisse, en particulier à Lausanne et dans le canton de Vaud, que ce bâtiment a été fait.

Le vestibule d'entrée, le grand escalier, la charmante salle d'audience du rez-de-chaussée, boisée en vieux bois richement sculpté et surtout la grande salle du premier étage, si artistement décorée par M. Chollet, ont été admirés comme ils méritent de l'être. Ces deux salles d'audience sont, chacune dans son genre, d'un goût parfait et de véritables œuvres d'art.

La visite du Palais terminée, les invités ont pris à 11 ½ heures le chemin de fer funiculaire pour descendre à Ouchy, où les attendait le dîner. Voici le menu qui leur a été servi dans les deux salles de l'hôtel Beau-Rivage :

Yvorne. Truite du lac, sauce genevoise.
St-Julien. Aloyau au madère, garni Richelieu.
Pommes rissolées.
Pomard. Volaille à la Stanley.
Haricots verts sautés.
Dézaley. Cuissot chevreuil, sauce diaphane.
Salade de saison.
Champagne. Glace au punch. Pâtisserie.
Desserts. Fruits.

L'orchestre de Beau-Rivage joue, pendant le banquet, les plus beaux morceaux de son répertoire.

M. le conseiller national *Thélin* est désigné comme major de table.

Il donne la parole à M. *Jordan-Martin*, président du Conseil d'Etat, qui joint au toast à la Patrie celui aux autorités fédérales et au corps diplomatique.

M. *Deucher*, président de la Confédération, porte le toast au canton de Vaud. Le cadre de notre journal ne nous permet pas de reproduire ce brillant discours, qui a été salué par les plus chaleureuses acclamations.

M. le juge fédéral *Morel* porte un toast à la ville de Lausanne et à sa prospérité future.

M. le baron *d'Ottenfels*, ministre de l'empire d'Autriche-Hongrie, à Berne, a bu à la prospérité de ce beau et noble pays qui s'appelle la Suisse. Qu'elle vive!

Ce discours a été interrompu plusieurs fois par des applaudissements qui ont redoublé à la conclusion. On ne saurait exprimer avec plus de tact et d'éloquence des sentiments d'intérêt et d'amitié qui nous sont particulièrement précieux.

M. *Roguin*, juge fédéral, salue dans les représentants des tribunaux supérieurs des cantons des collaborateurs à la belle œuvre de l'unité et de la sécurité du droit. « Nous avons entretenu jusqu'ici, dit-il, d'excellents rapports; cultivons-les à l'avenir et n'ayons jamais qu'un seul drapeau : la justice et la loi. »

M. *Heussler*, professeur à Bâle, porte son toast au Tribunal fédéral, et M. *Zeerleder*, de Berne, au nom de la Société des juristes, évoque le souvenir des hommes, morts aujourd'hui, qui ont travaillé au développement de la législation fédérale, Munzinger et Ruttimann en particulier. M. Zeerleder porte son toast à la coopération du barreau avec la magistrature fédérale pour l'élaboration du droit futur.

M. le professeur Henri *Carrard*, de l'Académie de Lausanne, voit dans le Tribunal fédéral la source de la science juridique où devront venir puiser les étudiants suisses lorsque l'université de Lausanne, conçue aujourd'hui, sera créée.

M. le juge fédéral *Blæsi*, enfin, porte, aux acclamations de tous, un toast bien mérité à l'architecte du Palais, M. Recordon, et aux ouvriers qui ont travaillé à l'édifice.

C'est la fin du banquet. Dehors, la pluie tombe abondante et la *France* est là, sous vapeur, dans le port, prête à embarquer ses passagers. Le lac est un peu moutonneux et des nuages noirs pèsent sur la montagne. Néanmoins, bon nombre d'invités montent à bord et prennent le large. On part pour Evian et le haut lac. Il y a à bord une grosse provision de bouteilles de Dézaley qui contribue à entretenir tout le monde de belle humeur. On navigue ainsi jusqu'à sept heures avec un peu de houle et on remonte à Lausanne pour le cortège du soir.

La pluie de l'après-midi avait fait craindre pour l'illumination. Et de fait elle a causé des ravages terribles.

Malgré cela, la soirée a été superbe. L'illumination a été une des plus brillantes dont Lausanne garde le souvenir. Il est difficile de dire à qui revient la palme. La rue de Bourg et la rue St-Pierre étaient éblouissantes. La place St-François, devant la Poste, avec l'hôtel Gibbon et l'hôtel du Grand-Pont dont toutes les fenêtres avaient leur garniture complète de lampions, étaient du plus grand effet. La Palud était également charmante et la décoration de l'hôtel-de-ville mérite une mention spéciale.

Dans les rues, une foule énorme admirait calmement toutes ces merveilles et s'écrasait des deux côtés contre les maisons pour laisser passer le grand cortège, qui a sillonné Lausanne pendant deux heures. En tête figurait à nouveau le personnel officiel du matin, dans lequel les fatigues de la journée avaient fait de nombreux vides. C'était ensuite une avalanche de toutes les sociétés de la ville, avec des lanternes vénitiennes, des transparents et des cartels. On a remarqué surtout les corps de métier, dans leur costume de travail et avec leurs attributs traditionnels. Les ouvriers menuisiers portaient sur un brancard une réduction très bien faite du Palais fédéral, qui leur valait les applaudissements de la foule. Le corps des étudiants fermait la marche.

Sur Montbenon on a tiré de beaux feux d'artifice et le concert populaire a parfaitement réussi.

Enfin, la soirée s'est terminée gaîment par une collation à l'Abbaye de l'Arc, où la municipalité a pris congé de ses hôtes.

Nous ne terminerons pas ce compte-rendu sans féliciter chaleureusement la municipalité pour la manière distinguée dont elle a organisé cette belle fête. Rien n'a fait défaut, tout a admirablement réussi et MM. les municipaux se sont multipliés pour être agréables à leurs hôtes. Nous leur en exprimons notre vive reconnaissance.

Le Tribunal fédéral a tenu hier sa première séance dans le nouveau palais.

Commission pénitentiaire internationale. — La session s'est ouverte samedi dernier, à Berne, sous la présidence du chef du département fédéral de justice, M. *Ruchonnet.*

Les délégués étaient MM. *Gaskine-Wraskoï*, directeur général des prisons, pour la Russie; Dr *Gross*, pour le Danemark; *Herbette*, pour la France; Dr *Laszle*, pour la Hongrie; Dr E. *de Jagemann*, pour Bade; Dr *de Holtzendorff*, professeur, pour la Bavière, et Dr *Guillaume*, à Neuchâtel, pour la Suisse.

M. le conseiller fédéral Ruchonnet a été chargé par le ministre de Russie de remettre, de la part de l'Empereur, à M. le Dr Guillaume, secrétaire de la commission et délégué suisse, une magnifique bague en diamant au chiffre d'Alexandre III, comme témoignage d'estime pour les services remarquables rendus par le Dr Guillaume à la cause pénitentiaire.

Université de Zurich. — La faculté de droit a décerné le titre de docteur à M. le conseiller fédéral Numa *Droz*, pour services rendus au droit international en matière de propriété industrielle, littéraire et artistique.

Ch. Boven, notaire, rédacteur.

Lausanne. — Imp. CORBAZ & Comp.

XXXIVe Année. N° 41. Samedi 9 Octobre 1886

JOURNAL des TRIBUNAUX

REVUE DE JURISPRUDENCE

Paraissant à Lausanne une fois par semaine, le Samedi.

Prix d'abonnement : 12 fr. par an, 7 fr. pour six mois. Chaque numéro, 50 cent. On s'abonne à l'imprimerie Corbaz et Cie et aux bureaux de poste. — Annonces : 20 centimes la ligne ou son espace.

Le Congrès littéraire et artistique international.

L'Association littéraire et artistique internationale a tenu à Genève son 9e congrès; le congrès a été ouvert le 18 septembre et il a duré huit jours. La première séance a été présidée par M. Numa Droz, délégué du Conseil fédéral; les autres par M. Louis Ulbach, président de l'Association. Tout le temps la majorité de l'assemblée a été composée de Français, les littérateurs et artistes suisses étaient bien faiblement représentés; à la première séance on remarquait, entre autres, l'ambassadeur d'Espagne. M. Adams, ambassadeur d'Angleterre, s'est présenté à la seconde; il s'est félicité d'avoir pris une part active à l'œuvre accomplie à Berne le 6 septembre 1886, il a invité l'Association à ne pas hâter une nouvelle conférence diplomatique. La Grande-Bretagne a adhéré à la convention, mais il faut lui laisser le temps de codifier ses lois sur la matière.

M. Numa Droz a prononcé le discours d'ouverture. Il a rappelé que c'était l'Association littéraire internationale qui avait pris l'initiative du mouvement en faveur d'une codification internationale du droit de propriété intellectuelle. La convention signée à Berne le 6 septembre lui donne gain de cause. Le programme de l'Association a été réalisé grâce à l'esprit conciliant des délégués. Si les résultats obtenus ne répondent pas absolument aux vœux de quelques-uns, c'est qu'il y avait une limite qu'on ne pouvait franchir. L'avenir développera l'œuvre commencée. Selon l'orateur, l'union internationale pour la propriété littéraire et artistique complète l'union pour la propriété industrielle. Les deux conventions qui les ont créées dépassent les limites anciennes des traités internationaux et s'élèvent plus haut sur le terrain du droit. Affirmer la légitimité de la propriété des œuvres de l'esprit, au moment où certaines théories contestent la propriété matérielle, c'est faire œuvre de conservation et de progrès.

M. Louis Ulbach a lu ensuite un discours très flatteur pour la Suisse. Enumérant les nombreuses questions qui figurent à l'ordre du jour, M. Ulbach a déclaré que le congrès n'entendait pas « éplucher, corriger, émonder l'œuvre diplomatique issue » de la conférence de Berne, mais la développer. » Nous proclamons la victoire, s'est-il écrié, mais nous en attendons une autre.

Dans la séance suivante, M. Friedmann, délégué de l'Allemagne et de l'Autriche, s'est exprimé dans le même sens; selon lui, la convention de Berne constitue simplement une halte, l'Association continuera à marcher jusqu'à ce que la loi de l'auteur soit si duement établie qu'il n'y ait plus à en discourir.

D'après quelques paroles prononcées par M. Bætzmann, délégué de l'instruction publique de Norwège, il est à peu près certain que cet Etat, ainsi que la Suède et le Danemark, adhèreront à l'Union.

Dans la séance du 20 septembre, M. Doumerc, avocat de la cour de Paris, a ouvert la campagne. Entamant la question de l'étude de la législation relative à la propriété littéraire et artistique dans tous les pays, il la circonscrit dès l'abord à l'étude de la législation suisse; il attaque vigoureusement la loi fédérale du 23 avril 1883 et propose un projet de loi en deux articles, le premier revisant l'art. 7 et le second abrogeant le § 10 de l'art. 11. Selon cet orateur, la loi de 1883 constitue un recul sur les législations antérieures, sur la loi de 1791, le concordat du 3 décembre 1856 et le traité de 1882 entre la Confédération et la France. Jusqu'en 1883, la propriété littéraire et artistique en Suisse était protégée comme elle l'est en France, tandis qu'aujourd'hui, cette propriété a subi une grave atteinte, et l'auteur a été exproprié d'une partie considérable de cette propriété en se voyant privé de l'exercice de ses droits à l'égard de l'exécution ou de la représentation publique de ses œuvres. A l'appui de son argumentation, M. Doumerc indique le jugement du Tribunal civil de Genève dans l'affaire Lacome contre Donque (v. *Journal des Tribunaux*, p. 482).

Un avocat genevois, M. de Stoutz, s'est chargé de répondre à M. Doumerc. Il a exposé qu'avant 1883 il n'y avait pas de législation suisse sur la matière, la Suisse a consacré le principe d'une propriété que le public ignorait, ce n'est donc pas un recul, au contraire. Il y aura des modifications à opérer dans cette loi, mais il ne faut pas se hâter.

Après une discussion assez vive, le congrès a adopté la résolution suivante, qui s'adresse à toutes les nations en général :

« Il est du plus haut intérêt que les pays qui ont adhéré ou » donneront leur adhésion à l'Union littéraire et artistique con- » forment leurs législations intérieures aux dispositions consa- » crées par la convention de Berne du 6 septembre 1886. »

A la séance du 21 septembre, un avocat de Paris, M. Pouillet, a cru devoir reprendre la discussion. La veille il s'était opposé au projet de M. Doumerc comme n'étant point nécessaire. L'Association n'avait pas pour mission, disait-il, de changer une législation intérieure à moins qu'elle ne touchât à la législation internationale. Or ce n'était point le cas. La convention diplomatique conclue le 23 février 1882 entre la Suisse et la France, pour la garantie réciproque de la propriété littéraire, consacre la propriété littéraire dans un sens aussi absolu qu'en France. La loi helvétique de 1883 viole ce principe de propriété littéraire ; si, comme loi intérieure, elle peut modifier les droits des nationaux, elle ne peut en aucune façon amoindrir la loi internationale et par conséquent les auteurs français n'en relèvent pas, ils restent sous la garantie de la convention de 1882 et leur propriété est absolue.

Cette opinion ayant été traitée d'hérésie, M. Pouillet, au nom de la commission, demande à poser une question dont il attend la réponse des juristes suisses. Toute convention diplomatique constitue un contrat synallagmatique qui ne peut être modifié par les nations que d'un commun accord. Tel est un point de droit public admis dans tous les Etats; n'en est-il pas de même en Suisse?

C'est encore M. de Stoutz qui a répondu à cette interpellation. Il a commencé en ces termes : « Pour la Suisse comme » pour les autres Etats, c'est un point de droit public qu'une » convention ne peut être modifiée que de l'accord des Etats » contractants. La Suisse n'a jamais violé le droit public et ne » le violera jamais. » M. de Stoutz a ensuite étudié la législation fédérale de 1883 et démontré que la convention de 1882 reconnaissait aux autorités fédérales le droit de substituer aux dispositions de la convention applicables aux auteurs français en Suisse celles que la législation helvétique viendrait à consacrer, soit la base de l'assimilation des étrangers aux nationaux (art. 17).

Le congrès a admis ces explications; aussi, évitant toute allusion à la loi fédérale de 1883, de même qu'à la convention de 1882, et n'ayant en vue que la convention du 6 septembre 1886, il a complété sa première résolution par la suivante :

« Toute convention internationale constitue un contrat synal» lagmatique et par suite ne peut être modifiée par une légis» lation intérieure d'un des pays contractants, postérieure à » cette convention. »

La question de la propriété des lettres-missives a donné lieu à une controverse fort intéressante. M. Ulbach s'est demandé d'abord : La propriété des lettres-missives existe-t-elle? A qui estelle? A quel moment peut-on livrer une correspondance au public? A quel moment commence l'histoire? D'après M. Pouillet, ce n'est qu'au seul point de vue de la propriété littéraire que l'Association doit statuer. La question est de savoir si, en matière de lettres-missives, il peut y avoir une propriété littéraire, l'orateur en est convaincu : Celui qui a eu une pensée et la enchâssée dans des mots est un créateur : il y a donc propriété intellectuelle et seul l'écrivain a le droit de publier son œuvre. Le destinataire n'a rien créé, il a reçu un morceau de papier, il est propriétaire d'un autographe, mais il ne peut le publier. Cela signifie-t-il que l'écrivain peut toujours publier une lettre qu'il a écrite? Non, il peut y avoir dans sa lettre des choses qui touchent personnellement le destinataire ou une tierce personne et dont la publication pourrait leur nuire. Le droit de publication est donc soumis à toutes sortes d'éventualités. Il en est de même du droit du destinataire de vendre l'autographe dont il est propriétaire, comme le prouvent des cas bien connus d'autographes retirés d'office des ventes publiques.

M. de Lermina, de Paris, est d'un avis absolument contraire. Selon ce publiciste, il n'y a pas de propriété littéraire pour les lettres. L'égalité existe entre celui qui écrit une lettre et celui qui la reçoit. Visant les lettres écrites par des hommes publics, M. de Lermina prétend que, vu leur position, il y a une considération de moralité sociale et politique à ce qu'on puisse les attaquer par toutes armes possibles, surtout forgées par eux-mêmes.

Après une longue discussion, l'assemblée admet la manière de voir de M. Pouillet et vote la résolution proposée par lui, conçue en ces termes : « Attendu que la lettre-missive est com-
» prise sous la dénomination d'écrits en tous genres, le congrès
» estime qu'il n'y a pas lieu, dans une loi sur la propriété litté-
» raire, de traiter spécialement des lettres-missives. »

La principale question à l'ordre du jour du 22 septembre était celle du *contrat de publication et des rapports entre auteurs et éditeurs*; le congrès a voté successivement les résolutions suivantes :

« L'éditeur qui s'est rendu acquéreur de la propriété d'un
» ouvrage est tenu de le publier.

» A moins de stipulations contraires, l'éditeur ne peut faire
» subir à l'ouvrage aucun changement sans l'autorisation de
» l'auteur.

» Réciproquement et sauf stipulations contraires, l'auteur,
» qui a cédé son ouvrage et livré son manuscrit, ne peut ni
» s'opposer à sa publication, ni faire des changements qui por-
» teraient atteinte aux intérêts commerciaux de l'éditeur. »

La rédaction de ce paragraphe s'est inspirée du titre XIII du Code fédéral des obligations (du contrat d'édition), chapitre dont M. de Lermina a donné lecture au congrès, qui l'ignorait complètement et qu'il a traité de merveilleux. Le Code des obligations a été déposé sur le bureau et l'assemblée a décidé qu'il en serait fait rapport au prochain congrès.

« Dans le cas où l'éditeur s'est réservé le droit de modifier
» l'ouvrage, dès qu'il fait des changements qui dénaturent
» l'œuvre, il n'a pas le droit d'y maintenir le nom de l'auteur.

» La cession d'un objet d'art n'entraîne pas cession du droit » de reproduction au profit de l'acquéreur; en conséquence, la » commande de dessins faite par un éditeur à un artiste pour » l'illustration d'un ouvrage déterminé, ne donne à l'acquéreur » que le droit de se servir de ces dessins pour cet ouvrage et » dans la forme prévue par cette publication. La propriété ar- » tistique des dessins demeure à l'artiste qui seul, à moins de » conventions contraires, peut en autoriser la reproduction. »

Quant à la propriété des titres, la résolution suivante a été votée :

« Le titre d'un ouvrage envisagé en lui-même et séparément » de l'œuvre qu'il sert à désigner ne constitue pas une pro- » priété. »

Dans la séance du 24 septembre le congrès a adopté une résolution concernant l'assimilation du droit de traduction au droit de reproduction.

Il a été décidé que le prochain congrès aurait lieu à Florence.

M. Ulbach a prononcé le discours de clôture. Il remercie les autorités fédérale et cantonale pour leur concours. Il déclare que le congrès a obtenu les résultats qu'il désirait. Le congrès était venu demander à la Suisse des éclaircissements sur la question de droit : il en est résulté des décisions conformes aux vœux de l'Association. Les débats ont démontré les sérieuses qualités du Code fédéral des obligations en ce qui concerne la sauvegarde des intérêts littéraires. Rappelant la convention du 6 septembre, l'orateur déclare qu'elle n'a pas atteint l'idéal, mais elle a obtenu le minimum de ses exigences et amené des Etats récalcitrants au maximum des concessions.

Société des juristes suisses.

La 25e assemblée générale de la Société des juristes suisses a eu lieu, à Schaffhouse, les lundi 27 et mardi 28 septembre, sous la présidence de son président, M. le Dr Speiser, conseiller d'Etat, à Bâle.

Le Comité et un certain nombre de membres se sont déjà réunis le dimanche soir et ont été cordialement reçus, au Casino, par les autorités de la ville de Schaffhouse et le Comité de réception.

L'entrée en matière du compte-rendu que fait le *Bund* est si humoristique que nous croyons devoir en donner une traduction :

« Autrefois. dans chaque localité, il y avait un tilleul. Cet arbre n'était pas près d'une fontaine ou d'une porte, mais à un point central. C'est là que les vieillards (hommes libres) se réunissaient de temps en temps, autour d'une table de pierre. Tous ceux qui réclamaient justice accouraient, accompagnés de leurs amis et de leurs parents, tous prêts à appuyer leurs prétentions par serment. On réglait en un jour toutes les contestations qui avaient surgi durant des mois dans la circonscription. C'était l'ancienne procédure germanique.

» Les armées romaines, qui conquirent l'univers, amenèrent à leur suite la civilisation gréco-romaine. Cette civilisation s'empara de la table de pierre placée sous le tilleul; elle la surchargea de rouleaux de parchemins et de livres. A cette vue, pleins d'effroi, les échevins illettrés désertèrent le saint lieu. Des clercs, à l'aspect sombre, emporterent les livres et la table et placèrent le tout sous un toit. C'est ainsi que naquirent le palais de justice et la science des juristes.

» Une telle transformation fut-elle réellement un bien ? On connaît cette réponse, d'un homme fort érudit, sur les conséquences qui en furent la suite : « Du droit qui est né avec toi, du » droit naturel, il n'est jamais ici question, malheureusement. » Mais silence ! autrement, même dans la libre Suisse, nous aurions à répondre devant le Juge criminel. Il en a cuit à un personnage qui s'était permis de prendre pour titre d'une pièce : *La justice actuelle est une comédie !* — Silence ! autrement la *bonne presse* nous relèguerait avec les pires scélérats. Laissons plutôt parler un auteur vénérable, un homme dont les paroles ne peuvent être qu'écoutées avec respect dans la protestante Schaffhouse, le docteur Martin Luther. Dans un de ses colloques, il a dit : « Il y a des distinctions à faire entre les jurisconsultes. Les uns sont des jurisconsultes naturels, comme le docteur Gregorius Brück, c'est-à-dire que c'est uniquement grâce à la nature qu'il est un des premiers jurisconsultes ; il est rompu aux affaires et a plaidé toutes les grandes causes. D'autres sont des jurisconsultes artificiels, c'est-à-dire qui doivent toute leur science aux livres. Ils peuvent être pleins de sens et donner d'excellents avis, comme le docteur Hiernonymus Schurff, mais ils sont moins habiles dans la pratique. Quelques-uns sont pieux, comme le docteur Sebuldi. D'autres sont de vrais démons. » J'ignore comment le docteur Martin Luther aurait classé la présente assemblée. En tout cas, le ciel ne nous sourirait pas comme il le fait aujourd'hui s'il y avait un seul démon parmi nous.

En outre, il n'y a pas que le ciel qui nous sourie. Notre vieil Hôtel-de-Ville, d'ordinaire si sévère, notre Hôtel-de-Ville qui date de 1387, cet antique édifice, dis-je, a un air si gai, si rajeuni qu'on dirait une jeune fille qui attend son fiancé. Un jet-d'eau jaillit dans la cour, des guirlandes de fleurs couvrent ses froides murailles. La vieille porte détestée est si bien cachée qu'on ne l'aperçoit pas. Mais contemplons surtout la grande salle, de la plus pure Renaissance; elle est parée comme pour une noce. Qu'ils paraissent neufs, les versets qui sont inscrits sur les côtés, bien qu'ils soient aussi anciens que David, Salomon et les prophètes! Leur texte désigne, à droite, une image, comme le *Devoir du sujet*, et, à gauche, une autre image, comme la *Charge de la justice*. Sous la première, on lit ces mots: *Mon fils, aie toujours Dieu devant tes yeux et crains le roi*. Sous la seconde: *Il ne faut point faire acception des personnes*. »

Environ 130 membres assistaient à la séance du lundi. Après quelques communications administratives, on passe à la première question à l'ordre du jour: « Le recours de droit public » devant le Tribunal fédéral, » pour laquelle sont rapporteurs MM. Schoch, député aux Etats à Schaffhouse, et A. Carrard, avocat à Lausanne. Après la lecture du rapport, une discussion intéressante s'engage, à laquelle prennent part MM. Hilty, Meili, Cornaz, Léo Weber, Roguin, Jeanneret, Grivet, Schoch.

M. le président Speiser lit ensuite un travail sur la double imposition.

Mardi 28 août, à 8 heures, s'ouvre, dans la salle du Grand Conseil, la deuxième séance. M. Oswald, avocat à Lucerne, propose qu'il soit fait une histoire complète des travaux de la Société depuis sa fondation, ainsi qu'un recueil des publications faites par ses soins. Cette proposition, que M. le professeur Zeerleder recommande surtout en ce qui concerne le catalogue complet des travaux de la Société, est renvoyée pour étude au comité central. Celui-ci est également invité, sur la proposition du même M. Oswald, à choisir pour sujet de concours et de discussion pour l'année prochaine la revision de la loi sur l'organisation judiciaire fédérale, spécialement en ce qui concerne le recours de droit civil, à moins que le projet de revision de cette loi, auquel travaille actuellement M. le juge fédéral Hafner, n'ait vu le jour avant la réunion de 1887.

MM. Stooss, juge d'appel à Berne, et B. van Muyden, avocat à Lausanne, rapportent ensuite sur l'application de l'art. 55 du Code des obligations relatif à la responsabilité découlant d'actes illicites, spécialement en ce qui concerne les délits de presse. La lecture de ces rapports provoque une discussion très nourrie portant spécialement sur la distinction à établir et à maintenir dans la pratique entre l'action pénale poursuivant la répression du délit et l'action civile tendant à la réparation du dommage causé.

On entend successivement MM. Brustlein, Freuler, Heuberger, Edouard Heussler, Jacottet, Schreiber, Grivet, Meili, E. Feigenwinter, Reichel.

Sur la demande des juristes tessinois, l'assemblée décide que la prochaine réunion aura lieu à Bellinzone.

Il est ensuite procédé à l'élection du comité central pour la période 1886-1889. M. Paul Speiser, qui a dirigé la Société pendant les trois dernières années avec tant de dévouement et d'entrain, est remplacé sur sa demande par M. le professeur Zeerleder, à Berne. Sont élus membres du comité MM. Speiser, conseiller d'Etat à Bâle; Morel et Roguin, juges fédéraux à Lausanne; Weibel, avocat à Lucerne; Alfred Martin, professeur à Genève, et Zürcher, juge d'appel à Zurich.

La Société compte 450 membres.

A 1 ½ heure, les juristes se trouvent réunis pour le banquet dans la belle salle à manger du Schweizerhof, à Neuhausen. Après le toast à la patrie de M. le président Speiser, des discours sont prononcés par MM. Joos, conseiller d'Etat de Schaffhouse, Zeerleder, Weibel, Ottensoser, Gabuzzi, Jacottet, puis les assistants se dispersent pour contempler la vue splendide dont on jouit de la terrasse de l'hôtel ou pour admirer de plus près les imposantes cascades de la chute du Rhin.

Les jurisconsultes schaffhousois, qui se sont donné tant de peine pour recevoir leurs collègues de toute la Suisse, peuvent être fiers du succès qui a couronné leurs efforts. Les très nombreux participants à la réunion de cette année garderont le plus charmant souvenir de ces deux journées passées à Schaffhouse et du cordial accueil dont ils ont été l'objet de la part de leurs collègues, ainsi que des autorités et de la population de cette ville.

Vaud. — Tribunal cantonal.

Séance du 31 août 1886.

Choses escroquées. — Revendication contre le tiers détenteur de bonne foi non admise. — Art. 205 et 206 CO.

Freymann et Weber contre Creutz.

Si les choses perdues ou volées peuvent être revendiquées contre tout détenteur pendant cinq ans à compter du jour de la perte ou du vol (CO. 206), cette disposition n'est pas applicable aux choses escroquées. En effet, cette revendication constitue une exception à la règle générale (art. 205) et ne doit pas, dès lors, être interprétée extensivement [1].

La maison Freymann et Weber a ouvert action à Philippe Creutz, pour faire prononcer: 1. Qu'il doit lui restituer les marchandises ci-après, que le défendeur a achetées de J.-M.-G. Guicherd, et que celui-ci avait escroquées, savoir: A. Une caisse F. et W. 134, contenant 12 bouteilles Villeneuve vieux et 13 dites Yvorne vieux; B. Un fût F. W. 222, contenant 199 litres vin Corseaux 1884.

2. Qu'à défaut par lui de restituer ces marchandises en nature, il en doit payer la valeur et qu'il est, en conséquence, débiteur de la maison prénommée: *a)* De 31 fr. 90 pour prix d'une caisse contenant 25 bouteilles; *b)* de 20 fr. pour prix d'un fût F. et W. 222; *c)* 129 fr. 35 pour prix de 199 litres Corseaux 1884, suivant facture. Valeurs échues et exigibles, portant intérêt légal. Les demandeurs offrant subrogation, jusqu'à concurrence des sommes que le défendeur paiera, de leurs droits contre Guicherd.

[1] Le Tribunal cantonal, siégeant au nombre de 7 juges, a été unanime pour rendre cet arrêt. La thèse contraire avait été précédemment admise par la Cour de cassation de police (3 membres); voir *Journal des Tribunaux* de 1884, p. 621.

P. Creutz a conclu à libération.

L'instruction de la cause a établi, entre autres, les faits suivants :

En février 1886, le nommé Jean-Marie-Gabriel Guicherd a escroqué aux demandeurs Freymann-Weber les marchandises qui font l'objet de la présente action.

Aussitôt après leur réception, il les a revendues à Creutz, les bouteilles pour 25 fr., et le fût, en bloc, pour 100 fr.

Le dit Guicherd vendait du vin et des liqueurs et il en a vendu à diverses personnes de Montreux, en même temps qu'à Creutz.

Guicherd a vendu de la viande qui lui avait été confiée par le boucher J. Favre.

Le même Guicherd a été conduit chez Ph. Creutz par une personne de la contrée pour conclure le marché de ses vins.

Guicherd ne fait pas habituellement le commerce des vins et de la viande. Ce n'est pas un commerçant.

Le Juge de paix de Montreux a repoussé les conclusions des demandeurs.

Il s'est fondé sur les motifs suivants : Creutz, trompé par Guicherd, a agi de bonne foi.

L'exception de l'art. 206 CO. ne doit pas être étendue à l'escroquerie.

Freymann et Weber ont recouru en réforme contre ce jugement. Ils allèguent que l'identité de la marchandise est bien constatée ; que Creutz a dû concevoir des doutes sur la provenance du vin à lui vendu, attendu qu'on ne colporte pas le vin et les caisses de bouteilles de porte en porte, et qu'enfin l'escroquerie doit être assimilée au vol (art. 206 CO.).

Creutz a conclu au rejet du recours, estimant que l'identité du vin n'a pas été démontrée.

Le Tribunal cantonal a écarté le recours.

Motifs.

Considérant qu'il résulte clairement du jugement dont est recours que les marchandises escroquées par Guicherd à MM. Freymann et Weber, et dont ils revendiquent aujourd'hui la propriété, sont bien celles que Guicherd a vendues au défendeur Creutz.

Considérant, d'autre part, que l'acquéreur de bonne foi devient propriétaire de la chose, encore que celui qui l'a aliénée n'en fût pas propriétaire (art. 205 CO.).

Que l'art. 206 du CO. fait, il est vrai, une exception en ce qui concerne les choses volées ou perdues, qui peuvent être revendiquées contre tout détenteur, pendant cinq ans, à compter du jour de la perte ou du vol.

Considérant que les demandeurs veulent assimiler aux choses volées celles qui sont escroquées.

Considérant que la disposition renfermée à l'art. 205 précité constitue une exception, qui ne doit pas être interprétée extensivement.

Qu'ainsi l'assimilation des choses escroquées aux choses volées, en ce qui concerne leur revendication en mains de tiers possesseurs de bonne foi, ne se justifie pas.

Vaud. — Cour de cassation pénale

Séance du 23 septembre 1886.

Fabrication d'acte faux sans dol. — Usage dolosif de l'acte faux. — Art. 180 § *a*, 181 et 187 Cp.

Recours Ciana.

Le délit de fabrication d'acte de faux et celui d'usage d'un tel acte sont deux délits absolument distincts et indépendants l'un de l'autre.

En ce qui concerne l'usage de faux, l'intention dolosive résulte nécessairement du fait que celui qui a fait usage de l'acte faux avait connaissance de sa fausseté. Il importe peu que la fabrication de l'acte ait eu lieu sans dol.

Défenseur du recourant : M. l'avocat Ruchet.

M. le Procureur général est intervenu.

A. Ciana, entrepreneur à La Sarraz, a recouru contre le jugement rendu le 28 août 1886 par le Tribunal criminel du district d'Orbe, qui le condamne, en vertu des art. 177, 178, 180 § *a*, 181, 187, 64 Cp. et 415 Cpp., à six mois de réclusion, comme coupable : 1° D'avoir à Croy, le 17 novembre 1885, fabriqué sans dol un acte ou une écriture attribué à autrui, savoir en apposant faussement sur un billet de change portant le n° 1069, souscrit par lui à l'ordre de la Banque cantonale vaudoise, du capital de 2100 fr., la signature Scaglia Basili. 2° D'avoir, à Orbe, le dit jour, soit le 17 novembre 1885, fait usage de cet acte qu'il savait être faux en le remettant à la Banque cantonale vaudoise pour en recevoir le montant.

Le recourant demande qu'il ne soit condamné qu'à la peine prévue à l'art. 187 Cp. Il se fonde sur ce qu'il a fabriqué l'acte faux sans dol et que c'est aussi sans dol qu'il en a fait usage.

La Cour de cassation a écarté le recours.

Motifs.

Considérant que, d'après le Code pénal, le délit de fabrication d'acte de faux et celui d'usage d'un tel acte sont deux délits distincts tout à fait indépendants l'un de l'autre et qui peuvent être commis par des personnes différentes.

Considérant que pour le premier de ces délits la loi exige que l'intention dolosive existe et soit constatée; que si le dol n'existe pas chez celui qui a commis le faux, l'auteur n'est puni que pour son imprudence (art. 187 Cp.).

Mais attendu, en ce qui concerne l'usage de l'acte faux, qu'il suffit qu'il soit établi que celui qui a fait usage de l'acte savait que cet acte était faux (art. 180 Cp.).

Que, dans les dispositions du Code pénal concernant l'usage d'un acte faux, il n'est pas fait mention du dol.

Attendu que l'intention dolosive résulte nécessairement du fait que celui qui s'est servi de l'acte faux en a connu la fausseté.

Considérant que, dans l'espèce, A. Ciana a été reconnu coupable d'avoir fabriqué sans dol une fausse signature et d'avoir fait usage de l'acte faux sachant qu'il était faux.

Considérant que ce dernier délit est réprimé par l'art. 180 litt. *a*, qui prévoit une peine au minimum d'un an de réclusion.

Considérant, d'autre part, que le jury a admis que le faux n'a pas été commis avec imitation d'écriture.

Que la Cour, par ce motif, a fait application au recourant de l'art. 181 du Cp. et a réduit la peine à 6 mois de réclusion.

Résumés d'arrêts.

Assurance du droit. — Lorsque le délai accordé par le Président à la partie tenue de fournir un dépôt ou un cautionnement pour assurer le droit paraît insuffisant, le Tribunal cantonal peut le prolonger (Cpc. 85 § 3).

(Président du Tribunal de Lausanne; ordonnance réformée.)

TC., 23 septembre 1886. Ravet c. masse Schwob.

Commerçant. — Le fait qu'un commerçant remet son commerce à un tiers n'a point pour conséquence de le soustraire aux obligations qui résultent pour lui des actes de commerce qu'il a accomplis alors qu'il était commerçant. Il peut, dès lors, être mis en faillite s'il ne satisfait pas à ces obligations.

(Tribunal du Pays-d'Enhaut; jugement maintenu.)

TC., 8 septembre 1886. Bertholet-Gronicod.

Convention. — Lorsqu'une personne garantit « les premiers jours de soins » à un blessé, cet engagement ne doit pas s'entendre seulement des soins médicaux proprement dits, mais aussi des frais de course du médecin et de la pension du blessé.

(Juge de paix du Pont; jugement réformé.)

TC., 31 août 1886. Krupski c. Castelli.

Discussion. — Les délais fixés aux art. 732 et 733 Cpc. ne visent pas les ordonnances de mise en faillite prononcées en application de l'art. 1071 Cpc. et de la loi du 14 décembre 1852 sur les sociétés commerciales, qui prévoient une procédure spéciale.

(Tribunal du Pays-d'Enhaut; jugement maintenu.)

TC., 8 septembre 1886. Bertholet-Gronicod.

Discussion. — Le commerçant qui abuse du crédit d'une manière dangereuse pour le public peut être mis en faillite.

(Président du Tribunal de Vevey; ordonnance maintenue.)

TC., 8 septembre 1886. Schlupp.

Fraude. — Celui qui attaque une vente juridique comme entachée de fraude et de simulation doit clairement établir ces circonstances.

(Juge de paix de Belmont; jugement maintenu.)

TC., 31 août 1886. Roulier c. Torny.

Jugement pénal. — Il y a lieu à annuler comme incomplet le jugement de police qui condamne pour vol d'un objet confié à la foi publique, sans que la circonstance aggravante prévue à l'art. 272 Cp. résulte des faits admis par le Tribunal.

(Trib. de police du Pays-d'Enhaut; jugement annulé.)

CP., 14 septembre 1886. Henchoz.

Preuve testimoniale. — L'interdiction de prouver par témoins contre un acte valable, posée à l'art. 974 Cc., ne concerne que les actes émanant de la partie qui veut employer une preuve testimoniale pour en détruire la portée.

(Président du Tribunal d'Aigle; jugement incidentel maintenu.)

TC., 24 août 1886. Fontannaz et Moreillon c. Moreillon.

Preuve testimoniale. — On ne peut admettre que des témoins apprécient souverainement si une partie a *dû* ou *pu* se tromper et si l'autre partie a *voulu* la tromper lors de la stipulation d'une convention. Si l'on peut prouver par témoins les affirmations ensuite desquelles une partie dit être tombée dans l'erreur, il n'en est pas de même des conséquences qu'elle veut faire découler de ces affirmations.

Il est permis de prouver par témoins que certaines dépenses ont profité à un immeuble et qu'il a, de ce chef, acquis une plus-value.

(Président du Tribunal de Lausanne; jugement incident partiellement réformé.)

TC., 7 septembre 1886. Jaquenod c. Pingoud.

Preuve testimoniale. — La preuve par témoins ne doit pas être admise sur des faits sans influence sur le fonds ou sans importance au procès (Cpc. 227).

(Président du Tribunal de Payerne; jugement incident partiellement réformé.)

TC., 14 septembre 1886. Krieg c. Perrin.

Preuve testimoniale. — La preuve du dol, de la fraude ou de la simulation peut être entreprise à l'aide de témoins.

On ne saurait prouver par témoins qu'une personne est au-dessous de ses affaires.

(Président du Tribunal d'Echallens; jugement incident partiellement réformé.)

TC., 17 septembre 1886. Reymond c. Union du Crédit.

Saisie. — On ne saurait, au moyen d'un recours contre le sceau d'un exploit de saisie, faire trancher la question de savoir dans quel for celle-ci devait être pratiquée.

(Juge de paix de Rougemont; sceau maintenu.)

TC., 24 août 1886. Saugy c. Caisse des consignations.

Saisie. — On ne saurait, dans l'instance contentieuse dirigée contre le tiers saisi en vertu d'une ordonnance de subrogation, faire prononcer une retenue sur le salaire d'un débiteur qui n'est pas au procès.

(Juge de paix d'Ecublens; jugement maintenu.)

TC., 24 août 1886. Cosandey c. Recordon.

Phylloxera.

Un arrêt confirmatif de la Cour d'appel de Bordeaux (16 juillet 1886, Pelletingeas et Andrieux c. Ste-Marie) a prononcé que si, dans un bail, il a été stipulé que le prix du fermage ne subirait aucune diminution, même en cas de grêle, gelée, inondation et autres cas fortuits prévus ou imprévus, le fermier ne peut réclamer aucune réduction de loyer, si le phylloxéra envahit les vignes dont il est locataire.

L'arrêt se fonde sur ce que les parties ont traité en parfaite connaissance de la situation : au moment du bail, les vignes du domaine étaient, comme les propriétés voisines, envahies depuis quelques années par le phylloxéra et ne représentaient plus que le 6e du revenu. Du reste, l'immeuble affermé a une contenance d'environ 140 hectares, sur laquelle les vignes ne représentent que 9 hectares, et le contrat de bail accorde aux fermiers des avantages particuliers pour l'exploitation des bois.

En sens contraire, il existe un arrêt de la Cour d'appel d'Aix du 27 mai 1875 (Sirey, 75, 2, 147).

Le Tribunal de Marseille a décidé que la destruction des vignes par le phylloxéra ne constitue pas une destruction de la récolte de l'année, mais qu'elle équivaut à la perte totale de la chose louée. En conséquence, il a jugé qu'alors le fermier, même si le bail refuse toute réduction de loyer en cas de perte des récoltes par cas fortuits, est fondé à demander la résiliation (jug. du 29 août 1873).

Jubilé de Heidelberg. — Le Comité central des anciens étudiants suisses à Heidelberg, qui avaient organisé une collecte pour offrir un don d'honneur à l'Université de cette ville, à l'occasion du 500e anniversaire de sa fondation, vient de publier ses comptes. Il en résulte que la Suisse a fait présent en cette occasion, à l'Université, de meubles pour la salle des séances du sénat académique; à la bourgeoisie, d'une coupe en argent, le tout d'une valeur de 5509 fr.; les souscriptions s'étaient élevées à 5758 fr. 40.

Le Comité central a pris à sa charge un déficit de 26 fr. 40 sur le compte de l'ensemble des dépenses.

Ch. Boven, notaire, rédacteur.

Lausanne. — Imp. CORBAZ & Comp.

XXXIVe Année. N° 42. Samedi 16 Octobre 1886

JOURNAL DES TRIBUNAUX

REVUE DE JURISPRUDENCE

Paraissant à Lausanne une fois par semaine, le Samedi.

Prix d'abonnement : 12 fr. par an, 7 fr. pour six mois. Chaque numéro, 50 cent. On s'abonne à l'imprimerie Corbaz et Cie et aux bureaux de poste. — Annonces : 20 centimes la ligne ou son espace.

La loi sur les droits réels.

La loi sur les droits réels est entrée en vigueur le 1er octobre. Bien que votée déjà en 1882, cette loi n'a pas préoccupé autrement le gros public, et, à part les hommes d'affaires, les notaires principalement, peu de personnes en ont fait l'objet d'une étude spéciale. Chacun attendait de la voir mise en pratique pour se pénétrer de ses dispositions.

Et de fait elle apporte des modifications profondes à notre législation; c'est en quelque sorte un bouleversement, une transformation complète de notre Code civil, en matière de droits immobiliers. Du système des charges occultes, nous entrons en plein dans le système de la publicité totale et entière.

Le passage d'une législation à l'autre amènera des tâtonnements, des difficultés jusqu'au moment où une pratique plus ou moins constante se sera établie et aura élucidé aussi bien que possible certains points douteux. Sans vouloir nous en rendre juge en aucune manière, — et nous sentons toute notre infériorité à cet égard, — nous voudrions soumettre à la discussion de plus éclairés les questions suivantes; les unes, il est vrai, n'ayant pas une importance majeure, sauf pour les notaires, qui sont directement intéressés :

1° L'art. 42 de la loi du 20 janvier 1882 impose aux greffiers, notaires ou autres officiers publics, l'obligation de remettre au conservateur des droits réels une copie littérale de l'acte homologué, enregistré ou instrumenté; le second alinéa du même article enjoint de présenter aussi au conservateur la grosse du même acte, afin de constater sa conformité avec la copie remise et d'y apposer la mention que la charge a été présentée et inscrite. Est-ce que cette grosse doit *nécessairement accompagner* la copie pour le conservateur, et doit-elle être déposée en même temps en mains de cet officier public ? Ou bien la grosse peut-elle valablement être présentée ultérieurement? L'art. 42 précité semblerait donner à entendre que ces deux pièces peuvent être présentées successivement, mais le règlement du 15 juillet 1886 (art. 23) exige leur présentation simultanée.

Il nous semble que le règlement ajoute à la loi, et il aura pour effet de rendre toujours plus difficile la position des fonctionnaires ou officiers publics. La copie de l'acte une fois déposée, permettant aux tiers de connaître la charge nouvelle, rien n'empêchait d'accorder un délai de 20 ou 30 jours, par exemple, pour produire la grosse. Aucun intérêt ne se trouverait lésé. D'un autre côté, cette copie, remplaçant le registre notarial, a donc la même valeur que la minute originale, en tiendra lieu, cas échéant, et par suite se trouve avoir le pas sur la grosse pour le cas où celle-ci ne serait pas conforme et identique avec cette copie.

2° Les art. 6 et 43, même loi, statuent que si un acte emporte fractionnement d'un immeuble ou toute autre modification dans ses limites, cet acte doit être accompagné d'un plan géométrique dressé *ad hoc* par un géomètre breveté. Est-ce que cette disposition est applicable aux actes hypothécaires ? Est-ce qu'elle est aussi applicable immédiatement aux ventes immobilières portant sur des articles du cadastre fractionnés antérieurement au 1er octobre ?

Il ne semble pas que pour les constitutions d'hypothèques, —

qu'elles portent sur des articles subdivisés avant la mise en vigueur de la loi sur les droits réels ou subdivisés même depuis cette mise en vigueur, — le plan *ad hoc* dont font mention les dits articles 6 et 43 soit nécessaire. L'hypothèque, par elle-même, n'emporte pas directement un fractionnement de l'immeuble; il est possible qu'elle conduise à ce résultat, mais si cela arrivait, le plan *ad hoc* serait à dresser au moment de la revestiture ou de la vente juridique, ou mieux encore lorsque ces actes deviendraient définitifs par l'expiration des délais de réemption et de retrait.

Mais, pour les ventes, la question nous paraît plus douteuse et nous inclinerions à admettre qu'en l'absence de dispositions législatives prévoyant expressément le cas, dans un sens négatif, — dispositions que nous n'avons pu trouver, — un plan *ad hoc* est obligatoire dès maintenant. Il peut toutefois paraître assez extraordinaire qu'il soit nécessaire de lever des plans spéciaux de fractionnements, principalement pour des communes dont les plans vont être soumis incessamment à rénovation, les uns déjà l'année prochaine. C'est imposer aux propriétaires fonciers une charge dont l'utilité est assurément contestable.

3° Les notaires sont-ils toujours tenus, dans leurs actes, de désigner les immeubles avec leurs limites? L'art. 5 de la dite loi du 20 janvier 1882, qui parle des indications que doivent renfermer les actes assujettis à l'inscription, n'en fait pas mention. Il semblerait donc en résulter que cette prescription a été abrogée, du moins tacitement. Toutefois, les dispositions transitoires laissent subsister et l'art. 83 de la loi du 29 décembre 1836 sur l'organisation du notariat, et les art. 1590 du Code civil et 29 de la loi du 28 mai 1824 sur les actes hypothécaires, ou tout au moins ne les abrogent pas expressément. Ces derniers articles ne se trouvent pas non plus en contradiction avec les dispositions de la loi sur les droits réels; ils nous paraissent ainsi devoir être encore en vigueur et recevoir leur application jusqu'à révocation formelle.

4° Une question beaucoup plus importante est celle de savoir quelle est la valeur qui devra être attribuée à l'inscription d'une promesse de vente. Quels en seront les effets vis-à-vis des créanciers du vendeur, par exemple?

L'art. 50, 4°, de la loi autorise les parties contractantes à requérir du conservateur des droits réels non une inscription définitive, mais une inscription provisoire ou prénotation de la promesse de vente, laquelle inscription provisoire sera périmée si, dans le délai de 180 jours, elle n'a pas été suivie de la présentation d'un acte définitif de vente ou d'une ouverture d'action.

Evidemment, cette inscription provisoire n'est pas requise contre le vendeur, qui est lié par la promesse de vente, sans autre formalité. L'inscription doit donc déployer ses effets contre les tiers, mais dans quelle mesure? Le promettant acquéreur sera-t-il en droit de dire aux créanciers qui auront saisi le même immeuble, postérieurement à l'inscription de la promesse de vente, qu'ils ne peuvent faire vendre juridiquement l'immeuble saisi et qu'ils doivent se contenter de recevoir le prix de vente indiqué, prix qui leur serait réparti conformément au rang de leurs créances? Mais alors les fraudes ne manqueront pas de se commettre et provoqueront des procès longs et coûteux, que chacun ne veut et souvent ne peut entreprendre! Ou bien les créanciers saisissants seront libres de suivre à leurs saisies, et dans ce cas de quelle utilité sera pour le promettant acquéreur l'inscription de sa promesse de vente? Ou bien encore l'inscription n'aura d'effets que contre un acquéreur subséquent, en d'autres termes, ne servirait qu'à donner la date certaine à l'acte présenté? Dans ce dernier cas, soit la passation de la promesse de vente par un notaire, soit simplement le visa d'un juge de paix, conduisent au même résultat, avec des frais considérables de moins.

Nous ne savons trop dans quel sens la jurisprudence tranchera cette question, qui nous paraît délicate à résoudre dans l'état actuel de notre législation.

5° Le même art. 50, loi du 20 janvier 1882, n'est applicable aux actes constitutifs ou translatifs de propriété ou de servitudes, qu'à dater du jour qui aura été fixé par le Conseil d'Etat pour l'ouverture des nouveaux registres des charges de chaque commune. Est-ce que l'inscription des promesses de vente est aussi retardée aux mêmes dates? Il semble que l'on doit répondre négativement, la promesse de vente n'étant pas un acte translatif de propriété, mais seulement une promesse de transférer. On lui a conservé son caractère d'obligation personnelle, puisque son inexécution peut entraîner encore des dommages-intérêts (art. 115 du Code civil, revisé par l'art. 52 loi transitoire du 31 août 1882). Toutefois, on ne sait trop où l'inscription doit se faire maintenant, à moins de se contenter de la présentation de la copie de l'acte, comme pour les actes de vente et pour les servitudes.

6° Les notaires étant dispensés de transcrire dans leurs registres les actes dont ils remettront copie au conservateur des droits réels, il en résulte que ces registres seront considérablement réduits. Comme ils doivent correspondre à l'onglet des minutes, il serait à désirer que le Conseil d'Etat autorisât les notaires à joindre deux ou plusieurs onglets dans le même registre, de manière à ce que celui-ci eût un volume suffisant pour les inscriptions à faire au dos.

7° Une dernière question, d'une importance majeure, terminera ces quelques notes.

Les servitudes, sous le régime du Code civil, pouvaient s'acquérir par titre, par destination du père de famille et par prescription.

D'après la nouvelle loi sur les droits réels, elles ne pourront s'acquérir que par l'inscription, celle-ci devant être précédée d'un titre constitutif de servitude et ne s'opérant qu'ensuite de la présentation de ce titre. Les deux autres modes d'acquisition, la destination du père de famille et la prescription, sont prohibés.

Mais cette loi sur les droits réels, en ce qui concerne *l'inscription* des servitudes, n'entrera en vigueur qu'au fur et à mesure de l'ouverture des nouveaux contrôles des charges, soit, pour certaines communes, dans un avenir assez rapproché, un an ou deux, et, pour d'autres, par contre, à une époque assez éloignée, dix ans, vingt ans peut-être, on ne sait exactement.

Durant cet intervalle il n'y aura pas d'inscriptions des servitudes. Il n'y aura pas possibilité non plus d'en acquérir par destination du père de famille, ni par prescription; en sorte que le seul mode légal sera un titre, résultant d'une convention authentique ou d'un jugement. Il aurait été bon peut-être que le Code civil, en cette matière, ne fût abrogé qu'au fur et à mesure de l'entrée en vigueur des dispositions de la loi sur les droits réels. Pour les personnes intéressées au maintien des servitudes, qui n'auraient pas en mains des titres réguliers ou qui les auraient acquises par prescription échue au 1er octobre, il y aura donc nécessité à faire reconnaître leurs droits sans tarder, et à ne pas attendre l'inscription lors de l'établissement des nouveaux cadastres, du moins dans les communes dont la rénovation est éloignée. La preuve de la possession trentenaire prenant fin au 1er octobre et ne pouvant plus être employée dans ce domaine pour des faits passés dès lors, deviendra toujours plus difficile. Il est évident que dans dix ans, par exemple, la preuve de faits ayant 40 ans d'existence, aura plus de peine à être administrée.

Il y a lieu aussi, croyons-nous, d'attirer l'attention des notaires sur le fait que la destination du père de famille n'existant plus, toutes les servitudes qui s'acquéraient par ce mode, sans qu'il fût nécessaire d'un acte écrit, devront, au contraire, faire dorénavant l'objet d'une clause expresse. Un exemple : deux bâtiments appartenant au même propriétaire ont vue sur une seule et même place contiguë à ces bâtiments; l'un ou l'autre de ceux-ci venant à se vendre, avec la place sur laquelle le bâtiment non vendu a des jours, sans que l'acte de vente renferme la réserve des jours de ce dernier, ces jours seront éteints et l'acquéreur de la place asservie sera libéré et pourra contraindre le vendeur à les canceler. Il en serait de même dans un cas qui se présente fréquemment dans la pratique, lorsque des enfants ou des héritiers se répartissent les bâtiments de la succession. De même pour les servitudes de passage : la clause générale et d'usage : « Les passages seront dus partout où ils sont nécessaires » n'aura plus de valeur.

TRIBUNAL FÉDÉRAL

Séance du 2 octobre 1886.

Demande d'extradition. — Prescription de la peine. — Loi applicable. — Traité d'extradition franco-suisse du 9 juillet 1869, art. 6 et 9 ; art. 278, 67 et 9 Cp. genevois.

Ambassade de France contre Pellegrin dit Jeannin.

La question de savoir si la condamnation en vertu de laquelle une extradition est requise est prescrite ou non, doit être résolue d'après la législation du pays de refuge. C'est aussi à cette législation qu'on doit se référer en ce qui concerne la qualification pénale de l'acte et la nature de la peine applicable.

Par arrêt du 15 janvier 1875, la Cour d'assises du département des Alpes-Maritimes, séant à Nice, a condamné par contumace le sieur Jean Pellegrin, né à Grasse, alors âgé de 17 ans, et demeurant à Nice, à cinq ans de réclusion, comme coupable d'avoir, en 1874, à Nice, commis un ou plusieurs attentats à la pudeur, consommés ou tentés sans violence, sur la personne d'une enfant âgée de moins de treize ans, crime prévu par l'article 331 du Code pénal.

Par note du 2 septembre 1886, l'ambassade de France en Suisse a demandé au Conseil fédéral l'extradition de cet inculpé, arrêté et détenu à Genève.

Dans son interrogatoire devant le commissaire de police de Genève, Pellegrin a reconnu avoir été l'objet de la condamnation susmentionnée, et déclaré refuser formellement d'accéder à son extradition, attendu qu'aux termes de l'art. 9 du traité d'extradition entre la Suisse et la France, du 9 juillet 1869, l'extradition peut être refusée si la prescription de la peine est acquise d'après les lois du pays où le prévenu s'est réfugié; le prévenu ajoute qu'aux termes du Code pénal genevois, les attentats à la pudeur sans violence ne sont punis que des peines correctionnelles, et que la condamnation prononcée contre lui est dès lors prescrite.

Par office du 10 septembre 1886, le Conseil d'Etat de Genève fait observer, de son côté, au Conseil fédéral qu'en effet les peines correctionnelles se prescrivent, à teneur des dispositions du Code pénal genevois, par cinq années révolues à compter de la date des jugements qui les ont prononcées; qu'il est évident que si le délit imputé à Pellegrin eût été commis à Genève, celui-ci aurait été condamné correctionnellement; que, par conséquent, sa peine serait prescrite et qu'il semble ainsi tout à fait équitable de refuser l'extradition requise.

Par office du 18 dit, le Conseil fédéral a transmis au Tribunal fédéral le dossier de l'affaire, en l'invitant à prononcer, conformément à l'art. 58 de la loi sur l'organisation judiciaire fédérale.

Le Tribunal fédéral a refusé l'extradition de Pellegrin.

Motifs.

1. Les diverses conditions auxquelles le traité du 9 juillet 1869 subordonne l'extradition, et notamment celle imposée à son art. 6, 1er alinéa, se trouvant remplies dans l'espèce, il ne reste plus qu'à examiner le mérite de l'objection tirée par le sieur Pellegrin de l'art. 9 *ibidem*.

2. Cet article dispose que l'extradition pourra être refusée si la prescription de la peine ou de l'action est acquise d'après les lois du pays où le prévenu s'est réfugié depuis les faits imputés ou depuis la poursuite ou la condamnation.

Le Tribunal fédéral, appelé précédemment à se prononcer sur la question de savoir si les termes : « la prescription de la peine », dont se sert l'article ci-haut reproduit, doivent être entendus de la peine prononcée dans le pays requérant, ou de la qualification pénale et de la peine qui eussent été applicables dans le pays requis aux termes de ses lois, — a estimé plus conforme aux origines du traité, ainsi qu'aux termes de l'art. 9 précité, d'admettre la seconde de ces alternatives, et d'accord, d'ailleurs, avec l'historique donné par Billot (*Traité de l'extradition*, p. 227), de se référer à cet égard aux lois du pays de refuge.

3. Il y a donc lieu de rechercher si la peine qui eût pu être prononcée en application des lois genevoises contre l'inculpé pour attentat à la pudeur sans violence sur une enfant de moins de treize ans, serait actuellement prescrite.

Cette question doit être résolue affirmativement. En effet, à teneur de l'art. 278 du Code pénal genevois, l'attentat à la pudeur sans violence commis sur la personne d'un enfant âgé de moins de 14 ans, est puni d'un emprisonnement d'un mois à deux ans, soit d'une peine *correctionnelle*, aux termes de l'art. 9 du même Code, et les peines correctionnelles se prescrivent, conformément à l'art. 67 *ibidem*, par cinq années révolues, à compter des jugements qui les ont prononcées ; il en résulte que le sieur Pellegrin est autorisé à exciper de la disposition de l'article 9 du traité du 9 juillet 1869.

Dans cette situation, il n'y a pas lieu d'obtempérer, en l'espèce, à la requête de l'ambassade de France.

Vaud. — TRIBUNAL CANTONAL.

Séance du 19 août 1886.

Saisie portant sur des objets d'un entretien coûteux ou non susceptibles de pouvoir être conservés sans perte. — Vente ordonnée par le juge. — Opposition non recevable. — Créanciers en concours. — Art. 406, 578 et 710 Cpc.

Zumbach contre Conti.

Le débiteur ne peut opposer à la vente des objets saisis que le juge ordonne en vertu de l'art. 578 Cpc. Cette mesure est dans la compétence absolue du Juge de paix, qui agit suivant les circonstances qu'il apprécie.

Le créancier qui s'estime en droit de participer au produit d'une saisie doit s'adresser au Juge de paix et lui demander d'établir un tableau de répartition.

Avocats des parties :

MM. Fauquez, pour dame Zumbach, demanderesse et recourante.
Blanc, pour Charles Conti, défendeur et intimé.

Susanne Zumbach a ouvert action à Ch. Conti pour faire prononcer : 1° Que la vente du 22 février 1886, requise sous le prétexte imaginaire que les objets vendus ce jour-là seraient d'un entretien coûteux, est nulle. 2° Subsidiairement, qu'en tout cas, malgré la vente du 22 février 1886, les droits et privilèges de la dame Zumbach sur le prix des objets vendus sont maintenus et qu'il y a lieu de procéder, de conformité aux art. 700 et suivants Cpc., à la répartition du produit de la dite vente, sous toutes réserves de recours au Tribunal cantonal.

C. Conti a conclu, exceptionnellement et au fond, à libération.

De l'instruction de la cause, il résulte les faits suivants :

Par exploits des 14 et 16 octobre 1885, notifiés sous le sceau du Juge de paix de Champvent, Conti a imposé saisie générale sur les biens meubles de S.-Albert Zumbach, mari de la demanderesse, pour être payé de 3 reconnaissances s'élevant ensemble au capital de 4386 fr. 95.

Le 18 janvier 1886, l'huissier exploitant du cercle de Champvent a placé sous le poids de la saisie réelle des objets mobiliers trouvés en possession du débiteur pour une valeur de 2386 fr., délivrant acte de défaut de biens pour le surplus de la dette.

Le 28 janvier 1886, Zumbach a été prévenu que la vente des objets saisis était appointée au 8 février suivant.

Le 3 février 1886, une demande en séparation de biens de la femme de Zumbach a été déposée au greffe du Tribunal d'Yverdon, le mari ayant donné son consentement écrit à cette dernière.

Le 6 du même mois, S.-Albert Zumbach, par exploit scellé du président de ce Tribunal, a cité à l'audience du dit, fixée au 25 février, son créancier pour faire prononcer la nullité du verbal de saisie et de l'avis de vente.

Le 10 février 1886, Zumbach a reçu notification d'un nouvel

avis de vente portant sur 1 cheval, 2 vaches, 3 moutons et 2 porcs, taxés 930 fr. dans le procès-verbal de saisie réelle.

Cet avis de vente était permis par le Juge de paix de Champvent, fondé sur l'art. 578 Cpc.

Le 19 février, Zumbach, par exploit scellé du président du Tribunal d'Yverdon, a assigné son créancier à l'audience du Tribunal du 4 mars 1886, pour faire prononcer la nullité de ce nouvel avis de vente, sans préjudice de l'action en dommages-intérêts qu'il se réservait d'ouvrir à Conti.

Le 22 février 1886, jour fixé pour la vente, les animaux qui en faisaient l'objet furent conduits devant le pilier public de Treycovagnes et vendus juridiquement pour le prix de 872 fr., remis immédiatement au procureur instant.

Le même jour, par convention déposée au greffe, Zumbach a renoncé à ses deux oppositions des 6 et 19 février.

De son côté, le procureur-juré Willommet, mandataire de Conti, a pris l'engagement de ne point s'opposer à la demande en séparation de biens de la femme Zumbach et de suspendre jusqu'au 5 mars suivant les opérations pour le reste des objets saisis.

Le 25 février 1886, le Tribunal d'Yverdon a prononcé la séparation de biens des époux Zumbach-Roth.

La femme Zumbach se trouve au bénéfice d'une simple reconnaissance du montant de 5000 fr. que son mari lui a passée devant la Justice de paix de Champvent le 25 janvier 1879.

En vertu de cette reconnaissance, le procureur-juré Ramelet, agissant au nom de la femme Zumbach, a, le 27 février, signifié une saisie spéciale au mari Zumbach sur tous les objets saisis par Willommet, mais non vendus le 22 février.

Par exploit notifié le 10 mars, dame Zumbach a aussi opéré saisie-arrêt en mains du Juge de paix du cercle de Champvent sur le produit de la vente du 22 février 1886, soit sur la somme de 872 fr.

Par jugement du 9 juin 1886, le Tribunal d'Yverdon a rejeté les conclusions de la demanderesse, en écartant la 2e conclusion. Il s'est fondé sur les moyens ci-après :

La vente prévue à l'art. 578 Cpc. est dans la compétence absolue du Juge et non susceptible d'opposition.

L'opposition, qui n'aurait pu être faite que par le débiteur, est d'ailleurs tardive et irrégulière (Cpc. 414, 416).

La demande de séparation de biens n'a créé en faveur de la demanderesse aucun droit réel sur les objets saisis.

C'est au Juge de paix que la demanderesse aurait dû s'adresser pour requérir un tableau de répartition (Cpc. 710).

Le délai d'opposition mentionné à l'art. 578 Cpc. est celui prévu à l'art. 406 qui était depuis longtemps expiré.

Le délai prévu à l'art. 414 ne peut être invoqué que par le débiteur.

Tous les délais d'opposition étant expirés, le Juge pouvait remettre le produit de la valeur au saisissant.

Dame Zumbach a recouru en réforme contre ce jugement. Elle estime que sa saisie-arrêt remonte au 3 février et que la vente d'urgence ne peut pas nuire aux droits des intéressés.

Le Tribunal cantonal a écarté le recours.

Motifs.

A. Sur la 1re conclusion de dame Zumbach tendant à la nullité de la vente :

Attendu que Conti demande le rejet de cette conclusion par divers moyens, entre autres celui tiré de l'art. 578 Cpc., consistant à dire que la vente prévue à l'article précité n'est pas susceptible d'opposition.

Considérant sur ce moyen,

Que la demande de nullité de la vente du 22 février 1886 constitue une opposition à dite vente.

Que celle-ci a été ordonnée par le Juge en vertu de l'article 578 Cpc.

Que cet article donne au Juge pouvoir d'ordonner la vente immédiate des objets saisis, lorsque ces objets sont d'un entretien coûteux ou de nature à ne pouvoir être conservés sans perte.

Considérant que la loi place cette mesure conservatoire dans la compétence absolue du Juge, qui agit suivant les circonstances qu'il apprécie.

Considérant que le droit d'opposition, s'il était reconnu, aurait pour effet de paralyser la disposition de l'art. 578 et d'en empêcher l'application.

Considérant, en outre, que l'opposition prévue au dernier alinéa de l'art. 578 ne peut s'appliquer qu'à la saisie elle-même (art. 406 Cpc.),

Le Tribunal cantonal admet ce moyen et rejette, en conséquence, la 1re conclusion de dame Zumbach.

B. Sur la 2e conclusion de la recourante, demandant la répartition du produit de la vente :

Attendu que l'intimé Conti a conclu au rejet de cette conclusion en présentant un moyen exceptionnel et des moyens de fond.

Examinant le moyen exceptionnel consistant à dire que le défendeur n'a pas suivi les formes légales; s'il estime qu'il y a lieu à répartition, il doit requérir du Juge un tableau de répartition, puis recourir, cas échéant, contre le refus du Juge de dresser ce tableau.

Et considérant que la répartition suppose un concours de saisie et qu'en admettant même qu'il y ait concours entre la saisie de la femme Zumbach et celle de Conti, la répartition du produit devrait être faite au moyen d'un tableau dressé par le Juge de paix (Cpc. 710).

Que c'est à ce magistrat que la recourante devait s'adresser, sauf à recourir au Tribunal cantonal contre sa décision.

Qu'ainsi elle a mal procédé.

Séance du 31 août 1886.

Contrat d'hivernage. — Maladie de l'animal remis à bail. — Responsabilité du propriétaire de l'animal pour les soins extraordinaires donnés pendant la maladie. — Art. 1313 Cc.; art. 50 et suiv. CO.; art. 160 de la loi du 1er février 1850 sur l'organisation sanitaire.

Baatard contre Marty.

Si le preneur d'une ou de plusieurs vaches à lui remises en hivernage a seul droit au lait et aux veaux qui naissent pendant la durée du bail (Cc. 1313), il n'en résulte point que le bailleur doive indemniser le preneur en cas de maladie de la vache remise à bail.

Cependant le preneur d'une vache remise en hivernage a droit à une indemnité pour les soins extraordinaires qu'il est appelé à lui donner en cas de maladie.

Eug. Marty a ouvert action à F. Baatard pour faire prononcer : 1° Que c'est sans droit qu'il retient une vache manteau brun, âgée de trois ans. 2° Que l'instant en est le seul et unique propriétaire, et que si, dans les 48 heures dès le jugement qui interviendra, le défendeur ne la lui a pas restituée, il sera procédé par voie d'exécution forcée, réserve étant faite de requérir ultérieurement et par voie de mesures provisionnelles la mise en fourrière ou la mise en possession provisoire de dite vache, signifiant que celle-ci est dès cette notification soumise aux risques et périls du défendeur.

F. Baatard a conclu à libération et reconventionnellement : que E. Marty est son débiteur de 150 fr. à titre de dommages et intérêts, sous déduction de 20 fr. reçus à compte ; moyennant paiement de la somme susénoncée de 130 fr., le défendeur se déclare prêt à restituer la vache en litige.

A l'audience du 22 mai 1886, il a été convenu que, sans préjudice aux droits des parties, Baatard conduirait la vache en litige chez Marty le 25 mai, ce qui a été exécuté.

Il a été établi, entre autres, les faits suivants :

En 1885, E. Marty, à Yverdon, a fait alper un troupeau sur la montagne des Grands-Miroirs, près Pontarlier.

A la descente, le troupeau a été inspecté le 23 septembre 1885, aux Verrières suisses, par le vétérinaire Balmer et le 29 septembre suivant, à Ste-Croix, par le vétérinaire Wyssler.

Le troupeau est arrivé à Yverdon le 26 septembre 1885, entre 6 et 7 heures du soir.

Dès son arrivée à Yverdon, ce troupeau a été sous la surveillance et l'attention du vétérinaire Marendaz, inspecteur du bétail de cette ville.

Après l'arrivée du troupeau, Marty a placé plusieurs vaches à Yverdon.

Le 7 octobre, F. Baatard a demandé une des vaches en hivernage, savoir une vache manteau brun, âgée de 3 ans.

Le terme de la remise était limité à la montée pour l'alpage de 1886.

La vache fut conduite directement d'Yverdon à Démoret.

C'est Baatard qui a requis et obtenu de l'inspecteur du bétail d'Yverdon, soit du sous-inspecteur, le certificat exigé par la loi.

La délivrance du certificat à Baatard a eu lieu le 7 octobre, entre midi et une heure du jour, mais ce certificat n'a pas été délivré d'une manière tout à fait conforme aux directions du bureau de police sanitaire, soit à sa circulaire du 26 septembre 1885, en ce sens que la vache n'a pas été séquestrée huit jours pleins dès son arrivée chez le propriétaire Marty.

La vache a été visitée par le vétérinaire Marendaz, comme le reste du troupeau, le 2 octobre; Marendaz a revu le troupeau le 6 mai; la vache n'a pas été visitée spécialement le 7.

Le 9 octobre 1886, au matin, le vétérinaire Marendaz, appelé chez Marty, a constaté que la surlangue s'était déclarée dans son écurie à Yverdon.

Le vétérinaire Marendaz a informé de ce fait, par télégramme, le 9 ou le 10 octobre, le syndic de Démoret.

Le séquestre régulier a été imposé le 10 octobre, ensuite de la visite faite ce jour par le vétérinaire Kummer, mais le 8 octobre l'inspecteur du bétail de Démoret avait déjà, par précaution, défendu à Baatard de sortir sa vache.

La vache de Marty fut reconnue atteinte de la surlangue.

La maladie pouvait être en circulation depuis plusieurs jours et les signes apparents pouvaient s'être manifestés 2 ou 3 jours avant le 10.

Du bétail a aussi été reconnu atteint de surlangue à Treytorrens le 10 octobre.

La surlangue a été répandue dans la contrée par des animaux faisant partie du troupeau de Marty.

La vache de Marty a transmis la surlangue au bétail de Baatard, savoir une vache.

Les deux vaches malades, tant celle que possédait Baatard que celle de Marty, n'ont fourni que peu ou point de lait pendant le temps qu'a duré la maladie.

Pendant la maladie les animaux ont exigé beaucoup de soins, de peines et d'embarras, mais peu de dépenses coûteuses.

La maladie a eu une durée d'au moins 3 semaines.

Par jugement du 19 juin 1886, le Juge de paix de Mollondins a admis les conclusions de Baatard, réduites à 30 fr., non compris les 20 fr. déjà reçus; repoussé les conclusions de Marty et dit qu'il sera fait une masse de tous les frais, dont Marty paiera un tiers et Baatard deux tiers.

Il s'est fondé sur les motifs ci-après :

Le dommage ne peut être attribué à la faute ni de l'une, ni de l'autre des parties; il est plutôt le résultat d'un cas fortuit. Le dommage pour privation de lait peut être évalué à 65 fr. pour la vache de Marty et 130 fr. pour celle de Baatard; la valeur des soins et frais à 50 fr. par vache.

Marty n'avait pas pris d'autre obligation que celle de livrer la vache; d'autre part, Baatard n'était pas tenu de soigner la vache malade de Marty, son obligation se bornant aux soins usuels dans le cours ordinaire des choses.

Il a été *negotiorum gestor* et a droit à ses dépenses nécessaires et utiles (Cc. 1027, CO. 472, 474 et 400).

Les deux parties ont recouru contre ce jugement.

Baatard allègue que la responsabilité de Marty découle de l'art. 1313 Cc. et des art. 50 et suiv. CO., Marty ayant requis un certificat contrairement à l'art. 160 de la loi sanitaire de 1850.

Le Tribunal cantonal a écarté les recours.

Motifs.

A. *Sur le moyen tiré de l'art. 1313 Cc. :*

Considérant que si le preneur d'une ou plusieurs vaches à lui remises pour les nourrir et en tirer les fruits a seul droit au lait et aux veaux qui naissent pendant la durée du bail, article 1313 précité, il n'en résulte point que le bailleur doive indemniser le preneur en cas de maladie de la vache remise à bail.

Qu'il est d'autant moins tenu à une indemnité quand il ignorait, comme c'est le cas dans l'espèce, la maladie dont sa vache était peut-être atteinte au moment de la remise.

Le Tribunal cantonal écarte ce moyen.

B. *Sur le moyen consistant à dire que Marty est responsable à teneur des art. 50 et suivants CO. :*

Considérant que l'art. 160 de la loi sanitaire du 1er février 1850 statue : « Que les inspecteurs ne délivrent de certificat de » santé qu'après avoir examiné l'animal et s'être assuré qu'il » est en santé. »

Considérant que la circulaire du département de l'intérieur, du 26 septembre 1885, aux préfets, municipalités, vétérinaires, inspecteurs de bétail, exige que les animaux ayant alpé soient séquestrés à leur arrivée ; ceux qui n'ont pas été atteints par la fièvre aphteuse, pendant huit jours.

Considérant que, dans l'espèce, le sous-inspecteur d'Yverdon, qui a délivré le certificat, n'a point examiné l'animal avant de délivrer le certificat, ainsi que le demande l'art. 160 précité.

Considérant que la vache remise à Baatard n'a point été séquestrée huit jours pleins comme le veut la circulaire du 26 septembre 1885 sus-rappelée.

Considérant que si ces infractions aux dispositions légales

constituent des fautes, elles sont le fait de l'inspecteur ou du sous-inspecteur du bétail d'Yverdon, plutôt que des parties elles-mêmes.

Que celles-ci étaient, du reste, d'accord pour procéder ainsi qu'il a été fait.

Considérant, au surplus, que c'est Baatard et non Marty qui a requis du sous-inspecteur du bétail le certificat nécessaire.

Qu'ainsi, s'il y a faute, elle est plutôt à la charge de Baatard.

C. *Sur l'indemnité accordée à Baatard :*

Considérant que le Juge paraît avoir tenu compte d'une façon équitable des soins spéciaux que Baatard a dû donner à la vache de Marty.

Considérant qu'en accordant cette indemnité, le Juge n'a pas changé la nature du procès, comme le soutient Marty, puisqu'il s'est borné à réduire les conclusions reconventionnelles de Baatard.

PROPRIÉTÉ LITTÉRAIRE. — La 3e conférence internationale pour la protection de la propriété littéraire et artistique, réunie à Berne sur l'initiative de l'Association littéraire internationale, a clos ses séances le 9 septembre 1886 par la signature d'une convention établissant en cette matière une union internationale qui aura son siège à Berne.

PROTECTION DES ANIMAUX. — Le 7 septembre 1886, le tribunal de simple police de Paris a jugé que la loi du 2 juillet 1850, relative aux mauvais traitements exercés publiquement envers les animaux domestiques, réprime les mauvais traitements, alors qu'ils résultent, non d'actes directs de brutalités et de violences, mais de tous autres actes volontaires occasionnant aux animaux des souffrances que la nécessité ne justifie pas : tel est, par exemple, le fait de transporter par le chemin de fer un troupeau de moutons de première force, composé de 61 bêtes, dans un seul wagon ne pouvant contenir que 40 à 50 de ces animaux, de manière à leur causer des souffrances pendant tout le parcours, dix au moins de ces animaux se trouvant couchés forcément et piétinés par les plus forts.

M. Eugène *Mercanton,* avocat, a été nommé juge d'instruction, en remplacement de M. de Cérenville, démissionnaire.

Le Tribunal cantonal procédera, le 22 courant, au remplacement de M. Mercanton comme greffier suppléant de cette autorité.

Ch. Boven, notaire, rédacteur.

Lausanne. — Imp. CORBAZ & Comp.

XXXIVe Année. N° 43. Samedi 23 Octobre 1886

JOURNAL DES TRIBUNAUX

REVUE DE JURISPRUDENCE

Paraissant à Lausanne une fois par semaine, le Samedi.

Prix d'abonnement : 12 fr. par an, 7 fr. pour six mois. Chaque numéro, 50 cent. On s'abonne à l'imprimerie Corbaz et Cie et aux bureaux de poste. — Annonces : 20 centimes la ligne ou son espace.

La loi sur les droits réels.

Entre l'élaboration d'une loi et son exécution, il y a une phase qu'on pourrait appeler la *reconnaissance* de la loi. C'est comme une voie nouvelle, une route ouverte à la circulation : les premiers piétons et charretiers ne manquent pas de trouver qu'ici la route est trop droite, là pas assez, ailleurs qu'il y a trop de pente, etc. Ainsi, à mesure qu'on avance dans la pratique de la loi sur les droits réels, on s'aperçoit que telle disposition péche dans un sens, telle autre péche dans le sens contraire. Nous avons relevé, dans notre précédent numéro, un certain nombre de ces dispositions qui paraissaient défectueuses. Aujourd'hui, nous compléterons ces remarques par quelques mots au sujet des *limites* des immeubles, que les notaires étaient tenus d'indiquer dans leurs actes, et des difficultés que la loi nouvelle apporte à l'obtention des *extraits de cadastre.*

Depuis la publication du dernier numéro du *Journal des Tribunaux*, nous avons reçu, en communication, une lettre du Département de justice et police de la teneur suivante :

« ..... D'après l'art. 5 de la loi du 20 janvier 1882 sur les » droits réels, les immeubles doivent être désignés dans les » actes remis au conservateur comme au cadastre (désignation » conforme au cadastre, dit la loi). Depuis un certain nombre » d'années, les limites ne sont plus inscrites au cadastre, et il » est entendu que dans les inscriptions qui se feront aux regis» tres des droits réels, les limites seront supprimées. *Il nous » paraît dès lors qu'il est inutile de les indiquer dans les actes » notariés.* »

Bien qu'une décision du Département de justice et police ne puisse modifier une disposition de la loi, nous pensons que cette opinion doit faire règle pour l'avenir, d'autant plus qu'elle est conforme aux vœux des intéressés et que l'utilité des limites est depuis longtemps contestée.

On se rappelle que le projet de loi sur les droits réels présenté par le Conseil d'Etat était inspiré de l'idée que tous les actes, même ceux relatifs à des droits immobiliers, pouvaient être faits sous seing privé. L'exposé des motifs justifiait cette mesure par le fait que l'*inscription* dans les registres publics donnait à ces actes une publicité « plus réelle et plus complète que l'acte notarié », et par diverses autres raisons parmi lesquelles celle-ci :

« Quant aux garanties que l'acte notarié peut offrir aux » parties pour la rédaction de conventions, il faut remarquer » d'abord qu'aujourd'hui, dans notre pays, presque tout le » monde sait lire, écrire et possède une intelligence suffisante » pour rédiger les contrats ordinaires de vente, d'échange ou » de prêt. Le nombre d'illettrés et de personnes incapables de » gérer leurs affaires est heureusement fort restreint et forme » une faible minorité. »

Cette jolie phrase a une certaine analogie avec la fameuse réponse : « Il ne manque pas un bouton de guêtre! » On dirait avec tout autant de vérité que le peuple est assez intelligent pour se passer des médecins, des pasteurs, des avocats, etc. Mais là n'est pas la question. Partant de l'idée émise plus haut, les auteurs du projet ont voulu que les *extraits de cadastre* délivrés par le conservateur des droits réels constituent des *titres de propriété* et ne puissent être délivrés qu'au propriétaire lui-même ou à un mandataire régulièrement constitué par lui. C'était logique, puisqu'on se passait des notaires et qu'on pouvait supposer que, dans les neuf dixièmes des cas, le propriétaire irait lui-même demander son extrait de cadastre.

Le Grand Conseil (émanation du peuple) n'a point partagé l'avis du Conseil d'Etat, en ce qui concerne le rôle des notaires. Les anciennes dispositions ont été maintenues et ces officiers publics instrumentent comme par le passé. Mais il est resté dans la loi un article (85) sanctionnant l'idée des auteurs, au sujet des extraits de cadastre. En vertu de cet article, le propriétaire ou son mandataire seuls peuvent requérir l'extrait, et encore faut-il que le requérant soit connu du conservateur, autrement son identité doit être attestée par deux témoins dignes de foi (connus eux-mêmes du conservateur) ou par un notaire, le receveur du district ou le syndic de la commune. Il en résulte que le campagnard, qui s'adresse à une étude pour obtenir un emprunt hypothécaire ou une aliénation quelconque de ses immeubles, doit préalablement constituer un mandataire chargé de requérir une copie de son chapitre au cadastre; si l'extrait doit encore être revêtu de la déclaration des charges, on ne pourra guère l'avoir le même jour. Conséquence : le propriétaire (à moins d'aller lui-même au contrôle et, dans ce cas, de se déplacer, perdre un temps précieux, etc.), ne peut se renseigner sur les chances qu'il a de trouver un prêteur, un vendeur, etc., sans, auparavant, s'exposer à des frais trop souvent en pure perte.

Les officiers chargés de la poursuite (procureurs-jurés) sont placés, eux aussi, dans une situation assez singulière. Il suffit de dire que lorsqu'ils voudront saisir ou séquestrer des immeubles, le seul moyen d'y arriver sera de prier le débiteur de leur conférer pouvoir à cet effet!

Nous pensons qu'il y aurait lieu de modifier l'article mentionné plus haut, en ce sens que, comme précédemment, les notaires et les procureurs-jurés sont autorisés à requérir des extraits de cadastre sans autre mandat que leur qualité d'officiers publics.

Ainsi que nous le disions au commencement de ces lignes, plus la route est grande, plus les critiques abondent. Mais ici il ne s'agit pas de corrections pouvant entraîner à des frais considérables, il suffit d'un examen sérieux de la question et d'un supplément de loi. Une simple réparation d'automne!

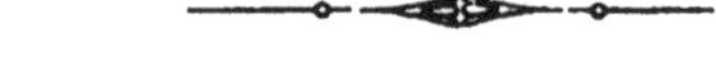

Les procès d'hérésie au XVIe siècle.

Continuant l'œuvre des Rilliet de Candolle et des Galiffe, M. Henri Fazy a pris à tâche depuis quelques années d'exhumer les procès politiques ou d'hérésie du XVIe siècle. M. Fazy ne se contente pas d'imprimer les documents qu'il a trouvés dans nos archives, il raconte et expose clairement les affaires, il les compare les unes aux autres et en tire des conclusions. Ses travaux projettent une vive lumière sur l'histoire générale de cette période troublée, sur l'état des mœurs et sur l'administration de la justice.

Aujourd'hui M. Fazy publie le procès de Jaques Gruet (1547)[1]. Ce procès offre de l'analogie avec celui de Michel Servet, mais il eut beaucoup moins de retentissement. Il n'y a pas lieu de s'en étonner : Servet était un physiologiste, un penseur éminent qui avait attaqué un des principaux dogmes chrétiens ; poursuivi par l'inquisition, condamné en France, il était connu dans le monde entier, tandis que Gruet était un obscur citoyen de Genève qui n'avait jamais rien publié.

Dans l'origine, Jaques Gruet fut accusé d'avoir affiché à l'église de St-Pierre un placard visant le ministre Poupin. Il fut arrêté le 28 juin 1547, des perquisitions furent opérées dans sa maison, on y trouva quelques papiers, entre autres une profession de foi matérialiste avec les propositions suivantes rédigées en latin : « Le monde est éternel ; Moïse n'a pas pu savoir certainement tout ce qu'il raconte touchant la création, il n'y a ni Paradis, ni Enfer, tout meurt dans l'homme avec le corps et la religion chrétienne est une fable. »

Il est probable que Gruet avait simplement copié l'écrit principal, la profession de foi ; en tout cas, il n'existait aucune preuve contre lui en ce qui concerne le placard. Mais Calvin voulait sa mort, parce qu'il avait regimbé à réitérées reprises

[1] Procédures et documents du XVIe siècle, publiés par Henri Fazy, secrétaire général de l'Institut genevois, président de la section des sciences morales et politiques. Genève et Bâle, H. Georg, libraire de l'Institut, 1866.

contre l'intervention des « prédicants » dans le domaine de la vie privée, parce qu'il avait affirmé que lui, Calvin, était un « grand hypocrite » qui prétendait se faire adorer comme un pape.

D'après les preuves fournies par M. Fazy, Calvin suivait le procès et poussait activement à une condamnation. Les magistrats, qui étaient tout à sa dévotion, trouvèrent moyen d'avoir raison de la résistance du prévenu, Gruet fut soumis à la torture, il avoua à peu près tout ce qu'on voulut, refusant seulement de désigner des complices. Le 25 juillet, après un mois d'angoisse, Gruet fut condamné pour crime de blasphème et de rébellion, soit de lèse-majesté, et le lendemain il eut la tête tranchée.

Nous n'entrerons pas dans un nouvel examen des faits, nous venons seulement présenter quelques observations au sujet de la procédure suivie, du droit.

Si l'on veut se rendre compte de cette affaire au point de vue purement judiciaire, le mieux est de l'étudier comparativement avec d'autres procès de la même période, entre autres avec le procès Servet. C'est ce que nous allons tenter.

Dans le procès Servet (1553), nous voyons que c'est Calvin lui-même qui requiert l'arrestation, seulement, pour ne pas entrer en cellule lui-même, il met en avant un homme de paille, Nicolas de La Fontaine. La Fontaine se constitue effectivement prisonnier, mais, après un premier interrogatoire du prévenu, il est relâché moyennant caution et engagement de se présenter en justice toutes les fois qu'il en sera requis. Il obtient, en outre, l'assistance d'un « parlier » en la personne de Germain Colladon, jurisconsulte français réfugié à Genève. Le 15 août, l'accusation étant considérée comme suffisamment justifiée, l'accusateur privé, La Fontaine, est délié, lui et sa caution, des conséquences qu'aurait pu entraîner la plainte. En vertu des édits et par suite de cette mise hors de cause, c'est le procureur général qui devient partie instante. Mais il n'est pas en mesure d'intervenir personnellement et ce n'est que le 23 août qu'il présente son acte d'accusation et des *articles*[1]. Dans l'intervalle

[1] De tels *articles* consistaient en un développement circonstancié sous forme d'interrogats des divers points de l'accusation et de ceux que l'enquête permettait d'y ajouter, le tout rédigé ordinairement de manière à exiger pour chaque question une réponse purement affirmative ou négative.

Calvin se démasque, le 17 août, c'est-à-dire quand il sait qu'il n'a rien à craindre, il se porte ouvertement accusateur. Dès lors l'action de Calvin à côté du ministère public ne cesse pas, il est admis à assister à tous les interrogatoires.

C'est le 23 août, avons-nous dit, que le procureur général se fait partie.

Les accusations de La Fontaine et de Calvin visent les opinions théologiques de Servet; les articles du procureur général ont trait à la personne de l'écrivain, au but de sa venue à Genève, etc.

La procédure dirigée contre Gruet marche d'une manière bien différente. On n'y rencontre pas trace d'une accusation privée, la poursuite a lieu d'office, à l'instance du *lieutenant de la justice*. D'entrée ce magistrat présente une série de questions à adresser au prévenu. Ces questions, fort habilement rédigées. émanent d'un théologien, de Calvin sans doute. Dans cette cause le procureur général n'est mentionné que d'une manière incidente et sommaire, d'un bout à l'autre on n'y parle que du *lieutenant*. Il est à noter qu'à cette époque le lieutenant était le principal représentant du ministère public, il avait succédé au *vidomne* du prince-évêque. C'était le chef ostensible de l'ordre judiciaire et comme tel il avait le pas sur tous les conseillers d'Etat. Toutes les sentences criminelles étaient rendues à son « instance », c'était lui qui était chargé de leur exécution et suivait le condamné (à cheval) jusqu'au supplice.

Quant au *procureur général,* quoiqu'il tînt son mandat directement du peuple, ce n'était pas un personnage aussi important que le « Seigneur Lieutenant, il ne pouvait poursuivre aucune » action concernant le bien public et les droits du public sans » licence, communication et mandement de la seigneurie. » *(Journal des Tribunaux*, an 1885, p. 291.) Sa principale fonction consistait à « maintenir le profit du commun »; il exerçait, en outre, un certain rôle politique.

L'ordonnance de 1543 porte « qu'en toutes causes qui appar» tiendront au bien et profit de la ville, le procureur-général » soit instant, même aux causes criminelles qui en dépendent, » qu'il soit *adjoinct au lieutenant.* » Dans un procès qui s'instruisit en même temps que celui de Gruet, dans le procès Claude Franc, les registres mentionnent comme poursuivants « le sei» gneur lieutenant et le procureur général. »

Peu à peu les fonctions se modifièrent. Sartoris dit : « Il ré-» sulte de l'édit de 1568 que le lieutenant était, de même que le » procureur général, partie instante pour le public dans les » procès criminels ; mais, dans l'édit de 1713 et dans les posté-» rieurs, il n'est plus fait mention que du procureur général, » qui seul est à présent considéré comme la partie publique. »

Dans le procès Gruet, toutes les pièces sont soumises à l'examen d'un *jurisconsulte*, soit d'un *avocat*, dont le nom n'a pas été conservé. Cet avocat donne son *avis* par écrit et, avec force citations latines, démontre que Gruet est coupable du crime de blasphème. En ce qui concerne la prévention de rébellion, il conclut en disant : « Il n'y a doubte qu'il ne mérite qu'on en-» quière par torture sur sa personne pour savoir la vérité. »

Quant au malheureux prévenu, il ne se récrie pas lorsqu'on lui parle de la torture, seulement il invoque les vieilles franchises, les franchises d'Adhémar Fabri (1387), qui prescrivaient d'employer ce mode d'enquête avec autant de modération et de ménagement que possible. Mais cette demande devait demeurer sans effet. « On ne pouvait pas appliquer la torture au même » individu plus d'une fois dans les vingt-quatre heures et il » était d'usage de le laisser en repos pendant deux ou trois jours » avant de la renouveler. Toutes ces bonnes coutumes (que les » anciens Genevois considéraient comme une portion essentielle » de leurs *libertés et franchises)* furent entièrement changées » par le gouvernement calviniste et les légistes français dont » les *avis* remplaçaient l'ancienne loi. Non-seulement on *réga-» lait* de la façon la plus brutalement arbitraire du trait de » corde et de l'estrapade pour arracher des aveux qui trop sou-» vent ne pouvaient être que des mensonges forcés, mais on ap-» pliquait à tort et à travers ces mêmes tourments préventifs » comme punition sommaire pour de prétendus méfaits qu'une » sage législation ne met pas au rang des plus légers délits. » Par contre, on enrichit la torture judiciaire de quantité de » procédés nouveaux ou employés jusqu'alors comme aggrava-» tion de supplice, tels que certains fers, la diète forcée, l'in-» somnie, l'isolement complet, le tenaillement aux pinces rougies » au feu, le chauffement des pieds, le tourment de la table, la » beurrière, etc. » (Galiffe, *Genève historique et archéologique.)*

A cette époque, il était d'usage à Genève de demander des avis des jurisconsultes pour les procès criminels, entre autres pour les procès politiques et d'hérésie. L'usage paraît avoir existé de tout temps ou du moins depuis que les syndics possédaient la juridiction criminelle. M. Galiffe dit : « Comme partout » on faisait usage à Genève de la torture pour obtenir de l'ac- » cusé *(confessio rei)* l'aveu sans lequel on n'aurait pu le con- » damner, malgré les présomptions les plus accablantes. Mais » on ne pouvait alors appliquer ce moyen coërcitif que sur l'avis » concordant de deux jurisconsultes et du jury précité (4 ci- » toyens élus) pour des contradictions manifestes dans les ré- » ponses de l'accusé ou sur des preuves testimoniales non sus- » pectes, et elle devait, en tout cas, faire l'objet d'une sentence » interlocutoire, délibérée et rendue comme la sentence princi- » pale. » Ces magistrats, qui n'étaient pas toujours des juristes, s'entouraient des lumières des hommes du métier, docteurs en droit, chevaliers ès-lois, etc. On n'était jamais embarrassé, car il y avait dans l'ancienne Genève bon nombre de jurisconsultes, surtout dans le chapitre épiscopal. Dans les premiers temps de la Réformation, le conseil continua à consulter des juristes genevois, mais bientôt le parti au pouvoir s'irrita contre eux, parce que, dans leurs avis, ils avaient toujours soin de respecter les us et coutumes du pays : ils constituaient ainsi une entrave gênante. Au bout de quelques années on imagina d'avoir recours aux légistes français que le Refuge avait amenés à Genève. Ces légistes ne demandaient qu'à faire preuve de zèle en faveur du parti qui les avait accueillis ; pour eux, les vieilles libertés et franchises de Genève étaient lettre morte, enfin ils étaient d'autant plus disposés aux mesures de rigueur qu'ils venaient d'un pays où la torture était administrée d'une manière fort sévère. M. Galiffe *(Procès Poupin*, p. 109) rapporte que Calvin luimême fut appelé une fois à donner un *avis*. Calvin déclara aux syndics qu'ils n'avaient qu'à faire usage de la torture absolument comme ils l'entendaient, vu qu'ils possédaient la puissance absolue.

Revenons à Gruet. Sur la fin du procès et à la suite d'une démarche de ses parents, Gruet essaya d'une demande en grâce. Un peu ébranlé, le Petit Conseil décida de réclamer l'avis d'un second jurisconsulte. Mais, bien loin de conclure en faveur de l'accusé, le nouvel expert déclara que Gruet avait mérité la peine capitale, tant ensuite des lois romaines que du *Deutéronome.*

Après avoir vu quelle part était faite à l'accusation dans ces procès d'hérésie, examinons comment les droits de la défense étaient sauvegardés.

M. Galiffe rapporte que, dans les procès criminels antérieurs à 1536, on nommait des avocats et des procureurs aux accusés, même en cas d'inculpation de haute trahison. Il paraît que, dès lors, sans doute grâce à l'influence des légistes français, cet usage tomba en désuétude. Tout dépendait de l'arbitraire des magistrats. L'ordonnance de 1543 porte: « Si le criminel de- » mande à être admis à sa justification, que le Conseil regarde » s'il est de raison ou non. »

Dans le procès Gruet, les registres ne mentionnent l'intervention d'aucun avocat. On peut objecter, il est vrai, que Gruet n'en réclama jamais, qu'ayant fait une soumission complète et s'étant borné à solliciter grâce, personne n'aurait rien pu faire pour lui.

Mais dans la procédure Servet c'est absolument la même chose, il n'y a pas trace d'assistance. Servet a beau plaider non coupable, comme on dirait aujourd'hui, et réclamer expressément un défenseur, les syndics lui répondent par un refus. Si jamais cependant il y eut lieu d'accorder un conseil, ce fut bien dans ce procès-là. En effet, dès le début, Servet eut contre lui un accusateur privé pourvu d'un avocat (Colladon), puis le procureur général; en outre, il fut poursuivi par le premier orateur et le premier théologien de Genève, Calvin. A deux reprises différentes, par requête au Conseil, Servet sollicita l'assistance d'un avocat ou d'un procureur, alléguant sa qualité d'étranger, son ignorance des lois locales. Calvin s'y opposa avec indignation, traita la requête *d'inepte et d'impertinente,* soutenant que l'accusé *sait tant bien mentir, n'y a raison à ce qu'il demande un procureur.* Et non-seulement les magistrats genevois repoussèrent la demande de Servet, mais ils lui refusèrent les moyens de se défendre lui-même. Un jour il réclama du papier et de l'encre pour écrire une requête au Conseil: les registres constatent qu'on lui octroyât une telle faveur, seulement « *on enjoignit au* » *geolier de ne lui remettre qu'une seule feuille de papier, et de* » *le tenir bien serré.* »

Il semble qu'une fois Gruet exécuté, la justice genevoise aurait dû se tenir pour satisfaite; il n'en fut rien néanmoins, l'affaire eut un épilogue. En 1550, soit trois ans après, en procédant à des réparations dans la maison qui avait appartenu à Gruet, on découvrit un cahier écrit soi-disant de sa main, « *le dict livre plain de énormes et horribles blasphèmes.* » Le Petit Conseil fut aussitôt averti, et, le 21 avril, il chargea les syndics de prendre l'avis de gens savants. Huit jours après, le Conseil décida : » *attendu l'énormité, que le fisc préparera des articles contre Gruet et son livre et qu'on suivra au procès.* » Peut-on concevoir quelque chose de plus bizarre que cette procédure posthume contre la mémoire d'un supplicié ?

L'affaire suivit son cours. Le 1er mai, le procureur général produisit une série d'articles, soit de griefs contre la « *voix, fame et renommée de Gruet.* »

La justice procéda à un simulacre d'enquête ; on fit comparaître plusieurs témoins qui avaient été en relations avec Gruet et qui déclarèrent reconnaître son écriture. Calvin fut consulté, il rédigea une sorte de consultation théologique destinée à éclairer la religion des magistrats. Selon lui, on lisait entre autres dans le dit cahier « *qu'en toute l'Ecriture il y a moins de sens qu'aux fables d'Esope.* » Calvin en induit que cet écrit « *dégorge* » *telles abominations dont les cheveux doivent dresser en la tête* » *et qui sont des infections si puantes qu'elles pourraient ren-* » *dre tout un pays maudit.* »

Le 20 mai, le procureur général formula ses conclusions, demandant que Gruet fût brûlé en effigie en même temps que son livre. Brûler en effigie un homme qui était monté sur l'échafaud trois ans auparavant, c'était un non-sens, une inconcevable dérision ; le Conseil le comprit, il ordonna seulement que le livre de Gruet serait, « pour ses énormités », *brûlé par la main du bourreau devant la maison que le condamné avait habitée.*

L'arrêt fut prononcé le 23 mai 1550 et exécuté le même jour.

Ainsi que le dit très bien M. Fazy, « il est intéressant de re- » lever les motifs allégués dans la sentence. En livrant aux » flammes le manuscrit de Gruet, le Conseil voulait inspirer, » par un exemple, un juste effroi à ceux qui pouvaient partager » ses idées, aux adhérents de ses doctrines ; on croyait alors » communément qu'il suffisait de brûler le livre pour détruire » l'idée ; c'est ainsi qu'on brûla l'œuvre de Servet. C'est ainsi » encore qu'au XVIIIe siècle on faisait lacérer par la main du » bourreau l'*Emile* et le *Contrat social.* En brûlant le manus- » crit de Gruet, le Conseil obéissait aussi à un autre sentiment : » il croyait qu'en tolérant l'impiété ou l'hérésie, il attirerait sur

» Genève la vengeance divine. Fatale erreur, que toutes les orthodoxies triomphantes ont adoptée et qui a fait couler des flots de sang innocent ! »

F. Nessi, avocat.

Vaud. — Tribunal cantonal.

Séance du 7 septembre 1886.

Contrat d'hivernage. — Dérogation aux conditions primitivement convenues.

Decollogny contre Cuénoud.

Constitue une dérogation au contrat d'hivernage, l'engagement que prend le propriétaire de la vache, pendant la durée du bail, de reprendre l'animal avant le terme convenu.

Par convention du 6 octobre 1885, Decollogny a remis à Cuénoud une vache en hivernage, à dater du 5 octobre jusqu'à l'époque de la montée des vaches en 1886.

Par ce contrat, Decollogny ne garantissait au preneur ni veau, ni lait ; la garde de la vache était stipulée gratuite, les produits de l'animal restant la propriété de Cuénoud.

Celui-ci s'étant plaint de ce que la vache ne donnait pas du lait en suffisance pour compenser le prix de sa pension, H. Decollogny a, par lettre du 29 décembre, reconnu que l'animal ne donnait pas le lait que Cuénoud était en droit d'espérer et s'est déclaré disposé à en fournir une autre en échange pour fin janvier 1886.

Decollogny a reconnu, en outre, que cette vache avait été précédemment atteinte de la surlangue.

L'échange promis pour fin janvier n'eut pas lieu et, dans le courant de février seulement, Cuénoud se rendit auprès de H. Decollogny pour lui rappeler sa promesse, mais sans pouvoir en obtenir l'exécution.

Le 22 février, Cuénoud rendit à son propriétaire la vache objet du contrat du 6 octobre.

Le 26, Decollogny réclama, par lettre, à Cuénoud, une somme de 50 fr., à titre d'indemnité, valeur payable dans les huit jours et sous réserve de réclamer une somme supérieure si cette proposition amiable n'était pas admise.

Cuénoud ayant gardé le silence, Decollogny lui a intenté l'action actuelle et a conclu à 150 fr. de dommages-intérêts.

Cuénoud a offert en conciliation la somme de 50 fr.

Le Juge de paix du cercle de Cully a rejeté les conclusions de Decollogny, en le chargeant des dépens postérieurs à l'offre de Cuénoud, offre dont il donne acte au demandeur.

Ce jugement se base sur le fait que, par sa lettre du 29 décembre, H. Decollogny a modifié volontairement les conditions du contrat du 6 octobre et a admis le bien-fondé des critiques de Cuénoud à qui il a promis l'échange de la vache à titre de compensation, promesse qu'il aurait dû tenir.

Qu'au surplus l'offre de 50 fr. faite par Cuénoud est suffisante.

Le recourant Decollogny conteste la portée donnée par le jugement à la lettre du 29 décembre et reprend ses conclusions, estimant que la somme de 150 fr. réclamée par lui à titre de dommages est justifiée par l'évaluation que fait le Juge lui-même des frais d'entretien de l'animal à dater de l'époque à laquelle Cuénoud l'a rendu à Decollogny jusqu'au jour de la montée des vaches.

Le Tribunal cantonal a écarté le recours.

Motifs.

Considérant que la lettre du 29 décembre 1885 renferme un aveu de la part de Decollogny d'un fait important que devait ignorer Cuénoud à l'époque de la signature de la convention d'hivernage, savoir que l'animal remis à Cuénoud avait été atteint d'une maladie grave.

Qu'en confessant ce fait, le recourant a reconnu que Cuénoud aurait pu s'attendre à une quantité de lait plus considérable fournie par l'animal.

Qu'il a lui-même proposé l'échange qui devait être pour Cuénoud un avantage et une compensation de la perte que celui-ci avait subie jusqu'alors.

Que si cet échange n'a pas eu lieu à l'époque fixée par Decollogny, on ne peut l'imputer à faute à Cuénoud, qui souffrait au contraire un dommage prolongé aussi longtemps que la promesse de Decollogny ne s'exécutait pas.

Qu'ainsi la lettre du 29 décembre est bien une dérogation aux conditions primitives du contrat.

Que l'offre de Cuénoud est d'ailleurs suffisante et dédommage Decollogny des pertes que lui cause l'inexécution de la convention du 5 octobre, inexécution qui a pour cause essentielle l'état de santé de l'animal remis par lui en hivernage à Cuénoud.

Vaud. — COUR DE CASSATION PÉNALE

Séance du 7 octobre 1886.

Délit forestier commis par un Français dans une forêt limitrophe entre la Suisse et la France. — Incompétence des tribunaux suisses. — Convention franco-suisse du 28 février 1882 sur les rapports de voisinage et la surveillance des forêts limitrophes, art. 8.

Ministère public contre Crétin.

Les tribunaux suisses ne sont pas compétents pour condamner par défaut un ressortissant français, domicilié en France, pour un délit forestier commis dans une forêt limitrophe entre la Suisse et la France.

Ensuite du rapport, en date du 17 juillet 1886, du maréchal des logis de gendarmerie Grobéty et du gendarme Byrde, stationnés au Carroz, le Juge de paix du cercle de Chenit a renvoyé Paul Crétin devant le Tribunal de police de La Vallée, comme prévenu de délit forestier.

Crétin n'a pas comparu à l'audience du Tribunal de police du 30 août 1886 et ce Tribunal, jugeant par défaut, a condamné Crétin à cent jours de réclusion et deux ans de privation générale des droits civiques, comme coupable du délit prévu aux art. 208, 239 § *c*, 247 § *b* et 253 second alinéa de la loi sur les forêts du 31 janvier 1873, Crétin s'étant rendu dans la forêt du Risoux qu'il savait ne pas lui appartenir, y ayant coupé du bois évalué 36 fr. et causé à la forêt un dommage évalué 30 fr., et cela sans le consentement et au préjudice du propriétaire.

Usant de la faculté que lui donne l'art. 496 Cpp., le Procureur général a déclaré recourir contre ce jugement par défaut, dont il a demandé la nullité, estimant que le Tribunal de police de La Vallée était incompétent pour prononcer sur la cause, vu la convention du 28 février 1882 passée entre la France et la Suisse.

La Cour de cassation pénale a admis le recours et renvoyé l'affaire au Procureur général pour que ce magistrat nantisse l'autorité française compétente du délit dont il s'agit.

Motifs.

Considérant que la convention franco-suisse du 28 février 1882 sur les rapports de voisinage et sur la surveillance des forêts limitrophes, statue ce qui suit à son art. 8 :

« Pour mieux assurer la répression des délits et contraven-
» tions qui se commettent dans les forêts, sur la frontière, les
» deux hautes parties contractantes s'engagent à poursuivre
» ceux de leurs ressortissants qui auraient commis ces infrac-
» tions sur le territoire étranger, de la même manière et par
» application des mêmes lois que s'ils s'en étaient rendus cou-
» pables dans les forêts de leur pays même.

» La poursuite aura lieu sous la condition qu'il n'y ait pas
» eu jugement rendu dans le pays où l'infraction a été commise,
» et sur la transmission officielle du procès-verbal, par l'auto-
» rité compétente de ce pays, à celle du pays auquel appartient
» l'inculpé.

» L'Etat où la condamnation sera prononcée percevra le
» montant des amendes et des frais, mais les indemnités seront
» versées dans les caisses de l'Etat où les infractions auront été
» commises.

» Les procès-verbaux adressés régulièrement par les gardes
» assermentés dans chaque pays feront foi, jusqu'à preuve con-
» traire, devant les tribunaux étrangers. »

Considérant qu'il résulte de ces dispositions que le Tribunal de police de La Vallée était incompétent pour condamner par défaut le prévenu Crétin, citoyen français.

Que, dès lors, il y a lieu de faire application, en l'espèce, du § *c* de l'art. 490 Cpp.

Revue des Tribunaux.

Faits. — Il y a lieu à nullité du jugement, si le juge omet de rendre des décisions de fait sur les allégués dont la preuve a été entreprise par témoins (Cpc. 436).

(Juge de paix de Montreux; jugement annulé.)

TC., 28 septembre 1886. Fray c. Miauton.

Frais. — Doit être condamné aux frais de l'action en reconnaissance de dette, le créancier qui a refusé de recevoir une somme suffisante à lui offerte par le débiteur.

(Juge de paix de Montreux; jugement réformé.)

TC., 24 septembre 1886. Schönenweid c. hoirs Chessex.

Opposition. — Après l'expiration des délais accordés pour opposer sur le fond, le juge doit refuser son sceau à toute opposition qui porte sur autre chose que sur les opérations relatives à la saisie réelle ou à la vente (Cpc. 414 et 415).

(Juge de paix du Chenit; sceau révoqué.)

TC., 17 septembre 1886. Piguet c. Schaub.

Relief. — Bien que la procédure ne prévoie pas de recours contre le sceau accordé à un exploit de demande en relief, la partie qui s'estime lésée doit cependant être admise à porter la question devant l'instance supérieure.

L'art. 293 Cpc., à teneur duquel la partie qui a été dans l'impossibilité de comparaître est dispensée de l'obligation de faire le dépôt préalable des frais frustraires, n'est pas applicable aux causes de la compétence du Juge de paix (Cpc. 330). En ce qui concerne ces causes, l'obligation de faire le dépôt des frais frustraires est absolue (Cpc. 329).

(Juge de paix de Sullens; sceau révoqué.)

TC., 24 septembre 1886. Champion c. Borgeaud.

Saisie. — Dans le tableau de répartition dressé ensuite de saisies en concours, il y a lieu de déduire du produit de la vente les frais justifiés auxquels celle-ci a donné lieu.

(Juge de paix de Belmont; recours partiellement admis.)

TC., 28 septembre 1886. Girard c. Grin.

Saisie. — Lorsqu'un créancier hypothécaire pratique une subhastation sur des récoltes déjà saisies par un créancier chirographaire, il a droit à être désintéressé par préférence sur le produit de la vente de ces récoltes, sauf à l'autre créancier à bénéficier de la plus-value.

(Juge de paix de Grandson; recours admis.)

TC., 7 septembre 1886. Cosandey et Piaget c. Torny.

Saisie. — Si une saisie cumulative accordée par le Juge apparaît à ce magistrat comme étant sans intérêt, il peut en ordonner la suspension, mais il ne saurait se refuser d'une manière absolue à donner suite aux procédés qui ont pour but de perfectionner cette saisie (Cpc. 713).

(Juge de paix de Lutry; recours admis.)

TC., 14 septembre 1886. Perrin et consorts c. hoirs Zahler.

Vente. — Lorsqu'aucun terme n'a été convenu pour la livraison, l'acheteur ne peut se départir du contrat qu'après avoir mis le vendeur en demeure de livrer (CO. 117, 122).

(Juge de paix de Payerne; jugement maintenu.)

TC., 14 septembre 1886. Veuve Marro c. Bollag.

Variété.

Changement de sexe :

Une affaire d'une espèce assez rare vient d'être soumise à la chambre des vacations du tribunal civil de Marseille.

Il y a dix-huit ans, on inscrivait sur les registres de la mairie la naissance d'un enfant nommé Edouard Z..., auquel l'employé, par étourderie, donna le sexe féminin, bien que ses prénoms lui attribuassent un autre sexe. Récemment, l'intéressé, ayant eu besoin de son extrait de naissance pour contracter un engagement volontaire, constata la singulière erreur commise à son préjudice.

Il se rendit à la mairie, et là s'engagea entre lui et l'employé le colloque suivant :

— Je viens, dit M. Z..., faire rectifier mon acte de naissance. Je suis porté comme étant une fille, et vous pouvez vous rendre compte immédiatement que c'est une erreur.

— Cela ne me regarde pas, répond l'employé. Pour moi, vous n'êtes pas un homme du moment que les livres disent que vous êtes du sexe féminin.

— Mais, sapristi, la mention est inexacte ; je vous affirme qu'elle est inexacte.

— Alors adressez-vous aux tribunaux ; la justice décidera.

— C'est ce que je vais faire. Au revoir, monsieur.

— Au revoir... *Mademoiselle.*

M. Z... dut, en effet, présenter une requête devant le tribunal pour faire rectifier son état-civil, et il l'a soutenue lui-même à la barre.

Après un court délibéré, le tribunal a ordonné la mesure sollicitée.

Notariat. — Par arrêté du 12 octobre 1886, le Conseil d'Etat de Genève a autorisé M. Théod. Fontana à reprendre ses fonctions de notaire et à garder les minutes de Me Dufresne et de ses prédécesseurs.

— Le Conseil d'Etat de Vaud a délivré des patentes de notaire à MM. Constant *Rey*, de Forel, pour le cercle de Lausanne, et Constant *Pochon*, de Chêne et Paquier, pour le cercle d'Yverdon.

Université de Genève. — Par arrêté du 9 octobre, le Conseil d'Etat a nommé professeur de droit commercial M. Eugène Richard, docteur en droit.

Vaud. — Dans sa séance de hier, le Tribunal cantonal a nommé greffier substitut ce corps, M. Sigismond *de Blonay*, avocat, à Morges, en remplacement de M. Mercanton, élu juge d'instruction.

Ch. Boven, notaire, rédacteur.

Lausanne. — Imp. CORBAZ & Comp.

XXXIVe Année. N° 44. Samedi 30 Octobre 1886

JOURNAL des TRIBUNAUX

REVUE DE JURISPRUDENCE

Paraissant à Lausanne une fois par semaine, le Samedi.

Prix d'abonnement : 12 fr. par an, 7 fr. pour six mois. Chaque numéro, 50 cent. On s'abonne à l'imprimerie Corbaz et Cie et aux bureaux de poste. — Annonces : 20 centimes la ligne ou son espace.

TRIBUNAL FÉDÉRAL

Séance du 17 septembre 1886.

Divorce. — Adultère connu par l'époux offensé depuis plus de six mois. — Lien conjugal profondément atteint. — Art. 46, §§ *a* et *b*, et 47 de la loi fédérale du 24 décembre 1874.

Epoux Magnin.

L'adultère commis par l'un des époux ne constitue pour l'autre une cause déterminée de divorce que s'il s'est écoulé moins de six mois depuis que l'époux offensé en a eu connaissance.

Le divorce doit être prononcé lorsque les liens unissant les époux sont rompus de fait depuis longtemps.

Avocats des parties :

MM. Magnin, à Bulle, pour Clémence Magnin, demanderesse et recourante.
Morard, à Bulle, pour Michel Magnin, défendeur et intimé.

Le 23 novembre 1858 étaient déclarés unis par le mariage à

l'église paroissiale de Vuippens (Fribourg), les nommés Michel Magnin, né le 4 novembre 1831, de Marsens, y demeurant, et Clémence, fille illégitime de feu Hubert Magnin et d'Ursule Dey, née Gapany, née le 19 décembre 1840, de Marsens, y domiciliée. Un enfant, dont il n'est plus question dans la procédure, et probablement mort depuis, était né de cette union.

Les époux ne vécurent pas longtemps en bonne harmonie, et, à une époque qui ne résulte pas des pièces du dossier, ils étaient en instance devant la Cour épiscopale en vue d'obtenir une séparation.

Ensuite de ces procédés, Michel Magnin quitta le pays et resta 17 ans absent, sans donner de nouvelles à sa femme.

Le 6 juillet 1885, la dame Magnin a sommé son mari de faire cesser l'abandon dans lequel il la laissait; Michel Magnin fit aussitôt droit à la demande de sa femme et la rejoignit.

La dame Magnin, au lieu de recevoir son mari, lui a signifié, le 23 novembre 1885, une demande en divorce, basée sur les faits suivants :

a) Son mari aurait eu des relations charnelles avec d'autres femmes, déjà avant son départ pour la France.

b) Après ce départ, le sieur Magnin ne s'est plus inquiété de sa femme, ni de son enfant.

c) Depuis son retour, M. Magnin n'a pas changé de conduite, et la continuation de la vie commune est dès lors impossible.

Michel Magnin s'est opposé à la prédite demande, en alléguant qu'il n'a jamais fourni à sa femme un motif de divorce, et que, s'il a quitté le domicile conjugal, c'est que sa dite femme l'y avait contraint; il s'est réservé de conclure, de son côté, à ce que le divorce lui soit accordé contre la demanderesse, attendu que celle-ci a profité de l'absence de Magnin pour entretenir avec un pensionnaire des relations coupables, et qu'elle ne demande le divorce que pour pouvoir continuer ces rapports illégitimes.

La dame Magnin a allégué, en outre, comme nouveau motif à l'appui de sa demande, le fait de l'injure grave dont son mari se serait rendu coupable en l'accusant d'adultère.

Par jugement du 6 avril 1886, le Tribunal civil de l'arrondissement de la Gruyère a débouté la dame Magnin des fins de sa demande, par les motifs suivants :

Il n'a été établi à la charge des parties aucun fait pouvant justifier l'application de l'art. 46 de la loi fédérale sur l'état civil et le mariage; l'adultère invoqué en demande serait en tous cas frappé de prescription ; le fait d'injures graves, reproché par la dame Magnin à son mari, est postérieur à la demande en divorce et ne saurait être pris en considération dans la cause.

Par exploit du 24 avril 1886, la dame Magnin a déclaré interjeter appel de ce jugement, en se fondant, entre autres, sur ce que son mari, étant venu une fois de Paris à Marsens pour l'enterrement de sa mère, n'aurait fait aucune visite ni à sa femme, ni à son enfant; de son côté, dans l'instance d'appel, l'intimé a reconnu le fait, mais en affirmant que s'il ne s'est pas rendu alors chez sa femme, c'est parce que celle-ci lui avait fait savoir qu'elle ne le recevrait pas.

Par arrêt du 11 juin suivant, la Cour d'appel, réformant la sentence des premiers juges, a séparé de corps les époux Magnin pour le terme de deux ans.

La dite Cour a estimé, comme les juges de première instance, qu'il n'existait en la cause aucun des motifs de divorce énumérés à l'art. 46 précité; que le lien conjugal était toutefois assez profondément atteint, sans que tout espoir de réconciliation soit perdu; l'existence de l'atteinte portée au lien conjugal ressort du fait que les deux époux s'accusent réciproquement d'adultère, de ce que la femme éprouve une répulsion évidente pour son mari, et de la circonstance que celui-ci est resté longtemps absent du pays sans paraître s'intéresser à sa femme ni à son enfant.

C'est contre cet arrêt que la dame Magnin a recouru au Tribunal fédéral, en reprenant les conclusions de sa demande.

Il résulte enfin de déclarations figurant au dossier que la dame Magnin a chez elle, depuis dix ans, un pensionnaire italien ; que ce fait a été dans le public l'objet de nombreuses critiques, mais que d'ailleurs la recourante jouit d'une bonne réputation.

Le Tribunal fédéral a admis le recours et prononcé le divorce définitif des époux Magnin.

Motifs.

1. C'est avec raison que le Tribunal cantonal n'a pas prononcé le divorce pour cause d'adultère, en application de l'article 46 litt. *a* de la loi fédérale sur l'état civil et le mariage. Cette disposition, en effet, n'est applicable que lorsqu'il ne s'est pas écoulé plus de six mois depuis que l'époux offensé a eu connaissance de l'adultère. Or il est évident que les faits articulés par la dame Magnin de ce chef sont de beaucoup antérieurs à six mois avant l'introduction de la présente action, et que la

demanderesse en a eu connaissance alors déjà, puisqu'ils doivent s'être passés, selon son propre dire, avant le départ du sieur Magnin pour l'étranger, c'est-à-dire il y a plusieurs années.

2. Il n'y a pas lieu de rechercher si le reproche d'adultère formulé en procédure par le mari Magnin à l'adresse de sa femme pourrait, le cas échéant, être pris en considération comme cause de divorce et justifier l'application de l'art. 46 litt. *b* de la loi précitée, à titre d'injure grave, la séparation définitive des époux Magnin se justifiant en tous cas aux termes de l'art. 47 *ibidem*.

3. Il est en effet certain que le lien conjugal unissant les prédits époux apparaît comme profondément atteint.

Dès les premiers temps de leur union, de nombreuses dissensions se sont déjà produites entre eux et avaient abouti à une demande en séparation devant la juridiction ecclésiastique alors compétente. A partir de ce moment, les époux Magnin ont vécu près de vingt années séparés de fait, sans s'inquiéter aucunement l'un de l'autre, ce qui résulte, entre autres, de la circonstance que, lors d'un voyage que Magnin fit à Marsens à l'occasion de l'enterrement de sa mère, il ne visita point sa femme et que celle-ci ne manifesta aucun désir de le voir.

Le fait que la dame Magnin fit sommer, plus tard, son mari de la rejoindre ne saurait infirmer ce qui précède, puisque, le sieur Magnin ayant obtempéré à cette injonction, sa femme lui intenta aussitôt l'action en divorce actuelle.

Il résulte, en outre, du dossier de la cause, que les parties manifestent un invincible éloignement réciproque. Dans ces conditions, tout espoir de rapprochement, même momentané, a disparu, et l'on peut prévoir avec certitude qu'une prolongation, pour le terme de deux ans, d'une séparation volontaire ayant duré déjà près de vingt années, demeurerait, dans ce but, sans aucun résultat. Les liens du mariage unissant les époux Magnin doivent, au contraire, être envisagés comme rompus de fait, et il y a lieu, conformément à la jurisprudence du Tribunal de céans, de consacrer, par une séparation définitive, le divorce existant en réalité dès longtemps entre les parties. (V. arrêt du Trib. féd. du 1er juin 1877 en la cause des époux Magnin. Rec. III, pages 382 et suiv.) [1].

[1] Voir *Journal des Tribunaux*, année 1877, p. 460.

Traduction d'un arrêt du 2 octobre 1886.

Dommage causé à une propriété particulière à l'occasion d'un service militaire. — Prétendue responsabilité de l'administration de la guerre. — Compétence du Tribunal fédéral. — Article 27, chiffre 2, de la loi sur l'organisation judiciaire fédérale ; §§ 279, 282 et suivants du règlement d'administration pour l'armée suisse, du 9 décembre 1881.

Etablissement d'assurance cantonal lucernois contre Administration fédérale de la guerre.

Les commissions d'experts prévues aux §§ 282 et suivants du règlement d'administration pour l'armée suisse ont simplement pour mission d'estimer les dommages causés aux propriétés par l'exécution d'ordres militaires. Il ne leur appartient pas de décider en principe si l'administration de la guerre est responsable ou non, à teneur du § 279 du même règlement. La décision sur cette question est du ressort des tribunaux ordinaires.

Pour fonder la responsabilité de l'administration de la guerre, à teneur du § 279 précité, il ne suffit pas qu'un dommage à la propriété ait été causé à l'occasion d'un service militaire; il est nécessaire que ce dommage ait été causé par des actes de service accomplis en exécution d'ordres militaires.

Avocats des parties :

MM. Zemp, à Entlebuch, pour Etablissement d'assurance lucernois, demandeur.

Pfenninger, à Zurich, pour Département militaire fédéral, défendeur.

A l'occasion d'un exercice de marche, les batteries de campagne n°s 35 et 36 arrivèrent le 18 mai 1885 à Sursee (Lucerne). Ensuite des directions du quartier-maître de la 6e brigade d'artillerie, la troupe fut cantonnée et une partie des soldats logés dans la salle à manger de l'hôtel de l'*Aigle*. Quelques-uns d'entre eux s'étant mis à se lancer des bottes de paille, il paraîtrait que l'une de celles-ci, renvoyée par le soldat Corrodi, qui l'avait reçue à la tête, vint frapper une lampe à pétrole suspendue au plafond ; il est établi, en tout cas, que la lampe tomba sur le plancher et que le liquide s'étant enflammé communiqua le feu à la paille répandue sur le plancher pour servir de couche aux soldats. L'incendie causé de la sorte occasionna à l'immeuble un dommage qui fut évalué à 3880 fr. par les experts de l'établissement d'assurance cantonal lucernois. Les soldats Corrodi, Félix et Frei, mis en accusation pour incendie par imprudence, furent tous acquittés par le Tribunal militaire de la VIe division: toutefois, des peines disciplinaires furent prononcées contre les trois accusés, à l'exception de Corrodi, les actes mis à sa charge et sa culpabilité n'ayant pu être suffisamment établis.

Ensuite de ces faits, le Département militaire du canton de Lucerne, agissant au nom de l'établissement d'assurance cantonal, a ouvert action au Département militaire fédéral, comme représentant de l'administration militaire fédérale, en remboursement de la somme de 3880 fr., montant de l'indemnité payée à veuve Bacher, propriétaire de l'hôtel de l'*Aigle*, plus 35 fr. pour frais de taxe. Cette action a été portée directement devant le Tribunal fédéral, conformément à l'art. 27 de la loi sur l'organisation judiciaire fédérale.

Le Département militaire fédéral a contesté en première ligne la compétence du Tribunal fédéral. En seconde ligne, il a soutenu que l'action était périmée, et, quant au fond, il a également contesté toute responsabilité.

Le Tribunal fédéral a débouté la partie demanderesse des fins de ses conclusions.

Motifs.

1. Comme demandeur au procès, il faut considérer l'établissement d'assurance du canton de Lucerne, personne juridique distincte du fisc lucernois ; comme défendeur, le fisc militaire fédéral. La valeur litigieuse excédant 3000 fr., le Tribunal fédéral est compétent, à teneur de l'art. 27 de la loi sur l'organisation judiciaire fédérale, à la condition, toutefois, que la cause constitue un différend de droit *civil* et non un litige soustrait à la connaissance des tribunaux et soumis à la décision des autorités administratives d'après des dispositions spéciales de la loi. Or, la demande est fondée exclusivement sur le § 279 du règlement d'administration pour l'armée suisse, du 9 décembre 1881, à teneur duquel « les dommages causés aux propriétés publiques et particulières, par l'exécution d'ordres militaires, sont bonifiés par l'administration de la guerre. » A ses §§ 282 et suivants, 288 et suivants, ce même règlement d'administration établit des règles spéciales pour l'estimation des dommages de cette nature ; cette estimation est renvoyée à des commissions d'experts qui déterminent définitivement le montant de l'indemnité. Ces dispositions seraient en tout état de cause applicables au cas actuel, car il va de soi que la cause doit être traitée ab-

solument comme si le propriétaire lésé réclamait lui-même une indemnité pour le dommage éprouvé ; la circonstance que c'est un établissement d'assurance qui agit en son lieu et place, lequel a déjà indemnisé le propriétaire après estimation du dommage, ne saurait modifier en quoi que ce soit la procédure à suivre. Il suit de là que le Tribunal fédéral n'est en aucun cas compétent pour allouer une somme déterminée au demandeur, c'est-à-dire pour évaluer lui-même le dommage. Il ne peut donc être question que de savoir si le Tribunal fédéral est compétent pour statuer en principe sur la responsabilité de l'administration de la guerre, en d'autres termes, pour décider si elle est tenue, en vertu du § 279 du règlement d'administration, de réparer le dommage existant *in casu*. A cet égard, il faut constater en première ligne que la réclamation formulée par la partie demanderesse est de nature civile. Elle est motivée, à la vérité, sur les dispositions d'un règlement d'administration ; mais ces dispositions ne renferment pas de simples prescriptions administratives ; elles établissent, au contraire, une obligation civile. L'action en dommages et intérêts qu'elles accordent aux personnes lésées par l'exécution d'ordres militaires, c'est-à-dire par des actes licites de l'autorité, compète à ces personnes, non point en leur qualité, relevant du droit public, de membres de l'Etat, mais en raison de leurs intérêts privés et en leur qualité de propriétaires. C'est une action tout à fait analogue à celle que la loi accorde aux particuliers en matière d'expropriation. Comme celle-ci, elle a pour but la réparation d'un préjudice pécuniaire causé à une personne dans un intérêt public. L'attribution au lésé d'un droit de créance équivalant au dommage éprouvé est destinée à réparer le préjudice à lui causé par l'exercice du pouvoir public, à maintenir l'intégralité de sa fortune privée. Le droit accordé par le § 279 précité au particulier lésé est donc un droit d'ordre civil, comme celui qui compète à l'exproprié. Ce point étant établi, il en résulte que le Tribunal fédéral est compétent, à teneur de l'art. 27, chiffre 2, de la loi sur l'organisation judiciaire fédérale, pour autant que la compétence de l'autorité judiciaire ne se trouverait pas exclue par des dispositions légales tout à fait claires. Or tel n'est pas le cas. Les commissions d'estimation prévues aux §§ 282 et suivants du règlement d'administration sont de simples commissions d'experts ; elles ne sont expressément chargées que de constater et d'estimer les dommages causés aux propriétés, mais non de décider en droit sur la question de savoir si l'administration de la guerre est responsable en principe, c'est-à-dire si les conditions prévues au § 279 déjà cité existent réellement. On doit donc admettre qu'à cet égard la question peut être portée devant les tribunaux. (Comp. dans ce sens un arrêt de la Cour d'appel et de cassation du canton de Berne, dans la *Zeitschrift des bernischen Juristenvereins*, t. XVII, p. 490 et suiv.)

2. Le Tribunal fédéral étant ainsi compétent dans la mesure qui vient d'être indiquée, la demande n'en doit pas moins être écartée, et cela pour les deux motifs développés ci-après :

a) Ainsi qu'il a déjà été dit et ainsi que cela va d'ailleurs sans dire, celui qui formule une réclamation quelconque en se fondant sur le § 279 plus haut cité, doit observer les prescriptions spéciales établies à ce sujet par le règlement d'administration. Or le § 288 du dit règlement dispose que les réclamations d'indemnités pour dommages aux propriétés doivent, pour être valables, être adressées dans un délai de quatre jours au commandant des troupes qui les ont causés, ou, si cet officier n'est plus au service, au commissariat des guerres du canton. Ce délai expiré, il n'est plus pris en considération que les réclamations des propriétaires fournissant la preuve qu'ils ont eu trop tard connaissance du dommage ; enfin, aucune réclamation quelconque ne peut plus être admise dix jours après celui où le dommage a eu lieu. Or, dans l'espèce, la propriétaire lésée n'a formulé aucune réclamation dans les délais ci-dessus ; son droit d'action en dommages et intérêts contre l'administration de la guerre est donc périmé, et cette péremption exclut naturellement aussi le droit d'action de la partie demanderesse au procès actuel, puisqu'elle ne peut agir qu'en qualité de successeur à titre particulier du propriétaire lésé. On ne saurait objecter à cette argumentation, comme l'a fait ce jour le conseil de la partie demanderesse, en disant qu'en l'espèce il n'était pas nécessaire de faire une réclamation auprès du commandant des troupes, attendu que cet officier avait eu personnellement connaissance du fait dommageable et en avait référé lui-même à l'administration militaire. En effet, le fait que le commandant des troupes a connaissance d'un dommage causé ne peut manifestement remplacer la réclamation émanant du propriétaire, formulée comme le prescrit le règlement d'administration. Ce règlement veut précisément que l'autorité militaire soit renseignée, dans les délais fort brefs qu'il fixe, et au moyen de l'envoi des réclamations, non pas sur la question de savoir si un dommage a été causé, mais sur celle de savoir si une indemnité est demandée de ce chef.

b) En outre, dans l'espèce, la responsabilité de l'administration militaire ne peut être admise en principe, vu les termes du § 279 plus haut cité. Il est certain, en effet, que le dommage objet du litige n'a point été causé par l'exécution d'ordres militaires. On ne saurait à cet égard admettre l'argumentation de la partie demanderesse qui consiste à dire que le dommage ne se serait pas produit sans les ordres militaires cantonnant les troupes à Sursee et qu'ainsi il existe un rapport de causalité entre le dommage et un ordre militaire. On ne peut envisager comme causé par l'exécution d'ordres militaires tout dommage quelconque qui s'est produit à l'occasion de leur exécution et qui ne se serait pas produit sans ces ordres; juridiquement, il n'existe aucun rapport de causalité, alors que le dommage n'est point l'effet direct des ordres militaires et de leur exécution, mais a été occasionné par des causes médiates indépendantes, même si celles-ci n'ont pu déployer leurs effets que grâce aux ordres militaires. Ainsi, un vol ou un homicide commis par un soldat dans un logement ne pourrait incontestablement pas être considéré comme une conséquence du fait que les soldats ont été logés chez les particuliers, alors même que ce fait a facilité la commission du délit. Un rapport de causalité, au sens juridique, n'existe que si le dommage a été causé directement par des actes accomplis par des militaires, dans le service, en vue de l'exécution d'ordres militaires; si tel est le cas, on ne saurait à la vérité se préoccuper de savoir si les actes en question renfermaient ou non une juste exécution des ordres reçus. Or, en l'espèce, si l'on s'en tient aux faits tels qu'ils sont exposés par la partie demanderesse, on voit aussitôt que le dommage n'a pas été causé par des actes de service accomplis en exécution d'ordres reçus, mais par des actes libres et arbitraires de quelques soldats agissant individuellement (savoir le fait par eux, et surtout par le soldat du train Corrodi, de lancer des bottes de paille, fait qui non-seulement n'était point commandé, mais constituait évidemment une infraction au règlement). Si, au contraire, l'on admet, avec la partie défenderesse, que la chute de la lampe à pétrole a été amenée par une cause restée inconnue (défaut de solidité de la suspension, etc.), on se trouve en présence d'un simple accident qui s'est produit à l'occasion du cantonnement de la troupe, accident dont l'administration de la guerre ne saurait non plus être rendue responsable, et non en présence d'un dommage causé directement par le fait du cantonnement. *Pour traduction,* C. S.

Vaud. — TRIBUNAL CANTONAL.

Séance du 8 septembre 1886.

Droit de reproduction des photographies. — Destruction du cliché en cas de reproduction illicite. — Art. 9 et 12 de la loi fédérale du 23 avril 1883 sur la propriété littéraire et artistique.

Dame Frenzel contre Schöni.

Lorsqu'une photographie a été exécutée sur commande, le photographe n'a pas, sauf stipulation contraire, le droit de la reproduire sans y être autorisé. (Art. 9 de la loi fédérale du 23 septembre 1883.)

En cas de reproduction illicite, le Tribunal peut ordonner la destruction des photographies encore existantes entre les mains du photographe, ainsi que du cliché. (Art. 12.)

Dame Frenzel a ouvert action à Schöni pour faire prononcer : 1. Que Hugo Schöni est son débiteur de la somme de 150 fr., à titre de dommages-intérêts ; 2. Que Schöni doit détruire les photographies des deux demoiselles Frenzel qu'il peut encore posséder à ce jour et qu'il lui est interdit d'en reproduire ; 3. Que le cliché des demoiselles Frenzel doit être effacé à dire d'expert.

Schöni a conclu : 1° à libération ; 2° reconventionnellement, à ce que dame Frenzel soit condamnée à lui payer, pour prix de l'exemplaire de la photographie grand format remis à sa fille et gardé par celle-ci, la somme de 30 fr. ; la remise gratuite d'un exemplaire de cette photographie ayant été subordonnée au consentement donné et aujourd'hui retiré, de pouvoir placer d'autres exemplaires dans un album destiné à être communiqué au public.

L'instruction de la cause a établi les faits suivants :

En décembre 1885, dame Frenzel a chargé Schöni de faire, dans le format de cartes de visite, la photographie de ses deux filles, commande exécutée, livrée et payée sous forme d'abonnement.

Faisant usage des clichés des demoiselles Frenzel, Schöni a reproduit leurs photographies qu'il a placées dans des albums destinés à être colportés en public à titre d'échantillons par des employés à ses gages.

Dame Frenzel a eu connaissance de l'exhibition des photographies de ses filles dans un album appartenant à Schöni, à l'auberge du *Cerf*, en juin 1886.

Après la commande et l'exécution des photographies petit format des deux demoiselles Frenzel, Schöni a proposé à l'une d'elles, Marie Frenzel, de poser en vue d'une photographie grand format, qui devait lui servir de réclame et figurer comme telle dans son salon et dans un album destiné à être montré en public.

A cette occasion, le défendeur a offert à la dite demoiselle Frenzel de lui remettre en échange de cette autorisation, et gratuitement, un exemplaire de la photographie grand format.

La jeune Frenzel a accepté l'offre de Schöni, disant que comme elle allait quitter Lausanne, il lui était indifférent que sa photographie fût exposée ou non dans un album, ainsi que cela avait déjà eu lieu pour les photographies petit format, fait dont elle avait eu connaissance.

Pour permettre l'exécution de cette photographie grand format, Marie Frenzel a posé dans deux occasions différentes chez le défendeur.

Marie Frenzel a reçu un exemplaire de cette photographie grand format.

Sur cet exemplaire, Marie Frenzel est vue de profil, tandis que sur l'exemplaire petit format elle est vue de face.

Le défendeur n'a reçu de dame Frenzel ou de sa fille aucune offre de paiement pour la photographie grand format qu'il a livrée.

Par lettre du 19 juin 1886, la demanderesse a fait proposer par l'avocat Dubois à Schöni de lui livrer le cliché ou de l'effacer devant elle, de lui rendre les photographies de ses filles, qui se trouvent encore en la possession du dit Schöni, et de payer par 20 fr. les frais qui lui étaient occasionnés jusqu'alors par cette affaire.

Le défendeur n'ayant rien répondu à cette offre, la présente action lui a été ouverte.

Le Juge de paix de Lausanne, par sentence du 2 août 1886, a débouté la demanderesse de ses conclusions, admis les conclusions libératoires du défendeur, mais repoussé ses conclusions reconventionnelles. — Le Juge a pris acte de la déclaration du défendeur constatant la destruction par lui faite des clichés et photographies des demoiselles Frenzel.

Le Juge s'est fondé sur les considérants ci-après :

Les demoiselles Frenzel, quoique mineures, ne sont plus des enfants et ont assez de jugement pour discerner le bien et le mal. Elles ont tacitement et expressément consenti à l'exhibition de leurs photographies dans les albums de Schöni. Si elles n'ont pas cru devoir en informer leur mère, celle-ci ne saurait être admise à en imputer la responsabilité à Schöni. Les faits qui sont à la base du présent litige ne sont pas de nature à nuire à la réputation des demoiselles Frenzel et n'ont, d'ailleurs, causé aucun dommage appréciable à la demanderesse. Si dame Frenzel a éprouvé quelque ennui, ses filles sont seules responsables, par le silence volontaire et intéressé qu'elles ont gardé vis-à-vis d'elle.

Dans ces circonstances, la loi fédérale du 23 avril 1883 et le CO., art. 51, invoqués par la demanderesse, ne sont pas applicables en l'espèce.

Quant aux conclusions reconventionnelles de Schöni, c'est tant pis pour lui s'il a contracté avec une incapable, Marie Frenzel et sa mère ne sont pas civilement responsables.

Dame Frenzel a recouru en réforme contre ce jugement, en demandant l'application de la loi fédérale du 23 avril 1883 au cas litigieux et l'adjudication de ses conclusions.

Le Tribunal cantonal a admis le recours.

Motifs.

Considérant que la loi fédérale du 23 avril 1883, concernant la propriété littéraire et artistique, stipule que les œuvres photographiques sont au bénéfice des dispositions de la dite loi. (Art. 9.)

Que, lorsque l'œuvre a été exécutée sur commande, le photographe, à moins de stipulations contraires, n'a pas le droit de la reproduire. (Art. 9 § *c.)*

Que Schöni a, dans l'espèce, contrevenu à cette disposition, puisqu'il a reproduit et exhibé les photographies, petit format, des demoiselles Frenzel, qui avaient été commandées par leur mère, cela à l'insu de cette dernière.

Que si les actes de Schöni, dans les circonstances où ils se sont passés, ne constituent pas une faute grave de sa part, il y a cependant lieu de lui interdire le renouvellement des dits actes en ordonnant la destruction des photographies des demoiselles Frenzel qu'il peut encore posséder et la destruction du cliché. (Art. 12, troisième alinéa de la loi précitée.)

Considérant, en ce qui concerne la photographie grand format, que cette photographie a été faite ensuite de convention entre Marie Frenzel et Schöni.

Mais attendu que Marie Frenzel est mineure.

Que, par ce motif, le Juge a repoussé les conclusions reconventionnelles prises par Schöni contre dame Frenzel.

Que Schöni n'a pas recouru contre la sentence du Juge.

Qu'ainsi la convention passée entre Marie Frenzel et Schöni ne saurait déployer d'effet.

Que, dans ces circonstauces, il y a lieu d'interdire à Schöni la reproduction de la photographie grand format et d'ordonner la destruction du cliché.

Considérant, quant aux dommages-intérêts, que les faits relevés à la charge de Schöni ne paraissent pas avoir causé de dommage appréciable à dame Frenzel,

Le Tribunal cantonal admet le recours; réforme le jugement du 2 août 1886 en ce sens que les conclusions sous n°s 2 et 3 de dame Frenzel sont admises; celle sous n° 1 étant repoussée et le jugement maintenu sur ce point; dit, quant aux dépens de première instance, que chaque partie gardera ses frais; condamne Schöni à payer la moitié des frais de recours de dame Frenzel, l'autre moitié restant à la charge de cette dernière et Schöni gardant ses propres frais.

Séance du 17 septembre 1886.

Preuve. — Droit pour chaque partie de participer aux preuves entreprises par l'autre partie. — Art. 176 Cpc.

Burnier contre veuve Heuberger et consorts.

C'est à la partie qui a allégué un fait qu'il appartient d'indiquer le genre de preuve qu'elle veut entreprendre sur ce fait (Cpc. 176). L'autre partie peut participer à la preuve, mais elle ne saurait en changer la nature et transformer, par exemple, une preuve par titres en une preuve par témoins, ni cumuler les deux genres de preuve.

D. Wist, F. Kurz, C. Heuberger ont ouvert action à L. Burnier pour faire prononcer: Que son séquestre du 6 mai 1886, pratiqué au prétendu préjudice d'Adolphe Lohry, est nul pour autant qu'il porte sur les objets désignés sous nos 1 à 27, 29 à 53, 56 à 65, 67 à 69, 71 à 80 inclusivement du procès-verbal de séquestre dressé à l'instance du défendeur, attendu que ces objets sont la propriété de veuve Stettler, au préjudice de qui l'instant les a séquestrés.

Dans cet exploit, les demandeurs ont, entre autres, allégué les faits suivants :

N° 7. L'instant n'a connu ces faits (le séquestre Lohry du 6 mars 1886) que le 15 juin 1886.

N° 8. Or il est certain qu'en renonçant à revendiquer contre le défendeur sa propriété, veuve Catherine Stettler ne saurait nuire à l'instant. Elle n'a pas le droit de désintéresser de la sorte, avec le produit de ses biens, les créanciers de son fils, Adolphe Lohry, au préjudice des siens propres. Le défendeur non plus n'a pas le droit de séquestrer des biens qui ne sont pas la propriété de son débiteur. Enfin, l'instant ayant acquis par son séquestre un droit de gage légal sur les biens de veuve Stettler, a vocation à opposer à la poursuite du défendeur qui porte à tort sur ces biens-là.

A l'audience du Juge de paix du cercle d'Avenches du 6 août 1886, les demandeurs ont dit vouloir prouver le n° 7 par l'expédition du procès-verbal du 20 mai 1886, délivré par l'huissier-exploitant le 15 juin, et le n° 8 par l'ensemble des faits de la cause.

Burnier a admis ces preuves et a dit vouloir faire les siennes par témoins sur les faits nos 4, 7 à 10.

Les demandeurs se sont opposés à la preuve par témoins des allégués 7 et 8, attendu qu'ils ont des titres contre lesquels le témoignage n'a aucune valeur.

Le juge a admis l'opposition aux preuves, vu l'art. 974 Cc.

Burnier a recouru contre ce jugement.

Le recours a été écarté.

Motifs.

Considérant que la question à juger est celle de savoir si des preuves testimoniales peuvent être administrées à l'instance du recourant, sur les allégués nos 7 et 8.

1° *Sur l'allégué n° 7 :*

Considérant que ce fait a été allégué par C. Heuberger et cons.

Que ceux-ci ont déclaré vouloir prouver ce fait par titre, soit le procès-verbal de l'huissier-exploitant.

Que c'est bien à la partie qui allègue un fait à indiquer le genre de preuve qu'elle veut entreprendre sur ce fait (art. 176 Cpc.).

Que l'autre partie peut participer à la preuve, mais ne saurait en changer la nature et transformer ainsi une preuve par titres en preuve par témoins ou cumuler les deux genres de preuve.

2° *Sur le fait n° 8 :*

Considérant que cet allégué constitue un exposé de droit qui ne saurait faire l'objet d'une preuve testimoniale.

Séance du 24 septembre 1886.

Location de cheval. — Accident survenu pendant la durée de la location. — Question de preuve. — Responsabilité du locataire.

Ulrich c. Kündig.

Celui qui, louant un cheval de selle, accepte sans observations l'animal qui lui est fourni, est présumé l'avoir reçu en état de servir à l'usage auquel il était destiné. Le cavalier est dès lors responsable du dommage que le cheval a pu subir pendant qu'il le montait, à moins qu'il n'établisse qu'il n'y a eu aucune faute de sa part.

J. Kündig a ouvert action à G. Ulrich en paiement de 300 fr., à titre d'indemnité, pour dépréciation du cheval que le défendeur a malmené et couronné.

G. Ulrich a conclu à libération.

Il a été établi les faits suivants :

Le 22 juin 1886, Ulrich a loué de Kündig un cheval race étrangère ; en rentrant de sa promenade, faite dans la direction de St-Sulpice, le défendeur, qui a fait galoper son cheval sur la route, l'a rendu couronné aux deux genoux.

Le défendeur a reçu son cheval bridé avec le double filet et non avec le mors à branches.

Une première expertise a eu lieu par le vétérinaire Bieler et le capitaine de guides Perrin, lesquels ont conclu comme suit :

1. La dépréciation subie est de 120 fr. pour la tare ; de 180 fr. pour le chômage, plus la note du vétérinaire.

2. Les défauts et tares de différentes parties des membres n'établissent pas la solidité de l'allure.

3. Le cheval a les formes d'un cheval de selle ; les experts n'ont pu apprécier la « dressure ».

Une deuxième expertise a été faite par les vétérinaires Cottier, à Cossonay, et Leuthold, à Vevey, qui ont conclu :

1. Le cheval est un cheval de selle ; monté par l'écuyer, il n'a nullement fléchi.

2. La moins-value est de 400 fr., dont une moitié à la charge du propriétaire et l'autre à la charge du loueur ; les frais de nourriture, perte de travail, etc., évalués à 180 fr., sont à la charge du loueur, de même que les frais de vétérinaire et de pharmacie.

Par jugement du 26 juillet 1886, le juge de paix de Lausanne a admis les conclusions du demandeur, réduites à 150 fr.

Ulrich a recouru contre ce jugement, en se fondant sur ce qu'il n'a pas été établi qu'il eût laissé choir le cheval et que, d'autre part, le demandeur lui a loué un cheval qui n'avait pas les qualités requises (CO. art. 276) ; que la faute du cavalier ne peut se présumer.

Kündig a conclu au rejet du recours et au maintien du jugement. Il allègue que le preneur est responsable de la moins-value, à moins qu'il n'établisse qu'il n'y a pas eu faute de sa part ; ce que n'a point établi Ulrich (art. 1228 Cc., 317 et 318 CO.).

Le Tribunal cantonal a écarté le recours.

Motifs.

Considérant que Ulrich a accepté le cheval, l'a monté, mais l'a rendu endommagé.

Qu'il est ainsi présumé l'avoir reçu en état de servir à l'usage auquel il était destiné.

Qu'il n'a point établi que le dommage, soit la chute du cheval, eût été causée par un défaut du cheval et qu'ainsi il y eût faute de la part du bailleur Kündig.

Qu'au contraire, il résulte des deux expertises que le cheval était propre à la selle ; qu'il a été remis à Ulrich dans des conditions normales.

BARREAU. — Dans sa séance du 22 octobre courant, le Tribunal cantonal a délivré le brevet d'avocat à M. Robert *Cossy*, à Lausanne.

Ch. Boven, notaire, rédacteur.

Lausanne. — Imp. CORBAZ & Comp.

XXXIVe ANNÉE. No 45. SAMEDI 6 NOVEMBRE 1886

JOURNAL DES TRIBUNAUX

REVUE DE JURISPRUDENCE

Paraissant à Lausanne une fois par semaine, le Samedi.

Prix d'abonnement : 12 fr. par an, 7 fr. pour six mois. Chaque numéro, 50 cent. On s'abonne à l'imprimerie CORBAZ et Cie et aux bureaux de poste. — ANNONCES : 20 centimes la ligne ou son espace.

TRIBUNAL FÉDÉRAL

Séance du 2 octobre 1886.

Recours de droit civil au Tribunal fédéral. — Valeur litigieuse inférieure à 3000 fr. — Incompétence du Tribunal fédéral. — Art. 29 de la loi sur l'organisation judiciaire fédérale.

Mièvre contre Ducret.

Pour déterminer quelle est la valeur litigieuse dans une cause portée devant le Tribunal fédéral par la voie d'un recours de droit civil, exercé conformément à l'art. 29 de la loi sur l'organisation judiciaire fédérale, il faut s'en rapporter aux conclusions des parties devant la dernière instance cantonale.

Jules Mièvre, âgé de dix-huit ans, habite avec son père une ferme à Gressy, commune de Vandœuvres (Genève). Le 25 juin

1885, au moment où son père était à Genève, le fils Mièvre se trouvait dans la cour de la ferme avec un domestique, qui, ramassant un écrou égaré, le remit au fils Mièvre. Celui-ci lança violemment cet écrou contre deux pigeons; cet objet rebondit sur un corps dur et vint frapper à l'œil le manœuvre Pierre Ducret au moment où il sortait d'une dépendance de la ferme, et le coup entraîna la perte de l'œil atteint par le projectile.

Par exploit du 25 août suivant, Ducret fit assigner Mièvre père devant le Tribunal civil de Genève, tant comme civilement responsable des actes de son fils mineur, que comme légitime administrateur des biens et de la personne de ce dernier; il a réclamé une somme de trois mille francs à titre de dommages-intérêts, et par jugement rendu le 30 mars 1886, le dit Tribunal a condamné Mièvre père au paiement d'une indemnité de 1800 francs.

Mièvre père a appelé de ce jugement à la Cour de justice civile, concluant à ce qu'il lui plaise réformer le dit jugement et adjuger à l'appelant les conclusions libératoires par lui prises en première instance, attendu qu'aucune responsabilité ne saurait l'atteindre, et, subsidiairement, à la réduction de la somme allouée au demandeur. Le sieur Ducret a conclu, de son côté, à ce qu'il plaise à la Cour confirmer le jugement dont est appel.

Par arrêt du 14 juin suivant, la Cour de justice a confirmé la sentence des premiers juges en se fondant sur les motifs ci-après :

La surveillance que le père Mièvre a constamment exercée sur son enfant mineur laisse supposer que les habitudes ou les penchants naturels de celui-ci nécessitaient eux-mêmes cette surveillance incessante. Dans ces conditions, le seul fait de l'absence momentanée du père, sans précaution prise pour son remplacement, ne peut le soustraire à la responsabilité prévue à l'art. 61 du code des obligations.

C'est contre cet arrêt que Mièvre père recourt au Tribunal fédéral, concluant à ce qu'il lui plaise prononcer que la demande du sieur Ducret est mal dirigée, en tant que visant le recourant personnellement, et débouter Ducret de ses conclusions, attendu que le dit recourant ne saurait être déclaré responsable, vu les faits de la cause et les prescriptions de la loi.

Ducret a conclu à ce que le recours soit déclaré irrecevable, par le motif que le litige soumis à la Cour de justice portait sur une somme de 1800 fr. seulement, et, subsidiairement, à la confirmation de l'arrêt du 14 juin 1886.

Le Tribunal fédéral n'est pas entré en matière sur le recours.

Motifs.

1. L'art. 29 de la loi sur l'organisation judiciaire fédérale confère à chaque partie le droit de recourir au Tribunal fédéral pour obtenir la réforme d'un jugement au fond rendu par la dernière instance judiciaire cantonale, lorsqu'il s'agit de l'application des lois fédérales par les tribunaux cantonaux, et que l'objet du litige est d'une valeur d'au moins 3000 fr.

Il s'agit évidemment, en la cause, de l'application par la Cour supérieure genevoise du code fédéral des obligations.

En ce qui a trait à l'évaluation du montant litigieux, il y a lieu, ainsi que le Tribunal de céans l'a prononcé à plusieurs reprises, de s'en rapporter aux conclusions des parties devant la dernière instance cantonale. (V. arrêts du Tribunal féd. en les causes Hintermeister c. Germann, *Rec.* VIII, p. 327 [1]; Sormani, ibid., p. 779.)

2. Dans l'espèce, Pierre Ducret n'ayant point appelé du jugement de première instance lui allouant 1800 fr., mais s'étant borné à conclure à sa confirmation, et, d'un autre côté, Mièvre seul s'étant pourvu en appel, la somme susmentionnée se trouvait seule encore litigieuse devant la Cour.

La valeur du litige étant ainsi inférieure à 3000 fr., il s'ensuit que le Tribunal fédéral n'est pas compétent, vu la disposition de l'art. 29 précité de la loi sur l'organisation judiciaire, pour statuer sur le recours du sieur Louis Mièvre.

Lucerne. — TRIBUNAL SUPÉRIEUR.

Traduction d'un arrêt du 11 avril 1886.

Vente au comptant. — Preuve du paiement du prix de vente. — Prétendue présomption en faveur de l'acheteur. — Article 230 CO.

M. contre B.

En disposant que, sauf usage ou convention contraire, le vendeur et l'acheteur sont tenus de s'acquitter simultanément de leurs obligations respec-

[1] Voir cet arrêt dans le *Journal des Tribunaux* de 1882, p. 452.

tives, l'art. 230 CO. présume simplement, en cas de doute, que la vente a été conclue au comptant et non à crédit. La loi ne dispose pas que le seul fait de la livraison de la chose vendue au comptant fasse présumer le paiement du prix par l'acheteur.

Joseph M. a ouvert action à Iréné B. en paiement de 264 fr. et intérêts, pour prix d'une vache vendue et livrée. Le défendeur a conclu à libération, disant avoir payé, et il soutient en première ligne qu'à teneur de l'art. 230 CO. il est au bénéfice d'une présomption de paiement, puisque la chose vendue a été livrée par le vendeur à l'acheteur. Subsidiairement, il estime que la preuve du paiement résulte du dossier.

Le Tribunal supérieur a repoussé le premier moyen du défendeur.

Motifs.

En fait, il est établi que la chose vendue a été livrée par le vendeur à l'acheteur. Mais on ne saurait admettre avec le défendeur, qui se fonde à cet égard sur l'art. 230 CO., sous l'empire duquel le marché a été conclu, que le simple fait de la livraison crée en sa faveur une présomption de paiement du prix de vente. L'art. 230 précité se borne à disposer que, sauf usage ou convention contraire, le vendeur et l'acheteur sont tenus de s'acquitter simultanément de leurs obligations respectives; *il* présume donc, s'il y a doute, que la vente a été conclue au comptant et non à crédit. Il résulte simplement de là qu'en cas de doute l'acheteur est tenu de payer le prix aussitôt après la livraison; quant à aller plus loin et à établir la présomption que le prix a été réellement payé aussitôt la livraison effectuée, c'est là une interprétation que le texte de la loi ne justifie en aucune façon. Des arguments sérieux tirés d'autres considérations viennent d'ailleurs à l'appui de cette manière de voir. Le Code de commerce allemand, qui a incontestablement une haute importance pour l'interprétation du Code fédéral des obligations, précisément en ce qui concerne cette matière, renferme à son art. 342 une disposition analogue à celle de l'art. 230 précité; or, sous l'empire de la loi allemande, la présomption dont il s'agit est envisagée comme se rapportant uniquement à la nature du contrat de vente (vente au comptant) et non au fait du paiement en cas de livraison de la chose. (Hahn, *Commentar*, II, p. 262 et suiv.) Dans ses §§ 1427 et suivants, le Code civil du canton de Zurich, en vigueur jusqu'ici, n'établit pas non plus une présomption dans le sens indiqué, tandis qu'il dispose aussi, à son § 1428, que, pour la vente au comptant, le paiement du prix et la livraison de la chose doivent s'effectuer simultanément. Il est vrai que la jurisprudence zuricoise, en se fondant sur cette disposition, a admis en principe, dans certains cas, entre autres en ce qui concerne le commerce du bétail, que la remise de l'animal fait présumer le paiement; mais dans d'autres cas il a été expressément reconnu qu'on ne pouvait invoquer à cet égard une présomption juridique proprement dite et générale. (Voir le commentaire du dit Code, par Ullmer, p. 248.) En ce qui concerne maintenant l'art. 230 CO., on pourra sans doute discuter la question de savoir si, en cas de vente au comptant et de livraison de la chose, on peut encore admettre une présomption commune *(præsumptio hominis, gemeine Vermuthung)* en faveur de la réalité du paiement; il ne serait assurément guère possible de contester d'une manière absolue la légitimité d'une telle présomption dans certains cas spéciaux, tels que les achats faits dans des marchés publics. En revanche, on ne saurait admettre que la disposition légale déjà citée établisse par elle-même une présomption à teneur de laquelle l'acheteur serait régulièrement dispensé de la preuve du paiement, et le vendeur, agissant en paiement du prix, obligé d'administrer la preuve contraire. Le défendeur étant ainsi tenu en principe de faire la preuve du paiement qu'il allègue, le Tribunal estime cependant, après examen de tous les éléments de la cause, que ce fait est suffisamment établi en l'espèce. *Pour traduction*, C. S.

Thurgovie. — TRIBUNAL SUPÉRIEUR.

Traduction d'un arrêt du 23 mars 1886.

Cautionnement. — Libération d'une caution sans le consentement de l'autre. — Responsabilité du créancier en raison de cette diminution des sûretés. — Art. 508 CO.

Caisse de prêts de Meilen contre Künzli.

Le créancier ne peut, sans engager sa responsabilité personnelle à l'égard de la caution, diminuer au préjudice de celle-ci les sûretés qui garantissaient la dette au moment où le cautionnement a été fourni ou qu'il a obtenues postérieurement du débiteur principal (CO. 508). Si donc il

libère une caution solidaire sans le consentement de l'autre, celle-ci, se trouvant privée de son recours contre la caution libérée, est déchargée de la portion afférente à cette dernière.

La Caisse de prêts de Meilen a fait un prêt de 5000 fr. à Fréd. Leutenegger-Frick, sous le cautionnement solidaire de six personnes, dont Jean Künzli, qui s'est porté caution par acte du 5 octobre 1882. Le débiteur étant tombé en faillite, la Caisse de prêts a actionné Künzli en paiement du montant total de la dette.

Künzli a conclu à libération en se fondant sur diverses exceptions, et notamment sur le fait que l'établissement créancier aurait, sans son consentement, libéré trois des cautions solidaires, ensorte que l'art. 508 CO. est applicable.

En confirmation du jugement rendu en première instance, le Tribunal supérieur a admis que Künzli n'est plus tenu que des deux cinquièmes de la dette.

Motifs.

J. Künzli ne conteste pas avoir cautionné solidairement le prêt de 5150 fr. consenti par la Caisse de prêts de Meilen en faveur de Leutenegger-Frick, mais il se borne à soulever diverses exceptions libératoires.

En première ligne, il estime que la Caisse de prêts a agi d'une manière imprudente en remettant le montant du prêt au débiteur, alors que trois des six cautions s'étaient déjà retirées et que les trois cautions restantes n'avaient pas convenu avec l'établissement créancier de se charger néanmoins de la garantie. Mais cette exception ne saurait être accueillie. Le fait que trois des cautions se retiraient ne déchargeait pas les trois autres; et Künzli lui-même a agi imprudemment, alors qu'il avait été avisé de cette détermination, en ne prenant aucune mesure de son côté et en ne se préoccupant pas de savoir si la Caisse remettrait le montant du prêt au débiteur ou non.

En second lieu, Künzli se prévaut de ce que le président du Conseil d'administration de la Caisse, Amsler, lui aurait promis de veiller à ce qu'une somme de 1500 fr., sur les 5000 fr. montant du prêt, lui serait remise (à lui Künzli); cet engagement n'ayant pas été tenu, Künzli estime que le cautionnement est éteint; subsidiairement, que la compensation doit être admise jusqu'à concurrence de 1500 fr. Mais ce moyen n'est pas non plus fondé. Si l'arrangement allégué avait constitué une condition du cautionnement donné, Künzli aurait dû la mentionner expressément en signant l'acte; cela n'ayant pas eu lieu, la prétendue condition ne peut être prise en considération. Si, au contraire, il n'y a eu qu'une promesse, qu'une assurance donnée par Amsler, elle ne peut lier la Caisse, la question de savoir si peut-être Amsler pourrait être actionné personnellement demeurant d'ailleurs réservée.

En troisième lieu, Künzli invoque l'art. 508 CO., à teneur duquel le créancier engage sa responsabilité à l'égard de la caution, s'il diminue au préjudice de celle-ci les sûretés qui garantissaient la dette au moment où le cautionnement a été fourni ou qu'il a obtenues postérieurement du débiteur principal. Cette disposition est conforme au n° 155 des décisions de principe rendues par le Tribunal supérieur de Thurgovie, à teneur duquel le créancier répond envers la caution du dommage qui résulte pour celle-ci de ce qu'il renonce, sans le consentement de la caution, à d'autres sûretés garantissant la dette. Ce cas est celui qui se présente en l'espèce. Antérieurement à la remise du montant du prêt au débiteur, trois des cautions solidaires ont déclaré retirer leur cautionnement et la Caisse de prêts a accepté cette déclaration sans formuler d'objections; elle a donc renoncé à ses sûretés, ensorte que la situation se présente juridiquement de la même manière que si ces trois cautions (de Wallenweil) avaient été libérées par la Caisse sans le consentement préalable de Künzli. Ce fait résulte des constatations du Tribunal ; c'est donc en vain que la Caisse a prétendu contester après coup le fait que les trois cautions dont il s'agit se seraient retirées. Quant à la circonstance que leur démission a eu lieu avant la remise du montant du prêt au débiteur, elle est sans importance, puisque la caution a droit au maintien intégral tant des sûretés qui existaient au moment où le cautionnement a été fourni, que de celles obtenues postérieurement. La Caisse de prêts est donc tenue du dommage résultant de la libération des trois cautions de Wallenweil, c'est-à-dire de la portion dont elles eussent été responsables. En principe, puisqu'il reste encore deux cautions engagées conjointement avec Künzli, ce dernier devrait être tenu des trois sixièmes de la dette, sauf son recours contre les deux autres cautions pour un sixième chacune. Mais il est établi en fait que la caution Kleiner est en fuite et insolvable; la perte qui résulte de ce qu'un paiement ne peut être obtenu d'elle ne doit pas être mise en entier à la charge de Künzli, mais répartie entre les cinq cautions restantes, dont la Caisse représente elle-même trois, ainsi qu'il a été dit. Le montant du cautionnement ne doit donc plus être divisé qu'en cinq portions, dont trois à la charge de la Caisse, vu la libération de trois cautions, et deux, c'est-à-dire deux cinquièmes, à la charge de Künzli comme caution solidaire. *Pour traduction*, C. S.

Vaud. — Tribunal cantonal.

Séance du 14 septembre 1886.

Témoin entendu irrégulièrement. — Moyen de nullité écarté. — Modération des honoraires des notaires. — Art. 10 du tarif du 5 janvier 1837.

Hoirs Jordan contre Cosandey.

Le fait qu'un témoin a été entendu en l'absence des parties ne saurait entraîner la nullité du jugement si les parties, informées de ce mode de procéder irrégulier, n'ont pas formulé d'observations.

Le notaire n'est pas tenu de faire modérer ses honoraires par le Président du tribunal avant d'intenter une action juridique pour faire reconnaître la dette. Il lui est loisible d'attaquer son client en justice, sauf à celui-ci à réclamer la modération de la note d'honoraires conformément à l'art. 10 du tarif du 5 janvier 1837.

J. Cosandey a ouvert action aux hoirs de A.-L. Jordan en paiement de 304 fr. 20. Cette demande est basée sur divers allégués tendant à établir que Cosandey a stipulé, comme notaire, divers actes pour le père des défendeurs, ainsi que pour l'hoirie Jordan elle-même.

Les hoirs Jordan ont conclu : *a)* Exceptionnellement, au rejet des conclusions de la demande, pour autant que les émoluments réclamés concernent leur auteur. *b)* Exceptionnellement encore, attendu que c'est sans droit que la présente action a été ouverte, le demandeur étant tenu de faire modérer ses frais préalablement par le Président du Tribunal. *c)* Au fond, à libération. *d)* Subsidiairement, et pour le cas où les conclusions ci-dessus seraient écartées, les défendeurs demandent qu'ils ne soient pas tous rendus solidaires les uns des autres des honoraires d'actes qu'ils n'auraient pas stipulés, mais seulement dans le sens de l'art. 2 du tarif du 5 janvier 1837.

Les hoirs Jordan fondent ces conclusions, entre autres, sur les faits suivants :

La succession de A.-L. Jordan a été acceptée par ses enfants ensuite de bénéfice d'inventaire, dans lequel Cosandey n'est pas intervenu : les émoluments réclamés ne sont pas modérés conformément au tarif de 1837. — Le demandeur a reçu de veuve Jordan, le 3 décembre 1883, la somme de 150 fr. pour solde de compte, paiement qui a été fait au liquidateur de la masse Cosandey ensuite de préavis de ce dernier lui-même.

Cosandey a réduit ses conclusions à 220 fr. 20, vu la prescription soulevée par les défendeurs en ce qui concerne les actes faits pour le compte du père Jordan.

Le Juge de paix du cercle de Grandcour n'a pas statué sur la première exception, vu l'abandon par Cosandey des conclusions visées par cette exception, c'est-à-dire le paiement du prix des actes passés pour le père Jordan défunt. — Il a rejeté la deuxième exception et admis les conclusions au fond prises par Cosandey, réduites à 180 fr., prononçant d'ailleurs la solidarité entre Jules et Paul Jordan, Elise Moret et Louise Bonny jusqu'à concurrence de 160 fr. et mettant à la charge de Jules et Paul Jordan la somme de 10 fr. pour chacun.

Le recours formulé par les défendeurs tend à obtenir la *nullité* du jugement, attendu que l'audition du témoin Gutknecht a eu lieu irrégulièrement et qu'il y a eu violation des art. 230 et suivants, 254 et 258 Cpc. — Le dit recours demande aussi la réforme du jugement et reproduit à ce point de vue le deuxième moyen exceptionnel opposé par les recourants aux conclusions de Cosandey.

Le Tribunal cantonal a écarté le recours.

Motifs.

Sur le moyen de nullité : Considérant que l'audition du témoin Gutknecht a eu lieu, en l'absence des parties, en audience du Juge de paix du 21 juin, au bureau de ce magistrat à Corcelles, ce témoin n'ayant pu se présenter à Grandcour où il était assigné pour le même jour.

Que si cette audition ne revêt pas les formes prescrites par la procédure dans le cas de l'audition provisoire d'un témoin, les parties ont eu connaissance de ce mode de procéder et ont été mises au courant par le Juge de la déposition ainsi fournie par le témoin.

Qu'elles ont ainsi procédé sur l'irrégularité et ne peuvent la relever aujourd'hui,

Le Tribunal cantonal repousse le moyen de nullité.

Sur la réforme demandée : Considérant que la deuxième exception des recourants est essentiellement relevée par eux pour motiver la réforme.

Que l'art. 10 du tarif d'émoluments des notaires du 5 janvier 1837 ne renferme point une prescription impérative obligeant les notaires à faire, préalablement, modérer leurs honoraires par le Président du Tribunal avant que d'intenter une action juridique pour faire reconnaître la dette.

Qu'en effet, il est loisible au notaire d'attaquer son client en justice, sauf à celui-ci à réclamer la modération de la note des honoraires.

Que, de même, le notaire a la faculté de demander cette modération.

Que si elle n'est demandée ni d'une part, ni d'autre, ce n'est point un motif pour le débiteur du notaire de refuser de répondre en justice sur le principe de la dette et de faire écarter par voie exceptionnelle la prétention du notaire créancier, prétention dont il peut toutefois exiger la modération.

Séance du 15 septembre 1886.

Louage de services. — Inexécution du contrat. — Dommages et intérêts. — Art. 36 et suiv., 48, 50, 346 et 623 CO.

Dafflon contre Kybourg.

Les dispositions du Code fédéral des obligations sur les contrats conclus par représentants supposent nécessairement l'existence d'un représenté.

Ceux qui ont agi au nom d'une société anonyme avant que l'inscription en ait été effectuée au registre du commerce sont personnellement et solidairement responsables.

Avocats des parties :

MM. Favey, pour Dafflon, défendeur et recourant.
Dubois, pour Kybourg, demandeur et intimé.

Albert Kybourg, comptable à Estavayer, a ouvert action à Dafflon en paiement de 3400 fr. à titre d'indemnité de résiliation de la convention de louage de services conclue entre parties, cette somme comprenant d'ailleurs les frais de déménagement et dépenses occasionnés au demandeur par cette résiliation.

Dafflon a conclu à libération.

Le demandeur a reconnu avoir reçu en tout 400 fr., soit ses appointements dès le 12 octobre au 12 décembre 1885. Il a été établi, entre autres, les faits suivants :

Dans le courant du mois d'avril 1885, Dafflon, alors à la Tour de Trême, ayant le projet de fonder à Estavayer un établissement de banque, est entré à ce sujet en correspondance avec Albert Kybourg, à cette époque comptable dans la maison L. Brandt et fils, à Bienne, et lui a proposé le poste de caissier-gérant de cet établissement.

En juillet de la même année, A. Kybourg a rédigé un projet de statuts de la Caisse d'épargne d'Estavayer prévoyant un capital social (constitué par actions de 100 fr.) dont le minimum fut fixé plus tard à 10,000 fr.

L'art. 44 de ce projet portait : « Le caissier est l'employé » principal de la Caisse; il est nommé pour trois années et est » rééligible; il reçoit un traitement fixe déterminé par le règle- » ment indépendamment de sa part aux bénéfices. »

Par lettre du 21 août 1885, A. Kybourg a écrit, entre autres, à Dafflon : ... « Dans la position où je me trouve, il est absolu- » ment nécessaire que je sois fixé immédiatement sur les deux » points contenus dans ma dernière, savoir : 1° Si je puis venir » commencer pour la St-Martin prochaine, qui se trouve le 11 » novembre. 2° Sous quelles conditions je serais appelé à rem- » plir les fonctions proposées.

» J'ai dédit mon logement pour la St-Martin...... si je dois » me trouver un logement à Bienne, je préfère renoncer sim- » plement, jusqu'à nouvel ordre, à l'emploi que vous avez bien » voulu m'offrir. »

Le 12 septembre 1885, Dafflon a écrit à Kybourg :

« Voici ce que je crois pouvoir vous annoncer comme chose » à peu près certaine en réponse à votre dernière :

» On compte pouvoir vous faire un traitement fixe mensuel » de 200 fr., ce qui fait 2400 fr. par an et cela pour un terme » minimum de trois années; il va de soi que vous aurez un lo- » gement en sus gratis... je crois que l'on commencera au » mois d'octobre prochain. Il me semble qu'à ces conditions » vous pouvez hardiment dire oui. — J'attends votre réponse. »

Le 14 septembre 1885 Kybourg a répondu :

« Je viens vous accuser bonne réception de votre estimée du » 12 courant et vous avise que, d'accord avec tout son contenu, » je prépare mon déménagement pour la fin de la première » quinzaine d'octobre; je compte partir de Bienne le lundi 12 » octobre, afin de m'installer le mardi 13 et pouvoir commencer » immédiatement. »

Le 2 octobre 1885, Dafflon a écrit au demandeur :

« Il est à propos que je me mette en relations plus intimes » avec vous, vu votre prochaine arrivée... je vous attends pour » le 12, je serai là et pour le cas où je ne pourrais m'y rencon- » trer, la clef dépose chéz Mme veuve Deley, c'est elle qui a la » garde de la maison. »

Dans cette lettre, Dafflon explique ses projets et dit entre autres : « Ce je veux, c'est tout simplement aider une œuvre » mienne. »

Ensuite de cette correspondance, Kybourg a quitté la place qu'il occupait à Bienne; il a déménagé et s'est installé dans la maison que Dafflon possède à Estavayer et dans laquelle devaient s'ouvrir les bureaux de la société.

Les démarches faites, soit à Estavayer soit dans d'autres parties du canton de Fribourg, pour constituer définitivement la Caisse d'épargne projetée, n'ont pas abouti et le 12 novembre 1885, A. Kybourg a souscrit une pièce portant entre autres :

« Je déclare par la présente avoir été engagé par M. C.- » A.-L. Dafflon en qualité de caissier-gérant pour la Caisse » d'épargne d'Estavayer-le-Lac, qu'il fondait, sa lettre portant » que mon engagement serait de trois ans, à partir de la date » de mon arrivée le 13 octobre 1885, avec traitement fixe de » 200 fr. par mois, plus le logement gratuit dans sa maison à » Estavayer et la jouissance du jardin y attenant.

» Vu les difficultés survenues dans la fondation de l'établis- » sement et pour le cas où un renoncement de l'entreprise de- » vrait avoir lieu, je déclare ne réclamer à M. Dafflon que :

» 1° Mon traitement convenu, à partir de mon entrée, soit le » 13 octobre 1885, jusqu'au moment où j'aurai une autre place ; » sans déduction de loyer pour la maison que j'habiterai jus- » que-là.

» 2° A titre d'indemnité, une part de frais de déménagement.

» Je m'engage à faire des démarches sérieuses aux fins de » me placer ailleurs le plus vite possible, etc. »

Par lettre du 20 novembre 1885, Dafflon chercha déjà à liquider cette affaire et dit à ce sujet :

« J'apprends, par une lettre de M. Boccard, le résultat né- » gatif de ce que j'appelle mon entreprise, puisque je dois la » payer de mes deniers. Nous n'avons plus rien à faire que » d'aller chacun de notre côté... vous surtout, et avant que no-

» tre mésaventure soit trop ébruitée, ce qui pourrait encore » vous gêner pour trouver un poste. »

Le 24 novembre suivant, Kybourg accusa réception de cette lettre et dit :

« Qu'il s'occupe à trouver un autre emploi et demande, à cet » effet, le concours de Dafflon, puis signale les dépenses qu'il a » dû faire pour son emménagement, ainsi que celles qui résul» teront d'annonces et autres démarches à faire pour se re» placer. »

Dès cette époque les parties ont été en complet désaccord quant à la portée de leurs rapports antérieurs et ont échangé une correspondance qui a accentué de plus en plus le différend.

Dafflon a consenti à livrer successivement à Kybourg des sommes s'élevant en totalité à 400 fr., mais a fini par le sommer d'avoir au plus vite à abandonner les locaux qu'il occupait à Estavayer.

Il résulte enfin de la solution donnée à l'allégué n° 16 que l'une des causes qui ont fait échouer l'entreprise que Dafflon avait conçue, est que celui-ci n'y prenait pas une part financière suffisante.

Par jugement du 15 juillet 1886, le Tribunal de Lausanne a arbitré à 1600 fr. la somme que le défendeur doit payer à titre de dommages-intérêts, étant expliqué qu'il y a lieu d'en déduire les 400 fr. déjà touchés par Kybourg, et admettant que ce dernier pourra occuper encore pendant un mois, dès le jugement définitif, les locaux mis à sa disposition dans la maison de Dafflon.

Dafflon a recouru en réforme contre ce jugement. Il se fonde sur l'art. 48 CO. et les principes régissant les obligations résultant d'un contrat; il estime qu'il ne s'agit pas d'obligations résultant d'actes illicites.

Le Tribunal cantonal a écarté le recours.

Motifs.

Considérant que Dafflon prétend qu'il ne s'est point engagé personnellement vis-à-vis de Kybourg ; qu'il n'a agi que comme représentant de la Caisse d'Epargne d'Estavayer, établissement qu'il se proposait de créer.

Qu'il ne saurait être recherché en dommages-intérêts en qualité de gérant par le fait de l'inexécution du contrat, parce que Kybourg a su ou dû savoir, ayant lui-même participé à la rédaction du projet de statuts, que Dafflon était sans pouvoirs pour engager la Société (48 CO.).

Que, d'ailleurs, Kybourg a renoncé, par sa déclaration du 12 novembre 1885, à réclamer une indemnité à Dafflon.

Mais attendu qu'il résulte de la correspondance échangée entre parties et notamment des lettres des 8 août, 12 septembre, 2 octobre et 20 novembre 1885, que Dafflon envisageait la création de la Caisse d'épargne d'Estavayer comme une entreprise personnelle.

Que c'est en son nom personnel qu'il a offert à Kybourg la place de caissier de l'établissement et un appartement dans sa maison.

Qu'il a bien contracté vis-à-vis de l'intimé personnellement et non pour le compte d'un établissement qui, d'ailleurs, n'existait pas.

Que les art. 36 et suiv., 48 CO., traitant des contrats conclus par représentants, supposent nécessairement l'existence d'un représenté, ce qui n'est pas le cas dans l'espèce, la Caisse d'épargne d'Estavayer n'ayant pas même eu une existence de fait; qu'ainsi l'art. 48 CO., invoqué par Dafflon, n'est pas applicable en l'espèce.

Considérant, d'ailleurs, que si Dafflon était envisagé comme le représentant de la Société anonyme de la Caisse d'épargne d'Estavayer, il serait personnellement responsable vis-à-vis de Kybourg, puisque ceux qui ont agi au nom d'une société anonyme, avant que l'inscription ait été opérée au registre du commerce, sont personnellement et solidairement responsables (article 623 CO.).

Considérant, d'autre part :

Que Dafflon n'a pas tenu les engagements qu'il avait pris personnellement vis-à-vis de Kybourg.

Que l'entreprise qu'il avait conçue a échoué en partie, grâce au fait qu'il n'a pas voulu y prendre une part financière suffisante.

Qu'il est ainsi responsable de l'inexécution du contrat vis-à-vis de Kybourg et lui doit réparation du dommage causé (article 346 CO.).

Considérant qu'à supposer que Dafflon n'ait conclu avec Kybourg aucune convention définitive, il est incontestable qu'en créant la situation qui existe entre parties, il a tout au moins commis une négligence ou une imprudence, qui a causé un dommage au demandeur et dont il doit être rendu responsablo (50 CO.).

Considérant qu'en arbitrant à 1600 fr. le dommage causé, le Tribunal paraît avoir bieu apprécié les circonstances de la cause.

Séance du 17 septembre 1886.

Mari travaillant pour le compte de sa femme séparée de biens. — Dettes contractées par les ouvriers du mari. — Prétendue responsabilité de la femme. — Art. 489 et suiv. CO.

Dame Robellaz contre Dupraz.

L'entrepreneur ne peut être tenu des obligations contractées par ses ouvriers que s'il a pris à cet égard un engagement formel.

Par exploit du 25 juin 1886, Julien Dupraz a ouvert action à Lina Robellaz en paiement de 117 fr. 15. — Lina Robellaz a conclu à libération.

Il a été établi, entre autres, les faits suivants :

En février et mars 1885, T. Robellaz, mari de la défenderesse, a exécuté différents travaux de couvreur dans le bâtiment du général Jacquet, à Thonon.

Le mari Robellaz a exécuté les travaux avec l'aide de ses ouvriers lausannois.

Pendant leur exécution, Robellaz et ses ouvriers ont pris pension et logement chez le demandeur Dupraz.

Du 18 février au 21 mars 1885, le prix de cette pension, logement et consommations diverses, se monte à 117 fr. 15.

Après avoir promis le paiement de son compte de pension, Robellaz a quitté clandestinement Thonon, à pied, dans la direction d'Evian. Se voyant poursuivis par le demandeur, Robellaz et son ouvrier n'ont pas pris le bateau d'Evian à Ouchy, mais ils se sont rendus en voiture au Bouveret pour dépister leur créancier.

La défenderesse est séparée de biens d'avec son mari depuis la faillite de celui-ci, soit depuis 5 ans environ.

Ensuite de saisie opérée en ses mains par l'agent d'affaires Fivaz, au nom de l'Union vaudoise du Crédit, au préjudice de son mari, la défenderesse a comparu devant le Juge de paix de Lausanne, le 13 mai 1886, et a reconnu que son mari était son employé, mais qu'elle ne pouvait lui payer un salaire vu ses charges de famille et ensuite d'une fracture de jambe survenue à Robellaz.

Vu ces circonstances exceptionnelles, le Juge de paix de Lausanne n'a ordonné aucune retenue de salaire.

Dupraz a réclamé maintes fois le paiement de son compte à Robellaz, mais toujours inutilement.

Par jugement du 4/7 août 1886, le Juge a admis les conclusions du demandeur. Il s'est fondé sur les motifs ci-après :

Robellaz n'est que le mandataire de sa femme, son employé.

Dès lors, comme la femme Robellaz est séparée de biens, qu'elle exerce une industrie, elle peut s'obliger en vertu de l'article 35 CO.

Lina Robellaz a recouru en réforme contre ce jugement. Elle soutient qu'il n'existe aucun lien de droit entre le demandeur et elle.

Le Tribunal cantonal a admis le recours.

Motifs.

Considérant que les travaux de Thonon ont été commandés à Robellaz et non à sa femme.

Que c'est Robellaz qui les a exécutés ; que c'est lui qui a demandé à Dupraz la pension et le logement pour lui et ses ouvriers.

Qu'aucun arrangement n'a été conclu à cet égard entre Dupraz et dame Robellaz.

Considérant qu'il n'est point établi que Robellaz, dans son métier de couvreur, soit simplement un employé ou un mandataire de sa femme.

Considérant que même si l'on voulait envisager la femme Robellaz comme l'entrepreneur des travaux de Thonon et son mari comme son ouvrier, il n'en résulterait point, en l'espèce, que Lina Robellaz fût tenue de payer la pension et le logement de ses ouvriers.

Attendu, en effet, que l'entrepreneur n'est tenu pour ses ouvriers, n'est leur garant, que s'il y a un engagement formel (articles 489 et suiv. CO.).

Considérant que Dupraz n'a pu prouver qu'un pareil engagement eût été pris par Lina Robellaz.

Qu'il n'existe entre cette dernière et l'intimé Dupraz aucun lien de droit.

Ch. Boven, notaire, rédacteur.

Lausanne. — Imp. CORBAZ & Comp.

XXXIVe Année. No 46. Samedi 13 Novembre 1886

JOURNAL DES TRIBUNAUX

REVUE DE JURISPRUDENCE

Paraissant à Lausanne une fois par semaine, le Samedi.

Prix d'abonnement : 12 fr. par an, 7 fr. pour six mois. Chaque numéro, 50 cent. On s'abonne à l'imprimerie Corbaz et Cie et aux bureaux de poste. — Annonces : 20 centimes la ligne ou son espace.

TRIBUNAL FÉDÉRAL

Traduction d'un arrêt du 9 juillet 1886.

Objet de valeur remis par la poste à un autre que le véritable destinataire. — Vérification insuffisante de l'identité du prétendu destinataire. — Responsabilité de la poste. — Art. 12, 15 et 17 de la loi fédérale du 2 juin 1849 sur la régale des postes ; art. 28 du règlement de transport pour les postes suisses, du 7 octobre 1884.

Banque de Wyl contre Confédération.

En ce qui concerne les objets confiés à la poste avec indication de valeur, l'administration fédérale répond non-seulement de leur perte proprement dite, mais encore du dommage résultant de ce que ces objets sont remis à une personne qui n'y a aucun droit, ainsi que de leur soustraction par un employé postal ou par un tiers.

La preuve de l'identité du destinataire d'un envoi inscrit ne peut être faite seulement par déclarations de témoins; celles-ci ne peuvent être admises que pour compléter la preuve résultant des papiers de légitimation.

Le 12 octobre 1885, la Banque de Wyl a expédié par la poste une somme de 3000 fr. à l'adresse de « Monsieur Henri Ambühl, de la maison Ambühl frères, de Winzenberg, poste restante, Gossau ». Le même jour, le buraliste postal de Gossau, chargé aussi des fonctions de télégraphiste, avait reçu un télégramme lui demandant la remise de cette valeur. L'auteur de ce télégramme se présenta ensuite personnellement, mais comme il n'avait pas de papiers de légitimation et qu'il était d'ailleurs inconnu du buraliste, celui-ci requit de lui la preuve de son identité. Après pourparlers, le buraliste se déclara cependant prêt à livrer la somme réclamée, à la condition que le requérant lui procurât la signature de l'aubergiste et marchand de bétail U., à Gossau, personnellement connu du buraliste, sur un formulaire officiel modifié comme suit : « Le soussigné at- » teste par la présente déclaration que Henri Ambühl (nom et » prénom du requérant), de Winzenberg, qui s'est présenté ce » jour au bureau postal de Gossau pour obtenir la remise de » l'objet désigné ci-après..... est réellement Henri Ambühl, de » la maison Ambühl frères, de Winzenberg. » Muni de ce formulaire, l'inconnu se rendit chez le marchand de bétail U. et réussit effectivement, en se faisant passer pour le fils du marchand de bétail Ambühl, à faire signer la déclaration ci-dessus par la femme U. Sur le vu de cette attestation, le buraliste postal livra l'argent, sur quoi l'inconnu disparut sans laisser de traces; il fut constaté plus tard qu'on avait eu affaire à un escroc. Ensuite de ces faits, la Banque de Wyl a ouvert action à la Confédération en paiement de la somme de 3000 fr.

Le Tribunal fédéral a donné gain de cause à la Banque demanderesse par des motifs que la *Revue der Gerichtspraxis im Gebiete des Bundescivilrechts* résume comme suit:

« La responsabilité contractuelle de la poste pour les objets avec indication de valeur, dont le transport lui est confié, est réglée en principe par les art. 12 et 15 de la loi fédérale sur la régale des postes, des 24 mai et 2 juin 1849. D'après ces dispositions, la poste répond « de la perte ou du dommage » de tels objets, dans la mesure de la valeur inscrite, à moins qu'il n'existe un des motifs de libération énumérés à l'art. 15, notamment (seul point discutable en l'espèce), le motif de libération prévu sous lettre *b*, d'après lequel l'obligation du dédommagement cesse si le dommage n'a pas été occasionné par un fonctionnaire ou un employé de la poste. Par l'expression « perte » d'un objet de valeur inscrit, dont la poste répond à teneur de l'art. 12, il faut évidemment entendre non pas seulement une « perte » dans le sens le plus strict du mot, mais encore toute disparition quelconque, qu'elle soit le résultat d'une perte proprement dite, ou bien de la remise de l'objet à une personne n'y ayant aucun droit, ou encore de la soustraction commise par un employé postal ou par un tiers. C'est ce qui résulte non-seulement d'une comparaison entre les art. 12 et 17 de la loi sur la régale des postes, mais encore de la nature des choses. La poste s'est chargée contractuellement du transport de l'objet à elle confié et de sa remise au destinataire; elle est responsable de l'exécution de cet engagement dans toute son étendue, donc aussi de la remise en mains du destinataire, et sa responsabilité ne cesse que si elle vient à justifier l'existence d'un motif de libération. Cette répartition de l'*onus probandi* résulte tant du texte même de la loi (art. 15 : « l'obligation du dédommagement cesse... ») que des principes généraux du droit. Car, d'après ces principes, le débiteur actionné en dommages et intérêts en raison de l'inexécution de ses obligations contractuelles est tenu de démontrer le bien-fondé d'une exception de libération, spécialement d'établir qu'il s'est trouvé, sans aucune faute de sa part, dans l'impossibilité d'exécuter l'obligation.

» Or la poste n'a pas fait cette preuve. Il est évident, en effet, que le contrat de transport conclu entre la Banque expéditrice et la poste avait pour objet la remise de la valeur, non point à l'auteur inconnu du télégramme qui en demandait la livraison, mais au destinataire Henri Ambühl, de Winzenberg. Il ne peut donc plus s'agir que de savoir si l'administration postale a procédé, lors de la vérification de l'identité du destinataire de l'envoi litigieux, avec toute la prudence qui, étant données les circonstances du cas, pouvait être exigée dans le service postal. A cet égard, il faut attacher une grande importance aux dispositions que renferme sur la matière le règlement de transport pour les postes suisses. Or l'art. 23 de ce règlement ne prévoit pas que la preuve de l'identité puisse être faite par de seules déclarations de témoins ; de telles déclarations ne sont admises que pour compléter la preuve résultant des papiers de légitimation. A supposer même que, dans des cas extraordinaires, le sens et l'esprit du règlement de transport autorisent d'autres manières de faire la preuve de l'identité que celle expressément prévue à l'art. 23, il faudrait encore exiger qu'en tout cas l'employé postal n'agisse dans ces cas qu'avec la plus grande prudence, et que notamment, s'il estime pouvoir se contenter d'une preuve testimoniale, alors surtout qu'elle est administrée par le dire d'un seul témoin, il connaisse ce dernier comme méritant une confiance absolue, et qu'il s'assure que ce témoin se rend exactement compte de toute la portée du témoignage qui lui est demandé. En l'espèce, il n'a pas été satisfait à ces exigences. En se bornant à remettre au prétendu destinataire un formulaire dont l'intitulé « procès-verbal concernant l'administration d'une preuve d'identité », ne se rapportait aucunement aux circonstances de fait du cas spécial et qui dut, en conséquence, être modifié, et en laissant à ce prétendu destinataire le soin de se procurer lui-même la signature du témoin U., le buraliste postal de Gossau n'avait évidemment pas la certitude que le témoin se rendît parfaitement compte de la portée de la déclaration sollicitée de lui; cette certitude était d'autant moins complète qu'il était à la connaissance du buraliste que le marchand de bétail U. (d'ailleurs connu comme un homme honorable et méritant confiance) ne s'occupait pas lui-même de ses écritures, et qu'ainsi on ne pouvait considérer comme une chose certaine qu'il comprendrait de suite la portée de l'écrit qui lui était présenté. Or il y avait d'autant plus de motifs en l'espèce pour procéder avec la plus grande prudence qu'il s'agissait d'une somme relativement importante. »

Pour traduction, C. S.

Traduction d'un arrêt du 9 octobre 1886.

For de l'action reconventionnelle. — Exception de compensation. — Art. 59 de la Constitution fédérale.

Siegwart contre Siegwart.

En matière intercantonale, on ne peut prendre des conclusions reconventionnelles devant le tribunal nanti de la demande principale, que si la réclamation principale et celle présentée reconventionnellement sont connexes.

Mais l'art. 59 de la Constitution fédérale ne met pas obstacle à ce que le défendeur se fonde sur une contre-prétention qu'il estime avoir contre le demandeur, pour soutenir que la créance de ce dernier est éteinte par compensation.

Robert Siegwart, à Wauwyl (Lucerne), a ouvert action à Joseph-Aloïs Siegwart, à Hergiswyl (Nidwald), en paiement de 2850 fr. et intérêt, pour prix d'une vente immobilière conclue entre parties le 6 octobre 1884. Le défendeur a reconnu devoir la somme réclamée, mais il a conclu reconventionnellement à ce que le demandeur soit condamné à lui payer 5000 fr. et accessoires, montant d'un prêt fait le 15 novembre 1879 à Antoinette femme de Robert Siegwart, la compensation étant admise entre les deux dettes jusqu'à concurrence de la plus faible.

Robert Siegwart a contesté la compétence des tribunaux de Nidwald pour statuer sur les conclusions reconventionnelles d'Aloïs Siegwart, mais il a succombé dans ce procès en déclinatoire devant les deux instances cantonales.

Robert Siegwart a alors exercé un recours de droit public au Tribunal fédéral, en alléguant une violation de l'art. 59 de la Constitution fédérale.

Le Tribunal fédéral a admis le recours et annulé les jugements rendus par les tribunaux de Nidwald.

Motifs.

1. Il est hors de doute qu'en l'espèce l'intimé ne se borne pas à opposer l'exception de compensation à la réclamation du recourant, mais qu'il fait valoir une prétention distincte, par la voie de conclusions reconventionnelles. En effet, l'intimé ne conclut pas seulement à faire prononcer que le recourant doit être débouté des fins de sa demande, sa créance étant éteinte par compensation ; il demande positivement que le recourant soit

Louis Spuhler, leur père, et Ad. Carey, leur parent, à opposer à l'action ouverte par Humbert et Cie contre l'hoirie d'Alphonse Spuhler, et à charger de leurs intérêts M. l'avocat Magnin, à Bulle. (Voir procuration délivrée à ce dernier.)

Que les acteurs n'ont produit aucun texte de loi étrangère d'où il résulterait que M. Louis Spuhler père, comme parent intéressé, ne saurait valablement autoriser les sœurs Spuhler à ester en jugement; que, dès lors, à teneur de l'art. 9 Cc., il n'y a pas lieu de prendre ce motif en considération.

Que M. l'avocat Magnin, à Bulle, est ainsi suffisamment légitimé pour ester en jugement, au nom des dames Spuhler.

La Cour, en confirmation du jugement de première instance, juge et prononce:

M. l'avocat Girod, au nom qu'il agit, est débouté de ses deux conclusions actrices, et l'avocat Magnin admis dans sa conclusion à libération.

Fribourg. — TRIBUNAL CANTONAL.

Jugement incident du 4 février 1886.

Compensation d'une prétention illiquide opposée à une créance constatée par un titre paré et exécutoire. — Art. 131 CO.

Stœcklin contre Plagnol.

Les dispositions des lois cantonales d'après lesquelles, en matière de poursuite, le débiteur ne peut opposer la compensation à une créance constatée par un titre paré et exécutoire, ont été modifiées par l'art. 131 CO., qui admet la compensation même de créances illiquides.

Considérant... que la compensation est un mode de paiement, d'extinction d'une obligation, lequel est régi actuellement par le Code fédéral des obligations;

Que, d'après l'art. 131 de ce code, si deux personnes se trouvent débitrices l'une envers l'autre de sommes d'argent ou d'autres choses fongibles de même espèce, chacune d'elle peut compenser sa dette avec sa créance, si les deux dettes sont échues; que le débiteur peut opposer la compensation même lorsque la dette est contestée;

Que si la loi accorde au débiteur d'une dette, même illiquide, le bénéfice de la faire valoir à l'encontre de la réclamation du créancier, il est évident que ce débiteur doit avoir le droit de justifier cette contre-prétention;

Qu'à la vérité le jugement du Tribunal cantonal du 13 novembre rappelle le principe posé par les tribunaux fribourgeois d'après lequel, en matière de poursuite, le débiteur ne peut opposer la compensation à une créance constatée par titre paré et exécutoire;

Que ce principe, vrai sous l'empire de l'ancien droit, soit du code civil fribourgeois, qui n'admettait la compensation que lorsque la créance était liquide (1329 Cc.), ne saurait être admis encore, en présence de l'art. 131 CO., qui a modifié les dispositions du code civil en matière de compensation; que c'est dès lors ce dernier article qui doit servir de règle dans tous les cas où il s'agit de savoir si la compensation peut être opposée, même en matière de poursuite.

Qu'admettre le contraire, ce serait restreindre la portée de l'art. 131 CO., ce serait consacrer le principe qu'en matière de poursuite les règles fixées par le droit fédéral concernant la compensation ne sont pas applicables;

Que la preuve demandée par les défendeurs Stœcklin à l'appui de la compensation invoquée ne peut donc être refusée.

Genève. — Cour de justice civile.

Séance du 1er mars 1886.

Constitution de gage sur une créance non transmissible par endossement. — Prétendu droit de rétention. — Défaut de connexité. — Art. 215 et 224 CO.

Penard contre Honegger, Wirth et consorts.

Ne peut être opposé aux tiers, le droit de gage constitué sur une créance non transmissible par endossement, sans que le débiteur de la créance engagée ait été avisé (CO. 215.)

Le détenteur de la créance prétendue engagée ne saurait non plus prétendre à un droit de rétention sur celle-ci, si, les parties n'étant d'ailleurs pas commerçantes, il n'existe aucune connexité entre sa créance et la chose retenue (CO. 224).

Honegger a remis à Wirth, le 1er décembre 1879, en garantie

d'un prêt de 1000 fr., une police de la Société d'assurance sur la vie des fonctionnaires et employés fédéraux, du montant de 2000 fr.; ce fait est constaté par une pièce signée d'Honegger. Le 1er février 1881, Honegger a reçu de Wirth un nouveau prêt de 700 fr.; rien ne constate que ce second prêt soit garanti par la remise de la police.

Penard, créancier d'Honegger, a saisi-arrêté, au préjudice des héritiers de ce dernier et en mains de Ferrin, représentant de la Société d'assurance des fonctionnaires fédéraux, le montant de la somme portée dans la police souscrite par Honegger.

Ferrin s'est déclaré prêt à payer la somme de 2000 fr. en mains de qui justice ordonnerait, contre restitution du titre constatant la créance d'Honegger.

Une série d'interventions se sont produites en cours d'instance, entre autres celle de Wirth, détenteur de la police.

Ce dernier, prétendant être cessionnaire de la créance de feu Honegger, ou, tout au moins, avoir sur le titre qui la constate, soit un droit de gage, soit un droit de rétention, demande à être colloqué par privilège et de préférence à tous les autres créanciers sur le montant de la somme dont le tiers saisi se reconnaît débiteur.

Les questions soumises à l'examen de la Cour sont donc les suivantes:

1. Wirth est-il cessionnaire de la police d'assurance souscrite par Honegger?

2. Wirth a-t-il un droit de gage sur cette police?

3. A défaut de droit de gage, a-t-il un droit de rétention?

I. Considérant que les termes mêmes dans lesquels est conçue la pièce produite par Wirth contredisent sa prétention d'être considéré comme cessionnaire de la police; que cette pièce mentionne, de la manière la plus explicite, que la police a été remise par Honegger à titre de garantie; que Wirth n'est pas, en conséquence, fondé à se prétendre cessionnaire de la dite police.

II. Considérant qu'aux termes de l'art. 215 CO., le gage qui a pour objet une créance non transmissible par endossement n'est valablement constitué que lorsque l'engagement est constaté par écrit, que le titre de la créance a été remis au créancier gagiste, et enfin que le débiteur de la créance engagée a été avisé de la mise en gage;

Considérant que, s'il est constant que les deux premières de ces exigences ont été régulièrement remplies, il est constant, d'autre part, que le débiteur de la créance engagée n'a jamais reçu aucun avis de la mise en gage de la police souscrite par Honegger ;

Qu'on ne saurait, en conséquence, et tout au moins au regard des tiers, considérer le gage comme valablement constitué à leur égard.

III. Considérant que, pour pouvoir invoquer un droit de rétention sur le titre déposé en ses mains par Honegger, Wirth doit, aux termes de l'art. 224 CO., établir qu'il y a connexité entre sa créance et la chose retenue ;

Que les parties n'étant pas commerçantes, cette connexité ne peut résulter simplement de leurs relations d'affaires ;

Considérant que la connexité résulte d'un rapport étroit et naturel entre le fait de la présence de l'objet retenu en mains du détenteur et la cause de la créance en vertu de laquelle il prétend opérer la rétention ;

Que le rapport qui existe en l'espèce, entre la présence de la police en mains de Wirth et le prêt consenti par lui à Honegger, ne résulte pas de la nature des choses, mais d'un contrat ;

Considérant que de la solution donnée à la question n° 2 il résulte que ce contrat est nul au regard des tiers, faute par les parties d'avoir accompli certaines formalités essentielles ;

Que Wirth ne saurait, en conséquence, se baser sur ce contrat pour user d'un droit de rétention sur la police retenue par lui ;

Qu'en décider autrement serait admettre que le législateur fédéral, en édictant les dispositions relatives au droit de rétention, a voulu rendre illusoires les garanties qu'il venait de donner aux tiers en matière de gages consentis par leurs débiteurs ;

Qu'une semblable contradiction ne peut être supposée ;

Considérant, en conséquence, que de la solution donnée aux trois questions ci-dessus, il y a lieu d'admettre que Wirth, n'étant pas cessionnaire de la police d'assurance et ne possédant sur le titre du contrat ni droit de gage, ni droit de rétention opposable aux tiers, ne saurait prétendre, vis-à-vis des autres créanciers d'Honegger, à aucune préférence sur la somme saisie en mains de Ferrin.

La Cour réforme le jugement du Tribunal civil du 8 septembre 1885, et, statuant à nouveau, valide la saisie-arrêt.

Vaud. — TRIBUNAL CANTONAL.

Séance du 17 septembre 1886.

Concordat. — Inadmissibilité du retrait d'adhésions valablement données par les créanciers. — Prétendu dol. — Question de frais. — Art. 797 Cpc.

Banque cantonale et consorts contre Bron.

Les créanciers qui ont adhéré à un concordat ne peuvent être admis à retirer leur signature une fois donnée.

Ensuite d'une demande de cession de biens, le Tribunal de Lavaux a ordonné, le 11 janvier 1886, la discussion des biens de P. Bron-Ruchonnet, à Corsy sur Lutry.

A l'assemblée des créanciers du 20 avril 1886, l'agent d'affaires Taillens, agissant au nom du discutant, a proposé un concordat par lequel ce dernier offre à ses créanciers le 30 °/₀ du montant de leurs interventions, payable dans les 15 jours dès l'homologation; moyennant ce paiement, quittance sera donnée au débiteur.

Il n'a pas été discuté, ni voté sur ce concordat.

Après quelques nouvelles adhésions, le liquidateur a déclaré, le 28 avril, que le nombre des créanciers chirographaires admis est de 58, pour un capital de 41,418 fr. 11, et que le nombre des adhérents est de 47, représentant un capital de 31,524 fr. 60.

La Banque cantonale vaudoise et plusieurs autres créanciers ont déclaré s'opposer à l'homologation du concordat par les moyens suivants :

1. Le concordat n'a pas été régulièrement consenti dans une assemblée de créanciers; il n'a pas été voté sur le projet.

2. Le concordat est entaché de dol.

3. Le traité n'a pas été souscrit par les trois quarts des interventions admises, attendu que plusieurs créanciers, dont le consentement a été surpris, l'ont retiré dès lors. En outre, on a compté comme créancière chirographaire pour 12,340 fr. 42 Adèle Bron, qui a ouvert action le 17 mai 1886 pour être reconnue créancière privilégiée.

A la demande du discutant, une nouvelle assemblée des créanciers a eu lieu le 22 juin 1886. Vingt créanciers y étaient représentés; 11 ont accepté le concordat, 9 l'ont rejeté.

Le 14 juillet 1886, la Banque cantonale et consorts ont déposé de nouvelles conclusions tendant au refus de l'homologation, en se fondant sur ce que, sur 58 créanciers, 16 n'adhèrent pas au concordat; que la créance de dame Bron figure à tort parmi les créanciers chirographaires. Dans une circulaire adressée par le mandataire de Bron, il est dit que la discussion ne produirait que le 22 %, tandis qu'il résulte du rapport lu par ce mandataire à l'assemblée du 22 juin qu'on peut compter sur 34 %; ainsi le concordat est entaché de dol.

A l'audience du Tribunal de Lavaux du 22 juillet 1886, la Banque cantonale et consorts ont repris leurs conclusions en opposition.

Le mandataire de P. Bron a conclu à l'homologation, en se fondant sur les moyens suivants :

1° Sur les 15 créanciers qui prétendent ne plus adhérer au concordat, 6 ont donné leur signature et sont à tard pour la retirer, savoir : Grobéty, Cerez, Caisse populaire, Rouiller, Ganty et Marguerat. La Caisse populaire ne s'est pas jointe aux conclusions en opposition. Il ne reste plus que 9 créanciers non adhérents sur 58; 49 sont acceptants.

2° Le total des créances admises étant de 41,455 fr. 05, les trois quarts représentent 31,091 fr. 29; or en déduisant les 6029 fr. 25 représentés par les opposants, il reste encore 35,427 francs 80 cent.

3° Le prétendu dol n'a pas été établi.

Le Tribunal a accordé l'homologation du concordat proposé. Il estime que les consentements donnés ne pouvaient être retirés; que le concordat est un contrat bilatéral qui lie les deux parties; que le dol n'a pas été démontré; que dame Bron n'est pas créancière privilégiée.

La Banque cantonale et consorts ont recouru contre cette décision en reprenant leurs moyens; ils estiment qu'en tout cas les frais ne doivent pas être mis à leur charge.

Le Tribunal cantonal a rejeté le recours, tout en mettant les frais de l'office pour l'audience du 22 avril à la charge du discutant.

Motifs.

Sur le premier moyen des recourants, basé sur l'art. 797 Cpc.:

Considérant que le concordat est obligatoire pour tous les créanciers, s'il a été souscrit par les trois quarts au moins des créanciers dont l'intervention a été admise, représentant en capital les trois quarts au moins du chiffre des interventions admises (art. 797 Cpc.).

Considérant que le traité entre le discutant et ses créanciers est un contrat bilatéral qui lie les deux parties et oblige celles-ci à ce qui y est convenu, sous la réserve de la sanction par le Tribunal, lorsqu'il remplit les conditions légales.

Que les créanciers, qui, dans l'espèce, ont retiré leur adhésion, n'avaient pas le droit de le faire sans le consentement du discutant.

Que la signature donnée est définitivement acquise au discutant et ne saurait être reprise.

Que, s'il en était autrement, il n'y aurait plus aucune sécurité, ni pour le discutant, ni pour ses créanciers, puisque la validité même du concordat pourrait toujours être remise en question, jusqu'au moment de l'homologation.

Qu'ainsi les signatures de Grobéty, Cerez, Caisse populaire, Rouiller, Ganty et Marguerat, ainsi que celle d'Adèle Bron doivent être maintenues au concordat; cette dernière figurant au tableau des créanciers comme créancière chirographaire et non comme privilégiée.

Que, dans ces circonstances, les deux réquisits prévus à l'article 797 précité sont établis en l'espèce,

Le Tribunal cantonal rejette ce moyen.

Sur le deuxième moyen, tiré du dol :

Considérant que les recourants allèguent que P. Bron veut faire un bénéfice frauduleux au préjudice de ses créanciers;

Mais attendu qu'il résulte des pièces au dossier que le discutant Bron n'a rien célé de sa position à ses créanciers et leur a fait un exposé aussi fidèle que possible de sa situation financière;

Que le dol invoqué par les recourants n'a point été prouvé par eux.

Zurich. — COUR D'APPEL.

Traduction partielle d'un arrêt du 3 juillet 1886.

Droit de rétention du bailleur. — Meubles garnissant les lieux loués, mais appartenant à des tiers. — Art. 294 CO.

Spörri contre Schaub.

Le bailleur peut exercer son droit de rétention même sur des objets qui sont la propriété de tiers, s'il n'a pas su ou dû savoir qu'ils n'appartenaient pas au preneur. Toutefois, le droit de rétention est éteint dès le moment auquel le bailleur, renseigné sur les droits de propriété des tiers, n'en consent pas moins volontairement à la continuation du bail au-delà du terme fixé, ou néglige d'en amener la résiliation, bien que la convention ou la loi l'autorisent à la demander.

Dans un arrêt du 14 novembre 1885, relatif à la cause Spahn contre Krauer et publié à page 238 de ce volume, la Cour d'appel du canton de Zurich a déjà admis que le bailleur ne peut exercer son droit de rétention sur des meubles appartenant à des tiers que jusqu'au moment où, ayant connaissance des droits de ces tiers, il est en mesure, conformément à la convention ou à la loi, d'obtenir la résiliation du bail.

La même interprétation a été admise dans un nouvel arrêt qui s'exprime comme suit au sujet de cette question :

« Il n'existe pas, pour la Cour, de motifs suffisants pour revenir de l'interprétation qu'elle a consacrée dans une décision précédente. En disposant que le droit de rétention du bailleur s'étend aussi aux objets qui sont la propriété de tiers, s'il n'a pas su ou dû savoir qu'ils n'appartenaient pas au preneur, le texte de l'art. 294 CO. semble, il est vrai, avoir eu en vue le commencement du bail, soit le moment auquel les objets ont été amenés par le preneur dans les lieux loués et auquel a pris naissance le droit de rétention garantissant la créance du bailleur. Mais les raisons qui justifient l'application de ces prescriptions en ce qui concerne le commencement du bail subsistent aussi au cas où le bailleur n'use pas de la faculté qui s'offre à lui, pendant la durée du bail, d'en amener la résiliation. Dans le premier cas, si le bailleur a su au commencement du bail que les objets garnissant les lieux loués étaient la propriété d'un tiers, il ne saurait résister de bonne foi à l'action en revendication de ce tiers, en prétendant n'avoir laissé le preneur s'installer dans les lieux loués que parce qu'il avait cru que les meubles emménagés par lui garantiraient le loyer. De même, si c'est seulement après coup qu'il a appris que ces objets étaient la propriété d'un tiers et que néanmoins il consente volontairement à la continuation du bail, il ne saurait non plus dire de bonne foi qu'il croyait que la garantie subsisterait. Précédemment il était généralement admis que le droit de rétention du bailleur était éteint dès le moment où il avait connaissance que les objets apportés par le preneur étaient la propriété d'un tiers, et si le Code fédéral des obligations n'a pas consacré cette manière de voir, c'est évidemment pour de simples motifs d'équité. Or ces motifs d'équité n'existent plus, non-seulement lorsque le bailleur consent à la continuation du bail au-delà du terme fixé pour son expiration, mais encore lorsqu'il néglige d'user du droit que la convention lui confère de dénoncer le bail, ou encore lorsqu'il ne fait pas usage de la faculté que lui donnent la convention ou la loi (art. 287) de faire expulser le preneur qui est en retard pour le paiement du loyer. Il va sans dire que le tiers propriétaire des meubles garnissant les lieux loués n'a aucun droit d'obliger le bailleur à faire usage de cette faculté, pas plus qu'il ne saurait l'empêcher de renouveler le bail au-delà du terme convenu pour son expiration. De son côté, le bailleur ne peut, s'il estime ne pas devoir user de ses droits, se mettre au bénéfice des motifs d'équité indiqués plus haut, ni se prévaloir de la bonne foi nécessaire pour l'exercice du droit de rétention. »

Pour traduction, C. S.

UNIVERSITÉ DE BERNE. — La Faculté de droit de l'Université de Berne vient de délivrer le diplôme de docteur *honoris causâ* à M. *Ruchonnet*, conseiller fédéral, pour éminents services rendus dans le domaine de la législation.

Nous nous associons de tout cœur à cette nouvelle marque de l'estime qui entoure notre concitoyen.

VAUD. — Dans sa séance de mercredi, 10 novembre, le Grand Conseil a nommé juge cantonal M. Henri *Glardon*, notaire, à Yverdon, en remplacement de M. V. Rogier, décédé.

Ch. BOVEN, notaire, rédacteur.

Lausanne. — Imp. CORBAZ & Comp.

XXXIVe ANNÉE. Nos 47 et 48. SAMEDI 27 NOVEMBRE 1886

JOURNAL DES TRIBUNAUX

REVUE DE JURISPRUDENCE

Paraissant à Lausanne une fois par semaine, le Samedi.

Prix d'abonnement : 12 fr. par an, 7 fr. pour six mois. Chaque numéro, 50 cent. On s'abonne à l'imprimerie CORBAZ et Cie et aux bureaux de poste. — ANNONCES : 20 centimes la ligne ou son espace.

Loi sur les droits réels.

Dans notre numéro du 23 octobre écoulé, nous émettions l'idée que les art. 85 et 86 de cette loi fussent modifiés en vue d'autoriser les divers officiers publics (notaires, avocats, géomètres, etc.) à requérir des extraits de cadastre sans produire une procuration du propriétaire.

Nous apprenons avec plaisir que, dans sa séance de mercredi, le Grand Conseil a adopté un projet de décret conforme à une motion déposée dans ce sens par MM. Chausson-Loup et consorts.

La souveraineté et l'Etat fédératif.

A titre de thèse de doctorat, M. Eugène Borel, licencié en droit, avocat, vient de présenter à la faculté de droit de Genève une *Etude* fort remarquable *sur la souveraineté et l'Etat fédératif*[1]. Un tel travail est nécessairement abstrait et condensé, on n'y rencontre pas de ces belles tirades patriotiques qui font si bien chez Dubs, mais il sera lu et consulté avec fruit dans toute la Suisse, car, comme chacun sait, il y a longtemps que notre pays a cessé d'être une simple Confédération d'Etats pour constituer un Etat fédératif. Les conclusions auxquelles cette *Etude* aboutit, il est vrai, ne satisferont pas les partisans de la souveraineté cantonale, mais ceux-ci seront cependant obligés de rendre justice à l'auteur, de reconnaître qu'il est strictement demeuré sur le terrain de la science, du droit.

Depuis nombre d'années les jurisconsultes américains et allemands ont travaillé à déterminer la véritable nature juridique de l'Etat fédératif; selon M. Borel, nous avons eu tort de nous tenir à l'écart de cette polémique; nos auteurs les plus récents en sont encore à la théorie préconisée par Tocqueville, au dogme du partage de la souveraineté, or ce dogme est en opposition avec la logique et les faits. Il y a là une situation anormale et il importe d'établir les prolégomènes de notre droit public sur des bases solides.

M. Borel met la souveraineté à la base de sa conception de l'Etat fédératif. Quant à ce qui concerne l'essence de la souveraineté, il adopte le principe posé par le jurisconsulte allemand Hœnel et il arrive aux conclusions suivantes :

« 1. La souveraineté est la qualité d'un Etat en vertu de » laquelle il n'est jamais déterminé que par sa propre et libre » volonté.

» 2. Cette qualité est absolue et exclusive.

» 3. Elle implique le pouvoir suprême au dedans, l'indépen- » dance au dehors.

» 4. La souveraineté correspond à l'universalité du droit et à » l'éternité de la collectivité complète à laquelle elle appartient.

» 5. Elle se manifeste par le droit de l'Etat souverain de fixer » librement sa propre compétence et de l'agrandir au détriment

[1] Berne, imprimerie Stæmpfli, 1886.

» des collectivités et des individus qui lui sont subordonnés,
» sans que le consentement de ces derniers lui soit nécessaire. »

M. Borel discute ensuite le dogme du partage de la souveraineté. Selon lui, si les traités qui la formulent ont été accueillis dès le début avec tant de faveur chez nous, c'est que cette doctrine contentait tout le monde, au point de vue politique. « Les partisans de l'unité nationale avaient leur souveraineté,
» les défenseurs des Etats particuliers avaient la leur. » Il ajoute : « Cette doctrine est logiquement impossible. Elle repose
» sur une confusion de la souveraineté avec les pouvoirs pu-
» blics et les compétences concrètes de l'Etat. La souveraineté
» est la qualité qui revient à l'organisation suprême de chaque
» peuple. C'est le superlatif, et comme telle elle est indivisible.
» Une souveraineté divisée, une souveraineté fragmentaire n'est
» plus la souveraineté. »

Parlant du partage des pouvoirs dans l'Etat fédératif, l'auteur dit : « Grâce aux traditions historiques et aux besoins
» spéciaux des parties qui le composent, grâce à la nécessité
» de poursuivre en commun certains buts nationaux, on en est
» arrivé à charger divers organes de ces différents buts : l'Etat
» national en a pris sa part, et en a laissé une autre aux Etats
» particuliers. Mais il ne s'ensuit pas du tout que la souverai-
» neté soit partagée. »

Et plus loin : « Cette doctrine a été admirablement conden-
» sée dans les paroles prononcées par M. White à la Chambre
des représentants des Etats-Unis (séance du 11 janvier 1865) : *Vous pourriez aussi bien me faire croire qu'un homme peut être soumis à deux divinités omnipotentes qu'à deux souve-*
» *rainetés.* »

M. Borel arrive à ce dilemme : « Dans l'Etat composé, ainsi
» que dans toutes les formations que peut adopter une associa-
» tion d'Etats, il n'y a pas d'autre alternative que celle-ci : ou
» bien la collectivité n'est pas souveraine, ou bien elle appar-
» tient en entier à l'ensemble et alors les membres ne sont pas
» souverains. »

Il montre ensuite la différence qu'il y a entre l'Etat fédératif et la Confédération d'Etats. « En Allemagne, en Suisse et dans
» l'Amérique du Nord, la constitution ne peut être modifiée
» que par voie de revision constitutionnelle, c'est-à-dire par
» une loi de l'Etat fédératif. Donc l'Etat fédératif n'a pas seu-

» lement les attributions qui lui sont données dès l'origine; sa » compétence n'est pas définitivement fixée et il a le droit de » l'agrandir autant que le permettent son étendue physique et » sa volonté raisonnée. Cet agrandissement de la compétence » fédérale est *matériellement* et *formellement* indépendant de » la volonté des Etats. Matériellement, car l'unanimité des » Etats n'est pas requise pour une revision constitutionnelle, » la simple majorité suffit. L'Etat particulier peut rester en » minorité et se voir dépouiller, malgré lui, de toutes ses com- » pétences; donc il est bien le sujet d'une puissance et d'une » volonté supérieures. Au point de vue formel, la revision cons- » titutionnelle est un acte unilatéral de l'Etat fédératif, ce n'est » pas un traité entre les Etats membres, c'est une loi sur la- » quelle ils sont appelés à voter comme organes de l'Etat col- » lectif, mais qui, une fois adoptée, les lie comme l'expression » de la volonté d'un pouvoir supérieur. »

Et plus loin : « Tant qu'il faut l'unanimité des Etats pour » modifier les compétences fédérales, nous n'avons qu'une Con- » fédération, quelle que soit l'étendue de ces compétences, car, » en définitive, tout repose sur le libre consentement, sur la » volonté souveraine de ses membres. Mais dès qu'un Etat peut » se voir dépouiller malgré lui de ses attributions, sans qu'il » puisse s'y opposer, il y a là la manifestation d'une volonté » supérieure à laquelle il est soumis. »

M. Borel se résume sur ce point en disant :

« 1. L'Etat fédératif est un Etat souverain dont les membres » ne sont pas souverains.

» La Confédération d'Etats n'est qu'une association entre » Etats souverains.

» 5. Les membres de l'Etat fédératif peuvent être, en vertu » de la souveraineté de ce dernier, dépouillés de leurs compé- » tences et supprimés entièrement sans avoir le droit de s'y » opposer. Dans la Confédération d'Etats, par contre, toute » modification au pacte librement adopté par les Etats repose » également sur leur libre volonté, car ou bien elle ne peut se » faire qu'à l'unanimité des contractants, ou bien la minorité » qui ne veut pas se soumettre à la majorité a un droit de sé- » cession qui lui permet de se retirer de l'association. »

L'auteur passe à la question : « La souveraineté est-elle une qualité essentielle de l'Etat, ou peut-il y avoir des Etats non souverains ? »

Il la discute longuement et conclut comme suit :

« 1. L'Etat est l'organisme suprême, l'être complet du droit » public. Donc la souveraineté est un élément essentiel de sa » nature.

» 2. Toute tentative de faire admettre qu'il peut y avoir des » Etats non souverains échoue devant l'impossibilité de trou» ver un principe qui les distingue absolument des autres col» lectivités inférieures du droit public.

» 3. L'Etat fédératif étant un Etat souverain, les Etats par» ticuliers dont il se compose ne sont pas des Etats dans le » sens juridique de ce mot. Qu'on les appelle Cantons, Etats, » Stände ou Provinces, ils ne représentent plus, aux yeux du » droit public, le caractère suprême que ce dernier exige de » l'Etat. »

Dans la seconde partie M. Borel traite uniquement de l'Etat fédératif : « Nous reconnaissons, dit-il, à l'Etat fédératif une » place à part dans le droit public, non comme Etat à la se» conde puissance, comme Staatenstaat, mais comme subdivi» sion de la notion de l'Etat à côté de l'Etat unitaire. »

L'auteur expose ensuite notre évolution nationale en la comparant à celle qui s'est produite chez les autres peuples. « Les » Etats confédérés n'ont pas été, comme on l'a prétendu, les » créateurs de l'Etat fédératif, mais les interprètes de la vo» lonté nationale lors de cette création. La fondation du nouvel » Etat n'a pas été précédée, comme en Italie, par la suppres» sion violente et complète d'un ancien état de choses et l'éta» blissement d'un nouveau pouvoir sur ses ruines ; elle s'est » opérée, non pas contre la volonté des Etats confédérés, » mais avec leur coopération plus ou moins directe et consi» dérable.

» Ce fait a eu des conséquences décisives pour la nature de » l'Etat fédératif. *Les Etats ayant servi comme organes de la » nation lors de la création du nouvel Etat, on leur a conservé » cette qualité d'organe de la nation, en leur attribuant une » certaine participation à l'exercice du pouvoir public fédéral » suprême.* Voilà ce qui distingue les Etats confédérés des au» tres collectivités non souveraines et l'Etat fédératif de l'Etat » unitaire. »

M. Borel s'occupe en outre de l'organisation des Etats confédérés, des droits de ces Etats vis-à-vis de l'Etat fédératif.

L'art. 3 [1] de la constitution suisse et le Xe amendement de la constitution américaine ne l'embarrassent pas : « Il est facile de » saisir la véritable portée de ces articles. La mission politique » des législateurs appelés à élaborer les premières constitutions » fédérales était de rester autant que possible sur le terrain his- » torique et de conserver purement et simplement tout ce qui, » de l'ancien état de choses, était compatible avec la nature » du nouvel Etat fédératif et utile à la réalisation de ces buts. » Ayant à faire à des Etats qui jouissaient, au moment où cette » constitution a été élaborée, de la plénitude de leur souverai- » neté et désireux de les conserver en qualité de collectivités » inférieures du nouvel Etat, ils n'ont eu qu'à établir les » compétences de ce dernier, à restreindre par-là celle des » Etats particuliers et *à faire sanctionner par la nouvelle cons-* » *titution* tous les pouvoirs conservés à ces Etats. Par ces mots : « Les Cantons sont souverains...... et comme tels ils exercent » tous les droits... », de même que par la garantie dont parle » l'art. 6 de la constitution, la Confédération suisse a voulu » confirmer purement et simplement l'ancienne organisation et » les droits des cantons. En revanche, les mots : « ... en tant » que leur souveraineté n'est pas limitée par la constitution » fédérale... » et « ... qui ne sont pas délégués au pouvoir fédé- » ral », indiquent bien le changement de *status* qu'ont subi les » cantons, le fait qu'ils ne sont plus que des organismes infé- » rieurs d'un seul Etat. »

M. Borel parle enfin de *l'évolution de l'Etat fédératif vers l'Etat unitaire.* Qu'on ne s'effraie pas trop cependant à cet intitulé de chapitre, M. Borel ne prône pas la centralisation à outrance. Il constate d'abord, il est vrai, que les compétences fédérales s'agrandissent incessamment, mais il ajoute : « La » Confédération est l'Etat ; elle poursuit la réalisation des buts » généraux. Les cantons sont les communes ; ils répondent aux » besoins locaux, et de même que ces besoins sont éternels, ils » existeront toujours, car il est difficile de prévoir que le gou- » vernement central absorbe toutes les administrations locales » dans ses rouages. Au contraire, le développement de la civili-

[1] Art. 3. Les cantons sont souverains en tant que leur souveraineté n'est pas limitée par la constitution fédérale, et, comme tels, ils exercent tous les droits qui ne sont pas délégués au pouvoir fédéral.

» sation et les progrès des idées politiques nous sollicitent à » mener de front, dans la plupart des domaines publics, l'uni» fication législative et la décentralisation administrative; et le » grand avantage de l'Etat fédératif est précisément de conci» lier à un haut degré ces deux excellents principes. »

Et plus loin : « Enfin il faut se pénétrer du fait qu'en réalité » les cantons ne sont plus des Etats, mais des collectivités non » souveraines et qu'ils se distinguent des provinces de l'Etat » unitaire, non pas pour l'étendue de leurs compétences, mais » seulement par leur participation à la création de la volonté » nationale, comme organes de l'Etat fédératif. En leur accor» dant cette participation, la Confédération reconnaît ses mem» bres comme des organismes propres ayant une personnalité » individuelle et une volonté collective dont il est juste de tenir » compte. Voilà ce qui fait reposer l'Etat fédératif sur les ba» ses solides de la continuité historique et de la conscience po» pulaire; voilà ce qui, en conciliant les aspirations nationales » avec les traditions locales, lui permet de réaliser pleinement » les plus hauts buts de l'Etat et de nous garantir sa vitalité et » son avenir. »

M. Borel conclut définitivement comme suit :

« 1. L'Etat fédératif est un Etat dans lequel une certaine » participation à la formation de la volonté publique suprême » est accordée à des collectivités publiques inférieures, quelle » que soit, du reste, la mesure de leur coopération.

» 2. Cette participation donne à ces collectivités le caractère » de membres de l'Etat fédératif et les distingue des simples » communes ou divisions administratives de l'Etat unitaire.

» 3. Cette coopération repose sur un principe d'égalité, en » ce sens que tous les membres doivent y participer à un degré » quelconque.

» 4. L'Etat fédératif cesse d'exister comme tel et devient » Etat unitaire le jour où cette participation est supprimée. »

F. Nessi, av.

TRIBUNAL FÉDÉRAL

Séance du 1er octobre 1886.

Fonctionnaire cantonal révoqué par arrêté du gouvernement. — Action en dommages et intérêts écartée. — Application du droit public cantonal et non du droit privé fédéral. — Article 349 CO.; art. 27 § 4 de la loi sur l'organisation judiciaire fédérale ; art. 49 de la Constitution neuchâteloise.

Ladame contre Etat de Neuchâtel.

La révocation d'un fonctionnaire cantonal prononcée par le gouvernement, dans les limites de sa compétence de droit public, telle qu'elle résulte de la constitution du canton, est définitive et ne saurait être contrôlée par le juge civil. Une action en dommages et intérêts du fonctionnaire révoqué dans de telles conditions, n'est recevable que si elle est admise par la législation cantonale.

Avocats des parties :

MM. Berdez, à Lausanne, pour H. Ladame, demandeur.
Dupasquier, à Neuchâtel, pour Etat de Neuchâtel, défendeur.

En décembre 1873, le demandeur fut appelé par les trois Etats de Fribourg, Vaud et Neuchâtel, aux fonctions d'ingénieur en chef de la correction supérieure des eaux du Jura.

Après avoir occupé ces fonctions pendant une année et demie environ, Ladame fut appelé, en août 1875, par le Conseil d'Etat de Neuchâtel, à celles d'ingénieur cantonal, avec un traitement annuel de 5000 fr.

Ladame demeura dans ces fonctions jusqu'au 7 avril 1885, après avoir été confirmé à diverses reprises dans l'intervalle pour 3 ans, à savoir en 1877, 1880 et 1883; sa dernière confirmation a eu lieu le 16 juin 1883 pour la période triennale de 1883-1886.

L'avis de nomination adressé à Ladame lui-même ne porte aucune indication relative à la durée de ces fonctions.

Dans la séance du Grand Conseil neuchâtelois du 20 novembre 1884, un député, M. Paul Ducommun, se livra à diverses critiques sur la manière dont Ladame remplissait ses fonctions; le Grand Conseil décida, sur la proposition de M. Borel, de renvoyer ces observations à la commission des comptes, qui posa au Conseil d'Etat une série de questions concernant la gestion de Ladame.

Par lettre du 9 janvier 1885, le Conseil d'Etat demanda à Ladame de donner volontairement sa démission, ce à quoi celui-ci se refusa, demandant qu'une enquête contradictoire ait lieu avec le concours d'experts techniques. Le Conseil d'Etat se livra toutefois lui-même à une enquête, réclama à cet effet un rapport de la direction des travaux publics et entendit Ladame personnellement le 31 mars suivant.

Par lettre du 4 avril 1885, Ladame demande que le Conseil d'Etat déclare au Grand Conseil que toutes les attaques dirigées contre lui sont sans fondement et qu'il a constamment rempli ses fonctions d'une manière satisfaisante.

Par arrêté du 7 dit, le Conseil d'Etat a prononcé la révocation immédiate de Ladame; cet arrêté est conçu comme suit:

« Le Conseil d'Etat de la république et canton de Neuchâtel » en Suisse,

» Vu l'interpellation adressée au Conseil d'Etat par un dé- » puté, dans la séance du Grand Conseil du 20 novembre 1884, » concernant l'activité déployée par l'ingénieur cantonal;

» Vu l'enquête administrative ouverte concernant ce fonc- » tionnaire;

» Entendu le Département des travaux publics;

» Considérant qu'il résulte des renseignements nouveaux qui » sont parvenus au Conseil d'Etat, que le citoyen Henri Ladame » a causé un préjudice à l'Etat de Neuchâtel, par sa manière de » concevoir et d'exécuter les travaux dont il était chargé; que » c'est notamment le cas pour la correction supérieure des eaux » du Jura, dont il a été l'ingénieur en chef; que les erreurs » commises par lui au sujet de l'acquisition de deux élévateurs, » qui n'ont été d'aucune utilité, et au sujet du calcul du cube » des môles, sont évidentes et ont eu pour effet d'augmenter » d'une manière considérable les frais de cette entreprise; qu'il » en a été de même pour divers travaux exécutés dans le can- » ton, en particulier pour la route des Côtes du Doubs et pour » la Basse Reuse;

» Considérant que le citoyen Henri Ladame a violé à diverses » reprises les règles de la subordination hiérarchique envers » son chef, le conseiller d'Etat chargé du Département des tra- » vaux publics, et qu'il a empiété sans droit sur ses attributions » constitutionnelles et légales; que, par exemple, il s'est per- » mis, sans l'autorisation de son chef et sans enchères publi-

» ques, de vendre plusieurs arbres bordant la route cantonale à » Môtiers, pour une somme bien inférieure à leur valeur.

» Considérant que, dans ces circonstances, le citoyen Henri » Ladame a perdu la confiance du Conseil d'Etat, comme il » s'est aliéné celle du public par les conflits incessants qu'il a » suscités, ensorte qu'il ne saurait continuer à remplir le poste » qu'il occupe; qu'invité à de réitérées fois à donner sa démis- » sion, il s'y est formellement refusé;

» *Arrête:*

» Le citoyen Henri Ladame est révoqué des fonctions d'in- » génieur cantonal.

» Donné sous le sceau de la chancellerie d'Etat, à Neuchâtel, » le sept avril mil huit cent quatre-vingt-cinq. (7 avril 1885.)

» Au nom du Conseil d'Etat:

» *Le président,* *Le secrétaire,*
» CORNAZ. George GUILLAUME. »

Dans son numéro du 9 avril 1885, la *Feuille officielle* neuchâteloise annonça que dans la séance du 7 avril, le Conseil d'Etat avait révoqué, à la suite d'une enquête administrative, le citoyen Henri Ladame des fonctions d'ingénieur cantonal et nommé à sa place le citoyen Antoine Hotz.

Par demande du 6 mai 1885, H. Ladame conclut à ce qu'il plaise au Tribunal fédéral prononcer que l'Etat de Neuchâtel est son débiteur de la somme de dix mille francs, modération de justice réservée, à titre de dommages-intérêts pour le préjudice qui lui a été causé par sa révocation injustifiée de ses fonctions d'ingénieur cantonal neuchâtelois, avec intérêt au 5 °/₀ dès le dépôt de la demande.

A l'appui de cette conclusion, le demandeur a invoqué les articles 346, 110 et suivants, 50 et suivants CO.

Le Conseil d'Etat de Neuchâtel a conclu en première ligne à ce que le Tribunal fédéral se déclare incompétent pour statuer sur la demande de Ladame, et, subsidiairement, à ce qu'il écarte comme non justifiées les conclusions du dit demandeur.

Le juge-délégué, estimant que, bien que le Tribunal fédéral soit compétent pour statuer sur le litige, la demande devait être écartée comme mal fondée, n'a pas cru devoir introduire la procédure probatoire.

Le Tribunal fédéral a écarté les conclusions du demandeur Ladame.

Motifs.

Sur la question de compétence:

1. La présente action se caractérise évidemment, ainsi que les deux parties le reconnaissent, comme une action civile. Il en résulte que le Tribunal fédéral est compétent pour en connaître, puisque toutes les conditions exigées à l'art. 27 chiffre 4 de la loi sur l'organisation judiciaire se trouvent réalisées.

En effet, l'une des parties est un canton, la valeur du litige est supérieure à 3000 fr., et il est, au point de vue de la compétence contestée, indifférent que la cause appelle l'application du droit civil fédéral ou du droit civil cantonal.

C'est à tort que l'Etat défendeur conteste la compétence du Tribunal fédéral par le motif que la législation neuchâteloise doit être appliquée, et qu'une prétention civile ne saurait être fondée sur ses dispositions, attendu qu'il ne s'agit pas d'un rapport de droit civil, mais d'un rapport de droit public. S'il en était ainsi, il n'en résulterait pas l'incompétence du Tribunal fédéral, mais il y aurait lieu de rejeter les conclusions civiles de la demande, comme ne pouvant s'appuyer sur le droit civil applicable, et par conséquent comme mal fondées.

2. Il y a donc lieu, au fond, d'examiner si les faits à la base de la présente action sont de nature à justifier les conclusions de la demande à teneur de la législation applicable.

A ce point de vue, il est tout d'abord hors de doute que le présent litige doit être tranché, non point d'après le droit fédéral, mais en application du droit neuchâtelois. En effet:

a) Ainsi que le défendeur le fait observer avec raison, le droit fédéral des obligations ne régit que les rapports de droit privé, ce que l'art. 349 CO. confirme expressément à l'égard du louage de services, en réservant sur cette matière les dispositions du droit public et des cantons, en ce qui concerne les employés et fonctionnaires publics.

b) Il est incontestable que l'Etat, envisagé comme fisc, soit comme personnalité de droit privé, peut avoir, comme tout autre particulier, des employés qui ne se trouvent en aucun rapport avec les buts spéciaux de l'Etat, et dont la situation vis-à-vis de ce dernier est toute de droit privé; mais il est tout aussi certain que le demandeur ne se trouvait pas dans un rapport semblable vis-à-vis de l'Etat de Neuchâtel, qu'il était fonctionnaire de celui-ci, que les fonctions d'ingénieur cantonal sont revêtues d'un caractère public et qu'il se trouvait donc, vis-à-vis de l'Etat défendeur, dans un rapport de droit public.

Conformément aux dispositions de la loi sur les routes du 17 septembre 1849, art. 9, l'ingénieur cantonal ou ingénieur des ponts et chaussées est le premier fonctionnaire de cette branche d'administration; il est placé sous les ordres de la Direction des travaux publics, à laquelle il a à adresser ses rapports; il fait exécuter sous ses ordres les constructions de routes par les employés préposés à ces travaux. Les routes et chemins apparaissent comme des moyens de communication qui, pour autant qu'ils servent à l'usage public, sont à la charge de l'Etat; leur établissement et leur entretien constituent une branche de l'administration, à la tête de laquelle se trouve la Direction des travaux publics. Les fonctions de l'ingénieur cantonal se trouvent ainsi dans une connexion intime avec la mission et le but de l'Etat, et se caractérisent comme éminemment publiques: le devoir de les exercer n'est pas une obligation contractuelle de droit civil, mais une obligation de droit public, et il n'est point nécessaire, pour poursuivre leur accomplissement, de moyens procédant du domaine du droit privé; celui qui en est investi est placé dans un rapport de subordination vis-à-vis du pouvoir administratif de l'Etat; celui-ci peut exiger par voie disciplinaire que l'ingénieur cantonal s'acquitte des devoirs de sa charge. Ces fonctions, d'ailleurs, ne sont point conférées sous la forme d'un contrat de droit privé, de louage de services, mais ensuite d'une nomination en due forme émanée de l'autorité exécutive supérieure de l'Etat. Il est vrai que les rapports des fonctionnaires avec l'Etat ne sont pas exclusivement de droit public, mais qu'ils présentent aussi un côté de droit privé, en ce sens que les réclamations pécuniaires des fonctionnaires, celles par exemple ayant trait au paiement du traitement attaché par la loi à leurs fonctions, appartiennent, ainsi que le Tribunal fédéral l'a déjà prononcé, au domaine du droit privé, puisqu'elles ont leur source dans l'intérêt privé des réclamants. Il y a lieu de retenir toutefois que le côté public des rapports des fonctionnaires avec l'Etat doit toujours être considéré comme dominant, et que le droit au traitement ne constitue qu'une prétention secondaire reposant, non point sur un contrat, mais sur la loi, d'où il résulte que l'expiration des fonctions, ensuite d'une cause prévue par la loi, doit entraîner la perte du traitement.

3. Ce qui a trait à cette expiration est réglé, vu la nature des fonctions publiques, non point par le droit privé, mais par les dispositions du droit public.

La question principale que fait surgir le litige est donc celle de savoir si la révocation d'un fonctionnaire par voie disciplinaire, pour manquement à ses devoirs ou pour cause d'incapacité, est licite en droit public neuchâtelois. Or, l'affirmative résulte à l'évidence, ainsi que le demandeur le reconnaît, d'ailleurs, lui-même, de la constitution et de la législation de ce canton, et cette cause d'extinction s'applique à tous les fonctionnaires neuchâtelois, à la seule exception du Conseil d'Etat. La procédure seule présente une différence, en ce sens que les fonctionnaires judiciaires ne peuvent être révoqués que par la Cour d'appel et ensuite de jugement (Const. cant., art. 63, et art. 110 et suiv. de la loi sur l'org. jud. cant. du 17 juillet 1874), tandis que le droit de révocation de tous les autres fonctionnaires est attribué au Conseil d'Etat (Const. cant., art. 49) et que la loi n'énumère les motifs ensuite desquels elle peut être prononcée qu'en ce qui concerne les instituteurs secondaires (art. 44 et suiv. de la loi du 3 août 1882).

Même en ce qui a trait à la révocation des fonctionnaires judiciaires, la loi ne spécifie point ces motifs, mais se borne à investir la Cour d'appel et de cassation de ce droit, lorsque celle-ci estime que la conduite ou les actes d'un juge le rendent susceptible de destitution, et il est évident qu'une pareille sentence, prononcée en vue de l'intérêt public, est également définitive relativement aux réclamations pécuniaires que le destitué pourrait faire valoir, et que ce dernier ne serait point recevable à intenter, du chef de sa révocation, une action civile en dommages-intérêts.

Il n'y a pas lieu d'admettre que les prescriptions du Code civil neuchâtelois soient applicables en matière de révocation de fonctionnaires non judiciaires, attendu que, ainsi qu'il a déjà été dit, il ne s'agit pas d'un rapport de droit privé, mais d'un rapport de droit public, dont l'extinction doit aussi être réglée par les principes du droit public, en prenant en considération l'intérêt public. C'est également à tort que le demandeur a voulu contester la compétence du Conseil d'Etat pour le révoquer, en invoquant l'art. 52 de la loi du 4 mars 1884 sur l'organisation de ce corps; bien, en effet, que cette disposition ne parle que de la révocation des employés, et non de celle des fonctionnaires, et à supposer que la dénomination « employés » ne comprenne pas aussi les fonctionnaires, le dit article ne saurait déroger à l'article 49 de la Constitution cantonale, qui réserve expressément au Conseil d'Etat, et sans le subordonner à des motifs déterminés, le droit de « nommer et de révoquer les fonctionnaires et » employés dont la nomination n'est pas réservée à d'autres » corps par la Constitution. »

4. C'est donc aussi à tort que le demandeur estime que sa révocation n'eût été justifiée qu'en cas d'immoralité ou d'incapacité démontrée. Cette opinion est d'autant moins soutenable que la loi sur l'enseignemont supérieur du 3 août 1882, la seule qui énumère les motifs de révocation, prévoit la destitution d'un professeur non-seulement pour ces deux causes, mais encore pour négligence et insubordination, et l'on ne saurait prétendre que la loi, qui pourtant a prévu exceptionnellement les motifs pour lesquels seuls les professeurs pourraient être relevés de leurs fonctions, ait voulu, par la disposition susrappelée, les placer dans une situation inférieure à celle des autres fonctionnaires de l'administration ; il faut admettre, bien au contraire, que l'intention de la loi a été de placer les professeurs sous sa protection spéciale.

Il ressort de tout ce qui précède que le droit public neuchâtelois confère au Conseil d'Etat le droit de statuer librement sur la question de savoir si l'intérêt public exige la destitution d'un fonctionnaire. Les seules exceptions faites par la loi en faveur des juges et des professeurs, trouvent une explication suffisante dans l'intérêt évident de l'Etat à assurer l'indépendance des juges et la liberté de l'enseignement.

Ce qui vient d'être dit relativement à l'étendue du droit de révocation attribué à l'Etat trouve sa confirmation dans la circonstance que ni la Constitution, ni la loi n'assignent une durée fixe aux fonctions administratives, et le fait que le Conseil d'Etat soumet ses fonctionnaires à une confirmation triennale, en vue sans doute de pouvoir éloigner, sans avoir recours au moyen de la révocation, ceux qui ont cessé de mériter sa confiance, n'implique nullement une renonciation à la prérogative formulée à l'art. 49 précité de la Constitution.

5. Il y a donc lieu d'admettre qu'en prononçant la révocation du demandeur, le Conseil d'Etat a agi dans les limites de sa

compétence de droit public; sa décision à cet égard est définitive et ne saurait être contrôlée par le juge civil, bien que l'action en paiement du traitement soit une action civile; ainsi qu'on l'a déjà vu, les rapports entre les fonctionnaires et l'Etat sont dominés avant tout par des considérations de droit public, primant le côté privé de ces rapports, et l'appréciation par l'autorité à laquelle le législateur a confié le soin des intérêts publics, des motifs de révoquer un fonctionnaire, doit l'emporter et exclure l'examen de la même question par le juge civil, même au point de vue des réclamations pécuniaires élevées par le fonctionnaire destitué. Il est, à cet égard, indifférent que ce dernier réclame simplement la continuation de son traitement, ou que, comme dans l'espèce, il revête sa réclamation de la forme d'une action en dommages-intérêts pour rupture de contrat, — dès l'instant où le législateur a voulu, comme c'est le cas dans le canton de Neuchâtel, que l'arrêté de révocation pris par l'autorité compétente déployât sa force exécutoire aussi en ce qui concerne les réclamations pécuniaires du fonctionnaire destitué.

Une action en dommages-intérêts ne serait recevable que si la législation neuchâteloise conférait, lors d'une révocation, une pareille action au fonctionnaire révoqué; mais tel n'est pas le cas, puisque les seuls fonctionnaires que la loi autorise (et seulement ensuite de révocation pour cause d'âge, de maladie, etc.), à réclamer des dommages-intérêts sont les professeurs, en faveur desquels il a été fait une exception, sans doute par le motif que l'exercice de leurs fonctions constitue la vocation de toute leur vie, ce qui n'est pas vrai, dans la même mesure, des autres fonctionnaires. Les fonctionnaires de l'administration et les fonctionnaires judiciaires n'ont donc, en cas de révocation, aucun droit à des dommages-intérêts.

6. En revanche, il est incontestable que dans ses arrêts en les causes Polari et consorts contre Tessin[1], Borelli contre Tessin, le Tribunal fédéral a reconnu que les tribunaux civils étaient compétents pour statuer sur les conséquences pécuniaires d'une destitution prononcée contrairement à la loi, — par exemple par voie disciplinaire dans un canton où ce mode de révocation n'existe pas, — ainsi que sur celles d'une révocation par voie

[1] Voir *Journal des Tribunaux* de 1878, page 405.

disciplinaire, prononcée par une autorité incompétente, ou pour un motif exclu par la loi. L'espèce actuelle ne rentre dans aucun de ces cas, et c'est à tort que le demandeur a cherché, par analogie, à étayer sur eux ses conclusions.

7. Les tribunaux civils auraient certainement aussi à prononcer sur une demande en dommages-intérêts qui serait fondée non point sur un contrat, comme l'action actuelle, mais sur un délit, en ce sens que les membres du Conseil d'Etat auraient, en révoquant le demandeur, violé par faute ou par dol les devoirs de leur charge, et causé ainsi un dommage au sieur Ladame; mais une pareille action n'a pas été intentée; d'une part, elle eût nécessité la preuve que les membres du Conseil d'Etat se sont rendus coupables de faute ou de dol, et, d'autre part, si elle eût été dirigée, non pas contre les membres du Conseil d'Etat personnellement, mais contre l'Etat de Neuchâtel, elle eût nécessairement supposé l'existence de la responsabilité du dit Etat pour le dommage causé par ses fonctionnaires dans l'exercice de leurs fonctions officielles. Or une semblable responsabilité de l'Etat ne pourrait, ainsi que le Tribunal de céans l'a prononcé à diverses reprises, être déduite que du droit cantonal et non du droit fédéral (CO. art. 64). A ces deux points de vue, la demande n'est pas suffisamment motivée. (Art. 89 litt. *b* de la procédure civile fédérale.)

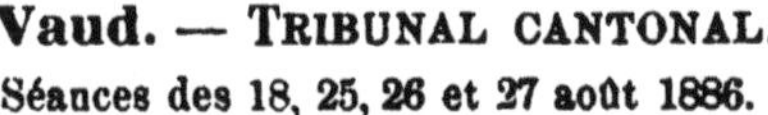

Vaud. — Tribunal cantonal.

Séances des 18, 25, 26 et 27 août 1886.

Source acquise par une commune pour l'alimentation publique. — Opposition de divers usiniers. — Nature juridique des eaux litigieuses. — Anciens titres. — Prescription. — Art. 427, 431 et 1638 Cc.; art. 100, 101, 106 et 107 Cr.; art. 9 Cpc.

Usiniers du Corrençon contre Commune de Payerne et Tavel.

La circonstance que les eaux d'une source se réunissent plus bas à un cours d'eau, à une rivière ou à un fleuve ne leur enlève pas le caractère d'eaux de source dont la libre disposition, avant la réunion, appartient au propriétaire du fonds sur lequel elles jaillissent (Cc. 427; Cr. 101).

En disposant que le propriétaire d'une source ne peut en changer le cours, lorsqu'elle fournit aux habitants d'une commune, village ou hameau l'eau qui leur est nécessaire, l'art. 107 Cr. n'a en vue que l'eau nécessaire à l'alimentation des habitants *de ces commune, village ou hameau, mais non celle qui est nécessaire à faire marcher des* usines.

L'art. 431 Cc., qui dispose qu'il n'est point permis, sous le prétexte d'irrigation ou autrement, de détourner de leur lit les eaux nécessaires à l'usage des moulins ou usines établis, ne vise que les eaux courantes et non les eaux de source.

Avocats des parties :

MM. PELLIS, pour le 1er groupe des usiniers du Corrençon (Savary, Cornuz, Coucet, Jomini et Haussner);
DUPRAZ, pour le 2e groupe (Perrin-Guiguer et hoirs Gingins);
PASCHOUD, pour le 3e groupe (Crisinel);
défendeurs et recourants.

MM. BERDEZ, pour Commune de Payerne, demanderesse et intimée.
MOREL, pour Tavel-Daxelhofer, évoqué en garantie réelle et intimé.

Par acte notarié Bersier le 4 mars 1882, Frédéric Tavel a vendu à la Commune de Payerne, pour le prix de 20,000 fr., les sources de la Bretonnière, cette vente comprenant :

a) Les eaux des sources qui jaillissent sur un périmètre déterminé du domaine de la Bretonnière et qui forment le ruisseau de la Bretonnière;

b) Les droits que Frédéric Tavel possède sur les sources provenant de Middes et de Mannens sur territoire fribourgeois;

c) L'eau qui pourrait se trouver au bas de l'avenue, art. 6864 du cadastre, à l'endroit où une fouille a été faite;

d) Le droit de faire des fouilles dans le périmètre déterminé.

Cette vente a eu pour but de permettre à la Commune de Payerne d'alimenter cette ville, en y amenant les eaux achetées, au moyen d'une canalisation spéciale.

Les usiniers du Corrençon ayant manifesté l'intention de s'opposer à l'exécution de ce projet, la municipalité de Payerne, d'accord avec Tavel, a fait passer les eaux de la Bretonnière par-dessus le bief des usiniers au moyen d'un chéneau en bois, de manière à les faire écouler sur Etrabloz, dans l'ancien lit du Corrençon.

A plusieurs reprises, les usiniers ont enlevé ce chéneau.

La municipalité de Payerne ayant porté une plainte pénale contre les auteurs de ce fait, le Tribunal d'accusation a, par arrêt du 27 octobre 1882, rendu un arrêt de non-lieu, estimant que la difficulté entre parties était du ressort des tribunaux de l'ordre civil.

Par exploit du 25 novembre 1882, la Commune de Payerne a adressé aux usiniers une sommation, exigeant d'eux qu'ils aient à se prononcer catégoriquement sur les droits qu'ils prétendent avoir sur les sources du ruisseau de la Bretonnière.

Par exploit du 10 février 1883, la Commune a ouvert action aux usiniers du Corrençon, au nombre de 8, pour faire prononcer :

1° Que la Commune de Payerne, en vertu d'acte d'acquis du 4 mars 1882, est propriétaire des eaux des sources qui forment le ruisseau de la Bretonnière et qui jaillissent sur les immeubles dont suit la désignation, ainsi que des sources qui proviennent des territoires de Middes et de Mannens au canton de Fribourg et de celle qui pourrait se trouver au bas de l'avenue à l'occident de l'art. 6864 du cadastre (suit la désignation des immeubles).

2° Qu'en conséquence, la Commune instante a le droit de disposer librement des dites eaux et de les amener par une canalisation particulière à Payerne, de manière à ce qu'elles ne se jettent plus dans le bief du Corrençon, les usiniers défendeurs n'ayant aucun droit sur les dites eaux.

Par arrêt du 13 novembre 1883 [1], le Tribunal cantonal a admis les défendeurs à procéder par des réponses séparées. En conséquence, ceux-ci se sont divisés en 3 groupes, savoir :

1er groupe, comprenant : Béat Savary, Charles-Gabriel Cornuz, Jules Coucet, Louis Jomini et Daniel Haussner.

2e groupe, comprenant : Isaac Perrin-Guiguer et l'hoirie Gingins.

3e groupe, comprenant David-Frédéric Crisinel-Jaquier.

Le *premier groupe* a conclu à libération.

Le *second groupe* a conclu, tant exceptionnellement qu'au fond :

a) Les hoirs Gingins. 1° A libération. 2° Subsidiairement, à ce que acte leur soit donné de leurs réserves contre François-Louis Husson, à Payerne, pour exercer tout recours en garantie contre lui.

b) J. Perrin-Guiguer. 1° A libération, soit par les motifs indiqués par les usiniers du Corrençon, soit parce qu'il est au bénéfice de l'acte d'abergement du 18 décembre 1590, dont la Commune de Payerne a donné connaissance à ses antépossesseurs Savary; soit par le motif présenté, soit comme moyen exceptionnel, soit comme moyen de fond, que la Commune de Payerne, en sa qualité d'anté-

[1] Voir *Journal des Tribunaux*, année 1883, p. 833.

possesseur de son usine, à lui Perrin, ne peut en aucun cas le priver en tout ou en partie de l'eau lui servant de force motrice comprise dans l'acte de vente de 1819 et dont la Commune a garanti la paisible possession. 2° Subsidiairement, à ce que acte lui soit donné de ses réserves, soit contre l'hoirie Savary, soit contre la Commune de Payerne, pour exercer son recours contre ceux-ci.

Le *troisième groupe* a conclu : 1° A libération. 2° Subsidiairement, à ce qu'il lui soit donné acte de ses réserves contre : *a)* Fritz Kurz ; *b)* les enfants de Benjamin Rossier ; *c)* les hoirs de H.-Marc-Frédéric dit Fritz Tavel, à Payerne, réserves consistant à pouvoir exercer son recours contre ses garants, tant pour le capital que pour les frais, d'après les règles du droit civil, au cas où les conclusions de la Commune de Payerne lui seraient accordées.

La Commune de Payerne ayant demandé à évoquer en garantie réelle Frédéric Tavel, les défendeurs l'y ont autorisée et Tavel a consenti à prendre la place de la Commune de Payerne au procès, celle-ci restant toutefois en cause.

Tavel a pris les conclusions suivantes :

Il reprend, pour son propre compte, la conclusion n° 1 prise par la Commune de Payerne, qui affirme les droits de la dite Commune sur les eaux qu'il lui a vendues par l'acte du 4 mars 1882, le tout conformément au dit acte, l'évoqué en garantie s'étant trouvé propriétaire de ces eaux au moment de la vente et en ayant eu la libre disposition.

En ce qui concerne la conclusion n° 2, Tavel n'estime pas pouvoir être tenu au-delà des engagements pris par lui dans l'acte du 4 mars 1882, notamment en ce qui a trait aux droits de passage à obtenir pour conduire les eaux vendues par lui jusque dans l'intérieur de la Ville de Payerne.

Il estime, en outre, qu'il ne peut être tenu à aucune garantie en ce qui concerne les droits que pourraient avoir contre la Commune de Payerne des usiniers qui auraient acquis leurs usines de cette dernière ; il pense que la chose va sans dire. Subsidiairement et pour le cas où les usiniers seraient, contre toute attente, admis à se mettre au bénéfice de l'art. 107 Cr., en ce qui concerne les eaux de la Bretonnière, l'évoqué en garantie se réserve de réclamer la juste indemnité qui est prévue par cette disposition et de formuler en temps voulu des conclusions à cet égard.

Les usiniers du Corrençon paient à l'Etat la finance annuelle prévue à l'art. 8 de la loi du 26 novembre 1869 sur l'utilisation des cours d'eau dépendant du domaine public.

Le tréfonds du bief des usiniers figure aux plan et cadastre comme propriété particulière de F. Tavel qui en paie l'impôt foncier.

Le moulin de la Bretonnière n'est pas soumis à la loi du 26 novembre 1869 et l'Etat a reconnu que le ruisseau de la Bretonnière était la propriété particulière de F. Tavel.

Par jugement des 15/21 avril 1886, le Tribunal du district de Payerne, vu l'art. 9 Cpc., s'est déclaré incompétent pour statuer sur la question de propriété des eaux de Middes et de Mannens, sans préjudice toutefois aux droits que peuvent avoir sur ces eaux la Commune de Payerne et Tavel, en vertu des titres au bénéfice desquels ils se placent, ainsi qu'à la déclaration faite par eux aux débats, par inscription au procès-verbal, de laisser couler ces eaux dans le lit du Corrençon comme du passé, engagement dont les usiniers défendeurs ont pris acte.

Quant au fond, le Tribunal a prononcé comme suit :

a) Les conclusions prises par la Commune de Payerne lui sont accordées, ainsi que celles conformes de l'évoqué en garantie Tavel prises par lui.

b) Les conclusions libératoires des 3 groupes de défendeurs, y compris celles particulières à J. Perrin, sont rejetées.

c) En ce qui concerne les réserves et conclusions subsidiaires de l'évoqué en garantie Tavel et des 2e et 3e groupes de défendeurs, acte leur en est donné pour valoir selon droit.

d) Vu l'art. 286 Cpc., les défendeurs sont chargés des frais.

Les usiniers ont recouru contre ce jugement qui a été maintenu.

Motifs.

Considérant que la question à juger dans l'espèce est celle de savoir si les usiniers du Corrençon ont le droit d'exiger que les eaux de la Bretonnière se jettent dans le bief du Corrençon, ou bien, au contraire, si le propriétaire de ce domaine a la libre disposition de ces eaux.

Que, pour résoudre cette question, il y a lieu d'abord de déterminer nettement quelles sont les eaux revendiquées dans le procès par la Commune de Payerne.

Considérant, à ce sujet, que parmi les diverses eaux dont il est question dans la procédure actuelle, il faut éliminer comme n'étant pas litigieuses :

a) Les eaux provenant du Creux à Pélisson, qui se déversent dans le bief des usiniers du Corrençon et dont l'usage en faveur de ceux-ci est reconnu par la Commune de Payerne.

b) Les eaux de Middes et de Mannens, la Commune de Payerne ayant déclaré, en cours de procès, vouloir en laisser l'usage aux usiniers.

c) Les eaux provenant de la Carrière et de la Mine, réservées par Tavel pour l'usage de ses bâtiments.

d) L'eau provenant d'une source jaillissant près du moulin Winkelmann, destinée à alimenter la ferme Savary.

Qu'en conséquence, les eaux faisant l'objet du litige sont les suivantes :

a) L'eau concédée en 1690 en faveur de Marcuard, à l'usage du moulin qu'il a créé à cette époque et qui, plus tard, est devenu le moulin Winkelmann.

b) L'eau trouvée sur des terrains acquis ou hérités plus tard par l'évoqué en garantie Tavel.

c) Toutes les eaux qui pourraient exister ou être recueillies sur les terrains asservis en faveur de la Commune de Payerne par Tavel, en vertu de l'acte du 4 mars 1882.

Qu'il y a lieu ensuite de déterminer la nature de ces eaux, les règles du droit variant suivant qu'il s'agit d'eaux particulières ou publiques, d'eaux courantes ou d'eaux de sources.

Considérant, à ce sujet, qu'il résulte, entre autres, de l'inspection locale que les eaux, objet du litige, sont bien des eaux de sources, conformes à l'art. 100 Cr. et qu'ainsi elles sont des eaux *privées* et *non inaliénables*.

Attendu, en effet, que les dites eaux jaillissent sur le domaine de la Bretonnière, et que rien n'établit au procès qu'elles y soient amenées par des travaux artificiels.

Considérant que si ces eaux se mélangent plus loin à celles du ruisseau le Corrençon, elles ne font que subir le sort de toutes les sources.

Qu'en effet, toutes les sources finissent par se réunir à des cours d'eau, à des rivières ou à des fleuves, sans que par cette circonstance elles perdent leur caractère d'eaux de sources dont la libre disposition, avant leur réunion, appartient au propriétaire en vertu des art. 427 Cc. et 101 Cr.

Considérant que la nature des eaux litigieuses étant ainsi résolue, il y a lieu d'examiner les divers moyens des recourants, savoir :

RECOURS DU 1er GROUPE

Ier moyen. Considérant que les recourants estiment que les dites eaux sont des eaux publiques, parce qu'elles ont quitté le sol qui leur donne naissance.

Considérant qu'aux termes des art. 427 Cc. et 101 Cr., celui qui a une source sur son fonds peut en user à sa volonté, sauf le droit que le propriétaire du fonds inférieur pourrait avoir acquis par titre ou par prescription.

Qu'il ressort de cet article que le propriétaire peut disposer librement de son eau, pour aussi longtemps que celle-ci n'a pas quitté le fonds sur lequel elle jaillit.

Considérant, ainsi qu'il a été dit, que les eaux litigieuses sont des eaux de sources, se trouvant sur le domaine de la Bretonnière.

Qu'il ressort des pièces du dossier, que les divers propriétaires ont utilisé ces eaux pour leurs usages particuliers et qu'ils ne les ont laissé écouler dans le bief du Corrençon, soit dans une eau publique, qu'après avoir exercé sur elles leurs droits de propriétaires.

Que, dès lors, avant que ces eaux se soient déversées dans une eau publique, elles restaient la propriété particulière et privée du propriétaire du domaine de la Bretonnière.

Que c'est, du reste, bien ainsi que l'Etat lui-même a envisagé la nature de ces eaux lors de l'application de la loi du 26 novembre 1869 sur l'utilisation des cours d'eau dépendant du domaine public.

Qu'en effet, sur une réclamation de Frédéric Tavel, le Conseil d'Etat a reconnu que le ruisseau de la Bretonnière ne dépendait pas du domaine public, qu'il appartenait en propre à Tavel et que, par conséquent, le moulin de la Bretonnière n'était pas astreint au paiement d'une finance annuelle en faveur de l'Etat.

Considérant que cette manière de voir du Conseil d'Etat constitue une présomption puissante en faveur du caractère privé des eaux, présomption que les usiniers auraient dû détruire par une preuve contraire, ce qu'ils n'ont point fait.

IIe moyen consistant à dire que Tavel ne peut disposer des eaux attendu que des abergements antérieurs attribuent aux usiniers des droits sur ces eaux.

Considérant que les recourants estiment être au bénéfice des abergements donnés à Boudinet en 1590 et à Marcuard en

1692, de l'ordre donné à Bioley en 1627 et de la condamnation de Bioley en 1629.

Considérant à ce sujet que, par l'abergement de 1590, LL. EE. de Berne ont accordé à Boudinet « une pose de terre de 500 » toises pour y construire une foule sur le ruisseau, sous la » condition de laisser le cours de l'eau aux autres meuniers » jusqu'aux autres moulins qui sont près de Payerne. »

Considérant que, par cet acte, LL. EE. ne pouvaient aberger que des eaux publiques et ne concéder que les droits qu'elles possédaient en leur qualité de souverain, à savoir l'usage des eaux dépendant du domaine public et non celui d'eaux privées faisant partie de la propriété personnelle et individuelle de leurs sujets.

Considérant, du reste, que les recourants n'ont pas établi au procès si à cette époque les eaux de la Bretonnière avaient été recueillies et coulaient déjà dans le Corrençon, fait essentiel en la cause, puisque LL. EE. avaient abergé à Boudinet la foule sur le Corrençon, située bien au-dessous de l'endroit où actuellement le ruisseau reçoit les eaux de la Bretonnière.

Que, dès lors, l'abergement de 1590 ne saurait attribuer aux usiniers actuels aucun droit sur les eaux de ce domaine.

Considérant enfin que les eaux de la Bretonnière n'ont été découvertes qu'en 1692 et qu'ainsi l'abergement Boudinet de 1590 ne pouvait comprendre des eaux inconnues à cette époque.

Considérant que l'acte Marcuard de 1692, qui constitue plutôt une concession qu'un abergement, n'établit pas davantage le caractère public des eaux de la Bretonnière.

Qu'au contraire LL. EE. n'avaient pas abergé des eaux à Marcuard, mais qu'elles lui avaient concédé le droit d'avoir un moulin, Marcuard ayant *trouvé sur son bien*, dit cet acte, *tant d'eau vive qu'il suffirait pour un moulin*.

Qu'il ressort des termes de cet acte que les eaux du moulin Marcuard avaient été trouvées sur sa propriété, qu'elles jaillissaient sur son fonds et qu'elles lui appartenaient à titre privé.

Que, dès lors, Marcuard n'avait obtenu de LL. EE. qu'une simple concession pour construire un moulin, concession nécessaire à cette époque, mais qu'aucune eau ne lui avait été abergée.

Considérant que l'ordre donné à Bioley en 1627 et sa condamnation en 1629 ne concernent que les eaux du Corrençon et non celles de la Bretonnière, celles-ci n'ayant été découvertes que postérieurement, soit en 1692.

IIIe moyen relatif au rachat des droits féodaux.

Considérant qu'il ressort de ce qui vient d'être dit sur le IIe moyen, que LL. EE. n'avaient pas abergé les eaux privées de la Bretonnière, puisqu'elles n'étaient pas leur propriété.

Que si, en 1804 et 1805, les usiniers ont dû racheter leurs droits, ceux-ci ne comprenaient nullement les eaux litigieuses aujourd'hui.

Que c'est, du reste, ainsi que l'a entendu l'Etat lorsqu'en 1871, en exonérant Tavel de la finance prévue par la loi, le Conseil d'Etat écrivait qu'il considérait l'eau faisant mouvoir le moulin de la Bretonnière comme n'ayant pas le caractère d'un cours d'eau dépendant du domaine public.

IVe moyen tiré des jugements et titres au bénéfice desquels seraient les usiniers.

Considérant que le jugement rendu en 1629 contre Bioley ne s'applique pas aux eaux de la Bretonnière, ainsi qu'il a été démontré dans la discussion sur le IIe moyen.

Considérant que la décision dite de « la Blancherie », en 1755, ne tranche nullement la question actuelle.

Qu'en effet, il s'agissait dans cette affaire d'une difficulté entre Nafziguer, propriétaire de la Blancherie, soit moulin en Glatigny, faubourg de Payerne, et la veuve Willommet, pour un autre moulin au-dessous.

Que Nafziguer s'emparait de l'eau du ruisseau du Corrençon pour égayer ses prés au préjudice des moulins inférieurs et que le jugement de cette difficulté interdit à Nafziguer de détourner la dite eau de son lit ordinaire.

Considérant qu'il ne s'agit donc pas ici des eaux de la Bretonnière, mais bien de celles du Corrençon.

Considérant que la défense du gouverneur Sturler, du 23 juin 1776, au sujet du détournement de l'eau du Corrençon et des sources qui peuvent y entrer, ne peut être envisagée comme un jugement constituant en faveur des usiniers un droit quelconque sur ces eaux.

Qu'il en est de même des jugements rendus en 1793 et 1795 entre Winkelmann et dame Develey, jugements qui accordaient un droit exclusif en faveur du moulin Winkelmann, mais qui sont restés étrangers aux usiniers.

Qu'aujourd'hui, du reste, ces difficultés n'existent plus, Tavel étant propriétaire et du domaine, ainsi que le possédait dame Develey, et du moulin Winkelmann.

Considérant qu'il existe, au contraire, au dossier des titres et pièces démontrant, à l'encontre de l'opinion des usiniers, que ceux-ci n'avaient, à cette époque, et n'ont encore aujourd'hui aucun droit acquis sur les eaux de la Bretonnière.

Qu'en effet, une difficulté survenue en 1778 entre dame Develey, propriétaire de la Bretonnière, et les usiniers, fut jugée en appel le 23 novembre 1798 par le Tribunal du canton de Fribourg, qui admit :

« Que les eaux de la Bretonnière font partie de cette pro- » priété ; que dame Develey a le droit d'y conduire les eaux » qui y passent ou séjournent, selon qu'il lui convient le mieux » et que tout ouvrage entrepris pour détourner ces eaux, sans » le consentement du propriétaire, est une atteinte manifeste » au droit de propriété, toujours présumé existant jusqu'à » preuve du contraire. »

Que cet arrêt, confirmé par celui de la Cour suprême du 24 juillet 1799, attribue bien la propriété des eaux de la Bretonnière à dame Develey, propriétaire de ce domaine, et qu'il ne statue pas seulement au possessoire, ainsi que le prétendent les recourants.

Que, du reste, ceux-ci n'ont surmonté par aucune preuve la présomption de propriété que l'arrêt précité établit en faveur de dame Develey, ainsi qu'ils auraient dû le faire.

Qu'au contraire, les usiniers ont reconnu expressément cette propriété et renoncé à prétendre à un droit sur les eaux litigieuses, puisque, en 1802 déjà, lors du partage des hoirs Develey, ils avaient loué les eaux de la Bretonnière des propriétaires Savary, père et fils, à raison de 1 fr. 50 par jour (solution testimoniale donnée à l'allégué 47).

Qu'en outre, par convention du 29 avril 1868, les usiniers ont loué les eaux de la Bretonnière de Tavel, *celui-ci s'engageant à laisser couler l'eau du ruisseau de la Bretonnière dans le Corrençon moyennant une indemnité annuelle de 200 fr.*

Considérant que ces deux locations impliquent de la part des usiniers une reconnaissance positive du droit absolu soit de Tavel, soit déjà de ses antépossesseurs, de disposer de leurs eaux comme ils l'entendaient.

Considérant, dès lors, que les recourants ne sont au bénéfice d'aucun titre leur accordant un droit quelconque sur les eaux de la Bretonnière.

Ve et VIe moyens. Les eaux vendues ne sont pas disponibles, parce qu'une fois entrées dans le domaine public elles n'en peuvent plus sortir que par des formes spéciales et moyennant une juste indemnité.

Considérant que cet argument ne saurait avoir de valeur en présence du fait admis et reconnu que les eaux en litige ne sont pas dans le domaine public, qu'elles n'y sont jamais entrées, mais qu'au contraire elles constituent la propriété privée de Frédéric Tavel.

Sur le VIIe moyen, consistant à dire que les effets des abergements subsistent fortifiés encore par le rachat des charges féodales.

Considérant que cet argument n'est que la reproduction des IIe et IIIe moyens déjà repoussés.

Sur le VIIIe moyen tiré de l'art. 106 du Code rural.

Considérant que cet article n'est pas applicable à l'espèce. puisqu'il vise le cas où le propriétaire voudrait, sans un motif d'utilité réelle, combler sa source ou en changer le cours pour le perdre dans un entonnoir souterrain ou de toute autre manière.

Qu'en effet, si la Commune de Payerne entend changer le cours des eaux de la Bretonnière, ce n'est nullement pour les perdre, mais au contraire pour les amener à Payerne, en vue de l'alimentation de cette ville.

Sur le IXe moyen. Les eaux sont nécessaires aux usiniers comme membres de hameaux.

Considérant que l'art. 107 du Cr. statue que le propriétaire d'une source ne peut en changer le cours lorsqu'elle fournit aux habitants d'une commune, village ou hameau l'eau qui leur est nécessaire.

Considérant que cet article, qui s'applique à l'eau nécessaire à l'alimentation des habitants des hameaux, ne concerne nullement celle qui est nécessaire à faire marcher des usines.

Considérant que les défendeurs n'ont soutenu le procès qu'en leur qualité d'usiniers, mais qu'ils n'ont pas établi que l'eau du Corrençon soit nécessaire à leur alimentation.

Que, du reste, les hameaux visés, qui ont une administration particulière, ne se sont pas fait représenter au procès et n'ont pris aucune conclusion contre la demanderesse.

Sur le Xe moyen. Les eaux sont nécessaires aux usiniers considérés comme tels.

Considérant que l'art. 431 Cc., qui défend de détourner de leur lit les eaux nécessaires à l'usage des moulins ou usines établis, n'est pas applicable à l'espèce, puisqu'il ne vise que les eaux courantes et non les eaux de source, telles que celles de la Bretonnière, ainsi qu'il a été dit.

Sur le XIe moyen. Les eaux sont acquises par les usiniers par usucapion.

Considérant que les usiniers prétendent avoir acquis les eaux par la prescription prévue à l'art. 1638 Cc.

Considérant, à ce sujet, que par la solution testimoniale donnée à l'allégué 137, le Tribunal de Payerne a admis que les défendeurs avaient fait des travaux sur le ruisseau, mais qu'il ne s'agissait absolument que de la partie du ruisseau du Corrençon venant du Creux Pélisson au travers du domaine de la Bretonnière.

Considérant que les défendeurs n'ont nullement établi au procès avoir fait des ouvrages apparents, destinés à amener dans le lit du Corrençon la partie des eaux qui vient du domaine de la Bretonnière.

Que, du reste, ces eaux ont été recueillies et amenées dans le dit ruisseau du Corrençon bien postérieurement à celles du Creux Pélisson.

Que de la solution testimoniale donnée à l'allégué 117 modifié, il résulte que les usiniers du Corrençon n'ont pas utilisé, de temps immémorial, depuis plus de 30 ans, l'universalité des eaux de la Bretonnière.

Qu'ils ne les ont, d'ailleurs, pas possédées à titre de propriétaire, puisqu'il ressort des actes de 1802 et de 1868 qu'ils louaient les eaux de la Bretonnière des propriétaires de ce domaine.

Que, dès lors, les usiniers ne sont pas au bénéfice de la possession prévue à l'art. 1638 Cc.,

La Cour écarte ce moyen et par conséquent le recours en entier du 1er groupe des défendeurs.

SUR LE POURVOI DU 2e GROUPE

Considérant que le *1er moyen* du recours de ce groupe a été discuté avec les arguments du pourvoi du 1er groupe.

Sur le IIe moyen qui est spécial à Isaac Perrin.

Considérant que cet argument consiste à dire que la Commune de Payerne, en sa qualité d'antépossesseur de Perrin, ne peut le priver de l'eau lui servant de force motrice comprise dans l'acte d'abergement dont la Commune lui a garanti la libre possession.

Considérant à ce sujet qu'il n'a pas été établi que l'abergement de 1590 ait compris les eaux de la Bretonnière, mais qu'au contraire il ressort de la discussion sur le IIe moyen du 1er groupe des usiniers que les eaux abergées à cette époque n'ont été que celles du ruisseau du Corrençon.

Que, du reste, l'acte de 1590 est antérieur à la découverte des sources de la Bretonnière.

Considérant qu'en vendant son domaine aux antépossesseurs de Perrin, la Commune de Payerne n'a pu garantir aux acheteurs une eau sur laquelle elle n'avait aucun droit, qu'elle n'a vendu qu'une usine se trouvant sur un cours d'eau public et que, si dans ce cours d'eau se déversaient des eaux qui étaient la propriété privée d'un tiers, elle ne saurait aujourd'hui les garantir à Perrin.

Qu'en outre, ce dernier n'a pas démontré au procès, ainsi qu'il aurait dû le faire, que la Commune de Payerne avait des droits acquis sur les eaux de la Bretonnière.

Qu'au surplus la Commune n'avait pas de pareils droits, puisqu'en 1819 elle louait, comme les autres usiniers, les eaux de la Bretonnière des propriétaires du domaine.

La Cour écarte ce moyen et, par conséquent, le recours du IIe groupe des recourants.

SUR LE RECOURS DE CRISINEL

Considérant qu'il n'y a pas lieu de discuter le *premier moyen* du pourvoi de Crisinel, vu les considérations de droit qui précèdent.

Sur le IIe moyen.

Considérant que Crisinel n'a nullement démontré au procès que le moulin à Pegeon, dont il est propriétaire actuellement, ait un droit quelconque sur les eaux de la Bretonnière.

Que l'usine de Crisinel se trouvait dans la même position que les autres industries établies sur le cours du Corrençon et qu'elle payait aussi une location pour les eaux que le propriétaire de la Bretonnière voulait bien laisser déverser dans le ruisseau, après l'irrigation de son domaine.

Que, dès lors, les arguments de Crisinel ne sont pas non plus fondés,

La Cour écarte aussi le pourvoi de Crisinel.

Examinant enfin les griefs généraux de tous les recourants, en ce qui concerne les eaux venant des communes fribourgeoises de Middes et de Mannens.

Considérant que les premiers juges se sont, avec raison, déclarés incompétents pour statuer sur les eaux de Middes et de Mannens.

Attendu, en effet, qu'il s'agit ici de droits immobiliers sur des fonds sis dans le canton de Fribourg, les eaux en question jaillissant sur le territoire de ce canton (art. 9 Cpc.).

Mais attendu que le dispositif du jugement dont est recours a accordé en entier à la Commune de Payerne les conclusions de sa demande, sans faire aucune réserve en faveur des eaux fribourgeoises.

Qu'il y a lieu, dès lors, de préciser et de compléter ici ce dispositif en donnant acte aux usiniers des offres faites par le représentant de la Commune de Payerne et par Tavel de laisser couler les eaux de Middes et de Mannens dans le lit du Corrençon, comme du passé, bien que ces eaux aient été comprises dans la vente du 4 mars 1882.

Par tous ces motifs, le Tribunal cantonal écarte les recours des trois groupes des usiniers du Corrençon; maintient le jugement du 21 avril 1886, tout en le précisant en ce sens :

1° Que les tribunaux vaudois étant incompétents pour statuer sur les eaux venant du canton de Fribourg, les conclusions de la Commune de Payerne ne sont admises qu'avec cette restriction.

2° Qu'acte est donné aux usiniers du Corrençon des offres faites soit par le représentant de la Commune de Payerne, soit par Tavel, de laisser couler, comme du passé, les eaux de Middes et de Mannens, dans le lit du Corrençon.

Condamne les usiniers, par parts égales et solidairement entre eux, à tous les dépens du procès.

Vaud. — COUR DE CASSATION PÉNALE
Séance du 10 novembre 1886.

Défense faite par une municipalité. — Défaut d'approbation du Conseil d'Etat. — Sentence municipale annulée.

Recours Vincent.

Il y a lieu à nullité de la sentence municipale qui condamne une personne pour avoir contrevenu à une défense faite par la municipalité, alors que ni cette défense, ni son mode de publication n'ont été approuvés par le Conseil d'Etat.

A. Vincent, à Echallens, a recouru en nullité contre la sentence rendue le 11 octobre dernier par la municipalité de Goumoëns-la-Ville, qui l'a condamné à 2 fr. d'amende et le rendant, en outre, solidaire des amendes prononcées contre Henri Vincent fils, Rose Vincent, Elie Rey et dame Rey, pour avoir, comme lui, cueilli des noisettes dans la forêt communale de Goumoëns. Le recourant se fonde sur ce qu'il n'a pu se présenter devant la municipalité; le rapport du garde-forêt est, du reste, entaché de faux.

Sur le préavis conforme du Procureur général, la Cour de cassation a admis le recours, annulé la sentence municipale et mis les frais à la charge de l'Etat.

Motifs.

Considérant que nul ne peut être condamné qu'en vertu d'une disposition de loi publiée et promulguée régulièrement.

Que la Commune de Goumoëns-la-Ville ne possède pas de règlement de police approuvé par le Conseil d'Etat.

Qu'elle ne saurait substituer à un semblable règlement les décisions prises par la municipalité et affichées au pilier public de la Commune.

Que la défense de cueillir des noisettes dans la forêt communale et son mode de publicité n'ont pas non plus été approuvés par le Conseil d'Etat.

Qu'en conséquence, la sentence de la municipalité ne se base sur aucune disposition légale.

Revue des Tribunaux.

Assurances. — L'art. 896 CO. se borne à réserver, jusqu'à la promulgation d'une loi fédérale sur le contrat d'assurance, les dispositions spéciales qui peuvent exister sur la matière dans le droit cantonal. S'il n'existe pas de dispositions cantonales sur cet objet, les difficultés relatives au contrat d'assurance doivent être jugées d'après les principes généraux du droit fédéral des obligations.

TF., 15 octob. 1886. Ballmer c. Stœcklin & Cie et *La France industrielle.*

Billet de change. — Le fait par un endosseur de modifier de son chef le domicile indiqué sur un billet de change comme lieu de paiement, constitue un acte illicite et rend l'endosseur responsable du dommage qui a pu en résulter, par exemple, du dommage causé par le fait que le billet a été, ensuite du changement effectué, protesté d'une manière irrégulière (CO. 50 et suivants).

Trib. cantonal de St-Gall, 14 septembre 1886. S. c. Z.

Chemins de fer. — L'art. 1er de la loi fédérale sur la responsabilité des chemins de fer en cas d'accidents, du 1er juillet 1875, ne vise pas seulement les accidents survenus dans la construction de la ligne, mais encore ceux qui se sont produits à l'occasion des travaux d'entretien ou de réfection. Les compagnies sont tenues, en ce qui concerne l'exécution de ces travaux, de prendre toutes les mesures commandées par l'expérience et la science technique, en vue de protéger la vie et la santé des ouvriers qu'elles y emploient. Le défaut de prendre ces mesures de précaution entraîne la responsabilité de la compagnie.

TF., 9 octobre 1886. Chemin de fer du Righi, soit la *France industrielle* c. Christen. [1]

Chemins de fer. — Une chute faite par un chauffeur, alors que cet employé était occupé à charger du charbon sur une locomotive, doit être envisagée comme un accident survenu dans l'exploitation de l'entreprise, et, dès lors, la compagnie en est

[1] Comp. les arrêts Hoffmann c. Jura-Berne-Lucerne, du 5 juin 1882, *Journal des Tribunaux* de 1882, p. 481 ; et Gerber c. Central-Suisse, du 15 mars 1884, *ibid.*, année 1884, p. 289.

responsable à teneur de l'art. 2 de la loi fédérale du 1er juillet 1875.

Trib. civil de Genève, 5 mars 1886. Lemoigne c. Cie S.-O.-S.

Commission. — A moins d'usage ou de convention contraires, il y a lieu d'admettre que la provision assurée à un voyageur n'est due que pour les affaires conclues par l'intermédiaire de ce voyageur personnellement, et non pour toutes les affaires quelconques faites avec des clients qui ont été mis en relations par lui avec la maison qu'il représente, même sans qu'il ait servi d'intermédiaire pour chaque opération spéciale.

En général, la provision est due au voyageur pour toute affaire *conclue* par son intermédiaire, alors même qu'elle n'aurait pas été *exécutée.*

Trib. de commerce de Zurich, 26 février 1886. Morf c. Koller-Merz.

Académie de Lausanne. — M. Eug. *Rambert*, professeur de littérature française à l'Académie de Lausanne, est mort subitement le 21 courant. Il laisse derrière lui une belle carrière, des œuvres de grande valeur et un nom sympathique.

VALAIS. — Le Grand Conseil a élu Président de la Cour d'appel M. Ignace *Zen Ruffinen*, ancien Conseiller d'Etat, en remplacement de M. de Montheys, démissionnaire.

BARREAU. — L'Académie de Fribourg a accordé le diplôme de licencié en droit à MM. *Cardinaux*, Ignace, de Châtel; *Emery*, Jean, de Vuippens, et *Uldry*, Arnold, d'Avry-devant-Pont.

L'Académie de Lausanne a accordé le même grade à MM. Camille *Décoppet*, de Suscévaz, et Adrien *Veyrassat*, de Vevey, domiciliés à Lausanne et Genève.

Ch. BOVEY, notaire, rédacteur.

Lausanne. — Imp. CORBAZ & Comp.

XXXIVe ANNÉE. N° 49. SAMEDI 4 DÉCEMBRE 1886

JOURNAL DES TRIBUNAUX

REVUE DE JURISPRUDENCE

Paraissant à Lausanne une fois par semaine, le Samedi.

Prix d'abonnement : 12 fr. par an, 7 fr. pour six mois. Chaque numéro, 50 cent. On s'abonne à l'imprimerie CORBAZ et Cie et aux bureaux de poste. — ANNONCES : 20 centimes la ligne ou son espace.

TRIBUNAL FÉDÉRAL

Traduction d'un arrêt du 8 octobre 1886.

Extinction d'une obligation hypothécaire par novation dans la personne du débiteur. — Application du droit cantonal et non du droit fédéral. — Incompétence du Tribunal fédéral. — Pouvoirs du caissier d'un établissement de banque. — Art. 130, 142, 143, 146, 422 et 426 CO.

Caisse d'épargne et de prêts de Zurzach contre Dölker.

Le caissier d'un établissement de banque, même s'il n'est pas fondé de procuration, a qualité, vis-à-vis des tiers, pour accepter un nouveau débiteur à la place de l'ancien (CO. 426).

La question de savoir si le débiteur d'une obligation hypothécaire est libéré par le fait que le créancier a accepté un nouveau débiteur à la place de l'ancien est régie par le droit cantonal. Tout ce qui concerne l'extinction de créances hypothécaires est, en effet, soustrait à l'application du droit fédéral et il importe peu que la législation cantonale renferme ou non des dispositions spéciales sur cette matière (CO. 130).

La Caisse d'épargne et de prêts de Zurzach est devenue créancière, par cession, d'une obligation hypothécaire du capital de 11,000 fr., souscrite le 8 mars 1877 par Christian Dölker, à Zurich, et grevant une maison sise dans cette ville. Le 28 février 1883, l'immeuble hypothéqué fut vendu par Dölker à J. Balluf; ce dernier vint payer lui-même un intérêt échu sur le titre et la Caisse lui en donna quittance en son nom personnel. Toutefois, ce ne fut que plus tard, soit le 30 mars 1883, que la Caisse d'épargne de Zurzach fut avisée officiellement du transfert de propriété de l'immeuble hypothéqué; conformément au droit zuricois, avis lui était donné qu'elle avait le choix, ou d'accepter le nouveau débiteur en lieu et place de l'ancien, ou de s'en tenir au débiteur primitif, celui-ci devant toutefois être poursuivi pour la totalité de la dette dans le délai de deux ans dès la plus prochaine échéance, à défaut de quoi il serait libéré et le nouveau débiteur seul tenu de la dette. Les renseignements pris par la Caisse de Zurzach sur le compte de Balluf ayant été défavorables, cet établissement décida de s'en tenir au débiteur primitif; elle négligea cependant d'informer les intéressés de cette décision et se borna, lorsque Balluf vint payer un nouvel intérêt échu, à lui remettre une quittance au nom de Dölker.

Balluf étant tombé en faillite et la liquidation n'ayant rien produit, la Caisse d'épargne et de prêts de Zurzach a ouvert action à Dölker en paiement du capital de l'obligation hypothécaire, ainsi que des intérêts échus. Le défendeur a conclu à libération, estimant qu'il y a eu novation par le fait que la Caisse demanderesse a reçu le paiement d'un intérêt du nouveau débiteur Balluf, sans faire aucune réserve. La demanderesse a répliqué à cette argumentation que son caissier n'avait pas les pouvoirs nécessaires pour accepter un nouveau débiteur à la place de l'ancien.

Le Tribunal du district de Zurich, et, ensuite de recours, la Cour d'appel, ont donné gain de cause au défendeur Dölker.

La Caisse d'épargne de Zurzach ayant recouru au Tribunal fédéral, la partie intimée a contesté la compétence de cette autorité, le litige tombant sous l'application du droit cantonal et non du droit fédéral.

Statuant sur cette exception d'incompétence, le Tribunal fédéral a estimé qu'il y avait lieu de faire une distinction.

I. En ce qui concerne la question de savoir si le caissier avait qualité pour accepter un nouveau débiteur à la place de l'ancien, le Tribunal fédéral s'est considéré comme compétent, les pouvoirs des employés d'une maison de banque étant actuellement régis par les dispositions du Code fédéral des obligations. Examinant en conséquence le fond, il a écarté le recours sur ce point, vu les art. 422 et 426 CO. Si, dans l'espèce, en présence des statuts de la Caisse d'épargne de Zurzach et de l'inscription de cet établissement au registre du commerce, le caissier ne peut pas être envisagé comme un « fondé de procuration » dans le sens de l'art 422 CO., il doit tout au moins être considéré comme un « représentant ou mandataire commercial » dans le sens de l'art. 426; c'est-à-dire comme ayant qualité pour faire tous les actes que comportent habituellement les affaires de la maison. Or, lorsqu'il s'agit d'un établissement de banque tel que celui exploité par la partie recourante, l'acceptation d'un nouveau débiteur à la place de l'ancien doit être considérée comme une opération rentrant dans les affaires habituelles de la maison; le caissier peut donc passer valablement de tels actes avec des tiers, quelles que soient d'ailleurs à cet égard les dispositions du règlement intérieur de l'établissement.

II. En revanche, le Tribunal fédéral s'est déclaré incompétent en ce qui concerne la question de savoir si le fait de l'acceptation sans réserve d'un intérêt payé par le nouveau débiteur constituait, pour la Caisse, un consentement à la novation, soit à la libération du débiteur primitif. Voici *in extenso*, vu leur importance, les considérants de l'arrêt sur ce point:

« 4.... La question qui vient d'être posée doit être résolue d'après le droit cantonal et non d'après le droit fédéral. C'est ce qui résulte de l'art. 130 CO., à teneur duquel « il n'est point dérogé par les dispositions qui suivent à celles qui concernent spécialement les lettres de change et les titres à ordre ou au porteur, ni dérogé aux dispositions relatives aux créances hypothécaires *(das Recht über grundversicherte Forderungen).* » Les dispositions du titre III du Code des obligations, lesquelles traitent de l'extinction des obligations, spécialement de la compensation, de l'annulation et de la remise de la dette, de la novation et de la confusion, de l'impossibilité d'exécuter l'obligation et de la prescription, laissent donc intactes les « dispositions relatives aux créances hypothécaires », c'est-à-dire le droit cantonal en vigueur à cet égard jusqu'ici; la loi ne se borne pas à réserver les dispositions qui concernent *spécialement* cette matière, ainsi que cela est dit pour les lettres de change et titres à ordre ou au porteur, mais elle réserve d'une manière générale (toutes) les dispositions (du droit cantonal) relatives aux créances hypothécaires. On doit donc conclure du texte même de la loi que les dispositions du Code fédéral des obligations relatives à l'extinction des obligations ne sont point applicables comme telles, c'est-à-dire comme règles de droit fédéral, aux créances hypothécaires, et que l'extinction de ces créances est au contraire exclusivement régie par le droit cantonal. Les rapports réciproques qui existent entre le droit fédéral des obligations et le droit cantonal confirment cette manière de voir. Pour autant que le contraire n'est pas dit d'une manière expresse (comme c'est le cas, par exemple, à l'art. 896), le Code fédéral des obligations constitue un droit absolument obligatoire pour toute l'étendue de la Confédération, et non point seulement un droit commun subsidiaire. Dans la mesure des limites dans lesquelles il est applicable, sa force obligatoire est absolue; elle n'est point subordonnée à la condition que la législation cantonale ne renferme pas de dispositions ou, du moins, pas de dispositions spéciales; la législation cantonale ne peut ni étendre, ni restreindre le domaine soumis à l'empire du droit fédéral. On ne peut, dès lors, admettre, dans la règle, que l'application de dispositions du Code fédéral des obligations à des matières déterminées dépende de l'existence ou de la non-existence de dispositions spéciales de la législation cantonale à ce sujet, et qu'ainsi, suivant l'état des diverses législations cantonales, le Code fédéral soit applicable dans un canton et non dans un autre. Lors donc que l'art. 130 précité réserve les dispositions du droit cantonal relatives aux créances hypothécaires, cette réserve ne concerne pas seulement les dispositions spéciales que la loi cantonale peut renfermer relativement à l'extinction des créances hypothécaires, mais l'ensemble du droit cantonal, général ou spécial, qui régissait jusqu'ici cette extinction. C'est ce qui résulte, d'ailleurs, de la nature même des choses, étant données la connexité intime et la dépendance réciproque des dispositions législatives générales et spéciales (comp. l'arrêt rendu le 10 juillet 1886 par le Tribunal fédéral dans la cause Chaney c. Gendre [1]). De ce que l'art. 146 CO. dispose encore, à son troisième alinéa, que « la prescription des actions hypothécaires et autres qui sont régies par le droit cantonal n'est pas soumise aux dispositions de la présente loi, » on ne saurait déduire une conclusion contraire à l'interprétation ci-dessus développée de l'art. 130 déjà cité. Au contraire, l'article 146, al. 3, n'est qu'une application particulière du principe général posé à l'art. 130, en ce qui concerne spécialement l'extinction par prescription des créances hypothécaires. Or il s'agit, en l'espèce, de savoir si le défendeur est libéré d'une obligation hypothécaire par le fait que le créancier l'a déchargé en acceptant un tiers comme débiteur, ou, en d'autres termes, de savoir si cette obligation est éteinte par novation, en ce qui concerne le défendeur; ainsi, la question litigieuse est bien celle de l'extinction d'une créance hypothécaire. Le Tribunal fédéral n'est donc point compétent à cet égard, puisque, ainsi qu'il a été établi, c'est le droit cantonal et non le droit fédéral qui est applicable.

» 5. Après ce qui vient d'être dit, il ne reste plus à discuter que la conclusion subsidiaire de la recourante, tendant à ce que l'arrêt dont est recours soit mis à néant et à ce que la cause soit renvoyée aux premiers juges pour statuer à nouveau, attendu que c'est à tort, et en violation de l'art. 130 CO., qu'ils auraient fait application en la cause du droit fédéral au lieu du droit cantonal. Cette conclusion subsidiaire ne saurait toutefois être admise. En effet, s'il est exact que les premiers juges se sont appuyés sur les art. 142 et 143 CO., ce n'est cependant qu'à titre accessoire. Il ne paraît pas que ce soient ces dispositions du Code fédéral qui aient déterminé la décision du Tribunal, mais plutôt le droit cantonal. Il est vrai que l'arrêt dont est recours n'est pas motivé sur une disposition de la loi cantonale concernant spécialement la novation des créances hypothécaires; néanmoins, on voit que ce qui a déterminé la décision intervenue, c'est la pratique et la jurisprudence telles qu'elles se sont formées en application du Code civil zuri-

[1] Voir cet arrêt à page 465 de ce volume.

çois et eu égard aux institutions hypothécaires du canton de Zurich.

Pour traduction, C. S.

Séance du 9 octobre 1886.

Condamnation à un émolument de justice pour recours téméraire. — Demande de restitution de l'émolument payé. — Article 62 de la loi sur l'organisation judiciaire fédérale.

Recours Berchtold.

Le Tribunal fédéral ne saurait revenir de la décision condamnant un plaideur téméraire à un émolument de justice, par le motif que cet émolument aurait été payé par l'avocat de la partie condamnée et non par celle-ci elle-même.

La dame Adeline Berchtold, née Züllig, a été condamnée à diverses reprises, à partir de l'année 1881, par les tribunaux genevois et vaudois, pour exploitation d'un bureau de placement clandestin et pour contravention au concordat conclu le 5 mai 1875 entre les cantons de Vaud, Fribourg, Neuchâtel et Genève, en vue de mettre un terme à l'abus des jeunes gens placés à l'étranger.

La dame Berchtold ayant recouru au Tribunal fédéral contre ces condamnations et réclamé entre autres diverses indemnités à titre de dommages-intérêts et pour emprisonnement injustifié, ce tribunal, statuant par arrêt du 16 juillet 1885, a décidé de ne pas entrer en matière, et vu la témérité de ce recours, a infligé à la recourante un émolument de justice de 25 fr.

C'est contre cette dernière décision que l'avocat Früh, à St-Gall, s'élève au nom de sa cliente Berchtold. Il conclut à ce qu'il plaise au Tribunal fédéral l'annuler et prononcer la restitution de la prédite somme.

Le recourant appuie ses conclusions sur les motifs ci-après :

La dame Berchtold est actuellement privée de toute ressource, vu les agissements d'avocats peu scrupuleux, auxquels elle avait confié précédemment ses intérêts.

L'avocat Früh, dans le but de défendre les droits de la dame Berchtold, et pour étudier l'affaire, a fait le voyage de Genève, sans avoir jamais été remboursé de ses frais ; il n'a jamais reçu aucune rétribution pour ses peines et a payé entre autres pour sa cliente l'émolument de justice dont il demande la restitution.

Le Tribunal fédéral a écarté le recours.

Motifs.

1. La dame Berchtold a été condamnée au paiement d'un émolument de justice ensuite d'un recours dénué de tout fondement, téméraire au fond et peu convenable dans sa forme : l'application de l'art. 62, al. 2, de la loi sur l'organisation judiciaire fédérale s'imposait donc au Tribunal fédéral, en présence de l'énonciation, par la recourante, de faits dont la fausseté a été démontrée.

Dans ces circonstances, le Tribunal de céans n'a aucun motif pour revenir d'une décision entièrement justifiée, ni, en particulier, de prendre en considération le motif que c'est l'avocat et mandataire de la dame Berchtold qui a effectué, au nom de sa cliente, le paiement à la caisse fédérale de l'émolument de justice dont la restitution fait l'objet du recours actuel.

Genève. — TRIBUNAL CIVIL.

Séance du 15 août 1885.

Propos diffamatoires tenus par une femme mariée. — Prétendue responsabilité du mari. — Art. 61 et 62 CO.

Morana contre époux Albrecht.

Le mari n'est pas civilement responsable des délits ou quasi-délits commis par sa femme.

Quant à dame Albrecht : Attendu que le demandeur a rapporté la preuve à laquelle il s'était fait acheminer ;

Qu'il résulte des dépositions des témoins entendus que dame Albrecht a tenu, à diverses personnes, des propos diffamatoires sur le compte du demandeur, disant que c'était un voleur, qu'il a subi des condamnations, qu'il était sous la surveillance de la police et qu'il allait être expulsé du canton ;

Qu'elle a cherché à détourner la clientèle du demandeur ;

Attendu qu'en agissant ainsi, la défenderesse a commis des actes illicites portant atteinte à la situation personnelle du demandeur ; qu'elle lui a, sans droit et à dessein, causé un dommage dont elle lui doit réparation ;

Attendu qu'en tenant compte des circonstances et de la gravité des faits reprochés à la défenderesse, le Tribunal a en mains les éléments suffisants pour arbitrer à 250 fr. et aux dépens de l'instance l'indemnité à laquelle elle doit être condamnée vis-à-vis du demandeur.

Quant à Albrecht : Attendu que les témoins entendus n'ont point établi qu'il ait tenu à l'égard du demandeur des propos injurieux ou diffamatoires, ni qu'il ait cherché à détourner les clients ;

Attendu, dès lors, que n'ayant personnellement causé aucun préjudice au demandeur, il ne saurait être condamné à lui payer une indemnité ;

Que, d'autre part, le mari n'est pas civilement responsable des délits ou quasi-délits commis par sa femme ;

Qu'en effet, les art. 61 et 62 CO., qui établissent la responsabilité civile de certains individus à raison des dommages causés par les personnes qui sont sous leur surveillance ou à leur service, ne font pas mention de la responsabilité du mari quant aux actes illicites ou dommageables de sa femme ;

Que cette responsabilité, constituant une exception à la règle commune, une aggravation dans la situation de certains individus, ne peut être étendue et imposée par analogie à d'autres personnes que celles énumérées aux dits articles ;

Que le silence du législateur au sujet du mari vis-à-vis de sa femme est, du reste, justifié par le fait que cette dernière ne se trouve pas, à l'égard de son époux, dans l'état de subordination, de tutelle, dans lequel se trouvent les enfants vis-à-vis du père, du maître, et les employés et ouvriers vis-à-vis du patron ;

Que, dès lors, Albrecht doit être mis hors de cause, les dépens laissés à la charge du demandeur.

Genève. — TRIBUNAL DE COMMERCE.

Séance du 17 juin 1886.

Société en nom collectif. — Dissolution. — Action du liquidateur contre un des associés en paiement de sa part des dettes sociales. — Inadmissibilité. — Art. 557 et 583 CO.

Bourdillon contre Gargantini.

Le liquidateur d'une société en nom collectif n'a pas qualité pour réclamer juridiquement à un associé, si ce dernier n'y consent pas spontanémen ou si le contrat de société n'a pas prévu le cas, le paiement de sa part aux dettes sociales qui restent à payer.

Attendu que, par compromis du 2 octobre 1884, André Bourdillon a été désigné, d'un commun accord entre les parties, liquidateur de la société qui existait entre Spinedi, Grassi et Gargantini, avec mission de terminer les affaires courantes, d'exécuter les engagements et de faire rentrer les créances de la société dissoute, de réaliser l'actif social, d'agir au nom de la dite société, de plaider, transiger et compromettre pour elle.

Attendu qu'il est établi que, pour procéder à cette liquidation, Bourdillon a cru devoir réclamer diverses sommes aux trois ex-associés, et que seul l'opposant se refuse à payer sa part.

Attendu que des comptes produits il résulte que la liquidation dont s'agit présente un passif de 1380 fr. 90 c., que le liquidateur, en vertu de la solidarité qui lie les associés, a divisé en 3 parts, ce qui représente exactement pour Gargantini la somme aujourd'hui réclamée.

Attendu que, contrairement aux affirmations de ce dernier, il est certain que le liquidateur a, pour remplir ses fonctions, le droit absolu d'assigner les associés, si ceux-ci se refusent ou à compléter leur apport ou à remettre à la société une somme qu'ils lui doivent; que, dans le cas spécial, la question est autre et doit être examinée à un autre point de vue; qu'en effet, Bourdillon ne réclame pas actuellement une somme que Gargantini devrait à la société en vertu de faits ou de conventions antérieurs, mais bien 460 fr. 30 c. pour sa part de déficit.

Vu, à cet égard, les art. 557 et 583 CO. et l'interprétation qu'en donnent MM. Schneider et Fick.

Attendu que le liquidateur n'est préposé qu'à une situation de fait qu'il doit, à moins d'indications spéciales du contrat de société ou d'offres spontanées des associés, prendre telle qu'elle est et liquider au mieux des intérêts des ayants-droit; qu'il doit, en conséquence, retenir, si les fonds le permettent, les sommes nécessaires pour payer les dettes non encore échues et pour faire droit aux prétentions des associés lors du règlement de leurs comptes respectifs; qu'il n'a, par contre, pas le droit, en sa dite qualité, de demander à un associé, s'il n'y consent pas spontanément ou si le contrat de société n'a pas prévu le cas, une contribution proportionnelle à sa part sociale pour les dettes qui restent à payer.

Attendu, dès lors, que si l'actif social se trouve insuffisant pour solder celles-ci, les créanciers, pour être payés, n'ont qu'à réclamer directement l'application de l'art. 564 du même Code, qui prévoit que les associés sont tenus solidairement sur tous leurs biens et peuvent être recherchés personnellement à raison d'une dette sociale, lorsque la société est dissoute; qu'ils n'ont donc soit qu'à actionner en paiement tous les associés ou tel d'entre eux, soit, s'ils le préfèrent et s'ils s'y croient fondés, qu'à demander la faillite de la société ou des sociétaires.

Attendu que, comme il a été dit plus haut, Gargantini n'offre point la somme réclamée et qu'il n'est pas justifié que l'acte de société ait prévu le cas.

Attendu que de ce qui précède il résulte que Bourdillon, comme liquidateur, n'était pas bastant pour réclamer à Gargantini sa cotisation proportionnelle au déficit constaté.

Neuchâtel. — COUR DE CASSATION CIVILE.

Séance du 27 février 1886.

Paiement effectué en mains d'un représentant commercial. — Mandat révoqué à l'insu du débiteur. — Libération de celui-ci.

Collette contre Hunziker.

Le représentant commercial, indiqué en cette qualité sur une facture de son commettant, a qualité pour recevoir le montant de celle-ci et en donner quittance. Dès lors le débiteur qui paie en mains du représentant est valablement libéré de son engagement.

Bourquin le jeune, représentant de Collette, a vendu du vin à Hunziker. La facture portait que Bourquin est le représentant de Collette. Hunziker a réglé compte avec Bourquin, qui a quittancé la facture.

Collette a ensuite réclamé à Hunziker le paiement du vin vendu. Il fait valoir qu'au moment où Hunziker a réglé compte avec Bourquin, celui-ci n'était plus son représentant, et qu'au surplus la dette a été éteinte non par le paiement, mais par compensation avec une créance que Bourquin devait à Hunziker.

Le Juge de paix de Neuchâtel a débouté Collette de sa demande. Celui-ci s'est pourvu en cassation, mais son recours a été écarté.

Motifs.

Considérant que Hunziker ayant payé par 54 fr. 10 le prix du vin que lui réclamait Collette, le point essentiel à déterminer est de savoir si Hunziker a bien payé, soit à Collette lui-même, soit à son représentant.

Qu'il est établi en fait que la facture fournie par Collette à Hunziker indique que Bourquin le jeune est son représentant.

Qu'en cette qualité de représentant, Bourquin avait qualité pour recevoir le montant de la facture et en donner quittance.

Qu'en réglant compte avec Bourquin qui a quittancé la facture, Hunziker s'est valablement libéré de son engagement.

Qu'il n'est pas établi qu'avant l'époque où cette facture a été acquittée, Collette eût prévenu Hunziker qu'il avait retiré son mandat à Bourquin, que celui-ci n'était plus son représentant et que Hunziker ne devait payer qu'à lui-même, soit à Collette.

Que la question de savoir de quelle manière et en quelle forme Hunziker a payé Bourquin est secondaire, du moment où il est établi que Bourquin avait qualité pour lui donner quittance.

Que la circonstance, qui n'a pas été établie, que le paiement aurait été effectué de la manière qu'allègue le recourant, ne peut modifier le fait essentiel du paiement qui a été effectué à une personne qui avait qualité pour le recevoir et donner quittance.

Que si Bourquin n'a pas tenu compte à Collette du montant de la facture, c'est là un fait qui ne peut être opposé à Hunziker, mais qui peut faire l'objet d'une plainte de Collette contre Bourquin.

Vaud. — TRIBUNAL CANTONAL.

Séance du 9 novembre 1886.

Jugement par défaut rendu par un juge de paix. — Demande de relief. — Acte de non-conciliation délivré par erreur. — Réforme.

Frey contre Schradé et Cie.

La réforme peut être employée pour mettre de côté un acte de non-concilia-

tion délivré par erreur, pourvu d'ailleurs que l'action elle-même ne soit pas supprimée.

Par exploit du 30 août 1886, J. Frey a cité J. Schradé et Cie, à Bienne, devant le juge de paix du cercle de Lausanne pour obtenir le relief d'un jugement par défaut rendu contre lui le 30 juillet, notifié le 9 août 1886.

A l'audience du 3 septembre, Schradé et Cie ont refusé de consentir au relief par le motif qu'ils ont renoncé à leur jugement par acte écrit délivré antérieurement à la demande de relief.

Ensuite de cette détermination, Frey a requis et obtenu du juge un acte de non-conciliation.

Par exploit du 14 septembre, Frey a signifié à Schradé et Cie qu'il se réformait jusque et y compris la partie de l'audience pour laquelle le procès-verbal porte que « le demandeur Frey requiert et obtient un acte de non-conciliation. » Frey explique qu'il n'a pas entendu renoncer à ses conclusions en relief et que sa réquisition tendant à obtenir un acte de non-conciliation se rapportait non à l'instance en relief, mais à la cause au fond.

Par exploit du 22 septembre 1886, Schradé et Cie se sont opposés à la réforme annoncée par Frey, et ont donné citation à celui-ci devant le juge pour faire prononcer que la réforme ne saurait être admise.

Schradé et Cie fondent leur opposition sur les motifs suivants :

a) Par suite de l'intervention d'un acte de non-conciliation, la cause était sortie de la compétence du juge de paix ; l'exploit de réforme aurait donc dû être notifié sous le sceau du président du Tribunal.

b) L'acte de non-conciliation délivré à Frey est une véritable ouverture d'action ; permettre la réforme serait supprimer l'action elle-même.

A l'audience du 1er octobre, Frey a requis l'éconduction d'instance de Jomini, commis du procureur-juré Grec, mais le juge a écarté cette réquisition, Grec pouvant attendre pour justifier ses pouvoirs jusqu'à l'audience au fond.

Statuant sur l'opposition de Schradé et Cie, le juge l'a écartée et admis la réforme.

Le recours interjeté a été écarté.

Motifs.

Examinant les deux moyens du pourvoi :

Considérant qu'il s'agissait en l'espèce de savoir s'il y avait lieu d'accorder le relief d'une sentence rendue par défaut par le juge de paix.

Que c'était donc au juge de paix et non au président du Tribunal à statuer sur cette demande de relief.

Que c'est donc par erreur que le défendeur a requis et obtenu un acte de non-conciliation ; que cet acte devait être accordé aux demandeurs et non au défendeur.

Qu'en admettant la réforme dans les limites où la demandait Frey, le juge n'a point, comme le prétendent Schradé et Cie, supprimé l'action elle-même.

Que la réforme demandée par Frey a pour but de redresser l'erreur par lui commise à l'audience du 3 septembre.

Vaud. — COUR DE CASSATION PÉNALE

Séance du 23 octobre 1886.

Armée du Salut. — Contravention à l'arrêté du 4 juillet 1883 et à la circulaire du 15 juillet 1884. — Art. 129 Cp.

Rawyler et consorts.

La Cour de cassation pénale, chargée d'appliquer la loi aux cas qui lui sont soumis, n'est pas compétente pour statuer sur la question de savoir si un arrêté du Conseil d'Etat est inconstitutionnel.

Le simple fait d'avoir contrevenu à l'arrêté interdisant les réunions de l'Armée du Salut suffit pour entraîner l'application de la loi, sans qu'il soit nécessaire que l'ordre public ait été troublé.

Une sommation préalable n'est pas non plus exigée par l'art. 129 Cp.

Le Département de Justice et Police du canton de Vaud a adressé, en date du 15 juillet 1884, aux Préfets du canton la circulaire suivante :

« Les chefs des Départements de Justice et Police des cantons de Berne, Neuchâtel et Vaud se sont réunis, le 9 juillet 1884, à Berne, pour examiner en commun quels ont été les effets des décrets et arrêtés pris dans leurs cantons au sujet de l'Armée du Salut et quelles modifications les circonstances actuelles permettraient d'apporter à ces décisions.

Ils ont admis d'un commun accord que les mesures restrictives de la liberté des cultes, auxquelles les actes de cette association ont donné lieu dans plusieurs cantons, ne pouvaient avoir, devant l'art. 50 de la Constitution fédérale, qu'un caractère transitoire ou temporaire et que leur maintien ne se justifiait que par la nécessité d'assurer l'ordre public.

Le moment ne paraissant pas encore venu de rapporter les décrets et arrêtés qui interdisent les réunions de l'Armée du Salut, ils ont reconnu toutefois qu'il était possible actuellement d'en restreindre la portée ou l'application en adoptant une interprétation uniforme de leurs décrets et arrêtés.

Ils ont, en conséquence, décidé de limiter les interdictions concernant l'Armée du Salut aux seules réunions ayant un caractère public.

Seront envisagées comme telles :

Celles qui ont lieu dans des locaux publics ou employés ordinairement à des assemblées publiques ;

Celles qui ont lieu en plein air, là où le public a accès ;

Celles qui sont convoquées par affiches ou par avis dans les feuilles publiques.

L'Armée du Salut devra, en outre, s'abstenir de faire des processions dans les villes, villages ou hameaux, de se réunir après 10 heures du soir et d'employer dans ses réunions des trompettes ou autres instruments de musique qui ne sont pas en usage dans les assemblées religieuses et dont l'emploi pourrait exciter au trouble.

En revanche, les réunions de l'Armée du Salut qui ne contreviendront pas à ces prescriptions jouiront de la protection accordée aux autres réunions religieuses.

Le Conseil d'Etat du canton de Vaud, dans sa séance du 15 juillet 1884, a ratifié ces décisions, ce dont vous voudrez bien prendre note.

Agréez, etc. *Le Chef du Département,*
(Signé) BOICEAU. »

Dans sa séance du 30 septembre écoulé, le Tribunal de police de Morges a condamné les sieurs F. Rawyler, F. Caillat et C. Robert à des amendes variant de 10 à 3 fr., en application de l'art. 129 Cp., pour avoir contrevenu à l'arrêté du Conseil d'Etat du 4 juillet 1883, modifié par la circulaire reproduite ci-dessus ; les condamnés ayant été reconnus coupables d'avoir organisé et pris part à une assemblée de l'armée du Salut, en leur qualité de membres de cette armée, le 5 septembre 1886, sur la propriété de François Rawyler, aux Etaloges, rière St-Prex, la dite assemblée, qui a été annoncée dans le journal l'*Estafette*, ayant eu lieu en plein air et dans un endroit où le public avait accès.

Rawyler, Caillat et Robert ont recouru contre ce jugement, dont ils demandent la nullité et subsidiairement la réforme par les moyens suivants qu'ils ont développés dans un mémoire, savoir :

I. L'arrêté du Conseil d'Etat du 4 juillet 1883 et la circulaire du Département de justice et police du 15 juillet 1884 sont inconstitutionnels, ils violent la liberté de culte et de réunion garantie par les Constitutions cantonale et fédérale.

II. Il n'y a pas lieu de faire application de l'arrêté lorsque, comme c'est le cas en l'espèce, l'ordre public n'est pas troublé. Il résulte, en effet, soit de l'enquête soit de l'audition des témoins, que l'assemblée de l'Armée du Salut du 5 septembre 1886 a été parfaitement calme et qu'il n'en est résulté aucun désordre.

III. L'auteur de l'avis publié dans l'*Estafette* du 4 septembre 1886, Auguste Chevalley, à Cour sous Lausanne, étant décédé, il n'y a pas de raison pour que les recourants soient condamnés pour un fait dont ils ne sont pas responsables.

IV. Pour que l'art. 129 du Cp. soit applicable, en cas de contravention à une défense générale de l'autorité, il faut que préalablement une sommation spéciale ait été faite de respecter la dite défense et qu'on ait méconnu cette sommation ; or tel n'a pas été le cas dans l'espèce.

Sur le préavis conforme du Procureur général, le recours a été écarté.

Motifs.

Sur la nullité : Considérant que les quatre moyens ci-dessus ne rentrent dans aucun des cas de nullité spécifiés d'une manière limitative à l'art. 490 du Cpp.,

La Cour écarte la nullité demandée.

Sur la réforme. — 1er moyen : Considérant que la Cour de cassation pénale, chargée d'appliquer la loi aux cas qui lui sont soumis, n'est point compétente pour statuer sur la question de savoir si l'arrêté du Conseil d'Etat interdisant les réunions de l'Armée du Salut est inconstitutionnel.

Qu'en effet, d'après notre droit public cantonal, la solution de cette question n'appartient point au pouvoir judiciaire.

2e moyen : Considérant que bien que l'ordre public n'ait pas été troublé par la réunion de l'Armée du Salut du 5 septembre, les recourants ne sont pas moins coupables d'avoir contrevenu à l'arrêté du 4 juillet 1883, modifié par la circulaire du 15 juillet 1884.

Que le simple fait d'avoir contrevenu au dit arrêté suffit pour entraîner l'application de la loi, sans qu'il soit nécessaire d'établir que l'ordre public ait été troublé.

3e moyen: Considérant qu'il a été établi au procès que l'assemblée du 5 septembre avait le caractère d'une réunion publique, puisqu'elle a eu lieu en plein air et dans un endroit où le public avait accès.

Que, dès lors, il importe peu que Rawyler et consorts ne soient pas les auteurs de l'avis inséré dans l'*Estafette*, annonçant la dite réunion.

4e moyen: Considérant qu'il ne ressort nullement des termes de l'art. 129 Cp. qu'une sommation préalable soit nécessaire, la publication donnée à la circulaire du 15 juillet 1884 devant être envisagée comme une défense dans le sens de l'article ci-dessus.

NOTARIAT. — La commission d'examen des aspirants au notariat, réunie à Lausanne cette semaine en session extraordinaire, a délivré un brevet de notaire à M. Gérard *Fornerod*, d'Avenches.

GENÈVE. — La Faculté de droit de cette Université a conféré à M. Charles *Borgeaud*, du Sentier, le grade de docteur en droit. Sa thèse avait pour titre : *Le plébiscite dans l'antiquité* (Grèce et Rome).

FRANCE. — Un grand nombre de condamnations à mort ont été prononcées par les tribunaux français dans le mois de novembre. Pour finir le mois, la cour d'assises du Calvados vient d'infliger la peine capitale à trois misérables qui avaient assassiné deux vieillards.

Ch. Boven, notaire, rédacteur.

Lausanne. — Imp. CORBAZ & Comp.

XXXIVe ANNÉE. No 50. SAMEDI 11 DÉCEMBRE 1886

JOURNAL DES TRIBUNAUX

REVUE DE JURISPRUDENCE

Paraissant à Lausanne une fois par semaine, le Samedi.

Prix d'abonnement : 12 fr. par an, 7 fr. pour six mois. Chaque numéro, 50 cent. On s'abonne à l'imprimerie CORBAZ et Cie et aux bureaux de poste. — ANNONCES : 20 centimes la ligne ou son espace.

TRIBUNAL FÉDÉRAL

Séance du 22 octobre 1886.

Droits de gage et de rétention. — Conditions requises pour la constitution de ces droits. — Art. 210 et 224 CO.

Masse Senglet contre époux Darier.

Un droit de gage sur des meubles corporels ne peut être établi que par la remise de la chose au créancier gagiste ou à son représentant (CO. 210). Cette remise n'est pas réputée faite tant que la chose est encore entre les mains de celui qui constitue le gage.

Le droit de rétention prévu à l'art. 224 CO. ne saurait être exercé sur des immeubles.

Pour que l'objet mobilier sur lequel on prétend exercer un droit de rétention soit réputé se trouver à la disposition du créancier, il n'est pas indispensable que la remise corporelle ait eu lieu en ses mains ; il suffit que le créancier ait la faculté exclusive de disposer en fait de la chose qui constitue sa garantie. Mais le simple droit de procéder à une saisie provisionnelle sur des marchandises ne peut être assimilé au pouvoir d'en disposer exclusivement.

Avocats des parties :

MM. Rutty, à Genève, pour masse Senglet, défenderesse et recourante.
Wuilleret, à Fribourg, pour époux Darier, demandeurs et intimés.

Par convention intervenue le 18 avril 1885 entre John Senglet, marchand de bois à Genève, et les époux Henri Darier, employé de commerce, et S. Darier née Lutz, à Bulle, le premier a engagé le mari Darier en qualité de directeur de son chantier, à Bulle, avec 3000 fr. d'appointements.

De son côté, la dame Darier a pris l'engagement de laisser dans la maison de J. Senglet, pendant la durée de l'emploi de son mari, le montant de 10,000 fr. dont elle était créancière.

Aux termes de l'art. 5 de la convention, pour garantir dame Darier de la somme ci-dessus, ainsi que des versements ultérieurs qu'elle pourrait faire, J. Senglet, outre la garantie générale, affectant tout son actif, a consenti à une saisie provisionnelle, à pratiquer à Bulle, par ministère d'huissier, renouvelable aussi souvent que de besoin et comprenant toutes les marchandises déposées au chantier de Bulle, aussi bien que le hangar et les agencements.

Il résulte de pièces produites que J. Senglet disposait de son chantier de Bulle, en ce sens qu'il donnait à Darier l'ordre, depuis Genève, de lui expédier des bois à cette dernière destination.

Par la même convention, J. Senglet s'est engagé toutefois à laisser toujours au dit chantier une quantité de marchandises représentant une valeur double environ de la somme prêtée par dame Darier.

Des dissentiments ne tardèrent pas à se produire entre parties au sujet de cette convention, Darier se plaignant de la faible quantité de marchandises laissée au chantier, et Senglet reprochant à son directeur de ne pas soigner convenablement ses intérêts.

Par exploit du 31 juillet 1885, Darier a notifié à Senglet des gagements sur la généralité de ses biens, pour parvenir au paiement des 10,000 fr. dus à la dame Darier, et le 18 août suivant, il a procédé à la saisie des marchandises existant au chantier de Bulle.

Le 1er septembre 1885, l'agent d'affaires Andrey, à Bulle, agissant au nom de dame Darier, a fait taxer les marchandises susmentionnées.

Par mandat du 10 dit, J. Senglet a fait opposition à la poursuite, et, par citation-demande du 2 octobre, il a actionné les époux Darier en nullité de cette poursuite, par le motif que le dit Senglet eût dû être recherché à son domicile à Genève.

Sous date du 26 novembre 1885, le Tribunal de commerce de Genève a prononcé la faillite de John Senglet, et le liquidateur de la masse a repris les conclusions formulées par le failli.

En audience du 12 janvier 1886, Darier a déclaré, tant en son nom qu'en celui de sa femme, et vu la faillite de J. Senglet, admettre que sa saisie envisagée séparément, comme toute autre saisie, ne peut lui conférer, à lui ou à son épouse, un droit de gage par elle-même, mais qu'il revendique pour son épouse un droit de nantissement fondé sur la convention et résultant de ses art. 5 et 6, aux termes desquels sa poursuite, soit saisie, avait eu essentiellement pour but de mieux constater le nantissement et de sauvegarder les droits de gage qui en découlaient.

Darier s'étant porté demandeur, les parties convinrent entre elles que, par mesure provisionnelle, le représentant de la masse serait autorisé à disposer des marchandises existant au chantier de Bulle, moyennant dépôt préalable, en main du président, de 10,530 fr., montant auquel ces marchandises avaient été évaluées juridiquement.

H. Darier, tant en son nom qu'au nom de son épouse, avait conclu :

1° A ce que la masse Senglet soit condamnée à reconnaître que dame Darier est au bénéfice d'un droit de gage sur les marchardises garnissant le chantier de J. Senglet à Bulle, ainsi que sur le hangar et les agencements, soit sur les argents représentant la valeur des dites marchandises, pour garantir le paiement des sommes prêtées à Senglet et accessoires ; qu'en conséquence, elle a droit d'être payée par privilège sur la somme déposée en mains du juge.

2° Subsidiairement, à ce que la masse Senglet soit condamnée à reconnaître :

a) Qu'au nom de son épouse, Darier est au bénéfice d'un droit de rétention sur les marchandises du chantier de Bulle, soit sur la somme qui les représente, et le hangar et les agencements, ce jusqu'à concurrence de la somme de 10,000 fr. et accessoires;

b) En son propre nom, jusqu'à concurrence du traitement qui lui reste dû suivant convention du 18 avril 1885.

La masse Senglet a conclu à libération.

Par jugement du 30 mars 1886, le Tribunal de l'arrondissement de la Gruyère a débouté Darier, tant en son nom qu'en celui de son épouse, de ses conclusions, et admis la masse Senglet dans la sienne en libération.

Les époux Darier ayant appelé de ce jugement, la Cour d'appel de Fribourg, par arrêt du 4 juin 1886, a prononcé comme suit:

a) H. Darier est débouté de sa demande principale; la masse Senglet est admise dans sa conclusion à libération;

b) H. Darier est admis dans sa première conclusion subsidiaire, prise au nom de son épouse, sauf en ce qui concerne le hangar; la masse Senglet est, avec cette restriction, déboutée de sa conclusion libératoire;

c) H. Darier est débouté de sa conclusion subsidiaire prise en son nom propre; la masse Senglet est admise dans sa conclusion libératoire.

C'est contre cet arrêt que la masse de la faillite de J. Senglet recourt au Tribunal fédéral, pour autant que le dit arrêt lui est défavorable. Elle conclut à ce que les conclusions prises par elle devant les deux instances cantonales lui soient allouées.

Le Tribunal fédéral a réformé partiellement l'arrêt de la Cour d'appel de Fribourg, en ce sens que la conclusion subsidiaire de la partie demanderesse, tendant à se faire reconnaître un droit de rétention, a été repoussée. Les conclusions des époux Darier ont ainsi été écartées dans leur ensemble et les conclusions libératoires de la masse Senglet admises.

Motifs.

1. La compétence du Tribunal fédéral en la cause ne saurait être contestée en ce qui concerne la dame Darier. Il s'agit, en effet, de droits litigieux de gage et de rétention, matière régie par le code fédéral des obligations, et la valeur du litige est évidemment supérieure à 3000 fr., puisque, d'une part, la créance

pour le montant de laquelle la dame Darier invoque un droit de gage ou de rétention est de 10,000 fr. et accessoires, et que, d'autre part, les marchandises saisies dans le chantier de J. Senglet dépassent également la valeur de 3000 fr.

En ce qui concerne H. Darier, il n'est point établi que la valeur du litige s'élève à son égard à 3000 fr., et un recours de sa part est dès lors inadmissible ; il est, en outre, au moins douteux que H. Darier, qui n'a point recouru en ce qui le regarde personnellement, soit recevable à adhérer simplement au recours de la masse Senglet, attendu qu'il n'a point pris de conclusions individuelles devant les instances cantonales, mais qu'il n'a fait que se joindre aux conclusions éventuelles de la dame Darier.

2. En présence des clauses du contrat lié entre parties le 18 avril 1885 et des conclusions des demandeurs, il y a lieu de rechercher d'abord si la dame Darier se trouve au bénéfice d'un droit de gage sur les marchandises garnissant le chantier de Senglet à Bulle, mais sur ces marchandises seulement, le hangar ne pouvant, vu sa nature d'immeuble, ainsi que l'arrêt cantonal le fait observer avec raison, être l'objet d'un droit de gage.

Aux termes de l'art. 210 CO., applicable en la matière à l'exclusion de toute disposition contraire du droit cantonal, un droit de gage sur les meubles corporels ne peut s'établir que par voie de nantissement, c'est-à-dire par remise de la chose au créancier gagiste ou à son représentant, et cette remise n'est pas réputée faite tant que la chose est encore entre les mains de celui qui constitue le gage.

Or, ainsi que l'arrêt dont est recours l'établit, une remise des bois garnissant le chantier de Senglet n'a jamais été effectuée en mains de Darier en faveur de sa femme, mais ces marchandises n'ont pas cessé d'être en possession du sieur Senglet, soit de la masse de sa faillite. Cette constatation de fait lie le Tribunal fédéral aux termes de l'art. 30 de la loi sur l'organisation judiciaire, et il résulte, au surplus, des pièces du dossier, que Senglet a disposé en réalité, à plusieurs reprises, de certaines quantités de ces bois pour faire face à des commandes. La dame Darier n'a donc jamais été au bénéfice d'un nantissement sur les marchandises litigieuses, et le contrat du 18 avril ne contient, en particulier, aucune clause constituant un pareil droit. Il s'ensuit que l'arrêt de la Cour doit être confirmé sur ce point.

3. En ce qui a trait au droit de rétention, également invoqué par la dame Darier, ce droit ne pourrait en tous cas affecter le hangar de Bulle, l'art. 224 CO. statuant expressément qu'un tel droit ne peut être exercé que sur des meubles.

A teneur des dispositions du prédit art. 224, l'exercice du droit de rétention est subordonné à l'existence simultanée de trois conditions; cet article exige que la créance soit échue, qu'il y ait connexité entre celle-ci et la chose retenue, et enfin, que les meubles ou titres qui doivent faire l'objet du dit droit se trouvent à la disposition des créanciers, du consentement du débiteur.

Or cette dernière condition fait en tout cas défaut dans l'espèce. Il n'est point exact, ainsi que l'admet l'arrêt dont est recours, que la dame Darier, soit son mari en son nom, ait jamais eu les bois litigieux à sa disposition *(Verfügungsgewalt)* dans le sens de l'art. 224 précité. Il n'est, à la vérité, point indispensable, pour qu'un objet mobilier se trouve à la disposition du créancier, que la remise corporelle ait eu lieu en ses mains; il suffit aussi, à cet effet, qu'il ait la faculté exclusive, résultant par exemple de la remise en mains d'un tiers, ou de la remise en ses mains d'un récépissé de dépôt, bulletin de chargement ou de tout autre titre ou pièce analogue, de disposer en fait de la chose qui constitue sa garantie. (V. *Rec.* XI, p. 78 et suiv. Käsereigesellschaft Rinderbach c. Berner Handelsbank [1].)

4. Il est évident que la dame Darier, ou son mari en son nom, n'a jamais été mise à même de pouvoir disposer, dans le sens ci-dessus, des bois propriété de Senglet. Le contrat du 18 avril 1885 ne lui a conféré d'autre droit à cet égard que de faire procéder, par voie d'huissier et aussi souvent que besoin en serait, à une saisie provisionnelle sur les dites marchandises.

Un tel droit, qui ne comprend nullement l'exercice d'un pouvoir de fait sur la chose elle-même, impliquait d'autant moins le droit de « disposer » de ces objets mobiliers dans le sens plus haut défini de l'art. 224 CO., qu'aux termes de la procédure fribourgeoise, la saisie provisionnelle ne transfère nullement au saisissant la possession des objets saisis, ni aucun pouvoir de disposition matérielle sur ceux-ci, mais qu'elle a pour effet

[1] Voir un résumé de cet arrêt dans le *Journal des Tribunaux* de 1885, p. 203.

unique d'empêcher le débiteur de les aliéner (loi sur les poursuites juridiques, art. 8, al. 4) ; Darier a d'ailleurs reconnu que cette saisie ne pouvait lui conférer, à lui-même ou à son épouse, un droit de nantissement fondé sur la convention du 18 avril 1885. Le bois, objet du litige, ne s'est dès lors jamais trouvé, en fait, à la disposition de la dame Darier et n'a jamais cessé d'être en la possession du débiteur.

5. Il ressort de tout ce qui précède que l'une au moins des conditions nécessaires pour justifier l'exercice d'un droit de rétention ne se trouve point réalisée dans l'espèce, et qu'il y a lieu de réformer la partie de l'arrêt de la Cour d'appel consacrant un semblable droit en faveur de la dame Darier.

Traduction d'un arrêt du 29 octobre 1886.

Assignation à ordre. — Paiement par l'assigné effectué contrairement aux directions de l'assignant. — Action civile; enrichissement illégitime et gestion d'affaires. — Art. 70 et suiv., 472, 728, 813, 839 et suiv. CO.

Banque de Lucerne contre Bielmann.

Il y a enrichissement illégitime, dans le sens des art. 70 et suiv. CO., non-seulement lorsqu'on fait un bénéfice sans cause légitime, mais encore lorsqu'on est, sans cause légitime, libéré d'une obligation par les deniers d'autrui.

L'accepteur d'un effet de change ou d'une assignation à ordre, qui se trouve en même temps en être le dernier endosseur, a le choix, lors de l'échéance, de considérer l'effet comme éteint par confusion ou de le faire protester auprès de lui-même et d'exercer son recours contre les autres garants.

Avocats des parties :

MM. Dr Winkler, à Lucerne, pour Banque de Lucerne, demanderesse et recourante.
J. Weber, à Lucerne, pour L. Bielmann, défendeur et intimé.

Dès 1879, la Banque de Lucerne a été en compte-courant avec L. Bielmann, en dite ville. Jusqu'au printemps 1883, Bielmann se servait, pour disposer sur la Banque, de formules de chèques, en fixant, d'ailleurs, les échéances suivant ses convenances. Après l'entrée en vigueur du Code fédéral des obligations, la

Banque informa Bielmann que ses formules de chèques ne pourraient plus être utilisées à l'avenir que pour des chèques proprement dits, conformes aux dispositions légales sur la matière; Bielmann répondit à cette communication qu'il se servirait dorénavant de « billets à ordre » sur la Banque. Dès le commencement des relations des parties, soit le 26 novembre 1879, Bielmann avait fait savoir à la Banque de Lucerne qu'elle n'eût à payer que ceux des « chèques » tirés par lui sur cet établissement dont il aurait préalablement donné avis.

Le 29 octobre 1884 Bielmann a tiré sur la Banque de Lucerne un effet libellé comme suit :

« N° 17,436. Lucerne, le 29 octobre 1884. Fr. 5000.

» Au 31 janvier 1885 payez à l'ordre de MM. J. Schoch fils Fr. cinq mille.

» M. A la Banque.

» Lucerne. L. Bielmann. »

Cet effet fut endossé le 1er novembre 1884 par J. Schoch fils à Schoch, Bruggmann et Cie, et par ceux-ci, le 3 du dit mois, à Marcuard, Krauss et Cie, à Paris. Ces derniers l'envoyèrent aux banquiers J. Mazzola et fils, à Lucerne, pour obtenir l'acceptation de la Banque de Lucerne. Bien que cette banque n'eût pas reçu d'avis de la part de Bielmann, elle accepta néanmoins l'effet souscrit par son client et en avisa ce dernier par lettre du 5 novembre 1884, en ajoutant qu'elle le débitait du montant de ce « chèque », valeur au jour de l'échéance. Après cette acceptation, l'effet fut endossé par Marcuard, Krauss et Cie à la Banque d'Argovie et par celle-ci à la Banque de Lucerne ellemême.

Sur ces entrefaites, J. Schoch, indiqué comme bénéficiaire de l'effet, étant décédé et sa succession ayant été mise en faillite, Bielmann exprima à la Banque de Lucerne le désir que l'effet fût protesté à son échéance. La Banque ayant refusé de faire droit à cette demande, Bielmann déclara vouloir se prévaloir de la défense qu'il avait autrefois faite à cet établissement de payer sans avis préalable.

Ensuite de ces faits, la Banque de Lucerne a ouvert action à Bielmann pour faire prononcer qu'il est son débiteur, par compte-courant, de la somme de 5000 fr., montant de l'effet du 29 octobre 1884.

Le Tribunal supérieur du canton de Lucerne ayant repoussé

ces conclusions et admis celles libératoires du défendeur Bielmann, la Banque a recouru au Tribunal fédéral et cette autorité a admis le recours.

Motifs.

2. L'effet du 29 octobre 1884 n'est évidemment pas une assignation pure et simple de droit civil, mais une assignation de droit de change, dans le sens de l'art. 839 CO. Il n'est désigné, dans son contexte, ni comme « chèque », ni comme effet « de change », mais il est expressément créé « à ordre » et satisfait, pour le reste, à toutes les conditions exigées pour la lettre de change proprement dite. La circonstance que cet effet n'est pas expressément désigné comme « assignation » *(Anweisung)* est d'ailleurs sans importance; cette désignation était exigée précédemment par le concordat sur les lettres de change comme une énonciation essentielle de l'assignation de change; mais aujourd'hui, ainsi que cela résulte du texte indiscutable de l'art. 839 CO., elle n'est plus requise. Sauf ce qui est dit aux art. 841 et 842 CO., en ce qui concerne l'acceptation et les voies d'exécution, l'effet à ordre litigieux tombe en conséquence sous l'application des dispositions qui régissent la lettre de change.

3. Malgré ce qui vient d'être dit, la demanderesse ne peut faire valoir, en l'espèce, aucune action tirée du droit de change. En effet, l'assignation a été éteinte par le paiement effectué à l'échéance par l'accepteur. Il n'existe donc plus de droits dérivant de l'effet comme tel, et il ne peut plus être question que d'une réclamation civile fondée sur les faits de la cause. C'est, d'ailleurs, à ce point de vue que se place la demanderesse; elle soutient, en première ligne, que le défendeur est tenu, en vertu de l'*actio mandati contraria,* de lui rembourser tous les frais qu'elle a dû faire pour l'exécution du mandat de payer qu'il lui avait conféré; en seconde ligne, elle se fonde sur les principes qui régissent l'enrichissement illégitime.

4. En ce qui concerne le premier de ces moyens, il résulte des faits constatés par les instances cantonales que l'avis du 26 novembre 1879, par lequel le défendeur donnait pour directions à la banque demanderesse de ne payer que les « chèques » dont il lui aurait préalablement donné avis, ne concerne pas seulement les chèques tirés avant le mois de mars 1883, mais encore les assignations à ordre émises depuis. Cette constatation de fait est fondée sur ce que les parties, en se servant de l'expres-

sion « chèque », ne lui donnaient pas son sens technique, mais l'employaient même en parlant des assignations en usage depuis 1883; dans sa lettre du 5 novembre 1884, la demanderesse elle-même se sert du mot « chèque » pour désigner précisément l'effet en litige; en outre, après 1883 comme avant, la demanderesse a été avisée de tous les effets tirés sur elle et ne les a payés qu'après avis. Les décisions du Tribunal sur ces points reposent sur une constatation de l'intention commune des parties, dans laquelle on ne saurait voir une erreur de droit. Les objections que la partie demanderesse a formulées à ce sujet ne peuvent être prises en considération. Elle prétend, en première ligne, que les dangers résultant de la possibilité d'une falsification ou d'un emploi abusif étaient bien plus considérables en ce qui concerne des chèques libellés sur les formulaires d'une banque que pour des assignations écrites de la main même du tireur; mais à cela il faut répondre tout d'abord qu'il n'est pas possible de dire si cette affirmation est justifiée ou non par les faits, puisque la nature des formulaires utilisés par la demanderesse avant 1883 ne résulte pas du dossier. D'autre part, il n'est nullement établi que les directions données par le défendeur à la Banque eussent pour but de le protéger contre des falsifications possibles; on peut se demander, plutôt, si elles n'étaient pas destinées à lui laisser le moyen de contremander ses ordres primitifs. On argumente, de plus, de ce que l'effet litigieux ne renferme pas de clause telle que « suivant avis », etc., et l'on conclut de là que la Banque était autorisée à admettre que la défense de payer sans avis, justifiée par des circonstances de fait qui se seraient modifiées depuis, ne devait pas recevoir son application dans le cas spécial. Mais cette argumentation n'est pas non plus concluante. Des faits constatés par les premiers juges, il résulte, en effet, que, dans les relations existant entre parties, la règle générale était que la Banque ne devait pas payer sans avis; or, cela étant, il est évident qu'il n'était pas nécessaire de renouveler dans chaque cas spécial cette défense donnée une fois pour toutes. De tout ce qui précède, il résulte, dès lors, qu'en acceptant l'effet du 29 octobre 1884 sans y être spécialement autorisée, la Banque a agi contrairement au mandat qui lui avait été conféré. Car, la convention intervenue entre parties ne lui permettant pas de *payer* sans avis, elle ne devait certainement non plus *accepter* sans avis et s'engager ainsi, sans condition, à payer l'effet, le jour de l'échéance, à son légitime possesseur. Il n'y a donc pas lieu de rechercher si, d'une manière générale et à défaut de conventions spéciales, l'assigné a le droit, vis-à-vis de l'assignant, d'accepter une délégation analogue à un effet de change, au sens de l'art. 839 CO.

5. Mais la demanderesse soutient que l'acceptation par elle de l'effet litigieux a été ratifiée après coup par le défendeur et que cette ratification résulte du silence qu'il a gardé sur la lettre de la Banque du 5 novembre 1884. Il n'est pas nécessaire d'examiner ici cette question, car la demande se justifie en tout cas à un autre point de vue, qui est le suivant. Ainsi qu'il a déjà été dit, l'assignation du 26 octobre 1884 constituait un effet analogue à une lettre de change; elle était donc un papier à ordre transmissible par endossement, conférant, comme une lettre de change, à chacun des endosseurs, contre le tireur, des droits indépendants d'exceptions personnelles à l'endosseur précédent et pouvant être exercés par la voie du recours faute de paiement, sans qu'il fût nécessaire de suivre l'ordre des endossements. Or, au moment de l'acceptation de l'effet par la Banque de Lucerne, celui-ci se trouvait déjà en mains d'un tiers endosseur, savoir de Marcuard, Krauss et Cie, à Paris, et ce sont eux qui requirent l'acceptation. Il est dès lors incontestable que le défendeur, en sa qualité de tireur, pouvait légalement être recherché par les endosseurs, au cas où l'effet n'aurait pas été payé à l'échéance, et qu'il pouvait l'être directement par le dernier endosseur, celui-ci n'étant pas tenu de suivre l'ordre des endossements. Par le fait que la Banque a accepté l'effet et l'a payé à l'échéance, le défendeur a donc été libéré de l'obligation qu'il avait de payer le montant du billet, si le recours était exercé contre lui. Il bénéficierait ainsi d'un enrichissement illégitime aux dépens de l'accepteur (CO. 70 et suivants), s'il était admis à obtenir cette libération sans être tenu de rembourser l'accepteur qui a effectué le paiement. La circonstance qu'il n'aurait pas reçu de l'assignataire la contre-valeur du montant assigné, mais l'aurait crédité de ce montant, ne peut infirmer l'argumentation qui précède, car un enrichissement illégitime peut certainement aussi résulter de la libération d'une obligation imposée par la loi. Comme il ne s'agit point ici d'un enrichissement ayant pour cause la prescription ou la dé-

chéance d'un effet de change ou d'une assignation à ordre, il est vrai que les conditions prévues à l'art. 813 al. 2 et 3 CO. pour l'exercice de l'action en restitution en matière de change ne se trouvent pas remplies en l'espèce; mais en revanche on y trouve réunies toutes les conditions requises par les principes généraux du droit civil en matière d'enrichissement illégitime. D'après ce qui a été dit, il faudrait d'ailleurs envisager l'acceptation de l'effet par la Banque et le paiement effectué par celle-ci comme constituant une gestion d'affaires sans mandat, entreprise dans l'intérêt du maître, dans le sens de l'art. 472 CO. Il est bien évident, en effet, que la Banque a agi en cette circonstance dans l'intérêt et pour le compte du défendeur. Celui-ci objecte, à la vérité, qu'il est possible que les endosseurs eussent exercé leur recours contre l'assignataire Schoch et que, dans ce cas, le défendeur eût pu opposer des exceptions au recours exercé à son tour par Schoch contre lui. Mais on ne saurait admettre cette objection. Le paiement effectué par l'accepteur et la libération qui en est résultée pour le défendeur des obligations que la loi lui imposait en cas de recours exercé contre lui par les endosseurs, doivent être envisagés comme impliquant un enrichissement illégitime du défendeur ou comme constituant une gestion d'affaires entreprise dans son intérêt, aussi longtemps qu'il n'établit pas d'une manière positive que cette libération aurait été obtenue par lui-même sans le paiement effectué par la demanderesse, et sans un sacrifice lui incombant à lui-même. Du reste, si l'on considère les circonstances de fait de la cause, il est évident qu'il était tout au moins fort peu probable que le porteur de l'effet exerçât son recours contre la masse de l'assignataire défunt Schoch, au lieu de le diriger contre le tireur, dont la solvabilité était complète.

6. A l'appui de ce qui précède, il convient encore d'indiquer les motifs ci-après. La Banque de Lucerne est devenue créancière de l'effet par endossement de la Banque d'Argovie, du 27 janvier 1885, c'est-à-dire antérieur à l'échéance. Un pareil endossement, effectué en faveur de l'accepteur lui-même, est incontestablement valable, et il n'a pu entraîner l'extinction par confusion de la dette *avant* l'échéance de l'effet; au contraire, la Banque de Lucerne aurait eu le droit d'endosser l'effet à son tour (CO. 728). Or, à ce sujet, un point très controversé est de

savoir si l'accepteur qui se trouve en même temps dernier endosseur est encore fondé *après* l'échéance à exercer ou à transmettre les droits qui résultent pour lui de l'effet de change ou de l'assignation. Mais il faut bien admettre, tout au moins, que l'accepteur, qui est en même temps dernier endosseur, a le choix, lors de l'échéance, de considérer l'effet comme payé ou de le faire protester auprès de lui-même et d'exercer son recours (voir dans ce sens Thöl, *Wechselrecht*, 3e édit., p. 774). Ce recours, il est vrai, n'aura généralement aucun effet pratique, puisque les endosseurs précédents pourront lui opposer une exception liquide consistant à dire que le porteur, en sa qualité d'accepteur et de débiteur principal de l'effet, aurait l'obligation de restituer immédiatement le montant de celui-ci. Mais si, en l'espèce, la Banque de Lucerne avait procédé de la sorte, son recours n'aurait sans doute pas déployé d'effets vis-à-vis des autres endosseurs, mais il aurait en revanche dû aboutir en ce qui concerne le défendeur, tireur de l'effet. Car, si le défendeur avait opposé au recours l'exception tirée de l'acceptation de la Banque, celle-ci aurait été fondée à répliquer en invoquant le dol, puisque, dans cette hypothèse, l'argumentation du défendeur aurait consisté à dire que cette acceptation ne pouvait déployer d'effets contre lui. *Pour traduction*, C. S.

Vaud. — TRIBUNAL CANTONAL.

Séances des 5 et 6 octobre 1886.

Concession de passage d'eau. — Obligation pour la compagnie concessionnaire de fournir l'eau nécessaire à l'extinction des incendies.

Commune de Lausanne c. Lausanne-Ouchy et Eaux de Bret.

A teneur de la concession du 10 juillet 1872, la Commune de Lausanne ne peut exiger que la Compagnie des Eaux de Bret lui fournisse gratuitement, au moyen d'une canalisation fixe, l'eau nécessaire pour protéger contre les dangers d'incendie un bâtiment qui n'est pas situé sur le parcours des canalisations de la Compagnie.

Mais elle peut exiger que cette eau, quoique destinée à n'être consommée que fort rarement, lui soit fournie au tarif ordinaire.

Avocats des parties :

MM. de Meuron, pour Commune de Lausanne, demanderesse et recourante.

Dupraz, pour Compagnie Lausanne-Ouchy et Eaux de Bret, défenderesse.

La Commune de Lausanne a conclu à ce qu'il soit prononcé contre la Société du Lausanne-Ouchy et Eaux de Bret :

1° Qu'elle est tenue, aux termes de l'art. 7, 2° alinéa, de la concession du 18 juillet 1872, de lui fournir gratuitement l'eau nécessaire au service des hydrantes du Casino-Théâtre, à Lausanne. — *Subsidiairement*, qu'elle est tenue, aux termes de l'art. 1er de la concession du 18 juillet 1872, de lui fournir au compteur et au prix maximum de 5 cent. par mètre cube, l'eau nécessaire au service des hydrantes du Casino-Théâtre, à Lausanne ;

2° Que la Commune de Lausanne est autorisée à prendre l'eau fournie par la Société défenderesse sur le branchement de St-Pierre de cette canalisation et à la recueillir au moyen d'une conduite en tuyaux de 150 millimètres.

La Compagnie Lausanne-Ouchy a conclu : 1° A libération ; 2° subsidiairement, que si la Compagnie est tenue de fournir l'eau nécessaire au service contre l'incendie du Théâtre, ce service doit être payé : *a)* à raison de 20 fr. par hydrante ; *b)* le prix de l'eau utilisée contre le gel conforme à son tarif ordinaire, soit à raison de 5 cent. le mètre cube mesuré à la jauge ; 3° également subsidiairement à la conclusion libératoire, que la Commune doit empêcher toute communication entre les eaux de la Compagnie défenderesse et celles de la Société des Eaux de Lausanne.

Par jugement du 11 juin 1886, le Tribunal de Lausanne, — estimant qu'en présence des engagements limités de la Compagnie, celle-ci n'est pas tenue de fournir gratuitement l'eau nécessaire au Théâtre, puisque ce bâtiment n'est point situé sur le parcours d'une de ses canalisations. Que l'on ne peut admettre que la Compagnie tienne continuellement à la disposition de la Commune une grande quantité d'eau ne devant servir que pour le cas très éventuel d'un incendie et cela au tarif réduit de 5 cent.

par mètre. Qu'il y a lieu d'appliquer le tarif spécial de 20 fr. par an et par hydrante accepté jusqu'ici par les concessionnaires, — a repoussé la conclusion n° 1 de la Commune; admis la conclusion n° 2, mais dans ce sens seulement que la Commune est autorisée à utiliser le branchement fait en St-Pierre à la suite des mesures provisionnelles, pour conduire l'eau de Bret au Théâtre et à s'en servir en cas d'incendie, et cela moyennant paiement annuel de 20 fr. par hydrante et bouche à eau; admis dans ces limites les conclusions libératoires de la Comp. L.-O.; admis en entier ses conclusions subsidiaires 2° §§ *a* et *b* et 3°.

Sur recours interjeté par la Commune, le Tribunal cantonal a réformé le jugement, en ce sens que la conclusion subsidiaire à la conclusion n° 1 de la demanderesse lui a été accordée. Les dépens ont été compensés.

Motifs.

En ce qui concerne la première conclusion de la Commune:

Considérant qu'aux termes de l'art. 7 de la concession du 18 juillet 1872, la Comp. du L.-O. et Eaux de Bret s'est engagée à fournir gratuitement à la Commune de Lausanne l'eau d'arrosage pour les rues, places, promenades, routes et chemins actuels ou à créer sur tout le développement de ses canalisations, ainsi que l'eau en quantité illimitée pour l'extinction des incendies.

Que, dans ce but, l'acte de 1872 stipule qu'il sera établi par la Compagnie et à ses frais des tubulures à bride sur toute la partie de ses canalisations où l'arrosage est ou pourra devenir nécessaire.

Considérant qu'il ressort des termes mêmes de cet acte que la Compagnie n'est tenue de fournir gratuitement l'eau contre l'incendie que là où elle a des canalisations, sur la partie seulement de ses canalisations où l'arrosage est ou pourra devenir nécessaire et au moyen d'hydrantes situés sur le domaine public c'est-à-dire dans les rues, places, promenades, routes et chemins.

Qu'en présence d'une telle limitation dans ses engagements, la Compagnie ne saurait être tenue de fournir gratuitement l'eau nécessaire au Théâtre, puisque ce bâtiment n'est point situé sur le parcours d'une de ses canalisations.

Qu'en outre, dans l'acte de 1872, la Compagnie a concédé toute l'eau recueillie par de simples tuyaux s'adaptant aux hydrantes au moment de l'incendie, mais qu'elle ne s'est pas engagée à fournir gratuitement cette même eau, obtenue par une canalisation fixe, soudée à l'une de ses canalisations maîtresses, ainsi que le demande la Commune de Lausanne dans le procès actuel.

Considérant que cette distinction dans le mode de fourniture de l'eau se justifie par le texte même de la concession de 1872.

Qu'en effet, si à cette époque on avait entendu concéder à la Commune le droit de mener l'eau de Bret où bon lui semblerait par des canalisations fixes, ce droit aurait été formellement exprimé, ce qui n'est pas le cas dans l'acte ci-dessus.

Que, du reste, cette interprétation est corroborée par le préavis municipal du 26 juillet 1872, relatif à la ratification de la convention du 18 juillet, même année, préavis qui dit entre autres que : les deux sociétés (Eaux de Lausanne et Eaux de Bret) s'engagent à fournir l'eau d'arrosage et d'incendie, l'une (Eaux de Lausanne) sur un certain périmètre, l'autre (Eaux de Bret) *sur le parcours de ses canalisations;* cette fourniture d'eau étant *gratuite* et constituant la seule compensation réclamée du Comité du chemin de fer pneumatique.

Considérant dès lors que la Commune de Lausanne ne peut exiger aujourd'hui que la Comp. du L.-O. lui fournisse gratuitement et au moyen d'une canalisation fixe l'eau nécessaire au Théâtre en cas d'incendie, et qu'ainsi la conclusion n° 1 de la demande ne saurait être admise,

Le Tribunal cantonal écarte le recours de la Commune.

Sur la conclusion subsidiaire :

Considérant que la Commune de Lausanne estime avoir le droit d'exiger que l'eau en question lui soit fournie d'après le tarif fixé par l'art. 1er de la concession, c'est-à-dire au prix de 5 cent. le mètre cube, et ce contrairement à la décision du Tribunal de première instance, qui a fixé ce prix à 20 fr. par an et par hydrante.

Considérant, à ce sujet, que l'art. 1er de la concession de 1872 statue que les eaux seront employées en premier lieu comme force motrice pour actionner le chemin de fer pneumatique à créer entre Lausanne-Ouchy, qu'elles pourront, en outre, être concessionnées par la Compagnie aux particuliers à titre d'eaux motrices industrielles ou agricoles, à l'exclusion des usages alimentaires ou ménagers, qu'un tarif uniforme sera établi pour les concessions d'eau et que le maximum de ce tarif est fixé à 5 cent. par mètre cube d'eau ou 20 cent. par cheval théorique et par heure.

Considérant que cette énumération d'eaux motrices, industrielles ou agricoles n'est nullement limitative et qu'elle n'a été indiquée qu'à titre d'exemple.

Qu'en effet, le but de la concession a été de mettre à la disposition des particuliers l'eau de Bret pour tous les usages à l'exclusion du service alimentaire ou ménager, le dit art. 1er ne faisant aucune autre distinction selon que l'eau concessionnée sera employée à éteindre les incendies ou à d'autres usages.

Que, dès lors, l'eau fournie en cas d'incendie par la Comp. du L.-O. doit être payée d'après le tarif institué à l'art. 1er de la concession et non suivant un tarif spécial, ainsi que le prétend la défenderesse.

Que celle-ci ne saurait se refuser à livrer de l'eau sur la base du tarif prévu par le motif qu'il est difficile de contrôler le débit de l'eau au moyen d'un compteur et que les règlements de la Compagnie portent qu'un abonnement à une bouche à incendie coûte annuellement 20 fr.

Attendu, en effet, en ce qui concerne la difficulté de déterminer les quantités d'eau absorbées au moyen de compteurs de grand calibre, que la Compagnie ne saurait s'en prévaloir, puisque c'est à elle à se pourvoir des moyens suffisants et à se procurer les engins nécessaires au contrôle.

Considérant, quant au tarif de 20 fr. par hydrante, invoqué par la Compagnie, que les autorités communales n'ont jamais approuvé un règlement modifiant le tarif en ce qui concerne les abonnements en cas d'incendie.

Qu'en tant que la concession de 1872 n'aura pas été modifiée à ce sujet, l'art. 1er doit subsister avec toutes ses conséquences et que la Compagnie ne peut vendre son eau qu'en observant le tarif prévu et autorisé, c'est-à-dire à raison de 5 cent. le mètre cube.

Que si la Comp. du L.-O. a vendu des eaux au tarif de 20 fr. soit à l'Etat, soit à des particuliers, cette circonstance ne saurait lier en aucune façon la Commune de Lausanne.

Considérant, enfin, que la Compagnie ne saurait se refuser à remettre de l'eau, au prix de son tarif, alors qu'elle ne démontre pas que le service du chemin de fer s'y oppose ou que par telle autre raison la vente de son eau lui est préjudiciable, le but de la concession du 18 juillet 1872 ayant été, pour la Commune de Lausanne, de voir arriver des eaux sur son territoire et de pouvoir les utiliser soit pour les services publics, soit pour le plus grand avantage des particuliers.

Séance du 10 novembre 1886.

Enfant adultérin inscrit à l'état civil comme enfant légitime. — Prétendue légitimation par le mariage subséquent de la mère avec son complice. — Non-recevabilité de l'action. — Art. 54 de la Constitution fédérale; art. 25 et 41 de la loi fédérale sur l'état civil et le mariage; art. 162 et 167 Cc.

Recours Wulliens.

L'enfant adultérin qui est inscrit à l'état civil comme enfant légitime ne saurait être légitimé par le mariage subséquent de sa mère avec son complice, tant qu'il n'a pas été désavoué par le premier mari de la mère que la loi présume être le père de l'enfant.

L'action en désaveu appartient au mari seul et non à l'enfant (Cc. 162 et 167).

Avocat du recourant : M. Pellis.

M. le substitut Kaupert a combattu le recours au nom du Ministère public.

Le 22 mars 1864, la défenderesse L^se^-G^te^ Waridel a été unie par les liens du mariage à F.-L. Wulliens et celui-ci abandonna sa femme dès l'année 1868.

Le demandeur Jules Wulliens est né le 16 avril 1871 et a été inscrit aux registres de l'état civil de la paroisse de l'Isle comme fils légitime de L^se^-G^te^ née Waridel et de F.-L. Wulliens, absent.

Le 25 août 1874, L^se^-G^te^ née Waridel requit et obtint au Tribunal de Cossonay un jugement prononçant son divorce d'avec F.-L. Wulliens et ce pour cause d'abandon de la part de celui-ci.

Le 21 février 1876, la défenderesse épousa M.-R. Maget.

Ce dernier se prétend père du demandeur; il l'a toujours reconnu publiquement comme son propre fils; il l'a élevé et entretenu dès sa naissance comme tel et la défenderesse L^se^-G^te^ Maget a également toujours élevé le demandeur comme étant le fils de M.-R. Maget; Jules Wulliens demeure actuellement à l'Isle dans le domicile de M.-R. Maget et de L^se^-G^te^ Maget, née Waridel (solutions testimoniales des faits nos 13, 14, 15, 17 et 18).

C'est ensuite de ces faits que Jules Wulliens, se prétendant fils de M.-R. Maget, a ouvert la présente action contre M.-R. Maget, Le-Ge Maget née Waridel, la Commune de l'Isle et François-L. Wulliens, pour faire prononcer qu'il est légitimé par le mariage de la mère Louise-Georgette née Waridel et du second mari de celui-ci, M.-R. Maget.

Les co-défendeurs M.-R. Maget, Louise-Georgette née Waridel et la Commune de l'Isle ont passé expédient sur les conclusions prises par le demandeur.

Statuant sur ces faits et vu le préavis du substitut du Procureur général, M. Kaupert, le Tribunal civil du district de Cossonay a, par jugement du 30 août 1886, débouté le demandeur de ses conclusions.

Ce jugement est fondé sur les moyens suivants :

L'enfant né pendant le mariage a pour père le mari ; or, Jules Wulliens n'ayant pas été désavoué par F.-L. Wulliens, est fils légitime de celui-ci et il ne saurait être fondé à réclamer un état contraire à celui que lui donne son état civil. Les enfants inscrits dans leur acte de naissance comme illégitimes sont seuls admis à se mettre au bénéfice de la légitimation par mariage subséquent de leurs père et mère.

Jules Wulliens a recouru contre ce jugement en se fondant sur les moyens ci-après :

La Constitution fédérale, art. 54, la loi fédérale sur l'état civil (art. 25) autorisent la légitimation, par mariage subséquent de leurs parents, de tous les enfants nés lors du mariage et même des enfants adultérins; c'est à tort dès lors que le Tribunal de Cossonay a fait une distinction entre les différentes espèces d'enfants adultérins en disant que l'enfant né d'une femme mariée ne pourra être légitimé par le mariage de sa mère avec son complice. Tous les enfants nés en dehors du mariage de leurs pères et mère doivent pouvoir être légitimés par le mariage subséquent de ceux-ci.

Le jugement dont est recours méconnaît les solutions de fait et la valeur des pièces produites ; il interprète mal les art. 162, 168, 171 Cc., 54 de la Constitution fédérale, 25 et 41 de la loi fédérale sur l'état civil.

Le Tribunal cantonal a écarté le recours.

Motifs.

Considérant qu'il résulte des faits de la cause que le demandeur est né le 16 avril 1871, soit pendant la durée du mariage conclu le 22 mars 1864 entre F.-L. Wulliens et L[me]-Georgette née Waridel, ce mariage n'ayant été rompu par le divorce que le 25 août 1874.

Que son acte de naissance lui donne la qualité de fils légitime de F.-L. Wulliens.

Que l'enfant conçu pendant le mariage a pour père le mari (Cc. 162).

Que F.-L. Wulliens était absent depuis le 1er juin 1868, soit depuis près de 3 ans avant la naissance du demandeur.

Que, nonobstant cette circonstance et l'art. 162 2e al. Cc. qui l'autorisait à désavouer l'enfant, il n'a pris aucune mesure de ce genre.

Que l'action en désaveu d'enfant appartient au mari seul, sauf le cas exceptionnel prévu par l'art. 167 Cc.

Que, dès lors, Jules Wulliens, n'ayant pas été désavoué par F.-L. Wulliens, est le fils légitime de celui-ci.

Attendu que la Constitution fédérale et la loi fédérale sur l'état civil autorisent la légitimation par mariage subséquent des enfants nés lors du mariage.

Mais qu'il ne peut être question d'une telle légitimation que s'il est juridiquement établi que l'enfant dont on demande la légitimation est bien le fils des époux.

Qu'en l'espèce, au contraire, il existe au profit du demandeur une présomption juridique d'après laquelle il doit être considéré comme enfant légitime de F.-L. Wulliens.

Que cette présomption ne peut être surmontée que par le désaveu exprès du premier mari de sa mère ou des héritiers de celui-ci dans le cas prévu à l'art. 167 Cc., à l'exclusion de toute autre preuve quelconque.

Que, notamment, la circonstance que Marc-Rodolphe Maget a toujours publiquement reconnu Jules Wulliens comme étant son fils et l'a toujours élevé et traité comme tel ne saurait infirmer la présomption légale résultant des inscriptions qui figurent dans l'acte de naissance du demandeur.

Considérant que, dès lors, pour que Jules Wulliens pût être légitimé par le mariage subséquent de sa mère avec M.-R. Maget, il aurait fallu qu'il eût été désavoué par F.-L. Wulliens et qu'il eût ainsi perdu sa qualité de fils légitime de ce dernier.

Que, ce désaveu n'étant pas intervenu, le demandeur n'est pas fondé à réclamer une filiation légitime contraire à celle qui résulte de son extrait de naissance.

Séances des 11, 13 et 16 novembre 1886.

Accident de chemin de fer. — Responsabilité de la Compagnie. — Calcul de l'indemnité due à la famille de la victime. — Prétendue faute grave de la Compagnie. — Art. 2, 5 et 7 de la loi fédérale du 1er juillet 1875.

Hoirs Burnens contre Compagnie Suisse Occidentale-Simplon.

Pour déterminer l'indemnité due à la famille d'un employé tué par un accident de chemin de fer, il faut tenir compte de l'âge et de la qualité des personnes dont l'entretien était à la charge de la victime; de la somme annuelle que l'employé consacrait à l'entretien de sa famille et des chances d'avancement qu'il pouvait avoir.

Avocats des parties:

MM. Paschoud, pour hoirs Burnens, demandeurs et recourants éventuels.
E. Correvon, pour Compagnie Suisse Occidentale-Simplon, défenderesse et recourante principale.

Le 6 novembre 1885, vers les 6 heures 30 minutes du soir, le chef d'équipe Bessero était occupé avec le brigadier Jean-François Burnens à décomposer le train n° 280 sur la voie 2 du triage à la gare de Renens, non loin du chariot et à orient de cette gare.

La manœuvre consistait à faire avancer sur cette voie, au moyen d'une locomotive, 20 à 30 wagons contre 5 ou 6 autres qui étaient en place à une certaine distance et qu'il s'agissait de crocher au train.

Bessero commandait la manœuvre, Burnens devait crocher en queue une tranche de wagons et au commencement de l'opération ces deux employés se trouvaient à une certaine distance l'un de l'autre à côté de la voie et du côté du lac.

Bessero, faisant avancer le train pour crocher cette tranche, cria à Burnens : « Etes-vous prêt ? » à quoi Burnens répondit : « Encore quatre wagons en avant. »

Bessero donna au mécanicien le signal d'avancer et dirigea l'opération avec sa lanterne, puis, s'apercevant que la tranche de wagons de queue n'était pas crochée, s'approcha et trouva Burnens à travers la voie, la face contre terre.

Burnens respirait encore, mais difficilement, puis mourut quelques minutes après.

Immédiatement après la mort de Burnens, le chef de gare de Renens fit appeler le Dr Widmer, à Bussigny, qui arriva bientôt, examina le cadavre et ne voyant aucune trace extérieure de lésion, exprima l'avis que Burnens avait succombé à une attaque d'apoplexie.

Le Dr Widmer, cependant, d'accord avec le syndic de Renens et le chef de gare, estima qu'il y avait lieu d'examiner le cas de plus près et une autopsie fut faite par les Drs Widmer et Burnier, autopsie qui constata que le cœur de Burnens était déchiré et écrasé.

Burnens a été tamponné, le Tribunal ignorant comment.

Le 6 novembre 1885, à 6 $^1/_2$ heures du soir, au moment de l'accident, la nuit était sombre.

L'endroit où a eu lieu l'accident était insuffisamment éclairé ; il n'a pas été établi que la lanterne située à environ 23 mètres du dit endroit fût allumée et cette lanterne était en tout cas masquée par une tranche de wagons.

Depuis l'accident du 6 novembre 1885, le personnel de la gare de Renens a été quelque peu augmenté, mais sans qu'il soit établi que cette augmentation ait été provoquée par l'accident.

Burnens était un employé de bonne conduite, sobre et aimé de ses supérieurs, camarades et inférieurs.

La veille de l'accident, Burnens avait obtenu un congé de quelques heures et le jour même de l'accident il avait aussi un congé et il n'avait commencé sa journée qu'à 10 heures du matin.

A la gare de triage de Renens, Burnens était spécialement occupé au chariot.

Ce travail se fait ordinairement, à la gare de Renens, au moyen d'un chariot à vapeur au service duquel Burnens était, depuis un certain temps, attaché alternativement avec l'autre brigadier Dérouaud.

Le 6 novembre 1885, le chariot étant depuis quelques jours en réparation, le travail de la décomposition des trains devait se faire sans l'aide du chariot, comme partout où une machine de ce genre n'existe pas.

Burnens a été pendant environ une année chargé spécialement du travail consistant à crocher les wagons des trains en décomposition.

Il n'a pas été établi qu'à de nombreuses reprises Burnens ait, dans son service à la gare de Renens, commis des imprudences mettant sa vie en danger, ni que pour ce fait il se soit attiré des observations et des reproches de ses chefs.

Depuis l'accident de Burnens, des instructions ont été données aux agents de la Compagnie sur la manière de crocher les wagons.

La veuve Burnens et le tuteur des 5 enfants laissés par le défunt ont actionné la Compagnie Suisse Occidentale-Simplon en paiement d'une indemnité de 35,000 fr., dont 10,000 fr. pour la veuve et 5000 fr. pour chacun des cinq enfants.

Vu ces faits, et estimant que l'accident est dû à un coup de tampon; — qu'il a eu lieu dans l'exploitation; que les fautes générales alléguées par la Compagnie ne sont pas établies; qu'en ce qui concerne l'accident, la Compagnie n'a établi aucune faute à la charge de Burnens; — qu'au surplus, Burnens a dû essayer de crocher un wagon dans une obscurité presque complète; que, toutefois, il n'y a pas à la charge de la Compagnie de dol ou de faute grave, le Tribunal du district de Lausanne a admis les conclusions du demandeur en les réduisant toutefois à *quinze mille cinq cents francs*, soit 12,500 fr. pour les cinq enfants et 3000 fr. pour la veuve.

Le Tribunal cantonal a écarté les pourvois interjetés par les deux parties.

Motifs.

Considérant qu'il ressort des faits de la cause que, dans l'espèce, on se trouve en présence d'un accident survenu dans l'exploitation, ayant entraîné mort d'homme et que la Compagnie recourante n'a pas établi que l'accident soit dû à un cas de force majeure, ni qu'il ait été causé par la faute de celui-là même qui a été tué.

Que, dans ces circonstances, la Compagnie doit être rendue

responsable du dommage résultant du dit accident, ce en vertu de l'art. 2 de la loi fédérale du 1er juillet 1875.

Que l'on ne saurait faire application dans l'espèce de l'art. 7 de la dite loi, ainsi que le prétendent les demandeurs, puisqu'il ne s'agit nullement ici d'un cas de dol ou de négligence grave établie contre la Compagnie Suisse Occidentale-Simplon.

Qu'en effet, les demandeurs n'ont pas prouvé, ainsi qu'ils l'ont entrepris, que le personnel de la gare de Renens fût insuffisant le 6 novembre 1885.

Que le fait que l'éclairage de cette gare n'était pas suffisant à l'époque de l'accident de Burnens ne saurait pas non plus constituer une négligence *grave* à la charge de la Compagnie.

Qu'en effet, celle-ci n'avait à ce moment-là reçu aucune observation à ce sujet de l'autorité fédérale supérieure et qu'elle pouvait, dès lors, croire que l'éclairage était établi dans des conditions normales de sécurité.

Considérant que cette question de négligence grave étant ainsi mise de côté, il y a lieu d'appliquer, ainsi qu'il a déjà été dit, le principe général de responsabilité prévu à l'art. 2 de la loi fédérale et de fixer le chiffre de l'indemnité à allouer à la veuve et aux enfants Burnens.

Que, pour fixer ce chiffre, la Compagnie recourante estime que, dans des cas analogues, il a été admis que la victime d'un accident de chemin de fer pouvait consacrer et consacrait en réalité à l'entretien de ses enfants la moitié du produit de son travail; que, dans l'espèce, Burnens gagnant 1300 fr. par an, pouvait ainsi consacrer 600 à 650 fr. à sa femme et à ses enfants et que c'est, dès lors, ce chiffre qu'il faudrait prendre comme base de la rente pour fixer le capital à payer par la Compagnie.

Considérant que cette théorie ne saurait être admise d'une manière absolue et qu'il faut, en outre, tenir compte de certains éléments qui doivent être appréciés dans chaque cas particulier, tels que l'âge et la qualité des personnes dont l'entretien était à la charge de la personne tuée, plus spécialement l'âge et le nombre des enfants laissés par le défunt, ainsi que les circonstances personnelles de celui-ci.

Considérant que Burnens consacrait plus de 650 fr. par an pour l'entretien de sa femme et de ses cinq enfants dont l'aîné a onze ans et le cadet seulement un an.

Qu'en effet il a été établi aux débats que le traitement que

Burnens recevait de la Compagnie Suisse Occidentale-Simplon n'était pas sa seule ressource et qu'il obtenait de fréquents congés lui permettant de s'occuper d'affaires purement personnelles.

Qu'il y a lieu aussi de tenir compte des chances d'avancement que pouvait avoir Burnens comme employé de la Compagnie, puisque les débats ont révélé qu'entré comme équipe à la gare de Renens le 1er janvier 1884, Burnens était promu brigadier déjà le 1er avril 1884 et qu'il résulte de la solution testimoniale donnée à l'allégué 67 que Burnens était un employé de bonne conduite, sobre et aimé de ses supérieurs, camarades et inférieurs.

Que, dans ces circonstances, il n'y a pas lieu de modifier le chiffre de *15,500 fr.* alloués à titre de dommage à la veuve et aux enfants du défunt.

Cette affaire a été portée devant le Tribunal fédéral.

Revue des Tribunaux.

Assurance du droit. — A teneur des art. 85 et 86 Cpc., le délai fixé par le Président pour assurer le droit est un délai péremptoire. Dès lors, une fois que ce délai est expiré et que le Président a prononcé l'éconduction d'instance du défendeur, ce magistrat ne saurait révoquer son prononcé et accorder au nouveau délai.

(Président du Tribunal de Vevey; décision annulée.)

TC., 16 novembre 1886. Berger c. Grimm.

Conclusion des contrats. — Sauf les cas exceptionnels prévus à l'art. 6 CO., l'auteur d'une offre est lié par celle-ci, dès le moment où elle est parvenue à l'autre partie, pendant toute la durée du délai fixé (par l'offre elle-même ou par la loi) pour accepter (CO. 3 et 5). Dès lors, l'auteur de l'offre ne peut valablement la révoquer pendant ce délai; mais, une fois celui-ci expiré, l'offre est éteinte de plein droit et ne saurait plus être acceptée valablement. La révocation d'une offre faite depuis le moment où celle-ci est parvenue à l'autre partie, mais antérieurement à l'expiration du délai pour accepter, est donc sans valeur; si, au contraire, la révocation a lieu postérieurement à l'expiration de ce délai, elle est superflue.

TF., 23 octobre 1886. Banque populaire de Hohenrain c. Widmer.

Conclusions reconventionnelles. — Les conclusions reconventionnelles ne peuvent porter que sur le principal ou l'accessoire du procès et ne peuvent changer la nature de la question en litige (Cpc. 166). Dès lors, lorsqu'un usinier ouvre action pour se plaindre de ce que le défendeur a détourné les eaux d'un ruisseau, le défendeur ne saurait prendre des conclusions reconventionnelles concernant d'autres immeubles et n'ayant aucune connexité avec les fins de la demande.

(Président du Tribunal d'Echallens, jugement incident maintenu.)

TC., 16 novembre 1886. Commune de Froideville c. Nestlé et consorts.

Cumulation de délits. — Lorsque, après une condamnation prononcée, on découvre que le condamné avait, avant le jugement rendu, commis un autre délit, pour lequel il n'avait pas encore été jugé, il y a lieu de prononcer une seule et même condamnation pour les deux délits et le second n'est pas envisagé comme une récidive à l'égard du premier (Cp. 66).

(Tribunal de police de Nyon; jugement réformé.)

CP., 9 novembre 1886. Mayor.

Discussion. — Il y a lieu à nullité de l'ordonnance de discussion rendue à la requête d'un créancier, sans que le débiteur ait été entendu ou régulièrement appelé et sans qu'une enquête ait été faite conformément à l'art. 34 de la loi de 1852 sur les sociétés commerciales (Cpc. 5 et 502).

Cette enquête doit porter notamment sur la qualité de commerçant de celui dont on requiert la mise en faillite, sur la question de savoir s'il a cessé ses paiements ou s'il abuse du crédit d'une manière dangereuse pour l'ordre public. Elle doit constater en outre si le demandeur a vocation pour requérir la mise en faillite, c'est-à-dire s'il est créancier de celui qu'il prétend mettre en faillite. Ces différents points doivent être établis par les dépositions régulièrement ténorisées ou par la production d'actes probants.

(Président du Tribunal de Grandson; ordonnance annulée.)

TC., 25 novembre 1886. Mæder.

Discussion. — Le débiteur qui est en dessous de ses affaires et qui abuse du crédit d'une manière dangereuse pour l'ordre public peut être mis en faillite alors que son passif se compose, pour la plus grande partie, de dettes commerciales (Cpc. 1071).

(Tribunal de la Vallée; jugement maintenu.)

TC., 7 octobre 1886. Reymond.

Divorce. — Les tribunaux suisses ne peuvent se nantir d'une demande en divorce concernant des époux étrangers, que s'ils ont la *certitude* que le jugement sera reconnu par l'Etat dont les époux sont ressortissants comme un jugement civil exécutoire et ne sera en aucun cas soumis à un nouvel examen en ce qui concerne le fond (art. 56 de la loi sur l'état civil et le mariage).

TF., 11 septembre 1886. Epoux Bachmann-Moser.

Fabricants. — Les tribunaux pénaux cantonaux sont souverains pour apprécier si un accident de fabrique a été causé par un acte du fabricant susceptible de faire l'objet d'une action au pénal (art. 6 de la loi fédérale du 25 juin 1881).

Mais la décision du juge pénal à cet égard n'empêche pas le juge civil d'apprécier librement s'il y a eu, de la part de la victime, une faute telle qu'elle exonère le fabricant de toute responsabilité civile, ou, du moins, une faute concurrente.

TF., 15 octob. 1886. Ballmer c. Stœcklin & Cie et *La France industrielle.*

Fabricants. — Sauf le cas où un accident de fabrique a été causé par un acte du fabricant susceptible de faire l'objet d'une action au pénal, l'indemnité allouée à la victime ne peut être supérieure en capital à six fois le montant du salaire annuel de l'employé ou de l'ouvrier, ni excéder la somme de 6000 fr. (art. 6 de la loi fédérale du 25 juin 1881). Cette disposition est absolue et le juge ne saurait, par exemple, tenir compte de ce que la victime est un jeune ouvrier dont le salaire est encore minime, mais qui, selon toutes les probabilités, serait parvenu, dans un avenir rapproché, à gagner une somme plus considérable.

En outre, l'indemnité doit être équitablement réduite lorsque la mort ou la blessure est le résultat d'un accident fortuit (art. 5, *a*).

TF., 30 octobre 1886. Merz c. Schmid, Henggler et Cie.

Faits. — Le fait, par une partie, de renoncer à l'audition d'un témoin n'emporte point une renonciation à la preuve testimoniale elle-même. Pour être valable, une telle renonciation doit être faite en termes exprès, alors surtout que l'autre partie s'est réservé de participer contradictoirement à toutes les preuves testimoniales entreprises.

(Tribunal de Nyon ; jugement annulé en vertu de l'article 436 *b* et *c* Cpc.)

TC., 17 novembre 1886. Dame Duvoisin c. Dégrange.

Fraude. — En disposant que le constitut possessoire est sans effets à l'égard des tiers, s'il a pour but de les léser, l'article 202 CO. vise seulement le cas où un créancier se servirait de moyens extraordinaires pour être préféré à d'autres créanciers ayant les mêmes droits que lui ou des droits meilleurs.

Tribunal d'appel de Zurich, 18 septembre 1886. Fehlmann c. Senn.

Gage. — Un mandat-poste ne peut être envisagé comme un titre transmissible par endossement. Dès lors, pour qu'un droit de gage soit constitué sur une créance de cette nature, il ne suffit pas de la simple remise du titre au créancier-gagiste, conformément à l'art. 214 CO. ; il faut encore, ainsi que le prescrit l'art. 215, que le débiteur ait été avisé et que l'engagement ait été constaté par écrit.

Trib. supérieur de Lucerne, 22 mai 1885. G. et St. c. masse A.

Informalité. — L'informalité résultant de ce qu'un exploit d'opposition ne renferme pas la commination en cas de défaut ne saurait faire l'objet d'un incident, lorsqu'elle est sans intérêt réel en l'espèce et qu'elle a été couverte par les procédés de la partie adverse (Cpc. 115).

(Vice-président de la Justice de paix du Chenit ; recours admis.)

TC., 28 septembre 1886. Piguet c. Fauquez.

Loteries. — La loi n'accorde en Suisse aucune protection aux loteries autorisées à l'étranger, à moins que l'autorité compétente suisse n'ait autorisé la vente des billets (CO. 516). En conséquence, l'engagement que prend une personne de placer une somme qui lui est confiée par un tiers en billets d'une loterie non autorisée en Suisse, doit être considéré comme une obligation immorale (CO. 17), et l'inexécution de cette obligation ne saurait fonder une action en dommages et intérêts.

Cour d'appel de Zurich, 5 juillet 1886. Holliger c. Bödecker.

Obligation immorale. — Les opérations d'une agence matrimoniale n'ont, en elles-mêmes, rien d'immoral, aussi longtemps que les moyens qu'elle emploie ne sont pas illicites ou contraires aux bonnes mœurs. Dès lors, on ne saurait refuser aux agences matrimoniales le droit d'agir en justice pour obtenir le paiement des honoraires stipulés.

Tribunal supérieur de Lucerne, 13 mai 1885.

Opposition. — Le tiers qui revendique la propriété d'objets saisis ne peut, après avoir abandonné une première opposition, en former une nouvelle (Cpc. 411).

(Juge de paix de Château-d'Œx; sceau révoqué.)

TC., 24 septembre 1886. Camps & Cie c. Henchoz.

Recours. — Aucun droit de recours n'est attribué au plaignant condamné à payer tout ou partie des frais à teneur de l'article 444 Cpp. (Cpp. 489). L'appréciation du Tribunal de police à cet égard est souveraine et ne saurait être revue.

CP., 9 novembre 1886. Morier.

Saisie. — L'ordonnance de subrogation constitue un acte de poursuite, qui ne peut être fait contre un citoyen appelé au service militaire cantonal ou fédéral, pendant les délais fixés par l'art. 563 Cpc. La péremption ne court d'ailleurs pas pendant ces délais (Cpc. 720).

(Juge de paix de Payerne; ordonnance annulée.)

TC., 9 novembre 1886. Buache c. Union du Crédit.

Saisie. — Les frais faits pour la vente d'objets saisis par plusieurs créanciers doivent être prélevés sur le produit de la vente, avant toute répartition.

(Juge de paix de Lutry; recours admis.)

TC., 9 novembre 1886. Caisse populaire c. Corthésy.

Saisie. — En matière de saisie de salaire, si le débiteur est journalier, une retenue ne peut être ordonnée que sur le prix de ses journées, et non sur un salaire mensuel.

Si le traitement du débiteur est nécessaire en son entier à

son entretien personnel, il ne peut être fait de reteuue sur ce traitement en faveur d'un créancier.

(Vice-président de la Justice de paix d'Echallens; ordonnances réformées.)

TC., 6 octobre 1886. Logoz c. Roulet.

Société en nom collectif. — Rien ne s'oppose à ce que la liquidation d'une société en nom collectif (CO. 580 et suiv.) ait lieu par la reprise, par l'un des associés, de tout l'actif et de tout le passif de la société. Si tel est le cas et que, dans la suite, cet associé tombe lui-même en faillite, les anciens créanciers de la société concourent, dans la faillite, avec les créanciers personnels du failli, et la femme de celui-ci peut leur opposer son privilège.

Cour d'appel de Zurich, 9 octobre 1886. Dame Bär c. créanciers de Gossweiler et Cie.

Tribunal fédéral. — Le droit d'exercer un recours de droit civil au Tribunal fédéral, conformément à l'art. 29 de la loi sur l'organisation judiciaire fédérale, n'appartient pas seulement aux parties principales, mais encore au tiers auquel l'instance a été dénoncée et qui, d'après la procédure cantonale, était autorisé, par ce fait, à prendre place au procès et à y formuler des conclusions [1].

Lors même qu'une seule des parties a porté une cause devant le Tribunal fédéral, par la voie d'un recours exercé conformément à l'art. 29 de la loi sur l'organisation judiciaire fédérale, il est loisible à la partie qui n'a pas recouru de reprendre en son entier les conclusions qu'elle a formulées devant la dernière instance cantonale et que celle-ci a réduites.

TF., 9 octobre 1886. Chemin de fer du Righi, soit la *France industrielle* c. Christen.

Tribunal fédéral. — L'art. 73 al. 2 de la loi du 22 novembre 1850 sur la procédure civile fédérale est applicable par analogie aux recours de droit civil exercés au Tribunal fédéral conformément aux art. 29 et 30 de la loi sur l'organisation judiciaire fédérale.

Dès lors, si le délai de 20 jours prévu à l'art. 30 précité

[1] Comp. l'arrêt Gaudin c. Naville et Keck. *Journal des Tribunaux* de 1885, p. 449.

expire un dimanche ou un jour férié, le recours peut encore être valablement exercé le jour suivant.

TF., 16 octobre 1886. Schwab c. Stæger.

Vente. — Bien que, d'après les directions de l'acheteur, la marchandise doive être expédiée « en transit », à l'adresse d'un commissionnaire-expéditeur, et non à celle de l'acheteur lui-même, c'est cependant le lieu du domicile du destinataire indiqué, c'est-à-dire du commissionnaire, qui doit être envisagé comme le lieu où la marchandise doit être reçue, et c'est là que sont censées devoir se faire les vérifications prévues à l'art. 246 CO.

Tribunal de commerce de Zurich, 25 juin 1886.
Muller c. Buff, Hinden et Mettler.

Concours de droit.

La Société suisse des juristes a décidé de mettre au concours la question suivante :

De la compétence des Tribunaux suisses à se nantir des actions en nullité de mariage et en divorce entre étrangers domiciliés en Suisse.

Etudier plus spécialement les questions suivantes :

1° La disposition de l'art. 56 de la loi fédérale du 24 décembre 1874 a-t-elle atteint en pratique le but désiré par le législateur ?

Exposé à cet égard de la jurisprudence des Tribunaux cantonaux et du Tribunal fédéral.

2° La Confédération, tout en maintenant la disposition légale susvisée, doit-elle poursuivre la conclusion de traités internationaux pour obtenir que les jugements des Tribunaux suisses en matière de mariage et de divorce entre étrangers soient reconnus par les Etats dont les époux sont ressortissants ?

3° Cet art. 56, au contraire, doit-il être modifié ou abrogé ? Préciser dans quel sens cette revision doit être entreprise.

4° Etablir les principes du droit international privé qui doivent être adoptés par la Suisse dans les traités internationaux pour obtenir la reconnaissance réciproque des jugements sur le divorce ?

Un premier prix de 500 fr. et un second prix de 300 fr. seront décernés aux meilleurs mémoires présentés sur cette question. Les concurrents doivent envoyer leurs travaux écrits dans l'une des trois langues nationales et accompagnés d'une épigraphe, à M. le Dr Zeerleder, Président de la Société suisse des juristes, à Berne, avant le 30 juin 1887. Cette épigraphe sera répétée comme adresse d'un pli cacheté renfermant l'indication du nom de l'auteur. L'étendue de chaque mémoire ne doit pas excéder six feuilles d'impression. La Société restera propriétaire des mémoires couronnés, et elle aura la faculté de les faire imprimer.

Les membres de la Société ainsi que les autres Juristes suisses sont priés de bien vouloir prendre part à ce concours.

Le comité a adopté les questions suivantes comme sujet des délibérations de l'assemblée générale de la Société à sa réunion de l'année prochaine, à Bellinzone :

1° *De l'office du préposé aux poursuites en Suisse. Etude de la nature juridique de ses fonctions, ainsi que des conséquences qu'il y a lieu d'en tirer, relativement à l'organisation de cet office, au mode de nomination et à la responsabilité des préposés.*

2° *De l'extradition en matière pénale et de police dans les relations entre les cantons suisses : son développement historique et la nécessité de prévoir, s'il y a lieu, de nouveaux cas d'application.*

———o—o———

L'*Académie de Lausanne* a conféré, le 6 décembre, les diplômes de licencié et de docteur en droit à M. Jaques *Berney*, de Saubraz, dont la dissertation avait pour titre « De la demeure en droit romain, français et suisse. »

———o—o———

Chambres fédérales. — L'Assemblée fédérale, réunie le 15 décembre, a élu :

Président de la Confédération, M. Numa *Droz*.

Vice-président de la Confédération, M. *Hertenstein*.

Le Tribunal fédéral conserve sa composition actuelle. MM. les juges *Kopp* et *Stamm* sont nommés président et vice-président de cette autorité.

Ch. Boven, notaire, rédacteur.

Lausanne. — Imp. CORBAZ & Comp.

XXXIVe ANNÉE. Nos 51 et 52. SAMEDI 25 DÉCEMBRE 1886

JOURNAL DES TRIBUNAUX

REVUE DE JURISPRUDENCE

Paraissant à Lausanne une fois par semaine, le Samedi.

SOMMAIRE. — *Répertoire alphabétique résumé de tous les arrêts du Tribunal cantonal vaudois, du Tribunal fédéral et des autres décisions renfermées dans le volume. — Répertoire des textes et des articles de lois cités. — Table, par ordre alphabétique, des matières et des noms des parties.*

RÉPERTOIRE ALPHABÉTIQUE

DES

Arrêts du Tribunal cantonal vaudois, du Tribunal fédéral et des autres décisions publiées dans ce volume.

Explication des abréviations.

TF.	veut dire	Tribunal fédéral.
TC.	»	Tribunal cantonal vaudois.
CP.	»	Cour de cassation pénale du canton de Vaud.
CO.	»	Code fédéral des obligations.
Cc.	»	Code civil vaudois.
Cp.	»	Code pénal »
Cr.	»	Code rural »
Cpc.	»	Code de procédure civile du canton de Vaud.
Cpp.	»	Code de procédure pénale »
P.	»	Page du *Journal des Tribunaux* de 1886.
V.	»	Voir.

Avertissement. — Les décisions relatives aux questions que soulève l'application des dispositions transitoires du CO. se trouvent sous la rubrique *Code fédéral des obligations;* celles concernant le recours au Tribunal fédéral et la procédure devant cette autorité, sous la rubrique *Tribunal fédéral.*

A

Armée du Salut. Le simple fait de contrevenir à l'arrêté du 4 juillet 1883, interdisant les réunions de l'Armée du Salut, suffit pour entraîner l'application de la loi, sans qu'il soit nécessaire que l'ordre public ait été troublé.

Une sommation préalable n'est pas non plus exigée par l'art. 129 Cp.

CP., 23 octobre 1886. Rawyler et consorts. P. 717.

Assemblée des actionnaires. V. *Société anonyme.*

Assignat. L'assignat de la femme mariée, qui n'est pas payé en entier sur les biens affectés à la garantie de cette créance, rentre, pour le surplus, dans les créances privilégiées en cinquième classe (Cc. 1624 § 5 et 1625).

TC., 2 mars 1886. Beyeler — Genton et consorts. P. 312.

Assignation. Il y a lieu à nullité du jugement par défaut rendu ensuite d'une assignation qui ne renferme pas de commination en cas de défaut (Cpc. 27 et 436 § *f*).

TC., 16 mars 1886. Mathey—Klingert. P. 272.

Assignation. C'est avec raison que le juge refuse de rendre jugement par défaut, lorsque l'assignation n'est pas régulière (Cp. 290 et 330).

TC., 23 mars 1886. Baron — Leonfelden. P. 350.

Assignation. Est irrégulier et ne peut justifier un jugement par défaut, l'appointement verbal qui n'est pas accepté par la partie assignée (Cpc. 436 § *f*).

TC., 8 juin 1886. Dame Savary—Genton. P. 413.

Assignation à ordre. V. *Lettre de change.*

Assistance judiciaire en matière pénale. V. *Extradition.*

Associations. V. *Liberté de réunion et d'association.*

Assurances. Lorsque, en matière d'assurance contre les accidents, la police exclut de l'assurance les cas d'hernies, effort, tour de reins, etc., il faut entendre par l'expression *effort* non le simple fait volontaire de celui qui s'efforce, mais le mal qui en est résulté, c'est-à-dire la douleur éprouvée dans la région lombaire en soulevant un fardeau trop pesant.

TC., 31 mars 1886. Le Secours — Guenzi. P. 281.

Assurances. L'art. 896 CO. se borne à réserver, jusqu'à la promulgation d'une loi fédérale sur le contrat d'assurance, les dispositions spéciales qui peuvent exister sur la matière dans le droit cantonal. S'il n'existe pas de dispositions cantonales sur cet objet, les difficultés relatives au contrat d'assurance doivent être jugées d'après les principes généraux du droit fédéral des obligations.

TF., 15 octobre 1886.
BALLMER — STŒCKLIN & Cie et LA FRANCE INDUSTRIELLE. P. 703.

Assurance du droit. Lorsque le délai accordé par le président à la partie tenue de fournir un dépôt ou un cautionnement pour assurer le droit paraît insuffisant, le Tribunal cantonal peut le prolonger (Cpc. 85 § 3).

TC., 28 septembre 1886. RAVET — Masse SCHWOB. P. 589.

Assurance du droit. A teneur des art. 85 et 86 Cpc., le délai fixé par le président pour assurer le droit est un délai péremptoire. Dès lors, une fois que ce délai est expiré et que le président a prononcé l'éconduction d'instance du défendeur, ce magistrat ne saurait révoquer son prononcé et accorder un nouveau délai.

TC., 16 novembre 1886. BERGER — GRIMM. P. 745.

Avocats. Si plusieurs demandeurs se sont réunis volontairement pour ouvrir une action commune, dans laquelle leurs conclusions sont identiques, de même que leurs moyens, ils ne peuvent se faire assister que par un seul avocat (Cpc. 120).

TC., 15 juin 1886. HUMBERT — MARQUIS et EMERY. P. 426.

Avocats. V. *Pouvoirs pour agir.*

B

Bail. Le preneur peut exiger une réduction du loyer, lorsqu'il est troublé dans la jouissance des lieux loués par les procédés du bailleur (CO. 277).

Cour d'appel de Zurich, 13 mars 1886. EHMANN — HEINRICH. P. 303.

Bail. Le bailleur qui, sans nécessité, entreprend des travaux pendant la durée du bail est tenu d'indemniser le locataire (CO. 278).

Cour de justice de Genève, 4 janvier 1886. MARTHERAY — LACROIX. P. 500.

Bail. Le preneur qui est troublé par un tiers dans la possession ou dans la jouissance de la chose louée a un droit d'action direct contre ce tiers. Il n'est point nécessaire qu'il s'adresse préalablement au bailleur, pour l'inviter à prendre fait et cause pour lui, conformément à l'art. 280 CO.

Trib. d'appel de Bâle, 19/28 novembre 1885.
KNELLWOLF — BRUNSCHWIG. P. 21.

Bail. A défaut de convention contraire entre le propriétaire et le fermier d'une auberge, la patente due à l'Etat est à la charge du fermier. On ne saurait envisager les patentes d'auberges comme des charges ou impôts grevant la *chose* louée (CO. 282 et 302).

Trib. supérieur de Bâle-Campagne, 29 janvier 1886. GÜRTLER — BRÄNDLIN. P. 289.

Bail. Le simple fait de fixer dans un bail un jour pour l'entrée en jouissance ne prouve pas, à lui seul, que les parties aient entendu faire dépendre le maintien ou la résiliation du contrat de la stricte observation de l'époque fixée. Pour que l'article 123 CO. soit applicable, il faut qu'il résulte clairement du contrat que le moindre retard autorise les parties à se départir de la convention.

Cour d'appel de Zurich, 3 février 1885. KELLER — WEIBEL. P. 40.

Bail. On ne peut assimiler à la tacite reconduction prévue à l'art. 291 CO., la convention par laquelle le bailleur autorise le preneur, après l'expiration du bail, à jouir encore des immeubles loués pour un temps indéterminé et pour un prix à fixer ultérieurement.

TC., 22 juin 1886. SIMONS — RUEPP et KELLER. P. 476.

Bail. Le droit de rétention accordé au bailleur par l'art. 294 CO. constitue, jusqu'au moment où le créancier le fait valoir, un simple droit *personnel* et non un droit *réel*. Dès lors, le fait par le locataire de déménager clandestinement ses meubles, pour les soustraire au droit de rétention, ne peut être envisagé comme une distraction d'objets saisis, mais il peut constituer une escroquerie *(Betrug)*.

Cour d'appel de Zurich, 28 janvier 1886. HÖFLIGER — HAAB. P. 188.

Bail. Le bailleur peut exercer son droit de rétention même sur les objets appartenant à des tiers, qui garnissent les lieux loués, s'il n'a pas su ou dû savoir qu'ils n'appartenaient pas au preneur (CO. 294). Toutefois, il ne peut plus exercer son droit de rétention dès le moment où, ayant eu connaissance des droits de propriété des tiers, il pouvait, conformément à la convention ou à la loi, obtenir la résiliation du bail.

Cour d'appel de Zurich, 14 novembre 1885. SPAHN — KRAUER. P. 238.
Cour d'appel de Zurich, 3 juillet 1886. SPÖRRI — SCHAUB. P. 671.

Bail. Pour que le bailleur soit fondé à s'adresser à l'autorité compétente pour être protégé dans l'exercice éventuel de son droit de rétention, conformément à l'art. 294, al. 3, CO., il n'est pas nécessaire que le locataire soit déjà sur le point de déménager ou qu'il ait clairement manifesté l'intention d'enlever les meubles. Il suffit que le locataire soit en retard pour le paiement d'un terme et qu'ainsi la résiliation du bail puisse être demandée à teneur de l'art. 287 CO.

Trib. civil de Bâle, 27 octobre 1886. Schäfer — Buser. P. 498.

Bail. Le droit de rétention du bailleur n'est pas éteint par le fait que les objets affectés à la garantie du loyer sont transportés dans le local des ventes destiné à la réalisation des objets saisis et à leur conservation. Le transport dans ce local ne saurait exercer en principe aucune influence sur les droits respectifs des intéressés (CO. 294).

TC., 24 novembre 1885. Briggen — Spühler. P. 23.

Bail. Le bailleur est fondé à agir par voie de séquestre contre le locataire, alors même que les meubles garnissant les lieux loués ont été enlevés. Pour autant qu'il s'agit de relations entre le propriétaire et le locataire, les voies de procédure conservatoire sont régies par la loi cantonale et non par le droit fédéral.

TC., 15 décembre 1885. Staiger — Dizerens. P. 104.

Bail. Celui qui, louant un cheval de selle, accepte sans observations l'animal qui lui est fourni, est présumé l'avoir reçu en état de servir à l'usage auquel il était destiné. Le cavalier est dès lors responsable du dommage que le cheval a pu subir pendant qu'il le montait, à moins qu'il n'établisse qu'il n'y a eu aucune faute de sa part.

TC., 24 septembre 1886. Ulrich — Kündig. P. 639.

Bail. V. *Cautionnement.*

Bail à cheptel. Si le preneur d'une ou de plusieurs vaches à lui remises en hivernage a seul droit au lait et aux veaux qui naissent pendant la durée du bail (Cc. 1313), il n'en résulte point que le bailleur doive indemniser le preneur en cas de maladie de la vache remise à bail.

Cependant le preneur d'une vache remise en hivernage a droit à une indemnité pour les soins extraordinaires qu'il est appelé à lui donner en cas de maladie.

TC., 31 août 1886. Baatard — Marty. P. 604.

Bail à cheptel. Constitue une dérogation au contrat d'hivernage, l'engagement que prend le propriétaire de la vache, pendant la durée du bail, de reprendre l'animal avant le terme convenu.

TC., 7 septembre 1886. Decollogny — Cuénoud. P. 619.

Bail à ferme. Le fermier n'a pas le droit de renoncer à exploiter lui-même la chose louée et de charger un gérant, sans le consentement du bailleur, de pourvoir à cette exploitation. En effet, une telle manière de procéder équivaudrait à un sous-affermage, pour lequel le consentement du bailleur est nécessaire (CO. 306).

Cour d'appel de Zurich, 6 avril 1886. Kündig — Stauffacher. P. 350.

Bail à ferme. Le fermier a le droit de sous-louer, même sans le consentement du bailleur, les locaux isolés qui dépendent de la chose affermée, pourvu qu'il ne résulte de ce fait aucun changement préjudiciable au bailleur (CO. 306). Le fermier d'un domaine rural peut, dès lors, nonobstant l'opposition du bailleur, sous-louer un pré à une société dramatique pour des représentations en plein air.

Chambre des recours de Zurich, 5 avril 1886. P. 492.

Bateaux à vapeur. L'art. 8 de la loi fédérale du 23 décembre 1872, portant que les compagnies de chemins de fer doivent élire domicile dans chacun des cantons dont leurs entreprises empruntent le territoire, n'est pas applicable aux compagnies de bateaux à vapeur.

TF., 11 juin 1886. Compagnie des bateaux a vapeur — Schwytz. P. 489.

Bénéfice d'inventaire. Le descendant en ligne directe qui n'a ni demandé le bénéfice d'inventaire, ni renoncé à la succession dans le délai de 42 jours fixé à l'art. 716 Cc., est réputé héritier.

La demande de bénéfice d'inventaire faite par l'un des cohéritiers ne profite pas aux autres (Cpc. 918).

TC., 15 juin 1886.
Banque cantonale et Caisse populaire — Delapraz. P. 443.

Bétail. V. *Santé publique.*

Bilan. V. *Société anonyme.*

Billet à ordre. Le porteur d'un billet souscrit par une personne tombée en faillite a l'obligation, vis-à-vis des endosseurs du dit billet, d'intervenir dans la discussion pour sauvegarder leurs droits éventuels.

TC., 9 décembre 1885. Cosandey — Banque cantonale. P. 51.

Billet de change. Il n'y a point lieu de s'arrêter aux explications plus ou moins vraisemblables que donne le souscripteur d'un billet de change pour faire croire que le dit titre n'est point dû. La promptitude et la sécurité nécessaires à la circulation fiduciaire s'opposent absolument à l'admission de pareils moyens, les signataires de billets sachant à quelles conséquences ils s'exposent en les créant.

Trib. de commerce de Genève, 25 février 1886.
Lancelot — Duchêne. P. 188.

Billet de change. L'endossement fait en blanc est absolument légal. Le porteur du billet endossé en blanc est réputé en être le légitime propriétaire et a ainsi le droit d'en réclamer le paiement (CO. 730 et 731).

Trib. de commerce de Genève, 25 février 1886. SCHMIDT — MERMIER. P. 188.

Billet de change. Le fait par un endosseur de modifier de son chef le domicile indiqué sur un billet de change comme lieu de paiement, constitue un acte illicite et rend l'endosseur responsable du dommage qui a pu en résulter, par exemple, du dommage causé par le fait que le billet a été, ensuite du changement effectué, protesté d'une manière irrégulière (CO. 50 et suiv.).

Trib. cantonal de St-Gall, 14 septembre 1886. S. — Z. P. 703.

Billet de change. V. *Compensation, Novation. Protêt.*

C

Cantons. V. *Code fédéral des obligations, Compensation, Droits individuels, Impôts, Presse, Responsabilité, Tribunal fédéral.*

Capacité. V. *Succession.*

Cautionnement. Le bailleur, dont la créance est garantie par un cautionnement, commet une faute envers la caution, s'il renonce, sans l'aviser, au droit de rétention que la loi lui accorde. Il est responsable envers la caution du fait que, en autorisant l'enlèvement des meubles garnissant les lieux loués, il a diminué les sûretés qu'elle pouvait légitimement croire afférentes à la dette au moment où le cautionnement a été fourni (CO. 508).

TC., 26 janvier 1886. MANGISCH — GAUDIN et NIESS. P. 213.

Cautionnement. Le créancier ne peut, sans engager sa responsabilité personnelle à l'égard de la caution, diminuer au préjudice de celle-ci les sûretés qui garantissaient la dette au moment où le cautionnement a été fourni ou qu'il a obtenues postérieurement du débiteur principal (CO. 508). Si donc il libère l'une des cautions solidaires sans le consentement de l'autre, celle-ci, se trouvant privée de son recours contre la caution libérée, est déchargée de la portion afférente à cette dernière.

Trib. supérieur de Thurgovie, 23 mars 1886.
CAISSE DE PRÊTS DE MEILEN — KÜNZLI. P. 645.

Certificat de santé. V. *Santé publique.*

Cession. Le créancier peut céder sa créance à un tiers, même sans le consentement du débiteur. La validité de la cession n'est soumise à aucune condition de forme; toutefois, pour qu'elle soit opposable aux tiers, il faut un acte écrit (CO. 183). En réclamant une preuve écrite dans le cas spécial, la loi n'a pas rendu nécessaires certaines formes sacramentelles, mais a seulement exigé que la volonté du cédant soit constatée d'une façon claire.

Trib. de commerce de Genève, 21 janvier 1886.
BAUER — GIRARD FRÈRES. P. 142.

Chemins de fer. A teneur de l'art. 8 de la loi fédérale du 23 décembre 1872 sur l'établissement et l'exploitation des chemins de fer, les compagnies sont tenues d'élire domicile dans chacun des cantons dont leurs entreprises empruntent le territoire, afin qu'elles puissent y être actionnées par les habitants de ce canton. Dès lors, le demandeur a le choix d'actionner la compagnie à son siège principal ou devant les tribunaux du canton où il est domicilié. Il importe peu, à cet égard, que la demande soit fondée sur un fait qui a eu lieu en dehors du canton du domicile, ou même en dehors du territoire de la Confédération.

La compagnie ne saurait d'ailleurs porter atteinte au droit du demandeur de choisir entre les deux fors, en s'abstenant, contrairement à la loi, d'élire domicile dans chacun des cantons dont son entreprise emprunte le territoire.

TF., 19 février 1886. HUGONIOT — JURA-BERNE-LUCERNE. P. 190.

Chemins de fer. La circonstance que l'expéditeur d'une marchandise la déclare d'une manière inexacte dans la lettre de voiture, ne saurait libérer l'entreprise de transport de toute responsabilité pour les avaries survenues pendant celui-ci, mais peut seulement avoir de l'influence soit pour une réclamation supplémentaire de prix de transport, soit sur la quotité de la somme réclamée par l'ayant-droit.

Trib. de commerce de Genève, 11 février 1886. JOLY — P.-L.-M. P. 142.

Chemins de fer. En matière de transports par chemins de fer, toute avarie est présumée avoir eu lieu après la réception de la marchandise par le chemin de fer, si, dans la lettre de voiture, il n'est fait aucune mention que la marchandise était avariée au moment de sa consignation (art. 31 de la loi du 20 mars 1875). La preuve contraire est autorisée (art. 33), mais il ne suffit pas d'établir que les colis ont subi plusieurs transbordements avant leur remise au chemin de fer, pour faire admettre qu'ils étaient avariés lors de leur consignation.

Pour être admises à limiter leur responsabilité pour le transport des objets fragiles, les compagnies doivent insérer dans la lettre de voiture une réserve désignant spécialement les défauts de la marchandise et de l'emballage et les signaler à l'expéditeur (art. 32 de la loi et art. 124 du règlement).

La compagnie en mains de qui la marchandise est parvenue en dernier lieu, peut être actionnée pour les avaries qui ont eu lieu dans tout le cours du transport (art. 36 de la loi).

TC., 1er juin 1886. COMPAGNIES S.-O.-S. et P.-L.-M. — BAUD. P. 379.

Chemins de fer. Les compagnies de chemins de fer sont responsables de la perte survenue en cours de transport ensuite d'un défaut d'emballage, si elles ont accepté la marchandise sans faire aucune réserve et sans signaler ce défaut à l'expéditeur (art. 14 §§ 3 et 31 de la loi fédérale du 20 mars 1875).

Trib. civil de Genève, 18 mars 1886. GIOVANNA — P.-L.-M. P. 513.

Chemins de fer. L'art. 1er de la loi fédérale sur la responsabilité des chemins de fer en cas d'accidents, du 1er juillet 1875, ne vise pas seulement les accidents survenus dans la construction de la ligne, mais encore ceux qui se sont produits à l'occasion des travaux d'entretien ou de réfection. Les compagnies sont tenues, en ce qui concerne l'exécution de ces travaux, de prendre toutes les mesures commandées par l'expérience et la science technique, en vue de protéger la vie et la santé des ouvriers qu'elles y emploient. Le défaut de prendre ces mesures de précaution entraîne la responsabilité de la compagnie.

TF., 9 octobre 1886. RIGHI, soit FRANCE INDUSTRIELLE — CHRISTEN. P. 703.

Chemins de fer. En ce qui concerne les accidents de chemin de fer survenus dans l'exploitation, la compagnie est responsable, à moins qu'elle ne surmonte la présomption de faute qui pèse sur elle, en établissant que l'accident est dû à la faute de la victime elle-même (loi fédérale du 1er juillet 1875, article 2).

TC., 14 janvier 1886. COMPAGNIE S.-O.-S. — RIEBEN. P. 155.
TF., 13 mars 1886. P. 209.

Chemins de fer. Une chute faite par un chauffeur, alors que cet employé était occupé à charger du charbon sur une locomotive, doit être envisagée comme un accident survenu dans l'exploitation de l'entreprise et, dès lors, la compagnie en est responsable à teneur de l'art. 2 de la loi fédérale du 1er juillet 1875.

Trib. civil de Genève, 5 mars 1886. LEMOIGNE — S.-O.-S. P. 703.

Chemins de fer. Pour déterminer l'indemnité due à la famille d'un employé tué par un accident de chemin de fer, il faut tenir compte de l'âge et de la qualité des personnes dont l'entretien était à la charge de la victime, de la somme annuelle que l'employé consacrait à l'entretien de sa famille et des chances d'avancement qu'il pouvait avoir.

TC., 16 novembre 1886. Hoirs BURNENS — COMPAGNIE S.-O.-S. P. 741.

Chemins de fer. V. *Bateaux à vapeur, Société anonyme.*

Chose jugée. Le président ne peut, à l'occasion d'un incident sur preuves, trancher la question de savoir s'il y a chose jugée.

TC., 9 mars 1886. BOTELLI et MAILLARD — SCHÖNENWEID. P. 285.

Chose jugée. Il y a lieu de mettre à néant la condamnation prononcée contre un prévenu déjà condamné par un autre tribunal pour le même fait (Cp. 2).

CP., 23 juillet 1886. BAUD. P. 509.

Chose jugée. V. *Tribunal fédéral.*

Choses perdues ou volées. V. *Revendication de meubles.*

Clause pénale. Si, en matière de clauses pénales, l'art. 182 CO. donne au juge le droit de mitiger les peines qu'il trouve excessives, le juge ne doit toutefois faire usage de cette faculté que dans les cas exceptionnels où l'application stricte de la clause pénale aboutirait à un résultat qui ne paraît pas avoir été dans l'intention primitive des parties.

Trib. d'appel de Bâle, 24 juin-1er juillet 1886. CHRISTEN — MEISSER. P. 457.

Code fédéral des obligations. Les dispositions du Code fédéral des obligations sur les effets et les conséquences du paiement d'une obligation sont applicables à tous les paiements effectués à partir du 1er janvier 1883, alors même que l'obligation éteinte par le paiement a pris naissance antérieurement à cette date.

Cour d'appel de Zurich, 15 décembre 1885. LIPS — MEIER. P. 174.

Code fédéral des obligations. La disposition de l'art. 168 CO., d'après laquelle le débiteur solidaire qui jouit d'un recours est subrogé à tous les droits du créancier jusqu'à concurrence de ce qu'il lui a payé, est applicable même à des obligations nées antérieurement au 1er janvier 1883, pourvu que le paiement effectué par le débiteur solidaire soit postérieur à cette date (CO. 882 § 3).

Trib. civil de Bâle, 23 octobre 1885.
SCHAADT — REICHENBACH et SOCIÉTÉ IMMOBILIÈRE. P. 28.

Code fédéral des obligations. Si, en ce qui concerne la subrogation établie en faveur du débiteur solidaire qui paie, le droit cantonal ne renferme pas de dispositions spécialement applicables aux prêts hypothécaires, conformément à la réserve contenue à l'art. 337 CO., c'est le droit fédéral des obligations qui, à titre de droit commun suisse, doit faire règle à cet égard.

Trib. civil de Bâle, 23 octobre 1885.
SCHAADT — REICHENBACH et SOCIÉTÉ IMMOBILIÈRE. P. 28.

Code fédéral des obligations. Les dispositions des art. 235 et suivants CO., relatifs à la garantie de l'éviction, ne sauraient être appliquées à des ventes immobilières antérieures au 1er janvier 1883 (CO. 882).

Le Code fédéral des obligations n'est pas applicable à des faits dommageables antérieurs au 1er janvier 1883 (CO. 882).

TF., 2 avril 1886. FLOOD — ROSSET et ETAT DE GENÈVE. P. 808.

Code fédéral des obligations. La question de savoir si le débiteur d'une obligation hypothécaire est libéré par le fait que le créancier a accepté un nouveau débiteur à la place de l'ancien, est régie par le droit cantonal. Tout ce qui concerne l'extinction de créances hypothécaires est, en effet, soustrait à l'application du droit fédéral, et il importe peu que la législation cantonale renferme ou non des dispositions spéciales sur cette matière (CO. 130).

TF., 8 octobre 1886.
CAISSE D'ÉPARGNE ET DE PRÊTS DE ZURZACH — DÖLKER. P. 705.

Code fédéral des obligations. Dans les cas où le Code fédéral des obligations introduit un délai de prescription de cinq ans ou davantage, la prescription commencée avant le 1er janvier 1883 n'est considérée comme accomplie qu'après l'expiration de deux ans dès cette date (CO. 883 § 1). Ce délai supplémentaire de deux ans est accordé alors même que, d'après l'ancienne loi, la prescription eût été accomplie avant l'expiration de ce délai.

Cour d'appel de Zurich, 20 août 1885. HONEGGER — BACHMANN. P. 57.

Code fédéral des obligations. V. *Assurances*, *Compensation*, *Prescription.*

Commerçant. Le fait qu'un commerçant remet son commerce à un tiers n'a point pour conséquence de le soustraire aux obligations qui résultent pour lui des actes de commerce qu'il a accomplis alors qu'il était commerçant. Il peut, dès lors, être mis en faillite s'il ne satisfait pas à ces obligations.

TC., 8 septembre 1886. BERTHOLET — GRONICOD. P. 590.

Commerçant. V. *Discussion.*

Commination. V. *Informalité.*

Commission. A moins d'usage ou de convention contraires, il y a lieu d'admettre que la provision assurée à un voyageur n'est due que pour les affaires conclues par l'intermédiaire de ce voyageur personnellement et non pour toutes les affaires quelconques faites avec des clients qui ont été mis en relations par lui avec la maison qu'il représente, même sans qu'il ait servi d'intermédiaire pour chaque opération spéciale.

En général, la provision est due au voyageur pour toute affaire *conclue* par son intermédiaire, alors même qu'elle n'aurait pas été *exécutée*.

Trib. de commerce de Zurich, 26 février 1886.
MORF — KOLLER-MERZ. P. 704.

Commission. V. *Droit de rétention*.

Commission rogatoire. V. *Serment*.

Compensation. Le débiteur est réputé avoir renoncé à la compensation lorsque, sachant qu'il est lui-même créancier, il s'engage à payer comptant (CO. 139). Une telle renonciation doit être admise lorsque le débiteur a souscrit un billet en faveur du créancier, postérieurement au moment à partir duquel il prétend avoir été en droit de se prévaloir de la compensation, et a ainsi pris l'engagement de payer comptant à l'échéance.

Trib. de commerce de Genève, 25 février 1886.
LANCELOT — DUCHÊNE. P. 189.

Compensation. Il appartient aux juges de statuer dans chaque cas, selon les circonstances, sur l'admissibilité de l'exception de compensation (CO. 131).

Trib. civil de Genève, 31 mars 1885. JULLIARD — VIOLON. P. 252.

Compensation. Le fermier ne saurait échapper à la résiliation du bail pour défaut de paiement du fermage (CO. 312), en se bornant à opposer au bailleur la compensation d'une prétention contestée par ce dernier.

Commission de justice de Lucerne, 10 mars 1885. SCH. — SCH. P. 493.

Compensation. On ne saurait opposer à une saisie pratiquée en vertu d'un jugement définitif et exécutoire en invoquant la compensation de dommages et intérêts qui font encore l'objet d'un procès pendant entre parties (CO. 131; Cpc. 412 et 529).

TC., 10 août 1886. BOTELLI — SCHÖNENWEID. P. 521.

Compensation. Les dispositions des lois cantonales d'après lesquelles, en matière de poursuites, le débiteur ne peut opposer la compensation à une créance constatée par un titre paré et exécutoire, ont été modifiées par l'art. 131 CO., qui admet la compensation même de créances illiquides.

Tribunal cantonal de Fribourg, 4 février 1886.
STŒCKLIN — PLAGNOL. P. 664.

Compensation. La compensation opposée par le créancier d'une obligation hypothécaire à une créance ordinaire est régie par le droit cantonal et non par le droit fédéral (CO. 130).

TF., 10 juillet 1886. Chaney — C. Gendre & Cie. P. 465.

Compensation. Le Code fédéral des obligations ne renferme aucune disposition sur la manière dont l'exception de compensation doit être présentée au point de vue de la procédure. Il ne met donc point obstacle à ce que la législation cantonale édicte des prescriptions fixant le moment auquel cette exception doit être présentée, sous peine de tardiveté, tant dans la procédure contentieuse que dans la poursuite pour dettes.

TF., 14 mai 1886. Léderrey. P. 492.

Compensation. V. *For.*

Compétence. Excède la compétence du juge de paix, l'action par laquelle le demandeur, pour obtenir paiement d'une somme supérieure à 150 fr., réclame au défendeur des versements mensuels de 20 fr., alors que ces versements sont réclamés à titre de salaire dû par le défendeur à son employé, contre lequel le demandeur a obtenu une ordonnance de subrogation.

TC., 8 décembre 1885. Besseaud — Cosandey. P. 38.

Compétence. Appartient à l'autorité judiciaire seule le droit de décider sur la question de savoir si le Conseil d'Etat a le pouvoir de remettre tout ou partie d'une amende prononcée par le préfet pour contravention à la loi sur le droit de mutation et de priver ainsi une commune de la part de l'amende que la loi lui attribue.

Trib. neutre vaudois, 20 août 1886. Aubonne — Etat de Vaud. P. 507 et 542.

Compétence. V. *Incident.*

Concessions d'eaux. V. *Eaux.*

Conclusion des contrats. Sauf les cas exceptionnels prévus à l'art. 6 CO., l'auteur d'une offre est lié par celle-ci, dès le moment où elle est parvenue à l'autre partie, pendant toute la durée du délai fixé (par l'offre elle-même ou par la loi) pour accepter (CO. 3 et 5). Dès lors, l'auteur de l'offre ne peut valablement la révoquer pendant ce délai; mais, une fois celui-ci expiré, l'offre est éteinte de plein droit et ne saurait plus être acceptée valablement. La révocation d'une offre faite depuis le moment où celle-ci est parvenue à l'autre partie, mais antérieurement à l'expiration du délai pour accepter, est donc sans valeur; si, au contraire, la révocation a lieu postérieurement à l'expiration de ce délai, elle est superflue.

TF., 23 octobre 1886. Banque populaire de Hohenrain — Widmer. P. 745.

Conclusions. V. *Fraude, Instruction.*

Conclusions civiles. V. *Indemnité civile.*

Conclusions reconventionnelles. Les conclusions reconventionnelles ne peuvent porter que sur le principal ou l'accessoire du procès et ne peuvent changer la nature de la question en litige (Cpc. 166). Dès lors, lorsqu'un usinier ouvre action pour se plaindre de ce que le défendeur a détourné les eaux d'un ruisseau, le défendeur ne saurait prendre des conclusions reconventionnelles concernant d'autres immeubles et n'ayant aucune connexité avec les fins de la demande.

TC., 16 novembre 1886.
COMMUNE DE FROIDEVILLE — NESTLÉ et consorts. P. 746.

Conclusions reconventionnelles. V. *For.*

Concordat. La nullité des engagements particuliers consentis en dehors du concordat par le discutant est d'ordre public (Cpc. 799). Dès lors, même le débiteur concordataire est admis à se prévaloir de cette nullité.

TC., 9 février 1886. BRUSCHI — CORNU. P. 359.

Concordat. Les créanciers qui ont adhéré à un concordat ne peuvent être admis à retirer leur signature une fois donnée (Cpc. 797).

TC., 17 septembre 1886. BANQUE CANTONALE et consorts — BRON. P. 668.

Condition. V. *Vente.*

Conflit de compétence. V. *Compétence.*

Consentement. D'une manière générale, et même en matière commerciale, le simple fait de garder le silence sur une offre ou sur un avis ne peut être envisagé comme une acceptation ou comme une ratification. Le consentement tacite ne peut être admis que s'il existe des circonstances particulières, par exemple si les parties sont en correspondance habituelle et que l'une d'elles ait précédemment chargé l'autre d'agir au mieux de ses intérêts.

TF., 15 mai 1886. WEILLER et PICARD — DUKAS & Cie. P. 377.

Constitut possessoire. V. *Fraude.*

Contrats. V. *Conclusion des contrats.*

Contrats conclus par représentants. Les dispositions du Code fédéral des obligations sur les contrats conclus par représentants supposent nécessairement l'existence d'un représenté.

TC., 15 septembre 1886. DAFFLON — KYBOURG. P. 650.

Contravention. V. *Impôt mobilier.*

Convention. Lorsqu'une personne garantit « les premiers jours de soins » à un blessé, cet engagement ne doit pas s'entendre seulement des soins médicaux proprement dits, mais aussi des frais de course du médecin et de la pension du blessé.

TC., 31 août 1886. KRUPSKI — CASTELLI. P. 590.

Cumulation de délits. Lorsque, après une condamnation prononcée, on découvre que le condamné avait, avant le jugement rendu, commis un autre délit, pour lequel il n'avait pas encore été jugé, il y a lieu de prononcer une seule et même condamnation pour les deux délits et le second n'est pas envisagé comme une récidive à l'égard du premier (Cp. 66).

CP., 9 novembre 1886. MAYOR. P. 746.

Cumulation de délits. V. *Vagabondage.*

D

Date certaine. Le défaut de date certaine d'un acte ne peut être opposé que par un tiers, mais non par les parties en cause (Cc. 985).

TC., 9 mars 1886. ROCHAT — MARTIN et HUGUENIN. P. 285.

Déclinatoire. Le déclinatoire peut être soulevé aussi longtemps que l'instant n'a pas procédé sur le fond de la cause (Cpc. 90).

TC., 26 janvier 1886. BLANC et BUACHE — ASSAL. P. 189.

Déclinatoire. V. *Intervention.*

Délai. V. *Tribunal fédéral.*

Délits politiques. V. *Extradition.*

Délits et quasi-délits. V. *Responsabilité.*

Demeure. V. *Vente.*

Déni de justice. V. *Impôt mobilier.*

Dépens. Si les conclusions du demandeur sont admises en entier, les dépens doivent lui être alloués intégralement, à moins qu'il n'ait abusivement prolongé ou compliqué le procès, ou qu'il n'existe des motifs d'équité pour compenser les dépens.

TC., 22 décembre 1885. MORETEAU & Cie — COMPAGNIE S.-O.-S. P. 92.

Dépens. Si le juge compense les dépens pour des motifs d'équité, il doit mentionner ceux-ci dans le jugement (Cpc. 286, dernier alinéa).

TC., 30 juin 1886. MUSY — SEREX. P. 493.

Dépens. Le motif consistant à dire que l'une des parties succombe à la rigueur du droit n'est pas de nature à justifier une compensation de dépens (Cpc. 286).

TC., 1er décembre 1885. Hofer — Gonet. P. 28.

Dépens. Doit être condamné aux frais de l'action en reconnaissance de dette, le créancier qui a refusé de recevoir une somme suffisante à lui offerte par le débiteur.

TC., 24 septembre 1886. Schönenweid — Hoirs Chessex. P. 622.

Désaveu. Sauf ce qui est disposé par l'art. 167 Cc. en ce qui concerne les héritiers, l'action en désaveu appartient au mari seul, et non à l'enfant (Cc. 162).

TC., 10 novembre 1886. Wulliens. P. 738.

Discussion. Le commerçant qui abuse du crédit d'une manière dangereuse pour le public peut être mis en faillite à la réquisition d'un créancier.

TC., 8 septembre 1886. Schlupp. P. 590.

Discussion. Le débiteur qui est en dessous de ses affaires et qui abuse du crédit d'une manière dangereuse pour l'ordre public peut être mis en faillite alors que son passif se compose, pour la plus grande partie, de dettes commerciales (Cpc. 1071).

TC., 7 octobre 1886. Reymond. P. 747.

Discussion. Il y a lieu à nullité de l'ordonnance de discussion rendue à la requête d'un créancier, sans que le débiteur ait été entendu ou régulièrement appelé et sans qu'une enquête ait été faite conformément à l'art. 34 de la loi de 1852 sur les sociétés commerciales (Cpc. 5 et 502).

Cette enquête doit porter notamment sur la qualité de commerçant de celui dont on requiert la mise en faillite, sur la question de savoir s'il a cessé ses paiements ou s'il abuse du crédit d'une manière dangereuse pour l'ordre public. Elle doit constater, en outre, si le demandeur a vocation pour requérir la mise en faillite, c'est-à-dire s'il est créancier de celui qu'il prétend mettre en faillite. Ces différents points doivent être être établis par des dépositions régulièrement ténorisées ou par la production d'actes probants.

TC., 25 novembre 1886. Mæder. P. 746.

Discussion. Les délais fixés aux art. 732 et 733 Cpc. ne visent pas les ordonnances de mise en faillite prononcées en application de l'art. 1071 Cpc. et de la loi du 14 décembre 1852 sur les sociétés commerciales, qui prévoient une procédure spéciale.

TC., 8 septembre 1886. Bertholet — Gronicod. P. 590.

Discussion. La loi ne donne pas au discutant le droit d'intervenir dans les procès pendants entre la masse en discussion de ses biens et les créanciers de celle-ci (Cpc. 106, 739, 748, 811 et suiv.).

TC., 2 juin 1886. CURCHOD — UNION DU CRÉDIT. P. 424.

Discussion. Des dommages et intérêts ne peuvent être réclamés par un créancier intervenant au liquidateur d'une discussion que si, préalablement, la prise à partie de ce dernier a été autorisée (Cpc. 748).

TC., 2 février 1886. CAISSE HYPOTHÉCAIRE — Masse DUDAN. P. 189.

Discussion. V. *Commerçant*, *Concordat*, *Faillites*, *Femme mariée*, *Intervention*, *Pouvoirs pour agir*, *Réhabilitation*.

Dividende. V. *Société anonyme*.

Division de cause. Le droit d'exiger la division de cause n'est conféré qu'aux défendeurs et non aux demandeurs (Cpc. 136 et suivants).

TC., 15 juin 1886. HUMBERT — MARQUIS et EMERY. P. 426.

Divorce. L'adultère commis par l'un des époux ne constitue pour l'autre une cause déterminée de divorce que s'il s'est écoulé moins de six mois depuis que l'époux offensé en a eu connaissance.

Le divorce doit être prononcé lorsque les liens unissant les époux sont rompus de fait depuis longtemps (loi fédérale du 24 décembre 1874, art. 46 et 47).

TF., 17 septembre 1886. Epoux MAGNIN. P. 625.

Divorce. L'adultère n'est pas suffisamment établi par le fait qu'une personne aurait *raconté* au mari avoir vu sa femme sortir du lit d'un tiers, ni par la circonstance que la femme aurait été vue dans une capite de vigne avec un jeune homme.

TC., 17 février 1886. Epoux M. P. 189.

Divorce. La séparation de corps prévue à l'art. 47 de la loi fédérale sur l'état civil et le mariage constitue un état provisoire, un temps d'épreuve, destiné à conduire nécessairement soit à la restauration, soit à la dissolution complète du lien conjugal. Elle apparaît comme une *dernière* tentative de réconciliation des époux et sa prolongation pendant une nouvelle période irait directement à l'encontre de l'intention manifeste du législateur, lequel, mu par des considérations d'ordre public, a voulu exclure la possibilité de lui donner une durée indéfinie et l'abolir en tant qu'institution à temps illimité.

TF., 21 novembre 1885. Epoux VORLET. P. 28.

Divorce. Lorsque, après une séparation de corps prononcée, il n'y a pas eu réconciliation entre les époux, le divorce doit être prononcé définitivement, s'il est constaté que le lien conjugal est profondément atteint (art. 47 de la loi fédérale sur l'état civil et le mariage).

TC., 24 février 1886. Epoux Groux. P. 272.

Divorce. Les tribunaux suisses ne sont pas compétents pour prononcer le divorce d'époux français domiciliés en Suisse.

Trib. civil et Cour de justice de Genève,
1er septembre 1885 et 12 mars 1886. Epoux Chazelas. P. 84 et 275.

Divorce. Les tribunaux suisses ne peuvent se nantir d'une demande en divorce concernant des époux étrangers, que s'ils ont la *certitude* que le jugement sera reconnu par l'Etat dont les époux sont ressortissants comme un jugement civil exécutoire et ne sera en aucun cas soumis à un nouvel examen en ce qui concerne le fond (art. 56 de la loi sur l'état civil et le mariage).

TF., 11 septembre 1886. Epoux Bachmann-Moser. P. 747.

Dol. Au point de vue civil, le dol peut consister aussi bien dans le fait d'induire volontairement l'autre partie en erreur, que dans celui de profiter intentionnellement de cette ignorance dans un but de lucre. La partie ainsi trompée peut, aux termes de l'art. 24 CO., poursuivre la rescision du contrat surpris par ces manœuvres, alors même que l'erreur où elle s'est trouvée ne serait pas essentielle.

TF., 30 avril 1886. J. P. — B. B. P. 337.

Dol. Le dol de l'une des parties ne vicie le contrat que si les manœuvres dolosives dont elle a usé ont amené l'autre partie à contracter (CO. 24).

Trib. d'appel de Bâle, 27 mai 1886. Lobenstein — Schirach. P. 350.

Dol. V. *Preuve testimoniale.*

Domestiques et ouvriers. V. *Louage de service, Responsabilité.*

Domicile. La femme mariée n'a point d'autre domicile que celui de son mari (Cc. 30).

Au point de vue du domicile, les Français doivent, dans le canton, être traités aussi favorablement que les Vaudois.

TC., 22 décembre 1885. Guyot — Masse Guyot. P. 106.

Domicile. V. *Visites domiciliaires.*

Dommage. V. *Preuve testimoniale.*

Dommages aux propriétés. V. *Militaire, Violation de domicile.*

Dommages-intérêts. V. *Chemins de fer, Fabricants, Fonctionnaires, Lésions corporelles, Responsabilité.*

Double imposition. Il n'existe une double imposition contraire à la Constitution fédérale que si la même personne se trouve astreinte à l'impôt par deux cantons pour le même objet et pour le même temps. Il n'y a donc pas double imposition, lorsque la même personne est imposée, dans un canton, pour le produit de son travail, et, dans un autre canton, pour sa fortune mobilière.

TF., 15 mai 1886. TORCHE — ETAT DE VAUD. P. 377.

Double imposition. V. *Impôts.*

Droit cantonal. V. *Cantons.*

Droit de mutation. On ne peut envisager comme une réclamation personnelle, au sens de l'art. 59 de la Constitution fédérale, celle de l'Etat tendant au paiement d'un droit de mutation sur une succession. Ce droit de mutation doit être perçu au lieu du dernier domicile du testateur; c'est la succession comme telle et non la personne de l'héritier qui est frappée par une prétention fiscale.

En excluant du bénéfice de l'exemption du droit de mutation les établissements de charité ou d'éducation qui, sis hors du canton, n'y déploient pas leur activité et sont soustraits à tout contrôle de l'Etat, l'art. 13 de la loi vaudoise d'impôt ne crée point une inégalité arbitraire et n'assure pas non plus aux ressortissants du canton un avantage au détriment de ressortissants d'Etats confédérés. Dès lors, cette disposition ne porte aucune atteinte aux principes consacrés par les articles 4 et 60 de la Constitution fédérale.

TF., 27 février 1886.
MUSÉE NATIONAL POLONAIS — ETAT DE VAUD et COMMUNE DE LAUSANNE. P. 200.

Droit de mutation. V. *Compétence, Impôts.*

Droit de rétention. Le créancier ne jouit d'un droit de rétention que s'il y a connexité entre la créance et la chose retenue (CO. 224).

Trib. supérieur de Thurgovie, 25 août 1885. WÜGER — SCHIEGG. P. 36.

Droit de rétention. Pour que le commissionnaire puisse exercer son droit de rétention sur les marchandises en commission, il faut qu'il en soit resté détenteur (CO. 442).

TC., 30 décembre 1885. WEISS — TONDURY & Cie. P. 182.

Droit de rétention. Le droit de rétention prévu à l'art. 224 CO. ne saurait être exercé sur des immeubles.

TF., 22 octobre 1886. Masse SENGLET — DARIER. P. 721.

E

Erreur. Ne constitue point une erreur essentielle, de nature à infirmer le contrat, celle où s'est trouvé le fermier d'un bien sur la réputation et le revenu habituel de celui-ci (CO. [illegible]).

Trib. d'appel de Bâle, 27 mai 1886. [illegible] — [illegible]. P. [illegible]

Erreur. On ne peut envisager comme une erreur essentielle, de nature à infirmer le contrat (CO. [illegible]), celle où s'est trouvée l'une des parties relativement à la portée d'un retrait de plainte à laquelle l'autre partie a consenti.

Cour d'appel de Zurich, 13 mars 1886. X. — L. P. 301.

Erreur. V. *Dol, Preuve testimoniale, Saisie.*

Escroquerie. V. *Privation des droits civiques.*

Etat. V. *Responsabilité.*

Etat de frais. L'état de frais réglé par le magistrat compétent n'est que la suite et l'accessoire nécessaire du jugement et doit être assimilé à celui-ci. Dès lors, le juge doit refuser son sceau à l'opposition contre une saisie pratiquée en vertu d'un état de frais devenu définitif et exécutoire, à moins qu'elle ne soit appuyée sur un titre postérieur au jugement, constatant l'exécution totale ou partielle (Cpc. 412 et 529).

TC., 30 juin 1886. Geller — Sauty. P. 493.

Etat de frais. V. *Recours sur frais.*

Etrangers. V. *Divorce.*

Eviction. V. *Code fédéral des obligations, Vente.*

Evocation en garantie. Si, d'une manière générale, l'évocation en garantie laisse subsister le for du procès et ne peut provoquer le déclinatoire de la part de l'évoqué, ce principe souffre cependant exception lorsque l'évoqué est au bénéfice d'une convention déterminant un for spécial ou des juges spéciaux pour le règlement des difficultés qui peuvent surgir entre parties, comme un compromis arbitral.

TC., 13 mai 1886. Chappuis & Cie — Commune d'Yverdon. P. 364.

Exception. V. *Jugement.*

Exécution des jugements. Pour qu'un jugement civil rendu dans un canton soit *définitif* et que, dès lors, il soit exécutoire dans toute la Suisse, conformément à l'art. 61 de la Constitution fédérale, il faut que les parties aient été dûment citées. Les cantons peuvent donc refuser l'exéquatur d'un jugement rendu dans un autre canton sans que les parties aient été dûment citées et légalement représentées ou défaillantes.

TF., 12 décembre 1885. Dame Terribilini. P. 75.

Exécution des jugements étrangers. V. *Allemagne, Alsace-Lorraine, France.*

Exécution forcée. Sauf en ce qui concerne le délai d'exécution accordé par le juge, la loi ne prévoit nulle part un droit de recours en matière d'exécution forcée (Cpc. 505 et 535).

TC., 9 février 1886. Rossier — Caisse hypothécaire. P. 189.
Même décision : TC., 2 mars 1886. Mouton — Pétrasch. P. 285.

Exécution forcée. Le juge doit refuser son sceau à l'exploit de mesures provisionnelles qui tend à faire suspendre l'exécution d'un jugement définitif, sans être fondé sur un titre postérieur à ce jugement (Cpc. 520).

TC., 9 mars 1886. Reymond — Brunner. P. 239.

Exécution forcée. Il y a recours au Tribunal cantonal contre la décision du juge suspendant l'exécution forcée d'un jugement, cette suspension constituant un refus de procéder de l'office (Cpc. 505).

La circonstance qu'un tiers est cessionnaire de titres hypothécaires grevant un immeuble loué ne lui attribue pas la faculté de requérir la suspension de l'exécution forcée tendant au déguerpissement du locataire de cet immeuble (Cpc. 545).

Le jugement définitif est exécutoire nonobstant toute opposition et toute réclamation quelconque (Cpc. 520).

TC., 16 mars 1886. Reymond — Brunner et Piguet. P. 272.

Expertise. Tout intéressé a le droit absolu de faire constater par experts un état de fait (Cpc. 276). Ce droit ne peut être restreint pour quelque cause que ce soit. La désignation des experts appartient, s'il n'y a pas procès pendant, au juge de paix, quelle que soit la valeur de la cause (Cpc. 277).

TC., 16 février 1886. Berdoz — Mathey. P. 189.

Expertise. L'expertise constitue non point une preuve, mais seulement un indice. Il est loisible à toute partie qui y a intérêt de faire apprécier par experts un état de fait (Cpc. 193 et 265).

TC., 9 mars 1886. Botelli et Maillard — Schönenweid. P. 285.

Expertise. V. *Louage d'ouvrage.*

Expropriation. Un recours contre la décision de la Commission fédérale d'estimation n'est pas admissible lorsque l'exproprié a négligé de faire parvenir, par écrit, au Conseil fédéral, conformément à l'art. 12 de la loi fédérale du 1er mai 1850, un état exact et complet des droits cédés et de ses réclamations. L'exproprié doit, dans ce cas, se soumettre à la décision de la commission sans pouvoir recourir au Tribunal fédéral.

TF., 27 novembre 1885. Colliard. P. 8.

Extinction des obligations. La remise du titre au débiteur fait présumer l'extinction de la dette (CO. 104). C'est au créancier qui prétend que la dette n'est pas éteinte, malgré la remise du titre, qu'il incombe de surmonter la présomption résultant de la loi par la preuve contraire.

Cour d'appel de Zurich, 15 décembre 1885. LIPS — MEIER. P. 174.

Extinction des obligations. V. *Réhabilitation.*

Extradition. L'individu dont l'extradition est requise pour un délit de droit commun ne saurait échapper à cette mesure en se bornant à *alléguer* que les faits à raison desquels il est recherché ont été commis par un motif et dans un but politiques. Il lui incombe d'*établir* les faits d'où résulte le caractère politique du délit qui lui est reproché.

D'après l'art. 6 de la convention d'extradition conclue le 17/5 novembre 1873 entre la Suisse et la Russie, l'individu dont l'extradition est accordée ne peut, dans aucun cas, être poursuivi ou puni pour un délit politique antérieur à l'extradition, ni pour un fait connexe à un semblable délit.

TF., 15 mars 1886. KONPOWSKY. P. 207.

Extradition. A teneur du traité d'extradition franco-suisse de 1869, l'extradition peut être refusée si la prescription de la peine est acquise d'après les lois du pays où le condamné s'est réfugié.

Lorsque la loi fait dépendre la prescription de la peine de la nature de celle-ci, la nature de la peine réellement infligée doit seule être prise en considération, alors même que l'infraction eût pu être punie d'une peine plus sévère.

TF., 5 mars 1886. VAUGON. P. 167.

Extradition. La question de savoir si la condamnation en vertu de laquelle une extradition est requise est prescrite ou non doit être résolue d'après la législation du pays de refuge. C'est aussi à cette législation qu'on doit se référer en ce qui concerne la qualification pénale de l'acte et la nature de la peine applicable (traité franco-suisse du 9 juillet 1869, art. 6 et 9).

TF., 2 octobre 1886. PELLEGRIN. P. 598.

Extradition. A teneur de la loi fédérale du 2 février 1872, lorsque, en matière pénale, les autorités d'un canton sont requises par celles d'un autre canton de procéder à des actes d'instruction, à des citations de témoins, etc., le canton requis ne peut percevoir pour ces actes ni émoluments ni frais du canton requérant. Cette disposition est générale; elle s'applique à *toutes* les affaires pénales et non pas seulement à celles pour lesquelles l'extradition doit être accordée, conformément à la loi fédérale du 24 juillet 1852.

TF., 19 février 1886. BERNE — SCHAFFHOUSE. P. 240.

F

Fabricants. Lors même qu'un accident de fabrique est dû, en première ligne, à une négligence ou imprudence de la victime, cependant le fabricant peut être condamné à une indemnité, d'ailleurs réduite, s'il y a aussi une faute à sa charge, par exemple, s'il n'a pas, d'une manière générale, exigé l'emploi de toutes les précautions nécessaires pour empêcher les accidents (art. 1er et 5 de la loi fédérale du 25 juin 1881).

Cour de justice de Genève, 23 novembre 1885.
CAMPS & Cie — PUGIN. P. 251.

Fabricants. Le fait qu'un ouvrier de fabrique contrevient aux prescriptions du règlement et aux directions qui lui sont données, constitue une faute à sa charge. Toutefois, cette faute doit être envisagée comme atténuée, s'il est établi qu'en fait de pareilles infractions au règlement étaient tolérées sans observation de la part des surveillants. Dès lors, l'ouvrier qui est victime d'un accident ensuite d'une faute commise par lui dans les circonstances qui viennent d'être indiquées, ne perd pas tout droit à une indemnité; celle-ci peut seulement être réduite (art. 2 et 5 *b* de la loi fédérale du 25 juin 1881).

Trib. civil de Bâle, 30 avril 1886. TSCHUDIN — STÖCKLIN & Cie. P. 350.

Fabricants. Si l'art. 6 de la loi fédérale du 25 juin 1881 sur la responsabilité civile des fabricants limite le maximum de l'indemnité à accorder à l'ouvrier, le juge n'est cependant pas tenu à ce maximum dans les cas où l'accident a été causé par un acte du fabricant susceptible de faire l'objet d'une action au pénal.

La question de savoir s'il existe un tel acte à la charge du fabricant est de nature exclusivement pénale et est tranchée définitivement par le juge pénal, dont la décision lie le juge civil.

Cour d'appel de Bâle, 10/24 juin 1886. BALLMER — STŒCKLIN & Cie. P. 493.

Fabricants. Les tribunaux pénaux cantonaux sont souverains pour apprécier si un accident de fabrique a été causé par un acte du fabricant susceptible de faire l'objet d'une action au pénal (art. 6 de la loi fédérale du 25 juin 1881).

Mais la décision du juge pénal à cet égard n'empêche pas le juge civil d'apprécier librement s'il y a eu, de la part de la victime, une faute telle qu'elle exonère le fabricant de toute responsabilité civile, ou, du moins, une faute concurrente.

TF., 15 octobre 1886.
BALLMER — STŒCKLIN & Cie et LA FRANCE INDUSTRIELLE. P. 747.

Fabricants. Sauf le cas où un accident de fabrique a été causé par un acte du fabricant susceptible de faire l'objet d'une action au pénal, l'indemnité allouée à la victime ne peut être supérieure en capital à six fois le montant du salaire annuel de l'employé ou de l'ouvrier, ni excéder la somme de 6000 fr. (art. 6 de la loi fédérale du 25 juin 1881). Cette disposition est absolue et le juge ne saurait, par exemple, tenir compte de ce que la victime est un jeune ouvrier dont le salaire est encore minime, mais qui, selon toutes les probabilités, serait parvenu. dans un avenir rapproché, à gagner une somme plus considérable.

En outre, l'indemnité doit être équitablement réduite lorsque la mort ou la blessure est le résultat d'un accident fortuit (art. 5, *a*).

TF., 30 octobre 1886. MERZ — SCHMID, HENGGLER & Cie. P. 747.

Faillites. Les concordats des 15 juin 1804 et 7 juin 1810 ne consacrent le principe de l'unité de la faillite qu'en ce qui concerne les biens mobiliers du débiteur, mais non quant à ses immeubles. Il résulte de là que le canton de la situation des immeubles a le droit, si le débiteur est domicilié dans un autre canton, de les soumettre à une faillite séparée. Toutefois, si cette faillite séparée venait à produire un excédent, celui-ci devrait être remis à la masse principale.

TF., 17 octobre 1885. KROPFLI. P. 41.

Faillites. D'après le concordat du 7 juin 1810, auquel Vaud a adhéré, tous les effets appartenant à un failli, en quelque lieu qu'ils se trouvent, doivent rentrer dans la masse. Aucune poursuite n'est permise sur les biens de la masse dès l'ordonnance jusqu'à la clôture de la discussion, et les poursuites commencées contre le débiteur sont annulées.

TC., 30 décembre 1885. WEISS — TONDURY & Cie. P. 182.

Faillites. V. *Discussion, France, Société anonyme.*

Faits. Il y a lieu à nullité du jugement rendu sans que le Tribunal ait posé et résolu tous les allégués sur lesquels des preuves testimoniales ont été entreprises (Cpc. 436, §§ *b* et *c*).

TC., 30 juin 1886. GAUDARD — FAVRE et THÉVOZ. P. 493.

Faits. Il y a lieu à nullité du jugement rendu sans que le juge ait donné une décision sur tous les points de fait sur lesquels une preuve testimoniale a été entreprise (Cpc. 436, § *b).*

TC., 12 janvier 1886. Merlin — Volet. P. 142.
TC., 2 février 1886. Besson — Delessert. P. 189.
TC., 28 septembre 1886. Fray — Miauton. P. 622.

Faits. Il n'y a pas lieu pour le juge de paix à rendre une décision de fait sur les allégués sur lesquels une peuve testimoniale n'a pas été administrée, bien qu'elle eût été annoncée.

N'entraîne pas la nullité du jugement, le fait que le juge a rendu une décision sur des allégués prouvés par titres, non plus que la circonstance qu'il aurait introduit dans son jugement des considérants de fait étrangers au procès. En effet, le Tribunal cantonal peut, en examinant le recours au point de vue de la réforme, apprécier à nouveau les faits dont la preuve résulte de titres ou aveux, et faire abstraction des moyens non présentés par les parties.

TC., 2 février 1886. Reymond — Delgrande. P. 190.

Faits. La circonstance que le juge a rendu des décisions sur tous les points de fait, même sur ceux prouvés par titres, n'est pas de nature à entraîner la nullité du jugement, le Tribunal cantonal pouvant apprécier à nouveau les décisions prises sur ces faits (Cpc. 283 et 436).

TC., 9 mars 1886. Rochat — Martin et Huguenin. P. 255.

Faits. Lorsqu'une preuve testimoniale, bien que annoncée sur un fait, n'a pas été administrée, le juge n'a pas à résoudre celui-ci (Cpc. 283).

TC., 10 février 1886. Schindler — Bürgisser. P. 361.

Faits. Le fait, par une partie, de renoncer à l'audition d'un témoin n'emporte point une renonciation à la preuve testimoniale elle-même. Pour être valable, une telle renonciation doit être faite en termes exprès, alors surtout que l'autre partie s'est réservé de participer contradictoirement à toutes les preuves testimoniales entreprises.

TC., 17 novembre 1886. Dame Duvoisin — Dégrange. P. 748.

Faits. Si l'art. 283 Cpc. dit que le Président pose successivement chaque point de fait sur lequel une preuve par témoins a été entreprise et que le Tribunal discute et délibère successivement sur chacun de ces faits, en un tour consultatif et en un tour délibératif, les dispositions de cet article ne sont applicables aux jugements rendus par les juges de paix qu'autant qu'elles sont compatibles avec la procédure devant un juge unique (Cpc. 330). Le juge satisfait aux réquisits de la procédure en résolvant chaque point de fait sur lequel une preuve par témoins a été entreprise.

TC., 1er juin 1886. Garantie belge — Eggen. P. 413.

Faits. Si, aux termes des art. 330 et 283 Cpc., le juge doit donner une solution aux faits prouvés par témoins, on ne saurait admettre qu'il puisse faire suivre cette solution de faits étrangers à la cause et non allégués par les parties.

TC., 13 avril 1886. Richon — Mabille. P. 351.

Faits. Si une partie admet l'autre à prouver par témoins contre le texte d'un acte notarié, la décision de fait rendue ensuite de cette preuve est définitive et lie le Tribunal cantonal.

TC., 4 février 1886. Favre — Vincent. P. 234.

Faits. Le juge n'a pas à rendre de décisions de fait sur les allégués dont la preuve a été entreprise par serment.

Le fait que le serment n'a pas été prêté ne rentre dans aucun des cas de nullité spécifiés à l'art. 436 Cpc.

TC., 29 juin 1886. Favre — Grept. P. 463.

Faits. V. *Fraude.*

Faute. V. *Preuve testimoniale, Responsabilité.*

Faux. Le délit de fabrication d'acte de faux (Cp. 177 et suiv.) et celui d'usage d'un tel acte (Cp. 180) sont deux délits absolument distincts et indépendants l'un de l'autre.

En ce qui concerne l'usage de faux, l'intention dolosive résulte nécessairement du fait que celui qui a fait usage de l'acte faux avait connaissance de sa fausseté. Il importe peu que la fabrication de l'acte ait eu lieu sans dol.

CP., 23 septembre 1886. Ciana. P. 588.

Femme mariée. La femme mariée qui intervient dans la faillite de son mari doit établir qu'elle est créancière de celui-ci.

TC., 16 juin 1886. Dame Guyot — Masse Guyot. P. 460.

Femme mariée. V. *Domicile, Pouvoirs pour agir, Responsabilité.*

Fonctionnaires. La révocation d'un fonctionnaire cantonal, prononcée par le gouvernement dans les limites de sa compétence de droit public, telle qu'elle résulte de la Constitution du canton, est définitive et ne saurait être contrôlée par le juge civil. Une action en dommages et intérêts du fonctionnaire révoqué dans de telles conditions n'est recevable que si elle est admise par la législation cantonale.

TF., 1er octobre 1886. Ladame — Neuchatel. P. 680.

For. Les actions qui ont pour but l'exercice d'un droit de rétention ou de gage ne peuvent être considérées comme des réclamations purement personnelles au sens de l'art. 59 de la Constitution fédérale. Dès lors, le séquestre opéré par un voiturier, en vertu de son droit de rétention, sur les marchandises par lui transportées, n'implique point une violation de cette disposition constitutionnelle.

TF., 11 décembre 1885. Potte — Favre. P. 49.

For. En matière intercantonale, on ne peut prendre des conclusions reconventionnelles devant le Tribunal nanti de la demande principale, que si la réclamation principale et celle présentée reconventionnellement sont connexes.

Mais l'art. 59 de la Constitution fédérale ne met pas obstacle à ce que le défendeur se fonde sur une contre-prétention qu'il estime avoir contre le demandeur, pour soutenir que la créance de ce dernier est éteinte par compensation.

TF., 9 octobre 1886. Siegwart — Siegwart. P. 661.

For. Le principe de l'art. 59 de la Constitution fédérale, d'après lequel le débiteur doit être recherché au lieu de son domicile, est applicable même au cas où plusieurs coobligés domiciliés dans des cantons différents sont poursuivis pour la même dette. Les dispositions des lois cantonales qui, dans un pareil cas, laissent au créancier le choix du for de la poursuite, ne peuvent recevoir leur application que si les différents coobligés sont domiciliés dans le même canton; s'ils le sont dans des cantons différents, ces dispositions ne sauraient prévaloir contre l'art. 59 de la Constitution.

TF., 14 novembre 1885. Sandi. P. 41.

For. Lorsqu'une maison s'est fait inscrire au registre du commerce de deux cantons différents, elle peut être actionnée dans chacun de ces cantons.

Trib. civil de Bâle, 5 février 1886.
Rodersdorf — Gschwind et Dettwyler. P. 240.

For. V. *Chemins de fer*, *Droit de mutation*, *Evocation en garantie*, *France*, *Impôts*, *Saisie*, *Succession*, *Tribunal fédéral*.

Forêts. Les tribunaux suisses ne sont pas compétents pour condamner par défaut un ressortissant français, domicilié en France, pour un délit forestier commis dans une forêt limitrophe entre la Suisse et la France (convention franco-suisse du 28 février 1882, art. 8).

CP., 7 octobre 1886. Crétin. P. 621.

Frais. Lorsque, dans l'ordonnance de renvoi devenue définitive, deux affaires pénales ont été envisagées comme connexes et que la même personne a été renvoyée en police à la fois comme plaignant et comme prévenu, elle peut, si la plainte est reconnue abusive, être condamnée à tous les frais, même si elle est libérée des fins de l'accusation dirigée contre elle (Cpp. 444).

CP., 18 mai 1886. FISCHER — BREUER. P. 377.

Frais. Si, faisant usage des dispositions de l'art. 444 Cpp., le juge condamne l'auteur d'une plainte abusive aux frais, l'usage qu'il a fait de cette faculté ne peut être revu par la Cour de cassation.

TC., 23 juin 1886. CROSET. P. 463.

Frais. L'accusé acquitté ne peut être condamné aux frais (Cpp. 408). La condamnation à des dommages et intérêts prévue à l'art. 440 Cpp. est tout à fait indépendante de la question des frais, avec laquelle elle ne saurait être confondue.

CP., 19 août 1886. BESSAT. P. 558.

Frais. V. *Dépens, Saisie*.

France. La convention franco-suisse du 15 juin 1869 ne règle que le for des contestations qui s'élèvent entre Suisses et Français; elle n'est pas applicable aux litiges entre Français seuls.

Trib. civil de Genève, 25 février 1886. FONTAINE — FOREST. P. 502.

France. L'art. 4 de la convention franco-suisse du 15 juin 1869, d'après lequel, en matière réelle ou immobilière, l'action doit être suivie devant le tribunal du lieu de la situation des immeubles, ne vise que les actions concernant spécialement des immeubles, et non point celles qui ont trait aux droits successoraux sur des immeubles, c'est-à-dire qui concernent des immeubles en tant que faisant partie d'une succession. Les actions de cette nature tombent sous le coup de l'art. 5 de la convention, lequel prescrit l'application de la loi d'origine du défunt.

TF., 25 septembre 1885. GIACOMETTI. P. 42.

France. Si, à teneur de l'art. 5 de la convention franco-suisse du 15 juin 1869, toute action relative à la liquidation et au partage d'une succession est soumise à la juridiction et à la législation du pays d'origine du défunt, cette disposition ne saurait toutefois être appliquée à l'action de l'époux survivant en reprise de ses biens, conformément au droit matrimonial régissant les conjoints.

TF., 10 juillet 1885. DIGGELMANN. P. 42.

France. La disposition de l'art. 6 de la convention franco-suisse du 15 juin 1869 ne vise que les cas où la faillite d'un Suisse est prononcée en France ou celle d'un Français en Suisse, mais non ceux où la faillite est prononcée en France ou en Suisse contre une personne étrangère à ces deux pays.

L'art. 17 de la convention précitée, prévoyant le refus de l'exécution au cas où le jugement étranger a été rendu sans que les parties aient été duement citées ou légalement représentées, ou défaillantes, n'a trait qu'aux jugements en matière contentieuse et non à un prononcé qui se borne à déclarer l'état de cessation de paiements d'un commerçant et l'ouverture de sa faillite, comme mesure d'exécution.

TF., 19 mars 1886. Bugnon — Masse Paselli-Cusin. P. 246.

France. V. *Alsace-Lorraine, Divorce, Domicile, Extradition, Forêts, Marques de fabrique.*

Fraude. Lorsqu'il est établi en fait, ensuite de preuves testimoniales, qu'une convention a été conclue dans une intention frauduleuse, une telle décision est définitive et lie le Tribunal cantonal.

TC., 11 mai 1886. Roulier — Buenzod. P. 351.

Fraude. Celui qui attaque une vente juridique comme entachée de fraude et de simulation doit clairement établir ces circonstances.

TC., 31 août 1886. Roulier — Torny. P. 590.

Fraude. Lorsqu'une opposition à saisie est fondée sur une cession du salaire saisi, le défendeur qui conclut au maintien de sa saisie et à libération de l'opposition, estimant la cession frauduleuse, n'est pas tenu de conclure reconventionnellement à la nullité de celle-ci.

TC., 26 janvier 1886. Aubert — Vallon. P. 355.

Fraude. En disposant que le constitut possessoire est sans effets à l'égard des tiers, s'il a pour but de les léser, l'art. 202 CO. vise seulement le cas où un créancier se servirait de moyens extraordinaires pour être préféré à d'autres créanciers ayant les mêmes droits que lui ou des droits meilleurs.

Trib. d'appel de Zurich, 18 septembre 1886. Fehlmann — Senn. P. 748.

Fraude. V. *Preuve testimoniale.*

G

Gage. Un droit de gage sur des meubles corporels ne peut être établi que par la remise de la chose au créancier gagiste ou à son représentant (CO. 210). Cette remise n'est pas réputée faite tant que la chose est encore entre les mains de celui qui constitue le gage.

TF., 22 octobre 1886. Masse SENGLET — DARIER. P. 721.

Gage. Ne peut être opposé aux tiers, le droit de gage constitué sur une créance non transmissible par endossement, sans que le débiteur de la créance engagée ait été avisé (CO. 215).

Le détenteur de la créance prétendue engagée ne saurait non plus prétendre à un droit de rétention sur celle-ci, si, les parties n'étant d'ailleurs pas commerçantes, il n'existe aucune connexité entre sa créance et la chose retenue (CO. 224).

Cour de justice de Genève, 1er mars 1886.
PENARD — HONEGGER et consorts. P. 665.

Gage. Un mandat-poste ne peut être envisagé comme un titre transmissible par endossement. Dès lors, pour qu'un droit de gage soit constitué sur une créance de cette nature, il ne suffit pas de la simple remise du titre au créancier-gagiste, conformément à l'art. 214 CO.; il faut encore, ainsi que le prescrit l'art. 215, que le débiteur ait été avisé et que l'engagement ait été constaté par écrit.

Trib. supérieur de Lucerne, 22 mai 1885. G. et St. — Masse A. P. 748.

H

Hivernage. V. *Bail à cheptel.*

Honoraires. V. *Notaires.*

Huis-clos. L'informalité résultant de ce que l'ordonnance de huis-clos, rendue au sujet d'un procès pénal, n'est pas motivée, contrairement à l'art. 348 Cpp., ne rentre dans aucun des cas de nullité prévus à l'art. 484.

CP., 29 avril 1886. BALDY et GROSLIMUND. P. 317.

Huissier-exploitant. V. *Recours.*

I

Impôts. En droit fédéral, l'impôt mobilier cantonal peut être exigé non-seulement des personnes domiciliées dans le canton, mais aussi de celles qui y séjournent de fait, à moins que ce séjour ne soit fortuit ou passager.

TF., 6 février 1886. MAURICE — VAUD et GENÈVE. P. 177.

Impôts. Le droit d'imposer le capital d'une société anonyme ou son revenu n'appartient qu'aux cantons où elle a son siège principal ou une succursale.

TF., 11 juin 1886. COMPAGNIE DES BATEAUX A VAPEUR — SCHWYTZ. P. 439.

Impôts. La poursuite pratiquée par l'Etat pour parvenir au paiement d'un droit de mutation reposant sur un fonds ne peut être envisagée comme une réclamation personnelle au sens de l'art. 59 de la Constitution fédérale, alors surtout que ce droit est garanti par un privilège spécial sur l'immeuble.

On ne saurait voir une violation des art. 4 et 5, ni de l'article 61 de la constitution fédérale, dans le fait qu'un canton, où l'adoption n'est pas admise, refuse d'assimiler un enfant adoptif, reconnu comme tel en vertu d'un jugement rendu dans un autre canton, à un descendant de sang, au point de vue de l'exemption du droit de mutation.

TF., 16 janvier 1886. JAQUEMOT — ETAT DE VAUD. P. 149.

Impôts. V. *Double imposition, Droit de mutation.*

Impôt mobilier. La Cour de cassation pénale est compétente pour connaître, ensuite de recours, des décisions rendues par le tribunal de police en matière de déclarations d'impôt mobilier insuffisantes (loi de 1863 sur l'organisation judiciaire, art. 67 § *b*).

L'Etat a le droit de recourir soit en nullité soit en réforme contre le prononcé du tribunal de police qui libère de l'amende prévue en cas de déclaration d'impôt mobilier insuffisante.

La Commission centrale d'impôt mobilier ne peut être assimilée à un tribunal de première instance, rendant de véritables jugements. Dès lors, les parties recourantes au tribunal de police contre le prononcé de la Commission centrale peuvent produire à ce tribunal toutes les pièces et tous les documents qu'elles estiment utiles à leur cause.

En matière de recours contre le prononcé de la Commission centrale, la Cour de cassation pénale n'est pas liée par les décisions de fait du tribunal de police, mais est autorisée à revoir en son entier l'appréciation des premiers juges.

Le simple fait d'avoir, par une déclaration d'impôt mobilier insuffisante, contrevenu à la loi du 27 décembre 1877, suffit pour entraîner la répression prévue à l'art. 23 de cette loi, sans que l'Etat soit tenu de démontrer l'intention dolosive. Si l'inculpé s'estime au bénéfice d'une circonstance propre à le faire libérer, c'est à lui de l'établir d'une manière certaine, en prouvant, par exemple, que la déclaration fausse n'a pas été faite dans le but de frauder l'Etat, mais est le résultat d'une erreur manifeste.

CP., 3, 10 et 11 mars 1886. Hoirs X. P. 215.

Impôt mobilier. La Cour de cassation pénale ne commet aucun déni de justice ou abus de compétence en recherchant, sans s'estimer liée par la décision du tribunal de police, si un contribuable à l'impôt mobilier a fait une fausse déclaration dans le but de frauder l'Etat ou non; en effet, c'est là une question de droit qui peut être soumise à la Cour au point de vue de la réforme.

TF., 23 juillet 1886. Hoirs X. — ETAT DE VAUD. P. 458.

Incident. Le jugement des incidents relatifs à une preuve par serment appartient au président du tribunal de district.

TC., 8 décembre 1885. SCHUDEL — HAASER. P. 88.

Incident. V. *Informalité.*

Inconstitutionnalité. La Cour de cassation pénale, chargée d'appliquer la loi aux cas qui lui sont soumis, n'est pas compétente pour statuer sur la question de savoir si un arrêté du Conseil d'Etat est inconstitutionnel.

CP., 23 octobre 1886. RAWYLER et consorts. P. 717.

Indemnité. Le juge prononce librement, suivant les circonstances de chaque cas, sur la quotité de « l'indemnité équitable » allouée en vertu de l'art. 55 CO. Une violation de la loi, autorisant le Tribunal fédéral à réformer le jugement cantonal, ne peut être admise que si le juge cantonal a méconnu des éléments de fait qui, dans l'esprit de la loi, doivent être pris en considération pour la fixation de l'indemnité.

TF., 22 mai 1886. STEINER — HUWYLER. P. 494.

Indemnité. V. *Chemins de fer, Fabricants, Lésions corporelles, Responsabilité.*

Indemnité civile. Aucune disposition de la loi ne donne au président du tribunal de police la compétence d'accorder des indemnités civiles en matière pénale.

CP., 27 avril 1886. MENEVERI — MERMOUD. P. 304.

Indivision. L'héritier indivis ne peut réclamer pour son compte personnel une dette dont il a hérité conjointement avec son cohéritier.

TC., 9 mars 1886. ROCHAT — MARTIN et HUGUENIN. P. 256.

Indû. V. *Répétition de l'indû.*

Inexécution des obligations. V. *Bail.*

Informalité. L'informalité résultant de ce qu'un exploit d'opposition ne renferme pas la commination en cas de défaut ne saurait faire l'objet d'un incident, lorsqu'elle est sans intérêt réel en l'espèce et qu'elle a été couverte par les procédés de la partie adverse (Cpc. 115).

TC., 28 septembre 1886. PIGUET — FAUQUEZ. P. 748.

Insolvabilité. V. *Preuve testimoniale.*

Instruction. Lorsque le Tribunal cantonal annule un jugement et renvoie la cause à un autre juge *pour être instruite et jugée à nouveau*, cette décision ne saurait autoriser l'une des parties à introduire au procès de nouveaux moyens et de nouvelles conclusions.

TC., 30 mars 1886. DELESSERT — BLANC-BESSON. P. 285.

Intérêts. L'exploit introductif d'instance constitue une mise en demeure suffisante pour faire courir les intérêts moratoires (CO. 119).

TC., 11 mai 1886. COMPAGNIE SINGER — POLENCENT. P. 351.

Intérêts. V. *Prêt.*

Intervention. La partie qui a admis une demande d'intervention ne peut soulever plus tard le déclinatoire sur les conclusions prises par la partie intervenante.

TC., 29 juin 1886. UNION DU CRÉDIT — JAQUES. P. 518.

Intervention. Celui qui intervient dans une discussion pour réclamer la propriété d'objets mobiliers inventoriés par l'office doit, si son intervention est repoussée, ouvrir action en changement de réponse dans les trente jours dès l'assemblée des créanciers (Cpc. 815). Les délais fixés en cette matière sont péremptoires.

TC., 27 janvier 1886. LAVANCHY — Masse LAVANCHY. P. 344.

Intervention. V. *Discussion.*

Inviolabilité du domicile. V. *Visites domiciliaires.*

J

Jeu. Le caractère de dette de jeu (CO. 512) résulte suffisamment du chiffre considérable des capitaux mis en mouvement, de la nature des valeurs sur lesquelles portent les opérations, du fait qu'il s'agit de marchés à terme continuellement et fréquemment reportés, du fait qu'aucun titre n'est levé, enfin de la circonstance que, dans l'esprit des deux parties, les opérations d'achat et de vente de titres ne devaient se résoudre que par des comptes de différences.

Le paiement d'une obligation de change souscrite à titre de couverture par l'auteur du jeu ne peut être poursuivi en

réel en l'espèce et qu'elle a été couverte par les procédés de la partie adverse (Cpc. 115).

TC., 28 septembre 1886. PIGUET — FAUQUEZ. P. 748.

Insolvabilité. V. *Preuve testimoniale.*

Instruction. Lorsque le Tribunal cantonal annule un jugement et renvoie la cause à un autre juge *pour être instruite et jugée à nouveau*, cette décision ne saurait autoriser l'une des parties à introduire au procès de nouveaux moyens et de nouvelles conclusions.

TC., 30 mars 1886. DELESSERT — BLANC-BESSON. P. 285.

Intérêts. L'exploit introductif d'instance constitue une mise en demeure suffisante pour faire courir les intérêts moratoires (CO. 119).

TC., 11 mai 1886. COMPAGNIE SINGER — POLENCENT. P. 351.

Intérêts. V. *Prêt.*

Intervention. La partie qui a admis une demande d'intervention ne peut soulever plus tard le déclinatoire sur les conclusions prises par la partie intervenante.

TC., 29 juin 1886. UNION DU CRÉDIT — JAQUES. P. 518.

Intervention. Celui qui intervient dans une discussion pour réclamer la propriété d'objets mobiliers inventoriés par l'office doit, si son intervention est repoussée, ouvrir action en changement de réponse dans les trente jours dès l'assemblée des créanciers (Cpc. 815). Les délais fixés en cette matière sont péremptoires.

TC., 27 janvier 1886. LAVANCHY — Masse LAVANCHY. P. 344.

Intervention. V. *Discussion.*

Inviolabilité du domicile. V. *Visites domiciliaires.*

J

Jeu. Le caractère de dette de jeu (CO. 512) résulte suffisamment du chiffre considérable des capitaux mis en mouvement, de la nature des valeurs sur lesquelles portent les opérations, du fait qu'il s'agit de marchés à terme continuellement et fréquemment reportés, du fait qu'aucun titre n'est levé, enfin de la circonstance que, dans l'esprit des deux parties, les opérations d'achat et de vente de titres ne devaient se résoudre que par des comptes de différences.

Le paiement d'une obligation de change souscrite à titre de couverture par l'auteur du jeu ne peut être poursuivi en

victime, une faute telle qu'elle exonère le fabricant de toute responsabilité civile, ou, du moins, une faute concurrente.

TF., 15 octobre 1886.
BALLMER — STŒCKLIN & Cie et LA FRANCE INDUSTRIELLE. P. 747.

Fabricants. Sauf le cas où un accident de fabrique a été causé par un acte du fabricant susceptible de faire l'objet d'une action au pénal, l'indemnité allouée à la victime ne peut être supérieure en capital à six fois le montant du salaire annuel de l'employé ou de l'ouvrier, ni excéder la somme de 6000 fr. (art. 6 de la loi fédérale du 25 juin 1881). Cette disposition est absolue et le juge ne saurait, par exemple, tenir compte de ce que la victime est un jeune ouvrier dont le salaire est encore minime, mais qui, selon toutes les probabilités, serait parvenu. dans un avenir rapproché, à gagner une somme plus considérable.

En outre, l'indemnité doit être équitablement réduite lorsque la mort ou la blessure est le résultat d'un accident fortuit (art. 5, *a*).

TF., 30 octobre 1886. MERZ — SCHMID, HENGGLER & Cie. P. 747.

Faillites. Les concordats des 15 juin 1804 et 7 juin 1810 ne consacrent le principe de l'unité de la faillite qu'en ce qui concerne les biens mobiliers du débiteur, mais non quant à ses immeubles. Il résulte de là que le canton de la situation des immeubles a le droit, si le débiteur est domicilié dans un autre canton, de les soumettre à une faillite séparée. Toutefois, si cette faillite séparée venait à produire un excédent, celui-ci devrait être remis à la masse principale.

TF., 17 octobre 1885. KROPFLI. P. 41.

Faillites. D'après le concordat du 7 juin 1810, auquel Vaud a adhéré, tous les effets appartenant à un failli, en quelque lieu qu'ils se trouvent, doivent rentrer dans la masse. Aucune poursuite n'est permise sur les biens de la masse dès l'ordonnance jusqu'à la clôture de la discussion, et les poursuites commencées contre le débiteur sont annulées.

TC., 30 décembre 1885. WEISS — TONDURY & Cie. P. 182.

Faillites. V. *Discussion, France, Société anonyme.*

Faits. Il y a lieu à nullité du jugement rendu sans que le Tribunal ait posé et résolu tous les allégués sur lesquels des preuves testimoniales ont été entreprises (Cpc. 436, §§ *b* et *c*).

TC., 30 juin 1886. GAUDARD — FAVRE et THÉVOZ. P. 493.

Faits. Il y a lieu à nullité du jugement rendu sans que le juge ait donné une décision sur tous les points de fait sur lesquels une preuve testimoniale a été entreprise (Cpc. 436, § *b).*

TC., 12 janvier 1886. Merlin — Volet. P. 142.
TC., 2 février 1886. Besson — Delessert. P. 189.
TC., 28 septembre 1886. Fray — Miauton. P. 622.

Faits. Il n'y a pas lieu pour le juge de paix à rendre une décision de fait sur les allégués sur lesquels une peuve testimoniale n'a pas été administrée, bien qu'elle eût été annoncée.

N'entraîne pas la nullité du jugement, le fait que le juge a rendu une décision sur des allégués prouvés par titres, non plus que la circonstance qu'il aurait introduit dans son jugement des considérants de fait étrangers au procès. En effet, le Tribunal cantonal peut, en examinant le recours au point de vue de la réforme, apprécier à nouveau les faits dont la preuve résulte de titres ou aveux, et faire abstraction des moyens non présentés par les parties.

TC., 2 février 1886. Reymond — Delgrande. P. 190.

Faits. La circonstance que le juge a rendu des décisions sur tous les points de fait, même sur ceux prouvés par titres, n'est pas de nature à entraîner la nullité du jugement, le Tribunal cantonal pouvant apprécier à nouveau les décisions prises sur ces faits (Cpc. 283 et 436).

TC., 9 mars 1886. Rochat — Martin et Huguenin. P. 255.

Faits. Lorsqu'une preuve testimoniale, bien que annoncée sur un fait, n'a pas été administrée, le juge n'a pas à résoudre celui-ci (Cpc. 283).

TC., 10 février 1886. Schindler — Bürgisser. P. 361.

Faits. Le fait, par une partie, de renoncer à l'audition d'un témoin n'emporte point une renonciation à la preuve testimoniale elle-même. Pour être valable, une telle renonciation doit être faite en termes exprès, alors surtout que l'autre partie s'est réservé de participer contradictoirement à toutes les preuves testimoniales entreprises.

TC., 17 novembre 1886. Dame Duvoisin — Dégrange. P. 748.

Faits. Si l'art. 283 Cpc. dit que le Président pose successivement chaque point de fait sur lequel une preuve par témoins a été entreprise et que le Tribunal discute et délibère successivement sur chacun de ces faits, en un tour consultatif et en un tour délibératif, les dispositions de cet article ne sont applicables aux jugements rendus par les juges de paix qu'autant qu'elles sont compatibles avec la procédure devant un juge unique (Cpc. 330). Le juge satisfait aux réquisits de la

Liberté de réunion et d'association. Le fait que des tiers viendraient troubler des réunions publiques et porteraient ainsi atteinte à la paix et à la tranquillité publiques ne saurait justifier l'interdiction de ces réunions.

TF., 20 février 1886. Schaaf, Ehrismann et consorts — Zurich. P. 228.

Liquidateur, Liquidation. V. *Société en nom collectif.*

Livres. Des livres non tenus conformément aux art. 1019 et 1020 Cc. ne peuvent faire foi de leur contenu, alors surtout que le serment n'a pas été déféré sur la vérité des inscriptions qui y sont renfermées.

TC., 29 décembre 1885. Krieg — Perrin. P. 143.

Location de meubles. V. *Bail.*

Loi étrangère. Les tribunaux vaudois ne peuvent faire application de lois étrangères que si elles sont établies au procès.

TC., 1er juin 1886. Compagnies S.-O.-S. et P.-L.-M. — Baud. P. 379.

Loteries. La loi n'accorde en Suisse aucune protection aux loteries autorisées à l'étranger, à moins que l'autorité compétente suisse n'ait autorisé la vente des billets (CO. 516). En conséquence, l'engagement que prend une personne de placer une somme qui lui est confiée par un tiers en billets d'une loterie non autorisée en Suisse, doit être considéré comme une obligation immorale (CO. 17), et l'inexécution de cette obligation ne saurait fonder une action en dommages et intérêts.

Cour d'appel de Zurich, 5 juillet 1886. Holliger — Bödecker. P. 748.

Louage de services. Des ouvriers ne sauraient prétendre à des dommages et intérêts contre leur patron, parce que celui-ci entendrait les soumettre à un nouveau tarif, alors qu'il est établi qu'ils ont quitté leur travail de leur propre volonté et sans avertissement, et qu'ils n'ont point mis le patron en demeure d'exécuter le contrat, en leur accordant tout au moins un délai avant de mettre en vigueur le nouveau tarif.

TC., 4 mai 1886. Clavel — Cerlogne et consorts. P. 393.

Louage de services. Le patron ne saurait être rendu responsable des frais occasionnés par le traitement médical de son ouvrier, pour une maladie prolongée que ce dernier a contractée par sa faute (CO. 341).

TC., 18 mai 1886. Bœsch — Demiéville. P. 377.

Louage de services. Celui qui a engagé ses services au mois et qui est malade pendant un temps relativement court, ne perd pas ses droits à la rémunération (CO. 341).

Trib. des prud'hommes de Genève, 6 août 1886.
Pignat — Roussillon & Cie. P. 504.

Louage d'ouvrage. Après la livraison de l'ouvrage, le maître doit en vérifier l'état, dans le délai usuel, et en signaler les défauts à l'entrepreneur, s'il y a lieu (CO. 357). Les termes « dans le délai usuel » doivent s'interpréter dans ce sens que, si les défauts de l'objet livré ne se manifestent que plus tard, ils doivent être signalés à l'entrepreneur aussitôt qu'ils deviennent apparents, à défaut de quoi la chose est tenue pour acceptée même quant à ces défauts-là.

La loi ne prévoit pas nécessairement une expertise et ne précise pas, si elle est requise, le moment où elle doit se faire.

Cour de cassation de Neuchâtel, 18 novembre 1885.
HEINIGER — BERG et HÆNGGI. P. 28.

Louage d'ouvrage. L'entrepreneur est tenu d'exécuter l'ouvrage de telle manière qu'il puisse servir à l'usage auquel il est destiné (CO. 358). Dès lors, le teinturier est responsable du dommage qui peut résulter de ce qu'il a fait emploi d'une matière colorante exerçant une action destructive sur les produits à la fabrication desquels les matières teintes sont destinées à servir.

Trib. supérieur d'Argovie, 25 septembre 1885. W. & Cie — B. & Cie. P. 33.

M

Maîtres et patrons. V. *Louage de services*, *Responsabilité*.

Mandat. Le mandataire répond du soin avec lequel il a choisi le sous-mandataire. S'il a mal choisi la personne qu'il a chargée d'exécuter le mandat à lui donné, il est absolument responsable des faits et gestes de celle-ci dans l'accomplissement de sa mission (CO. 397).

Trib. de commerce de Genève, 28 mai 1885. LEJEUNE — GUILLAUMET. P. 87.

Mandat. De ce que le mandataire doit faire raison au mandant de tout ce qu'il a reçu en vertu de sa gestion, à quelque titre que ce soit (CO. 398), il résulte qu'il doit aussi lui restituer les pots-de-vin qui ont pu lui être donnés. Il importe peu, à cet égard, que, dans l'intention du tiers qui a fait la gratification, celle-ci fût destinée au mandataire personnellement.

Trib. supérieur de Thurgovie, 22 mars 1886. BOURRY — WEDER. P. 514.

Mandat. V. *Pouvoirs pour agir*, *Vente*.

Mandat-poste. V. *Gage*.

Marchés à terme. V. *Jeu*.

Mariage. Le droit de former opposition à un mariage appartient à quiconque a intérêt à ce que le mariage ne se fasse pas.

Ce droit appartient notamment aux autorités communales de la commune d'origine ou de celle du domicile.

Trib. supérieur de Thurgovie, 30 novembre 1885.
WYLER — FRAUENFELD. P. 12.

Mariage. V. *Responsabilité*.

Marques de fabrique. A teneur de l'art. 5 de la loi fédérale du 19 décembre 1879, l'usage d'une marque figurée ne peut être revendiqué en justice qu'à la double condition que la marque ait été régulièrement déposée, et, en outre, que l'enregistrement ait été publié dans la *Feuille officielle*. D'après le règlement d'exécution du 2 octobre 1880, cette publication n'est régulière que si elle contient, entre autres, la reproduction de la marque.

Depuis l'entrée en vigueur de la convention franco-suisse du 23 février 1882 pour la garantie réciproque des marques de fabrique et de commerce, les marques françaises enregistrées antérieurement en Suisse (soit sous l'empire de la convention du 30 juin 1864), ne continuent à avoir droit à la protection que si elles ont été publiées et reproduites dans la *Feuille officielle*. En effet, la convention du 23 février 1882 se borne à stipuler réciproquement le traitement à l'égal des nationaux.

TF., 9 octobre 1885. MENIER. P. 42.

Marques de fabrique. Pour qu'il y ait imitation, il n'est pas nécessaire que la marque de fabrique soit imitée dans tous ses détails. Il y a imitation toutes les fois que, sous des apparences quelconques, l'acheteur peut être trompé sur la provenance des marchandises qu'il entend acquérir (art. 4 de la loi fédérale du 19 décembre 1879 et arrêté fédéral du 4 janvier 1881).

Trib. de commerce de Genève, 24 juin 1886.
CROSSE et BLACKWELL — GRANDJEAN & Cie. P. 471.

Médecins. V. *Louage de services*.

Mendicité. V. *Vagabondage*.

Mesures provisionnelles. Le fait que l'action est ouverte plus de dix jours après l'ordonnance de mesures provisionnelles intervenue, n'a pas pour effet de compromettre le fond même du droit, mais fait seulement tomber cette ordonnance (Cpc. 48).

TC., 29 juin 1886. GRIES-BACH — MÜLLER. P. 463.

Mesures provisionnelles. V. *Exécution forcée*.

Militaire. Les commissions d'experts prévues aux §§ 282 et suivants du règlement d'administration pour l'armée suisse, ont simplement pour mission d'estimer les dommages causés aux propriétés par l'exécution d'ordres militaires. Il ne leur appartient pas de décider en principe si l'administration de la guerre est responsable ou non, à teneur du § 279 du même règlement. La décision sur cette question est du ressort des tribunaux ordinaires.

Pour fonder la responsabilité de l'administration de la guerre, à teneur du § 279 précité, il ne suffit pas qu'un dommage à la propriété ait été causé à l'occasion d'un service militaire; il est nécessaire que ce dommage ait été causé par des actes de service accomplis en exécution d'ordres militaires.

TF., 2 octobre 1886. Etablissement d'assurance lucernois — Administration fédérale de la guerre. P. 629.

Mineurs. Les dispositions du Code pénal sur la responsabilité pénale des mineurs ne sont pas applicables en matière forestière (Cp. 12 et 51).

CP., 24 février 1886. Lecoultre. P. 347.

Mise en demeure. V. *Intérêts, Vente.*

Mitoyenneté. V. *Preuve testimoniale.*

Moyens. V. *Instruction.*

N

Notaires. Le notaire n'est pas tenu de faire modérer ses honoraires par le président du Tribunal avant d'intenter une action juridique pour faire reconnaître la dette. Il lui est loisible d'attaquer son client en justice, sauf à celui-ci à réclamer la modération de la note d'honoraires, conformément à l'art. 10 du tarif du 5 janvier 1837.

TC., 14 septembre 1886. Hoirs Jordan — Cosandey. P. 648.

Novation. Si la novation faite entre le créancier et l'un des débiteurs solidaires libère les codébiteurs (Cc. 955), celle faite à l'endosseur d'un billet ne libère pas le souscripteur de celui-ci.

TC., 28 janvier 1886. Panchaud — Chamot. P. 356.

Novation. La novation ne résulte pas de l'acceptation, même sans réserves, par le créancier, de lettres de change ou autres effets en paiement de ce qui lui est dû.

Trib. civil de Genève, 23 janvier 1886.
Menuz — Grobéty, Séchaud et consorts. P. 501.

Novation. V. *Code fédéral des obligations, Représentant commercial.*

Nuit. En l'absence d'une constatation absolument précise de l'heure de la commission du délit, il y a lieu de choisir l'hypothèse la plus favorable au condamné, par exemple, d'admettre, s'il s'agit de violation de domicile, qu'elle a eu lieu de jour et non de nuit (Cp. 7).

CP., 12 novembre 1885. Rochat. P. 15.

Nullité. V. *Assignation, Concordat, Faits, Huis-clos, Jugement, Jugement arbitral, Jugement de police, Recours, Sentence municipale.*

O

Obligations. V. *Code fédéral des obligations, Conclusion des contrats, Extinction des obligations.*

Obligation immorale. Les opérations d'une agence matrimoniale n'ont, en elles-mêmes, rien d'immoral, aussi longtemps que les moyens qu'elle emploie ne sont pas illicites ou contraires aux bonnes mœurs. Dès lors, on ne saurait refuser aux agences matrimoniales le droit d'agir en justice pour obtenir le paiement des honoraires stipulés.

Trib. supérieur de Lucerne, 13 mai 1885. P. 749.

Obligation immorale. V. *Loteries.*

Offres. V. *Conclusion des contrats.*

Opérations de Bourse. V. *Jeu.*

Opposition. Lorsqu'une saisie a lieu en vertu d'un jugement exécutoire, le débiteur ne peut opposer sur le fond, à moins que l'opposition ne s'appuie sur un titre postérieur au jugement, constatant l'exécution totale ou partielle (Cpc. 412).

TC., 18 mai 1886. Borloz — Dulex. P. 377.

Opposition. S'il n'est pas permis au débiteur de faire plusieurs oppositions successives à une même saisie, rien ne l'empêche d'opposer successivement à deux saisies différentes, faites en vertu du même titre (Cpc. 411).

TC., 4 mai 1886. Banque cantonale — Ginier. P. 394.

Opposition. Après une opposition abandonnée, l'opposant n'est pas recevable à en former une nouvelle et le juge doit refuser son sceau à l'exploit (Cpc. 411).

TC., 10 août 1886. Payot — Tardy. P. 558.

Opposition. Le tiers qui revendique la propriété d'objets saisis ne peut, après avoir abandonné une première opposition, en former une nouvelle (Cpc 411).

TC., 24 septembre 1886. Camps & Cie — Henchoz. P. 749.

Patentes d'auberges. V. *Bail.*

Patrons et ouvriers. V. *Louage de services, Responsabilité.*

Péremption. V. *Saisie.*

Personne juridique. V. *Pouvoirs pour agir.*

Photographies. Lorsqu'une photographie a été exécutée sur commande, le photographe n'a pas, sauf stipulation contraire, le droit de la reproduire sans y être autorisé (loi fédérale du 23 septembre 1883, art. 9).

En cas de reproduction illicite, le Tribunal peut ordonner la destruction des photographies encore existantes entre les mains du photographe, ainsi que du cliché (art. 12).

TC., 8 septembre 1886. Dame FRENZEL — SCHÖNI. P. 684.

Plaignant. V. *Recours.*

Plainte abusive. V. *Frais.*

Postes. En ce qui concerne les objets confiés à la poste avec indication de valeur, l'administration fédérale répond non-seulement de leur perte proprement dite, mais encore du dommage résultant de ce que ces objets sont remis à une personne qui n'y a aucun droit, ainsi que de leur soustraction par un employé postal ou par un tiers (loi fédérale du 2 juin 1849, art. 12, 15 et 17).

La preuve de l'identité du destinataire d'un envoi inscrit ne peut être faite seulement par déclarations de témoins; celles-ci ne peuvent être admises que pour compléter la preuve résultant de papiers de légitimation (règlement de transport du 7 octobre 1884, art. 23).

TF., 9 juillet 1886. BANQUE DE WYL — CONFÉDÉRATION. P. 657.

Pots-de-vin. V. *Mandat.*

Pouvoirs pour agir. La partie qui veut critiquer la vocation de celui qui agit contre elle, peut ou citer à bref délai ou élever un incident à l'audience (Cpc. 74); mais elle est à tard pour soulever ce moyen dans son mémoire adressé au Tribunal cantonal ensuite de recours.

TC., 15 décembre 1885. GIVEL — BANQUE CANTONALE. P. 75.

Pouvoirs pour agir. Le défendeur qui a admis la vocation pour agir de sa partie adverse, devant le premier juge, est à tard pour critiquer cette vocation devant le Tribunal cantonal.

TC., 9 mars 1886. Hoirs PERRETEN — DUCRET. P. 286.

Pouvoirs pour agir. La femme mariée n'a pas besoin d'autorisation pour requérir le sceau d'un exploit d'opposition; elle peut justifier sa vocation en produisant la demande (Cpc. 74).

TC., 23 février 1886. BANQUE CANTONALE — PETIT. P. 392.

Pouvoirs pour agir. La loi n'impose pas au juge de paix l'obligation de s'assurer si la femme mariée qui requiert de lui le sceau d'un exploit est pourvue des autorisations exigées par la loi pour ester en droit. Il suffit que la justification des pouvoirs intervienne avant le jugement (Cpc. 25 et 71).

TC., 25 mars 1886. VIELLE et WAGNER — BERNARD. P. 286.

Pouvoirs pour agir. La partie qui est en état de faillite ne peut intervenir directement et par un fondé de pouvoirs dans un litige.

TC., 23 juin 1886. GREPPIN — SOCIÉTÉ DES MINES D'ANTHRACITE. P. 464.

Pouvoirs pour agir. La question de savoir si une fondation publique, personne juridique, a été valablement liée par une manifestation de volonté de l'autorité communale appelée à la représenter, est régie par le droit cantonal et non par le droit fédéral (CO. 38).

TF., 5 juin 1886. PHARISAZ, GILLARD & Cie — ORPHELINAT DE SALES. P. 413.

Pouvoirs pour agir. Est responsable et encourt une condamnation civile le procureur-juré qui signe sans mandat un recours au Tribunal fédéral.

En revanche, n'est point responsable l'avocat qui s'est borné à rédiger le recours.

TF., 19 juin 1886. BÉGUIN — Masse BÉGUIN et WILDBOLZ. P. 417.

Pouvoirs pour agir. V. *Parties, Sceau, Société en nom collectif.*

Prescription. Dans les cas où le Code fédéral des obligations introduit un délai de prescription pour des créances qui précédemment, sous l'empire du droit cantonal, n'étaient pas soumises à prescription, le délai ne commence à courir que du 1er janvier 1883. En effet, l'ancien droit demeure applicable pour déterminer si, pendant le temps qui s'est écoulé antérieurement à cette date, la dette était prescriptible ou non (CO. 883).

Trib. supérieur de Thurgovie, 30 avril 1886.
BRAUNSCHWEIG — BUCHER. P. 494.

Prescription. V. *Code fédéral des obligations, Répétition de l'indû.*

Prescription de la peine. V. *Extradition.*

Président. V. *Indemnité civile.*

Presse. Les cantons sont compétents pour punir comme un outrage les critiques dirigées sous une forme injurieuse contre les institutions de l'Etat. La répression de telles critiques ne peut être envisagée comme contraire au principe de la liberté de la presse, garanti par l'art. 55 de la Constitution fédérale.

TF., 21 novembre 1885. STADLIN. P. 18.

Presse. Les dispositions du Code pénal en ce qui concerne la provocation (art. 58) ne sont pas applicables en matière de presse (Cp. 12).

CP., 16 juin 1886. ROSAT et SCHÜMPERLIN. P. 446.

Prêt. En matière de prêt non commercial, l'intérêt n'est dû, sauf stipulation contraire, que du jour de la mise en demeure (CO. 330).

Trib. civil de Bâle, 9 avril 1886. SCHWEIZER — FESSL. P. 351.

Prêts. V. *Solidarité.*

Preuve. La question de savoir quelle est la partie qui doit entreprendre des preuves ne peut être tranchée par la voie incidente, mais doit être discutée dans le jugement au fond.

TC., 11 février 1886. BOLLAG — MARRO. P. 240.

Preuve. C'est à la partie qui a allégué un fait qu'il appartient d'indiquer le genre de preuve qu'elle veut entreprendre sur ce fait (Cpc. 176). L'autre partie peut participer à la preuve, mais elle ne saurait en changer la nature et transformer, par exemple, une preuve par titres en une preuve par témoins, ni cumuler les deux genres de preuve.

TC., 17 septembre 1886. BURNIER — Veuve HEUBERGER et consorts. P. 637.

Preuve. La partie qui n'admet pas une preuve doit s'y opposer, mais la loi ne lui donne pas le droit de faire des réserves en pareille matière. On ne saurait admettre qu'après avoir laissé faire des preuves sur certains allégués, une partie puisse ensuite se réserver le droit de discuter si l'entier ou une partie seulement de l'allégué a pu être prouvé.

TC., 22 juin 1886. LOUIS — CLÉMENT et CHINET. P. 429.

Preuve. La partie qui a laissé faire une preuve testimoniale ne saurait être admise à en critiquer plus tard le résultat, comme étant en contradiction avec une réponse sermentale intervenue sur le même fait.

TC., 22 juin 1886. SIMONS — RUEPP et KELLER. P. 476.

Preuve. V. *Reconnaissance, Revendication de meubles.*

Preuve testimoniale. La preuve testimoniale n'est pas permise contre la teneur d'un acte valable (Cc. 974).

TC., 30 mars 1886. PITTET — Dame LENOIR. P. 314.

Preuve testimoniale. L'interdiction de prouver par témoins contre un acte valable, posée à l'art. 974 Cc., ne concerne que les actes émanant de la partie qui veut employer une preuve testimoniale pour en détruire la portée.

TC., 24 août 1886. FONTANNAZ & MOREILLON — FONTANNAZ. P. 590.

Preuve testimoniale. La Compagnie d'assurance qui a délivré une quittance de prime ne peut établir par témoins ou par serment que cette quittance aurait été donnée à une autre date que celle qui y est énoncée, ni que l'assurance n'aurait couru qu'à partir d'un jour postérieur à celui indiqué (Cc. 974).

TC., 18 mai 1886. LA ZURICH — KUNZ et consorts. P. 378.

Preuve testimoniale. Bien qu'un procès-verbal de séquestre constate que le fils du débiteur, invité par l'huissier à lui montrer les objets appartenant à son père, lui a fait voir certains biens, cette circonstance n'empêche pas ce fils de prouver plus tard, dans une opposition, que les biens saisis sont sa propriété et que son indication était inexacte.

TC., 25 mars 1886. BALLY — ROCHAT. P. 286.

Preuve testimoniale. Ne va pas contre la teneur d'un acte valable la preuve testimoniale tendant à établir qu'il a été convenu entre parties que le débiteur d'un état de frais n'aurait à payer, pour éteindre celui-ci, qu'une somme inférieure au chiffre de la modération, le paiement devant, d'ailleurs, s'effectuer en marchandises.

TC., 15 décembre 1885. MOSETTI — BRICOLENS. P. 143.

Preuve testimoniale. Il est permis d'établir par témoins que les parties, en présence de difficultés nées ou sur le point de naître, ont discuté de quelle manière on exécuterait une clause d'un acte passé entre elles. Une telle preuve ne va pas à l'encontre d'un acte valable.

TC., 12 janvier 1886. MERCIER — ETAT DE VAUD. P. 143.

Preuve testimoniale. Ne va pas contre la teneur de l'acte, la preuve testimoniale tendant à établir qu'au moment de signer une déclaration une partie s'est trouvée en état d'erreur (Cc. 974).

TC., 10 août 1886. DAVOET — GÉTAZ. P. 559.

Preuve testimoniale. Il est permis de prouver par témoins que le propriétaire d'un mur a consenti à ce que le voisin y pratiquât des enfoncements pour y placer des poutres. Une telle preuve ne porte nullement sur la question de mitoyenneté elle-même et n'a pas pour but d'établir un droit immobilier.

TC., 10 août 1886. BUENZOD — GUILLET. P. 559.

Preuve testimoniale. On peut prouver par témoins contre la teneur d'une pièce écrite qui ne revêt pas les formes prévues aux art. 977 et suivants Cc.

La question de dommage renferme une appréciation juridique qui doit résulter d'un ensemble d'éléments de fait, lesquels peuvent seuls faire l'objet d'une preuve testimoniale.

TC., 27 avril 1886. Vatter — Veuve Mottaz. P. 304.

Preuve testimoniale. La preuve du dol, de la fraude ou de la simulation peut être entreprise à l'aide de témoins.

On ne saurait prouver par témoins qu'une personne est au-dessous de ses affaires.

TC., 17 septembre 1886. Reymond — Union du Crédit. P. 591.

Preuve testimoniale. On ne peut prouver par témoins l'existence d'une faute, une telle preuve portant sur une appréciation de droit qu'il appartient à l'instance supérieure de revoir, cas échéant.

Le dommage lui-même constitue non point un fait spécial, mais une appréciation qui doit résulter des divers éléments constitutifs du dommage. Ces éléments peuvents seuls faire l'objet de preuves testimoniales et être définitivement établis par le juge de première instance.

TC., 29 juin 1886. Yvonand — Richardet. P. 494.

Preuve testimoniale. La notion de faute renferme une appréciation juridique qui ne peut faire l'objet d'une preuve testimoniale.

TC., 23 mars 1886. Garantie belge — Eggen. P. 272.

Preuve testimoniale. On ne peut admettre que des témoins apprécient souverainement si une partie a *dû* ou *pu* se tromper et si l'autre partie a *voulu* la tromper lors de la stipulation d'une convention. Si l'on peut prouver par témoins les affirmations ensuite desquelles une partie dit être tombée dans l'erreur, il n'en est pas de même des conséquences qu'elle veut faire découler de ces affirmations.

Il est permis de prouver par témoins que certaines dépenses ont profité à un immeuble et qu'il a, de ce chef, acquis une plus-value.

TC., 7 septembre 1886. Jaquenod — Pingoud. P. 591.

Preuve testimoniale. La preuve par témoins ne doit pas être admise sur des faits sans influence sur le fond ou sans importance au procès (Cpc. 227).

TC., 14 septembre 1886. Krieg — Perrin. P. 591.

Preuve testimoniale. V. *Faits, Preuve, Simulation.*

Prise à partie. V. *Discussion.*

Privation des droits civiques. Toute condamnation pour escroquerie doit entraîner la privation générale des droits civiques pendant un an au moins, si la peine appliquée excède l'ancienne compétence du Tribunal de police, soit quinze jours de réclusion (Cp. 310).

CP., 2 mars 1886. Ansermet. P. 190.

Privilège. V. *Assignat.*

Privilèges. En abolissant les droits féodaux, l'intention du législateur a été essentiellement de mettre fin à un système de droits reposant sur les privilèges et sur des distinctions de nature personnelle surtout, communs à l'ancien régime.

On ne saurait envisager comme constituant des droits féodaux une convention conclue entre deux communes au sujet d'une contribution publique étrangère au suzerain, non décidée et non perçue par lui.

Si une telle convention de droit public, conclue à titre onéreux et conformément aux lois de l'époque, vient à être résiliée comme incompatible avec le droit public moderne, il y a lieu de replacer les parties dans la situation qu'elles avaient avant de contracter. En conséquence, celle des parties qui a payé un prix à l'autre pour jouir d'un avantage dont la résiliation de la convention ne permet plus la jouissance, doit obtenir la restitution de ce qu'elle a payé.

TC., 17 décembre 1885. Bex — St-Maurice. P. 66.

Procureur-juré. V. *Pouvoirs pour agir.*

Promesse de mariage. V. *Responsabilité.*

Propriété littéraire et artistique. L'auteur d'une œuvre dramatique, musicale ou dramatico-musicale ne peut, si elle est publiée, en faire dépendre la représentation ou l'exécution publiques de son autorisation spéciale. Il a seulement droit à un tantième, qui ne peut excéder 2 % du produit brut de la représentation ou exécution.

Cour d'appel de Zurich, 20 août 1885. Schlegel. P. 237.

Propriété littéraire et artistique. L'exécution d'œuvres musicales, organisée sans but de lucre, lors même qu'un droit d'entrée serait perçu pour couvrir les frais, ne constitue pas une violation des droits d'auteur (loi fédérale du 23 avril 1883, art. 11 § 10).

Trib. de commerce de Genève, 1er juillet 1886. Lacôme — Donque. P. 482.

Propriété littéraire et artistique. Le directeur d'un corps de musique militaire ne saurait être recherché personnellement, par la voie d'une action civile, en dommages et intérêts, pour avoir fait exécuter des morceaux de musique sans le consentement de leurs auteurs. Une telle action ne pourrait être dirigée que contre le ou les représentants légaux du corps de musique.

Trib. de commerce de Genève, 8 juillet 1886.
Société des auteurs et compositeurs de musique — Kling. P. 481.

Propriété littéraire et artistique. V. *Photographies.*

Protêt. L'officier public qui dresse un protêt doit, lorsqu'il rencontre quelqu'un au domicile du tiré, s'enquérir si celui-ci ne se trouve pas à la maison, et, dans le cas de l'affirmative, le faire sommer de paraître ; ce n'est qu'après que cette tentative est demeurée sans résultat que l'acte de protêt peut être dressé contre le tiré, comme contre une personne absente (CO. 815 § 3). Est nul et ne peut fonder un recours faute de paiement contre les endosseurs, l'acte de protêt qui ne mentionne pas si le tiré a pu être trouvé à son domicile (CO. 762).

TF., 28 mai 1886. Schlesinger & Cie — Banque fédérale. P. 372.

Provision. V. *Commission.*

Provocation. V. *Presse.*

Prud'hommes. Le législateur peut, pour des motifs d'ordre public et en dérogation à l'égalité absolue devant la loi, instituer une magistrature spéciale obligatoire, destinée à assurer à toute une classe de personnes le bienfait d'une justice essentiellement prompte et à bon marché, réclamée par les circonstances économiques et sociales particulières dans lesquelles ces personnes sont appelées à se mouvoir.

Si le législateur, faisant usage de ce droit, institue des conseils de prud'hommes appelés à prononcer sur les contestations entre patrons et ouvriers, on ne saurait voir une violation de l'égalité devant la loi dans le prononcé admettant qu'il n'est point licite aux intéressés de renoncer éventuellement et d'avance, par une clause arbitrale stipulée au commencement de leurs relations, à la juridiction des prud'hommes.

TF., 18 décembre 1885. Tramways suisses — Arnaud. P. 81.

Q

Quasi-contrat. V. *Répétition de l'indû.*

Questions. Le jury a le droit de subdiviser les questions qui lui sont posées (Cpp. 390).

CP., 29 avril 1886. Baldy et Groslimund. P. 317.

R

Raison de commerce. L'art. 867 CO. n'exige pas que le nom de famille figurant dans une raison de commerce soit employé au nominatif; il peut être mis au génitif (par exemple *Hirsch's Waarenhalle, Schläpfers Buchdruckerei,* etc.).

Chambre des recours du Trib. supérieur de Zurich, 31 décembre 1885. Hirsch. P. 190.

Raison de commerce. Celui qui est à la tête d'une maison ne peut prendre pour raison de commerce que son nom de famille, avec ou sans prénoms.

N'est pas en opposition avec cette règle la femme qui demande son inscription au registre du commerce sous le nom de : *Veuve de...* (nom et prénom du mari).

Conseil fédéral, 1886. Krüsi. P. 437.

Recèlement. V. *Vol.*

Récidive. Lorsque le tribunal de jugement a constaté en fait que le condamné est en état de seconde récidive, la Cour de cassation ne peut pas se fonder uniquement sur les tableaux de condamnation pour aggraver la peine et admettre que le condamné était en état de troisième récidive.

CP., 12 janvier 1886. Nicollier. P. 90.

Récidive. Bien que le tribunal de police puisse, à teneur de l'art. 30 Cpp., appliquer la peine de la récidive lors même qu'elle excède les limites de sa compétence, cette compétence exceptionnelle ne doit cependant pas être étendue au delà du minimum de la peine applicable, lorsque celle-ci excède la compétence ordinaire du tribunal et que celui-ci est nanti en vertu de l'art. 578 Cpp.

CP., 23 juillet 1886. Buenzod. P. 522.

Récidive. En cas de première récidive d'abus de confiance, le tribunal ne peut prononcer une peine supérieure à 150 jours de réclusion et 5 ans de privation des droits civiques (Cp. 69, § *a,* et 310, § *c*; Cpp. 24 et 30).

CP., 27 mai 1886. Borgeaud. P. 378.

Récidive. V. *Cumulation de délits, Vagabondage.*

Récoltes. V. *Saisie.*

Reconnaissance. Lorsque les formalités prescrites par l'article 1094 Cc. pour la passation des reconnaissances n'ont pas été strictement remplies, les tiers ont le droit d'établir des faits qui n'ont pas reçu cette authenticité contre laquelle la loi n'autorise aucune preuve civile (Cc. 1017).

Même si la pratique d'une justice de paix en matière de passation de reconnaissances était irrégulière, cette circonstance ne saurait donner une valeur à une reconnaissance faite contrairement aux prescriptions légales.

TC., 12 janvier 1886. Vallotton — Cruchon. P. 120.

Recours. Un recours en nullité ne peut être examiné que s'il énonce séparément les divers moyens pouvant entraîner la nullité du jugement (Cpc. 444).

TC., 8 juin 1886. Wyssbrod — Martin. P. 431.

Recours. Aucune disposition de la procédure civile n'autorise le recours en réforme contre un jugement par défaut.

TC., 8 décembre 1885. Rossier — Huber. P. 29.

Recours. Le dépôt du recours doit s'opérer au greffe pendant les heures d'ouverture déterminées par l'arrêté du 3 avril 1864. Le recours déposé le dernier jour du délai, postérieurement à l'heure fixée pour la fermeture du greffe, doit être envisagé comme tardif.

TC., 23 juin 1886. Nobs — Marrel et Nobs. P. 517.

Recours. Il n'y a pas recours au Tribunal cantonal contre le procédé de l'huissier-exploitant qui, le jour de la vente, ne déplacerait pas les objets saisis, contrairement à l'art. 585 Cpc. (Cpc. 505).

TC., 15 décembre 1885. Gaillard — Hoirs Dizerens. P. 143.

Recours. Le recours contre un jugement pénal doit être déposé dans les trois jours au greffe du tribunal qui a prononcé et cela pendant les heures d'ouverture déterminées par la loi.

CP., 11 mai 1886. Rouge. P. 351.

Recours. En matière pénale, le procureur-général ne peut, après l'expiration des délais légaux, recourir en cassation que dans l'intérêt du condamné (Cpp. 496).

CP., 12 janvier 1886. Nicollier. P. 90.

Recours. Aucun droit de recours n'est attribué au plaignant condamné à payer tout ou partie des frais à teneur de l'article 444 Cpp. (Cpp. 489). L'appréciation du Tribunal de police à cet égard est souveraine et ne saurait être revue.

CP., 9 novembre 1886. Morier. P. 749.

Recours. La déclaration de recours contre une sentence municipale, faite au rapport de celle-ci, en séance de la municipalité, équivaut à celle prévue à l'art. 503 Cpp. (déclaration verbale de recours au greffe municipal dans les deux jours) et doit dès lors être envisagée comme valable.

CP., 18 mai 1886. Richard. P. 378.

Recours. V. *Exécution forcée*, *Impôt mobilier*, *Jugement arbitral*, *Jugement pénal*, *Saisie*.

Recours au Tribunal fédéral. V. *Tribunal fédéral*.

Recours sur frais. Les prononcés rendus par le président du Tribunal cantonal, ensuite de recours sur frais, sont définitifs.

TC., 15 juin 1886. Coucet — Jaton. P. 431.

Récusation. La récusation du juge de paix peut être requise en tout état de cause pour un fait survenu après les délais fixés par la loi ou qui n'a pu être connu dans ces délais (Cpc. 100 et 319).

Il y a lieu à récusation du juge qui, à l'occasion d'une autorisation de plaider accordée par la justice de paix, a déjà donné son opinion sur le mérite de la cause (Cpc. 94).

TC., 17 août 1886. Dufour — Lavanchy. P. 559.

Récusation. V. *Saisie*.

Réforme. La réforme peut être employée pour mettre de côté un acte de non-conciliation délivré par erreur, pourvu d'ailleurs que l'action elle-même ne soit pas supprimée.

TC., 9 novembre 1886. Frey — Schradé & Cie. P. 715.

Réhabilitation. La loi n'exige pas que l'instant à la réhabilitation établisse qu'il a payé intégralement tous les créanciers intervenus dans la discussion ; mais elle se borne à exiger de lui la preuve de l'extinction des dettes admises (Cpc. 897). L'extinction des obligations peut résulter non-seulement du paiement, mais encore d'autres causes, notamment de la remise de la dette.

TC., 9 décembre 1885. Cosandey — Banque cantonale. P. 51.

Relief. Bien que la procédure ne prévoie pas de recours contre le sceau accordé à un exploit de demande en relief, la partie qui s'estime lésée doit cependant être admise à porter la question devant l'instance supérieure.

L'art. 293 Cpc., à teneur duquel la partie qui a été dans l'impossibilité de comparaître est dispensée de l'obligation de faire le dépôt préalable des frais frustraires, n'est pas applicable aux causes de la compétence du juge de paix (Cpc. 330). En ce qui concerne ces causes, l'obligation de faire le dépôt des frais frustraires est absolue (Cpc. 329).

TC., 24 septembre 1886. Champion — Borgeaud. P. 623.

Remise du titre. V. *Extinction des obligations.*

Répétition de l'indû. Celui qui a volontairement payé une valeur ne peut la répéter qu'à charge de prouver que par erreur il se croyait débiteur (CO. 72).

TC., 15 décembre 1885. GIVEL — BANQUE CANTONALE. P. 143.

Répétition de l'indû. Le demandeur en répétition de l'indû ne peut fonder son action sur la circonstance qu'il aurait payé une dette prescrite; une dette volontairement payée, alors qu'elle était prescrite, ne peut être répétée.

TC., 28 janvier 1886. PANCHAUD — CHAMOT. P. 356.

Répétition de l'indû. Les obligations nées d'un quasi-contrat, par exemple d'un paiement effectué indûment, sont soumises à la loi du lieu de l'acte sur lequel l'obligation se fonde.

TF., 5 juin 1886. SEITIVAUX — CHAPALAY et MOTTIER. P. 388.

Représentants. V. *Contrats conclus par représentants.*

Représentant commercial. Le représentant commercial, indiqué en cette qualité sur une facture de son commettant, a qualité pour recevoir le montant de celle-ci et en donner quittance. Dès lors, le débiteur qui paie en mains du représentant est valablement libéré de son engagement.

Cour de cassation de Neuchâtel, 27 février 1886.
COLLETTE — HUNZIKER. P. 714.

Représentant commercial. Le caissier d'un établissement de banque, même s'il n'est pas fondé de procuration, a qualité, vis-à-vis des tiers, pour accepter un nouveau débiteur à la place de l'ancien (CO. 426).

TF., 8 octobre 1886.
CAISSE D'ÉPARGNE ET DE PRÊTS DE ZURZACH — DÖLKER. P. 705.

Responsabilité. Commet une faute lourde, des conséquences de laquelle il est responsable, celui qui, contrairement à la loi, pratique l'art dentaire sans en connaître les procédés (CO. 50 et suivants).

Trib. civil de Genève, 28 mars 1885. Veuve LÆDERMANN — STŒSSEL. P. 265.

Responsabilité. Ne commet aucun acte illicite, le plaideur qui informe, par la voie de la presse, ses amis et les personnes que cette communication peut intéresser, que le texte d'un jugement intervenu entre lui et sa partie adverse est à leur disposition chez lui.

Trib. civil de Genève, 15 décembre 1885. BRUN — RUTTY. P. 254.

Responsabilité. En matière de responsabilité résultant d'actes illicites, le juge peut, s'il y a également une faute imputable à la partie lésée, réduire proportionnellement les dommages et intérêts (CO. 51, al. 2).

Cour de justice de Genève, 14 septembre 1885.
Tamagni — Henneberg & Cie. P. 101.

Responsabilité. Le mari est responsable des dettes contractées par sa femme, lorsqu'elles ont été faites pour subvenir aux besoins de la famille.

TC., 19 janvier 1886. Gabet — Schönenweid. P. 206.

Responsabilité. Le mari n'est pas civilement responsable des délits ou quasi-délits commis par sa femme.

Trib. civil de Genève, 15 août 1885.
Morana — Epoux Albrecht. P. 711.

Responsabilité. Une jeune fille séduite, puis abandonnée, est fondée à réclamer à son séducteur une indemnité, s'il résulte des circonstances que la promesse de mariage qui lui a été faite a été la cause déterminante des relations intimes.

Trib. civil de Genève, 20 novembre 1885. X. — Y. P. 10.

Responsabilité. Le maître ou patron est responsable du dommage causé par ses ouvriers ou employés dans l'accomplissement de leur travail (CO. 62). Il importe peu, à cet égard, que les ouvriers ou employés aient commis ou non une faute. La loi présume la faute du maître ou patron, et ce dernier ne peut se libérer de la responsabilité qui pèse sur lui qu'en justifiant avoir pris toutes les précautions nécessaires pour prévenir le dommage.

Cour d'appel de Zurich, 23 février 1886.
Gutknecht et Steiner — Klausli. P. 286.

Responsabilité. L'entrepreneur ne peut être tenu des obligations contractées par ses ouvriers pour leur pension et leur logement que s'il a pris à cet égard un engagement formel.

TC., 17 septembre 1886. Robellaz — Dupraz. P. 655.

Responsabilité. Le fait de placer plusieurs têtes de bétail sous la conduite d'un enfant et de les munir de sonnettes, quoique conforme à l'usage, ne constitue pas une précaution suffisante. Dès lors, le propriétaire est passible des dommages résultant d'une lésion corporelle occasionnée par la divagation de son bétail (CO. 65).

Trib. d'Aigle. 31 mars 1886. Pittet — Morerod. P. 270.

Responsabilité. Le détenteur d'une écurie publique est responsable du dommage causé à un cheval, reçu par ses gens, par suite de coups de pied d'un autre cheval se trouvant dans la même écurie (CO. 486 et 488).

Cour d'appel et de cassation de Berne, 14 juillet 1885.
BENOIT — FURRER. P. 240.

Responsabilité. L'Etat ne saurait être rendu civilement responsable, par des particuliers, du fait que sa législation ne garantirait pas d'une manière suffisante les intérêts et les droits des citoyens.

L'Etat n'est responsable des fautes ou délits commis par ses fonctionnaires dans l'exercice de leurs fonctions, que si cette responsabilité est expressément consacrée par le droit positif.

TF., 15 janvier 1886.
BANQUE CANTONALE D'APPENZELL (RH.-EXT.) — APPENZELL (RH.-INT.). P. 113.

Responsabilité. Les cantons ne sont responsables des délits ou quasi-délits commis par leurs fonctionnaires ou employés, dans l'exercice de leurs fonctions publiques, que pour autant que cette responsabilité résulte de dispositions expresses du droit cantonal (CO. 62 et 64).

TF., 13 février 1886. SCHINDLER et DISTILLERIE DE SCHWYTZ — ETAT DE SCHWYTZ et COMMUNE D'ARTH. P. 191.

Responsabilité. V. *Billet de change, Cautionnement, Chemins de fer, Fabricants, Fonctionnaires, Mandat, Militaire, Mineurs, Postes, Pouvoirs pour agir.*

Retenue de salaire. V. *Saisie.*

Retraite. V. *Lettre de change.*

Retranchement. V. *Allégués.*

Revendication de meubles. Le tiers opposant qui revendique la propriété d'objets saisis en se fondant sur un acte de vente, doit établir l'identité des objets saisis et de ceux vendus.

TC., 11 mai 1886. MERMOUD — HAUVERT. P. 351.

Revendication de meubles. Si les choses perdues ou volées peuvent être revendiquées contre tout détenteur pendant cinq ans à compter du jour de la perte ou du vol (CO. 206), cette disposition n'est pas applicable aux choses escroquées. En effet, cette revendication constitue une exception à la règle générale (art. 205) et ne doit pas, dès lors, être interprétée extensivement.

TC., 31 août 1886. FREYMANN & WEBER — CRECTZ. P. 586.

Revendication de meubles. V. *Intervention.*

Russie. V. *Extradition.*

S

Saisie. On ne saurait, au moyen d'un recours contre le sceau d'un exploit de saisie, faire trancher la question de savoir dans quel for celle-ci devait être pratiquée.

TC., 24 août 1886. SAUGY — CAISSE DES CONSIGNATIONS. P. 591.

Saisie. L'erreur de plume renfermée dans un exploit de saisie doit être envisagée comme étant sans importance, si le saisi n'a pu ignorer ni la nature de la dette qui lui est réclamée, ni le nom de la personne qui lui a notifié la dite saisie.

TC., 18 mai 1886. BORLOZ — DULEX. P. 378.

Saisie. Le juge ne peut se récuser pour accorder son sceau à un exploit de saisie que s'il a avec l'une des parties des relations de nature à compromettre son impartialité, ou qu'il ait un intérêt moral ou matériel à la poursuite dirigée contre le débiteur (Cpc. 484, 94 et 99).

TC., 27 mai 1886. ETAT DE VAUD — RAPIN. P. 379.

Saisie. Le créancier qui n'est pas couvert par ses saisies antérieures est fondé à pratiquer une saisie cumulative (Cpc. 713).

TC., 17 août 1886. MICHEL-BRANDT — RIGOLE FRÈRES. P. 559.

Saisie. Si une saisie cumulative accordée par le juge apparaît à ce magistrat comme étant sans intérêt, il peut en ordonner la suspension, mais il ne saurait se refuser d'une manière absolue à donner suite aux procédés qui ont pour but de perfectionner cette saisie (Cpc. 713).

TC., 14 septembre 1886. PERRIN et consorts — Hoirs ZAHLER. P. 623.

Saisie. Si, dans la règle, la question de péremption de saisie doit être instruite et jugée sous forme d'opposition (Cpc. 724), les parties peuvent cependant convenir que le juge statuera sans assignation nouvelle sur cette question (Cpc. 314).

La saisie en mains tierces est périmée si l'ordonnance de vente, d'adjudication ou de subrogation n'est pas intervenue dans le délai de cinquante jours dès la notification de l'exploit au débiteur (Cpc. 718 § *a*).

TC., 29 juin 1886. PONNAZ — MAGNENAT. P. 549.

Saisie. Le débiteur qui estime que l'huissier, en procédant à l'exécution de la saisie, a saisi pour une valeur trop forte, doit s'adresser au juge de paix pour faire réduire la saisie (Cpc. 568). Il n'a pas à procéder par la voie de l'opposition aux opérations de la saisie.

TC., 13 avril 1886. DUVILLARD — DUTRUY. P. 316.

Saisie. Le débiteur ne peut opposer à la vente des objets saisis que le juge ordonne en vertu de l'art. 578 Cpc. Cette mesure est dans la compétence absolue du juge de paix, qui agit suivant les circonstances qu'il apprécie.

Le créancier qui s'estime en droit de participer au produit d'une saisie doit s'adresser au juge de paix et lui demander d'établir un tableau de répartition.

TC., 19 août 1886. Zumbach — Conti. P. 600.

Saisie. Le créancier qui saisit par voie de subhastation, en vertu d'un titre hypothécaire, a droit à la récolte dont le fonds est invêtu au moment de la saisie, à moins qu'elle n'ait été légalement vendue (Cpc. 627 et 629).

Les droits des créanciers saisissants doivent être déterminés d'après la nature de leurs créances.

TC., 1er décembre 1885. Glauser — Margot. P. 37.

Saisie. Lorsqu'un exploit de saisie porte sur les récoltes pendantes *par racines*, on ne saurait y comprendre toutes les récoltes quelconques investissant le fonds, notamment les fruits des arbres (Cc. 325).

TC., 8 décembre 1885. Gruet — Cosandey. P. 103.

Saisie. Lorsqu'un créancier hypothécaire pratique une subhastation sur des récoltes déjà saisies par un créancier chirographaire, il a droit à être désintéressé par préférence sur le produit de la vente de ces récoltes, sauf à l'autre créancier à bénéficier de la plus-value.

TC., 7 septembre 1886. Cosandey et Piaget — Torny. P. 623.

Saisie. On ne saurait, dans l'instance contentieuse dirigée contre le tiers saisi en vertu d'une ordonnance de subrogation, faire prononcer une retenue sur le salaire d'un débiteur qui n'est pas au procès.

TC., 24 août 1886. Cosandey — Recordon. P. 591.

Saisie. On ne saurait faire une retenue en faveur des créanciers sur un salaire à peine suffisant pour l'entretien du débiteur et de sa famille (Cpc. 612).

TC., 30 juin 1886. Füllmann — Chuard. P. 494.

Saisie. En matière de saisie de salaire, si le débiteur est journalier, une retenue ne peut être ordonnée que sur le prix de ses journées, et non sur un salaire mensuel.

Si le traitement du débiteur est nécessaire en son entier à son entretien personnel, il ne peut être fait de retenue sur ce traitement en faveur d'un créancier.

TC., 6 octobre 1886. Logoz — Roulet. P. 749.

Saisie. L'ordonnance de subrogation constitue un acte de poursuite, qui ne peut être fait contre un citoyen appelé au service militaire cantonal ou fédéral, pendant les délais fixés par l'art. 563 Cpc. La péremption ne court d'ailleurs pas pendant ces délais (Cpc. 720).

TC., 9 novembre 1886. Buache — Union du Crédit. P. 749.

Saisie. En cas de concours de poursuites, si les objets saisis sont vendus, le prix doit en être remis au juge de paix, qui procède à sa distribution aux créanciers, une fois que le tableau de répartition est devenu définitif (Cpc. 709, 710 et 711).

TC., 30 juin 1886. Beyeler — Beyeler. P. 495.

Saisie. Le juge de paix ne peut se refuser à établir un tableau de répartition lorsqu'il y a plusieurs créanciers saisissants.

TC., 2 février 1886. Banque cantonale — Jordan. P. 191.

Saisie. Dans le tableau de répartition dressé ensuite de saisies en concours, il y a lieu de déduire du produit de la vente les frais justifiés auxquels celle-ci a donné lieu.

TC., 28 septembre 1886. Girard — Grin. P. 623.

Saisie. Les frais faits pour la vente d'objets saisis par plusieurs créanciers doivent être prélevés sur le produit de la vente, avant toute répartition.

TC., 9 novembre 1886. Caisse populaire — Corthésy. P. 749.

Saisie. Le débiteur saisi ne peut recourir contre le tableau de répartition dressé ensuite de poursuites dirigées contre lui.

TC., 2 mars 1886. Beyeler — Genton et consorts. P. 312.

Saisie. Lorsqu'un tableau de répartition établi ensuite de concours de saisies est basé sur des faits incomplets, il y a lieu de le renvoyer au juge pour qu'il en dresse un nouveau.

TC., 1er juin 1886. Grillet et consorts — Grillet. P. 413.

Saisie. V. *Opposition*, *Recours*.

Santé publique. Toute personne qui transporte une pièce de bétail d'une localité dans une autre doit être pourvue d'un certificat de santé.

La demande tardive d'un certificat ne peut avoir pour effet d'effacer une contravention déjà encourue.

TC., 16 juin 1886. Jaton. P. 445.

Sceau. Le juge doit accorder son sceau à l'exploit présenté à sa signature par un mandataire muni d'une procuration régulière (Cpc. 25).

TC., 11 mai 1886. Jaquillard — Dumas. P. 351.

Sceau. La procédure ne prévoit pas de recours contre le sceau accordé à un exploit de séquestre.

TC., 6 avril 1886. MATHEY — ISOZ. P. 286.

Sceau. Le juge doit refuser son sceau à une opposition qui ne fait que reproduire une opposition antérieure déjà écartée par jugement (Cpc. 411).

Il doit aussi refuser son sceau à l'opposition aux opérations de la saisie qui ne porte pas sur des irrégularités concernant la saisie réelle ou les opérations relatives à la vente (Cpc. 415).

TC., 1er décembre 1885. BANQUE CANTONALE — MAYOR. P. 29.

Sceau. V. ***Etat de frais, Exécution forcée, Opposition, Pouvoirs pour agir, Relief, Saisie.***

Sentence municipale. Aucune disposition pénale n'autorise une municipalité à infliger à des enfants la peine de l'emprisonnement sous une forme quelconque.

CP., 23 juillet 1886. COLOMB. P. 510.

Sentence municipale. Il y a lieu à nullité de la sentence municipale qui condamne une personne pour avoir contrevenu à une défense faite par une municipalité, alors que ni cette défense, ni son mode de publication n'ont été approuvés par le Conseil d'Etat.

CP., 10 novembre 1886. VINCENT. P. 702.

Sentence municipale. V. ***Recours.***

Séparation de corps. V. ***Divorce.***

Séquestre. V. ***Bail, For, Sceau.***

Serment. Le serment déféré ne saurait être prêté par commission rogatoire, mais entraîne nécessairement la comparution devant le tribunal compétent de la partie à laquelle il est déféré.

TC., 8 décembre 1885. SCHUDEL — HASSER. P. 88.

Serment. La preuve par serment doit être refusée, si le fait qu'il s'agit de prouver est sans influence sur le fond ou sans importance au procès (Cpc. 220, al. 3).

TC., 30 mars 1886. FRAY — DZIERZBICKA. P. 286.

Serment. Lorsqu'une partie déclare sous le poids du serment avoir reçu des valeurs, mais dit vouloir les compenser avec ce qui lui serait dû par l'autre partie, cette restriction au serment ne saurait être admise, s'il résulte d'autres preuves que les valeurs dont la compensation est invoquée ne sont pas dues.

TC., 3 février 1886. GENET — RENAUD. P. 207.

Serment. V. *Faits, Incident, Livres, Preuve, Preuve testimoniale.*

Servitude. V. *Passage.*

Simulation. Le moyen consistant à dire qu'un acte est simulé ne peut être opposé au tiers de bonne foi qui possède une reconnaissance écrite de la dette (CO. 16).

TC., 18 janvier 1886. Bolomey — Union du Crédit. P. 134.

Simulation. Si la loi permet d'opposer l'exception de simulation entre les parties contractantes (CO. 16), il est cependant nécessaire que cette simulation existe dans l'intention commune des parties.

TC., 30 mars 1886. Pittet — Dame Lenoir. P. 314.

Simulation. V. *Preuve testimoniale.*

Société. Un associé ne saurait invoquer sa propre faute pour demander la dissolution de la société avant le terme fixé par le contrat (CO. 547).

TF., 5 mars 1886. Dürr — Billeter. P. 261.

Société anonyme. Les art. 630 et 656 CO. ne permettent la répartition d'un dividende aux actionnaires d'une société anonyme que si le capital social versé subsiste intact et que le bilan annuel, établi conformément à la loi, accuse un bénéfice net, outre ce capital. Si le capital social a été diminué par des pertes et qu'un exercice subséquent donne un excédent de recettes, cet excédent doit être employé en première ligne à la reconstitution du capital.

Les créanciers d'une société anonyme ont qualité pour s'opposer à une répartition de dividendes portant atteinte à l'intégrité du capital social.

TF., 10 avril 1886. Société de construction — Nord-Est. P. 289.

Société anonyme. L'assemblée générale des actionnaires d'une société anonyme ne peut valablement prononcer la révocation des administrateurs et contrôleurs que si cet objet a été expressément indiqué dans la convocation comme figurant à l'ordre du jour de la réunion (CO. 646 et 647).

Trib. de commerce de Zurich, 11 juin 1886.
Actionnaires du Lloyd suisse — Lloyd suisse. P. 495.

Société anonyme. L'art. 657, al. 3, CO. autorise le juge, sur la demande des créanciers ou d'un curateur nommé pour pourvoir aux intérêts communs de certaines classes de créanciers, d'ajourner la déclaration de faillite et de prendre *provisoirement* d'autres mesures en vue de la conservation de l'actif. Ces mesures ont uniquement pour but la conservation, la détermination et la garantie de l'actif de la société, mais non une liquidation extrajudiciaire complète. Une fois que l'insolvabilité n'est plus douteuse et qu'il n'y a plus espoir de couvrir le déficit par des recours contre les administrateurs fautifs, etc., la faillite doit définitivement être déclarée.

Trib. supérieur de Zurich, 11 juin 1885.
ULLMANN et MULLER — LLOYD SUISSE. P. 240.

Société anonyme. Si, faisant application de l'art. 657 § 3 CO., le juge ajourne la déclaration de faillite d'une société anonyme, celle-ci conserve le droit d'agir et de disposer et ce droit n'est restreint que dans la mesure où cela est nécessaire en vue de la conservation de l'actif. Le juge ne saurait donc se mettre en lieu et place des organes sociaux chargés de la liquidation; il ne lui compète qu'un droit de surveillance en ce sens qu'il peut mettre obstacle aux opérations qui seraient de nature à compromettre la situation financière, au lieu de l'améliorer ou de l'éclaircir. Il ne lui appartient pas de passer des conventions ou des transactions au nom de la société, ni de plaider en son nom.

Trib. de commerce de Zurich, 11 juin 1886.
ACTIONNAIRES DU LLOYD SUISSE — LLOYD SUISSE. P. 495.

Société en nom collectif. Lorsqu'une clause d'un acte de société, inscrite au registre du commerce et publiée dans la *Feuille officielle du commerce*, porte que la signature collective des deux associés est nécessaire pour les achats et pour tous les engagements financiers, cette clause s'impose aux tiers. Les achats faits par un seul des associés, à l'insu de l'autre, mais au nom de la société, ne sauraient donc lier celle-ci (CO. 560, 561 et 863).

TC., 13 avril 1886. PARISOT & Cie — CHAPON. P. 297.

Société en nom collectif. Rien ne s'oppose à ce que la liquidation d'une société en nom collectif (CO. 580 et suiv.) ait lieu par la reprise, par l'un des associés, de tout l'actif et de tout le passif de la société. Si tel est le cas et que, dans la suite, cet associé tombe lui-même en faillite, les anciens créanciers de la société concourent, dans la faillite, avec les créanciers personnels du failli, et la femme de celui-ci peut leur opposer son privilège.

Cour d'appel de Zurich, 9 octobre 1886.
Dame BAR — GOSSWEILER & Cie. P. 750.

Société en nom collectif. Le liquidateur d'une société en nom collectif ou en commandite est le représentant de la société et non des associés. Ses pouvoirs *légaux* ne s'étendent donc pas à la représentation d'un associé dans un litige existant entre lui et les autres associés au sujet de leurs droits sur l'actif social. Mais rien n'empêche qu'un tel mandat ne lui soit conféré spécialement par l'associé en question (CO. 582 et 611).

TF., 23 janvier 1886. GUHL — SCHMIDT & Cie. P. 256.

Société en nom collectif. Le liquidateur d'une société en nom collectif n'a pas qualité pour réclamer juridiquement à un associé, si ce dernier n'y consent pas spontanément, ou si le contrat de société n'a pas prévu le cas, le paiement de sa part aux dettes sociales qui restent à payer.

Trib. de commerce de Genève, 17 juin 1886.
BOURDILLON — GARGANTINI. P. 712.

Solidarité. En matière de prêt à usage, si plusieurs ont conjointement emprunté la même chose, ils en sont solidairement responsables envers le prêteur (CO. 324).

Au contraire, en matière de prêt de consommation, les emprunteurs ne sont solidaires que si la solidarité a été stipulée par la convention.

Trib. civil de Bâle, 23 octobre 1885. BÜRGY — GNÖPFF. P. 143.

Solidarité. On ne saurait condamner plusieurs prévenus solidairement à une amende. La solidarité ne peut être prononcée que quant aux frais.

CP., 16 juin 1886. ROSAT et SCHÜMPERLIN. P. 446.

Solutions de fait. V. *Faits, Fraude.*

Sources. La circonstance que les eaux d'une source se réunissent plus bas à un cours d'eau, à une rivière ou à un fleuve ne leur enlève pas le caractère d'eaux de source, dont la libre disposition, avant la réunion, appartient au propriétaire du fonds sur lequel elles jaillissent (Cc. 427 ; Cr. 101).

En disposant que le propriétaire d'une source ne peut en changer le cours, lorsqu'elle fournit aux habitants d'une commune, village ou hameau l'eau qui leur est nécessaire, l'article 107 Cr. n'a en vue que l'eau nécessaire à l'alimentation des *habitants* de ces commune, village ou hameau, mais non celle qui est nécessaire à faire marcher des *usines.*

L'art. 431 Cc., qui dispose qu'il n'est point permis, sous le prétexte d'irrigation ou autrement, de détourner de leur lit les eaux nécessaires à l'usage des moulins ou usines établis, ne vise que les eaux courantes et non les eaux de source.

TC., 27 août 1886. USINIERS DU CORRENÇON — PAYERNE et TAVEL. P. 688.

Sous-affermage, Sous-location. V. *Bail à ferme.*

Subrogation. V. *Code fédéral des obligations, Saisie.*

Substitution. Est contraire à la loi, la clause d'un testament qui a pour conséquence de frapper d'indisponibilité les biens délaissés par le défunt, non-seulement dans la succession d'un enfant, mais encore dans celle d'un petit-enfant. En effet, une telle clause renferme une substitution au-delà du premier degré, prohibée par l'art. 687 Cc.

TC., 23/30 décembre 1885. FAURE — PÜMPIN et SCHOPFER. P. 129.

Succession. Le lieu d'ouverture d'une succession est déterminé par le domicile du défunt, tandis que la capacité requise pour succéder est régie par la loi du pays d'origine.

Trib. cantonal de Fribourg, 7 avril 1886.
HUMBERT & Cie — SPÜHLER. P. 662.

Succession. V. *Bénéfice d'inventaire, Indivision, Substitution.*

Suspension de cause. Il y a lieu de suspendre l'instruction d'une cause civile, lorsqu'une enquête pénale doit être instruite sur des faits de nature à exercer de l'influence sur le résultat de la dite cause. Toutefois, le juge doit déterminer la durée de cette suspension (Cpc. 127).

TC., 2 mars 1886. SCHNEITER — GAILLARD. P. 352.

T

Tableau de répartition. V. *Saisie.*

Tacite reconduction. V. *Bail.*

Témoins. V. *Jugement, Parties.*

Terme. V. *Bail, Vente.*

Tierce opposition. V. *Opposition, Revendication de meubles.*

Timbre. Sont soumises au timbre gradué les reconnaissances de dette, alors même qu'elles renfermeraient une convention par laquelle le créancier renonce à toute autre réclamation contre le débiteur (loi du 21 mai 1872, art. 7 § *a*, et 29).

CP., 12 mai 1886. SCHWOB. P. 348.

Timbre. L'acte qui, devant être muni du visa en lieu de timbre, ne l'est pas, ne saurait revêtir le caractère d'un titre exécutoire (art. 28 de la loi du 21 mai 1872). Le législateur a voulu priver de toute force, au moins temporairement, l'acte qui, soumis sous une forme ou sous une autre au droit de timbre, n'aurait pas acquitté cet impôt spécial.

TC., 10 février 1886. SCHINDLER — BÜRGISSER. P. 361.

Timbre. Lorsqu'il y a contestation sur la question de savoir si un billet de change, en vertu duquel le porteur entend pratiquer une saisie contre les garants, dans le délai legal, est con-

à la disposition de l'art. 30 de la loi sur l'organisation judiciaire fédérale, d'après laquelle le Tribunal fédéral doit baser son jugement sur l'état des faits tel qu'il a été établi par les tribunaux cantonaux.

TF., 5 mars 1886. Dürr — Billeter. P. 495.

Tribunal fédéral. La question de savoir si une déclaration se rapportant à une offre de contracter apparaît comme une adhésion ou comme une nouvelle offre, est une question de droit, pour l'appréciation de laquelle le Tribunal fédéral n'est point lié par la solution que les tribunaux cantonaux lui ont donnée.

TF., 26 mars 1886. Zwilchenbart — Hoirie Braillard. P. 305.

Tribunal fédéral. Le recours de droit civil au Tribunal fédéral (art. 29 de la loi sur l'organisation judiciaire fédérale) ne peut être exercé que contre les jugements *au fond* rendus par les instances cantonales.

TF., 22 mai 1886. Chazelas. P. 353.

Tribunal fédéral. Le jugement par lequel un tribunal de l'ordre pénal acquitte un accusé et décide, pour ce motif, de ne pas entrer en matière sur les conclusions de la partie civile, ne peut être envisagé comme un jugement au fond susceptible d'être porté devant le Tribunal fédéral par la voie d'un recours de droit civil, conformément à l'art. 29 de la loi sur l'organisation judiciaire fédérale.

TF., 20 novembre 1885. Tanner — Jost. P. 42.

Tribunal fédéral. Les tribunaux arbitraux, même ceux institués par la loi, ne peuvent être envisagés comme des *instances* cantonales. Dès lors, leurs jugements ne peuvent être portés au Tribunal fédéral par la voie d'un recours de droit civil exercé directement, en prétéritant la seconde instance cantonale, conformément à l'alinéa 3 de l'art. 29 de la loi sur l'organisation judiciaire fédérale.

TF., 12 mars 1886. Bory et consorts — Union du Crédit. P. 241.

Tribunal fédéral. Le droit d'exercer un recours de droit civil au Tribunal fédéral, conformément à l'art. 29 de la loi sur l'organisation judiciaire fédérale, n'appartient pas seulement aux parties principales, mais encore au tiers auquel l'instance a été dénoncée et qui, d'après la procédure cantonale, était autorisé, par ce fait, à prendre place au procès et à y formuler des conclusions.

Lors même qu'une seule des parties a porté une cause devant le Tribunal fédéral, par la voie d'un recours exercé conformément à l'art. 29 de la loi sur l'organisation judiciaire fédérale, il est loisible à la partie qui n'a pas recouru de reprendre en son entier les conclusions qu'elle a formulées devant la dernière instance cantonale et que celle-ci a réduites.

TF., 9 octobre 1886.
CHEMIN DE FER DU RIGHI, soit LA FRANCE INDUSTRIELLE — CHRISTEN. P. 750.

Tribunal fédéral. Pour déterminer la valeur de l'objet litigieux, on ne peut ajouter le chiffre de la demande reconventionnelle à celui de la demande principale, à moins qu'il ne s'agisse de réclamations connexes. Les deux demandes doivent être envisagées comme des réclamations distinctes au point de vue du recours de droit civil au Tribunal fédéral (art. 29 de la loi sur l'organisation judiciaire fédérale).

TF., 5 mars 1886. DÜRR — BILLETER. P. 261.

Tribunal fédéral. Pour déterminer quelle est la valeur litigieuse dans une cause portée devant le Tribunal fédéral par la voie d'un recours de droit civil, exercé conformément à l'art. 29 de la loi sur l'organisation judiciaire fédérale, il faut s'en rapporter aux conclusions des parties devant la dernière instance cantonale.

TF., 2 octobre 1886. MIÈVRE — DUCRET. P. 641.

Tribunal fédéral. L'art. 73 al. 2 de la loi du 22 novembre 1850 sur la procédure civile fédérale est applicable par analogie aux recours de droit civil exercés au Tribunal fédéral, conformément aux art. 29 et 30 de la loi sur l'organisation judiciaire fédérale.

Dès lors, si le délai de 20 jours prévu à l'art. 30 précité expire un dimanche ou un jour férié, le recours peut encore être valablement exercé le jour suivant.

TF., 16 octobre 1886. SCHWAB — STÆGER. P. 750.

Tribunal fédéral. La circonstance que le greffier du Tribunal cantonal a laissé écouler le délai de 14 jours prévu à l'art. 30 de la loi sur l'organisation judiciaire fédérale, avant de transmettre au Tribunal fédéral le jugement dont est recours, ne saurait entraîner une déchéance au préjudice de la partie recourante qui a fait sa déclaration de recours dans le délai légal.

TF., 10 juillet 1886. CHANEY — C. GENDRE & Cie. P. 465.

Tribunal fédéral. Le droit d'exercer un recours de droit public au Tribunal fédéral, conformément à l'art. 59 de la loi sur l'organisation judiciaire fédérale, appartient aux étrangers aussi bien qu'aux Suisses.

Le recours de droit public au Tribunal fédéral peut être

dirigé même contre de simples citations, lorsque le recourant conteste que le tribunal devant lequel il est assigné soit compétent d'après les principes du droit fédéral.

TF., 19 février 1886. HUGONIOT — JURA-BERNE-LUCERNE. P. 256.

Tribunal fédéral. L'art. 73 de la procédure civile fédérale, d'après lequel il peut encore être valablement procédé le jour suivant, si le délai expire un dimanche ou un jour férié, n'est point applicable en matière de contestations de droit public (art. 59 de la loi sur l'organisation judiciaire fédérale).

TF., 16 janvier 1886. MOTTAZ — PYTHON. P. 98.

Tribunal fédéral. Le Tribunal fédéral ne saurait revenir de la décision condamnant un plaideur téméraire à un émolument de justice, par le motif que cet émolument aurait été payé par l'avocat de la partie condamnée et non par celle-ci elle-même.

TF., 9 octobre 1886. BERCHTOLD. P. 710.

Tribunal fédéral. V. *Expropriation*, *Indemnité*, *Liberté de croyance et de culte.*

U

Usage. V. *Passage.*

V

Vagabondage. La peine de l'internement dans une colonie agricole ou industrielle, pour vagabondage et mendicité, ne peut excéder trois ans; il n'y a pas lieu à augmentation de la durée de cette peine en cas de récidive ou de cumulation de délits (Cp. 64, 69, 141 et 142 mod.).

CP., 17 février 1886. BEAUSIRE. P. 173.

Vente. Le vendeur qui a reçu un acompte sur le prix de vente est tenu de le restituer si le marché vient à n'être pas exécuté.

TC., 16 février 1886. SCHOPFER — Veuve COTTIER. P. 391.

Vente. Lors même que le vendeur agit pour le compte d'un tiers, l'acheteur se libère valablement en ses mains, s'il a ignoré sa qualité de représentant.

Trib. supérieur de Thurgovie, 26 janvier 1886.
HÄBERLI — MEYERHANS. P. 118.

Vente. En disposant que, sauf usage ou convention contraire, le vendeur et l'acheteur sont tenus de s'acquitter simultanément de leurs obligations respectives, l'art. 230 CO. présume simplement, en cas de doute, que la vente a été conclue au comptant et non à crédit. La loi ne dispose pas que le seul fait de la livraison de la chose vendue au comptant fasse présumer le paiement du prix par l'acheteur.

Trib. supérieur de Lucerne, 11 avril 1886. M. — B. P. 648.

Vente. Lorsqu'aucun terme n'a été convenu pour la livraison, l'acheteur ne peut se départir du contrat qu'après avoir mis le vendeur en demeure de livrer (CO. 117, 122).

TC., 14 septembre 1886. Veuve Marro — Bollag. P. 628.

Vente. Le vendeur qui ne s'est engagé que conditionnellement a le droit de refuser la livraison tant que la condition sous laquelle il s'est obligé n'est pas accomplie.

TC., 1er décembre 1885. Frères Reymond — Rochat. P. 29.

Vente. La disposition de l'art. 264 CO., spéciale au contrat de vente, prime la règle générale posée aux art. 122 et suivants du même code. Lors même que l'acheteur est en demeure de payer, le vendeur ne peut répéter la chose déjà passée entre ses mains que s'il s'en est expressément réservé le droit.

Trib. supérieur de Lucerne, 17 mai 1884.
Stöckli — Zimmermann. P. 505.

Vente. En matière de commerce, lorsque la convention fixe un terme pour la livraison, l'acheteur est présumé avoir le droit de se départir du contrat sans autre formalité (CO. 234). Mais cette présomption peut être détruite par la preuve contraire.

La vérification de la marchandise doit être faite par l'acheteur en temps utile, même si, pour un motif étranger à la qualité de la chose reçue, il refuse d'accepter celle-ci. S'il omet de procéder à la vérification en temps utile, il ne saurait être admis à la faire après coup, alors que son autre motif de refus d'acceptation serait reconnu mal fondé.

Cour d'appel de Zurich, 15 décembre 1885.
Ruther et Einenkel — Diggelmann. P. 185.

Vente. Ce n'est qu'en matière de commerce que, si la convention fixe un terme pour la livraison, l'acheteur est présumé avoir le droit de se départir du contrat, sans autre formalité, dès que le vendeur est en demeure (CO. 234). Pour les ventes non commerciales, l'acheteur ne bénéficie pas de cette présomption.

Trib. civil de Genève, 22 décembre 1885. Vulliez — Vulliens. P. 256.

Vente. Le vendeur est tenu de garantir à l'acheteur l'existence des droits indiqués dans l'acte de vente.

TC., 2 juin 1886. Etat — Mercier. P. 403.

Vente. L'acheteur qui entend agir en garantie contre le vendeur doit prouver l'éviction; il ne suffit pas qu'il allègue, sans l'établir, que la chose vendue avait été volée et qu'elle lui aurait été reprise par son véritable propriétaire. Du reste, l'acheteur ne peut agir en garantie contre le vendeur que s'il l'a averti en temps utile et vainement invité à prendre fait et cause pour lui (CO. 240).

TC., 16 mars 1886. Rayroud — Bricod. P. 279.

Vente. L'acheteur n'est tenu de payer le prix et d'accepter la chose vendue que si elle lui est offerte dans les conditions convenues et qu'elle soit conforme à la commande (CO. 260).

TC., 10 août 1886. Brugnoni — Brob. P. 552.

Vente. Peut être refusée la marchandise qui laisse à désirer au point de vue de sa bonne facture, lorsque l'acheteur a déclaré qu'il ne fixait ni le temps, ni le prix, pour avoir une marchandise *parfaite*.

Trib. de commerce de Genève, 10 juin 1886. Fauquez — Hecht. P. 442.

Vente. L'acheteur ne peut invoquer les dispositions du Code fédéral des obligations sur la garantie des défauts de la chose vendue (art. 243 et suivants), alors qu'il a été convenu entre parties que le vendeur reprendrait la marchandise laissée pour compte et que l'acheteur la lui réexpédierait.

TC., 18 mai 1886. Ubertalli — Gull. P. 413.

Vente. Le fait que l'acheteur prend provisoirement des mesures pour assurer la conservation de la marchandise (CO. 248) ne peut être envisagé comme une acceptation de celle-ci.

TC., 17 août 1886. Schneider et Weihmüller — Mœcklin. P. 555.

Vente. Bien que, d'après les directions de l'acheteur, la marchandise doive être expédiée « en transit », à l'adresse d'un commissionnaire-expéditeur, et non à celle de l'acheteur lui-même, c'est cependant le lieu du domicile du destinataire indiqué, c'est-à-dire du commissionnaire, qui doit être envisagé comme le lieu où la marchandise doit être reçue, et c'est là que sont censées devoir se faire les vérifications prévues à l'art. 246 CO.

Tribunal de commerce de Zurich, 25 juin 1886.
Müller — Buff, Hinden et Mettler. P. 751.

Vente immobilière. V. *Code fédéral des obligations.*

Violation de domicile. Le fait envisagé comme une violation de domicile ne peut être considéré comme constituant en outre un second délit distinct du premier, tel que celui de dommages à la propriété (Cp. 257 et 326 § *a*).

CP., 12 novembre 1885. Rochat. P. 15.

Violation de domicile. V. *Code fédéral des obligations.*

Visites domiciliaires. L'art. 5 de la Constitution vaudoise du 1er mars 1885 n'a trait qu'aux visites domiciliaires ordonnées en matière pénale et en vue de l'exercice du droit de punir, et non aux actes d'exécution forcée auxquels le magistrat procède en matière civile, à l'instance de personnes privées.

TF., 7 mai 1886. Petrasch — Mouton. P. 325.

Vol. Lorsqu'un prévenu est poursuivi pour vol et pour recèlement, sa libération du chef de recèlement n'a point pour conséquence de le soustraire à la poursuite officielle du chef de vol (Cp. 306).

CP., 3 février 1886. Gingins. P. 158.

Composition du Tribunal cantonal de Vaud pour l'année 1887.

Président : M. **Masson.** — *Vice-Président :* M. **Guex.**

Cour contentieuse et non contentieuse. *a)* Pour affaires plaidées (7 juges) : MM. **Masson, Guex, Correvon, Monod, Le Coultre, Guisan** et **Glardon.** — *Suppléants :* MM. **Chausson** et **Soldan.**

b) Pour affaires non plaidées (5 juges) : MM. **Masson, Guex, Correvon, Le Coultre** et **Guisan.** — *1er Suppléant :* M. **Glardon;** *2e Suppléant :* M. **Monod.**

Cour civile. *Président :* M. **Soldan.** *Vice-Président :* M. **Chausson.** — MM. **Guex, Guisan** et **Glardon.** — *Suppléants :* MM. **Correvon** et **Le Coultre.**

Cour de cassation pénale. MM. **Masson, Guex, Chausson, Guisan** et **Glardon.** — *Suppléant :* M. **Soldan.** — (Les trois premiers pour la police.)

Tribunal d'accusation. *Président :* M. **Monod.** — *Juges :* MM. **Correvon** et **Le Coultre** (ce dernier pour les 4 premiers mois).

Cour de modération. MM. **Masson, Soldan** et **Correvon.**

Cour fiscale. MM. **Masson, Guex, Chausson, Guisan** et **Glardon.** — *Suppléant :* M. **Soldan.**

Juge rapporteur : M. **Chausson** (pour les 4 premiers mois); — M. **Le Coultre** (pour les 4 mois suivants).

Inspecteur de salle et bibliothécaire : M. **Guex.**

Juges suppléants : MM. **Bippert**, ancien juge cantonal, à Lausanne; **Borgognon**, ancien juge cantonal, à Riex; **Grenier**, professeur de droit, à Lausanne.

RÉPERTOIRE

DES

TEXTES DE LOI CITÉS DANS CE VOLUME

(La page indiquée est celle où commence la décision renfermant le texte cité.)

I. — ACTES CANTONAUX

A. — Code civil.

B. — Code de procédure civile.

C. — Code pénal.

D. — Code de procédure pénale.

E. — Actes cantonaux divers (dans l'ordre chronologique).

II. — Actes fédéraux

A. — Constitution fédérale de 1874.

B. — Code fédéral des obligations.

C. — Actes fédéraux divers.

III. — Traités internationaux

IV. — Concordats

TABLE DES MATIÈRES

DU

JOURNAL DES TRIBUNAUX

Année 1886.

A

B

L

M

N

O. P

Q. R

S

T

U

V

W

X

Y

Z

ARTICLES DE FOND ET DIVERS

Supplément du **Journal des tribunaux**.

(Extrait des *Verhandlungen des schweizerischen Juristenvereins* et de la *Zeitschrift für schweizerisches Recht.*)

DU RECOURS

DE DROIT PUBLIC AU TRIBUNAL FÉDÉRAL

ÉTUDE DE JURISPRUDENCE FÉDÉRALE

PAR

CHARLES SOLDAN,

JUGE AU TRIBUNAL CANTONAL, À LAUSANNE.

BÂLE

C. DETLOFF ÉDITEUR.

1886.

Du recours de droit public au Tribunal fédéral[1]).

Etude de jurisprudence fédérale

par

CHARLES SOLDAN,

juge cantonal à Lausanne.

I. Introduction historique.

Comme tous les droits, ceux qu'on a coutume d'appeler les *droits individuels du citoyen* ont besoin d'une sanction. Leur protection est d'autant plus nécessaire dans un Etat libre, qu'ils sont à la base de son organisation politique; aussi est-ce généralement la constitution elle-même qui les consacre et les garantit. Nulle part peut-être, cette vérité n'a été mieux comprise qu'aux Etats-Unis de l'Amérique du Nord: on sait combien l'autorité judiciaire de ce pays met de soins jaloux à faire respecter la constitution et de quelles compétences étendues elle jouit à cet effet, même vis-à-vis de l'autorité législative[2]). En Suisse, nous sommes encore bien éloignés à cet égard des institutions du Nouveau Monde; néanmoins, un coup d'œil rétrospectif jeté sur nos institutions montre que, depuis le siècle dernier et surtout depuis 1848, de grands pas ont été faits en vue de combattre l'arbitraire législatif, judiciaire ou administratif.

---

[1]) Da diese Arbeit das erste Verhandlungsthema des diesjährigen schweizerischen Juristentages betrifft, so erscheint sie auch im ersten Hefte der Verhandlungen des Juristenvereins. Die Redaction.

[2]) Voir de Tocqueville, *De la démocratie en Amérique*, T. I, chap. 6; Rüttimann, *Das nordamerikanische Bundesstaatsrecht, verglichen mit den politischen Einrichtungen der Schweiz*, II, §§ 416 à 423.

A. République helvétique.

C'est à la Révolution helvétique qu'il faut remonter pour trouver en Suisse la première codification des garanties constitutionnelles. Il n'était que naturel que la République helvétique, issue du grand mouvement révolutionnaire français, imitât sa sœur aînée et proclamât comme elle les droits de l'homme. Les dispositions destinées à protéger ces droits que nous rencontrons pendant cette période aussi courte qu'agitée, présentent assez d'intérêt pour être rappelées ici. Il ne faut pas perdre de vue cependant qu'elles concernaient un Etat unitaire, ce qui ne permet guère de les comparer à nos institutions actuelles.

La constitution helvétique du 12 avril 1798 ne renfermait rien qui fît du Tribunal suprême une cour de droit public. Au contraire, le projet du 27 février 1802, qui n'entra d'ailleurs jamais en vigueur, portait ce qui suit à ses art. 61 et 62:

„Art. 61. Toutes les plaintes contre des fonctionnaires établis par le Gouvernement central, soit pour abus d'autorité, soit pour injustice commise, peuvent également être portées par voie d'appel devant le Tribunal suprême.

„Art. 62. De même toute plainte relative soit à un déni ou à un abus d'autorité de la part d'un juge quelconque pourra être portée en dernière instance au Tribunal suprême."

Ainsi qu'il a déjà été dit, ces dispositions qui donnaient au Tribunal suprême les attributions d'une Cour de droit public n'entrèrent jamais en vigueur. La constitution du 20 mai 1802, dite des *notables*, revint en arrière; elle se borna à statuer, à son art. 76, que le Tribunal suprême „prononce en dernier ressort sur les prévarications des agents de l'administration générale, après que la poursuite en a été autorisée par le Sénat, ainsi que sur les délits commis par les juges civils et criminels dans l'exercice de leurs fonctions."

B. Acte de médiation, Pacte de 1815 et projet de revision de 1832.

En restaurant l'ancienne Confédération, l'Acte de médiation eut naturellement pour conséquence de placer dans la compétence exclusive des cantons la garantie des droits individuels. Il ne rentre pas dans le cadre de ce travail d'examiner ce que fut cette garantie soit sous l'Acte de médiation, soit sous le Pacte fédéral de 1815. Rappelons seulement que les révolutions cantonales et les revisions constitutionnelles qui eurent lieu un peu partout après 1830 augmentèrent d'une manière notable les droits des *citoyens*, qui jusqu'alors s'étaient plus ou moins effacés devant ceux des *autorités*.

Un même courant de progrès se faisant aussi sentir au fédéral, la Diète décida en principe la revision du Pacte de 1815 et nomma le 17 juillet 1832 une commission chargée de présenter des propositions à cet égard. Si cette tentative n'aboutit pas, elle n'en offre pas moins un grand intérêt historique: en effet, elle contient en germe la plupart des conquêtes qui furent faites en 1848.

L'art. 5 du projet d'acte fédéral élaboré par la Commission de revision disposait entre autres que la Confédération garantit aux cantons „leurs constitutions et, à teneur de celles-ci, les droits et les libertés du peuple, aussi bien que les droits et les attributions des autorités". Ce sont presque les termes de la constitution actuelle.

La manière dont le rapport de la commission, rédigé par Rossi, justifie cette disposition, est remarquable:

„La garantie, y lit-on, comprendra les droits du gouvernement et du peuple. Le gouvernement du pays est-il renversé, attaqué par une faction? La Confédération le protégera. Le gouvernement essaierait-il de faire violence à la constitution pour enlever au peuple l'usage de ses droits? La Confédération fera rendre justice au peuple.

„Ainsi conçue, la garantie, au lieu de s'opposer au progrès, le favorise; au lieu d'être une arme pour le privilège, elle protège également le peuple et les autorités qu'il s'est données. Elle ne prévient que les bouleversements et le désordre, sans affaiblir le droit qu'a chaque Etat de se constituer à sa guise, sans attribuer à la Diète aucun pouvoir arbitraire sur les constitutions cantonales."[1])

---

[1]) *Rapport de la commission de la Diète sur le projet d'acte fédéral par elle délibéré à Lucerne le 15 décembre 1832*, p. 57.

Et, afin que la garantie n'existât pas seulement sur le papier, l'art. 52 § *m* du projet attribuait à la Diète un droit d'intervention dans les cas graves, en même temps que l'art. 102, instituant une Cour fédérale revêtue d'attributions civiles, donnait à tout gouvernement cantonal le droit de porter plainte à cette autorité, dans l'intérêt de particuliers ou de corporations, contre le gouvernement d'un autre canton, pour refus ou lésion de droits dérivant de l'Acte fédéral.

Cette mesure n'allait certainement pas aussi loin qu'on eût pu le souhaiter. Le rapport de la Commission le reconnaissait lui-même. „On a pu désirer entre autres, écrivait le rapporteur, que le recours au Tribunal fédéral fût ouvert, même hors le cas d'intervention, contre les autorités cantonales qui se seraient rendues coupables d'infractions graves à la constitution du pays. La Commission a estimé qu'il ne fallait pas attribuer à une institution toute nouvelle et qui n'a pas encore obtenu la confiance de la nation, trop d'étendue."[1])

C. Constitution de 1848.

Les réformes proposées par le projet de revision de 1832 étaient trop nécessaires pour sombrer avec lui. Après les événements de 1847, on fut d'accord pour reconnaître que les droits du peuple et des citoyens devaient être placés sous la garantie de la Confédération. Ainsi prit naissance l'art. 5 de la Constitution fédérale qui dispose entre autres, aujourd'hui comme en 1848, que la Confédération garantit aux cantons „la liberté et les droits du peuple, les droits constitutionnels des citoyens, ainsi que les droits et les attributions que le peuple a conférés aux autorités."

Non contente de garantir d'une manière générale les droits consacrés par les constitutions cantonales, la Constitution de 1848 énuméra à son tour les garanties constitutionnelles les plus importantes. C'est ainsi que l'art. 4 garantit l'égalité devant la loi et l'abolition des privilèges de lieu, de naissance, de personnes ou de familles; l'art. 41 le droit

---

[1]) Ibid., p. 108.

d'établissement; l'art. 44 le libre exercice du culte des confessions chrétiennes reconnues; l'art. 45 la liberté de la presse; l'art. 46 le droit d'association; l'art. 47 le droit de pétition. C'est ainsi encore que l'art. 53 posa le principe que nul ne peut être distrait de son juge naturel, et l'art. 54 qu'il ne peut être prononcé de peine de mort pour délits politiques.

Il ne suffisait pas d'établir des garanties constitutionnelles; il fallait encore désigner l'autorité chargée de veiller à leur maintien. Le choix se porta sur l'autorité *politique*, soit sur le Conseil fédéral et l'Assemblée fédérale, le Tribunal fédéral n'étant appelé à connaître de la violation des droits garantis par la constitution que lorsque les plaintes à ce sujet lui étaient renvoyées par l'Assemblée fédérale (voir art. 74, §§ 7, 8 et 15; 90, §§ 2 et 3, et 105). Cette décision était du reste conforme à la tradition, la pratique ayant attribué à l'ancienne Diète des compétences très variées.

On pouvait supposer que les chambres feraient un fréquent usage de la faculté que l'art. 105 leur accordait de renvoyer une réclamation au Tribunal fédéral. Il n'en fut rien cependant; de 1848 à 1874 elles ne le firent que dans un seul cas. Quelque singulier que ce fait puisse paraître, on se l'explique pourtant. D'une part, en effet, le renvoi d'une réclamation au Tribunal fédéral entraînait nécessairement des longueurs et des frais, puisque cette autorité ne siégeait pas d'une manière permanente; d'autre part, il s'engageait généralement, à l'occasion d'une proposition de renvoi, une discussion si complète sur le fond même de la question qu'on estimait qu'il valait tout autant trancher celle-ci immédiatement.[1])

La constitution de 1848 permettait au réclamant de s'adresser soit au Conseil fédéral, soit directement à l'Assemblée fédérale. Dans le premier cas, un recours pouvait encore être exercé à l'Assemblée fédérale contre la décision du Conseil fédéral. Dès le début, il fut facile de constater que cette compétence quasi-judiciaire d'une assemblée politique nombreuse présentait

[1]) Voir Dubs, *Le droit public de la Confédération suisse*, II, p. 118 et suiv.

bien des inconvénients. Ils ont été trop souvent relevés pour que nous insistions sur ce point.[1]) En décembre 1857, le Conseil national invita même le Conseil fédéral à rechercher si les recours de cantons et de particuliers concernant moins les principes et compétences de droit public, que l'application de ces principes et compétences à des cas particuliers ou de droit privé ne pourraient pas être placés dans les attributions du Tribunal fédéral, conformément à l'art. 106 de la Constitution. Tout en reconnaissant que le système actuel laissait à désirer, le Conseil fédéral fut d'avis que la modification proposée se heurterait à des obstacles constitutionnels et à des difficultés pratiques. Ensuite de cette réponse, le Conseil national n'insista pas, et plus tard une proposition analogue faite au Conseil des Etats échoua de même devant les scrupules qu'on éprouvait à porter des décisions du Conseil fédéral devant le Tribunal fédéral. Il en fut de même lors de la revision partielle de 1865, où la proposition de la Commission du Conseil des Etats d'attribuer une partie des recours au Tribunal fédéral ne fut pas adoptée.[2])

D. Revision constitutionnelle de 1871—72.

Les débats qui s'engagèrent dès 1871 au sujet de la revision fédérale permirent de rechercher les moyens, soit d'étendre encore les garanties constitutionnelles, soit surtout d'attribuer la protection des droits individuels à une autorité mieux placée pour cela que les corps politiques.

Dans son message du 17 juin 1870, le Conseil fédéral proposa de modifier comme suit l'art. 105 de la constitution fédérale:

„Le Tribunal fédéral connaît, de plus, de la violation des droits constitutionnels des citoyens et de la violation des concordats, dans les cas où la législation fédérale le déclare compétent.

---

[1]) Voir Dubs, l. c.; Blumer, *Handbuch des schweizerischen Bundesstaatsrechtes*, 1re édition, I, p. 204 et suiv.; Munzinger, *Studie über Bundesrecht und Bundesgerichtsbarkeit*, p. 102 et suiv.

[2]) Blumer, ouvrage continué par Morel, 2me édition, I, p. 136.

„Il suit, dans ces cas, la procédure sommaire et écrite, sans frais pour les parties.“

A l'appui de ces propositions, le Conseil fédéral invoquait les inconvénients du système suivi jusqu'alors. Il estimait d'ailleurs qu'il ne serait pas très difficile de déterminer législativement les cas rentrant dans la compétence du Tribunal fédéral. Cette autorité aurait par exemple à connaître des questions de for, de saisie-arrêt, d'exécution des jugements, de plaintes contre l'interprétation inexacte de concordats et de dispositions législatives, etc. En revanche, l'Assemblée fédérale pourrait se réserver la discussion de tous les points qui lui permettraient de développer le droit fédéral, le Tribunal fédéral ne devant pas être appelé à connaître des questions sur lesquelles la législation reste encore douteuse.[1])

Les propositions du Conseil fédéral ne furent pas sans soulever certaines critiques, spécialement en ce qu'elles laissaient une compétence en matière de recours aux autorités politiques. C'est ainsi que, dans une remarquable étude qu'il fit paraître en 1871, le professeur Munzinger demanda avec insistance qu'on ne mît dans la compétence des autorités politiques que l'établissement de règles générales de législation ou d'administration, et que l'autorité judiciaire fût nantie toutes les fois qu'il s'agirait de l'application de ces règles générales à des cas particuliers litigieux.[2]) Munzinger citait à l'appui de ce système l'exemple des Etats-Unis, qu'il estimait devoir être suivi en Suisse pour les institutions judiciaires, tout comme il l'avait été en 1848 lors de l'adoption du système des deux chambres.

Malgré ces observations, la Commission du Conseil national préféra le système proposé par le Conseil fédéral, estimant que, parmi les recours, il en est nombre „dont l'autorité

---

[1]) Message du Conseil fédéral du 17 juin 1870. Annexes au *Protocole des délibérations* de la Commission de revision nommée en juillet 1870 par le Conseil national, p. 20.

[2]) Munzinger, *Studie über Bundesgericht und Bundesgerichtsbarkeit* p. 94 et suiv.

politique doit conserver la cornaissance, en raison de l'intérêt général qui s'y attache"[1]).

Les mêmes considérations prévalurent aussi dans la Société suisse des juristes, qui avait mis la question des compétences du Tribunal fédéral à l'ordre du jour de sa réunion annuelle tenue à Neuchâtel en septembre 1871.[2])

Au sein du Conseil national, le Conseiller fédéral Dubs, tout en se plaçant sur le même terrain que les propositions du Conseil fédéral, recommanda une rédaction qui allait plus loin en ce sens qu'elle donnait compétence au Tribunal fédéral pour connaître non seulement de la violation des droits constitutionnels et des concordats, mais encore de la violation de traités internationaux, et surtout en ce qu'elle proclamait que la compétence de l'autorité judiciaire était la règle, celle de l'autorité politique l'exception. M. Dubs proposa en outre de dire que le Tribunal fédéral ne pourrait pas, comme aux Etats-Unis, s'enquérir du caractère constitutionnel d'une loi ou d'un arrêté adopté par l'Assemblée fédérale, non plus que d'un traité ratifié par elle, mais serait tenu de les appliquer. Cette manière de voir obtint la majorité. En conséquence, et ensuite de quelques modifications de détail ou de rédaction, l'article fut définitivement adopté dans la teneur suivante, sous laquelle il prit place dans le projet de constitution du 5 mars 1872[3]):

„Art. 110. Le Tribunal fédéral connaît, en outre:
„ . . . . . des réclamations pour violation de droits constitutionnels des citoyens, ainsi que des réclamations de particuliers pour violation de concordats ou de traités.

„Sont réservées les contestations administratives à déterminer par la législation fédérale.

„Dans tous les cas prémentionnés, le Tribunal fédéral

---

[1]) Voir le compte rendu de cette réunion dans la *Zeitschrift des Bernischen Juristenvereins*, VII (1871—72), p. 132 et suiv.

[2]) *Protocole des délibérations de la Commission*, p. 39 et suiv., et 156 et suiv.

[3]) Voir *Protocole des délibérations du Conseil national*, p. 451 et suiv.; 463 et suiv.; 479 et suiv.

appliquera les lois votées par l'Assemblée fédérale et les arrêtés de cette Assemblée qui ont une portée générale. Il se conformera également aux traités que l'Assemblée féderale aura ratifiés."

Conformément aux propositions du Conseil fédéral, le Conseil national avait primitivement ajouté que la procédure relative à ces réclamations serait sommaire et sans frais pour les parties; mais cet alinéa ayant été supprimé par le Conseil des Etats, il adhéra à cette décision[1]).

E. Constitution de 1874 et loi sur l'organisation judiciaire fédérale du 27 juin 1874.

De toutes les innovations renfermées dans le projet du 5 mars 1872, l'extension des compétences du Tribunal fédéral était une de celles qui avaient rencontré le moins d'opposition. Aussi lorsque, le 4 juillet 1873, le Conseil fédéral soumit aux chambres de nouvelles propositions de revision, crut-il devoir reprendre purement et simplement l'art. 110 du projet de 1872.

La disposition de cet article relative aux recours pour violation de droits garantis ne donna pour ainsi dire pas lieu à discussion, ni au sein des commissions du Conseil national et du Conseil des Etats, ni dans les chambres ellesmêmes[2]). En conséquence, la constitution adoptée par le peuple le 19 avril 1874 s'exprima comme suit à ce sujet:

„Art. 113. Le Tribunal fédéral connaît, en outre: „. . . . 3° des réclamations pour violation de droits constitutionnels des citoyens, ainsi que des réclamations de particuliers pour violation de concordats ou de traités.

„Sont réservées les contestations administratives, à déterminer par la législation fédérale.

---

[1]) Ibid., p. 547.

[2]) Voir *Protocole des délibérations de la Commission du Conseil national*, p. 59; id. *du Conseil des Etats*, p. 49; *Procès-verbaux des délibérations des Chambres fédérales*, p. 182 et 361.

„Dans tous les cas prémentionnés, le Tribunal fédéral appliquera les lois votées par l'Assemblée fédérale et les arrêtés de cette Assemblée qui ont une portée générale. Il se conformera également aux traités que l'Assemblée fédérale aura ratifiés."

L'adoption de la constitution de 1874 entraînait l'élaboration d'une loi fédérale organisant le Tribunal fédéral et déterminant aussi, en ce qui concernait les recours, les contestations administratives réservées aux autorités politiques de la Confédération. Déjà le 23 mai 1874, le Conseil fédéral était en mesure de soumettre aux chambres un projet de loi rédigé par le Dr. Blumer et revu ensuite par une commission spéciale[1]). Au sein du Conseil des Etats, M. Blumer, plus tard appelé à présider le nouveau Tribunal fédéral, rapporta sur ce même projet et proposa diverses modifications, qui généralement furent adoptées[2]).

Sans anticiper ici sur ce qui sera dit plus loin, nous devons cependant relever dès maintenant quelques-unes des questions que les chambres eurent à discuter. En ce qui concernait la détermination des compétences respectives du Tribunal fédéral et du Conseil fédéral, deux modes de procéder pouvaient être suivis. „Le premier, disait le Conseil fédéral, consiste à énumérer tous les recours de la compétence du Tribunal fédéral, dans ce sens qu'alors tous les autres auraient été placés dans les attributions du Conseil fédéral et de l'Assemblée fédérale comme seconde instance. L'autre moyen consisterait à poser comme règle la juridiction du Tribunal fédéral et à énumérer comme des exceptions les cas qui, vu leur nature de *contestation administrative*, seraient de la compétence du Conseil fédéral. Nous avons choisi ce second moyen, parce que les deux modes de procéder ont déjà été discutés par le Conseil national dans sa séance du 5 février 1872, dans laquelle l'article 113 fut voté et que la

[1]) Voir ce projet et le message du Conseil fédéral dans la *Feuille fédérale* de 1874, I, p. 989 et suiv.

[2]) Voir le rapport de la commission du Conseil des Etats dans la *Feuille fédérale* de 1874, I, p. 1151 et suiv.

proposition qui réunit la majorité des voix fut interprétée de la manière qui a servi de base aux dispositions du projet (voir protocole imprimé, page 479 et suivantes)."

Et le message ajoutait:

„Il s'agit donc de spécialiser dans le projet les attributions du Conseil fédéral en matière de recours, en sorte que tous les recours pour violation de droits constitutionnels, de traités internationaux et de concordats qui n'y seront pas mentionnés feront partie de la juridiction du Tribunal fédéral. Pour faire cette énumération, le projet admet en principe que le Conseil fédéral doit connaître de tous les cas d'une nature essentiellement politique ou administrative, et qu'il faut laisser au Tribunal fédéral toutes les contestations où le droit public, le droit privé et le droit pénal sont en jeu, et dont la solution dépend de considérations d'une nature juridique."[1])

Les chambres fédérales se placèrent sur le même terrain et admirent, conformément au projet, que la compétence du Tribunal fédéral serait la règle, et celle des autorités politiques une exception restreinte aux cas expressément énumérés.

Un autre point sur lequel la loi devait statuer était celui-ci: L'art. 113 ne parlant que des *droits constitutionnels*, c'est-à-dire de ceux garantis par la constitution fédérale ou cantonale, le droit de recours devait-il aussi être étendu au cas de violation de droits individuels garantis par une *loi fédérale?* Dans son message, le Conseil fédéral n'hésita pas à résoudre cette question affirmativement, „en raison des cas nombreux où la Constitution nouvelle s'en réfère à la législation. L'art. 66, par exemple, contient une garantie contre la privation non justifiée de droits politiques, mais il renvoie les dispositions ultérieures à une loi d'exécution. Il va sans dire que si, par exemple, un citoyen était privé de ses droits politiques dans un canton, contrairement aux dispositions de cette loi, un droit de recours aux autorités fédérales devrait lui être ouvert."[2])

---

[1]) *Feuille fédérale* de 1874, I, 1006.

[2]) Ibid., 1004.

Cette manière de voir fut aussi partagée par les chambres fédérales.

Enfin, pour parer à des abus qui s'étaient fait sentir sous l'empire de la constitution de 1848, on introduisit dans la loi une disposition subordonnant le droit de recours au Tribunal fédéral à la condition d'être exercé dans le délai de soixante jours dès la communication à l'intéressé de la décision contre laquelle le recours est dirigé.[1])

A la suite des débats dont nous venons de relever les points les plus importants, la loi fédérale sur l'organisation judiciaire fédérale fut définitivement adoptée le 27 juin 1874. Les dispositions relatives aux recours de droit public sont renfermées à ses art. 59 à 63, sur lequels nous reviendrons en détail dans la suite de ce travail.

Plus tard, la loi fédérale du 25 juin 1880 concernant les frais de l'administration de la justice fédérale a aussi réglé ce qui concerne les frais en matière de différends de droit public.

II. Des compétences respectives des autorités fédérales en matière de recours de droit public.

A teneur du troisième alinéa de l'art. 113 de la Constitution fédérale, le Tribunal fédéral connaît des réclamations pour violation de droits constitutionnels des citoyens, ainsi que des réclamations de particuliers pour violation de concordats ou de traités, *sous réserve des contestations administratives déterminées par la loi.* Pour déterminer la compétence du Tribunal fédéral, il faut donc commencer par éliminer ces contestations administratives. C'est ce que nous ferons en suivant l'énumération renfermée au second alinéa de l'art. 59 de la loi sur l'organisation judiciaire fédérale.

---

[1]) Ibid., 1005.

A. Des recours rentrant dans la compétence du Conseil fédéral, soit de l'Assemblée fédérale.

A teneur de l'art. 59 précité, ces contestations, dites *administratives*, sont celles qui visent les dispositions suivantes de la constitution fédérale.

1. Art. 18, alinéa 3, concernant la gratuité de l'équipement du soldat.

L'historique de cette disposition de la loi est caractéristique. Dans son message, le Conseil fédéral avait prévu le cas où un canton réclamerait le paiement d'effets militaires, mais, tout en admettant que le soldat jouirait dans ce cas d'un droit de recours à l'autorité fédérale, il estimait que le caractère administratif d'une telle contestation était évident et que dès lors il n'y avait pas lieu de la réserver expressément à la connaissance du Conseil fédéral.[1]) La commission du Conseil des Etats fut d'un avis différent. Elle fit remarquer que, „comme la compétence du Tribunal fédéral forme la règle lorsqu'il s'agit du maintien de droits constitutionnels, tandis que les contestations administratives ne sont renvoyées au Conseil fédéral qu'exceptionnellement, il est très désirable que les exceptions soient complètement énumérées."[2]) Cette manière de voir prévalut dans l'Assemblée fédérale.

2. Art. 27, alinéas 2 et 3, concernant les écoles primaires publiques des cantons.

Ce sont les autorités politiques de la Confédération qui doivent veiller à ce que l'instruction primaire soit suffisante, placée exclusivement sous la direction de l'autorité civile, obligatoire, gratuite dans les écoles publiques, et à ce que celles-ci puissent êtres fréquentées par les adhérents de toutes les confessions, sans qu'ils aient à souffrir dans leur liberté de conscience ou de croyance.

Le Tribunal fédéral a d'ailleurs reconnu lui-même qu'il était incompétent pour connaître de la violation de l'art. 27

---

[1]) *Feuille fédérale* de 1874, I, 1006.

[2]) Ibid., 1159.

de la constitution. Voir arrêts Grand-Dufour, 7 décembre 1877, *Recueil officiel*, III, p. 703; écoles catholiques de St. Gall, 27 mars 1880, VI, 62.

3. Art. 31, concernant la liberté du commerce et de l'industrie.

A plusieurs reprises, le Tribunal fédéral s'est reconnu incompétent en pareille matière. Voir arrêts Blösch, 4 septembre 1875, I, 285; Francillon, V, 193; Curti, VII, 471, etc.

4. Art. 31 et 32, concernant les droits de consommation et les droits d'entrée sur les vins et les autres boissons spiritueuses encore reconnus.

5. Art. 43, 45 et 47 concernant les droits des Suisses établis. (exercice des droits politiques en matière fédérale, cantonale et communale; liberté d'établissement).

Au contraire, c'est le Tribunal fédéral qui est compétent en ce qui concerne les droits garantis par les art. 44 et 46, sur lesquels nous reviendrons plus loin. Comme le dit le message, „ici le droit public touche au droit privé, en sorte que c'est au Tribunal fédéral à prononcer.“[1])

Le message allait même plus loin et ne mentionnait ici que l'art. 43 (droits politiques), d'où la commission du Conseil des Etats concluait que le Tribunal fédéral serait compétent pour connaître non seulement des recours visant les art. 46 et 48, mais aussi de ceux concernant l'art. 45 et qu'ainsi il aurait à s'occuper de tous les recours qui se rapportent au refus ou au retrait d'établissement.[2]) Les chambres n'admirent pas ce système et réservèrent au contraire aux autorités politiques tout ce qui concerne l'établissement, à l'exception des art. 46 et 48.

La jurisprudence du Tribunal fédéral est conforme à ce qui vient d'être dit. Voir arrêts Bernasconi, I, 261; Mühlemann et consorts, IV, 202; Curti, VII, 471. Dans son arrêt rendu le 1er février 1875 sur le recours von Menteln et consorts (I, 269), le Tribunal fédéral, d'accord du reste avec le Conseil fédéral, s'est cependant estimé compétent, non

---

1) *Feuille fédérale* de 1874, I, 1007.

2) Ibid., 1159.

pour appliquer ou interpréter l'art. 43, mais pour connaître de la question de savoir si, à l'époque de la décision frappée de recours, cet article était déjà entré en vigueur par le seul fait de l'acceptation de la constitution fédérale. L'arrêt pose d'ailleurs en principe que la notion des contestations administratives ne doit pas être étendue.

6. Art. 49, 50 et 51, concernant la liberté de conscience et de croyance et le libre exercice des cultes etc. Restent néanmoins dans la compétence du Tribunal fédéral: les contestations relatives aux impôts (art. 49, alinéa 6) et les contestations de droit privé auxquelles donne lieu la création de communautés religieuses nouvelles ou une scission de communautés religieuses existantes (art. 50, alinéa 3).

Cette disposition a donné lieu à de longues discussions. Dans son message, le Conseil fédéral proposait de laisser au Tribunal fédéral le soin de faire respecter et d'interpréter les garanties données aux citoyens par les art. 49 et 50 de la constitution, articles dits *confessionnels*. Le Tribunal fédéral eût ainsi été le gardien de la liberté de conscience et de croyance et le protecteur du libre exercice des cultes dans les limites compatibles avec l'ordre public et les bonnes mœurs. Le Conseil fédéral justifiait ces propositions en disant qu'il „s'agit ici de droits individuels, que ceux qui se prétendent lésés pourront mieux défendre devant un corps judiciaire que devant une autorité politique.“ Toutefois, le Conseil fédéral proposait une légère restriction à la compétence du Tribunal fédéral, savoir de réserver aux autorités politiques les contestations de droit *public* auxquelles la création ou la scission de communautés religieuses peuvent donner lieu, les contestations de droit *privé* rentrant au contraire dans la compétence du Tribunal fédéral.[1])

La commission du Conseil des Etats se divisa sur la question, la minorité déclarant adhérer aux propositions du Conseil fédéral, tandis que la majorité proposait de maintenir les art. 49 et 50 dans la compétence du Conseil fédéral et

---

[1]) *Feuille fédérale* de 1874, I, 1007.

de l'Assemblée fédérale, à l'exception de l'art. 49, alinéa 6 (impôts pour frais de culte) et de l'art. 50, alinéa 3, en ce sens cependant que le Tribunal fédéral ne serait compétent que lorsqu'il s'agirait de contestations de droit privé. A l'appui de ces propositions, la majorité disait que soumettre les questions confessionnelles au Tribunal fédéral serait rejeter cette autorité dans le courant de la politique, aux entraînements de laquelle on voulait précisément le soustraire; d'autre part, elle reprochait au projet du Conseil fédéral de mettre le Tribunal fédéral dans le cas de décider si les mesures prises par un gouvernement dans l'intérêt du maintien de l'ordre public ou de la paix confessionnelle sont justifiables ou non, décision qui certainement ne rentre pas dans le cercle d'affaires d'un tribunal, puisqu'il n'existe aucun élément juridique qui puisse décider de la cause.[1])

Ces arguments l'emportèrent au sein des chambres, qui adoptèrent les propositions de la commission du Conseil des Etats, en ajoutant seulement à la mention des articles laissés dans la compétence des autorités politiques l'art. 51 (interdiction de l'ordre des jésuites et des sociétés qui lui sont affiliées.[2])

Conformément à ce qui précède, le Tribunal fédéral s'est déclaré incompétent pour connaître de recours ayant trait à la police du dimanche, ou à l'interdiction du port de tout costume ecclésiastique sur la voie publique, pour autant que ces recours visaient l'art. 49 de la constitution. Voir arrêts Buochs, 20 août 1875, I, 287; Dunoyer, 20 novembre 1875, I, 278.

7. Art. 53, concernant l'état civil et le droit de disposer des lieux de sépulture, dans la mesure où la loi déférera au Conseil fédéral la compétence sur ces matières.

En ce qui concerne l'état civil, la loi du 24 décembre 1874 (art. 12) a donné au Conseil fédéral le droit d'intervenir

---

[1]) *Feuille fédérale* de 1874, I, 1159 et suiv.

[2]) Dans son *Droit public* (II, p. 132) Dubs critique vivement la décision qui a soustrait les questions confessionnelles à la connaissance du Tribunal fédéral.

en cas d'irrégularités ou d'abus et d'ordonner aux frais des cantons telles mesures qu'il juge nécessaire.

Quant aux lieux de sépulture, les chambres ont décidé, par arrêté du 16 juin 1875, qu'il n'y avait pas lieu pour le moment d'élaborer une loi fédérale sur les inhumations, le Conseil fédéral étant invité à surveiller l'observation de l'art. 53 de la constitution. De son côté, le Tribunal fédéral s'est estimé incompétent pour connaître d'un recours des citoyens réformés d'Ueberstorf contre une décision autorisant l'ouverture d'un nouveau cimetière dans cette commune. Voir arrêt du 16 novembre 1878, IV, 572.

Outre les objets qui précèdent, l'art. 59 de la loi sur l'organisation judiciaire fédérale soumet encore les suivants à la décision soit du Conseil fédéral, soit de l'Assemblée fédérale:

8. *Les recours concernant l'application des lois fédérales prévues aux art. 25, 33, 34, 39, 40 et 69 de la Constitution fédérale.*

On a voulu, par cette disposition, laisser au Conseil fédéral la haute surveillance sur l'exécution de certaines lois de police. Voici celles de ces lois promulguées jusqu'ici:

a) Loi fédérale du 17 septembre 1875 sur la chasse et la protection des oiseaux. Le Tribunal fédéral ne peut donc se nantir de recours dirigés contre l'application de cette loi; voir arrêt Bell et Nigg, 21 juillet 1882, VIII, 415. Il a été jugé, d'autre part, que cette loi ne peut non plus donner lieu à un recours à la Cour de Cassation fédérale en vertu de l'art. 55 de la loi sur l'organisation judiciaire; arrêt Messerli et consorts, 25 janvier 1879, V, 41.

b) Loi fédérale sur la pêche, du 18 septembre 1875.

c) Loi fédérale concernant l'exercice des professions de médecin, de pharmacien et de vétérinaire dans la Confédération suisse, du 19 décembre 1877. Voir à ce sujet l'arrêt rendu par le Tribunal fédéral le 7 décembre 1878 sur le recours Abbt, IV, 571, n° 1.

d) Loi fédérale concernant le travail dans les fabriques, du 23 mars 1877.

e) Loi fédérale concernant les opérations des agences d'émigration, du 24 décembre 1880. Voir arrêt Kunz, du 18 novembre 1882, VIII, 694.

f) Loi fédérale concernant la surveillance des entreprises privées en matière d'assurance, du 25 juin 1885.

g) Loi fédérale sur l'émission et le remboursement des billets de banque, du 8 mars 1881.

h) Loi fédérale sur les poids et mesures, du 3 juillet 1875.

i) Loi fédérale sur les mesures à prendre contre les épizooties, du 8 février 1872. Voir à ce sujet l'arrêt du Tribunal fédéral dans la cause veuve Schaffner c. Bâle-Ville, du 31 août 1878, IV, 464.

Dans son projet, le Conseil fédéral parlait aussi de la loi fédérale prévue à l'art. 24 de la constitution (police des endiguements et des forêts dans les régions élevées).[1] Mais la commission du Conseil des Etats fit observer que dans cet article il n'était pas question de la promulgation d'une loi fédérale et proposa en conséquence de biffer la citation de l'art. 24, ce qui fut admis.[2] En fait cependant, l'Assemblée fédérale a adopté le 24 mars 1876 une loi fédérale concernant la haute surveillance de la Confédération sur la police des forêts dans les régions élevées et le 22 juin 1877 une loi fédérale concernant la police des eaux dans les régions élevées. La seconde de ces lois renferme à son art. 12 une disposition portant que le Tribunal fédéral prononce lorsqu'il s'agit de la répartition des frais des travaux entre les cantons intéressés. Pour le surplus, c'est le Conseil fédéral qui est chargé de l'exécution des deux lois prémentionnées, et les contestations auxquelles elles peuvent donner lieu rentrent dans la compétence de cette autorité et non dans celle du Tribunal fédéral. Voir arrêt Redeten, 19 avril 1877, III, 261, n° 8.

9. *Les recours contre la validité d'élections et de votations cantonales.*

Bien qu'il s'agisse ici de l'application des constitutions cantonales, le message du Conseil fédéral pensait devoir

[1]) *Feuille fédérale* de 1874, I, 1024.

[2]) Ibid., 1160.

sortir cet objet de la compétence du Tribunal fédéral, par le motif que les recours ayant trait à des élections ou votations cantonales „ont un caractère éminemment politique et que nos idées suisses ne s'accommoderaient pas très facilement de la pensée que la nomination d'un gouvernement ou un plébiscite cantonal peuvent être cassés pour vice de forme par un tribunal.“[1])

Au sujet de cette disposition, un arrêt intéressant a été rendu par le Tribunal fédéral le 25 octobre 1875 dans la cause Uehlinger et consorts (I, 343). Les recourants se plaignaient de ce que les projets de revision constitutionnelle sur lesquels le peuple schaffhousois avait été appelé à se prononcer en 1873, 1874 et 1875 avaient été déclarés rejetés par l'Assemblée constituante, attendu qu'ils n'avaient pas été acceptés par la majorité des électeurs *présents dans le canton*. Les recourants voyaient dans ces décisions une violation de la constitution cantonale. Bien qu'il s'agît d'une votation cantonale, le Tribunal fédéral, d'accord avec le Conseil fédéral, ne s'en estima pas moins compétent, par les motifs suivants:

„ . . . . 2. En l'espèce, la validité des votations qui ont eu lieu sur les projets constitutionnels n'est pas contestée et les recourants prétendent simplement que le résultat de ces votations a été interprété d'une manière inconstitutionnelle. D'après le texte de l'art. 59, alinea 2, chiffre 9 de la loi sur l'organisation judiciaire fédérale, il ne s'agit donc point d'un recours rentrant dans la compétence du Conseil fédéral.

„3. Il y a d'autant moins lieu d'interpréter cette disposition dans un sens plus étendu que son texte même que, d'une part, ainsi qu'on l'a déjà dit, la compétence du Tribunal fédéral forme la règle et celle du Conseil fédéral l'exception toutes les fois qu'il s'agit de la garantie de droits constitutionnels; et que, d'autre part, le législateur n'a entendu réserver au Conseil fédéral que les contestations d'une nature principalement politique ou administrative. Or, si l'on

---

[1]) *Feuille fédérale* de 1874, I, 1008.

doit ranger dans cette dernière catégorie les contestations qui tendent à la cassation d'une élection ou d'une votation parce qu'il n'aurait pas été procédé conformément à la loi, ou encore parce que l'élu ne serait pas éligible, etc., on ne peut au contraire y ranger des contestations relatives à l'application de dispositions constitutionnelles à un résultat électoral reconnu régulier."

En ce qui concerne les décisions relatives au *droit de vote* des citoyens établis ou en séjour, le Tribunal fédéral et le Conseil fédéral ont été d'accord pour admettre qu'elles sont de la compétence des autorités politiques. Voir le cas Nessi relaté dans le rapport de gestion du Département fédéral de Justice et Police pour 1875, *Feuille fédérale* de 1876, II, p. 307. En effet, il s'agit ici de l'application de l'art. 43 de la Constitution fédérale, réservé aux autorités administratives.

10. Les contestations provenant des dispositions des traités avec l'étranger concernant le commerce et les péages, les patentes, l'établissement, l'affranchissement de la taxe militaire et la libre circulation.

Le message du Conseil fédéral ne parlait pas ici de *libre circulation* (Freizügigkeit), mais de *droit d'aubaine et traite foraine.*

D'une manière générale, les recours visant la violation d'un traité avec l'étranger sont du ressort du Tribunal fédéral; mais on a cru devoir réserver au Conseil fédéral un certain nombre de cas. Le message justifie cette disposition dans les termes suivants: „Comme il s'agira souvent ici de prévenir ou d'aplanir des difficultés avec l'étranger et que, par conséquent, il faudra faire entrer en ligne de compte des considérations politiques, il nous a paru prudent de tracer ici à la compétence du Tribunal fédéral des limites plus restreintes que dans le domaine des questions intercantonales."[1])

C'est ainsi que le Tribunal fédéral s'est déclaré incompétent dans une cause où il s'agissait des droits d'une Au-

[1]) *Feuille fédérale* de 1874, I, 1009.

trichienne établie dans les Grisons, relativement à la jouissance d'un pâturage communal. Voir arrêt Ender, 2 novembre 1877, III, 651.

En revanche, le Tribunal fédéral est compétent toutes les fois que le recours allègue la violation d'un traité international en ce qui concerne des dispositions ayant un autre objet que ceux énumérés au §. 10 ci-dessus. Voir arrêts Farina, 11 février 1876, II, 115; Kiesow, 3 décembre 1881, VII, 774.

Conformément aux art. 102 § 2 et 85 § 12 de la Constitution fédérale, toutes les contestations administratives énumérées ci-dessus doivent être portées en première ligne devant le Conseil fédéral. Les décisions de cette autorité peuvent faire l'objet d'un recours à l'Assemblée fédérale. L'arrêté fédéral du 21 août 1878, concernant l'organisation et le mode de procéder du Conseil féderal, règle la répartition des affaires entre les divers départements fédéraux. A teneur de l'art. 25, chiffre 7, c'est le *Département de Justice et Police* qui est chargé des mesures concernant le maintien des droits constitutionnels du peuple et des citoyens, ainsi que des autorités; en particulier de l'examen des contestations administratives concernant:

a) la liberté de commerce et d'industrie (art. 31 et 39 de la Constitution fédérale);

b) les maisons de jeu et les loteries (art. 36);

c) les droits des Suisses établis et en séjour (art. 43, 45 et 47);

d) les élections et votations fédérales;

e) la validité d'élections et votations cantonales;

f) la liberté de croyance et de conscience, ainsi que le libre exercice des cultes (art. 49, 50 et 51);

g) le droit de disposer des lieux de sépulture (art. 53);

h) les contestations provenant des dispositions des traités avec l'étranger concernant l'établissement, l'affranchissement de la taxe militaire et la libre circulation;

i) le droit d'association et la liberté de la presse.

l'instruction, l'exercice des professions libérales, et la police des eaux dans les régions élevées (art. 24, §§ 5, 7 et 14); le *Département du Commerce et de l'Agriculture* de ce qui concerne les poids et mesures, l'exécution de la loi sur les fabriques, les questions d'assurances, la police des épizooties, la police des forêts dans les régions élevées, la chasse et la pêche, enfin la surveillance des agences d'émigration (art. 28, chiffres 4, 6, 8, 10, 12, 13 et 14). Enfin, le *Département des Finances et des Péages* est chargé de l'exécution des dispositions législatives sur l'émission et la circulation des billets de banque, ainsi que de la surveillance sur la perception des droits de consommation encore autorisés dans les cantons (art. 27, *a* § 6 et *b* § 3).

En ce qui concerne la procédure suivie par le Conseil fédéral dans l'examen des recours qui lui sont adressés, nous renvoyons aux rapports de gestion annuels du Département fédéral de Justice et Police (voir notamment *Feuille fédérale*, 1876, II, 306; 1881, II, 556; 1884, II, 632; 1885, 460).[1])

B. Des recours rentrant dans la compétence du Tribunal fédéral.

En adoptant la proposition Dubs lors des débats constitutionnels de 1872, les chambres fédérales avaient déjà consacré le principe qu'en matière de recours de droit public la compétence du Tribunal fédéral est la règle, celle des autorités politiques l'exception. L'art. 59 de la loi sur l'organisation judiciaire fédérale n'a fait que développer ce principe en énumérant comme des exceptions, à son second alinéa, les contestations qui, vu leur caractère administratif, rentrent dans la compétence du Conseil fédéral. Il en résulte que toutes les contestations de droit public qui ne rentrent pas dans le cadre de celles énumérées au chapitre précédent

[1]) Pour la jurisprudence du Conseil fédéral avant 1874, voir Ullmer, *Le droit public suisse*, l'ouvrage déjà cité de Blumer, première édition, et celui de S. Kaiser, *Schweizerisches Staatsrecht*.

ont de la compétence du Tribunal fédéral, lequel doit s'en antir si le recours est de la nature de ceux prévus à l'art. 9 précité et si d'ailleurs il satisfait aux conditions exigées ar le premier alinéa de cet article, savoir:

1° que le recours soit présenté par un particulier ou ar une corporation;

2° qu'il allègue:

a) ou une violation des droits garantis aux particuliers ou aux corporations soit par la Constitution, soit par la législation fédérales, soit par la constitution de leurs cantons;

b) ou, encore, la violation de conventions et de concordats intercantonaux, ou de traités avec l'étranger;

3° que le recours soit dirigé contre la décision d'une torité cantonale;

4° qu'il soit déposé dans les soixante jours dès celui où décision incriminée a été communiquée à l'intéressé.

Nous reviendrons plus loin en détail sur les diverses ..nditions du recours. En ce qui concerne la compétence du Tribunal fédéral, le point de vue exposé ci-dessus est aussi celui consacré par la jurisprudence de cette autorité, qui est entrée en matière toutes les fois qu'il s'agissait de recours de droit public présentés conformément à l'art 59 de la loi sur l'organisation judiciaire et ne rentrant pas au nombre des contestations administratives énumérées dans la seconde partie de cet article. C'est ainsi qu'un arrêt rendu le 1er février 1875 sur le recours von Menteln et consorts (I, 269) pose en principe, d'accord avec le Conseil fédéral, que la catégorie des contestations administratives ne peut être étendue au moyen d'une interprétation extensive. Dans un autre arrêt, rendu le 5 février 1875 dans une cause divisant les cantons de Berne et de Neuchâtel (I, 300), le Tribunal fédéral s'exprime de même:

„La compétence du Tribunal fédéral forme la règle, vis-à-vis de laquelle on doit considérer comme des exceptions les cas de contestations administratives réservées au Conseil fédéral; la loi sur l'organisation judiciaire fédérale a évidemment voulu les énumérer d'une manière complète à son art. 59."

Dans le même sens, voir aussi les arrêts Tannaz, 10 mars 1876, II, 29, et Vaud c. Genève, 17 mai 1879, V, 190, n° 3.

Ce principe admis, on voit qu'il n'est guère possible de faire une énumération complète des matières à propos desquelles un recours de droit public peut être porté au Tribunal fédéral. Nous essaierons cependant d'en indiquer les principales, au moins en ce qui concerne le droit fédéral.

1. Des recours visant une violation de la Constitution fédérale.

Le Tribunal fédéral est compétent pour connaître des recours visant la violation de droits garantis par les articles suivants de la Constitution fédérale:

a) Art. 4. Egalité des Suisses devant la loi et abolition des privilèges.

b) Art. 5. Garantie de la liberté et des droits du peuple, des droits constitutionnels des citoyens en général, ainsi que des droits et des attributions que le peuple a conférés aux autorités.

C'est en vertu des art. 4 et 5 ci-dessus que le Tribunal fédéral s'est constamment estimé compétent pour connaître des recours visant un *déni de justice*[1]).

c) Art. 36. Garantie de l'inviolabilité du secret des lettres et des télégrammes. A notre connaissance, un cas de ce genre ne s'est pas présenté jusqu'ici.

d) Art. 44, alinéa 1. Interdiction pour les cantons de renvoyer de leur territoire un de leurs ressortissants, ou de le priver du droit d'origine ou de cité.

En vertu de cette disposition, le Tribunal fédéral a prononcé que la peine du bannissement, qui existait avant 1874 dans les codes pénaux cantonaux, est contraire à la constitution fédérale. Voir arrêts Gutmann, 26 février 1875, I, 75, et Bernasconi, 5 novembre 1875, I, 261.

---

[1]) Voir, en ce qui concerne le déni de justice, l'étude que nous avons publiée dans le *Journal des tribunaux*, 1884, p. 465 et suiv.

e) Art. 46. Rapports de droit civil des personnes établies en Suisse, et interdiction de la double imposition.

En ce qui concerne le premier de ces objets, le Tribunal fédéral a admis dans de nombreux arrêts que le principe territorial, consacré par l'art. 46 de la Constitution fédérale, ne pourra entrer en vigueur que lorsque la loi prévue par cette disposition aura été adoptée. Voir *Rec. off.* I, 74, n°s 4 et suiv.; 196, n° 1; V, 7, n° 1.

En matière de double imposition, le Tribunal fédéral s'est toujours estimé fondé à intervenir, bien que la loi fédérale ne fût pas encore adoptée, et il a suivi à cet égard la jurisprudence antérieure des autorités fédérales.[1])

f) Art. 49, alinéa 6. Impôts pour frais de culte.

Le Tribunal fédéral a admis que cet article garantit un droit aux citoyens, mais qu'il ne confère nullement aux communautés un droit de prélever des impôts sur leurs adhérents. Voir arrêt Paroisse réformée de Lucerne, 1er octobre 1880, VI, 490.[2])

g) Art. 50, alinéa 3. A teneur du chiffre 6 de l'art. 59 de la loi sur l'organisation judiciaire fédérale, le Tribunal fédéral est compétent pour connaître des contestations de *droit privé* auxquelles donne lieu la création de communautés religieuses nouvelles ou la scission de communautés religieuses existantes. Bien qu'il s'agisse ici de questions de droit privé, la contestation n'en doit pas moins être portée devant le Tribunal fédéral sous forme d'un *recours de droit public* et non sous celle d'une contestation civile; en effet, il s'agit toujours d'une décision d'une autorité cantonale contre laquelle le recours est exercé. Voir arrêts Wegenstetten-Hellikon, 31 décembre 1881, VII, 651; Bondo, 27 octobre 1883, IX, 417.

---

[1]) Voir sur ce point les mémoires couronnés par la Société suisse des juristes et le message du Conseil fédéral du 6 mars 1885, *Feuille fédérale*, 1885, I, p. 475.

[2]) Les arrêts du Tribunal fédéral sur la matière ont été résumés dans le travail de M. le Dr. de Reding-Biberegg, couronné par la Société suisse des juristes.

ger conformément à la législation qui y est en vigueur; le principe que la femme acquiert par le mariage le droit de cité et de bourgeoisie de son mari; la légitimation des enfants par le mariage subséquent de leurs parents; enfin, l'interdiction de percevoir aucune finance d'admission ni aucune taxe semblable de l'un ou de l'autre époux.

i) Art. 55. Liberté de la presse. Bien que les mesures nécessaires à la répression des abus soient réservées aux lois cantonales, lesquelles sont d'ailleurs soumises à l'approbation du Conseil fédéral, le Tribunal fédéral a admis qu'il est de son droit et en même temps de son devoir d'examiner „si les jugements cantonaux dont est recours ont été rendus en conformité des lois cantonales destinées à réprimer les abus commis par la voie de la presse, et d'annuler, cas échéant, les dits jugements, si, par une fausse application de la loi, il a été porté atteinte à la garantie inscrite dans la constitution". Voir arrêt Bertrand, 22 octobre 1880, VI, 506 et les divers arrêts antérieurs qui y sont cités sous n° 1.

k) Art. 56. Droit d'association. Dans son arrêt du 24 septembre 1881, relatif à l'affaire du congrès socialiste de Zurich (VII, 512, n° 2), le Tribunal fédéral a admis qu'à cet égard il est loisible aux cantons d'étendre la garantie résultant de la constitution fédérale, laquelle ne constitue ainsi qu'un minimum de protection du droit d'association.

l) Art. 57. Droit de pétition.

m) Art. 58. Garantie du juge naturel et abolition de la juridiction ecclésiastique.

n) Art. 59. For du domicile et abolition de la contrainte par corps.[1]

o) Art. 60. Obligation pour les cantons de traiter les citoyens des autres Etats confédérés comme ceux de leur

---

[1] Voir, en ce qui concerne la jurisprudence du Tribunal fédéral relativement à l'art. 59, le mémoire de M. Ernest Roguin, couronné par la Société suisse des juristes.

Etat en matière de législation et pour tout ce qui concerne les voies juridiques.

p) Art. 61, d'après lequel les jugements civils définitifs rendus dans un canton sont exécutoires dans toute la Suisse.

q) Art. 62. Abolition de la traite foraine dans l'intérieur de la Suisse, ainsi que du droit de retrait des citoyens d'un canton contre ceux d'Etats confédérés.

r) Art. 65. Abolition de la peine de mort en matière politique et interdiction des peines corporelles (votation populaire du 18 mai 1879).

s) Art. 110 et suivants, déterminant les compétences du Tribunal fédéral. Ainsi, dans son arrêt du 17 octobre 1879 relatif à l'affaire de Stabio, le Tribunal fédéral a admis que l'art. 112 de la Constitution fédérale confère aux personnes accusées d'un des délits énumérés dans cet article le droit d'être jugées par les assises fédérales et que, dès lors, elles peuvent recourir au Tribunal fédéral si elles estiment que leur renvoi devant les autorités cantonales implique une violation de ce droit (V, 475).

Des décisions analogues sont intervenues dans le cas où, contrairement aux art. 110 § 4 de la Constitution fédérale et 27 § 4 de la loi sur l'organisation judiciaire fédérale, des tribunaux cantonaux persistaient à vouloir juger un différend existant entre un canton et un particulier, sur une valeur supérieure à 3000 fr., bien que ce particulier eût requis que la cause fût portée devant le Tribunal fédéral. Voir arrêts Bonvin c. Valais, 29 mars 1878, IV, 60; Bâle c. Kaltenmeyer, 29 janvier 1881, VII, 29; comp. aussi arrêt Malters, 6 avril 1883, IX, 152.

t) Art. 2 des dispositions transitoires, relatif à l'abrogation des lois cantonales contraires à la constitution fédérale.

2. Des recours visant la violation de droits garantis par la législation fédérale.

L'art. 113 § 3 de la Constitution fédérale ne parle pas de réclamations pour violation de droits garantis par la *législation* fédérale. Ainsi qu'on l'a déjà vu plus haut, l'exten-

fait du législateur, qui était d'autant plus autorisé à interpréter la constitution dans ce sens, que l'art. 114 de celle-ci lui permet expressément de placer dans la compétence du Tribunal fédéral encore d'autres affaires que celles mentionnées aux art. 110, 112 et 113.

Toutefois, il y a lieu de relever ici une différence entre le texte français et le texte allemand de la loi sur l'organisation judiciaire fédérale. Tandis que le premier parle simplement, sous lettre *a* de l'art. 59, de la violation des droits garantis soit par la constitution *soit par la législation fédérales*, le second parle des droits garantis par la constitution fédérale ou *par les lois fédérales promulguées en exécution de celle-ci* (durch die Bundesverfassung und die in Ausführung derselben erlassenen Bundesgesetze). Cette divergence de rédaction ne correspond point cependant à une hésitation du législateur; l'intention de la loi, telle qu'elle résulte entre autres du message du Conseil fédéral, est de ne pas restreindre le droit de recours à la violation de droits individuels garantis ou par la Constitution fédérale elle-même, ou par les lois fédérales rendues en exécution directe de certains principes constitutionnels, mais de l'étendre à tous les cas où il est porté atteinte aux droits d'un citoyen par la violation d'un principe du droit fédéral. C'est ce que le Tribunal fédéral a expressément et explicitement admis dans son arrêt rendu le 26 octobre 1883 dans la cause Schärer & Cie (IX, 468 et suiv.). Toutes les fois que la législation fédérale garantit un droit, l'atteinte à ce droit peut donner lieu à un recours de droit public au Tribunal fédéral, à moins qu'il ne s'agisse d'une des contestations administratives expressément réservées aux autorités politiques.

Toutefois, le droit de recours au Tribunal fédéral pour violation de lois fédérales a certaines limites que nous devons examiner. Nous ne parlons ici, du reste, que des restrictions ayant trait au fond même du droit de recours, réservant pour plus loin ce qui en concerne la forme.

Tout d'abord, il résulte du texte même de la loi que le

Tribunal fédéral ne peut casser une décision cantonale pour violation d'une loi fédérale que si elle a porté atteinte à un droit qu'elle *garantit* au recourant. Que faut-il entendre par cette expression ? Le Tribunal fédéral a estimé qu'elle doit être prise dans son sens large ; le droit de recours n'est pas restreint aux cas où il s'agit de droits individuels proprement dits, garantis par la Constitution fédérale, mais il existe toutes les fois qu'il a été porté atteinte aux droits d'un citoyen par la violation d'un principe du droit fédéral. Voir arrêt Schärer & Cie, 26 octobre 1883, IX, 474, n° 4. En revanche, la violation de dispositions légales qui ne confèrent aucun droit aux citoyens ne doit pas servir de prétexte à ceux-ci pour recourir ; pour que le Tribunal fédéral puisse leur faire rendre justice, il faut qu'ils aient été effectivement et directement lésés par la décision d'une autorité cantonale.

Quelques exemples tirés de la jurisprudence du Tribunal fédéral suffiront, croyons-nous, à éclaircir ce point.

Le Conseil d'Etat de Soleure ayant refusé de demander l'extradition d'une personne domiciliée à Genève, contre laquelle une plainte pour faux serment avait été portée, le plaignant recourut au Tribunal fédéral, estimant que cette décision impliquait une violation à son préjudice de la loi fédérale du 24 juillet 1852 sur l'extradition de malfaiteurs ou d'accusés. Par arrêt du 22 mars 1880 (VI, 78) le Tribunal fédéral a écarté le recours en se fondant entre autres sur ce que la loi prémentionnée confère bien un droit individuel à celui dont l'extradition est demandée, en ce sens qu'il peut exiger que les formes légales soient observées à son égard, mais qu'elle ne donne pas à tout plaignant le droit d'exiger qu'une extradition soit requise. Voir aussi dans le même sens l'arrêt Schuler-Müller, 4 mai 1883, IX, 158.

La Compagnie du Jura-Berne-Lucerne a recouru au Tribunal fédéral contre la décision d'un juge d'instruction cantonal refusant de suivre à une plainte relative à des actes de nature à menacer la sûreté de la ligne. Tout en reconnaissant qu'il y avait eu en l'espèce violation de l'art. 74 du Code pénal fédéral (l'arrêt dit à tort 75), d'après lequel le cas aurait dû être soumis à la décision du Conseil fédéral, le Tribunal fédéral a néanmoins écarté le recours par le motif qu'il ne s'agissait pas de la violation d'un droit individuel garanti à la compagnie recourante (9 juin 1875, I, 289).

Dans un autre cas, une personne avait recouru au Tribunal fédéral contre un jugement pénal la condamnant à une amende en vertu de la loi fédérale du 18 février 1878 sur la police des chemins de fer, pour avoir refusé de payer une finance de déclassement. Le recourant estimait que ce refus était légitime, attendu que, le train ne renfermant pas de compartiment de non-fumeurs pour troisième classe, contrairement au règlement de transport fédéral du 9 juin 1878, il pouvait passer dans une voiture analogue de seconde classe. Le Tribunal fédéral a écarté le recours, en se fondant sur ce que „le droit d'occuper une place dans un compartiment de non-fumeurs n'est pas au nombre de ceux garantis par la constitution ou par une loi fédérale". Voir arrêt Clémence, 10 novembre 1882, VIII, 730.

La restriction au droit de recours que nous venons d'indiquer — et qui touche d'ailleurs à la question de vocation sur laquelle nous reviendrons plus loin, — n'est pas la seule. Par sa nature même, la voie du recours de droit public au Tribunal fédéral ne doit être suivie, s'il s'agit de l'application de lois fédérales, que lorsqu'il n'existe pas, en faveur de la personne qui s'estime lésée par une décision cantonale, d'autre moyen de porter la cause devant le Tribunal fédéral. Or la loi sur l'organisation judiciaire fédérale a prévu plusieurs de ces moyens. A teneur de l'art. 29, il y a recours au Tribunal fédéral dans toutes les causes où il s'agit de l'application de lois fédérales de droit civil par les tribunaux cantonaux, lorsque l'objet du litige est d'une valeur d'au moins 3000 fr. ou non susceptible d'estimation. Ainsi, tous les jugements en divorce peuvent, grâce à cette disposition, être portés devant le Tribunal fédéral; de même tous les jugements civils où il s'agit de l'application du Code fédéral des obligations, des lois sur la responsabilité des chemins de fer, sur celle des fabricants, sur les transports par chemin de fer, les marques de fabrique, la propriété littéraire, etc. D'autre part, l'art. 55 statue que la Cour de cassation fédérale connaît des recours contre les jugements de tribunaux cantonaux qui portent sur les transgressions des lois fiscales fédérales, conformément à la loi fédérale du 30 juin 1849.

Une voie de droit spéciale étant ainsi ouverte aux parties en ce qui concerne l'application des lois civiles et des lois fiscales fédérales, peuvent-elles, concurremment à ce moyen, présenter encore leurs réclamations sous la forme d'un recours de droit public fondé sur la violation des dites lois fédérales? Telle n'a certainement pas été l'intention du législateur. Le recours prévu à l'art. 59 de la loi sur l'organisation judiciaire fédérale est et doit rester un recours de *droit public*; il est accordé aux parties qui ont à se plaindre de la violation de certains droits garantis par le droit *public* de la Confédération, mais on ne doit pas pouvoir en abuser de façon à nantir le Tribunal fédéral de l'interprétation et de l'application de toutes les dispositions quelconques contenues dans les lois fédérales.

Cette manière de voir est celle que le Tribunal fédéral a consacrée et explicitement développée dans l'arrêt qu'il a rendu le 26 octobre 1883 dans la cause Schärer & Cie.

„Si le recours de droit public au Tribunal fédéral, lit-on sous n° 5 de cet arrêt (IX, 476), est recevable toutes les fois que la décision d'une autorité cantonale viole au détriment d'un citoyen un principe du droit fédéral, spécialement un principe consacré par une loi fédérale, en revanche, il va de soi qu'il faut en excepter soit les cas où il s'agit d'une contestation administrative rentrant dans la compétence des autorités politiques de la Confédération, soit encore ceux où le droit fédéral a exclu expressément ou tacitement le recours de droit public. Cette dernière hypothèse se présente dans le cas où le Tribunal fédéral peut être nanti de la violation de lois fédérales par une voie de droit spéciale, ainsi que dans ceux où la loi fédérale a réservé à la connaissance exclusive des autorités cantonales l'application de certaines dispositions du droit fédéral."

Conformément à ces principes, le Tribunal fédéral avait déjà décidé antérieurement à cet arrêt, dans la cause Baumgartner (IX, 232), qu'on ne peut s'adresser à lui par la voie d'un recours de droit public en alléguant une violation du Code fédéral des obligations. Une décision tout à fait semblable a été rendue le 25 janvier 1884 dans la cause Schwarz et Cie c. Faust & Cie (X, 145). Voici ce qu'on lit dans cet arrêt:

„*En ce qui concerne l'application du droit privé* fédéral en matière de procédure civile et de poursuites (on argumentait en l'espèce de la violation de l'art. 720 C.-O), l'intention du législateur fédéral a évidemment été de ne constituer le Tribunal fédéral en instance supérieure qu'à l'égard des jugements au fond rendus par les tribunaux cantonaux dans les litiges dont la valeur excède 3000 fr.; mais non d'étendre sa compétence à des jugements au fond portant sur une valeur moindre, non plus qu'à des décisions judiciaires ou civiles relatives à des questions de poursuite ou à des matières analogues." Voir aussi arrêt Wettli, 11 septembre 1885, XI, 260.

Les arrêts que nous venons de citer résolvent la question de savoir si une loi fédérale peut donner lieu ou non à un recours de droit public au Tribunal fédéral par la distinction suivante: le recours est recevable toutes les fois que la loi ne l'a pas exclu tacitement ou expressément, soit qu'elle ait entendu laisser le cas dans la compétence exclusive des autorités cantonales, soit qu'elle ait ouvert aux parties une autre voie de droit; au contraire, dans ces deux dernières hypothèses, le recours est irrecevable. Il faudra donc rechercher dans chaque cas spécial quelle a été l'intention du législateur et si le recourant a à sa disposition une autre voie de droit que le recours de droit public. Ainsi, en ce qui concerne l'application de la loi de 1874 sur l'état civil et le mariage, le Tribunal fédéral a toujours admis que les jugements en divorce pouvaient lui revenir en vertu de l'art. 29 de la loi sur l'organisation judiciaire fédérale; mais, d'autre part, il s'est aussi appuyé sur l'art. 59 de cette loi pour se nantir, comme cour de droit public, de recours alléguant une violation de l'art. 43 de la loi sur l'état civil (for de l'action en divorce), ou encore des art. 45 et 46 (droit de requérir le divorce), ou enfin de l'art. 48 (interdiction de contracter un nouveau mariage pendant un certain délai). Voir arrêts Graf, 30 novembre 1878, IV, 548; Glaus, 21 mars 1879, V, 38; Geneux, 9 décembre 1882, VIII, 733; Kuriger, 4 mai 1883, IX, 162; Schirmer, 20 octobre 1883, IX, 455; Zellweger, 10 novembre 1883, IX, 458; Dupont, 29 novembre 1884, X, 474. Dans le cas Graf, le Tribunal fédéral s'est même nanti alors que le jugement au fond prononçant le divorce n'avait pas été frappé de recours.

En résumé, on peut conclure sur ce point en disant que le droit de nantir le Tribunal fédéral d'un recours de droit public pour violation d'une loi fédérale n'est point absolu. Pour qu'un tel recours soit admissible au point de vue des compétences attribuées au Tribunal fédéral comme cour de droit public, il faut tout d'abord qu'il vise la violation d'un droit *garanti* au recourant par le droit fédéral, et, en outre, que la législation fédérale n'ait pas entendu exclure la possibilité d'un tel recours, soit en laissant le cas dans la compétence exclusive des autorités cantonales, soit en ouvrant aux intéressés une autre voie de droit.

Mais il va sans dire que, sous réserve des contestations administratives, le recours devra toujours être examiné par le Tribunal fédéral, si le recourant allègue que la fausse application d'une loi fédérale a porté atteinte aux droits qui lui sont garantis par la *constitution*, par exemple que le principe de l'égalité devant la loi a été violé à son préjudice, ou qu'il a été l'objet d'un déni de justice. Ici, le véritable grief du recourant est la violation de la constitution et non celle de la législation fédérale.

On voit par ce qui précède qu'il n'est guère possible de faire une énumération complète des lois fédérales dont la violation peut fonder un recours de droit public au Tribunal fédéral. Toutefois nous essaierons d'indiquer au moins ici celles des lois fédérales qui en pratique donnent lieu à des recours :

a) Loi sur l'organisation judiciaire fédérale, du 27 juin 1874.

Rendue en exécution des art. 110 et suivants de la Constitution fédérale, cette loi a déterminé les cas où le Tribunal fédéral est compétent. Cette compétence constitue évidemment un droit accordé aux parties; dès lors, si malgré les dispositions de la loi, les autorités cantonales se nantissaient d'un litige appartenant à la connaissance du Tribunal fédéral, celui-ci pourrait les dénantir ensuite de recours et proclamer sa propre compétence. Voir à ce sujet les arrêts mentionnés à la fin du chapitre précédent.

b) Loi fédérale sur l'état civil et le mariage, du 24 décembre 1874.

Cette loi garantit une série de droits dont la violation peut donner lieu à un recours de droit public.

Ainsi le Tribunal fédéral a annulé une décision cantonale qui, contrairement à l'art. 28 de la loi, avait étendu la prohibition qui y est renfermée à un mariage entre grand-oncle et petite nièce. Voir arrêt Tannaz, 10 mars 1876, II, 29.

Ainsi encore il a cassé des décisions cantonales qui avaient refusé à une femme interdite le droit d'ouvrir une action en divorce tant qu'elle ne serait pas représentée par son tuteur, contrairement à l'art. 45, ou qui avaient fait une fausse application de l'art. 48. Voir arrêts Kuriger, 4 mai 1883, IX, 162; Graf, 30 novembre 1878, IV, 548; Schirmer, 20 octobre 1883, IX, 455.

Mais les cas les plus nombreux étaient relatifs à des questions de for, soit à l'art. 43, à teneur duquel les actions en divorce et en nullité de mariage doivent être intentées devant le tribunal du domicile du mari. Voir arrêts Glaus, 21 mars 1879, V, 38; Geneux, 9 décembre 1882, VIII, 733; Dupont, 29 novembre 1884, X, 474. — De même les réclamations visant les divorces d'étrangers (art. 56) pourraient être présentées sous la forme d'un recours de droit public.

Il a d'ailleurs été admis que les prononcés de tribunaux cantonaux relatifs au for des actions en divorce et à la compétence des tribunaux en cette matière ne constituent pas des „jugements au fond“ dans le sens de l'art. 29 de la loi sur l'organisation judiciaire et que, dès lors, le seul recours recevable contre de tels prononcés est un recours de droit public et non un recours de droit civil. Voir arrêts Kurr, 6 novembre 1880, VI, 541; Pfyffer, 17 juin 1881, VII, 268.

c) Loi fédérale sur la naturalisation suisse et la renonciation à la nationalité suisse, du 3 juillet 1876.

L'art. 6 de cette loi détermine les conditions sous lesquelles un citoyen suisse peut renoncer à sa nationalité ; il lui accorde donc un droit à cette renonciation. Il résulte de là que si l'autorité cantonale conteste la renonciation, le Tribunal fédéral peut être appelé à statuer. D'après l'art. 7 de la loi, il prononce même *directement*, la décision de l'autorité cantonale n'étant pas considérée comme un prononcé contre lequel il y aurait recours, mais comme un simple *préavis*. Voir arrêts Strehler, 8 décembre 1882, VIII, 740; Gothuey, 1er septembre 1877, III, 477; Zielebach, 5 avril 1878, IV, 236; Bruhin, 20 septembre 1879, V, 325; Röllin, 26 avril 1880, VI, 220; Ackermann, 26 mars 1881, VII, 42.

d) Loi fédérale sur la capacité civile, du 22 juin 1881.

L'art. 5 de cette loi fixe les conditions sous lesquelles les lois cantonales peuvent priver une personne de sa capacité civile, soit pour certains actes, soit d'une manière absolue. L'art. 8 interdit toute restriction de la capacité civile des majeurs pour d'autres causes que celles énoncées dans la loi. Cette dernière disposition constitue évidemment la garantie d'un droit individuel, dont la violation peut donner lieu à un recours de droit public au Tribunal fédéral. C'est ce que cette autorité a reconnu à maintes reprises; voir arrêts Weber, 17 février 1883, IX, 53; Trümpi, 21 avril 1883, IX, 170; Schnellmann, 26 octobre 1883, IX, 480.

Il est à remarquer que la loi sur la capacité civile ne détermine pas elle-même les causes entraînant une privation totale ou partielle de la capacité civile des majeurs, mais se borne à fixer les causes pour lesquelles les lois cantonales *peuvent* prononcer une telle privation. A cet égard, la loi doit donc être envisagée comme une loi de droit public et non de droit privé; aussi le Tribunal fédéral a-t-il admis que les jugements cantonaux prononçant une interdiction ne pouvaient pas lui revenir par la voie d'un recours exercé conformément à l'art. 29 de la loi sur l'organisation judiciaire, mais qu'ils pouvaient seulement être attaqués par la voie d'un recours de droit public fondé sur ce que l'interdiction aurait été prononcée pour une cause non admise par le droit fédéral. Voir arrêt Bänziger, 14 octobre 1882, VIII, 844.

e) Loi fédérale sur l'extradition de malfaiteurs ou d'accusés, du 24 juillet 1852.[1])

Ainsi que le Tribunal fédéral l'a admis dans son arrêt Mettler, du 12 mai 1877 (III, 245), „cette loi a été promulguée essentiellement dans l'intérêt de l'administration de la justice pénale et a pour but, en première ligne, de déterminer le droit des cantons de requérir d'un autre canton l'extradition de malfaiteurs fugitifs; en d'autres termes, elle a en vue l'obligation des cantons d'accorder l'extradition requise ou, tout au moins, de se charger eux-mêmes de la punition dans certains cas (art. 1er, second alinéa). Or, à ce droit de requérir l'extradition correspondent aussi certains devoirs; le principal d'entre eux est que le canton qui entend punir une personne séjournant dans un autre canton ou lui faire subir une peine déjà prononcée contre elle, doit adresser à ce canton une demande d'extradition, à moins que l'intéressé ne consente volontairement à être livré (art. 8 et 9 de la loi).“

Conformément à ces principes, le Tribunal fédéral a admis que, lorsque le lieu du séjour du prévenu est connu, „il n'est point loisible au canton du délit de procéder par contumace contre le prévenu, sauf à attendre, pour exécuter son jugement, que le condamné soit rentré sur son territoire“. En effet, s'il procédait de cette manière, le canton du délit éluderait les garanties que la loi accorde au prévenu, puisque, le cas échéant, le canton où le prévenu réside pourrait refuser son extradition et le juger lui-même, ce qui consti-

[1]) Voir un commentaire de cette loi par le Dr. R. Schauberg, sous le titre *Das intercantonale Strafrecht der Schweiz,* dans la *Zeitschrift für schweizerisches Recht*, XVI, première partie, p. 107 et suiv.

tuerait un avantage pour lui si la législation du canton requis est plus douce que celle du canton requérant. Voir arrêts Keller, 8 mai 1880, VI, 206; Sulzer, 3 décembre 1880, VI, 552.

Il résulte de là que celui dont l'extradition peut et doit être requise a un droit à ce que la procédure fixée par la loi soit observée à son égard. Au cas où elle ne le serait pas, il jouit dès lors d'un recours de droit public au Tribunal fédéral. Voir arrêts Martinoni, 31 mai 1878, IV, 234; Wüthrich, 22 mars 1880, VI, 78.

En revanche, le prévenu ne pourrait se plaindre de ce que son extradition serait accordée dans un cas non spécialement prévu par la loi; les cantons sont toujours libres d'accorder l'extradition même dans les cas où elle n'est pas obligatoire. Voir arrêt Kunz, 24 juin 1882, VIII, 225.

Enfin, comme on l'a déjà vu plus haut, la loi sur l'extradition ne garantit aucun droit au plaignant, dénonciateur, etc.; les cantons ne sont nullement tenus de donner suite aux demandes d'extradition qu'ils peuvent formuler. Ces personnes n'ont donc aucune vocation pour arguer de la violation de la loi par un recours de droit public. Voir les arrêts cités au commencement de ce chapitre.

f) Loi fédérale sur l'expropriation pour cause d'utilité publique, du 1er mai 1850.

Dans les cas où cette loi est applicable, les contestations auxquelles son application peut donner lieu appartiennent soit à la Commission fédérale d'estimation et au Tribunal fédéral, soit au Conseil fédéral. De même que nous l'avons déjà vu à propos de la loi sur l'organisation judiciaire fédérale, cette compétence des autorités fédérales doit être envisagée comme constituant un droit garanti aux intéressés, en ce sens qu'ils peuvent recourir au Tribunal fédéral contre les décisions par lesquelles l'autorité cantonale méconnaîtrait cette compétence et voudrait se nantir d'une cause qui en réalité ne lui appartient pas. Aussi le Tribunal fédéral s'est-il à plusieurs reprises nanti de recours de droit public fondés sur un grief de cette nature: Voir arrêts Central-Suisse,

13 juillet 1877, III, 467; Schedlbauer et Vogel, 27 janvier 1878, IV, 63; Jura bernois, 18 janvier 1878, IV, 68; Reveillac, Bardol et Cie, 20 juillet 1883, IX, 236.

g) Loi fédérale concernant la protection des marques de fabrique et de commerce, du 19 décembre 1879.

Cette loi renferme un certain nombre de dispositions purement civiles, mais elle en renferme aussi d'autres de droit pénal (voir art. 18 et suiv.). Il en résulte que son application par les tribunaux cantonaux peut donner lieu soit à des jugements civils, soit à des jugements pénaux. Quant aux premiers, ils peuvent être portés devant le Tribunal fédéral par la voie d'un recours de droit civil, conformément aux art. 29 et 30 de la loi sur l'organisation judiciaire, si les conditions exigées par ces articles se trouvent réunies en l'espèce. Voir arrêts Kiesow c. Visino, 17 mars 1882, VIII, 101; Oppliger-Geiser c. Frank fils, 2 novembre 1883, IX, 551; Burrus c. Trueb, 3 octobre 1884, X, 547.

En ce qui concerne les jugements *pénaux* rendus par les tribunaux cantonaux en vertu de la loi sur les marques de fabrique, ils ne peuvent évidemment donner lieu à un recours de droit civil; le Tribunal fédéral a admis en outre qu'ils ne pouvaient être portés devant la Cour de Cassation fédérale en vertu de l'art. 55 de la loi sur l'organisation judiciaire, puisqu'il ne s'agit point là de la transgression d'une loi fiscale. Mais ils peuvent être attaqués par la voie d'un recours de droit public. Voir arrêts Schärer et Cie, 26 octobre 1883, IX, 468; Menier, 23 mai 1884, X, 219.

h) Loi fédérale sur la justice pénale pour les troupes fédérales, du 27 août 1851 (Code militaire fédéral).

D'après l'art. 2 de cette loi „toute action ou omission qui n'est pas qualifiée délit ou faute de discipline par le présent code ne peut être frappée d'une peine par un tribunal ou un supérieur militaire.“ Dans un cas, le Tribunal fédéral a accueilli un recours de droit public fondé sur la violation de cette disposition légale. Voir arrêt Bregg, 26 avril 1884, X, 209.

L'énumération qui précède n'est certainement pas complète; mais les cas cités suffisent, croyons-nous, pour donner une idée de la compétence du Tribunal fédéral en matière de recours visant la violation de droits garantis par la législation fédérale.

Outre les lois mentionnées ci-dessus, on pourrait encore indiquer, d'une manière générale, comme pouvant fonder un recours de droit public, les lois fédérales renfermant des dispositions pénales et ne rentrant cependant pas dans la catégorie des lois fiscales; par exemple, le Code pénal fédéral du 4 février 1853; la loi fédérale concernant la police des chemins de fer, du 18 février 1878; celle du 23 décembre 1880 concernant le contrôle et la garantie du titre des ouvrages d'or et d'argent; celle du 23 avril 1883 concernant la propriété littéraire et artistique, etc.

Pour terminer ce chapitre, il convient encore d'examiner une question qui s'est présentée plusieurs fois devant le Tribunal fédéral: celle de savoir si des *concessions de chemins de fer* doivent être envisagées comme une partie intégrante de la législation fédérale, et si, dès lors, la violation des clauses qui y sont contenues pourrait donner lieu à un recours de droit public au Tribunal fédéral. Cette autorité s'est toujours prononcée pour la négative, attendu que les concessions ne sont pas des lois et n'ont pour objet que des rapports spéciaux entre l'Etat et la compagnie. Voir arrêts Suisse occidentale, 8 novembre 1879, V, 544; Simplon, 28 février 1880, VI, 48.

3. *Des recours visant la violation de droits garantis par les constitutions cantonales.*

Plus encore que pour les lois fédérales, il est dificile d'énumérer tous les droits que les constitutions cantonales ont garantis et dont la violation peut fonder un recours de droit public au Tribunal fédéral. Il faudrait pour cela passer en revue toutes les constitutions cantonales, ce qui serait dépasser de beaucoup le but et le cadre de ce travail.

En fait cependant, on peut grouper les recours relatifs

à la violation de la constitution cantonale en deux catégories principales: d'une part ceux qui allèguent un abus de pouvoir d'une autorité cantonale, soit l'empiètement d'un pouvoir sur les droits et attributions d'un autre; et, en seconde ligne, les recours qui visent plus spécialement la violation de droits individuels garantis par la constitution cantonale.

La première de ces catégories paraît avoir surtout frappé le législateur; du moins le message du Conseil fédéral cite comme exemples de recours ceux qui ont trait à la durée des fonctions des autorités, aux compétences des autorités législatives, à la séparation des pouvoirs, aux affaires communales et aux corporations.[1]) Quant aux droits individuels, il y en a un bon nombre que la constitution fédérale n'a pas expressément énumérés; il y a d'autres cas aussi où la garantie résultant de la constitution fédérale est moins étendue que celle consacrée par la constitution cantonale. On peut principalement citer à cet égard l'interdiction absolue de la peine de mort, la liberté individuelle, le droit à une indemnité en cas d'arrestation non justifiée, l'inviolabilité du domicile, le droit d'exprimer librement son opinion, le droit de réunion, enfin l'inviolabilité de la propriété. A teneur de l'art. 5 de la constitution fédérale, tous ces droits individuels sont placés sous la haute protection de la Confédération.

Si maintenant nous recherchons les règles applicables aux recours visant une violation de la constitution cantonale, nous voyons qu'ici, comme pour les lois fédérales, le recours n'est recevable que pour autant qu'il allègue la violation d'un droit *garanti*. Les constitutions cantonales renferment un bon nombre de dispositions purement organiques et réglementaires; relativement à celles-ci, le Tribunal fédéral a toujours estimé que la violation n'en peut pas fonder un recours. C'est ce qui a été jugé, par exemple, dans un cas où un citoyen se plaignait de ce que, contrairement à la constitution cantonale, le Président du Gouvernement n'avait pas son domicile au siège de celui-ci ou dans ses environs immédiats:

---

[1]) *Feuille fédérale* de 1874, I, 1008.

voir arrêt Uehlinger, 11 septembre 1875, I, 314. Une décision analogue a été rendue au sujet d'un recours fondé sur une prétendue violation de l'art. 55 de la constitution de St. Gall, d'après lequel le Conseil exécutif est chargé de l'exécution des jugements définitifs; le Tribunal fédéral n'a considéré cette disposition que comme ayant trait à l'organisation intérieure et aux compétences des autorités; voir arrêt Schwab et Cie, 26 avril 1879, V, 206. De même, le Tribunal fédéral a admis que l'art. 51 de la constitution de Soleure, portant que le Tribunal supérieur a la haute surveillance de l'administration judiciaire et des greffes, ne contient point la garantie d'un droit individuel; arrêt Eisenhard, 23 juillet 1881, VII, 433. En revanche, il a estimé que les dispositions constitutionnelles déterminant les attributions de la Landsgemeinde confèrent un droit individuel à tout citoyen et que, dès lors, leur violation peut fonder un recours de droit public; arrêt Niederer, 17 septembre 1880, VI, 413. De même aussi, il a admis que tout citoyen a le droit d'exiger que les autorités publiques soient composées comme le veut la constitution et que, dans le cas contraire, un recours de droit public lui est ouvert; arrêt Schmidli et consorts, 25 octobre 1884, X, 508.

Une question fort délicate qui se présente à propos des constitutions cantonales est celle-ci: Il arrive fréquemment que, dans le but d'être complètes, ces constitutions reproduisent en termes plus ou moins semblables les garanties déjà renfermées dans la constitution fédérale. Dans un pareil cas, on est conduit à se demander si le recours vise en réalité une violation de la constitution *cantonale* ou s'il n'est pas plutôt fondé sur une violation de la constitution *fédérale*. La question présente surtout de l'intérêt en ce qui concerne les dispositions de la constitution fédérale dont l'application a été réservée au Conseil fédéral. Tel est, par exemple, le cas de l'art. 31, garantissant la liberté du commerce et de l'industrie. Supposons que la même garantie soit aussi inscrite dans une constitution cantonale: le recours fondé sur une prétendue violation de celle-ci devra-t-il être porté devant le

Tribunal fédéral ou devant le Conseil fédéral? Le Tribunal fédéral a tranché cette question en ce sens que la constitution fédérale prime la constitution cantonale et qu'en conséquence, dans un pareil cas, le Tribunal fédéral ne pourrait se nantir que si la garantie résultant de la constitution cantonale était plus étendue que celle résultant de la constitution fédérale. Mais, si tel est le cas, le Tribunal fédéral est compétent même pour connaître de questions administratives, car la réserve renfermée à l'art. 113 de la constitution fédérale ne concerne que les contestations administratives tombant sous l'application du droit fédéral, et non point celles où il s'agit de l'application des constitutions cantonales.

Les diverses questions que nous venons d'indiquer se sont présentées à propos d'un recours exercé par la Banque de St. Gall et par la Banque du Toggenburg contre une loi saint-galloise frappant l'émission des billets de banque d'un impôt de 1%. Les établissements recourants voyaient dans cette loi une violation du principe de la liberté du commerce et de l'industrie, consacré à la fois par l'art. 31 de la constitution fédérale et par l'art. 22 de la constitution de St. Gall. Le Tribunal fédéral a écarté le recours par les motifs suivants, qui discutent d'une manière générale les rapports existant au point de vue juridique entre la constitution fédérale et les constitutions cantonales:

„1. Tandis que l'art. 59 de la loi sur l'organisation judiciaire fédérale, rendu en exécution de l'art. 113, second alinéa, de la constitution fédérale, place dans la compétence du Conseil fédéral, soit de l'Assemblée fédérale, certaines contestations dites administratives concernant des droits garantis par la constitution fédérale, la loi ne fait pas de distinction analogue en ce qui concerne les recours relatifs à des droits garantis par les constitutions cantonales, mais les place d'une manière générale dans la compétence du Tribunal fédéral. Fondés sur cette circonstance, les recourants estiment que, toutes les fois que la garantie d'un droit est renfermée dans la constitution cantonale, le Tribunal fédéral peut toujours être nanti d'un recours alléguant la violation de ce droit, sans égard à la circonstance que ce droit serait aussi garanti par la constitution fédérale et sans égard non plus aux dispositions de la loi fédérale prémentionnée, d'après lesquelles les contestations concernant certains articles de la constitution fédérale rentrent ou dans la compétence du Tribunal fédéral ou au contraire dans celle du Conseil fédéral. Mais on ne saurait admettre une manière de voir aussi absolue.

„2. En ce qui concerne les rapports existant entre la constitution fédérale et les constitutions cantonales, il est hors de doute que les dispositions de la première priment celles des autres, pour autant que ces prescriptions ne se bornent pas à poser des règles de droit intercantonal, mais consacrent des principes généralement obligatoires. Il résulte de là que non seulement les dispositions des constitutions cantonales contraires à la constitution fédérale cessent d'être en vigueur (art. 2 des dispositions transitoires de la constitution fédérale), mais encore que les prescriptions de la constitution fédérale sont immédiatement et absolument obligatoires, sans qu'elles aient besoin d'être préalablement insérées dans la constitution ou dans la législation des cantons. La constitution fédérale est la loi fondamentale de tous les cantons; à côté d'elle, les constitutions cantonales n'ont une valeur intrinsèque que pour autant qu'elles se rapportent à des objets que la constitution fédérale n'a point réglés du tout ou qu'elle n'a réglés qu'en partie. Dans cette dernière hypothèse, la législation cantonale subsiste en ce qui concerne les matières non réglées par la constitution fédérale, et il lui est effectivement loisible de garantir d'une manière plus étendue un droit que la constitution fédérale ne garantit que sous certaines restrictions; cette faculté cesse toutefois, lorsqu'il résulte de la constitution fédérale que c'est celle-ci qui doit exclusivement régir l'objet en question et que ce dernier se trouve ainsi soustrait à la législation cantonale. Or, étant admis que les prescriptions de la constitution fédérale doivent recevoir leur application, quelle que soit la teneur des constitutions cantonales, il en résulte avec évidence que, tant que la constitution fédérale est en vigueur, on ne saurait attribuer une valeur intrinsèque aux dispositions des constitutions cantonales qui ne font que répéter les principes consacrés par celle-là; il importe d'ailleurs peu, à cet égard, que les dispositions des constitutions cantonales soient plus anciennes ou plus récentes que celles de la constitution fédérale. Il ne peut donc, dans un tel cas, être question d'un recours visant spécialement la violation de la constitution cantonale, mais seulement d'un recours pour violation de la *constitution fédérale*. En effet, s'il en était autrement, il en résulterait un dualisme relativement aux contestations administratives réservées à la connaissance du Conseil fédéral et de l'Assemblée fédérale à teneur de l'art. 59, second alinéa, de la loi sur l'organisation judiciaire; or, un tel dualisme aboutirait à des conséquences inadmissibles et méconnaîtrait d'ailleurs évidemment les motifs qui ont guidé le législateur en ce qui concerne les prescriptions de l'art. 59 de la loi (comp. Message du Conseil fédéral, *Feuille fédérale*, 1884, I, 1005 et suiv.; rapport de la commission du Conseil des Etats, *ibid.*, 1159). On sait qu'un certain nombre de constitutions cantonales récentes, sans doute pour être complètes, ont reproduit textuellement certaines dispositions contenues dans la constitution fédérale, lesquelles font ainsi partie intégrante de la constitution cantonale; or, bien qu'un tel mode de procéder ne puisse être critiqué comme incorrect, cependant il n'est évidemment pas admissible qu'il serve à éluder les dispositions de la loi sur l'organisation judiciaire en ce qui concerne les compétences respectives des autorités fédérales, ni qu'il attribue une compétence au Tribunal fédéral même pour les recours que la loi a entendu réserver à la connaissance des autorités politiques.“ (*Rec. off.*, V, 334 et suiv.; arrêt du 16 juillet 1879.) Comp. arrêt Sprenger, 5 juin 1885, XI, 158, n° 2.

Une question qui se rattache à la précédente naît à propos des dispositions de constitutions cantonales qui garantissent certains droits, tout en prévoyant des restrictions à déterminer par la loi. C'est ainsi que la plupart des constitutions cantonales garantissent la liberté individuelle en ce sens que nul ne peut être arrêté que dans les cas déterminés par la loi et selon les formes qu'elle prescrit; c'est ainsi encore que, généralement, l'inviolabilité du domicile est garantie sous réserve des visites domiciliaires dans les cas prévus par la loi et moyennant l'observation des formes légales. Dans ces cas, la loi forme pour ainsi dire corps avec la constitution, puisque, pour déterminer l'étendue de la garantie constitutionnelle, il faut nécessairement examiner la loi. On pourrait donc être conduit à admettre que, dans un tel cas, le Tribunal fédéral serait fondé à se nantir d'un recours alléguant une violation de la législation cantonale, celle-ci formant en quelque sorte une partie intégrante des garanties constitutionnelles. Toutefois le Tribunal fédéral n'a pas admis cette thèse. „L'interprétation et l'application des lois cantonales de droit pénal et de procédure pénale, lit-on dans un de ses arrêts, appartient exclusivement aux autorités cantonales malgré les dispositions constitutionnelles en question; la garantie résultant de la constitution ne peut être considérée comme violée que lorsque l'arrestation ou la poursuite pénale d'un citoyen ne peut plus se justifier en aucune manière par une interprétation ou application — saines ou fausses — de la loi, mais qu'elle a eu lieu dans des circonstances telles qu'il est évident qu'on est allé au-delà de ce que permet la loi.“ Voir arrêt Eberhardt et Enz, 3 février 1883, IX, 64; comp. aussi arrêt Crelier, 15 juillet 1882, VIII, 483.

Conformément au texte même de la loi, le Tribunal fédéral a d'ailleurs admis à maintes reprises qu'il n'est pas compétent pour connaître de recours alléguant la violation d'une loi cantonale. Voir entre autres les arrêts hoirs Schinz, 21 août 1875, I, 351; Huber, 14 janvier 1876, II, 91; Meyer-Keppler, 6 novembre 1875, I, 136; Bitter, 15 mai 1875, I, 146; Ebersold, 29 octobre 1875, I, 349 etc. — Quant aux lois dites *constitutionnelles*, voir arrêt Affolter, 10 juillet 1885, XI, 280, n° 4.

Cependant le Tribunal fédéral est compétent, d'après sa jurisprudence, lorsque la fausse application ou interprétation d'une loi cantonale a abouti en fait à la violation d'un principe constitutionnel, par exemple si elle est contraire à l'égalité devant la loi, ou si elle consacre un déni de justice.[1])

[1]) Voir, en ce qui concerne le déni de justice, notre étude déjà citée.

4. *Des recours visant la violation de conventions et de concordats intercantonaux.*

Relativement aux concordats intercantonaux, comme en ce qui concerne les constitutions cantonales, la loi n'a pas cru devoir accorder de compétence au Conseil fédéral, mais a placé tous les recours dans les attributions du Tribunal fédéral. Le message du Conseil fédéral justifie cette disposition en disant qu'il ne peut s'agir ici que de questions de droit privé, et que l'expérience a démontré que l'interprétation et l'application de concordats soulèvent fréquemment des difficultés juridiques majeures qui font désirer que ce soit le Tribunal fédéral qui soit appelé à les trancher. Le Conseil fédéral faisait d'ailleurs remarquer avec raison que la mise en œuvre de la constitution de 1874 ferait diminuer le nombre des concordats encore en vigueur.[1])

En fait, les concordats dont l'application a donné lieu à des recours au Tribunal fédéral sont les suivants:

a) Concordat sur les quêtes dans l'intérieur de la Suisse, des 20 juillet 1803 et 2 août 1804.

b) Concordats des 15 juin 1804 et 7 juin 1810 sur le droit de concours dans les faillites et les effets d'un failli remis en nantissement à un créancier dans un autre canton.

c) Concordat sur les tutelles et curatelles, du 15 juillet 1822.

d) Concordat relatif à la faculté de tester et aux droits d'hérédité, du 15 juillet 1822.

e) Concordat sur les vices redhibitoires, du 5 août 1852.

En ce qui concerne la violation de concordats, la loi sur l'organisation judiciaire s'est servie de termes plus généraux qu'elle ne l'a fait pour la violation de la constitution fédérale, de lois fédérales ou des constitutions cantonales. Tandis que, dans ces derniers cas, le Tribunal fédéral n'est compétent que si la décision d'une autorité cantonale a porté atteinte à un droit *garanti*, en matière de concordats, au contraire, toute violation quelconque peut fonder un recours au Tribunal

---

[1]) *Feuille fédérale* de 1874, I, 1008.

fédéral. Toutefois, il ne faut pas perdre de vue que le rôle du Tribunal fédéral à cet égard est celui d'une cour de droit public et non celui d'une cour civile. Les concordats étant des conventions entre les cantons et ces conventions formant une partie du droit public fédéral, le Tribunal fédéral doit veiller à ce qu'ils soient appliqués dans tous les cas où ils sont applicables, mais il n'est pas appelé à les interpréter ni à veiller à ce que l'interprétation en soit uniforme dans tous les cantons concordataires. C'est du moins ce qu'a admis un arrêt Bruppacher, du 29 juin 1878 (IV, 242), où on lit ce qui suit sous n° 2:

„La mission du Tribunal fédéral ne consiste qu'à veiller à ce que les principes particuliers consacrés par le concordat sur les vices redhibitoires ne soient pas méconnus, mais qu'au contraire ils soient appliqués, tant pour la procédure que pour le fond même du droit, aux actions en garantie auxquelles donnent lieu les vices redhibitoires des chevaux et du bétail à cornes. En revanche, lorsque certaines dispositions du concordat sont susceptibles d'interprétations différentes, le Tribunal fédéral ne peut empêcher les tribunaux cantonaux d'adopter celle qui leur paraît préférable, même si par là il était porté atteinte à l'application uniforme du concordat dans le territoire où il est en vigueur. Le Tribunal fédéral ne pourrait intervenir dans un cas pareil que pour autant que les cantons intéressés compléteraient le concordat par un accord intervenu entre eux sur les points douteux qu'il renferme.“

De ce que le Tribunal fédéral est appelé à connaître de la violation de concordats en sa qualité de cour de droit public, il suit aussi qu'il ne peut que casser les décisions cantonales qui seraient en contradiction avec un concordat, mais qu'il ne saurait les réformer et statuer lui-même en la cause. Voir arrêt Wallach, 19 février 1881, VII, 48.

De par leur nature même, les concordats sont seulement destinés à régler des questions de droit public *intercantonal*, c'est-à-dire des cas qui ne tombent point sous l'application du droit *cantonal*. C'est ainsi que, malgré l'adoption du concordat sur les vices redhibitoires, les cantons concordataires n'en sont pas moins restés libres de conserver leur droit cantonal pour les cas où le concordat ne trouve pas son application, c'est-à-dire où aucune question intercantonale n'est en jeu. Si néanmoins, dans le but d'éviter la coexistence de deux lois sur le même objet, un canton concordataire donne force de loi au concordat pour valoir aussi comme loi cantonale, les décisions cantonales rendues en application du concordat dans des cas qui ne présentent aucun intérêt intercantonal ne peuvent être portées au Tribunal fédéral par la voie d'un recours de droit public. Tel est le cas, par exemple, lorsque les deux parties sont à la fois originaires du canton dont les tribunaux ont été appelés à prononcer, et domiciliées dans ce canton. C'est ce que le Tribunal fédéral a expressément admis dans plusieurs arrêts; voir décisions Hoffmann, 27 novembre 1875, I, 311; Witz, 8 avril 1876, II, 231; Deuber, 9 mars 1877, III, 80; Henziross, 2 avril 1880, VI, 224. En d'autres termes, le Tribunal fédéral n'est compétent pour connaître d'un recours alléguant la violation d'un concordat que lorsque ce dernier a été appliqué ou aurait dû l'être à un rapport de droit intercantonal.

Le droit de recours pour violation de conventions ou de concordats intercantonaux s'étend-il à des conventions conclues entre cantons au sujet d'engagements purement civils contractés par l'un vis-à-vis de l'autre? A notre connaissance la question ne s'est pas présentée jusqu'ici, du moins pas dans un cas où il se serait agi d'un recours exercé par un particulier conformément à l'art. 59 de la loi sur l'organisation judiciaire. En revanche, la question a été discutée à propos d'une contestation entre deux cantons, et le Tribunal fédéral a admis dans ce cas que le second alinéa de l'art. 57, qui place dans sa compétence les questions d'application de traités intercantonaux, ne vise que ceux conclus en conformité de l'art. 7 de la constitution fédérale, c'est-à-dire ceux portant sur des objets de législation, d'administration ou de justice, mais non point ceux qui règlent des intérêts intercantonaux de nature purement civile. Voir arrêt Thurgovie

c. Zurich, 17 juin 1876, II, 286, n° 1. En ce qui concerne le droit de recours accordé aux particuliers par l'art. 59, nous pensons qu'il devrait être décidé de même.

5. Des recours visant la violation de traités avec l'étranger.

Ainsi qu'on l'a déjà vu plus haut, toutes les contestations relatives aux traités internationaux ne sont pas de la compétence du Tribunal fédéral. Celles où il s'agit de l'application des dispositions concernant le commerce et les péages, les patentes, l'établissement, l'affranchissement de la taxe militaire et la libre circulation ont été réservées au Conseil fédéral comme contestations administratives. Le Tribunal fédéral n'est donc compétent, en matière de réclamations visant la violation d'un traité international, que s'il s'agit d'autres dispositions. Il faut remarquer en outre qu'en ce qui concerne les questions d'extradition, lorsque l'application du traité est constatée, le Tribunal fédéral n'est pas nanti par voie de recours conformément à l'art. 59 de la loi sur l'organisation judiciaire, mais en vertu de l'art. 58 de la même loi. Voir à ce sujet les arrêts Kreutzberg, 2 août 1875, I, 414; Stanley, 20 mai 1875, I, 427; Martinoni, 31 mai 1878, IV, 234; Rigaud, 5 septembre 1884, X, 345.

Parmi les traités qui donnent fréquemment lieu à des recours au Tribunal fédéral, il faut citer notamment la convention franco-suisse sur la compétence judiciaire et l'exécution des jugements en matière civile, du 15 juin 1869; ainsi que les diverses conventions destinées à protéger la propriété littéraire, artistique, industrielle et commerciale. En ce qui concerne les traités d'établissement, le Tribunal fédéral a admis que la clause d'égalité de traitement qui se trouve dans la plupart d'entre eux ne peut être envisagée comme rentrant au nombre des dispositions dont l'application est réservée au Conseil fédéral. Voir arrêt Leuthardt, 9 avril 1883, IX, 175.

Le droit de recours pour violation de traités avec l'étranger concerne d'ailleurs toutes les décisions cantonales quelconques; le recours peut donc être exercé contre un jugement pénal aussi bien que contre un jugement civil. Voir arrêt Farina, 11 février 1876, II, 115.

Il a aussi été jugé que les réclamations pour violation de traités internationaux ne peuvent être portées au Tribunal fédéral que par la voie d'un recours de droit public, et non par celle d'un recours exercé conformément aux art. 29 et 30 de la loi sur l'organisation judiciaire. Arrêt Delune, 5 juin 1875, I, 398.

C. Des conflits de compétence.

La détermination des compétences respectives du Tribunal fédéral et du Conseil fédéral en matière de recours de droit public offre assez de difficultés pour que des conflits puissent se produire de temps en temps. La loi sur l'organisation judiciaire fédérale a prévu ce cas en disposant à son art. 56, troisième alinéa, conformément du reste à l'art. 85 § 13 de la constitution fédérale, que „l'Assemblée fédérale connaît des contestations entre le Conseil fédéral et le Tribunal fédéral sur la question de savoir si un cas est du ressort de l'une ou de l'autre de ces autorités.“ Il résulte de là que l'autorité fédérale nantie d'une contestation, que ce soit le Tribunal fédéral ou le Conseil fédéral, doit statuer sur sa propre compétence et que l'Assemblée fédérale n'est appelée à revoir ce prononcé que s'il y a conflit entre les deux autorités. Comp. arrêts Dunoyer, 20 novembre 1875, I, 278; Hospice de Préfargier c. Neuchâtel, 21 mars 1877, III, 270. Lorsque le Tribunal fédéral s'est déclaré compétent pour connaître d'une affaire et que le Conseil fédéral ne soulève pas le conflit de compétence, la décision du Tribunal fédéral est définitive, aucun recours n'étant prévu contre ses arrêts à l'Assemblée fédérale.

En résumé, il peut se présenter les quatre cas suivants:

1. Le Tribunal fédéral et le Conseil fédéral revendiquent chacun leur compétence dans la même affaire. Un tel conflit de compétence *positif* est soumis à l'Assemblée fédérale en vertu de l'art. 56 cité plus haut.

2. Il en est de même du conflit de compétence *négatif* qui se présente lorsque ni le Tribunal fédéral ni le Conseil fédéral ne veulent se nantir d'une affaire.

3. Le Conseil fédéral s'estime compétent pour se nantir d'une affaire et le Tribunal fédéral, estimant cette compétence fondée, ne soulève aucun conflit. Dans ce cas, il peut y avoir recours à l'Assemblée fédérale contre la décision du Conseil fédéral, conformément à l'art. 85 § 12 de la Constitution fédérale.

4. Le Tribunal fédéral s'estime compétent et cette compétence est admise par le Conseil fédéral, qui ne soulève pas le conflit. La décision du Tribunal fédéral est alors absolument définitive, l'Assemblée fédérale n'étant pas une instance de recours contre les prononcés de cette autorité.

Quant aux cas où la compétence du Tribunal fédéral est contestée non par le Conseil fédéral, mais par une partie qui prétend que la contestation est du ressort exclusif de l'autorité cantonale, d'une autorité étrangère ou d'un tribunal arbitral, le Tribunal fédéral prononce lui-même sur sa compétence.

III. Des conditions du recours de droit public au Tribunal fédéral.

Après avoir exposé quels sont les objets qui peuvent être portés devant le Tribunal fédéral par la voie d'un recours de droit public, nous devons maintenant rechercher à quelles conditions l'exercice du droit de recours est subordonné. A teneur de l'art. 59 de la loi sur l'organisation judiciaire fédérale, ces conditions sont au nombre de quatre. Il faut en effet:

a) que le recours soit présenté par un particulier ou par une corporation;

b) qu'il soit dirigé contre une décision émanée d'une autorité cantonale;

c) qu'il allègue la violation de droits garantis par la constitution fédérale, la législation fédérale ou la constitution cantonale; ou, encore, la violation de conventions et de concordats intercantonaux, ou enfin la violation de traités avec l'étranger;

d) qu'il ait été déposé dans les soixante jours dès la communication à l'intéressé de la décision frappée de recours.

Reprenons successivement ces quatre points.

A. Des personnes auxquelles appartient le droit de recours.

Dans son message du 23 mai 1874, le Conseil fédéral estimait qu'il allait sans dire que les citoyens ou corporations *suisses* pourraient seuls recourir à l'autorité fédérale pour violation des droits constitutionnels, tandis que les étrangers auraient le droit de réclamer contre la violation de traités internationaux.[1]) Pour marquer cette différence, le Conseil fédéral proposait d'introduire le mot *suisses* à la lettre *a* de l'article, et de se servir au contraire du terme général *particuliers* à la lettre *b*.

La Commission du Conseil des Etats fit observer qu'il y a certains droits constitutionnels qu'un étranger habitant la Suisse peut invoquer; ainsi le for du domicile, la rédaction actuelle de l'art. 59 de la constitution fédérale ne faisant aucune distinction entre les Suisses et les étrangers.[2])

Ensuite de cette observation, le mot *suisses* fut supprimé, d'où résulte que le droit de recours appartient dans la même mesure aux étrangers qu'aux Suisses. Conformément à ce principe, le Tribunal fédéral a admis, par exemple, qu'en matière de violation d'un traité international, le droit de recours appartient aux ressortissants des pays contractants, quel que soit leur domicile; arrêt Kiesow, 3 décembre 1881, VII, 774.[3])

---

[1]) *Feuille fédérale* de 1874, I, 1005.

[2]) Ibid., 1159.

[3]) Quant à la question de savoir dans quelle mesure les droits individuels sont garantis aux étrangers aussi bien qu'aux nationaux, voir l'arrêt relatif à l'interdiction du congrès socialiste de Zurich, 24 septembre 1881, VII, 502.

Si la nationalité est indifférente au point de vue du droit de recours, celui-ci suppose cependant de la part du recourant un intérêt né ou à naître. Un arrêt Speiser et consorts, du 3 juillet 1885 (XI, 318, n° 1) s'exprime comme suit à ce sujet:

„Le droit de recourir au Tribunal fédéral contre des décisions d'autorités cantonales pour violation de la constitution n'appartient pas à toute personne, comme les recourants paraissent le soutenir, mais seulement à ceux qui se trouvent lésés par la décision incriminée. Un droit des tiers non intéressés de recourir dans un pareil cas ne résulte ni du texte de la loi, qui milite plutôt en faveur de la thèse contraire (voir art. 59 de la loi sur l'organisation judiciaire fédérale, où il est question „des droits qui *leur* sont garantis"), ni de la nature même des choses. Au cas, par exemple, où des droits légitimement acquis seraient supprimés par une loi, on ne voit pas pourquoi des tiers auraient le droit de recourir, alors que les intéressés se soumettent à cette loi et renoncent au recours. Toutefois, il ne faut pas perdre de vue que, lorsqu'il s'agit de la prétendue violation de la constitution par des lois d'une portée générale et non par des lois réglant un ou plusieurs rapports de droit concrets, tout citoyen quelconque doit être envisagé comme lésé et dès lors admis au recours."

Dans ce dernier cas, on se trouve en quelque sorte en présence d'une action populaire. Mais, sauf en ce qui concerne les recours dirigés contre un acte d'une portée générale, le droit de recours n'appartient qu'à celui qui s'estime directement lésé par la décision d'une autorité cantonale. Il va d'ailleurs sans dire que la question de savoir si une atteinte a été réellement portée aux droits du recourant ne constitue pas une question préjudicielle, mais doit être examinée avec le fond du recours.

En dehors de ce qui vient d'être dit, le Tribunal fédéral a du reste toujours incliné à étendre le droit de recours plutôt qu'à le restreindre. Les cas suivants permettront de se rendre compte de sa jurisprudence.

La société par actions Regina Montium ayant recouru contre une mesure fiscale qui lui paraissait constituer un cas de double imposition contraire à la constitution, le Tribunal fédéral a examiné la question de savoir si elle avait vocation pour recourir, ou si le droit de recours n'appartenait pas exclusivement à ses actionnaires, puisque, à supposer qu'il y eût double imposition, celle-ci ne porterait préjudice qu'à ces derniers. Toutefois, le Tribunal fédéral ne s'est pas arrêté à cette objection qui n'avait d'ailleurs pas été soulevée par la partie opposante au recours; il s'est fondé, entre autres, sur ce que, en matière de recours de droit public, il ne convient pas d'être trop rigoureux en ce qui concerne la vocation pour recourir. Voir arrêt du 19 février 1875, I, 13.

De même, à propos d'un recours exercé contre une décision du Grand Conseil de Thurgovie par le Conseil de l'Eglise catholique de ce canton, le Tribunal fédéral a admis que les fondations ou bourses peuvent être envisagées comme constituant des sujets de droit indépendants, et que, dès lors, l'autorité chargée d'administrer les biens de ces fondations a vocation pour recourir en leur nom. Voir arrêt du 19 octobre 1875, I, 356.

La jurisprudence du Tribunal fédéral s'est aussi montrée très large relativement au droit de recours de personnes dont la capacité civile est restreinte pour une cause ou pour une autre. C'est ainsi qu'il a été admis qu'une personne tombée en faillite et partant privée du droit de disposer de ses biens n'en pouvait pas moins exercer un recours de droit public au Tribunal fédéral, alors même que la question soulevée par ce recours concernait exclusivement les intérêts privés du recourant. Arrêt Rüegg, 6 décembre 1878, IV, 591.

En ce qui concerne les personnes placées sous tutelle, le Tribunal fédéral a de même admis qu'elles peuvent exercer leur recours sans avoir besoin d'aucune autorisation de leur tuteur. Voir arrêts Cham, 24 février 1882, VIII, 74; Ziegler, 9 mars 1883, IX, 13. Les actes du tuteur ou curateur ne peuvent préjudicier en quoi que ce soit au droit de recours du pupille; arrêt Béguin, 2 juin 1882, VIII, 202.

Le recours peut être exercé soit par l'intéressé lui-même, soit par une personne à laquelle il donne procuration à cet effet. Ici encore la jurisprudence a été très large, soit en ce qui concerne la teneur de la procuration, soit relativement aux personnes auxquelles elle peut être conférée. Voir arrêts Pio Istituto scolastico in Olivone, 25 mars 1881, VII, 57; Cham, 24 février 1882, VIII, 74. Il a été admis, par exemple, que bien qu'un conseil communal ne constitue ni une personne morale ni un ensemble de personnes physiques, et qu'il ne puisse dès lors exercer un recours en tant qu'autorité constituée, cependant il peut agir comme représentant de la commune, celle-ci jouissant évidemment du droit de recours. Arrêt Aarau, 11 octobre 1884, X, 494.

Il a même été jugé qu'une procuration conférée postérieurement au dépôt du recours au signataire de celui-ci en impliquait la ratification, mais il faut remarquer que, dans le cas particulier, le délai de recours n'était pas encore expiré au moment où la procuration est intervenue. Voir arrêt Maradan, 21 décembre 1884, IX, 436.

Ainsi qu'un des arrêts prémentionnés l'indique déjà et ainsi que cela résulte d'ailleurs du texte même de l'art. 59 de la loi sur l'organisation judiciaire fédérale, le droit de recours appartient aux particuliers et aux corporations, mais non aux *autorités constituées*, pour autant du moins qu'elles agissent en cette qualité. C'est là une restriction fort naturelle du droit de recours, car on ne saurait dire qu'une autorité, considérée comme telle, soit lésée par le fait que sa décision serait cassée par une autorité supérieure. En ce qui concerne spécialement les tribunaux, le Tribunal fédéral a admis à plusieurs reprises qu'ils n'ont aucune vocation pour exercer un recours de droit public. Voir arrêts Tribunal supérieur de Schaffhouse c. Müller, 28 novembre 1879, V, 531; Tribunal du District d'Oberegg et consorts, 8 mai 1880, VI, 230; Tribunal de police de Trins, 24 juillet 1882, VIII, 446. — Il a été jugé de même que le Conseil fédéral n'a pas qualité pour recourir; arrêt Tessin, 18 septembre 1885, XI, 259, n° 3.

B. Des décisions contre lesquelles le recours de droit public peut être exercé.

A teneur de l'art. 59 de la loi sur l'organisation judiciaire fédérale, les recours de droit public au Tribunal fédéral ne sont recevables que pour autant qu'ils sont dirigés contre des décisions d'autorités *cantonales*. Il suit de là que le Tribunal fédéral ne saurait se nantir de réclamations contre des décisions prises par l'autorité exécutive fédérale. Voir arrêts Zäslin, 12 février 1875, I, 283; Kottmann, 7 novembre 1879, V, 528; Paris-Lyon-Méditerranée, 22 novembre 1879, V, 602. — En revanche, lorsqu'il s'agit d'une des contestations administratives réservées au Conseil fédéral, il peut y avoir recours à l'Assemblée fédérale contre la décision de cette autorité (art. 85 § 12 de la constitution fédérale).

Quant à la portée du terme *décisions* d'autorités cantonales, la jurisprudence a toujours attribué à cette expression un sens très étendu. C'est précisément parce que ce terme est général que le législateur s'en est servi (Comp. arrêt Peter, 6 octobre 1877, III, 640). Le recours peut donc être exercé contre des jugements rendus par des tribunaux aussi bien que contre des décisions émanées de l'autorité administrative, contre des jugements pénaux tout comme contre des sentences civiles, contre des décisions d'autorités inférieures (agents de poursuite, etc.) aussi bien que contre celles d'autorités supérieures; il peut même être exercé contre des lois ou d'autres actes émanés de l'autorité législative. En un mot, toute décision quelconque d'une autorité cantonale législative, exécutive ou judiciaire peut être attaquée par la voie d'un recours de droit public au Tribunal fédéral. Voir arrêts Sulgen-Gossau, 8 octobre 1875, I, 203; Huber, 14 janvier 1876, II, 91; Hirsbrunner et consorts, 12 février 1876, II, 98; Gex, 8 décembre 1876, II, 484; époux G., 29 décembre 1876, II, 509, nº 9; Aviolat, 5 octobre 1883, IX, 401; etc.

Mais il est nécessaire que la décision contre laquelle le recours est dirigé soit une véritable décision, c'est-à-dire qu'elle tombe en force à défaut de ce recours. C'est ainsi que le Tribunal fédéral a écarté un recours dirigé contre un arrêt d'une Cour de Cassation pénale qui avait annulé le jugement intervenu et renvoyé la cause à un autre tribunal; voir arrêt Buff, 27 mai 1876, II, 228. Ici, en effet, le premier jugement étant annulé, le cas se présentait comme si jamais un jugement n'avait été rendu. Une décision semblable est intervenue à propos d'un jugement civil annulé pour un motif de forme; arrêt Castella, 3 décembre 1875, I, 239. De même, il a aussi été admis que le préavis d'un Département ne constitue pas à proprement parler une „décision" et que, dès lors, il ne peut faire l'objet d'un recours au Tribunal fédéral; arrêt Wildi, 9 avril 1875, I, 292.

Le recours peut-il être exercé contre des décisions d'autorités *communales?* Dans un certain sens, ces autorités sont bien des autorités cantonales; cependant l'intention du législateur paraît avoir été que les réclamations contre des décisions municipales doivent d'abord être portées devant l'autorité cantonale supérieure et que c'est seulement contre le prononcé de celle-ci qu'un recours peut être adressé au Tribunal fédéral.[1]) Le Conseil fédéral s'est expressément prononcé en ce sens en ce qui concerne les recours de sa compétence.[2])

Les *tribunaux arbitraux* constituent-ils des *autorités* cantonales dont les décisions puissent être portées au Tribunal fédéral par la voie d'un recours de droit public? Le Tribunal fédéral a tranché cette question dans le sens de la négative; voir arrêts Gothard c. Entreprise du Tunnel, 3 avril 1880, VI, 315; de la Corbière, 23 juillet 1880, VI, 383. Ainsi que le dit la seconde de ces décisions, „la constitution et la compétence d'un tribunal d'arbitres procèdent uniquement du concours de la volonté des parties, consigné dans le compromis arbitral librement accepté par elles, en vertu d'une faculté que la loi leur accorde, et ces arbitres n'exercent ainsi point leurs fonctions comme autorité constituée par l'Etat." Il paraît

---

[1]) Voir l'ouvrage déjà cité de Blumer-Morel, I, p. 245.

[2]) Voir le rapport de gestion du Département fédéral de Justice et Police pour 1880, *Feuille fédérale* de 1881, II, 556.

résulter des termes de cet arrêt que le recours devrait cependant être déclaré recevable dans le cas où l'arbitrage est *légal*, puisqu'il n'y a pas, dans cette hypothèse, concours de volonté des parties.

Une question qui s'est fréquemment posée soit devant le Tribunal fédéral, soit, antérieurement à 1874, devant le Conseil fédéral, est celle de savoir si un recours de droit public peut être exercé contre une décision rendue par une autorité cantonale inférieure, sans que préalablement les instances cantonales aient été épuisées. La jurisprudence du Conseil fédéral s'est toujours prononcée en ce sens qu'il n'est pas absolument indispensable d'épuiser les instances cantonales; c'est par des considérations d'opportunité, plutôt que par des raisons de droit strict, que le Conseil fédéral a, dans certains cas, renvoyé les recourants à se pourvoir préalablement devant l'autorité supérieure de leur canton.

D'après M. Simon Kaiser,[1]) la jurisprudence antérieure à 1874 avait établi à cet égard les deux principes suivants:

a) Lorsqu'il s'agissait de la violation d'un principe de droit *fédéral*, le Conseil fédéral se nantissait toujours, soit que la réclamation fût dirigée contre une décision définitive du gouvernement cantonal, soit qu'elle eût trait à des questions judiciaires (exécution des jugements, séquestres, etc.). Dans ces derniers cas, il prononçait sans attendre la décision de la dernière instance cantonale.

b) Au contraire, en matière de droits garantis par la constitution *cantonale*, le Conseil fédéral renvoyait le recourant à se pourvoir préalablement devant l'autorité supérieure de son canton, soit, suivant les cas, devant le Grand Conseil, le Conseil d'Etat ou les tribunaux.[2])

La jurisprudence suivie par le Conseil fédéral depuis 1874 a consacré à peu près les mêmes principes. C'est ainsi

---

[1]) *Schweizerisches Staatsrecht*, I, p. 264.

[2]) Comparer aussi la première édition de l'ouvrage déjà cité de Blumer, I, p. 323.

que le rapport de gestion du Conseil fédéral pour 1875 s'exprime comme suit:[1])

„Lorsqu'il s'agit de recours concernant la violation de constitutions cantonales, *toutes* les instances cantonales doivent avoir été appelées à se prononcer pour que l'autorité fédérale accepte le recours. Par contre, lorsqu'il s'agit de la violation de la constitution fédérale ou de lois fédérales, en particulier des droits individuels garantis aux citoyens suisses, il est hors de doute qu'on peut s'adresser directement à l'autorité fédérale contre l'autorité cantonale qui a violé la constitution ou la loi; toutefois et même dans ce cas, nous préférons que l'on s'adresse avant tout aux autorités cantonales.“

Quant au Tribunal fédéral, il s'est aussi placé à ce point de vue.[2]) Voici quelle a été sa jurisprudence:

En ce qui concerne les recours alléguant une violation de la constitution *fédérale*, le Tribunal fédéral a toujours admis qu'ils peuvent être portés devant lui en tout état de cause, sans que les instances cantonales — judiciaires ou administratives — aient été épuisées. Voir entre autres l'arrêt Beck, 9 avril 1875, I, 176, n° 4. — Notamment en matière de for (art. 59 de la constitution fédérale), le Tribunal fédéral se nantit toutes les fois que le recourant allègue une violation de la garantie constitutionnelle; voir arrêts Reuthy, 23 avril 1875, I, 229; Bachelin, 16 juin 1876, II, 209; Leutenegger, 1er juillet 1876, II, 317; Ryser, 17 février 1877, III, 52; Nord-Est, 23 février 1877, III, 74, etc. Alors même qu'une opposition à saisie est pendante entre parties devant les tribunaux cantonaux, le Tribunal fédéral statue sur le recours relatif au for de la poursuite sans attendre le sort de cette opposition; arrêt Picard, 14 avril 1877, III, 228. De même aussi, un jugement préliminaire sur déclinatoire peut être soumis directement au Tribunal fédéral pour violation de l'art. 59 de la constitution fédérale, avant que les tribunaux cantonaux aient statué sur le fond de la cause; voir

---

[1]) *Feuille fédérale*, 1876, II, 306.
[2]) Comp. Blumer-Morel, I, 251.

arrêts Saglio, 13 juin 1879, V, 169; Ulrich, 13 avril 1883, IX, 139.

La règle qui précède n'est cependant pas absolue. Ainsi, dans un cas où il s'agissait de l'application de la constitution fédérale à l'administration intérieure d'un canton, le Tribunal fédéral a renvoyé le recourant à se pourvoir préalablement devant l'autorité cantonale supérieure; voir arrêt Niederer, 17 septembre 1880, VI, 419, nº 3; comp. aussi arrêt Caisse d'épargne et de prêts d'Aegeri, 11 janvier 1878, IV, 56.

En ce qui concerne la violation des *traités* avec l'étranger, le Tribunal fédéral se nantit aussi sans qu'il soit nécessaire d'épuiser préalablement les instances cantonales. Voir arrêt Bloch, 3 novembre 1875, I, 369.

En revanche, lorsque le recours vise la violation de droits garantis par la constitution *cantonale*, le Tribunal fédéral s'est toujours réservé le droit de renvoyer le recourant à porter d'abord sa réclamation devant l'autorité supérieure cantonale. C'est ainsi qu'un recours alléguant la violation de la garantie de la liberté individuelle, renfermée dans la constitution du canton de Zurich, a été renvoyé par le Tribunal fédéral au Grand Conseil de ce canton, afin qu'il eût à interpréter la disposition constitutionnelle dont il s'agissait; arrêt Strehler, 22 juin 1877, III, 318. Comp. aussi arrêts Forney, 11 mars 1876, II, 69; Gisler et Mattli, 14 septembre 1877, III, 461.

En suivant cette jurisprudence, le Tribunal fédéral n'a d'ailleurs nullement entendu *s'obliger* à renvoyer à l'autorité cantonale les recours visant la violation de la constitution cantonale. Lorsque les dispositions de celle-ci sont claires et qu'ainsi leur interprétation par l'autorité cantonale supérieure paraît superflue, le Tribunal fédéral se nantit directement. Voir arrêt Sorg, 8 mars 1884, X, 74.

De ce que les parties *peuvent*, dans les cas indiqués ci-dessus, recourir directement au Tribunal fédéral sans épuiser les instances cantonales, il ne résulte naturellement pas qu'il leur soit interdit de se pourvoir préalablement devant celles-ci. Il leur est loisible de s'adresser d'abord à l'autorité cantonale supérieure et, dans ce cas, le recours au Tribunal fédéral leur reste ouvert contre la décision de cette dernière. Voir arrêts Schürmann et consorts, 22 juin 1877, III, 313, no 2; Leroy, 7 décembre 1877, III, 711, no 2; hoirs Röllin, 10 février 1882, VIII, 30. — Il va sans dire que les parties ne peuvent pas user cumulativement des deux voies de droit; si elles s'adressent d'abord à l'autorité cantonale supérieure, elles doivent attendre son prononcé avant de recourir au Tribunal fédéral. Voir arrêts Schmid et Oegger, 13 décembre 1878, IV, 579; hoirs Röllin, déjà cité.

Enfin, il est à remarquer que les recours visant un *déni de justice* ne peuvent naturellement être portés devant le Tribunal fédéral qu'après que toutes les instances cantonales ont été épuisées. En effet, comme le dit un arrêt Robatel, du 31 août 1877 (III, 425), „il ne peut être question d'un déni de justice ensuite duquel le Tribunal fédéral aurait à interposer son autorité que lorsque le citoyen qui se prétend lésé a porté en vain ses griefs devant l'autorité cantonale préposée à la répression des abus commis par les fonctionnaires de l'ordre judiciaire dans l'exercice de leurs fonctions.“ Voir aussi, dans le même sens, l'arrêt rendu dans l'affaire de la paroisse évangélique réformée de Lucerne, 24 juin 1882, VIII, 151.

C. Des griefs que le recours doit invoquer.

Nous avons recherché plus haut, au point de vue de la compétence matérielle du Tribunal fédéral, quelles sont les dispositions constitutionnelles ou légales, ainsi que les traités dont la violation peut être l'objet d'un recours à cette autorité.

Au point de vue de sa compétence formelle, il suffit, pour que le Tribunal fédéral puisse entrer en matière sur un recours, que celui-ci *allègue* l'existence d'une violation au sujet de laquelle cette autorité serait compétente. C'est ce que dit expressément un arrêt Hermann, du 6 mai 1881 (VII, 214, n° 1). Comp. aussi arrêts Brunner, 26 janvier 1877, III,

87, n° 2; Baumann, 15 février 1878, IV, 3, n° 1; Kiesow, 3 décembre 1881, VII, 782, n° 3.

D. Du délai de recours.

Sous l'empire de la constitution de 1848, les réclamations de droit public dont le Conseil fédéral et les chambres pouvaient être nanties n'étaient soumises à l'observation d'aucun délai, ce qui ne contribua pas peu à en augmenter le nombre. Parfois on voyait des recours être présentés plusieurs années après la décision contre laquelle ils étaient dirigés. „Cette particularité de notre jurisprudence fédérale, dit à cet égard le message du 23 mai 1874, est justement une de celles qui ont contribué le plus à créer en matière de recours cette anarchie dont on s'est plaint si souvent.“[1]) Aussi le Conseil fédéral proposa-t-il, ce qui fut adopté, de limiter le droit de recours en ce sens qu'il devrait être exercé dans les soixante jours dès la communication de la décision contre laquelle il est dirigé. Chose assez singulière, cette limitation n'eut lieu que pour les affaires rentrant dans la compétence du Tribunal fédéral; en ce qui concerne les contestations administratives réservées au Conseil fédéral, l'exercice du droit de recours n'est soumis à aucun délai. Il en est de même du recours exercé aux chambres contre les décisions du Conseil fédéral.

Le délai de soixante jours ne concerne pas non plus les contestations de droit public entre cantons, portées devant le Tribunal fédéral en vertu de l'art. 57 de la loi sur l'organisation judiciaire fédérale. Voir arrêt Amstad, 9 juillet 1881, VII, 466, n° 1.

Quant aux recours de particuliers ou de corporations exercés auprès du Tribunal fédéral, il résulte de la loi que s'ils ne sont pas déposés dans les soixante jours dès la communication de la décision contre laquelle ils sont dirigés, ils doivent être envisagés comme tardifs et ne peuvent être examinés. C'est ce qui a été jugé à maintes reprises; voir

---

[1]) *Feuille fédérale* de 1874, I, 1005.

arrêts Fliniaux, 7 mai 1875, I, 6, n° 6; Lagorrée 1er juin 1877, III, 327, n° 1; Darbellay, 16 décembre 1881, VII, 716, n° 1; Magginetti et Sprugasci, 3 mai 1882, VIII, 67, n° 2 etc.

Toutefois, ici comme ailleurs, la jurisprudence a tendu à interpréter la loi dans un sens favorable à l'exercice du droit de recours. Elle a, notamment, fait une distinction entre les dispositions constitutionnelles qui confèrent aux citoyens des droits individuels purement personnels et celles qui sont édictées dans l'intérêt de l'ordre public. En ce qui concerne les premières, il est évident que le citoyen auquel un droit individuel est garanti peut y renoncer; c'est précisément ce qu'il est censé faire, s'il laisse écouler le délai de soixante jours sans user de son droit de recours. Quant aux décisions d'autorités cantonales qui violent des dispositions constitutionnelles édictées dans l'intérêt de l'ordre public, elles sont frappées d'une nullité radicale, absolue; elles ne tombent jamais en force et doivent être annulées d'office par les autorités chargées de veiller à l'observation de la constitution fédérale, dès qu'elles en ont connaissance. Voir arrêt Bühler-Gmür, 2 juin 1876, II, 203, nos 6 et 7.

Conformément à ces principes, le Tribunal fédéral a annulé d'office le prononcé d'un tribunal cantonal qui avait fixé à l'époux innocent un délai avant l'expiration duquel il ne pourrait se remarier, cela contrairement à l'art. 48 de la loi fédérale sur l'état civil et le mariage. Arrêt Graf, 30 novembre 1878, IV, 548.

Dans d'autres cas encore, le Tribunal fédéral a interprété la loi dans un sens favorable à l'exercice du droit de recours. Ainsi, il a été jugé que la liberté individuelle constitue un de ces droits primordiaux de l'homme à l'exercice desquels il ne saurait valablement renoncer et dont la revendication est imprescriptible dans les limites légales et sous réserve de l'ordre public; arrêt de Pury, 13 octobre 1876, II, 448, n° 4.

De même, le Tribunal fédéral s'est nanti de la réclamation d'un citoyen contre le refus d'autorisation de mariage de la part d'une autorité cantonale, bien que cette décision fût antérieure au recours de plus de soixante jours; arrêt Arnold, 22 octobre 1881, VII, 662, n° 3.

Le Tribunal fédéral est aussi entré en matière sur un recours formé par plusieurs personnes dont les unes avaient recouru dans le délai légal et les autres après l'expiration de celui-ci. Le Tribunal fédéral a examiné le recours relativement à l'ensemble des signataires, attendu que leurs griefs étaient identiques et qu'une solution de la question à l'égard des réclamants sans exception était de nature à prévenir l'éventualité d'un nouveau recours dans la même cause et sur le même objet. Arrêt Rérat et consorts, 31 décembre 1881, VII, 649, n° 1.

La détermination du *point de départ du délai de recours* soulève dans la pratique un certain nombre de questions. D'après la loi, le délai court à partir de la *communication* de la décision contre laquelle le recours est dirigé; mais que faut-il entendre par là? Suivant les cantons, la communication des jugements et des autres décisions se fait de manières fort diverses, en sorte que le point de départ du délai fixé par la loi n'est pas partout déterminé par le même fait. Cependant l'intention du législateur paraît avoir été que le délai ne coure que dès le jour où l'intéressé a effectivement connu ou dû connaître la décision qui le concerne. Ainsi, en ce qui concerne les jugements rendus par les tribunaux genevois, le Tribunal fédéral a admis que leur prononcé en séance publique ne constitue pas une „communication" dans le sens de la loi et que le délai ne court qu'à partir de leur signification. Voir arrêts Dupontet, 29 octobre 1881, VII, 764; Pagnamenta, 20 novembre 1884.

Il arrive parfois qu'une décision n'a qu'une valeur éventuelle, par exemple, qu'elle ne doit déployer ses effets qu'au cas où l'intéressé ne satisfait pas à certaines obligations dans un délai déterminé. Dans ce cas, le délai de recours ne part que du jour où la décision est devenue définitive. C'est ce qui a été admis par le Tribunal fédéral dans un cas où le jugement frappé de recours prononçait une peine, mais prévoyait en même temps que celle-ci pourrait être réduite ou même remise entièrement si le condamné effectuait un paiement dans un bref délai. Voir arrêt Sollberger, 11 septembre 1875, I, 257.

En ce qui concerne les décisions antérieures à l'entrée en fonctions du Tribunal fédéral, soit au 1er janvier 1875, cette autorité a admis que le délai ne courait qu'à partir de cette date. Voir arrêts Bouvier, 16 décembre 1875, I, 294; Finsterhennen et consorts, 12 juillet 1878, IV, 392, n° 2.[1])

Le délai de soixante jours est-il aussi applicable à des recours dirigés non point contre une décision intervenue au sujet d'un cas particulier, mais contre des décisions d'une portée générale, telles que les lois obligatoires pour tous? L'art. 59 de la loi sur l'organisation judiciaire ne faisant aucune distinction, le Tribunal fédéral s'est prononcé pour l'affirmative, pour autant du moins que le recours dirigé contre une loi ou une autre décision d'une portée générale les vise comme telles et ne critique point l'application qui en a été faite dans un cas spécial. Voir arrêts Jäggi, 5 novembre 1880, VI, 480, n° 1; Sulzer, 20 octobre 1883, IX, 444. Pour des recours de cette nature, le délai court dès le jour de la promulgation régulière de l'acte incriminé; on ne saurait considérer un recours comme tardif parce que la décision contre laquelle il est dirigé, bien que promulguée depuis moins de soixante jours, aurait cependant déjà obtenu antérieurement une publicité plus ou moins étendue. Voir arrêt Nordmann, 4 novembre 1881, VII, 711, n° 1.

En revanche, lorsqu'un recours ne vise pas seulement une loi comme telle, mais l'application qui en a été faite dans un cas particulier, le délai de recours commence à courir non point déjà à partir de la promulgation de la loi dont quelques dispositions pourraient porter atteinte aux droits constitutionnels garantis aux citoyens, mais seulement dès la communication de la décision que le recourant estime constituer

---

[1]) Sur les questions transitoires, voir aussi l'arrêté fédéral du 16 octobre 1874 et le rapport de gestion du Département de Justice et Police pour 1874, *Feuille fédérale* de 1875, II, 564.

une violation de ces droits. Voir arrêts Paroisse de Vandœuvres, 9 mars 1878, IV, 98, nº 1; Jäggi et Sulzer, déjà cités; Grenchen, 9 mai 1885, XI, 143, nº 1; Affolter, 10 juillet 1885, XI, 280, nº 2.

Du reste, la jurisprudence du Tribunal fédéral s'est montrée favorable à cet égard au droit de recours. Ainsi, dans un cas où le recours était dirigé contre une loi comme telle, et cela plus de soixante jours après sa promulgation, le Tribunal fédéral est néanmoins entré en matière, attendu qu'une décision administrative ou judiciaire prise en vertu de la loi incriminée pourrait toujours être contestée plus tard dans le même délai. „Il se justifie donc, dans l'intérêt des parties aussi bien que dans celui de la sûreté du droit, de ne point user de rigueur en matière d'exception de tardiveté opposée à des recours dirigés contre des lois.“ Voir arrêt Union et consorts, 9 janvier 1880, VI, 96, nº 1.

L'exception de tardiveté a été fréquemment soulevée à l'endroit de recours dirigés contre des actes d'exécution opérés en vertu d'un jugement que le recourant estime émaner d'un tribunal incompétent. La partie opposante au recours prétend généralement, dans ces cas, que le recourant aurait dû attaquer le jugement lui-même dans les soixante jours et que, ayant omis de le faire, il est mal venu à recourir plus tard au Tribunal fédéral contre les actes d'exécution opérés en vertu du dit jugement. La pratique des autorités fédérales s'est toujours prononcée contre cette théorie. Celui qui estime avoir été condamné par un juge incompétent d'après les règles du droit fédéral n'est pas tenu d'attaquer dores et déjà le jugement intervenu, mais peut attendre, pour recourir au Tribunal fédéral, qu'une instance d'exécution soit dirigée contre lui en vertu de ce jugement. Voir arrêts Meyer, 17 décembre 1881, VII, 673, nº 1; Gerber, 22 octobre 1881, VII, 706, nº 2 *in fine*; Argovie, 17 novembre 1882, VIII, 723, nº 2; Fuchs, 29 décembre 1883, IX, 428, nº 2; Zellweger, 23 mai 1884, X, 196, nº 1.

Il arrive quelquefois que le Tribunal fédéral est nanti de recours visant plusieurs décisions cantonales prises à un certain intervalle, et que, dans ce cas, la partie intimée estime que le recours doit être écarté comme tardif, attendu qu'il est en réalité dirigé contre la première décision, antérieure de plus de soixante jours au dépôt du recours. Le mérite d'une telle exception dépend des circonstances de chaque cas particulier. Elle sera fondée si la première décision tranche la question de principe et que la seconde ne règle qu'une question accessoire; au contraire, elle sera mal fondée si c'est seulement par la seconde décision que la première a pris corps. Comparer à cet égard les arrêts Perrier, 9 décembre 1876, II, 454, no 1, et de Gingins c. Etat de Vaud, 24 janvier 1885.

Lorsque le recours est dirigé contre un prononcé refusant d'accorder la revision d'un jugement rendu antérieurement, le Tribunal fédéral a admis que le délai ne court pas dès la communication de l'arrêt rendu sur la question de revision, mais dès celle du jugement principal. En effet, si l'on adoptait la théorie contraire, les parties n'auraient qu'à former une demande de revision pour prolonger en leur faveur le délai de soixante jours ou pour le faire revivre après son expiration, conséquence que le législateur n'a certainement pas voulue. Arrêt masse Inauen, 9 novembre 1883, IX, 399, no 2.

Suffit-il que le recourant annonce son intention de recourir avant l'expiration du délai de soixante jours, ou bien la pièce constituant le recours doit-elle être déposée dans ce délai, sous peine d'être écartée comme tardive? Le Tribunal fédéral a admis à plusieurs reprises que le recours est recevable s'il a été *annoncé* dans le délai légal, bien que le mémoire exposant les griefs du recourant ne soit remis que postérieurement à l'expiration de ce délai. Voir arrêts Conseil ecclésiastique de Thurgovie, 19 octobre 1875, I, 364, no 1; Villiger, 4 septembre 1880, VI, 330, no 1. Cependant un avis sans date, ne renfermant ni conclusions, ni faits, ni citation de dispositions constitutionnelles ou légales dont la violation est alléguée, ne saurait être envisagé comme équivalant à un recours; arrêt Darbellay, 16 décembre 1881, VII, 716. Une décision plus récente encore a déclaré irrecevables les pièces déposées après l'expiration du délai; arrêt masse Dessibourg, 25 septembre 1885, XI, 272, n° 1.

A la question qui précède se rattache celle de savoir

s'il est nécessaire que le recours soit *reçu* par le Tribunal fédéral le soixantième jour au plus tard, ou s'il suffit au contraire qu'il lui soit *expédié* le dit jour. Cette question se présentant aussi pour d'autres recours que ceux de droit public, le Tribunal fédéral en a fait l'objet d'une décision de principe, le 12 février 1876, et a admis que soit en matière de droit civil, soit en matière de droit public, il suffit que le recours soit déposé le dernier jour utile en mains d'un bureau fédéral des postes et que la date de ce dépôt soit officiellement attestée par récepissé ou par le timbre postal du dit bureau (II, 147). Comp. arrêts Dériveau, 4 mai 1878, IV, 266, no 1; Römer, 16 juillet 1878, IV, 370; Odermatt et consorts, 14 juin 1879, V, 216, no 1.

IV. De la procédure en matière de recours de droit public.

L'art. 61 de la loi sur l'organisation judiciaire, qui règle cette procédure, se borne à poser quelques principes relatifs à l'instruction et au jugement des recours de droit public, sans prévoir les nombreuses difficultés de procédure qui peuvent se présenter. On voit d'ailleurs par le message du 23 mai 1874 que l'intention du législateur a été de laisser à la pratique le soin de fixer les détails de cette procédure.

Nous essaierons d'indiquer quelle a été cette pratique, au moins en ce qui concerne les questions les plus importantes.

A. Forme du recours.

La loi ne prescrivant aucune forme spéciale pour le recours, il en résulte que les parties ont toute latitude à cet égard. Par analogie de l'art. 100 de la loi fédérale du 22 novembre 1850 sur la procédure civile, les recours sont souvent transmis au Tribunal fédéral en deux doubles; cependant cela n'est point indispensable.

Le recourant doit indiquer la décision cantonale dont il demande la nullité, mais il n'a pas besoin de désigner la

---

[1]) *Feuille fédérale* de 1874, I, 1009 et suiv.

partie contre laquelle le recours est dirigé. En effet, à teneur de l'art. 61 de la loi sur l'organisation judiciaire, la détermination de cette partie se fait d'office. Voir arrêt Verdan, 29 octobre 1880, VI, 594, nº 1. Le fait qu'un recours ne spécifie pas la décision contre laquelle il est dirigé pourrait avoir pour effet de le faire écarter préjudiciellement; toutefois ce moyen ne doit pas être soulevé d'office; voir arrêt Weder, 10 novembre 1883, IX, 415, nº 1.

Lors même qu'une réclamation adressée au Tribunal fédéral est présentée comme pétition, cette autorité peut l'envisager comme constituant un recours de droit public et la traiter comme telle, si elle en présente les caractères essentiels; arrêt Tschabold, 2 mai 1879, V, 219, nº 1.

Etant donnée la diversité des attributions que la loi a conférées au Tribunal fédéral, il se peut qu'une partie nantisse cette autorité sans spécifier en quelle qualité elle aura à examiner sa réclamation. C'est ainsi que, dans une cause civile intentée à l'Etat de Neuchâtel par l'Hospice d'aliénés de Préfargier, ce dernier avait déjà argumenté dans sa demande de l'inconstitutionnalité d'une loi neuchâteloise, mais n'avait pris qu'en réplique une conclusion relative à un recours de droit public. Bien qu'il y eût là une certaine informalité, le Tribunal fédéral n'en a pas moins examiné séparément la cause civile et le recours de droit public (III, 283, nº 8).

Dans la règle, les recours de droit public doivent être adressés directement au Tribunal fédéral. Toutefois le fait qu'ils auraient été adressés à une autorité cantonale n'autorise pas le Tribunal fédéral à les écarter préjudiciellement s'ils lui ont été transmis et si d'ailleurs les délais légaux ont été observés. Arrêt Lämmermann, 23 avril 1875, I, 122, nº 1.

Mais il est évident que, si le Tribunal fédéral peut, dans une certaine mesure, suppléer à l'intention du recourant en ce qui concerne la manière dont le recours doit être envisagé, cependant il ne saurait aller à l'encontre d'une intention clairement exprimée. Ainsi, lorsqu'un recours porte qu'il est exercé conformément aux art. 29 et 30 de la loi sur l'organisation judiciaire fédérale, le Tribunal fédéral ne peut l'envisager comme un recours de droit public et l'examiner à ce point de vue. Voir arrêts Kurr, 6 novembre 1880, VI, 544, n° 2; Bänziger c. Heiden, 14 octobre 1882, VIII, 847, n° 3. De même, il ne saurait transformer un recours de droit public au Tribunal fédéral en un recours exercé auprès de la Cour de Cassation fédérale; arrêt Bell et Nigg, 21 juillet 1882, VIII, 419, n° 2. C'est au recourant de voir sous quelle forme il lui convient de faire valoir ses griefs.

La procédure en matière de droit public différant sensiblement de celle à suivre en matière civile, il en résulte qu'on ne peut, dans la même écriture, cumuler une demande civile et un recours de droit public, alors même que les faits à la base des deux réclamations seraient les mêmes. Chacune d'elles doit être présentée dans une écriture séparée; voir arrêt Deschler, 17 janvier 1885, XI, 41, n° 1.

On peut rapprocher de ces arrêts une décision du Conseil fédéral d'après laquelle cette autorité a admis ne pouvoir entrer en matière sur de simples télégrammes. La décision contre laquelle le recours est dirigé doit être produite, ainsi qu'un exposé écrit des motifs de la réclamation.[1])

Les recours adressés au Tribunal fédéral sont naturellement exempts des droits de timbre cantonaux.

B. Intervention.

Bien que la loi ne dispose rien à cet égard, le Tribunal fédéral a cependant admis à plusieurs reprises que les tiers qui ont un intérêt à l'issue d'une contestation de droit public peuvent y intervenir pendant tout le cours de l'instruction, soit à côté du recourant, soit à côté de la partie intimée. Voirs arrêts Uebernolla et Rongellen, 10 juin 1876, II, 240, n° 2; Lucerne c. Argovie, 17 février 1882, VIII, 52, n° 1; masse Stockinger et Boschis, 14 mars 1884, X, 65, n° 2.

En revanche, le Tribunal fédéral a laissé en suspens la question de savoir si la partie intimée peut, en adhérant au

---

[1]) Voir rapport de gestion du Département fédéral de Justice et Police pour 1880, *Feuille fédérale* de 1881, II, 556.

recours de droit public, y formuler de son côté des conclusions actives, sans être liée par le délai de soixante jours. Voir arrêt Paroisse évangélique réformée de Lucerne, 1er octobre 1880, VI, 499, n° 4.

C. Instruction de la cause.

D'après l'art. 61 de la loi, la procédure en matière de contestations de droit public est dans la règle écrite et ce n'est qu'exceptionnellement que le Tribunal fédéral peut ordonner des débats oraux à la demande des parties. D'après le message du 23 mai 1874, il y aurait lieu de faire usage de cette faculté lorsque le cas est très compliqué ou qu'il s'agit de questions entièrement nouvelles.[1])

Après sa réception, le recours est transmis par le Tribunal fédéral, soit par le Juge délégué, à la partie adverse ou, à son défaut, à l'autorité contre laquelle il est dirigé. On a déjà vu plus haut que le recourant n'a pas à désigner quelle est sa partie adverse. Cette détermination se fait d'office. La communication du recours à l'autorité contre la décision de laquelle il est dirigé n'a lieu que s'il n'y a pas de partie adverse; lorsqu'il y en a une, c'est elle seule qui est appelée à répondre au recours. Voir arrêts Solari, 18 juin 1881, VII, 219, n° 1; masse Spycher, 16 septembre 1882, VIII, 466, n° 2.

Une fois la réponse reçue, le Juge d'instruction peut, s'il le juge convenable, prescrire une réplique et une duplique. Il ordonne aussi, s'il y a lieu, la production des moyens de preuve nécessaires. En pratique, on suit généralement à cet égard les dispositions de la procédure civile fédérale, pour autant qu'elles sont compatibles avec les règles particulières à l'instruction des recours de droit public.

Quid si la partie à laquelle le recours a été transmis pour rapport garde le silence? Le Tribunal fédéral a admis que, dans ce cas, les faits allégués par le recourant doivent être admis comme constants. Voir arrêt Société suisse de construction, 18 février 1876, II, 68, n° 1.

---

[1]) *Feuille fédérale*, de 1874, I, 1009 et suiv.

En ce qui concerne le droit accordé au Juge d'ordonner la production des moyens de preuve nécessaires, il a toujours été admis qu'en matière de contestations de droit public le Tribunal fédéral n'est pas une cour d'appel et que dès lors il peut, en vue de sauvegarder les droits constitutionnels des citoyens, ordonner un complément d'instruction et tenir compte de moyens et d'éléments de conviction que les parties n'avaient pas fait valoir devant l'autorité qui a rendu la décision dont est recours. Voir arrêts Bloch, 3 novembre 1875, I, 372, n° 2; Meigniez, 15 novembre 1878, IV, 566, n° 1. C'est ainsi que, dans un cas où il s'agissait d'un refus de mariage fondé sur l'aliénation mentale de l'une des parties, le Tribunal fédéral a ordonné d'office une surexpertise médicale en vue de constater si une telle maladie existait réellement; arrêt Hess et consorts c. Kunz et Knecht, 3 mai 1879, V, 260, n° 4.

Cependant, lorsqu'il ne s'agit point de droits constitutionnels, mais d'affaires civiles ou pénales dont le Tribunal fédéral peut être appelé à connaître comme cour de droit public, la règle est que les faits admis par l'autorité cantonale sont envisagés comme définitivement établis et que la seule question à examiner est celle de droit. Le Tribunal fédéral ne pourrait revoir les faits admis par les tribunaux cantonaux que s'ils étaient manifestement contraires aux pièces produites ou, encore, lorsqu'il apparaîtrait que l'autorité cantonale ne les a admis que comme un prétexte pour se soustraire à l'application des prescriptions dont la violation fonde un recours au Tribunal fédéral. Voir arrêts Guggenheim, 20 août 1875, I, 310, n° 4; Farina, 11 février 1876, II, 119, n° 4; Witzwyl, 13 juin 1885, XI, 172, n° 1.

De ce que le Tribunal fédéral n'est pas une cour d'appel, il résulte naturellement qu'il ne peut juger lui-même à nouveau les causes qui lui sont soumises par la voie d'un recours de droit public; il ne peut que casser les décisions cantonales dont est recours. Comp. arrêt Wallach, 19 février 1881, VII, 54, n° 1 *in fine*.

De même, le Tribunal fédéral, comme cour de droit

public, ne peut déterminer les conséquences civiles de ses arrêts; elles restent dans la compétence des tribunaux civils. Voir arrêt Delune, 5 juin 1875, I, 409, nº 7.

Enfin, à teneur de l'art. 60 de la loi, le Tribunal fédéral est tenu d'appliquer les lois votées par l'Assemblée fédérale et les arrêtés de cette assemblée qui ont une portée générale, ainsi que les traités qu'elle a ratifiés. Il ne pourrait donc pas, comme les tribunaux des Etats-Unis, se refuser à appliquer une loi parce qu'elle serait contraire à la constitution fédérale.

On a vu plus haut que les dispositions de la procédure civile fédérale sont généralement appliquées par analogie à l'instruction des contestations de droit public. Il convient de dire ici que plusieurs des dispositions de cette loi se trouvent aujourd'hui abrogées de fait. Tel est le cas pour l'art. 92, à teneur duquel „le défendeur a un délai de trois semaines à dater du jour de la réception de la demande pour contester auprès de l'autorité qui la lui a transmise la compétence du Tribunal fédéral." Il a été jugé à plusieurs reprises que les dispositions de cet article, visant un état de choses passé, ont cessé d'être en vigueur en application des art. 2 des dispositions transitoires de la constitution fédérale et 64 de la loi sur l'organisation judiciaire. Il en est de même des art. 93 et 95 de la procédure civile fédérale. Voir arrêts Hospice de Préfargier, 21 mars 1877, III, 281, nº 4; Suisse Occidentale c. Confédération, 21 décembre 1877, III, 787, nº 2; Bière et consorts c. Confédération, 5 décembre 1879, V, 559.

En général, les parties ne sont pas informées du jour où le Tribunal fédéral doit prononcer sur la contestation de droit public qui les divise.[1])

D. Effet suspensif du recours et mesures provisionnelles.

La question de savoir si les recours de droit public adressés à l'autorité fédérale ont un effet suspensif s'est déjà

---

[1]) Voir *Feuille fédérale*, 1881, II, 912; 1882, II, 787.

posée sous l'empire de la constitution de 1848. A cette époque, le Conseil fédéral et les chambres se sont toujours prononcées en ce sens que le recours n'a pas de plein droit un effet suspensif, mais, d'autre part, l'autorité fédérale s'est aussi réservé le droit d'ordonner la suspension de l'exécution de la décision dont est recours, au cas où cette exécution entraînerait des conséquences irréparables.[1])

En ce qui le concerne, le Conseil fédéral a continué cette jurisprudence après 1874; cependant la suspension est la règle dans certains cas, par exemple lorsqu'il s'agit du retrait d'un permis d'établissement.[2])

De son côté, le Tribunal fédéral a aussi adopté ce point de vue. Il faut une décision spéciale du Tribunal fédéral, soit de son Président, pour suspendre les procédés juridiques devant les autorités cantonales. Un recours n'a donc un effet suspensif que pour autant que le Tribunal fédéral ordonne la suspension ou que les autorités cantonales suspendent l'exécution de leur chef. Voir arrêt Müller, 22 mars 1878, IV, 54.

Quant au droit du Tribunal fédéral d'ordonner la suspension, il résulte de l'art. 63 de la loi sur l'organisation judiciaire fédérale, d'après lequel le Président du Tribunal peut, sur la demande d'une partie, ordonner les mesures nécessaires pour le maintien de l'état de fait, ces mesures devant toutefois être ratifiées par le Tribunal dans sa première audience. Ces dispositions doivent être rapprochées des art. 199 à 202 de la procédure civile fédérale, à teneur desquels les mesures provisionnelles ont pour but de protéger une possession menacée, d'empêcher qu'il soit apporté des changements à l'objet litigieux, ou d'écarter un dommage difficile à réparer qui menace le requérant.[3])

---

[1]) Voir Blumer, 1re édition, II, p. 24.

[2]) *Feuille fédérale,* 1884, II, 632.

[3]) Sur l'interprétation de l'art. 199, voir l'ordonnance rendue le 14 juin 1881 dans le procès pendant entre Genève et Vaud au sujet du niveau du lac Léman, *Journal des tribunaux,* 1881, 406.

E. Dépens.

Lors des débats constitutionnels, il avait été proposé de dire que la procédure relative aux recours de droit public serait sans frais pour les parties; mais cette proposition ne fut pas adoptée.

L'art. 62 de la loi sur l'organisation judiciaire a toutefois repris ce principe, en disposant que „dans les procès qui portent sur des contestations de droit public, il ne peut, dans la règle, ni être demandé d'émoluments, ni être alloué d'indemnités aux parties. Cependant, ajoute cet article, le Tribunal peut faire des exceptions dans les cas où elles seraient justifiées par l'origine ou la cause de la contestation, ou par la manière dont le procès a été instruit par les parties."

On voit par le message du Conseil fédéral que, lorsqu'un recours a été reconnu fondé, le Tribunal ne doit pas réclamer des frais de justice, attendu qu'il ne serait pas équitable de les imposer à la partie adverse, puisque ce n'est pas elle qui a donné lieu au recours, mais bien l'autorité cantonale qui a violé une disposition constitutionnelle. Quant aux recours écartés pour une raison ou pour une autre, le Tribunal fédéral doit examiner si le recourant a agi de bonne foi; si tel est le cas, il ne serait pas équitable de le condamner à payer des frais de justice. Au contraire, il en est autrement, lorsque le Tribunal fédéral reconnaît l'intention d'une des parties de traîner le procès en longueur ou un esprit de chicane.[1]) Voir arrêts von Erlach, 24 mars 1876, II, 47, n° 6; Läubli et Wullschläger, 24 mars 1876, II, 49, n° 4; Diethelm, 11 janvier 1878, IV, 16, n° 3, etc.

Dans un cas, le Tribunal fédéral a réservé le droit de la partie d'exercer son recours contre son mandataire pour être remboursée de l'émolument de justice mis à sa charge. Voir arrêt Uebernolla et Rongellen, 10 juin 1876, II, 243, n° 9.

---

1) *Feuille fédérale* de 1874, I, 1010.

La détermination de l'émolument de justice et des indemnités à allouer aux parties en matière de droit public est réglée par l'art. 15 de la loi fédérale concernant les frais de l'administration de la justice fédérale, du 25 juin 1880.[1])

F. Chose jugée, revision et interprétation.

Les arrêts rendus par le Tribunal fédéral en matière de droit public jouissent-ils de l'autorité de la chose jugée? Le Tribunal fédéral a admis à cet égard que les principes de la procédure civile sur la chose jugée ne sont pas applicables en matière de droit public et constitutionnel où le débat, loin d'être circonscrit à une question privée entre parties bien déterminées, peut intéresser une population entière et renaître à l'occasion de tel ou tel acte de l'autorité législative ou administrative. En ce qui concerne spécialement les décisions de droit public prises par les autorités politiques de la Confédération, le Tribunal fédéral s'est prononcé en ce sens que, tout en demeurant obligatoires pour les parties entre lesquelles le prononcé primitif est intervenu, elles ne mettent pas obstacle à ce que la question de la constitutionnalité d'une loi cantonale puisse être examinée à nouveau entre d'autres parties ou à l'occasion d'un autre acte législatif ou administratif. Voir arrêts Lucerne c. Argovie, 17 février 1882, VIII, 53, n° 2; Banque foncière du Jura, 6 juin 1884, X, 178, n° 1.

La question de savoir si les arrêts de droit public peuvent faire l'objet d'une demande de revision a été résolue affirmativement par le Tribunal fédéral. „Bien que les arrêts de droit public aient certainement force de chose jugée, dit une décision Vettler c. Exer du 8 octobre 1875 (I, 231), l'intention du législateur n'a certainement pas été d'exclure tout moyen de les attaquer, ni de leur attribuer ainsi une force exécutoire plus grande que cela n'est le cas pour les

[1]) Sur la question de savoir ce qu'il faut entendre par „contestations de nature mixte," voir le rapport de gestion du Tribunal fédéral pour 1881, *Feuille fédérale* de 1882, II, 790 et suiv.

arrêts de droit civil rendus par le Tribunal fédéral. Au contraire, il est évident qu'il doit exister un moyen d'annuler des arrêts de droit public dont la nullité résulterait de moyens de procédure généralement admis, par exemple de la circonstance que le Tribunal aurait été composé d'une manière illégale ou aurait siégé avec un nombre de juges insuffisant." En conséquence, le Tribunal fédéral a admis que les art. 192 et suivants de la procédure civile fédérale, relatifs à la revision de jugements civils, sont aussi applicables en matière d'arrêts de droit public. C'est ainsi que le Tribunal fédéral est entré en matière sur une demande de revision concernant un arrêt rendu par lui-même, attendu que l'instant à la revision avait trouvé des moyens de preuve concluants dont la production lui avait été impossible dans la procédure précédente (voir arrêt Vettler c. Exer, déjà cité).

La revision ne peut toutefois être demandée en raison de faits survenus postérieurement à la première décision; voir arrêt Caviezel, 24 mars 1882, VIII, 63.

Enfin, en ce qui concerne l'interprétation des jugements, le Tribunal fédéral a admis implicitement que les art. 197 et 198 de la procédure civile fédérale sont aussi applicables en matière de droit public. Voir arrêt Bossard c. Lucerne, 10 janvier 1880, VI, 35, n° 1.

Lightning Source UK Ltd.
Milton Keynes UK
UKHW011844140219
337178UK00015B/584/P